C. Faulhaber
2/86

Y0-BTA-635

MANUAL BIBLIOGRÁFICO DE ESTUDIOS ESPAÑOLES

© Copyright 1976. Fernando González Ollé
Ediciones Universidad de Navarra, S. A. (EUNSA)
Plaza de los Sauces, 1 y 2. Barañain-Pamplona (España)

ISBN 84-313-0464-2

Depósito legal: BI 1.483-1977

Printed in Spain — Impreso en España

Impreso en La E. Vizcaína, S. A. - Carretera Bilbao a Galdácano, 20 - Bilbao-4

FERNANDO GONZÁLEZ OLLÉ

MANUAL BIBLIOGRÁFICO DE ESTUDIOS ESPAÑOLES

EDICIONES UNIVERSIDAD DE NAVARRA, S. A.
PAMPLONA, 1976

PRÓLOGO

La presente obra, tan alejada por su objeto de mis anteriores publicaciones, podrá parecer ajena a mi ordinaria actividad profesional a quienes sepan de mi dedicación a la Filología. Yo mismo he debido de notarlo así, ahora que la veo terminada, porque siento la necesidad de ofrecer una justificación o una explicación de su génesis y desarrollo. Permítanseme, pues, unas palabras preliminares, de muy personal trasfondo.

No. No es éste un libro al margen de mis tareas filológicas. Hasta el punto de que su raíz primera y más profunda se hunde en ellas. La genuina labor del filólogo, con muchos siglos de tradición, no se reduce —como suele creerse— a desentrañar el significado de una palabra rara *o la disposición de una frase obscura, sino que se dirige específicamente a aclarar, a interpretar, a comprender la totalidad significativa de un texto. Para lograrlo, se precisa abordar su examen desde muy diversos enfoques, cuya variedad sobrepasa de inmediato las cuestiones meramente lingüísticas. Ante el filólogo, los textos alzan múltiples interrogantes, velados o desafiantes, que escapan tanto a la lectura superficial como a la especialización puramente lingüística: el sentido y alcance de un refrán, la función de un tópico literario, el origen y connotaciones de una metáfora, el simbolismo de un color o de una planta, el significado de un rito religioso, la dimensión social de una norma jurídica, la naturaleza de una institución pública, la caracterización tradicional de un grupo social o geográfico, la identificación de un topónimo real o legendario, la virtud mítica de un animal o de una piedra preciosa, la referencia a un personaje histórico o a un país fabuloso, la práctica de una ceremonia protocolaria o de un uso cortés, las resonancias tradicionales de un determinado paraje urbano, la naturaleza de unas prácticas folklóricas... Estas y otras muchas más cuestiones, en amplia diversidad casi ilimitada, se ofrecen como objeto de la investigación filológica.*

Sólo la recta comprensión e interpretación de tan variadas manifestaciones como las enumeradas, permitirá, en ocasiones, la cabal inteligencia de un pasaje, decisivo, a su vez, para captar el sentido global de un texto literario o documental.

Si a tal tarea ha de entregarse el filólogo, si a tan diversos y distanciados campos del saber debe dirigir su atención, se comprende que de la Filología hayan podido formularse, en siglos no muy lejanos, juicios que hoy resultan, cuando menos, pintorescos.

Para el venerable Diccionario de Autoridades, *Filología era* Ciencia compuesta y adornada de la Gramática, Retórica, Historia, Poesía, Antigüedades, Interpretación de Autores y, generalmente, de la Crítica, con especulación general de todas las demás Ciencias. *Pocos años después, la* Encyclopédie française *—que no parece beber, para este artículo, en fuentes muy alejadas de las académicas— ampliaba más específicamente el ámbito propio de la Filología y añadía una graciosa coletilla, al definirla como* Clase de Ciencia compuesta de Gramática, Poética, Antigüedades, Historia, Filosofía, incluso, a veces, de Matemáticas, Medicina, Jurisprudencia, sin tratar ninguna de estas materias a fondo ni por separado, pero sí tocando de refilón todas o algunas de ellas. *Más conciso —también más radical— resulta el concepto de Renan:* Ciencia de los productos del espíritu humano. *Con estos precedentes, entre otros muchos análogos y más grotescos, se explica que todavía en la actualidad pueda sostenerse que* Filología es una vasta ciencia que abarca las más nobles disciplinas: Filosofía, Psicología, Historia literaria, Literatura imaginativa. *Son palabras de Azorín, que está más afortunado en la caracterización negativa:* No hay que entender la Filología —cosa de humanistas— con el concepto de rebusca estricta de la progenie en los vocablos.

Al modelo enciclopédico que queda diseñado parece que se ajustaba la actividad de los cultivadores iniciales de la Filología, los estudiosos alejandrinos. Dudo de que en etapas posteriores mis colegas siguieran poseyendo y ejercitando tal formación. En cambio, me consta que el filólogo actual no ha recibido en sus años de aprendizaje, ni posee, ni puede poseer —innecesario será tratar de demostrarlo— una formación de la amplitud expuesta. Pero sí deberá contar —así lo creo yo— con la información *idónea para responder a las cuestiones enumeradas antes. De ahí la necesidad de unos conocimientos bibliográficos como indispensables auxiliares de su labor. Por ello —entro ya, disculpándome, en la consideración personal—, de mí puedo referir que me encontré pronto en la precisión, muy grata, de ir formando un repertorio muy variado de obras de consulta necesarias para afrontar las dificultades de los textos, con la pretensión de abarcar todos los campos de posibles interrogantes. Aquel elenco bibliográfico, en progresivo ensanchamiento cualitativo y cuantitativo, constituyó el núcleo inicial del presente manual, lo que antes he denominado su raíz profunda.*

Otros dos factores —negativo, uno; positivo, otro— han hecho posible la transformación verificada por aquel embrión. El primero, la deficiente situación de la bibliografía concerniente al ámbito español. Concretamente, la carencia, muchas veces absoluta, de fuentes bibliográficas para numerosas áreas del saber, o su antigüedad e insuficiencia para otras[1]*. La situación denunciada constituye un grave lastre*

(1) No cabe aquí exponer de modo pormenorizado tan lamentable situación, que los expertos saben bien; pero estimo de utilidad ofrecer algunas indicaciones, para abrir los ojos del hispanista bisoño. No existe ningún repertorio bibliográfico del Folklore ni del Arte ni del Derecho españoles ni de las Literaturas gallega y catalana, por ejemplo. La Geografía, otro ejemplo, cuenta con una bien elaborada, pero sucinta guía bibliográfica que data de hace más de veinte años.

En cuanto a la bibliografía nacional corriente, calculaba J. Simón Díaz (*La Bibliografía...* B, 1971, 326), al celebrar el sesquicentenario de la *Bibliographie de la France, para el estudio de temas españoles: por el tiempo y esfuerzos que han de consumirse en las fases iniciales de toda actividad investigadora, para conocer el estado de la cuestión, o, sencillamente, en la tarea, más modesta, de allegar unos datos informativos, sin la seguridad, además, por la irregularidad de las fuentes, de haber acertado en la búsqueda bibliográfica.*

En estas circunstancias, no puede sorprender otro vacío patente: el de una obra bibliográfica de conjunto que abarque selectivamente la totalidad de las materias científicas en su vertiente española[2].

Consciente de tal vacío, desde hace bastante años ha venido perfilándose en mi cabeza la idea de salvarlo. Contaba al propósito —permítaseme la presunción— con los conocimientos formales de bibliografía que me habían proporcionado las lecturas teóricas a que mi inclinación —desarrollada hasta ahora en el ámbito privado— por la materia me había inducido. Este gusto natural constituye el factor positivo de la obra presente. Sin él, no hubiera podido llevarse a cabo; gracias a él, el primitivo repertorio de uso particular y aplicación filológica fue incrementándose con la finalidad recién indicada, de modo constante y, en buena parte, asistemático, al incorporar cuantos materiales útiles me ofrecían las circunstancias. Así llegó a enriquecerse de modo considerable (con hallazgos que quizá no se hubieran producido de otro modo) a través de las mil ocasiones diversas de mi actividad profesional ordinaria: ficheros de bibliotecas, catálogos comerciales, reseñas, noticias de revistas y periódicos, consultas ocasionales, etc. La contemplación del crecimiento material alentaba la realización de la idea primitiva, hasta que, hace dos años, me pareció llegado ya el momento de ocuparme de la empresa, ahora sistemáticamente y de acuerdo con un plan muy estudiado, cuyas características expongo más adelante.

El resultado, a la vista está. A mí, con voz prestada, me cabe decir:

En este libro casi nada es propio:
con ajenos pensares pienso y vibro,
y así, por no ser mío y por acopio
de tantas experiencias que en él copio,
este libro es quizá mi mejor libro.

(A. Nervo)

Con agradecimiento recibiré las indicaciones que la crítica quiera comunicarme sobre omisiones. Más reconocido quedaré si se me

que en ese mismo período de tiempo habían aparecido en España cerca de cincuenta revistas análogas, de dos años de duración media. Piénsese, agrego yo, en relación con el aspecto que aquí interesa, en los períodos de inactividad informativa, cambios de criterio, etc., que impone una historia tan cambiante.

Cierto que no todo es desolación y antigüedad en nuestro panorama bibliográfico. En algunos ámbitos, poquísimos, se dispone de excelente información: pienso particularmente en la bibliografía retrospectiva de la Literatura castellana o en la corriente de la Historia; y, descendiendo a campos más limitados, en el Derecho administrativo o en la Geografía agraria.

(2) Ni siquiera en el momento de su aparición cumplía esta función, pese al título, el *Manuel de l'hispanisant* (Nueva York, 1920), de R. Foulché-Delbosc y L. Barrau-Dihigo, por su condición de bibliografía de bibliografías y por su limitación a unos pocos aspectos de la cultura española. Semejante limitación temática, aparte de su escasa extensión, presentan el folleto de M. P. Rueda, *Introducción al estudio de la cultura espa-*

señalan las menciones inútiles, inadecuadas, inexactas y cuáles otras deben remplazarlas, ya que tales deficiencias serán más difíciles de salvar por mis propios medios que las indicadas en primer lugar. Con esto reconozco que mi obra contendrá omisiones y fallos y no lo digo por modestia, antes bien parecerá jactancia, pues más que en ninguna otra clase de obras se encuentran en las de carácter bibliográfico, como he podido comprobar reiteradamente en las ajenas (que hacen mala la aseveración de Azorín, Trasuntos de España: *«Lo negligente se halla totalmente excluido de la ciencia bibliográfica») y procurado subsanar. La mía no iba a ser menos. Pero arrostro sus posibles defectos en la creencia de haber realizado una labor útil, en cuanto que servirá de ayuda para el estudio y la investigación de temas españoles, proporcionando una información bibliográfica que, espero, resulte valiosa.*

ñola (M, 1954), y la *Guide de bibliographie hispanique* (Toulouse, 1967), de E. Arnaud y V. Tusón, muy circunscrita ésta a la bibliografía literaria, con notoria desproporción respecto de otras áreas, si bien ambas obras habrán resultado de utilidad para el nivel a que se dirigen y merecen ser más conocidas.

Sólo para desaconsejarlo a quienes su título haya podido atraer, debe ser citado el extenso catálogo *Libros sobre lengua y cultura española* (M, 1970). Quizá cumpla la función comercial que se le asigna; en cualquier otro aspecto no puede ser tenido en cuenta.

INTRODUCCIÓN

Dado el carácter instrumental —servicio al estudio y a la investigación de temas españoles— de esta obra (MBEE), resulta obligado exponer con detalle sus principales características formales. De este modo, el usuario, juzgando personalmente sobre la validez de los criterios observados para la elaboración en cuanto a fuentes, selección, clasificación, ordenación, etc., del presente repertorio bibliográfico, deducirá la garantía informativa que debe otorgar a su consulta.

A la vez, en la exposición que sigue, se pretende facilitar el uso y manejo del libro y ayudar a obtener de él un rendimiento máximo[1].

1 OBJETIVO

La finalidad del MBEE es proporcionar información bibliográfica sobre cualquier aspecto de la vida y cultura españolas, es decir, sobre todas aquellas cuestiones que, desde la naturaleza física hasta las manifestaciones espirituales, se encuentran adjetivadas habitualmente (al margen, pues, de precisiones étnicas o interpretaciones particulares) como *españolas*. La realización del MBEE ha consistido, por tanto, en recopilar, de forma sistemática una bibliografía[2] selectiva que abarca globalmente la realidad española en todas sus dimensiones ideales y materiales.

Descendiendo hacia un enfoque más próximo, puede precisarse que el MBEE pretende específicamente facilitar a los estudiosos de temas españoles, a los hispanistas, la ayuda bibliográfica que necesitan para resolver las preguntas —inmediatas o profundas, bien delimitadas o de amplio alcance— que en su labor científica se les

(1) Para la práctica efectiva de la bibliografía con miras de acopiar información sobre una cuestión precisa, al investigador novel —y aun al que ya no lo es— le resultará muy provechosa la lectura de J. Simón Díaz, *La investigación bibliográfica sobre temas españoles* (en su *La Bibliografía*... B, 1971, 45-87). En este estudio se desarrolla pormenorizadamente el proceso seguido en una concreta búsqueda bibliográfica.

(2) No parece necesario exponer el concepto de *bibliografía* que aquí se utiliza o el alcance que se le otorga. Pero, por si alguien opina de modo diverso, dada la naturaleza de esta obra, quede constancia de que, en su resultado, el MBEE se ajusta a la definición que Th. Besterman (*A world bibliography of bibliographies*. Lausana, 1965[4], I, 25) ofrece de bibliografía: *List of books arranged according to some permanent principle*. En cuanto a su finalidad, el MBEE se identifica plenamente con el concepto que A. M. Lewin Robinson (*Systematic bibliography*. Londres, 1971[3], 11) formula con la siguiente pregunta: *What has been written that can help me on the subject?*

Más adelante explayo los criterios determinantes de la selectividad, tal como se ha efectuado.

plantean desde campos, en principio, ajenos a su especialización. Así se formó, como queda expuesto en el prólogo, el núcleo inicial del MBEE: un repertorio para consulta en áreas diversas de las que son habituales al autor.

A la ventaja que ya supone encontrar en un solo volumen reunidas todas las posibles materias objeto de consulta, ha de añadirse la inexistencia, antigüedad, rareza, etc., de fuentes bibliográficas en muchas especialidades del hispanismo, como en nota al prólogo quedó apuntado. Por esta última razón, los cultivadores de tales campos encontrarán también —no parece inmodestia de autor el asegurarlo— una información que no pueden obtener por otros medios (salvo por los suyos particulares, forjados por ellos mismos). Todos, en suma, encontrarán, como se acaba de decir, facilitada su tarea por la condición global y unitaria del MBEE, ya que estas características permiten, aun en los casos de disciplinas que cuenten con bibliografías especiales propias, obtener rápidamente en el ámbito de ellas una primera información, que a veces resultará suficiente, aclarar una duda momentánea, compulsar una cita, etc., sin tener que acudir a aquéllas, de más laboriosa consulta.

La finalidad expuesta no podía satisfacerse con una bibliografía de bibliografías españolas, por otra parte, uno de los grandes vacíos de la bibliografía española. Aunque en diversos momentos pareció que tal era la forma en que debía plasmarse el proyecto, siempre hubo de rechazarse, porque con la bibliografía de bibliografías no se alcanzaba el objetivo perseguido, es decir, el servicio inmediato a la información científica. Esto es así por varias razones evidentes, que vienen a coincidir con las que poco antes han sido enumeradas: la carencia de bibliografías especiales en muchos ámbitos del saber; la inutilidad de otras por su antigüedad o brevedad; las dificultades de consulta por su rareza. Es decir, que la bibliografía de bibliografías dejaría frecuentemente a su usuario sin información o, en otras ocasiones, la proporcionada resultaría inútil o inasequible, un mero conocimiento ineficaz. En el mejor de los casos, obligaría a una consulta posterior.

No excluye el MBEE los repertorios bibliográficos retrospectivos especiales de cada materia que se han considerado útiles para el solicitante de una información más extensa que la que aquél puede suministrarle. Pero cabe afirmar que para la mayoría de los usuarios no resultará necesario acudir a ellos, pues en el MBEE obtendrán el conocimiento inmediato y seguro de los principales estudios de cada materia, con ahorro del paso intermedio de la remisión a otra obra bibliográfica antes de llegar a las doctrinales.

Para prolongar en lo posible la utilidad del MBEE fuera de los límites cronológicos de su caudal (§ 3), se han consignado, en los correspondientes apartados temáticos, las bibliografías corrientes, tanto generales de toda la producción editorial española, como las especiales. Su conocimiento y consulta permitirán, al que lo desee, mantener una información actualizada. Esta misma finalidad se alcanza también, de manera diversa y menos regular, a través de las secciones bibliográficas de las revistas especializadas (§ 5.2).

2 FUENTES

El repertorio inicial, del que se hizo mención en el prólogo, con los sensibles incrementos que el conocimiento, por otros fines ya citados también, de numerosos y muy diversos estudios, aportó en la fase inicial del proyecto, experimentó una natural y considerable mejora, cualitativa y cuantitativa, en la fase final, mediante el despojo sistemático de un amplio número de copiosas fuentes bibliográficas (estrictamente tales o con función de tales respecto del MBEE), que se enumeran a continuación:

1. Bibliografía retrospectiva especial de aquellas materias científicas que, claro está, la tienen. Son, con alguna excepción, los repertorios bibliográficos que figuran en las correspondientes divisiones de esta obra.
2. Bibliografía retrospectiva especial contenida en los tratados, manuales, etc., de cada disciplina y en bastantes monografías.
3. Bibliografía corriente general de la producción editorial española. Concretamente, las revistas mensuales *El libro español* y *Bibliografía española.*
4. Bibliografía corriente especial recopilada, con pretensiones de exhaustividad o sin ella, según los casos, en las principales revistas españolas de cada materia que contienen tal información: *Archivo español de arte, Citius, Altius, Fortius, Estudios geográficos, Revista de dialectología y tradiciones populares, Revista de literatura,* etc.
5. Despojo directo de los últimos volúmenes de las revistas españolas más importantes en cada campo científico y de los índices acumulativos de aquellas que disponen de ellos: *Al-Andalus, Archivo español de arte, Sefarad,* etc.
6. Merecen especial mención dos fuentes, una retrospectiva y otra corriente, revisadas en su totalidad: *Materiales de investigación. Indice de artículos de revistas (1939-1949)* (M, 1952, 2 v.), de A. Tortajada Ferrandis y C. Amaniel, que recoge sistemáticamente todos los artículos (entre los que abundan los de tema español) publicados en revistas del Consejo Superior de Investigaciones Científicas durante los años consignados, y el *Indice histórico español* (B, 1953-), bibliografía crítica sobre Historia (entendida latamente: política, social, religiosa, cultural, económica, etc.) de España e Hispanoamérica.
7. Catálogos bibliográficos de centros científicos y culturales españoles o de actividad hispánica. También los catálogos comerciales de numerosas editoriales españolas y extranjeras.

Para completar esta visión, debe agregarse que, cuando la bibliografía recogida sobre un tema parecía, de acuerdo con los criterios de selección (§ 3), insuficiente, se realizaron investigaciones especiales para completarla.

3 SELECCION. CAUDAL

Como puede suponerse, el proceso de vaciado en todas las fuentes enumeradas era selectivo, ajustado a varios criterios: importancia y generalidad del tema; amplitud subjetiva de su interés; extensión del tratamiento; prestigio del autor, de la entidad editora, de la publicación periódica, en su caso; modernidad del estudio, etc. Según estas normas, supeditadas a los juicios de las bibliografías críticas cuando éstas existían, se ha suplido la imposibilidad de efectuar una valoración personal para obtener una selección rigurosamente crítica. En este aspecto, han merecido asimismo una gran atención los tratados, manuales, etc. recientes, cuya bibliografía se ha consultado cuidadosamente no sólo por el valor de fuente informativa actualizada, para su incorporación al MBEE, sino otorgándole también la consideración de crítica —aunque estrictamente no lo fuese—, puesto que debe aceptarse que los autores de aquellas obras, especialistas en la materia, habrán recogido siempre los estudios más acreditados para cada tema.

Algunas precisiones sobre los criterios de selección recién expuestos:

El llamado de *modernidad* no se aplica de modo inexorable, en detrimento de las obras que no ofrecen tal condición, pues hay casos en que resulta contraindicado por la naturaleza o el estado actual del tema. Piénsese, por ejemplo, en los estudios locales: para el conocimiento de la topografía urbana de una ciudad del siglo XVII, la mejor fuente de información —a veces, única— está en algunas obras contemporáneas, no en las guías o historias modernas. De modo semejante, para muchos aspectos y períodos de la historia económica faltan monografías. Resulta, pues, procedente, recoger obras antiguas que, si bien no son científicas, tampoco pueden considerarse inútiles: constituyen fuentes únicas, asequibles, de información. Hay, pues, en los campos citados como en no pocos más, necesidad de seleccionar obras de todas las épocas.

En consecuencia, el MBEE no conoce una fecha inicial de edición para la selección de su caudal. Se descartan, sí, todas aquellas obras que, pese a su fama, a su bien ganado prestigio, a su importancia historiográfica dentro del correspondiente ámbito científico, etc., hoy quedan anticuadas y superadas, cuando no descalificadas. Aunque sigan figurando en las bibliografías especiales, aunque encierren todavía algún interés para el especialista, etc., sólo poseen valor histórico dentro del desarrollo de su materia. De ahí que su inclusión en el MBEE careciera de sentido, incluso resultara contraproducente o engañosa, pues no pretende trazar la historia bibliográfica de cada tema, sino suministrar la información más amplia y actualizada que sea posible. Así, por ejemplo, la famosa *Junta de libros*, de Tamayo de Vargas, citada siempre como la primera obra bibliográfica española, resultaría aquí superflua: tiene escaso valor por haber sido ya muy aprovechada en obras posteriores y, además, resulta prácticamente inasequible, de modo inmediato, para la mayoría, por existir sólo como manuscrito en la Biblioteca Nacional de Madrid. Todo lo anterior podía formularse de otro modo, diciendo que el MBEE ha evitado caer en la denuncia de Schneider[3] de que la bibliografía se convierte en fin de sí misma bajo determinados supuestos.

Sí era, en cambio, obviamente necesario señalar una fecha final para la delimitación del caudal bibliográfico recogido. Sin más razón que el momento en que pudo procederse a ultimar el MBEE, tal

(3) Así formula G. Schneider (*Theory and history of the bibliography*. Nueva York, 1961, 31) su acusación: *Bibliographies become an end in themselves if the compiler is interested primarily or entirely in the titles rather than in books.*

fecha quedó fijada en 1973. Es decir, no figuran libros cuyo pie de imprenta sea posterior al citado año. Pero sépase que, a mediados de 1974, aún seguían apareciendo en el mercado librero bastantes con aquella fecha y, por tanto, son incluidos aquí. En cuanto a las revistas, la situación resulta en sí misma más imprecisa: para ellas se ha tomado en cuenta —en la práctica no cabía otra solución regular y uniforme— el año oficial del volumen que, en no pocos casos, aun apareciendo en 1973 resulta anterior a dicho año, por el retraso tradicional de muchas publicaciones periódicas. De modo que los artículos seleccionados no rebasan nunca el año límite de 1973, aunque algunos hayan aparecido posteriormente.

Se ha hecho referencia, en un párrafo anterior, a la modernidad respecto de la datación bibliográfica; debe también precisarse algo en cuanto a la modernidad del contenido. Hay materias en las que interesa más su fase antigua que la actual, para los fines perseguidos por el MBEE. Así, aunque éste proporcione información sobre el Derecho actual, su finalidad no es, ni nadie lo pretenderá, servir tal información para su inmediata aplicación a la resolución práctica de cuestiones jurídicas, propias del ejercicio profesional de la abogacía. Lo que regularmente se le puede pedir al MBEE, sobre Derecho, desde ángulos muy diversos, coincidentes por lo general en ser ajenos a tal disciplina, es información sobre textos, instituciones, usos y costumbres, etc., de naturaleza jurídica en épocas pretéritas. Sentado este principio, se explica la diferencia cuantitativa, según las épocas, con que la selección debe proceder dentro de un mismo ámbito científico.

El criterio que acaba de exponerse viene a coincidir, en ocasiones, con el que antes se denominó *amplitud subjetiva de su interés*, es decir, el número de presuntos sujetos interesados en la consulta. No necesitará justificación la creencia de que serán más numerosos los consultantes interesados por la Edad Media que por la Prehistoria; por la Gramática que por la Onomasiología; por la tauromaquia que por el baloncesto, etc. Son diferencias que se han procurado tener en cuenta durante la selección, para fijar la extensión proporcional de cada división temática. Claro que, en este aspecto, influye decisivamente la amplitud objetiva de la bibliografía existente sobre cada tema, muchas veces desproporcionada a su importancia o interés: personajes, localidades, momentos históricos, etc., de primer orden cuentan, en algunos casos, con menos bibliografía que otros de rango inferior.

La existencia de un estudio *definitivo* —o superior o mucho más extenso o más reciente que los restantes— sobre un tema, no ha excluido necesariamente a todos éstos. Aunque parezca superfluo proceder de ese modo, hay una razón de orden práctico que lo aconseja decisivamente: evitar el riesgo de que por imposibilidad material de poder consultar dicho estudio definitivo, quede cerrado el camino a toda información sobre el tema correspondiente. Información que las obras concurrentes podrán proporcionar muchas veces en grado suficiente y aun superior al deseado por el que acude a ellas.

Se ha procurado recoger siempre la última edición publicada de cada obra (consignando la fecha de la primera si el lapso cronológico entre ambas resulta considerable, § 9), puesto que, en principio, debe confiarse en que lleve la doctrina o exposición más actualizada de la materia sobre que versa y la noticia más completa de bibliografía sobre la misma.

Todos los estudios seleccionados versan específicamente sobre temas españoles. No tienen, pues, cabida en el MBEE obras en que éstos constituyen una parte más o menos homogeneizada con el resto. Indudablemente que cualquier estudio sobre el arte gótico, la literatura barroca, la economía europea, la geografía del Mediterráneo, etc., afectará al campo del MBEE. Se ha estimado, sin embargo, que la información de tales estudios no resultará, al menos habitualmente, insustituible, a la vez que acoger obras de ese carácter hubiera alterado en forma desmesurada las proporciones de la presente, pues se acabaría, para ser consecuentes, en las obras de ámbito universal.

El número total de entradas, es decir, de menciones bibliográficas individuales, que componen el MBEE es, aproximadamente, de treinta mil.

4 CLASIFICACION

No ha resultado muy difícil establecer los grupos primarios, según una distribución clara, que, valga suponerlo, no espera merecer graves objeciones, aun reconociendo, sin reserva alguna, que toda clasificación —y más una de carácter totalizador como ésta— encierra mucho de subjetivo e incluso de arbitrario. Probablemente tales rasgos se acusarán con mayor relieve en el resultado, más laborioso, de constituir las subdivisiones. En éstas, al igual que en los grupos principales, se ha procurado proceder con un realismo práctico, de acuerdo con la apreciación culta generalizada sobre cada materia científica, más que con la precisión y rigor específico propios de ellas. El actuar así ha estado determinado, como en tantos otros aspectos de esta obra, por el propósito fundamental de facilitar su manejo a los presuntos usuarios, tan diversos en sus intereses científicos y en sus necesidades informativas, que acudirán principalmente a consultar cuestiones de ámbitos temáticos en que no operan como expertos. Serán, en todo caso, estos últimos los que quizá puedan acusar a veces alguna extrañeza o discrepancia si examinan detenidamente las divisiones correspondientes a su propio saber específico. Pero, aun si así sucede, será ése un inconveniente menor, que no podrá ocasionar graves dificultades o impedimentos a la búsqueda, como sí ocurriría al haber actuado de modo inverso, quiere decirse con la aplicación de esquemas clasificatorios tipificados. Valga ofrecer, como disculpa para quienes no compartan el criterio expuesto, el hecho de que en aquellas materias de las que el autor posee un conocimiento más directo y personal, se ha procedido de la misma manera, acomodándose a ordenación y terminología asequibles a una mayoría culta, pero profana en tales disciplinas, y prescindiendo de las que habitualmente maneja.

Más aún. Para que la información del usuario no padezca detrimento por culpa de la clasificación adoptada, se han establecido numerosas referencias (→) cruzadas entre los apartados, en todos los niveles de las subdivisiones, de modo que cada una queda explícitamente vinculada con las que guarda relación objetiva. Así se evitarán las deficiencias informativas a que pudiera llegarse en algunas consultas, tanto por haber variado una clasificación rigurosamente técnica como por el enfoque restringido, particularista o simplemente diverso que hubiera adoptado el usuario del MBEE.

No menos eficaz resultará, siempre con el propósito del máximo aprovechamiento, la presencia de un copioso índice de materias alfabético (y otro de autores), cuya regular consulta parece oportuno recomendar.

Las dificultades en el ámbito de la clasificación se han acrecentado hasta convertirse en tarea ardua y delicada, en el momento de aplicarla a cada una de las menciones bibliográficas, es decir, al incorporar cada ítem al cuadro sistemático establecido. En los elencos bibliográficos de una sola materia, bien delimitada, tal labor se simplifica por la consideración apriorística de ella como centro dominante de interés, al que se subordinan las demás. Esta solución no cabía en una bibliografía global, así la presente, de modo que se produce como caso más frecuente el de que un mismo estudio pueda incluirse, con igual justificación, en varios apartados, puesto que ni objetiva ni subjetivamente privan unos sobre otros. Tras no poca reflexión y pruebas quedó desechado el establecimiento de un orden, rígido y previamente fijado, de prioridad jerárquica entre los grupos primarios de la clasificación y, dentro de cada uno de ellos, entre los subgrupos, para resolver de acuerdo con él, automáticamente, los casos de posible clasificación múltiple[4]. Sólo una norma de carácter muy general ha prevalecido —que no dominado de modo inflexible— en esta cuestión: la precedencia de lo temático sobre lo histórico, tanto en el nivel primario de la clasificación como en el interior de cada capítulo. Esto ha ocasionado que el capítulo de *Historia* (contra un uso generalizado que lo convierte en cajón de sastre de cualquier clasificación) pueda aparecer como muy reducido proporcionalmente respecto de otros. De modo análogo, la subdivisión *Historia* de otros capítulos suele resultar muy reducida en cuanto que sólo se aplica a estudios generales o politemáticos dotados de dimensión retrospectiva. Por tanto, una monografía que se ocupe de un tema bien perfilado, con enfoque histórico, se encontrará clasificada en la subdivisión correspondiente a su materia y no en *Historia.*

Con una interpolación en el título —notada como tal al ir colocada entre corchetes— o por medio de una breve nota tras la descripción catalográfica, se ha procurado determinar los títulos imprecisos, aclarar los herméticos, etc.

5 DIVISIONES TEMATICAS

El primer nivel de la clasificación comprende 22 divisiones o grupos, que vienen a ser los capítulos del libro, dispuestos en el

(4) Proceder de este modo no supone apartarse del *permanent principle,* formulado por Besterman, según se postula en la nota 2. El propio Besterman aclara inmediatamente, a propósito de él, que *here common sense must come to the rescue.*

orden siguiente:

1 *Bibliografía. Bibliología*
2 *Revistas*
3 *Fuentes documentales. Ciencias auxiliares*
4 *Generalidades. Caracterización*
5 *Biografía*
6 *Historia*
7 *Imperio*
8 *Religión*
9 *Instituciones. Derecho*
10 *Sociología*
11 *Naturaleza. Geografía.*
12 *Economía*
13 *Educación*
14 *Cultura. Ciencia*
15 *Medios informativos*
16 *Lingüística*
17 *Literatura*
18 *Arte*
19 *Espectáculos. Juegos. Deportes*
20 *Folklore*
21 *Estudios locales. Las grandes regiones tradicionales*
22 *Estudios locales. Las provincias*

Se exponen a continuación algunas indicaciones de utilidad práctica para la consulta de cada capítulo en cuanto a su contenido, disposición formal, etc.

1. *Bibliografía. Bibliología.* Este capítulo recoge las obras bibliográficas de ámbito general, es decir, no referidas a ninguna materia particular, las cuales tienen su lugar idóneo en el capítulo correspondiente a su ámbito temático. Tal es el criterio constante en esta cuestión —cuya justificación no cabe desarrollar aquí—, contra la práctica contraria, probablemente más generalizada, pero menos realista en cuanto a los intereses de los estudiosos.

Se clasifican, pues, aquí, además de algunas obras próximas a las bibliografías de bibliografías, los repertorios bibliográficos elaborados para reunir toda la producción editorial española tanto retrospectiva como corriente; la de un determinado período histórico; la impresa en determinada región o ciudad; la producida por un grupo homogéneamente caracterizado de autores; la coincidente por identidad formal, etc., etc. Dicho más brevemente, la que presenta algún rasgo común en cuanto a tiempo, lugar, autor o forma. La bibliografía de instituciones religiosas se limita, de acuerdo con el criterio ya expuesto, a la que se ocupa específicamente de sus miembros españoles.

Otras subdivisiones de este capítulo, muy vinculadas a las anteriores por su importancia para la información de carácter auxiliar mediato, apuntan además a aspectos substantivos propios, es decir, a su conocimiento intrínseco con otras finalidades posibles: archivos, bibliotecas, hemerotecas e imprenta.

Las últimas subdivisiones justifican la presencia de *Bibliología* en el encabezamiento capitular; su carácter resulta más erudito que auxiliar en cuanto que se ocupan de la historia y características, bajo diversos aspectos, del libro en España.

La selección de este capítulo ha sido muy generosa, pues, en unión con las bibliografías especiales de cada materia, facilita, en principio al menos, una información completa, en segunda instancia, de toda la bibliografía existente de tema español.

En cuanto a su ordenación se presenta como el más heterogéneo del MBEE. Concretamente, el que más se separa de la ordenación alfabética por autores. Los repertorios se ordenan cronológicamente para facilitar la visión de los períodos de tiempo que cubren o, dicho de otro modo, para señalar la información de que se dispone o se carece sobre cada uno de ellos. Otras subdivisiones, como las de archivos y bibliotecas se ordenan según la disposición alfabética (destacada en negritas) de regiones y localidades en que radican. Con esa disposición se logra no sólo mantener agrupadas las referencias de cada ámbito territorial en beneficio de las consultas, sino también encontrar de inmediato la información sobre aquellos centros en la localidad que se desee.

2. *Revistas.* Este capítulo está constituido fundamentalmente por una amplia selección de las revistas nacionales, en curso de publicación, cuyo contenido es de naturaleza cultural o científica. Las revistas de otra naturaleza (información general, gráfica, humor, etc.) tienen su lugar en el capítulo 15.

Hubiera resultado más congruente con otros capítulos limitar el contenido del presente a las fuentes de información, sin enumerar nominalmente las revistas. Por varias razones no se ha procedido así, en beneficio de los consultantes. En primer lugar, aquéllas son escasas, incompletas en sus inventarios y de no fácil consulta. Después, porque la selección que se ofrece, presenta de inmediato este sector de la actividad española actual (sobre épocas anteriores orientan los catálogos, repertorios, estudios, etc. que encabezan el capítulo); refleja de algún modo las áreas y resultados de la investigación científica; y, finalmente, el conocimiento de su existencia, por ser previsible su continuidad, permite superar el límite cronológico de la información suministrada por cualquier otro capítulo del MBEE: la consulta de tales revistas (artículos, reseñas, bibliografía sistemática o no, etc.) constituye un medio eficaz, como es obvio, para obtener una información actualizada de primera mano sobre la materia que se desee.

Por esta última razón, se ha incluido también una relación de las revistas extranjeras que se ocupan específicamente de temas españoles, con lo cual se da a conocer, además, un aspecto de la actividad del hispanismo. Innecesario es decir que existen muchísimas más revistas extranjeras que, en alguna medida, a veces considerable, abordan temas españoles. Pero en este punto, probablemente con más motivo que en ningún otro del MBEE, era preciso aplicar el criterio restrictivo, ya expuesto, en cuanto a publicaciones cuyo contenido no fuera exclusivamente español.

De cada revista se consigna el lugar de edición y el año de aparición, es decir, del primer volumen, seguido de guión, para indicar que continúa. Si la revista ha cambiado de ciudad de edición, tras el nombre de la primera figura, precedido de flecha (→), el de la actual. En el caso de que una revista cuente con índices acumulativos o estudios sobre ella, se da la oportuna noticia. Esta mención vale también para el caso de revistas desaparecidas que, sólo por esta circunstancia, se mencionan en una subdivisión exclusiva de ellas.

3. *Fuentes documentales. Ciencias auxiliares.* Se registra una selección de fuentes de diversa naturaleza que interesan por igual a varias disciplinas (Instituciones, Derecho, Filología, etc.). Cuando una de ellas es afecta de modo especial a una determinada materia, desde ésta se verifica la explícita referencia a aquélla. La ordenación geográfica (más un grupo especial con las de procedencia semítica) adoptada para la fuentes, ha parecido la más segura y cómoda a efectos de consulta.

La segunda parte del capítulo se dedica a las tradicionalmente conocidas como ciencias auxiliares, en una nutrida nómina que pretende no haber excluido ninguna de ellas, aunque no todas hayan recibido el mismo trato en la determinación de su caudal bibliográfico, que procura resultar proporcional a su entidad e interés general. Otras materias que figuran en ocasiones como auxiliares, se insertan en el capítulo 5.

4. *Generalidades. Caracterización.* Se recogen dos tipos de estudios muy diversos entre sí: aquellos de condición enciclopédica, independientemente de su extensión, sobre el hecho diferencial español, y los que entienden de algún o algunos aspectos, rasgos, características, etc. de naturaleza muy general o no reducible a una materia científica bien especificada. De ahí que, junto a las obras de modalidad netamente positivista o informativa, abunden las ensayísticas y las de intención interpretativa.

En el apartado de *Viajeros* se ha reducido muy considerablemente la copiosa bibliografía existente: al interesado por el relato o las impresiones de determinado viaje, le basta buscar el nombre de su protagonista en los catálogos de bibliotecas. Claro está que para el interesado en el tema y totalmente desconocedor de su bibliografía, se han seleccionado los textos individuales más renombrados y, sobre todo, se han recogido estudios generales, recopilaciones, antologías, etcétera, sobre la cuestión, que, con su inmediata información, suministran también indicaciones para ampliarla si se desea.

5. *Biografía.* Este capítulo está constituido fundamentalmente por las obras de carácter biográfico, más algunas materias próximas (*Genealogía, Heráldica, Iconografía,* etc.). En lo referente a las primeras, conoce varias excepciones, por razones de índole práctica, que apenas requieren justificación, pero sí deben conocerse: las biografías de Jefes de Estado figuran en el apartado correspondiente de *Historia,* por su vinculación con todos los acontecimientos de la época respectiva; de hecho, la bibliografía existente acusa en buena parte el hibridismo de lo privado y lo público. De modo análogo, las biografías de literatos figuran en *Literatura* y las de artistas en *Arte,* ya que en ellas resulta difícil separar vida y actuación, estudio biográfico y estudio crítico y, por tanto, cada mención constituiría un problema clasifi-

catorio; pero, sobre todo, sería radicalmente improcedente presentarlas por separado en el MBEE. El mismo tratamiento, por semejantes razones a las expuestas, reciben los protagonistas de la empresa americana, desde el descubrimiento y la conquista hasta la independencia.

Para las demás especies de biografiados (santos, científicos, políticos, etc.), es decir, la mayoría, no se ha juzgado oportuna su inclusión en la división temática correspondiente a su actividad profesional, modo de vida, etc. (pero, salvo en el caso de las tres primeras especies arriba mencionadas, desde este capítulo se hace referencia a las obras de algún alcance biográfico incluidas, según procedía, en otro capítulo). Se ha estimado más probable que el interesado por determinado personaje no atine con la materia —objetivamente difícil de precisar en muchos casos— en que destaca, dificultándose así la búsqueda, que la situación inversa, es decir, que el interesado por una época o materia desconozca los nombres de los personajes vinculados a la misma y no pueda, por tanto, documentarse sobre ellos. Añádase a esto que, en el peor de los casos, con una información general sobre tal época o materia obtendrá tales nombres. Supóngase que se desean unos datos biográficos del Marqués de la Ensenada, sin saber a qué reinado corresponde su actuación política, o de Jaime Ferrán, para averiguar precisamente cuál fue su ámbito científico: sólo si ambos figuran en *Biografía* se resolverá la consulta. Mientras que el estudioso del reinado de Fernando VI, aunque conoce el tiempo del primero de los citados, como el historiador de la medicina la profesión del segundo, no experimentan ningún inconveniente por no encontrarlos en el capítulo de historia y medicina, respectivamente, pues también acudirán a *Biografía*.

Sabrá comprenderse que la selección de los biografiados no podía responder a un criterio de valoración objetiva, salvo, en todo caso, a la existencia o carencia de estudios biográficos. Conoce, sin embargo un límite cronológico objetivo para los contemporáneos: no se incluyen los nacidos después de 1913, dicho de otro modo, los que en el año 1973 aún no habían cumplido los 60 años. Se traspasa esta limitación en el caso de personalidades difuntas y para algunas vivas de gran peso en la sociedad actual. Por otro medio se amplía también la nómina de biografiados, superando dicho límite, a saber, por los repertorios biográficos colectivos de épocas, profesiones, etc., y los regionales y locales. Sobre todos éstos debe advertirse que los repertorios biográficos profesionales se incluyen en el capítulo correspondiente a su temática y análogamente sucede con los regionales y locales. Para estos últimos, la congruencia temática queda reforzada por una razón práctica, pues, con frecuencia, la bibliografía del sector en cuestión reviste la forma de obras enciclopédicas o misceláneas, entre cuyos diversos temas se encuentra, claro está, el de «hijos ilustres».

Además de los personajes nacionales (en el usual sentido de *español* que ya quedó indicado), se incluyen también bastantes otros, extranjeros, muy relacionados bajo algún aspecto con la vida o cultura españolas, tales como Alberoni, Humboldt, María Tudor, Magallanes, etcétera, manifestaciones, escogidas al azar, del criterio expuesto.

Toda la sección se dispone según el orden alfabético de apellidos de los biografiados, en negritas, para su fácil localización. Sólo en el caso de santos y personas reales es el nombre de pila el que se toma en consideración al efecto dicho, como ocurre también con el título nobiliario u otra denominación nominal para los biografiados que son más conocidos por ese sistema: **Guzmán el Bueno;** (Duque de) **Alba;** (Sor) **Patrocinio;** (Doctor) **Thebussem; Romanones;** (El) **Tempranillo;** (El) **Gallo,** etc.

6. *Historia.* Como ya quedó advertido, este capítulo aparece con menor extensión de la que, en principio, según el uso más general en las clasificaciones temáticas, cabría esperar. Sin embargo, el número de obras de carácter histórico que figuran a lo largo de todos los capítulos del MBEE resulta muy elevado, según puede comprobarse. Ocurre que, al clasificar tales obras, tras la oportuna selección, se dio preferencia al tema sobre su encuadramiento cronológico primario, en la creencia de que ésa va a ser también la actitud más extendida entre los solicitantes de tales estudios. Aunque desaparecida, pues, en la primera instancia clasificatoria, la dimensión histórica, no se perdió para siempre, ya que a veces reaparece bajo ella dentro de la materia correspondiente, pero también en ese nivel ha sido preferido el encuadramiento temático sobre el histórico si el estudio era verdaderamente monográfico.

El capítulo de *Historia* queda, pues, constituido según el concepto tradicional de la misma, el que suele seguir vigente entre los profanos, es decir, la exposición de acontecimientos políticos, sucesos bélicos, etc. Para informarse de los aspectos o manifestaciones culturales, sociales, económicos, etc. de determinada época o reinado, se hace preciso acudir, por tanto, al capítulo correspondiente a esas áreas y, en la medida en que se busque un fenómeno concreto, a la subdivisión temática idónea.

Cada una de las subdivisiones de *Historia* se ha formado, en cuanto a la extensión de su acopio bibliográfico, con un criterio más o menos restringido según el mayor o menor grado de especialización que su objeto de estudio requiere, para así adecuarse a la función general del MBEE. Resulta presumible pensar, sirva de ejemplo, que las consultas sobre el siglo XIX serán más numerosas, más variadas, más exigentes, que las que versen sobre las épocas prehistóricas. Se imponía, pues, una diferente amplitud bibliográfica para una que para otra de las subdivisiones citadas.

7. *Imperio.* El caudal bibliográfico de este capítulo se reparte de modo muy desigual, pero consecuente, entre las diversas subdivisiones, en atención a la importancia histórica de cada territorio del Imperio. En realidad, esa desigualdad en la selección responde a la diferencia cuantitativa existente en el material bibliográfico sobre el que se ejerció la selección.

América recibe una demorada atención que se manifiesta desde la extensión otorgada a la época prehispánica en sus varias manifestaciones. Todos los aspectos de la vida colonial (religioso, sociológico, cultural, económico, folklórico, etc.) reciben su tratamiento en este capítulo y no en los otros del MBEE correspondientes a tales materias. Este capítulo viene, pues, a reproducir en su interior la clasificación general de toda la obra. Por principio, la bibliografía recogida no rebasa, en cuanto a su ámbito, el momento en que un territorio se desgajó del Imperio. Es decir, quedan fuera de su objeto —es el caso más característico— los Estados hispanoamericanos independientes. Pero a fin de evitar un corte brusco en la información, se incluyen unos cuantos tratados y manuales de historia general de cada uno de ellos.

La comunidad idiomática mantenida lleva a que Hispanoamérica actual figure, bajo ese aspecto, en el capítulo de *Lingüística,* a la vez que determina la inclusión, en toda su amplitud cronológica, de su literatura, sobre la que se consigna en el presente capítulo bibliografía general y también particular de cada país. Desde esa información se podrá llegar a estudios más especializados (autores, épocas, etcétera), que caen ya abiertamente fuera del ámbito del MBEE.

Lo anteriormente expuesto tiene validez proporcional, en cuanto ha lugar, para los otros territorios que formaron el Imperio.

Varias subdivisiones van ordenadas por orden alfabético de las palabras claves (en negrita) que expresan las variedades de su contenido.

8. *Religión.* De acuerdo con la realidad española pasada y presente es la católica la que fundamentalmente determina la estructura del capítulo y la que mayor caudal bibliográfico presenta. Pero tanto las religiones primitivas, paganismo, etc. de época antigua como otras manifestaciones religiosas de tiempos modernos, figuran en varias subdivisiones.

Téngase en cuenta que la parte histórica del capítulo queda muy reducida, ya que sólo incluye los estudios que no se dejan encasillar en una temática homogénea. Los que ofrecen, en cambio, esa característica, independientemente de la época que afecten, se incluyen en la subdivisión propia de su materia.

El capítulo abarca no sólo las manifestaciones específicas de él (*Espiritualidad, Mariología,* etc.), como es obvio, sino también aquéllas que, de algún modo, pueden considerarse mixtas, siendo uno de sus componentes de naturaleza religiosa, al menos en un sentido lato (*Arqueología cristiana, Relaciones entre Iglesia y Estado,* etc.).

Aunque figura una subdivisión de *Hagiografía,* las vidas individuales de santos quedan situadas en el capítulo de *Biografía.*

9. *Instituciones. Derecho.* Resulta muy considerable la variedad de materias clasificadas en este capítulo. En su división interna ha prevalecido decididamente la consideración de cada entidad diferencial en cuanto objeto material, sobre la diversidad de enfoques formales con que podía ser estudiada. Es decir, se ha adoptado la actitud del profano y no la del especialista, como es norma. De ahí, pues, que se establezcan unos temas o materias (Estado, Cortes, Justicia, Trabajo, Sanidad, etc.), que todos pueden distinguir, en torno a los cuales se agrupa la bibliografía respectiva, sin diversificarla según la distinta actitud formal (jurídica, política, técnica, etc.) con que aborda dichos temas.

En algunas ramas del Derecho se podrá percibir la ausencia de muy conocidos y acreditados manuales y tratados. Han tenido que ser excluidos, deliberadamente, al comprobar que su materia no era de específico contenido español.

10. *Sociología.* No sería sorprendente que los sociólogos considerasen ajenas a su ciencia algunas de las materias presentadas en este capítulo. Pero, en cuanto que tales materias ofrecen una predominante dimensión social, ha parecido obligado situarlas en él: es ahí donde presumiblemente las buscará todo el que no sea un experto en Sociología. Se agrupan, pues, de hecho, bajo tal denominación aquellas manifestaciones, actividades, fenómenos, etc., vinculados a la Sociedad que no entran bajo el concepto de instituciones públicas. Naturalmente que esta caracterización tan difusa debe ser restringida con la aplicación del común e inmediato sentir sobre cuáles son los hechos sociales. Así se justifica que este capítulo no atienda, por ejemplo, a la lengua, ya que la creencia más general no le atribuirá aquí su puesto.

Figuran en este capítulo varias ideologías que fácilmente se identifican con partidos políticos o generalmente se presentan revestidas por ellos. Reconociendo la dificultad de establecer la diferencia, ha parecido más conveniente incluirlas aquí, por responder —al menos en su raíz histórica o en su fundamento ideológico— a una actitud social antes que a una organización estasiológica; también, por ser cambiante o múltiple su faz política, en cuanto no vinculada cada una a un único partido.

11. *Naturaleza. Geografía.* Este capítulo ha experimentado una notable reducción de su posible repertorio bibliográfico, a favor de otros capítulos. El detrimento afecta fundamentalmente a los aspectos humano y económico de la Geografía, cuyo contenido es absorbido, en su mayor parte, por la *Sociología* y la *Economía,* respectivamente, para evitar la dispersión bibliográfica, dado que los límites entre las disciplinas citadas se presentan muy borrosos; otra razón de ese modo de proceder radica en el más amplio interés actual que suscitan los estudios sociológicos y económicos, lo que de algún modo polariza hacia una u otra de ambas disciplinas obras que, en otro tiempo, se hubieran clasificado como geográficas.

El criterio de atribución en Geografía se ha movido, pues, en orden a considerarla principalmente en sus manifestaciones de carácter físico y natural. El desarrollo congruente de dicho criterio ha venido a ampliar el dominio del capítulo con la inclusión de las ciencias que se ocupan de las realidades y manifestaciones del medio ambiente (suelo, flora, fauna, etc.), cuyo objeto material, ya que no el formal, las aproxima a la Geografía. De ahí el doble epígrafe de este capítulo. Los especialistas disculparán esta agrupación por lo que facilita, al que no lo es, encontrar reunidas estas disciplinas, que no siempre acierta a diferenciar, a causa de su citada proximidad material.

También ha resultado desfavorable para la extensión del capítulo la competencia con los dos de *Estudios locales.* De muchas obras pertenecientes a ellos resulta característico su contenido politemático, con particular preferencia, bien explicable, en cualquier caso, por los aspectos geográficos. De ahí que para mantener la unidad, los estudios específicamente geográficos de ámbito local que se identifican de inmediato con una subdivisión de los *Estudios locales,* se incluyan en ella. Se exceptúan, claro está, los atingentes a regiones naturales o amplias zonas en que no se produce tal identificación (generalmente por corresponder a varias provincias).

12. *Economía.* El capítulo presenta unas divisiones muy independientes entre sí, por la forma de estar tratadas, de acuerdo con la realidad objetiva: *Agricultura, Ganadería, Pesca, Minería, Industria, Comercio,* etc., en busca de la máxima claridad. Dentro de aquéllas, las subdivisiones ofrecen la misma finalidad de destacar las entidades reales: *Cereales, Vid, Algodón, Azúcar,* etc. Idéntico propósito lleva, en cambio, a no diferenciar muchas veces los aspectos sociales, jurídicos, técnicos, etc., con que pueden ser abordados los citados objetos. De este modo se ha pretendido obviar los inconvenientes que supondría para la consulta el separar en otros tantos capítulos las cuestiones jurídicas, sociales, políticas, económicas, técnicas, históricas, etc., referentes a una sola materia, por ejemplo, la Agricultura.

13. *Educación.* De este tema hay que manifestar, antes que cualquier otra indicación, la escasez de la bibliografía a él dedicada, lo que ha dificultado su composición. Se ha prestado especial atención a la enseñanza de cada materia científica en particular y a la historia de las Universidades.

No obstante las remisiones particulares situadas en su interior, conviene encarecer, de modo general, la vinculación de este capítulo con el siguiente *(Cultura. Ciencia),* porque en muchas ocasiones podrán complementarse mutuamente con eficacia.

14. *Cultura. Ciencia.* En este capítulo, de carácter fundamentalmente retrospectivo, se pretende recoger la historia cultural y científica de España, pero también, en la medida que la perspectiva lo ha permitido, su estado presente. Después de las obras de carácter general y de las dedicadas a las entidades científicas, se suministra información de cada ciencia en particular. La desigualdad de tratamiento entre unas y otras no parece tanto defecto del MBEE como de la situación de la respectiva bibliografía. Esta podrá ser completada eficazmente para algunos temas por la del capítulo anterior *(Educación)* y también, a veces, por la división del MBEE dedicada al mismo objeto que la ciencia cuyo desarrollo se desea conocer.

15. *Medios informativos.* Se ha recogido un elevado número de repertorios periodísticos generales, regionales y locales, además de estudios sobre algunos periódicos en particular y de aspectos técnicos y legales de la Prensa. Se indican también catálogos y estudios sobre revistas y otras publicaciones periódicas que no tuvieron cabida en el capítulo 2, según el criterio expuesto sobre éste.

Para otros medios informativos, la bibliografía existente es muy reducida en su aplicación española, pero la que queda consignada parece suficiente para un conocimiento general del tema.

Se ha dado cabida en este capítulo a la *Publicidad.*

16. *Lingüística.* Este capítulo se ocupa de todas las lenguas y dialectos que geopolíticamente se adscriben a España. También de las modalidades propias de la lengua española, fuera de España, en aquellos territorios o grupos sociales que la tienen como propia.

La diferente amplitud de unas y otras subdivisiones tiene su reflejo inmediato, de modo cuantitativo, en la bibliografía existente y, mediato, en la selección operada. Los estudios que se ocupan de más de una variedad, se clasifican dentro de la lingüística española si incluyen, como suele suceder, a la lengua española; si no, en la que reciba principal atención. En todos estos casos se hacen las oportunas remisiones.

Las diversas disciplinas lingüísticas reciben una atención que procura ser proporcionada a su interés general; se comprenderá que se presuma el máximo para Gramática y Diccionario.

Se ha procurado evitar los tecnicismos —quizá éste es el capítulo más amenazado por ellos— en los epígrafes, aunque tal vez no se haya logrado del todo. Mayor insistencia se ha puesto en simplificar la base conceptual de la clasificación. Así, por ejemplo, el criterio de la división dialectal es geográfico y su ordenación alfabética, sin subordinaciones interiores.

17. *Literatura.* Se han tomado en consideración todas las variedades literarias —en cuanto diferenciadas por la lengua empleada— que se cultivan hoy en España, más aquellas manifestaciones, pretéritas, de las literaturas latina, árabe y judía, vinculadas de algún modo con España. Se procede, pues, con un criterio de máxima amplitud. Recuérdese que la literatura hispanoamericana se incluye en el capítulo 7, como también, si procede, la de los otros territorios imperiales.

Para la bibliografía común a varias de las literaturas peninsulares, se sigue un criterio idéntico al expuesto en el capítulo anterior para un caso análogo.

Cada una de las literaturas mencionadas se estudia por separado. En su interior, tras las obras de carácter general, se establece, en cuanto ha lugar, una división por épocas y, dentro de éstas, por géneros. Una posterior clasificación por géneros en particular acoge a los estudios que se ocupan de uno de ellos con extensión que rebasa los límites de una de las épocas establecidas previamente.

Se cierra el capítulo con una división común a todas las literaturas. En ella se recogen los estudios sobre autores particulares, ordenados alfabéticamente sus nombres (en negrita). Esta indistinción entre los escritores de las diversas literaturas se orienta a facilitar la búsqueda de cualquiera de ellos por parte del poco versado. Se evita también, así, la multiplicidad de apartados como éste y la dispersión entre ellos de la bibliografía —por otra parte no fácil de clasificar— propia de los cultivadores de más de una literatura.

No se citan, en principio, ediciones de textos. La razón es ésta: basta acudir a los catálogos alfabéticos de las bibliotecas para encontrar las obras disponibles allí del autor que se desee. La única información de que priva dicha exclusión, consiste en el crédito que merecen las diversas ediciones de una obra literaria clásica, dato que se proporcionaría seleccionando sólo las mejores o las recomendables. Pero no resulta congruente acudir al MBEE en busca de tal dato, por tratarse de una cuestión que sólo interesa a los especialistas, los cuales disponen de otros medios para averiguarlo, si es que no lo saben. Por otra parte, la mención de ediciones hubiera implicado un considerable aumento de espacio, que afectaría no sólo a este capítulo, sino a todo el MBEE de modo sensible. Ahora bien, en determinadas circunstancias sí se mencionan ediciones, pero por razón ajena al hecho intrínseco de la edición. Ello ocurre cuando una edición va acompañada de un estudio que representa una considerable aportación —en absoluto o respecto de la correspondiente bibliografía— por su novedad, amplitud de información, etc. sobre la propia obra editada o sobre su autor; en menos casos, por la riqueza de sus notas, innovaciones textuales, etc. La mención de estos estudios se encabeza por el nombre de su autor, seguido de la abreviatura *ed*(ición) (aunque no haya sido ésta su labor en sentido estricto) exclusivamente (aunque haya realizado otras tareas críticas), nombre del autor de la obra y título de ésta.

Aceptando una práctica usual de sus tratadistas, en las literaturas de menor desarrollo se ha dado cabida, si bien restringida, a autores que propiamente no fueron literatos, sino filósofos, historiadores, etc.

18. *Arte.* Se ordena este capítulo según el mismo esquema del anterior, de modo que puede exponerse con gran brevedad.

Tras las obras generales, sigue una clasificación por épocas (y estilos), que se subdividen por géneros. En los apartados posteriores se da cabida a todas las artes mayores y menores, una por una, para incluir en ellos la bibliografía correspondiente a cada género artístico cuando afecta a un ámbito cronológico superior a una de las épocas anteriormente establecidas.

Por razones obvias, la Música, en todas sus manifestaciones, tiene su propia clasificación, independiente de las demás artes.

El último apartado del capítulo comprende las monografías dedicadas a artistas individuales, según el orden alfabético de sus nombres.

No puedo por menos de llamar la atención acerca de la penuria bibliográfica sobre el arte español, tanto de modo absoluto como en relación con otras manifestaciones próximas de la cultura española, de la que constituye probablemente la modalidad más brillante y universal. Faltan obras de conjunto y visiones globales sobre figuras, épocas y estilos de primerísimo relieve. De ahí que, a mi pesar, la selección recogida no pueda ser más extensa. He renunciado a lograrlo con estudios de alcance particularista o muy restringido, cuya utilidad hubiera sido nula en este manual.

19. *Espectáculos. Juegos. Deportes.* Mientras que en algunas manifestaciones de este orden, como la tauromaquia, el problema consistía en seleccionar adecuadamente la amplia bibliografía, en otras, como los deportes en general, la dificultad radicaba en obtener la bibliografía necesaria: escasa, de poca entidad comercial y difusión, falta de atención en los ámbitos culturales y bibliográficos, etc., en desacuerdo patente con el volumen y alcance de las manifestaciones deportivas en la época moderna. Pensando que esta materia tendrá, alguna vez, que ser más atendida por estudios serios, se han recogido

obras cuyo objeto podrá quizá parecer nimio y desproporcionado en el MBEE. Pese a ello, no ha ofrecido dudas su incorporación.

Como puede verse por el índice, se ha incluido una gama completa de actividades lúdicas. Debe lamentarse que, además de las citadas, otras tampoco disfruten de la bibliografía oportuna.

En este capítulo figuran también los elementos y aspectos no literarios del teatro.

20. *Folklore.* El criterio general de primacía de lo temático tiene una de sus más claras aplicaciones en este capítulo. Comprende los estudios de carácter general y luego, hasta el final, se subdivide temáticamente, según cada una de las manifestaciones folklóricas específicas. Sólo cuando la bibliografía existente sobre alguna de ellas resulta muy copiosa, la así afectada se subdivide a su vez por regiones.

No toda la bibliografía folklórica se encuentra en este capítulo. La vinculación localista del folklore ha llevado a una solución de compromiso, por la cual los estudios generales, es decir, los que atienden a todas las manifestaciones folklóricas diferenciales, correspondientes a un área territorial determinada, se segregan del capítulo presente para incorporarse, en el capítulo 21, a la región respectiva, independientemente de cuál sea la entidad del área en cuestión (región, provincia, comarca, localidad, etc.). Con esto se evita la excesiva atomización que resultaría de incluirlos en provincias, localidades, etc. Lo cual, por otra parte, en cuanto a diferenciación real de la materia folklórica, tendría poca relevancia en la mayoría de los casos.

Brevemente: los estudios de folklore se encuentran en el presente capítulo y en el 21. En este último, cada una de las regiones que lo forma, presenta una división propia para él, correspondiente a los estudios generales referidos a aquella región o a alguna de sus partes. Vale esto, claro está, para la bibliografía específicamente folklórica, pues estudios folklóricos se encontrarán también, normalmente en forma de un capítulo, en las obras de conjunto sobre una región o provincia o localidad.

21. *Estudios locales. Las grandes regiones tradicionales.* Se ha concedido una notable extensión a los *Estudios locales,* por la precaria situación de su bibliografía, dificultad de llegar a su conocimiento y utilización, etc. Bien es verdad que debe desconfiarse del valor científico de buena parte de los llamados estudios locales y aun de su exactitud, pero en no pocas ocasiones son fuente única y también único medio para llegar al conocimiento de algunas cuestiones de más amplio alcance.

La sistematización de esta parcela bibliográfica ha obligado a muchos ensayos, porque salvo unas cuantas obras, relativamente escasas, que, por su naturaleza constitutiva (guías, obras de conjunto, misceláneas, etc.), no ofrecían problemas de clasificación, al caer de lleno en el ámbito de los estudios locales, la mayoría entraba en conflicto, por su tema, con otras divisiones. La solución se ha inclinado, de hecho, hacia la inclusión en el presente capítulo, o en el siguiente, de los estudios dotados de alguna clara dimensión localista. A esta determinación ha contribuido en gran medida no la consideración abstracta, sino la naturaleza misma de la bibliografía existente, en la que lo temático constituye ordinariamente un aspecto o parte de una cuestión, para cuyo conocimiento resulta de secundaria importancia. De modo general, pues, téngase en cuenta que los estudios de ámbito localista en materias como Biografía (colectiva), Historia, Instituciones, Derecho, Sociología, Geografía (en ésta muy especialmente, como ya se ha explicado), Economía y Arte, son los que de manera más regular figuran en este capítulo o en el siguiente, aunque algunos de ellos, como ocurre en principio respecto de las restantes materias no mencionadas, queden fuera por su mayor proyección o importancia. Pero todos estos casos, en uno u otro sentido, se salvan mediante las oportunas remisiones y el índice alfabético de materias.

Las obras denominadas *Guía de...*, más un topónimo, frecuentísimas, aunque generalmente son descripciones de tonalidad turística o, en casos más específicos, artística, se incluyen habitualmente en *obras de conjunto*, pues, al menos de modo breve y secundario, suelen recoger información sobre todos los aspectos de la vida local.

Bajo los epígrafes de las antiguas regiones tradicionales se incluyen en este capítulo tanto los estudios que las afectan en cuanto tales, como aquellos que, aun referidos a épocas posteriores, se ocupan globalmente de varias divisiones administrativas posteriores y áreas territoriales que, de modo ideal al menos, pertenecen a una de dichas regiones, y no tienen entidad propia de otro orden. Sin embargo, cuestiones muy ligadas con las regiones en su momento de mayor relieve incluso, quedan excluidas de ellas, bien por su superior alcance, bien por el habitual modo de considerarlas. Así se ha procedido, por ejemplo, con la bibliografía sobre la Reconquista, que resulta obligado incluir en la división de *Historia*. Ningún consultante la buscaría fuera de ese capítulo.

El reducido repertorio bibliográfico con que se presentan las dos divisiones de *Castilla* responde a la situación de la bibliografía correspondiente. A su vez, esa situación es el resultado, bien sabido, de haberse identificado la historia y la vida nacionales con Castilla, más que con cualquier otra región. Es un hecho político e historiográfico, que no cabe aquí comentar, pero así es. Las restantes regiones toman un aspecto diferencial que fomenta su estudio particular. Sobre esa base, la mayor o menor personalidad de cada región y, sobre todo, su persistencia, son factores determinantes de una bibliografía más o menos copiosa.

Téngase en cuenta que las ausencias bibliográficas que puedan percibirse se salvarán, por lo menos en alguna parte, mediante la consulta, en el capítulo siguiente, de la bibliografía de las provincias integrantes de cada región.

Las regiones que no se subdividen en provincias, reciben en este capítulo toda la información acumulada para ellas, por lo que su clasificación interior es diversa de la de las restantes.

22. *Estudios locales. Las provincias.* Todo lo dicho sobre el capítulo anterior vale, *mutatis mutandis,* para el presente, en especial la posibilidad de complementarse y suplirse en informaciones concretas.

En la división provincial, la capital se identifica siempre, a efectos de clasificación, con la totalidad de su respectiva provincia, cuando ésta se estudia de modo global o general, de modo que las obras que tratan de una o de otra figuran clasificadas indiscriminadamente. Esta manera de proceder queda aconsejada en la práctica a la vista de cómo se presenta la correspondiente bibliografía, es decir, el crecido número de estudios que se aplican conjuntamente a la capital y a la provincia, por lo que hubiera resultado improcedente separar de ellos los que no proceden así.

En la clasificación interior de cada provincia (igual en todas con un par de excepciones), tras las subdivisiones por materias, una última, dispuesta por orden alfabético de topónimos (en negrita) permite encontrar rápidamente el que se busca y obtener reunida toda la bibliografía sobre él. Estos topónimos son, en la inmensa mayoría de los casos, nombres de localidades de todos los rangos, pero también figuran la denominaciones de pequeñas comarcas, valles, etc. Los estudios de áreas mayores o de agrupaciones de localidades van en el apartado de *Geografía* de la propia provincia, salvo las grandes regiones naturales que comprenden varias provincias, las cuales, como ya se indicó, figuran en el capítulo de *Geografía.*

6 DIVISIONES FORMALES

Resulta normal, aun en obras de naturaleza específicamente bibliográfica, encontrar listas de estudios referentes a un único tema, extensas como para poder ser subdivididas sin riesgo de atomización o dispersión, que reúnen de modo indiscriminado obras formalmente muy diversas: fuentes, bibliografías, tratados, monografías, etc. La identidad de tema no constituye motivo suficiente, en las circunstancias indicadas, para justificar tal agrupación heterogénea, ya que la distinta finalidad de sus componentes no puede satisfacer por igual a las necesidades informativas del lector.

Por haber siempre estimado imperfecto tal modo de proceder y por considerarlo defecto substancial de la práctica bibliográfica, se ha procurado no incurrir en él, actuando como a continuación se explica, aun a costa de recargar en buena medida el trabajo de clasificación.

Independientemente de las divisiones temáticas, de más inmediata percepción, se establecen cuatro subdivisiones formales según la naturaleza o finalidad de los estudios clasificados. Son las siguientes:

Bibliografía. Comprende las obras (libros, folletos, artículos) bibliográficas propiamente dichas y, también, fuentes, documentación, catálogos, métodos, programas de trabajo, etc.

Estudios generales. Comprende las obras (libros, folletos, artículos) que tratan un tema en toda su entidad, independientemente de su extensión material, del método aplicado, de la profundidad del enfoque, etc.

Estudios especiales. Comprende las obras (libros, folletos, artículos) que tratan sólo algún aspecto que afecta a toda o casi toda la entidad de un tema.

Estudios particulares. Comprende las obras (libros, folletos, artículos) que tratan sólo una parte de un tema.

Valga confiar en que esta innovación sea algo más que terminológica (se ha eludido muy intencionadamente el uso de la palabra *monografía,* afectada ya no sólo de polisemia, sino de radical equivocidad) y que contribuya a la claridad de la información, evitando caóticas mescolanzas.

La expuesta clasificación formal queda reflejada explícitamente en los correspondientes epígrafes cuando así lo permite y aconseja la extensión del material bibliográfico seleccionado para un tema, a la vez que la naturaleza y variedad del repertorio en cuestión determinarán, por su parte, que se apliquen todas o sólo algunas de las subdivisiones establecidas.

Dado que la clasificación temática se presenta muy pormenorizada, son numerosísimos los casos en que, aun permitiendo la variedad del material bibliográfico la clasificación formal, su extensión, reducida, no aconseja, por razones de proporción y economía de espacio, la presencia de los correspondientes epígrafes. En tal supuesto, las agrupaciones formales se establecen también, pero sin que figure su denominación, mediante el recurso tipográfico de un espacio en blanco entre ellas, es decir, por un interlíneo doble del habitual, que fragmenta así, de modo leve, mas perceptible, la continuidad. Se identifica el contenido formal de tales subdivisiones anónimas por disponerse según el orden arriba expuesto, aparte de que una simple ojeada permitirá reconocer de inmediato la formalidad constitutiva de cada una de ellas.

En los apartados temáticos de reducido volumen no se consignan, de ningún modo, las subdivisiones formales, que producirían una dispersión contraproducente; en todo caso, se separan, por la línea en blanco, bibliografía y estudios, como formalidades bien diferenciables.

7 NOTACION

Cada epígrafe de la clasificación va precedido por un número, según el cual se cita en las referencias.

Las divisiones primarias vienen a constituir, como ya se indicó, los capítulos del MBEE, con una numeración correlativa de 1 a 22. Las divisiones secundarias, es decir, las subdivisiones de cada una de las anteriores, se notan con la numeración correspondiente a su primaria respectiva, a la que en cada subdivisión, para su especificación, sigue, tras punto, otro número de dos cifras de la escala centesimal que va de 00 a 99.

Las divisiones terciarias obtienen su notación de modo análogo al expuesto para las secundarias, y a partir de ellas, según una escala decimal que va de 0 a 9. Pero sépase que el empleo de este último grado de notación se debe únicamente a la insuficiencia numérica de las divisiones secundarias en algunos capítulos, muy pocos, y sólo de modo parcial, a efectos de obtener la correspondiente notación individualizadora, es decir, sin implicar necesariamente subordinación conceptual respecto del rango anterior. La igualdad tipográfica de los títulos de ambas subdivisiones permite conocer la igualdad jerárquica de las mismas. Precisamente por ser muy pocos los casos en que se ha tenido que recurrir a las notaciones terciarias, se renunció a uniformar todas las notaciones con tres cifras, tras la del capítulo, porque hubieran resultado redundantes en su inmensa mayoría, originando un coste innecesario.

La discontinuidad que, a veces, puede observarse en la notación interior de un capítulo, responde a la conveniencia de destacar la vinculación temática de varias subdivisiones y su diferenciación respecto de las contiguas.

Las referencias a un ítem determinado se formulan con el número de su epígrafe clasificatorio y apellido(s) de su autor, separados por coma. En los pocos apartados en que el nombre del autor no constituye la instancia primera de su ordenación interna (§ 8), en la referencia figura, tras la notación numérica, la palabra clave, en negrita, que determina aquella ordenación.

La numeración de capítulo sólo aparece una vez en cada página, aislada, con caracteres tipográficos destacados, en la cabecera, para evitar su repetición delante de la numeración de cada subdivisión y facilitar la búsqueda de las referencias al hojear la obra.

8 ORDENACION

Tras cada epígrafe numerado (y en cada una de sus divisiones formales, § 6, si las tiene), las entradas se ordenan alfabéticamente por apellido(s) del autor o palabra que, en su defecto, desempeñe la función catalográfica de encabezamiento (§ 9). Este es el procedimiento normal y general de ordenación, que conoce una importante excepción, por razones de eficacia, según a continuación se explica.

Algunos apartados, sin detrimento de su natural condición monotemática, están constituidos por numerosas unidades equivalentes, pero bien diferenciables, en cuanto que corresponden a otras tantas realizaciones individuales o particulares de la materia temática común, con caudal bibliográfico, cada una, proporcionalmente escaso respecto del conjunto. Tal ocurre, por ejemplo, en el apartado *Autores*, de Literatura, con cada escritor, o con los núcleos de población en el apartado *Estudios locales* de cada provincia. Es obvio que interesa presentar reunida la bibliografía sobre cada componente de tales apartados. Se lograría, de modo inmediato, constituyendo a cada unidad en un apartado temático propio, independiente, con su correspondiente notación y epígrafe. Pero esa disposición atentaría gravemente contra la sencillez de la clasificación y la economía del espacio (habría subdivisiones con una sola mención bibliográfica), por lo que no puede ser tenida en cuenta. El problema se ha resuelto —así se espera— de modo satisfactorio mediante otro recurso.

El apartado de las características mencionadas se ordena inicialmente no por autores, como los demás, sino por las denominaciones (en negrita) de sus unidades constituyentes (nombres de escritor o núcleos de población, en los casos expuestos arriba) dispuestas alfabéticamente. Cada uno de estos subgrupos puede así reunir toda su bibliografía, que es ahora cuando se ordena alfabéticamente por autores. Esta ordenación resulta, pues, de segundo grado, en el caso en cuestión.

9 CATALOGACION

El concepto de bibliografía (§ 1) con que está concebido el MBEE es ajeno, al menos intencionalmente, al de bibliografía *bibliofílica*, cuyo objetivo radica en identificar determinados ejemplares raros, valiosos, etc., para lo que requiere descripciones muy pormenorizadas[5]. Por esa razón, se ha procurado simplificar al máximo la catalogación del caudal bibliográfico. Concretamente, adecuarla a la finalidad del MBEE, lo que equivale a consignar sólo los datos necesarios y suficientes para poder encontrar en bibliotecas públicas los estudios que recoge. Lo cual no supone una desestimación o descuido del aspecto en cuestión, antes al contrario, como enseguida se verá, sí una delimitación precisa del mismo.

De cada mención bibliográfica se consigna, por este orden, el apellido o apellidos del autor, seguidos, tras coma, de la letra inicial de su nombre, separada por un punto y una coma del título, en cursiva, terminado en punto (o en puntos suspensivos, cuando se acorta).

Si se trata de libros, figura a continuación el lugar y año de edición (con el número de ésta, si es posterior a la primera, en forma exponencial) y el número de páginas (sin expresión de esta última palabra) o, cuando son más de uno, de volúmenes (expresados por la abreviatura *v.*). Todos estos datos van separados entre sí por coma.

Si se trata de artículos, figura el nombre completo o abreviado de la publicación en que aparece y, entre paréntesis, si procede (por no estar incluido en el título, implícita o explícitamente, ni en la relación de abreviaturas y siglas), el lugar de edición; a continuación, año y número del cuerpo bibliográfico con paginación propia (generalmente volumen, pero también, en algunos casos, fascículo, cuaderno, etc., sin expresión de tales palabras) en que se inserta, e indicación de las páginas (sin expresión de esta palabra) entre las que está comprendido. Todos estos datos van separados entre sí por coma.

Tanto para libros como para artículos que lleven láminas independientes fuera de la paginación del texto, se añade la mención + *láms.*

Algunas particularidades del sistema de catalogación que acaba de exponerse.

Para los autores naturales de países en que resulta habitual el empleo del segundo apellido, se consigna éste, sin ninguna advertencia, aunque no figure en su obra, siempre que ha resultado posible averiguarlo. Tarea que ha exigido mucho tiempo, sin poder rematarla plenamente, cuya utilidad debe encarecerse: de este modo se evitan múltiples homonimias —confusiones— entre los nombres de varios autores diversos; aun en el caso de un solo autor, se logra agrupar unitariamente todas sus referencias en el índice alfabético, pues, de otro modo, al no saber si se trata de uno o de dos, quedan divididas en sendos grupos (con un apellido y con dos apellidos), a riesgo de escapar uno de ellos a la atención del usuario.

Por semejante razón a la última expuesta, al registrar el nombre de autores que reducen, regular o esporádicamente, su primer apellido a la letra inicial, se resuelve, siempre que ha podido descifrarse, tal abreviación. En este caso, se consignan entre corchetes las letras restituidas: con esta advertencia se pretende no desorientar la búsqueda alfabética en catálogos bibliotecarios que no deshacen la abreviatura.

(5) G. Schneider, *Handbuch der Bibliographie.* Stuttgart, 1969^5, 64-6.

Para las obras de colaboración de dos autores, figuran los nombres de ambos, según la disposición general establecida. Si es mayor el número de colaboradores, figura sólo el nombre del primero, seguido de *y otros*. Tratándose de misceláneas, en las que propiamente no existe colaboración, sino agrupación de trabajos individuales, se encabeza la mención catalográfica por la palabra más representativa del título, salvo que el primer autor —como ocurre con alguna frecuencia en este tipo de publicaciones— u otro haya ejercido también una función más destacada sobre la publicación que el resto de ellos, por lo cual se atribuye la obra a su nombre (quizá no se haya aplicado este último criterio en algunas ocasiones —libros inasequibles a la consulta directa— por desconocer sus circunstancias al respecto).

Al proceder, como queda dicho, con las misceláneas, no se ha hecho más que seguir una norma propia, de más amplia utilización: a los efectos de catalogación se aplica, por principio, un concepto dilatado de autor, al entender por tal al que haya ejercido funciones de director o editor científico, coordinador, recopilador, antólogo, etc. Se ha procedido así porque quien ha manejado ya una de esas obras, suele recordar, antes que otros datos, el nombre del que ejerció las funciones enumeradas; y también, sobre todo, para facilitar el hallazgo de tales obras en las bibliotecas públicas, que suelen redactar al menos papeletas secundarias con el nombre de los aludidos, mientras que, por faltar un verdadero autor, el encabezamiento de la papeleta principal suele hacerse en ellas según criterios muy diversos, con el riesgo, al no coincidir con ellos, de ocasionar el fracaso en su búsqueda. Por otra parte, la verdadera función del presunto autor no escapa al interesado por la obra, a causa de la naturaleza de ésta, de modo que siempre puede prescindir de él y orientar su búsqueda por el título, si falla por el encabezamiento empleado en el MBEE.

En las obras, con autor inequívoco y explícito, que presentan una intervención destacada de otro como editor científico, anotador, etcétera, el encabezamiento, claro está, corresponde al primero. Pero se consigna también, tras el título, el nombre del segundo, precedido siempre de *ed*(ición), independientemente de cuál haya sido su función precisa. Antes (§ 5.17) quedó constancia de una particularidad próxima a ésta. No aparece nunca la mención de traductor, si no ha sido otra su tarea.

En esta casuística, tan delicada y decisiva, del encabezamiento, debe aún mencionarse otra peculiaridad: las publicaciones sin expresión de autor personal, en las que, en función de tal figura una escala más o menos jerarquizada de organismos públicos o privados o de servicios interdependientes, en coincidencia o no de uno de ellos con la entidad propiamente editora en el aspecto legal o comercial, ofrecen el grave inconveniente de no resultar unívoca, a efectos catalográficos, la atribución de autoría. La discrepancia existente entre las bibliotecas para determinar el encabezamiento de las papeletas de tales obras[6]

(6) Aumenta incesantemente esta clase de publicaciones: informes, memorias, proyectos, etc., redactados por comisiones de expertos y grupos de trabajo que suscitan muy diversas instituciones. Los graves problemas prácticos que esta proliferación crea a bibliógrafos y bibliotecarios han sido ya denunciados y examinados en diversas ocasiones (dando lugar a nuevas publicaciones análogas a las citadas...). Pueden verse las recomendaciones de la Unesco para el control de tales publicaciones en J. Meyrriat, *Etude de bibliographies courantes des publications officielles nationales*. París, 1958.

dificulta considerablemente su búsqueda. Se ha tratado de obviar esta dificultad colocando como encabezamiento la palabra más representativa del título, no la denominación de una entidad pública o privada (salvo algún caso muy característico como el de *Academia Española*). Se adopta esa solución en la confianza de que tales obras puedan ser así localizadas por el catálogo-diccionario, por el de títulos o, en todo caso, por el de materias.

De igual modo se procede, como puede suponerse, con las publicaciones cuya anonimia es plena.

En cuanto a los títulos bibliográficos, en algunas menciones, generalmente de obras antiguas, figuran acortados, siempre sin detrimento de su función informativa esencial, en casos de gran extensión. Los puntos suspensivos que ocupan el lugar de las palabras eliminadas, advierten del recurso empleado. Por el contrario, como ya se advirtió (§ 3), al título se le añade entre corchetes la fecha original de la obra, cuando difiere considerablemente de la que lleva la edición consignada. También (§ 4), títulos ambiguos o escasamente informativos llevan entre corchetes una breve indicación aclaratoria o complementaria.

Se ha procurado describir con detalle, para posibilitar su hallazgo, las características de aquellas publicaciones a las que, por poseerlas peculiares, no les resultan aplicables las normas expuestas.

Suponen un residuo mínimo respecto del total de menciones completas, las que aparecen faltas de algún dato catalográfico. Permítase la excusa con la manifestación de que una tarea tan aparentemente secundaria como la de completar tales datos, ha constituido una de las más trabajosas, por el mucho tiempo invertido en ella. Queda la satisfacción de haber logrado, gracias a esa labor, reducir de modo considerable el número de obras que, con omisión de nombre o segundo apellido del autor, número o año del volumen de revista, total de páginas, etc., se vienen repitiendo aun en las bibliografías especializadas.

ABREVIATURAS, SIGLAS Y SIGNOS CONVENCIONALES

AA	Anthologia Annua. Roma.
AAFV	Anuario de la Asociación «Francisco de Vitoria». Madrid.
AC	Anales Cervantinos. Madrid.
Ac	Academia (de)
Academia	Academia. Boletín de la Real Academia de Bellas Artes. Madrid.
ACCV	Anales del Centro de Cultura Valenciana. Valencia.
ACJ	Anuario de Ciencia Jurídica. Madrid.
ADA	Anuario de Derecho Aragonés. Zaragoza.
ADC	Anuario de Derecho Civil. Madrid.
ADP	Anuario de Derecho Penal y Ciencias Penales. Madrid.
ADPub	Archivo de Derecho Público. Granada.
AE	Anales de Economía. Madrid.
AEA	Archivo Español de Arqueología. Madrid.
AEAA	Archivo Español de Arte y Arqueología. Madrid.
AEAm	Anuario de Estudios Americanos. Sevilla.
AEArte	Archivo Español de Arte. Madrid.
AEAtl	Anuario de Estudios Atlánticos. Madrid.
AEF	Anuario de Eusko-Folklore. S. Sebastián.
AEM	Anuario de Estudios Medievales. Barcelona.
AESC	Annales. Economies. Societés. Civilisations. París.
AFA	Archivo de Filología Aragonesa. Zaragoza.
AFD	Anuario de Filosofía del Derecho. Madrid.
Africa	Africa. Madrid.
AH	Archivo Hispalense. Sevilla.
AHAM	Anales de Historia Antigua y Media. Buenos Aires.
AHDE	Anuario de Historia del Derecho Español. Madrid.
AHES	Anuario de Historia Económica y Social. Madrid.
AHH	Ars Hispaniae. Historia Universal del Arte Hispano. Madrid.
AHR	American Historical Review. Washington.
AIA	Archivo Iberoamericano. Madrid.
AIEA	Archivos del Instituto de Estudios Africanos. Madrid.
AIEC	Anuari de l'Institut d'Estudis Catalans. Barcelona.
AIEE	Anales del Instituto Español de Edafología. Madrid.
AIEG	Anales del Instituto de Estudios Gerundenses. Gerona.
AIEM	Anales del Instituto de Estudios Madrileños. Madrid.

AIHM	Archivos Iberoamericanos de Historia de la Medicina. Madrid.
AIL	Anales del Instituto de Lingüística. Cuyo.
AIUO	Annali. Istituto Universitario Orientale. Sezione Romanza. Nápoles.
AJPh	American Journal of Philology. Baltimore.
AL	Archivos Leoneses. León.
Al-Andalus	Al-Andalus. Madrid.
ALetras	Anuario de Letras. México.
ALing	Archivum Linguisticum. Glasgow.
Altamira	Altamira. Santander.
AM	Anuario Musical. Barcelona.
Ampurias	Ampurias. Barcelona.
An	Anuario.
ant.	antes de, anterior(es) a.
AORL	Anuari de l'Oficina Romanica de Lingüística i Literatura. Barcelona.
APL	Archivo de Prehistoria Levantina. Valencia.
Arbor	Arbor. Madrid.
Archivum	Archivum. Oviedo.
Argensola	Argensola. Huesca.
As	Asociación.
ASFV	Anuario del Seminario de Filología Vasca «J. Urquijo». S. Sebastián.
ASNS	Archiv für das Studium der Neuren Sprachen. Braunschweig.
AST	Analecta Sacra Tarraconensia. Tarragona.
AT	Anales Toledanos. Toledo.
Atlántida	Atlántida. Madrid.
AUH	Anales de la Universidad Hispalense. Sevilla.
AUM	Anales de la Universidad de Madrid.
aum.	aumentado.
AUMurcia	Anales de la Universidad de Murcia.
AyE	Antropología y Etnología. Madrid.
B	Barcelona.
BAAL	Boletín de la Academia Argentina de Letras. Buenos Aires.
BAEAC	Boletín de la Asociación Española de Amigos de los Castillos. Madrid.
BAEO	Boletín de la Asociación Española de Orientalistas. Madrid.
BAIHP	Boletín de la Academia Iberoamericana de Historia Postal. Madrid.
BBMP	Boletín de la Biblioteca de Menéndez Pelayo. Santander.
BCMNavarra	Boletín de la Comisión de Monumentos de Navarra. Pamplona.
BCPM	Boletín de la Comisión Provincial de Monumentos.
BDC	Butlletí de Dialectologia Catalana. Barcelona.
BDE	Boletín de Dialectología Española. S. Cugat del Vallés.

BDGAB	Boletín de la Dirección General de Archivos y Bibliotecas. Madrid.
BF	Boletín de Filología. Santiago de Chile.
BFE	Boletín de Filología Española. Madrid.
BFil	Boletim de Filologia. Lisboa.
BGEH	Bibliografía General Española e Hispanoamericana. Madrid.
BH	Bulletin Hispanique. Burdeos.
BHS	Bulletin of Hispanic Studies. Liverpool.
Biblioteconomía	Biblioteconomía. Barcelona.
BICC	Boletín del Instituto Caro y Cuervo. Bogotá.
BIEA	Boletín del Instituto de Estudios Asturianos. Oviedo.
BIEAfr	Boletín del Instituto de Estudios Africanos. Madrid.
BIEG	Boletín del Instituto de Estudios Giennenses. Jaén.
BiH	Bibliografía Hispánica. Madrid.
BIIH	Boletín del Instituto de Investigaciones Históricas. Buenos Aires.
BISS	Boletín de la Institución «Sancho el Sabio». Vitoria.
Bol	Boletín.
Bordón	Bordón. Madrid.
BRABarcelona	Boletín de la Real Academia de Buenas Letras. Barcelona.
BRACórdoba	Boletín de la Real Academia de Bellas Letras, Nobles Artes y Ciencias. Córdoba.
BRAE	Boletín de la Real Academia Española. Madrid.
BRAG	Boletín de la Real Academia Gallega. La Coruña.
BRAH	Boletín de la Real Academia de la Historia. Madrid.
BRASevilla	Boletín de la Real Academia de Bellas Letras de Sevilla.
BRAToledo	Boletín de la Real Academia de Bellas Artes y Ciencias Históricas. Toledo.
BRPh	Beiträge zur Romanischen Philologie. Berlín.
BRSEHN	Boletín de la Real Sociedad Española de Historia Natural. Madrid.
BRSG	Boletín de la Real Sociedad Geográfica. Madrid.
BRSV	Boletín de la Real Sociedad Vascongada de Amigos del País. S. Sebastián.
BSCC	Boletín de la Sociedad Castellonense de Cultura. Castellón.
BSCE	Boletín de la Sociedad Castellana de Excursiones. Valladolid.
BSEAA	Boletín del Seminario de Estudios de Arte y Arqueología. Valladolid.
BSEE	Boletín de la Sociedad Española de Excursiones. Madrid.
BSEHF	Boletín de la Sociedad Española de Historia de la Farmacia. Madrid.
BSS	Bulletin of Spanish Studies. Liverpool.
BUC	Boletín de la Universidad Compostelana. Santiago de Compostela.
BUG	Boletín de la Universidad de Granada.

BUM	Boletín de la Universidad de Madrid.
Burgense	Burgense. Burgos.
BUS	Boletín de la Universidad de Santiago. Santiago de Compostela.
CA	Cuadernos Americanos. México.
Caesaraugusta	Caesarausgusta. Zaragoza.
CB	Cuadernos Bibliográficos. Madrid.
CCF	Cuadernos de la Cátedra Feijóo. Oviedo.
CCM	Cahiers de Civilisation Médievale. Poitiers.
CEEN	Cuadernos de Etnología y Etnografía de Navarra. Pamplona.
CEG	Cuadernos de Estudios Gallegos. Santiago de Compostela.
Celtiberia	Celtiberia. Soria.
CEM	Cuadernos de Estudios Manchegos. Ciudad Real.
CF	Cuadernos de Filología. Mendoza.
CH	Cuadernos Hispanoamericanos. Madrid.
CHE	Cuadernos de Historia de España. Buenos Aires.
CHist	Cuadernos de Historia. Madrid.
CHM	Cahiers d'Histoire Mondiale. Neuchâtel.
CHME	Cuadernos de Historia de la Medicina Española. Salamanca.
CIEP	Congreso Internacional de Estudios Pirenaicos.
CIH	Congreso Internacional de Hispanistas.
Cistercium	Cistercium. Soria.
Citius	Citius, Altius, Fortius. Madrid.
CL	Cuadernos de Literatura. Madrid.
Clavileño	Clavileño. Madrid.
CLC	Cuadernos de Literatura Contemporánea. Madrid.
CN	Cultura Neolatina. Roma.
Com	Comisión.
CompL	Comparative Literature. Eugene (Oregon).
Congr	Congreso.
cont.	continuación (de).
corr.	corregido.
CPI	Cuadernos de Política Internacional. Madrid.
CPS	Cuadernos de Política Social. Madrid.
CTEE	Cuadernos de Trabajo de la Escuela Española de Historia y Arqueología. Roma.
DA	Documentación Administrativa. Madrid.
DE	Documentación Española. Madrid.
De Economía	De Economía. Madrid.
DHR	Duquesne Hispanic Review. Pittsburgh.
EA	Español Actual. Madrid.
EAb	Estudios Abulenses. Avila.
EAm	Estudios Americanos. Sevilla.
EB	Estudios Bíblicos. Madrid.

EC	Estudios Clásicos. Madrid.
ED	Estudios de Deusto. Bilbao.
ed.	edición.
EDem	Estudios Demográficos. Madrid.
EDMP	Estudios dedicados a Menéndez Pidal. Madrid, I, 1950; II, 1951; III, 1952; IV, 1953; V, 1954; VI, 1956; VII, 1, 1957; VII, 2, 1962.
EE	Estudios Eclesiásticos. Madrid.
EEMCA	Estudios de la Edad Media de la Corona de Aragón. Zaragoza.
EEsp	Economía Española. Madrid.
EF	Estudios Filosóficos. Santander.
EG	Estudios Geográficos. Madrid.
EHM	Estudios de Historia Moderna. Barcelona.
EHSE	Estudios de Historia Social de España. Madrid.
EI	Estudios de Información. Madrid.
Eidos	Eidos. Madrid.
EL	Estudios Lulianos. Palma de Mallorca.
ELE	El Libro Español. Madrid.
ELH	Enciclopedia Lingüística Hispánica. Madrid, I, 1960; II, 1967.
EM	Estudios Medievales. Valencia.
EMC	El Museo Canario. Las Palmas de Gran Canaria.
Emerita	Emerita. Madrid.
ER	Estudis Romanics. Barcelona.
ES	Estudios Segovianos. Segovia.
est.	estudio(s).
Estudios	Estudios. Madrid.
ET	Estudios Turísticos. Madrid.
EUC	Estudis Universitaris Catalans. Barcelona.
Euskera	Euskera. Bilbao.
EV	Estudios Vizcaínos. Bilbao.
Filología	Filología. Buenos Aires.
FLV	Fontes Linguae Vasconum. Pamplona.
FM	Filología Moderna. Madrid.
GAKS	Gesammelte Aufsätze zur Kulturgeschichte Spaniens. Münster W.
Geographica	Geographica. Madrid.
Goya	Goya. Madrid.
GP	Gaceta de la Prensa. Madrid.
Grial	Grial. Vigo.
H	Hispania. Stanford.
h.	hacia, hoja(s).
HA	Hispania Antiqua. Vitoria.
HAHR	Hispanic American Historical Review. Durham.
HDA	Studia Philologica. Homenaje a D. Alonso. Madrid, I, 1960; II, 1961; III, 1963.

HE	Historia de España, dirigida por R. Menéndez Pidal. Madrid.
Helmantica	Helmantica. Salamanca.
HGLH	Historia General de las Literaturas Hispánicas, dirigida por G. Díaz Plaja. Barcelona, I, 1949; II, 1953; III, 1953; IV, 1, 1953; IV, 2, 1953; V, 1958; VI, 1967.
Hidalguía	Hidalguía. Madrid.
Hispania	Hispania. Madrid.
Hispanófila	Hispanófila. Chapel Hill.
HMP	Homenaje a Menéndez Pidal. Madrid, 1925.
HMPelayo	Homenaje a Menéndez Pelayo. Madrid, 1899.
HMV	Homenaje a Millás Vallicrosa. Barcelona, I, 1954; II, 1956.
Hom	Homenaje.
HPE	Hacienda Pública Española. Madrid.
HR	Hispanic Review. Filadelfia.
HRL	Studia Hispanica in honorem R. Lapesa. Madrid, I, 1972.
HS	Hispania Sacra. Madrid.
HVV	Homenaje a J. Vicens Vives. Barcelona, 1965-7, 2 v.
Ibero-romania	Ibero-romania. Munich.
IC	Ius Canonicum. Pamplona.
ICE	Información Comercial Española (mensual). Madrid.
ICl	Ilustración del Clero. Madrid.
IHE	Indice Histórico Español. Barcelona.
Ilerda	Ilerda. Lérida.
Inst	Instituto.
Insula	Insula. Madrid.
JZ	Jerónimo Zurita. Zaragoza.
Language	Language. Baltimore.
Las Ciencias	Las Ciencias. Madrid.
LB	Linguistische Berichte. Braunschweig.
LCD	La Ciudad de Dios. El Escorial.
LCT	La Ciencia Tomista. Salamanca.
LEM	La España Moderna. Madrid.
LLN	Les Langues Néolatines. París.
LLR	Les Lettres Romanes. Lovaina.
LT	La Torre. San Juan de Puerto Rico.
M	Madrid.
MAE	Memorias de la Academia Española. Madrid.
MC	Miscelánea Comillas. Santander.
MCV	Mélanges de la Casa de Velázquez. París.
MEAH	Miscelánea de Estudios Arabes y Hebreos. Granada.
MH	Missionalia Hispanica. Madrid.
MHE	Memorial Histórico Español. Madrid.
MLJ	Modern Languages Journal. Milwaukee.

MLN	Modern Languages Notes. Baltimore.
MLQ	Modern Languages Quartely. Seattle.
MLR	Modern Languages Review. Cambridge.
MRACA	Memorias de la Real Academia de Ciencias y Artes. Barcelona.
MRAH	Memorias de la Real Academia de la Historia. Madrid.
MSI	Miscelanea di Studi Ispanici. Pisa.
Murgetana	Murgetana. Murcia.
MyC	Moneda y Crédito. Madrid.
n	nota.
NH	Numario Hispánico. Madrid.
NM	Neuphilologische Mitteilungen. Helsinki.
NRFH	Nueva Revista de Filología Hispánica. México.
NT	Nuestro Tiempo. Pamplona.
Numisma	Numisma. Madrid.
of	oficial.
Onoma	Onoma. Lovaina.
Orbis	Orbis. Lovaina.
PE	Punta Europa. Madrid.
PFLE	Presente y Futuro de la Lengua Española. Madrid.
PhQ	Philological Quartely. Iowa.
PIEF	Publicaciones del Instituto de Etnografía y Folklore... Santander.
Pirineos	Pirineos. Zaragoza.
PITTM	Publicaciones del Instituto Tello Téllez de Meneses. Palencia.
PMLA	Publications of the Modern Languages Association of America. Baltimore.
Prohemio	Prohemio. Madrid.
PSA	Papeles de Son Armadans. Palma de Mallorca.
publ.	publicado(s).
PV	Príncipe de Viana. Pamplona.
Pyrenae	Pyrenae. Barcelona.
QIA	Quaderni Ibero-Americani. Turín.
R	Revista.
RABM	Revista de Archivos, Bibliotecas y Museos. Madrid.
RAP	Revista de Administración Pública. Madrid.
RBAM	Revista de la Biblioteca, Archivo y Museo. Madrid.
RBD	Revista Bibliográfica y Documental. Madrid.
RBN	Revista de Bibliografía Nacional. Madrid.
RBPhH	Revue Belge de Philologie et d'Histoire. Bruselas.
RCEE	Revista del Centro de Estudios Extremeños. Badajoz.
RCHL	Revista Crítica de Historia y Literatura. Madrid.
RCJS	Revista de Ciencias Jurídicas y Sociales. Madrid.
RDA	Revista de Derecho Agrario. Zaragoza.

RDN	Revista de Derecho Notarial. Madrid.
RDTP	Revista de Dialectología y Tradiciones Populares. Madrid.
RE	Revista de Educación. Madrid.
REAS	Revista de Estudios Agro-sociales. Madrid.
REcP	Revista de Economía Política. Madrid.
REDC	Revista Española de Derecho Canónico. Madrid.
REDI	Revista Española de Derecho Internacional. Madrid.
REE	Revista de Estudios Extremeños. Badajoz.
REEB	Revista Española de Estudios Bíblicos. Madrid.
REEF	Revista Española de Educación Física. Madrid.
REL	Revista Española de Lingüística. Madrid.
REOP	Revista Española de la Opinión Pública. Madrid.
REP	Revista Española de Pedagogía. Madrid.
REPol	Revista de Estudios Políticos. Madrid.
REspir	Revista de Espiritualidad. Madrid.
RET	Revista Española de Teología. Madrid.
REVL	Revista de Estudios de la Vida Local. Madrid.
RF	Romanische Forschungen. Erlangen.
RFE	Revista de Filología Española. Madrid.
RFH	Revista de Filología Hispánica. Buenos Aires.
RFilos	Revista de Filosofía. Madrid.
RGE	Revista Geográfica Española. Madrid.
RGLJ	Revista General de Legislación y Jurisprudencia. Madrid.
RH	Revue Hispanique. Nueva York.
RHA	Revista de Historia de América. México.
RHC	Revista de Historia Canaria. La Laguna.
RHCEE	Repertorio de Historia de las Ciencias Eclesiásticas en España. Salamanca.
RHist	Revista de Historia. La Laguna.
RHM	Revista Hispánica Moderna. Nueva York.
RHMil	Revista de Historia Militar. Madrid.
RI	Revista de Indias. Madrid.
RIE	Revista de Ideas Estéticas. Madrid.
RIEI	Revista del Instituto de Estudios Islámicos. Madrid.
RIEV	Revista Internacional de Estudios Vascos. S. Sebastián.
RIS	Revista Internacional de Sociología. Madrid.
RJ	Romanistisches Jahrbuch. Hamburgo.
RL	Revista de Literatura. Madrid.
RLaR	Revue des Langues Romanes. Montpellier.
RLC	Revue de Littérature Comparée. París.
RLR	Revue de Linguistique Romane. Lyon.
RN	Romance Notes. Chapel Hill.
RNE	Revista Nacional de Educación. Madrid.
RO	Revista de Occidente. Madrid.
Romania	Romania. París.
RPF	Revista Portuguesa de Filologia. Coimbra.
RPH	Revista Portuguesa de História. Coimbra.
RPh	Romance Philology. Berkeley.

RPI	Revista de Política Internacional. Madrid.
RR	Romanic Review. Nueva York.
RSJB	Recueils de la Societé Jean Bodin. Bruselas.
RUBA	Revista de la Universidad de Buenos Aires.
RUM	Revista de la Universidad de Madrid.
RUO	Revista de la Universidad de Oviedo.
RVF	Revista Valenciana de Filología. Valencia.
RyC	Religión y Cultura. El Escorial.
RyF	Razón y Fe. Madrid.
S	Sociedad
s.a.	sin año.
Saitabi	Saitabi. Valencia.
Scriptorium	Scriptorium. Gand.
Sefarad	Sefarad. Madrid.
Simancas	Simancas. Valladolid.
SL	Studia Linguistica. Lund.
SN	Studia Neophilologica. Upsala.
s.n.	sin numerar.
s.p.	sin paginar.
SV	Scriptorium Victoriense. Vitoria.
TCHCM	Trabajos de la Cátedra de Historia Crítica de la Medicina. Madrid.
TE	Teología Espiritual. Valencia.
Thesaurus	Thesaurus. Bogotá.
TIBS	Trabajos del Instituto Bernardino de Sahagún. Madrid.
TLL	Travaux de Linguistique et de Littérature. Estrasburgo.
trad.	traducción, traducido(s).
Universidad	Universidad. Zaragoza.
v.	volumen.
VKR	Volkstum und Kultur der Romanen. Hamburgo.
VR	Vox Romanica. Zurich.
VyV	Verdad y Vida. Madrid.
YCGL	Yearbook of Comparative and General Literature. Bloomington.
Yermo	Yermo. El Paular.
Zephyrus	Zephyrus. Salamanca.
ZRPh	Zeitschrift für Romanische Philologie. Tubinga.

→ indica remisión al epígrafe cuya notación va a continuación. Dentro de un mismo capítulo, se omite la notación de éste; figura sólo la de la división. Sobre su uso en el capítulo 2, véase *Introducción,* 5.2.

- precedido de un numeral y seguido de espacio en blanco, indica el comienzo, a partir de aquél, de una serie aún no terminada.

1

BIBLIOGRAFIA. BIBLIOLOGIA

I

BIBLIOGRAFIA. BIBLIOLOGIA

00 BIBLIOGRAFIA DE BIBLIOGRAFIAS.

Foster, D. W., y V. Ramos Foster, *Manual of Hispanic Bibliography*. Seattle, 1970, x+206.
Bibliografías nacionales de España y países hispanoamericanos y bibliografía de las respectivas literaturas.

Foulché-Delbosc, R., y L. Barrau-Dihigo, *Manuel de l'hispanisant*. Nueva York, 1920-5, 2 v.

Simón Díaz, J., *[Bibliografía de bibliografías]*, en su *Bibliografía de la literatura hispánica*, II, M, 1962², ix+323.
La más completa en su especie.

01 BIBLIOGRAFIA GENERAL RETROSPECTIVA

Lasso de la Vega, J., *Retrospective spanish bibliography*. Bulletin de l'Unesco à l'intention des bibliothèques (París), 1952, 6, 50-9.

Antonio, N., *Bibliotheca Hispana Vetus*. Roma, 1696, 2 v.
Preferible la 2.ª ed., M, 1788, 2 v., cuidada por F. Pérez Bayer. Comprende autores ant. 1500.

Antonio, N., *Bibliotheca Hispana Nova*. Roma, 1672, 2 v.
Preferible la 2.ª ed. (de la que toma el título), M, 1783-8, 2 v., cuidada por T. A. Sánchez y otros. Comprende autores de 1500 a 1672.

Hidalgo de Palma, D., *Diccionario general de bibliografía española*. M, 1862-81, 7 v.
Ordenado alfabéticamente por títulos, con índice de autores en el v. VI y de materias en el VII. Comprende, según su autor, «toda la bibliografía española, no sólo las publicaciones hechas en España, sino las de nuestras posesiones de Ultramar y las impresas en lengua española en el extranjero y América».

Catálogo de la librería española ... M, 1877, XVII+416.
Obras en venta de los principales editores.

Palau Dulcet, A., *Manual del librero hispanoamericano. Inventario bibliográfico de la producción científica y literaria de España*

1 *y de la América latina, desde la invención de la imprenta hasta nuestros días, con el valor comercial ...* B, 1923-7, 7 v.
2.ª ed., 1948- , muy ampliada, selectiva para el siglo XX. Desde v. IX, rev. y añadida por A. Palau Claveras; último v. publ. XXV, 1973 *(Valdés-Vegas).*

Catálogo general de la librería española e hispanoamericana. Años 1901-1930. M, 1932-51, 5 v.

Catálogo general de la librería española, 1931-1950. M, 1957-65, 4 v.

González Palencia, A., *Libros españoles, 1939-1945.* M, 1948, 239.

Libros españoles. Catálogo 1953. M, 1955^2, 2 v.
Más de 18.000 títulos en venta.

Libros en venta en Hispanoamérica y España. Nueva York, 1964, 1891.

Indices de la producción editorial española (1968-1972). M, 1972, 636.
Indice acumulativo de la revista *El libro español.* Ordenado alfabéticamente por autores, títulos y conceptos.

Libros españoles. Catálogo ISBN. M, 1973, 1291.
Libros españoles en venta.

02 BIBLIOGRAFIA GENERAL PERIODICA

Biblioteca periódica anual... Contiene un índice general de los libros y papeles que se imprimen y publican en Madrid y las provincias. M, 1784-7, 3 v.

Almanak literario. Manual... o catálogo general de todas las obras de Ciencias, Nobles Artes y Bellas Letras, publicadas en esta Corte en el año de 1803... M, 1804, 4 v.

Boletín bibliográfico español y extranjero. Comprende todas las publicaciones nuevas españolas de obras, folletos, periódicos... y las principales hechas en el extranjero. M, 1840-50, 11 v.
Comprende también obras ant. 1840. Quincenal, dirigido por D. Hidalgo de Palma. Continuado por *El bibliógrafo español y extranjero.*

Boletín de la propiedad intelectual. M, 1884-1901, 11 v.
Comprende los años 1847-79.

Boletín oficial de la propiedad intelectual. M, 1886-1915, 13 v.
Comprende los años 1879-1915.

El bibliógrafo español y extranjero. Periódico quincenal de la imprenta y librería. Mapas... Música, M, 1857-9, 3 v.
Recoge la bibliografía desde 1851, como continuación del *Boletín bibliográfico español y extranjero.* Dirigido por D. Hidalgo de Palma y C. Bailly-Baillière. Continuado por el *Boletín Bibliográfico español.*

Boletín bibliográfico español. Periódico de la librería, imprenta, grabado..., almacenes de papel y música. M, 1860-8, 9 v.
Continuación de *El Bibliógrafo español y extranjero.* Quincenal, dirigido por D. Hidalgo de Palma.

Bibliografía española. M, 1870-3, 4 v.
Dirigido por D. Hidalgo de Palma.

Boletín de la librería. Obras antiguas y modernas. M, 1873-1909, 36 v.

Indices mensuales y anuales de autores, salvo los dos últimos años. 1

Libros. Boletín mensual de la producción bibliográfica española e hispanoamericana. M, 1882-1930, 49 v.

Boletín bibliográfico español. M, 1897-9, 3 v.

Mensual, dirigido por M. Almonacid Cuenca.

Bibliografía española. Revista general de la imprenta, de la librería y de las industrias... del libro. M, 1901-22, 22 v.

Inicialmente, quincenal. Indices anuales. Continuada por *Bibliografía general española e hispanoamericana.*

Bibliographie hispanique, 1905-1917. Nueva York, 1909-19, 13 v.

Comprende libros y artículos de materias humanísticas. Dirigida por R. Foulché-Delbosc.

Archivo bibliográfico hispanoamericano. M, 1909-57, 46 v.

Mensual.

Bibliografía general española e hispanoamericana. M y B, 1923-42, 16 v.

Mensual. Indices anuales. Continuación de *Bibliografía española. Revista general...* Continuada por *Bibliografía hispánica.*

Revista de Bibliografía nacional. M, 1940-6, 7 v.

Sólo el v. I recoge la producción bibliográfica, libros y revistas. Los restantes, de carácter doctrinal.

Bibliografía hispánica. M, 1942-57, 16 v.

Mensual, con dos secciones de paginación independiente: estudios, crítica, etc. (índice general por M. J. Morales, *El libro español,* 1959, 2, 5-18) y repertorio bibliográfico (índices mensuales y anuales). Continuación de *Bibliografía general española e hispanoamericana.* Continuada por *El Libro español.*

Bibliotheca Hispana. M, 1943- .

Trimestral, analítica, recoge libros y artículos españoles y extranjeros. Inicialmente, tres secciones independientes en absoluto; desde 1956, dos secciones: 1.ª, generalidades y humanidades; 2.ª, ciencias.

Anuario español e hispanoamericano del libro y de las artes gráficas, M, 1945-59, 9 v.

Dirigido por J. Lasso de la Vega y F. Cervera Jiménez. Comprende de 1944 a 1957.

El libro español. M, 1958- .

Mensual. Continuación de *Bibliografía hispánica,* cuyas dos partes mantiene, en líneas generales; la segunda ha tenido tirada aparte *(Libros del mes).* Indices anuales.

Boletín del depósito legal de obras impresas. M, 1958-68, 128 números.

Mensual. Continuado por *Bibliografía española* (mensual).

Bibliografía española. M, 1959- .

Anual. Indices de autores, títulos y materias. Publ. los v. correspondientes a 1958, 1959, 1960, 1962, 1963, 1967, 1968.

Bibliografía española. M, 1969- .

Mensual. Continuación de *Boletín del depósito legal de obras impresas.*

1 *Sumario actual de revistas.* M, 1973- .
Reproducción de índices de revistas humanísticas y sociológicas, en curso, atingentes al mundo hispánico.

10 BIOBIBLIOGRAFIA REGIONAL

Cuenca, F., *Biblioteca de autores* **andaluces** *modernos y contemporáneos.* La Habana, 1921-5, 2 v.
→ 1.12, **Dominicos.**

Latassa Ortin, F., *Biblioteca antigua de los escritores* **aragoneses**... *hasta el año 1500.* Zaragoza, 1796, 2 v.

Latassa Ortin, F., *Biblioteca nueva de los escritores aragoneses... desde el año de 1500 hasta 1802.* Pamplona, 1798-1802, 6 v.

Latassa Ortin, F., *Bibliotecas antigua y nueva de escritores aragoneses... aumentadas y refundidas en forma de diccionario bibliográfico-biográfico por Miguel Gómez Uriel.* Zaragoza, 1884-6, 3 v.
→ 1.12, **Dominicos.**

Fuertes Acevedo, M., *Bosquejo acerca del estado que alcanzó la literatura en* **Asturias**... *Bibliografía de escritores asturianos.* Badajoz, 1885, 378.

Suárez Fernández, C., *Escritores y artistas asturianos. Indice biobibliográfico.* M, 1935-59, 7 v.
Desde v. IV, ed. y rev. de J. M. Martínez Cachero.

Bover Rosselló, J. M., *Memoria biográfica de los mallorquines que se han distinguido en la antigua y moderna literatura* [**Baleares**]. Palma, 1842, 506.

Bover Rosselló, J. M., *Biblioteca de escritores baleares.* Palma, 1868, 2 v.
Es también topobibliografía.

Millares Carlo, A., *Ensayo de una bio-bibliografía de escritores naturales de las Islas* **Canarias**. *Siglos XVI, XVII y XVIII.* Madrid, 1932, 716.

Elías de Molins, A., *Diccionario biográfico y bibliográfico de escritores y artistas* **catalanes** *del siglo XIX.* B, 1889-95, 2 v.

Torres Amat, F., *Memorias para... un diccionario crítico de los escritores catalanes.* B, 1836, xliii+719.
J. Corominas Güell, *Suplemento a Memorias...*, Burgos, 1849, 368.
→ 1.13.

Couceiro Freijomil, A., *Enciclopedia* **gallega**, *Diccionario biobibliográfico de escritores.* Santiago, 1951-4, 3 v.

[Martínez] Murguía, M., *Diccionario de escritores gallegos.* Vigo, 1862, xxii+228.
→ 1.12, **Dominicos, Franciscanos**; 1.13.

Castro Alava, J. R., *Autores e impresos tudelanos* [**Navarra**]. *Siglos XV-XX.* Pamplona, 1963[2] 480.

Iribarren Paternain, M., *Escritores navarros de ayer y de hoy.* Pamplona, 1970, 223.

Fuster, J. P., *Biblioteca* **valenciana** *de escritores que florecieron hasta nuestros días.* Valencia, 1827-30, 2 v. 1

Ximeno, V., *Escritores del Reino de Valencia... desde el año MCCXXXVIII... hasta el de MDCCXLVIII.* Valencia, 1747-9, 2 v.

→ 1.12, **Dominicos**; 1.13.

→ 17.09.

11 BIOBIBLIOGRAFIA PROVINCIAL

Rico García, M., y A. Montero Pérez, *Ensayo biográfico-bibliográfico de escritores de* **Alicante** *y su provincia.* Alicante, 1888-9, 2 v.

→ 1.12, **Capuchinos.**

Langle, P., *Escritores* **almerienses.** *Bocetos biográficos.* Almería, 1882, 160.

García de Quevedo, E., *De bibliografía* **burgense.** Burgos, 1941, 392. También, BPCMBurgos, 1932-5, múltiples entradas.

Martínez Añíbarro, M., *Intento de un diccionario biográfico y bibliográfico de autores de la provincia de Burgos,* M, 1889, 570. L. Ruiz y J. García Sainz, *Continuación al Intento...* Alcalá, 1930, 641+xxxi+14.

Pérez Valera, I., *Catálogo bibliográfico y de autores de la provincia de* **Ciudad Real.** Ciudad Real, 1956, 94.

Vasco, E., *Cien escritores valdepeñeros.* Valdepeñas, 1932, 211.

Ramírez de Arellano, R., *Ensayo de un catálogo biográfico de escritores de la provincia y diócesis de* **Córdoba.** M, 1922-3, 2 v.

Batet Paret, J., *Breves necrologías de los escritores... de* **Gerona...** *en el presente siglo.* Gerona, 1894, 66.

Girbal, E. C., *Escritores gerundenses... desde los primeros siglos hasta nuestros días...* Gerona, 1867, 96.

Girbal, E. C., *Memorias literarias de Gerona...* Gerona, 1875, 36. Suplemento de la obra anterior.

Gallego Morell, A., *Sesenta escritores* **granadinos** *con sus partidas de bautismo.* Granada, 1970, 121.

García [López], J. C., *Biblioteca de escritores de la provincia de* **Guadalajara** *y bibliografía de la misma hasta el siglo XIX.* M, 1899, xii+799.

Moner Siscar, J. M., *Biblioteca de escritores ribagorzanos* [**Huesca**]. Zaragoza, 1884, 488.

Herrero Salgado, F., *Nómina de escritores naturales de* **Madrid** *y su provincia (siglos XIX-XX).* AIEM, 1967, 2, 541-92.

Simón Díaz, J., *Nómina de escritores naturales de Madrid y su provincia (siglos XV-XVIII).* AIEM, 1966, 1, 501-50.

Díaz de Escobar, N., *Galería literaria* **malagueña...** *Indice biográfico bibliográfico relativo a escritores hijos de esta provincia, residentes en ella o que han escrito respecto de la misma.* Málaga, 1898, 648.

1 González Rivas, T., *Escritores malagueños. Estudios bibliográficos.* Málaga, 1971, xix+233.

Murcia → 1.21.

Renedo Martino, A., *Escritores* **palentinos.** *Datos bio-bibliográficos.* M, 1919-26, 3 v.

Santander → 1.12, Médicos.

Baeza González, T., *Apuntes biográficos de escritores* **segovianos.** Segovia, 1877, viii+366.

Méndez Bejarano, M., *Diccionario de escritores, maestros y oradores naturales de* **Sevilla** *y su actual provincia.* Sevilla, 1922-5, 3 v.

Burriel Rodrigo, M., *Escritores y libros* **turolenses.** Teruel, 1949, 1, 155-85.

Gascón Guimbao, D., *Relación de escritores de la provincia de Teruel.* Zaragoza, 1908, 240.

→ 17.09.1.

12 BIOBIBLIOGRAFIA DIFERENCIAL

F. B. M. [Bonifacio del Moral], *Catálogo de escritores* **agustinos** *españoles... y sus obras...* RAgustiniana (Valladolid), 1881, 1, a 1895, 38, múltiples entradas.

B. del Moral, *Suplemento al Catálogo...* LCD, 1906, 59, a 1908, 76, múltiples entradas.

Santiago Vela, G., *Ensayo de una biblioteca iberoamericana de la Orden de San Agustín...* M, 1913-31, 8 v.

Zarco Cuevas, J., *Escritores agustinos de El Escorial (1885-1916). Catálogo biobibliográfico.* M, 1917, 399.

Anónimos → Jesuitas, Mercedarios.

Ruiz Cabriada, A., *Bio-bibliografía del Cuerpo facultativo de* **archiveros,** *bibliotecarios y arqueólogos.* M, 1958, xiv+1342.

Arqueólogos → Archiveros.

Albareda Ramoneda, A. M., *Bibliografia dels monjos de Montserrat (segle XVI)* [**Benedictinos**]. Monserrat, 1928, 301.

Beda Plaine, F., *Series chronologica scriptorum O. S. Benedicti Hispanorum, qui ab anno 1750 ad nostros usque dies claruerunt.* Brün, 1884, 36.

Bibliotecarios → Archiveros.

Palma de Mallorca, A. de, *Escritores* **capuchinos** *de la provincia catalana... y... de Mallorca (1578 hasta nuestros días). Ensayo bio-bibliográfico.* Estudis franciscans (B), 1922, 28, 273-88; 1923, 29, 194-202.

Sollana, E. M. de, *Escritores capuchinos de Alicante y su provincia.* Alicante, 1958, 65.

Sollana, E. M. de, *Escritores de la provincia capuchina de Valencia. Ensayo bibliográfico (impresos de 1596-1963).* Valencia, 1963, xxviii+397.

Escritores cartujos *de España, por un profeso de la Cartuja de N. S. de Aula Dei.* B, 1954, 333. 1

Un cartujo e I. M. Gómez, *Escritores cartujanos españoles.* Studia Monastica (Montserrat), 1967, 9, a 1969, 11, múltiples entradas.

Parra Garrigues, P., *Historia de la Facultad de Filosofía y Letras de la Universidad de Madrid. Ensayo bio-bibliográfico* [Catedráticos]. M, 1956, 466.
Desde 1836.

Henríquez, Ch., *Phoenix reviscens, sive Ordinis* Cisterciensis *scriptorum Angliae et Hispaniae series.* Bruselas, 1626, 444.

Muñiz, R., *Biblioteca cisterciense española... Escritores cistercienses de todas las Congregaciones de España...* Burgos, 1793, 400.

Rezabal Ugarte, J., *Biblioteca de los escritores que han sido individuos de los seis* Colegios Mayores... M, 1805, xvi+472+54.

Amo, J., y Ch. Shelby, *La obra impresa de los intelectuales españoles en América, 1936-1945* [desterrados]. Stanford, 1950, xiii+145.

Fuentes, C., *Escritores* dominicanos *del Reino de Valencia.* Valencia, 1930, 375.

Fuentes, C., *Escritores dominicanos del Reino de Aragón.* Zaragoza, 1932, 330.

Martínez Vigil, R., *Ensayo de una biblioteca de dominicos españoles,* en su *La Orden de Predicadores...* M, 1884, 229-406.

Pardo Villar, A., *Aportaciones a una bibliografía de escritores gallegos. Escritores dominicos.* CEG, 1951, 6, 395-404.

Robles, L., *Escritores dominicos de la Corona de Aragón (siglos XIII-XV).* RHCEE, 1971, 3, 11-177.

Sagredo, J. J., *Bibliografía dominicana de la Provincia bética (1515-1921).* Almagro, 1922, vi+196.

Lasalde, C., *Historia literaria y bibliográfica de las Escuelas Pías* [escolapios] *de España.* M, 1897, 3 v.
También, RCalasancia (M), 1925, 12, 1-112.

Castro, M., *Notas de biobibliografía* franciscana. AIA, 1966, 26, 51-94.

Ensayo de una biblioteca de autores de la Provincia Franciscana de Santiago. Liceo Franciscano (Santiago), 1951, 4, a 1959, 12, múltiples entradas.

López Ferreiro, A., *Bibliografías de ilustres franciscanos gallegos.* AIA, 1919, 12, 410-34.

López Ferreiro, A., *Notas de bibliografía franciscana.* AIA, 1926, 19, a 1942, 2, múltiples entradas.

Martín, A., *Apuntes bio-bibliográficos sobre los religiosos de la Provincia seráfica de Cartagena..., 1520-1920.* Murcia, 1920, 536.

Nieto, A., *Adiciones a los «Escritores franciscanos de la Provincia de Cartagena».* AIA, 1933, 36, 94-144; 1935, 38, 76-102.

[Rodríguez] Pazos, M., *Escritores misioneros franciscanos españoles de Marruecos (1859-1957).* Tánger, 1958, 136.

Rubí, B., *Bibliografía hispano-franciscana (1936-1940).* Estudios franciscanos (B), 1948, 49, 168-71, 215-21.

Foronda Gómez, M., *Ensayo de una bibliografía de los* **ingenieros industriales.** M, 1948, xl+763.

Uriarte, J. E., *Catálogo razonado de obras anónimas y seudónimas de autores de la Compañía de Jesús* [**jesuitas**], *pertenecientes a la antigua Asistencia española.* M, 1904-16, 5 v.

Uriarte, J. E., y M. Lecina, *Biblioteca de escritores de la Compañía de Jesús... de España, desde sus orígenes hasta el año 1773.* M, 1925-30, 2 v.

Kayserling, M., *Biblioteca española-portugueza-***judaica,** *and other studies in Ibero-Jewish bibliography...* [1890]. Nueva York, 1971, xxxiii+272.

Adiciones de Y. H. Yerushalmi.

García del Moral, J., *Galería de escritores* **médicos** *montañeses.* Santander, 1906, 270.

Plata Marcos, M., *Colección bio-bibliográfica de escritores médicos españoles.* M, 1882, vii+339.

Gari Siumell, J., *Biblioteca* **mercedaria,** *o sea escritores de la... Orden de la Merced...* B, 1875, vii+395.

Placer, G., *Colección de anónimos mercedarios.* Estudios, 1957, 13, 573-623; 1958, 14, 589-641.

Seco Shelley, M., ... *Apuntes para un diccionario de* **militares** *escritores.* M, 1899, 207.

→ 14. 26.

Nelken, M., *Las escritoras españolas* [**mujeres**]. M, 1930, 235.

Parada Barreto, D. L., *Escritoras y eruditas españolas... desde los tiempos remotos hasta nuestros días...* M, 1881, viii+284.

Serrano Sanz, M., *Apuntes para una biblioteca de escritoras españolas desde el año 1401 al 1833.* M, 1903-5, 2 v.

Ramírez de Arellano, C., *Ensayo de un catálogo biográfico-bibliográfico de los escritores... de las cuatro* **Ordenes militares** *de España.* M, 1898, xii+243.

Escobar, J. A., *Indice bibliográfico de* **policías** *escritores.* M, 1952, 56.

Maxiriarth [E. Hartzenbusch Iriart], *Unos cuantos* **seudónimos** *de escritores españoles con sus correspondientes nombres verdaderos...* M, 1904², xix+168.

Ponce de León, E., y F. Zamora Lucas, *1500 seudónimos modernos de literatura española (1900-1942).* M, 1942, 126.

Rolergas Calmell, J., *Els pseudonims usats a Catalunya.* B, 1951, xv+408.

Asunción, A. de la, *Diccionario de escritores* **trinitarios** *de España y Portugal.* Roma, 1898-9, 2 v.

13 IDIOBIBLIOGRAFIA

Aguiló Fuster, M., *Catálogo de obras en lengua* **catalana** *impresas desde 1474 hasta 1860.* M, 1923, xix+1077.

Llibres en català. B, 1973[6], 317.
Libros en venta.
Repertorio de las obras en catalán más importantes publicadas en España desde el año 1939. M, 1961, 87.
→ 1.10, **Cataluña.**

Alonso Montero, J., y E. Ramos de Castro, *Cen anos de literatura* **galega.** *Catálogo de Exposición Bibliográfica...* Lugo, 1964, 118. Obras de autores gallegos, generalmente en gallego, literarias y no literarias, originales y traducciones.
→ 1.10, **Galicia.**

Besso, H. V., *Bibliography of* **Judeo-***Spanish Books in the Library of Congress...* MEAH, 1959, 8, 55-134.
→ 16.89.1, 17.50.

Genovés Olmos, E., *Catàlech descriptiu de les obres impreses en llengua* **valenciana** *desde 1474 fins 1913.* Valencia, 1911-4, 4 v.
Ribelles Comín, J., *Bibliografía de la lengua valenciana, o sea Catálogo... de los libros, folletos... escritos en lengua valenciana y bilingües... desde el establecimiento de la imprenta en España hasta nuestros días.* M, 1920-39, 3 v.
→ 1.10, **Valencia.**

Cortázar, N., *Cien autores* **vascos.** *Notas [biobibliográficas].* S. Sebastián, 1966, 146.
Obras en vascuence.
Larramendi, M., *De los libros en bascuence,* en su *Diccionario trilingüe...* S. Sebastián, 1745, I, xxxiv-xxxviii.
Vinson, J., *Essai d'une bibliographie de la langue basque.* París, 1891-8, 2 v.
→ 1.41, **Bilbao.**

→ 17.05, **Portugal.**

14 TRADUCCIONES

Menéndez Pelayo, M., *Biblioteca de traductores españoles.* M, 1952-3, 4 v.
Pellicer Saforcada, J. A., *Ensayo de una biblioteca de traductores españoles... de Sagrada Escritura..., médicos, oradores, poetas...* M, 1778, 206+175.

Auswahl von deutschen **[alemán]** *Werken in spanischer und portugiesischer Übersetzung.* Berlín, 1939.
Deutsche Bücher in Spanischer Übersetzung. Berlín, 1931.
Mönnig, R., *Übersetzungen aus der deutsche Sprache... Spanisch, 1948-1963.* Göttingen, 1964[2], 137.

Legrand, E., *Bibliographie hispano-grecque* **[griego]** [1477-1800]. Nueva York, 1915-7, 3 v.
→ **Latín;** 17.70, Alonso.

A provisional bibliography of United States **[inglés]** *books translated into Spanish...* [hasta 1954]. Washington, 1957, ix+471.

1 Englekirk, J. E., *Bibliografía. Obras norteamericanas en traducción española.* México, 1944, 119.
También, RIberoamericana (México), 1944, 8, a 1945, 9, múltiples entradas.
Pane, R. U., *English translations from the Spanish, 1484-1943.* New Brunswick, 1944, vi+218.

Beardsley, Th. S., *Hispano-classical* [latín] *translations printed between 1482 and 1699.* Pittsburgh, 1970, xi+176.
→ 17.70, Alonso.

→ 14.11, 14.42-5.

20 TOPOBIBLIOGRAFIA E HISTORIA DE LA IMPRENTA: REGIONES

Sánchez, J. M., *Impresores y libros impresos en* **Aragón** *en el siglo XVI.* M, 1908, 116.
Sánchez, J. M., *Bibliografía aragonesa del siglo XVI...* M, 1913-4, 2 v.
Torre, L. de, *Adiciones y correcciones a la Bibliografía aragonesa del siglo XVI...* RH, 1919, 46, 400-515.

García Oliveros, A., *La imprenta en Oviedo* [**Asturias**]. *Notas para su historia.* Oviedo, 1956, 219.

Bassa, R., *Llibres editats a Mallorca* [**Baleares**], *1939-1972.* Palma, 1972, 322.
Bover Rosselló, J. M., *Imprentas de las Islas Baleares.* Palma, 1862, 32.
Cuesta Gutiérrez, L., *La imprenta en las Islas Baleares.* Gutenberg Jahrbuch (Mainz), 1960, 101-9.
Muntaner Bujosa, J., *La primera imprenta mallorquina.* BolSArqueológica Luliana (Palma), 1959, 31, 467-503.
→ 1.10.

Vizcaya Carpenter, A., *Catálogo bibliográfico de la primera imprenta* **canaria**. RHist, 1955, 21, 113-45.
Vizcaya Carpenter, A., *Tipografía canaria. Descripción bibliográfica de las obras editadas en las Islas Canarias desde la introducción de la imprenta hasta el año 1900.* Santa Cruz de Tenerife, 1964, xcii+727 + láms.

Rodríguez Moñino, A., *La imprenta en* **Extremadura** *(1489-1800).* M, 1945, 126.
Barrantes Moreno, V., *La imprenta en Extremadura,* en su *Narraciones extremeñas.* M, 1873, 1-104.

Carré Aldao, E., *El arte de la imprenta en* **Galicia**. BRAG, 1913, 6, 66-8, 104-6, 131-2.
Carré Aldao, E., *Impresores de Galicia.* BRAG, 1916, 9, 55-8, 83-5.
Castro, M. de, *La imprenta en Galicia.* CEG, 1956, 11, 271-89.
López Ferreiro, A., *La imprenta en Galicia. Siglos XV-XVIII.* M, 1953, 289.
Martínez Barbeito, C., *Impresos gallegos de los siglos XVI, XVII y XVIII.* Santiago, 1970, viii+108.

Rey Soto, A., *La imprenta en Galicia: el libro gótico.* M, 1934, vii+188.

Altadill, J., *Estudio bibliográfico. Primera imprenta y catálogo de obras editadas en Pamplona* [Navarra], en *Certamen científico... de Pamplona.* Pamplona, 1884, 23-96.
Burgo Torres, J., *Catálogo bibliográfico. Obras impresas en Navarra, 1936-1945.* Pamplona, 1954, 195.
También, PV, 1953, 14, 165-91.
Castro Alava, J. R., *La imprenta [en Navarra].* Pamplona, 1969, 31.
Huarte Jáuregui, J. M., *El primer impresor de Navarra.* BCMNav, 1927, 1, 530-55.
Odriozola, A., *Libros impresos en Estella en el siglo XVI.* PV, 1940, 1, 154-63 + láms.
Pérez Goyena, A., *Ensayo de una bibliografía navarra desde la creación de la imprenta en Pamplona hasta el año 1910.* Pamplona, 1947-53, 6 v.
Hasta 1830.
Allende Salazar, J., *Bibliografía. Notas para la historia de la imprenta en el país* vasco-navarro, en *I Congreso de Estudios Vascos.* Bilbao, 1919, 644-72.

21 TOPOBIBLIOGRAFIA E HISTORIA DE LA IMPRENTA: PROVINCIAS (Y LOCALIDADES)

Fuster Ruiz, F., *Fondos bibliográficos* albacetenses... *Historia de la imprenta en esta provincia.* Albacete, 1972, xlvi+185.
Albert Berenguer, I., *La imprenta en la provincia de* Alicante *(1602-1925).* Alicante, 1971, 564.
García Soriano, J., y J. García Morales, *La imprenta en Orihuela... desde... el año 1602 hasta el de 1825.* M, 1950, 42.
Rico García, M., *Bosquejo histórico de la imprenta en Alicante en el siglo XIX...* Alicante, 1961, 319.

Martínez de Castro, J. A., *Algunas papeletas incompletas para la bibliografía* almeriense. RSEstAlmerienses, 1918, 9, 49-52.

Albareda Ramoneda, A. M., *La imprenta de Montserrat* [Barcelona], *segles XV-XVI.* Analecta Monserratensia, 1918, 2, 11-166.
Albareda Ramoneda, A. M., *El llibre a Montserrat (del segle XI al segle XX).* Montserrat, 1931, 46.
Madurell Marimón, J. M., y J. Rubió Balaguer, *Documentos para la historia de la imprenta y librería en Barcelona (1474-1553).* B, 1955, 1013.

García Rámila, I., *Del Burgos de antaño. Algunas nuevas noticias sobre la imprenta en* Burgos. BIFG, 1950, 29, 25-38.
→ 1.11, Burgos.

Fernández Serrano, F., *La imprenta de Plasencia* [Cáceres] *hasta la muerte de Fernando VII.* REE, 1950, 6, 601-55.
Pardo de Figueroa, M., *Introducción de la imprenta en Medina Sidonia* [Cádiz]. BolBibliográfico español (M), 1864, 4, 191-3.

1 Pérez [Gutiérrez], D., *Ensayo de bibliografía y tipografía gaditanas.* M, 1903, 265.
Recoge también bibliografía sobre Cádiz.

Riaño de la Iglesia, P., *Los impresores. Reseña histórica de la imprenta en Cádiz.* RABM, 1915, 33, 320-49.

Rodríguez Moñino, A., *La imprenta en Jerez de la Frontera durante los siglos XVI y XVII...* M, 1942, 59.

Herrero García, M., *La imprenta en Benamejí* **[Córdoba]**. RBN, 1944, 5, 225-6.

Valdenebro Cisneros, J. M., *La imprenta en Córdoba. Ensayo bibliográfico.* M, 1900, xxxi+721.

Caballero, F., *La imprenta en* **Cuenca**... Cuenca, 1869, 165.

Martín de Argüello [A. Rodríguez Moñino], *Impresores conquenses de antaño...* BiH, 1943, 2, 6, 20-3.

Rodríguez Moñino, A., *La imprenta en Cuenca. Nuevas noticias: de 1560 a 1648,* en su *Curiosidades bibliográficas...* M, 1946, 147-74.

Sanz Díaz, C., *Contribución a la bibliografía conquense.* BolOficial del Obispado de Cuenca, 1959, múltiples entradas.

Gallego Morell, A., *Cinco impresores* **granadinos** *de los siglos XVI y XVII.* Granada, 1970, 151.

A. M. L., *El primer libro impreso en Tolosa* **[Guipúzcoa]**. BRSV, 1953, 9, 557-8.

Múgica Zufiría, S., *La imprenta en Guipúzcoa examinada a través de los libros registros de Juntas de la Provincia.* RIEV, 1934, 25, 453-76.

Ruiz de Larrinaga, J., *Curiosidad bibliográfica. Más impresos regionales de siglos atrás no registrados...* BRSV, 1950, 6, 69-88.

Arco Garay, R., *La imprenta en* **Huesca**. *Apuntes para su historia.* RABM, 1910, 22, a 1911, 24, múltiples entradas.

Tuñón de Lara, R., *Curiosidades bibliotipográficas... Primeros libros impresos en la ciudad de Baeza* **[Jaén]**. Don Lope de Sosa (Jaén), 1923, 11, 173-8.

Carré Aldao, E., *Apuntes para la historia de la imprenta y el periodismo en* **La Coruña**. RCHL, 1902, 7, 45-59.

La imprenta compostelana. Libros y folletos hasta 1868. Santiago, 1948, 11.

Millares Carlo, A., *Los primeros tiempos de la imprenta en* **Las Palmas**. EMC, 1934, 2, 49-55.

Bravo Guarida, C., *La imprenta en* **León**. León, 1902, xx+640.

Alvarez Pallás, J. M., *Nuevas aportaciones a la bibliografía ilerdense* **[Lérida]** *del siglo XVIII.* Lérida, 1949, 31.

Catálogo de la exposición del libro leridano. Lérida, 1941, 59.

Givanell Más, J., *Contribución a la bibliografía ilerdense.* Ilerda, 1944, 1, 119-48.

Jiménez Catalán, M., *Apuntes para una bibliografía ilerdense de los siglos XV al XVIII.* B, 1912, 307.
También, RBibliografia Catalana (B), 1907, 7, 5-304.

Ribera Prenafeta, E., y J. A. Tarragó Pleyán, *Notas biográficas relativas a impresores y libreros de Lérida en el siglo XVII.* Ilerda, 1946, 7, 55-65. 1

Ribera Prenafeta, E., y J. A. Tarragó Pleyán, *Nueva contribución al conocimiento de impresores de Lérida en los siglos XVII y XVIII.* Ilerda, 1948, 11, 113-25.

Río Rico, G. M., *La imprenta en el siglo XV: ... Lérida.* RABM, 1920, 41, 253-62.

Sanahuja, P., *Antiguos impresores y libreros de Lérida.* Lérida, 1944, 76.

Tarragó Pleyán, J. A., ... *Bibliografía ilerdense del siglo XIX...* Lérida, 1942, 89.

Tarragó Pleyán, J. A., *Aportación a la bibliografía ilerdense de los siglos XVI al XVIII...* Ilerda, 1943, 1, 287-390.

Tarragó Pleyán, J. A., ... *Libros y grabados de las tierras de Lérida.* Lérida, 1945, 23.

Tarragó Pleyán, J. A., *Indice de la bibliografía ilerdense. Ensayo recopilador de libros, folletos... que tratan de la bibliografía ilerdense.* Lérida, 1949, 78.

Tarragó Pleyán, J. A., y F. Gómez Gabernet, ... *Tres siglos de imprenta en Cervera.* Lérida, 1945, 21.

Lope Toledo, J. M., *La imprenta en la Rioja* [**Logroño**]. Berceo, 1960, 15, a 1961, 16, múltiples entradas.

Zamora Mendoza, J., *La imprenta en Logroño.* Berceo, 1961, 16, 423-36.

→ 1.87, Goicoechea.

Campo, J. del, *Historia de la imprenta en* **Madrid.** M, 1935, 127.

Censo, nomenclátor y guía de las antiguas imprentas y librerías de Madrid. BiH, 1949, 8, 22-3, 56-7.

Entrambasaguas Peña, J., *Documentos para la historia de la imprenta y librería madrileñas.* RBN, 1940, 1, 15-36.

Enciso Recio, L. M., *La Imprenta Real a fines del siglo XVIII.* RUM, 1970, 19, 169-94.

García [López], J. C., *Ensayo de una tipografía complutense.* M, 1889, xii+673.

Fernández Alvarez, B., *Impresos de Alcalá en la biblioteca del Escorial. Con adiciones y correcciones a la obra «Ensayo de una tipografía complutense»...* M, 1913, 354.

También, LCD, 1913, 94, a 1916, 105, múltiples entradas.

López Ferreiro, A., *Apuntes bibliográficos para el estudio de la tipografía complutense.* AIA, 1917, 8, 101-14.

Pérez Pástor, C., *Bibliografía madrileña o descripción de las obras impresas en Madrid (1566-1625).* M, 1891-1907, 3 v.

Rivero, C. del, *Historia de la imprenta en Madrid.* M, 1935, 118.

Sierra Corella, A., *Libros y papeles impresos en Madrid en 1642.* BiH, 1942, 1, 24-37.

Sierra Corella, A., *Anales bibliográficos de Madrid. Continuación, abreviada, de la obra de Pérez Pastor* [1626-1632]. BiH, 1944, 3, a 1948, 7, múltiples entradas.

1 Simón Díaz, J., *Libros madrileños de los siglos de Oro.* M, 1953, 36. → 1.87, Lasso.

Exposición del libro **malagueño.** Málaga, 1947, 26.
También, libros sobre Málaga.

Llorden, A., *La imprenta en Málaga.* Málaga, 1973, 500.

Tejera y R. de Moncada, J. P., *Biblioteca del murciano o ensayo de un diccionario biográfico y bibliográfico de la literatura en* **Murcia.** M, 1922-57, 3 v.
Hasta fines del siglo XVIII o del XIX, según secciones. Topobibliografía y biobibliografía (naturales y residentes) y bibliografía sobre Murcia.

Fernández Alonso, B., *Datos para la historia de la imprenta en* **Orense.** BCPMOrense, 1918, 6, 23-6.

Cuesta Gutiérrez, L., *La imprenta en* **Salamanca**... *1480-1944.* Salamanca, 1960, 73.

Duclas, R., *Catálogo descriptivo de los libros impresos en la ciudad de Salamanca en el siglo XVI existentes en la Biblioteca pública de Guadalajara.* México, 1961, 245 + láms.

Baeza González, T., *Reseña histórica de la imprenta en* **Segovia**... Segovia, 1880, xi+319.

Aguilar Piñal, F., *El origen de la imprenta* **sevillana.** AH, 1969, 158, 107-16.

Escudero Perosso, F., *Tipografía hispalense... desde el establecimiento de la imprenta hasta fines del siglo XVIII.* M, 1894, xix+656.

Gestoso Pérez, J., *Noticias inéditas de impresores sevillanos.* Sevilla, 1924, xviii+152.

Hazañas La Rúa, J., *La imprenta en Sevilla... desde la introducción hasta el año de 1800.* Sevilla, 1892, 142.

Hazañas La Rúa, J., *La imprenta en Sevilla. Noticias inéditas de sus impresores desde la introducción del arte tipográfico... hasta el siglo XIX.* Sevilla, 1945, xxv+280+20.

López Estrada, F., *Sobre la imprenta en Sevilla en el siglo XVI.* AH, 1953, 18, 37-48.

Montoto Sedas, S., *Impresos sevillanos.* M, 1948, 224.

Pérez Gómez, A., *Impresos sevillanos no mencionados por Escudero ni Montoto.* RBD, 1949, 3, 197-214.

Zamora Lucas, F., *La imprenta en Burgo de Osma* **[Soria]**, *1561 a 1672.* RABM, 1956, 62, 423-56.

Arco Molinero, A., *La imprenta en* **Tarragona**... *Historia y bibliografía.* Tarragona, 1916, 459.

González Hurtebise, E., *El arte tipográfico en Tarragona durante los siglos XV y XVI.* Tarragona, 1903, 20.

Pérez Pastor, C., *La imprenta en* **Toledo**... *desde 1483 hasta nuestros días.* M, 1887, xxiii+392.

Sarthou Carreres, C., *Bibliografía setabense* **[Valencia]**. BRAH, 1925, 86, 260-89.

Serrano Morales, J. E., *Reseña histórica de... las imprentas que han existido en Valencia desde la introducción del arte tipográfico en España hasta el año 1860.* Valencia, 1898-9, xxvi+655. 1
Villarroya, J., ... *Origen del nobilísimo arte tipográfico y su introducción y uso en la ciudad de Valencia.* Valencia, 1796, 100.

Alcocer Martínez, M., *Catálogo razonado de obras impresas en* Valladolid, *1481-1800.* Valladolid, 1926, 890.
Gutiérrez del Caño, M., *Noticia de los impresores que han ejercido su arte en Valladolid.* Valladolid, 1888.

Pérez Pastor, C., *La imprenta en Medina del Campo.* M, 1895, x+526.
Pérez de Guzmán, L., ... *Noticias poco conocidas sobre la imprenta en Bilbao* [Vizcaya]. Bilbao, 1955, 34.
Quadra Salcedo, F., *Libros raros y curiosos de la imprenta en Bilbao (1800-1830).* Bilbao, 1920, 94.
Ruiz de Larrinaga, J., *Curiosidad bibliográfica. Impresos en Vizcaya, Guipúzcoa y Alava hasta el año 1901...,* en *HomJ. Urquijo.* S. Sebastián, 1949, II, 49-110.
Borao Clemente, J., *La imprenta en* Zaragoza. Zaragoza, 1860, 96.
Catálogo del libro impreso en Zaragoza durante la época de Fernando el Católico (1474-1516). Zaragoza, 1952, 76.
Jiménez Catalán, M., *Ensayo de una tipografía zaragozana del siglo XVII.* Zaragoza, 1925, xiii+513.
Jiménez Catalán, M., *Ensayo de una tipografía zaragozana del siglo XVIII.* Zaragoza, 1929, 459.
Lambert, A., *Les origines de l'imprimerie à Saragosse (1473-1485).* RABM, 1915, 33, 29-50.
Serrano Sanz, M., *La imprenta en Zaragoza es la más antigua de España. Prueba documental.* Zaragoza, 1915, 22.
También, RABM, 1916, 34, 243-71.
Un bibliófilo aragonés [J. M. Sánchez], *Bibliografía zaragozana del siglo XV.* M, 1908, xix+215.

22 TOPOBIBLIOGRAFIA EXTRANJERA

Vaganay, H., *Bibliographie hispanique extrapéninsulaire, XVIe. et XVIIe. siècles.* RH, 1918, 42, 1-304.
Obras de autores españoles publ. fuera de España.

Ruiz Fornells, E., *Ensayo de una bibliografía de las publicaciones hispánicas en los* Estados Unidos. EA, 1966, 8, a 1970, 17, múltiples entradas.

Foulché-Delbosc, R., *Bibliographie hispano-*française. París, 1912-4, 3 v.
Libros españoles publ. en Francia, 1477-1700.
Núñez de Arenas, M., *Impresos españoles publicados en Burdeos hasta 1850.* RH, 1933, 81, 456-97.

Toda Güell, E., *Bibliografía española de Cerdeña* [Italia]. M, 1890, 326.

1 Toda Güell, E., *Bibliografia espanyola d'Italia dels origens de la imprempta fins l'any 1900.* B, 1927-31, 5 v.
Libros españoles publ. en Italia.
Zaccaria, E., *Bibliografia italo-spagnuola...* Capri, 1908[2], iii+116.
Libros españoles publ. en Italia, 1500-1906.

Libros hispánicos en lengua original y en traducción holandesa impresos en los **Países Bajos** *en los siglos XVI-XVIII. Catálogo...* Nimega, 1965, 39.
Peeters-Fontainas, J., *Bibliographie des impressions espagnoles des Pays-Bas.* Amberes, 1933, xiii+245.
Peeters-Fontainas, J., *L'officine espagnole de Martín Nutius à Anvers.* Amberes, 1956, 106.
Peeters-Fontainas, J., *Bibliographie des impressions espagnoles des Pays-Bas méridionaux.* Nieuwkoop, 1965, 2 v.

30 ARCHIVOS

Sánchez Belda, L., *Bibliografía de archivos españoles y de archivística.* M, 1963, 340.
Altamira Crevea, R., *Los archivos españoles,* en su *De historia y arte.* M, 1898, 64-78.
Annuaire international des Archives... Espagne. Archivum (París), 1955, 5, 73-85.
Anuario del Cuerpo facultativo de archiveros, bibliotecarios y anticuarios, 1881-2. M, 1882-3, 2 v.
Censo-guía de Archivos españoles. M, 1972, 2 v:
Municipales y parroquiales.
Los archivos históricos españoles. BDGAB, 1962, 64, 47-146.
Número monográfico por diversos autores.
Bordonau Más, M., *Los archivos eclesiásticos españoles.* Archivum (París), 1954, 4, 71-7.
Bordonau Más, M., *Los archivos del Estado.* BDGAB, 1961, 57, 77-109.
García Noblejas, J. A., *Los archivos de protocolos.* BDGAB, 1957, 43, 4-9.
Gibert Rodríguez, N., *Archivos militares.* M, 1946-7, 79.
Guía histórica y descriptiva de los archivos, bibliotecas y museos arqueológicos... bajo la dirección de F. Rodríguez Marín. Sección de Archivos. Archivos históricos. M, 1916, 823.
Martín Arrabal, F., *Archivos españoles. Su origen y su historia.* M, 1892, 81.
Mateu Llopis, F., *Los catálogos de las bibliotecas y archivos eclesiásticos de España. Ensayo de índice general.* HS, 1948, 1, 207-28.
Matilla Tascón, A., *Archivos administrativos.* BDGAB, 1954, 22, 9-13.
Millares Carlo, A., *Algunas notas bibliográficas acerca de archivos y bibliotecas españolas (1920-1934).* AUM, 1934, 3, 145-74; 1935, 4, 101-33.
Millares Carlo, A., *Notas bibliográficas acerca de archivos municipales, ediciones de libros de acuerdos...* M, 1952, 172.

Vela Marqueta, V., *Marina española. Sus archivos, bibliotecas y museos.* Revue internationale d'histoire militaire (París), 1950, 9, 295-307.

→ 3.39, García; 10.60, Matilla.

31 ARCHIVOS PUBLICOS. CATALOGOS DE MANUSCRITOS

Sánchez Belda, L., *Los archivos de* **Agreda**. Celtiberia, 1952, 3, 55-79.

Mateu Llopis, F., *Las bibliotecas y archivos de* **Albacete**. Biblioteconomía, 1945, 2, 79.

Caruana Gómez, J., *Catálogo del archivo de la ciudad de* **Albarracín**. Teruel, 1955, 169.

Tomás Laguía, C., *Catálogo de la sección de pergaminos del archivo de la... catedral de Albarracín.* Teruel, 1955, 289.

Torre Revello, J., *Archivo general central de* **Alcalá de Henares**. *Reseña histórica y clasificación de sus fondos.* Buenos Aires, 1926, 34.

Parra Ballester, J. M., *Catálogo del archivo municipal de la ciudad de* **Alcira**. Alcira, 1961.

Martínez Morellá, V., *Guía del archivo municipal de* **Alicante**. Alicante, 1954-5, 2 v.

El archivo diocesano de **Astorga** ... BDGAB, 1953, 15, 9-13.

Ajo G. Sainz, C. M., **Avila**. *Fuentes y archivos.* Avila, 1962, 604.

Rodríguez Amaya, E., *Inventario general de los archivos de...* **Badajoz**... *en 1753-54.* REE, 1952, 8, 389-492.

Pano, M., *El archivo municipal de* **Barbastro**. *Archivos de la catedral y del provisorato.* RAragón (Zaragoza), 1902, 3, 630-3.

Los archivos de **Barcelona**. *Ciudad.* M, 1952, 252.

Guía abreviada. Archivo de la Corona de Aragón [Barcelona]. Valencia, 1958, 119.

Madurell Marimón, J. M., *Archivo general de protocolos de Barcelona. Sección histórica. Indice cronológico alfabético. Siglos XIII, XIV y XVI. Siglo XVII.* B, 1950-3, 2 v.

Martínez Ferrando, J. E., *El Archivo de la Corona de Aragón.* B, 1944, 87.

Massó Torrents, J., *Manuscrits de la Biblioteca de l'Ateneu barcelonés.* B, 1902, vii+128.
También, RBibliografia Catalana (B), 1901, 1, 12-67, 154-226.

Massó Torrents, J., y J. Rubió Balaguer, *Cataleg dels manuscrits de la Biblioteca de Catalunya.* Butlletí de la Biblioteca de Catalunya (B), 1914, 1, a 1922, 9, múltiples entradas.

Miquel Rosell, F., *Inventario general de manuscritos de la biblioteca universitaria de Barcelona.* M, 1958- .

Oliveras Caminal, J., *Archivo capitular de la S. I. Catedral de Barcelona. Cartas reales (siglos XII-XV). Catálogo.* B, 1946, 222.

Sanabre San Román, J., *Guía del archivo diocesano de Barcelona.* B, 1947, 172.

Sanabre San Román, J., *El archivo de la catedral de Barcelona.* B, 1948, 420.

Udina Martorell, F., *El archivo condal de Barcelona en los siglos IX y X. Estudio crítico de sus fondos.* B, 1951, xliii+574.

M. S. G., *Biblioteca y archivo del Excmo. Ayuntamiento de* **Bilbao.** Idearium, 1936, 3, 143-51.

Rojo Orcajo, T., *Catálogo de los códices que se conservan en la S. I. Catedral de* **Burgo de Osma.** M, 1929, 305. También, BRAH, 1929, 94, 655-792; 95, 152-314.

Mansilla Reoyo, D., *Catálogo de los códices de la catedral de* **Burgos.** M, 1952, 205.

Mansilla Reoyo, D., *El archivo capitular de la catedral de Burgos. Breve guía y sumaria descripción de sus fondos.* Burgos, 1956, 127.

Mansilla Reoyo, D., *El archivo capitular de la catedral de Burgos.* HS, 1960, 13, 213-22.

Mansilla Reoyo, D., *Catálogo documental del archivo catedral de Burgos (804-1416).* M, 1971, 585.

Diego Rodríguez, N., *El archivo histórico provincial de* **Cáceres.** M, 1962, 19 + láms.

Floriano Cumbreño, A., *Catálogo... de la documentación histórica del archivo municipal de Cáceres... 1217-1504.* Cáceres, 1934, 279.

Martínez Quesada, J., *Protocolos del archivo histórico de Cáceres.* Cáceres, 1960, 272.

Bujanda, F., *Archivo catedral de* **Calahorra.** Berceo, 1965, 20, 211-2.

Guía del archivo capitular de la catedral de Calahorra. M, 1950, 9 + láms.

Leclerq, J., *Les manuscrits de Calahorra.* HS, 1949, 2, 105-9.

Ibarra Folgado, J. M., *Los archivos municipales, eclesiásticos y notariales de la provincia de* **Castellón.** Saitabi, 1950, 8, 123-45.

Sánchez Adell, J., *Catálogo de pergaminos del Archivo municipal de Castellón.* Castellón, 1950, 98.

Idoate Iragui, F., *Catálogo documental de la ciudad de* **Corella.** Pamplona, 1964, 475.

Iglesias Mantecón, T., *Indice del archivo municipal* [**Cuenca**]. Cuenca, 1930, 307.

Sanz Díaz, C., *Reseña cronológica de algunos documentos conservados en el archivo de la catedral de Cuenca.* Cuenca, 1965, 151.

Amador Carrandi, F., *Archivo de la tenencia... de* **Durango**... *y monografía de la merindad.* Bilbao, 1922, 305.

Antolín Pajares, G., *Catálogo de los códices latinos de la biblioteca de* **El Escorial.** M, 1910-23, 5 v.

F[raile] Miguélez, M., *Catálogo de los códices españoles de la biblioteca de El Escorial. Relaciones históricas.* M, 1917-25, 2 v.

Jodogne, P., y J.-M. Sansterre, *Les manuscrits de l'Escurial.* Scriptorium (Gand), 1972, 26, 326-36.

Llamas Simón, J., *Los manuscritos hebreos de... El Escorial.* Sefarad, 1941, 1, a 1945, 5, múltiples entradas. 1

Zarco Cuevas, J., *Catálogo de los manuscritos castellanos de la Real biblioteca de El Escorial.* M, 1924-9, 3 v.

Zarco Cuevas, J., *Catálogo de los manuscritos catalanes, valencianos, gallegos y portugueses de la biblioteca de El Escorial.* M, 1932, 164.
También, BRAH, 1931, 99, 65-224.

Zorrilla Echevarría, P. E., *Indice cronológico de los documentos... en el archivo municipal de...* **Estella**... *siglos XII a XVIII...* BCMNavarra, 1912, 3, a 1913, 4, múltiples entradas.

Somoza de Montsoriu, J., *Catálogo de manuscritos e impresos notables del Instituto Jovellanos de* **Gijón**. Oviedo, 1883, xxii+258.

Casares Hervás, M., *Archivo catedral* [de **Granada**]. *Inventario general.* Granada, 1965, xx+632.

Lapresa Molina, F., *El archivo de la Real Chancillería de Granada. Noticia histórico-descriptiva.* Hidalguía, 1953, 1, 157-68.
También, BDGAB, 1964, 13, 76-80.

Montiel, I., *Manuscritos de la biblioteca pública de* **Guadalajara**. RABM, 1952, 58, 61-9.

Sarrablo Aguareles, E., y otros, *Inventario del archivo del Real Monasterio de* **Guadalupe**. M, 1958, 95.

Arco Garay, R., *Archivos históricos del Alto Aragón* [**Huesca**]. Zaragoza, 1929-30, 2 v.

Durán Gudiol, A., *Los manuscritos de la catedral de Huesca.* Argensola, 1953, 4, 293-322.

Martínez Bara, J. A., *El archivo histórico provincial.* Argensola, 1950, 1, 363-8.

Múgica Zufiría, S., *Indice de los documentos del Archivo... de* **Irún** *(años 1337 a 1898).* Irún, 1898, ix+281.

Arco Garay, R., *El archivo de la catedral de* **Jaca**. BRAH, 1914, 65, 47-99.

Gil Merino, A., *Archivo regional de Galicia* [**La Coruña**]. BDGAB, 1955, 32, 18-20.

Gil Merino, A., y E. Dugnol Villasanta, *Archivo histórico del Reino de Galicia. Guía del investigador.* La Coruña, 1968, 130.

Mugartegui, J., *Los archivos municipal y parroquial de la villa de* **Laguardia**. RIEV, 1934, 25, 701-6.

Zamora Lucas, F., *El monasterio de* **La Vid**. *Indice de sus manuscritos.* RABM, 1961, 69, 5-17.

Goñi Gaztambide, J., *Catálogo del becerro antiguo y del becerro menor de* **Leyre**. PV, 1963, 32, 149-213.

Fernández Catón, J. M., *Memoria del archivo histórico diocesano de* **León**. AL, 1957, 11, 177-89.

Nieto Gutiérrez, A., *Catálogo de los documentos del archivo municipal de León.* León, 1927.

1 García Villada, Z., *Catálogo de los documentos y códices de la catedral de León.* M, 1919, 255.

Pérez Llamazares, J., *Catálogo de los códices y documentos de... San Isidoro de León.* León, 1923, xxxii+183.

Pérez Llamazares, J., *Archivo de San Isidoro.* Hidalguía, 1969, 17, 449-64.

Sierra Corella, A., *El archivo de San Marcos de León.* AL, 1952, 6, 113-61; 1953, 7, 115-57.

Corominas Janer, M., *Notas sobre el archivo de la catedral de* **Lérida.** Biblioteconomía, 1955, 12, 60-3.

Bujanda, F., *Inventario de los documentos del archivo de la I. Iglesia Colegial de* **Logroño.** Logroño, 1947, 84.

Andarias, A., *Catálogo de los manuscritos de la biblioteca municipal* [de **Madrid**]. RBAM, 1924, 1, a 1927, 4, múltiples entradas.

Archivo notarial e histórico de protocolos de Madrid. BDGAB, 1955, 31, 34-5.

Domínguez Bordona, J., *Catálogo de los manuscritos catalanes de la Biblioteca Nacional.* M, 1931, 181.

Gaspar Remiro, M., *Catálogo de los monuscritos rabínicos de la Biblioteca Nacional de Madrid.* BRAE, 1918, 5, a 1922, 9, múltiples entradas.

Guía de los archivos de Madrid. M, 1952, x+592.

Gutiérrez del Arroyo, C., *La sección de Universidades del Archivo Histórico Nacional.* M, 1952, 97.

Matilla Tascón, A., *Breve guía de los principales archivos de Madrid.* M, 1958, 16.

Millás Vallicrosa, J. M., *Nuevas aportaciones para el estudio de los manuscritos hebraicos de la Biblioteca Nacional.* Sefarad, 1943, 3, 281-327.

Morterero Simón, C., *Archivo del Real Palacio de Madrid.* Hidalguía, 1958, 6, a 1959, 7, múltiples entradas.

Navarro Franco, F., *Archivo general de Palacio.* BDGAB, 1964, 13, 64-6.

[Paz Remolar, R., y J. López de Toro], *Inventario general de manuscritos de la Biblioteca Nacional.* M, 1953- . Ultimo v. publ., IX, 1970.

Sánchez Belda, L., *Guía del Archivo Histórico Nacional.* M, 1958, 235 + láms.

Sánchez Belda, L., *Archivo Histórico Nacional.* BDGAB, 1964, 13, 37-43.

Vidal Colmena, J., *Ejército español. Archivo general militar.* Revue Internationale d'Histoire militaire (París), 1950, 9, 227-30.

→ 1.42, **Real.**

Bohigas Balaguer, P., *Fondos manuscritos de bibliotecas de* **Mallorca.** Biblioteconomía, 1944, 1, 5-13.

Durán Canyameras, F., *Los archivos, las bibliotecas...* de **Menorca.** RMenorca, 1943, 30, 44-55.

Albareda Ramoneda, A. M., *Manuscrits de la Biblioteca de* **Montserrat.** Analecta Monserratensia, 1917, 1, 3-99.

Albareda Ramoneda, A. M., *L'arxiu antich de Montserrat.* Montserrat, 1920, 220. 1
También, Analecta Monserratensia, 1919, 3, 11-216.

Baraut, C., *Els manuscrits de l'antiga biblioteca del monestir de Montserrat (segles XI-XVIII).* Analecta Monserratensia, 1955, 8, 339-97.

Leirós Fernández, E., *Guía del archivo de la catedral de* **Orense.** M, 1950, 15 + láms.

Rodríguez, R., *Catálogo de documentos del Monasterio de Santa María de* **Otero de las Dueñas.** León, 1948, 201.

García Larragueta, S., *Catálogo de los pergaminos de la catedral de* **Oviedo.** Oviedo, 1957, xx+504.

Sierra Corella, A., *Ligeras noticias sobre el archivo y la librería gótica de la catedral* [de Oviedo]. RABM, 1930, 51, 123-40.

San Martín Payo, J., *Catálogo del archivo de la catedral de* **Palencia.** PITTM, 1954, 11, a 1958, 17, múltiples entradas.

Miralles Sbert, J., *Catálogo del archivo capitular de* **[Palma de]** *Mallorca.* Palma, 1936-43, 3 v.

Albizu Sainz, J., *Catálogo general del archivo de la parroquia de San Saturnino de* **Pamplona.** Pamplona, 1950[2], 196.

Castro Alava, J. R., *Archivo general de Navarra. Catálogo de la sección de Comptos.* Pamplona, 1952- .
Ultimo v. publ., L, 1970. Desde XXXVII, 1965, por F. Idoate Iragui.

Goñi Gaztambide, J., *Catálogo del archivo catedral de Pamplona.* Pamplona, 1965- .

Lacarra de Miguel, J. M., *Guía del archivo general de Navarra.* M, 1953, 162.

San Juan Otermín, J., *Indice del archivo general de protocolos de Pamplona.* Pamplona, 1942, 77.

R. L., *Los archivos histórico provincial y de Hacienda de* **Pontevedra.** BDGAB, 1959, 51, 29-30.

Beer, R., *Los manuscrits del monestir de Santa Maria de* **Ripoll.** BRABarcelona, 1910, 5, múltiples entradas.

Beaujouan, G., *Manuscrits scientifiques médiévaux de l'Université de* **Salamanque** *et de ses «Colegios Mayores».* Burdeos, 1962, viii+232.

[Fuente, V. de la, y J. Urbina], *Catálogo de los... manuscritos... de la Universidad de Salamanca.* Salamanca, 1855, 75.

González González, J., *Indices del archivo histórico de protocolos de Salamanca.* M, 1942, 281.

Huarte Echenique, A., *El archivo universitario de Salamanca.* Salamanca, 1916, 15.

Marcos Rodríguez, F., *Los documentos del archivo catedralicio de Salamanca.* Salmanticensis, 1960, 7, 467-96, 703-63; 1961, 8, 461-513.

Berruezo, J., *Historia del archivo general de Guipúzcoa* **[S. Sebastián].** S. Sebastián, 1953, 87.

1 Múgica Zufiría, S., *Indice de los documentos del archivo... de San Sebastián. Años 1456 a 1891.* S. Sebastián, 1898, xv+313.

Artigas Ferrando, M., y E. Sánchez Reyes, *Catálogos de la biblioteca de Menéndez Pelayo* **[Santander]**. *I, Manuscritos.* Santander, 1957, xii+69+521 + láms.

Fernández Catón, J. M., *El archivo del Hospital de los Reyes Católicos de* **Santiago de Compostela.** *Inventario de sus fondos.* Santiago, 1972, 799.

Leclerq, J., *Textes... Les manuscrits de* **Santo Domingo de la Calzada.** HS, 1949, 2, 103-4.

Cuencas, M. D., *Los archivos municipales de la provincia de* **Segovia.** Segovia, 1958, 86.

Valverde del Barrio, C., *Códices, incunables y manuscritos bíblicos en la catedral de Segovia.* Cultura Bíblica (M), 1953, 10, 173-6.

Villalpando, M., *Archivo histórico y biblioteca pública de Segovia.* BDGAB, 1953, 13, 11-3.

Peña Cámara, J. M., *Archivo general de Indias de* **Sevilla.** *Guía del visitante.* M, 1958, 206 + láms.

Torre Revello, J., *El archivo general de Indias de Sevilla. Historia y clasificación de sus fondos.* Buenos Aires, 1929.

Torres Lanzas, P., y G. Latorre, *Archivo general de Indias. Catálogo. Cuadro general de documentación.* Sevilla, 1918, 165.

Velázquez Sánchez, J., *Catálogo del archivo municipal de Sevilla.* Sevilla, 1859-61, 7 v.

Ysasi-Ysasmendi, J., *Guía del archivo histórico universitario.* Sevilla, 1971, 176.

Federico Fernández, A. de, *El archivo biblioteca de la... catedral... de* **Sigüenza.** RABM, 1960, 68, 365-81.

Rius Serra, J., *Inventario de los manuscritos de la catedral de Sigüenza.* HS, 1950, 3, 431-65.

Whitehill, W. M., y J. Pérez de Urbel, *Los manuscritos de...* **Silos.** BRAH, 1929, 95, 521-601.

Alcocer Martínez, M., *Guía del investigador en el archivo de* **Simancas.** Valladolid, 1923, 205.

González de Amezúa, A., *El archivo general de Simancas...* RNE, 1945, 5, 11-30.

También en su *Opúsculos...* M, 1953, III, 227-44.

Plaza, A. de la, *Archivo general de Simancas. Guía del investigador.* Valladolid, 1962, cviii+288.

Magdaleno Redondo, R., *Archivo general de Simancas.* BDGAB, 1964, 13, 47-56.

Zamora Lucas, F., *Los archivos de* **Soria.** Soria, 1946.

Palencia Flores, C., *El archivo municipal de* **Talavera de la Reina.** *Relación de sus más importantes documentos.* Toledo, 1959, 45 + láms.

Serra Vilaró, J., *Archivo y librería capitulares de la S. M. Iglesia de* **Tarragona...** Butlletí arqueologic (Tarragona), 1944, 44, 105-35.

Caruana Gómez, J., *Indice de los pergaminos... existentes en el archivo de la ciudad de* **Teruel.** M, 1950, 310.

Deporto Uncilla, S., *Archivo municipal de Teruel. Catálogo... de sus documentos históricos desde 1208 hasta 1817.* BRAH, 1918, 73, 282-364.

Floriano Cumbreño, A., *Catálogo del archivo histórico de la Diputación Provincial de Teruel.* RABM, 1930, 50, a 1931, 51, múltiples entradas.

Tomás Laguía, C., *Catálogo de los pergaminos... de la S. I. Catedral de Teruel.* Teruel, 1953, 421.

Esteve Barba, F., *Biblioteca pública de* **Toledo.** *Catálogo de la colección de manuscritos Borbón-Lorenzana.* M, 1943, 492.

Goñi Gaztambide, J., *El archivo de la Santa Cruzada* [Toledo]. HS, 1949, 2, 195-208.

Millares Carlo, A., *Los códices visigóticos de la catedral toledana.* M, 1935, 89 + láms.

Millás Vallicrosa, J. M., *Catálogo de los manuscritos hebraicos de la catedral de Toledo.* Al-Andalus, 1934, 2, 395-429, y Sefarad, 1943, 3, 289-327.

Rivera Recio, J. F., *Guía del archivo capitular de la catedral de Toledo.* M, 1950, 14 + láms.

San Román Fernández, F. B., *Archivo histórico provincial de Toledo. I, Los protocolos de los antiguos escribanos...* M, 1934, 174 + láms.

Sierra Corella, A., *El archivo municipal de Toledo. Estudio y relación de sus fondos.* BRAH, 1931, 98, 665-769.
También, M, 1931, 109.

Torroja Menéndez, C., *Catálogo del archivo del monasterio de San Clemente de Toledo (1141-1900).* M, 1973, 408.

Bayerri Bertoméu, E., *Los códices medievales de la catedral de* **Tortosa.** *Novísimo inventario descriptivo.* B, 1962, 698 + láms.

O'Callaghan, R., *Los códices de la catedral de Tortosa.* Tortosa, 1897, 136.

Fuentes Pascual, F., *Catálogo de los archivos eclesiásticos de* **Tudela.** Tudela, 1944, 474.

Fuentes Pascual, F., *Catálogo del archivo municipal de Tudela.* Tudela, 1947, xv+461.

Dualde Serrano, M., *Inventario de la documentación notarial del archivo municipal de* **Valencia** *(siglos XIV y XV).* ACCV, 1952, 13, 393-409.

Gutiérrez del Caño, M., *Catálogo de los manuscritos existentes en la biblioteca universitaria de Valencia.* Valencia, 1914, 3 v.

Mateu Llopis, F., *Notas sobre archivos eclesiásticos y de protocolos del Reino de Valencia.* RABM, 1956, 62, 699-738.

Olmos Canalda, E., *Catálogo descriptivo. Códices de la catedral de Valencia.* Valencia, 1943, 246.
También, BRAH, 1927, 91, 309-469; 1928, 92, 218-333.

Olmos Canalda, E., *Guía del archivo de la catedral de Valencia.* M, 1950, 9 + láms.

Olmos Canalda, E., *Inventario de los pergaminos de la catedral de Valencia.* Valencia, 1961, xvi+1344.

Arribas Arranz, F., *El archivo histórico provincial y universitario de* **Valladolid**. RABM, 1958, 65, 261-71.

Basanta de la Riva, A., *Archivo de la Real Chancillería de Valladolid.* M, 1955-6², 4 v.

Gutiérrez del Caño, M., *Códices y manuscritos que se conservan en la biblioteca de la Universidad de Valladolid.* Valladolid, 1888, x+210.

Mendizábal, F., *El archivo de la Real Chancillería de Valladolid.* Hidalguía, 1953, 1, 629-44.

Salcedo, E. J., *El Real Archivo de la Chancillería de Valladolid.* BRAH, 1906, 49, 266-78.

Janini, J., *Los manuscritos del monasterio de* **Vallbona** *(Lérida).* HS, 1962, 15, 439-52.

Gudiol Cunill, J., *Cataleg dels llibres manuscrits anteriors al segle XVIII del museu episcopal de* **Vich**. Barcelona, 1934, 21+230. También, Butlletí de la Biblioteca de Catalunya (B), 1920, 6, a 1932, 8, múltiples entradas.

Serrá Campdelacreu, J., *El archivo municipal de Vich...* Vich, 1879, xiv+208.

Matilla Tascón, A., *Guía-inventario de los archivos de* **Zamora** *y su provincia.* M, 1964, xv+479.

Pescador del Hoyo, M. C., *El archivo municipal de Zamora. Documentos históricos.* Zamora, 1948, 784 + láms.

Castillo Genzor, A., *El archivo histórico de la Real Audiencia de Aragón* **[Zaragoza]**... Hidalguía, 1955, 3, 625-40.

Sancho Izquierdo, M., y J. Sinués, *Catálogo de los manuscritos de la biblioteca universitaria de Zaragoza.* RABM, 1916, 34, 114-41.

32 ARCHIVOS PRIVADOS. CATALOGOS DE MANUSCRITOS

Martínez Ferrando, J. E., *Archives privés en Espagne.* Archivum (París), 1956, 6, 54-5.

Alba, Duque de, *Archivos de España. El de la Casa de* **Alba**. Hidalguía, 1953, 1, 141-56.

Frías, Duque de, *Breve síntesis del contenido del archivo de la Casa de* **Frías** *y sus agregadas.* Hidalguía, 1953, 1, 645-52.

Peña Marazuela, M. T., y P. León Tello, *Inventario del archivo de los Duques de* **Frías**. *I, Casa de Velasco.* M, 1955, xxv+615.

León Tello, P., *Inventario del Archivo de los Duques de Frías. II, Casa de Pacheco.* M, 1967, xi+430.

Paz Meliá, A., *Series de los más importantes documentos del archivo y biblioteca del... Duque de* **Medinaceli**. M, 1915-22, 2 v.

González Moreno, J., *El archivo de Medinaceli.* AH, 1961, 34, 327-30.

González Moreno, J., *Catálogo del archivo general de la Casa ducal de Medinaceli.* Sevilla, 1969, xxiii+200.

Alvarez Ossorio, F., *Breve noticia del archivo... del Duque de* Osuna. RABM, 1906, 15, 79-100.

Rocamora, J. M., *Catálogo abreviado de los manuscritos de la biblioteca del... Duque de Osuna e Infantado.* M, 1882, 138.

Colón de Carvajal, C., *El archivo de la Casa ducal de* Veragua. Hidalguía, 1958, 6, 413-24.

33 ARCHIVOS EXTRANJEROS. CATALOGOS DE MANUSCRITOS

Robles, L., *Manuscritos de autores españoles en bibliotecas extranjeras* [Augsburg y Darmstadt, Alemania]. HS, 1965, 18, 411-50.

Voltes Bou, P., *Documentos de tema español existentes en el archivo de Estado de Viena* [Austria]. B, 1964, 290.

Bohigas Balaguer, P., *El repertori de manuscrits catalans... Bi blioteca Nacional* [París, Francia]. B, 1932, 208.
También, EUC, 1930, 15, 93-139, 197-230; 1931, 16, 82-111, 213-310.

Gómez Pérez, J., *Manuscritos españoles en Burdeos.* RABM, 1954, 60, 477-510.

Morel-Fatio, A., *Bibliothèque Nationale... Catalogue des manuscrits espagnols...* París, 1892, 422.

Catálogo de los papeles españoles... del Colegio de Wadham en la Universidad de Oxford [Gran Bretaña]. BRAH, 1920, 76, 257-374, 455-575.

Gayangos, P., *Catalogue of the manuscripts in the spanish language in the British Museum.* Londres, 1875-93, 4 v.

Bertoni, G., *Catalogo dei codici spagnuoli della Biblioteca Estense in Modena* [Italia]. Erlangen, 1907, 72.
También, RF, 1907, 20, 321-92.

Gómez Pérez, J., *Manuscritos españoles en la Biblioteca Nacional Central de Roma. Catálogo.* M, 1956, 282.

Mansilla Reoyo, D., *Fondos españoles de archivos romanos.* AA, 1954, 2, 393-455; 1955, 3, 553-626.

Hogberg, P., *Manuscrits espagnols dans les bibliothèques suédoises* [Suecia]. RH, 1916, 36, 377-473.

40 BIBLIOTECAS

Altamira Crevea, R., *Las bibliotecas españolas,* en su *De historia y arte.* M, 1898, 79-91.

Borao Clemente, J., *Estado actual de las bibliotecas españolas.* M, 1865, 188.

Díaz Pérez, N., *Las bibliotecas de España.* M, 1885, 217.

Hoecker, R., *Das spanische Bibliothekswesen.* Zentralblatt für Bibliothekswesen (Leipzig), 1927, 44, 20-38, 160-73.

Mateu Ibars, J., *Aportación bibliográfica para el estudio de las bibliotecas universitarias españolas.* RABM, 1958, 65, 319-88.

Mateu Ibars, M. D., *Papeletas para el estudio de las bibliotecas españolas.* Biblioteconomía, 1965, 22, a 1971, 28, múltiples entradas.

1 Tortajada Ferrandis, A., *Las bibliotecas en España. Su movimiento y estado actual.* Biblioteca general (M), 1949, 3, 3-17.

Valentinelli, G., *Delle biblioteche della Spagna.* Viena, 1860, 177. También, Sitzungsberichte der philosophisch-historischen Klasse (Viena), 1860, 33, 4-178.

→ 7.53

41 BIBLIOTECAS PUBLICAS

Loibe [Lista de obras ingresadas en las bibliotecas españolas]. M, 1954- .

Las bibliotecas de **Barcelona** *y su provincia.* B, 1952, 145.

Catálogo de la biblioteca del Ateneo barcelonés. B, 1891, 442.

Guía de la Biblioteca central de la Diputación de Barcelona. B, 1959, 279.

Areitio, D., *Ensayo de un catálogo de la sección vascongada* [de la biblioteca de la Diputación de Vizcaya, **Bilbao**]. Bilbao, 1919, 455.

L[ópez] S[ánchez], E., *Catálogo de los libros... del Instituto provincial de* **Cáceres.** Cáceres, 1871, 206.

Biblioteca provincial de **Cádiz.** *Inventario.* Cádiz, 1915-22, 2 v.

Estelrich, J. L., *Biblioteca provincial de Cádiz. Noticias de su fundación y vicisitudes.* M, 1908, 64.
También, RABM, 1908, 19, a 1909, 21, múltiples entradas.

Alonso Turienzo, T., *Labor literaria de los agustinos en la Real Biblioteca de* **El Escorial** *(1885-1960).* LCD, 1960, 173, 666-710.

Andrés, G., *La Real Biblioteca de El Escorial.* M, 1970, 115.

Zarco Cuevas, J., *La biblioteca y los bibliotecarios de San Lorenzo el Real de El Escorial. Notas históricas.* LCD, 1924, 139, a 1926, 146, múltiples entradas.

Alvarez de la Braña, R., *Biblioteca provincial legionense* **[León].** *Su origen, sus vicisitudes... Indices de manuscritos, incunables, raros y curiosos.* León, 1884, 91.

Alvarez de la Braña, R., *Catálogos de la biblioteca provincial de León.* León, 1897^{2}, 2 v.

Díaz Jiménez, E., *Datos para la historia de la biblioteca de San Isidoro de León.* RABM, 1925, 46, 125-41, 279-95.

Catálogo de la biblioteca pública provincial **[Lugo].** Lugo, 1935, viii+192.

[Avilés, A.], *Catálogo de la biblioteca de la Real Academia de Bellas Artes...* **[Madrid].** M, 1900, 563.

Balbín de Unquera, A., *Catálogo de la biblioteca del Consejo de Estado.* M, 1877, xliv+420.

[Cambronero, C.], *Catálogo de la biblioteca municipal de Madrid.* M, 1902, xiii+536+75.
Apéndices, 1903-16, 4 v.

C[ampillo], T. del, *La biblioteca de San Isidro antes de ser pública.* RABM, 1873, 3, 113-6, 145-8.

Catálogo de la biblioteca del Ministerio de la Gobernación. M, 1876, 116.

Catálogo de la... biblioteca del Ministerio de la Guerra. M, 1877, 636.

Catálogo de la biblioteca de la R. Academia de Ciencias Morales y Políticas. M, 1864, 288.

Catálogo de la biblioteca del Senado. M, 1888-90, 3 v.

Catálogo de la biblioteca del Círculo de Bellas Artes. M, 1913, 460.

Cuadra Escrivá, L., *Catálogo general de la Biblioteca central del Ministerio del Aire.* M, 1941, 371.

Cuesta, L., *Jesuitas confesores de Reyes y directores de la Biblioteca Nacional.* RABM, 1961, 69, 129-74.

Fernández Victorio, N., *Concepto y misión de la Biblioteca Nacional.* Arbor, 1957, 38, 113-34.
Historia y organización.

García Morales, J., *Los empleados de la Biblioteca Real (1712-1836).* RABM, 1966, 73, 27-81.

García Morales, J., *La Biblioteca Real (1712-1836).* M, 1971, 35.

Gracia Parejo, R., y V. Torrecilla Quiñones, *Catálogo de la biblioteca del Ministerio de Gracia y Justicia.* M, 1885, xvi+308.

Guía de las bibliotecas de Madrid (capital). M, 1953, xii+556.

Indice de los libros y principales artículos de las revistas existentes en la Biblioteca del Congreso. M, 1914, viii+310.

López Serrano, M., *La biblioteca de Palacio.* Reales Sitios (M), 1964, 1, 63-70.

López Valdemoros, J. G., *Catálogo de la Real Biblioteca* [A-Ch]. M, 1910-31, 3 v.

Dirección general de Marruecos y Colonias. Biblioteca. Catálogo de autores... M, 1945, 321.

[Moreno Nieto, J.], *Catálogo de las obras existentes en la biblioteca del Ateneo...* M, 1873, viii+609.

Pérez Goyena, A., *Los primeros directores de la Biblioteca Nacional.* RyF, 1925, 73, 519-29.

Piernavieja del Pozo, M., *Catálogo de la Biblioteca Deportiva Nacional.* M, 1973, I, xviii+397.

Ponce de León, E., *Guía del lector de la Biblioteca Nacional. Historia, organización y fondos.* M, 1949², 96 + láms.

Ruiz Morcuende, F., y otros, *Catálogo de la biblioteca del Ministerio de Asuntos Exteriores.* M, 1941-8, 9 v.

Sáinz de Robles, F. C., *Breve historia de la biblioteca del Ateneo de Madrid.* AIEM, 1971, 7, 383-400.

Sáinz de Robles, F. C., *La biblioteca municipal de Madrid.* M, 1973, 39.

Simón Díaz, J., *La biblioteca, el archivo y la cátedra de Historia literaria de los Estudios de San Isidro de Madrid.* RBD, 1947, 1, 395-423.

Subirá, J., *La biblioteca municipal de Madrid.* ELE, 1959, 2, 67-70.

Torres Campos, M., *Catálogo sistemático de las obras existentes en la biblioteca de la Academia de Jurisprudencia y Legislación.* M, 1876, xxiv+206.

1 Val, M. A., *Dirección general de Marruecos y Colonias. Biblioteca. Catálogo de materias.* M, 1949, xi+380.

→ 1.87, Lasso.

Roura Pujol, M., *Catálogo de la biblioteca pública de* **Mahón.** Palma, 1885-1901, 2 v.

Cambronero Antigüedad, L., *Sociedad Económica de* **Málaga.** *Catálogo metódico de su biblioteca...* Málaga, 1927, xxvii+792.

La biblioteca y el archivo de **Montserrat.** Montserrat, 1958, 37.

Olivar, A. M., *La biblioteca del monasterio de Montserrat.* RABM, 1948, 54, 131-9.

[Juambelz, J.], *Catálogo bibliográfico... del colegio de San Francisco Javier...* **Oña** *(Burgos).* Bilbao, 1930, xii+176.

Estelrich, J. L., *La Real y Episcopal Biblioteca de* **Palma de Mallorca.** RABM, 1911, 24, 150-64.

Hunt, A. S., *The library of the Cathedral of* **Pamplona.** Zentralblatt für Bibliothekswesen (Leipzig), 1898, 15, 283-90.

[Fernández Villamil, E.], *La biblioteca pública y el archivo histórico provincial de* **Pontevedra.** M, 1954, 22.

Martínez Díez, G., *Dos catálogos inéditos* [1649 y 1800] *de la biblioteca del monasterio de* **Ripoll.** HS, 1969, 22, 333-423.

Peña de San José, J., *La biblioteca del convento de* **San Millán** *de la Cogolla.* Berceo, 1956, 11, 183-93.

Bustamante Urrutia, J. M., *Catálogos* [1477-1849] *de la biblioteca universitaria* **[Santiago de Compostela].** Santiago, 1944-59, 9 v.

Pérez, F., *La biblioteca del monasterio de Santo Domingo de* **Silos.** RABM, 1948, 54, 435-43.

Foradada Castán, J., *Reseña de la biblioteca de la catedral de* **Toledo.** RABM, 1877, 7, 49-54, 65-9.

Octavio de Toledo, J. M., *Catálogo de la librería del Cabildo toledano... Manuscritos... Impresos.* M, 1903-6, 2 v.

Llorca, F., *La biblioteca universitaria de* **Valencia.** Valencia, 1920, 144.

Alcocer Martínez, M., y otros, *Catálogos de las bibliotecas universitaria y provincial (Santa Cruz) de* **Valladolid.** Valladolid, 1918-30, 6 v.

Alcocer Martínez, M., *Universidad literaria de Valladolid. Facultad de Historia. Catálogo de la biblioteca.* Valladolid, 1920, 234.

Alcocer Martínez, M., *Biblioteca provincial de...* **Vitoria.** *Catálogo...* Vitoria, 1913, 4 v.

→ 1.73

42 BIBLIOTECAS PRIVADAS

Huarte Morton, F., *Las bibliotecas particulares españolas de la edad moderna.* RABM, 1955, 61, 555-76.

Vindel Angulo, F., *Los bibliófilos y sus bibliotecas desde la introducción de la imprenta en España hasta nuestros días.* M, 1934, 64. 1

Ballesteros Gaibrois, M., **Alfonso V**, *amante de los libros.* ACCV, 1945, 6, 49-73.

Domínguez Bordona, J., *La biblioteca del Virrey Don Pedro Antonio de* **Aragón** *(1611-1690).* BRAH, 1951, 129, 385-416.
También, Butlletí Arqueologic (Tarragona), 1950, 50, 66-110.

Millares Carlo, A., *La biblioteca de Gonzalo* **Argote de Molina.** RFE, 1923, 10, 137-52.

Rodríguez Moñino, A., *La biblioteca de Benito* **Arias Montano**... RCEE, 1928, 2, 555-98.

Rodríguez Marín, F., *La librería de* **Barahona,** en su *Luis Barahona de Soto.* M, 1903, 520-51.

Maier, A., *Die «Bibliotheca minor»* **Benedikts** *XIII.* Archivum Historiae Pontificiae (Roma), 1965, 3, 139-91.

Herrero García, M., *La biblioteca* [1633] *del conde de* **Benavente.** BiH, 1942, I, 2, 18-33.

Caro, R., *Memoria de los libros de... Rodrigo* **Caro,** en su *Varones ilustres,..* Sevilla, 1915, lxi-lxxix.

Tellechea Idígoras, J. I., *La biblioteca del arzobispo* **Carranza.** HS, 1963, 16, 460-99.

Sánchez Cantón, F. J., *La historia del Marqués del* **Cenete,** *iniciada por el Cardenal Mendoza (1470-1523).* M, 1942, 134.

Arbolí Faraudo, S., y otros, *Biblioteca* **Colombina.** *Catálogo de sus libros impresos...* Sevilla, 1888-1958, 7 v.

Esteban Romero, A. A., *Don Fernando Colón. Su personalidad literaria. Repertorios bibliográficos y manuscritos.* Sevilla, 1939, 107.

García Rojo, D., *Fernando Colón y la Biblioteca Colombina.* BDGAB, 1952, 7, 42-54.

Harrisse, H., *Fernando Colón. Sa vie, ses oeuvres.* París, 1872, viii+230.

Harrisse, H., *Grandeza y decadencia de la Colombina.* Sevilla, 1886, 197.

Harrisse, H., *Excerpta Colombiniana. Bibliographie de quatrecents pièces gothiques... Histoire de la Bibliothèque Colombine et de son fondateur.* París, 1887, lxxv+315.

Jos, E., *Investigaciones sobre la vida y obras iniciales de D. Fernando Colón.* Sevilla, 1945, xviii+164.
También, AEAm, 1944, 1, 525-698.

Marín Martínez, T., *«Memoria de las obras y libros de Hernando Colón», del Bachiller Juan Pérez.* M, 1970, xxxv+873.

Torre Revello, J., *Don Hernando Colón. Su vida, su biblioteca, sus obras.* RHA, 1943, 19, 1-59.

Marín Martínez, T., *La biblioteca del Obispo Juan Bernal* **Díaz de Luco.** HS, 1952, 5, 263-326; 1954, 7, 47-84.

1 Vega, A. C., *Catálogo de la biblioteca de... Enrique* **Flórez.** BRAH, 1951, 129, 123-218, 309-30; 130, 257-66.

Catalogue de la bibliothèque hispanique de R. **Foulché-Delbosc.** Abbeville, 1920, 558.

Foulché-Delbosc. Livres... en vente. París, 1936, 203.

Marqués Merchán, J., *Don Bartolomé José* **Gallardo.** *Noticia de su vida y escritos.* M, 1921, 430.

Rodríguez Moñino, A., *Don Bartolomé José Gallardo (1776-1852). Estudio bibliográfico.* M, 1955, 362.

Rodríguez Moñino, A., *Historia de una infamia bibliográfica... Lo sucedido con los libros y papeles de Don Bartolomé José Gallardo. Estudio bibliográfico.* M, 1965, 252.

→ 14.46, Sainz.

Catálogo de la biblioteca del... Duque de **Gor.** Granada, 1907, 247.

Paz Meliá, A., *Biblioteca fundada por el Conde de* **Haro** *en 1455.* RABM, 1897, 1, a 1909, 21, múltiples entradas.

Catalogue de la bibliothèque de M. Ricardo **Heredia...** París, 1891-4, 4 v.

Molina Navarro, G., *Indice para facilitar... los catálogos de Salvá y Heredia.* M, 1913, 162.

Sánchez Cantón, F. J., *La librería de Juan de* **Herrera.** M, 1941, 46.

Sánchez Cantón, F. J., *Libros, tapices y cuadros que coleccionó* **Isabel la Católica.** M, 1950, 214.

Vives Gatell, J., San **Isidoro...** *y su biblioteca.* B, 1956, 35.

Fernández, L., *La biblioteca particular del P.* **Isla.** Humanidades (Comillas), 1952, 4, 128-41.

Catálogo de la biblioteca del Señor Marqués de **Jerez de los Caballeros,** *adquirida por A. M. Huntington.* Sevilla, 1905, s. p.

Chamorro, B., *Breve historia de la biblioteca de* **Jovellanos.** BiH, 1944, 11, 744-75.

Cárcel Ortí, V., *El inventario de las bibliotecas de San* **Juan de Ribera** *en 1611.* AST, 1966, 39, 319-79.

Arco Garay, R., *Noticias inéditas acerca de la famosa biblioteca de D. Vicencio J. de* **Lastanosa.** BRAH, 1914, 65, 316-42.

Selig, K. L., *The library of Vincencio Juan de Lastanosa...* Ginebra, 1960, 88.

Specimen Bibliothecae... Gregorius **Mayansius...** Hannover, 1753, 171.

Andrés, G., *Historia de la biblioteca del Conde-Duque de* **Olivares** *y descripción de sus códices.* CB, 1972, 28, 131-42.

Berkowitz, H. Ch., *La biblioteca de Benito* **Pérez Galdós.** Las Palmas, 1951, 227.

También, EMC, 1947, 22, 69-96.

Entrambasaguas Peña, J., *La biblioteca de* **Ramírez de Prado.** M, 1943, 2 v.

Nogués, J. M., *Archivo de la* **Real** *Casa y biblioteca particular de S. M.* M, 1901 45.

Valle Lersundi, F., *Biblioteca de Fernando de* **Rojas**, en su *Testamento de Fernando de Rojas.* RFE, 1929, 16, 381-8; 1930, 17, 183.

Catálogo de la biblioteca del... Marqués de la **Romana.** M, 1865, 211.

Salvá Mallén, P., *Catálogo de la biblioteca de* **Salvá.** Valencia, 1872, 2 v.
→ **Heredia.**

Schiff, M., *La bibliothèque du Marquis de* **Santillane.** París, 1905, xci+509.

González González, J., *El maestro Juan de* **Segovia** *y su biblioteca.* M, 1944, 213.

Sánchez Cantón, F. J., *La librería de* **Velázquez,** en HMP, III, 379-406.

Redondo, A., *La bibliothèque de Don Francisco de* **Zúñiga.** MCV, 1967, 3, 147-96.

43 BIBLIOTECAS MEDIEVALES

García Villada, Z., *Las bibliotecas españolas medievales,* en su *Metodología y crítica...* B, 1921, 132-54.

Pérez de Guzmán, J., *El libro y la biblioteca en España durante los siglos medios.* LEM, 1905, 202, 111-52.

Ribera Tarragó, J., *Bibliófilos y bibliotecas en la España musulmana.* Zaragoza, 1896, 34.

Alonso Alonso, M., *Bibliotecas medievales de los arzobispos de Toledo.* RyF, 1941, 123, 295-309.

Carreras Valls, R., *El llibre a Catalunya, 1338-1590.* B, 1936, 191. Catálogos de bibliotecas privadas.

Domínguez Bordona, J., *El escritorio y la primitiva biblioteca de Santes Creus.* Tarragona, 1952, 153.

Durán Gudiol, A., *Las bibliotecas eclesiásticas de la diócesis de Jaca a finales del siglo XV.* Argensola, 1962, 13, 49-99.

Escagüés Javierre, I., *Un reglamento del siglo XIV para el préstamo de libros.* RBN, 1944, 5, 489-98.

Escagüés Javierre, I., *Un reglamento del siglo XIV para el présbibliotecas* [iglesias de Santa María y de San Martín, de Uncastillo] *del siglo XIII.* RBN, 1945, 6, 195-209.

Floriano Cumbreño, A., *La antigua librería de la catedral de Oviedo.* Archivum, 1952, 2, 331-51.

Galindo Romeo, P., *Inventarios y libros (1340-1540). Síntesis bibliográfica,* en *Suma... A. Canellas López.* Zaragoza, 1969, 459-502.

G[onzález] Camino, F., *Bibliotecas medievales montañesas.* BBMP, 1932, 2, 14-50.

Goñi Gaztambide, J., *Notas sobre la biblioteca capitular de Pamplona en la edad media.* HS, 1951, 4, 385-90.

Hillgarth, J. N., *Una biblioteca cisterciense medieval. La Real (Mallorca).* AST, 1959, 32, 89-191.
Catálogos de los siglos XIV-XVII.

1 Marcos Rodríguez, F., *La antigua biblioteca de la catedral de Salamanca.* HS, 1961, 14, 281-319.

Marinis, T., *La biblioteca napoletana dei Re d'Aragona.* Milán, 1947-52, 4 v.

Rubió Balaguer, J., *La biblioteca del capítol de Tortosa.* AIEC, 1914, 5, 45-57, y Butlletí de la Biblioteca de Catalunya (B), 1919, 5, 119-31.

Sáez Sánchez, E., *Inventarios de bibliotecas medievales en el tumbo de Celanova* [siglos IX-XI]. LCD, 1943, 155, 563-8.

→ 3.39, García.

44 BIBLIOTECAS EXTRANJERAS

Spain and Spanish America in the Libraries of the University of California [**Estados Unidos**]. *A catalogue of books.* Berkeley, 1928-30, 2 v.

Hispanic Society of America. Catalogue of the Library. Boston, 1962, 10 v.

→ 1.73, 1.75, Penney.

Whitney, J. L., *Catalogue of the Spanish Library... bequeathed by George Ticknor to the Boston Public Library.* Boston, 1879, xv+476.

Short-title catalogue of books printed in Spain and of Spanish books printed elsewhere in Europe before 1601, now in the British Museum [**Gran Bretaña**]. Londres, 1921, 101.

Catálogo de libros españoles y publicaciones extranjeras sobre España e Hispanoamérica. Universidad de Utrecht [**Holanda**]. Utrecht, 1948, xii+360.
Suplemento, 8, 1963, viii+453.

Diamonte, M., *Fondo antico spagnolo della Biblioteca Universitaria di Genova* [**Italia**]. Génova, 1969, 321.

47 HEMEROTECAS

Planas Parellada, J., y otros, *Un índice de revistas existentes en las bibliotecas de* **Barcelona.** Biblioteconomía, 1944, 1, a 1956, 13, múltiples entradas.

Voltes Bou, P., *Catálogo de la hemeroteca del Instituto Municipal de Historia de Barcelona.* B, 1960, 81 + láms.

Asenjo Pérez, A., *Catálogo de las publicaciones periódicas madrileñas existentes en la hemeroteca municipal de* **Madrid,** *1661-1930.* M, 1933, xx+360.

Catálogo de colecciones de revistas existentes en las bibliotecas del Patronato «Menéndez Pelayo». M, 1954, 201.

Catálogo de las revistas de las bibliotecas del Patronato [Juan de la Cierva, de investigación técnica]. M, 1962, xiv+329.

Fernández Pousa, R., *Hemeroteca Nacional. Indice de publicaciones diarias y periódicas españolas.* M, 1949, 108.

Martínez Martínez, J., *Lista de los periódicos de provincias que se reciben en la Biblioteca Nacional.* RABM, 1900, 4, 110-5.

Martínez Martínez, J., *Lista de los boletines y revistas de provincias que se reciben en la Biblioteca Nacional.* RABM, 1900, 4, 299-309.

Lista de los periódicos de Madrid que se reciben en la Biblioteca Nacional. RABM, 1898, 2, 135-6.

Lista de las publicaciones registradas en la sala de revistas de la Biblioteca Nacional. RABM, 1898, 2, 449-53.

Relación de las publicaciones periódicas que se reciben en la Hemeroteca Municipal. M, 1933[3], 84.

Varela Hervias, E., *Hemeroteca municipal de Madrid... 1940-1967.* M, 1969, xlv+308+láms.

Zamora Lucas, F., y J. M. Casado Jorge, *Publicaciones periódicas existentes en la Biblioteca Nacional.* M, 1952, xix+718.

50 LA IMPRENTA

Méndez, F., *Typographia española o Historia de la introducción, propagación y progreso del arte de la imprenta en España...* M, 1796, xviii+427.
2.ª ed., corr. y aum. por D. Hidalgo de Palma. M, 1861, xiv+436.

51 DE LOS ORIGENES AL SIGLO XVIII

Barrantes Moreno, V., *Apuntes para un catálogo de impresores, desde la introducción del arte en España hasta el año 1600.* RContemporánea (M), 1880, 26, 385-407; 27, 43-72, 421-36.

Bohigas Balaguer, P., *La introducción de la tipografía en España. Estado actual de la cuestión.* Biblioteconomía, 1966, 23, 13-32.

Burger, K., *Die Drucker und Verleger in Spanien und Portugal von 1501-1536...* Leipzig, 1913, x+84.

Caballero, R. D., *De prima Typographiae Hispanicae aetate specimen.* Roma, 1793, xxxvi+134.
Trad. por V. Fontán, *Breve examen acerca de los primeros tiempos del arte tipográfico en España.* M, 1865, 170.

Eaton, Th., *Traveling printers of Spain and Portugal, 1473-1536.* Chicago, 1949.

Gutiérrez del Caño, M., *Ensayo de un catálogo de impresores españoles desde la introducción de la imprenta hasta fines del siglo XVIII.* RABM, 1899, 3, 662-71; 1900, 4, 77-85, 267-72, 667-78, 736-9.

Haebler, K., *The early Printers of Spain and Portugal.* Londres, 1897, iv+165+láms.

Haebler, K., *Die Anfänge des Buchdrucks in Spanien,* en *Beiträge zur Inkunabelkunde.* Leipzig, 1935, 31-7.

Hüffer, H. J., *«Armeros de la cultura» alemanes en el Imperio español (al correr de los siglos XV y XVI).* Biblioteconomía, 1953, 10, 77-80.
Impresores alemanes.

Norton, F. J., *Printing in Spain, 1501-1520.* Cambridge, 1966, xiii+227.
Historia de la imprenta y relación de libros publicados.

1 Palau Dulcet, A., *De los orígenes de la imprenta y su introducción en España.* B, 1952, 13.

Penney, C. L., *Check List of printing, sites and printers of hispanic books, 1468?-1700,* en su *List of books printed 1601-1700...* 711-901. (→ 1.75).
No figura en la que puede considerarse 2.ª ed. de esta obra (→ 1.73).

Penney, C. L., *Printers, presses, publishers and sellers of hispanic books through the XVII th. century,* en su *List of books printed 1601-1700...,* 939-72 (→ 1.75).
No figura en la que puede considerarse 2.ª ed. de esta obra (→ 1.73).

Romero de Lecea, C., *El V centenario de la introducción de la imprenta en España, Segovia, 1472. Antecedentes de la imprenta...* M, 1972, 290.

Rubió Balaguer, J., *Integración de los impresores alemanes en la vida social y económica de Cataluña y Valencia en los siglos XV y XVI.* GAKS, 1962, 20, 103-23.

Sáinz de Robles, F. C., *La imprenta y el libro en la España del siglo XV.* M, 1973, 235.

Sanpere Miquel, S., *De la introducción y establecimiento de la imprenta en las Coronas de Aragón y Castilla y de los impresores de incunables catalanes.* B, 1909, 359 + láms.

Vindel Angulo, F., *Origen de la imprenta en España. Con caracteres xilográficos inventados en Sevilla se imprimió el primer libro en España.* M, 1935, 21 + láms.

→ 7.53, 7.86.

52 SIGLOS XVIII-XX

García Ubeda, A., *Las artes gráficas en España.* ELE, 1964, 7, 246-54.

Sánchez, J. M., *La imprenta durante el reinado de Carlos III.* RLibros (M), 1919, 3, 9-21.

Vindel Angulo, F., *Esplendor del arte tipográfico español en el siglo XVIII.* BiH, 1942, I, 1, 9-16; 2, 34-6; 3, 16-23.

→ 7.53, 7.73, 7.86.

56 IMPRESORES INDIVIDUALES

Escar Ladaga, M., *Apuntes biográficos de varios impresores españoles contemporáneos de Ibarra.* Zaragoza, 1927, 23.
→ 1.87.

Bouza Brey, F., Los **Aguayo,** *impresores barrocos de Compostela (1728-1819).* CEG, 1956, 11, 45-94.

Odriozola, A., *Obras impresas en Logroño por Arnao Guillén de* **Brocar.** BiH, 1943, 2, 22-37.

La imprenta **Cansoles** *(Mallorca, 1540-1600).* Palma de Mallorca, 1952, xvi.

Morato, J. J., *La imprenta de Juan de la* Cuesta. RABM, 1925, 2, 436-41. 1

Blanco Belmonte, M. R., y otros, *El maestro* Ibarra... M, 1931, vii+93.

[Cotarelo Mori, E.], *En honra de D. Joaquín Ibarra.* BRAE, 1923, 10, 373-85.

González Palencia, A., *Joaquín Ibarra y el Juzgado de imprentas.* RBAM, 1944, 13, 5-47.

Ruiz Lasala, I., *Joaquín Ibarra Marín (1725-1785).* Zaragoza, 1968, xv+230+láms.
→ 1.83, Vindel.

Odriozola, A., *Nota bibliográfica sobre los libros impresos en Bilbao por Matías* Mares. RIEV, 1934, 25, 1-49.

Guastavino Gallent, G., *La imprenta de Don Benito* Montfort *(1757-1852)...* M, 1943, 223.

Guastavino Gallent, G., *Más datos sobre Don Benito Montfort.* ACCV, 1956, 17, 50-60.

Ruiz Lasala, I., *D. Benito Monfort y su oficina tipográfica (1757-1852).* Zaragoza, 1947, 226.

Gallego Morell, A., Nebrija *en la imprenta granadina de sus hijos.* RBD, 1947, 1, 213-31.

Martínez Ruiz, J., *Visita a las imprentas granadinas de Antonio de Nebrija, Hugo de Mena y René Rabut en el año 1573.* RDTP, 1968, 24, 75-110.

Ruppel, A., *Stanislaus* Polonus. *Polski Drukarz...* Cracovia, 1970, 275.

Gutiérrez Ballesteros, J. M., *La imprenta en Sevilla. El impresor* Enrique Rasco *(1847-1910).* M, 1956, ix+178.

Cotarelo Mori, E., *Un gran editor... D. Antonio de* Sancha. BGEH, 1923, 1, 55-66, 69-80.

Rodríguez Moñino, A., *La imprenta de Don Antonio de Sancha (1771-1790)... Guía bibliográfica.* M, 1971, 461.

Montáñez Matilla, M., *Un impresor madrileño del siglo XVII: Luis* Sánchez. RBAM, 1951, 20, 313-8.

70 EL LIBRO

Bohigas Balaguer, P., *El libro español. Ensayo histórico.* B, 1962, iii+342.

Vindel Angulo, F., *Manual gráfico descriptivo del bibliófilo hispano-americano, 1475-1850.* M, 1930-4, 12 v.

Vindel Angulo, F., *Manual gráfico... Nueva serie.* M, 1956-7, 4 v.

71 MANUSCRITOS

Mundó, A., *Les publications espagnoles relatives aux manuscrits, 1936-1945.* Scriptorium, 1953, 7, 139-52.

Beer, R., *Handschriftenschätze Spaniens...* Viena, 1894, 755.

1 Eguren, J. M., *Memoria descriptiva de los códices notables conservados en los archivos eclesiásticos de España.* M, 1859, xcix+100.

Grubbs, H. A., *The manuscript book collections of Spain and Portugal.* Nueva York, 1933, 134.
A supplement. Nueva York, 1935, 302.

Morales, A. de, *Viaje... para reconocer... los libros manuscritos de las catedrales y monasterios...* Ed. de E. Flórez. M, 1765, xxv+224.

Altisent, A., *Libros y economía en los monasterios de la edad media.* Yermo, 1967, 5, 1-12.

Batlle Prats, L., *Noticias de libros antiguos de servidores de la catedral de Gerona, 1335-1594.* HS, 1969, 22, 425-46.

Díaz Díaz, M. C., *La circulation des manuscrits dans la Péninsule Ibérique du VIIIe. au XIe. siècles.* CCM, 1969, 12, 219-42.

Fink, G., *Manuscrits des bibliothèques d'Espagne. Reflexions, extraits et notices.* HS, 1954, 6, 87-135.

García Alvarez, M. R., *Los libros en la documentación gallega de la alta edad media.* CEG, 1965, 20, 292-329.
Citas documentales de libros.

Leclerq, J., *Les manuscrits des bibliothèques d'Espagne. Notes...* Scriptorium, 1949, 3, 140-4.

López Serrano, M., *La escritura y el libro en España durante la dominación del pueblo visigodo,* en HE, 1963[2], III, 386-432.

Millares Carlo, A., *Contribución al «Corpus» de códices visigóticos.* M, 1931, 281 + láms.

Millares Carlo, A., *Manuscritos visigóticos. Notas bibliográficas.* M, 1963, 108.

Muñoz, *Catálogo de la colección de Don Juan Bautista ———.* M, 1954-6, 3 v.
En la Real Academia de la Historia.

Pellicer, *Catálogo de la colección* ... M, 1957-9, 4 v.
En la Real Academia de la Historia.

Roca, P., *Catálogo de los manuscritos que pertenecieron a D. Pascual Gayangos, existentes hoy en la Biblioteca Nacional.* M, 1904, 401.

Rodríguez Moñino, A., *La colección de manuscritos del Marqués de Montealegre (1677).* M, 1951, 240.

Rodríguez Moñino, A., y M. Brey Mariño, *Catálogo de los manuscritos poéticos castellanos de The Hispanic Society of America (siglos XV, XVI y XVII).* Nueva York, 1965-7, 3 v.

Sánchez Albornoz, C., *Notas sobre los libros leídos en el Reino de León hace mil años.* CHE, 1944, 1, 222-38.
También, en su *Miscelánea...* León, 1970, 273-91.

Vargas Zúñiga, A., *Don Luis de Salazar y Castro y su colección.* M, 1973, 62.

Vargas Zúñiga, A., y B. Cuartero Huerta, *Indice de la colección de D. Luis de Salazar y Castro... en la Real Academia de la Historia.* M, 1949- .

Ultimo v. publ., XLII, 1971.

→ 1.31, 1.32, 1.33, 1.43, 3.18.

1

73 INCUNABLES. RAROS

Gallardo, B. J., *Ensayo de una biblioteca española de libros raros y curiosos...* Ed. de M. R. Zarco del Valle y J. Sancho Rayón. M, 1863-89, 4 v.
Ed. facs., M, 1968.

Haebler, K., *Bibliografía ibérica del siglo XV. Enumeración de todos los libros impresos en España y Portugal hasta el año de 1500, con notas críticas.* La Haya, 1903-17, 2 v.
Ed. facs., Nueva York, 1963.

Haebler, K., *Geschichte des spanischen Frühdruckes in Stammbaumen.* Leipzig, 1923, 446.

Penney, C. L., *List of books printed before 1601 in the Library of the Hispanic Society of America.* Nueva York, 1955, xiv+305.

Penney, C. L., *Printed books 1468-1700 in the Hispanic Society of America.* Nueva York, 1965, xlii+614.
Refundición del anterior con el citado en 1.75, salvo los apéndices.

Serís, H., *Nuevo ensayo de una biblioteca española de libros raros y curiosos.* Nueva York, 1964-9, 2 v.

Simón Díaz, J., *Indice de libros perdidos, rarísimos o imaginarios de los siglos XVI y XVII.* ELE, 1958, 1, 13-29, 91-6, 129-42, 181-8, 265-70, 307-10, 539.

Simón Díaz, J., *Libros a buscar.* CB, 1972, 28, 249-88.

Simón Díaz, J., *Libros hallados.* CB, 1972, 28, 289-94.

Sosa, S. G., *Incunabula Iberica. Catalogue of books printed in Spain and Portugal in the XV th. century.* Buenos Aires, 1973, 210.

Vindel Angulo, F., *El arte tipográfico en España durante el siglo XV.* M, 1946-52, 9 v.
Incunables.

Vindel Angulo, P., *Bibliografía gráfica. Reproducción en facsímil de portadas, retratos, colofones y otras curiosidades...* M, 1910, 2 v.

Bruner Prieto, F., *Los incunables ibéricos de la Bibliothèque Nationale de París.* Palma de Mallorca, 1924, viii+60.

Cía, J. M., y J. Borda, *Los incunables de la biblioteca provincial de Navarra.* BCMNavarra, 1911, 2, a 1914, 5, múltiples entradas.

Domínguez Bordona, J., *Incunables de la biblioteca de Tarragona.* RABM, 1961, 69, 559-620.

F[ernández] Alonso, B., *Códices e incunables de la catedral de Orense.* BCPMOrense, 1916, 5, 241-7; 1917, 6, 293-4, 297-304.

Fernández Alvarez, B., *Incunables españoles en la biblioteca de El Escorial.* LCD, 1901, 55, a 1912, 90, múltiples entradas.

González Palencia, A., *Libros incunables y raros de la biblioteca diocesana conquense.* BUM, 1931, 3, 321-50.

1 García Pastor, J., *Catálogo de incunables de la biblioteca pública de Palma de Mallorca.* M, 1951, 348.

García Rojo, D., y G. Ortiz de Montalbán, *Catálogo de incunables de la Biblioteca Nacional.* M, 1945-58, 2 v.

García Romero, F., *Catálogo de incunables existentes en la biblioteca de la Real Academia de la Historia.* M, 1921, 189.
También, BRAH, 1920, 77, 220-44; 1921, 78, 9-67, 112-45, 225-54, 321-52.

Hergueta, D., *Los incunables burgaleses.* BCPMBurgos, 1930, 9, 105-13.

Hergueta, D., *Nuevos datos sobre incunables burgaleses.* BCPMBurgos, 1933, 12, 406-9, 437-41.

Ibarra Folgado, J. M., *«Les trobes en lahors de la Verge Maria». Noticia sobre la impresión del primer incunable español.* Valencia, 1945, 38.

Incunables de la biblioteca universitaria [de Barcelona]. B, 1943, vi+130.

Lambert, A., *Notes sur diverses incunables d'Aragon inédits[!] ou peu connus.* BH, 1910, 12, 22-48.

López Estrada, F., *Biblioteca universitaria [de La Laguna]. Catálogo de incunables y libros raros: 1492-1600.* La Laguna, 1947, 72.

López Serrano, M., *Incunables españoles en la biblioteca de Palacio.* RUM, 1970, 75, 105-42.

López de Toro, J., *Contribución al conocimiento de la biblioteca provincial de Tarragona.* Tarragona, 1936, 222.
Incunables y manuscritos.

López de Toro, J., *Curiosidades bibliográficas en la biblioteca universitaria de Granada.* BUG, 1940, 12, 237-60.

Mansilla Reoyo, D., *Incunables y libros raros de la catedral de Burgos.* RABM, 1961, 69, 175-98.

Marín Ocete, A., *Los incunables de la biblioteca universitaria de Granada.* Granada, 1927, 72.
También, Anales de la Facultad de Filosofía y Letras (Granada), 1927, 2, 99-166.

Martí Grajales, F., *Primer libro impreso en España, «Les trobes en lahors de la Verge Maria»...* Valencia, 1894, 92+60.

Martínez Ortiz, J., *Catálogo y estudio de los incunables de la biblioteca municipal de Valencia.* Valencia, 1955, 101 + láms.

Martínez Planells, J., *Manuscritos e incunables de la biblioteca del Seminario de San Carlos de Zaragoza.* Zaragoza, 1943, 166.

Millares Carlo, A., *Los incunables de la biblioteca municipal de Madrid.* RBAM, 1925, 2, 306-9.

Mirambell Belloc, E., *Los incunables de la biblioteca de Gerona.* RABM, 1957, 63, 593-638.

Montiel, I., *Incunables de la biblioteca pública provincial de Huesca.* M, 1949, 308 + láms.

Montiel, I., *Incunables, impresos del siglo XVI y manuscritos en la biblioteca pública provincial de Guadalajara.* RBD, 1949, 3, 141-61.

Olivar, A., *Catàleg dels incunables de la biblioteca de Montserrat.* Montserrat, 1955, xviii+122 + láms.

Olmos Canalda, E., *Incunables de la catedral de Valencia.* M, 1951, 122 + láms. 1

Penney, C. L., *Printed books, 1468-1700, in the Hispanic Society of America.* Nueva York, 1965, xlii+614.

Pérez Llamazares, J., *Catálogo de los incunables y libros antiguos, raros y curiosos de la Real Colegiata de San Isidoro de León.* M, 1943, xxviii+139.

Pérez Rioja, J. A., *Los incunables de la biblioteca pública provincial de Soria.* RABM, 1954, 60, 511-26.

Riesco Bravo, F., *Catálogo de los incunables existentes en la biblioteca universitaria de Salamanca.* M, 1949, 252.

Romero de Lecea, C., *El más antiguo incunable de autor español.* CB, 1972, 28, 15-24.

Romero Martínez, M., *La bibliografía histórica en Sevilla durante el siglo XV.* Sevilla, 1946, 50.
Incunables.

Roura, M., *Reseña de los incunables que posee la biblioteca pública de Mahón.* Palma de Mallorca, 1890, 30+184.

Rubió Balaguer, J., *Una bula y cuatro incunables desconocidos, existentes en la Biblioteca de Cataluña.* Butlletí de la Biblioteca de Catalunya (B), 1923, 7, 5-24.

Tamayo Francisco, J., *Catálogo de incunables de la biblioteca universitaria* [de Sevilla]. Sevilla, 1967, xiii+106 + láms.

Ureña Smenjaud, R., *Los incunables jurídicos de España.* M, 1929, 50+30.

Valverde del Barrio, C., *Catálogo de incunables y libros raros de la... catedral de Segovia.* Segovia, 1930, xxiii+512.

Valle, F. del, y C. Buey, *Incunables de la biblioteca pública de Palencia.* PITTM, 1953, 10, 57-72.

Vindel Angulo, F., *Catálogo-índice de los incunables impresos en España, existentes en la Biblioteca Nacional.* M, 1935, 27.

→ 1.20, 1.21, 1.41, 1.44, 7.53.

75 SIGLOS XVI-XVII

Aguilar Piñal, F., *Impresos castellanos del siglo XVI en el British Museum.* M, 1970, 137.

Catálogo colectivo de las obras impresas en los siglos XVI al XVIII existentes en bibliotecas españolas... Siglo XVI. M, 1972- .
Comprende A-CH.

Norton, F. J., *Typographical evidence as an aid to the identification and dating of unsigned spanish books of the sixteenth century.* Iberoromania, 1970, 2, 96-103.

Penney, C. L., *List of books printed 1601-1700 in the library of the Hispanic Society of America.* Nueva York, 1938, xxvi+972.

Simón Díaz, J., *Impresos del siglo XVI: Historia.* M, 1964, 32.

Simón Díaz, J., *Impresos del siglo XVI: Religión.* M, 1964, 60.

Simón Díaz, J., *Impresos del siglo XVI: Poesía.* M, 1964, 55.

Simón Díaz, J., *Impresos del siglo XVI: Novela y teatro.* M, 1966, 20.

Simón Díaz, J., *Impresos del siglo XVI: Varia.* M, 1966, 56.

1 Simón Díaz, J., *Impresos del siglo XVII... 3.500 ediciones príncipes en lengua castellana.* M, 1972, xvi+926.

→ 1.44, 7.53.

76 SIGLOS XVIII-XX

Artigas Sanz, M. C., *El libro romántico en España.* M, 1953-5, 4 v.
Guinard, P.-J., *Le livre dans la Péninsule Ibérique au XVIIIe. siècle. Temoignage d'un libraire français.* BH, 1957, 59, 176-98.
Aspectos diversos.

→ 7.53.

80 EL LIBRO: CONFECCION Y ESTRUCTURA

González de Amezúa, A., *Cómo se hacía un libro en nuestro siglo de Oro.* M, 1946, 54.
También, en su *Opúsculos...* M, 1951, I, 331-73.
Rico Sinobas, M., *El arte del libro en España.* M, 1941, xiii+500.
Todos los aspectos materiales.
Simón Díaz, J., *El libro español antiguo: análisis de su estructura,* en su *La bibliografía...* B, 1971, 119-226.
Aspectos legales y materiales.

81 ENCUADERNACION

Ainaud Lasarte, J., *Encuadernación,* en *Ars Hispaniae,* XVIII. M, 1958, 321-44.
Antolín Pajares, G., *La encuadernación del libro en España.* LCD, 1922, 128, 422-49.
Castañeda Alcover, V., *Ensayo de un diccionario de encuadernadores españoles.* BRAH, 1957, 141, 465-655; 1958, 142, 9-76.
López Serrano, M., *La encuadernación en España. Breve historia.* M, 1972, 146 + láms.

Antolín Pajares, G., *Notas acerca de la encuadernación artística del libro en España.* BRAH, 1926, 89, 294-308.
Brugalla, E., *Tres ensayos sobre el arte de la encuadernación.* B, 1945, xvi+98.
Castañeda Alcover, V., *Taller español de encuadernación en 1050.* BRAH, 1945, 117, 191-200.
Castañeda Alcover, V., *Notas para la historia del arte de la encuadernación.* BRAH, 1958, 142, 79-142.
Ferrán Salvador, V., *Encuadernadores valencianos de los siglos XVII y XVIII.* RBD, 1948, 2, 289-94.
Hueso Rolland, F., *Catálogo general ilustrado. Exposición de encuadernaciones españolas. Siglos XII al XIX.* M, 1934-5, 258 + láms.
López Serrano, M., *La encuadernación en Madrid en la primera mitad del siglo XVIII.* AEAA, 1937, 13, 1-13.
López Serrano, M., *La encuadernación madrileña en la época de Fernando VI.* AEArte, 1940, 14, 27-38 + láms.

López Serrano, M., *Encuadernaciones románicas de España.* BiH, 1943, II, 2, 8-18. 1

López Serrano, M., *La encuadernación madrileña bajo el reinado de Carlos III.* AEArte, 1945, 18, 1-16 + láms.

López Serrano, M., *Notas características de la encuadernación moderna.* RBD, 1947, 1, 7-15.

López Serrano, M., *La biblioteca de Palacio. Encuadernaciones.* M, 1949, 181 + láms.

López Serrano, M., *La encuadernación madrileña en la época de Carlos IV.* AEArte, 1950, 23, 115-31.

Passola, J. M., *Artesanía de la piel. Encuadernaciones en Vich, siglos XII-XV.* Vich, 1968, 168.

Thomas, H., *Early spanish bookbindings, XI-XV centuries.* Londres, 1939, xlvi+65 + láms.

→ 1.87.

82 PAPEL. FILIGRANAS

Asenjo Martínez, J. L., *La industria papelera española en el censo de 1799.* De Economía (M), 1962, 15, 215-67.

Bofarull Sans, F., *La heráldica en la filigrana de papel.* B, 1901, 72.

Bofarull Sans, F., *Las filigranas del papel.* B, 1903.

Bofarull Sans, F., *Los animales en las marcas del papel.* Villanueva y Geltrú, 1910, x+171.

Cola Alberich, J., *Estructura de la industria papelera.* RSindical de Estadística (M), 1964, 76, 39-51.

Esteve Rey, E., *Presente y futuro de la industria papelera.* M, 1971, 165.

Herrero García, M., *Contribución de la literatura a la historia del papel.* ELE, 1958, 1, 7-12.

Herrero García, M., *Las fábricas de papel de Segovia.* ELE, 1958, 1, 81-9.

Herrero García, M., *El molino de papel del Paular.* ELE, 1958, 1, 167-71.

Irigoin, J., *L'introduction du papier italien en Espagne.* Papier-Geschichte (Darmstadt), 1960, 10, 29-32.

Labayen, A. M., *¿Cuál fue la primera fábrica de papel en Guipúzcoa?* BRSV, 1967, 23, 101-4.

Madurell Marimón, J. M., *El paper a les terres catalanes...* B, 1972, 620.

Martínez, G., *La imprenta y el papel en Cuenca durante el siglo XVI.* Cuenca, 1965, 26.

Noell, R., *Les origines du papier en Espagne et son évolution en Roussillon...* Cerca (Perpignan), 1962, 16, 115-23.

Rico Sinobas, M., *Filigranas en el papel de hilo,* en su *El arte del libro...* M, 1941, 413-39.

Valls Subirá, O., *Arabian paper in Catalonia...* The Paper Maker (Wilmington), 1963, 32, 21-30.
Papel norteafricano y levantino, siglos XII-XV.

Valls Subirá, O., *Three hundred years of paper in Spain, from the tenth to the thirteenth century.* The Paper Maker (Wilmington), 1964, 33, 29-39.

Valls Subirá, O., *The construction of the mould in Catalonia, during the eighteenth century...* The Paper Maker (Wilmington), 1965, 34, 29-39.

Valls Subirá, O., *A lively look at papermaking.* The Paper Maker (Wilmington), 1966, 35, 33-40.

Valls Subirá, O., *El papel en España entre los siglos X al XIV,* en *Catálogo de la producción editorial barcelonesa, 1967-1968.* B, 1969, 51-66.

Vila, J., *Los molinos de papel de Olot.* BiH, 1947, 7, 145-9.

→ 1.87, Goicoechea.

83 TIPOGRAFIA. MARCAS

Friedberg, B., *Histoire de la typographie hébraïque en Italie, Espagne, Portugal, Turquie et l'Orient.* Amberes, 1934, 140.

Haebler, K., *Spanische und portugiesische Bücherzeichen des 15. und 16. Jahrhunderts.* Estrasburgo, 1898, xl+46 + láms.

Haebler, K., *Tipografía ibérica del siglo XV. Reproducción en facsímil de todos los caracteres tipográficos empleados en España y Portugal hasta el año de 1500. Con notas críticas y bibliográficas.* La Haya, 1902, 93+93+87.

Hernández Alejandro, F., *Marcas de impresores.* LEM, 1913, 295, 5-13.

Mateu Llopis, F., *Gótico y romano en la prototipografía hispana. A propósito de la Biblia Valenciana de 1477-1478.* Gutenberg Jahrbuch (Leipzig), 1964, 55-60.

Perera Prats, A., *La tipografía española en el siglo XVII.* RABM, 1961, 69, 795-816 + láms.

Ramos Ochotorena, M., *Apuntes sobre el origen, progreso y vicisitudes de la escritura en España y de los caracteres de imprenta.* Santiago de Chile, 1893, 67 + láms.

Thomas, H., *Periods of tipography. Spanish sixteenth century printing.* Londres, 1926, 50.

Updike, D. B., *Type and type-forms of the fifteenth century in Spain,* en su *Printing types.* Cambridge, 1922, I, 99-112.

Vindel Angulo, F., *Escudos y marcas tipográficas de los impresores en España durante el siglo XV (1485-1500).* M, 1935, 39.

Vindel Angulo, F., *Escudos y marcas de impresores y libreros en España durante los siglos XV al XIX (1485-1850).* B, 1942, xxiii+636 + láms.

Vindel Angulo, F., *La imprenta de Ibarra, sus marcas de carácter tipográfico y las de los impresores españoles del siglo XVIII.* B, 1938, 62 + láms.

84 ILUSTRACION. MINIATURA. GRABADO

Domínguez Bordona, J., *La miniatura española.* B, 1930, 2 v.

Domínguez Bordona, J., *La miniatura.* B, 1950, 56.

Domínguez Bordona, J., *Diccionario de iluminadores españoles.* BRAH, 1957, 140, 49-170. 1
Siglos IX-XVII.

Domínguez Bordona, J., *Miniatura,* en *Ars Hispaniae,* XVIII. M, 1958, 15-242.

Bohigas Balaguer, P., *La ilustración y la decoración del libro manuscrito en Cataluña.* B, 1960-7, 3 v.

Camón Aznar, J., *Teoría de los Beatos.* Clavileño, 1953, 19, 38-45.

Camón Aznar, J., *El arte de la miniatura española en el siglo X.* Goya, 1964, 58, 266-87.

Churruca, M., *Influjo oriental en los temas iconográficos de la miniatura española. Siglos X al XII.* M, 1939, 152 + láms.

Domínguez Bordona, J., *Exposición de códices miniados españoles. Catálogo.* M, 1929, vi+257.

Domínguez Bordona, J., *Die spanische Buchmalerei von siebten bis siebzehnten Jahrhundert.* Munich, 1930, 2 v.

Domínguez Bordona, J., *Manuscritos con pinturas. Notas para un inventario de los conservados en colecciones públicas y particulares de España.* M, 1933, 2 v.

Esteve Botey, F., *El grabado en el decorado e ilustración del libro.* M, 1948, 2 v.
También, BiH, 1942, 1, a 1947, 7, múltiples entradas.

García de la Fuente, A., *La miniatura española primitiva.* M, 1936, 152 + láms.

García Villada, Z., *La ornamentación de los códices españoles.* RyF, 1923, 63, 328-35.

Guerrero Lovillo, J., *Las Cantigas. Estudio arqueológico de sus miniaturas.* M, 1949, 435 + láms.

Guerrero Lovillo, J., *Miniatura gótica castellana. Siglos XIII y XIV.* M, 1956, 42 + láms.

Guilmain, G., *Interlace decoration and the influence of the North on mozarabic illumination.* The Art Bulletin (Nueva York), 1960, 42, 211-8.

Guilmain, G., *Zoomorphic decoration and the problem of the sources of mozarabic illumination.* Speculum (Cambridge), 1960, 35, 17-38.

Kurz, M., *Handbuch der Iberischen Bilddrucke des XV. Jahrhunderts.* Leipzig, 1931, ix+250.

Lyell, J. P. R., *Early book illustration in Spain.* Londres, 1926, 331.

Menéndez Pidal, G., *Sobre miniatura española en la alta edad media. Corrientes que revela.* M, 1958, 56.

Montañés Fontenla, L., *Ilustradores españoles contemporáneos.* BiH, 1947, 7, 123-44, 226-47, 325-37.
Desde 1875.

Sánchez Cantón, F. J., *Notas sobre el libro ilustrado bajo Felipe V y Fernando VI,* en EDMP, VII, 447-58.

Schlunk, H., *Observaciones en torno al problema de la miniatura visigoda.* AEArte, 1945, 17, 241-65.

Spalding, F., *Mudejar ornament in manuscripts.* Nueva York, 1953, 58 + láms.

1 Thifry, A., *Note sull'origine della miniatura mozarabica.* Commentari (Roma), 1966, 17, 241-65.

Thomas, H., *Copperplate engravings in early spanish books.* The Library (Londres), 1940, 21, 109-42.

→ 18.62, 18.72.

85 BIBLIOFILIA. EX LIBRIS

Vidal López, E., y J. Llop Bernal, *Bibliografía española sobre ex-libris.* Asociación de Ex Libristas de Barcelona, 1958, 7, 168-78.

Almela Vives, F., *La bibliofilia en España. Libreros, coleccionistas...* Valencia, 1949, 95.

Catasús, J., *Estudio histórico sobre los ex-libris españoles.* B, 1955, 71 + láms.
Desde 1553.

Díez Lucas, V., *El Ex Libris.* M, 1955, 64.

Miquel Planas, R., *Revista ibérica de ex-libris, seguida del inventario de ex-libris ibéricos.* B, 1903-4, 2 v.

Renart, J., *El ex libris en España.* Asociación de Ex Libristas de Barcelona, 1958, 7, 124-56.

Vindel Angulo, F., *Catálogo descriptivo de ex-libris hispanoamericanos (1588-1900).* M, 1929, x+144 + láms.

Vindel Angulo, F., *Ensayo de un catálogo de Ex-Libris ibero-americano (siglos XVI-XIX).* M, 1952, 2 v.

Bardón López, L., *Los exlibris de las actuales bibliotecas privadas madrileñas.* M, 1957-9, 2 v.

Bohigas Balaguer, P., *Exlibris modernistas españoles.* Asociación de Ex Libristas de Barcelona, 1958, 8, 206-7.

Catasús, J., *Don Mariano Pardo de Figueroa (Dr. Thebussem) y el ex-librismo.* B, 1955, 97 + láms.

Catasús, J., *Tres generaciones ex-libristas.* Ex-libris (M), 1959, 16, 31-8.

Domínguez Bordona, J., *Ex-libris mozárabes.* AEAA, 1935, 11, 153-63.

Esteve Botey, F., *Ex libris y ex-libristas.* M, 1949, 255 + láms.

Gutiérrez Ballesteros, J. M., *Arte en el ex-libris.* Ex-libris (M), 1958, 14, 48-56.

Manegat, J., *Barcelona, capital de la bibliofilia en España.* San Jorge (B), 1958, 29, 22-5.

Miquel Planas, R., *Los ex-libris y su actual florecimiento en España...* B, 1905, 33 + láms.

San Juan de Piedras Albas, Marqués de, *De «Ex-libris».* Ed. rev. y aum. por I. de Melgar Roja. M, 1946, 86 + láms.

Válgoma Díaz, D., *Mecenas de libros. Su heráldica y nobleza.* M, 1966, xx+563.

→ 1.87.

86 ASPECTOS LEGALES

Carbonero Sol, L., *Indice de libros prohibidos por... la Inquisición española... y por los Rvdos. Obispos españoles... hasta fin de diciembre de 1873.* M, 1873, 690.

Défourneaux, M., *Inquisición y censura de libros en la España del siglo XVIII.* M, 1973, 268. 1

Eguizábal, J. E., ... *Legislación española sobre imprenta desde el año 1480 al presente 1873.* M, 1879, xlvii+406.

Friede, J., *La censura española del siglo XVI y los libros de historia de América.* RHA, 1959, 47, 45-94.

García Noblejas, J. A., *El registro de la propiedad intelectual, en la protección del derecho del autor.* RABM, 1961, 69, 531-58.

González Palencia, A., *Estudio histórico sobre la censura gubernativa en España, 1800-1833.* M, 1934-41, 3 v.

Guastavino Gallent, G., *El depósito legal de obras impresas en España. Su historia...* M, 1962, xii+264.

Madurell Marimón, J. M., *Licencias reales para la impresión y venta de libros (1519-1705).* RABM, 1965, 72, 111-248.

Pérez Goyena, A., *Formación de un índice expurgatorio español.* EE, 1924, 3, 181-93.

Pérez Rioja, J. A., *La protección del libro bajo Carlos III...* RABM, 1953, 59, 243-50.

Pinta Llorente, M., *Aportaciones para la historia externa de los índices expurgatorios españoles.* Hispania, 1952, 12, 253-300.

Pinta Llorente, M., *Historia interna de los índices expurgatorios españoles.* Hispania, 1954, 14, 411-61.

Rumeu de Armas, A., *Historia de la censura literaria gubernativa en España.* M, 1940, 228.

Serrano Sanz, M., *El Consejo de Castilla y la censura de libros en el siglo XVII.* RABM, 1906, 15, 28-46, 243-59, 387-402; 1907, 16, 108-16, 206-17.

Sierra Corella, A., *La censura de libros y papeles en España y los índices y catálogos españoles de libros prohibidos y expurgados.* M, 1947, 362.

Simón Díaz, J., *Algunas censuras de libros,* en su *La Bibliografía...* B, 1971, 269-306.

Simón Díaz, J., *Indice de aprobaciones de libros del Siglo de Oro.* RL, 1970, 37, 177-232.

Valdés, F. de, *Catalogus librorum reprobatorum.* Toledo, 1551, 34. Ed. facs., Nueva York, 1896.

→ 1.80.

87 EDICION. COMERCIO

Agulló Cobo, M., *Noticia de impresores y libreros madrileños de los siglos XVI y XVII.* AIEM, 1966, 1, 169-208; 1967, 2, 175-213; 1968, 3, 81-116.

Agulló Cobo, M., *Más documentos sobre impresores y libreros madrileños de los siglos XVI y XVII.* AIEM, 1972, 8, 159-92.

Amat Calderón, E., *Los libreros de Madrid en el siglo XVII.* M, 1931, 53.

También, BUM, 1931, 3, múltiples entradas.

Batlle, J. B., *El ramo de librería en Barcelona durante el siglo XV.* RGráfica (B), 1918, 1, 4.

1 Bohigas Balaguer, P., y otros,... *L'aventura editorial a Catalunya.* B, 1972, 110.
Desde 1474.

Campos, J., *La romántica Feria del Libro.* Bibliofilia, 1957, 9, 50-66.
En Madrid, desde el siglo XVIII.

Cendán Pazos, F., *XXV años de paz para el libro español.* ELE, 1964, 7, 215-32.
Política del libro, estadísticas.

Cendán Pazos, F., *Edición y comercio del libro español (1900-1970).* M, 1972, 438.

Cid Noé, P., [F. Vindel Angulo], *Pedro Vindel. Historia de una librería (1865-1921).* M, 1943, 238.

Cotarelo Mori, E., *Libreros de Madrid a fines del siglo XVIII.* BGEH, 1923, 1, 8-10.

Durán Sanpere, A., *Editores y libreros de Barcelona: Estivill, Piferrer, Brusi, Bastinos,* en *Centenario de la librería Bastinos.* B, 1952, 7-83.

Guía de editores y libreros de España. M, 1964, 606.
Hay ed. anteriores.

Goicoechea Romano, C., *Impresores, libreros y papeleros riojanos.* RABM, 1960, 68, 143-76.
Siglos XVI-XIX.

González Palencia, A., *Eruditos y libreros del siglo XVIII.* M, 1946, viii+442.
Miscelánea.

Haebler, K., *Juan Rix de Chur. Un librero alemán en Valencia en el siglo XV.* RABM, 1905, 13, 383-401; 1906, 14, 42-64.

Lasso de la Vega, J., *Bibliotecas, libreros e impresores madrileños del siglo XVII.* RABM, 1948, 54, 255-85.

Madurell Marimón, J. M., *Encuadernadores y libreros barceloneses judíos y conversos (1322-1458).* Sefarad, 1961, 21, 300-38; 1962, 22, 345-72; 1963, 23, 74-103.

Millá, A., *Libreros y bibliófilos barceloneses del siglo XIX.* B, 1956, 71.

Millás Vallicrosa, J. M., *Los judíos barceloneses y las artes del libro.* Sefarad, 1956, 16, 129-36.
Siglos XIV-XV.

Molina Navarro, G., *Libreros y editores de Madrid durante cincuenta años, 1874-1924.* M, 1924, 49.

Rico Sinobas, M., *Libreros y encuadernadores de España (siglos XVI y XVII),* en su *El arte del libro...* M, 1941, 381-410.

Rodríguez Moñino, A., *Historia de los catálogos de librería españoles (1661-1840). Estudio bibliográfico.* M, 1966, 238.

Ruiz Ligero, A., *El comercio exterior del libro.* ICE, 1972, 471, 181-8.

V. C. A., *Lo que se vendía en una librería madrileña en 1834.* Correo erudito (M), 1941, 2, 202-3.

Vindel Angulo, F., *El librero español y su labor cultural y bibliográfica en España desde el siglo XV hasta nuestros días.* M, 1934, 31.

Vindel Angulo, F., *Libros y librerías en la Puerta del Sol (1587-1825)*. M, 1940, 31. 1

Wilson, E. M., *Dos memorias de libreros de Madrid a mediados del siglo XVII*. ELE, 1960, 3, 52-4.

→ 17.07, Pérez.

2

REVISTAS

2

REVISTAS

00 CATALOGOS. REPERTORIOS

Catálogo de revistas españolas. M, 1948, 216.

Revistas españolas en curso de publicación, 1971. M, 1972, 473.

[Revistas españolas], en *Anuario de la Prensa Española*, V, II. M, 1962, 570.

[Revistas españolas], en *Bibliografía española, 1967.* M, 1968, 1325-430.

También en los volúmenes de años anteriores.

→ 1.47, 15.10.

01 GENERALES. CULTURALES

Paniagua, D., *Revistas culturales contemporáneas.* M, 1964-70, 2 v. También, PE, 1963, 87, a 1964, 95, múltiples entradas. Incluye revistas literarias.

Anales de la Universidad Hispalense. Sevilla, 1938- .

Anales de la Universidad de Murcia. Murcia, 1942- .

Arbor. M, 1944- .

M. R. Mañá y J. Simón Díaz, *Indices de los setenta y cinco primeros números.* M, 1952, 160.

Boletín de la Universidad Compostelana. Santiago, 1955- .

Cont. de *Boletín de la Universidad de Santiago de Compostela*, 1929-1954.

Indices de 1929-1945, 1-46, en A. do Campo de la Fuente, *Indices de las publicaciones de la Real Academia Gallega...* La Habana, 1949, 86-93.

Boletín de la Universidad de Granada. Granada, 1928- .

E. Martín Vivaldi y M. A. Pardo Pérez, *Indices del* _____ *(1928-1950).* Granada, 1954, 93.

Cuadernos hispanoamericanos, M, 1948- .

Indice alfabético de autores de los cien primeros números, 1958, 100, 161-230.

Eidos. M, 1954- .

2 *España, hoy. Cultura, política y economía.* M, 1970- .
Indice cultural español. M, 1946- .
Las Ciencias. Anales de la Asociación española para el progreso de las ciencias. M, 1934- .
Miscelánea Comillas. Comillas→Madrid, 1943- .
Indices de los 26 primeros volúmenes, 1943-1956. Comillas, 1957, 47. Otro índice general hasta 1970, anejo al v. de ese año.
Nuestro tiempo. M→Pamplona, 1954- .
Papeles de Son Armadans. Palma de Mallorca, 1956- .
Razón y Fe. M, 1901- .
C. Gómez Rodeles, *Indice general... de 1901 hasta agosto de 1906.* M, 1907, 196.—C. Eguía Ruiz, *Indice general... desde septiembre de 1906 hasta agosto de 1911.* M, 1913, 290.—Z. García Villada, *Indice general... desde septiembre de 1911 hasta agosto de 1921.* M, 1923, 316.—*Indices generales de _____ 1901-1952.* M, 1954, 429.
Revista de Occidente. M, 1923- .
T. Gurza Bracho, *Indice de la _____.* México, 1946, 194.—E. Segura Covarsí, *Indice de la _____.* M, 1952, 210.—E. López Campillo, *La _____ y la formación de minorías (1923-1936).* M, 1972, 319.
Revista de la Universidad de Madrid. M, 1869- .
Revista de la Universidad de Oviedo. Oviedo, 1940- .
Serra d'Or. Montserrat, 1959- .
Universidad. Zaragoza, 1924- .

02 HUMANIDADES. ERUDICION

Archivum. Oviedo, 1951- .
Boletín de la Biblioteca de Menéndez Pelayo. Santander, 1919- .
T. Maza Solano, *Indice por autores y materias* [1-20], en 1938, 20, 320-401.—I. Aguilera, *Indice del _____, 1919-1959,* en 1960, 26, 9-98.
Boletín de la Real Academia de Buenas Letras. B, 1901- .
Estudios. M, 1945- .
J. López y otros, *Indices de _____, I-XXV,* en 1969, 25, 507-682.
Revista de Archivos, Bibliotecas y Museos. M, 1871- .
F. Magallón Antón y otros, *Indice de la _____, 1871-1958.* M, 1959, xii+893+23.

03 BIBLIOLOGIA. CIENCIAS AUXILIARES

Biblioteconomía. B, 1944- .
Boletín de la Dirección General de Archivos y Bibliotecas. M, 1952- .
Eco filatélico y numismático. Pamplona, 1947- .
Hispania Antiqua Epigraphica. M, 1950- .
Información filatélica, numismática y vitofílica. M, 1962- .
La Taquigrafía. B, 1899- .
Numario Hispánico. M, 1952- .
Numisma. M, 1951- .
Madrid filatélico. M, 1897- .
Revista de Filatelia. M, 1967- .

Revistas de información bibliográfica → 1.02.

10 TEOLOGIA. CIENCIAS ECLESIASTICAS

2

Analecta Sacra Tarraconensia. B, 1925- .
Indice de ______, 1925-1947, 1-20, en anejo a 1947, 20, 52.
Anthologia Annua. Roma, 1953- .
Anuario católico español. M, 1955- .
Archivo ibero-americano. M, 1914-
Archivo teológico granadino. Granada, 1938- .
Augustinus. M, 1955- .
Burgense. Collectanea scientifica. Burgos, 1960- .
Cistercium. Palencia, 1949- .
Compostellanum. Santiago de Compostela, 1956- .
Cultura bíblica. Segovia, 1944- .
Ecclesia. M, 1943- .
El Monte Carmelo. Burgos, 1900- .
Ephemerides Mariologicae. M, 1951- .
Estudios bíblicos. M, 1929- .
Estudios eclesiásticos. M, 1922- .
Estudios franciscanos. B, 1948- .
Cont. de *Revista de estudios franciscanos.* B, 1907-, tras varios cambios de título.
Estudios josefinos. Valladolid, 1947- .
Estudios marianos. M, 1940- .
Hispania Sacra. M, 1948- .
Indices de 1948-67, 1-20, en 1973, 26, 401-96.
Ilustración del clero. M, 1907- .
Ius Canonicum. Pamplona, 1961- .
La ciencia tomista. Salamanca, 1910- .
Indice general en el v. de 1960.
La Ciudad de Dios. El Escorial, 1936- .
Cont. de *Religión y Cultura,* 1928-1935, cont. de *La Ciudad de Dios,* 1887-1927, cont. de *Revista agustiniana,* Valladolid, 1881-1887.
T. Alonso Turienzo, *Indices... 1881-1960.* El Escorial, 1961, 413.
Liturgia. Santo Domingo de Silos, 1946- .
Manresa. Revista de investigación e información ascética y mística. B→M, 1925- .
Indice de ______, 1-25, en 1953, 25, 381-490.
Missionalia Hispanica. M, 1944- .
Palabra. M, 1965- .
Repertorio de historia de las ciencias eclesiásticas en España. Salamanca, 1967- .
Revista española de derecho canónico. M, 1946- .
Revista española de teología. M, 1940- .
Revista de espiritualidad. M, 1941- .
Sal Terrae. Santander, 1912- .
Salmanticensis. Salamanca, 1954- .
Scripta Theologica. Pamplona, 1969- .
Scriptorium Victoriense. Vitoria, 1954- .
Studia monastica. Montserrat, 1959- .
Teología espiritual. Valencia, 1957- .

2 *Verdad y vida.* M, 1943- .
Vida sobrenatural. Salamanca, 1921- .
Yermo. El Paular, 1963- .

15 FILOSOFIA. SICOLOGIA

Anuario filosófico. Pamplona, 1968- .
Anuario de Psicología, B, 1969- .
Convivium. B, 1956- .
Crisis. Murcia→M, 1954- .
Espíritu. B, 1952- .
Estudios filosóficos. Las Caldas de Besaya, 1951- .
Pensamiento. M, 1945- .
Revista de filosofía. M, 1942- .
Revista de psicología general y aplicada. M, 1946- .

20 SOCIOLOGIA. POLITICA

Africa. M, 1942- .
Anales de Sociología. B, 1966- .
Anuario de historia económica y social. M, 1968- .
Archivos del Instituto de estudios africanos. M, 1947- .
Calendario turístico de España. M, 1969- .
Cuadernos de estudios africanos. M, 1946- .
Documentación social. M, 1971- .
Estudios de historia social de España. M, 1949- .
Estudios turísticos. M, 1963- .
Familia española. M, 1959- .
Fomento social. M, 1946- .
Hidalguía. Revista de genealogía, nobleza y armas. M, 1953- .
Revista de estudios políticos. M, 1941- .
Indice general. Números 1-84 (1941-1956). M, 1957, xv+376.—*Indice general. Números 85-114 (1957-1960).* M, s. a., 310.
Revista de estudios sociales. M, 1971- .
Revista iberoamericana de seguridad social. M, 1947- .
Revista del Instituto de Ciencias Sociales. B, 1964- .
Revista del Instituto de la Juventud. M, 1966- .
Revista internacional de sociología. M, 1943- .
Revista de política internacional. M, 1961- .
Cont. de *Política internacional,* 1957-1960, cont. de *Cuadernos de Política internacional,* 1950-1956.
Revista de política social. M, 1961- .
Revista de trabajo. M, 1939- .

23 DERECHO

Catálogo colectivo de publicaciones periódicas en bibliotecas españolas. Derecho y Administración. M, 1971, vii+449.

Anuario de la Asociación Francisco de Vitoria. M, 1929- .
Anuario de Derecho aragonés. Zaragoza, 1944- .
Anuario de derecho civil. M, 1946- .

Anuario de derecho penal y ciencias penales. M, 1948- .
Anuario de filosofía del derecho. M, 1953- .
Anuario de historia del derecho español. M, 1924- .
Archivo de derecho público. Granada, 1948- .
Documentación administrativa. M, 1958- .
Revista de administración pública. M, 1950- .
Revista crítica de derecho inmobiliario. M, 1925- .
Revista de derecho financiero y de hacienda pública. M, 1950- .
Revista de derecho judicial. M, 1960- .
Revista de derecho mercantil. M, 1946- .
Revista de derecho notarial. M, 1953- .
Revista de derecho privado. M, 1913- .
Revista de derecho procesal iberoamericana. M, 1969- .
Cont. de *Revista de derecho procesal,* 1945-, tras varios cambios de título.
Revista del derecho del trabajo. M, 1954- .
Revista española de derecho internacional. M, 1948- .
Revista española de derecho marítimo. M, 1963- .
Revista de estudios agro-sociales. M, 1952- .
Revista de estudios de la vida local. M, 1942- .
Revista general de derecho. Valencia, 1945- .
Revista general de legislación y jurisprudencia. M, 1852- .
Revista del Instituto de derecho comparado. B, 1953- .
Revista jurídica de Cataluña. B, 1895- .
Revista de la Real Academia de Jurisprudencia y Legislación. M, 1950- .

26 MILICIA

Castillos de España. M, 1967- .
Cont. de *Boletín de la Asociación Española de Amigos de los Castillos.* M, 1953- .
Ejército. M, 1940- .
Guardia civil. M, 1944- .
Policía armada. M, 1942- .
Revista española de derecho militar. M, 1956- .
Revista general de marina. M, 1940- .
Revista de historia militar. M, 1957- .

27 EDUCACION

Bordón. M, 1959- .
Didascalia. M, 1970- .
Educadores. M, 1959- .
El magisterio español. M, 1867- .
J. L. Sastre, *«El Magisterio español». Un siglo de periodismo profesional (1867-1967).* M, 1967, 222.
Enseñanza media. M, 1956- .
La escuela en acción. M, 1867- .
Perspectivas pedagógicas. B, 1958- .

Revista de educación. M, 1952- .
Cont. de *Revista nacional de educación,* 1941-1951.
Revista española de pedagogía. M, 1943- .

30 HISTORIA

Paz Espeso, J., *Revistas y publicaciones periódicas españolas de carácter histórico desde 1901 a 1941.* Hispania, 1942, 2, 465-80.
Vives Gatell, J., *Revistas españolas de ciencias históricas. Guía del investigador.* GAKS, 1937, 6, 1-29; 1958, 13, 275-304.

Anuario de estudios americanos. Sevilla, 1944- .
Indices del ______, 1944-1963, I-XX. Sevilla, 1964, 136.
Anuario de estudios medievales. B, 1964- .
Asturiensia Medievalia. Oviedo, 1972- .
Boletín del Centro de Estudios del siglo XVIII. Oviedo, 1973- .
Boletín de la Real Academia de la Historia. M, 1877- .
Indice de los 25 primeros tomos, en 1907, 51, 147-237.—*Indice de autores desde el tomo LI hasta el LXXII,* en 1918, 73, 553-82.—V. Castañeda Alcover, *Indices del ______.* M, 1945-56, 3 v.
Cuadernos bibliográficos de la guerra española. Serie I, folletos... M, 1966- .
Cuadernos bibliográficos de la Guerra española. Serie II, periódicos... M, 1967- .
Cuadernos bibliográficos de la Guerra española. Serie III, memorias... M, 1967- .
Cuadernos de estudios medievales. Granada, 1973- .
Cuadernos de historia. Anexos de la revista Hispania. M, 1967- .
Estudios americanos. Sevilla, 1948- .
Estudios de edad media de la Corona de Aragón. Zaragoza, 1945-
Estudios de historia moderna. B, 1950- .
Hispania. Revista española de historia. M, 1941- .
Hispania Antiqua. Vitoria, 1971- .
Historiografía y bibliografía americanistas. Sevilla, 1971- .
Hasta ese año figuraba incluida en AEAm.
Indice histórico español. Bibliografía histórica de España e Hispanoamérica. B, 1953- .
Jerónimo Zurita. Zaragoza, 1951- .
Ligarzas. Valencia, 1968- .
Miscelánea de textos medievales. B, 1972- .
Revista de Indias. M, 1940- .
Indice de la ______ (1940-1952). M, 1953, 123.— *Indices de la ______ (1953-1968).* M, 1968, 138.
Saitabi. Valencia, 1940- .
Simancas. Estudios de historia moderna. Valladolid, 1950- .

31 PREHISTORIA. ARQUEOLOGIA

Ampurias. Revista de arqueología, prehistoria y etnografía. B, 1939- .
Archivo español de arqueología. M, 1940- .
Cont. de *Archivo español de arte y arqueología,* 1925-1937.

Archivo de Prehistoria levantina. Valencia, 1928- . 2
Caesaraugusta. Zaragoza, 1953- .
Cont. de *Publicaciones del Seminario de Arqueología y Numismática aragonesas,* 1951- .
Noticiario arqueológico hispánico. M, 1952- .
Pyrenae. B, 1965- .
Zephyrus. Salamanca, 1950- .

36 MEDIOS INFORMATIVOS

Anuario español de la publicidad. M, 1961- .
Anuario de la Prensa española. M, 1943- .
Estudios de información. M, 1967- .
Gaceta de la Prensa. M, 1942- .
Indice de los números 142-210, en el 216, diciembre, 1969.
Ondas. B, 1952- .
Publicidad. Revista trimestral del Instituto Nacional de Publicidad. M, 1965- .
Relaciones públicas. M, 1962- .
Revista española de la opinión pública. M, 1965- .
Indice de los números 0-26 de la ____. M, 1972, 98.

40 LINGÜISTICA GENERAL Y ESPAÑOLA

Archivo de filología aragonesa. Zaragoza, 1946- .
Boletín de la Asociación europea de profesores de español. M, 1969- .
Boletín de filología española. M, 1953- .
M. V. Romero Gualda, *Indice de temas del* ____ *(números 1-41), 1953-1971,* en 1973, 13, 108-19.
Boletín de la Real Academia Española. M, 1914- .
A. González Simón, ____. *Indices de tomos I a XXV, años 1914 a 1946.* M, 1947, 184.- ____. *Indices. Tomos I a L, años 1914 a 1970.* M, 1971, 267.
Boletín de la Real Academia Gallega. La Coruña, 1906- .
Indices de 1906-45, 1-24, en A. do Campo de la Fuente, *Indices de las publicaciones de la* ____. La Habana, 1949, 27-69.
Español actual. M, 1963- .
Estudis romanics. B, 1947- .
Revista de dialectología y tradiciones populares. M, 1945- .
Revista española de lingüística. M, 1971- .
Revista de filología española. M, 1914- .
A. M. Pollin y otros, *Guía para la consulta de la* ____ *(1914-1960).* Nueva York, 1964, [26]+835+[12].—M. Alvar López y otros, *Indices de voces y morfemas de la* ____ *(I-XLV).* M, 1969, 2 v.
Revista valenciana de filología. Valencia, 1951- .

42 LINGÜISTICA Y ESTUDIOS CLASICOS

Boletín del Instituto de estudios helénicos. B, 1967- .
Cuadernos de filología clásica. M, 1971- .

2 *Durius*. Valladolid, 1973- .
Emerita. Revista de lingüística y filología clásicas. M, 1933- .
A. d'Ors Pérez y otros, ... *Indice de los tomos I-XXVII*. M, 1961, 220.
Estudios clásicos. M, 1950- .
Habis. Sevilla, 1970- .
Helmantica. Salamanca, 1950- .
Minos. Salamanca, 1950- .

43 LINGÜISTICA Y ESTUDIOS SEMITICOS. ORIENTALISMO

Al-Andalus. M, 1933- .
Indices de los veinte primeros volúmenes, 1933-1955. M, 1962, 285.
Almenara. M, 1971- .
Boletín de la Asociación española de orientalistas. M, 1965- .
Cuadernos de historia del Islam. Granada, 1971- .
Miscelánea de estudios árabes y hebraicos. Granada, 1952- .
Revista del Instituto de estudios islámicos. M, 1953- .
Sefarad. M, 1941- .
F. Cantera, _____*.Volumen de índices... 1-15*. M, 1957, xi+569.

44 OTRAS LINGÜISTICAS

Anuario del Seminario de filología vasca... S. Sebastián, 1967- .
Euskera. Bilbao, 1920- .
Filología moderna. M, 1960- .
Fontes Linguae Vasconum Studia et Documenta. Pamplona, 1969- .
Studia Papyrologica. San Cugat del Vallés, 1962- .

46 LITERATURA: ERUDICION Y CRITICA

Anales cervantinos. M, 1951- .
Anales de literatura hispanoamericana. M, 1973- .
Insula. M, 1946- .
C. Berges, *Indice de artículos..., 1946-56*. M, 1958, 114.
La estafeta literaria. M, 1944- .
Prohemio. B, 1970- .
Revista de literatura. M, 1952- .
Cont. de *Cuadernos de literatura*, 1947-1950 (índice general, 1-8, en 1950, 8, 319-45), cont. de *Cuadernos de literatura contemporánea*, 1942-1946.
Segismundo. Revista hispánica de teatro. M, 1965- .

→ 2.02, 2.40.

47 LITERATURA: CREACION

Alamo. Salamanca, 1964- .
Artesa. Burgos, 1970- .
Caracola. Málaga, 1952- .
Cuadernos de Ágora. M, 1956- .
Cont. de *Ágora*, 1951- .

El molino de papel. Cuenca, 1955- .
Espiral. Burgos, 1970- .
Litoral. Málaga, 1968- .
Peña Labra. Santander, 1971- .
Poesía hispánica. M, 1971- .
Cont. de *Poesía española e hispanoamericana,* 1971, cont. de *Poesía española,* 1952-1971.
Primer acto. M, 1950- .
Rocamador. Palencia, 1955- .
Uriel. Santo Domingo de la Calzada → Salamanca, 1954- .

→ 2.01, 17.08.

50 ARTE. MUSICA

Academia. Boletín de la Real Academia de Bellas Artes. M, 1881- .
Actividad discográfica. M, 1971- .
Anuario musical. B, 1946- .
Archivo español de arte. M, 1940- .
Cont. de *Archivo español de arte y arqueología,* 1925-1937.
E. Bermejo, _____. *Indice de los tomos I-XXV.* M, 1955, 370.
Arte español. M, 1912- .
Arte fotográfico. M, 1952- .
Bellas Artes. M, 1970- .
Boletín del Seminario de estudios de arte y arqueología. Valladolid, 1932- .
Coleccionismo. M, 1913- .
Goya. M, 1954- .
Imagen y sonido. B, 1963- .
Jardinería. B, 1959- .
Música. M, 1952- .
Reales Sitios. M, 1964- .
Revista de ideas estéticas. M, 1943- .
Ritmo. M, 1929- .
Tesoro sacro musical. M, 1917- .

54 ESPECTACULOS

Anuario español de cinematografía. M, 1944- .
Cineguía. Directorio del cine español. M, 1959- .
Circo. B, 1956- .
Documentos cinematográficos. B, 1960- .
El Ruedo. M, 1944- .
Film ideal. M, 1956- .
Primer plano. M, 1940- .
Revista internacional de cine. M, 1952-

55 DEPORTES

Anuario deportivo automovilístico. M, 1969- .
Atletismo español. M, 1951- .
Baskest-Ball. M, 1971- .

2 *Boxeo*. M, 1959- .
Caza y pesca. M, 1943- .
Citius, Altius, Fortius. M, 1959- .
Crol. M, 1965- .
Deporte 2000. M. 1969- .
Golf. M, 1954- .
Hockey español. B, 1958- .
Indice deportivo. Palma de Mallorca, 1940- .
Motociclismo. M, 1951- .
Moto sport. M, 1971- .
Palomos deportivos. Valencia, 1958- .
Revista española de educación física. M, 1948- .
Tenis español. B, 1956- .
Tiro olímpico. M, 1968- .

56 ANTROPOLOGIA. FOLKLORE

Antropología y Etnología. M, 1949- .
Anuario de Eusko-Folklore. Vitoria, 1921- .
Cuadernos de etnología y etnografía de Navarra. Pamplona, 1969- .
Ethnica. Revista de antropología. B, 1971- .
Publicaciones del Instituto de etnografía y folklore «Hoyos Sancho». Santander, 1969- .
Trabajos del Instituto Bernardino de Sahagún. M, 1945- .
→ 2.40.

60 CIENCIAS VARIAS

Euclides. M, 1941- .
Ibérica. B, 1913- .
Revista de la Real Academia de ciencias exactas, físicas y naturales. M, 1858- .

61 MATEMATICAS. ESTADISTICA

Boletín del Centro de cálculo de la Universidad de Madrid. M, 1970- .
Boletín mensual de estadística. M, 1918- .
Collectanea mathematica. B, 1948- .
Gaceta matemática. M, 1949- .
Revista matemática hispanoamericana. M, 1919- .
Revista sindical de estadística. M, 1949- .
Trabajos de estadística. M, 1950- .

62 GEOLOGIA. ASTRONOMIA

Acta Geologica Hispanica. B, 1966- .
Anuario del Observatorio astronómico. M, 1860- .
Boletín astronómico del Observatorio de Madrid. M, 1932- .
Boletín del Instituto español de oceanografía. M, 1948- .
Boletín del Instituto geológico y minero de España. M, 1874- .

Boletín del Observatorio del Ebro. Tortosa, 1910- .
Boletín de la Real Sociedad española de historia natural. Serie geológica. M, 1901- .
Cont. de *Anales de la* ____. M, 1872-1900.
Cuadernos de geología. Granada, 1947- .
Cuadernos de geología ibérica. M, 1970- .
Estudios geológicos. M, 1945- .
Notas y comunicaciones del Instituto geológico y minero de España. M, 1928- .
Revista de geofísica. M, 1942- .
Speleon. Oviedo, 1950- .
Studia Geologica. Salamanca, 1970- .
Trabajos del Instituto español de oceanografía. M, 1929- .
Urania. B, 1935- .
Cont. de *Revista de la Sociedad astronómica de España...* B, 1921-1935.

63 FISICA. METEOROLOGIA

Anales de física. M, 1969- .
Cont. de *Anales de física y química.* M, 1903-1968.
Boletín de la Asociación meteorológica española. Segunda época, M, 1967- .
Boletín mensual climatológico. M, 1940- .
Calendario meteorofenológico. M, 1943- .
Energía nuclear. M, 1956- .
Optica pura y aplicada. M, 1968- .
Revista de acústica. M, 1970- .

→ 2.70, 2.78.

64 QUIMICA

Afinidad. B, 1921- .
Anales de química. M, 1969- .
Cont. de *Anales de física y química.* M, 1903-1968.
Información de química analítica. M, 1948- .
Ion. M, 1941- .
Studia Chemica. Salamanca, 1965- .

→ 2.70.

65 BIOLOGIA. CIENCIAS NATURALES EN GENERAL

Boletín de la Real Sociedad española de historia natural. Serie biológica. M, 1901- .
Cont. de *Anales de la* ____. M, 1872-1900.
Genética ibérica. M, 1949- .
Microbiología española. M, 1947- .
Munibe. S. Sebastián, 1948- .
Publicaciones del Centro pirenaico de biología experimental. Jaca, 1966- .

Publicaciones del Instituto de biología aplicada. B, 1944- .
Trabajos del Instituto Cajal de investigaciones biológicas. M, 1941- .

67 ZOOLOGIA

Ardeola. Revista ibérica de ornitología. M, 1954- .
Eos. Revista española de entomología. M, 1925- .
Graellsia. Revista de entomólogos españoles. M, 1943- .
Miscelánea zoológica. B, 1958- .
Revista ibérica de parasitología. Granada, 1941- .

68 BOTANICA

Anales del Instituto J. Cavanilles. M, 1949- .
Cont. de *Anales del Jardín Botánico.* M, 1940- .
Collectanea Botanica. B, 1946- .
Cuadernos de botánica canaria. Las Palmas, 1967- .
Lagascalia. Sevilla, 1971- .
Trabajos del Departamento de botánica de la Universidad de Madrid. M, 1969- .

69 MEDICINA

Catálogo colectivo de publicaciones periódicas en bibliotecas españolas. Medicina. M, 1971, vi+391.

Acta Iberica Radiologica Cancerologica. M, 1946- .
Acta Oncologica. M, 1962- .
Acta Otorrinolaringológica española. B, 1950- .
Acta Pediátrica española. M, 1943- .
Anales de anatomía. Granada → Zaragoza, 1952- .
Anales españoles de odontoestomatología. M, 1942- .
Anales de la Real Academia Nacional de Medicina. M, 1879- .
Archivos iberoamericanos de historia de la medicina y antropología. M, 1949- .
Archivos de medicina experimental. M, 1955- .
Archivos de la Sociedad oftalmológica hispanoamericana. M, 1930- .
Boletín de la Sociedad española de historia de la medicina. M, 1960- .
Ciencias neurológicas. M, 1967- .
Cuadernos de historia de la medicina española. Salamanca, 1962- .
Gaceta médica española. M, 1926- .
Medicina clínica. B, 1943- .
Medicina tropical. M, 1943- .
Revista clínica española. M, 1940- .
Revista española de cardiología. M, 1948- .
Revista española de las enfermedades del aparato digestivo y nutrición. M, 1928- .
Revista española de estomatología. B, 1953- .
Revista española de fisiología. B → Pamplona, 1945- .
Revista española de gerontología. M, 1945- .

Revista española de oncología. M, 1952- . 2
Revista española de pediatría. Zaragoza, 1946- .
Revista ibérica de endocrinología. B, 1954- .
Revista de medicina de la Universidad de Navarra. Pamplona, 1957- .

70 CIENCIA APLICADA. TECNICA. INDUSTRIA

Anales de mecánica y electricidad. M, 1922- .
Catálogo del papel, prensa y artes gráficas. B, 1956- .
Ciencia y técnica de la soldadura. M, 1951- .
Combustibles. M, 1943- .
Cuadernos de relojería. M, 1954- .
Electrónica y física aplicada. M, 1967- .
Cont. de INE, M, 1958-1966.
Embalajes. M, 1953- .
Gaceta papelera. M, 1969- .
Gráficas. Revista técnica de las artes del libro. M, 1944- .
Grafipapel. Revista del papel, cartón y artes gráficas nacionales. M
Grasas y aceites. Sevilla, 1950- .
Ingeniería aeronáutica y astronáutica. M, 1949- .
Ingeniería naval. M, 1929- .
Investigación y técnica del papel. M, 1964- .
Lípidos. B, 1941- .
Minería y metalurgia. M, 1941- .
Mundo industrial. B, 1967- .
Química e industria. M, 1954- .
Revista de ciencia aplicada. M, 1947- .
Revista electrotécnica. M, 1956- .
Revista española de química aplicada. M, 1941- .
Revista del frío. M, 1956- .
Revista de la industria textil. B, 1953- .
Revista de metalurgia. M, 1965- .
Revista de plásticos. M, 1950- .
Revista de química textil. B, 1966- .
Revista de soldadura. M, 1971- .
Técnica metalúrgica. B, 1945- .
Textil. M, 1944- .

→ 2.63, 2.64.

71 AGRICULTURA. GANADERIA

Agricultura. Catálogo colectivo de publicaciones periódicas en bibliotecas españolas. M, 1971, vi+391.

Agricultura. Revista agropecuaria. M, 1929- .
Anales de edafología y agrobiología. M, 1960- .
Cont. de *Anales del Instituto español de edafología y fisiología vegetal.* M, 1942-1959.
Anales de la Facultad de Veterinaria de León. León, 1955- .
Anales del Instituto forestal de investigaciones. M, 1956- .

2 *Anales del Instituto nacional de investigaciones agronómicas.* M, 1952- .
Anales del Instituto de investigaciones veterinarias. M, 1950- .
Archivos de zootecnia. Córdoba, 1952- .
Boletín bibliográfico agrícola. M, 1948- .
Boletín del Instituto nacional de investigaciones agronómicas. M, 1940- .
Boletín de oleicultura internacional. M, 1951- .
Ganadería. M, 1943- .
Investigación pesquera. B, 1955- .
Montes. M, 1945- .
Revista de nutrición animal. M, 1963- .
Revista del Patronato de biología animal. M, 1954- .
Zootecnia. M, 1950- .

72 ALIMENTACION

Alimentación. M, 1964- .
Anales de bromatología. M, 1949- .
Anuario de la industria y comercio de la alimentación. M, 1965- .
Información conservera. Valencia, 1953- .
La confitería española. B, 1930- .
Revista de agroquímica y tecnología de los alimentos. Valencia, 1961- .

73 FARMACIA

Anales del Instituto de farmacología española. M, 1951- .
Anales de la Real Academia de Farmacia. M, 1932- .
Archivos del Instituto de farmacología experimental. M, 1949- .
Boletín de la Sociedad española de historia de la farmacia. M, 1949- .
Cuadernos de historia de la farmacia. Granada, 1971- .
Farmacognosia. M, 1942- .
Galenica Acta. M, 1948- .
Revista de la Real Academia de Farmacia. B, 1940- .

75 CONSTRUCCION. ARQUITECTURA

Arquitectura. M, 1918- .
Boletín de la Sociedad española de cerámica. M, 1960- .
Estructuras. M, 1956- .
Hogar y arquitectura. M, 1955- .
Informes de la construcción. M, 1948- .
Obras. M, 1931- .
Revista del Instituto del hierro y del acero. M, 1948- .
Revista nacional de arquitectura. M, 1941- .
Revista de obras públicas. M, 1853- .

77 COMUNICACIONES. TRANSPORTES

Anuario automovilista de España. B, 1950- .
Boletín de la Academia ibero-americano-filipina de historia postal. M, 1946- .
Carreteras. M, 1950- .
El automovilismo en España. M, 1942- .
Ferrocarriles y tranvías. M, 1931- .
Posta española. Revista técnica y profesional de Correos. M, 1940- .
Revista de aeronáutica. M, 1932- .
Revista de telecomunicación. M, 1945- .
Rutas del aire. M, 1952- .

78 ORGANIZACION INDUSTRIAL. AUTOMATICA

Cálculo automático y cibernética. M, 1952- .
Dirección y progreso. M, 1971- .
Medicina y seguridad del trabajo. M, 1952- .
Proceso de datos. M, 1967- .
Productividad. M, 1956- .
Revista del Instituto de racionalización del trabajo. M, 1948- .

80 GEOGRAFIA

Boletín de la Real Sociedad Geográfica. M, 1876- .
Indices acumulativos decenales a partir de 1900.
Cuadernos de geografía. Valencia, 1964- .
Estudios geográficos. M, 1940- .
Indices acumulativos decenales. El último, por J. López Gómez. M, 1970, 61.
Geographica. Zaragoza → Madrid, 1954- .
Papeles del Departamento de Geografía. Murcia, 1968- .
Revista de Geografía. B, 1967- .

83 ECONOMIA

Anales de economía. M, 1941- .
Anuario marítimo español. M, 1952- .
De economía. M, 1948- .
Economía española. M, 1933- .
El economista. M, 1866- .
El europeo. M, 1964- .
Guía industrial y comercial de España. B, 1946- .
Hacienda pública española. M, 1970- .
Información comercial española (mensual). M, 1898- .
Información comercial española (semanal). M, 1947- .
La actualidad económica. M, 1958- .
Moneda y crédito. M, 1942- .
Revista de economía aplicada. Valencia, 1950- .
Revista de economía política. M, 1945- .
Revista española de economía. M, 1971- .

2 86 ESTUDIOS LOCALES

Altamira. Santander, 1934- .
F. Sáez Picazo, *Indices de las revistas* ____ *y Revista de Santander.* Santander, 1973, 2 v.
Anales del Centro de cultura valenciana. Valencia, 1928- .
M. P. Gómez Gómez, *Indices de* ____, *1928-1952.* Valencia, 1959, 54.
Anales del Instituto de estudios gerundenses. Gerona, 1946- .
Anales del Instituto de estudios madrileños. M, 1966- .
Anales toledanos. Toledo, 1966- .
Anuario de estudios atlánticos. M, 1955- .
Archivo hispalense. Sevilla, 1943- .
M. Zancada Díaz, *Indice de los cien primeros números de* ____, en 1962, 37, 1-288.
Archivos leoneses. León, 1947- .
Argensola. Huesca, 1950- .
Ausa. Vich, 1952- .
Berceo. Logroño, 1946- .
J. Cañadas, *Indice de los números 1-81 (1946-1971).* Logroño, 1971, 122.
Boletín de la Comisión provincial de monumentos de Orense. Orense, 1898- .
Boletín de la Institución Fernán González. Burgos, 1940- .
Cont. de *Boletín de la Comisión provincial de monumentos de Burgos.* Burgos, 1922- .
Boletín de la Institución Sancho el Sabio. Vitoria, 1957- .
Boletín del Instituto de estudios asturianos. Oviedo, 1947- .
Boletín del Instituto de estudios giennenses. Jaén, 1954- .
Boletín de la Real Academia de bellas artes y ciencias históricas. Toledo, 1918- .
Boletín de la Real Academia de bellas letras y nobles artes. Córdoba, 1922- .
Boletín de la Real Sociedad Vascongada de Amigos del País. S. Sebastián, 1945- .
J. Elósegui Irazusta, *Indices de los 25 primeros años (1945-1969),* en 1970, 26, 1-160.
Boletín de la Sociedad castellonense de cultura. Castellón, 1920- .
Celtiberia, Soria, 1951- .
J. A. Pérez Rioja, *Diez años de* ____. *Indice... 1951-1960,* en 1960, 10, 295-346.—Id., 1961-1970, en 1971, 21.
Cuadernos de estudios gallegos. Santiago, 1944- .
Cuadernos de estudios manchegos. Ciudad Real, 1947- .
El Museo canario. Las Palmas, 1933-
El Museo de Pontevedra. Pontevedra, 1942-
Estudios abulenses. Avila, 1954- .
Estudios canarios. La Laguna, 1957- .
Estudios segovianos. Segovia, 1949- .
Estudios vizcaínos. Bilbao, 1970-.
Gibralfaro. Málaga, 1951- .
Ilerda. Lérida, 1943- .

Miscellanea Barcinonensia. B, 1962- .
M. Dardet Mas, *Indices topo-onomásticos de los veinte primeros números (1962-1968).* B, 1970, 116.
Murgetana. Murcia, 1958- .
Pirineos. Zaragoza, 1945- .
Príncipe de Viana. Pamplona, 1940- .
Publicaciones de la Institución Tello Téllez de Meneses. Palencia, 1944- .
Revista de la biblioteca, archivo y museo del Ayuntamiento de Madrid. M, 1924- .
A. González Simón, *Indice de la _____, 1924-1935.* M, 1945, 132; también, en 1944, 13, 473-98; 1945, 14, 191-218.
Revista de estudios extremeños. Badajoz, 1945- .
Cont. de *Revista del Centro de estudios extremeños.* Badajoz, 1927-1940.
Revista de Gerona, Gerona, 1955- .
Primera época, 1876-1915.
Revista de historia canaria. La Laguna, 1956- .
Cont. de *Revista de historia,* 1924-1955.
Revista de Menorca. Mahón, 1906- .
San Jorge. B, 1951- .
Teruel. Teruel, 1949- .
Indice de los veinte primeros números, en 1959, 87.
Villa de Madrid. M, 1957- .
Zaragoza. Zaragoza, 1955- .

90 REVISTAS EXTRANJERAS DE TEMA ESPAÑOL

Anales galdosianos. Austin, 1966- .
Bulletin of the comediantes. Madison, 1949- .
Teatro del siglo de oro.
Bulletin of Hispanic Studies. Liverpool, 1949- .
Cont. de *Bulletin of Spanish Studies,* 1923-1948. Indices de _____, 1923-53, 1-30, en 1953, 30, 218-32.
Casi exclusivamente, lengua y literatura.
Bulletin Hispanique. Burdeos, 1898- .
Sommaire des trente premières années du _____ (1899-1928). S. l., 1964, 120.—*Sommaire du _____, XXXI-L (1929-1948).* S. l., 1964, 104.—*Sommaire du _____, LI-LX (1949-1958).* S. l., 1960, 88.
Casi exclusivamente, lengua y literatura.
Comunicaciones de literatura española. Buenos Aires, 1972- .
Cuadernos de historia de España. Buenos Aires, 1944- .
Duquesne Hispanic Review. Pittsburgh, 1962- .
Literatura.
Gesammelte Aufsätze zur Kulturgeschichte Spaniens. Spanische Forschungen der Görresgesellschaft. Münster, 1928- .
Hispania. Stanford, 1918- .
Casi exclusivamente, lengua y literatura.
Hispanófila. M → Chapel Hill, 1957- .
Literatura.

2 *Hispanic Review*. Pensilvania, 1933- .
Casi exclusivamente literatura.
Ibero-romania. Munich, 1969- .
Lengua y literatura.
Journal of Spanish Studies. Twentieth Century. Kansas, 1973- .
Madrider Mitteilungen. Heidelberg, 1960- .
Arqueología.
Mélanges de la Casa de Velázquez. París, 1965- .
Quaderni Iberoamericani. Turín, 1946- .
Revista de estudios hispánicos. Alabama, 1967- .
Revista hispánica moderna. Nueva York, 1935- .
Literatura moderna.

→ 4.00, Mead; 16.00, Bleznick.

94 ESTUDIOS SOBRE REVISTAS

Ansón Oliart, L. M., **Acción española**. Zaragoza, 1960, 248.

Valbuena Briones, A., *Dos revistas que desaparecen* [**Ateneo, Alcalá**]. Arbor, 1956, 33, 283-4.

Cinco años (1950-1955) de **Clavileño**. M, 1955, 55.

Becaraud, J., **«Cruz y Raya»** *(1933-1936)*. M, 1969, 58.

Dupuich, M., y J. M. Sánchez Diana, *Historia de...* **«Escorial»**. BIFG, 1965, 16, 714-41.

Alcázar Molina, C., *Historia de una revista,* **«Filosofía y Letras»** *(1914-1920)*. Madrid, 1953, 231.

Gómez Villafranca, R., *Indices de materias y autores de* **La España moderna,** *tomos 1-264 (1889-1910)*. M, 1913, 373.

→ 2.01, Paniagua; 14.46, 17.08.
Para las revistas en curso → bajo cada revista.

3

FUENTES DOCUMENTALES. CIENCIAS AUXILIARES

3

FUENTES DOCUMENTALES. CIENCIAS AUXILIARES

00 BIBLIOGRAFIA

Sáez Sánchez, E., *Fuentes históricas.* ELH, 1967, II, 393-446.
Tilander, G., *Fuentes jurídicas.* ELH, 1967, II, 447-60.

01 SERIES DOCUMENTALES. COLECCIONES DIPLOMATICAS. CARTULARIOS

Archivo documental español. M, 1950-72, 29 v.

Archivo histórico español. Colección de documentos inéditos para la historia de España y de sus Indias. Valladolid, 1928-32, 5 v.

Colección de cédulas, cartas..., reales órdenes y documentos concernientes a las provincias vascongadas... M, 1829-33, 6 v.
Publ. por T. González.

Colección de documentos para el estudio de la historia de Aragón. Zaragoza, 1904-21, 12 v.
Publ. por E. Ibarra Rodríguez y otros.

Colección de documentos inéditos del Archivo de la Corona de Aragón. B, 1847-1910, 41 v.
Publ. por P. Bofarull y otros. —J. E. Martínez Ferrando y otros, *Indices de la* _____. B, 1958-.

Colección de documentos inéditos relativos al descubrimiento, conquista y colonización de las posesiones españolas en América y Oceanía... M, 1864-84, 42 v.
Publ. por J. F. Pacheco y otros.—*2.ª serie.* M, 1885-1932, 25 v. E. Schäfer, *Indice de la* _____. M, 1946-7, 2 v.

Colección de documentos inéditos para la historia de España. M, 1842-95, 112 v.
Publ. por M. Fernández de Navarrete y otros.—J. Paz Espeso, *Catálogo de la* _____. M, 1930-1, 2 v.

Colección de documentos y manuscritos compilados por Fernández de Navarrete. Nendeln, 1971, 32 v.
V. Vicente Vela, *Indice de la* _____. M, 1946, xxxi+362+xxxv.

3 *Documentos inéditos para la historia de España.* M, 1936-57, 13 v.
Publ. por el Duque de Alba y otros.

Documentos inéditos referentes a las postrimerías de la Casa de Austria en España. M, 1927-35, 5 v.
Publ. por A. de Baviera y G. de Maura Gamazo.

Memorial histórico español. Colección de documentos, opúsculos y antigüedades que publica la Real Academia de la Historia. M, 1851-1963, 50 v.

→ 16.72.

03 ANDALUCIA

Carande Thovar, R., y J. M. Carriazo, *El tumbo de los Reyes Católicos del Concejo de Sevilla.* Sevilla, 1929-71, 5 v.

González González, J., *Repartimiento de Sevilla.* M, 1951, 2 v.

Hernández Díaz, J., y otros, *Colección diplomática de Carmona.* Sevilla, 1941, 176.

04 ARAGON

Abadal Vinyals, R., *Els comtats de Pallars i Ribagorça.* B, 1950-5, 2 v.

Cagigas, I., *Libro verde de Aragón.* M, 1929, 159.

Campillo, T., *Documentos históricos de Daroca...* Zaragoza, 1915, 528+vi.

Canellas López, A., *Colección diplomática de la Almunia de Doña Godina (1176-1395).* Zaragoza, 1962, 168.

Canellas López, A., *Colección diplomática de San Andrés de Fanlo (958-1270).* Zaragoza, 1964, 174.
También, JZ, 1963, 15, 281-448.

Canellas López, A., *Colección diplomática del Concejo de Zaragoza.* Zaragoza, 1972, 2 v.

Durán Gudiol, A., *Colección diplomática de la catedral de Huesca.* Zaragoza, 1965-9, 2 v.

Huici Miranda, A., *Colección diplomática de Jaime I el Conquistador (1217-1253).* Valencia, 1916-9, 3 v.

Ibarra Rodríguez, E., *Documentos... de Ramiro I desde 1034 hasta 1063 años.* Zaragoza, 1904, xvi+284.

Ibarra Rodríguez, E., *Documentos... de Sancho Ramírez. II, Documentos particulares.* Zaragoza, 1913, xvi+284.

Lacarra de Miguel, J. M., *Documentos para el estudio de la reconquista y repoblación del Valle del Ebro.* EEMCA, 1946, 2, 469-546; 1947-8, 3, 449-727; 1952, 5, 511-618.

Martín Duque, A. J., *Cartulario de Santa María de Uncastillo (siglo XII).* EEMCA, 1962, 7, 647-740.

Martín Duque, A. J., *Colección diplomática de Obarra (siglos XI-XIII).* Zaragoza, 1965, xlviii+224.

Navarro Tomás, T., *Documentos lingüísticos del Alto Aragón.* Syracuse, 1957, xi+231.

Rubió García, L., *Los documentos del Pilar. Siglo XII.* Zaragoza, 1971, 242.

Salarrullana de Dios, J., *Documentos... de Sancho Ramírez. I, Documentos reales...* Zaragoza, 1907, xviii+264. 3

Sangorrín Diest, D., *El libro de la cadena del concejo de Jaca.* Zaragoza, 1920, xv+392.

Ubieto Arteta, A., *Colección diplomática de Pedro I de Aragón y Navarra.* Zaragoza, 1951, 511.

Ubieto Arteta, A., *Cartulario de Siresa.* Valencia, 1960, 51.

Ubieto Arteta, A., *Cartulario de San Juan de la Peña.* Valencia, 1962, 2 v.

Ubieto Arteta, A., *Cartulario de Santa Cruz de la Serós.* Valencia, 1966, 125.

Ubieto Arteta, A., *Documentos de Casbas.* Valencia, 1966, 176.

Ubieto Arteta, A., *Documentos para el estudio de la historia aragonesa de los siglos XIII y XIV.* EEMCA, 1967, 8, 547-701.

→ 16.57, Alvar.

05 ASTURIAS

Floriano Cumbreño, A., *Cartulario del monasterio de Cornellana.* Oviedo, 1949, 363.

Floriano Cumbreño, A., *El libro registro de Corias.* Oviedo, 1950, 2 v.

Floriano Cumbreño, A., *Diplomática española del período astur (718-910).* Oviedo, 1949-51, 2 v.

Floriano Cumbreño, A., *Colección diplomática del monasterio de Belmonte.* Oviedo, 1960, 459.

Floriano Llorente, P., *El libro becerro de la catedral de Oviedo.* Oviedo, 1963, 388.

García Larragueta, S., *Catálogo de los pergaminos de la catedral de Oviedo.* Oviedo, 1957, xx+504.

García Larragueta, S., *Colección de documentos de la catedral de Oviedo.* Oviedo, 1962, xvi+632.

Sánchez Albornoz, C., *Serie de documentos inéditos del reino de Asturias.* CHE, 1944, 1, 298-351.

Serrano Pineda, L., *Cartulario de San Vicente de Oviedo (721-1200).* M, 1929, lxiii+336.

Vigil, C. M., *Colección histórico-diplomática del Ayuntamiento de Oviedo.* Oviedo, 1889, xxxiv+556.

08 CASTILLA LA NUEVA

Domingo Palacio, T., *Colección de documentos del archivo municipal de Madrid.* M, 1888-1909, 4 v.

González Palencia, A., *Los mozárabes de Toledo en los siglos XII y XIII.* M, 1925-30, 4 v.

Millares Carlo, A., *Indice y extractos del «Libro horadado» del Concejo madrileño (siglos XV y XVI).* M, 1927, 92.
También, en su *Contribuciones documentales...* M, 1971, 93-180.

Millares Carlo, A., *Cartulario del monasterio de Ovila (siglo XIII).* AUM, 1933, 2, 1-42.

3 Millares Carlo, A., *Contribuciones documentales a la historia de Madrid.* M, 1971, 249.

Millares Carlo, A., y J. Artiles, *Libros de acuerdos del Concejo madrileño..., 1464-1485.* M, 1932, xv+504.

Pérez Chozas, A., y otros, *Documentos del archivo general de la villa de Madrid.* M, 1932-43, 2 v.

09 CASTILLA LA VIEJA

Alamo, J., *Colección diplomática de San Salvador de Oña (822-1284).* M, 1950, 2 v.

Barrau-Dihigo, L., *Chartes de l'église de Valpuesta du IXe. au XIe. siècle.* RH, 1900, 7, 273-389.

Escagedo Salmón, M., *Colección diplomática... que hubo en la... colegiata de Santillana.* Santander, 1926-7, 2 v.

Férotin, M., *Recueil des chartes de l'abbaye de Silos.* París, 1897, xxiii+623.

Jusué, E., *Libro de regla o cartulario de la... abadía de Santillana del Mar.* M, 1912, vi+159.

Martínez Liébana, E., *Colección diplomática de Santo Domingo de Caleruega.* Vergara, 1931, lxxxi+447.

Pérez Soler, M. D., *Cartulario de Valpuesta.* Valencia, 1970, 108.

Sáez Sánchez, E., *Colección diplomática de Sepúlveda (1076-1454).* Segovia, 1956, 733.

Sánchez Belda, L., *Cartulario de Santo Toribio de Liébana.* M, 1948, liii+508.

→ 3.61, Sánchez.

Serrano Pineda, L., *Colección diplomática de San Salvador de El Moral.* Valladolid, 1906, lxviii+278.

Serrano Pineda, L., *Cartulario del Infantado de Covarrubias.* Valladolid, 1907, 529.

Serrano Pineda, L., *Becerro gótico de Cardeña.* Valladolid, 1910, xlvii+417.

Serrano Pineda, L., *Cartulario de San Pedro de Arlanza.* M, 1925, xvi+299.

Ubieto Arteta, A., *Colección diplomática de Riaza (1258-1457).* Segovia, 1959, xxxviii+246.

Ubieto Arteta, A., *Colección diplomática de Cuéllar.* Segovia, 1961, 746.

→ 16.72, Menéndez Pidal.

10 CATALUÑA

Abadal Vinyals, R., *Catalunya carolingia. Els diplomes carolingis a Catalunya.* B, 1926-50, 2 v.

Benoit, F., *Recueil des actes des comtes de Provence appartenant à la maison de Barcelonne, Alphonse II et Raymond Berenguer V (1196-1245).* Mónaco, 1925, 2 v.

Miquel Rosell, F., *Liber feudorum major.* B, 1945-7, 2 v.

Monsalvatje, F., *Colección diplomática del condado de Besalú.* Olot, 1901-6, 3 v.

Pons Marqués, J., *Cartulari de Poblet*, B, 1938, 268. 3

Pujol Tubau, J., *Documents en vulgar dels segles XI, XII, XIII de la Seu d'Urgell*. B, 1913, 50.

Rius Serra, J., *Cartulario de Sant Cugat del Vallés*. B, 1946-50, 3 v.

Udina Martorell, F., *El «Llibre blanch» de Santas Creus. Cartulario del siglo XIII*. B, 1947, liii+450.

12 GALICIA

Documentos del archivo catedral de Orense. Orense, 1925, 2 v.

López Ferreiro, A., *Colección diplomática de «Galicia histórica»*. Santiago, 1901-3, 2 v.

Martínez Salazar, A., *Documentos gallegos de los siglos XIII al XVI*. La Coruña, 1911, vii+168.

Lucas Alvarez, M., *La colección diplomática del monasterio de San Lorenzo de Carboeiro* [Pontevedra]. Compostellanum, 1957, 2, 199-223; 1958, 3, 29-116.

Montero Díaz, S., *La colección diplomática de San Martín de Jubia (917-1199)*. BUS, 1935, 7, 3-156.

Sáez Sánchez, E., *Documentos gallegos inéditos del período asturiano*. AHDE, 1947, 18, 399-431.

Serrano Sanz, M., *Documentos del monasterio de Celanova (años 975 a 1164*. RCJS, 1929, 12, 5-47, 512-24.

Sponer, M., *Documentos antiguos de Galicia*. AORL, 1934, 7, 113-92.

13 LEON

Fernández, L., *Colección diplomática de la abadía de Santa María de Benevívere (Palencia)*. M, 1967, 84.

Mañueco Villalobos, M., y J. Zurita Nieto, *Documentos de la iglesia colegial de Santa María la Mayor de Valladolid*. Valladolid, 1920, 3 v.

Quintana Prieto, A., *Tumbo viejo de San Pedro de Montes*. León, 1971, 657.

Rodríguez González, A., *El tumbo del monasterio de San Martín de Castañeda*. AL, 1966, 20, 181-352; 1967, 21, 151-86.

Serrano Pineda, L., *Cartulario del monasterio de Vega...* M, 1927, xxi+212.

Vignau, V., *Cartulario del monasterio de Eslonza*. M, 1885, 375.

14 MURCIA

Torres Fontes, J., *Repartimiento de Murcia*. M, 1960, xviii+316.

Torres Fontes, J., *Colección de documentos para la historia del reino de Murcia*. Murcia, 1963-9, 2 v.

15 NAVARRA

Arigita Lasa, M., *Colección de documentos inéditos para la historia de Navarra*. Pamplona, 1900, xvi+550.

Arigita Lasa, M., *Cartulario de Don Felipe III, rey de Francia.* M, 1913, vii+158.

Berrogain, G., *Documentos para el estudio de las instituciones políticas de Navarra durante las dinastías de Champaña y de Francia.* AHDE, 1929, 6, 462-522.

Brutails, J.-A., *Documents des archives de la Chambre des Comptes (1196-1384).* París, 1890, xxxvi+194.

Jimeno Jurío, J. M., *Documentos medievales artajoneses.* Pamplona, 1968, 372.

Jimeno Jurío, J. M., *El Libro rubro de Iranzu.* PV, 1970, 31, 221-69.

Lacarra de Miguel, J. M., *Documentos para la historia de las instituciones navarras.* AHDE, 1934, 11, 487-503.

Lacarra de Miguel, J. M., *Colección diplomática de Irache.* Zaragoza, 1965-.

Marichalar, C., *Colección diplomática del Rey Don Sancho el Fuerte de Navarra.* Pamplona, 1934, 254.

16 RIOJA

Cantera Orive, J., *Un cartulario de Santa María la Real de Nájera de 1209.* Berceo, 1958, 13, 25-48, 305-20, 457-68; 1959, 14, 45-56, 209-24, 321-38, 481-512.

Lucas Alvarez, M., *Libro becerro del monasterio de Valbanera.* EEMCA, 1951, 4, 451-647.

Rodríguez de Lama, J. M., *Colección diplomática riojana.* Berceo, 1958, 13, a 1961, 16, múltiples entradas.

Serrano Pineda, L., *Cartulario de San Millán de la Cogolla.* M, 1930, cxii+352.

Ubieto Arteta, A., *Cartulario de Albelda.* Valencia, 1960, 203.

17 VALENCIA

Soler García, J., *El cartulario de Tavernoles.* Castellón, 1964, 338.

18 ARABES. JUDIOS

Bosch Vilá, J., *Los documentos árabes y hebreos de Aragón y Navarra.* EEMCA, 1952, 5, 407-16.

Bosch Vilá, J., *Escrituras oscenses en aljamía hebraico árabe.* HMV, I, 183-214.

Bosch Vilá, J., *Los documentos árabes del archivo de la catedral de Huesca.* RIEI, 1957, 5, 1-48.

Cantera Burgos, F., *Documentos de compraventa hebraicos de la catedral de Calahorra.* Sefarad, 1946, 6, 37-61.

Gaspar Remiro, M., *Documentos árabes de la corte nazarí de Granada.* RABM, 1909, 21, a 1910, 23, múltiples entradas.

González Palencia, A., *Documentos árabes del Cenete. Siglos XII-XV.* Al-Andalus, 1940, 5, 301-82.

Habersaat, K., *Contribución a la bibliografía de los manuscritos judeoespañoles...* Sefarad, 1942, 2, 377-81.

Hönerbach, W., *Spanisch-Islamische Urkunden aus der Zeit der Nasriden und Moriscos.* Berkeley, 1965, xxxxiv+397 + láms. 3

Millás Vallicrosa, J. M., *Contratos de judíos y moriscos del reino de Navarra.* AHDE, 1933, 10, 273-86.

Millás Vallicrosa, J. M., *Nuevas aportaciones para el estudio de los manuscritos hebraicos de la Biblioteca Nacional de Madrid.* Sefarad, 1943, 3, 289-327.

Seco de Lucena, L., *Documentos arábigogranadinos.* M, 1961, xxiii+189+1+193.
También, Al-Andalus, 1943, 8, 415-29; 1944, 9, 121-40.

Yehuda, A. S., *Hallazgo de pergaminos [hebraicos] en Solsona.* BRAH, 1915, 67, 513-49.

→ 10.93, Baer.

20 TEXTOS JURIDICOS. FUEROS. ORDENANZAS

Muñoz Romero, T., *Colección de fueros municipales y cartas pueblas de los Reinos de Castilla, León, Corona de Aragón y Navarra.* M, 1847, 560.
Ed. facs. M, 1970.

→ 9.35, 9.67.

21 ANDALUCIA

Moreno Casado, J., *Fuero de Baza.* Granada, 1968, 74.

Roudil, J., *Fuero de Baeza.* La Haya, 1962, 478.

Valverde Perales, F., y N. Alcalá Espinosa, *Antiguas ordenanzas de la villa de Baena. Siglos XV y XVI.* Córdoba, 1907, 802.

22 ARAGON

Gorosch, M., *El fuero de Teruel.* Estocolmo, 1950, 667.

Meijers, E. M., *Los fueros de Huesca y Sobrarbe.* AHDE, 1947, 18, 35-60.

Molho, M., *Fuero de Jaca.* Zaragoza, 1964, lxxi+663.

Tilander, G., *Los fueros de Aragón.* Lund, 1937, lxxvi+648.

Tilander, G., *Fueros aragoneses desconocidos... de 1348.* RFE, 1935, 22, 1-33, 113-52.

Tilander, G., *Vidal Mayor.* Lund, 1956, 3 v.

→ 5.20, **Canellas**; 21.11.

23 ASTURIAS

Bonilla San Martín, A., *El fuero de Llanes.* RCJS, 1918, 1, 97-149. También, M, 1918, 62.

Fernández Guerra, A., *Fuero de Avilés.* M, 1865, 192.

→ 16.58, Lapesa; 21.17.

24 BALEARES

Pons, A., *Constitucions e ordinacions del Regne de Mallorca, s. XIII-XV.* Palma, 1932-4, 2 v.

3 Quadrado, J. M., *Privilegios y franquezas de Mallorca, cédulas, capítulos..., desde el siglo XIII hasta fines del XVII*. Palma de Mallorca, 1895, 320.

→ 21.24.

26 CASTILLA LA NUEVA

Keniston, H., *Fuero de Guadalajara*. Princeton, 1924, xviii+55.
Millares Carlo, A., y otros, *Fuero de Madrid*. M, 1963², 191.
Roudil, J., *Les Fueros d'Alcaraz et d'Alarcón*. París, 1968, 2 v.
Sáez Sánchez, E., *Ordenamiento dado a Toledo... en 1411*. AHDE, 1944, 15, 499-556.
Ureña Smenjaud, R., *Fuero de Zorita de los Canes*. M, 1911, xl+423.
Ureña Smenjaud, R., *Fuero de Cuenca*. M, 1935, clxxii+868.
Vázquez de Parga, L., *Fuero de Fuentes de la Alcarria*. AHDE, 1947, 18, 348-98.

27 CASTILLA LA VIEJA

Cantera Burgos, F., *Fuero de Miranda de Ebro*. M, 1945, 189.
Foronda, Marqués de, *Las ordenanzas de Avila*. BRAH, 1917, 71, 381-425, 463-520.
Puyol Alonso, J., *Una puebla en el siglo XIII. Carta de población de El Espinar*. RH, 1904, 11, 244-88.
Sáez Sánchez, E., y otros, *Fueros de Sepúlveda*. Segovia, 1953, lii+921.
Sánchez Sánchez, G., *Fueros castellanos de Soria y Alcalá de Henares*. M, 1919, xv+324.
Sánchez Sánchez, G., *Libro de los fueros de Castiella*. B, 1924, xvi+166.
Sanz García, J., *El fuero de Verviesca y el Fuero Real*. Burgos, 1927, 505.
Serrano Pineda, L., *Fueros y privilegios del concejo de Pancorbo (Burgos)*. AHDE, 1933, 10, 325-32.

→ 21.46.

28 CATALUÑA

Abadal Vinyals, R., y F. Valls Taberner, *Usatges de Barcelona*. B, 1913, xxxi+110.
Foguet Marsá, R. y J., *Código de las costumbres de Tortosa*. Tortosa, 1919, cxxiv+530.
Font Rius, J. M., *Costumbres de Tárrega*. AHDE, 1953, 23, 429-43.
Font Rius, J. M., *Cartas de población y de franquicia de Cataluña*. B, 1969, 2 v.
Hinojosa Naveros, E., *Usatges de Gerona*. B, 1926, 33.
Loscertales de Valdeavellano, P., *Costumbres de Lérida*. B, 1946, 82.
Manual de novells ardits, vulgarment apellat Dietari del antich concell barceloní [desde 1390]. B, 1922-.
Ultimo v. publ., 1973, XXVI [siglo XVIII].

Valls Taberner, F., *Privilegis i ordinacions de les valls pirenenques*. B, 1915-20, 3 v.

Valls Taberner, F., *Franqueses i usances de la ciutat d'Urgell*. EUC, 1927, 12, 163-79.

Valls Taberner, F., *Consolat de Mar*. B, 1930-3, 3 v.

→ 21.52.

29 EXTREMADURA

Sáez Sánchez, E., y J. Maldonado Fernández, *El fuero de Coria*. M, 1949, cclxxxii+157.

Ureña Smenjaud, R., y A. Bonilla San Martín, *Fuero de Usagre*. M, 1907, xvi+324.

30 GALICIA

López Ferreiro, A., *Fueros municipales de Santiago y su tierra*. Santiago, 1895-6, 2 v.

Martínez Sueiro, M., *Fueros municipales de Orense*. Orense, 1912, 106.

Meruéndano Arias, L., *El fuero municipal de Ribadavia*. BCPMOrense, 1906-8, 3, 314-27, 333-47, 357-68, 378-87.

Vázquez Núñez, A., *Fuero de Allariz*. Orense, 1907, 42.

→ 21.65.

31 LEON

Caamaño, C., *El fuero romanceado de Palencia*. AHDE, 1934, 11, 503-22.

Castro Quesada, A., y F. Onís, *Fueros leoneses de Zamora, Salamanca, Ledesma y Alba de Tormes*. M, 1916, 339.

Díez Canseco, L., *Sobre los fueros del Valle de Fenar, Castrocalbón y Pajares*... AHDE, 1924, 1, 337-81.

Vázquez de Parga, L., *El fuero de León. Notas y avance de edición crítica*. AHDE, 1944, 15, 464-98.

→ 16.74, Alvar; 21.71.

33 NAVARRA

Elizondo, J., *Novísima recopilación de las leyes del Reino de Navarra... desde el año 1512 hasta 1716 inclusive*. Pamplona, 1735, 2 v.
Reimpresión, Pamplona, 1964, 3 v.

García Larragueta, S., *Fueros y cartas pueblas navarro-aragonesas otorgadas por templarios y hospitalarios*. AHDE, 1954, 24, 587-663.

Holmer, G., *Fuero de Estella*... Karlshamn, 1963, 121.
Texto occitano.

Ilarregui, P., y S. Laporta, *Fuero general de Navarra*. Pamplona, 1869, x+340.

3 Lacarra de Miguel, J. M., y A. J. Martín Duque, *Fueros de Navarra. Fueros derivados de Jaca. 1, Estella-San Sebastián.* Pamplona, 1969, 364 + láms.

Ramos Loscertales, J. M., *Fuero de Viguera y Val de Funes.* Salamanca, 1956, viii+148.

Tilander, G., *Los fueros de la Novenera.* Upsala, 1951, 237.

→ 21.83.

34 RIOJA

Garrán, C., *El fuero municipal de Nájera.* BRAH, 1891, 19, 52-123.

Hergueta, N., *El fuero de Logroño.* BRAH, 1907, 50, 325-36.

35 VALENCIA

Dualde Serrano, M., *Fori antiqui Valentiae.* M, 1950-67, xxiv+307.

Roca Traver, F. A., *Ordenanzas municipales de Castellón de la Plana durante la baja edad media.* Valencia, 1952, 160.

→ 21.90.

38 INVENTARIOS. ARANCELES

Alvar López, M., *Lexicografía medieval: el peaje de Jaca de 1437.* EDMP, II, 91-133.

Carrasco Pérez, J., *Peajes navarros. Sangüesa, 1380.* PV, 1972, 33, 129-50.

Castro Quesada, A., *Unos aranceles de aduanas del siglo XIII.* RFE, 1921, 8, 1-29, 325-56; 1922, 9, 226-76; 1923, 10, 113-36.

Ferrandis Torres, J., *Inventarios reales (Juan II a Juana la Loca).* M, 1943, xxxvi+410.

Gómez Moreno, M., *Inventario de la catedral de Salamanca. Año 1275.* RABM, 1902, 7, 175-80.

González González, J., *Aranceles del portazgo de Sahagún en el siglo XIII.* AHDE, 1942-3, 14, 573-8.

González Hurtebise, E., *Inventario de los muebles de Alfonso V...* AIEC, 1907, 1, 148-88.

González Hurtebise, E., *Libros de tesorería de la Casa Real de Aragón.* B, 1911, 2 v.

Gual Camarena, M., *Arancel de lezdas y peajes del Reino de Valencia (siglo XV).* AHES, 1968, 1, 657-90; 1969, 2, 597-657.

Martín Duque, A. J., *Peajes navarros. Vera y Lesaca (1358-59),* en *HomJ. E. Uranga.* Pamplona, 1971, 71-86.

Martín Duque, A. J., *Peajes navarros. Carcastillo (1357).* PV, 1972, 33, 69-102.

Martín Duque, A. J., y otros, *Peajes navarros. Pamplona (1351), Tudela (1365), Sangüesa (1362), Carcastillo (1362).* Pamplona, 1973, 199.

Martín Rodríguez, J. L., *Portazgos de Ocaña y Alarilla.* AHDE, 1962, 31, 519-26.

Moxó Ortiz, S., *Cuaderno de alcabalas de Enrique IV, de 1462.* AHDE, 1969, 39, 383-450.

Sáez Sánchez, E., *Aranceles de Toledo.* AHDE, 1942-3, 14, 546-60. 3

Sánchez Villar, M. D., *Desde Estella a Sevilla. Cuentas de un viaje (1352).* Valencia, 1962, 93.

Sendra Cendra, M. D., *Aranceles aduaneros de la Corona de Aragón (siglo XIII).* Valencia, 1966, 126.

Serra Ruiz, R., *Un arancel de portazgo de principios del siglo XVI.* AHDE, 1967, 36, 487-503.

Serrano Sanz, M., *Inventarios aragoneses de los siglos XIV y XV.* BRAE, 1915, 2, a 1922, 9, múltiples entradas.

Steiger, A., *Un inventario mozárabe de la iglesia de Covarrubias.* Al-Andalus, 1956, 21, 93-112.

Suárez Fernández, L., *Un libro de asientos de Juan II.* Hispania, 1957, 17, 323-68.

Toledo Girau, J., *Inventarios del Palacio Real de Valencia a la muerte de doña María, esposa de Alfonso el Magnánimo.* Valencia, 1961, 125.

Torre del Cerro, A., y E. A., *Cuentas de Gonzalo de Baeza, tesorero de Isabel la Católica.* M, 1955-6, 2 v.

Valdeón Baruque, J., *Un cuaderno de cuentas de Juan II.* Hispania, 1966, 26, 99-134.

Zabalo Zabalegui, J., *El registro de Comptos del Reino de Navarra de 1280.* Pamplona, 1972, 220.

Zabalo Zabalegui, J., *Peajes Navarros. Tudela (1380).* PV, 1972, 33, 103-28.

→ 9.18, 16.91.1, Gual.

39 FORMULARIOS

Cuesta Gutiérrez, M. L., *Formulario notarial castellano del siglo XV.* M, 1947, xiii+206.

García Villada, Z., *Formularios de las bibliotecas y archivos de Barcelona (siglos X-XV).* AIEC, 1911-2, 4, 533-52.

Granell, V., *Colección de fórmulas jurídicas castellanas de la edad media.* AHDE, 1935, 12, 444-67.

Gual Camarena, M., *Un manual catalán de mercadería (1455).* AEM, 1964, 1, 431-50.

Huici, M. P., *Las Cortes de Navarra a través de los formularios.* AHDE, 1959, 29, 513-40.

Idoate Iragui, F., *Un formulario de la cancillería de Navarra del siglo XV.* AHDE, 1956, 26, 517-646.

López Ortiz, J., *Formularios notariales de la España musulmana.* LCD, 1926, 145, 260-72.

S[ánchez Sánchez], G., *Colección de fórmulas jurídicas castellanas de la edad media.* AHDE, 1925, 2, 470-91; 1926, 3, 476-503; 1927, 4, 380-404.

Usón Sesé, M., *Un formulario de la Cancillería Real aragonesa (siglo XIV).* AHDE, 1929, 6, 321-91; 1930, 7, 442-500; 1932, 9, 334-74; 1933, 10, 334-91.

Valls Taberner, F., *Un formulari juridic del segle XII.* AHDE, 1926, 3, 508-17.

3 51 PALEOGRAFIA: ESTUDIOS GENERALES

Arribas Arranz, F., *Paleografía documental hispánica.* Valladolid, 1965, 2 v.
García Villada, Z., *Paleografía española, precedida de una introducción sobre la paleografía latina.* M, 1923, 2 v.
Floriano Cumbreño, A., *Curso general de paleografía y diplomática españolas.* Oviedo, 1946, 2 v.
Millares Carlo, A., *Tratado de paleografía española.* M, 1932, 2 v.
Muñoz Rivero, J., *Manual de paleografía diplomática española de los siglos XII al XVII.* M, 1917[2], 500 + láms.

52 ESTUDIOS PARTICULARES

Balaguer, F., *Una nota sobre la introducción de la letra carolina en la Cancillería aragonesa.* JZ, 1954, 3, 155-83.
López de Toro, J., *Abreviaturas hispánicas.* M, 1957, 15+lvi.
Lucas Alvarez, M., *Características paleográficas de la escritura gótica gallega.* CEG, 1950, 5, 53-86.
Menéndez Pidal, G., *Los llamados numerales árabes en Occidente.* BRAH, 1959, 145, 179-208.
Millares Carlo, A., *Consideraciones sobre la escritura visigótica cursiva.* León, 1973, 106.
Millares Carlo, A., y J. I. Mantecón, *Album de paleografía hispanoamericana de los siglos XVI y XVII.* Méjico, 1955, 3 v.
Muñoz Rivero, J., *Paleografía visigoda... de los siglos V al XII.* M, 1919[2], 160 + láms.
Ocaña Jiménez, M., *El cúfico hispánico y su evolución.* M, 1970, 49 + láms.
Ubieto Arteta, A., *Con qué tipo de letra se escribía en Navarra hace mil años.* RABM, 1957, 63, 409-22.

→ 1.71, López.

54 CALIGRAFIA. TAQUIGRAFIA. CRIPTOGRAFIA

Alcocer Martínez, M., *Criptografía española.* RHistórica (Valladolid), 1918, 1, 46-50; RABM, 1921, 42, 628-40; BRAH, 1934, 105, 336-460.
Blanco Sánchez, R., *Catálogo de calígrafos y grabadores de letra, con notas bibliográficas de sus obras.* M, 1920, 81.
Cornejo Carvajal, J., *Indice bibliográfico de las obras de taquigrafía española... y algunas de mecanografía... donadas a la Biblioteca Nacional.* M, 1931, 52.
Cotarelo Mori, E., *Diccionario biográfico y bibliográfico de calígrafos españoles.* M, 1913-6, 2 v.
Rico Sinobas, M., *Diccionario de calígrafos españoles, con un apéndice sobre los calígrafos más recientes por* Rufino Blanco. M, 1903, viii+272.
Val Latierro, F., *La pericia caligráfica en España.* Hidalguía, 1954, 6, 597-612.

60 DIPLOMATICA: ESTUDIOS GENERALES

Muñoz Rivero, J., *Nociones de diplomática española.* M, 1881, 133.
Sarrablo Aguareles, E., *Nociones de diplomática.* M, 1941, 256.
→ 3.51, Floriano.

61 HASTA EL SIGLO XVI

Arribas Arranz, F., *Los registros de la Cancillería de Castilla.* BRAH, 1968, 162, 171-200; 163, 143-62.
Barrau-Dihigo, L., *Étude sur les actes des rois asturiens, 718-910.* RH, 1919, 46, 1-192.
Beneyto Pérez, J., *Sobre las fórmulas visigodas «Iudas, Datan y Abirón».* BRAH, 1932, 101, 191-7.
Casula, F. C., *La cancelleria di Alfonso III il Benigno, re d'Aragona (1327-1336).* Padua, 1967, 297.
Linage Conde, A., *Las suscripciones de los escribas en el alto medioevo peninsular.* RDerecho notarial (M), 1970, 18, 205-31.
Maravall Casesnoves, J. A., *Sobre el sistema de datación por los reyes francos en los diplomas catalanes.* RABM, 1954, 60, 361-74.
Marín Martínez, T., *Confirmación real en documentos castellanos.* EDMP, II, 583-93.
Marín Martínez, T., *Particularidades diplomáticas en documentos leoneses.* AL, 1952, 11, 59-94.
Martín Postigo, M. S., *La cancillería castellana de los Reyes Católicos.* Valladolid, 1959, 379 + láms.
Mateu Llopis, F., *Materiales para un glosario de diplomática hispánica. Corona de Aragón, Reino de Valencia.* BSCC, 1956, 22, 256-92; 1957, 23, 31-54.
También, Castellón, 1957, 65. Adiciones en *Estil literari dels documents...* Valencia, 1964, 50.
Millares Carlo, A., *La cancillería real en León y Castilla hasta fines del reinado de Fernando III.* AHDE, 1926, 3, 227-306.
Pascual Martínez, L., *La Cancillería de Enrique II de Castilla,* en *Miscelánea medieval murciana.* Murcia, 1973, 175-202.
Pino Rebolledo, F., *Diplomática municipal. Reino de Castilla, 1474-1520...* Valladolid, 1972, 130.
Procter, E. S., *The Castilian Chancery during the Reign of Alfons X,* en *Oxford Essays in honour of H. E. Salter.* Oxford, 1934, 104-21.
Sánchez Belda, L., *La cancillería castellana durante el reinado de Sancho IV (1284-1295).* AHDE, 1951, 21, 171-233.
Sánchez Belda, L., *La expresión del día del mes en el cartulario de Santo Toribio de Liébana.* RABM, 1952, 58, 71-6.
Sánchez Belda, L., *La cancillería castellana durante el reinado de Doña Urraca (1109-1126).* EDMP, IV, 587-99.
Sánchez Belda, L., *Notas de diplomática. La confirmación de documentos por los Reyes del occidente español.* RABM, 1953, 59, 85-116.
Sevillano Colom, F., *Apuntes para el estudio de la cancillería de Pedro IV.* AHDE, 1950, 20, 137-241.

3 Sevillano Colom, F., *La cancillería de Fernando el Católico,* en *Fernando el Católico...* Zaragoza, 1955, 217-53.

Sevillano Colom, F., *Cancillerías de Fernando I de Antequera y de Alfonso V el Magnánimo.* AHDE, 1965, 36, 169-216.

Sevillano Colom, F., *De la cancillería de la Corona de Aragón,* en *Martínez Ferrando, archivero...* B, 1968, 451-80.

→ 1. 43, Domínguez; 3.39, 9.23, 8.34, **Camarzana, S. Millán, Santes Creus;** 14.04, García.

62 DESDE EL SIGLO XVI

Arribas Arranz, F., *La organización de la cancillería y el despacho de los documentos durante las Comunidades de Castilla.* Hispania, 1950, 38, 61-84.

Arribas Arranz, F., *La confirmación de documentos reales a partir de 1562.* RABM, 1953, 59, 39-49.

Martín Postigo, M. S., *La cancillería castellana en la primera mitad del siglo XVI.* Hispania, 1964, 24, 348-67, 509-51.

Martín Postigo, M. S., *Aportación al estudio de la cancillería real castellana en la segunda mitad del siglo XVI.* Hispania, 1967, 17, 381-404.

Real Díaz, J. J., *Estudio diplomático del documento indiano.* Sevilla, 1970, xii+304 + láms.

71 EPIGRAFIA PRELATINA

Maluquer de Motes, J., *Epigrafía prelatina de la Península Ibérica.* B, 1968, 189 + láms.

Almagro Basch, M., *Las inscripciones ampuritanas griegas, ibéricas y latinas.* M, 1952, 280.

Beltrán Vilagrasa, P., *Los textos ibéricos de Liria.* RVF, 1953, 3, 37-186.

Caro Baroja, J., *La escritura en la España prerromana. Epigrafía y numismática,* en HE, 1954, I, 3, 679-812.

Fletcher Valls, D., *Nuevas inscripciones ibéricas de la región valenciana.* APL, 1972, 13, 103-26.

Galera Isern, L., *Ensayo de lectura del plomo de «El Solaig».* APL, 1972, 13, 127-37.

Gómez Moreno, M., *De epigrafía ibérica. El plomo de Alcoy.* RFE, 1922, 9, 341-66.

También, en su *Misceláneas...* M, 1949, 219-31.

Gómez Moreno, M., *Sobre los iberos. El bronce de Ascoli.* HMP, III, 475-99.

También, en su *Misceláneas...* M, 1949, 233-56.

Gómez Moreno, M., *La escritura ibérica.* BRAH, 1943, 112, 251-78.

Gómez Moreno, M., *Digresiones ibéricas: escritura. Lengua.* BRAE, 1945, 24, 275-88.

También, refundido con el anterior, en su *Misceláneas...* M, 1949, 257-81.

Gómez Moreno, M., *Suplemento de epigrafía ibérica,* en su *Misceláneas...* M, 1949, 283-331.

Gómez Moreno, M., *La escritura bástulo-turdetana (primitiva hispánica).* RABM, 1961, 69, 879-948. 3

Guadán, A. M., *Las leyendas ibéricas en los dracmas de imitación emporitana. Estudio de epigrafía numismática ibérica.* M, 1956, 130.

Hoz Bravo, J., *Acerca de la historia de la escritura prelatina en Hispania.* AEA, 1969, 42, 104-17.

Lafon, R., *Les écritures anciennes en usage dans la péninsule ibérique d'après des travaux récents.* BH, 1952, 54, 165-83.

Lluís Navas, J., *Acotaciones a la lectura del numerario ibérico.* NH, 1956, 5, 47-66.

Michelena Elissalt, L., *Cuestiones relacionadas con la escritura ibérica.* Emerita, 1955, 23, 265-84.

Schmoll, U., *Die südlusitanischen Inschriften.* Wiesbaden, 1961, 56.

Schmoll, U., *Zur Entzifferung der Südhispanischen Schrift.* Madrider Mitteilungen (Heidelberg), 1962, 3, 85-100.

Schuchardt, H., *Epigrafía ibérica. El plomo de Alcoy.* RIEV, 1923, 14, 512-6.

Soria Sánchez, V., *Nueva traducción de inscripciones ibéricas.* REE, 1971, 27, 355-9.

Tovar Llorente, A., *Sobre la fecha del alfabeto ibérico.* Zephyrus, 1951, 2, 97-101.

Tovar Llorente, A., *La escritura hispánica y los orígenes del alfabeto.* BSEAA, 1952, 18, 15-9.

Tovar Llorente, A., *Observaciones sobre escrituras tartesias.* APL, 1952, 3, 257-62.

Tovar Llorente, A., *Sobre las escrituras tartesia, libiofenicia y del Algarbe.* Zephyrus, 1955, 4, 273-83.

Tovar Llorente, A., *Hispania en la historia de la escritura. Para una delimitación epigráfica del concepto de tartesio.* AHAM, 1956, 7-14.

Tovar Llorente, A., *Las inscripciones celtibéricas de Peñalba de Villastar.* Emerita, 1959, 27, 349-65 + láms.

Tovar Llorente, A., *Lengua y escritura en el sur de España y de Portugal.* Zephyrus, 1961, 12, 187-96.

Vallejo Sánchez, J., *La escritura ibérica. Estado actual de su conocimiento.* Emerita, 1943, 11, 461-75.

Veny, C., *Corpus de las inscripciones baleáricas hasta la dominación árabe.* Roma, 1965, xxi+282 + láms.

→ 16.70.1.

72 ROMANA Y MEDIEVAL

Castillo García, C., *Le progrès de l'épigraphie romaine en Hispania (1967-1972).* Akten des VI Intern. Kongress für gr. und lat. Epigraphik. Münich, 1973, 505-7.

Batlle Huguet, P., *Epigrafía latina.* B, 1963^{2}, xi+242 + láms. Preferentemente hispánica.

Castillo, A., y A. d'Ors Pérez, *Inscripciones romanas de Galicia.* CEG, 1959, 14, 145-64.

3 Díaz Díaz, M. C., *Los documentos hispano-visigóticos sobre pizarra.* Studi medievali (Spoleto), 1966, 7, 75-107.

Diego Santos, F., *Epigrafía romana de Asturias.* Oviedo, 1959, 260.

Durán Gudiol, A., *Las inscripciones medievales de la provincia de Huesca.* EEMCA, 1967, 8, 45-153.

Filgueira Valverde, J., y A. d'Ors Pérez, *Inscripciones romanas de Galicia... Museo de Pontevedra.* Santiago, 1955, 136.

Gómez Moreno, M., *Documentación goda en pizarra.* BRAE, 1954, 34, 25-58 + láms.

También, M, 1966, 149 + láms.

Hübner, E., *Corpus Inscriptionum Latinarum. II, Inscriptiones Hispaniae Latinae.* Berlín, 1869, lvi+48+712.

Hübner, E., *Inscriptionum Hispaniae Latinarum Supplementum.* Berlín, 1892, cv+49-54+781-1224.

Hübner, E., *Inscriptiones Hispaniae Christianae.* Berlín, 1871, xv+117.

Hübner, E., *Inscriptionum Hispaniae Christianae Supplementum.* Berlín, 1900, 162.

Lara Peinado, F., *Epigrafía romana de Lérida.* Lérida, 1973, 361 + láms.

Mallón, J., y T. Marín Martínez, *Las inscripciones publicadas por el Marqués de Monsalud. Estudio crítico.* M, 1951, 135.

Marchetti, M., *Hispania,* en E. de Ruggiero, *Dizionario epigrafico di Antichità romana.* Roma, 1922, III, 754-938.

Mariner Bigorra, S., *Inscripciones hispanas en verso.* B, 1952, xv+231.

Mariner Bigorra, S., *Nuevas inscripciones latinas de España.* AEA, 1955, 28, 197-243.

Mariner Bigorra, S., *Inscripciones romanas de Barcelona.* B, 1973, 2 v.

Navascués Juan, J. M., *La era «...AS».* M, 1951, 42 + láms.

Ors Pérez, A., *Epigrafía jurídica de la España romana.* M, 1953, 484.

Ors Pérez, A., y J. Filgueira Valverde, *Inscripciones romanas de Galicia. Santiago de Compostela.* Santiago de Compostela, 1949, 53 + láms.

Taracena Aguirre, B., y L. Vázquez de Parga, *Epigrafía romana de Navarra.* PV, 1946, 7, 440-69 + láms.

Vázquez Saco, F., y M. Vázquez Seijas, *Inscripciones romanas de Galicia. Provincia de Lugo.* Santiago, 1954, 157 + láms.

Vives Gatell, J., *Características hispanas de las inscripciones visigodas.* Arbor, 1944, 1, 185-99.

Vives Gatell, J., *Inscripciones cristianas de la España romana y visigótica.* B, 1969², 331 + láms.

Vives Gatell, J., *Inscripciones latinas de la España romana.* B, 1971-2, 2 v.

Vives Gatell, J., *Características regionales de los formularios sepulcrales cristianos.* GAKS, 1955, 11, 21-34.

73 SEMITICA

Cantera Burgos, F., y J. M. Millás Vallicrosa, *Las inscripciones hebraicas de España.* M, 1956, xv+475 + láms.

Lévi-Provençal, E., *Inscriptions arabes d'Espagne.* Leyden, 1931, 2 v.

Millás Vallicrosa, J. M., *Epigrafía hebraicoespañola.* Sefarad, 1945, 5, 285-320.

Ocaña Jiménez, M., *Repertorio de inscripciones árabes de Almería.* M, 1964, xxxii+141 + láms.

Solá Solé, J. M., *Inscripciones fenicias de la Península Ibérica.* Sefarad, 1955, 15, 41-53.

80 NUMISMATICA: ESTUDIOS GENERALES

Mateu Llopis, F., *Bibliografía de la historia monetaria de España, con suplementos referentes a los países con ella más relacionados.* M, 1958, xv+410.

Rada Delgado, J. D., *Bibliografía numismática española...* M, 1886, xiii+632.

Gil Farrés, O., *Historia de la moneda española.* M, 1959, 415.

Mateu Llopis, F., *La moneda española. Breve historia monetaria de España.* B, 1946, 341.

Mateu Llopis, F., *Glosario hispánico de Numismática.* B, 1946, xiii+229 + láms.

Vives Escudero, A., *La moneda hispánica.* M, 1924-6, 2 v.

81 ANTIGUA

Beltrán Martínez, A., *Estado actual de la numismática antigua española.* Caesaraugusta, 1955, 6, 171-7.

Gil Farrés, O., *La moneda hispánica en la edad antigua.* M, 1966, 584 + láms.

Amorós, J., *Monedas griegas y derivadas en Hispania,* en *Congresso Intern. di Numismatica.* Roma, 1961, 121-44.

Guadán, A. M., *Las monedas de Gades.* B, 1963, 94 + láms.

Guadán, A. M., *Numismática ibérica e iberorromana.* M, 1969, xvii+288.

Lluís Navas, J., *Las cuestiones legales sobre amonedación peninsular en la edad antigua.* M, 1953, 98.

Navascués de Juan, J. M., *El jinete lancero...* NH, 1955, 4, 237-64.

Untermann, J., *Zur Gruppierung der hispanischen «Reitermünzen» mit Legenden in iberischer Schrift.* Madrider Mitteilungen (Heidelberg), 1964, 5, 91-155.

Villaronga Garriga, L., *La evolución epigráfica en las leyendas monetales ibéricas.* Numisma, 1958, 8, 9-49.

Villaronga Garriga, L., *Las monedas hispano-cartaginesas.* B, 1973, 228 + láms.

→ 3.71, Caro; 12.24, Martí.

82 ROMANA

Beltrán Martínez, A., *Sobre algunas monedas bilingües romanas del municipio de Ampurias.* Numisma, 1952, 3, 19-23.

Ruiz Trapero, M., *Las acuñaciones hispano-romanas de Calagurris...* B, 1968, 149.

Sutherland, C. H. V., *The Aes Coinage of Roman Imperial Spain.* Numisma, 1965, 15, 19-24.

→ 12.24, Balil.

83 VISIGODA

Gil Farrés, O., *La moneda sueva y visigoda,* en HE, 1963[2], III, 177-91.

Grierson, Ph., *Una ceca bizantina en España.* NH, 1955, 4, 305-14.

Miles, G. C., *The Coinage of the Visigoths Spain, Leovigild to Achilla.* Nueva York, 1952, xvi+520 + láms.

Reinhart, W., *El reino hispánico de los suevos y sus monedas.* AEA, 1942, 15, 308-28.

Reinhart, W., *El arte monetario visigodo. Las monedas como documentos.* BSEAA, 1943-4, 10, 53-8.

84 ARABE

Miles, G. C., *The Coinage of the Ummayyads of Spain.* Nueva York, 1950, xi+591 + láms.

Rivero, C. M., *La moneda arábigo-española...* M, 1933, 193 + láms.

→ 12.24.

85 MEDIEVAL

Beltrán Vilagrasa, P., *Introducción al estudio de las monedas medievales hispanocristianas...* Numisma, 1963, 13, 9-50.

Heiss, A., *Descripción general de las monedas hispanocristianas desde la invasión de los árabes.* M, 1865-9, 3 v.

Aullo Costilla, M., *Cornados de Sancho IV.* Numisma, 1955, 5, 65-85.

Beltrán Martínez, A., *Las antiguas monedas oscenses.* Huesca, 1950, 27.

Beltrán Vilagrasa, P., *Los dineros jaqueses. Su evolución y su desaparición.* Publicaciones del Seminario de Arqueología y Numismática aragonesas (Zaragoza), 1951, 1, 51-112.

Gil Farrés, O., *Estudio crítico de las primitivas acuñaciones navarras y aragonesas.* Numisma, 1955, 5, 31-96.

Lluís Navas, J., *Notas sobre la legislación y organización de las cecas de Juan II y Enrique IV.* Ampurias, 1951, 13, 136-52.

Mateu Llopis, F., *Notas sobre las cecas y monedas castellanas de los siglos XV y XVI.* BSEAA, 1942-3, 9, 45-58.

Mateu Llopis, F., *La técnica medieval de las acuñaciones monetarias.* Numisma, 1951, 1, 69-74.

Navascués de Juan, J. M., *En torno a las series hispánicas medievales.* NH, 1953, 1, 33-62.

Thomsen, R., *Ensayo de sistematización de las monedas navarras y aragonesas de los siglos XI y XII.* Numisma, 1956, 6, 43-77.

→ 12.24.

86 MODERNA

Cayón Fernández, J. R., y C. Castán, *Las monedas españolas desde los Reyes Católicos hasta el Estado Español.* M, 1973, 542 + láms.

Vicenti Herrera, J. A., *Catálogo general de la moneda española... 1475-1974.* M, 1973[6], 360.

Castán Ramírez, C., *Las monedas de los Reyes Católicos y de la Casa de Austria, 1475-1700.* M, 1972, 257 + láms.

Dasi, T., *Estudio de los reales de a ocho... patacones o duros españoles.* Valencia, 1950-1, 2 v.

Fontecha Sánchez, R., *La moneda española de cobre en los siglos XVIII y XIX.* NH, 1953, 2, 225-74.

Fontecha Sánchez, R., *La moneda castellana de bronce en el siglo XVII.* NH, 1955, 4, 37-81.

García de la Fuente, A., *La numismática española en el reinado de Felipe II...* El Escorial, 1927, 162.

Guinovart, J., *El oro español. Acuñaciones a partir de Felipe V.* B, 1970[2], 120.

Herrera Chiesanova, A., *El duro. Estudio de los reales de a ocho españoles y de las monedas de igual o aproximado valor...* M, 1914, 2 v.

López Chaves, L., y J. de Yriarte Oliva, *Catálogo de la onza española.* M, 1961, 168.

Lorente, L. M., *Los sellos-monedas.* Numisma, 1959, 9, 35-45.

Mateu Llopis, F., *Aportación a la historia monetaria del Reino de Valencia en el siglo XVIII.* Valencia, 1955, 351.

Paul de la Riva, J., *Introducción al estudio de los billetes.* Zaragoza, 1956, 40 + láms.

Pellicer Bru, J., y F. Calicó, *El medio duro. España, provincias de América e Imperio.* B, 1971, 429.

Rodríguez, J. J., *Aportación al estudio de los reales de a dos. Las pesetas de Isabel II (1833-1868).* Numisma, 1957, 7, 59-65.

Sánchez Abreu, A., *Un siglo de monedas españolas.* Bilbao, 1972[2], 53.

Vicenti Herrera, J. A., *España, 1869-1973. La peseta, unidad monetaria nacional.* M, 1973[8], 47.

Vicenti Herrera, J. A., *Catálogo de billetes españoles, 1808-1974.* M, 1973[7], 100.

Vila Sivil, J., *Supplement to the list of Spanish Civil War Coins.* The Numismatist (Nueva York), 1957, 70, 131-5.

Yriarte Oliva, J., *Catálogo de los reales de a ocho.* M, 1955, 207.

→ 7.49, 7.88.

88 REGIONAL

Botet Sisó, J., *Les monedes catalanes.* B, 1908-11, 3 v.

Calicó, F. X., *Florines de Aragón.* B, 1966, 115.

Medina, J. T., *Las monedas coloniales hispano-americanas.* Santiago de Chile, 1919, viii+240.

Reinhart, W., *Los sueldos «gallecanos», monedas gallegas.* CEG, 1944, 2, 177-84.

→ 3.85, 3.86.

91 MEDALLISTICA

Alvarez Ossorio, F., *Catálogo de las medallas de los siglos XV y XVI conservadas en el Museo Arqueológico Nacional.* M, 1950, xiii+248.
Amorós Barra, J., *Medallas de los acontecimientos, instituciones y personajes españoles* [Edad Media-Siglo XIX]. B, 1958, 124.
Gimeno, F., *Panorama de la medalla contemporánea en España.* Caesaraugusta, 1961, 18, 121-31 + láms.
Herrera Chiesanova, A., *Medallas españolas militares, navales y político-militares.* M, 1899-1910, 57 v.
Lorente, L. M., *Medallística actual.* La estafeta literaria (M), 1972, 516, 38-41.
Vives Escudero, A., *Medallas de la Casa de Borbón, de D. Amade I, del Gobierno Provisional y de la República española.* M, 1916, xxiv+533 + láms.

93 SIGILOGRAFIA

Fernández Mourillo, M., *Apuntes de sigilografía española.* M, 1895, 96.
Menéndez Pidal, J., *Catálogo. Sellos españoles de la Edad Media.* M, 1925, 336.
Arribas Arranz, F., *Sellos de placa de las cancillerías regias castellanas.* Valladolid, 1941, 258 + láms.
Cantera Burgos, F., *Sellos hispano-hebreos.* Sefarad, 1953, 13, 105-11.
García Larragueta, S. A., *Contribución a la sigilografía navarra del siglo XIII.* RABM, 1954, 60, 395-9.
González González, J., *Los sellos concejiles de España en la Edad Media.* M, 1945, 52 + láms.
También, Hispania, 1945, 5, 339-85.
Sagarra, F., *Sigillografia catalana.* B, 1916, 3 v.

95 FILATELIA

Blas, L., *Manual del experto en sellos de España.* M, 1960, 319.
Edifil, *Catálogo unificado y especializado de España...* B, 1971^{7}, 320.
Guinovart, J., y M. Tizón, *Prefilatelia española. Estudio de las marcas postales... Siglos XVIII y XIX.* B, 1971, 2 v.
Hevia, *Catálogo de sellos de España, ex-colonias españolas y provincias africanas.* M, 1970^{24}, 238.
Majó-Tocabens, J., *Breviario del coleccionista de matasellos.* B, 1947, 97.
Marcos González, B., *La Filatelia en España...* M, 1919, 88.
Marull, R., *Apuntes filatélico-postales.* B, 1959, 23.
Matasellos especiales. Matasellos de rodillo... Primeros días. España y Colonias desde 1940. B, 1973, 142.
Tort Nicolau, A., *Guía del coleccionista de sellos de España.* M, 1945-8, 2 v.
Vicenti Herrera, J. A., *Catálogo de sellos españoles. Correos y Telégrafos, 1850-1972.* M, 1971^{7}, 99.

98 TIMBRELOGIA

Allende, A., *Catálogo de timbres españoles.* B, 1969, 221 + láms.

4

GENERALIDADES. CARACTERIZACION

4

GENERALIDADES. CARACTERIZACION

00 BIBLIOGRAFIA

Arnaud, E., y V. Tusón, *Guide de bibliographie hispanique.* Toulouse, 1967, 353.
Primordialmente, Literatura.

García Rico, E., *Biblioteca hispánica. Catálogo de libros españoles o referentes a España, antiguos y modernos.* M, 1916-20, 2 v.

Jareño, E., *Estudios hispánicos (guía bibliográfica).* LLN, 1962, 55, 46-71.

Mead, R. G., *A select list of periodicals of interest to hispanist.* H, 1955, 38, 427-9.

Rueda, M. P., *Introducción [bibliográfica] al estudio de la cultura española.* M, 1954, 48.

01 OBRAS DE CONJUNTO. ENCICLOPEDIAS

Castro Fariñas, J. A., y otros, *España de los españoles.* M, 1963, 306 + láms.
Historia, folklore, ideario, paisaje, etc.

Conde García, F. J., y otros, *El rostro de España.* M, 1945, 474.
Todos los aspectos de la vida española contemporánea.

Diccionario enciclopédico hispanoamericano. B, 1887-98, 23 v.
Apéndices posteriores hasta 1910.

Documentación española. M, 1970- .
Informes monográficos (2 mensuales) publ. por la Agencia Efe sobre cuestiones de cultura, política, economía, etc.

Enciclopedia de la cultura española. M, 1963, 5 v.

Enciclopedia española del siglo XIX. M, 1842, 15 v.

Enciclopedia universal ilustrada europeo-americana. B, 1908-30, 70 v. *Apéndice.* M, 1930-3, 10 v. Suplementos anuales o bianuales desde 1934; el último, 1970, para 1965-6.
Conocida habitualmente como *Espasa.* Aunque no específicamente dedicada a lo español, por su amplitud (la mayor enciclopedia española) es la que más atención le presta, útil aún,

4 pese a su antigüedad. El v. XXI *(España)*, 1923, 1524 páginas, constituye el más completo estudio global del tema, con copiosa bibliografía.

España en síntesis. M, 1971, 186 + láms.

Ibáñez Cerdá, J., e I. Ballester Ros, *España es así. Hechos y cifras.* M, 1965, 128.

Marañón Posadillo, G., y otros, *El alma de España.* M, 1951, 398.

Mellado, F. P., *España geográfica, histórica, estadística y pintoresca...* M, 1845, 946.

Ruiz Giménez, J., y otros, *Panorama español contemporáneo.* M, 1964, 313.

Russell, P. E., y otros, *Spain. A companion to spanish studies.* Londres, 1973, xv+592.
Lengua, Historia, Literatura, Arte y Música.

02 ESTADISTICA

Anuario estadístico de España. M, 1859, xii+710.
Ultimo v. publ., XLVIII, M, 1973, xxi+747. Hay *Edición manual,* 1941-, que se publica algo antes que la normal.

Guía de fuentes estadísticas de España. M, 1970, 3 v.

Reseña geográfica y estadística de España. M, 1912-4, 3 v.

Principales actividades de la vida española en la primera mitad del siglo XX. Síntesis estadística. M, 1952, 194.

03 CARACTERIZACION E INTERPRETACION

Alvarez Rubiano, P., *La historia y el problema de España.* Valladolid, 1962, 116.

Asensio Barbarín, E., *Reflexiones sobre «La realidad histórica de España».* MLN, 1966, 81, 327-51.

Asensio Barbarín, E., *Notas sobre la historiografía de Américo Castro.* AEM, 1973, 8, 349-92.

Caballero Calderón, E., *Ancha es Castilla. Guía espiritual de España.* M, 1954^{3}, 366.

Cacho Viu, V., *Las tres Españas de la España contemporánea.* M, 1972, 40.

Calvo Serer, R., *Valoración europea de la historia española.* Arbor, 1945, 3, 19-47.
También, en *Historia de España... Arbor.* M, 1953, 1-20.

Calvo Serer, R., *España sin problema.* M, 1949, 197.

Cano García, J. L., *El tema de España en la poesía española contemporánea. Antología.* M, 1964, 300.

Castro Quesada, A., *La realidad histórica de España.* México, 1971^{4}, 479.
Refundición de *España en su historia...* Buenos Aires, 1948, 709.

Curcio, C., *Tradición y espíritu de España.* Sevilla, 1960, 110.

Franco, D., *España como preocupación.* M, 1960, 570.
Antología, comentada, de textos, desde Cervantes.

García Morente, M., *Ideas para una filosofía de la historia de España.* M, 1957^{2}, 308.

Gomis, J. B., *El espíritu, riqueza de España.* M, 1952, 100. 4

Jobit, P., *Initiation à l'Espagne. Espagne, Hispanité, Chrétienté.* B, 1945, viii+128.

Laín Entralgo, P., *España como problema.* M, 1962[3], xix+785. Recopilación de estudios en torno al del título.

Laín Entralgo, P., *A qué llamamos España.* M, 1971, 157.

Legendre, M., *Semblanza de España.* M, 1955[2], 448.

Mauclair, C., *La espléndida y áspera España.* M, 1954, 549.

Menéndez Pelayo, M., *La conciencia española.* Recopilación de A. Tovar. M, 1948, lix+459.

Menéndez Pidal, R., *Los españoles en la Historia y en la Literatura. Dos ensayos.* Buenos Aires, 1951, 229.
Respectivos prólogos de HE y de HGLH.

Miguel Martín, A., *Pleito y polémica de España.* M, 1972, 264.

Millás Vallicrosa, J. M., *La Roma cristiana y el auténtico ser de España.* PE, 1959, 4, 56-75.

Niedermayer, F., *Zwei Spanien?* Saeculum (Friburgo), 1952, 3, 444-76.

Olagüe, I., *Pour voir et pour comprendre l'Espagne.* M, 1952, 238.

Ortega Gasset, J., *España invertebrada.* M, 1921, 170.

Osorio de Oliveira, J., *Concepción romántica de España.* CL, 1949, 6, 223-44.

Parker, A. A., *Las raíces del dilema español.* PE, 1956, 11, 50-85.

Pérez Embid, F., *El concepto contemporáneo de España,* en *Historia de España... Arbor.* M, 1953, 680-97.
También, *Arbor,* 1947, 7, 487-93; 1949, 14, 149-60, con títulos diversos.

Río, A. del, y M. J. Benardete, *El concepto contemporáneo de España. Antología de ensayos.* Buenos Aires, 1946, 741.

Roig Gironella, J., *Sobre la esencia de España.* Espíritu (B), 1958, 7, 128-44, 176-97.

Sánchez Agesta, L., *En torno al concepto de España.* M, 1956[2], 34.

Sánchez Albornoz, C., *España, un enigma histórico.* Buenos Aires, 1973[4], 2 v.

Sánchez Albornoz, C., *El drama de la formación de España y de los españoles.* B, 1973, 148.

Van Halen, J., *España en su poesía actual.* M, 1967, 243.

Zulueta, E., *El concepto de España en la crítica española contemporánea.* RLiteraturas modernas (Mendoza), 1966, 5, 55-70.

04 *LAUDES HISPANIAE*

Ayguals de Izco, W., *España laureada. Compilación de lo más selecto que en elogio de nuestra patria han escrito...* M, 1854, 783.

[Díaz] Casariego, J. E., *Exaltación y estirpe de las cosas de España.* M, 1944, 336.

Díaz de Santillana, S., *Emocionario de España. La tierra, el alma, el paisaje y la vida...* M, 1953, 240.

Fernández Chicarro, C., *Laudes Hispaniae.* M, 1948, 158.

Giménez Caballero, E., *Genio de España. Exaltaciones a una resurrección nacional...* M, 1932, 341.

4 Ibáñez de Opacua, M. P., *El libro de España. Historia y glorias.* M, 1942, 319.

León Murciego, P., *Grandezas de España.* M, 1943, 308.

Madoz Moleres, J., *De laude Spanie. Estudio sobre las fuentes del prólogo isidoriano.* RyF, 1939, 116, 247-57.

Magariños Rodríguez, S., *Alabanza de España...* M, 1950, 3 v.

06 SIMBOLOS NACIONALES

Bercial, J., *El escudo de España.* Ejército (M), 1941, 12, 38-41.

Cadenas Vicent, V., *Vexilología, ciencia de las banderas.* Hidalguía, 1970, 18, 247-50.
Aplicación a las españolas.

Menéndez Pidal, F., *El nacimiento de las armas de León y de Castilla.* Hidalguía, 1973, 21, 385-408.

Menéndez Pidal, G., *El lábaro primitivo de la Reconquista. Cruces asturianas y cruces visigodas.* BRAH, 1955, 136, 275-96.

Puelles Puelles, A. M., *Símbolos nacionales de España. Esquema de sus historiales desde los orígenes milenarios.* Cádiz, 1941, 200.
Bandera, escudo, emblema, himno y día conmemorativo.

Rivas Fabal, J. E., *Algo sobre banderas.* RGeneral de Marina (M), 1957, 153, 505-22.
Nacional y militares.

Sentenach, N., *El escudo de España.* M, 1916^{2}, 30.

Vicente Cascante, I., *Heráldica general y fuentes de las armas de España.* B, 1956, vii+648.

→ 9.18, Schramm.

07 UNIDAD NACIONAL. ANTIGUOS REINOS Y REGIONES

Almagro Basch, M., *Nuevas cuestiones científicas sobre la unidad de España.* Arbor, 1950, 16, 39-45.

Carretero Jiménez, A., *La integración nacional de las Españas.* México, 1957, 179.

Carretero Nieva, L., *Las nacionalidades españolas.* Ed. ampliada y anotada por A. Carretero Jiménez. México, 1952, 292.

Elías de Tejada, F., *Las Españas. Formación histórica. Tradiciones regionales.* M, 1948, viii+304.

García Arias, A., *Los proyectos de unidad nacional. De la revolución de 1868 a la República federal y a la Segunda República.* PE, 1961, 6, 132-47.

García Escudero, J. M., *El concepto castellano de la unidad de España.* REPol, 1944, 7, 150-60.

Ochoa Brun, M. A., *Castilla contra la unidad.* JZ, 1951, 2, 61-83.

Sánchez Bella, I., *Los reinos, en la historia moderna de España.* M, 1956, 37.
También, NT, 1955, 12, 3-19.

Svennung, J., *Zur Geschichte der Goticismus.* Estocolmo, 1967, 116.

→ 6.42.1.

08 REGIONALISMO. SEPARATISMO 4

Alhama Pérez, P., *Regionalismo.* M, 1973, 112.
Alvarez Gendín, S., *El regionalismo. Estudio general. El problema en Asturias.* Oviedo, 1932, 116.
Andrade Uribe, B. M., *Castilla ante el separatismo catalán.* M, 1921, 312.
Balaguer, V., *El regionalismo y los juegos florales.* M, 1897, 326.
Campión Jaime, A., *Carlismo, integrismo y regionalismo.* Pamplona, 1934.
Escagedo Salmón, M., *Centralismo y regionalismo.* Santander, 1919, 96.
Laín Entralgo, P., *Las cuerdas de la lira. Reflexiones sobre la diversidad de España.* M, 1955, 45.
Merino Alvarez, A., *El regionalismo peninsular y la geografía histórica.* M, 1916, 41.
Merino Alvarez, A., *El regionalismo peninsular. La antropología y la etnografía.* M, 1918, 72.
Payne, S., *Catalan and Basque Nationalism.* Journal of Contemporary History (Londres), 1971, 6, 15-51.
Pla Deniel, N., *España y el regionalismo catalán.* B, 1923, 19.
Trujillo, G., *Introducción al federalismo español.* M, 1967, 213.
Vila Serra, J., *El regionalismo en España.* Valencia, 1919, 320.

→ 10.82, Ferrando; 21.34, Ossuna; 21.52, 21.65, 21.90, 21.96.

10 HISPANIDAD

Bonilla, A., *Concepto histórico de la Hispanidad.* CH, 1959, 120, 247-54.
Diffie, B. W., *The ideology of Hispanidad.* HAHR, 1943, 22, 457-82.
García Morente, M., *Idea de la Hispanidad.* Buenos Aires, 1938, 123.
Maeztu Whitney, R., *Defensa de la Hispanidad.* M, 1934, 320.
Marichalar Monreal, L., *El concepto de Hispanidad.* M, 1942, 23.

Alfaro Lapuerta, E., *Fernando el Católico y la Hispanidad.* Zaragoza, 1952, 109.
Altamira Crevea, R., *España y el programa americanista.* M, 1917, 252.
Barón Castro, R., *Españolismo y antiespañolismo en la América hispana...* M, 1945, 110.
Bayle Prieto, C., *La nueva conquista de la América española.* RyF, 1925, 72, 208-19.
Delgado Martín, J., *Los orígenes de la hispanidad en el siglo XIX.* CH, 1957, 88, 75-82.
Delgado Orellana, J. A., *Aspectos de la Hispanidad.* Hidalguía, 1971, 19, 495-512.
Gil Benumeya, R., *Hispanidad y arabidad.* M, 1952, 161.
Gil Serrano, R., *Nueva visión de la Hispanidad.* M, 1947, 260.
Guil Blanes, F., *En torno al concepto de Hispanidad.* EAm, 1957, 13, 351-65.
Guil Blanes, F., *La causa eficiente de la Hispanidad.* EAm, 1960, 20, 41-7.

4 Hamilton, C., *Comunidad de pueblos hispánicos.* M, 1951, 239.

Lohmann Villena, G., *Menéndez Pelayo y la Hispanidad.* M, 1957, 221.

Mourelle de Lema, M., *En torno al concepto de comunidad iberoamericana.* REPol, 1973, 187, 319-36.

Ortiz Fernández, F., *La reconquista de América. Reflexiones sobre el panhispanismo.* París, 1911, 352.

Pla Cárceles, J., *La misión internacional de la raza hispánica.* M, 1928, 136.

Prieto Castro, F., *La supranacionalidad hispánica.* CH, 1962, 51, 242-57.

Sánchez Serrano, P., *Emociones en España de un hispanoamericano.* M, 1956, xii+15+370.

Silva, J. F. V., *Reparto de América española y panhispanismo.* M, 1918, 511.

Veyra, J. C., *La hispanidad en Filipinas.* M, 1961, 106.

→ 7.84, Veyra.

Yela Utrilla, J. F., *El problema de la Hispanidad.* RUO, 1941, 2, 5-29.

11 PROYECCION INTERNACIONAL

Arco Garay, R., *Grandeza y destino de España.* M, 1942, 333.

Carro, V., *La España misionera y colonizadora ante la Historia...* PE, 1961, 6, 82-102.

Cordero Torres, J. M., *Aspectos de la misión universal de España.* M, 1942, 94.

Chevalier, J., *El papel del pensamiento español.* RFilos, 1949, 8, 5-13.

Doerig, J. A., *Dos tipos de colonización europea: el español y el británico.* REPol, 1953, 68, 129-37.

García Villada, Z., *El destino de España en la historia universal.* M, 1940, 266.

Menéndez Pidal, R., *España como eslabón entre el Cristianismo y el Islam.* RIEI, 1953, 1, 1-20.

Palacio Atard, V., *Razón de España en el mundo moderno.* Arbor, 1950, 15, 161-78.
También, en *Historia de España... Arbor.* M, 1953, 722-33.

Peck, A. M., y E. A. Méras, *Spain in Europe and America.* Nueva York, 1937, viii+312.

Peers, E. A., *Our Debt to Spain.* Londres, 1938, xiv+146.

Pinzón Toscano, A., *Defensa española de la cultura europea.* M, 1942, 253.

Stuermer, H., *Jakobsland o el papel de España en la integración de la historiografía europea.* PE, 1960, 5, 109-26.

→ 4.90-1, 7.04, 7.84, 9.70-6, 14.00-1, 16.02, 17.05, 18.01.

12 PROYECCION EN AREAS PARTICULARES

García Figueras, T., **Africa** *en la historia española.* Africa (M), 1953, 10, 411-4.

Gil Benumeya, R., *Andalucismo africano.* M, 1953, 134.

Sáez de Govantes, L., *El africanismo español.* M, 1971, 233.

→ 7.70.

Hüffer, H., *Las relaciones hispanogermanas* **[Alemania]** *durante mil doscientos años.* REPol, 1951, 36, 43-75. 4
Versión alemana en RJ, 1950, 3, 85-123.

Kehrer, H., *Alemania en España. Influjos y contactos a través de los siglos.* M, 1966, xix+159.

Schreiber, G., *Deutschland und Spanien. Volkskundliche und Kulturkundliche Beziehungen...* Düsseldorf, 1936, xviii+518.

Willkomm, B., *Deutsch-Spanische Beziehungen im Mittelalter.* Spanien, 1921, 3, 141-92.

América → 4.10, 7.04, 7.94, 10.24.

Gil Benumeya, R., *España y el mundo* **árabe.** M, 1955, 287.

→ **Africa; Marruecos; Oriente medio.**

Brunard, A., *Recuerdos de España en Bruselas* **[Bélgica].** RGE, 1951, 30, 27-40.

Cirac Estopañán, S., **Bizancio** *y España. La caída del Imperio Bizantino y los españoles.* B, 1954, viii+133.

Schlunk, H., *Relaciones entre la Península Ibérica y Bizancio durante la época visigótica.* AEA, 1945, 18, 177-204.

Ruiz Morales, J. M., *España y* **Colombia.** M, 1970, 261.

Damboriena, P., *El encuentro de dos imperios. Antiguas relaciones entre España y* **China.** RyF, 1947, 135, 442-62; 136, 36-60.

Lopetegui, L., *Contactos entre España y China en el siglo XVI.* MH, 1944, 1, 341-52.

→ **Extremo Oriente.**

Fernández Shaw, C. M., *Presencia española en los* **Estados Unidos.** M, 1972, 931 + láms.

Gómez del Campillo, M., *Relaciones diplomáticas entre España y los Estados Unidos.* M, 1954-5, 2 v.

Hayes, C. J. H., *Los Estados Unidos y España.* M, 1952, 235.

Navarro Latorre, J., y F. Solano Costa, *¿Conspiración española? 1787-1789. Contribución al estudio de las primeras relaciones históricas entre España y los Estados Unidos de América.* Zaragoza, 1949, viii+364.

Peñuela, M. C., *Lo español en el suroeste de los Estados Unidos.* M, 1964, 297.

Powell, Ph. W., *Tree of Hate. Propaganda and prejudices affecting United States Relations with the Hispanic World.* Nueva York, 1971, 210.

Carretero Jiménez, A., *España y* **Europa.** Valencia, 1971, 402.

Dawson, Ch., *España y Europa.* M, 1959, 30.

[Díaz] Casariego, J. E., *Grandeza y proyección del mundo hispánico. Aportaciones españolas a la realidad de Europa.* M, 1940, 302.

Gómez Molleda, M. D., *España en Europa. Utopía y realismo de una política.* Arbor, 1954, 30, 228-40.

Jover Zamora, J. M., *El sentimiento de Europa en la España del siglo XVII...* Hispania, 1949, 9, 263-307.
También, Saitabi, 1950, 8, 72-99.

Keyserling, H., *España y Europa.* RO, 1926, 12, 129-44.

Martín Artajo, A., *España y Europa.* PE, 1958, 34, 54-75.

4 Ramiro Rico, N., *España y Europa.* REPol, 1950, 30, 125-34.

Sánchez Agesta, L., *España al encuentro de Europa.* M, 1971, viii+365.

Sánchez Diana, J. M., *España y el Norte de Europa (1788-1803).* Valladolid, 1963, 102.

Escandinavia, Prusia, Rusia.

Vossler, K., *España y Europa.* M, 1951, 201.

Sánchez Diana, J. M., *Relaciones españolas con* Extremo Oriente. Hispania, 1966, 26, 221-67.

Farinelli, A., *España y* Flandes, en su *Divagaciones hispánicas...* B, 1936, II, 41-63.

Leman, A., *Les relations de la Flandre avec l'Espagne.* Les Facultés Catholiques de Lille, 1938, 18, 7-18.

Cénac-Moncaut, J. E. M., *Histoire des Pyrénées et des rapports internationaux de la* France *avec l'Espagne.* París, 1853-5, 5 v.

Daumet, G., *Étude sur l'alliance de la France et de la Castille au XIVe. et au XVe. siècle.* París, 1928, 273.

Daumet, G., *Mémoire sur les relations de la France et de la Castille (1255-1320).* París, 1913, 255.

Farinelli, A., *España y Francia,* en su *Divagaciones hispánicas...* B, 1936, II, 7-37.

Gaillard, G. H., *Histoire de la rivalité de la France et de l'Espagne...* París, 1807[2], 8 v.

Hilton, R., *Four studies in Franco-Spanish relations.* Toronto, 1943, vii+57.

Juretschke, H., *España ante Francia.* M, 1940, xxiii+243.

López Barrera, J., ... *Literatura francesa hispanófoba en los siglos XVI y XVII.* BBMP, 1925, 7, 83-95.

Mérimée, P., *L'influence française en Espagne au XVIIIe. siècle.* París, 1935, 116.

Morel-Fatio, A., *Comment la France a connu et compris l'Espagne depuis le moyen âge jusqu'à nos jours,* en su *Études sur l'Espagne.* París, 1888, I, 1-114.

Oliver, M. de los S., *Los españoles en la Revolución Francesa.* M, 1914, 281.

Palmer, G., *L'Espagne et la France à travers l'histoire.* H, 1918, 1, 204-9, 332-7.

Pensado Tomé, J. L., *Temas de España en la literatura medieval francesa.* Archivum, 1958, 8, 127-72.

Piétri, F., *Vecindad histórica. Españoles y franceses.* M, 1951, 180.

Sánchez Albornoz, C., *España y Francia en la edad media. Causas de su diferenciación política.* RO, 1923, 1, 294-316.

Sorrento, L., *Francia e Spagna nel settecento. Battaglie e sorgenti di idee.* Milán, 1928, viii+300.

Zavala, I. M., *Francia en la poesía del XVIII español.* BH, 1966, 68, 49-68.

Bécker González, J., *España e Inglaterra* [Gran Bretaña]. *Sus relaciones desde las Paces de Utrecht.* M, 1906, 120.

Elder, J. R., *Spanish influence in Scottish history.* Londres, 1920, vii+323.

Marfil García, M., *Relaciones entre España y la Gran Bretaña desde las Paces de Utrecht hasta nuestros días.* M, 1907, 253.
Muñoz Rojas, J. A., *Datos para la historia de las relaciones hispanoinglesas.* REPol, 1941, 1, 641-62.
→ 6.75, Carpio.

Holanda → Flandes.

Dubler, C. E., *Las influencias* **iránicas** *en la Península Ibérica.* Sefarad, 1945, 5, 83-130.

Croce, B., *España en la vida* **italiana** *durante el Renacimiento.* M, 1925, 254.
Farinelli, A., *Italia e Spagna.* Turín, 1929, 2 v.
Garnelo, B., *Relaciones entre España e Italia durante la edad media.* LCD, 1927, 148, 450-8; 149, 81-96; 150, 5-25.
Giannini, A., *I rapporti italo-spagnoli (1860-1955).* Rivista di Studi politici internazionali (Florencia), 1957, 24, 8-63.
Pavolini, A., y otros, *Italia e Spagna. Saggi sui rapporti storici, filosofici ed artistici tra le due civiltá.* Florencia, 1941, xv+522.
Rossi, R., *Dante e la Spagna. La Spagna nella storia, nella cultura e nella politica nei tempi di Dante...* Milán, 1929, 264.

Knauth, L., *Confrontación transpacífica. El* **Japón** *y el Nuevo Mundo hispánico, 1542-1639.* México, 1972, 423 + láms.
→ **Extremo Oriente.**

Martínez Montálvez, P., *Relaciones castellano-***mamelucas.** Hispania, 1963, 23, 505-23.

Gil Benumeya, R., *España tingitana* **[Marruecos].** M, 1955, 106.
Millás Vallicrosa, J. M., *España y Marruecos. Interferencias históricas...* M, 1945, 240.
Rouard de Card, E., *Les relations de l'Espagne et du Maroc pendant le XVIIIe. et le XIXe. siècles.* París, 1905, 231.
→ 7.72-5.

Delgado Martín, J., *España y* **México** *en el siglo XIX.* M, 1950-4, 3 v.

Frade Merino, F., *El momento de España en* **Oriente medio.** M, 1973, 182 +láms.

Morawski, J., *Espagne et* **Pologne.** *Coup d'oeil sur les relations des deux pays dans le passé et le présent.* RLC, 1936, 16, 225-46.
Potocki, J., *Las relaciones polaco-españolas a través de los siglos.* Polonia (M), 1956, 2, 3-8.
Przezdziecki, R., *Los embajadores de España en Polonia.* BRAH, 1947, 121, a 1948, 123, múltiples entradas.

Bullón Fernández, E., *Las relaciones de España con* **Portugal...** EG, 1944, 5, 467-93.
Casal Ribeiro, Conde do, *Portugal y España.* BRAH, 1893, 23, 469-82.
Jover Zamora, J. M., *Tres actitudes ante el Portugal restaurado.* Hispania, 1950, 10, 104-70.
Nido Segalerva, J., *La Unión Ibérica. Estudio crítico-histórico de este problema...* M, 1914, 368.

4 Quintanar, Marqués de, *Grandeza y miserias del dualismo peninsular*. Arbor, 1960, 47, 7-29.

Rebelo, J. P., *Hespanha e Portugal. Unidade e dualidade peninsular*. Lisboa, 1939, 87.

Sardinha, A., *A Aliança Peninsular. Antecedentes e posibilidades*. Porto, 1924, 451.

Prusia → **Europa,** Sánchez Diana.

Novaceavu, D., *España e Hispanoamérica en* **Rumania.** CH, 1970, 83, 580-8.

Ortiz, R., *Per la storia dei contatti Ispano-Rumeni, 1710-1932*. Archivum Romanicum (Ginebra), 1934, 18, 576-608.

Schop Soler, A. M., *Die Spanisch-***Russischen** *Beziehungen im 18. Jahrhundert*. Wiesbaden, 1970, 264.

→ **Europa,** Sánchez Diana.

Hillmann, A., *Ojeada a las relaciones históricas entre España y* **Suecia.** RCHL, 1898, 3, 368-80.

Sánchez Diana, J. M., *Relaciones de España con Suecia en el siglo XVIII*. Hispania, 1962, 22, 590-624.

Strindberg, A., *Relations de la Suède avec l'Espagne et le Portugal jusqu'à la fin du dix septième siècle*. BRAH, 1890, 18, 321-42.

→ **Europa,** Sánchez Diana.

Gil Benumeya, R., *Perspectiva española de la nación* **tunecina.** Arbor, 1972, 81, 95-105.
Relaciones desde el siglo XVIII.

Garrigues Díaz, E., *Un desliz diplomático. La paz hispano-***turca.** M, 1962, 350.

Lepore, F., *Un capitolo inedito di storia mediterranea. Spagna e Impero Ottomano nel secolo XVIII*. Florencia, 1943, vii+239.

Simón Díaz, J., *Cien fichas sobre los turcos (1618-1650)*. ELE, 1959, 2, 233-41.

→ 4.90-1, 9.70-6, 14.01, 16.02, 17.05, 18.01.

20 IMAGEN DE ESPAÑA. VIAJES DE EXTRANJEROS

Farinelli, A., *Viajes por España y Portugal desde la edad media hasta el siglo XX. Divagaciones bibliográficas*. M, 1921-30, 2 v.

Farinelli, A., *Nuevas y antiguas divagaciones bibliográficas*. Roma, 1942-3, 3 v.

Foulché-Delbosc, R., *Bibliographie des voyages en Espagne et en Portugal*. París, 1896, 349.
También, RH, 1896, 3, 1-349.

Burgo Torres, J., *La aventura hispánica de los viajeros extranjeros del siglo XIX*. Pamplona, 1963, 314.

Campoy, A. M., *Viaje por España. Cómo nos ven los extranjeros*. M, 1963, 419.

Figueroa Melgar, A., *Viajeros románticos por España*. M, 1971, 397.

García Mercadal, J., *Viajes de extranjeros por España y Portugal.* M, 1952-62, 3 v. 4

Hasta fines del siglo XVIII.

García Mercadal, J., *Viajes por España.* M, 1972, 462.

Liske, J., *Viajes de extranjeros por España y Portugal en los siglos XV, XVI y XVII.* M, 1880, 267.

López Cepero, J. M., *España vista por los extranjeros.* M, 1961, 387.

Sánchez Agesta, L., *España en los libros de viaje del siglo XIX.* Las Palmas, 1963, 37.

→ 10.28.

Bertrand, J. J., *Voyageurs* **allemands** *en Espagne (fin du XVIIIe. siècle et début du XIXe. siècle).* BH, 1920, 22, 36-50.

Brüggeman, W., *Die Spanienberichte des 18. und 19. Jahrhunderts und ihre Bedeutung für die Formung und Wandlung der deutschen Spanien.* GAKS, 1956, 2, 1-146.

Schneider, A., *Spaniens Anteil an der deutschen Litteratur des 16. und 17. Jahrhunderts.* Estrasburgo, 1898, xix+347.

Pérès, H., *L'Espagne vue par les voyageurs musulmans* **[árabes]** *de 1610 à 1930.* París, 1937, xxiii+198.

Farnham, C. E., *American* **[Estados Unidos]** *travellers in Spain (1777-1867).* RR, 1922, 13, 44-64, 252-62, 305-30.

Olivar Bertrand, R., *Factores de la realidad española vistos por norteamericanos de hace un siglo.* REPol, 1966, 150, 53-79.

Bertrand, J. J., *Sur les vieilles routes d'Espagne. Les voyageurs* **français.** París, 1931, 270.

Dodu, G., *L'opinion française et l'Espagne au temps des Valois.* Revue des études historiques (París), 1935, 102, 279-301.

Gilman, M., *Some french travellers in Spain.* H, 1930, 13, 510-20.

Guinard, P., *Romantiques français en Espagne.* Art de France (París), 1962, 2, 179-98 + láms.

Hoffmann, L.-F., *Romantique Espagne. L'image de l'Espagne en France entre 1800 et 1850.* New Jersey, 1961, 203.

Sarrailh, J., *Voyageurs français au XVIIIe. siècle.* BH, 1934, 36, 29-70.

Thomae, H., *Französische Reisebeschreibung über Spanien im 17. Jahrhundert.* Bonn, 1961, 231.

Buceta, E., *El entusiasmo por España en algunos románticos ingleses* **[Gran Bretaña].** RFE, 1923, 10, 1-25.

Shaw Fairman, P., *España vista por los ingleses del siglo XVII.* RUM, 1964, 13, 611-4.

Vaganay, H., *L'Espagne en* **Italie.** RH, 1902, 9, a 1910, 23, múltiples entradas.

Alusiones en obras italianas de 1504 a 1746.

21 VIAJEROS Y CRITICOS INDIVIDUALES

Maura, Duque de, y A. González de Amezúa, *Fantasía y realidades del viaje a Madrid de la Condesa d'***Aulnoy.** M, s. a., xxi+368.

4 Leathers, V. L., *L'Espagne et les espagnols dans l'oeuvre d'Honoré de* **Balzac**. París, 1931, 175.
→ 17.06.

Frechet, R., *George* **Borrow**. París, 1956, 378.

Churchman, Ph. H., *Lord* **Byron's** *experiences in the Spanish Peninsula in 1809*. BH, 1909, 11, 55-95, 125-71.
→ 17.06.

Giusso, L., **Campanella** *y España*. Clavileño, 1952, 17, 6-10.

Shaw Fairman, P., *Un turista inglés* [W. **Cecil**] *en España a principios del siglo XVII*, en *HomE. Alarcos*. Valladolid, 1965, I, 809-27.

Sánchez Rivero, A., y A. Mariutti, *Viaje de* **Cosme de Médicis** *por España*... M, 1933, 2 v.

Fernández Murga, F., *Benedetto* **Croce** *y España*. FM, 1971, 11, 179-205.

Legendre, M., **Chateaubriand** *et l'Espagne*. Occident (París), 1940, 126-31.
→ 17.06.

Davillier, J. Ch., *Viaje por España, ilustrado por Gustavo* **Doré**. M, 1949, xl+1534 + láms.

Sarrailh, J., *Le voyage en Espagne d'A.* **Dumas** *père*, en su *Enquêtes romantiques*. París, 1933, 177-258.
→ 17.06.

Gautier, T., *Viaje por España*. B, 1971, 366.

Guillaume-Reicher, G., *Théophile Gautier et l'Espagne*. París, s. a., 516.

Allué Salvador, M., *Recuerdos españoles en la obra de* **Goethe**. Universidad, 1932, 9, 647-76.
→ **Humboldt**; 17.06, **Goethe**.

Luciani, V., *Il* **Guicciardini** *e la Spagna*. PMLA, 1941, 56, 992-1006.

Laplane, G., *Victor* **Hugo** *y España*. Clavileño, 1953, 20, 29-34.

Morel-Fatio, A., *L'hispanisme dans Victor Hugo*, en HMP, I, 161-213.
→ 17.06.

Farinelli, A., *Guillaume de* **Humboldt** *et l'Espagne. Avec une esquisse sur Goethe et l'Espagne*. RH, 1898, 5, 1-250.
También, Turín, 1924, viii+366, y París, 1936, x+366.
→ 5.20.

Larbaud, V., *España (1898-1918)*. PSA, 1958, 8, 235-46.

Manning, C. A., **Lermontov** *and Spain*. RR, 1931, 22, 126-9.

Pitollet, C., *Contribution à l'étude de l'hispanisme de* **Lessing**. Burdeos, 1909, xiii+343.

Withman, I. L., **Longfellow** *and Spain*. Nueva York, 1927, vii+249.

Bataillon, M., *L'Espagne de* **Mérimée** *d'après sa correspondance*. RLC, 1948, 22, 255-66.

Sánchez Rivero, A., *Mérimée en Espagne.* RO, 1923, 2, 115-20. 4

Galán Lores, C., *Lo español en* **Montherlant.** Universidad, 1963, 40, 1-2, 17-60; 3-4, 7-47.

Rosenbaum, S. C., *Henry de Montherlant and Spain.* BHS, 1952, 29, 138-47.

Münzer, H., *Itinerarium Hispanicum Hieronymi Monetarii, 1494-1495.* Ed. de L. Pfandl. Nueva York, 1920, 180. También, RH, 1920, 48, 1-179. Trad esp. y est. de J. Puyol, BRAH, 1924, 84, 32-119, 197-279; también, M, 1951, xiii+134.

Navagero, A., *Viaje a España...* Trad. y est. de J. M. Alonso Gamo. M, 1951, 152.

Zardoya, C., *España en la poesía imaginista de Ezra* **Pound,** en su *Verdad, belleza...* B, 1967, 103-12.

Boudout, J., *Edgar* **Quinet** *et l'Espagne.* RLC, 1936, 16, 12-90.

Brey Mariño, M., *Viaje a España del pintor Henry* **Regnault...** M, 1949, 149 + láms.

Falk, W., **Rilkes** *spanische Reise.* GAKS, 1959, 14, 210-40.

Ferreiro Alemparte, J., *España en Rilke.* M, 1966, 479 + láms.

Caverel, Ph., *Ambassade en Espagne et en Portugal du R. P.... Jean* **Sarrazin...** Arras, 1860, lxiv+413.

Bertrand, J. J., *Encuentros de F.* **Schiller** *con España.* Clavileño, 1955, 35, 38-42.

Lorenzo Criado, E., *Schiller y los españoles.* Arbor, 1960, 45, 39-56.

Hespelt, E. H., **Shelley** *and Spain.* PMLA, 1923, 38, 887-905.

Pfandl, L., *Robert* **Southey** *und Spanien...* RH, 1913, 28, 1-316.

Regoyos, D., *La España negra de* **Verhaeren.** M, 1924, 115.

Izambard, G., *De l'espagnolisme de* **Verlaine.** Hispania (París), 1918, 1, 99-112.

Salvio, A., **Voltaire** *and Spain.* H, 1924, 7, 69-110, 157-64.

→ 17.06.

→ 17.06.

30 HISPANISMO: ESTUDIOS GENERALES

Catálogo de la exposición de bibliografía hispanística. M, 1957, 297. De Alemania, Austria, Suiza, Estados Unidos, lengua francesa, Gran Bretaña e Italia.

Bataillon, M., *Ce que l'hispaniste doit à l'Espagne.* Cahiers Pédagogiques (París), 1956, 11, 483-8.

Conde García, F. J., *Introducción al hispanismo.* Clavileño, 1950, 1, 3-8.

Eguía Ruiz, C., *Modernos hispanistas fuera de España.* RyF, 1928, 83, 38-49.

4

31 ESTUDIOS PARTICULARES

Artigas Ferrando, M., *Aspectos del hispanismo en la* **Alemania** *actual.* M, 1927, 15.

Bertrand, J. J., *L'hispanisme allemand (XIXe. et XXe. siècles).* BH, 1935, 37, 220-35.

Grossmann, R., *Lengua y literaturas hispánicas en la Universidad alemana...* Acta Salmanticensia, 1956, 10, 57-70.

Meregalli, F., *L'ispanismo tedesco dal 1945.* QIA, 1954, 2, 524-7; 1956, 3, 103-9.

Mulertt, W., *Los estudios hispanistas en Alemania durante los últimos veinticinco años.* BBMP, 1926, 8, 30-49.

Pitollet, C., *À propos de «l'hispanisme allemand».* BH, 1935, 37, 489-97.

Schneider, A., *Movimiento hispanista en Alemania y organización de las relaciones hispano-germanas.* BBMP, 1931, 13, 34-45.

→ 5.20, **Haebler.**

Valbuena Prat, A., *En torno al hispanismo del* **Brasil.** Clavileño, 1953, 19, 46-9.

Parker, J. H., *Cien años de estudios hispánicos en la Universidad de Toronto* **[Canadá]**. Acta Salmanticensia, 1956, 10, 23-31.

Kab-Dong Cho, *Lo hispánico entra en* **Corea** *el año 1950. Antecedentes, consecuencias.* BAEO, 1965, 1, 109-16.

Hampejs, Z., *El hispanismo en* **Checoslovaquia.** Thesaurus, 1963, 18, 186-93.
También, en *Actas del I CIH.* Oxford, 1964, 315-8.

Skultéty, J., *Estado actual y perspectivas de la hispanística eslovaca.* Ibero-Americana Pragensia, 1967, 1, 179-82.

Cárdenas, J. F., *Hispanic Culture and Language in the* **United States.** Nueva York, 1953, 40.

Coe, A. M., *The Hispanic Society of America.* BHS, 1950, 27, 138-48.

Hilton, R., *Los estudios hispánicos en los Estados Unidos. Archivos, bibliotecas, museos, sociedades científicas.* M, 1957, xii+493.

Ornstein, J., *Mediaeval spanish studies at the University of Wisconsin.* BHS, 1950, 27, 88-93.

Repáraz Ruiz, G., *Les études hispaniques aux États-Unis jusqu'en 1939.* BH, 1945, 47, 103-22; 1946, 48, 14-43, 147-69.

Romera Navarro, M., *El hispanismo en Norteamérica.* M, 1917, xii+451.

Stimson, F. S., *Present status of studies in North American Hispanism.* H, 1957, 40, 440-3.

Van Horne, J., *El hispanismo en los Estados Unidos de Norteamérica.* Arbor, 1948, 11, 277-300.

→ **Gran Bretaña.**

Coutu, A.-C., *Hispanism in* **France** *from Morel-Fatio to the present (circa 1875-1950).* Washington, 1954, xviii+168.

Davis, H. E., y G. de Repáraz Ruiz, *Hispanic and Hispanic-American studies in France.* HAHR, 1946, 26, 425-36.

Eguía Ruiz, C., *El hispanismo literario francés en nuestros días.* RyF., 1928, 84, 155-70. 4

Martinenche, E., *Les études hispaniques.* París, 1916, 17.

Morel-Fatio, A., ... *L'étude de l'espagnol en France sous Louis XIII.* París, 1900, 231.

Roger, J., *El hispanismo francés.* Arbor, 1947, 8, 195-224.

Buceta, E., *Notas acerca del hispanismo en la* **Gran Bretaña** *y en los Estados Unidos.* RH, 1924, 62, 459-554.

Eguía Ruiz, C., *Del hispanismo actual en lengua inglesa. Inglaterra. Estados Unidos.* RyF, 1929, 88, 201-25; 89, 226-46.

Metford, J. C. J., *La aportación británica a los estudios hispánicos e hispanoamericanos.* B, 1952, 97.

Pastor, A., *Breve historia del hispanismo inglés.* Arbor, 1948, 9, 549-66; 10, 73-92.

Wiener, L., *Spanish studies in England in the XVIth. and XVIIth. centuries.* MLQ, 1899, 2, 3-10.

Craciunescu, D. Gh., *Tradición hispánica en la Universidad de Jerusalén* **[Israel]**. Arbor, 1971, 78, 79-83.

Avila, P. L., *Contributo a un repertorio bibliografico degli scritti pubblicati in* **Italia** *sulla cultura spagnola.* Pisa, 1971, 109.

Palmier, R., *L'ispanismo in Italia.* BGEH, 1923, 1, 11-7.

Hara, M., *Actividad hispanista en el* **Japón**. BFE, 1964, 4, 9-15.

Iordan, I., *Los estudios hispánicos en* **Rumania**, en *Actas del I Congr. de Instituciones Hispánicas.* M, 1964, 327-34.

Zlotescu, I., *Introducción al hispanismo en Rumania.* Arbor, 1972, 81, 31-40.

Bandot, G., *Les études hispaniques en URSS* **[Rusia]**. LLN, 1961, 55, 64-8.

Turkevich, L. B., *Status of spanish studies in the Soviet Union.* H, 1958, 41, 485-90.

Benito Ruano, E., *Hispanismo en* **Suecia**. Arbor, 1961, 48, 64-8.

40 LEYENDA NEGRA

Arnoldsson, S., *La leyenda negra. Estudios sobre sus orígenes.* Göteborg, 1960, 215.

Arnoldsson, S., *La conquista española de América según el juicio de la posteridad. Vestigios de la leyenda negra.* M, 1960, 75.

Bayle Prieto, C., *España en Indias. Nuevos ataques y nuevas defensas.* Vitoria, 1934, 448.

Carbia, R., *Historia de la leyenda negra hispanoamericana.* M, 1944, 261.

Fuentes Castellanos, R., *La civilización hispana y la leyenda negra.* Lectura (México), 1962, 150, 74-86.

Juderías Loyot, J., *La leyenda negra.* M, 1973[16], 427.

Maltby, W. S., *The Black Legend in England. The development of anti-spanish sentiment, 1558-1660.* Durham, 1971, xii+180.

4 Morales Padrón, F., *Historia negativa de España en América.* M, 1956, 48.

→ 7.02, 7.04, 14.00.

50 DECADENCIA Y REGENERACIONISMO: ESTUDIOS GENERALES

Isern, D., *Del desastre nacional y sus causas.* M, 1900, 536.

Macías Picavea, R., *El problema nacional. Hechos, causas, remedios.* M, 1899, xiv+524.

Maura, Duque de, *Grandeza y decadencia de España.* M, 1948, 278.

Olagüe, I., *La decadencia española.* M, 1950-1, 4 v.

Rodríguez Martínez, J., *Los desastres y la regeneración de España...* La Coruña, 1899, xvi+208.

Sáinz Rodríguez, P., *Evolución de las ideas sobre la decadencia española...* M, 1962[2], 578.

51 ESTUDIOS PARTICULARES

Andrés Gallego, J., *Regeneracionismo y política confesional en España, 1889-1899.* AH, 1971, 54, 1-149.

Cambó Batllé, F., *El pesimismo español.* M, 1917, 139.

Domínguez Ortiz, A., *Crisis y decadencia de la España de los Austrias.* B, 1971, 217.

Fernández Alvarez, M., *El proceso de decadencia económica de España visto por un historiador.* De Economía, 1954, 7, 112-45.

Fontana, J. M., *Ensayo sobre la decadencia industrial-comercial de España.* De Economía, 1952, 6, 695-755.

Fueyo Alvarez, J., *Estado moderno y decadencia española.* De Economía, 1954, 7, 85-111.

Gutiérrez Marquín, M., *La agricultura como factor de la decadencia económica española.* De Economía, 1952, 6, 625-63.

Labra, R., *El pesimismo de última hora.* M, 1899, 88.

López Ibor, J. J., *Hombre y técnica en la decadencia de España.* De Economía, 1954, 7, 20-33.

Madrazo, E. D., *¿El pueblo español ha muerto?* Santander, 1903, xvi+337.

Maeztu Whitney, R., *Hacia otra España.* Bilbao, 1899, 248.

Mallada, L., *Los males de la patria y la futura revolución española.* M, 1890, 359.

Morote, L., *La moral en la derrota.* M, 1900, xix+784.

Palacio Atard, V., *Derrota, agotamiento, decadencia en la España del siglo XVII.* M, 1949, 207.

Pedregal Cañedo, M., *Estudios sobre el engrandecimiento y la decadencia de España.* M, 1878, 320.

Perpiñá Grau, R., *Decadencia y ser de los pueblos y de España.* De Economía, 1952, 6, 781-816.

Picatoste Rodríguez, F., *Estudios sobre la grandeza y decadencia de España.* M, 1883-7, 3 v.

Río, E., *Más en torno a la no decadencia económica de España. Síntesis general.* De Economía, 1954, 7, 388-406.

Sánchez Agesta, L., *España y Europa en la crisis del siglo XVII. Raíz histórica de una actitud polémica.* REPol, 1957, 49, 55-76. 4

Velarde Fuertes, J., *Sobre la decadencia económica de España.* De Economía, 1952, 6, 495-559.

Velarde Fuertes, J., *Literatos españoles ante nuestra decadencia económica.* De Economía, 1954, 7, 349-67.

60 LOS ESPAÑOLES

Almagro Basch, M., *Origen y formación del pueblo hispano.* B, 1958, 170.

Barco Teruel, E., *Vosotros, los españoles.* B, 1963, 310.

Castro Quesada, A., *Los españoles. Cómo llegaron a serlo.* M, 1965, 297.

Castro Quesada, A., *Sobre el nombre y el quién de los españoles.* M, 1973, 406.

61 ANTROPOLOGIA FISICA. ETNOLOGIA: ESTUDIOS GENERALES

Bañuelos, M., *Antropología actual de los españoles.* M, 1941, 226.

Bosch Gimpera, P., *Etnología de la Península Ibérica.* B, 1932, xciv+711.

Bosch Gimpera, P., *El poblamiento antiguo y la formación de los pueblos de España.* México, 1945, xxix+421 + láms.

Hoyos Sáinz, L., *Antropodemografía española. Regiones y razas.* BRSG, 1942, 78, 447-510.

Hoyos Sáinz, L., *Distribución de los grupos sanguíneos en España.* M, 1947, 286.

Hoyos Sáinz, L., *La raza, las razas y los subgrupos en España...* AyE, 1951, 6, 321-46.

Hoyos Sáinz, L., *Los tipos raciales y regionales actuales.* AyE, 1952, 7, 365-416.

62 ESTUDIOS PARTICULARES

Alcobé Noguer, S., *Antropología de la población actual de las comarcas pirenaicas.* Pirineos, 1945, 1, 97-116.

Alcobé Noguer, S., *Guía para el estudio antropológico de las poblaciones prehistóricas de España.* M, 1954, 48.

Carballo, J., *El esqueleto humano más antiguo de España.* Santander, 1926, 54.

Fernández Suárez, A., *Hispania y sus gentes.* CA, 1959, 18, 106-25.

Fusté Ara, M., *Antropología de las poblaciones pirenaicas durante el período neo-eneolítico.* TIBS, 1955, 14, 109-35.

Fusté Ara, M., *Raíces prehistóricas del complejo racial de la Península Ibérica.* Zephyrus, 1956, 7, 109-24.

Fusté Ara, M., *Estado actual de la antropología prehistórica de la Península,* en *Primer Symposium de Prehistoria.* Pamplona, 1960, 363-82.

Hoyos Sáinz, L., *Lo antropológico y lo geográfico en la génesis de España.* Arbor, 1948, 11, 251-7.
También en *Historia de España... Arbor.* M, 1953, 21-7.

4 Hoyos Sáinz, L., *Las tribus de la romanización como base de la antropología española.* BRAH, 1949, 125, 207-33.

Hoyos Sáinz, L., *Investigaciones de antropología prehistórica de España.* M, 1950-3, 2 v.

Hoyos Sáinz, L., *Precedentes a las razas de las edades de los metales.* AyE, 1952, 7, 359-64.

Hoyos Sáinz, L., *Antropología prehistórica española,* en HE, 1954[2], I, 1, 97-241.

Maluquer de Motes, J., *El proceso histórico de las primitivas poblaciones peninsulares.* Zephyrus, 1955, 6, 145-69, 241-55.

Martínez Santa Olalla, J., *Esquema paletnológico de la Península hispana.* M, 1946[2], 116.

Monteagudo, L., *Etnología hispánica del bronce.* CEG, 1953, 8, 309-70.

Pericot García, L., *Las raíces de España.* M, 1952, 63.

Pericot García, L., *Los primeros españoles,* en EDMP, IV, 579-85.

Tarradell, M., *Una hipótesis que se desvanece: el papel de Africa en las raíces de los pueblos hispánicos,* en HVV, I, 173-81.

63 SICOLOGIA

Alcázar, F. M., *Espíritu español.* M, 1948, 354.

Altamira Crevea, R., *Psicología del pueblo español.* M, 1917[3], 340.

Altamira Crevea, R., *Los elementos de la civilización y el carácter de los españoles.* Buenos Aires, 1956[2], 292.

Beinhauer, W., *El carácter español.* M, 1944, 163.

Beinhauer, W., *El torno a la sobriedad española.* Arbor, 1957, 36, 141-62.

Crusafont Pairó, M., *Este extraño apéndice que llamamos España...* Atlántida, 1964, 2, 378-95.

Cruz Hernández, M., *Spanien und der Islam.* Saeculum (Friburgo), 1952, 3, 354-72.
Influencias islámicas en el carácter español.

Christiansen, F., *Das spanische Volk. Sein wahres Gesicht.* Leipzig, 1937, 521.

Díaz Plaja, F., *El español y los siete pecados capitales.* M, 1970[9], 285.

Dosfuentes, Marqués de [F. Antón del Olmet], *El alma nacional: sus vicios y sus causas. Genealogía psicológica del pueblo español.* M, 1915, 340.

Flachskampf, L., *Spanische Gebärdensprache.* RF, 1938, 52, 205-58.

Frank, W., *El español.* RO, 1925, 10, 39-55.

Giese, W., *A tradição mourisca na vida actual do povo espanhol.* Biblos (Coimbra), 1948, 24, 137-57.

González Palencia, A., *Huellas islámicas en el carácter español.* HR, 1939, 7, 185-204.

Iglesia García, G., *El alma española. Ensayo de una psicología nacional.* M, 1911, 146.

Isar, E. E., *La cuestión del llamado «senequismo» español.* Hispanófila, 1958, 2, 11-30.

Legendre, M., *Sobre la orientación práctica del pensamiento español.* RFilos, 1949, 8, 573-94.

López Ibor, J. J., *El español y su complejo de inferioridad.* M, 1969[7], 263.

Lothar, R., *El alma de España.* León, 1938, 335.
Madariaga Rojo, S., *Ingleses, franceses y españoles.* Buenos Aires, 1942[5], 248.
Magariños Rodríguez, S., *Quijotes de España.* M, 1951, 320.
Martín Artajo, A., *Cómo somos los españoles según nuestros prohombres.* CH, 1966, 197, 223-48.
Martínez Suárez, G., *Hacia una España genuina. Por entre la psicología nacional.* M, 1924[2], 408.
Ricard, R., *En Espagne: jalons pour une histoire de l'acédie et de la paresse.* Revue d'Ascétique et de Mystique (Toulouse), 1969, 45, 27-45.
Unamuno Jugo, M., *En torno al casticismo.* B, 1902, 212.
Vergara Martín, G. M., *Carácter y cualidades de los habitantes de las diferentes regiones españolas según las frases populares...* M, 1915, 18.

→ 10.50-3.

65 IDEARIO

Caro Baroja, J., *Sobre ideas raciales en España.* Clavileño, 1956, 40, 16-23.
También en su *Razas, pueblos...* M, 1956, 141-54.
Doerig, J. A., *La concepción democrática en la literatura española.* Folia Humanistica (B), 1966, 4, 713-25.
García Escudero, J. M., *España pie a tierra.* M, 1953, 308.
García Villoslada, R., *Los orígenes del patriotismo español.* RyF, 1939, 116, 341-57.
Herrero García, M., *Ideas de los españoles del siglo XVII.* M, 1966, 694.
Iriarte, J., *Pensadores e historiadores. Casa de Austria (1500-1700).* M, 1960, 620.
Jover Zamora, J. M., *Sobre la conciencia histórica del Barroco español.* Arbor, 1949, 12, 355-74.
Lida, M. R., *La idea de la fama en la edad media castellana.* México, 1952, 312.
Parker, A. A., *Valor actual del humanismo español.* M, 1952, 37.
Rico Manrique, F., *El pequeño mundo del hombre. Varia fortuna de una idea en las letras españolas.* M, 1970, 303.
Rubio, J. M., *Los ideales y los hombres en la España imperial.* M, 1942, 310.
Sánchez Albornoz, C., *Espíritu y razón en la España de los Austrias.* Imago Mundi (Buenos Aires), 1953, 2, 33-47.
Sánchez Montes, J., *Actitudes del español en la época de Carlos V.* EAm, 1951, 3, 169-99.
También, *Historia de España... Arbor.* M, 1953, 262-82.

→ 4.07, Svennung; 4.12, Sánchez Agesta; 10.07, Martín Artajo; 17.03, Montoliú.

4 66 HONOR. LIMPIEZA DE SANGRE

Artiles, J., *Bibliografía sobre el problema del honor y de la honra en el drama español,* en *Filología y Crítica. HomF. Sánchez Escribano.* M, 1969, 235-42.

Armiñán, L., *El duelo en mi tiempo.* M, 1950, 349.

Ayala García, F., *Sobre el punto de honor castellano.* RO, 1963, 1, 151-74.

Beysterveldt, A. A., *Répercussions du souci de la pureté de sang sur la conception de l'honneur dans* la comedia nueva *espagnole.* Leiden, 1966, 239.

Cabriñana, Marqués de, *Lances entre caballeros... Reseña histórica del duelo y un proyecto de bases para la redacción de un código del honor en España.* M, 1900-14, 2 v.

Castro Quesada, A., *Algunas observaciones acerca del concepto del honor en los siglos XVI y XVII.* RFE, 1916, 3, 1-50, 357-86.

Castro Quesada, A., *De la edad conflictiva. El drama de la honra en España y en su Literatura.* M, 1961, 221.

Correa, G., *El doble aspecto de la honra en el teatro del siglo XVII.* HR, 1958, 36, 99-107.

Figueroa Melgar, A., *Sobre el honor.* Hidalguía, 1966, 14, 497-512.

Jones, C. A., *Honor in spanish golden-age drama: its relation to real life and to moral.* BHS, 1958, 35, 199-210.

Jones, C. A., *Spanish honour as historical phenomenon. Convention and artistic motive.* HR, 1965, 33, 32-9.

López Martínez, N., *El estatuto de limpieza de sangre en la catedral de Burgos.* Hispania, 1959, 19, 52-81.

Oostendorp, H. Th., *El conflicto entre el honor y el amor en la literatura española hasta el siglo XVII.* Utrecht, 1962, 215.

Sánchez Sánchez, G., *Datos jurídicos sobre la venganza del honor.* RFE, 1917, 4, 292-5.

Serra Ruiz, R., *Honor, honra e injuria en el derecho medieval español.* Murcia, 1969, 306.

Sicroff, A. A., *Les controverses des statuts de «pureté de sang» en Espagne du XVe. au XVIIe. siècle.* París, 1960, 318.

→ 4.67, García Valdecasas.

67 HIDALGUIA

Cadenas Vicent, V., *Diversidad entre caballero e hidalgo.* Hidalguía, 1963, 11, 421-4.

Cadenas Vicent, V., *Idea racial de la hidalguía.* Hidalguía, 1963, 11, 679-84.

Cadenas Vicent, V., *Heterogeneidad de la hidalguía.* Hidalguía, 1964, 12, 731-6.

Cadenas Vicent, V., *Probanzas de hidalguía «ad perpetuam memoriam».* Hidalguía, 1967, 15, 785-808.

Carlé, M. C., *Infanzones e hidalgos.* CHE, 1961, 34, 56-100.

Castañeda Alcover, V., *La hidalguía, fundamento de la nobleza.* Hidalguía, 1953, 1, 49-52.

Delgado Orellana, J. A., *El noble, el hidalgo y el caballero.* Hidalguía, 1966, 14, 461-80.
Díaz Medina, A., *El hidalgo en la sociedad castellana del quinientos.* Salamanca, 1971, 31.
Escagüés de Javierre, I., *La hidalguía vizcaína y las actividades económicas.* Hidalguía, 1960, 8, 33-48, 353-72.
Fernández Alvarez, M., *El hidalgo y el pícaro.* Arbor, 1957, 38, 362-74.
Fuentes Iruzozqui, M., *Hidalguía y tributación.* Hidalguía, 1953, 1, 201-4.
García Valdecasas, A., *El hidalgo y el honor.* M, 1958², ix+215.
Manrique de Lara, M., *La familia en vanguardia del ideal de hidalgo.* Hidalguía, 1965, 13, 609-18.
Prieto Bances, R., *Los hidalgos asturianos en el siglo XVI.* Oviedo, 1954, 107.
Siete Iglesias, Marqués de, *El hidalgo y el caballero.* Hidalguía, 1955, 3, 615-24.
Torres Fontes, J., *Los hidalgos murcianos en el siglo XV.* AUMurcia, 1963-4, 22, 5-22.

80 VIAJES DE ESPAÑOLES POR EL EXTRANJERO

Serrano Sanz, M., *[Bibliografía de viajeros españoles por el extranjero]*, en su *Autobiografías y memorias.* M, 1905, lvn2-lviii.

Abu-Orabi, H., *El mundo árabe a través de los viajeros españoles durante el siglo XIX.* Almenara (M), 1972, 2, 25-52.
Alarcón Ariza, P. A., *De Madrid a Nápoles.* M, 1861, 655.
Anasagasti, P., *Un vasco en Tartaria en el siglo XIV. Fr. Pascual de Vitoria...*, en *HomJ.Urquijo.* S. Sebastián, 1949, II, 329-57.
Barras de Aragón, F., *Viajeros españoles en los siglos XIX y XX. Estudio bio-bibliográfico.* M, 1952, 279.
También, BRSG, 1952, 88, 7-109, 229-327, 469-541.
Castresana, L., *Inglaterra vista por los españoles.* B, 1972, 184.
Eteria, *Itinerario a los Santos Lugares.* Trad. y notas de P. Galindo Romeo. Zaragoza, 1924, 120.
→ 17.90, **Egeria.**
Figueiredo, F., *Viajantes espanhoes em Portugal* [siglo XVIII]. São Paulo, 1947, 107.
Filippo, L., *Ciudades de Italia vistas por españoles.* Universidad, 1951, 28, 257-93.
Foresta, G., *Viaggiatori spagnoli in Italia nel sec. XVIII.* Archivio Storico Siciliano (Palermo), 1970, 20, 369-414.
Giannini, A., *Impressioni italiane di viaggiatori spagnoli nei secoli XVI e XVII.* RH, 1922, 55, 50-160.
Mariutti, A., *L'Italia vista da Spagnoli. La Spagna vista da Italiani.* Venecia, 1961², xiv+223.
Martín Granizo, L., *Viajeros y viajes de españoles, portugueses e hispanoamericanos.* BRSG, 1923, 20, 369-96.
Pérez Bustamante, C., *Pedro Cubero Sebastián y su viaje alrededor del mundo.* RI, 1955, 15, 173-95.

4 Riber Campín, L., *Itinerario de Benjamín de Tudela*. BRAE, 1956, 36, 391-461.

Rodríguez Moñino, A., *Fray Diego de Mérida... Viaje a Oriente (1512)*. AST, 1945, 18, 115-87.

Rossi, G. C., *Roma nella letteratura spagnola contemporanea*. Studi Romani (Roma), 1970, 18, 87-101.

Vives Gatell, J., *Andanças e viajes de un hidalgo español (Pero Tafur)*. AST, 1946, 19, 123-215.

→ 5.20, **Abarques, Badía, Murga, Ordóñez de Ceballos, Sequera;** 7.23-4, 7.77, 7.79, 7.80, 7.82, 7.90, 8.78-9 9.74, 14.98.

5

BIOGRAFIA

5

BIOGRAFIA

00 REPERTORIOS BIOGRAFICOS GENERALES

Enciclopedia biográfica española. B, 1955, 679.
Esperabé de Arteaga, E., *Diccionario enciclopédico ilustrado y crítico de los hombres de España.* M, 1957², 530.
Rada Delgado, J. D., *Mujeres célebres de España y Portugal.* B, 1868-76, 2 v.
Sabater, G., *Diccionario biográfico español e hispanoamericano...* Palma de Mallorca, 1950-, I (A-F).

→ 5.30.

15 REPERTORIOS BIOGRAFICOS: SIGLO XIX

Conde de Salazar, J., *Los héroes españoles del siglo XIX.* M, s. a., 3 v.
Chamorro Baquerizo, P., *El consultor del Rey Alfonso XII. Biografías. Semblanzas de las personas más notables existentes en España.* B, 1876-86, 2 v.
Fernández Sánchez, I., *Año biográfico español.* B, 1899, 512.
Pastor Díaz, N., y F. de Cárdenas, *Galería de españoles célebres contemporáneos...* M, 1841-6, 9 v.
Prugent, E., *Los hombres de la Restauración.* M, 1880-4, 5 v.
[Quadrado Nieto, J. M.], *Personajes célebres del siglo XIX por uno que no lo es.* M, 1842-3, 6 v.
Segovia, A. M., *Figuras y figurones. Biografías de los hombres que más figuran actualmente...* M, 1881-2, 14 v.

16 REPERTORIOS BIOGRAFICOS: SIGLO XX

Diccionario biográfico español contemporáneo. M, 1970, 3 v.
Figuras de hoy. Enciclopedia biográfica nacional ilustrada. M, 1951, 80+744.
Jiménez, S., *Españoles de hoy.* M, 1966, 466.
Entrevistas.

5 Paniker Alemany, S., *Conversaciones en Cataluña.* B, 1971, 209. Entrevistas.

Paniker Alemany, S., *Conversaciones en Madrid.* B, 1971, 367. Entrevistas.

Who's who in Spain. A biographical dictionary containing about 6.000 biographies... and 1.400 organizations. B, 1963, xv+998.

20 BIOGRAFIAS INDIVIDUALES

Font Rius, J. M., *Don Ramón de* **Abadal y de Vinyals**. AEM, 1966, 3, 615-28.

G[arcía] de Valdeavellano, L., ... *Ramón de Abadal y de Vinyals (1888-1970).* BRAH, 1970, 166, 7-15.

Piñol Espín, J., *Bibliografía de Ramón d'Abadal.* Ausa (Vich), 1970, 6, 210-22.

García Figueras, V., *Don Juan Víctor* **Abarques de Sostén,** *explorador de Abisinia.* AIEA, 1947, 1, 91-107.

Abascal, J. F. → 7.64, Díaz.

Furneaux, R., **Abdel Krim,** *emir of the Rif.* Londres, 1967, 253.

Woolman, D. S., *Abd el-Krim y la guerra del Rif.* B, 1971, 278.

Olmedilla Puig, J., *Estudios históricos de la vida y escritos del sabio médico botánico... Cristóbal de* **Acosta.** M, 1899, 93.

Lopetegui, L., *El Padre José de* **Acosta,** *S. J., y las misiones.* M, 1942, xlvii+624.

Pinta Llorente, M., *Actividades diplomáticas del P. José de Acosta.* M, 1952, 246.

Rivera de Tuesta, M. L., *José de Acosta, un humanista reformista.* Lima, 1970, 147.

Nicolás de **Achúcarro** *(1880-1918). Su vida y su obra.* M, 1968, 141 + láms.
Miscelánea por varios autores.

Laín Entralgo, P., *Vida y significación de Nicolás Achúcarro.* Medicamenta (M), 1962, 37, 36-40.

Aglipay, G. → 7.85.

Ágreda, M. J. → 6.64.1, 8.13, Martínez.

Fals-Borda, O., *Fray Pedro de* **Aguado,** *the forgotten chronicler of Colombia and Venezuela.* The Americas (Washington), 1955, 11, 539-73.

Aguayo → 1.56.

Campo, J., *Biografía de D. Alberto* **Aguilera [Velasco].** M, 1935, 119.

Aguirre, F. → 7.23.

Aguirre, J. A. → 21.96.

Aguirre, L. → 7.23.

Vega, A. C., *El Venerable* **Agustín Antolínez...** LCD, 1954, 166, 257-322.

Arco Garay, R., *El arzobispo D. Antonio* **Agustín**... Tarragona, 1910, 116. 5

Arco Garay, R., *Don Antonio Agustín, historiador.* Hispania, 1952, 12, 525-67.

Rivero, C. M., *Don Antonio Agustín, príncipe de los numismáticos españoles.* AEA, 1945, 18, 97-123.

Toldrá Rodón, J., ... *Don Antonio Agustín..., filólogo.* BolArqueológico (Tarragona), 1945, 45, 3-50.

Aguado Sánchez, F., *El Duque de* **Ahumada,** *fundador de la Guardia Civil.* M, 1969, 465.

García Venero, M., *Santiago* **Alba,** *monárquico de razón.* M, 1972, 488.

García Rivera, F., *El Duque de* **Alba** *(1515-1547).* B, 1944, 255.

D[omínguez] Berrueta, M., *El gran [III] Duque de* **Alba** *(Don Fernando Alvarez de Toledo).* M, 1944, 254.

Fitz James Stuart, J., Duque de Alba, *Contribución al estudio de la persona de Don Fernando Alvarez de Toledo, III Duque de Alba.* M, 1919, 194.

Martín Arrúe, F., *Campañas del [III] Duque de Alba. Estudios histórico-militares.* Toledo, 1880, 2 v.

Ossorio, A., *Vida y hazañas de Don Fernando Alvarez de Toledo, [III] Duque de Alba.* Trad. y ed, de J. López de Toro. M, 1945, 551.

Castañeda Alcover, V., *El... Duque de Berwick y [XVII] de* **Alba.** Hidalguía, 1953, 1, 429-36.

García Gómez, E., *Don Jacobo Fitz James Stuart Falcó Portocarrero y Ossorio* [XVII Duque de Alba]. BRAE, 1953, 33, 331-49.

Paz Espeso, J., *Necrología del [XVII] Duque de Alba.* Hispania, 1953, 13, 482-91.

Gutiérrez Ríos, E., *José María* **Albareda [Herrera]**... M, 1970, xvi+342 + láms.

Marañón Posadillo, G., *Albareda, organizador científico.* Arbor, 1966, 63, 29-32.

Massot Muntaner, J., *Bibliografía del Cardenal* **Albareda [Ramoneda].** Studia Monastica (Montserrat), 1967, 9, 195-201.

Albelda, S. → 8.52, Bishko.

Castagnoli, P., *Il Cardinale Giulio* **Alberoni.** Piacenza, 1929-31, 3 v.

Taliani de Marchio, F. M., *El Cardenal Alberoni.* M, 1953, 45.

Taxonera, L., *El Cardenal Julio Alberoni, forjador de una nueva España en el siglo XVIII.* M, 1945, 281.

→ 6.75.

El Cardenal **Albornoz** *y el Colegio de España.* Bolonia, 1972-3, 4 v. Miscelánea por numerosos autores.

Beneyto Pérez, J., *El Cardenal Albornoz, canciller de Castilla y caudillo de Italia.* M, 1950, 350.

García Barrón, C., *Antonio* **Alcalá Galiano,** *diplomático decimonónico.* Arbor, 1967, 67, 5-31.

5 Ximénez de Sandoval, F., *Antonio Alcalá Galiano, el hombre que no llegó.* M, 1948, xvi+488.
→ 17.90.

Moll, F. B., *Un home de combat. Mossén* **Alcover [Sureda]**. Palma, 1962, 322 + láms.

Alcubierre, R. J. → 14.33, Fernández.

Gauger, H. M., *Bernardo* **Aldrete**... *Ein Beitrag zur Vorgeschichte der Romanischen Sprachwissenschaft.* RJ, 1967, 18, 207-48.
Molina Redondo, J. A., *Ideas lingüísticas de Bernardo de Aldrete.* RFE, 1968, 51, 183-207.

Olmos Canalda, E., *Reinvindicación de* **Alejandro VI**. Valencia, 1954, 267.
→ **Borja**; 7.02, 8.71, Batllori.

Martínez Cámara, M., *Don José* **Alemany Bolufer**. *Ensayo bio-bibliográfico.* Valencia, 1968, 148.

García García, A., *Un canonista olvidado: Juan* **Alfonso de Benavente**. REDC, 1960, 15, 655-69.

Almagro, D. → 7.23.

Beltrán Martínez, A., *Bio-bibliografías arqueológicas: el Profesor* **Almagro [Basch]**. Caesaraugusta, 1955, 6, 253-67.

Almanzor → 6.34.2, 6.36.2.

Alodia → **Nunilón.**

Biografía de Amado **Alonso**. NRFH, 1953, 7, 3-15.
Coromines, J., *Amado Alonso.* AIEC, 1953, 46, 118-24.

Gómez Nogales, S., [Manuel **Alonso Alonso**]. *Nota biobibliográfica.* Pensamiento (M), 1969, 25, 5-20.

Guzmán, J., **Alonso Barba**. RyF, 1940, 120, 110-8.
Muñoz, J. E., *Alvaro Alonso Barba.* Anales de la Universidad Central (Quito), 1964, 98, 241-55.

Alonso Fernández, D. → 17.90.

Fraile, G., *Fr. Luis* **[Alonso] Getino**. AAFV, 1946-7, 7, i-xxiii.

Bordoy Torrents, P., **Alonso de Orozco** *como escriturario.* LCD, 1945, 157, 309-29.
Cámara Castro, F., *Vida y escritos del Beato Alonso de Orozco.* Valladolid, 1882, xii+636.

Casanovas, I., *San* **Alonso Rodríguez**... B, 1947, 207.
Nonell, J., *Vida de San Alonso Rodríguez.* B, 1888, 670.

Martín Granizo, L., *Rafael* **Altamira [Crevea]**. RI, 1952, 12, 647-59.
Ramos, V., *Rafael Altamira.* M, 1968, 397.

Lobato, A., *Vida y obra del P. Francisco* **Alvarado**. AH, 1954, 16, 1-88.
Lobato, A., *Francisco Alvarado y los eclécticos.* EF, 1960, 9, 265-304.

Miguel López R., *El Filósofo Rancio: sus ideas políticas y las de su tiempo.* Burgos, 1964, 208. 5
También, Burgense, 1964, 5, 57-253.

Alvarado, P. → 7.23.

Pla Cargol, J., **Alvarez de Castro.** M, 1946, 132.

Olmedilla Puig, J., ... *Doctor* **Alvarez Chanca,** *acompañante y médico de Colón.* M, 1892, 28.

García Venero, M., *Melquíades* **Alvarez [González].** *Historia de un liberal.* M, 1954, 400.

Castaño, R., *San* **Alvaro de Córdoba** *[siglo XV] y su convento de Escalaceli.* Vergara, 1906.

Huerga, A., *Beato Alvaro de Córdoba,* en *Año cristiano.* M, 1959, I, 390-400.

Amat, M. → 7.31, Sáenz.

Baliñas Fernández, C. A., *El pensamiento de* **Amor Ruibal.** M, 1968, xx+260.

Cuesta, S., *Don Angel Amor Ruibal. Su personalidad científica y su obra filosófico-teológica.* RET, 1944, 4, 581-610.

Gómez Ledo, A., *Amor Ruibal o la sabiduría...* M, 1949, 347.

Van den Bossche, L., *Anne [Venerable* **Ana]** **de Jesús,** *coadjutrice de Sainte Thérèse...* Bruges, 1958, 252.

Jiménez Duque, B., *La Beata* **Ana de San Bartolomé.** REspir, 1953, 12, 336-42.

Anaya Maldonado, D. → **13.61, Salamanca.**

López Herrera, S., *El Padre José* **Anchieta,** *fundador de São Paulo...* RI, 1954, 14, 93-138.

Murga Arana, J. M., *El teniente general Don José de* **Andoanegui.** Bilbao, 1928, 109.

Batllori Munné, M., *Juan* **Andrés** *y el humanismo.* Emerita, 1945, 13, 121-8.
También, RFE, 1945, 29, 121-8.

Mazzeo, G. E., *The Abate Juan Andrés: Literary historian of the XVIII century.* Nueva York, 1965, 228.

Andreu Batlló, J., *Un adelantado de la Farmacia, el Doctor Don Salvador* **Andreu.** B, 1969, 191.

Javierre, J. M., *Sor* **Angela de la Cruz,** *madre de los pobres.* M, 1969, 322.

Contreras López, J., Doña **Angelina de Grecia.** BRAH, 1950, 126, 37-78.

Riber Campín, L., *El humanista Pedro Mártir de* **Anglería.** B, 1964, 334.

Salas, C. J., *Pedro Mártir de Anglería. Estudio biográfico-bibliográfico.* Córdoba, 1917.

Aníbal → 6.20.

5 Borja Guzmán, P., *Doña Manuela* **Aniorte y Paredes**... *madre de la Odontología española.* Medicamenta (M), 1953, 19, 404-7.

Beltrán Rózpide, R., *Isidoro* **Antillón,** *geógrafo, historiador y político.* M, 1903, 182.

Barrios Moneo, A., *La espiritualidad cordimariana de San* **Antonio María Claret.** M, 1954, 466.

Fernández, C., *El Beato P. [Antonio] Claret. Historia documentada de su vida y empresas.* M, 1948, 2 v.

Lozano, J. M., *Un místico de la acción. San Antonio María Claret...* Roma, 1963, 411.

Juliá Martínez, E., *Nicolás* **Antonio**... RBN, 1942, 3, 7-37.

Romero Muñoz, V., *Estudio del bibliófilo sevillano Nicolás Antonio.* AH, 1950, 12, 57-9; 1951, 13, 29-56, 215-44.

Bilbao Eguía, E., **Aparisi y Guijarro.** S. Sebastián, 1941, 62.

Olivar Bertrand, R., *Aparisi y Guijarro.* M, 1962, xi+173.

Coy Cotonat, A., *Agustina [de* **Aragón**] *Saragossa Domenech.* Ceuta, 1914, 292.

Lanuza Cano, F., *Semblanza genealógica de Agustina de Aragón. Biografía histórica...* Hidalguía, 1957, 5, 401-16, 765-80.

Arana Goiri, S. → 17.90.

Aranda, Conde de → 6.79.4.

Hoyos Sáinz, L., *Recuerdos de* **Aranzadi [Unamuno].** *Sesenta años de amistad.* BRSV, 1948, 4, 235-52.

Hoyos Sancho, N., *Telesforo de Aranzadi.* RDTP, 1945, 1, 792-5.

Fernández Rodríguez, J. L., *El ente de razón en Francisco de* **Araujo.** Pamplona, 1972, 175.

O'Brien, Ch., *El enigma de Francisco de Araujo.* LCT, 1962, 89, 221-66.

Martínez Bara, J. A., *Ricardo del* **Arco Garay.** BDGAB, 1955, 4, 36-40.

Campo Alange, Marquesa de, *Concepción* **Arenal.** M, 1973, 403.

Mañac, F., *Concepción Arenal.* Buenos Aires, 1907, 268.

Argelejo, Conde de → 7.79.3.

Palma Chaguaceda, A., *El historiador Gonzalo* **Argote de Molina**... M, 1949, 178 + láms.

→ 1.42.

San Miguel, E., *Vida de D. Agustín* **Argüelles.** M, 1851-2, 4 v.

González de la Calle, P. U., **Arias Montano,** *humanista.* Badajoz, 1928, 154.

López Toro, J., *Benito Arias Montano, «poeta laureatus».* RABM, 1954, 60, 167-88.

Rekers, B., *Benito Arias Montano.* Londres, 1972, ix+199.

→ 1.42, 6.58.2, Morales; 8.10, Ramos; 14.43, López.

Goñi Gaztambide, J., *Un obispo de Pamplona... Veremundo* **Arias Teixeiro.** HS, 1966, 19, 1-43.

Artajona, L. → 8.43, **Pamplona.**

Batllori Munné, M., ed. de E. de **Arteaga,** *La belleza ideal.* M, 1943, lxiv+172.

Trenas, J., *Fermín* **Arteta,** *ministro de Isabel II.* M, 1971, 419.

Artigas, J. G. → 7.63.

Tamayo Rubio, J. A., *Miguel* **Artigas** *[Ferrando].* RFE, 1947, 31, 412-7.

Asiego de Ribera, J. → 13.57, **Oviedo.**

García Gómez, E., *Don Miguel* **Asín Palacios.** *Esquema de una biografía.* Al-Andalus, 1944, 9, 268-91.

González Palencia, A., *Don Miguel Asín Palacios.* Arbor, 1944, 2, 179-206.

Lapesa Melgar, R., *La obra lingüística de D. Miguel Asín.* BRAE, 1971, 393-401.

Longás, P., *Bibliografía de Don Miguel Asín Palacios.* Al-Andalus, 1944, 9, 293-319.

Mora, C., *Vida y obra de Don Ignacio* **Asso.** Zaragoza, 1972, xv+424.

Berriochoa, V., *Apuntaciones bio-bibliográficas sobre... Patricio de* **Astarloa y Aguirre.** BRSV, 1959, 15, 333-7.

Montero Padilla, J., *Luis* **Astrana Marín.** Arbor, 1960, 45, 278-81.

Barbachano, J. M., *El Doctor* **Asuero...** S. Sebastián, 1930, 60.

García Martínez, J., *San* **Atilano,** *obispo y patrón de Zamora.* Zamora, 1901, vii+246.

Avilés, Marqués de → 7.31, Mariluz.

Orti Belmonte, M. A., *Biografía de Gonzalo de* **Ayora.** BRACórdoba, 1956, 27, 5-26.

Bartina, S., *Mons. Dr. Teófilo* **Ayuso Marazuela.** EB, 1962, 21, 350-62.

Yubero Galindo, D., *... Teófilo Ayuso Marazuela.* Cultura Bíblica (M), 1956, 13, 160-6.

Alvarez López, E., *Félix de* **Azara.** M, 1935, 259.

Alvarez López, E., *Azara y Darwin.* RI, 1961, 22, 63-93.

Corona Baratech, C., *D. José Nicolás de* **Azara.** *Un embajador español en Roma.* Zaragoza, 1948, 455.

Millás Vallicrosa, J. M., *Estudios sobre* **Azarquiel.** M, 1943-50, 2 v.

Azcárate, P., *Gumersindo de* **Azcárate.** *Estudio biográfico documental...* M, 1969, 626.

Valle, F., *Severino* **Aznar.** Fomento Social (M), 1960, 15, 51-66.

Viñas Mey, C., *La vida y la obra de Severino Aznar.* RIS, 1959, 17, 525-43.

Don Resurrección María de **Azkue,** *lexicógrafo, folklorista y gramático.* Bilbao, 1966, 80.
Miscelánea por varios autores.

Valle, F., *Trayectoria... del P.* **Azpiazu.** Fomento Social (M), 1953, 8, 261-79.

5 Arigita Lasa, M., *Don Martín de* **Azpilcueta** *y sus obras.* Pamplona, 1895, xxvii+686.
Goñi Gaztambide, J., *Un decenio de estudios sobre Martín de Azpilcueta.* REDC, 1946, 1, 815-31.
López Ortiz, J., *Un canonista español... Martín de Azpilcueta.* LCD, 1941, 153, 271-301.
Ullastres Calvo, A., *Martín de Azpilcueta... Ideas económicas...* AE, 1941, 1, 375-407; 1942, 2, 51-95.

Ezquerra Abadía, R., *Domingo* **Badía:** *sus audaces viajes y proyectos.* AIEA, 1947, 1, 107-23.
Mercader, J., *Domènec Badia, «Ali-Bey». Un aventurer català.* B, 1965, 62.

Balbín Lucas, R. → 17.90.

Rodríguez Neila, J. F., *Los* **Balbos** *de Cádiz.* Sevilla, 1973, 322.
Rubio, L., *Los Balbos y el Imperio Romano.* AHAM, 1949, 67-119.
Torres Rodríguez, C., *Aportación de España a la obra política de Roma. Los Balbos.* BUSC, 1946, 47-8, 13-88.

Arboleya Martínez, M., **Balmes,** *periodista.* Valladolid, 1914, 99.
Casanovas, I., *Balmes. Su vida, sus obras y su tiempo.* B, 1942, 2 v.
Corts Grau, J., *Ideario político de Balmes.* M, 1934, xvi+338.
Feliú Egidio, V., *Sistematización del pensamiento de Balmes en orden a la filosofía de la historia.* M, 1952, 314.
Mendoza, J. D., *Bibliografía balmesiana. Ediciones y estudios.* B, 1961, 272.
También, AST, 1960, 33, 1-272.
Riba, L., *Balmes.* Vich, 1955, 327.

Pérez Bustamante, C., *Don Antonio* **Ballesteros [Beretta].** RI, 1949, 10, 471-88.

Beltrán de Heredia, V., *El maestro Domingo* **Báñez.** LCT, 1933, 47, 26-39, 162-79.
Beltrán de Heredia, V., *Domingo Báñez y las controversias sobre la gracia.* M, 1968, 688.
→ 14.10, Sagüés.

Redonet López, L., **Bárbara de Blomberg.** BRAH, 1966, 158, 121-45.

Bárbara de Braganza → 6.77.

Ferrari Billoch, F., **Barceló.** *Su lucha con los ingleses y piratas berberiscos.* B, 1941, 188.

Olives Canals, S., *Don Lázaro* **Bardón [Gómez]** *(1817-1897). Apuntes para una historia de los estudios helénicos en España.* EC, 1953, 2, 5-40.
Rabanal Alvarez, M., *Doctor Lázaro Bardón Gómez.* AL, 1949, 3, 95-139.

Cortijo Valdés, A., *Biografía de... Vicente* **Barrantes...** M, 1873, 77.

Izquierdo Tamayo, A., *Don Francisco de las* **Barras de Aragón.** AUH, 1961, 3, 1-23.

Alphandéry, P., *Bibliographie de L.* **Barrau-Dihigo.** RH, 1933, 81, 515-36.

Barreto, I. → 7.80, Bosch.

Révah, I. S., *Bibliographie de M. Marcel* **Bataillon.** Ibérica, 1961, 5, 11-44.

Mateos, F., *El Padre Constantino* **Bayle** *(1882-1953).* MH, 1953, 10, 5-19.
También, RI, 1953, 13, 193-202.

Bazaine, Mariscal → 6.82.6, Llorca.

Altolaguirre Duvale, A., *Don Alvaro de* **Bazán.** M, 1971, 201.
Cambra de la Lara, F. P., *Don Alvaro de Bazán...* M, 1943, 327.
Ibáñez de Ibero, C., *Santa Cruz, primer marino de España.* M, 1946, 317.
→ 6.58.4.

Pérez de Urbel, J., *San* **Beato de Liébana.** Arbor, 1953, 24, 501-25.

Belgrano, M. → 7.63.

Bolláin, L., **Belmonte** *visto por un belmontista.* M, 1957, 200.
Chaves Nogales, M., *Juan Belmonte...* M, 1969, 340.
Vila, E., *Juan Belmonte.* M, 1946, 210 + láms.

Jordá Cerdá, F., *Pío* **Beltrán Vilagrasa** *(1899-1971).* Zephyrus, 1973, 24, 313-4.

Millares Carlo, A., *Don Andrés* **Bello** *(1781-1865). Ensayo bibliográfico.* RHA, 1969, 68, 211-331.

Baguena, J., *El Cardenal* **Belluga.** *Su vida y su obra.* Murcia, 1935, xv+271.
Serra Ruiz, R., *El pensamiento social-político del Cardenal Belluga.* Murcia, 1963, xv+446.

Benalcázar, S. → 7.23.

Banks, S., *Fray Toribio de* **Benavente** *(Motolinia). A selected bibliography.* AIA, 1972, 32, 463-82.

Yebes, Condesa de, *La Condesa-Duquesa de* **Benavente.** *Una vida en sus cartas.* M, 1955, 302.

Bauer Landauer, I., *La marina española en el siglo XVI. Don Francisco de* **Benavides,** *cuatralbo de las galeras de España* M, 1921, 479.

Alfarache, J. [E. López Alarcón], *[Dámaso]* **Berenguer.** M, 1949, 192.

Olives Canals, S., **Bergnes de las Casas,** *helenista y editor (1801-1879).* B, 1947, xlii+298.

Obregón, A., *El Venerable* **Bernardino de Obregón.** M, 1956, 41.

Bernardo del Carpio → 6.39.3, Abadal.

Bernardo de Ribagorza → 6.39.3, Abadal.

Velasco, S., *Fray Vicente* **Bernedo.** Guadalajara, 1973, 309.

5 Berwick y de Alba, Duque de, *El mariscal* **Berwick.** M, 1925, 538 + láms.

Petrie, Ch., *El mariscal Duque de Berwick. Retrato de una época.* M, 1955, 390.

Espadas Burgos, M., *Sobre la figura política de Julián* **Besteiro.** Hispania, 1971, 31, 593-611.

Saborit, A., *Julián Besteiro.* Buenos Aires, 1967[2], 330.

Bogoliubov, A., *Un héroe español del progreso: Agustín de* **Betancourt.** M, 1973, 188.

Cioranescu, A., *Agustín de Bethencourt. Su obra técnica y científica.* La Laguna, 1965, 199.

Benavides Moro, N., y J. A. Yaque Laurel, *El capitán general Don Joaquín* **Blake y Joyes,** *regente del Reino y fundador del Cuerpo de Estado Mayor.* M, 1960, xv+695.

Brion, M., **Blanca de Castilla,** *madre de San Luis, Rey de Francia.* B, 1953, 272.

Sanz Díaz, J., *Doña* **Blanca de Navarra.** B, 1960, 128.

Videgáin Agós, F., *Blanca de Navarra.* Pamplona, 1973, 40.

Muiños, C., *El P. Francisco* **Blanco García.** LCD, 1904, 63, 441-9; 64, 111-22.

Bobadilla, F. → 7.22, Incháustegui.

Pan, I., *Don Ignacio* **Bolívar.** BRSEHN, 1946, 44, 65-75.

Bolívar, S. → 7.63.

Bonaparte, J. → 6.82.2.

Bonaparte, L. → 6.82.2.

Riezu, J., *El Príncipe Luis Luciano* **Bonaparte.** PV, 1958, 19, 149-66.

Villalonga, J., *Introducción a un estudio sobre Luis Bonaparte y sus trabajos.* Eusko-Jakintza (Bayona), 1957, 7, 39-68.

Yrizar, P., *El Príncipe Luis Luciano Bonaparte y su obra.* BRSV, 1960, 16, 3-14.

Bonaparte, N. → **Napoleón.**

Navarro Tomás, T., *Doctrina fonética de Juan Pablo* **Bonet.** RFE, 1920, 7, 150-67.

Orellana Garrido, J., y L. Gascón Portero, *Estudio crítico biográfico sobre Juan Pablo Bonet y su obra,* en J. P. Bonet, *Educación de los sordomudos.* M, 1930, 254.

G[onzález] Olmedo, F., Juan **Bonifacio.** Santander, 1938, 208.

Avila Díaz, G., *El primer almirante de Castilla, Don Ramón de* **Bonifaz.** Burgos, 1948, 72.

Gárate Córdoba, J. M., *Síntesis biográfica del almirante Bonifaz.* BIFG, 1957, 12, 778-91.

Sánchez Apellániz, M., *Nuevos datos sobre Don Ramón Bonifaz.* RGeneral de Marina (M), 1962, 162, 325-35.

Puyol Alonso, J., *Adolfo* **Bonilla y San Martín.** *Su vida y sus obras.* M, 1927, 274. 5

Petit, P. J., *Histoire secrète du Connétable de* **Bourbon.** París, 1947, 263.

Ferrara, O., *El Papa Borgia* **[Alejandro Borja].** M, 1952[4], 376.
Roo, P., *Los Borjas de la leyenda ante la crítica histórica. Material para una historia del Papa Alejandro VI, sus deudos y su tiempo. I, La Casa de Borja.* Valencia, 1952, xlvi+500.
Vázquez de Prada, V., *En torno al Papa Borja (Alejandro VI).* EEMCA, 1956, 6, 281-90.
→ **Alejandro VI.**

Brezzi, P., *La politica di Callisto III* **[Alfonso de Borja].** Studi Romani (Roma), 1959, 7, 31-41.
Sanchis Sivera, J., *El Obispo de Valencia, Don Alfonso de Borja.* BRAH, 1926, 88, 241-313.

Woodward, W. H., **Cesare Borgia.** Londres, 1913, xi+477.

Poblet, J. M., *Enric* **Borràs.** B, 1963, 79.

Castro, C., *Andrés* **Borrego,** *periodismo político...* M, 1972, 272.
Oliva Marra, A., *Andrés Borrego y la política española del siglo XIX.* M, 1959, 221.
→ 10.57, Mateo.

Boulogne, G. → 8.71, Mendi.

Ayuso Marazuela, T., *El Padre José María* **Bover.** EB, 1954, 13, 333-68.

Bermúdez de Castro, L., **Boves** *o el León de los Llanos.* M, 1934, 203.

Collell, J., *Fray Bernardo de* **Boyl,** *primer apóstol de América.* Vich, 1929.
Martí, D., *Fray Boyl, su época y su persona.* La Habana, 1932.

Bullón de Mendoza, A., *Juan* **Bravo Murillo** *y su significación en la política española.* M, 1950, 300+126.
D. T. G. P., *Ensayo crítico sobre la vida de... Bravo Murillo.* M, 1850, 357.
Larraz López, J., *Bravo Murillo, hacendista.* Anales de la RAc de Ciencias Morales y Políticas (M), 1952, 4, 379-95.

Ripoll Perelló, E., ... *El abate* **Breuil** *y el arte rupestre español.* Altamira, 1953, 25-39.

Brocar → 1.56.

Liaño Pacheco, J. M., *Sanctius el* **Brocense.** Salamanca, 1971, 114.
→ 14.40, García.

Aranda, J. F., *Luis* **Buñuel,** *biografía crítica.* B, 1969, 424.

Mora, M., *Vida de la Condesa de* **Bureta.** M, 1945, 292.
Pano Ruata, M., *La Condesa de Bureta, Doña María Consolación de Azlor y Villavicencio...* Zaragoza, 1908, 354.

Maestre Rosa, J., *Javier de* **Burgos [Olmos],** *liberal doctrinario.* REPol, 1972, 181, 133-57.

5 Mesa Moles, A., *Labor administrativa de Javier de Burgos.* REVL, 1945, 23, 773-89; 24, 971-1003.

Echánove Tuero, A., *La preparación intelectual del P. Andrés Marcos* **Burriel.** M, 1971, 327.

Simón Díaz, J., *Un erudito español: El P. Andrés Marcos Burriel.* RBD, 1949, 3, 5-52.

Simón Díaz, J., *Dos planificadores: el P. Burriel y Menéndez Pelayo,* en su *La Bibliografía...* B, 1971, 101-18.

Muñoz, H., *Un apóstol dominico montañés en Tunkín: Fray Pedro* **Bustamante.** *Su apostolado y escritos (1696-1728).* Santander, 1954, xxi+258.

Maravall Casesnoves, J. A., **Cabarrús** *y las ideas de reforma política y social en el siglo XVIII.* RO, 1968, 6, 273-300.

Villaurrutia, Marqués de, ... *Teresa* **Cabarrús [Gelabert].** M, 1927, 175.

Cabot, J. → 7.23.

Cabot, S. → 7.23.

Córdova, B., *Vida militar y política de* **Cabrera.** M, 1844, 4 v.

Flavio, E., *Historia de D. Ramón Cabrera.* M, 1870, 2 v.

Oyarzun, R., *Vida de Ramón Cabrera y las guerras carlistas.* B, 1961, 365.

Tomás López, M., *Ramón Cabrera.* B, 1939, 312.

Baltá, E, J., *Noticia biográfica de... Blas* **Cabrera Felipe.** Anales de de Física y Química (M), 1945, 41, 1261-73.

Ponce de León, E., *El Marqués de* **Cádiz** *(1443-1492).* M, 1949, 354.

Juderías Loyot, J., *Don Rodrigo* **Calderón...** RABM, 1905, 13, 334-65; 1906, 14, 1-31.

Ossorio Gallardo, A., *Los hombres de toga en el proceso de D. Rodrigo Calderón.* Cartagena, 1918, 258.

→ 6.62.

Calixto III → Borja.

Bermúdez de Castro, S., **Calomarde...** M, 1916, 137.

→ 6.84.2.

Reig Pujol, J., *El català Joan Cristòfol* **Calvet d'Estrella.** B, 1969, 69.

Acedo Colunga, F., *José* **Calvo Sotelo...** B, 1957, 351.

Barrios, L., *El general* **Calleja.** M, 1896, 386.

Rubio Merino, P., *Don Diego* **Camacho Avila,** *arzobispo de Manila y Guadalajara de Méjico (1695-1712).* Sevilla, 1958, xviii+561.

García Venero, M., *Vida de* **Cambó.** B, 1952, 404.

Pabón Suárez, J., *Cambó.* B, 1952-69, 3 v.

Pla, J., *Francesc Cambó.* B, 1973, 620.

Campillo → Patiño.

Alvarez Requejo, F., *El Conde de* **Campomanes.** *Su obra histórica.* Oviedo, 1954, 266.

Krebs Wilckens, R., *El pensamiento histórico, político y económico del Conde de Campomanes.* Santiago de Chile, 1960, 288. **5**

Sánchez Arjona, F., **Canalejas.** M, 1947, 174.
Sevilla Andrés, D., *Canalejas.* B, 1956, 482 + láms.

Tudela, M., *Luis* **Candelas.** M, 1973², 237.

Arco Garay, R., *El jurisperito Vidal de* **Canellas,** *obispo de Huesca.* JZ, 1951, 1, 23-113.

González, E., *Teología y tradición en la doctrina de Melchor* **Cano.** Salmanticensis, 1963, 10, 135-60.

Sanz Sanz, J., *Melchor Cano. Cuestiones fundamentales de crítica histórica sobre su vida y escritos.* Monachil, 1959, 585.

Marco Dorta, E., *Tomé* **Cano,** *tratadista de arquitectura naval.* EMC, 1960, 21, 315-26.

Comellas García, J. L., **Cánovas.** M, 1965, 366.
Fernández Almagro, M., *Cánovas. Su vida y su política.* M, 1972², 671.
Nido Segalerva, J., *Historia política y parlamentaria de... Cánovas del Castillo.* M, 1914, 1081.
→ 6.89, 6.89.5.

Cansoles → 1.56.

Randolph, D. A., *Don Manuel* **Cañete,** *cronista literario del Romanticismo.* Chapel Hill, 1972, 268.

Baquero Goyanes, M., *Prerromanticismo y retórica: Antonio de* **Capmany,** en HDA, I, 171-89.

Ceñal, R., *Juan* **Caramuel.** *Su epistolario.* RFilos, 1953, 12, 101-47.
Ceyssens, L., *Autour de Caramuel.* Bulletin de l'Institut Historique Belge (Roma), 1961, 33, 329-410.
Fernández Diéguez, D., *Juan Caramuel.* RMatemática Hispanoamericana (M), 1919, 1, 121-7.

Carbonero Sol, M., *Don León* **Carbonero Sol.** La Cruz (M), 1902, 1, 276-345.

Castellá, A., *El Doctor Salvador* **Cardenal** *(1852-1927).* Annals de Medicina (B), 1928, 32, 338-52.

Carlos, Príncipe → 6.55.1.

Carlos de Borbón y Austria → 6.85.2.

Carlos de Borbón y Braganza → 6.85.2.

Pereda de la Reguera, M., **Carlos [Hugo de Borbón]** *e Irene.* Santander, 1964, 207.

Carlos María Isidro de Borbón → 6.85.2.

Carlota Joaquina de Borbón → 7.62, Rubio, Seco.

Torres, L. M., *Los Beatos franciscanos* **Carmelo Bolta** *y Francisco Pinazo.* AIA, 1926, 26, 261-7.

Tellechea Idígoras, J. I., *El Arzobispo* **Carranza** *y su tiempo.* M, 1968, 2 v.
→ 1.42, **Carranza.**

5 Esteve Barba, F., *Alfonso* **Carrillo de Acuña,** *autor de la unidad de España.* B, 1943, 256.

Cartagena, A. → **Santa María.**

Carvajal, F. → 7.23.

Gómez Canedo, E., *Don Juan de* **Carvajal**... M, 1947, 372.
Mozas Mesa, M., *Don José de* **Carvajal y Lancaster**... Jaén, 1924, 161.
Sánchez Doncel, G., *Gaspar* **Casal** *y su obra.* Oviedo, 1973, 126.
Sancho de San Román, R., *Vida y obra de Gaspar Casal.* Salamanca, 1959, 183.
→ 14.63, Villa.

Vilá Palá, C., *Agustín* **Casanovas,** *escolapio.* Salamanca, 1972, 370.

Casares Gil, A. → 14.57.

Lapesa Melgar, R., *Don Julio* **Casares [Sánchez]** *(1877-1964).* BRAE, 1964, 44, 213-21.
García Soriano, J., *El humanista Francisco* **Cascales**... M, 1924, 303.
Polo García, V., *Cascales y la crítica literaria.* Murgetana, 1969, 32, 5-31.

López Martínez, N., *Santa* **Casilda.** Burgos, 1960, 120.

Ogáyar Ayllón, T., *D. José* **Castán Tobeñas.** RGLJ, 1969, 58, 887-918.
Silva Melero, V., *In memoriam de Don José Castán Tobeñas, y publicaciones*... RDerecho Procesal Iberoamericana (M), 1969, 2, 287-300.
Cadenas Vicent, V., *Vicente* **Castañeda y Alcover.** Hidalguía, 1958, 6, 587-9.
Matilla Tascón, A., *Vicente Castañeda y Alcover.* RABM, 1958, 64, 351-3.

Castañega, M. → 20.27, González.

Mozas Mesa, M., **Castaños.** *Estudio biográfico.* M. 1947, 152.
Prieto Llovera, P., *Castaños, primer Duque de Bailén.* M, 1958, 206.

Cabanelas Rodríguez, D., *El morisco granadino Alonso del* **Castillo.** Granada, 1965, xv+289.

Castro, M., *Fray Alfonso de* **Castro**... *consejero de Carlos V y Felipe II.* Salmanticensis, 1958, 3, 281-322.
Castro, M., *Fray Alfonso de Castro. Notas bibliográficas.* Collectanea Franciscana (Roma), 1958, 28, 59-88.
Recio, A., *El franciscano Alfonso de Castro, predicador*... VyV, 1958, 16, 385-424.
→ 14.23, Rodríguez.

Castro Barros, P. I. → 7.63.

Cotarelo Valledor, A., *El Cardenal D. Rodrigo de* **Castro [Osorio].** M, 1946, 2 v.

Díaz de Cerio, F., *Fernando de* **Castro [Pajares],** *filósofo de la historia (1814-1874).* León, 1970, 557.

Estudios sobre la obra de Américo **Castro [Quesada].** M, 1971, 453. Miscelánea por varios autores. **5**

Crame, T. [F. Jiménez Sandoval], **Catalina de Aragón.** M, 1943, 157.
Llanos Torriglia, F., *El divorcio de Catalina de Aragón.* M, 1933, 119.
Mattingly, G., *Catherine of Aragón.* Boston, 1941, 477.

Massanet Zaforteza, M. L., *Vida de Santa* **Catalina Thomas.** Palma, 1967.
Thomas, A. M., *Vida y milagros de la Beata Catalina Thomas.* Palma, 1923², 229.

González Guerrero, P., *El bicentenario de* **Cavanilles.** BRSEHN, 1946, 44, 475-89; 1947, 45, 125-49, 289-305.
Reyes Prosper, E., *Dos noticias históricas de... Don Antonio José Cavanilles.* M, 1917, 265.

Castán Palomar, F., **Cavia,** *el polígrafo castizo.* Pamplona, 1956, 264.

Torres Rodríguez, C., *El primer bibliotecario español,* **Cayo Julio Hygino,** *prefecto de la biblioteca palatina de Roma.* BUS, 1950, 55-6, 13-59.

López Otero, M., *Don Juan Agustín* **Ceán Bermúdez.** RArquitectura (M), 1950, 101, 235-8; 102, 279-82.
Pérez Goyena, A., *El historiador... D. Julio* **Cejador [Frauca].** RyF, 1927, 78, 423-36.
González Palencia, A., *El erudito Don Francisco* **Cerdá Rico.** BRAE, 1928, 15, 94-129, 232-77, 314-46, 473-89.
También, en su *Eruditos y libreros...* M, 1948, 1-167.
Cervera Pery, J., *El almirante* **Cervera [Topete].** M, 1972, 175.
Risco, A., *Apuntes biográficos de... Pascual Cervera y Topete.* Toledo, 1920, 450+70.
→ 6.89.5, Risco.

Cid → **17.90, Cid.**

Cid, J. → **8.43, Rubicón.**

Martínez, C. G., *El Cardenal* **Cienfuegos.** BIEA, 1955, 9, 382-403.

García Albors, E., *La* **Cierva [Codorníu].** M, 1965, 298.

Pérez Gómez, A., *Don Juan de la* **Cierva [Peñafiel],** *ministro de Alfonso XIII.* Murcia, 1965, 161.
Sánchez Maurandi, A., *Don Juan de la Cierva, jurista murciano.* Murcia, 1962, 243.

Espinosa, W., y C. Araníbar, *Pedro* **Cieza de León.** *Pedro Sarmiento de Gamboa.* Lima, 1964, 159.

Ciruelo, P. → 20.27, Ebersole.

Azcona Díaz, J. M., **Clara-Rosa,** *masón y vizcaíno.* M, 1935, 256.

Doreste, V., *Estudio sobre* **Clavijo y Fajardo.** AEAt, 1962, 12, 201-19.

Puyol Alonso, J., *Don Diego* **Clemencín,** *ministro de Fernando VII.* BRAH, 1928, 93, 137-305.

5 Sarrailh, J., *Don Diego Clemencín*. BH, 1922, 24, 125-30.

Castán Tobeñas, J., *Don Felipe* **Clemente de Diego.** RGLJ, 1945, 10, 225-30.

Rivera Recio, J. F., *El arzobispo de Toledo, Don Bernardo de* **Cluny.** Roma, 1962, 114.

Mateos, F., *El P. Bernabé* **Cobos,** *(1580-1657).* MH, 1956, 13, 255-315.

Keniston, H., *Francisco de los* **Cobos,** *secretary of Emperator Charles V.* Pittsburgh, 1960, xvi+463 + láms.

Royo Villanova, S., **Colmeiro** *y la ciencia administrativa.* REVL, 1944, 14, 235-52.

Inza, I. J., *Miguel* **Colmeiro Penido.** *Notas biográficas,* en *Linneo en España. Homenaje a Colmeiro.* Zaragoza, 1907, 261-4.
→ 14.57, Bellot.

Vera, J., *Biografía de Diego* **Colmenares...** ES, 1951, 3, 5-160, 277-83; 1952, 4, 161-74.

Colón, C. → 7.22.

Colón, H. → 1.42.

Delcos Balvey, L., *Guillermo* **Colteller,** *médico de los Reyes de Aragón.* TCHCM, 1934, 2, 155-71.

G[arcía] Cordero, M., *P. Maestro Alberto* **Colunga.** EB, 1962, 21, 190-4.

Rodríguez Méndez, R., *Necrología del Dr. Luis* **Comenge Ferrer.** B, 1917, 128.

Bayle Prieto, C., *El segundo Marqués de* **Comillas,** *Don Claudio López Bru.* M, 1928, vii+390.

Fernández Regatillo, E., *El Siervo de Dios, Claudio López Bru...* Santander, 1953, 241.

Roca, P., *Vida y escritos de Don José Antonio* **Conde.** RABM, 1903, 8, a 1904, 10, múltiples entradas.

Vida del Capitán Alonso de **Contreras.** Ed. de M. Criado de Val. M, 1965, 216.

Pélorson, J., *Le routier du Capitaine Alonso de Contreras.* BH, 1966, 68, 30-48.

Contreras, F. → 6,62.

Fernández Diéguez, D., *Juan Bautista* **Corachán.** RSMatemática Española (M), 1916, 4, 224.

Córdoba, F. → 13.57, Almagro; 14.16, Bonilla.

Soto, V., *El P. Jaime de* **Corella,** *escritor moralista,* en *Miscellanea M. de Pobladura.* Roma, 1964, II, 347-76.

Vilanova, P., *El P. Jaime de Corella y su Llave del cielo.* EstFranciscanos (B), 1953, 54, 241-4.

Pous Pagés, J., *Pere* **Coromines** *i el seu temps.* B, 1969, 99.

Correas, G. → 14,40, Alarcos.

Cortés, H. → 7.23. 5

Alvarez Sierra, J., *Doctor* **Cortezo,** M, 1945, 299.

Cosa, J. → 7.23.

Cheyne, G. J. G., *Joaquín* **Costa.** *Esbozo biográfico.* B, 1972, 266.
Cheyne, G. J. G., *A bibliographical study of the writting of Joaquín Costa.* Londres, 1972, xix+189.
López Calera, N. M., *Joaquín Costa, filósofo del derecho.* Zaragoza, 1965, 220.
Martín Retortillo, C., *Joaquín Costa.* B, 1961, 256.
Pérez de la Dehesa, R., *El pensamiento de Joaquín Costa y su influencia en el 98.* M, 1966, 261.

Menéndez Pidal, R., *Don Emilio* **Cotarelo Mori.** BRAE, 1936, 23, 5-12.
Alba, Duque de, *Don Armando* **Cotarelo Valledor.** BRAH, 1951, 128, 7-15.

Marcos Rodríguez, F., *Don Diego de* **Covarrubias [Leyva]** *y la Universidad de Salamanca.* Salmanticensis, 1959, 6, 37-85.
Pereña Vicente, L., *Diego de Covarrubias y Leyva, maestro de derecho internacional.* M, 1957, 204.

Romera Navarro, M., *J. P. Wickersham* **Crawford.** HR, 1940, 8, 1-8.

Ferraro, S., *Bibliografia di Benedetto* **Croce** *ispanista.* QIA, 1954, **2, 425.**

Cubero Sebastián, P. → 4.80, Pérez.

Martínez, F. A., y R. Torres Quintero, *Rufino J.* **Cuervo.** *Estudio y bibliografía.* Bogotá, 1954, 221.

Cuesta → 1.56.

Rodríguez Villa, A., *Bosquejo biográfico de D. Beltrán de la* **Cueva.** M, 1881, ix+254.

Chaves, Ñ. → 7.23.

Rozalejo, Marqués de, **Cheste** *o todo un siglo (1809-1906)...* M, 1935, 302.

Gómez Santos, M., *Pedro* **Chicote.** B, 1958, 64.

Salcedo Ginestral, E., *El doctor* **Chinchilla**... M, 1904, xvi+359.

Chinchón, Conde de → 7.31, Múzquiz; 14.86, Muñoz.

González Palencia, A., *Alonso* **Chirino,** *médico de Juan II.* BBMP, 1924, 6, 42-62.

García Mercadal, J., **Churruca.** M, 1946, 169.
Navas Alvarez, A., *Churruca. Un almirante de España.* M, 1962, 181.

Coll, J. M., *El Beato* **Dalmacio Moner.** AIEG, 1947, 2, 229-43.

Voltes Bous, P., *Nuevas noticias de Don Pablo Ignacio* **Dalmases y Ros** *y su tiempo.* BRABarcelona, 1954-6, 26, 95-136.

Melón Ruiz, A., *Juan* **Dantín Cereceda.** EG, 1944, 5, 5-20.

5 García Venero, M., *Eduardo* **Dato**. *Vida...* Vitoria, 1969, 376.

Miraflores, Marqués de, *Vida del general español Don Sancho* **Dávila Daza**. M, 1857, 298.

Soriano de Larosa, C., *La obra quirúrgica de Dionisio* **Daza Chacón**. Salamanca, 1958, 62.
También, Estudios de Historia de la Medicina (Salamanca), 1958, 2, 1-64.

Otero Navascués, J. M., **Daza Valdés** *y el rendimiento de los anteojos.* Anales de Física y Química (M), 1948, 44 A, 269-73.

Lambert, E., *Gaspard* **Delphy** *(1888-1952).* BH, 1953, 55, 56-61.

Cuesta, M. L., *Una vida inédita del primer director efectivo de la Biblioteca Nacional [Guillermo* **Deubenton**]. RABM, 1958, 65, 413-38.

Cotarelo Valledor, A., *Fray Diego de* **Deza**. M, 1905, 413.
→ 7.21, Rico.

Díaz, F. → 6.67.1.

Marín Martínez, T., *El Obispo J. B.* **Díaz de Luco** *y su actuación en Trento.* HS, 1954, 7, 259-325.
→ 1.42.

García Vara, E., *El Doctor Alonso* **Díaz de Montalvo**. EAb, 1955, 4, 39-42.

Vázquez, I., *San* **Diego de Alcalá**. Confer (M), 1964, 5, 297-311.

Ubrique, S., *Vida del Beato* **Diego José de Cádiz**. Sevilla, 1926, 2 v.

Prior, A., ... *Santo* **Domingo de la Calzada**. M, 1952, 103.

Alonso Getino, L. G., *Origen del Rosario y leyendas sobre... Santo* **Domingo de Guzmán**. Vergara, 1925, xxi+273.
Santo Domingo de Guzmán. Su vida, su orden, sus escritos. M, 1966², 827.
Fernández Alvarez, R., *Santo Domingo de Guzmán.* Buenos Aires, 1946, 338.
Gelabert, M., y otros, *Santo Domingo visto por sus contemporáneos.* M, 1966², 870.
Palomo Iglesias, C., *Santo Domingo de Guzmán y los dominicos españoles.* Guadalajara, 1971, 150.
Vicaire, M. H., *Historia de Santo Domingo.* B, 1964, 724.

Alamo, J., *Vida... de* **Domingo de Silos**. M, 1953, 464.
Arce Ibáñez, S., *Santo Domingo de Silos.* Logroño, 1973, 120.
Gutiérrez Sánchez, P. C., *Vida y milagros de Santo Domingo de Silos.* Burgos, 1973, 112.

Andrés Hernánsanz, J., *Mosén* **[Domingo] Sol**. Salamanca, 1970², 188.
Torres Sánchez, A., *Vida del Siervo de Dios D. Manuel Domingo y Sol.* Tortosa, 1934, xxii+937.

Galindo Herrero, S., **Donoso Cortés** *y su teoría política.* Badajoz, 1957, 368.

Schmitt, C., *Interpretación europea de Donoso Cortés.* M, 1952, 145. **5**
Schramm, E., *Donoso Cortés. Su vida y su pensamiento.* M, 1936, 343.
Suárez Verdeguer, F., *Introducción a Donoso Cortés.* M, 1964, 278.

Mason, A. E. W., *The life of Francis* **Drake.** Nueva York, 1942, viii+349.
Real, C., *El corsario Drake y el Imperio español.* M, 1941, 273.

Revest Corzo, L., *Manuel* **Dualde Serrano.** BSCC, 1955, 31, 224-5.

Pardo Canalís, E., *Bosquejo histórico de Don José* **Duaso.** AIEM, 1968, 3, 253-80.

Bossuat, R., *Bertrand* **Du Guesclin.** París, 1938, 136.
Coryn, M.-S., *Bertrand Du Guesclin.* París, 1934, 319.

García Gómez, E., **Dulce,** *mártir mozárabe de comienzos del siglo X.* Al-Andalus, 1954, 19, 451-4.

Buxó Abaigar, J., *Domingo* **Dulce,** *general isabelino. Vida y época.* B, 1962, 248 + láms.

Fita Colomer, F., *San* **Dúnala,** *prócer y mártir mozárabe del siglo X.* BRAH, 1909, 55, 433-42.

Camps Arboix, J., **Durán Bas.** B, 1961, 221 + láms.
Solervicens, J. B., *Manuel Durán Bas.* B, 1965, 93 + láms.

García Mercadal, J., *La Princesa de* **Éboli.** B, 1944, 192.
March, J. M., *Sobre la Princesa de Éboli.* RyF, 1951, 640, 495-540.

Egeria → 17.90, **Egeria.**

Ivars, A., **Eymerich.** AIA, 1916, 6, 68-159.

Elcano, S. → 7.28.

Arnaiz Freg, A., *D. Fausto* **Elhuyar...,** en *La minería hispana...,* León, 1970, I, 693-701.
Gálvez Cañero, A., *Fausto de Elhuyar y de Zubige.* M, 1933, 253.
Guzmán, J., *Las disertaciones metalúrgicas de Elhuyar.* BolInst. Geológico y Minero (M), 1941, 15, 439-572.
Caycedo, B. J., *El sabio [Juan José] D'***Elhuyar.** Berceo, 1964, 19, 55-84, 151-88, 273-41, 433-68.
Ryden, S., *Don Juan José Elhuyar en Suecia (1781-1782) y el descubrimiento del tungsteno.* M, 1963², 86.
Whitaker, A. P., *The Elhuyar mining missions...* HAHR, 1951, 21, 557-85.

Rico de Estasen, J., *El general* **Elío.** M, 1940, 263.

Rivera Recio, J. F., **Elipando** *de Toledo...* Toledo, 1940, 59.

Elisenda de Moncada → 6.39, **Jaime II.**

Alvarez, P., *Juan Martín Díez, El* **Empecinado.** M, 1951, 163.
Marañón Posadillo, G., *El Empecinado.* M, 1932, 176.

Enrique de Labrit → 6.38.4, Sáez.

5 Bayle, C., *La Loca del Sacramento, Doña Teresa* **Enríquez.** M, 1922, 338 + láms.

Navascués Beltrán, I., *Semblanza de Don Zenón de Somodevilla, I Marqués de la* **Ensenada.** Hidalguía, 1966, 14, 385-96.
Gómez Molleda, D., *El Marqués de la Ensenada a través de su correspondencia íntima.* Eidos, 1955, 2, 48-90.
Manzanares, A., *El Marqués de la Ensenada.* Logroño, 1966.
Rodríguez Villa, A., *Don Cenón de Somodevilla, Marqués de la Ensenada.* M, 1878, xii+547.
Salvá Riera, J., *El Marqués de la Ensenada.* M, ¿1942?, 92.
→ 12.15, Matilla, Melón.

Morales, F., y V. Ruiz Ortiz, *Joaquín de* **Entrambasaguas.** BFE, 1965, 15, 3-33.
Continuación del siguiente.
Rozas, J. M., *Joaquín de Entrambasaguas.* BFE, 1964, 11, 3-14.

M. B., *William J.* **Entwistle** *(1895-1952).* BH, 1952, 54, 454-5.

Erasmo → 14.19, Fraile.

Berruezo, J., *La monja alférez [Catalina de* **Erauso].** Pamplona, 1959, 144.

Scullard, H. H., **Scipio** *Africanus in the Second Punic War.* Cambridge, 1930, xv+331.

Escrivá de Balaguer, *Conversaciones con Mons.* ______. M, 1970[7], 240.
López, A., *Mi testimonio sobre el fundador del Opus Dei,* en F. Martinell, *Cristianos corrientes. Textos sobre el Opus Dei.* M, 1970, 131-40.

Oleza, J., *El primer Conde de* **España** [Carlos Espignag]. *Sus proezas y asesinato.* M, 1944, 294.

Espartero, B. → 6.87.2.
Cerrolaza, A., **Spínola**... M, 1946, 225.
Rodríguez Villa, A., *Ambrosio de Espínola.* M, 1904, 770.

Espinosa → 12.33.

Iribarren Rodríguez, J. M., **Espoz y Mina,** *el guerrillero.* M, 1965, 637.

Esquilache, Marqués de → 6.78.2.

Sancho de Sopranis, H., *El Comendador Pedro de* **Estopiñán,** *conquistador de Melilla.* M, 1952, 110.

Eteria → 4.80; 17.90, **Egeria.**

López Rubín, P., *San* **Eufrasio,** *Varón apostólico.* Lugo, 1955, 143.

Desternes, S., y H. Chandet, *La vida privada de la Emperatriz* **Eugenia.** B, 1956, 318.
Kurtz, H., *The Empress Eugénie.* Londres, 1964, xiii+407 + láms.

Fábrega Grau, A., *Santa* **Eulalia de Barcelona.** *Revisión de un problema histórico.* Roma, 1958, 162.

Navarro del Castillo, V., *Santa* **Eulalia de Mérida.** Cáceres, 1972, 67.

Durán Gudiol, A., *Santa* **Eurosia.** Argensola, 1955, 6, 297-316. **5**

Ramírez Muneta, J., *San* **Eutropio**... Sevilla, 1970, 137.

Válgoma Díez, D., *La Reina* **Fabiola**... Santander, 1960, 36.

Bladé Desumvila, A., *Pompeu* **Fabra.** *Biografia essencial.* B, 1969, 126.

Miracle, J., *Pompeu Fabra.* B, 1968, 602.

Torres Fontes, J., *Las hazañas granadinas de* **Fajardo** *«el Africano».* Hispania, 1961, 21, 3-21.

→ **Vélez.**

Van der Essen, L., *Alexandre* **Farnèse,** *Prince de Parme, gouverneur général des Pays-Bas.* Bruselas, 1933-7, 5 v.

Vela Jiménez, M., *Alejandro Farnesio.* B, 1944, 232.

Oliver Asín, J., *Vida de Don* **Felipe de Africa,** *Príncipe de Fez y de Marruecos.* M, 1955, 245.

Toral Peñaranda, C., *San* **Felipe de Jesús,** *patrono de México.* B, 1961, 90.

Canseco Noriega, M., *San Felipe de Jesús.* México, 1961, 230.

Brunsó, M., *San* **Félix,** *el gerundense.* AIEG, 1969, 19, 247-68.

Salmon, Ch., *Histoire de Saint* **Firmin.** Amiens, 1861.

Villaurrutia, Marqués de, **Fernán Núñez,** *el Embajador.* M, 1931, 266.

Fernández, J. → 7.80.

Cotarelo Mori, E., *María del Rosario* **Fernández,** *la Tirana.* M, 1897, viii+287.

Lojendio, L. M., *Gonzalo* **[Fernández] de Córdoba,** *el Gran Capitán.* M, 1973[4], 375.

Ortí Belmonte, M. A., *Páginas de la historia del Gran Capitán.* BRACórdoba, 1953, 24, 159-96.

Rodríguez Villa, A., *Las Cuentas del Gran Capitán.* BRAH, 1910, 56, 281-6.

Fernández de Córdoba, G. → 6.66, Fernández.

Vives Gatell, J., *Juan* **Fernández de Heredia,** *gran maestre de Rodas.* AST, 1927, 3, 121-92.

Geijerstam, R. af, ed. de J. Fernández de Heredia, *La grant crónica de España.* Upsala, 1964, 406.

Serrano Sanz, M., *Vida y escritos de D. Juan Fernández de Heredia, gran maestre*... Zaragoza, 1913, 75.

Nájera, L., *Fidel* **Fernández Martínez,** *figura prócer de la Parasitología española.* Actualidad médica (Granada), 1943, 19, 62-4.

Estrada Arnaiz, R., *Don Martín* **[Fernández de] Navarrete,** *gran geógrafo*... Las Ciencias, 1944, 9, 699-716.

Alvarez López, E., *La Historia Natural en* **Fernández de Oviedo.** RI, 1957, 17, 541-601.

Ballesteros Gaibrois, M., *Vida del madrileño Gonzalo Fernández de Oviedo.* M, 1958, 40.

5 Otte, E., *Aspiraciones y actividades heterogéneas de Gonzalo Fernández de Oviedo.* RI, 1958, 18, 9-61.
Peña Cámara, J., *Contribuciones documentales y críticas para una biografía de Gonzalo Fernández de Oviedo.* RI, 1957, 17, 603-705.
Turner, D., *Gonzalo Fernández de Oviedo y Valdés. An annotated bibliography.* Chapel Hill, 1966, 61.

Fernández Pacheco, J. M. → 14.02, Cotarelo.

Fernández Pita, M. → 22.42, Martínez Salazar.

Fernández de Quirós, P. → 7.80.

Hazañas y la Rua, J., *Maese Rodrigo* **Fernández de Santaella,** *fundador de la Universidad de Sevilla.* Sevilla, 1900, 46.
Hazañas y la Rua, J., *Maese Rodrigo, 1444-1509.* Sevilla, 1910, viii+529.

Mazo Muñoz, R., *Raimundo* **Fernández Villaverde.** M, 1947, 192 + láms.

Moral, T., *Dom Mario* **Férotin.** HS, 1964, 17, 2-30.

Alvarez Sierra, J., *Doctor* **Ferrán.** M, 1944, 262.
Ripol Noble, S., y M. Gras Artero, *Biografía del Dr. Jaime Ferrán Clúa.* TCHCM, 1935, 6, 147-74.

Morro, P., *D. Bonifacio* **Ferrer.** *Su vida, sus obras.* Valencia, 1917, 134.

Hartzenbusch, J. E., *Don Antonio* **Ferrer del Río.** MAE, 1886, 5, 30-43.

Finestres Monsalvo, J. → **13.57, Cervera.**

Pérez Goyena, A., *El R. P. Fidel* **Fita Colomer.** RyF, 1918, 50, 259-62.
Pérez de Guzmán, J., ... *Fidel Fita Colomer.* BRAH, 1918, 72, 97-112.

Elton, O., *James* **Fitzmaurice-Kelly.** RH, 1924, 60, 1-11.

Pérez Cambra, F., *Roger de* **Flor** *y sus almogávares.* M, 1950, 241.

Cardona, M., *Santa* **Flora,** *mártir mozárabe.* B, 1945, 68.

Velarde Fuertes, J., **Flores de Lemus** *ante la economía española.* M, 1961, 337.

Martínez Cachero, L. A., *Alvaro* **Flórez Estrada.** *Su vida, su obra política y sus ideas económicas.* Oviedo, 1961, 287.

Martínez Cabello, G., *Biografía de... Fray Enrique* **Flórez [Setién].** Burgos, 1972, 221.
Salvador Barrera, J. M., *El Padre Flórez y su «España Sagrada».* M, 1914, 78.
→ 1.42.

Alcázar Molina, C., *El Conde de* **Floridablanca.** *Su vida y su obra.* Murcia, 1934², 174.
Alcázar Molina, C., *Ideas políticas de Floridablanca...* REPol, 1955, 53, 35-66.
Baquero, A., *Floridablanca. Su biografía y bibliografía.* Murcia, 1909, 101.
→ 6.78.4, Conrotte; 6.79.2, Alcázar.

Pita Andrade, J. M., *Don Alonso de* **Fonseca** *y el arte del Renacimiento.* CEG, 1958, 13, 173-93. 5

López Melus, R., *Padre Cirilo* **Font Puig,** *cofundador de las Hermanas Carmelitas...* Orihuela, 1970, 155 + láms.

Leavitt, S. E., *J. D. M.* **Ford.** H, 1959, 42, 22-3.
Doyle, H. G., *J. D. M. Ford.* BSS, 1929, 6, 168-72.

Bourland, B. P., *Raymond* **Foulché-Delbosc.** RH, 1933, 81, 3-69.
Foulché-Delbosc, I., y J. Puyol Alonso, *Bibliografía de R. Foulché-Delbosc.* BRAH, 1930, 97, 981-1123.
→ 1.42.

González de la Calle, P. U., *Vida y doctrinas de* **Fox Morcillo.** M, 1903, 381.

Abad, C. M., *Carlos V y San* **Francisco de Borja.** MC, 1959, 31, 299-333.
Pastor Gómez, J., *San Francisco de Borja...* M, 1973, 46 + láms.
Suau, P., *Historia de San Francisco de Borja...* Zaragoza, 1963, 455.

Azcona, J. M., *Bibliografía de San* **Francisco Javier.** Pamplona, 1952, 274.
Brodrick, J., *San Francisco Javier.* M, 1960, 549 + láms.
Elizalde Armendáriz, I., *San Francisco Javier en la literatura española.* M, 1961, 317.
Recondo Iribarren, J. M., *¡Francés de Xavier.* Pamplona, 1970, 335.
Schurhammer, G., *Vida de S. Francisco Javier.* Bilbao, 1936, xxiii+453.
Schurhammer, G., *Franz Xavier. Sein Leben und seine Zeit.* Frisburgo, 1955-64, 2 v.

Plandolit, L. J., ... *San* **Francisco Solano.** M, 1963, 539 + láms.
Recio, A., *Ensayo bibliográfico sobre San Francisco Solano.* AIA, 1949, 9, 473-532.
Santa Clara de Córdoba, A., ... *San Francisco Solano.* Buenos Aires, 1949, 480.

Ontañón, E., **Frascuelo** *o el toreador.* M, 1937, 262.
→ **Lagartijo.**

Frías, J. → 6.46, Wölfel.

González, J., *San* **Froilán de León.** *Estudio crítico-biográfico.* León, 1946, 124.
López Peláez, A., *San Froilán de Lugo. Estudio histórico.* M, 1910, 226.
→ 8.24, López.

Franchi Cavalieri, P., *Las actas de San* **Fructuoso** *de Tarragona.* BolArqueológico (Tarragona), 1959, 59, 3-70.

Quintanilla, M., *Los milagros de San* **Frutos.** ES, 1954, 6, 227-94.

Hering, E., *Los* **Fúcar.** México, 1944, 390.
Pölnitz, G. F., *Jakob Függer.* Tubinga, 1949-51, 2 v.
Shick, L., *Jacobo Fúcar.* M, 1961, 458.

Funes, G. → 7.63.

5 Sánchez Cantón, F. J., ... *Doña Mercedes* **Gaibrois.** BRAH, 1960, 146, 7-18.

Mansilla Reoyo, D., *El Cardenal hispano Pelayo* **Gaitán.** AA, 1953, 1, 11-66.

Llanos Torriglia, F., ... *Doña Beatriz* **Galindo,** *la Latina.* M, 1920, 110.
Torre del Cerro, A., *Unas noticias de Beatriz Galindo...* Hispania, 1957, 17, 255-61.

Gálvez, B. → 7.31, Souvirón.

Gallardo → 1.42, 14.46, Sáinz.

Narbona, F., *El* **Gallo.** *Semblanza de un torero fabuloso.* M, 1960, 61 + láms.
Vila, E., *Rafael «El Gallo»...* Sevilla, 1943, 262.
Llanos Torriglia, F., *Germán* **Gamazo,** *el sobrio castellano.* M, 1942, 246.

Garay, J. → 7.23.

G[arcía] Tapia, A., *Manuel* **García.** *Su influencia en la laringología y en el arte del canto.* M, 1905, 228.

Jordá Cerdá, F., *Antonio* **García Bellido.** Zephyrus, 1973, 24, 314-5.

Pascual Recuero, P., *Elenco de obras del hebraísta Antonio María* **García Blanco.** Granada, 1973, 150.
→ 14.43, Pascual.

Torres Martínez, J. C., *El profesor Manuel* **García Blanco.** BFE, 1966, 18, 63-74.

Casado Lobato, C., *D. Vicente* **García de Diego.** BFE, 1960, 6, 1-5.
Alonso Fernández, D., *La obra lingüística de García de Diego.* BRAE, 1968, 48, 373-86.

Rodríguez Vidal, R., *Zoel* **García de Galdeano.** Gaceta matemática (M), 1964, 16, 3-7.

Pérez de la Canal, M. A., *Alfonso* **García Gallo.** AEM, 1968, 5, 673-85.

Iriarte, M., *El Profesor* **García Morente...** M, 1956[3] xi+325.
Mañero Mañero, S., *Introducción al pensamiento de Don Manuel García Morente.* Archivum, 1953, 3, 214-32.

Muñoz de San Pedro, M., *Diego* **García de Paredes...** M, 1946, 456.

Muñoz de San Pedro, M., *Aventuras y desventuras del tercer Diego* **García de Paredes.** REE, 1957, 13, 5-93.

Cantera Burgos, F., *Alvar* **García de Santa María.** *Historia de la judería de Burgos.* M, 1952, 623.

Barajas García, J. M., *Antonio* **García Tapia.** *Su vida y su obra.* M, 1956.

Font Rius, J. M., *Don Luis* **García de Valdeavellano.** AEM, 1971, 7, 771-88.

Jordana de Pozas, L., *El profesor* **Gascón y Marín** *y su obra.* REVL, 1962, 125, 641-72. 5

Gastón de Béarn → 6.39.2, Lacarra.

Manzanares de Cirre, M., *Don Pascual* **Gayangos** *(1809-1897) y los estudios árabes.* Al-Andalus, 1963, 28, 445-61.
→ 1.71, Roca.

Gayoso, M. L. → 7.31, Holmes.

Biggs, G. A., *Diego* **Gelmírez,** *first Archbishop of Compostela.* Washington, 1949, xi+398.

Quintana Prieto, A., *Las fundaciones de San* **Genadio.** AL, 1956, 10, 55-118.

Germana de Foix → 6.39, **Fernando II**; 6.39.6, Querol; 6.42.4.

Yáñez Neira, D., San **Gil de Casayo,** *monje y anacoreta.* Yermo, 1969, 7, 189-327.

Gutiérrez Ravé, J., **Gil Robles,** *caudillo frustrado.* M, 1967, 318.

Green, O. H., *Joseph Eugene* **Gillet.** HR, 1959, 27, 11-29.

Fernández, V., y J. Serret Zuloaga, **Gimbernat.** *Su vida y su obra.* TCHCM, 1933, 1, 233-60.

Pi Sunyer, J., *Antonio Gimbernat.* Masnou, 1936.

Galindo Romeo, P., **Giménez Soler**. Universidad, 1938, 15, 421-40.

Gil Cremades, J. J., *El pensamiento jurídico de... Francisco* **Giner de los Ríos.** Anales de la Cátedra Francisco Suárez (Granada), 1971, 11, 31-59.

Navarro, M., *Vida y obra de D. Francisco Giner de los Ríos.* México, 1945, 283.

Losada, A., *Juan* **Ginés de Sepúlveda.** *Estudio bibliográfico.* RBD, 1947, 1, 315-95 + láms.
También, Hispania, 1948, 8, 243-307 + láms.

Losada, A., *Juan Ginés de Sepúlveda...* M, 1973[2], 684.

O'Callaghan, J. F., *Don Pedro* **Girón,** *master of the Order of Calatrava.* Hispania, 1961, 21, 342-90.

Bullón de Mendoza, A., *Manuel* **Godoy**... Badajoz, 1968, 144.

Chastenet, J., *Manuel Godoy y la España de Goya.* B, 1963, 320.

Seco Serrano, C., ed. de M. Godoy, *Memorias del Príncipe de la Paz.* M, 1959, I, i-cxxxvii.

Taxonera, L., *Godoy... Una vida y una época.* B, 1946, 334.

Gutiérrez Ravé, J., *Antonio* **Goicoechea.** M, 1965.

Granados, A., *El Cardenal* **Gomá.** M, 1969, 434 + láms.

Gómez, M. → 7.63.

Gómez Moreno, E., *Bibliografía de Don Manuel* **Gómez Moreno.** M, 1970, 50.

5 Gaya Nuño, J. A., *Gómez Moreno a los noventa años.* Arbor, 1960, 45, 390-7.
Biobibliografía.

Lapesa Melgar, R., *Don Manuel Gómez Moreno.* BRAE, 1970, 50, 397-409.

Ruiz de Galarreta, A., *Don José* **Gómez Ocaña.** *Su vida y su obra.* RUM, 1957, 6, 635-6.

Alonso Cortés, N., **Gómez Pereira** *y Luis de Mercado. Datos para sus biografías.* RH, 1914, 31, 1-62.

Gondomar, Conde → 6.63.

Sánchez Cantón, F. J., ... *Don Agustín* **González de Amezúa Mayo.** BRAH, 1957, 140, 7-22.

Pérez Delgado, E., *La obra eclesiológica del Padre* **[González] Arintero.** TE, 1966, 10, 29-56.

Suárez, A., *Vida del P. Mtro. Fr. Juan G[onzález] Arintero.* Cádiz, 1936, 2 v.

Martínez Cachero, J. M., *Andrés* **González Blanco:** *una vida para la literatura.* Oviedo, 1963, 191 + láms.

Taxonera, L., ... **González Bravo** *y su tiempo.* B, 1941, 254.

González de Cellorigo, M. → 14.94, Pérez.

Díaz de Cerio, F., *El Cardenal Ceferino* **González [Díaz].** Pensamiento, 1964, 20, 27-70.

Díaz de Cerio, F., *Un cardenal, filósofo de la historia. Fr. Zeferino González...* Roma, 1969, 197.

Fraile, G., *El P. Ceferino González Díaz Tuñón.* RFilos, 1956, 15, 466-88.

Lacadena Brualla, R., *El Gran Cardenal de España, Don Pedro* **González de Mendoza.** Zaragoza, 1939, 264.

Merino, A., *El Cardenal Mendoza.* B, 1942, 239.

Publicaciones y notas bibliográficas del Excmo. Sr. D. Angel **González Palencia.** BRAH, 1950, 126, 11-35.

Tamayo Rubio, J. A., *Angel González Palencia.* RFE, 1949, 33, 474-7.

Lorca Navarrete, J. F., *El Derecho en Adolfo* **[González] Posada.** Anales de la Cátedra Francisco Suárez (Granada), 1971, 11, 111-92.

Gaibrois de Ballesteros, M., *Homenaje a... María* **Goyri** *de Menéndez Pidal.* M, 1956, 43.

Muñoz Cortés, M., *María Goyri.* RFE, 1954, 38, 457-8.

Riber Campín, L., *Diego* **Gracián de Aldrete,** *su familia y la Madre Teresa de Jesús.* BRAE, 1954, 34, 225-55.

Agenjo Cecilia, R., *Biografía de ...* **Graells Agüera.** Graellsia (M), 1943, 1, 7-21.

Van Durme, M., *El Cardenal* **Granvela** *(1517-1586). Imperio y revolución bajo Carlos V y Felipe II.* B, 1957, xv+437.

Eguíbar Galarza, M., *Montserrat* **Grases**. M, 1973[4], 42. 5
También, en F. Martinell, *Cristianos corrientes. Textos sobre el Opus Dei.* M, 1970, 153-202.

Fernández de Castro, C., *El almirante... Federico* **Gravina y Napoli**. M, 1956, 463.

Sala de Castellarnau, I., *Ciencia y fe en A. de* **Gregorio y Rocasolano**. RyF, 1941, 123, 310-7.

Pop, S., *Mgr. Antonio* **Griera**. Onoma (Lovaina), 1967, 12, 193-201.
Rubio García, L., *Mons. Griera.* BFE, 1955, 3, 4-7.

Durán Gudiol, A., *La obra de García de* **Gudal**, *obispo de Huesca y Jaca.* Argensola, 1960, 11, 1-50.

Bleu, F., *Antes y después del* **Guerra**. M, 1914, 450.

Antón del Olmet, F., y J. Torres Bernal, ... *María* **Guerrero**. M, 1920, 218.
Manzano, R., *María Guerrero.* B, 1959, 127.
Marín Ocete, A., *El Arzobispo Don Pedro* **Guerrero** *y la política conciliar española en el siglo XV.* M, 1970, 2 v.

Peña Goñi, A., **Guerrita**. M, 1894, 423.

Santiago Vela, G., *El Maestro Fr. Juan de* **Guevara**. Archivo Histórico Hispano-Agustiniano (Valladolid), 1917, 7, 267-80, 333-45.
Vega, A. C., *Fray Luis de León y Fray Juan de Guevara.* LCD, 1967, 180, 313-49.

Avermaete, R., **Guillaume [de Nassau]** *le Taciturne, 1533-1584.* París, 1939, 256.
→ 6.58.2.

Gundisalvo, D. → 14.45.

Robles, C., *Historia documentada de* **Guzmán** *el Bueno.* León, 1927, xxxiv+155.

Mateu Llopis, F., *Konrad* **Haebler**. *Con una introducción sobre el hispanismo alemán.* Biblioteconomía, 1968, 25, 25-38.

Hawkins, J. → 7.33, Rumeu.

Antolín Pajares, G., *San* **Hermenegildo** *y la crítica histórica.* LCD, 1901, 56, 5-13, 177-90, 410-22.
Rochel, R., *¿Fue San Hermenegildo rebelde?* RyF, 1903, 7, 192-203, 349-60, 469-81.
Vázquez de Parga, L., *San Hermenegildo ante las fuentes históricas.* M, 1973, 53.
→ 9.15, Orlandis.

Benítez Miura, J. L., *El Doctor Francisco* **Hernández**. AEA, 1950, 7, 367-409.
Somolinos d'Ardois, G., *Bibliografía del Dr. Francisco Hernández, humanista del siglo XVI.* RInteramericana de Bibliografía (Washington), 1957, 7, 1-76.

5 Somolinos d'Ardois, G., *Vida y obras de Francisco Hernández.* México, 1960, 481.
→ 14.98, Somolinos.

Rodríguez de Mora, M. C., *Lorenzo* **Hervás y Panduro** *y su aportación a la filología española.* M, 1971, 118.
Zarco Cuevas, J., *Estudios sobre Lorenzo Hervás y Panduro, 1735-1809. Vida y escritos.* M, 1936, 156.

Hidalgo, M. → 7.63.

Castaño Almendral, A. A., *La obra quirúrgica de Bartolomé* **Hidalgo de Agüero.** Salamanca, 1959, 307.
Gibert Sánchez, R., *Eduardo de* **Hinojosa** *y la historia del Derecho.* BUG, 1952, 24, 194-209.
Sánchez Albornoz, C., *En el centenario de Hinojosa.* CHE, 1952, 17, 5-19.

Hispano, J. → 14.45.

García García, A., *Laurentius* **Hispanus.** *Datos biográficos y estudio crítico de sus obras.* Roma, 1956, xiii+153.

Mansilla Reoyo, D., *El Cardenal Petrus* **Hispanus**... HS, 1956, 9, 243-80.
Rijk, L. M., *On the life of Peter of Spain.* Vivarium (Assen), 1970, 8, 123-54.

Ochoa Sanz, J., *Vincentius* **Hispanus,** *canonista...* Roma, 1960, xiv+184.

Hostos, E. M. → 7.63.

Abad, C., *El primer apóstol del Corazón de Jesús en España* [Francisco Bernardo de **Hoyos**]. Valladolid, 1933, 52+32.
Uriarte, J. E., *Vida del P. Bernardo F. de Hoyos.* Bilbao, 1913[2], xxiii+511.

Iriarte, M., *El Doctor* **Huarte de San Juan.** *y su Examen de ingenios. Contribución a la historia de la psicología diferencial.* M, 1948, 425.
Salinas Quijada, F., *Juan Huarte de San Juan.* Pamplona, 1969, 32 + láms.
→ 14.28, Forgione, Mallart.

Beck, H., *Alexander von* **Humboldt.** México, 1971, 1491 + láms.
Mateos, F., *Viaje de Humboldt a la América española.* RyF, 1959, 160, 301-14; 1960, 161, 25-38.
Melón Ruiz, A., *Alejandro de Humboldt. Vida y obra.* M, 1960, xi+348.
Minguet, Ch., *Alexandre de Humboldt, historien et géographe de l'Amerique espagnole.* París, 1969, 693.
Terra, H., *Humboldt. Su vida y su época.* México, 1956, 313.

Fernández, F., *Aben* **Humeya.** B, 1935, 182.

García Mazas, J., *El poeta y la escultora. La España que* **Huntington** *conoció.* M, 1962, xii+525.

Olivar Bertrand, R., *Cincuenta años de fecundo hispanismo [A. M. Huntington].* Arbor, 1955, 30, 472-6. 5

Hurtado de Mendoza, G. → 7.31, Campos.

Llave, J., *Biografía de Carlos* **Ibáñez [de Ibero]**, *Marqués de Mulhacén.* B, 1953, 17.
Lora Tamayo, M., **Ibáñez Martín** *y el Consejo Superior de Investigaciones Científicas.* Arbor, 1970, 75, 11-47.

Ibarra → 1.56.

Morato, J. J., *Pablo* **Iglesias Posse**, *educador de muchedumbres.* Esplugues, 1968, 168.

Dudon, P., *San* **Ignacio de Loyola**. México, 1945, x+569.
García Villoslada, R., *Ignacio de Loyola...* Zaragoza, 1956, 404.
Granero, J. M., *San Ignacio de Loyola...* M, 1967, 554.
Iparraguirre, I., *Orientaciones bibliográficas sobre San Ignacio de Loyola.* Roma, 1958, 152.
Juambelz, J., *Bibliografía sobre la vida, obras y escritos de San Ignacio de Loyola, 1900-1950.* M, 1956, xi+119.
También, RyF, 1956, 153, 351-400.
Pérez Bustamante, C., *San Ignacio de Loyola y la proyección de su obra en el mundo.* RUM, 1956, 5, 5-25.
→ **Polanco**; 8.11, Iparraguirre.

Tovar González, L., *Ensayo biográfico del... Cardenal* **Ilundáin y Esteban**... Pamplona, 1942, 699.

Pfandl, L., *Gonzalo de* **Illescas** *und die älteste spanische Papstgeschichte.* GAKS, 1931, 3, 21-54.

Gómez Santos, M., *Pastora* **Imperio**. B, 1958, 64.

Indíbil → 6.22.

Cuenca Toribio, J. M., *Don Pedro de* **Inguanzo y Rivero**... Pamplona, 1965, 331.

Herrera Oria, E. ... *Reliquias de San* **Iñigo**, *abad de Oña.* RABM, 1918, 38, 360-81.

Cordero Torres, J. M., **Iradier**. M, 1944, 213.
Majó Framis, R., *Las empresas africanas de Manuel Iradier.* Africa, 1954, 11, 390-3.
→ 7.79, Majó.

Llorens Raga, P. L., *El obispo mártir... Manuel* **Irurita Almándoz**. Valencia, 1972, 338 + láms.

Washington **Irving**. Granada, 1960, 186.
Miscelánea por diversos autores.

González Hernández, V., *Santa* **Isabel de Aragón**... Zaragoza, 1971, 160.
San Vicente Pino, A., *Santa Isabel, Reina de Portugal.* Zaragoza, 1971, 170.

Isabel de Farnesio → 6.75.

5 Ortega Morejón, J. M., *Dona* **Isabel de Borbón,** *Infanta de España.* M, 1943, 223.

Isabel de Mallorca → 6.39.7, Martínez.

Isabel de Portugal → 6.51.2, Vales.

Llanos Torriglia, F., *La novia de Europa,* **Isabel Clara Eugenia.** M, 1944^{2}, 272.
Terlinden, V. Ch., *Isabel Clara Eugenia.* M, 1944, 160.
→ 6.58.2.

Isabel de Valois → 6.55.1.

S. **Isidoro** → 17.90.

Cruz, N. J., *Vida de San* **Isidro Labrador,** *adjunta la de su esposa Santa María de la Cabeza.* M, 1885, 430.
García Villada, Z., *S. Isidro Labrador en la historia y en la literatura.* RyF, 1922, 62, 36-46, 167-76, 323-35, 454-68; 63, 37-53.
San Isidro Labrador y Santa María de la Cabeza. M, 1947, 160.
→ 19.40, Vega.

Itúrbide, A. → 7.63.

Iturriaga, J. → 7.24, Ramos.

Iturrigaray, J. → 7.64, Lafuente.

Jaime de Borbón y Parma → 6.85.2.

Santos, A., *Jerónimo* **Javier,** *S. I., apóstol del Gran Mogol...* Pamplona, 1958, xxiii+323.

Balzola, V., ... *Semblanza del Beato* **[Jerónimo]** *Hermosilla.* Oriente (Avila), 1961, 51, 51-9.
Garreta, T. [E. Tato Amat], *Vida y martirio del Beato Jerónimo Hermosilla.* B, 1906.

Rodríguez Fernández, I., *San* **Jeroteo,** *Obispo de Segovia.* M, 1921^{2}, 140 + láms.

Santa Ana, B. I., *Vida de la Madre* **Ana de Jesús.** Burgos, 1901, 2 v.

Virgen del Carmen, A., *Silueta científica del P. Crisógono de* **Jesús Sacramentado.** El Monte Carmelo (Burgos), 1945, 46, 292-303.

Antón Oneca, J., *La obra penalista de* **Jiménez de Asúa.** ADP, 1970, 21, 547-53.

Jiménez de Quesada, G. → 7.23.

Colombás, G. M., ... *García* **Jiménez de Cisneros,** *abad de Montserrat.* Montserrat, 1955, xxx+510.

Carreras, J. U. M., *Biobibliografía de Don Marcos* **Jiménez de la Espada.** RI, 1965, 25, 221-51.

Ballesteros Gaibrois, M., *Don Rodrigo* **Jiménez de Rada.** B, 1936, 232. También, PV, 1941, 2, 66-73.
Castro Alava, J. R., *Don Rodrigo Ximénez de Rada.* Pamplona, 1968, 31.

Gorosterratzu, J., *Don Rodrigo Jiménez de Rada...* Pamplona, 1925, xvi+471.
→ 8.34, **Huerta**; 17.90.

García Miralles, M., *El Beato* **Joaquín Royo.** Teruel, 1959, 219 + láms.

Nonell, J., *Vida y virtudes de la V. M.* **Joaquina de Vedruna** *de Mas...* Manresa, 1905-6, 2 v.

Pamplona, I., *Vida y obra de... Santa Joaquina Vedruna.* M, 1959[5], 236.

Marco Merenciano, F., *Vida y obra del P.* **Jofré**... AIHM, 1950, 2, 305-9.

Saralegui Medina, M., *Silueta del Almirante de Castilla Don Alfonso* **Jofre de Tenorio.** M, 1910, 134.

Bau, C., *Biografía crítica de San* **José de Calasanz.** M, 1949, xxix+1245.

Bau, C., *Revisión de la vida de San José de Calasanz.* Analecta Calasanctiana (M), 1963, 5, 1-350.

Bau, C., *San José de Calasanz.* Salamanca, 1967, 419.

Caballero, V., *Orientaciones pedagógicas de San José de Calasanz.* M, 1945[2], 607.

Pérez, R., *San José de Calasanz en la bibliografía.* RCalasancia (M), 1957, 3, 695-721.

Vilá Palá, C., *Fuentes inmediatas de la pedagogía calasanciana.* M, 1960, 323.

Ballester Claramunt, J., *Vida de San* **José Oriol.** B, 1909, 668.

March, J. M., *El restaurador de la Compañía de Jesús, Beato* **José Pignatelli.** B, 1935-44, 2 v.

Testore, C., *Il restauratore. San Giuseppe Pignatelli.* Roma, 1954, 159.

Parra, A., **Joselito,** *su vida y su muerte.* M, 1921, 96.

Camón Aznar, J., *Sobre la muerte del Príncipe Don* **Juan.** M, 1963, 134.

Maura, Duque de, ... *Don Juan, primogénito de los Reyes Católicos.* M, 1944, 251.

Veredas Rodríguez, A., *El Príncipe Juan de las Españas, 1478-1497.* Avila, 1938, 302.

Dennis, A., *Don* **Juan of Austria.** M, 1966, 291.

Ferrandis Torres, M., *Don Juan de Austria...* M, 1942, 387.

Martínez Friera, J., *Don Juan de Austria, el caudillo de Lepanto.* M, 1944, 286.

Petrie, Ch., *Don Juan de Austria.* M, 1968, 444 + láms.
→ 6.58.3.

Arce, R., *San* **Juan de Avila** *y la reforma de la Iglesia en España.* M, 1970, 184.

Jiménez Duque, B., *El Maestro Juan de Avila.* Arbor, 1970, 75, 17-25.

Sala Balust, L., y F. Martín Hernández, *Santo Maestro Juan de Avila.* M, 1970, 389.

Martínez Val, J. M., *El Beato* **Juan Bautista de la Concepción.** Ciudad Real, 1961, 20.

5 Gutiérrez Ravé, J., *El Conde de Barcelona* **[Juan de Borbón]**. M, 1962, 316 + láms.
Sierra, R., *Don Juan de Borbón.* M, 1965, xvi+200 + láms.
González Doria, F., **Juan Carlos** *y Sofía...* M, 1962, 153.

Juan Diego → 7.36.

Cruset, J., *San* **Juan de Dios**... B, 1957, 348.
Gómez Moreno, M., *San Juan de Dios. Primicias históricas.* M, 1950, 351.
→ 14.60, Alvarez.

Sánchez de Sopranis, H., *Biografía documentada del Beato* **Juan Grande**. Jerez, 1960, 224.
Sancho de Sopranis, H., *Nuevos documentos relacionados con el Beato Juan Grande.* AH, 1964, 41, 129-33.

Marín Ocete, A., *El negro* **Juan Latino**. RCentro EstHistóricos (Granada), 1923, 13, 97-120.
Spratlin, V. B., *Juan Latino, slave and humanist.* Nueva York, 1938, xiv+216.

López Martínez, N., *San* **Juan de Ortega**. Burgos, 1963, 126.

Castellanos, M., *Compendio biográfico del... Beato* **Juan de Prado**. Tánger, 1904.
Pazos, M., *Episodios biográficos del Beato Juan de Prado.* Mauritania (Tánger), 1958, 31, 83-6.

Olaechea Loizaga, M., *Algunos aspectos de la espiritualidad de San* **Juan de Ribera**. TE, 1961, 5, 11-33.
Robres Lluch, R., *El Patriarca Ribera, la Universidad de Valencia y los jesuitas.* Hispania, 1957, 17, 510-609.
Robres Lluch, R., *San Juan de Ribera...* B, 1960, xxxv+522 + láms.
→ 1.42.

Cámara Castro, T., *Vida de San* **Juan de Sahagún**. El Escorial, 1925[2], 398.
Camblor, L., *San Juan de Sahagún...* El Escorial, 1962, 155.

Gil Novales, A., *Jorge* **Juan [Santacilia]** *y Antonio de Ulloa.* CH, 1958, 34, 75-95.
Guillén Tato, J. F., *Los tenientes de navío Jorge Juan y Antonio de Ulloa... y la medición del meridiano.* M, 1936, xiv+276.
Rodríguez Casado, V., *Jorge Juan en la Corte de Marruecos.* M, 1941, 62.
→ 7.50, Cervera.

Castaño, R., *Monografía de Santa* **Juana de Aza**. Vergara, 1900.

Juana Enríquez → 6.39, **Juan II**.

Machado, O. A., *Los nombres del llamado Conde Don* **Julián**. CHE, 1945, 3, 106-16.

Rey Palomero, A., *San* **Julián de Cuenca**, en *Año cristiano.* M, 1959, II, 202-7.

San **Julián de Toledo** → 17.90.

Leonard, I. A., *Ralph Hayward* **Keniston**. HR, 1971, 39, 475-7.

Martín Duque, A. J., *José María* **Lacarra y de Miguel**. AEM, 1969, 6, 651-65.

Bonnet Reverón, B., *Don Luis de* **La Cerda**, *Príncipe de la Fortuna*. EMC, 1959, 20, 43-104.

Cotarelo Mori, E., *María* **Ladvenant Quirante**, *primera dama de los teatros de la Corte*. M, 1897, viii+287.

Peña Goñi, A., **Lagartijo** *y Frascuelo y su tiempo*. M, 1887, 311+xiii.

Vila, E., *Lagartijo el Grande*. M, 1944, 263.

Fita Colomer, F., *El martirio del Santo Niño de* **La Guardia**. BRAH, 1887, 11, 7-60.

Cereceda, F., *Diego* **Laínez** *en la Europa religiosa de su tiempo*. M, 1945-6, 2 v.

Martínez de Azagra, A., *El P. Diego Laínez*... M, 1933, 497.

Pérez Rioja, J. A., *Una bibliografía en torno al P. Diego Laínez*. Celtiberia, 1965, 15, 213-43.

Castro, H., *Don Juan de* **Lanuza**... M, 1935, 183.

Ruiz Ortiz, V., *Rafael* **Lapesa Melgar**. BFE, 1961, 9, 1-7.

Abad, C. M., *Vida y escritos del Venerable Padre Luis de* **La Puente**. Comillas, 1957, 780.

Cachupín, F., *Vida y virtudes del Venerable Padre Luis de La Puente*. Salamanca, 1652, 552.

Tellechea Idígoras, J. I., *El jesuita P. Manuel de* **Larramendi**. BRSV, 1966, 22, 3-56.

Martínez Guitián, L., *El Marqués de* **La Romana**. Santander, 1944, 167. → 6.79.4, Godchot.

Bataillon, M., *Études sur Bartolomé de* **Las Casas**... París, 1965, xxxix+344.

Giménez Fernández, M., *Bartolomé de Las Casas*. Sevilla, 1953-60, 2 v.

Giménez Fernández, M., *Breve biografía de fray Bartolomé de Las Casas*. Sevilla, 1966, 74.

Hanke, L., *Bartolomé de Las Casas, letrado y propagandista*. Bogotá, 1965, 166.

Hanke, L., *La fama de Fray Bartolomé de Las Casas*. AEA, 1966, 23, 1-19.

Hanke, L., y M. Giménez Fernández, *Bartolomé de Las Casas, 1474-1566. Bibliografía crítica*... Santiago de Chile, 1954, 394.

Losada, A., *Fray Bartolomé de Las Casas a la luz de la moderna crítica histórica*. M, 1970, 405.

Menéndez Pidal, R., *El Padre Las Casas. Su doble personalidad*. M, 1963, xvi+410 + láms.

Arco Garay, R., *Don Vicencio Juan de* **Lastanosa**. *Apuntes bio-bibliográficos*. Huesca, 1911, 171.

5 Arco Garay, R., *Más datos sobre D. Vicencio Juan de Lastanosa.* Huesca, 1912, 160.
→ 1.42, 14.06, Arco.

Bibliografía sobre D. Gumersindo **Laverde.** BBMP, 1961, 37, 263-89.
Cossío Martínez, J. M., *Semblanza de Don Gumersindo Laverde.* BBMP, 1961, 37, 37-48.

Cortés Latorre, C., *Don Blas* **Lázaro Ibiza.** Anales del InstBotánico (M), 1960, 18, 37-52.
Hernández Pacheco, E., *Desarrollo de la Botánica en España y el botánico Blas Lázaro Ibiza.* Anales de la RAcFarmacia (M), 1958, 24, 244-54.

Aguado, E., *Ramiro* **Ledesma [Ramos]**... M, 1941, 116.
Borrás, T., *Ramiro Ledesma Ramos.* M, 1971, 791.
→ 9.38, **Fascismo.**

Legazpi, J. → 7.82.

Bataillon, M., *Nécrologie. Georges* **Le Gentil.** BH, 1954, 56, 5-13.
Fernández Murga, F., *El Conde de* **Lemos,** *virrey-mecenas de Nápoles.* Annali. Sezione Romanza (Nápoles), 1962, 4, 5-28.
Hermida Balado, M., *Vida del VII Conde de Lemos. Interpretación de un mecenazgo.* M, 1948, 221.
Pardo Manuel, A., *Un mecenas español del siglo XVII. El Conde de Lemos*... M, 1911, 311.

Lemos, X Conde de → 7.31, Basadre, Lohmann.

Rivera Recio, J. F., *Santa* **Leocadia de Toledo.** Toledo, 1961, 16 + láms.

Sáez Pomés, M., *Un Rey de Oriente en Navarra y Béarn:* **León** *V de Armenia, I de Madrid.* PV, 1948, 9, 57-73.

López, J. M., *El Padre José* **Lerchundi.** M, 1927, xx+523.

Lerma, Duque → 6.62.
Oliver Cobeña, F., **Letamendi.** M, 1951, 194.
Palafox Marqués, S., *Vida, semblanza y obra del Doctor Letamendi.* AIHM, 1951, 3, 441-73.
Palafox Marqués, S., *Los ideas médico-pedagógicas del Doctor Letamendi.* AIHM, 1960, 12, 201-48.

Sourdel, J. y D., *Liste des travaux du Professeur E.* **Lévi-Provençal.** Arabica (Leiden), 1956, 3, 136-46.

García Ortega, E., *Santiago de* **Liniers**... Buenos Aires, 1946, 398.

S[ánchez] Granjel, L., *Luis* **Lobera de Avila.** Salamanca, 1959, 45.

López, E. → 7.63.

López, I. → 6.78.2, Eguía.

Sevilla Merino, A., *Joaquín María* **López.** Alicante, 1959, 92.

López, N. → 7.63.

Marcel, G., *Le géographe Tomás* **López.** RH, 1907, 16, 137-243.

Sánchez Bella, I., *Angel* **López-Amo Marín.** AHDE, 1956, 26, 901-5. 5

Rivas Santiago, N., *Luis* **López Ballesteros...** M, 1945, 232 + láms.

Olmedilla Puig, J., *Noticias bibliográficas referentes a... Alfonso* **López de Corella.** M, 1910, 16.

Sánchez Cantón, M. P., *Apuntes para la biografía de Don Antonio* **López Ferreiro.** CEG, 1960, 15, 255-335.

González Palencia, A., *El testamento de Juan* **López de Hoyos.** RABM, 1920, 24, 593-603.

López Pinciano, *A.* **→ Pinciano.**

Gibert Sánchez, R., ... *Gregorio* **López [de Tovar],** *glosador de Las Partidas.* Cáceres, 1960, 48.

Pérez Rioja, J. A., ... *Juan* **López de Velasco.** Celtiberia, 1958, 8, 7-38.

Bobo García, A., *El Dr. D. Francisco* **López de Villalobos...** TCHCM, 1935, 6, 283-311.

Calamita, C., ... *Francisco López de Villalobos, médico de Reyes y príncipe de literatos.* M, 1952, 309.

Palencia Flores, C., *El Cardenal* **Lorenzana,** *protector de la cultura...* Toledo, 1946, 94.

Durán Gudiol, A., *San* **Lorenzo,** *arcediano de la Santa Romana Iglesia y mártir.* Argensola, 1956, 7, 209-24.

Solana, M., *El Padre Luis de* **Lossada.** RFilos, 1942, 1, 345-69.

Rodríguez Mourelo, J., *Don José Ramón* **Luanco.** RReal Ac de Ciencias (M), 1905, 3, 363-79.

García Venero, M., *Torcuato* **Luca de Tena...** M, 1961, 393 + láms.

Lugo, A. → 6.46, Rumeu.

Revollo, P. M., *Vida de San* **Luis Beltrán.** América española (Cartagena, Colombia), 1956, 66-7, 225-57.

Galduf Blasco, V., *San Luis Beltrán...* B, 1961, 334.

Ferrer Gibert, P., *El Archiduque* **Luis Salvador** *en Mallorca.* Palma, 1973, 140.

Luisa Isabel de Orleáns → 6.76.

Abad, C. M., *La Venerable Doña* **Luisa Carvajal y Mendoza.** Manresa (M), 1963, 35, 315-32.

Lulio → 17.90.

Casas, A., *El Papa* **Luna.** B, 1944, 443.

Puig Puig, S., *Pedro de Luna, último Papa de Avignon.* B, 1920, 632. **→ 1.42, Benedikt.**

Cirillo, T., *Notizia bibliografica su don Alvaro de* **Luna.** Annali. Sezione Romanza (Nápoles), 1963, 5, 277-91.

Corral, L., *Don Alvaro de Luna, según testimonios inéditos de la época.* Valladolid, 1915, 122.

Silió Cortés, C., *Don Alvaro de Luna y su tiempo.* M, 1957[2], 233.

5 **Luzán** → 14.46.

Apráiz, R., *Eugenio de* **Llaguno Amírola.** *Su vida, su obra...* BRSV, 1948, 4, 53-95.

Lluria, R. → 6.39.9.

Maceo, A. → 7.63.

Legaz Lacambra, L., *Las ideas político-sociales de Ricardo* **Macías Picavea** *y su visión del problema nacional.* EHSE, 1952, 2, 9-61.

Pemartín Pemán, J., *La obra de Salvador* **Madariaga.** Arbor, 1953, 26, 173-217.

Madrigal → **Tostado.**

Magallanes, F. → 7.28.

Cotarelo Mori, E., *Isidoro* **Máiquez** *y el teatro de su tiempo.* M, 1902, 855.

Vega López, J., *Máiquez, el actor y el hombre.* M, 1947, 264.

Cambronero, C., *Juan* **Malasaña** *y su hija.* LEM, 1891, 32, 5-14.

Entrambasaguas Peña, J., *Los Malasaña,* en su *Miscelánea erudita.* M, 1957, I, 51-4.

Malaspina, A. → 14.98, Carril.

Iturrioz, J., *[Juan]* **Maldonado** *en Salamanca.* EE, 1942, 16, 221-34.

Mandonio → 6.22.

Benito Durán, A., *Andrés* **Manjón.** *Estudio de su sistema pedagógico.* Granada, 1955, 101.

Márquez, G., *Obras y escritos de Don Andrés Manjón.* M, 1941.

Montero, J., *Manjón, precursor de la escuela activa.* Granada, 1958.

Tuser, J. M., **Manolete.** B, 1964.

Villa, A., *Manolete...* México, 1946, 227.

Guerin, P., *Fray Angel* **Manrique.** MC, 1963, 40, 229-355.

Granero, J. M., *La conversión de Miguel* **Mañara.** RyF, 1960, 161, 49-66, 309-11.

Granero, J. M., *Don Miguel Mañara Leca.* Sevilla, 1963, 618 + láms.

Tassara Sangran, L., *Mañara.* Sevilla, 1959, 251.

Almodóvar, J. F., y E. Warleta, **Marañón...** M, 1952, 468.

Botella Llusiá, J., *Gregorio Marañón. El hombre, la vida, la obra.* Toledo, 1972, 70.

Batllori Munné, M., *Doctor Gregorio Marañón.* RyF, 1960, 161, 530-7.

Gómez Santos, M., *Vida de Gregorio Marañón.* M, 1971, 551.

Laín Entralgo, P., *Gregorio Marañón. Vida, obra y persona.* M, 1969, 220.

Rodríguez, R., *San* **Marcelo de León.** AL, 1948, 2, 141-7.

Inglés, T., *El Rvdo. P. Antonio M.* **Marcet,** *abad de Montserrat.* Liturgia (Silos), 1946, 1, 216-8.

Tarín Iglesias, J., *L'abat Marcet. Mig segle de vida montserratina.* B, 1955, 228.

Rumeu de Armas, A., *El cosmógrafo Fray Antonio de* **Marchena**... AEA, 1967, 24, 793-837. 5
→ 7.21, Rumeu.

Tarr, F. C., *Charles Carroll* **Marden.** HR, 1933, 1, 70-2.

Mares → 1.56.

Fort Cogul, E., *La llegenda sobre* **Margarida de Prades.** B, 1970, 273.

Margarit i de Pau, J. → 17.90.

Boom, G. de, *Marguerite* [**Margarita**] **d'Autriche.** Bruselas, 1946, 263.
→ 6.61, Pérez.

Gómez del Campillo, M., **Margarita de Austria, Duquesa de Parma.** BRAH, 1959, 145, 145-78; 1960, 146, 21-62.

Iongh, J., **Margaret of Austria, Regent of the Netherlands.** Londres, 1954, 217 + láms.

Margarita, Infanta de España, Emperatriz de Austria → 6.69.

Taylor, G., *The little Infanta* [**Margarita Teresa**]. Londres, 1960, 150 + láms.

Serrano, F., *Historia... de la Beata* **María de la Cabeza.** M, 1752, 424.
→ **San Isidro.**

María de Castilla → 6.39.1, **Alfonso V.**

María de Chipre → 6.39.1, **Jaime II.**

Boom, G. de, **Marie de Hongrie.** Bruselas, 1956, 132.

María I de Inglaterra → 6.55.1.

María de Luna → 6.39.1, **Martín I.**

María de Médicis → 6.63.

María de Molina → 6.37.3, Gaibrois.

Prescott, H. F., **Mary Tudor.** Nueva York, 1953², 439.

María Amalia de Sajonia → 6.78.1.

María Cristina de Borbón → 6.79.1.

María Cristina de Habsburgo → 6.89.3.

María Luisa de Borbón → 6.79.1.

María Luisa de Orleáns → 6.67.1.

María Luisa de Parma → 6.79, 6.79.1.

María Luisa Gabriela de Saboya → 6.75, Perey.

María de las Mercedes → 6.89.1.

María Victoria de Aosta → 6.28.3.

Asensio, F., *El profesorado de* **Mariana** *y su influjo en la vida del escritor.* Hispania, 1953, 13, 581-639.

Ballesteros Gaibrois, M., *El Padre Juan de Mariana. La vida de un sabio.* B, 1943, xii+258.

5 Cirot, G., *Mariana historien.* Burdeos, 1940, xiv+482.

Lewy, G., *The political philosophy of Juan de Mariana.* Ginebra, 1960, 200.

Gilabert Castro, J., *Vida de la Beata* **Mariana de Jesús.** M, 1924, 272.

Gómez Domínguez, E., *La Beata Mariana de Jesús...* M, 1965, 366 + láms.

Cereceda, F., *Santa* **Mariana de Jesús.** RyF, 1950, 142, 27-39.

Espinosa Polit, A., *Santa Mariana de Jesús...* Quito, 1957.

Mariana de Neoburgo → 6.67.1.

Sauras, E., *Introducción* a **F. Marín Sola,** *La evolución homogénea del dogma.* M, 1952, 1-127.

Vicente, V., *De la prisión a las aulas universitarias.* Philippiniana Sacra, 1966, 1, 320-46.

Mariño, S. → 7.63.

Cardenal de Iracheta, M. P., *Juan* **Márquez,** *OSA. Antología.* M, 1949, 166.

Chinchilla Aguilar, E., *El licenciado F.* **Marroquín,** *primer obispo de Guatemala.* Antropología e Historia de Guatemala, 1962, 2, 57-65.

Pascual Beltrán, V., *El inventor de la taquigrafía española, Francisco de Paula* **Martí.** Valencia, 1926, 77.

Martí, J. → 7.63.

Pérez, A., *Semblanza del P. Luis* **Martín.** RyF, 1906, 15, 141-56, 279-92.

Martín de Braga, San → 6.32.1, Torres.

Romero, M. A., *Hacia una biografía científica de San* **Martín de Finojosa.** Celtiberia, 1962, 12, 93-115.

Romero, M. A., *San Martín de Finojosa, visto por su biógrafo, el monje Ricardo.* Cistercium, 1970, 120, 300-9.

Martín de Loínaz, San → 22.36.3, **Beasáin.**

Galdouf Blasco, V., *El primer santo negro.* **Martín de Porres.** B, 1961, 237.

Sánchez Silva, J. M., *San Martín de Porres.* Palencia, 1962, 382.

Alvarez Sierra, J., *Antón* **Martín** *y el Madrid de los Austrias.* San Baudilio de Llobregat, 1961, 152.

S[ánchez] Granjel, L., *El pensamiento médico de Martín* **Martínez.** AIHM, 1952, 4, 41-78.

S[ánchez] Granjel, L., *La obra quirúrgica de Martín Martínez.* Medicamenta (M), 1961, 36, 100-2.
→ 14.66, Valle.

Oller Piñol, J., **Martínez Anido,** *su vida y su obra.* M, 1943, 240.

Martínez Friera, J., *El capitán general* **Martínez Campos.** M, 1947, 244.

Martínez de Irala, D. → 7.23.

Maravall Casesnoves, J. A., *El pensamiento político en España a comienzos del siglo XIX:* **Martínez Marina.** REPol, 1955, 54, 29-82. **5**
Sosa, L., *Martínez Marina.* M, 1935, 286.

Palma Rodríguez, F., *Vida y obra del doctor* **Martínez Molina,** *anatómico y cirujano.* Salamanca, 1968, 43 + láms.

Martínez Peña, E., ... *Zacarías* **Martínez [Núñez].** Archivo Agustiniano (Valladolid), 1933, 40, 378-90.

Marcos, F., *Algunos datos biográficos... del Maestro Pedro* **Martínez de Osma.** Salmanticensis, 1955, 2, 691-706.

Reyes Prósper, V., *Juan* **Martínez Silíceo.** RSMatemática Española (M), 1912, 1, 153-6.

Mota Arévalo, H., *Cuarto centenario del Cardenal Silíceo.* REE 1956, 12, 299-310.

Muñiz Toca, A., *Vida y obra de* **M[artínez] Torner.** Oviedo, 1961, 46.

Pérez de Castro, J., *Contribución al catálogo bibliográfico, periodístico y oratorio de Fr. Ramón* **Martínez Vigil.** BIEA, 1961, 15, 17-26.

Viñayo González, A., *Santo* **Martino de León.** León, 1960, 167.

Gallego Salvadores, J., *El Maestro Diego* **Mas** *y su tratado de Metafísica.* AST, 1970, 43, 3-92.

Quadrado, J. M., *Biografía de Don Santiago de* **Masarnau...** M, 1903, 361.

Vera, F., *El matemático madrileño* **Maslama Benahmed.** *Notas para una bibliografía.* RBAM, 1932, 9, 135-49.

Sancho de San Román, R., *Pedro* **Mata** *y el somaticismo psiquiátrico.* CHME, 1962, 1, 25-60.

Bibliografía de Felipe **Mateu de Llopis.** B, 1972, 153.

García Venero, M., *Antonio* **Maura [Montaner].** M, 1953, 233.
Ruiz Castillo, J., *Antonio Maura, treinta y cinco años de vida pública. Ideas políticas...* M, 1953², 572.
Sevilla Andrés, D., *Antonio Maura. La revolución desde arriba.* B, 1954, 503.
→ 9.38, **Conservador.**

Fernández Almagro, M., *Don Gabriel* **Maura Gamazo.** BRAE, 1963, 43, 7-18.

Serrano Pineda, L., *Don* **Mauricio,** *Obispo de Burgos...* Roma, 1922, 156.

Fernández, B., *Investigaciones acerca del culto del Beato* **Mauricio Proeta.** LCD, 1912, 90, a 1914, 98, múltiples entradas.

Maximiliano, Archiduque → 6.42.4, 6.52.

Castañeda Alcover, V., *Don Gregorio* **Mayans y Síscar.** M, 1946, 18.
Mestre, A., ... *Pensamiento político-religioso de Don Gregorio Mayans y Síscar.* Oliva, 1968, 513.

5 Mestre, A., ... *Mayans y la historiografía del siglo XVIII*. Oliva, 1970, 607.
Morel-Fatio, A., *Gregorio Mayans y Síscar*. BH, 1915, 17, 157-226.
→ 1.42.

Barbudo Duarte, E., *Don José de* **Mazarredo Salazar**... M, 1945, 328.
Núñez Iglesias, I., *El teniente general de la Armada, Don José de Mazarredo Salazar*. Bilbao, 1945, 122.

Blic, J., **Medina** *et les origines du probabilisme*. Ephemerides Theologicae Lovanienses, 1930, 7, 46-83, 264-91.
González Menéndez, I., *El pseudoprobabilismo de Fray Bartolomé de Medina*. LCT, 1928, 20, 35-57.
→ 14.10, Termus.

Carcer Disdier, M., *Bartolomé de* **Medina**... *en la Nueva España*. AH, 1958, 29, 33-45.
Valdés, P., *El metalúrgico Bartolomé de Medina. Luces biográficas*. Abside (México), 1969, 33, 193-201.

[*Bibliografía de José Toribio* **Medina**]. BiH, 1952, 10, 141-5.
José Toribio Medina. Humanist of the Americas. Washington, 1960, liv+295.
Miscelánea por varios autores.

Flores Caamaño, A., *Don José* **Mejía Lequerica** *en las Cortes de Cádiz*... B, 1914, lx+571.

Alonso, C., *El P. Nicolás* **Melo**, *embajador y mártir*. MH, 1958, 15, 219-44.

Gómez Santos, M., *Raquel* **Meller**. B, 1958, 64.

Mendaña, A. → 7.80.

Ibáñez de Ibero, C., **Méndez Núñez**. M, 1946, 197.
Mendívil, M., *Méndez Núñez o el honor*. Bilbao, 1930, 272.
Núñez Iglesias, I., *Don Casto [Méndez Núñez], el marino*. RGeneral de Marina (M), 1969, 177, 147-70.

García Tejero, A., *Historia político-administrativa de* **Mendizábal**. M, 1858, 2 v.

Mendoza → **González Mendoza.**

Mendoza, A. → 7.31, Pérez.

Mendoza, P. → 7.23.

Mendoza Bobadilla, C. → 8.43, **Burgos.**

Menéndez de Avilés, P. → 7.23.

Calvo Serer, R., *La significación cultural de* **Menéndez Pelayo** *y la historia de su fama*. Arbor, 1951, 20, 305-26.
Estudios sobre Menéndez Pelayo. M, 1956, 587.
Miscelánea por numerosos autores.
Kluge, F., *Las ideas estéticas fundamentales de Menéndez Pelayo*. BBMP, 1959, 35, 1-30.
Muñoz Alonso, A., *Las ideas filosóficas en Menéndez Pelayo*. M,

1956, 188.
Real de la Riva, C., *Menéndez Pelayo y la crítica literaria española.* BBMP, 1956, 32, 293-341.
Sáinz Rodríguez, P., *Menéndez Pelayo, historiador y crítico literario.* M, 1956, 129.
Sánchez Reyes, E., *Don Marcelino. Biografía del último de nuestros humanistas.* B, 1959[2], 406 + láms.
Simón Díaz, J., *Bibliografía sobre Menéndez Pelayo,* en *Estudios sobre Menéndez Pelayo.* M, 1956, 489-581.
Simón Díaz, J., *Bibliografía de y sobre Menéndez Pelayo, 1939-1955.* Arbor, 1956, 34, 536-59.

Antelo Iglesias, A., *Filología e historiografía en la obra de Ramón* **Menéndez Pidal.** Thesaurus, 1964, 19, 397-415.
Conde, C., *Menéndez Pidal.* Bilbao, 1969, 258.
Lapesa Melgar, R., *Don Ramón Menéndez Pidal. Ejemplo y doctrina.* Filología (Buenos Aires), 1969, 13, 1-32.
Lapesa Melgar, R., *Menéndez Pidal y la lingüística.* CH, 1969, 80, 166-75.
Maravall Casesnoves, J. A., *Menéndez Pidal y la renovación de la historiografía.* REPol, 1959, 105, 49-97.
Meier, H., *Ramón Menéndez Pidal y los métodos de la historia lingüística.* ALetras, 1969, 7, 43-58.
Rabanales, A., *La obra lingüística de Don Ramón Menéndez Pidal.* RFE, 1970, 53, 225-92.
También, BF, 1970, 21, 193-272.
Vázquez de Parga, M. L., *Bibliografía de Don Ramón Menéndez Pidal.* RFE, 1964, 42, 7-127.

Riera, J., *Vida y obra de Luis* **Mercado.** Salamanca, 1968, 110.
→ **Gómez Pereira.**

Mercado, T. → 14.10, Abellán.
Mérida, P. → 4.80, Rodríguez.

Boussagol, G., *Ernest and Henri* **Merimée.** BSS, 1929, 6, 15-9.

Ontañón, E., *El cura* **Merino.** M, 1933, 254.
Merino, M. → 6.87.2, Calvo.

Lasalde, C., *El Padre escolapio Andrés* **Merino [Irigoyen]** *y sus obras.* RCalasancia (M), 1927, 14, 121-50.

Vicente Salvador, F., *Jerónimo* **Merola,** *médico español del siglo XVI.* AIHM, 1960, 12, 261-72.

Dal-Gal, P., *El Cardenal Rafael* **Merry del Val...** M, 1954, 234.
Javierre, J. M., *Merry del Val.* B, 1961, xii+613.

Barrios Moneo, A., ... *Santa* **Micaela del Santísimo Sacramento.** *Historia documentada.* M, 1968, 683.
Cámara, T., *Vida de la Venerable M. [Micaela] Sacramento, Vizcondesa de Jorbalán...* M, 1908[2], 2 v.
Vegas, I., ... *Santa María Micaela del Santísimo Sacramento.* M, 1965[3], 490.

5 Rius Serra, J., *Bibliografía de [San]* **Miguel de los Santos,** en *Miscelánea Mons. J. Rius Serra.* San Cugat, 1965, II, 78-85.

San Diego, L., *Compendio de la vida del Beato Fr. Miguel de los Santos...* M, 1782, 381.

Roig Roqué, J., *Bibliografia d'En Manuel* **Milà i Fontanals...** B, 1913, viii+207.

Rubió Lluch, A., *M. Milà Fontanals. Notes biogràfiques i critiques.* B, 1918, 89.

Gaiffier, B., *La controverse au sujet de la patrie de S. Emilien* **[Millán]** *de la Cogolla.* Analecta Bollandiana (Bruselas), 1933, 51, 293-317.

Minguella Arnedo, T., *Vida de San Millán.* M, 1883, vi+280.

Toribios Ramos, A., *San Millán de la Cogolla...* PV, 1957, 18, 519-27.

→ 8.34, **Millán.**

Silva, C., *General* **Millán Astray...** B, 1956, 260.

Quintana, I., *Agustín* **Millares Carlo.** RUniversidad de Zulía (Maracaibo), 1969, 47, 100-11.

Cantera Burgos, F., *Don José María* **Millás Vallicrosa.** BRAH, 1970, 167, 217-22.

Romano Ventura, D., y J. Vernet Ginés, *José María Millás Vallicrosa.* AEM, 1967, 4, 537-63.
También, Sefarad, 1970, 30, 211-50.

Guzmán, M. L., **Mina** *el Mozo...* M, 1932, 289.

Fabo, P., ... *Fr. Toribio* **Minguella [Arnedo].** LCD, 1919, 117, 218-28.

Fabo, P., *Vida del... P. Toribio Minguella.* B, 1927, 233.

Aznar Embid, S., *Salvador* **Minguijón Adrián.** RIS, 1959, 17, 525-43.

Mirón → 6.32.1, Torres.

Aguilera Santiago, I., *Don Sebastián de* **Miñano Bedoya.** *Bosquejo biográfico.* BBMP, 1930, 12, a 1933, 15, múltiples entradas.

Carreras Artau, J., *Francesc de P.* **Mirabent Vilaplana.** AIEC, 1953, 46, 115-8.

Quevedo, J., *Vida política del... Marqués de* **Miraflores.** M, 1851, 169.

Miranda, F. → 7.63.

Vega, A. C., *Fray Juan de la* **Miseria.** *De pintor a místico.* BRAH, 1964, 155, 107-201.

Montero Díaz, S., **Moderato de Gades.** RNE, 1944, 37, 34-47.

Vigón Suerodíaz, J., *General* **Mola.** *El conspirador.* B, 1957, 330 + láms.

Pérez Vitoria, A., *Enrique* **Moles...** Ciencia (México), 1953, 13, 13-23.

Pereña Vicente, L., *Circunstancia histórica y derecho de gentes en Luis de* **Molina.** REDI, 1957, 10, 137-49.

Queralt, A., *El fin natural en Luis de Molina.* EE, 1960, 34, 177-216.

Rabeneck, J., *De vita et scriptis Ludovici Molina.* Archivum Historicum Societatis Iesu (Roma), 1950, 19, 75-145.

5

Stegmüller, F., *Molinas Leben und Werke*. Münster, 1935.
→ 14.10, Sagüés.

Fernández Alonso, J., *Una bibliografía inédita de Miguel de* **Molinos**. AA, 1964, 12, 293-321.
→ 8.85.

Guerra, F., *Nicolás Bautista* **Monardes**. *Su vida y su obra*. México, 1961, 226.

Herrero Marcos, E., *Vida y obra de Nicolás Monardes*. CHME, 1962, 1, 61-84.

Rodríguez Marín, F., *La verdadera biografía del Doctor Nicolás Monardes*. M, 1925, 102.

Villazán Adánez, B., *Ensayo biográfico del Cardenal* **Monescillo**. AUMurcia, 1962, 12, 45-74.

Montaña de Monserrate, B. → 14.66.

Montealegre → 1.71, Rodríguez.

Montemolín, Conde de → 6.85.2.

Cabanas Rodríguez, M., **Montero Ríos**, *jurista y reformador*. La Coruña, 1971, 84.

López Riocerezo, J. M., *Labor jurídico penal del P. agustino Jerónimo* **Montes**... M, 1952, 348.

Sánchez Tejerina, I., *Un gran penalista español, el P. Montes*. LCD, 1944, 156, 5-15.

Montfort, B. → 1.56.

Montfort, S. → 6.39, **Pedro II.**

Llanos Torriglia, F., *María Manuela Kirkpatrick, condesa de* **Montijo**. M, 1932, 243.

Torres Brull, F., *Bibliografía de Manuel de* **Montoliú**. Tarragona, 1951, 230.

Castor Montoto, G. L., *Don Luis* **Montoto**. M, 1935, 245.

Pravia, C., *La Duquesa de* **Montpensier**. M, 1857, 332.

Castillo, A., y M. Riu, *Narciso* **Monturiol**. B, 1963, 173 + láms.

Oman, C., *Sir John* **Moore**. Londres, 1953, xvi+700 + láms.

Redel, E., *Ambrosio de* **Morales**... Córdoba, 1908, 576.

García Villada, Z., *Muerte de...* **[Morel-Fatio]**. RyF, 1924, 70, 417-25.

Hirschauer, C., *Bibliographie des travaux de Morel-Fatio*. BH, 1925, 27, 289-335; 1927, 29, 99-109.

Menéndez Pidal, R., *Alfred Morel-Fatio*. BH, 1925, 27, 193-7.

Morelos, J. M. → 7.63.

Moreno, M. → 7.63.

González Cavada, A., ... *Segismundo* **Moret**. M, 1947, 191.

Arambarri, F. J., *Hechos del general Pablo* **Morillo** *en América*. M, 1971, 276 + láms.

5 Revesz, A., *El teniente general Don Pablo Morillo, primer Conde de Cartagena.* M, 1947, 206.
Rodríguez Villa, A., *El teniente general D. Pablo Morillo. Estudio biográfico-documentado.* M, 1900-10, 4 v.

Danvila Burguero, A., ... *Don Cristóbal de* **Moura,** *primer Marqués de Castel-Rodrigo.* M, 1900, 931.

Mourelle de la Rúa, F. → 7.80.

Yebes, Condesa de, *La marquesa de* **Moya** [*Beatriz Bobadilla*]. M, 1966, 84.

Valle Ruiz, R., *El P. Conrado* **Muiños**... LCD, 1914, 96, 5-12.

Goiricelaya, A., *Machín de* **Munguía.** Bermeo, 1954, 144.

Munibe Idiáquez → Peñaflorida.

Ballesteros Beretta, A., *Don Juan Bautista* **Muñoz.** *Dos facetas científicas.* RI, 1941, 2, 5-37.
→ 1.71.

López, T., *Noticia biográfica del P. J.* **Muñoz Capilla.** LCD, 1881, 2, 457-62.

Muñoz Rivera, L. → 7.63.

G[arcía] de Valdeavellano, L., *Vida y obra de Don Tomás* **Muñoz Romero.** BRAH, 1968, 163, 89-142.

Fernández de los Ríos, A., **Muñoz Torrero** *y su época.* Badajoz, 1880, 93.

Ybarra Bergé, J., *José María de* **Murga,** *el moro vizcaíno.* M, 1944, 333.

Federico Gredilla, A., *Biografía de José Celestino* **Mutis.** M, 1911, 712.
Hernández de Alba, G., *La vida y la obra de José Celestino Mutis.* BolSEspañola de Historia de la Farmacia (M), 1951, 2, 59-75.
Hoyos Sáinz, L., *José Celestino Mutis.* M, 1949, 259.

Nicolau, M., *Jerónimo* **Nadal**... *Sus obras y doctrinas espirituales.* M, 1949, xxxvi+569.

Castelot, A., **Napoleón Bonaparte.** M, 1970, 2 v.
Lefebvre, G., *Napoléon.* París, 1965^5, 626.
Markham, F., *Napoleon.* Londres, 1966, xiii+292.
Tarlé, E., *Napoleón.* B, 1971^5, 472 + láms.
→ 7.62, Villanueva.

Mercader Buhigas, J., *Vida e historia de San* **Narciso.** B, 1953, 216.

Nariño, A. → 7.63.

Prados López, J. y M., **Narváez,** *el Espadón de Loja.* M, 1952, 198.
Revesz, A., *Un dictador liberal: Narváez.* M, 1953, 275.

Nassau → Guillermo de __.

Arigita Lasa, M., ... *D. Francisco de* **Navarra.** Pamplona, 1899, xvi+774.

Campo, L., *Pedro* **Navarro,** *Conde de Oliveto.* Pamplona, 1962, 249. 5
Priego López, J., *Pedro Navarro y sus empresas africanas.* M, 1953, 117.

Zulueta, C., **Navarro Ledesma.** *El hombre y su tiempo.* M, 1968, 389.

Canosa, R., *Don Juan* **Navarro Reverter...** M, 1950, 143.

Allúe Salvador, M., *Vida y hechos de* **Nebrija.** RNE, 1944, 41, 44-66.
G[onzález] Olmedo, F., ... *Nebrija, debelador de la barbarie... y poeta.* M, 1942, 257.
G[onzález] Olmedo, F., *Nebrija en Salamanca.* M, 1944, 201.
Miscelánea Nebrija. M, 1946, viii+316 [= RFE, 1945, 29].
Odriozola, A., ... *Bibliografía de Nebrija en los siglos XV y XVI.* M, 1947, 112.
Tate, R. B., *Nebrija, the historian.* BHS, 1957, 34, 125-46.
Vigil, L., y P. Ruiz Aizpiri, *Nebrija en el campo de la ciencia.* RMatemática hispanoamericana (M), 1944, 4, 71-86.
→ 1.56, 14.70, Senior; 16.09, Tollis.

Warner, O., *Sources for study of Lord* **Nelson.** British Book News (Londres), 1955, 17, 903-6.
→ 6.79.4, 21.33, Lanuza.

Sánchez Castañer, F., ... *Biografía del mártir español Beato* **Nicolás Alberca.** AIA, 1941, 1, 299-307.

Ivars Cardona, A., *El Beato* **Nicolás Factor...** Valencia, 1926, 17.
Madurell Marimón, J. M., *El proceso para la beatificación de Fray Nicolás Factor.* HS, 1961, 14, 27-54.

Niño, P. → 9.91, Ferrer.

Entrambasaguas Peña, J., *Algunas noticias relativas a Don Francisco Mariano* **Nipho.** RFE, 1944, 28, 357-77.
Guinard, P. J., ... *Francisco Mariano Nipho.* BH, 1957, 59, 263-83.
→ 15.05, Enciso; 15.42, **Teruel.**

Botella, C., *Cándido* **Nocedal [Rodríguez].** M, 1913, 47.

Fray, S., *Semblanza de Don Ramón* **Nocedal [Romea].** M, 1914.
Ortiz, L., *Política de Nocedal.* B, 1911.

Valle, A., *El P. Narciso* **Noguer.** RyF, 1935, 109, 89-101.

Artiñano, A., *Biografía de Don Pedro* **Novia de Salcedo.** Bilbao, 1868, 181.

Rubén García, M. y R., **Novidio,** *abad de Samos y obispo de Astorga.* CEG, 1959, 42, 6-34.

Aznar Embid, S., *El «affaire»* **Nozaleda.** M, 1904, 43.

Gil Fernández, J., *En torno a las Santas* **Nunilón** *y Alodia.* RUM, 1970, 19, 103-40.
Molina Piñedo, R., *Santas Nunilo y Alodia.* Pamplona, 1972, 30.

Núñez de Balboa, V. → 7.23.

Núñez Cabeza de Vaca, A. → 7.23.

5 Webber, E. J., *Alois Richard* **Nykl.** HR, 1960, 28, 96-8.

Bataillon, M., *Sur Florián de* **Ocampo.** BH, 1923, 25, 35-8.
Cotarelo Mori, E., *Varias noticias nuevas acerca de Florián de Ocampo.* BRAE, 1926, 13, 259-68.

Laín Entralgo, P., *Severo* **Ochoa [Albornoz]**... Medicamenta (M), 1959, 32, 295-6.
También, en su *Ocio y trabajo.* M, 1960, 261-70.
Salgado, E., *Severo Ochoa.* B, 1971, 78 + láms.

Randolph, D. A., *Eugenio de* **Ochoa [Montel]** *y el romanticismo español.* Berkeley, 1966, viii+189.

García Conde, A., *El Obispo* **Odoario.** BCPMLugo, 1941, 1, 25-9, 57-60.

Ibo Alfaro, M., *Apuntes para la historia de Don Leopoldo* **O'Donnell.** M, 1867, 986.
Melgar, F., *O'Donnell.* M, 1946, 121.
Navarro Rodrigo, C., *O'Donnell y su tiempo.* M, 1869, 306.

O'Higgins, A. → 7.31, Donoso.

O'Higgins, B. → 7.63.

Ojeda, A. → 7.23.

Alcázar Molina, C., ... *Don Pablo de* **Olavide.** M, 1927, 280.
Défourneaux, M., *Pablo de Olavide ou l'«Afrancesado».* París, 1959, xi+500.
→ **Peralta.**

O'Leary, D. A. → 7.63.

Rius Serra, J., *Los procesos de canonización de S.* **Olegario.** AST, 1958, 31, 37-64.

Abadal Vinyals, R., *L'abat* **Oliba,** *bisbe de Vic i la seva época.* B, 1948, 309.
Albareda Ramoneda, A. M., *L'abat Oliva, fundador de Montserrat.* Montserrat, 1931, 363.
Junyent, E., ... *L'abat-bisbe Oliba. Esbós biogràfic.* Montserrat, 1971, 87.

Arco Garay, R., *Alejandro* **Oliván.** Argensola, 1955, 6, 33-6.
Martín Retortillo, S., *Alejandro Oliván.* Argensola, 1956, 7, 127-52.
Marañón Posadillo, G., *El Conde-Duque de* **Olivares.** *La pasión de mandar.* M, 1952[3], xviii+530.
→ 1.42, 6.65.1, 6.66.

Olmedo, L. → 8.53, **Jerónimos.**

Guirao Gea, M., *Datos biográficos de Don Federico* **Olóriz Aguilera.** BUG, 1954, 3, 1-149.

Fernández de los Ríos, A., *1808-1863.* **Olózaga.** *Estudio político y biográfico.* M, 1863-4, 620+68.
Matilla, A., *Olózaga, el precoz demagogo*... M, 1933, 278.
→ 6.87.2, 9.38, **Progresista.**

Fernández López, F., **Omar Ben Hafsun**... B, 1942, 269.
→ 6.34.1.

Oñate, J. → 7.23.

Estrada Arnaiz, R., *El Almirante Don Antonio de* **Oquendo**. M, 1943, 182 + láms.

López de Meneses, A., *Filiberto de Chalon, Príncipe de* **Orange**. *Sus dos estancias en España*. Hispania, 1949, 9, 241-62.

Orange → **Guillermo de Nassau.**

Ordás, D. → 7.23.

Vázquez de la Torre, A., ... *Pedro* **Ordóñez de Ceballos**. BIEG, 1955, 2, 115-43.

Orellana, F. → 7.23.

Hernández Mora, J., **Orfila**. *El hombre, la vocación, la obra*. RMenorca, 1953, 49, 1-182.
Loren Esteban, S., *Mateo José Buenaventura Orfila. Estudio crítico-biográfico de su obra e influencia*. Zaragoza, 1961, 151.
Sureda Blanes, J., *Orfila i la seva época*. B, 1969, 203.

Durán Gudiol, A., *San* **Oriencio**, *Obispo de Auch*. Argensola, 1955, 6, 1-13.

Amorós Guardiola, A., *Eugenio d'***Ors**, *crítico literario*. M, 1971, 258.
Diego Cendoya, G., *D. Eugenio d'Ors y Rovira*. BRAE, 1954, 34, 337-51.
Jardí, E., *Eugenio d'Ors. Obra y vida*. B, 1967, 371.
Suelto de Sáez, P. G., *Eugenio d'Ors. Su mundo de valores estéticos*. M, 1969, 188.
→ 18.00, Aguilera.

Gómez Santos, M., *Domingo* **Ortega**. B, 1958, 64.

Chust Jaurrieta, C., *La metáfora en* **Ortega y Gasset**. BRAE, 1963, 43, 57-150.
Ferrater Mora, J., *Ortega y Gasset. Etapas de una filosofía*. B, 1958, 147.
Fernández de la Mora, G., *Ortega y el 98*. M, 1962, 296.
Garagorri, P., *Introducción a Ortega*. M, 1970, 219.
Gómez Galán, A., *El estilo de Ortega*. Arbor, 1956, 33, 38-47.
Marías Aguilera, J., *Ortega. Circunstancia y vocación*. M, 1973, 2 v.
Ramírez Dulanto, S., *La filosofía de Ortega y Gasset*. B, 1958, 474.
Rosenblat, A., *Ortega y Gasset: lengua y estilo*. Caracas, 1958, 77.
Rukser, U., *Bibliografía de Ortega*. M, 1971, 417.
Senabre Sempere, R., *Lengua y estilo de Ortega y Gasset*. Salamanca, 1964, 290.
→ 15.11, Redondo; 18.00, Aguilera.

Arjona Colomo, M., **Ortí y Lara**, *filósofo y político*... BIEG, 1957, 4, 9-44.
Ollero Tassara, A., *Juan Manuel Ortí y Lara, filósofo y periodista. Bibliografía*. BIEG, 1966, 12, 9-95.

5 González Martín, M., *Don Enrique de* **Ossó [Cervelló]**... B, 1968, 656.
Fierro Torres, R., *Enrique Ossó y Cervelló.* Educadores (M), 1965, 7, 905-13.

Beladiez, E., **Osuna** *el Grande. El Duque de las empresas.* M, 1954, 290.
Marichalar, A., *Riesgo y ventura del Duque de Osuna. Ensayo biográfico.* M, 1930, 276.
→ 6.62, 6.63.

Ovando, N. → 7.23.

S. **Paciano** *de Barcelona* → 17.90.

Laín Entralgo, P., *Julio* **Palacios Martínez.** BRAE, 1970, 50, 7-18.

Bullón Fernández, E., ... *El Doctor* **Palacios Rubios** *y sus obras.* M, 1927, xi+400.

García Mercadal, J., **Palafox [Melci],** *Duque de Zaragoza.* M, 1948, 483.

Sánchez Castañer, F., *Don Juan de* **Palafox [Mendoza],** *Virrey de Nueva España.* Zaragoza, 1964, 248.
Sánchez Castañer, F., *La obra literaria de Juan de Palafox*... en *Actas del III CIH.* México, 1970, 787-93.
Simmons, Ch. E. P., *Palafox and his critics: Repraising a controversy.* HAHR, 1966, 46, 394-409.

Carreres Calatayud, F., *Notas para la biografía de Lorenzo* **Palmireno.** RBN, 1946, 7, 362-4.
Linn, C., *Juan Lorenzo Palmireno, spanish humanist.* H, 1929, 12, 243-58.

Mayán Fernández, F., *El Mariscal* **Pardo de Cela**... Vivero, 1962, 79.

Pardo de Figueroa → **Thebussem.**

París, P. → 8.43, **Pamplona.**

Sala, J., *Opúsculos de* **Pascual Bailón.** Toledo, 1911, 407.
Talens, J. B., *Vida de... San Pascual Bailón.* Valencia, 1761, 420.

Rodríguez Villa, A., **Patiño** *y Campillo. Reseña histórico-biográfica*... M, 1882, 196.
Salvá Riera, J., *Patiño.* M, 1942, 44.
→ 6.75.

Cordavias, L., *La monja de las llagas. Vida de Sor* **Patrocinio.** Guadalajara, 1917, 262.
Gomis, J. B., *Sor Patrocinio, la monja de las llagas.* M, 1946, 340.
Pavón, J. → 14.98, Herrera.

Pedrarias Dávila → 7.23.

Crespo Pereira, R., *Agustín de* **Pedrayes**... CH, 1953, 16, 319-30.

Barrado Manzano, A., *San* **Pedro de Alcántara.** M, 1965, x+258.
Polo Cordero, J., *El extremeño Santo.* M, 1969, 194 + láms.
Volumen monográfico de AIA, 1962, 22, 827. *Bibliografía* (223-390), por A. Recio Veganzones.

Poza, G., *El hombre de las dos coronas [Beato* **Pedro Almató]**. Oriente (Avila), 1961, 51, 63-4.

Beneyto Pérez, J., *San* **Pedro de Arbués,** en *Año cristiano.* M, 1959, III, 703-8.

García de Trasmiera, D., *Epítome de la santa vida... del Venerable Pedro de Arbués.* M, 1664, 148.

Sancho, M., *Vida de San* **Pedro Armengol.** B, 1904.

Mateos, F., *Surco y flor: San* **Pedro del Barco.** Avila, 1969, 106.

Robles Dégano, F., *Vida y martirio de San* **Pedro Bautista**... M, 1927, 132+vi.

Sola, J. M., *Vida de San* **Pedro Claver.** B, 1888, 624.

Valtierra, A., *El Santo... Pedro Claver... Su vida y su época.* Bogotá, 1954, xxi+909.

García Alvarez, M. R., *San* **Pedro Mezonzo.** *El origen y el autor de la «Salve Regina».* M, 1965, 329.

López Ferreiro, A., *Leyenda sobre la vida de S. Pedro Mezonzo.* Compostellanum, 1960, 5, 69-137.

Martínez Barbeito, C., *Vida y leyenda de San Pedro de Mezonzo.* M, 1968, 152.

Palma de Mallorca, A., *La verdadera patria de S.* **Pedro Nolasco.** AST, 1959, 31, 65-80.

Pérez, P. N., *San Pedro Nolasco, fundador de la Orden de la Merced.* B, 1915, 253 + láms.

Placer López, G., *Libros y escritos mercedarios en torno a San Pedro Nolasco.* Estudios (M), 1956, 12, 585-620.

López de Quirós, J., *Vida y milagros de S.* **Pedro de Osma.** Valladolid, 1724, 272.

Caballero Venzala, M., ... *Bibliografía de San* **Pedro Pascual.** BIEG, 1967, 13, 24-83.

Montijano Chica, J., *San Pedro Pascual...* BIEG, 1966, 12, 63-101.

Rodríguez Gálvez, R., *San Pedro Pascual...* Jaén, 1903, 388.

Pedro de Portugal → 6.39.6.

Merino, D., *Notas para una bibliografía sobre S.* **Pedro Regalado.** AIA, 1957, 17, 507-79.

Recio, A., *El Santo de la Reforma, S. Pedro Regalado.* AIA, 1957, 17, 471-506.

Sangrador Vítores, M., y L. Carrión González, *Vida de San Pedro Regalado.* Valladolid, 1924, 156.

Fernández Arias, E., *El Beato* **[Pedro] Sanz** *y compañeros mártires.* Manila, 1893, ix+802+xxvii.

Rubió Balaguer, J., *Edgar Allison* **Peers.** AIEC, 1953, 46, 108-12.

Aguilera Granado, D., *El drama de S. Pelagio* **[Pelayo]**. BRACórdoba, 1949, 20, 29-44.

Blázquez, A., **Pelayo de Oviedo** *y el Silense.* RABM, 1908, 18, 187-202.

Pellicer → 1.71.

5 Beardsley, T. S., *Clara Louisa* **Penney**. HR, 1971, 39, 349-56.

Altube, G., ... *Xavier María de Munibe, Conde de* **Peñaflorida**. S. Sebastián, 1932, 56.
Iriarte, J., *Javier María Munibe Idiáquez*. BRSV, 1966, 22, 191-214.
Silván, L., *La vida y la obra del Conde de Peñaflorida*. S. Sebastián, 1971, 55.

Hilton, C. H., *Isaac* **Peral** *and his submarine*. United States Naval Institute Proceedings (Annapolis), 1956, 82, 1194-1202.
Villanúa, L., *Isaac Peral*. M, 1934, 252.

Lohmann Villena, G., *Pedro de* **Peralta**. *Pablo de Olavide*. Lima, 1964, 104.

Dotor, A., *Carlos* **Pereyra** *y su obra*. M, 1948, 248.

Marañón Posadillo, G., *Antonio* **Pérez**. M, 1969[8], 2 v.

González Palencia, A., *Gonzalo* **Pérez**, *secretario de Felipe II*. M, 1946, 2 v.

Pérez, J. → 7.21, Rumeu.

Navarro, G., *El Arzobispo Don Martín* **Pérez de Ayala**. *Apuntes de su vida y su obra*. BIEG, 1957, 13, 175-80.
Gutiérrez, C., *Don Martín Pérez de Ayala*. EE, 1966, 41, 427-62.

Juan y García, L., **Pérez Bayer** *y Salamanca. Datos para la bio-bibliografía*. Salamanca, 1918, 270.
Mateu Llopis, F., *En torno de Pérez Bayer, numísmata y bibliotecario*. ACCV, 1953, 14, 153-200; 1954, 15, 22-90.

López Estrada, F., *Figuras de la bibliofilia actual: Don Antonio* **Pérez Gómez**. AUH, 1955, 16, 110-4.

Bibliografía de Juan **Pérez de Guzmán**, *Duque de T'Serclaes*. BiH, 1952, 12, 217-9.
A. H., *El Duque de T'Serclaes, bibliógrafo ejemplar*. AH, 1953, 57, 67-9.

S[ánchez] Granjel, L., *Retrato del Doctor Cristóbal* **Pérez de Herrera**. Medicamenta (M), 1959, 17, 411-3.

Domínguez Berrueta, M., *Estudio bio-bibliográfico de* **Pérez Moya**... RABM, 1899, 3, 464-82.

Zamora Lucas, F., *Un gran bibliógrafo*, **Pérez Pastor**. RABM, 1959, 67, 661-75.

Villa-Real, F., *Hernán* **Pérez del Pulgar** *y las guerras de Granada*. M, 1892[2], 844.

Unciti, J., *In memoriam. Nicolás* **Pérez Serrano**. REPol, 1961, 115, 141-4.

Herrero Rubio, A., *Pedro Josef* **Pérez Valiente**. Valladolid, 1953, 141.

González de Amezúa, A., *Don Pedro José* **Pidal**, *primer Marqués de Pidal (1799-1865)*, en su *Opúsculos*..., 1953, III, 3-20.

Fernández Almagro, M., *Don Alejandro* **Pidal Mon** *y su entrada en el gobierno.* BRAH, 1947, 120, 231-48. **5**
Urbano, L., *Un thomiste contemporain: A. Pidal Mon.* Revue Thomiste (Toulouse), 1914, 22, 448-60, 590-603.

Orti Brull, V., *Doña María Manuela* **Pignatelli de Aragón** *y de Gonzaga, Duquesa de Villahermosa.* M, 1896, 2 v.

Miró Borrás, O., *Biografía del Dr. Don Francisco* **Piguillem y Verdacer,** *introductor y apóstol de la vacuna en España, y bibliografía española de las inoculaciones...* Gerona, 1917, vii+85.

Pimentel del Prado, A. → 6.66, Saltillo.

Pinciano → 14.46.

Rodrigo, A., *Mariana de* **Pineda.** M, 1965, 347.

Piquer, F. → **Pontejos.**

Mindán, M., *Andrés* **Piquer [Arrufat]**... AIHM, 1956, 8, 167-76.
Mindán, M., *La concepción física de Andrés Piquer.* RFilos, 1964, 23, 91-110.
Peset Llorca, V., *Andrés Piquer y la psiquiatría de la Ilustración.* AIHM, 1957, 9, 433-9.
Sanvisens Marfull, A., ... *El doctor Andrés Piquer.* B, 1953, 216.
Pérez de Urbel, J., ... *San* **Pirminio.** BRAH, 1920, 77, 132-50.

Pita → **Fernández Pita, M.**

Pizarro, F. → 7.23.

Pizarro, G. → 7.23.

Moreno Nieto, L., ... *Cardenal* **Pla y Deniel.** Toledo, 1967, 132.

Planellas Giralt, J. → 14.57, Bellot.

Navarro Borrás, F., *Don José María* **Plans Freyre.** AUM, 1934, 3, 230-47.

Englander, C., *Ignatius von Loyola und Johannes von* **Polanco.** Regensburg, 1956.

Polonus → 1.56.

Santiago Vela, G., *El P. Maestro Basilio* **Ponce de León.** Archivo Histórico Hispano-Agustiniano (Valladolid), 1921, 16, 358-63.

Ponce de León, J. → 7.23.

Domínguez Berrueta, M., *Fray Pedro* **Ponce de León.** M, 1952, 254.
Pérez de Urbel, J., *Fray Pedro Ponce de León...* M, 1973, 330 + láms. También, RE, 1956, 12, 40-8.

Antón Ramírez, B., *Biografías de Don Francisco Piquer... y Don Joaquín Vizcaíno, Marqués viudo de* **Pontejos.** M, 1892, 31.
→ 22.56.4, Saralegui.

Ponz, A. → 11.88, Dantín, Ponz.

López Piñero, J. M., y M. L. Terrada Ferrandis, *La obra de Juan Tomás* **Porcell**... Medicina Española (Valencia), 1965, 53, 237-50.
→ 14.63, Ainsa.

5 **Porras, M.** → 14.66.

Huerga, A., *El P. [Francisco]* **Posadas**... Vida sobrenatural (Salamanca), 1958, 59, 344-54, 420-32.

Pourret, P. A. → 14.57, Bellot.

Gómez Molleda, M. D., *Pedro* **Poveda,** *hombre interior.* M, 1973[2], 229.

Mondrone, D., *El Padre Poveda.* Bilbao, 1969, 302.

García Venero, M., *Víctor* **Pradera**... M, 1943, 233.

Chicote, E., *Biografía de Loreto* **Prado.** M, 1955, 78.

Ainaud de Lasarte, J. M., y E. Jardí, **Prat de la Riba,** *home de govern.* B, 1973,320.

Olivar Bertrand, R., *Personalidad e ideología de Prat de la Riba.* Arbor, 1951, 18, 31-58.

Olivar Bertrand, R., *Prat de la Riba.* B, 1964, 450 + láms.

Solé-Tura, J., *Catalanisme i revolució burgesa. La síntesi de Prat de la Riba.* B, 1967, 328.

Prats, F. → 8.71, Fernández.

Gardiner, C. H., *William Hicking* **Prescott.** *An annotated bibliography.* Washington, 1958, xvi+275.

Humphreys, R. A., *William H. Prescott.* HAHR, 1959, 39, 1-19.

Pedrol Ríus, A., *Los asesinos del general* **Prim**... M, 1960, 136 + láms.

Olivar Bertrand, R., ... *El caballero Prim.* B, 1952, 2 v.

Orellana, F. J., *Historia del general Prim.* B, 1871-2, 2 v.

Muñoz Alonso, A., *Un pensador para un pueblo* [**J. A. Primo de Rivera**]. M, 1969[2], 525 + láms.

Río Cisneros, A., y E. Pavón Pereyra, *Los procesos de José Antonio.* M, 1963, xxiv+426.

Santa Marina, L., *Hacia José Antonio.* B, 1958, 233.

Ximénez de Sandoval, F., *José Antonio*... M, 1949[2], 876 + láms.

Aunós Pérez, E., [*Miguel*] **Primo de Rivera,** *soldado y gobernante.* M, 1944, 242.

Azmillaga Yarza, A. M., *Miguel Primo de Rivera. El hombre, el soldado, el político.* Jerez, 1973, 400.

Cimadevilla, F., *El general Primo de Rivera.* M, 1944, 308.

González Ruano, C., *El general Primo de Rivera.* M, 1954, 240.

Coryn, M., *The Black Prince* [**Príncipe Negro**]. Londres, 1936, ix+270.

López Caneda, R., **Prisciliano.** *Su pensamiento y su problema histórico.* Santiago, 1966, 203.

→ 8.85.

Sala de Castellarnau, I., *El R. P. Ignacio* **Puig.** Ibérica (B), 1961, 34, 392-9.

Bardavio Oliden, J., *Don Pedro* **Puig Adam.** Educadores (M), 1960, 2, 508-14.

Fernández Rodríguez, O., *Puig Adam.* Anuario de la RAc de Ciencias (M), 1961, 331-48.

Jardí, E., *Antonio* **Puigblanch.** *Els precedents de la Renaixença.* B, 1960, xxviii+364. 5

Ortega, M. L., *El Doctor* **Pulido.** M, 1922, xvi+390.

Apuntes bibliográficos de... D. Julio **Puyol Alonso.** AL, 1953, 7, 81-90.

Alcover, A. M., *Algo sobre la biografía y la bibliografía de Don José María* **Quadrado [Nieto].** RABM, 1920, 41, 1-35.

Fernández González, A. R., *Quadrado y la historia literaria del siglo XIX.* Mayurqa (Palma), 1970, 3, 9-19.

Sabater, G., *José María Quadrado, el polígrafo balear.* Palma, 1967, 214.

Santamaría, A., *José María Quadrado, historiador.* Mayurqa (Palma), 1970, 3, 99-225.

Olmedo Delgado, A., y J. Cuesta Monereo, *General* **Queipo de Llano.** B, 1957, 358.

Quer, J. → 14.00, Pascual.

López Aydillo, E., *El Obispo de Orense [P.* **Quevedo Quintano]** *en la Regencia de 1810.* M, 1918, 341.

Fuertes Arias, R., ... *Alfonso de* **Quintanilla,** *contador mayor de los Reyes Católicos.* Oviedo, 1909, 2 v.

Meseguer, J., *El P. Francisco de los Angeles* **Quiñones.** Hispania, 1958, 18, 1-41.

Meseguer, J., *El programa de gobierno del P. Francisco de Quiñones.* AIA, 1961, 21, 3-51.

Carrocera, B., *El P. Diego de* **Quiroga,** *diplomático y confesor de Reyes.* Estudios franciscanos (B), 1949, 50, 71-100.

Borges, P., *Don Vasco de* **Quiroga,** *en el ambiente misionero de la Nueva España.* MH, 1966, 23, 297-340.

Landa, R., *Don Vasco de Quiroga.* B, 1965, 308.

Warren, F. B., *Vasco de Quiroga and his Pueblo. Hospitals of Santa Fe.* Washington, 1963, x+133.

Boyd, M., *Cardenal* **Quiroga [Vela].** Dubuque (USA), 1954.

Roig Pascual, E., ... *Beata* **Rafaela María** *del Sagrado Corazón.* Roma, 1952, 382.

Sanz Artibucilla, J. M., *Vida documentada de la Sierva de Dios Madre María* **Rafols.** Zaragoza, 1970[2], 210.

Marín, H., San **Raimundo de Fitero,** *abad y fundador de Calatrava.* Cistercium, 1963, 15, 259-74.

Baucells Serra, R., *La personalidad y la obra jurídica de San* **Raimundo.** REDC, 1946, 1, 7-47.

García García, A., *Valor y proyección histórica de la obra jurídica de San Raimundo de Peñafort.* REDC, 1963, 18, 233-51.

Rius Serra, J., *San Raimundo de Penyafort. Diplomatario.* B, 1954, 353.

Valls Taberner, F., *San Ramón de Penyafort.* B, 1936, 195.

5 Marrero Suárez, V., *Santiago* **Ramírez [Dulanto]**, *O. P. Su vida y su obra.* M, 1971, xi+336.

González Olmedo, F., *Diego* **Ramírez Villaescusa.** M, 1944, xliii+335.

Alvarez Sierra, J., *Santiago* **Ramón y Cajal.** *Estudio biográfico, con notas bibliográficas y anecdóticas.* M, 1951, 284.

Durán Muñoz, G., y F. Alonso Burón, *Ramón y Cajal. Vida y obra.* Zaragoza, 1960, 537.

Lorén, S., *Cajal. Historia de un hombre.* B, 1972, 320.

Marañón Posadillo, G., *Cajal. Su tiempo y el nuestro.* M, 1951³, 164.

Tello, J. F., *Cajal y su labor histológica.* M, 1935, 195.

→ 14.00, Nasio.

Uguacen Borau, D., *San* **Ramón del Monte,** *Obispo de Barbastro.* Zaragoza, 1972, 99.

Sancho, M., *Vida de San* **Ramón Nonato.** B, 1910, 188.

G[arcía] de Valdeavellano, L., *José María* **Ramos Loscertales.** AHDE, 1956, 26, 895-901.

Pérez Rioja, J. A., *El helenista* **Ranz Romanillos** *y la España de su tiempo.* Soria, 1962, 309.

Rasco → 1.56.

Lacome Gendry, C., *Vida política del P. Francisco* **Rávago...** Valladolid, 1907, 45.

Leguina, E., *El P. Rávago, confesor de Fernando VI. Estudio biográfico.* M, 1876, 216.

Sáiz, J. M., *Rávago, teólogo insigne.* MC, 1948, 8, 87-143.

Arbeiza, T., *D. Tiburcio de* **Redín.** Pamplona, 1970, 32 + láms.

Iriarte Iturri, R., *Redín, soldado y misionero.* M, 1951, 297.

Crawford, J. P. W., *Hugo Alberto* **Rennert.** RH, 1928, 84, 261-80.

Clopas Batlle, I., *Luis de* **Requesens...** Martorell, 1971, 214 + láms.

→ 6.07, March; 6.08, Barado.

Pérez de Arrillucea, D., *El P. Alejo* **Revilla.** Archivo histórico hispano-agustiniano (Valladolid), 1925, 46, 124-9.

Dou Mas, A., *Julio* **Rey Pastor.** RyF, 1963, 167, 133-46, 273-82.

González Covarrubias, J. J., *Julio Rey Pastor.* Buenos Aires, 1964.

San Juan, R., *La obra científica de... Ventura de los* **Reyes Prósper.** Gaceta matemática (M), 1950, 2, 39-41.

Muñoz, H., ... *Fray Manuel* **Riaño...** Santander, 1961, xiv+500.

García Gómez, E., *Don Julián* **Ribera Tarragó.** Al-Andalus, 1934, 2,i-viii.

Nieto Lanzos, A., *El general* **Ricardos.** M, 1946, 130.

Nard, F., y A. Pirala, *Vida militar y política de D. Rafael del* **Riego.** M, 1844, 2 v.

→ 6.84.2.

Arnáiz Freg, A., ... *Don Andrés Manuel del* **Río...** *descubridor del vanadio,* en *La minería hispana...* León, 1970, I, 701-15.

Castro, F., *Pío del* **Río-Hortega.** *Nota necrológica y biográfica.* Trabajos del Instituto Cajal (M), 1945, 37, 7-18. 5
Menéndez Albuerne, J. A., *Río-Hortega: semblanza.* Actualidad médica (Granada), 1962, 38, 878-90.
Polak, M., *Pío del Río-Hortega.* Archivos de Histología normal y patológica (Buenos Aires), 1947, 3, 317-21.

Nido Segalerva, J., *Historia política y parlamentaria de...* **Ríos Rosas.** M, 1913, 1014.

Sánchez, J. M., *«Doctrina cristiana», del P. Jerónimo de* **Ripalda** *e intento bibliográfico de la misma. Años 1591-1900.* M, 1909, xiv+110.

Taxonera, L., *El Duque de* **Riperdá,** *el gobernante aventurero.* M, 1945, 430.

García Venero, M., **Ríus Taulet,** *veinte años de Barcelona.* M, 1943, 235.

Riva Agüero, J. → 7.63.

Rivadavia, B. → 7.63.

Rivera, F. → 7.63.

Cabal, C., *Nombres de España: Nicolás* **Rivero.** Oviedo, 1950, 281.

Rix de Chur → 1.87.

Giménez Caballero, E., **Rizal.** M, 1971, 36 + láms.
Gutiérrez Lasanta, F., *José Rizal...* Zaragoza, 1962, 196.
Helguera, M. M., *José Rizal.* Anuario de Historia (México), 1964, 4, 11-37.

Salvans Corominas, A., *Perot* **[Roca Guinard]** *el bandoler.* B, 1956, 270.
Soler Terol, L., *Perot Roca Guinarda.* Manresa, 1909, 476.

Pérez Goyena, A., *Tercer centenario del P. Alonso* **Rodríguez.** RyF, 1916, 44, 141-55.
Homónimo del Santo.

Rodríguez, P. → Petrus **Hispanus.**

Fernández Rodríguez, O., *José* **Rodríguez Carracido.** M, 1929.
Santos Ruiz, A., *Evocación de Rodríguez Carracido...* Anales de la RAc de Farmacia (M), 1956, 22, 132-45.

Teresa León, T., *El Obispo D. Juan* **Rodríguez Fonseca...** HS, 1960, 13, 251-304.

Bibliografía y nota necrológica de Francisco **Rodríguez Marín.** RFE, 1943, 27, 527-35.
Fernández Martín, J., *Biografía y epistolario íntimo de Don Francisco Rodríguez Marín.* M, 1952, 322.
González de Amezúa, A., *Bibliografía de Don Francisco Rodríguez Marín.* M, 1944, 73.

Segura Covarsí, E., *Notas biográficas de Antonio* **Rodríguez Moñino.** REE, 1971, 27, 221-34.

5 Pascual, N., *Don Antonio* **Roig**... Palma, 1960, 206.

Miller, T., y otros, *Cristóbal* **Rojas y Spínola,** *cameralist and irenicist.* Filadelfia, 1962, 168.

Llorca Villaplana, C., *El Conde de* **Romanones.** RBAM, 1951, 20, 151-66.

Espina, A., **Romea [Yanguas]** *o el comediante.* M, 1935, 280.

Carballo Picazo, A., *Miguel* **Romera-Navarro.** RFE, 1954, 38, 449-55.

Marichalar, A., *Julián* **Romero.** M, 1952, 530.

Vega López, J., *Vida y gloria de Pedro* **Romero.** M, 1954, 118.

Pons Umbert, A., *Historia política y parlamentaria de... D. Francisco* **Romero Robledo.** M, 1916, 1024.

Ruiz Ayúcar, E., *El alcalde* **Ronquillo.** *Su época, su leyenda negra.* Avila, 1958, 255.

Vargas Ugarte, R., *Vida de Santa* **Rosa de Santa María [de Lima].** Buenos Aires, 1945, 176.

López Ferreiro, A., *Biografía de San* **Rosendo.** Mondoñedo, 1907, 364.

Sáez Sánchez, E., *Los ascendientes de San Rosendo.* Hispania, 1948, 8, 3-76, 179-233.

Mayán Fernández, F., *San Rosendo.* Mondoñedo, 1964.

Zamora Lucas, F., y V. Higes Cuevas, *El Bachiller Pedro de* **Rúa,** *humanista y crítico.* Soria, 1958, 134.

Staehlin, C. M., ... *Vida del Padre [José María]* **Rubio.** M, 1953, 78.

Alvarez Sierra, J., *El Doctor D. Federico* **Rubio [Galí].** *Vida y obra...* M, 1947, 215.

Luis Yagüe, R., *Don Federico Rubio Galí.* El Siglo médico (M), 1925, 76, 585-8.

Capdevila, J. M., *Joaquim* **Rubió i Ors,** en su *Estudis...* B, 1965, 19-41.

Ruiz, H. → 14.98, Herrera.

Ruiz, S. → 12.21, Lapeyre; 12.33, Lapeyre.

Valle, A., *El R. P. Ramón* **Ruiz Amado.** RyF, 1935, 107, 224-38.

Gómez Chaix, P., **Ruiz Zorrilla**... M, 1934, 233.

Prieto Villarreal, E., *Ruiz Zorrilla desde la expulsión de España hasta su muerte.* M, 1903, 484.

Torner, F. M., *Doña Oliva* **Sabuco de Nantes.** M, 1935, 254.

Probst, J. H., *Le lulisme de Raymond de Sebonde* **[Sabunde].** Toulouse, 1912, 55.

Cepeda Adán, J., *La figura de* **Sagasta** *en la Restauración.* Hispania, 1963, 23, 581-602.

Nido Segalerva, J., *Historia política y parlamentaria de... Sagasta.* M, 1915, 1142.

Rivas Santiago, N., *Sagasta, conspirador, tribuno, gobernante.* M, 1946, 164.

Romanones, Conde de, *Sagasta o el político.* M, 1930, 253.

Ballesteros Gaibrois, M., *Vida y obra de Fray Bernardino de* **Sahagún.** León, 1973, 141. **5**

Crespo Gil, C., *Fray Bernardino Sahagún y la civilización azteca.* TIBS, 1946, 4, 129-201 + láms.

Nicolau d'Olwer, L., ... *Fray Bernardino de Sahagún.* México, 1952, 229.

Rubio García, J., **Sáinz de Andino** *y la codificación mercantil.* M, 1950, 368.

Hernández Girbal, F., *José de* **Salamanca,** *Marqués de Salamanca.* M, 1963, 680 + láms.

Romanones, Conde de, *Salamanca, conquistador de riqueza...* M, 1962[2], 153.

Torrente Fortuño, J. A., *Salamanca, bolsista romántico.* M, 1969, 251.

Montero Ballesteros, A., *Fray Juan de* **Salazar,** *moralista político.* M, 1972, 168.

Salazar y Castro → 1.71, Vargas Zúñiga.

Rody, A., ... *El gran penólogo D. Rafael* **Salillas.** REscuela de Estudios penitenciarios (M), 1954, 10, 53-8.

Boero, J., *Vida del P. Alonso* **Salmerón.** B, 1887, viii+264.

Pérez Ramos, A., *El Obispo* **Salvá...** Palma de Mallorca, 1968, 272.

Bertrán Rubio, E., *Apuntes biográficos del Doctor* **Salvá [Campillo].** B, 1886, 51.

Reig Salvá, C., *Vicente* **Salvá Pérez...** Valencia, 1972, 344 + láms.

Paoli, P., *San* **Salvador de Horta.** B, 1940, 140.

García Herrera, I., *El Cardenal* **Sancha...** M, 1969[2], 673 + láms.

Sancha, A. → 1.56.

Sancha de Aragón, Condesa → 8.34, **Serós.**

Sancha de León → 6.36.2, García.

Moreira de Sa, A., *Francisco* **Sánchez,** *filosofo e matematico.* Lisboa, 1947, 2 v.

Sendrail, M., *Francisco Sánchez (1551-1623).* AIHM, 1951, 3, 355-63.

Sánchez, L. → 1.56.

Bibliografía de Claudio **Sánchez Albornoz.** Buenos Aires, 1957, 45. También, en su *Del ayer...* M, 1973, 25-45.

Zuluaga, R., *La postura historiográfica de Claudio Sánchez Albornoz.* CHE, 1960, 32, 290-315.

Laboa, J. M., *Rodrigo* **Sánchez de Arévalo,** *alcaide de Sant'Angelo.* M, 1973, 441.

Tate, R. B., *Rodrigo Sánchez de Arévalo (1404-1470) and his «Compendiosa historia hispánica».* Nottingham Mediaeval Studies, 1960, 4, 58-80.

Trame, R. H., *Rodrigo Sánchez de Arévalo.* Washington, 1958, ix+142.

5 **Sánchez de las Brozas → Brocense.**

Lozoya, Marqués de, ... *Francisco* **Sánchez Cantón.** BRAH, 1971, 168, 399-404.

Lorente Pérez, J. M., *Bibliografía y análisis de las obras de Matemática pura de Pedro* **Sánchez Ciruelo.** M, 1921, 91.
Pedro Sánchez Ciruelo. RMatemática hispano-americana (M), 1919, 1, 301-4.

Montero Padilla, J., *Algunos datos para la biografía de D. Tomás Antonio* **Sánchez [Fernández].** BBMP, 1959, 35, 347-58.

Castán Tobeñas, J., *Don Felipe* **Sánchez Román.** RGLJ, 1916, 128, 123-6.

García Gallo, A., *Galo* **Sánchez [Sánchez].** AHDE, 1961, 30, 1-8.

González Ruiz, N., **Sánchez Toca.** M, 1948, 151 + láms.

Sancho, Infante → 6.37.3.

Sandoval, G. → 7.23.
Laínez Alcalá, R., *Don Bernardo* **Sandoval Rojas,** *protector de Cervantes.* Salamanca, 1958, 264.
Esteban Infantes, E., *General* **Sanjurjo.** B, 1957, 318.
Pérez Madrigal, J., *El General Sanjurjo a presidio.* M, 1955, 217.
San Martín, J. → 7.63.

Blázquez Delgado, A., y M. Saralegui Medina, *Alonso de* **Santa Cruz,** *inventor de las cartas esféricas de navegación.* BRAH, 1915, 66, 138-40.
Carriazo, J. M., ed. de Alonso de Santa Cruz, *Crónica de los Reyes Católicos.* Sevilla, 1951, i—ccxcix.

Bernoville, G., *Historia del Cura* **Santa Cruz [Loidi].** S. Sebastián, 1928, 306.
Olazábal Ramery, J., *El Cura de Santa Cruz, guerrillero.* Vitoria, 1928, 651.

Serrano Pineda, L., *Los conversos D. Pablo de* **Santa María** *y D. Alfonso de Cartagena.* M, 1942, 332.

Santander, F. → 7.63.

Cruz, V., *Fray Silverio de* **Santa Teresa.** *Su vida, su obra y su gobierno.* Burgos, 1962, xxiv+406 + láms.

Alonso Gamo, J. M., *Un español en el mundo:* **Santayana.** M, 1970, 513.
Butler, R., *La vida y el mundo de Jorge Santayana.* M, 1961, 166.
Farré, L., *Vida y pensamiento de Jorge Santayana.* M, 1953, 122.
Santos Escudero, C., *Bibliografía general de Jorge Santayana.* MC, 1965, 44, 155-310.

Casariego, J. E., *El Marqués de* **Sargadelos** *o los comienzos del industrialismo capitalista en España.* Oviedo, 1950, 260.
Donapetry Iribarnegaray, J., *Don Antonio Raimundo Ibáñez, Marqués de Sargadelos.* BIEA, 1952, 6, 75-94.

Alvarez Jiménez, E., *Biografía de Fray Martín* **Sarmiento.** Pontevedra, 1884, 47. **5**
Lorenzana, A., *El P. Sarmiento y Galicia.* PSA, 1957, 4, 30-52.
Pensado Tomé, J. L., *Fray Martín Sarmiento: sus ideas lingüísticas.* Oviedo, 1960, 133.
→ 14.28, Galino.

Sarmiento de Gamboa, P. → 7.23.

Bataillon, M., *Jean* **Sarrailh.** BH, 1963, 65, 465-71.

Sartorius, J. L. → 6.87.2, Taxonera.

Simón, J. A., *El anacoreta canonizado, San* **Saturio.** M, 1713-39, 2 v.

López Navío, J., *El P. Felipe* **Scío.** *Su carisma.* Analecta Calasanctiana (M), 1969, 11, 285-361.
Volumen monográfico de *Analecta Calasanctiana* (Salamanca), 1961, 3, 461, dedicado al P. Felipe Scío.

Sebastián de Borbón, Infante → 6.85.1.

Grünhagen, W., *Adolf* **Schulten.** Arbor, 1960, 46, 211-5.

Cabanelas Rodríguez, D., *Luis* **Seco de Lucena** *y su obra.* MEAH, 1971, 20, 7-42.

Cabanelas Rodríguez, D., *Juan de* **Segovia** *y el problema islámico.* M, 1952, xix+374.
→ 1.42, **Segovia.**

Galino Carrillo, M. A., *María Josefa* **Segovia.** Eidos, 1957, 3, 11-42.
Velázquez, F., *Josefa Segovia.* M, 1973, 14.

Requejo San Román, J., *El Cardenal* **Segura.** M, 1932[3], 302.

García Figueras, V., *Un español* **[Sequera Carvajal]** *en Egipto...* BRACórdoba, 1963, 34, 125-36.
Ocerín, E., *El Mariscal de Campo, Don Antonio Sequera y Carvajal.* ES, 1956, 8, 409-28.

Gallego Morell, A., *Homero* **Serís.** RFE, 1971, 54, 165-75.

Englebert, O., *Fray Junípero* **Serra**... *apóstol y fundador de California.* México, 1957, 382.
Geiger, M. J., *The life and times of Fray Junípero Serra.* Washington, 1959, 2 v.
Majó Framis, R., *Vida y hechos de Fray Junípero Serra...* M, 1956, 391.
Piette, Ch., *Le secret de Junípero Serra...* Washington, 1949, 2 v.
Woodgate, M. V., *Junípero Serra, apostle of California.* Westminster, 1966, vi+162.

Mon Pascual, J., *La vida y la muerte del bandolero* **Serrallonga.** B, 1972, 214.

Villaurrutia, Marqués de, *El General* **Serrano [Domínguez],** *Duque de la Torre.* M, 1929, 255.

5 Pérez de Urbel, J., *Necrología... Dom. Luciano* **Serrano [Pineda].** Arbor, 1944, 2, 207-11.
También, Hispania, 1944, 4, 464-6.

El erudito español D. Manuel **Serrano y Sanz.** *Notas bio-bibliográficas.* M, 1935, 163.
Miscelánea por varios autores.

Schulten, A., **Sertorio.** B, 1949, 231.

Alonso García, G., *Miguel* **Servet** *como médico y la Medicina de su tiempo.* Ilerda, 1959, 17, 47-64.
Arribas Salaberri, J. P., *Miguel Servet, geógrafo y astrónomo.* Ilerda, 1961, 19, 27-44.
Barón Fernández, J., *Miguel Servet. Su vida y su obra.* M, 1972, 338.
Bullón Fernández, E., *Miguel Servet y la Geografía del Renacimiento.* M, 1945[3], 224.
Goyanes Capdevila, J., *Miguel Serveto, teólogo, geógrafo y médico.* M, 1933, 342.

Sevillano, J. → 14.45.

Sibilia de Fortiá → 6.39, **Pedro IV.**

Allué Morer, P., *Una humanista española del siglo XVI, Luisa* **Sigea.** Insula, 1958, 142, 4.

Santillán González, B., *D. Carlos de* **Sigüenza y Góngora...** México, 1956, 172.

Tapia, E., *Francisco* **Silvela...** M, 1968, 271.

Salcedo Ginestral, E., *El Doctor Luis* **Simarro Lacabra.** M, 1926, 40.

Fuente, G., *Biografía del Beato* **Simón de Rojas.** Valladolid, 1912, xix+200.

Sofía, Princesa → **Juan Carlos.**

Monje Bernal, J., **Siurot.** *El ambiente, el hombre, la obra.* Cádiz, 1942, 492.

Peset Llorca, V., *Francisco* **Solano de Luque.** Medicamenta (M), 1958, 29, 219-21.

Javierre Ortas, J. M., ... [Santa] **Soledad Torres Acosta.** M, 1970, xii+246 + láms.

Malagón, J., y J. M. Ots Capdequi, **Solórzano [Pereira]** *y la «Política indiana».* México, 1965, 117.

Soria, A. → 22.58, Collins.

Beltrán de Heredia, V., *Domingo de* **Soto.** *Estudio biográfico documentado.* M, 1961, 777.
Carro, V. D., *Domingo de Soto... Estudio teológico-jurídico e histórico.* M, 1943, 463.

Soto, H. → 7.23.

Carro, V. D., *El Maestro Fr. Pedro de* **Soto** *y las controversias político-teológicas en el siglo XVI.* Salamanca, 1931-50, 2 v.

5

Gómez Arboleya, E., *Francisco* **Suárez,** *S. J. Situación espiritual. Vida y obra.* Granada, 1946, xvi+473.
Pereña Vicente, L., *Teoría de la guerra en Francisco Suárez.* M, 1954, 2 v.
Rommen, H., *La teoría del Estado y de la Comunidad internacional en Francisco Suárez.* M, 1951, lxiii+524.
Scorraille, R., *El P. Francisco Suárez, de la Compañía de Jesús.* B, 1917, 2 v.
Suárez en el cuarto centenario de su nacimiento. Bibliografía. Pensamiento (M), 1948, 4, 646.
→ 13.38, Pérez; 14.14, Albendea.

Rodríguez Amaya, E., *Lorenzo* **Suárez de Figueroa,** *maestre de Santiago.* REE, 1950, 6, 241-302.

S[ánchez] Granjel, L., *Francisco* **Suárez de Rivera...** Salamanca, 1967, 62.

Sucre, A. J. → 7.63.

Tafur, P. → 4.80, Vives.

Fernández de Madrid, A., *Vida de Fray Hernando de* **Talavera.** M, 1931 [1557], 144.
Fernández Martínez, F., *Fray Hernando de Talavera.* M, 1942, 316.
González Hernández, O., *Fray Hernando de Talavera. Un aspecto nuevo...* HS, 1960, 13, 143-74.

Díaz Carbonell, R., *Pere* **Tarrés [Claret]...** Montserrat, 1973, 519 + láms.

Tassis → 12.99, Riedel.

Saugnieux, J., *Un prélat éclairé: Don Antonio* **Tavira Almazán...** Toulouse, 1970, 326.

Téllez Girón, J. → 13.57, **Osuna.**

Rivas Santiago, N., *José María «El* **Tempranillo».** *Historia documental...* M, h. 1944, 140.

Suárez Fernández, L., *Don Pedro* **Tenorio,** *arzobispo de Toledo.* EDMP, IV, 601-27.

García García, T., *San* **Teodomiro...** AH, 1963, 39, 79-113.

Pelayo Toranzo, J., *La Beata* **Teresa de Jesús Jornet.** Valencia, 1958.

Rey Pastor, J., *Esteban* **Terradas [Illa].** RRAc de Ciencias Exactas... (M), 1950, 44, 381-410.

Carreras Bulbena, J. L., *Domenech* **Terradellas.** B, 1908, 98.

Cervera, F., *D. Mariano Pardo de Figueroa... Dr.* **Thebussem.** BiH, 1945, 5, 139-72.
Laurencín, Marqués de, *El Doctor Thebussem...* BRAH, 1917, 71, 449-63.
Navas, Conde de las, *El Doctor Thebussem.* M, 1928, 30.
→ 1.85, Catasús.

Batista Roca, J. M., *Sir Henry* **Thomas.** AIEC, 1953, 46, 130-1.

5 Doyle, H. G., *George* **Ticknor.** MLJ, 1937, 22, 3-18.

Toledo, F. → 7.31, Busto, Levillier.

Toledo, M. → 14.45, Alverny.

Toledo, R. → 14.45, González.

Jobit, P., *Saint* **Thomas de Villeneuve,** *l'évêque des pauvres.* París, 1961, 256.

Martínez Casanoves, I., *Figura histórica de Santo Tomás de Villanueva.* Saitabi, 1951, 8, 59-65.

Sanz Díaz, J., *Santo Tomás de Villanueva.* M, 1956, 27.

Señas Encinas, F., *El Conde de* **Toreno.** BIEA, 1959, 13, 339-66; 1960, 14, 217-31.

García Irigoyen, C., *Santo* **Toribio.** Lima, 1906-7, 4 v.

Rodríguez Valencia, V., *Santo Toribio Alfonso Mogrovejo en sus visitas pastorales.* MH, 1951, 8, 123-79.

Rodríguez Valencia, V., *Santo Toribio de Mogrovejo, organizador y apóstol de Suramérica.* M, 1956-7, 2 v.

Sánchez Cantón, F. J., ... *Elías* **Tormo.** BRAH, 1958, 142, vii-xxxv.

Sayans Castaños, M., *La obra de Luis de* **Toro**... Plasencia, 1961, xvi+200.

Benet, J., *El Doctor* **Torrás i Bagés** *en el marc del seu temps.* B, 1968, 134.

Rucabado, R., *El Siervo de Dios... José Torrás Bagés.* B, 1958, 124.

Paz Remolar, R., *Bibliografía de D. Antonio de la* **Torre [y del Cerro].** Hispania, 1966, 26, 489-94.

Suárez Fernández, L., *Don Antonio de la Torre y del Cerro.* AEM, 1966, 3, 655-62.

Beltrán de Heredia, V., *Noticias y documentos para la biografía del Cardenal Juan de* **Torquemada.** Archivum Fratrum Praedicatorum (Roma), 1960, 30, 53-148.

Jouve, M., *[Tomás]* **Torquemada,** *grand inquisiteur d'Espagne.* París, 1934, 200.

Torres, C. → 7.63.

Pemán Pemartín, J. M., *Un laureado civil. Vida y hazañas de Don Domingo de* **Torres**... M, 1944, 287.

Bibliografía de Don Leopoldo **Torres Balbás.** Al-Andalus, 1960, 25, 263-86.

Sánchez Cantón, F. J., *Necrología de... Torres Balbás.* BRAH, 1960, 147, 113-8.

Montoto de Sedas, C., *Un orador ascético: El Padre Alfonso* **Torres [Fernández].** Cádiz, 1954, 165.

Rodríguez Alcalde, L., **Torres Quevedo.** M. 1966, 209.

Torres Quevedo, G., *Torres Quevedo y la Automática.* RRAc de Ciencias Exactas... (M), 1951, 45, 5-32.

Nadal, J., *La obra de Eduardo* **Torroja Miret**. Las Ciencias, 1961, 26, 277-88.
Rey Pastor, J., *Datos biográficos de Don Eduardo Torroja Miret.* RMatemática hispano-americana (M), 1943, 3, 333-7.

Tosca, T. V. → 14.09, Marco.

Asís Garrote, A., *Ideas socio-políticas de Alonso Polo, el* **Tostado.** Sevilla, 1955, xix+160.
Bibliografía de Alonso de Madrigal. BiH, 1955, 7, 209-11.
Carreras Artau, J., *Las «Repeticiones» salmantinas de Alfonso de Madrigal.* RFilos, 1943, 2, 211-36.
Silvano, P., *Alfonso Tostado, vita ed opere.* Roma, 1952.
Suárez, P. L., *Fuentes e influencias de Alfonso Tostado de Madrigal.* EAb, 1958, 8, 59-74.

García Bellido, A., *La «modestia» de* **Trajano** *ante la recepción del Imperio.* EC, 1955, 3, 3-9.
Montenegro Duque, A., *Trajano, oriundo de España.* RABM, 1954, 60, 155-66.
Montenegro Duque, A., *Bibliografía sobre Trajano.* EC, 1955, 3, 25-38.

Wilson, E. M., *John Brande* **Trend.** BHS, 1958, 35, 223-7.

T'Serclaes → J. Pérez de Guzmán.

Tudela, B. → 4.80, Sánchez.

Tupac Amaru → 7.61.

Lorente, M., *Juanelo* **Turriano.** RArquitectura (M), 1950, 98, 59-69.
Mieli, A., *La noria fluvial de Toledo y el artificio de Turriano.* Archeion (Roma), 1943, 25, 239-43.

Aróstegui, A., *La «Filosofía crítica» de Ramón* **Turró [Dardé].** RFilos, 1950, 9, 55-89.
Domingo Sanjuán, P., *Turró, hombre de ciencia...* B, 1970, 382.

Díaz Carbonell, R., *Dom Bonaventura* **Ubach.** *L'home, el monjo, el biblista.* B, 1962, 254 + láms.

Rumeu de Armas, A., *Alfonso de* **Ulloa,** *introductor de la cultura española en Italia.* M, 1973, 191.

Whitaker, A. P., *Antonio de* **Ulloa.** HAHR, 1935, 15, 155-94.
→ J. **Juan Santacilia;** 7.49.2, Tejado.

Abad, C. M., *Doña Magdalena de* **Ulloa.** Comillas, 1959, 322.

Urdaneta, A. → 7.82.

Urquijo, M. L. → 6.79.2.

Urraca, Infanta → 6.37.3, Lévi.

Combes, F., *La Princesse des* **Ursins.** *Essai sur sa vie...* París, 1858, 568.
Cotte, S., *Madame des Ursins, roi d'Espagne.* París, 1946, 286.
Hill, C., *Story of the Princess des Ursins...* Londres, 1905, 276.

Ursúa, P. → 7.23.

5 Suárez, J., *Andrés de* **Ustárroz**. AFA, 1945, 1, 150-216.
→ 14.06, Arco.

Vaca de Castro, C. → 7.31, García.

Váez de Torres, L. → 7.80.

Palomera, E., *Fray Diego de* **Valdés**... *El hombre y su época.* México, 1963, 230.

González Novalín, J. L., *El inquisidor general Fernando de* **Valdés**. *Su vida y su obra.* Oviedo, 1968-71, 2 v.

Valdivia, P. → 7.23.

Valencia, J. → 9.89, Lohmann.

Menéndez Pelayo, M., *Apuntamientos biográficos y bibliográficos de Pedro de* **Valencia**, en su *Ensayos de crítica filosófica.* M, 1948, 235-56.

Serrano Sanz, M., *Pedro de Valencia. Estudio biográfico-crítico.* Badajoz, 1910, 170.

Zuloaga Zuloaga, J. M., *Monografía del Beato* **Valentín de Berriochoa**. Bilbao, 1949, 209.

Valerio, San → 8.04, Arenillas; 17.90.

Codellas, P. S., *Vesalius,* **Valverde [de Amusco]**, *Patousas.* Bulletin of the History of Medicine (Baltimore), 1963, 14, 667-88.

Fernández Ruiz, C., *Estudio biográfico sobre el Dr. Juan Valverde... y su obra.* Clínica y Laboratorio (Zaragoza), 1958, 76, 207-40.
→ 14.66, Valle.

Vallejo, J. M. → 14.51, Garma.

Castellote Cubells, S., *La antropología en la obra de Francisco* **Vallés**, en *Actas del I Congreso español de Historia de la Medicina.* M, 1963, 307-13.

Gutiérrez Moral, M., *El divino Vallés, médico de Felipe II.* Burgos, 1958, 32.

Ortega Rodríguez, E., y B. Marcos González, *Francisco Vallés.* M, 1914, 357.

Gibert Sánchez, R., **Valls-Taberner**, *investigador.* Arbor, 1953, 26, 449-52.

Parpal, J. A., y J. M. Lladó, *Ferrán Valls i Taberner. Un politic...* Esplugues, 1970, 265.

Mariñas, F. J., *General* **Varela [Iglesias]**... B, 1956, 272.

Pemán Pemartín, J. M., ... *Vida del Capitán General Varela.* Cádiz, 1954, 354.

Otero Pedrayo, R., *El Doctor* **Varela de Montes**, *médico humanista...* Santiago, 1952, 179.

Vargas, D. → 7.24, Espinosa.

Guillén Tato, J. F., *El capitán de Fragata Don José* **Vargas Ponce**. RGeneral de Marina (M), 1961, 160, 11-30.

Pereña Vicente, L., *Importantes documentos inéditos sobre Gabriel* **Vázquez**. RET, 1956, 16, 193-214.

Vázquez de Coronado, J. → 7.23. 5

Hazañas Rúa, J., **Vázquez de Leca.** Sevilla, 1918, xiv+523.

García García, R., **Vázquez de Mella.** *Sus ideas, su persona.* Granada, 1940, 456.

Barcia Trelles, C., **Vázquez de Menchaca.** *Sus teorías internacionacionales.* B, 1940, 164.

Medina Sobrado, P. G., *El aporte de Fernando Vázquez de Menchaca a la escuela española de Derecho Internacional.* Información Jurídica (M), 1952, 113, 909-27.

Vega, F. → 14.33, Fernández.

Saltillo, Marqués del, *Juan de la* **Vega**... M, 1946, 348.

Traver Tomás, V., *El Marqués de* **Vega-Inclán,** *primer comisario regio de Turismo...* M, 1965, xvi+240.

González Hernández, O., *Una mística abulense, Doña María* **Vela Cueto.** Avila, 1961, 220.

Yáñez Neira, D., *Fray Diego* **Velázquez,** *forjador de Calatrava.* HS, 1967, 20, 257-81.

Marañón Posadillo, G., *Los tres* **Vélez.** M, 1960, 187.
Pedro Fajardo, Luis Fajardo y Pedro Fajardo, primeros titulares del Marquesado.
→ **Fajardo.**

Rodríguez González, P., *San* **Veremundo.** Pamplona, 1970, 31.

Camps Arboix, J., **Verntallat,** *cabdill dels remences.* B, 1955, 271.

Vespucio → 7.23, **Ojeda;** 7.26.

Azcona, J. M., *Notas bibliográficas. El Príncipe de* **Viana**... PV, 1941, 2, 55-83.

Desdevises du Dezert, G., *Don Carlos d'Aragón, Prince de Viane.* París, 1889, 445.

García Mercadal, J., *Don Carlos de Aragón, Príncipe de Viana.* B, 1944, 254.

Vicens Vives, J., *Trayectoria mediterránea del Príncipe de Viana.* PV, 1950, 11, 211-50.

→ 6.38.2, Ruano.

Galera Cuffí, P., *Bibliografía de Jaime* **Vicens Vives.** IHE, 1960, 6, 1-16.

Mercader Riba, J., *Jaime Vicens Vives: su obra histórica.* Arbor, 1967, 66, 265-84.

Valle Cuesta, F., *El P. Antonio* **Vicent** *y la Acción Social Católica Española.* M, 1947, 362.

→ 8.58, Llorens.

Federici, E., *Un ideal vivido* [Santa **Vicenta López de Vicuña**]. M, 1959.

Roig, V., *El invicto mártir* **Vicente.** Valencia, 1963, 47 + láms.

Fuster, J., *Notes per a un estudi de l'oratòria vicentina* [S. **Vicente Ferrer**]. RVF, 1954, 4, 87-185.

5 Galduf Blasco, V., *Vida de San Vicente Ferrer.* B, 1961, 306.
Garganta, J. M., y V. Forcada, *Biografía y escritos de San Vicente Ferrer.* M, 1956, xxxi+730.
Genovés, V., *San Vicente Ferrer en la política de su tiempo.* M, 1943, 95.
Genovés, V., *San Vicente Ferrer, apóstol de la paz.* B, 1944, v+251.
Vendrell, F., *La actividad proselitista de San Vicente Ferrer durante el reinado de Fernando I de Aragón.* Sefarad, 1953, 13, 87-104.

Victoria Eugenia → 6.91.

Muntanyola, R., **Vidal Barraquer,** *Cardenal de la pau.* B, 1970[2], 871 + láms.

Batllori Munné, M., *Orientaciones bibliográficas para el estudio de Arnau de* **Vilanova.** Pensamiento (M), 1954, 10, 311-23.
Batllori Munné, M., *Nuevos datos biográficos sobre Arnaldo de Vilanova.* AIHM, 1956, 8, 235-7.
Paniagua Arellano, J. A., *Vida de Arnaldo de Vilanova.* AIHM, 1951, 3, 3-83.
Paniagua Arellano, J. A., *Importancia europea de la medicina de Arnau de Vilanova.* AIHM, 1956, 8, 305-14.
Paniagua Arellano, J. A., *El maestro Arnau de Vilanova, médico.* Valencia, 1969, 100.
Verrier, R., *Études sur Arnauld de Villeneuve.* Leiden, 1947-9, 2 v.

Galbete, V., *Vida y andanzas del Coronel Don Cristóbal de* **Villalta.** PV, 1946, 7, 695-734.

Aguirre Prado, L., [Francisco] **Villamartín [Ruiz].** M, 1955, 32.

Martín Duque, A. J., *Johannes* **Vincke.** AEM, 1964, 1, 665-7.

Ferrer, D., *Biografía de Pedro* **Virgili...** B, 1963, 405.

Violante de Hungría → 6.39, **Jaime I.**

Grundel, H. G., **Viriato...** Caesaraugusta, 1968, 31, 175-98.
Schulten, A., *Viriato.* BBMP, 1920, 2, 126-49, 272-81.
También, Oporto, 1928, 92.

Ruiz de Oyaga, J., *San* **Virila,** *abad de Leyre.* PV, 1955, 16, 307-19.

Viscardo, J. P. → 7.63.

Alonso Getino, L. G., *El Maestro...* **Vitoria.** *Su vida, su doctrina e influencia.* M, 1930, x+576.
Barcia Trelles, C., *Francisco de Vitoria, fundador del derecho internacional moderno.* Valladolid, 1928, 229.
Beltrán de Heredia, V., *Francisco de Vitoria.* B, 1939, 193.
Beltrán de Heredia, V., *La controversia sobre la patria del Maestro Vitoria.* LCT, 1953, 45, 131-7.
Krauss, G., *Francisco de Vitoria, fundador del moderno derecho internacional.* ADPub, 1951, 4, 123-39.
San José, B., *Fray Francisco Vitoria.* Burgos, 1946, viii+312.
→ 7.02, 14.06, Fraile; 14.10, Termus; 14.19, Fraile.

Vitoria, P. → 4.80, Anasagasti.

Bonilla San Martín, A., *Luis* **Vives** *y la filosofía del Renacimiento.* M, 1929, 3 v. **5**
Manzoni, B., *Vives, umanista spagnolo.* Lugano, 1960, 143.
Marañón Posadillo, G., *Luis Vives. Un español fuera de España.* M, 1942, 182.
Monsegú, B. G., *Filosofía del Humanismo de Juan Luis Vives.* M, 1961, 364.

Fábrega Grau, A., *Monseñor José* **Vives [Gatell]**. AEM, 1969, 6, 667-86.
Marín Martínez, T., y Q. Aldea, *Homenaje al Dr. José Vives.* HS, 1968, 21, 7-18.

Vives Tutó, J. → 14.12, Langasco.

Carner, A., *Biografía de... Pedro* **Vives Vich**..., *fundador y primer jefe de la Aeronáutica española.* B, 1955, 164 + láms.

Mohedano, J. M., *Karl* **Vossler**. Arbor, 1944, 1, 282-5.

Welser → 7.49, Friede.

Fitchett, W. H., *The great Duke* **[Wellington]**. Londres, 1911, 2 v.
Revesz, A., *Wellington, el Duque de hierro.* M, 1946, 338.
→ 6.82.1, Azcárate.

Armiñán, L., **Weyler**. M, 1946, 206.
Weyler López, V., *Biografía del Capitán General Weyler.* M, 1946, 285.

Ramón de San Pedro, J. M., *Don José* **Xifré Casas**... M, 1956, 209.

Guanse, D., *Margarita* **Xirgú**. B, 1963, 78.

Castro Alava, J. R., **Yanguas Miranda**. Pamplona, 1963, 217.
Iribarren Rodríguez, J. M., *Yanguas Miranda. Su vida y su obra.* PV, 1963, 29, 215-29.

Alonso García, M., *Johannes de* **Yciar**... Bilbao, 1953, 118.

Montoliu, M., *José* **Yxart**... Tarragona, 1956, 221.

Cantera Burgos, F., *Abraham* **Zacut**. M, 1935, 225.
Roth, C., *The last years of Abraham Zacut.* Sefarad, 1949, 9, 445-54.

Zaida → 6.37.3, Pérez.

Ybarra Bergé, J., *Datos relativos a Simón Bernardo de* **Zamácola** *y la zamacolada.* Bilbao, 1941, 365.

Lazar, M., *Alfonso de* **Zamora**, *copista...* Sefarad, 1958, 18, 314-27.
Neubauer, A., *Alfonso de Zamora.* BRAH, 1895, 27, 193-213.

Peset Llorca, V., *El Doctor* **Zapata** *(1664-1745) y la renovación de la medicina en España.* AIHM, 1960, 12, 35-93.

Alvarez de Linera, A., ... *Juan* **Zaragüeta**: *su vida, sus obras, su concepción filosófica.* RFilos, 1953, 12, 177-89.

Eggers, E. R., y E. Feune de Colombí, *Francisco de* **Zea Bermúdez** *y su época.* M, 1958, 200.

Hübner, E., *Los trabajos científicos de... Jacobo* **Zóbel de Zangróniz**. BRAH, 1897, 30, 158-81.

5 Storti, R. M., *Isidoro* **Zorzano**. *La vida y el trabajo de un ingeniero*, en F. Martinell, *Cristianos corrientes. Textos sobre el Opus Dei*. M, 1970, 141-52.

Homenaje a Xavier **Zubiri**. M, 1953, 276. Miscelánea por diversos autores.

Azcona, J. M., **Zumalacárregui**. *Estudio crítico de las fuentes*. M, 1951, 597.
Burgo Torres, J., *Zumalacárregui*. Pamplona, 1973, 30.
Madrazo, F. P., *Historia militar y política de Zumalacárregui*. Valladolid, 1941, 458.
Zaratiegui, J. A., *Vida y hechos de D. Tomás de Zumalacárregui*. M, 1845, xviii+472.

Chauvet, F., *Fray Juan de* **Zumárraga**. México, 1948, 370.
García Icazbalceta, J., *Don Fray Juan de Zumárraga, primer Obispo y Arzobispo de México*. México, 1947, 4 v.
Ruiz Larrinaga, J., *Fray Juan de Zumárraga*. Bilbao, 1948, 98.

Muñoz, V., **Zumel** *y el molinismo*. Estudios, 1954, 10, 319-65.
Placer, G., *Bibliografía de... Fray Francisco Zumel Bustillo*. Estudios, 1965, 21, 21-68.
Vázquez Núñez, G., *El P. F. Zumel, General de la Merced y Catedrático de Salamanca*. M, 1920, 133.

Videgáin Agós, F., *Francesillo de* **Zúñiga**. Pamplona, 1973, 40.

González Palencia, A., *Don Luis de* **Zúñiga y Avila**... M, 1932, 227.
Chao, E., *Historia de la vida militar y política de Martín* **Zurbano**. M, 1846, xxxii+454.

Riba García, C., *Jerónimo* **Zurita**, *primer cronista de Aragón*. Zaragoza, 1946, 76.

30 ICONOGRAFIA

Asensio Toledo, J. M., *Retratos de autores españoles sacados en facsímile de las antiguas ediciones de sus obras, 1563-1701*. Sevilla, 1869, 43.
Barcia, A. M., *Catálogo de los retratos de personajes españoles que se conservan en... la Biblioteca Nacional*. M, 1901, 900. También, en pliegos sueltos, RABM, 1901, 5, y ss.
Carderera Solano, V., *Iconografía española. Colección de retratos, estatuas... desde el siglo XI hasta el XVIII*... M, 1855-64, 2 v.
Ezquerra del Bayo, J., *Retratos de mujeres españolas del siglo XIX*. M, 1924, xxxvi+388.
Pacheco, F., *Libro de... retratos de ilustres y memorables varones, escrito y dibujado por* ___ [1599]. Ed. de J. M. Asensio Toledo. Sevilla, 1870, 107 + láms.
Páez Ríos, E., *Iconografía hispana. Catálogo de los retratos de personajes españoles de la Biblioteca Nacional*. M, 1966-8, 4 v.
Pantorba, B., *Rostros españoles. Retratos y semblanzas de escritores, artistas y hombres de ciencia*. M, 1926, 83 + láms.

Retratos de los españoles ilustres, con un epítome de su vidas. M, 1791, 118.

→ 3.91, 9.17, 9.80, 9.83.

40 NOBILIARIOS: ESTUDIOS GENERALES

Delaunet Esnaola, A., *Catálogo de una biblioteca de Genealogía y Heráldica.* S. Sebastián, 1960, xix+287.

Franckenau, G. E. [Juan Lucas Cortés], *Bibliotheca Hispanica Historico-Genealogico-Heraldica.* Leipzig, 1724, 412.

Municio Cristóbal, B., y L. García Cubero, *Bibliografía heráldico-genealógico-nobiliaria de la Biblioteca Nacional de Madrid.* M, 1958, 2 v.

Atienza Navajas, J., y otros, *Armería y nobiliario de los Reinos españoles.* M, 1956-60, 4 v.

Burgos, A., *Blasón de España. Libro de Oro de su nobleza. Reseña genealógica y descriptiva de la Casa Real, la Grandeza de España y los Títulos de Castilla.* M, 1853-60, 6 v.

Fernández de Bethencourt, F., *Historia genealógica y heráldica de la Monarquía española, Casa Real y Grandes de España.* M, 1897-1920, 10 v.

García Carraffa, A. y A., *Enciclopedia heráldica y genealógica hispanoamericana.* M, 1919-63, 88 v.
Los v. I y II son, respectivamente, *Ciencia heráldica* y *Diccionario de los términos del blasón.* Desde el III, *Diccionario heráldico y genealógico de apellidos españoles y americanos,* por orden alfabético.

López de Haro, A., *Nobiliario genealógico de los Reyes y Títulos de España.* M, 1622, 2 v.

Moreno de Guerra, J., *Guía de la Grandeza. Historia genealógica y heráldica.* M, 1924, xlviii+758.

Saltillo, Marqués del, *Historia nobiliaria española. Contribución a su estudio.* M, 1951-3, 2 v.

Vilar Pascual, L., *Diccionario histórico, genealógico y heráldico de las familias ilustres de la Monarquía española... Apellidos... casas-solares, varones ilustres... con sus invenciones, escritos, obras y sus escudos de armas.* M, 1859-79, 5 v.

Vilar Pascual, L., *Anuario de la Nobleza española... Historia de sus diferentes dominios, sus títulos, blasones... Sucesos notables... guerras... fundaciones... Historia genealógica y heráldica de las familias... biografías... Las 49 provincias con sus escudos de armas y los de todos los pueblos de España.* M, 1879, 2 v.

41 ESTUDIOS PARTICULARES

Alonso López, A., y otros. *Hidalguía. Elenco de grandezas y títulos nobiliarios españoles, 1973.* M, 1973, 768.

Anuario de la Nobleza de España. M, 1867, 240.

Fernández de Oviedo, G., *Las Quincuagenas de la Nobleza de España.* Ed. de V. de La Fuente. M, 1880, xxxvi+559.

5 González Palencia, A., *Mayorazgos españoles.* Cuenca, 1929, xii+347.

Grandezas y títulos del Reino. Guía oficial. M, 1973, 886.

Moreno de Guerra, J., *Guía de la Grandeza. Títulos y caballeros de España para el año 1917.* M, 1917, 518.

Moreno Morrisón, R., *Guía nobiliaria de España, 1945-1947.* M, 1947[5], 1060.

Salazar y Castro, L., *Arboles de costado de gran parte de las primeras Casas de estos Reinos... en 1683.* M, 1795, 221.

Salazar de Mendoza, P., *Origen de las dignidades seglares de Castilla y León.* Toledo, 1618, 189.

Salvador de Solá, F., *Títulos nobiliarios... del año 1849 hasta la fecha y Corporaciones nobiliarias...* B, 1955-6, 984.

Trelles Villademoros, J. M., *Historia chronologica y genealogica del primitivo origen de la nobleza de España...* M, 1760, 8 v.

Trueba Quintana, A., *Leyendas genealógicas de España.* B, 1887, 2 v.

Vargas Zúñiga, A., *Títulos y grandezas del Reino.* Hidalguía, 1953, 1, a 1959, 7, múltiples entradas.

Vilar Psayla, J. J., *Linajes nobles de España. Catálogo de todos los apellidos españoles y escudos de armas...* M, 1867, 232.

Vilches Marín, E., *Libro de Oro de los apellidos españoles. Su etimología, genealogía y heráldica.* M, 1902, 311.

→ 7.40, Amunátegui; 9.17, Cadenas; 10.08.

43 ASPECTOS LEGALES Y SOCIALES

Aguilar de Campóo, Marquesa de, *Pruebas requeridas para suceder a un título nobiliario.* Hidalguía, 1962, 10, 385-92.

Barriobero Armas, J., *Aristocracia. Notas y observaciones relativas a su significación.* M, 1915, 174.

Barriobero Armas, J., *La nobleza española. Su estado legal.* M, 1902, 173.

Benet Capará, J. M., *Fundamentos de la nobleza de Cataluña.* Hidalguía, 1957, 5, 377-88.

Cadenas Vicent, V., *Preeminencias antiguas y facultades modernas de los actuales cronistas reyes de armas.* Hidalguía, 1968, 16, 307-22.

Cadenas Vicent, V., *Títulos del Reino concedidos por los monarcas carlistas.* M, 1956, 224.

Cadenas Vicent, V., *La sucesión en las mercedes nobiliarias otorgadas por los monarcas carlistas.* Hidalguía, 1959, 7, 97-112.

Cadenas Vicent, V., *Grandezas de España y títulos nobiliarios del Reino concedidos por el Jefe del Estado Español.* Hidalguía, 1973, 21, 439-62.

Carrillo, A., *Origen de la dignidad de Grande de Castilla, preeminencias de que goza...* M, 1657, 52.

Cencillo de Pineda, M., *La rehabilitación de títulos nobiliarios...* M, 1951, 74.

Fernández Cuesta, R., *Títulos nobiliarios. Legislación...* M, 1948, 144.

Guerrero Burgos, A., *Grandezas y títulos nobiliarios.* M, 1954, 676.

Infantado, Duque del, *Honores y prerrogativas de los Grandes de España.* M, 1929, 23.

Jiménez Asenjo, E., *Régimen jurídico de los títulos de nobleza de España, América y Filipinas.* B, 1955, 294. 5

Suárez de Tangil, F., *Breve estudio histórico-político y sociológico legal sobre las grandezas de España y títulos del Reino.* M, 1914, 173.

Taboada Roca, M., *Los títulos nobiliarios y su regulación legislativa en España.* Foro gallego (La Coruña), 1953, 87, 257-78; 88, 321-75.

Valdés Menéndez, J., *Esquema histórico-legal de la nobleza española en las edades antigua y media.* Hidalguía, 1962, 10, 625-40.

45 NOBILIARIOS REGIONALES

Amador Carrandi, F., *Catálogo de genealogías del archivo de la Casa de Juntas de Guernica.* Bilbao, 1958, 1142.

Argamasilla de la Cerda, J., *Nobiliario y armería general de Navarra.* M, 1899-1906, 3 v.

Argote de Molina, G., *Nobleza de Andalucía...* Sevilla, 1588, 349.

Avilés, T., *Armas y linajes de Asturias y antigüedades del Principado.* Oviedo, 1956, 336.

Basanta de la Riva, A., *Nobleza vizcaína...* Valladolid, 1927, 454.

Basanta de la Riva, A., *Catálogo genealógico de vizcainías...* M, 1934, 2 v.

Basanta de la Riva, A., *Nobleza alavesa. Nobiliario...* Valladolid, 1930, 439.

Basanta de la Riva, A., y F. Mendizábal, *Nobleza guipuzcoana.* M, 1932, 168.

Berni Catalá, J., *Creación, antigüedad y privilegios de los títulos de Castilla.* Valencia, 1769, 522+xxviii.

Bover, J. M., *Nobiliario mallorquín...* Palma, 1944, 2 v.

Castillo Genzor, A., *La nobleza del Reino de Aragón.* Zaragoza, 1970, 48.

Ciadoncha, Marqués de, *Noblezas regionales españolas: Navarra, Vizcaya, Guipúzcoa, Alava, Aragón...* M, 1932, 39.

Dávila Jalón, V., *Nobiliario de la ciudad de Burgos...* M, 1955, 556.

Dávila Jalón, V., *Nobiliario de Soria.* M, 1967, 302.

Domenech Roura, F., *Nobiliari general català de llinatges. Catalunya, Valencia, Mallorca, Rosselló.* B, 1923-8, 3 v.

Escagedo Salmón, M., *Solares montañeses. Viejos linajes de la provincia de Santander, antes Montañas de Burgos.* Santander, 1925-34, 8 v.

Fernández de Bethencourt, F., *Nobiliario de Canarias.* Ed. de J. Régulo. La Laguna, 1952-4, 2 v.

Fernández Prieto, E., *Nobleza de Zamora.* M, 1953, 915.

García Carraffa, A., y A. Fluviá Escorsa, *El solar catalán, valenciano y balear.* S. Sebastián, 1968-70, 4 v.

García Rodrigo, F. J., *El Cuerpo Colegiado de la Nobleza de Madrid...* M, 1884[2], 535.

García Sáinz, J., *La hidalguía en las merindades antiguas de Castilla. Genealogía y heráldica de las familias más importantes.* Burgos, 1969, 263.

5 Girond, J., *Ensayo de la historia de la Nobleza de los Bascongados*... S. Sebastián, 1858, 169.

Huarte Jáuregui, J. M., y J. de Rújula Ochotorena, *Nobiliario del Reino de Navarra... 1519-1832.* M, 1923, 625.

Larios Martín, J., *Nobiliario de Segovia.* Segovia, 1956-9, 3 v.

Lodo Mayoralgo, J. M., *Viejos linajes de Cáceres.* Cáceres, 1971, 414.

Madramany Calatayud, M., *Tratado de la Nobleza de la Corona de Aragón, especialmente del Reino de Valencia, comparada con la de Castilla*... [1788]. B, 1957, 405.

Maldonado Cocat, R. J., *Hidalguías riojanas. El solar de Valdeosera.* M, 1949, xii+335.

Rújula Martín, F., y J. Rújula Ochotorena, *Indice de los caballeros hijosdalgos de la nobleza de Madrid, 1330-1920.* M, 1920, xxix+340.

Rújula Ochotorena, J., *Nobleza de Asturias.* M, 1945, xl+365.

Rújula Ochotorena, J., y A. Solar Taboada, *Hidalgos y caballeros. Notas sobre personas y cosas de Extremadura.* Badajoz, 1945, 150.

Sagales Fontcuberta, J. M., y E. Miralbell Condeminas, *Nobiliario de la Corona de Aragón, siglos IX-XX. Reseña... de las familias nobles de Cataluña, Aragón, Valencia, Sicilia, Mallorca*... B, 1948-52, 2 v.

Salvador, F., *El Real Cuerpo de la Nobleza, antiguo Brazo Militar del Principado de Cataluña*... Hidalguía, 1957, 5, 369-76.

Solar Taboada, A., y Marqués de Ciadoncha, *Nobiliario de Badajoz... en 1775... Badajoz heráldico*... Badajoz, 1944, 200 + láms.

50 GENEALOGIA. LINAJES. TITULOS

Arteaga Falguera, C., *La Casa del Infantado, cabeza de los Mendoza.* M, 1940-4, 2 v.

Carril, B., *Los Mendoza. Los Mendoza en España y en América en el siglo XV y en la primera mitad del siglo XVI*... Buenos Aires, 1954, 185.

Gutiérrez Coronel, D., *Historia genealógica de la Casa de Mendoza.* Ed. de A. González Palencia. M, 1944-5, 4 v.

Orti Brull, V., *Los Duques de Villahermosa.* M, 1896, 285.

Plaza Bores, A., *Títulos nobiliarios concedidos por nuestros Reyes en Flandes, Italia y Portugal.* Valladolid, 1923, 194.

Salazar y Castro, L., *Catálogo historial genealógico de los Señores y Condes... de Fernán-Núñez... de 1236 hasta este de 1682.* M, 1682, 184.

Salazar y Castro, L., *Historia genealógica de la Casa de Silva.* M, 1685, 2 v.

Salazar y Castro, L., *Historia genealógica de la Casa de Haro*... M, 1920, 383.

Salazar y Castro, L., *Historia genealógica de la Casa de Lara.* M, 1694-7, 4 v.

→ 5.40-5, 9.98, 22.34.

60 HERALDICA

Atienza Navajas, J., *Nobiliario español. Diccionario heráldico de apellidos españoles y de títulos nobiliarios.* M, 1954², 1080.

Cadenas Vicent, V., *Repertorio de blasones de la comunidad hispánica.* M, 1964-9, 16 v. **5**
Indice alfabético de apellidos.
Piferrer, F., *Nobiliario de los Reinos y Señoríos de España. Contiene las armas y blasones de los reinos, provincias, ciudades... con todos los apellidos...* M, 1857-66, 8 v.
Riquer Morera, M., *Manual de heráldica española.* B, 1942, xii+196.

Arco Garay, R., *Escudos heráldicos de ciudades y villas de Aragón.* Argensola, 1954, 5, 101-42.
Bassa Armengol, M., *Els escuts heràldics dels pobles de Catalunya.* B, 1968, 330.
Cadenas Vicent, V., *Armería patronímica española. Ensayo heráldico de apellidos originados en los nombres.* M, 1959, 205.
Cadenas Vicent, V., *Algunas características de la heráldica española.* Hidalguía, 1970, 18, 33-6.
Castillo Genzor, A., *Heráldica aragonesa.* Zaragoza, 1955, 234.
Crespo Pozo, J. S., *Blasones y linajes de Galicia heráldica.* Santiago, 1957, 428.
Ferrero Blanco, M., *Heráldica asturiana. Datos histórico-bibliográficos.* Hidalguía, 1966, 14, 21-42.
Garma Durán, F. J., *Adarga catalana.* B, 1954, 2 v.
Lozoya, Marqués de, *La heráldica medieval en la monarquía castellano-leonesa.* BRAH, 1970, 166, 23-35.
Menéndez Pidal, F., *Heráldica funeraria en Castilla.* Hidalguía, 1965, 13, 133-44.
Querexeta, J., *Diccionario onomástico y heráldico vasco.* Bilbao, 1970-2, 4 v.
Rújula Ochotorena, J., *La heráldica en España.* M, 1932, 22.
Salazar, A., *Libro de armas de los mayores señores de España.* París, 1642, 86.

→ 5.40-5, 22.02, Perdomo; 22.56, Válgoma.

80 ORDENES HONORIFICAS. CONDECORACIONES

Fernández de la Puente, F., *Condecoraciones españolas. Ordenes, cruces y medallas civiles, militares y nobiliarias.* M, 1953, 606.
Sosa Vinagre, J., *Condecoraciones militares y civiles de España...* M, 1913-5, 3 v.

García Pascual, P., *De la Real y Militar Orden de San Hermenegildo.* M, h. 1940, 239.
Guillén Tato, J. F., *Condecoraciones marineras.* Hidalguía, 1958, 6, 385-412.
Guillén Tato, J. F., *Historia de las condecoraciones marineras. Cruces, medallas...* M, 1958, 292.
Laureados de España. M, 1940, 380.
Miscelánea por varios autores.
Lecea Calderón, M., *La Orden militar de San Fernando.* Hidalguía, 1962, 10, 465-88.
León Tello, P., *Damas nobles de la Reina María Luisa...* M, 1965, 268.

5 Más Gil, L., *Carlos I de España en la historia de la insigne orden del Toisón de Oro.* Hidalguía, 1959, 7, 385-404.

Pinedo Salazar, J., *Historia... del Toisón de Oro...* M, 1787, 3 v.

San Fernando, *La Real y Militar Orden de* ___... M, 1953, 389.

Sánchez de Rivera, M. A., *La Real y Distinguida Orden de Carlos III.* Hidalguía, 1964, 12, 609-20.

Vilanova, Conde de, *Capítulo del Toisón de Oro celebrado en Barcelona el año 1519...* B, 1930, 185.

→ 3.91, 9.96, Benavides; 10.46.

6

HISTORIA

6

HISTORIA

00 BIBLIOGRAFIA

Bibliografía histórica de España e Hispanoamérica. B, 1955 (para 1953)- .
Volumen anual formado por los correspondientes fascículos cuatrimestrales de *Indice histórico español.*

G[arcía] de Valdeavellano, L., *Bibliografía general* y *Fuentes,* en su *Historia de España.* M, 1973[5], 29-104.

Gómez Molleda, D., *Bibliografía histórica española, 1950-1954.* M, 1955, 491.

Konetzke, R., *Literaturbericht über spanische Geschichte. Veröffentlichungen von 1950 bis 1966.* Historische Zeitschrift (Münich), 1960, 3, 208-84.

Sánchez Alonso, B., *Fuentes de la historia española e hispanoamericana.* M, 1952[3], 3 v.
Manuscritos e impresos hasta 1950 para el período entre los orígenes y 1898.

01 ESTUDIOS GENERALES

Aguado Bleye, P., y C. Alcázar Molina, *Manual de historia de España.* M, 1963-4[9], 3 v.

Ballesteros Beretta, A., *Historia de España y su influencia en la historia universal.* B, 1929-58[2], 10 v.

Ballesteros Gaibrois, M., *Historia de España.* B, 1973, 2 v.

Cuenca Toribio, J. M., y otros, *Historia de España.* B, 1973, 2 v.

Diccionario de historia de España, desde sus orígenes hasta el fin del reinado de Alfonso XIII. M, 1968-9[2], 3 v.

G[arcía] de Valdeavellano, L., *Historia de España. Desde los orígenes a la baja edad media.* M, 1973[5], 2 v.

Lozoya, Marqués de, *Historia de España.* B, 1967-70, 6 v.

Menéndez Pidal, R., *Historia de España, dirigida por* ___. M, 1935-.
Se detalla cada volumen, bajo el nombre de su(s) autor(es), en el apartado correspondiente.

6 Pericot García, L., *Historia de España. Gran historia general de los pueblos hispánicos, dirigida por* ___. B, 1934-62, 6 v.
Se detalla cada volumen, bajo el nombre de su(s) autor(es), en el apartado correspondiente.
Rodríguez Casado, V., *Conversaciones de historia de España.* B, 1963-5, 3 v.
Soldevila Zubiburu, F., *Historia de España.* B, 1962-4^{2}, 8 v.

02 ESTUDIOS ESPECIALES

Díaz Plaja, F., *Historia de España contada por los poetas.* B, 1971- 456.
Díaz Plaja, F., *Historia documental de España.* B, 1973, 589.
Menéndez Pelayo, M., *Historia de España. Selección...* M, 1950^{6}, xiv+354.
Historia de España. Estudios publicados en la revista Arbor. M, 1953, xvi+766.
Miscelánea por diversos autores.
Sánchez Albornoz, C., *Del ayer de España.* M, 1973, 481.
Tapia, F. X., *Historiadores sobre España.* M, 1973, 2 v.
Vicens Vives, J., *Aproximación a la historia de España.* B, 1968^{5}, 200.

→ 8.80, Alonso.

03 CRONOLOGIA

Vives Gatell, J., y otros, *Manual de cronología española y universal.* M, 1952, 508.
Cordoliani, A., *Textes de comput espagnol du VIe. siècle... Martín de Braga.* RABM, 1956, 62, 685-97.
Cordoliani, A., *Textos de cómputo español del siglo VI. El «Prologus Cyrilii».* HS, 1956, 9, 127-39.
Janini, J., *Dos calendarios emilianenses del siglo XI.* HS, 1962, 15, 177-96.
Jusué, E., *Tablas abreviadas para la reducción del cómputo árabe y del hebraico al cristiano, y viceversa.* M, 1918, 427.
Ocaña Jiménez, M., *Tablas de conversión de datas islámicas a cristianas y viceversa.* M, 1946, xxiv+170.
Ors Pérez, A., *La era hispánica.* Pamplona, 1962, 28.
Pereda Roig, C., *Concordancia de los calendarios de la Hégira y de la era cristiana desde el año 1 de aquélla hasta el 2.000 de ésta.* Tetuán, 1941, 79.
Vives Gatell, J., *Ueber Ursprung und Verbreitung der spanischen Aera.* Historisches Jahrbuch (Colonia), 1938, 58, 97-108.
Vives Gatell, J., y A. Fábrega, *Calendarios hispánicos anteriores al siglo XII.* HS, 1949, 2, 119-46, 339-80 + láms.
Vives Gatell, J., y A. Fábrega, *Calendarios hispánicos anteriores al siglo XIII.* HS, 1950, 3, 145-61.

04 ATLAS HISTORICOS

Condeminas Mascaró, F., y L. Visintini, *Atlas histórico de España.* M, 1926, 13.

Menéndez Pidal, G., *Atlas histórico español.* M, 1941, 36. 6

Ubieto Arteta, A., *Atlas histórico. Cómo se formó España.* Valencia, 1970[2], 148.

Vicens Vives, J., *Atlas de historia de España.* B, 1972[11], 74+40.

10 PREHISTORIA E HISTORIA ANTIGUA: ESTUDIOS GENERALES

Cabo Alonso, A., y M. Vigil Pascual, *Historia de España. Condicionamientos geográficos. Edad antigua.* M, 1973, vii+450.

Gómez Tabanera, J. M., y otros, *Las raíces de España.* M, 1969, xxiii+476 + láms.

Laviosa, P., *España e Italia antes de los romanos.* M, 1955[2], 363 + láms.

Montenegro Duque, A., *Historia de España. Edad antigua. España prerromana.* M, 1972, 615.
Desde el Paleolítico.

Pericot García, L., *La España primitiva.* B, 1950, 374.
Hasta los romanos.

Pericot García, L., *Intento de sistematización de la prehistoria española,* en *Congrès Intern. des Sciences Préhistoriques.* Zürich, 1950, 107-8.

Pericot García, L., *Historia de España... Epocas primitiva y romana.* B, 1934, 608.

Savory, H. N., *Spain and Portugal. The prehistory of the Iberian Peninsule.* Londres, 1968, 324 + láms.

→ 4.62, Maluquer.

11 ESTUDIOS PARTICULARES

Barandiarán Maestu, I., *Bibliografía sistemática de prehistoria vasca...* Munibe (S. Sebastián), 1970, 22, 205-55.

Fletcher Valls, D., y E. Pla Ballester, *Repertorio de bibliografía arqueológica valenciana.* Valencia, 1951, 146.

Schulten, A., y otros, *Fontes Hispaniae Antiquae.* B, 1922-47, 9 v.
Hasta los visigodos.

Almagro Basch, M., y otros, *Prehistoria del Bajo Aragón.* Zaragoza, 1956, 159.

Arias, I. A., *Factores de unión entre los antiguos hispanos.* CHE, 1958, 27, 67-98.

Barandiarán Ayerbe, J. M., *La prehistoria en el Pirineo vasco. Estado actual...,* en *Actas del I Congreso Intern. de estudios pirenaicos.* Zaragoza, 1952, IV, 209-22.

Barandiarán Maestu, I., *Paleolítico y mesolítico en la provincia de Guipúzcoa.* Caesaraugusta, 1964, 23, 23-56.

Carrera Díaz, F., *La prehistoria asturiana.* Oviedo, 1951, 165.

García Bellido, A., *España y los españoles hace dos mil años según la Geografía de Strabón.* M, 1945, 307.

García Bellido, A., La *Península Ibérica en los comienzos de su historia.* M, 1953, 694.
Miscelánea.

6 Gómez Moreno, M., *Misceláneas. Historia, arte, arqueología... Antigüedad.* M, 1949, 423 + láms.

Muñoz Amilibia, A. M., *La cronología del radiocarbono en la Península Ibérica.* Pyrenae, 1967, 3, 7-15.

Rabanal Alvarez, M., *España antigua en las fuentes griegas.* M, 1970, 221.

Rosselló Bordoy, G., *Una aproximación a la prehistoria de Mallorca.* Ampurias, 1963, 25, 137-63.

Schulten, A., *Hispania. Geografía, etnografía, historia.* B, 1920, 242.

Taracena Aguirre, B., *Notas de protohistoria navarro-vascongada.* EDMP, II, 643-63.

→ 4.60-2, 11.81, Schulten; 18.10.

13 EDAD DE PIEDRA

Almagro Basch, M., *El paleolítico español,* en HE, 1954^{2}, I, 1, 245-485.

Castillo, A., *El neoeneolítico,* en HE, 1954^{2}, I, 1, 489-714.

Muñoz Amilibia, A. M., *Estado actual de la investigación sobre el neolítico español.* Pyrenae, 1970, 6, 13-28.

Pericot García, L., *El paleolítico y epipaleolítico en España.* Zaragoza, 1954, 34.

Pericot García, L., *La investigación del paleolítico superior en España.* IHE, 1964, 10, xi-xxxii.

San Valero Aparisi, J., *El neolítico hispánico.* M, 1954, 37 + láms.

Barandiarán Maestu, I., *El paleomesolítico del Pirineo occidental.* Zaragoza, 1967, xv+443.

Bosch Gimpera, P., *Civilisation mégalithique portugaise et civilisations espagnoles.* L'Anthropologie (París), 1967, 71, 1-48.

Cerdán Márquez, C., y G. y V. Leisner, *Los sepulcros megalíticos de Huelva.* M, 1952, 136 + láms.

Corchón, M. S., *El solutrense en Santander.* Santander, 1971, 183 + láms.

Elósegui Irazusta, J., *Catálogo dolménico del País Vasco.* Pirineos, 1953, 9, 229-378.

Fletcher Valls, D., *Estado actual del estudio del paleolítico y mesolítico valencianos.* RABM, 1956, 62, 841-76.

Jordá Cerdá, F., *Gravetiense y epigravetiense en la España mediterránea.* Caesaraugusta, 1954, 4, 7-30.

Jordá Cerdá, F., *El solutrense en España y sus problemas.* Oviedo, 1955, 230.

Fortea Pérez, J., *Los complejos microlaminares y geométricos del epipaleolítico mediterráneo español.* Salamanca, 1973, 550 + láms.

Leisner, G. y V., *Die Megalithgräber der Iberische Halbinsel.* Berlín, 1943-65, 4 v.

López Cuevillas, F., *El paleolítico del noroeste peninsular.* Zephyrus, 1953, 4, 5-28.

López Cuevillas, F., *La época megalítica en el noroeste de la Península.* Caesaraugusta, 1959, 13, 21-77.

Mascaró Pasarius, J., *Els monuments megalítics a l'illa de Menorca.* B, 1958, 90 + láms.

Muñoz Amilibia, A. M., *La cultura neolítica catalana de los sepulcros de fosa.* B, 1965, 417 + láms. 6

Pericot García, L., *Los sepulcros megalíticos catalanes y la cultura pirenaica.* B, 1950, 273.

Pericot García, L., *La cultura megalítica pirenaica.* Pirineos, 1950, 6, 497-619.

Pericot García, L., *La cultura megalítica en Aragón.* Pirineos, 1952, 8, 485-92.

Pericot García, L., *El solutrense español,* en *III Congreso Nacional de Arqueología.* M, 1951, 93-9.

Ripoll Perelló, E., y H. de Lumley, *El paleolítico medio en Cataluña.* Ampurias, 1965, 27, 1-70.

Serra Ráfols, J. C., *El estudio de la cultura megalítica catalana.* APL, 1954, 5, 23-33.

Sobrino Lorenzo, R., *Origen de los petroglifos gallegos atlánticos.* Zephyrus, 1952, 3, 125-49.

Vallespí Pérez, E., *Revisión metodológica del problema del paleolítico del Bajo Aragón.* Caesaraugusta, 1961, 18, 19-63.

Vilaseca Anguera, S., *Las industrias del sílex tarraconense.* M, 1953, 528.

15 EDAD DE LOS METALES

Carriazo Arroquía, J. M., *La edad de bronce,* en HE, 1954², I, 1, 755-852.

Maluquer de Motes, J., *La España de la edad del hierro,* en J. M. Gómez Tabanera, *Las raíces...* M, 1967, 109-30.

Almagro Basch, M., *Sobre el origen y cronología de la «fíbula hispánica».* APL, 1954, 5, 177-85.

Beltrán Martínez, A., *La edad de los metales en Aragón...* Zaragoza, 1955, 61.

Bosch Gimpera, P., *La cultura de Almería.* Pyrenae, 1969, 5, 48-93.

Cuadrado, E., *La fíbula anular hispánica y sus problemas.* Zephyrus, 1957, 8, 5-76.

Fletcher Valls, D., *La edad del hierro en el Levante español.* Zaragoza, 1954, 40.

López Cuevillas, F., *Las fíbulas castreñas y su significado etnológico.* CEG, 1950, 15, 5-19.

López Cuevillas, F., *La edad del hierro en el Noroeste.* Zaragoza, 1953, 39 + láms.

Mac White, E., *Estudios sobre las relaciones atlánticas de la Península Hispánica durante la edad del bronce.* M, 1951, 151 + láms.

Maluquer de Motes, J., *Notas sobre la edad del bronce en Navarra.* PV, 1952, 13, 249-60.

Maluquer de Motes, J., *La edad de bronce en la islas Baleares.* en HE, 1954², I, 1, 717-51.

Maluquer de Motes, J., *El yacimiento hallstático de Cortes de Navarra...* Pamplona, 1954-8, 2 v.

6 Taracena Aguirre, B., *La edad del hierro en las tierras navarro-aragonesas*, en *Congrès Intern. des Sciences préhistoriques*. Zürich, 1950, 107-8.

17 ESPAÑA PRERROMANA EN GENERAL. LEYENDAS PRIMITIVAS

Bosch Gimpera, P., *Ibères, basques, celtes?* Orbis (Lovaina), 1956, 5, 329-38; 1957, 6, 127-34.

Fletcher Valls, D., *Els valencians pre-romans*. Valencia, 1954, 27.

García Bellido, A., *Un grupo de leyendas griegas sobre España*. Arbor, 1947, 8, 369-86.
También, en *Historia de España... Arbor*. M, 1953, 46-58.

Martín de la Torre, A., *El concepto moderno de la Atlántida...* EAm, 1949, 1, 491-8.

Torres Rodríguez, C., *Las leyendas de la plata y su influencia en los pueblos colonizadores de la España antigua*. BUSC, 1947, 49, 127-46.

Verneau, R., *Las islas Canarias y la leyenda de la Atlántida*. EMC, 1934, 2, 1-20.

18 TARTESSOS

Ausejo, S., *El problema de Tartesos*. Sefarad, 1942, 2, 171-91.

Blázquez Martínez, J. M., *Tartessos y los orígenes de la colonización fenicia en Occidente*. Salamanca, 1968, 261 + láms.

Carriazo Arroquía, J. M., *Tartessos y el Carambolo*. M, 1973, 700 + láms.

García Bellido, A., *Tartessós*, en HE, 1952, I, 2, 281-308.

Jáuregui, J. J., *Posible localización del mítico Tartesos y algunos de los mitos con él relacionados*. Tetuán, 1952, 72.

Maluquer de Motes, J., *Tartessos. La ciudad sin historia*. B, 1970, 175 + láms.

Martín de la Torre, A., *Tartessos. Geografía histórica del SO. de España*. Sevilla, 1941, 184.

Pemán Pemartín, C., *El pasaje tartésico de Avieno a la luz de las últimas investigaciones*. M, 1941, 117.

Pemán Pemartín, C., *Nuevas contribuciones al estudio del problema de Tartessos*. AEA, 1941, 14, 177-87.

Pemán Pemartín, C., *Nuevas consideraciones sobre el problema de la ubicación de Tartessos*. AEA, 1943, 16, 231-44.

Saavedra Pérez, E., *Mastia y Tarteso y los pueblos litorales del sudeste de España en la antigüedad*. Murcia, 1929, 205.

Täckholm, U., *Tarsis, Tartessos und die Säulen des Herakles*. Opuscula Romana (Upsala), 1965, 5, 143-200.

Tartessos y sus problemas. B, 1969, xvii+420.
Miscelánea por diversos autores.

20 FENICIOS. CARTAGINESES

Bisi, A. M., *Nuove prospettive sulla Spagna feniciopunica*. Zephyrus, 1971, 22, 261-80.

Blázquez Delgado, A., *Venida de los fenicios a España.* BRAH, 1924, 84, 17-31, 386-92. 6
Bosch Gimpera, P., *Problemas de la historia fenicia en el extremo occidente.* Zephyrus, 1952, 3, 15-30.
Bosch Gimpera, P., *El pas del Pirineu per Anibal.* HVV, I, 135-41.
Cherles-Picard, G., *Hannibal.* París, 1967, 270.
García Bellido, A., *Fenicios y carthagineses en España.* Sefarad, 1942, 2, 3-93, 227-92.
García Bellido, A., *Fenicios y carthagineses en occidente.* M, 1942, 316.
García Bellido, A., *La colonización púnica,* en HE, 1960[2], I, 2, 309-492.
García Bellido, A., *Algunas novedades sobre la arqueología púnico-tartessia.* AEA, 1970, 43, 3-49.
Gómez Nicolás, P., *Guerras de Aníbal preparatorias del sitio de Sagunto.* Valencia, 1951, 85.
Tarradell Mateu, M., *Sobre el presente de la arqueología púnica.* Zephyrus, 1952, 3, 151-74.
Tarradell Mateu, M., *Sobre la última época de los fenicios en occidente.* Zephyrus, 1953, 4, 511-5.
Tarradell Mateu, M., *Lecciones de arqueología púnica.* Caesaraugusta, 1955, 6, 55-108.

→ 18.10-1.

21 GRIEGOS

García Bellido, A., *Hispania Graeca.* B, 1948, 3 v.
García Bellido, A., *La colonización griega,* en HE, 1952, I, 2, 495-680.
Almagro Basch, M., *Ampurias. Historia de la ciudad y guía de las excavaciones.* B, 1951, 275.
Almagro Basch, M., *La necrópolis de Ampurias...* B, 1953-5, 2 v.
García Bellido, A., *Las primeras navegaciones griegas a Iberia...* AEA, 1940, 13, 97-127.
García Bellido, A., *Kolaíos de Samos, el «Colón» griego que descubrió España.* Clavileño, 1951, 10, 29-32.
Maluquer de Motes, J., *Rhode, la ciutat grega mes antiga de Catalunya.* HVV, I, 143-51.
Montenegro Duque, A., *Colonización de la Península Ibérica por los «Pueblos del Mar».* Arbor, 1959, 44, 200-14.
Tarradell Mateu, M., *Els grecs a Catalunya.* B, 1961, 56.
Tarradell Mateu, M., *El descubrimiento de Rosas y la colonización griega en el Extremo Oriente.* RGerona, 1965, 11, 32-7.
Torres Rodríguez, C., *La venida de los griegos a Galicia.* CEG, 1945, 2, 195-222.

→ 22.30.3, **Ampurias, Rosas;** 18.10-1.

22 IBEROS

Arribas Palau, A., *Los iberos.* B, 1965, 243 + láms.
Bosch Gimpera, P., *Los iberos.* CHE, 1948, 9, 5-93.
Hoyos Sáinz, L., *Los iberos.* M, 1953, 198.

6 Maluquer de Motes, J., *Pueblos ibéricos,* en HE, 1954, I, 3, 305-70.

Bosch Gimpera, P., *Los griegos y los iberos. Los soldados ibéricos, agentes de romanización.* Anuario de Historia (México), 1965, 5, 143-57, 159-66.

Fletcher Valls, D., *Problemas de la cultura ibérica.* Valencia, 1960, 120.

Fortea, J., *Recintos y fortificaciones ibéricas en la Bética.* Salamanca, 1970, 140 + láms.

Guallar Pérez, M., *Indíbil y Mandonio.* Lérida, 1956, 137.

Lantier, R., *Celtas e iberos. Contribución al estudio de la relación de sus culturas.* AEA, 1941, 14, 141-51.

Llobregat Conesa, E. A., *Contestania Iberica.* M, 1972, 231 + láms.

Rodríguez Adrados, F., *La «fides» ibérica.* Emerita, 1946, 14, 128-209.

Triviño, J. M., *Indíbil, un reyezuelo ibérico en la encrucijada de dos imperialismos.* CHE, 1955, 24, 268-306.

→ 9.87, Chica; 18.10-1.

23 INVASIONES INDOEUROPEAS. CELTAS. CELTIBEROS

Almagro Basch, M., *La invasión céltica en España,* en HE, 1952, I, 2, 3-278.

Blázquez Martínez, J. M., *El legado indoeuropeo en la Hispania romana,* en *Primer Symposium de Prehistoria.* Pamplona, 1960, 319-62 + láms.

García Bellido, A., *Breve esquema del proceso de indogermanización de España.* Argensola, 1951, 2, 321-8.

Maluquer de Motes, J., y B. Taracena Aguirre, *Los pueblos celtas,* en HE, 1954, I, 3, 5-194.

Sangmeister, E., *Die Kelten in Spanien.* Madrider Mitteilungen (Heidelberg), 1960, 1, 75-100.

Taracena Aguirre, B., *Los pueblos celtibéricos,* en HE, 1954, I, 3, 197-299.

Blázquez Martínez, J. M., *La expansión celtíbera en Carpetania, Bética y Levante y sus causas.* Celticum (Rennes), 1962, 3, 409-31.

Bosch Gimpera, P., *Los celtas y el país vasco.* RIEV, 1932, 23, 457-86.

Bosch Gimpera, P., *Celtas e ilirios.* Zephyrus, 1951, 2, 141-50.

Gárate Córdoba, J. M., *Las guerrillas celtibéricas...* RHMi, 1970, 14, 21-40.

García Bellido, A., *Algunos problemas relativos a las invasiones indoeuropeas en España.* AEA, 1951, 24, 487-96.

González Simancas, M., *Numancia. Estudio de sus defensas.* RABM, 1904, 30, 465-508.

López Cuevillas, F., *La civilización céltica en Galicia.* Santiago, 1953, 519 + láms.

Maluquer de Motes, J., *El Pirineo y las invasiones indoeuropeas.* Pirineos, 1953, 8, 697-705.

Pérez Rioja, J. A., *Numancia en la poesía.* Celtiberia, 1954, 4, 69-103.

Pericot García, L., *Los celtíberos y sus problemas.* Celtiberia, 1951, 1, 51-7.

Schulten, A., *Historia de Numancia.* B, 1945, 288.

Tovar Llorente, A., *Sobre la complejidad de las invasiones indoeuropeas en nuestra península.* Zephyrus, 1950, 1, 33-7.

Tovar Llorente, A., *La invasiones indoeuropeas, problema estratigráfico.* Zephyrus, 1957, 8, 77-83.

Wattenberg, F., *La región vaccea. Celtiberismo y romanización en la cuenca media del Duero.* M, 1959, 240 + láms.

→ 6.22, Lantier; 6.27, 9.25, Ramos; 18.10-1, 22.52, Suils; 22.82.3, **Numancia.**

24 OTROS PUEBLOS PRIMITIVOS

Alonso Fernández, C., *Relaciones políticas de la tribu de los arévacos con las tribus vecinas.* Pyrenae, 1969, 5, 131-40.

Balil Illana, A., *La economía y los habitantes no hispánicos del Levante español durante el Imperio Romano.* APL, 1954, 5, 251-73.

Cabal, C., *La Asturias que venció a Roma.* Oviedo, 1953, 422.

Fatás Cabeza, G., *Sobre suessetanos y sedetanos.* AEA, 1971, 44, 109-26.

Fatás Cabeza, G., *La Sedetania. Las tierras zaragozanas hasta la fundación de Caesar Augusta.* Zaragoza, 1973, 290 + láms.

Fouché, P., *Les ligures en Espagne et en Roussillon.* RH, 1933, 81, 319-40.

García Bellido, A., *Cantabria romana.* Santander, 1952, 41.

González Echegaray, J., *Nuevas investigaciones sobre la guerra cantábrica.* Altamira, 1951, 147-60.

González Echegaray, J., *Los cántabros.* M, 1966, 369 + láms.

Hoyos Sáinz, L., *Un avance a la etnogenia cántabra.* BBMP, 1947, 23, 29-56.

Llompart, G., *Los honderos baleares.* Palma, 1961, 16.

Rodríguez Adrados, F., *Las rivalidades de las tribus del NE. español y la conquista romana.* EDMP, I, 563-87.

Roldán Hervás, J. M., *Fuentes antiguas para el estudio de los Vettones.* Zephyrus, 1969, 20, 72-106.

Roldán Hervás, J. M., *Fuentes antiguas sobre los astures.* Zephyrus, 1971, 22, 171-238.

Sánchez Albornoz, C., *Divisiones tribales y administrativas del solar del reino de Asturias en la época romana.* BRAH, 1929, 95, 315-95.

Schulten, A., *Los tirsenos en España.* Ampurias, 1940, 2, 33-53.

Schulten, A., *Los cántabros y astures y su guerra con Roma.* M, 1943, 211.

Torrent Orri, R., *Los castellani y el poblado ibérico y romano de Olot.* Olot, 1957, 213.

Tovar Llorente, A., *Cantabria prerromana o lo que la lingüística nos enseña sobre los antiguos cántabros.* M, 1955, 46.

Uría Ríu, J., *Cuestiones relativas a la etnología de los astures.* Oviedo, 1941, 98.

Vigil Pascual, M., *Romanización y permanencia de estructuras sociales indígenas en la España septentrional.* BRAH, 1963, 152, 225-34.

→ 20.00, Caro.

6 26 ROMANOS. ROMANIZACION

Montenegro Duque, A., y J. Mangas, *Bibliografía. España romana.* HA, 1972, 2 (supl.), 133.

Bosch Gimpera, P., y P. Aguado Bleye, *La conquista de España por Roma,* en HE, 1955[2], II, 3-283.
Boucher, E. S., *Spain under the Roman Empire.* Oxford, 1914, 200.
Galiay Sarañana, J., *La dominación romana en España.* Zaragoza, 1946, 353.
Menéndez Pidal, R., *El imperio romano y su provincia,* en HE, 1955[2], II, ix-xl.
Palol Salellas, P., *Etapas de la romanización,* en *Primer Symposium de Prehistoria.* Pamplona, 1960, 319-62 + láms.
Sánchez Albornoz, C., *Panorama general de la romanización de Hispania.* RUBA, 1956, 1, 37-74.
También, en su *Miscelánea...* León, 1970, 149-86.
Simon, H., *Roms Kriege in Spanien.* Francfort, 1962, 204.
Stroheker, K. F., *Spanien im spätrömischen Reich (284-475).* AEA, 1972, 45, 587-606.
Torres López, M., *La Península Hispánica, provincia romana (218 a. de J. C.-409 d. J. C.). Instituciones económicas, sociales y político-administrativas,* en HE, 1955[2], 287-519.

27 AREAS REGIONALES

Balil Illana, A., *La campaña de César ante Lérida.* AEA, 1953, 26, 418-20.
Bru Vidal, S., *Les terres valencianes durant l'època romana.* Valencia, 1963, 219 + láms.
García Bellido, A., *La ciudad romana de Iuliobriga.* BRAH, 1954, 134, 327-33.
García Bellido, A., *Las colonias romanas en España.* AHDE, 1959, 29, 447-512.
Gómez Moreno, M., *La Legión VII.ª Gemina ilustrada.* BRAH, 1909, 54, 19-28.
González Echegaray, J., *Posición política de la ciudad de Iulióbriga.* Altamira, 1952, 27-50.
Guallar Pérez, M., *César frente a Afranio y Petreyo en la campaña del Segre.* Lérida, 1952, 99.
Palol Salellas, P., *Clunia Sulpicia, ciudad romana...* Burgos, 1959, 116 + láms.
Ramos Loscertales, J. M., *El primer ataque de Roma contra Celtiberia.* Salamanca, 1941, 32.
Schneider, R., *Ilerda. Aportación a la historia de las guerras romanas.* Ilerda, 1950, 8, 119-54.
Thouvenot, R., *Essai sur la province romaine de la Bétique.* París, 1940, 748.
Torres Rodríguez, C., *Conquista de Galicia por los romanos antes de las guerras cántabras.* BUSC, 1952, 60, 79-110.
Wattenberg, F., *Arqueología romana de la región media del Duero.* BSEAA, 1954, 20, 81-90.

28 ESTUDIOS PARTICULARES 6

Alföldy, G., *Fasti Hispanienses. Senatorische Reichsbeamthe und Offiziere in den spanischen Provinzen des römischen Reiches.* Wiesbaden, 1969, xv+335.

Arias, I. A., *Desplazamientos y contactos de los españoles en la España romana.* CHE, 1954, 22, 16-69.

Balil Illana, A., *Hispania en los años 260 a 300 d. J. C.* Emerita, 1959, 27, 269-95.

Balil Illana, A., *La defensa de Hispania en el Bajo Imperio.* Zephyrus, 1960, 11, 179-97.

Balil Illana, A., *Los gobernadores de Hispania desde los Escipiones hasta Augusto.* MHE, 1963, 50, 331-430.

Balil Illana, A., *Los procónsules de la Bética.* Zephyrus, 1962, 13, 75-89.

Balil Illana, A., *Los gobernadores de la Hispania Tarraconense durante el Imperio Romano.* Emerita, 1964, 32, 19-34.

Balil Illana, A., *El poblamiento rural en el Conventus Tarraconensis.* Celticum (Rennes), 1964, 9, 217-28.

Balil Illana, A., *Funcionarios subalternos en Hispania durante el Imperio Romano.* Emerita, 1965, 33, 297-319; 1966, 34, 307-13.

Balil Illana, A., *De Marco Aurelio a Constantino. Una introducción a la España del Bajo Imperio.* Hispania, 1967, 27, 245-341.

Balil Illana, A., *La España del Bajo Imperio...* EC, 1967, 57, 175-207.

Blázquez Martínez, J. M., *Estado de la romanización de España bajo César y Augusto.* Emerita, 1962, 30, 71-129.

Blázquez Martínez, J. M., *El impacto de la conquista de Hispania en Roma.* EC, 1963, 7, 1-29.

Blázquez Martínez, J. M., *Causas de la romanización de Hispania.* Hispania, 1964, 24, 5-26, 166-84, 325-57, 485-508.

Castillo García, C., *Prosopographia Baetica.* Pamplona, 1965, xiii+414.

Dolç Dolç, M., *Hispania y Marcial. Contribución al conocimiento de la España antigua.* B, 1953, xii+272.

Les Empéreurs romains d'Espagne. París, 1965, 349. Miscelánea por varios autores.

García Bellido, A., *Bandas y guerrillas en las luchas con Roma.* Hispania, 1945, 5, 547-604.

García Bellido, A., *La España del siglo I de nuestra era, según Mela y Plinio.* M, 1947, 302.

García Bellido, A., *El elemento forastero en Hispania romana.* BRAH, 1959, 144, 119-54.

García Bellido, A., *El «Exercitus Hispanicus» desde Augusto a Vespasiano.* AEA, 1961, 34, 114-60; 1962, 35, 193-4. Las legiones en España.

García Bellido, A., *Los «mercatores», «negotiatores» y «publicani» como vehículos de romanización...* Hispania, 1966, 25, 497-512.

Lothrop, L. C., *Roman Governors of Spain under the Empire.* RH, 1928, 72, 412-59.

Riber Campín, L., *España en la opinión romana.* Escorial (M), 1941, 5, 323-46.

6 Sánchez Albornoz, C., *El culto al Emperador y la unificación de España.* Anales del Instituto de Literaturas clásicas (Buenos Aires), 1946, 3, 5-120.
También, en su *Miscelánea...* León, 1970, 59-146.

Sánchez Albornoz, C., *Proceso de la romanización de España desde los Escipiones hasta Augusto.* AHAM, 1949, 2, 5-35.
También, en su *Miscelánea...* León, 1970, 19-56.

Thompson, E. A., *Peasant revolts in late roman Gaul and Spain.* Past and Present (Oxford), 1952, 2, 11-21.

Triviño, J. M., *La idiosincrasia localista en la España romana.* CHE, 1953, 20, 12-44.

→ 8.01, 16.07, Menéndez.

30 EDAD MEDIA

Cabestany Fort, J., *Los estudios de edad media española de 1956 a 1963.* IHE, 1965, 11, xiii-lii.

Lacarra de Miguel, J. M., *Los estudios de edad media española de 1952 a 1955.* IHE, 1955-6, 2, ix-xxxi.

García de Cortázar, J. A., *Historia de España. La época medieval.* M, 1973, 530.

Jackson, G., *The Making of Medieval Spain.* Londres, 1972, 216.

Merriman, R. B., *La formación del Imperio español... La edad media.* B, 1959, 446.

Rubio, J. M., y otros, *Historia de España... La alta edad media. Siglos V al XIII.* B, 1935, 632.

Rubio, J. M., y otros, *Historia de España... La baja edad media y la unidad nacional.* B, 1935, 648.

Suárez Fernández, L., *Historia de España. Edad media.* M, 1970, 729.

Bosch Gimpera, P., *De la España primitiva a la España medieval.* EDMP, II, 533-49.

Sánchez Albornoz, C., *Miscelánea de estudios históricos.* León, 1970, 548.

32 INVASIONES GERMANICAS

Menéndez Pidal, R., *Universalismo y nacionalismo. Romanos y germanos,* en HE, 1963[2], III, vii-lv.

Torres López, M., *Las invasiones y los reinos germánicos de España (años 409-711),* en HE, 1963[2], III, 3-140.

Torres López, M., *El establecimiento en nuestra Península de los vándalos, alanos y cuadosuevos,* en HE, 1963[2], III, 143-8.

Balil Illana, A., *Las invasiones germánicas en Hispania durante la segunda mitad del siglo III de J. C.* CTEE, 1957, 9, 95-143.

Blázquez Martínez, J. M., *La crisis del siglo III en Hispania y Mauritania Tingitana.* Hispania, 1968, 28, 5-37.

Ramos Fernández, R., *Las invasiones de francos en España* [siglo III]. AUM, 1965, 23, 254-81.

Sánchez Albornoz, C., *¿Normandos en España en el siglo VIII?* CHE, 1957, 26, 304-416.

Taracena Aguirre, B., *Las invasiones germánicas en España durante la segunda mitad del siglo III de J. C.*, en *Actas del I CIEP*. Zaragoza, 1952, VI, 37-47.

Tarradell Mateu, M., *Sobre las invasiones germánicas del siglo III d. de J. C. en la Península Ibérica.* EC, 1955, 3, 95-110.

Torres Rodríguez, C., *La invasión del año 406. Héroes y mártires españoles en el siglo V.* BUC, 1956, 64, 5-25.

Torres Rodríguez, C., *Paisajes escondidos de la historia de España.* Hispania, 1956, 16, 323-34.

32.1 SUEVOS

Bouza Brey, F., *El estado suevo en Galicia y su organización interna.* Grial, 1970, 27, 29-39.

Reinhart, W., *Historia general del reino hispánico de los suevos.* M, 1952, 143 + láms.

Vicetto, B., *Los reyes suevos de Galicia.* La Coruña, 1860, 3 v.

Quintana Prieto, A., *Astorga en tiempo de los suevos.* AL, 1966, 20, 77-138.

Reinhart, W., *Los suevos en tiempo de su invasión en España.* AEA, 1946, 19, 131-44.

Torres Rodríguez, C., *Situación jurídica de los suevos en Galicia antes de la caída del Imperio Romano de Occidente.* CEG, 1956, 33, 31-44.

Torres Rodríguez, C., *Reintegración de los suevos en la Iglesia Católica. San Martín de Braga.* BUSC, 1958, 66, 11-30.

Torres Rodríguez, C., *Mirón, rey de suevos y gallegos, y los últimos monarcas suevos.* CEG, 1959, 14, 165-201.

Torres Rodríguez, C., *Derrota, escisión y ruina del reino suevo.* BUSC, 1963, 71, 35-99.

→ 8.04.

33 VISIGODOS

Thompson, E. A., *Los godos en España.* M, 1971, 451.

Abadal de Vinyals, R., *Del Reino de Tolosa al Reino de Toledo.* M, 1960, 79.

Abadal de Vinyals, R., *La Hispània visigòtica i la Catalunya carolíngia.* B, 1969, 503.
Miscelánea.

Barbero Aguilera, A., *El pensamiento político visigodo y las primeras unciones regias en la Europa medieval.* Hispania, 1970, 30, 245-326.

Goubert, P., *Byzance et l'Espagne wisigothique (554-711).* Études Byzantines (Bucarest), 1944, 2, 5-78.

Goubert, P., *L'administration de l'Espagne byzantine...* Études Byzantines (Bucarest), 1945, 3, 127-42; 1946, 4, 70-133.

Martínez Santaolalla, J., *Notas para un ensayo de sistematización de la arqueología visigoda en España.* AEAA, 1934, 10, 139-71.

Menéndez Pidal, R., *Las familias de Khindasvinto y Vamba, en pugna,* en HE, 1940, III, xlvi-lv.

6 Mezquíriz de Catalán, M. A., *Necrópolis visigoda de Pamplona.* PV, 1965, 26, 107-31 + láms.

Orlandis Rovira, J., *Communications et échanges entre l'Espagne wisigothique et la France mérovingienne.* Annales de la Faculté de Droit (Toulouse), 1970, 18, 253-62.

Reinhart, W., *Sobre el asentamiento de los visigodos en la Península.* AEA, 1945, 18, 124-39.

Sánchez Albornoz, C., *La pérdida de España.* CHE, 1967, 44, 5-73.

Sousa Soares, T., *Essai sur les causes économiques de la ruine de la Monarchie wisigothique d'Espagne.* RPH, 1955, 6, 453-61.

Villacantos, P., *Aproximación a la España visigoda.* RUM, 1957, 6, 23-55.

→ 8.04, 9.04, 9.15, 21.44, Reinhart.

33.1 REYES Y PERSONAJES

Reinhart, W., *El Rey Leovigildo, unificador nacional.* BSEAA, 1945, 11, 95-108.

Sánchez Albornoz, C., *Dónde y cuándo murió Don Rodrigo, último rey de los godos.* CHE, 1945, 3, 1-106.

Sánchez Albornoz, C., *El Senatus visigodo. Don Rodrigo, rey legítimo de España.* CHE, 1946, 6, 5-99.

Stroheker, K. F., *Spanische Senatoren der spatrömischen und westgotischen Zeit.* Madrider Mitteilungen (Heidelberg), 1963, 4, 107-32.

→ 8.04, Hernández.

34 ARABES

Avié, R., *L'Espagne musulmane au temps des Nasrides (1232-1492).* París, 1973, 528 + láms.

Avilés Fernández, M., y otros, *España musulmana. Califato y Reinos de Taifas.* M, 1973, 146 + láms.

González Palencia, A., *Historia de la España musulmana.* M, 1945[4], 228.

Lévi-Provençal, E., *España musulmana hasta la caída del Califato de Córdoba.* M, 1965[2], 2 v.

Sánchez Albornoz, C., *La España musulmana.* M, 1973[3], 2 v.

Vernet Ginés, J., *Los musulmanes españoles.* B, 1961, 136 + láms.

Watt, W. M., y P. Cachia, *Historia de la España islámica.* M, 1970, 211.

34.1 AREAS REGIONALES

Prieto Vives, A., *Los Reyes de Taifas...* M, 1926, 279.

Al-Abbadi Ahmad Mutjar, *El reino de Granada en la época de Muhammad V.* M, 1973, xvi+270.

Antequera, A., *Bobastro, bastión glorioso...* Antequera, 1960, 140.

Codera Zaidín, F., *Límites probables de la conquista árabe en la cordillera pirenaica.* BRAH, 1906, 48, 289-311.

Huici Miranda, A., *Los Banu Hud de Zaragoza. Alfonso I el Batallador y los almorávides...* EEMCA, 1962, 7, 7-38. 6

Huici Miranda, A., *Historia musulmana de Valencia y su región...* Valencia, 1969-70, 3 v.

Idris, H. R., *Les Zirides d'Espagne.* Al-Andalus, 1964, 29, 39-145.

Khaled Soufi, *Los Banu Yahwar de Córdoba.* RIEI, 1958, 6, 121-42.

Ladero Quesada, M. A., *Algunas consideraciones sobre Granada en el siglo XIV.* AEM, 1971, 7, 279-84.

Millás Vallicrosa, J. M., *La conquista musulmana de la región pirenaica.* Pirineos, 1946, 2, 53-67.

Monès, H., *Consideraciones sobre la época de los reyes de Taifas.* Al-Andalus, 1966, 31, 305-28.

Nykl, A. R., *Die Aftasiden von Badajoz.* Islam (Berlín), 1942, 26, 16-48.

Requena, F., *El amirato malagueño de los Beni Hafsun.* Antequera, 1959, 178 + láms.

Rosselló Bordoy, G., *L'Islam a les Iles Balears.* Palma, 1968, 151.

Sanz Díaz, J., *Un reino de taifa, Molina.* BIFG, 1954, 11, 722-31.

Seco de Lucena, L., *Los Hammudíes, señores de Málaga y Algeciras.* Málaga, 1955, 61 + láms.

Terrón Albarrán, M., *El solar de los Aftásidas..., reino moro de Badajoz, siglo XI.* Badajoz, 1971, 683.

Torres Delgado, C., *El antiguo reino nazarí de Granada.* Granada, 1971, 26.

Vallvé Bermejo, J., *De nuevo sobre Bobastro.* Al-Andalus, 1965, 30, 139-74.

→ 5.20, **Omar Ben Hafsun**; 12.03, Lacarra; 14.05.

34.2 ESTUDIOS PARTICULARES

Abadal Vinyals, R., *La expedición de Carlomagno a Zaragoza: el hecho histórico, su carácter y su significación,* en *Coloquios de Roncesvalles.* Zaragoza, 1956, 39-71.

Aebischer, P., *L'expédition de Charlemagne en Espagne jusqu'à la bataille de Roncevaux.* Revue Suisse d'Histoire (Zürich), 1957, 7, 28-43.

Antuña, M. M., *Campañas de los almohades en España.* RyC, 1935, 29, 53-67, 327-43; 30, 347-73.

Bosch Vilá, J., *Historia de Marruecos. Los almorávides.* Tetuán, 1956, 362.

Bosch Vilá, J., *El elemento humano norteafricano en la historia de la España musulmana.* Cuadernos de la Biblioteca española de Tetuán, 1964, 2, 17-37.

Cagigas, I., *Berberización de España...* Cuadernos de estudios africanos (M), 1946, 2, 117-31.

Dubler, C. E., *Über Berbersiedlungen auf der Iberischen Halbinsel.* Romania Helvetica (Zürich), 1943, 20, 183-96.

El-Hajji, A. A., *Andalusian diplomatic relations with western Europe during the Umayyad period.* Beirut, 1970, 333 + láms.

Fernández Rodríguez, M., *La expedición de Almanzor a Santiago de Compostela.* CHE, 1967, 44, 345-63.

6 García Gómez, E., *Algunas precisiones sobre la ruina de la Córdoba Omeya.* Al-Andalus, 1947, 12, 267-93.

Huici Miranda, A., *La invasión de los almorávides y la batalla de Zalaca.* Hespéris (París), 1953, 40, 17-76.

Huici Miranda, A., *La leyenda y la historia en los orígenes del Imperio almohade.* Al-Andalus, 1949, 14, 339-76.

Huici Miranda, A., *Historia política del Imperio almohade.* Tetuán, 1957, 2 v.

Peinado, N., *La expedición de Almanzor a Santiago de Compostela en 997.* BRACórdoba, 1952, 23, 288-96.

Sánchez Albornoz, C., *Itinerario de la conquista de España por los musulmanes.* CHE, 1948, 10, 21-74.

Sánchez Albornoz, C., *El Islam de España y Occidente,* en *Settimane di Studio...* Spoleto, 1965, 149-308.
Influjos culturales mutuos.

Seco de Lucena, L., *Los Abencerrajes. Leyenda e historia.* Granada, 1960, 75 + láms.

Seco de Lucena, L., *Nuevas rectificaciones a la historia de los nasríes.* Al-Andalus, 1955, 20, 381-405.

Seco de Lucena, L., *Acerca de las campañas militares de Almanzor.* MEAH, 1966, 15, 7-29.

Vallvé Bermejo, J., *Sobre algunos problemas de la invasión musulmana.* AEM, 1967, 4, 361-7.

Wycichl, W., *Al-Andalus. Sobre historia de un nombre.* Al-Andalus, 1952, 17, 449-50.

→ 6.36.2, Ruiz.

35 LOS REINOS CRISTIANOS. EL IMPERIO MEDIEVAL

Avilés Fernández, M., y otros, *Los reinos cristianos en la alta edad media.* M, 1973, 341.

Avilés Fernández, M., y otros, *Los reinos cristianos en la baja edad media.* M, 1973, 327.

Alvarez Rubiano, P., *El concepto de España según los cronicones de la alta edad media.* PV, 1942, 3, 149-54.

García Gallo, A., *El imperio medieval español.* Arbor, 1945, 4, 195-228. También, en *Historia de España... Arbor.* M, 1953, 108-43.

Hüffer, H. J., *Zum Ende der mittelalterlichen spanischen Kaiseridee.* Schweizer Beiträge zur allgemeinen Geschichte, 1953, 11, 199-208.

Hüffer, H. J., *Die mittelalterliche spanische Kaiseridee,* en EDMP, V, 361-95.

López Santos, L., *El imperio leonés.* AL, 1953, 7, 161-76.

López Ortiz, J., *Notas para el estudio de la idea imperial leonesa.* LCD, 1941, 153, 186-90.

Maravall Casesnoves, J. A., *El concepto de reino y los «reinos de España» en la edad media.* REPol, 1954, 73, 81-144.

Maravall Casesnoves, J. A., *El concepto de España en la edad media.* M, 1964^{2}, 560.

Martín Rodríguez, J. L., *Los reinos hispánicos a fines de la edad media.* AEM, 1966, 3, 667-84.

Menéndez Pidal, R., *El Imperio Hispánico y los cinco Reinos...* M, 1950, 227.
Messmer, H., *Hispania. Idee und Gotenmythos.* Zürich, 1960, 141.
Pimenta, A., *A palavra «Hispania» nos documentos medievais,* en su *Idade Media.* Lisboa, 1946, 21-61.
Saitta, A., *Un problema storiografico. L'Impero spagnolo medievale.* Rivista Storica Italiana (Nápoles), 1954, 66, 240-85, 377-409.
Ubieto Arteta, A., *Navarra, Aragón y la idea imperial de Alfonso VII de Castilla.* EEMCA, 1965, 6, 41-82.

35.1 RECONQUISTA. REPOBLACION

Arco Garay, R., *España cristiana hasta el año 1035,* en HE, 1964[2], VI, 351-560.
Huici Miranda, A., *Las grandes batallas de la Reconquista durante las invasiones africanas.* M, 1956, 392.
Ibarra Rodríguez, E., *La reconquista de los estados pirenaicos hasta la muerte de Don Sancho el Mayor.* Hispania, 1942, 2, 3-63.
Pérez de Urbel, J., *Los primeros siglos de la Reconquista (711-1038),* en HE, 1964[2], VI, 1-348.
La Reconquista española y la repoblación del país. Zaragoza, 1951, 268.
Miscelánea por varios autores.
Ballesteros Beretta, A., *La reconquista de Murcia, 1243-1493.* BRAH, 1942, 111, 133-50.
Castro Alava, J. R., *La reconquista de las tierras del Ebro.* PV, 1946, 7, 657-94.
Gautier-Dalché, J., *Islam et chrétienté en Espagne au XIIe. siècle... La notion de frontière.* Hespéris (París), 1959, 67, 183-217.
González González, J., *Repoblación de la «Extremadura» leonesa.* Hispania, 1943, 3, 195-273.
Maravall Casesnoves, J. A., *La idea de Reconquista en España durante la edad media.* Arbor, 1954, 28, 1-37.
Mateu Llopis, F., *Consideraciones sobre nuestra Reconquista.* Hispania, 1951, 11, 3-46.
Menéndez Pidal, R., *La España del Cid.* M, 1957[5], 2 v.
Millás Vallicrosa, J. M., *Las relaciones hispanoárabes a través de nuestra Reconquista.* Africa, 1956, 13, 361-3.
Ortí Belmonte, M. A., *Las reconquistas de Cáceres.* RCEE, 1947, 3, 115-77.
Pastor de Togneri, R., *Poblamiento, frontera y estructura agraria en Castilla la Nueva (1085-1230).* CHE, 1968, 48, 171-255.
Pérez de Urbel, J., *La conquista de Rioja y su colonización espiritual en el siglo X,* en EDMP, I, 495-534.
Rivera Recio, J. F., *Reconquista y pobladores del antiguo reino de Toledo.* AT, 1966, 1, 1-55.
Sánchez Albornoz, C., *Die christlichen Staaten der Iberischen Halbinsel und die Reconquista.* Historia Mundi (Berna), 1958, 6, 288-318.
Sánchez Albornoz, C., *Despoblación y repoblación del Valle del Duero.* Buenos Aires, 1966, 406.

6 Sánchez Albornoz, C., *Observaciones a unas páginas sobre el inicio de la Reconquista.* CHE, 1968, 48, 341-52.

Torres Fontes, J., *La delimitación del sudeste peninsular. Tratados de partición de la Reconquista.* AUMurcia, 1949-50, 7, 669-96.

Udina Martorell, F., *Consideraciones acerca de los inicios del Medievo hispánico y la alta Reconquista.* Hispania, 1951, 11, 211-34.

Velo Nieto, G., *Coria. Reconquista de la Alta Extremadura.* Cáceres, 1956, 306.

→ 3.03, González; 9.81, 10.42.

35.2 INTERVENCION EXTRANJERA

Boissonnade, P., *Cluny, la Paupeté et la première grande croisade internationale contre les Sarrasins d'Espagne. Barbastro.* Revue des questions historiques (París), 1932, 117, 257-301.

Boissonnade, P., *Les premières croisades françaises en Espagne. Normands, gascons, aquitains et bourguignons.* BH, 1934, 36, 5-28.

Lacarra de Miguel, J. M., *A propos de la colonisation «franca» en Navarre et Aragon.* Annales du Midi (Toulouse), 1953, 65, 331-42.

Lacarra de Miguel, J. M., *Los franceses en la Reconquista y repoblación del Valle del Ebro en tiempos de Alfonso el Batallador.* CHist, 1968, 2, 65-80.

Russell, P. E., *The English Intervention in Spain and Portugal in the time of Edward III and Richard II.* Oxford, 1955, xxiv+611.

→ 9.67, Ramos.

36 ASTURIAS. LEON. GALICIA

Cuesta, F., *Reyes leoneses.* León, 1958, 320.

Floriano Cumbreño, A. C., *Cronología y genealogía de los Reyes de Asturias.* Archivum, 1956, 6, 251-85.

López García, L., *Los Reyes de la Monarquía asturiana.* Oviedo, 1964, 152.

Monarquía asturiana, *Estudios sobre la* ___. Oviedo, 1949, 506. Miscelánea, por numerosos autores, sobre todas las manifestaciones contemporáneas.

→ 3.61, Barrau.

36.1 REYES

Cabal, C., *Alfonso II el Casto.* Oviedo, 1943, 530.

Cotarelo Valledor, A., *Historia crítica y documentada de la vida y acciones de Alfonso III...* M, 1933, xix+718.
→ 21.45, Sánchez.

García Alvarez, M. R., *Sobre la cronología de Ramiro II de León.* CHE, 1959, 30, 125-66.

García Alvarez, M. R., *Ordoño Adefónsiz, rey de Galicia de 910 a 914. Noticias y documentos.* CEG, 1966, 21, 5-41, 217-48.

García Alvarez, M. R., *Ordoño IV de León, un rey impuesto por Castilla.* AL, 1967, 21, 203-48.

González González, J., *Alfonso IX*. M, 1944-5, 2 v.
→ 6.36.2, Lumbreras.
Rodríguez Fernández, J., *Ramiro II, Rey de León*. M, 1972, xxi+756 + láms.
Sáez Sánchez, E., *Notas y documentos sobre Sancho Ordoño, Rey de Galicia*. CHE, 1949, 11, 25-104.
Sáez Sánchez, E., *Ramiro II, Rey de «Portugal» de 926 a 930*. RPH, 1947, 3, 271-90.
Sánchez Albornoz, C., *Pelayo, antes de Covadonga*. AHAM, 1955, 7-20.

Fernando II → 9.19, Sánchez Albornoz.

36.2 ESTUDIOS PARTICULARES

Ballesteros Beretta, A., *La batalla de Covadonga*, en *Estudios sobre la Monarquía asturiana*. Oviedo, 1949, 37-87.
Barrau-Dihigo, L., *Notes et documents sur l'histoire du Royaume de Léon*. RH, 1903, 10, 349-454; 1907, 16, 539-64.
Barrau-Dihigo, L., *Recherches sur l'histoire politique du Royaume asturien, 718-910*. RH, 1921, 52, 1-360.
Cantera Orive, J., *La batalla de Clavijo y aparición... de Santiago...* Vitoria, 1944, 348+viii.
García Calles, L., *Doña Sancha, hermana del Emperador*. León, 1972, 188.
García Villada, Z., *La batalla de Covadonga en la tradición y en la leyenda*. RyF, 1918, 50, 312-8, 413-22.
También, La lectura (M), 1918, 1, 291-300.
Grassotti, H., *Simancas: problemas e hipótesis*. AEM, 1966, 3, 425-40.
Lumbreras Valiente, P., *La reconquista de Cáceres por Alfonso de León*. Cáceres, 1956, 189.
Pérez de Urbel, J., *Sampiro. Su crónica y la Monarquía leonesa en el siglo X*. M, 1952, 492.
Pérez de Urbel, J., *Primeros contactos del Islam con el Reino asturiano*. Arbor, 1953, 24, 501-25.
Roca Franquesa, J. M., *La leyenda «el tributo de las cien doncellas»*. BIEA, 1948, 5, 129-63.
Ruiz Asencio, J. M., *Campañas de Almanzor contra el Reino de León...* AEM, 1968, 5, 31-64.
Sánchez Albornoz, C., *La repoblación del Reino astur-leonés*. Humanidades (La Plata), 1936, 25, 37-56.
Sánchez Albornoz, C., *Otra vez Guadalete y Covadonga*. CHE, 1944, 1, 11-114.
Sánchez Albornoz, C., *La auténtica batalla de Clavijo*. CHE, 1948, 10, 94-139.
Sánchez Albornoz, C., *¿Se peleó en Covadonga?* Archivum, 1963, 12, 90-101.
Sánchez Albornoz, C., *Repoblación del Reino asturleonés...* CHE, 1971, 54, 236-459.
Sánchez Albornoz, C., *Orígenes de la nación española. Estudios críticos sobre la historia del Reino de Asturias*. Oviedo, 1972, cl+499.

6 Sánchez Candeira, A., *El «Regnum-Imperium» leonés hasta 1037.* M, 1951, 71.

Vázquez de Parga, L., *La revolución comunal de Compostela en los años 1116 y 1117.* AHDE, 1945, 16, 685-703.

→ 8.22, **Covadonga;** 9.15, 21.21, **Covadonga.**

37 CASTILLA

Serrano Pineda, L., *El Obispado de Burgos y Castilla primitiva desde el siglo V al XIII.* M, 1935-6, 3 v.

Valdeón Baruque, J., *El Reino de Castilla en la edad media.* Bilbao, 1969, 154.

37.1 EL CONDADO

Pérez de Urbel, J., *El Condado de Castilla.* M, 1969, 3 v.

Pérez de Urbel, J., *El Condado de Castilla. Los trescientos años en que se hizo Castilla.* M, 1969, ix+350.

López Mata, T., *Aportación vascongada al nacimiento de Castilla.* BIFG, 1943, 4, 267-71.

López Mata, T., *Evocación histórico-geográfica de los primeros tiempos de Castilla.* BIFG, 1949, 8, 355-70.

Menéndez Pidal, R., *La Castilla de Fernán González.* BIFG, 1943, 4, 237-54.

Menéndez Pidal, R., *Fernán González, su juventud y su genealogía.* BRAH, 1954, 134, 335-58.

Nougué, A., *Bibliografía sobre Fernán González.* BIFG, 1965, 16, 755-63.

Pérez de Urbel, J., *El milagro del nacimiento de Castilla.* Arbor, 1945, 3, 465-503.

Pérez de Urbel, J., *El Conde Fernán González.* Burgos, 1970, 179.

Ramos Loscertales, J. M., *Los Jueces de Castilla.* CHE, 1948, 10, 75-104.

Reinhart, W., *La tradición visigoda en el nacimiento de Castilla.* EDMP, I, 535-54.

Ruiz Asencio, J. M., *La rebelión de Sancho García, heredero del Condado de Castilla.* HS, 1969, 22, 31-67.

Sánchez Albornoz, C., *Orígenes de Castilla. Cómo nace un pueblo.* RUBA, 1943, 1, 275-96.

→ 6.38.2, Pérez.

37.2 EL REINO

Suárez Fernández, L., *Castilla (1350-1406),* en HE, 1966, XIV, 3-378.

Suárez Fernández, L., *Relaciones entre Portugal y Castilla... 1393-1460.* M, 1960, 281.

Suárez Fernández, L., *Los Trastámaras de Castilla y Aragón en el siglo XV (1407-1474),* en HE, 1964, XV, 3-318.

Valdeón Baruque, J., *Aspectos de la crisis castellana en la primera mitad del siglo XIV.* Hispania, 1969, 29, 5-24.

Valdeón Baruque, J., *La crisis del siglo XIV en Castilla*... RUM, 1972, 79, 261-84. **6**

→ 8.05, Mansilla, Suárez; 10.93, Valdeón.

37.3 REYES

Gimeno Casalduero, J., *Sobre las numeraciones de los Reyes de Castilla.* NRFH, 1960, 14, 271-94.

Calzada Rodríguez, L., **Alfonso VI** *y la crisis occidental del siglo XI.* AUMurcia, 1965, 12, 9-86.

Huici Miranda, A., *La batalla de Uclés y la muerte del Infante Don Sancho.* Tamuda (Tetuán), 1954, 2, 259-86.

Lévi-Provençal, E., *Alphonse VI et la prise de Tolède.* Hespéris (París), 1931, 12, 33-49.

Lévi-Provençal, E., y R. Menéndez Pidal, *Alfonso VI y su hermana la infanta Urraca.* Al-Andalus, 1948, 13, 157-66.

Menéndez Pidal, R., *Adephonsus Imperator Toletanus*..., en su *Historia y epopeya.* M, 1934, 338-62.
También, BRAH, 1932, 100, 513-38.

Pérez Llamazares, J., *Zaida.* Hidalguía, 1955, 3, 273-80.

Ramos Loscertales, J. M., *La sucesión del Rey Alfonso VI.* AHDE, 1936-41, 13, 36-99.
→ 9.25, Ubieto.

Alfonso VII → 6.35, Ubieto; 8.53, **Cistercienses.**

González González, J., *El Reino de Castilla en la época de* **Alfonso VIII.** M, 1960, 3 v.

González Simancas, M., *España militar... Batalla de las Navas de Tolosa.* M, 1925, viii+296.

Huici Miranda, A., *Estudio sobre la campaña de las Navas de Tolosa.* Valencia, 1916, 196.

Huici Miranda, A., *La campaña de Alarcos.* RIEI, 1954, 2, 1-71.

Ballesteros Beretta, A., *Itinerario de* **Alfonso** X... BRAH, 1934, 104, a 1936, 109, múltiples entradas.

Ballesteros Beretta, A., *La reconquista de Murcia por el Infante Don Alfonso de Castilla.* Murgetana (Murcia), 1949, 1, 9-48.

Ballesteros Beretta, A., *Alfonso X el Sabio.* B, 1963, xv+1142 + láms.

Iturmendi Morales, J., *En torno a la idea de Imperio en Alfonso X el Sabio.* REPol, 1972, 182, 83-155.

Schoen, W. F., *Alfonso X de Castilla.* M, 1966, 196.

Schramm, P. E., *Das kastilische Königtum in der Zeit Alfonsos des Weisen,* en *Stengel Festschrift* (Münster), 1932, 385-413.

Steiger, A., *Alfonso X el Sabio y la idea imperial.* Arbor, 1946, 6, 389-402.
También, en *Historia de España... Arbor.* M, 1953, 144-55.
→ 3.61, Procter; 6.39.1, Valls; 12.88, Alvarez; 22.28, Sancho.

Concha Martínez, I., *Un aspecto de la política centralizadora de* **Alfonso XI.** RFacultad de Derecho (Oviedo), 1947, 7, 135-56.

6 Suárez Fernández, L., *Un aspecto de la política exterior de Alfonso XI. Sus relaciones con Francia e Inglaterra.* Santa Cruz (Valladolid), 1949-50, 10, 29-41.

Suárez Fernández, L., *Política internacional de* **Enrique II**. Hispania, 1956, 16, 16-129.

Valdeón Baruque, J., *Enrique II de Castilla: la guerra civil y la consolidación del régimen.* Valladolid, 1966, 374.

Valdeón Baruque, J., *Notas sobre las mercedes de Enrique II de Castilla.* Hispania, 1968, 18, 38-55.

→ 3.61, Pascual; 12.24, Valdeón.

Suárez Fernández, L., *Algunos datos sobre la política exterior de* **Enrique III**. Hispania, 1950, 10, 539-93.

Suárez Fernández, L., *Problemas políticos en la minoridad de Enrique III.* Hispania, 1952, 12, 163-231.

Suárez Fernández, L., *Nobleza y monarquía en la política de Enrique III.* Hispania, 1952, 12, 323-400.

→ 10.58, Mitre.

Cuartero Huerta, B., *El pacto de los Toros de Guisando y la venta del mismo nombre* **[Enrique IV]**. M, 1952, 205.

Ferrara, O., *Un pleito sucesorio. Enrique IV, Isabel de Castilla y la Beltraneja.* M, 1945, 477.

Suárez Fernández, L., *En torno al pacto de los Toros de Guisando.* Hispania, 1963, 23, 345-65.

Torres Fontes, J., *Itinerario de Enrique IV de Castilla.* M, 1953, 307.

Fernando I → 8.53, Cluny.

Fernández de Retana, L., *San* **Fernando III** *y su época...* M, 1941, 486.

González González, J., *Las conquistas de Fernando III en Andalucía.* Hispania, 1946, 6, 515-631.

Igual Ubeda, A., *Vida de Fernando III el Santo.* B, 1946, 97.

Serrano Pineda, L., *Nuevos datos sobre Fernando III de Castilla.* Hispania, 1943, 3, 569-79.

→ 8.05, Mansilla; 8.53, **Cistercienses.**

Marrecas Ferreira, E., *Aljubarrota* **[Juan I]**. Lisboa, 1932, 110.

Suárez Fernández, L., *Juan I de Castilla.* M, 1955, 173.

Suárez Fernández, L., *Algunas consideraciones acerca de la crisis castellana de 1383.* AEM, 1965, 2, 359-76.

Suárez Fernández, L., **Juan II** *y la frontera de Granada.* Valladolid, 1954, 47.

Torres Fontes, J., *La regencia de Don Fernando de Antequera.* AEM, 1964, 1, 375-429.

Valdeón Baruque, J., *Las Cortes de Castilla y las luchas del siglo XV (1419-1430).* AEM, 1966, 3, 293-326.

Pintos Reino, G., *Don* **Pedro** *de Castilla, el Rey Cruel.* M, ¿1942?, 470.

Rodríguez González, A., *Pedro I de Castilla y Galicia.* BUSC, 1956, 64, 241-76.

Sanz Ruiz, N., *Don Pedro I de Castilla...* M, 1943, 376.

→ 17.03, Lomba.

Gaibrois de Ballesteros, M., *Historia del reinado de* **Sancho** IV *de Castilla.* M, 1922-8, 3 v.

Gaibrois de Ballesteros, M., *Vidas memorables. María de Molina.* M, 1936, 274.

Marcos Pous, A., *Los dos matrimonios de Sancho IV de Castilla.* CTEE, 1956, 8, 7-108.

→ 3.61, Sánchez.

Urraca → 3.61, Sánchez.

37.5 VASCOS. CANTABROS

Estornés Lasa, B., *El Ducado de Vasconia (476-824).* Zarauz, 1959, 233.

Sánchez Albornoz, C., *Los vascos y los árabes durante los primeros siglos de la Reconquista.* BolInstAmericano de Estudios Vascos (Buenos Aires), 1952, 3, 65-79.

También, en su *Miscelánea...* León, 1970, 189-203.

Vigil Pascual, M., y A. Barbero Aguilera, *Sobre los orígenes sociales de la Reconquista. Cántabros y vascones desde fines del Imperio Romano hasta la invasión musulmana.* BRAH, 1965, 156, 271-339.

Vigil Pascual, M., y A. Barbero Aguilera, *La organización de los cántabros y sus transformaciones en relación con los orígenes de la Reconquista.* HA, 1971, 1, 197-232.

→ 16.99.2.

38 NAVARRA

Clavería, C., *Historia del Reino de Navarra.* Pamplona, 1971, 659.

Esparza, E., *Pequeña historia del Reino de Navarra...* M, 1940, 152.

Lacarra de Miguel, J. M., *Historia política del Reino de Navarra desde sus orígenes hasta su incorporación a Castilla.* Pamplona, 1972-3, 3 v.

Moret Mendi, J., *Anales del Reino de Navarra.* Pamplona, 1684-1704, 3 v.

Pérez de Urbel, J., *Navarra,* en HE, 1956, VI, 273-348.

Barrau-Dihigo, L., *Les premiers rois de Navarre. Notes critiques.* RH, 1906, 15, 614-44.

Domínguez Arévalo, T., *Los Teobaldos de Navarra...* M, 1909, 154.

Lacarra de Miguel, J. M., *Sobre la Monarquía pamplonesa en el siglo IX.* CH, 1969, 238, 388-98.

También, en su *Estudios de historia...* Pamplona, 1971, 35-47.

Lacarra de Miguel, J. M., *En torno a los orígenes del Reino de Pamplona,* en *Suma de estudios... Canellas López.* Zaragoza, 1969, 641-63.

Sánchez Albornoz, C., *Otra vez los Jimenos de Navarra.* CHE, 1961, 34, 314-26.

También, en su *Miscelánea...* León, 1970, 369-80.

Ubieto Arteta, A., *Monarcas navarros olvidados: los Reyes de Viguera.* Hispania, 1950, 10, 3-24.

6 Ubieto Arteta, A., *Los Reyes pamploneses entre 905 y 970. Notas cronológicas.* PV, 1963, 24, 77-82.

38.1 REYES

Reglá Campistol, J., *Navarra. Reinado de* **Carlos II** *el Malo (1332-1387) y* **Carlos III** *el Noble (1361-1425)*, en HE, 1966, XIV, 381-435.

Castro Alava, J. R., *Carlos III el Noble.* Pamplona, 1967, 664.

Pamplona, G., *Filiación y derechos al trono de Navarra de* **García Ramírez** *el Restaurador.* PV, 1949, 10, 175-83.

Lacarra de Miguel, J. M., *Expediciones musulmanas contra* **Sancho Garcés.** PV, 1940, 1, 41-70.
También, en su *Estudios de historia...* Pamplona, 1971, 49-81.
→ 6.39.3, Serrano.

Pérez de Urbel, J., **Sancho el Mayor** *de Navarra.* Pamplona, 1950, 491.

Pérez de Urbel, J., *La división del Reino por Sancho el Mayor.* Hispania, 1954, 14, 3-26.

Ubieto Arteta, A., *Estudios en torno a la división del Reino por Sancho el Mayor de Navarra.* PV, 1960, 21, 5-56, 163-237.

Zabalo Zabalegui, F. J., **Sancho VII,** *el Fuerte.* Pamplona, 1971, 31 + láms.
→ 3.15, Marichalar.

38.2 ESTUDIOS PARTICULARES

Arbeloa, J., *Los orígenes del Reino de Navarra.* S. Sebastián, 1969, 3 v.

Doussinague Teixidor, J. M., *La guerra de la Navarrería.* PV, 1945, 6, 209-82.

Estornés Lasa, B., *Eneko «Arista», fundador del Reino de Pamplona y su época. Un siglo de historia vasca, 752-852.* Buenos Aires, 1959, 247.

Goñi Gaztambide, J., *El Cardenal Besarión y la guerra civil de Navarra.* AA, 1956, 4, 239-82.

Iturralde Suit, J., *Las guerras civiles en Pamplona en el siglo XIII.* BCMNavarra, 1917, 8, a 1919, 10, múltiples entradas.

Lacarra de Miguel, J. M., *La fecha de la conquista de Tudela.* PV, 1946, 7, 45-54.

Lacarra de Miguel, J. M., *Roncesvalles.* Pirineos, 1948, 4, 355-84.

Lévi-Provençal, E., *Du nouveau sur le Royaume de Pampelune au IX siècle.* BH, 1953, 55, 5-22.

Martín Duque, A. J., *Los «cerretanos» en los orígenes del Reino de Pamplona,* en *Miscelánea... J. M. Lacarra.* Zaragoza, 1968, 353-61.

Menéndez Pidal, R., *Roncesvalles. El suceso histórico.* Novedades editoriales españolas (M), 1957, 15, 41-8.

Pérez de Urbel, J., *Navarra y Castilla en el siglo X.* PV, 1944, 5, 363-90.

Ruano Prieto, F., *Don Juan II de Aragón y el Príncipe de Viana. Guerras civiles... en Aragón y Navarra durante el siglo XV.* Bilbao, 1897, 230.

Rubió Lluch, A., *Los navarros en Grecia y el Ducado catalán de Atenas*. Memorias de la RAc de Buenas Letras (B), 1887, 4, 221-492. 6

Sánchez Albornoz, C., *Problemas de la historia de Navarra en el siglo IX*. CHE, 1957, 25, 5-82.
También, en PV, 1959, 20, 5-62, y en su *Miscelánea*... León, 1970, 295-366.

Ubieto Arteta, A., *Las fronteras de Navarra*. PV, 1953, 14, 61-96.

Zunzunegui, J., *El Reino de Navarra y su Obispado de Pamplona durante la primera época del cisma de Occidente*... S. Sebastián, 1942, 367.
→ 8.71, Kehr; 8.79, Ubieto; 9.15, 9.25, Ubieto; 20.27, Martínez; 21.82-3.

38.4 ANEXION A CASTILLA

Anthony, R., y H. Courteault, *Les testaments des derniers rois de Navarre*. París, 1940, 150.

Boissonnade, P., *Histoire de la réunion de la Navarre à la Castille*... París, 1893, xxiv+688.

Manglano Cucalo, J., *El Católico y la excomunión de los Reyes de Navarra*. BRAH, 1954, 134, 71-111.

Rodezno, Conde de, *Austrias y Albrets ante la incorporación de Navarra a Castilla*. M, 1944, 91.

Ruano Prieto, F., *Anexión del Reino de Navarra en tiempo del Rey Católico*. M, 1899, 412.

Sáez Pomés, M., *Enrique de Labrit, último Príncipe de Viana*. PV, 1945, 6, 565-90.

39 CORONA Y REINO DE ARAGON

Arco Garay, R., *Repertorio de manuscritos referentes a la historia de Aragón*. M, 1942, 418.

Chautor, H. J., *A history of Aragón and Catalonia*. Londres, 1933, 322.

Giménez Soler, A., *La edad media en la Corona de Aragón*. B, 1944^2, 397.

Reglá Campistol, J., *Introducció a la història de la Corona d'Aragó*. Palma, 1973, 185.

Canellas López, A., *El Reino de Aragón en el siglo XV (1410-1479)*, en HE, 1964, XV, 323-594.

Ramos Loscertales, J., *El Reino de Aragón bajo la dinastía pamplonesa*. Salamanca, 1961, 126.

Reglá Campistol, J., *La Corona de Aragón (1336-1410)*, en HE, 1966, XIV, 439-605.

Vicens Vives, J., *El segle XV. Els Trastàmares*. B, 1956, 253.

39.1 REYES

Arco Garay, R., *Notas biográficas del Rey* **Alfonso** I *el Batallador*. BRAH, 1953, 133, 111-209.

Lacarra de Miguel, J. M., *La conquista de Zaragoza por Alfonso I*. Al-Andalus, 1947, 12, 65-96.

6 Lacarra de Miguel, J. M., *Vida de Alfonso el Batallador.* Zaragoza, 1971, 147 + láms.
→ 6.35.2.

Caruana Gómez, J., **Alfonso II** *y la reconquista de Teruel.* Teruel, 1952, 7, 97-141.

Caruana Gómez, J., *Itinerario de Alfonso II de Aragón.* EEMCA, 1962, 7, 73-298.

Ventura, J., *Alfons [II] «el Cast», el primer comte-rei.* B, 1961, xvi+326.

Sobrequés Vidal, S., **Alfons [III]** *el Franc,* en *Els descendents de Pere el Gran.* B, 1954, 1-54.
→ 3.61, Casula; **Pedro III,** Soldevila.

Bagué, E., **Alfons [IV]** *el Benigne,* en *Els descendents de Pere el Gran.* B, 1954, 147-83.
→ **Jaime II,** Martínez.

Ametller, A. J., **Alfonso [V]** *de Aragón en Italia y la crisis religiosa del siglo XV.* Gerona, 1903-28, 3 v.

Dupré-Theseider, E., *La politica italiana di Alfonso d'Aragona.* Bolonia, 1956, 146.

Estudios sobre Alfonso el Magnánimo. B, 1960, 307.
Miscelánea por varios autores.

Giménez Soler, A., *Itinerario del Rey Don Alfonso de Aragón, el que ganó Nápoles.* Zaragoza, 1909, 322.

Hernández-León, F., *Doña María de Castilla, esposa de Alfonso el Magnánimo.* Valencia, 1959, 238.

Igual Úbeda, A., *Vida de Alfonso el Magnánimo.* B, 1951, 143.
→ 1.42, 3.61, Sevillano; 8.79, Sobrequés.

Arribas Palau, M., *Las treguas entre Castilla y Granada firmadas por* **Fernando I** *de Aragón.* Tetuán, 1956, 102 + láms.

Boscolo, A., *La politica italiana di Ferdinando I d'Aragona.* Cagliari, 1954, 193.

MacDonald, I. I., *Don Fernando de Antequera.* Oxford, 1948, 237.
→ 3.61, Sevillano; 6.37.3, **Juan II.**

García Mercadal, J., *La segunda mujer del Rey Católico* **[Fernando II]**, *Doña Germana de Foix, última Reina de Aragón.* B, 1942, 188.
→ 6.39.6, Querol.

Solano Costa, F., *El reino de Aragón durante el gobierno de Fernando el Católico.* JZ, 1965, 18, 221-46.

Vicens Vives, J., *Historia crítica de la vida y reinado de Fernando II de Aragón* [hasta 1481]. Zaragoza, 1962, 667.
→ 6.42.4.

Miret Sans, J., *Itinerari de* **Jaime I** *«el Conqueridor».* B, 1918, 629.

Oliver Brachfeld, F., *Doña Violante de Hungría, Reina de Aragón.* M, 1942, 128.

Sánchez Martínez, C., *Don Jaime el Conquistador en Alicante.* Alicante, 1958, 144.

Soldevila Zubiburu, F., *Vida de Jaume I el Conqueridor.* B, 1958, 338.

6

Soldevila Zubiburu, F., *Els primers temps de Jaume I.* B, 1968, vii+300.
Torres Fontes, J., *La reconquista de Murcia en 1266 por Jaime I de Aragón.* Murcia, 1967, 217.
Valls Taberner, F., *Relacions familiars i polítiques entre Jaume el Conqueridor i Anfóns el Savi.* BH, 1919, 21, 9-52.
→ 3.04, Huici; 6.39.7, 22.84, Salvat.

Arribas Palau, A., *La conquista de Cerdeña por* **Jaime II** *de Aragón.* B, 1952, 492.
Martínez Ferrando, J. E., *Jaime II de Aragón. Su vida familiar.* B, 1948, 2 v.
Martínez Ferrando, J. E., *Biografía de Elisenda de Montcada.* B, 1953, 29.
Martínez Ferrando, J. E., *Jaume II o el seny català. Alfons el Benigne.* B, 1963[2], 385 + láms.
Sarrablo, E., ... *María de Chipre, esposa de Jaime II, Rey de Aragón.* BRAH, 1961, 148, 13-160.

Roca, J. M., **Johan I** *d'Aragó.* B, 1929, xvi+467.
También, Memorias de la RAc de Bellas Letras (B), 1929, 11, 1-469.
Tasis Marca, R., *Joan I. El rei caçador i músic.* B, 1959, 317.

Vicens Vives, J., **Juan II** *de Aragón, 1398-1479, Monarquía y revolución en la España del siglo XV.* B, 1953,xv+420.
Muñoz Roca, C., *Doña Juana Enríquez, madre del Rey Católico.* M, 1945, 224.
→ 6.38.2, Ruano; 6.39.5, Calmette, Coll;

Girona Llagostera, D., *Itinerari del Rey* **Martí.** AIEC, 1911-2, 4, 81-184; 1913-4, 5, 515-655.
Javierre Mur, A., *María de Luna, Reina de Aragón (1396-1406).* M, 1942, 344.

Arco Garay, R., **Pedro I** *de Aragón, el fiel amigo del Cid.* EDMP, I, 375-433.
→ 3.04, Ubieto.

Ventura, J., **Pere [II]** *el Catòlic i Simó de Montfort.* B, 1960, 342 + láms.

Soldevila Zubiburu, F., **Pere [III]** *el Gran.* B, 1950-62, 4 v.
Soldevila Zubiburu, F., *Vida de Pere el Gran i d'Alfons el Liberal.* B, 1963, 404 + láms.
Tasis Marca, R., *La vida del Rei En Pere III.* B, 1961[2] 425 + láms.
→ 6.39.9, Cartellieri.

Boscolo, A., *Sibilla di Fortià, regina d'Aragona* **[Pedro IV]**. Padua, 1970, 145.
Tasis Marca, R., *Pere el Cerimoniós i el seus fills.* B, 1957, 255.
→ 3.61, Sevillano; 6.39.5, Abadal; 6.39.9, López; 9.56, Altisent.

Ubieto Arteta, A., **Ramiro I** *de Aragón y su concepto de la realeza.* CHE, 1953, 20, 45-62.
→ 3.04, Ibarra.

6 Balaguer, F., *Noticias históricas sobre* **Ramiro** [II] *el Monje antes de su exaltación al trono.* EEMCA, 1945, 1, 327-33.

Balaguer, F., *Notas documentales sobre el reinado de Ramiro II.* EEMCA, 1947, 3, 29-54.

→ 22.40.3, **Barbastro.**

Arco Garay, R., *Sobre la muerte del Rey* **Sancho Ramírez.** Argensola, 1953, 4, 51-60.

Arco Garay, R., *Más sobre la muerte del Rey Sancho Ramírez.* Argensola, 1953, 4, 149-52.

Ubieto Arteta, A., *El sitio de Huesca y la muerte de Sancho Ramírez.* Argensola, 1953, 4, 61-9, 139-48.

→ 3.04, Ibarra, Salarrullana.

39.2 ESTUDIOS PARTICULARES

Benito Ruano, E., *Los Infantes de Aragón.* M, 1951, 112.

Dufourcq, Ch. E., *La couronne d'Aragon et les Hafsides au XIIIe. siècle.* AST, 1952, 25, 51-113.

Dualde Serrano, M., *El compromiso de Caspe.* Arbor, 1948, 10, 177-200, 377-91.

También, en *Historia de España... Arbor.* M, 1953, 156-83.

Dualde Serrano, M., y J. Camarena Mahiques, *El compromiso de Caspe.* Zaragoza, 1971, 290.

Kehr, P., *Cómo y cuándo se hizo Aragón feudatario de la Santa Sede.* EEMCA, 1945, 1, 285-326.

Lacarra de Miguel, J. M., *Orígenes del Condado de Aragón.* Zaragoza, 1945, 16.

Lacarra de Miguel, J. M., *Gastón de Bearn y Zaragoza.* Pirineos, 1952, 8, 127-36.

Lacarra de Miguel, J. M., *Honores y tenencias en Aragón. Siglo XI.* CHE, 1967, 46, 151-90.

Lalinde Abadía, J., *Virreyes y lugartenientes medievales en la Corona de Aragón.* CHE, 1960, 32, 98-172.

Mateu Llopis, F., *La hechura constitucional de la antigua Corona de Aragón.* M, 1958, 35.

Menéndez Pidal, R., *El compromiso de Caspe, autodeterminación de un pueblo,* en HE, 1964, XV, ix-clxiv.

Reglá Campistol, J., *Francia, la Corona de Aragón y la frontera pirenaica. La lucha por el Valle de Arán (siglos XIII-XVI).* M, 1951, 2 v.

Sobrequés Vidal, S., *El compromiso de Casp i la noblesa catalana.* B, 1973, 234.

Soldevila Zubiburu, F., *El compromís de Casp. Resposta al Sr. Menéndez Pidal.* B, 1965, 156.

Ubieto Arteta, A., *Los «tenentes» en Aragón y Navarra en los siglos XI y XII.* Valencia, 1973, 325.

→ 22.98.3, **Caspe;** 8.71, Kehr, Vincke; 8.79, Ubieto; 9.15, 9.25, Ubieto.

39.3 CONDADOS PIRENAICOS

Abadal de Vinyals, R., *El comte Bernat de Ribagorça i la llegenda de Bernardo del Carpio.* EDMP, III, 463-87.

Corredera Gutiérrez, E., *Noticia de los Condes de Urgel.* Lérida, 1973, 238 + láms.

Engels, O., *La autonomía de los condados pirenaicos de Pallars y Ribagorza y el sistema carolino...* AEM, 1969, 6, 11-41.

Fluviá Escorsa, A., *Los condes y el condado de Rosellón.* Hidalguía, 1973, 21, 11-6.

Serrano Sanz, M., *Noticias y documentos históricos del Condado de Ribagorza hasta la muerte de Sancho Garcés.* M, 1912, 508.

Ubieto Arteta, A., *Gonzalo, Rey de Sobrarbe y Ribagorza.* Pirineos, 1952, 8, 299-322.

Valls Taberner, F., *Els origens dels Comtats de Pallars i Ribagorça.* EUC, 1916, 9, 1-101.

→ 3.04, Abadal.

39.4 CATALUÑA: EL CONDADO. LA MARCA HISPANICA

Abadal de Vinyals, R., *Catalunya carolíngia...* B, 1926-55, 4 v.

Abadal de Vinyals, R., *Dels visigots als catalans.* B, 1969-70, 2 v.

Balari Jovany, J., *Orígenes históricos de Cataluña.* B, 1899, xxxvii+751.

Calmette, J., *La question des Pyrénées et la Marche d'Espagne au Moyen Age.* París, 1947, 310.

Abadal de Vinyals, R., *Nota sobre la locución «marca hispánica».* BRABarcelona, 1958, 27, 159-64.
También, modificado el título, en su *Dels visigots...* B, 1969, 173-80.

Abadal de Vinyals, R., *Els primers comtes catalans.* B, 1958, xxi+368.

Abadal de Vinyals, R., *La institució comtal carolíngia en la pre-Catalunya del segle IX.* AEM, 1964, 1, 29-75.

Abadal de Vinyals, R., *Un gran comte de Barcelona... Guifred-Borrell, 897-911.* Cuadernos de Arqueología... (B), 1964, 5, 83-130.

Abadal de Vinyals, R., *El dominio carolingio en la Marca peninsular hispánica, siglos IX y X.* CHist, 1968, 2, 33-49.
También, en su *Dels visigots...* B, 1969, 139-52.

Albert Corp, E., *Ramón Berenguer III...* B, 1972, 54.

Feliu Monfort, G., *El Condado de Barcelona en los siglos IX y X. Organización territorial y económico-social.* Cuadernos de Historia económica de Cataluña (B), 1972, 7, 9-32.

Flach, J., *La Marche d'Espagne.* EUC, 1931, 16, 1-57.

Mateu Llopis, F., *De la Hispania Tarraconense visigoda a la Marca Hispánica carolina.* AST, 1946, 19, 1-122.

Sobrequés Vidal, S., *Els grans comtes de Barcelona.* B, 1961, 226.

Soldevila Zubiburu, F., *Ramón Berenguer IV, el Sant.* B, 1955, 74.

Tortosa Durán, J., *La conquista de la ciudad de Lérida por Ramón Berenguer IV...* Ilerda, 1953, 17, 27-66.

→ 8.71, Kehr, Vincke.

6

39.5 CATALUÑA: LA EPOCA ARAGONESA

Abadal de Vinyals, R., *Pedro el Ceremonioso y los comienzos de la decadencia política de Cataluña,* en HE, 1966, XIV, ix-cciii. También, B, 1972, 301.

Calmette, J., *Louis XI, Jean II et la révolution catalane (1461-1473).* Toulouse, 1903, 612.

Coll Juliá, N., *Doña Juana Enríquez, lugarteniente general en Cataluña.* M, 1953, 2 v.

Martínez Ferrando, J. E., *Tragedia del insigne Condestable Don Pedro de Portugal.* M, 1942, 364.

Sobrequés Vidal, S., *Los orígenes de la revolución catalana del siglo XV. Las Cortes de Barcelona de 1454-1458.* EHM, 1952, 2, 1-96.

Sobrequés Vidal, S., *Els barons de Catalunya.* B, 1957, 301. Siglos XI-XV.

Sobrequés Vidal, S., y J. Sobrequés Callicó, *La guerra civil catalana del segle XV. Estudis sobre la crisi social i econòmica...* B, 1973, 2 v.

Vicens Vives, J., *Ferran II i la ciutat de Barcelona.* B, 1936-7, 3 v.

Vicens Vives, J., *Consideraciones sobre la historia de Cataluña en el siglo XV.* JZ, 1951, 1, 3-22.

Vicens Vives, J., *Los Trastámaras y Cataluña (1410-79),* en HE, 1964, XV, 596-793.

Vilar, P., *Le déclin catalan du Bas Moyen-Age: Hypothèses sur sa chronologie.* EHM, 1959, 6, 1-68.

→ 22.14, Batlle.

39.6 VALENCIA

Burns, R. I., *The Crusader Kingdom of Valencia. Reconstruction of a thirteenth century frontier.* Cambridge (Mass.), 1967, 2 v.

Gual Camarena, M., *Precedentes de la Reconquista valenciana.* EM, 1952, 1, 167-246.

Querol Roso, L., *La última reina de Aragón, virreina de Valencia* [Germana de Foix]. Valencia, 1931, 262.

→ 6.39, **Fernando II.**

39.7 BALEARES

Alcover, M., *El Conquistador y la isla de Mallorca.* Palma, 1929, 129.

Campaner Fuertes, A., *Bosquejo histórico de la dominación islamita en las islas Baleares.* Palma, 1888, xv+321.

Martínez Ferrando, J. E., *La tràgica història dels Reis de Mallorca. Jaume I. Jaume II. Jaume III. Jaume (IV). (Isabel).* B, 1960, xvi+307 + láms.

Santamaría, A., *Determinantes de la conquista de Baleares (1229-1232).* Palma, 1972, 133.

→ 6.34.1, Rosselló.

39.9 EXPANSION MEDITERRANEA DE LA CORONA DE ARAGON 6

Cabestany, J. F., *Expansió catalana per la Mediterrània.* B, 1967, 111.

Dufourcq, Ch. E., *L'expansió catalana a la Mediterrània occidental...* B, 1969, xxviii+574.

Giunta, F., *Aragonesi e catalani nel Mediterraneo.* Palermo, 1953-9, 2 v.

Giunta, F., *Sicilia angioino-aragonese.* Vicenza, 1961, 107.

Nicolau d'Olwer, L., *L'expansió de Catalunya en la Mediterrània oriental.* B, 1926, 262.

Schneidman, J. L., *The rise of the Aragonese-Catalan Empire, 1200-1350.* Nueva York, 1970, 2 v.

Alessandro, V., *Politica e società nella Sicilia aragonese.* Palermo, 1963, 403.

Alghero-Cara de Roses. Cagliari, 1961, 528 + láms. Miscelánea por varios autores.

Benito Ruano, E., *La liberación de los prisioneros de Ponza.* Hispania, 1964, 24, 27-65, 265-87.

Benito Ruano, E., *Ponza: batalla y comedieta.* CHist, 1967, 1, 119-27.

Caldas de Montbuy, Marqués de, *El tratado de Caltabellota.* B, 1943, 221.

Cartellieri, O., *Peter von Aragón und die Sizilianische Vesper.* Heidelberg, 1904, 262.

Dufourcq, Ch. E., *Les espagnols et le royaume de Tlemcen au XIIIe. et XIVe. siècles.* BRABarcelona, 1948, 21, 5-128.

López de Meneses, A., *Los consulados catalanes de Alejandría y Damasco en el reinado de Pedro el Ceremonioso.* EEMCA, 1956, 6, 83-183.

Luttrell, A. T., *Malta and the aragonese Crown, 1282-1530.* Journal of the Faculty of Arts (Malta), 1965, 3, 1-9.

Luttrell, A. T., *La Casa de Catalunya-Aragó i Malta, 1282-1412.* Estudis d'Història Medieval (B), 1969, 1, 19-30.

Luttrell, A. T., *La Corona de Aragón y la Grecia catalana, 1379-1394.* AEM, 1969, 6, 219-52.

Masiá de Ros, M. A., *La Corona de Aragón y los Estados del Norte de Africa.* B, 1951, 520.

Moreno Echevarría, J. M., *Los almogávares.* B, 1973, 224.

Pascot, J., *Els almogàvers...* B, 1972, 203.

Prieto Llovera, P., *Política aragonesa en Africa hasta la muerte de Fernando el Católico.* M, 1952, 201.

Rubió Lluch, A., *Atenes en temps dels catalans.* AIEC, 1907, 1, 225-54.

Rubió Lluch, A., *La Grecia catalana des de la mort de Roger de Llúria...* AIEC, 1914, 5, 339-85.

Rubió Lluch, A., *La Grecia catalana des de la mort de Frederic III...* AIEC, 1920, 6, 127-200.

Rubió Lluch, A., *Los catalanes en Grecia. Ultimos años de su dominación...* M, 1927, 282.

Runciman, S., *Vísperas sicilianas...* M, 1961, 336.

Salavert Roca, V., *El tratado de Anagni y la expansión mediterránea de la Corona de Aragón.* EEMCA, 1952, 5, 209-360.

6 Salavert Roca, V., *Cerdeña y la expansión mediterránea de la Corona de Aragón (1297-1314).* M, 1956, 2 v.

Setton, K. M., *Catalan Domination of Athens, 1311-1318.* Cambridge (Mass.), 1948, xv+323.

Soldevila Zubiburu, F., *Els almogàvers.* B, 1952, 86.

Stefano, A., *Federico III d'Aragona, Re di Sicilia (1296-1337).* Bolonia, 1956^{2}, 286.

Vallvé, M., *Los almogávares...* B, 1942^{2}, 142.

Vicens Vives, J., *Fernando el Católico, Príncipe de Aragón, Rey de Sicilia, 1458-1478.* M, 1952, 508.

→ 6.38.2, Rubió; 6.39, **Alfonso V, Fernando I, Jaime II**; 12.32, Del Treppo.

40 EDAD MODERNA. SIGLOS XVI-XX

Comellas García, J. L., *Historia de España moderna y contemporánea.* M, 1973^{4}, 671.

Sobrequés Vidal, S., y A. Bellsolá Rey, *Historia de España moderna y contemporánea.* B, 1969, 528.

41 REYES CATOLICOS. AUSTRIAS

Domínguez Ortiz, A., *El Antiguo Régimen: los Reyes Católicos y los Austrias.* M, 1973, 488.

Elliot, J. H., *La España imperial, 1469-1716.* B, 1970^{3}, 454.

42 REYES CATOLICOS: ESTUDIOS GENERALES

Benito Ruano, E., *El centenario de los Reyes Católicos. Avance bibliográfico.* RABM, 1951, 57, 697-710.

Contreras López, J., *Los orígenes del Imperio. La España de Fernando e Isabel.* M, 1966^{2}, 231.

Majó Framis, R., *Tanto monta. Ensayo biográfico de los Reyes Católicos y relato, interpretación y glosa de su reinado.* M, 1951, 544.

Merriman, R. B., *La formación del Imperio español... Los Reyes Católicos.* B, 1965, 304.

Rumeu de Armas, A., *Itinerario de los Reyes Católicos.* M, 1973, 438.

Suárez Fernández, L., *Restablecimiento de la monarquía,* en HE, 1969, XVII, 2, 5-202.

42.1 COMIENZO DEL REINADO. UNIDAD NACIONAL. INTERPRETACION

Aldea, Q., *Límites y valoración del tránsito de la Edad Media a la Moderna.* CHist, 1967, 1, 1-36.

Benito Ruano, E., *Medievalismo y modernidad en el reinado de los Reyes Católicos.* CH, 1952, 28, 58-69.

Calmette, J., *La formation de l'unité espagnole.* París, 1946, 266.

Fernández Domínguez, J., *La guerra civil a la muerte de Enrique IV...* Zamora, 1929, xi+195.

Gual Camarena, M., *La forja de la unidad hispana (1475-1476). Materiales para su estudio.* Saitabi, 1953, 9, 145-205. 6

Llanos Torriglia, F., *Así llegó a reinar Isabel la Católica...* M, 1927, 457.

Menéndez Pidal, R., *El difícil camino de un trono,* en HE, 1969, XVII, 1, xi-cxvi.

Suárez Fernández, L., *La España de los Reyes Católicos. Las bases del reinado. La guerra de sucesión,* en HE, 1969, XVII, 1, 5-383.

Suárez Fernández, L., *El proceso de la unidad.* Santander, 1972, 44.

42.2 FAMILIA. CASA. CORTE

Alonso Cortés, N., *Dos médicos de los Reyes Católicos.* Hispania, 1951, 11, 607-57.

Ballesteros Beretta, A., y M. Gaibrois de Ballesteros, *Ensayos históricos. De los tiempos de Isabel y Fernando.* M, 1941, 147.

Llanos Torriglia, F., *En el hogar de los Reyes Católicos.* M, 1953[3], 262.

Solana Vilamor, M. C., *Cargos de la Casa y Corte de los Reyes Católicos.* Valladolid, 1962, 97.

Torre del Cerro, A., *Maestros de los hijos de los Reyes Católicos.* Hispania, 1956, 16, 256-66.

Torres Fontes, J., *El Príncipe Don Alfonso, 1465-1468.* Murcia, 1971, 169.

→ 3.61, Martín, Sevillano; 5.20, Juan.

42.3 ISABEL I

Angulo Iñiguez, D., *Isabel la Católica. Sus retratos, sus vestidos y sus joyas.* Santander, 1951, 64.

Azcona, T., *Isabel la Católica. Estudio crítico de su vida y su reinado.* M, 1964, xxxix+774.

Ballesteros Gaibrois, M., *La obra de Isabel la Católica.* Segovia, 1953, xx+468 + láms.

Ballesteros Gaibrois, M., *Isabel de Castilla, reina católica de España.* M, 1964, 275 + láms.

Cereceda, F., *Semblanza espiritual de Isabel la Católica.* M, 1946, 284.

Fernández de Retana, L., *Isabel la Católica, fundidora de la unidad nacional...* M, 1947, 2 v.

Gómez de Mercado, F., *Isabel I... en su testamento y codicilo.* Granada, 1943, 518.

Rodríguez Valencia, V., *Semblanza textual de Isabel la Católica.* Valladolid, 1961, 125.
Recopilación de testimonios.

Rodríguez Valencia, V., *Isabel la Católica en la opinión de españoles y extranjeros.* Valladolid, 1970, 3 v.

Silió Cortés, C., *Isabel la Católica, fundadora de España. Su vida, su tiempo, su reinado.* M, 1951[2], 445.

6 Torre del Cerro, A., *La Casa de Isabel la Católica.* M, 1954, 233.
Walsh, W. Th., *Isabel de España.* S. Sebastián, 1939³, 655.

→ 1.42, 3.38, Torre; 7.21, Martínez, Valverde; 18.30, Brans.

42.4 FERNANDO V

Arco Garay, R., *Fernando el Católico, artífice de la España imperial.* Santander, 1939, 470.

Corona Baratech, C., *Fernando el Católico. Maximiliano y la regencia de Castilla (1508-1515).* Universidad, 1961, 38, 311-74. → 6.52.

Desdevises du Dezert, G., *La politique de Ferdinand le Catholique.* RH, 1922, 46, 285-344.

Doussinague Teixidor, J. M., *Fernando el Católico y Germana de Foix...* M, 1944, 285.

Doussinague Teixidor, J. M., *Fernando el Católico y el cisma de Pisa.* M, 1946, 706.

Doussinague Teixidor, J. M., *El testamento político de Fernando el Católico.* M, 1950, 591.

Fernández Alvarez, M., *La crisis del nuevo estado (1504-1516),* en HE, 1969, XVII, 2, 644-729.

Fernando el Católico. Vida y obra. Zaragoza, 1955, 379. Miscelánea por varios autores.

Giménez Soler, A., *Fernando el Católico.* B, 1941, 228.

→ 3.61, Sevillano; 4.10, Alfaro; 6.39.1, **Fernando II**; 6.39.5, Vicens; 6.39.6, Querol; 6.39.9, Prieto, Vicens.

43 POLITICA INTERIOR. POLITICA RELIGIOSA

Bayle Prieto, C., *Ideales misioneros de los Reyes Católicos.* MH, 1952, 9, 209-31.

Beneyto Pérez, J., *La política jurisdiccional y de orden público de los Reyes Católicos.* REPol, 1954, 77, 89-103.

Bosque Carceller, R., *Murcia y los Reyes Católicos.* Murcia, 1953, 250.

Gutiérrez, C., *La política religiosa de los Reyes Católicos en España hasta la conquista de Granada.* MC, 1952, 18, 227-69.

López Martínez, C., *La Santa Hermandad de los Reyes Católicos.* Sevilla, 1921, 156.

Lunenfeld, M., *The Council of the Santa Hermandad...* Coral Gables, 1970, 134.

Rey, E., *La bula de Alejandro VI otorgando el título de «Católicos» a Fernando e Isabel.* RyF, 1952, 146, 59-75, 324-47.

Romero de Castilla, M., *Singular suceso* [expulsión de los judíos] *en el Reinado de los Reyes Católicos.* M, 1946, 214.

Suárez Fernández, L., *El máximo religioso* [expulsión de los judíos. Inquisición], en HE, 1969, XVII, 2, 205-301.

Torres Fontes, J., *La conquista del marquesado de Villena...* Hispania, 1953, 13, 37-151.

→ 6.38.4, 8.05, 9.31, 9.80, 22.16, Serrano; 22.93.1, Sarasola.

44 GRANADA

Carriazo Arroquía, J. M., *Las últimas treguas con Granada.* BIEG, 1954, 1, 11-41.
Carriazo Arroquía, J. M., *Historia de la guerra de Granada,* en HE, 1969, XVII, 1, 387-914.
Durán Lerchundi, J., *La toma de Granada y caballeros que concurrieron a ella.* M, 1893, 2 v.
Goñi Gaztambide, J., *La Santa Sede y la Reconquista del Reino de Granada.* HS, 1951, 4, 43-80.
Ladero Quesada, M. A., *Castilla y la Conquista del Reino de Granada.* Valladolid, 1967, xvi+331.
Ladero Quesada, M. A., *Milicia y economía en la guerra de Granada.* Valladolid, 1964, 130.
Pescador del Hoyo, M. C., *Cómo fue de verdad la toma de Granada, a la luz de un documento inédito.* Al-Andalus, 1955, 20, 283-344.
Torre del Cerro, A., *Los Reyes Católicos y Granada.* M, 1946, 230. También, Hispania, 1944, 4, 244-307, 339-82.

46 POLITICA EXTERIOR

Doussinague Teixidor, J. M., *La política internacional de Fernando el Católico.* M, 1944, 683.
Ovejero Bustamante, A., *Isabel I y la política africanista española.* M, 1951, 279.
Rumeu de Armas, A., *Alonso de Lugo en la Corte de los Reyes Católicos (1496-1497).* M, 1954, 217.
Rumeu de Armas, A., *La política indigenista de Isabel la Católica.* Valladolid, 1969, 485.
Suárez Fernández, L., *Política internacional de Isabel la Católica. Estudio y documentos.* Valladolid, 1966-72, 5 v.
Suárez Fernández, L., *La gran política: Africa o Italia,* en HE, 1969, XVII, 2, 305-642.
Torre del Cerro, A., *Documentos sobre las relaciones internacionales de los Reyes Católicos.* B, 1949-62, 4 v.
Torre del Cerro, A., y L. Suárez Fernández, *Documentos referentes a las relaciones con Portugal durante el Reinado de los Reyes Católicos.* Valladolid, 1958-60, 2 v.
Wölfel, D. J., *Don Juan de Frías, el gran conquistador de Gran Canaria.* EMC, 1953, 14, 1-64.

→ 7.02, 8.79, Eiján.

47 CISNEROS

Cedillo, Conde de, *El Cardenal Cisneros, gobernador del Reino.* M, 1921-8, 3 v.
Corona Baratech, C., *España desde la muerte del Rey Católico hasta la llegada de Don Carlos.* Universidad, 1958, 35, 343-68.
Fernández de Retana, L., *Cisneros y su siglo.* M, 1929-30, 2 v.

6 Fernández de Retana, L., *Fray Francisco Jiménez de Cisneros, colaborador de los Reyes Católicos.* M, 1952, 79.

García Mercadal, J., *Cisneros.* Zaragoza, 1939, 270.

García Villada, Z., *Semblanza del Cardenal Cisneros, según sus íntimos.* RyF, 1917, 49, 51-60, 180-91.

García Villada, Z., *Cisneros, según sus íntimos.* M, 1920, 88.

López de Toro, J., *Perfiles humanos de Cisneros.* M, 1958, 96.

Merton, R., *Cardinal Ximenes and the making of Spain.* Londres, 1934, xiv+279.

→ 13.57, Alcalá; 14.06, Cabello.

48 JUANA LA LOCA. FELIPE EL HERMOSO

Doussinague Teixidor, J. M., *Un proceso por envenenamiento. La muerte de Felipe el Hermoso.* M, 1947, 173.

Imann-Gigandet, G., *Jeanne la Folle.* París, 1947, 123.

Pfandl, L., *Juana la Loca.* M, 1958^{8}, 206.

Prawdin, M., *Juana la Loca.* B, 1953, 238.

Rodríguez Villa, A., *La Reina Doña Juana la Loca. Estudio histórico.* M, 1892, 578.

Sanz Ruiz, N., *Doña Juana I de Castilla.* M, 1939, 340.

50 AUSTRIAS EN GENERAL. AUSTRIAS MAYORES. SIGLO XVI

Davies, R. T., *El gran siglo de España* [1501-1621]. M, 1973, 378.

Díaz Plaja, F., *La historia de España en sus documentos. El siglo XVI.* M, 1958, xiv+818.

Ferrara Marino, O., *El siglo XVI a la luz de los embajadores venecianos.* M, 1952, 498.

Ibarra Rodríguez, E., *España bajo los Austrias.* M, 1955^{3}, 500.

Lynch, J., *España bajo los Austrias.* B, 1973^{2}, 2 v.

Sáinz Bravo, M. P., *Las Reinas de la Casa de Austria.* M, 1972, 64 + láms.

Ulloa Cisneros, L., y E. Camps Cazorla, *Historia de España... La Casa de Austria.* B, 1936, 616.

Vicens Vives, J., y otros, *L'Espagne aux XVIe. et XVIIe. siècles... Tendences, problèmes et perspectives de travail...* Revue Historique (París), 1958, 220, 1-42.

51 CARLOS I: ESTUDIOS GENERALES

Carlos V y su época. Exposición bibliográfica y documental. B, 1958, xv+618.

Fernández Alvarez, M., *Panorama bibliográfico actual sobre Carlos V.* ELE, 1958, 2, 65-8.

Fernández Alvarez, M., *Bibliografía de Carlos V.* CH, 1958, 108, 448-81.

Fernández Alvarez, M., *Corpus documental de Carlos V.* Salamanca, 1973, I, 562.

Morel-Fatio, A., *Historiographie de Charles Quint...* París, 1913, 367.

Babelon, J., *Charles-Quint, 1500-1558.* París, 1947, 367.

Boom, G. de, *Don Carlos l'héritier de Jeanne la Folle.* Bruselas, 1956, 132.

Brandl, K., *Carlos V.* M, 1943, 543.

Chaunu, P., *L'Espagne de Charles-Quint.* París, 1973, 2 v.

Fernández Alvarez, M., *La España del Emperador Carlos V (1500-1558; 1517-1556),* en HE, 1966, XVIII, lxxii+913.

Fernández Alvarez, M., *Carlos V.* M, 1972, 160.

Igual Ubeda, A., *Vida de Carlos I.* B, 1945, 107.

Lapeyre, H., *Carlos Quinto.* B, 1972, 122.

Lewis, W., *Carlos de Europa, Emperador de Occidente.* M, 1943, 245.

Merriman, R. B., *Carlos V el Emperador y el Imperio español en el Viejo y Nuevo Mundo.* Buenos Aires, 1940, 462.

Rassow, P., *El mundo político de Carlos V.* M, 1945, 109.

Tyler, R., *El Emperador Carlos V.* B, 1972[2], 220.

51.1 PERSONALIDAD. FAMILIA. CORTE

Alcázar Molina, C., *Carlos V y su amor a España.* RNE, 1941, 7, 51-60.

Boom, G. de, *Les voyages de Charles Quint.* Bruselas, 1957, 161.

Doussinague Teixidor, J. M., *La españolización de Carlos I.* RyF, 1949, 139, 533-45.

Foronda Aguilera, M., *Estancias y viajes de Carlos V...* M, 1914, xliv+715.

Halmar, A. d', *Carlos V en Yuste.* Santiago de Chile, 1945, 105.

Maravall Casesnoves, J. A., *Las etapas del pensamiento político de Carlos V.* REPol, 1958, 100, 93-145.

Maravall Casesnoves, J. A., *Carlos V y el pensamiento político del Renacimiento.* M, 1960, 332.

Melón Ruiz, A., *Inicial episodio de españolización de Carlos I.* Arbor, 1958, 39, 339-55.

Modino, M., *La renuncia de Carlos V en Bruselas y su retiro en Yuste.* LCD, 1961, 174, 768-88.

Rodríguez Villa, A., *El Emperador Carlos V y su corte, según las cartas de Martín de Salinas...* M, 1903, 990.

Tellechea de Idígoras, J. I., *Así murió el Emperador. La última jornada de Carlos V.* BRAH, 1958, 143, 155-227.
→ 3.62.

Toral, C., *Mujeres de la familia de Carlos V.* España misionera (M), 1958, 14, 347-99.

Vales Failde, J., *La Emperatriz Isabel.* M, 1917, 442.

52 POLITICA INTERIOR

Besozzi, C., *El Archiduque Maximiliano, Gobernador de España...* B, 1946, 119.

Cuesta Gutiérrez, L., y F. Zamora Lucas, *Los secretarios de Carlos V.* RABM, 1958, 64, 415-46.

Danvila Collado, M., *La Germanía de Valencia.* M, 1884, 524.

6 Danvila Collado, M., *Historia... de las Comunidades de Castilla.* M, 1897-9, 6 v.

Gutiérrez Nieto, J. I., *Las Comunidades como movimiento antiseñorial.* B, 1973, 366.

Jover Zamora, J. M., *Carlos V y los españoles.* M, 1963, 462.

Maravall Casesnoves, J. A., *Las Comunidades de Castilla.* M, 1970, 275.

Pérez, J., *La révolution des «Comunidades» de Castille.* Burdeos, 1970, 370.

Piles Ros, L., *Aspectos sociales de la Germanía de Valencia.* EHSE, 1952, 2, 431-78.

Redonet López, L., *Comentarios sobre las Comunidades y Germanías.* BRAH, 1959, 145, 7-87.

→ 6.68, Momblach; 9.21, Walser; 9.31, García Cárcer; 12.04, Arribas; 22.06.3, **Orihuela.**

54 POLITICA EXTERIOR

Fernández de Córdoba, G., *Relaciones de España con Inglaterra y Francia durante los reinados de Carlos I y Felipe II.* BUG, 1940, 12, 351-422.

García Ontiveros, E., *La política norteafricana de Carlos I.* M, 1950, 112.

Ibáñez de Ibero, C., *Carlos V y su política mediterránea.* M, 1962, 214.

Iglesias de la Vega, C., *Notas para una bibliografía sobre la acción africana de Carlos V.* RABM, 1958, 64, 447-82.

Jover Zamora, J. M., *Carlos V y las formas diplomáticas del Renacimiento...* Valencia, 1960, 182.

Pacheco de Leyva, E., *La política española en Italia... 1521-1524.* M, 1919, xlviii+540.

Rodríguez Villa, A., *Memorias para la historia del asalto y saqueo de Roma en 1527.* M, 1875, 462.

Sánchez Montes, J., *Franceses, protestantes, turcos. Los españoles ante la política internacional de Carlos V.* M, 1951, 167.

→ 7.01, 8.77, Carro.

54.1 FRANCIA

Benito Ruano, E., *Los aprehensores de Francisco I en Pavía.* Hispania, 1958, 18, 547-72.

Duhamel, J., *La captivité de François Ier. et des Dauphins.* París, 1958, 188.

García Mercadal, J., *Imperio y acción. Carlos V y Francisco I.* Zaragoza, 1943, 386.

García Villada, Z., *La batalla de Pavía y sus resultados.* RyF, 1925, 71, 150-63, 300-14.

También, M, 1925, 200.

Giono, J., *Le désastre de Pavie...* París, 1963, xxxvi+365 + láms.

López de Meneses, A., *Francisco I no estuvo alojado en la torre de los Lujanes.* CHE, 1946, 6, 131-45.

55 FELIPE II: ESTUDIOS GENERALES

Bratli, C., *Felipe II, Rey de España. Estudio sobre su vida y carácter.* M, 1942, 150.
Fernández de Retana, L., *España en tiempo de Felipe II (1556-1598),* en HE, 1966², XIX, 2 v.
Lucas-Dubreton, J., *Philippe II.* París, 1965, 244.
Petrie, Ch., *Felipe II.* M, 1964, xvii+319.
Pfandl, L., *Felipe II. Bosquejo de una vida y de una época.* M, 1942, 623.
Schneider, R., *Felipe II o Religión y Poder.* M, 1943, 364.
Walsh, W. T., *Felipe II.* M, 1958⁵, 809.

55.1 PERSONALIDAD. FAMILIA. CORTE

Dhanys, M., *Les quatre femmes de Philippe II.* París, 1933, ix+249.
Fernández Alvarez, M., *Felipe II. Semblanza...* M, 1956, 69.
Fernández Montaña, J., *Felipe II... en relación con artes, artistas, ciencias y sabios.* M, 1912, 506.
Fernández Montaña, J., ... *Felipe II y S. A. el Príncipe Don Carlos.* M, 1927, 304.
Foronda Gómez, M., *Estudios del reinado de Felipe II.* M, 1954, 223.
González de Amezúa, A., *Isabel de Valois, Reina de España.* M, 1949, 3 v.
Iñiguez Almech, F., *Casas reales y jardines de Felipe II.* M, 1952, 212 + láms.
Levi, E., *Il Principe Don Carlos nella leggenda e nella poesia.* Roma, 1925², 427.
Llanos Torriglia, F., *María I de Inglaterra... Reina de España.* M, 1946, 492.
Llanos Torriglia, F., *Las casas del Rey Prudente.* M, 1947, 246.
March, J. M., *Niñez y juventud de Felipe II.* M, 1941-2, 2 v.
Nadal, S., *Las cuatro mujeres de Felipe II.* B, 1971², 254.
Oliveros de Castro, M. T., y E. Subiza Martín, *Felipe II. Estudio médico-histórico.* M, 1956, viii+234.
Tormo Monzó, E., *La tragedia del Príncipe Don Carlos y la trágica grandeza de Felipe II.* BRAH, 1943, 112, 161-210.
Zarco Cuevas, J., *Ideales y normas de gobierno de Felipe II.* M, 1941-2, 2 v.

→ 3.62, 8.24, Estal; 10.35, Zabala; 14.06, Mateos; 14.63, Subiza.

56 POLITICA INTERIOR

Fernández Alvarez, M., *Felipe II y la España de su tiempo.* BBMP, 1946, 22, 255-67.
[Fernández] Montaña, J., *Felipe II calumniado y vindicado sobre puntos de Hacienda.* M, 1929, xx+308.
Giménez Soler, A., *Las alteraciones de Aragón en tiempo de Felipe II.* Zaragoza, 1916, 319.
Giménez Soler, A., *Los sucesos de Aragón en tiempo de Felipe II.* Universidad, 1936, 13, 3-114.

6 González de Echávarri, J. M., *La justicia y Felipe II...* Valladolid, 1917, 43.
Hitos, F. A., *Mártires de la Alpujarra en la rebelión de los moriscos.* M, 1935, 232.
Pidal, P. J., *Historia de las alteraciones de Aragón en el reinado de Felipe II.* M, 1862-3, 3 v.
Riba García, C., *El Consejo Supremo de Aragón en el reinado de Felipe II.* M, 1914, xcix+386.
Vincent, B., *L'expulsion des morisques du royaume de Grenade et leur repartition en Castille (1570-1571).* MCV, 1970, 6, 211-46.

→ 11.82, Ortega; 14.90, Fraile; 21.51, Reglá; 21.64, González.

58 POLITICA EXTERIOR

Lapeyre, H., *Las etapas de la política exterior de Felipe II.* Valladolid, 1973, 96.

→ 6.54, 7.01, 7.02, 8.72, Saltillo.

58.1 PORTUGAL

Castro, J., *Dom Sebastião e Dom Henrique.* Lisboa, 1942, 352+24.
Danvila Burguero, A., *Felipe II y la sucesión de Portugal.* M, 1956, 344.
Fernández Duro, C., *La conquista de las Azores en 1583.* M, 1886, 525.
Pimentel, A. A. Rodrigues, *A ocupação de Portugal por Felipe II...* Coimbra, 1962, 174 + láms.
Reglá Campistol, J., *Contribución al estudio de la anexión de Portugal...* Hispania, 1961, 21, 22-48.
Rubio Esteban, J. M., *Felipe II de España, Rey de Portugal.* Santander, 1939, 189.
Rumeu de Armas, A., *Los derechos de Felipe II al trono y conquista de Portugal...* Universidad, 1940, 17, 27-45.
Serrão, J. V., *O reinado de D. António, Prior de Crato.* Coimbra, 1956, lxvii+696.
Suárez de Inclán, J., *Guerra de anexión en Portugal...* M, 1897-8, 2 v.
Velloso, J. M. Queiroz, *Don Sebastião.* Lisboa, 1935, 454.

58.2 FRANCIA. FLANDES

Díaz de Villegas, J., *La batalla de San Quintín...* M, 1959, 64.
Dierickx, M., *La politique religieuse de Philippe II dans les anciens Pays-Bas.* Hispania, 1956, 16, 130-43.
Febvre, L., *Philippe II et le Franche-Comté...* París, 1970, 538.
Fernández Alvarez, M., *La paz de Cateau-Cambrésis.* Hispania, 1959, 19, 530-44.
Morales Oliver, L., *Arias Montano y la política de Felipe II en Flandes.* M, 1927, 360.
Rachfall, F., *Wilhelm von Oranien und der Niederländische Aufstand.* Halle, 1906-24, 4 v.

Rubio, L., *La victoria de San Quintín (1557) y la fundación del... Escorial.* LCD, 1957, 170, 401-32.
Villermont, M., *L'Infante Isabelle, gouvernante des Pays-Bas.* Tamines, 1912, 2 v.
Wedgwood, C. V., *William the Silent. William of Nassau, Prince of Orange.* Londres, 1948, 256.

6

58.3 MEDITERRANEO

Braudel, F., *El Mediterráneo y el mundo mediterráneo en la época de Felipe II.* México, 1953, 2 v.
Cerezo Martínez, R., *Años cruciales en la historia del Mediterráneo (1570-1574).* B, 1972, 301.
Hess, A. C., *The Battle of Lepanto and its place in mediterranean history.* Past and Present (Oxford), 1972, 57, 53-73.
Martínez Friera, J., *Don Juan de Austria en Lepanto.* M, 1947, 159.
Martínez Hidalgo, J. M., *Lepanto. La batalla... Reliquias y trofeos.* B, 1971, 191 + láms.
Serrano Pineda, L., *La Liga de Lepanto entre España, Venecia y la Santa Sede.* M, 1918-20, 2 v.
Serrano Pineda, L., *España en Lepanto.* M, 1935, 268.

58.4 INGLATERRA. IRLANDA

Fernández Alvarez, M., *Tres embajadores de Felipe II en Inglaterra.* M, 1951, 319.
Fernández Duro, C., *La Armada invencible.* M, 1884-5, 2 v.
Herrera Oria, E., *Felipe II y el Marqués de Santa Cruz en la empresa de Inglaterra...* M, 1946, 171 + láms.
Kilfeather, T. P., *Ireland, graveyard of the Spanish Armada.* Tralee, 1967, 142.
Lewis, M., *The Spanish Armada.* Londres, 1960, 216 + láms.
Mattingly, G., *La Armada invencible.* B, 1961, xxiv+490 + láms.
Maura, Duque de, *El designio de Felipe II y el episodio de la Armada invencible, según testimonios coetáneos...* M, 1957, 282.
Törne, P. O., *Don Juan d'Austriche et les projets de conquête de l'Angleterre...* Helsingfors, 1915-28, 2 v.

60 AUSTRIAS MENORES. SIGLO XVII

Davies, R. T., *La decadencia española, 1621-1700.* B, 1972[2], 190.
Díaz Plaja, F., *La historia de España en sus documentos. El siglo XVII.* M, 1957, 525.
→ 4.50, 4.51, 9.16, Rodríguez Casado.

61 FELIPE III

Castro, C., *Felipe III. Idea de un príncipe político cristiano.* M, 1944, 152.
Pérez Bustamante, C., *Felipe III. Semblanza de un monarca y perfiles de una privanza.* M, 1950, 140.

6 Pérez Martín, M. J., *Margarita de Austria, Reina de España.* M, 1961, 230 + láms.

62 POLITICA INTERIOR

Lozoya, Marqués de, *Don Francisco de Contreras, Presidente de Castilla, «el juez severo de Don Rodrigo Calderón».* BRAH, 1959, 145, 89-106.

Pérez Bustamante, C., *La supuesta traición del Duque de Osuna.* RUM, 1940, 1, 61-74.

Reglá Campistol, J., *La expulsión de los moriscos y sus consecuencias.* M, 1953, 132.
También, Hispania, 1953, 13, 215-68, 402-79.

Seco Serrano, C., *Los comienzos de la privanza de Lerma...* BRAH, 1959, 144, 75-101.

Williams, P., *Philip III and the Restoration of spanish government, 1598-1603.* English Historical Review (Londres), 1973, 88, 751-69.

→ 10.92, 22.92, Alonso.

63 POLITICA EXTERIOR

Aldea, Q., *España, el Papado y el Imperio durante la guerra de los Treinta Años.* MC, 1958, 29, 291-437; 30, 249-330.

Alventosa, J., *Felipe III y Tierra Santa.* AIA, 1927, 27, 106-9.

Carter, Ch. H., *Gondomar: Ambassador to James I.* The Historical Journal (Cambridge), 1964, 7, 189-208.

Corral Castanedo, A., *España y Venecia (1604-1607).* Valladolid, 1955, x+68.

Eiras Roel, A., *Desvío y «mudanza» de Francia en 1616.* Hispania, 1965, 25, 521-60.

Eiras Roel, A., *Política francesa de Felipe III: las tensiones con Enrique IV.* Hispania, 1972, 32, 245-336.

Fernández Duro, C., *El gran Duque de Osuna y su marina. Jornadas contra turcos y venecianos.* M, 1885, 458.

Gardiner, S. R., *Prince Charles and the spanish marriage.* Londres, 1869, 2 v.

Pérez, L., *Relaciones diplomáticas entre España y el Japón.* AIA, 1929, 31, 79-114.

Perrens, F. T., *Les mariages espagnols sous le règne de Henri IV et la régence de Marie de Médicis.* París, 1869, xvi+574.

Philippson, M., *Heinrich IV und Philipp III.* Berlín, 1870-6, 3 v.

Rodríguez Jouliá, C., *Felipe III y el Rey de Cuco.* M, 1954, 176.

Rubio Esteban, J. M., *Los ideales hispanos en la tregua de 1609.* Valladolid, 1937, 132.

Seco Serrano, C., *Los antecedentes de la conjuración de Venecia de 1618.* BRAH, 1955, 136, 37-73.

Seco Serrano, C., *El Marqués de Bedmar y la conjuración de Venecia de 1618.* RUM, 1955, 4, 299-342.

Silke, J. J., *Kinsale. The spanish intervention in Ireland at the end of the Elizabethan Wars.* Liverpool, 1970, 208 + láms.

Somerville, B., *The spanish expedition to Ireland, 1601.* The Irish Sword (Dublín), 1966, 7, 37-57.
Villaurrutia, Marqués de, *La embajada del Conde de Gondomar en Inglaterra.* M, 1913, 119.
→ 8.23, Pou.

64 FELIPE IV

Cánovas del Castillo, A., *Estudios del reinado de Felipe IV.* M, 1927[2], 2 v.
Deleito Piñuela, J., *La España de Felipe IV. El declinar de la monarquía española.* M, 1947, 251.
Deveze, M., *L'Espagne de Philippe IV.* París, 1970-1, 2 v.

64.1 PERSONALIDAD. FAMILIA. CORTE

García Royo, L., *La aristocracia española y Sor María de Jesús de Agreda.* M, 1951, 280.
Hume, M., *La Corte de Felipe IV.* B, 1949, vi+312.
Pérez Rioja, J. A., *Proyección de la Venerable María de Agreda. Ensayo para una bibliografía de fuentes impresas.* Celtiberia, 1965, 15, 77-122.
Royo Campos, J., *Agredistas y antiagredistas. Estudio histórico apologético.* Totana, 1929, 471.
Sánchez Toca, J., *Felipe IV y Sor María de Agreda. Estudio crítico.* M, 1921, 266.
Villasante, L., *Sor María de Jesús de Agreda a través de su correspondencia epistolar con el Rey.* AIA, 1965, 25, 145-72.

65 POLITICA INTERIOR

Armero Manjón, P., *El último señor de Sanlúcar de Barrameda.* AH, 1957, 27, 201-7.
Sublevación del Duque de Medina Sidonia.
Domínguez Ortiz, A., *Felipe IV y los moriscos.* MEAH, 1959, 8, 55-65.
Domínguez Ortiz, A., *La movilización de la nobleza castellana en 1640.* AHDE, 1955, 25, 799-823.
Domínguez Ortiz, A., *Política y hacienda de Felipe IV.* M, 1960, xii+394.
Domínguez Ortiz, A., *La conspiración del Duque de Medina Sidonia y el Marqués de Ayamonte.* AH, 1961, 34, 133-59.
Ezquerra Abadía, R., *La conspiración del Duque de Hijar.* M, 1934, 382.
Jover Zamora, J. M., *1635. Historia de una polémica y semblanza de una generación.* M, 1949, 565.

→ 9.25, Domínguez Ortiz.

65.1 CATALUÑA

Elliot, J. H., *The King and the Catalans, 1621-1640.* The Cambridge Historical Journal, 1953-5, 11, 253-71.

6 Elliot, J. H., *The Revolt of the Catalans. A study in the decline of Spain (1598-1640).* Cambridge, 1963, xvi+624 + láms.
León, I., *Corpus de sangre en Barcelona.* B, 1972, 187.
Rovira Virgili, A., *El Corpus de sang. Estudio histórico.* B, 1933, 56.
Sanabre, J., *La acción de Francia en Cataluña en la pugna por la hegemonía de Europa (1640-1659).* B, 1956, 747 + láms.
Serra Puig, E., *La guerra dels segadors.* B, 1966, 112.
Vassal-Reig, Ch., *Richelieu et la Catalogne.* París, 1935, x+230.
Zudaire Huarte, E., *El Conde-Duque y Cataluña.* M, 1964, 506.

66 POLITICA EXTERIOR

Domínguez Ortiz, A., *Los caudales de Indias y la política exterior de Felipe IV.* AEAm, 1956, 13, 311-83.
Domínguez Ortiz, A., *España ante la Paz de los Pirineos.* Hispania, 1959, 19, 545-73.
Domínguez Ortiz, A., *Guerra económica y comercio extranjero en el reinado de Felipe IV.* Hispania, 1963, 23, 71-110.
Fernández Alvarez, M., *Don Gonzalo Fernández de Córdoba y la guerra de sucesión de Mantua y del Monferrato (1627-1629).* M, 1955, 246.
Leman, A., *Richelieu et Olivares. Leurs négotiations...* Lille, 1938, xv+178.
Reglá Campistol, J., *El tratado de los Pirineos de 1659... Limitación fronteriza.* Hispania, 1953, 13, 101-66.
Ródenas Vilar, R., *La política europea de España durante la guerra de los Treinta Años.* M, 1957, xvi+285.
Saltillo, Marqués del, *Don Antonio Pimentel del Prado y la Paz de los Pirineos.* Hispania, 1947, 7, 24-124.
Sanabre, J., *El tractat dels Pirineus i els seus antecedents.* B, 1961, 59.
Suárez Fernández, L., *Notas a la política antiespañola del Cardenal Richelieu.* Simancas, 1950, 1, 3-53.
Vassal-Reig, Ch., *La guerre en Roussillon sous Louis XIII (1635-1639).* París, 1934, xv+106.
Vosters, S. A., *La rendición de Breda en la literatura española.* CHE, 1965, 42, 224-98.

67 CARLOS II

Baviera, A., *Das Ende der Habsburger in Spanien.* Munich, 1929, 2 v.
Maura Gamazo, G., *Vida y reinado de Carlos II.* M, 1954[2], 2 v.
Nada, J., *Carlos the Bewitched...* Londres, 1962, 272.
Pfandl, L., *Carlos II.* M, 1947, 435.

→ 3.01, *Documentos inéditos...*

67.1 PERSONALIDAD. FAMILIA. CORTE

Bassenne, M., *La vie tragique d'une reine d'Espagne, Marie-Louise de Bourbon-Orléans.* París, 1939, 336.
Baviera, A., *Mariana de Neoburgo, Reina de España.* M, 1939, 359.

Cueto Ruiz, R., *Los hechizos de Carlos II y el proceso de Fr. Froilán Díaz, confesor real.* M, 1966, 343.
Maura Gamazo, G., *Supersticiones de los siglos XVI y XVII y hechizos de Carlos II.* M, h. 1940, 332.
Maura Gamazo, G., *María Luisa de Orleans, Reina de España. Leyenda e historia.* M, s.a., 294.
→ 10.35, Izquierdo.

68 POLITICA INTERIOR

Domínguez Ortiz, A., *La crisis de Castilla en 1677-1687.* RPH, 1962, 10, 436-51.
Juderías Loyot, J., *España en tiempo de Carlos II el Hechizado.* M, 1912, 340.
Juderías Loyot, J., *El territorio español a fines del siglo XVII.* RABM, 1912, 26, 16-60.
Kamen, H., *The decline of Castille: the last crisis.* Economic History Review (Cambridge), 1965, 17, 63-76.
Momblanch Gonzálbez, F. P., *La segunda Germanía del Reino de Valencia.* Alicante, 1957, 158 + láms.

69 POLITICA EXTERIOR

Laloy, E., *La révolte de Messine, l'expédition de Sicile et la politique française en Italie, 1674-1678.* París, 1929-31, 3 v.
Ortega Galindo, J., *España en Europa al advenimiento de Carlos II.* Bilbao, 1949, 375 + láms.
Villaurrutia, Marqués de, *Relaciones entre España y Austria durante el reinado de la Emperatriz... Margarita, Infanta de España...* M, 1905, 124.
→ 8.23, Vázquez.

70 BORBONES EN GENERAL. SIGLOS XVIII-XX

Cardell, C., *La Casa de Borbón en España.* M, 1954, 589.
Desdevises du Dezert, G., *L'Espagne de l'ancien régime.* París, 1897-1904, 3 v.
Comprende: la Sociedad; las Instituciones; la economía y la cultura. Se citan, en los apartados correspondientes, los v. I y III, en versiones posteriores.
Ferrandis Torres, M., y C. Beirao, *Historia contemporánea de España y Portugal* [desde 1788]. B, 1966, 878.
Jacquet, J.-L., *Les Bourbons d'Espagne.* Lausanne, 1968, 440 + láms.
Ulloa Cisneros, L., y otros, *Historia de España... La Casa de Borbón.* B, 1943, 614.
Zabala Lera, P., *España bajo los Borbones.* M, 1955[5], vii+463.
Zorrilla González, F. J., *Genealogía de la Casa de Borbón en España.* M, 1971, 242.
→ 10.05, Artola.

6

71 SIGLO XVIII

Acton, H., *The Bourbons of Naples (1734-1825).* Londres, 1957², xviii+731.

Díaz Plaja, F., *La historia de España en sus documentos. El siglo XVIII.* M, 1955, vi+365.

Herr, R., *España y la revolución del siglo XVIII.* M, 1964, xii+417.

Jover Zamora, J. M., *Política mediterránea y política atlántica de la España de Feijóo.* Oviedo, 1956, 108.

Marañón Posadillo, G., *Más sobre nuestro siglo XVIII.* RO, 1935, 48, 278-312.

Salcedo Ruiz, A., *La época de Goya. Historia de España y de Hispano-América desde el advenimiento de Felipe V hasta la guerra de la Independencia.* Santander, 1924, 434.

Sánchez Diana, J. M., *Ensayo sobre el siglo XVIII español.* Theoria (M), 1953, 6, 62-76.

73 GUERRA DE SUCESION

Kamen, H., *The War of Succession in Spain, 1700-1715.* Londres, 1969, xii+436.

Borrás, G. M., *La guerra de Sucesión en Zaragoza.* Zaragoza, 1972, 131.

Pabón Suárez, J., *La sucesión de España y el equilibrio de Europa.* BRAH, 1964, 155, 203-53.

Petrie, Ch., *Algunos aspectos diplomáticos y militares de la guerra de Sucesión española.* BRAH, 1953, 133, 229-48.

Porcel, F., *Mallorca durante la guerra de Sucesión a la Corona de España.* Bolletí de la Societat Arqueologica Luliana (Palma), 1923, 19, 341-5, 367-70; 1924, 20, 9-12.

Sanllehy Girona, C., *La sucesión de Carlos II... La lucha por la Corona de España entre las Casas de Borbón y de Habsburgo.* B, 1933, 2 v.

Thomson, M. A., *Louis XIV and the origin of the War of the spanish Succession.* Transactions of the Royal Historical Society (Londres), 1954, 4, 111-34.

Voltes Bou, P., *El Archiduque Carlos de Austria, Rey de los catalanes.* B, 1953, 355.

Voltes Bou, P., *Las dos ocupaciones de Madrid por el Archiduque Carlos de Austria.* BRAH, 1962, 151, 61-110.

Voltes Bou, P., *La guerra de Sucesión en Valencia.* Valencia, 1964, 211.

75 FELIPE V

Baudrillart, A., *Philippe V et la cour de France.* París, 1890-1901, 5 v.

Taxonera, L., *Felipe V, dos veces Rey de España.* B, 1956², 256.

Bethencourt Massieu, A., *Patiño en la política de Felipe V.* Valladolid, 1954, xv+104.

Camps Arboix, J., *El Decret de Nova Planta.* B, 1963, 58.

Carpio, M. J., *España y los últimos Estuardos.* M, 1952, xxiii+326.

Harcourt-Smith, S., *Una conspiración en la corte de Felipe V.* M, 1947, 316.
Contra Alberoni.
Mercader Riba, J., *Felipe V i Catalunya.* B, 1968, 431.
Perey, L., *Une reine de douze ans. Marie-Louise-Gabrielle de Savoie, reine d'Espagne.* París, 1905, 608.
Saint-Simon, Duque de, *Cuadro de la corte de España en 1722.* M, 1933, 266.
Taxonera, L., *Isabel de Farnesio. Retrato de una reina...* B, 1943, 284.
Tormo Monzó, E., *En el centenario de Felipe V... Los graves problemas históricos de su reinado.* BRAH, 1947, 120, 357-488; 121, 51-102.
Voltes Bou, P., *Felipe V y los fueros de la Corona de Aragón.* REPol, 1955, 84, 97-120.
Zabala Lera, P., *El Marqués de Argensón y el Pacto de Familia de 1743.* M, 1928, 250.

→ 8.73, Fernández; 9.75, Gómez; 14.66, Valle; 21.52, Mercader.

76 LUIS I

Baudrillart, A., *L'influence française en Espagne au temps de Louis I. Mission du Maréchal de Tesse, 1724.* Revue des questions historiques (París), 1869, 60, 481-561.
Danvila, A., *El reinado relámpago de Luis I y Luisa Isabel de Orleáns.* M, 1952, 458.
Vega López, J., *Luis I de España. El rey silueta.* M, 1943, 192.

77 FERNANDO VI

Baudi di Verme, C., *La Spagna all'epoca de Ferdinando VI e il matrimonio spagnuolo di Vittorio Amadeo III.* Bolletino Storico Bibliografico (Turín), 1953, 1-35.
Danvila, A., *Fernando VI y Doña Bárbara de Braganza.* M, 1905, 292.
García Rives, A., *Fernando VI y Doña Bárbara de Braganza.* M, 1917, 182.
Gómez Molleda, D., *Un rey sin gusto de mandar.* Eidos, 1956, 5, 59-87.
Gómez Molleda, D., *Viejo y nuevo estilo político en la corte de Fernando VI.* Eidos, 1957, 6, 43-76.
Pérez Bustamante, C., *El reinado de Fernando VI en el reformismo español del siglo XVIII.* RUM, 1954, 3, 490-514.

78 CARLOS III

Danvila Collado, M., *Reinado de Carlos III.* M, 1892-4, 6 v.
Ferrer del Río, A., *Historia del reinado de Carlos III en España.* M, 1856, 4 v.
Petrie, Ch., *King Charles III of Spain.* Nueva York, 1971, xxi+241 + láms.

6 Rousseau, F., *Règne de Charles III d'Espagne (1759-1788).* París, 1907, 2 v.

Voltes Bou, P., *Carlos III y su tiempo.* B, 1964, 263.

78.1 PERSONALIDAD. FAMILIA. CORTE

Cepeda Adán, J., *Silueta del madrileño Carlos III.* AIEM, 1968, 3, 331-40.

Oliveros de Castro, M. T., *María Amalia de Sajonia, esposa de Carlos III.* M, 1953, 543.

78.2 POLITICA INTERIOR

Rodríguez Casado, V., *Política interior de Carlos III.* Simancas, 1950, 1, 123-86.

Rodríguez Casado, V., *La política y los políticos durante el reinado de Carlos III.* M, 1962, 267.

Eguía Ruiz, C., *El Padre Isidro López y el motín de Esquilache.* M, 1935, 451.

Eguía Ruiz, C., *Los jesuitas y el motín de Esquilache.* M, 1947, 431.

Navarro Latorre, J., *... El motín de Esquilache.* M, 1966, 54.

Pérez Búa, M., *Las reformas de Carlos III en el régimen local de España.* M, 1919, 35.
También, RCJS, 1919, 2, 219-47.

Rodríguez Casado, V., *Iglesia y Estado en el reinado de Carlos III.* EAm, 1948, 1, 5-57.

Rodríguez Casado, V., *Alcance político de las obras públicas y de la colonización interior en la España de Carlos III.* Mercurio Peruano (Lima), 1960, 41, 204-16.

Rodríguez Díaz, L., *El motín de Madrid de 1766.* RO, 1973, 41, 24-49.

Rodríguez Díaz, L., *Los motines de 1766 en provincias.* RO, 1973, 41, 183-207.

Rodríguez Díaz, L., *The spanish riots of 1766.* Past and Present (Oxford), 1973, 59, 117-46.

→ 9.35, Suárez; 9.83, Rodríguez; 10.05, Cepeda; 10.18, Alvarez; 12.53.

78.4 POLITICA EXTERIOR

Conrotte Méndez, M., *España y los países musulmanes durante el ministerio de Floridablanca.* M, 1909, 428.

Conrotte Méndez, M., *La intervención de España en la independencia de los Estados Unidos...* M, 1920, 298.

Palacio Atard, V., *El tercer Pacto de Familia.* M, 1945, xviii+380.

Rodríguez Casado, V., *Política exterior de Carlos III en torno al problema indiano.* RI, 1944, 5, 227-66.

Rodríguez Casado, V., *Política marroquí de Carlos III.* M, 1946, xxiii+508.

Thomson, B. P., *La ayuda española en la guerra de la independencia norteamericana.* M, 1967, 206.

Yela Utrilla, J. F., *España ante la independencia de los Estados Unidos*. Lérida, 1925[2], 2 v.

→ 9.73, Morales.

79 CARLOS IV

Gómez de Arteche, J., *Reinado de Carlos IV*. M, 1894, 3 v.
Pérez de Guzmán, J., *Estudios de la vida, reinado, proscripción y muerte de Carlos IV y María Luisa...* M, 1908, 342.

79.1 PERSONALIDAD. FAMILIA. CORTE

Bermejo, I. A., *Políticos de antaño. Historia política, anecdótica y secreta de la corte de Carlos IV*. M, 1895, 2 v.
Borbón, S., *María Luisa, Infanta de España, Reina de Etruria*. M, 1940, 198.
Villaurrutia, Marqués de, *La Reina de Etruria, Doña María Luisa de Borbón, Infanta de España*. M, 1923, 155.
Villaurrutia, Marqués de, *La Reina María Luisa, esposa de Carlos IV*. M, 1927, 217.

79.2 POLITICA INTERIOR

Alcázar Molina, C., *España en 1792. Floridablanca. Su derrumbamiento del gobierno y sus procesos...* REPol, 1953, 71, 93-138.
Corona Baratech, C., *Las ideas políticas en el reinado de Carlos IV*. M, 1954, 59.
Corona Baratech, C., *Revolución y reacción en el reinado de Carlos IV*. M, 1957, 434.
Herr, R., *Hacia el derrumbe del antiguo Régimen: crisis fiscal y desamortización bajo Carlos IV*. MyC, 1971, 118, 37-100.
Martí Gelabert, F., *El proceso de El Escorial*. Pamplona, 1965, 369.
Torra Balari, M., *La situación de España a fines del siglo XVIII*. JZ, 1955, 9, 150-66.
Sierra Bustamante, R., *Don Mariano Luis de Urquijo, secretario de Estado de Carlos IV*. M, 1950.
Sierra Bustamante, R., *La caída del primer ministro Urquijo en 1800*. Hispania, 1963, 23, 556-80.

→ 9.35, Suárez.

79.4 POLITICA EXTERIOR

Berte-Langereau, J., *La política italiana de España bajo el reinado de Carlos IV*. M, 1958, 262.
Campañas en los Pirineos a finales del siglo XVIII (1793-1795). M, 1949-59, 4 v.
Ferrer Benimeli, J. A., *El Conde de Aranda y el frente aragonés en la guerra contra la Convención*. Zaragoza, 1965, 396.
Geoffroy de Grandmaison, Ch.-A., *L'ambassade française en Espagne pendant la Révolution*. París, 1892, 352.

6 Godchot, C., *En Danemark. Les espagnols du Marquis de La Romana, 1807-1808*. París, 1924, xiii+556.
Howarth, D., *Trafalgar. The Nelson Touch*. Londres, 1969, 254.
Lon Romero, E., *Trafalgar*. Zaragoza, 1950, 374.
Maine, R., *Trafalgar. Le Waterloo naval de Napoléon*. París, 1955, 270.
Schop Soler, A. M., *Las relaciones entre España y Rusia en la época de Carlos IV*. B, 1971, xvii+200.

80 SIGLOS XIX-XX

García Nieto, M. C., y otros, *Bases documentales de la España contemporánea* [1808-]. M, 1971-3, 7 v., continúa la publicación.

Aunós Pérez, E., *Itinerario histórico de la España contemporánea (1808-1936)*. B, 1940, 497.
Carr, R., *España, 1809-1939*. B, 1970^2 734 + láms.
Sevilla Andrés, D., *Historia política de España (1800-1967)*. M, 1968, 627.
Zabala Lera, P., *Historia de España. Edad contemporánea (1800-1923)*. B, 1930, 2 v.

→ 9.10, Payne.

81 SIGLO XIX

Díaz Plaja, F., *La historia de España en sus documentos. El siglo XIX*. M, 1954, 434.
Suárez Verdeguer, F., *La investigación del siglo XIX español*, en J. del Burgo, *Fuentes*... Pamplona, 1953, II, 5-24.

Artola Gallego, M., *Los orígenes de la España contemporánea*. M, 1959, 2 v.
Artola Gallego, M., *La burguesía revolucionaria (1808-1869)*. M, 1973, 434.
Pirala Criado, A., *Anales desde 1843 hasta... el fallecimiento de Don Alfonso XII*. M, 1895, 6 v.

La España del siglo XIX. Colección de conferencias históricas... M, 1886-7, 3 v.
Miscelánea por diversos autores.
Fontana Lázaro, J., *La quiebra de la monarquía absoluta*. B, 1971, 499.
Sánchez Agesta, L., *Sentido sociológico y político del siglo XIX*. REPol, 1954, 75, 23-43.
Suárez Verdeguer, F., *Planteamiento ideológico del siglo XIX español*. Arbor, 1948, 10, 57-68.
También, en *Historia de España... Arbor*. M, 1953, 471-80.
Suárez Verdeguer, F., *La crisis política del antiguo régimen en España (1800-1840)*. M, 1958^2, 285.

→ 9.10, Christiansen.

82 GUERRA DE LA INDEPENDENCIA

Diccionario bibliográfico de la Guerra de la Independencia española, 1808-1814. M, 1944-52, 3 v.

Mercader Riba, J., *La historiografía de la Guerra de la Independencia y su época desde 1952 a 1964.* IHE, 1963, 9, xi-lxxiii.

Fugier, A., *Napoléon et l'Espagne.* París, 1930, 2 v.

García Rodríguez, J. M., *Guerra de la Independencia...* B, 1945, 2 v.

Geoffroy de Grandmaison, Ch.-A., *L'Espagne et Napoléon.* París, 1908-31, 3 v.

Gómez de Arteche, J., *Guerra de la Independencia. Historia militar de España de 1808 a 1814.* M, 1868-1903, 14 v.

Grasset, A., *La Guerre d'Espagne (1807-1813).* París, 1934[2], 3 v.

Guerra de la Independencia, *Estudios de la ___. Congreso internacional...* Zaragoza, 1964-7, 3 v.

Guerra de la Independencia (1808-1814). M, 1966-.

Oman, Ch., *A History of the Peninsular War.* Oxford, 1902-30, 7 v.

Prieto López, J., *Guerra de la Independencia.* M, 1947, 328.

Roux, G., *La guerra napoleónica de España.* M, 1971, 218.

Toreno, Conde de, *Historia del levantamiento, guerra y revolución de España.* M, 1835-7, 5 v.

82.1 ESTUDIOS PARTICULARES

Artola Gallego, M., *La guerra de guerrillas. Planteamientos estratégicos en la Guerra de la Independencia.* RO, 1964, 2, 12-43.

Azcárate, P., *Wellington y España.* M, 1960, 275 + láms.

Baselga Mantecón, M., *En torno a la Paz de Valençay.* EHM, 1954, 4, 301-48.

Desdevises du Dezert, G., *Le Conseil de Castille en 1808.* RH, 1907, 16, 66-378.

Lema, Marqués de, *Antecedentes políticos y diplomáticos de los sucesos de 1808.* M, 1911, 398.

Martínez de Velasco, A., *La formación de la Junta Central.* Pamplona, 1972, 223.

Picard, L., *Guerres d'Espagne. Le prologue: 1807, expédition du Portugal.* París, 1911, 351.

Rodríguez Solís, E., *Los guerrilleros de 1808...* M, 1877, 2 v.

Solano Costa, F., *Influencia de la Guerra de la Independencia en el pueblo español.* JZ, 1952, 3, 103-21.

Vidal de la Blache, J., *L'évacuation de l'Espagne et l'invasion dans le Midi...* París, 1914, 2 v.

Villaurrutia, Marqués de, *Relaciones entre España e Inglaterra durante la Guerra de la Independencia.* M, 1911-4, 3 v.

→ 9.84, Balbín.

82.2 LOS BONAPARTES

Girod de L'Ain, G., *Joseph Bonaparte, le Roi malgré lui.* París, 1970, 474.

Glover, M., ... *The Bonaparte Kingdom of Spain.* Nueva York, 1971, xii+353 + láms.

6 Martin, C., *José Napoleón I, «Rey intruso» de España.* M, 1969, 596.

Mercader Riba, J., *José Bonaparte, Rey de España, 1808-1813. Historia externa del reinado.* M, 1971, 376.

Piétri, F., *Un caballero* [Luciano Bonaparte] *en El Escorial.* M, 1947, 354.

Piétri, F., *Lucien Bonaparte à Madrid.* París, 1951, 388.

Rogers, P. P., *The spanish sobriquets of Joseph Bonaparte.* PhQ, 1930, 9, 390-4.

→ 5.20, Napoleón; 9.35, Leyes.

82.4 IDEOLOGIA. CORTES DE CADIZ. AFRANCESADOS

Artola Gallego, M., *Los afrancesados.* M, 1953, xxi+335.

Juretschke, H., *Los supuestos históricos e ideológicos de las Cortes de Cádiz.* NT, 1955, 2, 13-35.

Juretschke, H., *Los afrancesados en la Guerra de la Independencia...* M, 1962, 283.

López Peláez, A., *El espíritu religioso en la Guerra de la Independencia.* España y América (M), 1918, 59, 81-8.

Méndez Bejarano, M., *Historia política de los afrancesados.* RABM, 1911, 24, 339-49, 498-509; 25, 107-18.

Olmeda, F., *Canciones populares de la Guerra de la Independencia.* La ilustración española y americana (M), 1908, 86, 129-32.

Pérez Prendes, J. M., *Cortes de Castilla y Cortes de Cádiz.* REPol, 1963, 126, 321-431.

Pérez Villanueva, J., *Planteamiento ideológico inicial de la Guerra de la Independencia.* Valladolid, 1960, 121.

Ramos Pérez, D., *Las Cortes de Cádiz y América.* REPol, 1962, 126, 433-639.

Solís Llorente, R., *Las sociedades secretas y las Cortes de Cádiz.* REPol, 1957, 93, 111-22.

Viñas Mey, C., *Nuevos datos para la historia de los afrancesados.* BH, 1924, 26, 52-67, 323-38; 1925, 27, 97-130.

→ 17.15.2, Cid.

82.6 ESCENARIOS BELICOS

Ahumada, E., *Gerona la inmortal (1808-1809). Estudio histórico.* Toledo, 1935, 372.

Alcaide Ibieca, A., *Historia de los dos sitios... a Zaragoza.* M, 1830-1, 3 v.

Blanch, A., *Historia de la Guerra de la Independencia en el antiguo Principado* [Cataluña]. B, 1861-2, 2 v.

Bonnet Reverón, B., *La Junta Suprema de Canarias.* La Laguna, 1948, cxliii+799 + láms.

Carner Borrás, A., *Història i llegenda de les batalles del Bruc.* B, 1968, 52.

Castilla, M., *Historia de la Junta de Defensa de Galicia.* La Coruña, 1894, 535.

Clerc, L. C., *Guerre d'Espagne. Capitulation de Baylen...* París, 1903, 404.

Cruz Román, N., *Valencia napoleónica.* Valencia, 1968, 261.
Cúndaro, M., *Historia político-crítico militar de... Gerona en los sitios de 1808 y 1809* [1818]. Gerona, 1950-3, 2 v.
Desdevises du Dezert, G., *La Junte Supérieure de Catalogne.* RH, 1910, 22, 1-426.
Esparza, E., *Notas sobre la Guerra de la Independencia en Navarra.* PV, 1947, 8, 575-8; 1948, 9, 83-4.
Fugier, A., *La Junte Supérieure des Asturies et l'invasion française.* París, 1930, xvii+208.
García Prados, J., *Historia del alzamiento, guerra y revolución de Asturias.* Oviedo, 1953, 447 + láms.
Gascón Guimbao, D., *Teruel en la Guerra de la Independencia.* M, 1908, xxvii+488.
Gómez Imaz, M., *Sevilla en 1808. Servicios patrióticos...* Sevilla, 1908, 492.
Gómez Imaz, M., *Los garrochistas de Bailén.* M, 1908, 66.
Gómez Villafranca, R., *Extremadura en la guerra de la Independencia española.* Badajoz, 1908, 458.
Grahit Papell, E., *Reseña histórica de los sitios de Gerona en 1808 y 1809.* Gerona, 1894-5, 2 v.
Grasset, A., *Málaga, province française.* París, 1910, 607.
La Guerra de la Independencia española y los sitios de Zaragoza. Zaragoza, 1958, 636.
Miscelánea por diversos autores.
Jiménez de Gregorio, F., *Toledo en la guerra por la Independencia de 1808.* Toledo, 1953, 178.
Llorca Villaplana, C., *El Mariscal Bazaine en Madrid.* M, 1951, xi+321.
Maza Solano, T., *Santander en la Guerra de la Independencia.* Altamira, 1958, 87-285.
Mercader Riba, J., *La anexión de Cataluña al Imperio francés.* Hispania, 1947, 7, 125-41.
Mercader Riba, J., *Barcelona durante la ocupación francesa.* M, 1949, xv+527.
Mozas Mesa, M., *Bailén. Estudio político y militar...* M, 1940, 804.
Pérez de Guzmán, J., *El 2 de mayo de 1808 en Madrid.* M, 1908, 867.
Pla Cargol, J., *La Guerra de la Independencia en Gerona y sus comarcas.* Gerona, 1953, 335.
Recasens Comes, J. M., *La revolución y guerra de la Independencia en la ciudad de Tarragona.* Tarragona, 1965, 565 + láms.
Río Fernández, L., *Páginas históricas de Pontevedra. Guerra de la Independencia.* Pontevedra, 1918, 111.
Salcedo Ruiz, A., *Astorga en la Guerra de la Independencia.* Astorga, 1901, 252.
Sánchez Jara, D., *Intervención de Murcia en la Guerra por la Independencia.* Murcia, 1960, 398.
Silva Barreto, A., *Guerra de Extremadura y sitios de Badajoz.* Badajoz, 1945, 375.
Simón Cabarga, J., *Santander en la Guerra de la Independencia.* Santander, 1968, 318.

Torcal, N., *Historia popular de los sitios de Zaragoza en 1808 y 1809*. Zaragoza, 1908, 347.

→ 22.28, Oliver; 22.64, Díez; 22.96, Gras.

84 FERNANDO VII

Suárez Verdeguer, F., *Documentos del reinado de Fernando VII*. Pamplona, 1965-71, 16 v.
Continúa la publicación.

Artola Gallego, M., *La España de Fernando VII*, en HE, 1968, XXVI, xxxvi+999.

Arzadún, J., *Fernando VII y su tiempo*. M, 1942, 388.

Izquierdo Hernández, M., *Antecedentes y comienzos del reinado de Fernando VII*. M, 1963, 793 + láms.

84.1 FAMILIA. CORTE

Berte-Langereau, J., *Les mariages de Ferdinand VII*. Hispania, 1959, 19, 386-460.

Martínez Olmedilla, A., *La cuarta esposa de Fernando VII*. B, 1935, 196.

Villaurrutia, Marqués de, *Las mujeres de Fernando VII*. M, 1916, 110.

→ 10.35, Izquierdo.

84.2 POLITICA INTERIOR

Castañeda Alcover, V., *La rebelión de Riego*... BRAH, 1943, 112, 211-50.

Comellas García, J. L., *Los primeros pronunciamientos en España*. M, 1958, 376.

Comellas García, J. L., *Los realistas en el trienio constitucional (1820-1823)*. Pamplona, 1958, 233.

Comellas García, J. L., *El trienio constitucional*. M, 1963, 443.

Diz Lois, M. C., *El Manifiesto de 1814*. Pamplona, 1967, 285.

Infanzón, E. G., *Riego... Revolución del año veinte*... M, 1933, xv+550.

Pintos Vieites, M. C., *La política de Fernando VII entre 1814 y 1820*. Pamplona, 1958, 374.

Ramos Rodríguez, M. P., *La conspiración del Triángulo*. Sevilla, 1970, 159.

Rodríguez Gordillo, J. M., *Las proclamas realistas de 1822*. Sevilla, 1969, 176.

Suárez Verdeguer, F., *Calomarde y la derogación de la Pragmática*. REPol, 1944, 9, 503-54.

Suárez Verdeguer, F., *El manifiesto realista de 1826*. PV, 1948, 9, 77-100.

Suárez Verdeguer, F., *Los sucesos de La Granja*. M, 1953, 402.

Torrás Elías, J., *La guerra de los Agraviados*. B, 1967, xxi+216.

Villaurrutia, Marqués de, *Fernando VII, Rey constitucional. Historia diplomática de España de 1820 a 1823.* M, 1923, 376.
Villaurrutia, Marqués de, *Fernando VII, Rey absoluto. La ominosa década de 1823 a 1833.* M, 1931, 230.

→ 8.80, Tapia; 9.12, 9.35, *Decretos.*

84.4 POLITICA EXTERIOR

G[eoffroy] de Grandmaison, Ch.-A., *L'expédition d'Espagne en 1823...* París, 1928, 273.
Suárez Verdeguer, F., *La intervención extranjera en los comienzos del régimen liberal español.* REPol, 1944, 7, 409-71.
Villaurrutia, Marqués de, *España en el Congreso de Viena...* M, 1928², 326.

85 LUCHAS CIVILES DEL SIGLO XIX. GUERRAS CARLISTAS

Burgo Torres, J., *Fuentes de la historia de España. Bibliografía de las guerras carlistas y de las luchas políticas del siglo XIX. Antecedente, desde 1814, y apéndice hasta 1936.* Pamplona, 1953-60, 4 v.

Fernández de los Ríos, A., *Estudio histórico de las luchas políticas en la España del siglo XIX...* M, 1879-80², 2 v.
Holt, E., *The carlist wars in Spain.* Londres, 1967, 303.
Melgar, F., *Pequeña historia de las guerras carlistas.* Pamplona, 1958, 368.
Peña Ibáñez, J. J., *Las guerras carlistas...* M, 1940, 348.
Pirala Criado, A., *Historia de la guerra civil y de los partidos liberal y carlista... Historia de la Regencia de Espartero.* M, 1889-91³, 3 v.

85.1 ESTUDIOS PARTICULARES

Apalategui, F., *Oriamendi. El Infante Don Sebastián y la batalla de Oriamendi.* S. Sebastián, 1940, 135.
Arcos Elío, J. L., *Apuntes para la historia de la conspiración de San Carlos de la Rápita.* PV, 1941, 2, 123-50.
Aróstegui Sánchez, J., *El carlismo alavés y la guerra civil de 1870-1876.* Vitoria, 1970, 166+xviii + láms.
Artagán, B., *Victorias carlistas de antaño.* B, 1913, 367.
Brea, A., *Campaña del Norte de 1873 a 1876.* B, 1897, 524.
Burgo Tajadura, J. I., *Génesis de Vergara.* Pamplona, 1973, 40.
Burgo Torres, J., *Antecedentes de la 1.ª guerra carlista.* Pamplona, 1972, 30.
Burgo Torres, J., *La primera guerra carlista.* Pamplona, 1973, 30.
Burgo Torres, J., *Segunda guerra carlista.* Pamplona, 1973, 30.
Cámara Cumella, M., *Las relaciones exteriores del gobierno carlista durante la primera guerra civil.* Sevilla, 1933, 112.
Gambra Ciudad, R., *La primera guerra civil de España (1821-1823).* M, 1950, 200.

6 Gollwitzer, H., *Der erste Karlistenkrieg und das Problem der internationalen Parteigängerschaft.* Historische Zeitschrift (Münich), 1953, 176, 479-520.

Grabolosa, R., *Carlins i liberals. La darrera guerra carlina a Catalunya.* B, 1972, 350.

Llord, J., *Campanya montemolinista de Catalunya...* B, 1926, 212.

Múgica, J., *El Convenio de Vergara. La cuestión de los Fueros.* BRSV, 1946, 2, 387-406.

Sagarra Císcar, F., *La primera guerra carlina a Catalunya.* B, 1935, 2 v.

Tettamancy Gastón, F., *La revolución gallega de 1846.* La Coruña, 1908, 455.

85.2 DINASTIA CARLISTA

Arjona, E., *Carlos VII y Don Ramón Cabrera.* París, 1875, 368.

Centurión, L. A., *El Conde de Montemolín. Historia de... D. Carlos de Borbón y de Braganza...* M, 1848, 352.

López Sanz, F., *Carlos VII...* Pamplona, 1969, 317.

Melgar, F., *Don Jaime, el Príncipe caballero.* M, 1932, 248.

Ovilo Otero, M., *Don Carlos María Isidro de Borbón. Historia de su vida militar y política... Historia de la guerra civil.* M, 1844, 3 v.

Polo Peyrolón, M., *D. Carlos de Borbón y de Austria-Este. Su vida...* Valencia, 1909, 252.

Ramos Martínez, B., *Memorias y diario de Carlos VII...* M, 1957, 477.

Rodezno, Conde de, *Carlos VII, Duque de Madrid.* M, 1948^{4}, 171.

→ 85.1, Llord; 9.16.

87 ISABEL II

Bermejo, I. A., *La Estafeta en Palacio. Historia del reinado de Isabel II.* M, 1871-2^{2}, 3 v.

Burgos Olmo, J., *Anales del reinado de Doña Isabel II.* M, 1850-1, 6 v.

Luz, P., *Isabel II, Reina de España.* B, 1973^{5}, 248.

Llorca Villaplana, C., *Isabel II y su tiempo.* Alcoy, 1956, 287 + láms.

Moreno Echevarría, J. M., *Isabel II. Biografía de una España en crisis.* B, 1973, 292.

87.1 FAMILIA. CORTE

Cambronero Martínez, C., *Isabel II, íntima. Apuntes histórico-anecdóticos de su vida y de su época.* B, 1908, 352.

Puga, M. T., *El matrimonio de Isabel II.* Pamplona, 1964, 358.

87.2 POLITICA INTERIOR. REGENCIAS

Areilza Martínez, J. M., *Historia de una conspiración romántica.* Bilbao, 1950, 117.

Calvo, I., *El crimen de Don Martín Merino*. RBAM, 1927, 4, 75-82. 6

Comellas García, J. L., *Los moderados en el poder, 1844-1854*. M, 1970, viii+369.

Espina, A., *Espartero*... M, 1949, 229.

Figueroa Torres, A., *Un drama político. Isabel II y Olózaga*. M, 1941, 169.

Flores, A., *Crónica del viaje de SS. MM. y AA. a las Islas Baleares, Cataluña y Aragón en 1860*. M, 1861, 400.

J. M. de V., *Vida militar y política de... Espartero*. Málaga, 1848-9, 6 v.

Kiernam, V. G., *La revolución de 1854 en España*. M, 1970, 318.

Miraflores, Marqués de, *Memorias para... los siete primeros años del reinado de Isabel II*... M, 1843-73, 4 v.

Nido Segalerva, J., *Historia política y parlamentaria de... Espartero*. M, 1916, 833.

Olivar Bertrand, R., *Así cayó Isabel II*. B, 1962^{2}, 436.

Pérez de Guzmán, J., *Las Cortes y los Gobiernos del reinado de... Isabel II*. LEM, 1903, 170, 71-86.

Rada Delgado, J. D., *Viaje de SS. MM. y AA. por Castilla, León, Asturias y Galicia en el verano de 1858*. M, 1860, 866.

Pacheco, J. F., *Historia de la regencia de la Reina Cristina*. M, 1841, 312.

Taxonera, L., *La revolución del 54. Sartorius y su gobierno*. M, 1931, 172.

Villaurrutia, Marqués de, *La Reina Gobernadora Doña María Cristina de Borbón*. M, 1925^{2}, xv+554.

→ 6.85, Pirala; 9.12.

87.4 POLITICA EXTERIOR

Rotondo, A., *Historia ilustrada de la guerra de Africa en 1859 y 1860*. M, 1859-60, 3 v.

Ventosa, E., *Españoles y marroquíes. Historia de la guerra de Africa*. B, 1859-60, 1145.

Vidal Saura, G., *La política exterior de España durante la menor edad de Isabel II*. M, 1929, xiv+390.

88 DE LA REVOLUCION DE 1868 A LA RESTAURACION

Bermejo, I. A., *Historia de la interinidad y guerra civil de España desde 1868*. M, 1875-7, 3 v.

Fernández Almagro, M., *Historia política de la España contemporánea*. M, 1956-9, 2 v.
De 1868 a la minoría de Alfonso XIII.

Lema, Marqués de, *De la Revolución a la Restauración*. M, 1927, 2 v.
Hasta 1907.

Vilarrasa, E. M., y J. I. Gatell, *Historia de la Revolución de Septiembre*... B, 1875, 2 v.

Villalba Hervás, M., ... *De Alcolea a Sagunto*. M, 1899, 425.

Bécker González, J., *España y la Santa Sede. Sus relaciones durante la Revolución*. LEM, 1907, 273, 40-67.

6 Cambronero Martínez, C., *Las Cortes de la Revolución. Contiene las discusiones... desde el 11 de febrero de 1869 hasta el 3 de enero de 1874.* M, s.a., viii+247.

Comellas García, J. L., *Génesis de la revolución del 68.* Atlántida (M), 1968, 6, 531-50.

Dittrich, J., *Bismarck, Frankreich und die spanische Thronkandidatur der Hohenzollern...* Munich, 1962, xv+465.

Fernández Rúa, J. L., *España secreta (1868-1870).* M, 1970, 202.

González, N., *Análisis, concepción y alcance de la revolución de 1868.* RyF, 1968, 851, 333-56, 443-62.

Lehautcourt, P., *Les origines de la guerre de 1870. La candidature Hohenzollern.* París, 1912, xv+665.

Leiva Muñoz, F., *La batalla de Alcolea...* Córdoba, 1879[2], 3 v.

Luz, P., *Los españoles en busca de un Rey.* B, 1948, 187.

→ 10.81, Olivar; 12.15, Martín.

88.3 AMADEO I

Sagrera, A., *Amadeo y María Victoria, Reyes de España* Palma, 1959, 429.

Negrín, I., *Crónica de la expedición a Italia... para... ofrecer la corona de España al Príncipe Amadeo de Saboya.* M, 1871, 176.

Pirala Criado, A., *El Rey en Madrid y en provincias.* M, 1871, 406.

Romanones, Conde de, *Amadeo de Saboya, el Rey efímero. España y los orígenes de la guerra franco-prusiana de 1870.* M, 1940, 257.

Suárez Verdeguer, F., *La Internacional en las Cortes de 1871.* REPol, 1944, 8, 484-92.

88.6 LA PRIMERA REPUBLICA

Comín Colomer, E., *Historia de la primera República.* B, 1956, 591 + láms.

Ferrando Badía, J., *Historia político-parlamentaria de la República de 1873.* M, 1973, 401.

Hennessy, C. A. M., *La República federal en España.* M, 1966, 304.

Romanones, Conde de, *Los cuatro presidentes de la primera República española.* S. Sebastián, 1939, 188.

Catalinas, J. L., y J. Echenagusia, *La primera República. Reformismo y revolución social.* M, 1973, 514.

Coloma, R., *La revolución internacionalista alcoyana de 1873 («El Petrolio»).* Alicante, 1959, 123.

Ferrando Badía, J., *La República de 1873, ocasión revolucionaria...* REPol, 1967, 156, 119-42.

Labra, R. M., *La República y las libertades de Ultramar.* M, 1897, 294.

Lacomba, J. A., *La I República. El trasfondo de una revolución fallida.* M, 1973, 231.

López Domínguez, J., *Memoria y comentarios sobre el sitio de Cartagena.* M, 1877, 378.

Martínez Shaw, C., *El cantón sevillano.* AH, 1972, 170, 1-78.

Olivar Bertrand, R., *Puntualizaciones en torno al 73*. REPol, 1956, 58, 133-57.
Puig Campillo, A., *Historia de la primera República española. El cantón murciano*. Cartagena, 1932, 372.
Valverde, I., *Los cantonales* [Cartagena]. M, 1971, 166.
Valverde, I., *El cantón murciano*. Cartagena, 1973, 138.
→ 22.64, Viler.

88.7 PRESIDENTES

Alberola, G., *Emilio* **Castelar.** *Memorias de un secretario*. M, 1950, 224.
González Araco, M., *Castelar. Su vida y su muerte*. M, 1901, 489.
Llorca Villaplana, C., *Emilio Castelar, precursor de la democracia cristiana*. M, 1966, 388.
Oliver Sanz, E., *Castelar y el período revolucionario español*. M, 1971, 308 + láms.

Caravaca, F., **Pi y Margall.** B, 1935, 192.
Sánchez Pérez, A., *Don Francisco Pi Margall*. Nuestro Tiempo (M), 1902, 2, 57-71, 264-85.
Vera González, E., *Pi Margall y la política contemporánea*. B, 1886, 2 v.

Heredia Soriano, A., *Nicolás* **Salmerón.** *Vida, obra y pensamiento*. Salamanca, 1972, 45.
Llopis Pérez, A., *Historia política y parlamentaria de D. Nicolás Salmerón Alonso*. M, 1915, xv+844.

→ 5.20, **Ruiz Zorrilla.**

89 LA RESTAURACION

Benoist, Ch., *Cánovas del Castillo: La restauration rénovatrice*. París, 1930, iv+400.
Comellas García, J. L., *El sistema político de Cánovas*. REPol, 1960, 64, 105-12.
García Escudero, J. M., *De Cánovas a la República*. M, 1951, 356.
Hidalgo, J., *Ideario histórico de la Restauración española*. Sevilla, 1955, 260.
Izquierdo Hernández, M., *Historia clínica de la Restauración*. M, 1946, xvi+355.
Nogués, E. J. M., *Historia crítica de la Restauración borbónica en España*... B, 1895, 3 v.
Pérez Embid, F., *Los católicos españoles ante la política de la restauración liberal*. NT, 1958, 5, 643-69.

→ 5.20, **Cánovas.**

89.1 ALFONSO XII

Cortés Cavanillas, J., *Alfonso XII, el Rey romántico*. B, 1961, 255.
Gardin du Boisdulier, A., *Alphonse XII et son règne*. Rennes, 1887, iii+150.
Sagrera, A., *La Reina Mercedes*. M, 1951, 363.

6 89.3 REGENCIA DE MARIA CRISTINA DE HABSBURGO

Cortés Cavanillas, J., *María Cristina de Austria.* M, 1961, 200 + láms.
Fernández Almagro, M., *Ultimo gobierno de la regencia de Doña María Cristina.* REPol, 1958, 62, 5-33.
Loyarte Esnal, A., *Biografía de... María Cristina de Habsburgo-Lorena.* S. Sebastián, 1936, 2 v.
Maura Gamazo, G., *La regencia de Doña María Cristina hasta la mayor edad de Don Alfonso XIII.* B, 1926-7, 2 v.
Ortega Rubio, J., *Historia de la regencia de María Cristina de Habsburgo-Lorena.* M, 1905-6, 5 v.
Pirala Criado, A., *España y la regencia. Anales de diez y seis años.* M, 1904-7, 3 v.
Sánchez Ortiz, M., y F. Berástegui, *Las primeras Cámaras de la Regencia. Datos electorales, estadísticos y biográficos.* M, 1886, 568.

89.5 POLITICA EXTERIOR

Alvarez Cabrera, J., *La guerra en Africa.* M, 1893, 191.
Azcárate, P., *La guerra del 98.* M, 1968, 219.
Meléndez Meléndez, L., *Cánovas y la política exterior de España.* M, 1944, 460.
Monedero Ordóñez, D., *Episodios militares del ejército de Africa.* Burgos, 1893[2], 827.
Ordóñez Ortega, M., *Una misión diplomática en la Indo-China.* M, 1882, xxiii+601.
Pabón Suárez, J., *El 98, acontecimiento internacional.* M, 1952, 95.
Salom Costa, J., *España en la Europa de Bismarck. La política exterior de Cánovas.* M, 1967, xiv+434.

→ 7.62, 7.64.

90 SIGLO XX

Almagro San Martín, M., *Biografía del 1900.* M, 1943, 299.
Almagro San Martín, M., *La pequeña historia. Cincuenta años de vida española (1880-1930).* M, 1954, 407 + láms.
Díaz Plaja, F., *La España política del siglo XX en fotografías y documentos.* B, 1972[3], 4 v.
Fragoso del Toro, V., *La España de ayer* [1909-36]. M, 1965, 2 v.
Madariaga Rojo, S., *España. Ensayo de historia contemporánea.* Buenos Aires, 1964[7], 721.
Martínez Cuadrado, M., *Historia de España. La burguesía conservadora (1874-1931).* M, 1973, 592.

91 ALFONSO XIII

Bonmatí de Codecido, F., *Alfonso XIII y su época...* M, 1943-6, 2 v.
Díaz Plaja, F., *España, los años decisivos.* B, 1970[2], 222 + láms.

Fernández Almagro, M., *Historia del reinado de Alfonso XIII*. B, 1933, 610.
Gómez Santos, M., *La Reina Victoria Eugenia, de cerca*. M, 1964, 308 + láms.
Lou, G., *Alfonso XIII*. M, 1972, 250 + láms.
Pétrie, Ch., *Alfonso XIII y su tiempo*. B, 1967, 258.
Pilapil, V. R., *Alfonso XIII*. Nueva York, 1969, 242.
Pilar de Baviera, Princesa, y D. Chapman-Huston, *Alfonso XIII*. B, 1952[2], 325.
Quintanar, Marqués de, *La muerte de Alfonso XIII de España*. M, 1955, 147 + láms.
Sencourt, R., *Alfonso XIII*. B, 1946, 320.
Vallotton, H., *Alfonso XIII*. M, 1945, xvi+222.

91.2 POLITICA INTERIOR

Alfonso XIII, *Habla el Rey. Discursos*. Recop. y notas de J. Gutiérrez Ravé. M, 1955, 375.
Andrés Gallego, J., *Problemas en torno a la Semana Trágica*. Atlántida (M), 1971, 9, 70-9.
Arrillaga, M. M., *Viajes regios y cacerías reales*... M, 1962, 475.
Comín Colomer, E., *Un año turbio, 1917*. M, 1959, 30.
Goicoechea Cosculluela, A., *Problemas del día*. M, 1916, 345.
Olivar Barallat, C., *Datos político-sociales de España (1915-1917)*. CH, 1967, 44, 261-337.
Riera, A., *La Semana Trágica... en Barcelona*. B, 1909, 290 + láms.
Romero Maura, J., *Terrorism in Barcelona and its impact on spanish politics, 1904-1909*. Past and Present (Oxford), 1968, 41, 130-83.
Saborit, A., *La huelga de agosto de 1917*. México, 1967, 183.
Seco Serrano, C., *Alfonso XIII y la crisis de la Restauración*. B, 1969, 190 + láms.
Serrano Rodríguez, P., *Política española. España en 1921*. México, 1922, 111.
Soldevilla, F., *Tres revoluciones*. M, 1917, 240.
Ullman, J. C., *La Semana Trágica*. B, 1972, 693.

→ 9.37, Goicoechea; 15.11, Redondo.

91.3 LA DICTADURA

Aguirre de Cárcer, M., *Glosa del año 23*. M, 1944, 367.
Berenguer Fusté, D., *De la Dictadura a la República*... M, 1946, 417.
Guzmán, E., *1930. Historia política de un año decisivo*. Madrid, 1973, 643.
Maura Gamazo, G., *Al servicio de la Historia. Bosquejo histórico de la Dictadura*. M, 1930, 2 v.
Pemartín Sanjuán, J., *Los valores históricos de la Dictadura española*. M, 1929[2], 696.
Pérez, D., *La Dictadura a través de sus notas oficiosas*. M, 1930, 339.
Villanueva, F., *Obstáculos tradicionales*. M, 1927-30, 3 v.

→ 9.35, Heras.

6 91.5 POLITICA EXTERIOR

Albi, F., *La política del Mediterráneo en la postguerra (1918-1928).* Valencia, 1931, 224.

Alcalá Galiano, A., *España ante el conflicto europeo.* M, 1916^{2}, 285.

Díaz Plaja, F., *Francófilos y germanófilos.* B, 1973, 368.

Limpias, Conde de, *Las alianzas y la política exterior de España a principios de siglo XX.* M, 1914, xv+275.

Mousset, A., *L'Espagne dans la politique mondiale.* París, 1923, 326.

Olivar Bertrand, R., *Repercusiones en España de la Primera Guerra mundial.* Cuadernos de Historia diplomática (Zaragoza), 1956, 3, 3-49.

→ 5.20, **Abd el-Krim.**

91.7 CAIDA DE LA MONARQUIA

Almagro San Martín, M., *Ocaso y fin de un reinado. Los Reyes en el destierro.* M, 1947, 344.

Maura, Duque de, y M. Fernández Almagro, *Por qué cayó Alfonso XIII. Evolución y disolución de los partidos históricos durante su reinado.* M, 1948^{2} xv+545.

Maura Gamazo, M., *Así cayó Alfonso XIII.* México, 1962, 350.

Romanones, Conde de, *... Y sucedió así.* M, 1947^{2} 124.

92 EPOCA CONTEMPORANEA

Seco Serrano, C., *Historia de España... Epoca contemporánea.* B, 1971^{4}, 512.

94 LA SEGUNDA REPUBLICA

Seco Serrano, C., *La bibliografía reciente sobre la II República española.* IHE, 1962, 8, xi-xxv.

Seco Serrano, C., *Los testimonios de primer plano en la crisis española de 1931 a 1939. Acotaciones bibliográficas.* Santander, 1967, 40.

Arrarás Iribarren, J., *Historia de la Segunda República española.* M, 1956-68^{2}, 4 v.

Arrarás Iribarren, J., *Historia de la Segunda República española. Texto abreviado.* M, 1965, 522.

Becarud, J., *La Segunda República española...* M, 1967, 196.

Comín Colomer, E., *Historia secreta de la Segunda República.* M, 1954-5, 2 v.

Fernández Almagro, M., *Historia de la República española.* M, 1940, 224.

Jackson, G., *The spanish Republic and the Civil War, 1931-1939.* Princeton, 1965, 578.

Plá Casadevall, J., *Historia de la Segunda República española.* B, 1940, 4 v.

→ 6.95, Cabanellas.

94.1 ESTUDIOS PARTICULARES

Aguado Sánchez, F., *La revolución de octubre de 1934.* M, 1973, 518.
Balcells, A., *Crisis económica y agitación social en Cataluña de 1930 a 1936.* B, 1971, 205.
Blinkhorn, M., *Carlism and the spanish crisis of the 1930s.* Journal of Contemporary History (Londres), 1972, 7, 65-88.
Carr, R., y otros, *Estudios sobre la República y la Guerra Civil española.* B, 1973, 336.
Cortés Cavanillas, J., *El bienio santo de la II República.* B, 1973, 657.
Cruells, M., *El 6 d'octubre* [1934] *a Catalunya.* B, 1972[2] 262.
García Ceballos, M., *Casas Viejas...* M, 1965, 248 + láms.
Lefranc, G., *El Frente Popular, 1934-1938.* B, 1971, 125.
López Ochoa, G., *Campaña militar de Asturias en octubre de 1934.* M, 1935, 201.
Llano Roza, A., *La revolución en Asturias. Octubre de 1934.* Oviedo, 1935, 213.
Payne, S. G., *La revolución española.* B, 1972, 413.
Peirats, J., *La C. N. T. en la revolución española.* París, 1971, 3 v.
Preston, P., *The spanish Right under the Second Republic...* Reading, 1971, 39.
Ramírez Jiménez, M., *Los grupos de presión en la II República española.* M, 1969, 354.
Robinson, R., *The origins of Franco's Spain. The Right, the Republic and the Revolution (1931-1936).* Newton Abbot, 1970, 475.
Tusell Gómez, J., *La II República en Madrid: elecciones y partidos políticos.* M, 1970, 220.
Tusell Gómez, J., *Las elecciones del Frente Popular en España.* M, 1971, 2 v.

→ 9.38, **Monárquicos.**

94.4 PRESIDENTES

Portillo, E. M., y C. Primelles, *Niceto* **Alcalá Zamora.** M, 1932, 202.

Aguado, E., *Don Manuel* **Azaña Díaz.** B, 1972[2], 399.
Marichal, J., *La vocación de Manuel Azaña.* M, 1971, 279.
Sedwick, F., *The tragedy of Manuel Azaña and the fate of the Spanish Republic.* Columbus, 1963, xvii+296.

94.6 EXILIO

Comín Colomer, E., *La República en el exilio.* B, 1957, 705.
Fernández, A., *Emigración republicana española (1935-1945).* Algorta, 1972, 94.
Pike, D. W., *Vae victis! Los republicanos españoles refugiados en Francia, 1939-1944.* París, 1969, 140.
Smith, L. E., *México and the spanish republicans.* University of California Publications in Political Science, 1955, 4, 165-316.

→ 9.32, Gutiérrez.

6

95 GUERRA CIVIL

Cierva Hoces, R., *Cien libros básicos sobre la Guerra de España.* M, 1966, 348.
Cierva Hoces, R., *Bibliografía general sobre la Guerra de España (1936-1939) y sus antecedentes históricos...* M, 1968, xxxix+729.
Díaz Plaja, F., *La Guerra de España en sus documentos.* B, 1966², 643.
García Durán, J., *Bibliografía de la Guerra Civil española.* Montevideo, 1964, 559.
Perrino, F., *Bibliografía de la Cruzada española.* BDGAB, 1954, 3, supl., 14.

Arrarás Iribarren, J., *Historia de la Cruzada española.* M, 1939-44, 8 v.
Aznar Zubigaray, M., *Historia militar de la Guerra de España.* M, 1958-63³, 3 v.
Brasillach, R., y M. Bardèche, *Historia de la Guerra de España.* Valencia, 1966, 341.
Cabanellas, G., *La Guerra de los mil días. Nacimiento, vida y muerte de la II República española.* México, 1973, 2 v.
Cierva Hoces, R., *Historia ilustrada de la Guerra Civil española.* B, 1973⁶, 2 v.
Cierva Hoces, R., *Historia de la guerra civil española. I, Perspectivas y antecedentes, 1898-1936.* M, 1969, xxx+826.
Cleugh, J., *Furia española. La Guerra de España.* B, 1971³, 232.
Dahms, H. G., *La Guerra española de 1936.* M, 1966, 443.
Díaz de Villegas, J., *Guerra de Liberación.* B, 1957, 402 + láms.
Guerra española, *Crónica de la* ___. Buenos Aires, 1966-8, 5 v.
Payne, R., *The Civil War in Spain.* Londres, 1963, 377.
Roux, G., *La Guerra civil de España.* M, 1964, 358.
Thomas, H., *La Guerra civil española.* París, 1967, xvi+782.

→ 6.94.

95.1 ANTECEDENTES. IDEOLOGIA

Cierva Hoces, R., *Los documentos... de los antecedentes inmediatos del 18 de julio de 1936.* M, 1967, 757.

Alonso Getino, L., y F. M. Castro, *Mártires dominicanos de la Cruzada Española.* Palencia, 1950, xv+396.
Bolloten, B., *El gran engaño.* B, 1961, 412.
Actividad comunista.
Bolín Bidwell, L. A., *España. Los años vitales.* M, 1967², 447.
Borkenau, F., *The spanish Cockpit.* Ann Arbor, 1963, 303.
Brenan, G., *The spanish Labyrinth. An account of the social and political background of the civil war.* Cambridge, 1960³, xxii+384.
Burgo Torres, J., *Requetés en Navarra antes del Alzamiento.* S. Sebastián, 1939, 188.
Burgo Torres, J., *Conspiración y Guerra civil.* M, 1970, 956.
Castro Albarrán, A., *Guerra santa. El sentido católico del Movimiento Nacional español.* Burgos, 1938, 248.

Castro Albarrán, A., *La gran víctima. La Iglesia española, mártir de la revolución roja.* Salamanca, 1940, 290.
Cattell, D. T., *Communism and the spanish civil war.* Berkeley, 1955, xii+290.
García Venero, M., *La Falange en la guerra de España: la unificación y Hedilla.* Burdeos, 1967, xv+501.
García Venero, M., *Historia de la Unificación. Falange y Requeté en 1937.* M, 1970, 260.
Gomá Tomás, I., *Pastorales de la Guerra de España.* M, 1955, 255.
Marañón Posadillo, G., *Liberalismo y comunismo. Reflexiones sobre la revolución española.* PE, 1960, 5, 53-73.
Montero Alonso, J., *Cancionero de la Guerra.* M, 1939, 230. Antología de numerosos autores.
Montero Moreno, A., *Historia de la persecución religiosa en España, 1936-1939.* M, 1961, xl+883.
Palacio Atard, V., y otros, *Aproximación histórica a la Guerra española.* M, 1970, 249.
Pérez de Urbel, J., *Los mártires de la Iglesia. Testigos de su fe.* B, 1956, 374.
Preston, P., *Alfonsist Monarchism and the coming of the Spanish Civil War.* Journal of Contemporary History (Londres), 1972, 7, 89-114.
Valiente Soriano, J. M., *La veta popular del 18 de julio,* en *La Guerra de Liberación...* Zaragoza, 1961, 121-48.

6

95.2 POLITICA INTERNACIONAL. INTERVENCION EXTRANJERA

Alcofar Nassaes, J. L., *«Spansky». Los extranjeros que lucharon en la Guerra civil española.* B, 1973, 385.
Cierva Hoces, R., *Leyenda y tragedias de las Brigadas Internacionales.* M, 1973[2], 204 + láms.
Delpierre de Bayac, J., *Les Brigades Internationales.* París, 1968, 466.
García Arias, L., *La política internacional en torno a la Guerra de España,* en *La Guerra de Liberación...* Zaragoza, 1961, 413-599.
Martínez Bande, J. M., *La intervención comunista en la Guerra de España.* M, 1965, 165.
Martínez Bande, J. M., *Brigadas Internacionales.* B, 1972, 249.
Puzzo, D. A., *Spain and the Great Powers, 1936-1941.* Nueva York, 1962, 296.
Schwartz, F., *La internacionalización de la Guerra civil española...* B, 1972[2], 322.
Taylor, F. J., *The United States and the spanish Civil War.* Nueva York, 1956, 288.

95.3 ESCENARIOS BELICOS

Caballé Clos, T., *Dietario de la Revolución. Barcelona roja.* B, 1939, 269.
Castillo, J., y S. Alvarez, *Barcelona, objetivo cubierto.* B, 1958, 279.
Colodny, R. G., *El asedio de Madrid.* París, 1970, 270.
García Venero, M., *Madrid, julio, 1936.* M, 1973, 587.

6 Gaule, J., *La batalla del Ebro*. M, 1973, 297 + láms.

Lacruz, F., *El Alzamiento, la Revolución y el terror en Barcelona*. B, 1943, xix+307 + láms.

Llarch, J., *La batalla del Ebro*. Valencia, 1972, 202.

Martínez Bande, J. M., *La lucha en torno a Madrid en el invierno de 1936-1937*. M, 1968, 233.

Martínez Bande, J. M., *La marcha sobre Madrid*. M, 1968, 208.

Martínez Bande, J. M., *La campaña de Andalucía*. M, 1969, 242.

Martínez Bande, J. M., *La guerra en el Norte*. M, 1969, 295.

Martínez Bande, J. M., *La invasión de Aragón y el desembarco en Mallorca*. M, 1970, 320 + láms.

Martínez Bande, J. M., *Vizcaya*. M, 1971, 315.

Martínez Bande, J. M., *La ofensiva sobre Segovia y la batalla de Brunete*. M, 1972, 330.

Martínez Bande, J. M., *La gran ofensiva sobre Zaragoza*. M, 1973, 304.

Pamplona, A., *La batalla de Teruel*. M, 1952, 30.

Talón Ortiz, V., *Arde Guernica*. M, 1973^{2}, 400.

95.5 ESTUDIOS PARTICULARES

Alcofar Nassaes, J. L., *Las fuerzas navales en la Guerra civil española*. B, 1971, 163 + láms.

Bastarreche Díez, F., *De nuestra Guerra en el mar*, en *La Guerra de Liberación*... Zaragoza, 1961, 387-411.

Calvo Serer, R., *La literatura universal sobre la Guerra de España*. M, 1962, 74.

Comín Colomer, E., *El comisariado político en la Guerra española de 1936-1939*. M, 1973, 204.

Comín Colomer, E., *El 5º Regimiento de milicias populares*. M, 1973, 331.

Crespo, E., *Alféreces provisionales*. M, 1954, 177.

Dominación roja en España. Causa general instruida por el Ministerio fiscal. M, 1953^{3}, 392.

Fontana Tarrats, J. M., *Los catalanes en la Guerra de España*. M, 1951, 379.

Gomá Orduña, J., *La Guerra en el aire*... B, 1958, 391 + láms.

Hubbard, J. R., *How Franco financed his war*. The Journal of Modern History (Chicago), 1953, 25, 390-406.

Montes, M. J., *La Guerra española en la creación literaria. Ensayo bibliográfico*. M, 1970, 191.

Rojas, C., *Por qué perdimos la Guerra*. B, 1971, 382.

Rojo, V., *España heroica. Diez bocetos de la Guerra española*. México, 1961^{2}, 150.

Salas Larrazábal, J., *La Guerra de España desde el aire*. B, 1969, 540 + láms.

Salas Larrazábal, R., *Historia del ejército popular de la República*. M, 1973, 4 v.

Sevilla Andrés, D., *Historia política de la zona roja*. M, 1962^{2}, 537.

→ 17.03, Bertrand.

96 EL NUEVO ESTADO

Georgel, J., *Le franquisme. Histoire et bilan, 1939-1969.* París, 1970, 399.
París Eguílaz, H., *España contemporánea.* M, 1973, 527.
Conde García, F. J., *Contribución a la teoría del caudillaje.* M, 1942, 56.
Ministros, *Los 90 __ de Franco.* B, 1971³, 384.
Shneidman, J. L., *Spain and Franco, 1949-1959.* Nueva York, 1973, 253.

96.1 POLITICA INTERIOR

Aroca Sardagna, J. M., *Los republicanos que no se exiliaron.* B, 1969, 276.
Cadenas Vicent, V., *Legislación vigente relativa al Príncipe de España.* Hidalguía, 1972, 20, 837-60.
Conde García, F. J., *Representación política y régimen español.* M, 1945, 228.
Cossias, T., *La lucha contra el «maquis» en España.* M, 1956, 221.
Fontana Tarrats, J. M., *Los españoles ante el año 2.000.* M, 1957, 667.
Linz, J. J., *Opposition in and under an authoritarian regime: the case of Spain.* Yale, 1969.
Marrero Suárez, V., *Política española: su estructura y su despegue.* PE, 1962, 78, 67-81; 79, 50-67; 80, 59-73.
Sánchez Agesta, L., *El proceso constituyente de la España nacional,* en *La Guerra de Liberación...* Zaragoza, 1961, 645-67.

→ 9.32.

96.3 POLITICA EXTERIOR

Areilza Martínez, J. M., *Embajadores sobre España.* M, 1947, 273.
Cordero Torres, J. M., *Relaciones exteriores de España...* M, 1954, 346.
Díaz de Villegas, J., *La División Azul en línea.* B, 1967, 237.
Esteban Infantes, E., *La División Azul.* B, 1956, 333.
Feis, H., *The spanish story. Franco and the Nations at war.* Nueva York, 1966, xii+282+vi.
Gaule, J., *España y la segunda Guerra Mundial. El cerco político-diplomático.* M, 1973, 316.
Manera, E., *Las causas del aislacionismo de España.* Política internacional (M), 1953, 14, 9-21.
Río Cisneros, A., *Viraje político español durante la II Guerra Mundial...* M, 1965, 601.

→ 8.73, López.

96.5 FRANCISCO FRANCO

Gárate Córdoba, J. M., *Franco y sus biógrafos.* PE, 1966, 11, 83-9.

Arrarás Iribarren, J., *Franco.* Valladolid, 1939⁷, 316.

6 Cierva Hoces, R., *Francisco Franco*... M, 1972-3, 3 v.

Crozier, B., *Franco. Historia y biografía.* M, 1970, 2 v.

Galinsoga, L., y F. Franco Salgado, ... *Semblanza biográfica de Francisco Franco.* B, 1956, 467.

Hills, G., *Franco, el hombre y su nación.* M, 1970, 480.

Martin, C., *Franco, soldado y estadista.* M, 1966[3], 586.

Salvá Miquel, F., y J. Vicente, *Francisco Franco. Historia de un español.* B, 1959, 319.

7

IMPERIO

7

IMPERIO

00 ESTUDIOS GENERALES

Gregor, J., *Das spanische Welttheater. Weltanschauung, Politik und Kunst im Zeitalter der Habsburger.* Viena, 1937, 536.

Hauser, H., *La prépondérance espagnole (1559-1660).* París, 1933, 594.

Igual Ubeda, A., y J. Subías Galter, *El Imperio español.* B, 1954, 625.

Konetzke, R., *El Imperio español. Orígenes y fundamentos.* M, 1946, 298.

Merriman, R. B., *La formación del Imperio español.* B, 1973, 4 v. Comprende: Edad Media; Reyes Católicos; Carlos I; Felipe II. Se detalla cada v. en el lugar correspondiente.

Randa, A., *El Imperio mundial.* B, 1967, 322 + láms.

Verlinden, Ch., *L'Empire espagnol,* en *Les grandes empires.* Bruselas, 1973, 357-420.

01 LA IDEA IMPERIAL

Arco Garay, R., *La idea del Imperio en la política y la literatura españolas.* M, 1944, 825.

Beneyto Pérez, J., *España y el problema de Europa. Contribución a la historia de la idea del Imperio.* M, 1942, 371.

Cereceda, F., *Origen español de la idea imperial de Carlos V.* RyF, 1942, 126, 239-47.

Elorduy, E., *La idea de Imperio en el pensamiento español y de otros pueblos.* M, 1944, 315.

Fernández Alvarez, M., *Política mundial de Carlos V y Felipe II.* M, 1966, xxx+329.

López Ortiz, J., *Las ideas imperialistas en el medievo español.* Escorial, 1942, 6, 43-69.

Maura, Duque de, *El designio imperial de Felipe II.* O Instituto (Coimbra), 1940, 96, 374-93.

Menéndez Pidal, R., *Un imperio de paz cristiana,* en HE, 1966, XVIII, ix-lxii.

Menéndez Pidal, R., *Idea imperial de Carlos V.* M, 1971[6], 9-35.

7 Parry, J. G., *The Spanish Theory of Empire in the Sixteenth Century.* Cambridge, 1940, vi+75.

Tovar Llorente, A., *La idea española del Imperio en la historia y en el presente.* Ensayos y estudios (Bonn), 1940, 2, 121-38.

Tovar Llorente, A., *El Imperio de España.* M, 1941[4], 177.

Viñas Mey, C., *Imperio y Estado en la España del siglo de Oro.* RUM, 1940, 1, 87-112.

→ 8.79, Fontán.

02 CUESTIONES ETICAS Y JURIDICAS

Andrés Marcos, T., *Vitoria y Carlos V en la soberanía hispanoamericana.* Salamanca, 1942, 74.

Armas Medina, F., *Directrices ideológicas y jurídicas de la conquista americana.* EAm, 1957, 14, 205-24.

Bataillon, M., y A. Saint-Lu, *Las Casas et la défense des Indiens.* París, 1970, 285.

Carro, V., *La teología y los teólogos juristas españoles ante la conquista de América.* Salamanca, 1951[2], xiv+710.

Carro, V., *Bartolomé de las Casas y las controversias teológico-jurídicas de Indias.* BRAH, 1953, 132, 231-68.

Castañeda, P., *La teocracia pontificia en la Junta de Burgos de 1512.* SV, 1965, 13, 342-56.

García Gallo, A., *Las bulas de Alejandro VI y el ordenamiento jurídico de la expansión portuguesa y castellana en Africa e Indias.* AHDE, 1958, 28, 461-829.
También, M, 1958, 369.

García Gallo, A., *Las Indias en el reinado de Felipe II. La solución del problema de los justos títulos,* en *Colonización española en América.* M, 1961, 95-136.

Gayo Aragón, J., *Ideas jurídico-teológicas de los religiosos de Filipinas en el siglo XVI sobre la conquista de las Islas.* Manila, 1950, 243.

Giménez Fernández, M., *Las bulas alejandrinas de 1493 referentes a las Indias.* Sevilla, 1944, xvi+258.

Hanke, L., *La lucha española por la justicia en la conquista de América.* M, 1967[2], 335.

Hanke, L., *Estudios sobre fray Bartolomé de las Casas y sobre la lucha por la justicia en la conquista española de América.* Caracas, 1968, 432.

Höffner, J., *La ética colonial española del siglo de Oro. Cristianismo y dignidad humana.* M, 1957, xxxiv+573.

Levene, R., *Las Indias no eran colonias.* M, 1973[3], 174.

Loreto Arismendi, J., *Justificación ética de la conquista.* Arbor, 1956, 35, 427-37.

Manzano Manzano, J., *Los justos títulos de la dominación castellana en Indias.* REPol, 1942, 4, 267-309.

Manzano Manzano, J., *La incorporación de las Indias a la Corona de Castilla.* M, 1948, xii+356.

Manzano Manzano, J., *La adquisición de las Indias por los Reyes Católicos y su incorporación a los Reinos castellanos.* AHDE, 1952, 22, 5-170.

Menéndez Pidal, R., *La conquête de Pérou: Vitoria, Las Casas et l'Inca Garcilaso.* L'Information historique (París), 1965, 27, 93-8.

Mónica, M., *La gran controversia del siglo XVI acerca del dominio español sobre América.* M, 1952, 332.

Morales Padrón, F., *Descubrimiento y toma de posesión.* AEAm, 1955, 12, 321-80.

Phelan, J. L., *Some ideological aspects of the conquest of the Philippines.* The Americas (Washington), 1957, 13, 221-40.

Sierra, V. D., *En torno a las bulas alejandrinas de 1493.* MH, 1953, 10, 73-122.

Truyol Serra, A., *Die spanische Kolonialethik im Goldenen Zeitalter.* Saeculum (Friburgo), 1952, 3, 388-401.

Vázquez Franco, G., *La conquista justificada: los justos títulos de España en Indias.* Montevideo, 1968, 125.

Zavala, S., *La defensa de los derechos del hombre en América latina (siglos XVI-XVIII).* París, 1963, 63.

Zavala, S., *Los títulos de posesión a las Indias Occidentales.* Memorias del Colegio Nacional (Méjico), 1968, 6, 135-220.

04 LA ACCION CIVILIZADORA Y SU SENTIDO. TRASCULTURACION

Foster, G. M., *Cultura y conquista: la herencia española de América.* Xalapa, 1962, 470.

García Mercadal, J., *Lo que España llevó a América.* M, 1959, 199.

Gibson, Ch., *Spain in America.* Nueva York, 1967, xiv+239.

Pereyra, C., *La obra de España en América.* M, 1930[2], 331.

Pérez Embid, F., y F. Morales Padrón, *Acción de España en América.* B, 1958, 305.

Sierra, V., *Así se hizo América.* M, 1955, 463.

Tudela de la Orden, J., y otros, *El legado de España a América.* M, 1954, 2 v.

Borges, P., *El sentido trascendente del descubrimiento y conversión de Indias.* MH, 1956, 13, 141-77.

Cárcer Disdier, M., *Apuntes para la historia de la trasculturación indoespañola.* Méjico, 1953, 500.

Carro, V. D., *España en América... Sin leyendas.* M, 1963, 259.

Delgado Martín, J., *La cultura en la colonización de América.* Bolívar (Bogotá), 1960, 13, 33-51.

Malbrán, M. E., *Sentido permanente de España en Iberoamérica.* RJunta de estudios históricos (Mendoza), 1972, 1, 33-41.

Manzano Manzano, J., *Sentido misional de la empresa de las Indias.* REPol, 1941, 1, 103-20.

Menéndez Pidal, R., *¿Codicia insaciable? Ilustres hazañas.* Escorial, 1940, 1, 21-35.

Pereña Vicente, L., *Misión de España en América, 1540-1560.* M, 1956, 320.

7 Rodríguez Casado, V., *El problema del éxito o del fracaso de la colonización española.* Arbor, 1944, 2, 322-37.

Rodríguez Prampolini, I., *Amadises de América. La hazaña de Indias como empresa caballeresca.* México, 1948, 167.

Sierra, V. D., *El sentido misional de la conquista de América.* Buenos Aires, 1944, 404.

Tovar Llorente, A., *L'incorporation du Nouveau Monde à la culture occidentale.* CHM, 1961, 6, 833-56.

→ 4.11.

06 EUROPA

Beneyto Pérez, J., *La administración de los territorios europeos durante el predominio español.* REVL, 1944, 18, 877-911.

Chudoba, B., *España y el Imperio.* M, 1963, 466.

07 ITALIA

Arce Fernández, J., *España en Cerdeña. Aportación cultural y testimonios de su influjo.* M, 1960, 509 + láms.

Cazzamini Mussi, F., *Milano durante la dominazione spagnola, 1525-1706.* Milán, 1947, 877.

Coniglio, G., *Il Regno di Napoli al tempo di Carlo V...* Nápoles, 1951, viii+290.

Coniglio, G., *I Vicerè spagnoli di Napoli.* Nápoles, 1967, 398 + láms.

Elías de Tejada, F., *Nápoles hispánico.* Sevilla, 1958-64, 5 v.

Elías de Tejada, F., *Cerdeña hispánica.* Sevilla, 1970, 276.

Formentini, M., *La dominazione spagnuola in Lombardia.* Milán, 1881, 515.

Giunta, F., *Sicilia spagnola.* Vicenza, 1961, 119.

March, J. M., *El Comendador Mayor de Castilla, Don Luis de Requesens, en el gobierno de Milán (1571-1573).* M, 1943, 413.

Marini, L., *La Spagna in Italia nell'età di Carlos V.* Bolonia, 1961, 128+xlvi.

Mateu Ibars, J., *Los virreyes de Cerdeña. Fuentes para su estudio.* Padua, 1964-8, 2 v.

Nicolini, F., *Aspetti della vita italo spagnuola nel cinque e seicento.* Nápoles, 1934.

Titone, V., *La Sicilia spagnuola.* Mazara, 1948, 248.

Valentini, R., *Gli ultimi rè aragonesi ed i primi castigliani in Malta.* Archivio Storico di Malta, 1936-7, 7, 405-47; 8, 72-101.

Villari, R., *La rivolta antispagnola a Napoli. Le origini (1585-1647).* Bari, 1967, 312.

→ 4.12, Italia.

08 PAISES BAJOS

Barado Font, F., *Dominación y guerras de España en los Países Bajos.* M, 1902, 90.

Barado Font, F., *Sitio de Amberes en 1584-1585, con el principio y fin que tuvo la dominación española en los Países Bajos.* M, 1891, 431. 7

Roco de Campofrío, J., *España en Flandes.* M, 1973, 400.

Barado Font, F., *D. Luis de Requesens y la política española en los Países Bajos.* M, 1906, 156.

Geyl, P., *The revolt of the Netherlands (1559-1609). The Netherlands divided (1609-1648).* Londres, 1932-6, 2 v.

Gossart, E., *L'établissement du régime espagnol dans les Pays-Bas et l'insurrection.* Bruselas, 1905, 331.

Gossart, E., *Espagnols et Flamands au XVIe. siècle. La domination espagnole dans les Pays-Bas à la fin du règne de Philippe II (1572-1598).* Bruselas, 1906, 303.

Gossart, E., *Les espagnols en Flandre. Histoire et poésie.* Bruselas, 1914, 330.

Lefevre, J., *La compénétration hispano-belge aux Pays-Bas catholiques pendant le XVIIe. siècle.* RBPhH, 1937, 16, 599-621.

Parker, G., *The Army of Flanders and the Spanish Road, 1567-1659.* Cambridge, 1972, 303.

Pasture, A., *La restauration religieuse aux Pays-Bas catholiques sous les Archiducs Albert et Isabelle (1596-1633).* Lovaina, 1925, xxxi+377.

Van Kalken, F., *La fin du régime espagnol aux Pays-Bas...* Bruselas, 1907, 291.

Voltes Bou, P., *Iglesia y Estado en el epílogo de la dominación española en Flandes.* HS, 1957, 10, 91-118.

09 OTROS TERRITORIOS EUROPEOS

Cano Gardoqui, J. L., *La cuestión de Saluzzo en las comunicaciones del Imperio español (1588-1601).* Valladolid, 1962, 264.

Ezquerra, R., *El Franco Condado en el siglo XVI.* Hispania, 1946, 6, 339-82.

Marrades, P., *El camino del Imperio... La cuestión de la Valtelina...* M, 1943, 198.

Saige, G., *Le protectorat espagnol à Monaco. Ses origines et les causes de sa rupture.* Mónaco, 1885, 170.

10 AMERICA: BIBLIOGRAFIA

Alcina Franch, J., y J. Palop Martínez, *América en la época de Carlos V. Aportación a la bibliografía de este período desde 1900.* M, 1958, 236.

Alcina Franch, J., y J. Palop Martínez, *América en la época de los Austrias. Aportación a la bibliografía de este período desde 1900.* M, 1962, 295.

Alcina Franch, J., y otros, *Bibliografía americanista española, 1935-1963.* Sevilla, 1964, xxiii+565.

Bosch García, C., *Guía de instituciones que cultivan la historia de América.* México, 1949, 231.

7 Céspedes, G., *Estudios sobre Hispanoamérica en Europa y en Estados Unidos.* IHE, 1958, 4, xi+xxxii.

Geoghegan, A. R., *Obras de referencia de América latina. Repertorio selectivo y anotado de enciclopedias, diccionarios, bibliografías...* Buenos Aires, 1965, xxiii+280.

Griffin, Ch. C., *Latin America. A Guide to the historical literature.* Austin, 1971, xxx+700.

Guía de fuentes para la historia de Iberoamérica conservadas en España. M, 1966-9, 2 v.

Handbook of Latin American Studies. A selective and annotated guide... Gainesville (USA), 1935-.

Publicado anualmente por la Universidad de Florida. En v. 30, 1968, índice de 1935-66. Dividido actualmente en dos series: v. 31, 1969, *Social Sciences;* v. 32, 1970, *Humanities.*

Humphreys, R. A., *Latin American History. A guide to the Literature in English.* Londres, 1958, xiii+197.

Keniston, H., *List of works for the study of hispanic-american history.* Nueva York, 1920, 449.

Rodríguez Vicente, E., *Los instrumentos de información bibliográfica para la historia de América: esquema de sistematización.* IHE, 1966, 12, xi-xxiii.

Sabin, J., y otros, *A Dictionary of books relating to America from its Discovery to the present time.* Nueva York, 1868-1936, 26 v.

Sable, M. H., *Master directory for Latin America.* Los Angeles, 1965, xxi+438.

Sable, M. H., *Guide to Latin American Studies.* Los Angeles, 1967, 2 v.

Wilgus, A. C., *Histories and historians of Hispanic America.* Nueva York, 1965, xii+144.

Zimmerman, I., *A guide to current Latin American Periodicals. Humanities and Social Sciences.* Gainesville, 1961, 357.

→ 3.01.

11 ESTUDIOS GENERALES

Ballesteros Gaibrois, M., *Historia de América.* M, 1962, 634.

Davis, H. E., *History of Latin America.* Nueva York, 1968, xiii+784.

Delgado Martín, J., *Introducción a la historia de América.* M, 1957, 190.

Hanke, L., y otros, *History of Latin American Civilization. Sources and interpretations.* Boston, 1967, 2 v.

Haring, C. H., *El imperio hispánico en América.* Buenos Aires, 1958, 441.

Hernández Sánchez, M., *Historia universal de América.* M, 1962-3, 2 v.

Herring, H., *A History of Latin American from the beginnings to the present.* Nueva York, 1961[2], xxii+845+xxiv.

Levene, R., y otros, *Historia de America.* Buenos Aires, 1948, 14 v.

Madariaga Rojo, S., *Cuadro histórico de las Indias.* Buenos Aires, 1945, 1044.

Martin, M. R., y G. H. Lovett, *An Encyclopedia of Latin American History*. Nueva York, 1956, v+392. 7

Morales Padrón, F., *Historia general de América*. M, 1962, 797 + láms.

Morales Padrón, F., *Historia de Hispanoamérica*. Sevilla, 1972, 487.

Pereyra, C., *Historia de América española*. M, 1920-6, 8 v.

Pereyra, C., *Breve historia de América*. México, 1969[5], 681.

Ramos, J. A., *Historia de la nación latinoamericana*. Buenos Aires, 1968, 601.

Rodríguez Lapuente, M., *Historia de Iberoamérica*. B, 1968, 678 + láms.

Sánchez, L. A., *Breve historia de América*. Buenos Aires, 1965, 510.

Sánchez, L. A., *Historia general de América*. M, 1972[10], 3 v.

Thomas, A. B., *Latin American. A History*. Nueva York, 1956, xii+801.

Vergara Martín, G. M., *Apuntes para la formación de una cronología americana*. M, 1927, 240.

12 EL MEDIO FISICO

Ballesteros Gaibrois, M., *América en los grandes viajes*. M, 1957-1962, 4 v.

Bosque Maurel, J., *Geografía de América*. Granada, 1950, 391.

Gerhard, P., *A guide to the historical Geography of New Spain*. Cambridge, 1972, ix+476.

Gottmann, J., *América*. B, 1966, xii+415 + láms.

Kaplan Cojano, O., *Geografía de las Américas y Antártida*. Santiago de Chile, 1972, 324.

Ogrizek, D., *América del Sur*. M, 1959-60, 2 v.

Schmieder, O., *Geografía de América latina*. México, 1965, 645.

Shanahan, E. W., *América del Sur. Geografía económica y regional*. B, 1958, 660.

13 AMERICA PREHISPANICA

Alcina Franch, J., *Nueva cronología de la América primitiva*. RI, 1951, 11, 733-49.

Bosch Gimpera, P., *L'Amérique avant Christopher Colomb*. París, 1967, 237.

Canals Frau, S., *Las civilizaciones prehispánicas de América*. Buenos Aires, 1955, 647.

Disselhoff, H. D., *Las grandes civilizaciones de la América antigua*. B, 1967, 367.

Pericot García, L., *América indígena*. B, 1962[2], xxiv+1182.

La raíces de América. M, 1968, 561.
Miscelánea por varios autores.

Sanders, W., *Prehistoria del Nuevo Mundo*. B, 1973, 198.

Schobinger, J., *Prehistoria de Suramérica*. B, 1969, 296 + láms.

Trimborn, H., *La América precolombina*. M, 1965, 275 + láms.

7 14 SOCIEDAD. CULTURA. ECONOMIA

Comas, J., *Bibliografía selectiva de las culturas indígenas de América*. Méjico, 1953, xxviii+292.

Aguilera, M., *La antropofagia de las tribus americanas*. BolHistoria y Antigüedades (Bogotá), 1937, 24, 162-85.
Alcina Franch, J., *La historia indígena de América como un proceso*. AEAm, 1966, 23, 445-77.
Alcina Franch, J., *Origen trasatlántico de la cultura indígena de América*. REspañola de Antropología americana (M), 1969, 4, 9-64.
Bosch García, C., *La esclavitud prehispánica entre los aztecas*. México, 1944, 117.
Caso, A., *Los calendarios prehispánicos*. México, 1967, x+266.
Pérez Barradas, J., *Los médicos brujos en los pueblos aborígenes americanos*. BRAH, 1950, 127, 253-306.
Rivet, P., y H. Arsandaux, *La metallurgie en Amérique précolombienne*. París, 1946, 254.
Uzcategui Mendoza, N., *Contribución al estudio de la masticación de la coca*. RColombiana de Antropología (Bogotá), 1954, 3, 207-89.
Vellard, J., *Causas biológicas de la desaparición de los indios americanos*. BolInst Riva Agüero (Lima), 1955, 2, 77-93.

→ 7.38, Konetzke.

15 LITERATURA

Alcina Franch, J., *Floresta literaria de la América indígena. Antología de la literatura de los pueblos indígenas de América*. M, 1957, 428.
Garibay, A. M., *La literatura de los aztecas*. México, 1964, 142.
Lara, J., *La literatura quechua*, en HGLH, 1953, IV, 1, 319-48.
Monterde, F., *Poesía indígena mexicana*, en HGLH, 1953, IV, 1, 353-9.
Sodi, D., *La literatura de los mayas*. México, 1964, 155.
Yáñez, A., *Mitos indígenas*. México, 1942, 201.

16 ARQUEOLOGIA. ARTE

Alcina Franch, J., *Bibliografía básica de arqueología americana*. Sevilla, 1960, 124.

Alcina Franch, J., *Manual de arqueología americana*. M, 1965, xx+821 + láms.
Willey, G. R., *An introduction to American Archaeology. II, South America*. Englewood, 1971, xiv+559.

Bounoure, V., *Pintura americana* [india]. M, 1969, 207 + láms.
Gendrop, P., *Arte prehispánico en Mesoamérica*. México, 1970, xvi+294 + láms.
Pérez de Barradas, J., *El arte rupestre en Colombia*. M, 1941, 248 + láms.
Pérez de Barradas, J., *Orfebrería prehispánica de Colombia*. M, 1954-8, 4 v.
Pijoán, J., *Arte precolombino mejicano y maya*. M, 1946, 609 + láms.
→ 7.58.

17 PUEBLOS Y AREAS 7

Canals Frau, S., *Poblaciones indígenas de la Argentina.* Buenos Aires, 1953, 374.
Capdevila, A., *Los incas.* B, 1954^{3}, 178 + láms.
Espinosa, L., *Contribuciones lingüísticas y etnográficas sobre algunos pueblos indígenas del Amazonas peruano.* M, 1955, 602.
García Payón, J., *Prehistoria de Mesoamérica.* México, 1966, 204.
Girard, R., *Los mayas. Su civilización, su historia, sus vinculaciones continentales.* México, 1966, 507.
Huber, S., *El imperio inca.* B, 1961, 292 + láms.
Katz, F., *Situación social y económica de los aztecas durante los siglos XV y XVI.* México, 1966, 208.
Kauffmann Doig, F., *Arqueología peruana. Visión integral.* Lima, 1971, 615.
Krickeberg, W., *Las antiguas culturas mexicanas.* México, 1964^{2}, 476 + láms.
Leanning, E. P., *Peru before the Incas.* Englewood Cliffs, 1967, 216.
Levillier, R., *Los incas.* Sevilla, 1956, 259.
Mariluz Urquijo, J. M., *Los guaraníes después de la expulsión de los jesuitas.* EAm, 1953, 6, 323-30.
Mason, J. A., *Las antiguas culturas del Perú.* México, 1962, 316 + láms.
Moreno, M., *La organización política y social de los aztecas.* México, 1962^{2}, 151.
Morley, S. G., *The ancient Maya.* Stanford, 1956^{3}, x+494.
Pichardo Moya, F., *Los aborígenes de las Antillas.* México, 1956, 140.
Piña Chan, R., *Una visión del México prehispánico.* México, 1967, 339 + láms.
Soustelle, J., *Les aztéques.* París, 1970, 124.
Vaillant, G. C., *La civilización azteca.* México, 1966^{4}, 320.
Velázquez, M. C., *Los indios flecheros.* Historia mexicana (México), 1963, 50, 235-43.
Willard, Th. A., *The lost Empire of the Itzaes and Mayas.* Glendale, 1933, 449.
Wiener, L., *Mayan and Mexican Origins.* Cambridge, 1926, xxvii+204.

20 DESCUBRIMIENTO Y CONQUISTA DE AMERICA: ESTUDIOS GENERALES

Descola, J., *Los conquistadores del Imperio español.* B, 1957, 408.
Díaz Trechuelo, M. L., *Navegantes y conquistadores vascos.* M, 1965, 146 + láms.
Fernández de Navarrete, M., *Colección de los viajes y descubrimientos que hicieron por mar los españoles desde fines del siglo XV...* M, 1825-37, 5 v.
También, M, 1954-5, 3 v.
Konetzke, R., *Descubridores y conquistadores de América. De Cristóbal Colón a Hernán Cortés.* M, 1968, 262.
Lummis, C. F., *Los exploradores españoles del siglo XVI. Vindicación de la acción colonizadora de España en América* [1893]. M, 1968^{5}, 228.

7 Majó Framis, R., *Vidas de los navegantes, conquistadores y colonizadores españoles de los siglos XVI, XVII y XVIII.* M, 1965[5] 3 v.

Morales Padrón, F., *Historia del descubrimiento y conquista de América.* M, 1973[3], 613.

Pereyra, C., *La conquista de las rutas oceánicas.* M, 1923, 300.

Ramos Pérez, D., *Historia de la colonización española en América.* M, 1947, xxviii+548.

Vicens Vives, J., *Rumbos oceánicos. Los navegantes hispanos.* B, 1946, 386.

21 ESTUDIOS PARTICULARES

Aguilera, M., *Los caballos de los conquistadores.* BolHistoria y Antigüedades (Bogotá), 1939, 26, 836-62.

Buen, R., *La oceanografía y el descubrimiento de América.* RGuatemala, 1946, 2, 139-60.

Etayo, C., *Naos y carabelas de los descubrimientos y las naves de Colón.* Pamplona, 1971, 262.

García Franco, S., *Cómo navegaban los descubridores.* BRSG, 1948, 84, 336-67.

Hernández Sánchez, J., *Influencia de los libros de caballerías sobre el conquistador* EAm, 1960, 19, 235-56.

León Portilla, M., *Visión de los vencidos. Relaciones indígenas.* México, 1969[4], xxx+215.

Martínez Martínez, F., *El descubrimiento de América y las joyas de la Reina Isabel.* Valencia, 1916, 126.

Pérez Embid, F., *Los descubrimientos en el Atlántico y la rivalidad castellano-portuguesa hasta el tratado de Tordesillas.* Sevilla, 1948, 320 + láms.

Pérez de Tudela, J., *Castilla ante los comienzos de la colonización de las Indias.* RI, 1955, 15, 11-88.

Rey Pastor, J., *La ciencia y la técnica en el descubrimiento de América.* Buenos Aires, 1942, 176.

Rico Estasen, J., *Fray Diego de Deza y su intervención en el descubrimiento de América.* Valladolid, 1927, 218.

Riquelme Solar, J., *Los médicos que acompañaron a Colón en el descubrimiento de América.* AIHM, 1957, 9, 477-80.

Rumeu de Armas, A., *La Rábida y el descubrimiento de América. Colón, Marchena y Fray Juan Pérez.* M, 1968, 176.

Salas, A. M., *Los caballos en la conquista de América.* Logos (Buenos Aires), 1945, 7, 49-77.

Samayoa Chinchilla, C., *Causas que más influyeron en las derrotas de los ejércitos indígenas durante las guerras de conquista.* EAm, 1959, 18, 245-60.

Valverde, A. L., *Leyendas de América. Las joyas de la Reina Isabel...* BIIH, 1926, 5, 12-21.

Watchel, N., *La vision des vaincus. Les Indiens du Pérou devant la conquête espagnole, 1530-1570.* París, 1971, 395 + láms.

→ 7.49.3, 7.53, Leonard.

22 CRISTOBAL COLON Y EL DESCUBRIMIENTO DE AMERICA 7

Bibliografía colombina. Enumeración de libros y documentos concernientes a... Colón y sus viajes. M, 1892, x+678.

Ballesteros Beretta, A., *Cristóbal Colón y el descubrimiento de América.* B, 1945, 2 v.

Madariaga Rojo, S., *Vida de... Cristóbal Colón.* Buenos Aires, 1940, 657.

Verlinden, Ch., y F. Pérez Embid, *Cristóbal Colón y el descubrimiento de América.* M, 1967, 215 + láms.

Cuartero Huerta, B., *La prueba plena... de la autenticidad de los restos de Colón. Revisión histórica.* M, 1963, 307 + láms.

Giménez Fernández, M., *Dos ensayos polémicos sobre los restos de Cristóbal Colón en Sevilla.* Sevilla, 1954, 36 + 176.

Incháustegui Cabral, J. M., *Francisco de Bobadilla. Tres homónimos y un enigma colombino descifrado.* M, 1964, 684.

Lollis, C., *Cristoforo Colombo nella legenda e nella storia.* Milán, 1931, xxvi+425.

Manzano Manzano, J., *Cristóbal Colón. Siete años decisivos de su vida, 1485-1492.* M, 1964, 530.

Manzano Manzano, J., *Colón descubrió América del Sur en 1494.* Caracas, 1972, xxiv+493.

Martínez Hidalgo, J. M., *Las naves de Colón.* B, 1969, 220 + láms.

Studi Colombiani... Convegno internazionale... Génova, 1952, 3 v.

→ 7.21, Rumeu.

23 DESCUBRIDORES Y CONQUISTADORES INDIVIDUALES

Silva Lazaeta, L., *El conquistador Francisco de* **Aguirre**. Santiago de Chile, 1953, 492.

Arteche, J., *Lope de* **Aguirre**, *traidor...* San Sebastián, 1951, 297.

Jos, E., *Ciencia y osadía sobre Lope de Aguirre el Peregrino.* Sevilla, 1950, xii+168 + láms.

Ramos Pérez, D., *Lope de Aguirre en Cartagena de Indias y su primera rebelión.* RI, 1958, 18, 511-40.

→ **Ursúa.**

Alvarez O., G., **Almagro** *y sus compañeros.* Valparaíso, 1936, 105.

Mellafé, R., y S. Villalobos, *Diego de Almagro.* Santiago de Chile, 1954, xvi+156.

→ 7.24, Ramón.

Barón Castro, R., *Pedro de* **Alvarado.** M, 1943, 158.

Morales Padrón, F., *Pedro de Alvarado.* M, 1955, 30.

Recinos, A., *Pedro de Alvarado, conquistador de México y Guatemala.* México, 1952, 263.

Jijón Caamaño, J., *Sebastián de* **Benalcázar.** Quito, 1936-8, 2 v.

7 Beazley, Ch. R., *John and Sebastian* **Cabot.** *The discovery of North America.* Londres, 1898, xx+311.

García, C., *Francisco* **Carvajal...** M, 1953, 445.

Jerez, J., *Hernán* **Cortés.** M, 1972, 252.
Madariaga Rojo, S., *Hernán Cortés.* Buenos Aires, 1945^{3}, 750.
Medina, J. T., *Ensayo bio-bibliográfico sobre Hernán Cortés.* Santiago de Chile, 1952, cviii+243.
Pereyra, C., *Hernán Cortés.* México, 1971, xliii+195.
Soler Jardón, F., *Notas sobre la leyenda del incendio de las naves.* RI, 1948, 9, 537-59.
Valle, R. H., *Bibliografía de Hernán Cortés.* México, 1953, 269.
Vasconcelos, J., *Hernán Cortés, creador de la nacionalidad.* México, 1944^{2}, 192.
White, J. M., *Hernán Cortés.* B, 1973, 368.
→ 14.33, Iglesia.

Andresco, V., *Juan de la* **Cosa.** M, 1944, 192.
Ballesteros Beretta, A., *La marina cántabra y Juan de la Cosa.* Santander, 1954, xiii+429 + láms.

Sanabria, H., *Ñuflo de* **Chaves.** *El caballero andante de la selva.* La Paz, 1966, 317.

Garay, J. → 7.66, Buenos Aires.

Arciniegas, G., **Jiménez de Quesada.** Bogotá, 1939, 347.
Friede, J., *Gonzalo Jiménez de Quesada a través de documentos históricos.* Bogotá, 1960, 398.

Lafuente Machain, R., *El Gobernador Domingo* **Martínez de Irala.** Buenos Aires, s.a., xii+562.

Mendoza, P. → 7.66, Buenos Aires.

Bayle Prieto, C., *Pedro* **Menéndez de Avilés.** M, 1928, 153.

Cabal, J., **[Núñez de] Balboa,** *descubridor del Pacífico.* B, 1943, 220.
Romoli, K., *Vasco Núñez de Balboa, descubridor del Pacífico.* M, 1967^{2}, 438.

Majó Framis, R., *Alvar* **Núñez Cabeza de Vaca.** M, 1950, 227.
Urdampilleta, A., *Andanzas y desventuras de Alvar Núñez Cabeza de Vaca.* M, 1949, 172.

Anderson, G., *Alonso de* **Ojeda:** *su primer viaje de exploración.* RI, 1960, 20, 13-64.
Seco Serrano, C., *Algunos datos definitivos sobre el viaje Hojeda-Vespucio.* RI, 1955, 15, 89-107.

Hammond, G. P., y A. Rey, *Don Juan de* **Oñate,** *colonizer of New Mexico.* Albuquerque, 1953, 2 v.

García, C., *Vida del Comendador Diego* **Ordaz,** *descubridor del Orinoco.* México, 1952, 348.
Pérez Embid, F., *Diego de Ordás, compañero de Cortés y explorador del Orinoco.* Sevilla, 1950, 145.

Jos, E., *La expedición de* **Orellana** *y sus problemas históricos.* RI, 1942, 3, 661-709; 1943, 4, 5-42, 255-303, 479-526. **7**

Millar, G. R., *Orellana descubre el Amazonas.* Santiago de Chile, 1957, 316.

Lamb, U., *Fray Nicolás de* **Ovando,** *gobernador de las Indias (1501-1509).* M, 1956, 249.

Alvarez Rubiano, P., **Pedrarias** *Dávila...* M, 1944, 729.

Majó Framis, R., *Los* **Pinzones.** M, 1947, 157.

Ballesteros Gaibrois, M., *Francisco* **Pizarro.** Segovia, 1940, 312.

Busto Duthurburu, J. A., *Francisco Pizarro, el marqués gobernador.* M, 1966, 281.

Cardenal Iracheta, M., *Vida de Gonzalo* **Pizarro.** M, 1953, 127.

Ballesteros Gaibrois, M., *La idea colonial de* **Ponce de León.** San Juan de Puerto Rico, 1960, 292.

Murga Sanz, V., *Juan Ponce de León.* Río Piedras, 1971, 386.

Gardiner, C. H., *The constant captain: Gonzalo de* **Sandoval.** Carbondale, 1961, ix+221.

Landín Carrasco, A., *Vida y viajes de Pedro* **Sarmiento de Gamboa.** Burgos, 1945, 307.

Morales, E., *Sarmiento de Gamboa...* B, 1932, 288.

→ 5.20, **Cieza.**

Albornoz, M., *Hernando de* **Soto.** M, 1971, 349.

Bayle Prieto, C., *Hernando de Soto.* M, s.a., 159.

Muñoz San Pedro, M., *Hernando de Soto, paladín de Florida y descubridor del Mississipí.* M, 1954, 67.

Campo Jesús, L., *Pedro de* **Ursúa.** Pamplona, 1970, 32 + láms.

Jos, E., *La expedición de Ursúa al Dorado y la rebelión de Lope de Aguirre...* Huesca, 1927, xv+296.

Arciniega, R., *Don Pedro de* **Valdivia,** *conquistador de Chile.* Santiago de Chile, 1943, 464.

Carmona, M. E., *Pedro de Valdivia, un español de Chile.* B, 1962, 266.

Manzano Garías, A., *Pedro de Valdivia, interrogantes de su biografía.* REE, 1954, 10, 3-191.

Meléndez, C., *Juan* **Vázquez de Coronado,** *conquistador y fundador de Costa Rica.* S. José, 1972[2], 183.

Urbano Pérez, V., *Juan Vázquez de Coronado y su ética en la conquista de Costa Rica.* M, 1968, 317.

→ 7.24.

24 AREAS REGIONALES

Altolaguirre Duvale, A., *Descubrimiento y conquista de México.* B, 1954, xii+448.

Ballesteros Gaibrois, M., *Descubrimiento y conquista del Perú.* B, 1963, viii+483 + láms.

7 Beaglehole, J. C., *The exploration of the Pacific.* Londres, 1934, xv+411.

Bolton, H. E., *Spanish explorations in the Southwest, 1542-1706...* Nueva York, 1959, x+486.

Chamberlain, R. S., *The conquest and colonization of Yucatán.* Washington, 1948.

Espinosa, J. M., *Crusaders of the Río Grande. The story of Don Diego de Vargas and the reconquest and refounding of New Mexico.* Chicago, 1942, xxi+410.

Esteve Barba, F., *Descubrimiento y conquista de Chile.* B, 1946, 542.

Friede, J., *Descubrimiento y conquista del Nuevo Reino de Granada.* Bogotá, 1965, 348.

Frontaura Argandoña, M., *Descubridores y exploradores de Bolivia.* La Paz, 1971, 316.

Gardiner, C. H., *Naval power in the conquest of Mexico.* Austin, 1956, xvi+253.

Gil Munilla, L., *Descubrimiento del Marañón.* Sevilla, 1954, xvi+389.

Ibarra Bergé, J., *De California a Alaska. Historia de un descubrimiento.* M, 1945, 192.

Levillier, R., *La Argentina del siglo XVI. Descubrimiento y población del norte argentino.* Buenos Aires, 1943, 190.

Melón Ruiz, A., *Los primeros tiempos de la colonización. Cuba y las Antillas. Magallanes y la primera vuelta al Mundo.* B, 1952, x+748.

Pastells, P., y C. Bayle Prieto, *El descubrimiento del Estrecho de Magallanes.* M, 1920, 2 v.

Portillo Díez, A., *Descubrimientos y expediciones en las costas de California.* M, 1947, 540 + láms.

Ramón Folch, J. A., *Descubrimiento de Chile y compañeros de Almagro.* Santiago de Chile, 1954, 196.

Ramos Pérez, D., *El tratado de límites de 1750 y la expedición de Iturriaga al Orinoco.* M, 1946, 537.

Restrepo Tirado, E., *Descubrimiento y conquista de Colombia.* Bogotá, 1917-9, 2 v.

Rubio Esteban, J. M., *Exploración y conquista del Río de la Plata. Siglos XVI y XVII.* B, 1942, 844.

Sauer, C. O., *The early Spanish Main* [Caribe]. Berkeley, 1966, xii+306.

→ 7.23.

26 IMAGEN Y LEYENDAS. DENOMINACION. REPERCUSIONES

Aboal Amaro, J. A., *Amerigho Vespucci. Ensayo de bibliografía crítica.* M, 1962, 149 + láms.

Alfonso, E., *La Atlántida y América...* M, 1957, 228 + láms.

Artola Gallego, M., *América en el pensamiento español del siglo XVIII.* RI, 1969, 29, 51-77.

Bayle Prieto, C., *El Dorado fantasma.* M, 1943, 395 + láms.

Capman, W., *The golden dream. Seekers of El Dorado.* Indianápolis, 1967, 437.

Elliott, J. T., *The Old World and the New, 1492-1650*. Cambridge, 1970, xii+118.
Repercusiones históricas.

Ferrandis Torres, M., *El mito del oro en la conquista de América*. M, 1933, iv+177.

Franco, A., *El tema de América en los autores españoles del siglo de Oro*. M, 1954, iii+576.

Gómez Tabanera, J. M., ... *Fuentes hispanas de la concepción europea del «mito del buen salvaje»*. RIS, 1966, 24, 297-316.

Herrero García, M., *Jauja*. RI, 1941, 2, 151-9.
→ 7.66.

Levillier, R., *Justicia e injusticias en el bautismo de América (1507-1957)*. BolAc Nacional de la Historia (Buenos Aires), 1957, 34, 81-99.
También, REducación (La Plata), 1957, 2, 483-505.

Levillier, R., *Américo Vespucio*. M, 1966, 384.

Majó Framis, R., *Américo Vespucio*. M, 1953, 302.

Morales Padrón, F., *América en la literatura española*. Atlántida, 1966, 4, 485-506.

Pedro, V., *América en las letras españolas del Siglo de Oro*. Buenos Aires, 1954, 365.

Porras Barrenechea, R., *Oro y leyenda del Perú*. Mercurio Peruano (Lima), 1961, 42, 236-63.

Ramos Pérez, D., *El mito del Dorado. Su génesis y proceso*. Caracas, 1973, xv+718.

Ruiz de Morales, H., *Esencia del mito Dorado*. EAm, 1957, 14, 19-31.

Ruiz de Morales, H., *La búsqueda de Eldorado por Guayana*. EAm, 1959, 16, 1-166 + láms.
También, Sevilla, 1959, xlv+166.

Salas, A. M., *Para un bestiario de Indias*. Buenos Aires, 1967, 208.

Sanz, C., *El nombre de América. Libros y mapas que lo impusieron*... M, 1959, 244 + láms.

Sierra, V. D., *Amérigo Vespucci. El enigma de la historia de América*. M, 1968, 277 + láms.

Zapata Gollán, A., *Mito y superstición en la conquista de América*. Buenos Aires, 1963, 108.

28 CIRCUNNAVEGACION

Arteche, J., *Elcano*. S. Sebastián, 1969², 281.

Majó Framis, R., *Fernando de Magallanes*. M, 1944, 295.

Mckew, Ch., *Magallanes, un noble capitán*. M, 1955, 526.

Melón Ruiz, A., *Magallanes-Elcano o la primera vuelta al mundo*. Zaragoza, 1940, 240.

Merino Alvarez, A., *Juan Sebastián del Cano. Estudios históricos*. M, 1923, 168.

Sanz, C., *Juan Sebastián Elcano*... BolAc Nacional de la Historia (Caracas), 1973, 56, 65-97.

→ 7.24, Melón, Pastells.

7 29 VIAJES Y EXPLORACIONES DE EXTRANJEROS

Ballesteros Beretta, A., y J. Cortesao, *Génesis del descubrimiento. Los portugueses.* B, 1947, 766.
Jones, G., *El primer descubrimiento de América. Establecimiento de los vikingos...* B, 1965, 319 + láms.
Skelton, R. A., y otros, *The Vinland Map and the Tartar Relation.* New Haven, 1965, 291 + láms.
Vigneras, L.-A., *Groenlandia, Vinlandia y el mapa de Yale.* AEAm, 1969, 26, 115-277.

30 EPOCA ESPAÑOLA

Konetzke, R., *América latina. Epoca colonial.* M, 1971, vi+397.
Madariaga Rojo, S., *El auge del Imperio español en América.* Buenos Aires, 1955, 527.
Zavala, S., *Hispanoamérica septentrional y media. Período colonial.* México, 1953, 170.
Zavala, S., *El mundo americano en la época colonial.* México, 1969, 2 v.
Zavala, S., *Ensayos sobre la colonización española en América.* México, 1972, 165.

31 VIRREINATOS. AREAS REGIONALES

Alcázar Molina, C., *Los virreinatos en el siglo XVIII.* B, 1959[2], xliv+576.
Alvarez de Estrada, J., *Los grandes virreyes de América.* M, 1969, 180.
García Gallo, A., *Los virreinatos americanos bajo los Reyes Católicos. Planteamiento para su estudio.* REPol, 1952, 9, 189-209.
Radaelli, S. A., *La institución virreinal en las Indias.* RI, 1954, 14, 37-56.

Acosta Lara, E. F., *La guerra de los charrúas en la Banda Oriental. Período hispánico.* Montevideo, 1961, 353.
Bannon, J. F., *The spanish Borderlands Frontier, 1513-1821.* Nueva York, 1970, x+308.
Basadre, J. H., *El Conde de Lemus y su tiempo. Perú a fines del siglo XVII.* Lima, 1945, 371.
Brau, S., *La colonización de Puerto Rico...* San Juan de Puerto Rico, 1969[4], 639.
Busto, J. A., *Francisco de Toledo.* Lima, 1964.
Calderón Quijano, J. A., y otros, *Los Virreyes de Nueva España en el Reinado de Carlos III.* Sevilla, 1967-8, 2 v.
Campos Harriet, F., *Don García Hurtado de Mendoza en la historia americana.* Santiago de Chile, 1969, 250 + láms.
Castillo, A. R., *Los gobernadores de Guayaquil del siglo XVIII.* M, 1931, xii+397.
Céspedes del Castillo, G., *Lima y Buenos Aires. Repercusiones económicas y políticas de la creación del virreinato del Plata.* AEAm, 1946, 3, 677-874.
También, Sevilla, 1947, viii+214 + láms.

Concha, J., *Diccionario geográfico, estadístico e histórico de la isla de Cuba.* M, 1863-6, 4 v.
Donoso, R., *El Marqués de Osorno, Don Ambrosio Higgins, 1720-1801.* Santiago de Chile, 1941, xv+502.
Falcao Espalter, M., *Entre dos siglos. El Uruguay alrededor de 1800.* Montevideo, 1926, 296.
Fernández de Castro, J. A., *Medio siglo de historia colonial de Cuba... De 1823 a 1879.* La Habana, 1923, xiii+432.
Franco, J. L., *Política continental americana de España en Cuba, 1812-1830.* La Habana, 1947, vi+428.
Gándara Navarro, J., *Anexión y guerra de Santo Domingo.* M, 1884, 2 v.
García, C., *Vida de D. Cristóbal Vaca de Castro, presidente y gobernador del Perú.* M, 1957, 297.
Gil Munilla, O., *El Río de la Plata en la política internacional. Génesis del Virreinato.* Sevilla, 1949, xxiii+464.
Hernández Alfonso, L., *Virreinato del Perú.* M, 1930, 265.
Levillier, R., *Don Francisco de Toledo, supremo organizador del Perú...* M, 1935, 495.
Lohmann Villena, G., *El Conde de Lemos, Virrey del Perú.* M, 1946, xii+472.
Lohmann Villena, G., *Las relaciones de los virreyes del Perú.* Sevilla, 1959, 220.
Mariluz Urquijo, J. M., *El Virreinato del Río de la Plata en la época del Marqués de Avilés (1799-1801).* Buenos Aires, 1964, 409.
Medina, J. T., *Cosas... del siglo XVIII en Chile.* Santiago de Chile, 1889-1910, 2 v.
Morales Padrón, F., *Jamaica española.* Sevilla, 1952, xxxi+493.
Morón, G., *Los orígenes históricos de Venezuela. Introducción al siglo XVI.* M, 1954, xiv+385.
Múzquiz de Miguel, J. L., *El Conde de Chinchón, Virrey del Perú.* Sevilla, 1945, 334 + láms.
Ots Capdequí, J. M., *El siglo XVIII español en América. El gobierno político del Nuevo Reino de Granada.* México, 1945, 102.
Parra Pérez, C., *El régimen español en Venezuela...* M, 1964[2], 373.
Pérez Bustamante, C., *Los orígenes del gobierno virreinal en las Indias españolas. Don Antonio de Mendoza, primer virrey de la Nueva España.* Santiago, 1928, xv+230.
Radaelli, S. A., *Los virreyes del Plata.* Buenos Aires, 1959, 120.
Restrepo Tirado, E., *Gobernantes del Nuevo Reino de Granada en el siglo XVIII.* Buenos Aires, 1934, 124.
Riveros Tula, A. M., *Historia de la Colonia del Sacramento (1680-1830).* Montevideo, 1959, 275.
Roa Ursúa, L., *El Reino de Chile, 1535-1810...* Valladolid, 1945, 1029.
Rubió Mañé, J. I., *Introducción al estudio de los Virreyes de la Nueva España, 1535-1746.* México, 1955-63, 4 v.
Sáenz Rico, A., *El Virrey Amat...* B, 1967, 2 v.
Simmons, M., *Spanish Government in New Mexico.* Santa Fe, 1968, xv+238.
Souvirón, S., *Bernardo Gálvez, Virrey de Méjico.* Málaga, 1947, 118.

7 Sucre, L. A., *Gobernadores y capitanes generales de Venezuela.* Caracas, 1928, 324.

Sucre Reyes, J., *La Capitanía General de Venezuela.* B, 1969, 394.

Torres Ramírez, B., *La isla de Puerto Rico (1765-1800).* San Juan de Puerto Rico, 1968, 334.

Valle Arizpe, A., *Virreyes y virreinas de la Nueva España. Tradiciones, leyendas y sucedidos del México virreinal.* M, 1952, 705.

Vargas Ugarte, R., *Historia del Perú. Virreinato (siglo XVII).* Buenos Aires, 1954, 502.

Vargas Ugarte, R., *Historia del Perú. Virreinato (siglo XVIII).* Lima, 1956, 476.

32 TERRITORIOS DE AMERICA DEL NORTE

Cook, W. L., *Flood tide of Empire. Spain and the Pacific Northwest, 1513-1819.* New Haven, 1973, xiv+620.

Gil Munilla, O., *Participación de España en la génesis histórica de los Estados Unidos.* M, 1952, 46.

Descubrimiento y colonización.

Aiton, A. S., *The Diplomacy of the Louisiana Cession.* AHR, 1931, 36, 701-20.

Armas Medina, F., *Luisiana y Florida en el reinado de Carlos III.* EAm, 1960, 19, 67-92.

Bolton, H. E., *Texas in the middle eighteenth century. Studies in spanish colonial history.* Berkeley, 1915, 501.

Cox, I. J., *The West Florida Controversy, 1798-1813.* Baltimore, 1918, xii+699.

Delgado Martín, J., *Pretensiones norteamericanas a la Florida (1802-1804).* RABM, 1947, 53, 589-619.

Faulk, O. B., *Arizona. A short history.* Norman, 1970, xiv+267 + láms.

Garrett, J. K., *Green flag in Texas. A story of the last years of Spain in Texas.* Nueva York, 1939, 279.

Holmes, J. D. L., *Gayoso. The life of a spanish Governor in the Mississipi Valley, 1789-1799.* Baton Rouge, 1965, x+305.

Horgan, P., *Great River. The Río Grande in North American History. I, Indians and Spain. II, Mexico and the United States.* Nueva York, 1954, xv+1020.

Rodríguez Casado, V., *Primeros años de la dominación española en Luisiana.* M, 1942, 497 + láms.

Tepaske, J. J., *The governorship of spanish Florida, 1700-1763.* Durham, 1964, viii+248.

Wright, J. L., *Anglo-Spanish Rivalry in North America.* Athens, 1971, xiii+257.

33 ACCION EXTRANJERA. PIRATERIA

Arce, J., *Las Malvinas...* M, 1950, 194.

Arciniegas, G., *Los alemanes en la conquista de América.* Buenos Aires, 1941, 268.

Barceló, J. L., *La Antártida.* B, 1969, 176.

Besson, M., *The Scourge od the Indies. Buccaneers, corsairs and filibusters.* Nueva York, 1929, xii+333. 7

Brown, V. L., *Anglo-spanish relations in America in the closing years of the Colonial Era.* HAHR, 1922, 5, 325-483.

Calderón Quijano, J. A., *Bélice, 1663-1821.* Sevilla, 1944, xvi+540 + láms.

Céspedes del Castillo, G., *La defensa militar del istmo de Panamá a fines del siglo XVII y comienzos del siglo XVIII.* AEAm, 1952, 9, 235-75.

Eugenio Martínez, M. A., *La defensa de Tabasco, 1600-1717.* Sevilla, 1971, xv+196.

Gall, F., *Bélice, tierra nuestra.* Guatemala, 1962, 197.

Gall, F. y J., *El filibusterismo.* México, 1957, 248.

Gerhard, P., *Pirates on the West Coast of New Spain, 1575-1742.* Glendale, 1960, 274.

Gil Munilla, O., *Malvinas. El conflicto anglo-español de 1770.* AEAm, 1947, 4, 267-422.
También, Sevilla, 1948, viii+154.

Goslinga, C. Ch., *The Dutch in the Caribbean and on the Wild Coast.* Assen, 1971, xvi+614 + láms.

Hidalgo Nieto, M., *La cuestión de las Malvinas... en el siglo XVIII.* M, 1947, xvi+762.

Humphreys, R. A., *The diplomatic history of British Honduras, 1638-1901.* Londres, 1961, x+196.

Incháustegui, J. M., *La gran expedición inglesa contra las Antillas Mayores...* México, 1953, 655+ccxlvii.

Juárez Moreno, J., *Corsarios y piratas en Veracruz y Campeche.* Sevilla, 1972, xxxv+468.

Klotz, E. F., *Los corsarios americanos y España.* M, 1959, 125.

Muñoz Aspiri, J. L., *Historia completa de las Malvinas.* Buenos Aires, 1966.

Rauch, B., *American interest in Cuba, 1848-1855.* Nueva York, 1948, 323.

Rodríguez Casado, V., *El Pacífico en la política internacional de España hasta la emancipación de América.* EAm, 1950, 2, 1-30.

Rumeu de Armas, A., *Los viajes de John Hawkins a América.* Sevilla, 1947, xix+485.

Sluiter, E., *Dutch-Spanish Rivalry in the Caribbean Area, 1594-1609.* HAHR, 1948, 28, 165-96.

Taylor, G. P., *Spanish-Russian Rivalry in the Pacific, 1769-1820.* The Americas (Washington), 1958, 15, 109-27.

34 RELIGION. IGLESIA

Ellis, J. T., *Catholic in colonial America.* Baltimore, 1965, 486.

Lopetegui, L., y F. Zubillaga, *Historia de la Iglesia en la América española desde el descubrimiento hasta comienzos del siglo XIX.* M, 1965, lxix+945 + láms.

Ybot León, A., *La Iglesia y los eclesiásticos españoles en la empresa de Indias.* B, 1954-63, 2 v.

7 Bruno, C., *Historia de la Iglesia en la Argentina.* Buenos Aires, 1966-8, 4 v.
En curso de publicación.

Campo Lacasa, C., *La Iglesia en Puerto Rico en el siglo XVIII.* Sevilla, 1963, 127 + láms.

Cuevas, M., *Historia de la Iglesia en Méjico.* El Paso, 1928, 5 v.

Levillier, R., *Organización de la Iglesia y Ordenes religiosas en el Virreinato del Perú en el siglo XVI.* M, 1919-20, 2 v.

Silva Cotapos, C., *Historia eclesiástica de Chile.* Santiago de Chile, 1925.

Vargas, J. M., *Historia de la Iglesia en El Ecuador durante el Patronato español.* Quito, 1962, viii+559.

Vargas Ugarte, R., *Historia de la Iglesia en el Perú (1511-1568).* Lima, 1953, xv+422.

35 EVANGELIZACION. MISIONES

Aguirre Prado, L., *Misioneros. Héroes españoles en el Descubrimiento.* B, 1956, 219.

Armas Medina, F., *Cristianización del Perú (1532-1600).* Sevilla, 1953, xxviii+636.

Bayle Prieto, C., *El clero secular y la evangelización de América.* M, 1950, xvii+350.

Borges, P., *Análisis del conquistador espiritual de América.* Sevilla, 1961, 189 + láms.

Borges, P., *Métodos misionales en la cristianización de América. Siglo XVI.* M, 1960, 573.

Castro Seoane, J., *Aviamiento y catálogo de misiones y misioneros que en el siglo XVI pasaron de España a Indias y Filipinas...* MH, 1960, 17, a 1963, 20, múltiples entradas.

Dunne, P. M., *Pioneer black robes on the West Coast.* Berkeley, 1939, 376.

Dunne, P. M., *Pioneer Jesuits in Northern Mexico.* Berkeley, 1944, x+227.

Eguía Ruiz, C., *España y sus misioneros en los países del Plata.* M, 1953, 638.

Geiger, M., *The Franciscan Conquest of Florida, 1573-1618.* Washington, 1937, xiii+319.

Kalista, Z., *Los misioneros de los países checos que en los siglos XVII y XVIII actuaban en América Latina.* Ibero-Americana Pragensia (Praga), 1968, 2, 117-61.

Keys, J. M., *Las misiones españolas de California.* M, 1950, 246.

López Velarde, B., *Las misiones en México, 1524-1798.* México, 1957, 171.

Maas, O., *Las Ordenes religiosas de España y la colonización de América en la segunda parte del siglo XVIII.* B, 1918-29, 2 v.

Mateos, F., *La Iglesia americana durante el reinado de Carlos V.* MH, 1958, 15, 327-74.

McCaleb, W. F., *Spanish Missions of Texas.* San Antonio, 1961, xix+135.

Olmedo, D., *La primera evangelización de América (1492-1504).* Abside (México), 1953, 17, 35-67.

Ortiz García, A., *Los jerónimos en América.* CH, 1961, 144, 364-83. 7

Pérez, P. N., *Historia de las misiones mercedarias en América.* M, 1966, 489.

Ricard, R., *La conquista espiritual de México... Los métodos misioneros... de 1523-24 a 1572.* México, 1947, 557.

Vargas, J. M., *La conquista espiritual y la organización de la Iglesia indiana durante el gobierno de Carlos V.* BolAc Nacional de Historia (Quito), 1958, 38, 151-79.

Victoria Moreno, D., *Los carmelitas descalzos y la conquista espiritual de México.* México, 1966, 350.

Zubillaga, F., *La Florida. La misión jesuítica (1566-1572) y la colonización española.* Roma, 1941, xiv+476.

36 VIDA CRISTIANA

Bayle Prieto, C., *Santa María en Indias. La devoción a Nuestra Señora y los descubridores, conquistadores y pobladores de América.* M, 1928, 370.

Bayle Prieto, C., *El culto del Santísimo en Indias.* M, 1951, 690.

Cepeda, F. A., *América mariana, o sea Historia compendiada de las imágenes de la Santísima Virgen más veneradas en el Nuevo Mundo.* M, 1925², 2 v.

Demarest, D., y C. Taylor, *The book of Our Lady of Guadalupe.* Nueva York, 1956, xvi+256 + láms.

García Gutiérrez, J., *Hagiografía americana.* México, h. 1955, 176.

Jáquez, J. D., *El perenne milagro guadalupano: la Virgen de Juan Diego.* México, 1961, 306.

Vargas Ugarte, R., *Historia del culto de María en Iberoamérica y de sus imágenes y santuarios más celebrados.* M, 1956³, 2 v.

Watson, S., *The cult of Our Lady of Guadalupe. A historical study.* Collegeville, 1964, 87.

37 ACCION SOCIAL DE LA IGLESIA. RELACIONES CON EL ESTADO

Ballesteros Gaibrois, M., *Labor cultural de los misioneros españoles en América.* M, 1936, 127.

Bruno, C., *El derecho público de la Iglesia en Indias. Estudio histórico-jurídico.* Salamanca, 1967, xiv+347.

Eyre, E., *Acción social y protección laboral de la Iglesia y España en América (1492-1892).* M, 1958, 322.

Gómez Hoyos, R., *La Iglesia de América en las Leyes de Indias.* M, 1961, 243.

Shiels, W. E., *King and Church. The rise and fall of the Patronato Real.* Chicago, 1961, xiii+399.

Aldea, Q., *A propósito del Patronato Real.* MC, 1962, 37, 485-91.

Armas Medina, F., *Iglesia y Estado en las misiones americanas.* EAm, 1950, 2, 197-217.

Ayala, F. J., *Iglesia y Estado en las Leyes de Indias.* EAm, 1949, 1, 417-60.

Clavijo Clavijo, S., *La obra de la Orden Hospitalaria... en América y Filipinas*. M, 1950, 204.

Curley, M. J., *Church and State in the Spanish Floridas, 1783-1822*. Washington, 1940, xi+380.

Dussel, E., *Les evêques hispano-américains, défenseurs et evangelisateurs de l'indien (1504-1620)*. Wiesbaden, 1970, lxi+286.

Egaña, A., *El Regio Patronato Hispano-Indiano: su funcionamiento en el siglo XVI*. ED, 1958, 6, 147-204.

Egaña, A., *La teoría del Regio Vicariato español en las Indias*. Roma, 1958, xxviii+315.

Hera Pérez, A., *El regalismo borbónico en su proyección indiana*. Pamplona, 1963, 315.

Hera Pérez, A., *La legislación del siglo XVIII sobre el Patronato indiano*. AHDE, 1970, 40, 287-311.

Hernández Jimeno, P., *El extrañamiento de los jesuitas del Río de la Plata y de las Misiones del Paraguay, por decreto de Carlos III*. M, 1918, 421.

Larrea, J. I., *La Iglesia y el Estado en el Ecuador*. M, 1953, 176.

Leturia, P., *Relaciones entre la Santa Sede e Hispanoamérica, 1493-1835*. Roma, 1959-60, 3 v.

Leturia, P., y M. Batllori Munné, *La primera misión pontificia a Hispanoamérica, 1823-1825*. Ciudad del Vaticano, 1963, xlix+722.

Lohmann Villena, G., *The Church and Culture in Spanish America*. The Americas (Washington), 1958, 14, 383-98.

Martí Gelabert, F., *La primera misión de la Santa Sede a América*. Pamplona, 1967, 359.

Medina, J. T., *La primitiva Inquisición americana*. Santiago de Chile, 1914, 2 v.

Medina, J. T., *Historia de la Inquisición en Chile*. Santiago de Chile, 1952^{2}, 677.

Medina, J. T., *Historia del Tribunal de la Inquisición de Lima (1569-1820)*. Santiago de Chile, 1956^{2}, 2 v.

Rodríguez Valencia, V., *El clero secular de Sudamérica en tiempo de Santo Toribio de Mogrovejo*. AA, 1957, 5, 312-415.

Rodríguez Valencia, V., *El Patronato Regio de Indias... en Santo Toribio de Mogrovejo (1581-1606)*. Roma, 1957, 259.

Specker, J., *La política colonizadora, eclesiástica y estatal, en Hispanoamérica en el siglo XVI*. EAm, 1957, 13, 1-16.

Vargas Ugarte, R., *El episcopado en los tiempos de la emancipación*. Lima, 1962^{3}, 462.

Velasco, B., *Los clérigos en la Conquista de América*. MH, 1963, 20, 5-28.

38 INSTITUCIONES

Ots Capdequí, J. M., *Instituciones*. B, 1959, xii+549.
Desde el Descubrimiento hasta el siglo XIX.

Ots Capdequí, J. M., *El Estado español en las Indias*. México, 1965^{4}, 184.

Zorraquín Becú, R., *El sistema político indiano*. RInst de Historia

del Derecho (Buenos Aires), 1956, 7, 17-41.
→ 9.20, Beneyto.

Bayle Prieto, C., *Los municipios y los indios.* MH, 1950, 7, 409-42.

Bayle Prieto, C., *Los cabildos seculares de la América española.* M, 1952, 814.

Bernard, G., *La Casa de Contratación de Sevilla, luego de Cádiz, en el siglo XVIII.* EAm, 1955, 12, 253-86.

Casariego, J. E., *Boceto para un estudio del municipio español en Indias.* REVL, 1942, 3, 11-24.

Fisher, J. R., *Government and Society in colonial Perú. The Intendant System, 1784-1814.* Londres, 1970, 289.

García Gallo, A., *Los orígenes de la Administración territorial de las Indias.* AHDE, 1944, 15, 16-106.

García Gallo, A., *Los principios rectores de la organización territorial de las Indias en el siglo XVI.* AHDE, 1970, 40, 313-47.

García Oviedo, C., *El municipio en Indias.* BolColegio Nacional de Secretarios... (M), 1949, 58, 489-97.

Konetzke, R., *Estado y sociedad en las Indias.* EAm, 1951, 3, 329-57.

Konetzke, R., *Die Indianerkulturen Altamerikas und die spanisch-portugiesische Kolonialherrschaft.* Frankfurt, 1965, 390.

Lockhart, J., *Encomienda and Hacienda... in the spanish Indies.* HAHR, 1969, 49, 411-29.

Lohmann Villena, G., *Las Cortes en Indias.* AHDE, 1947, 18, 655-62.

Lohmann Villena, G., *El Corregidor de Lima. Estudio histórico-jurídico.* AEAm, 1952, 9, 131-71.

Luján Muñoz, J., *Los escribanos en las Indias Occidentales.* Guatemala, 1964, xx+182.

Lynch, J., *Administración colonial española, 1782-1810. El sistema de intendencias en el virreinato del Río de la Plata.* Buenos Aires, 1962, 312.

Malagón-Barceló, J., *The role of the «letrado» in the colonization of America.* The Americas (Washington), 1961, 18, 1-17.

Mariluz Urquijo, J. M., *Ensayo sobre los juicios de residencia indianos.* Sevilla, 1952, xviii+520.

Martínez Cardós, J., *Las Indias y las Cortes de Castilla durante los siglos XVI y XVII.* RI, 1956, 16, 207-65, 357-411.

Miguel Alonso, C., *Las Audiencias en los Reinos y Señoríos de las Indias.* CH, 1959, 116, 189-204.

Moore, J. P., *The Cabildo in Perú under the Bourbons.* Durham, 1966, vi+275.

Morazzani de Pérez, G., *La intendencia en España y en América.* Caracas, 1966, 596.

Navarro García, L., *Intendencias de Indias.* Sevilla, 1959, xv+226.

Ots Capdequí, J. M., *Apuntes para la historia del municipio hispanoamericano del período colonial.* AHDE, 1924, 1, 93-157.

Ots Capdequí, J. M., *Las instituciones del Nuevo Reino de Granada al tiempo de la independencia.* M, 1958, 396.

Parry, J. H., *The sale of public offices in the Spanish Indies under the Hapsburgs.* Berkeley, 1953, 73.

Pérez, P. N., *La redención de cautivos en las Indias.* Estudios, 1947, 3, 349-67; 1948, 4, 251-81.

7 Pérez Bustamante, C., *Sobre los precedentes del Virreinato colombino.* RI, 1952, 12, 241-8.

Pérez de Tudela, J., *La gran reforma carolina de las Indias.* RI, 1958, 18, 463-509.

Leyes Nuevas de Indias.

Ramos Pérez, D., *Las ciudades de Indias y su asiento en Cortes de Castilla.* RInst de Historia del Derecho... (Buenos Aires), 1967, 18, 170-85.

Tau Anzoátegui, V., y E. Martiré, *Manual de Historia de las Instituciones argentinas.* Buenos Aires, 1967, 776.

Zorraquín Becú, R., *Los Adelantados.* RInst de Historia del Derecho... (Buenos Aires), 1957, 8, 45-62.

Zorraquín Becú, R., *La organización política argentina en el período hispánico.* Buenos Aires, 1959, 408.

→ 9.22.

39 DERECHO INDIANO

Altamira Crevea, R., *Manual de investigación de la historia del Derecho indiano.* México, 1948, xvii+154.

Ots Capdequí, J. M., *Historia del Derecho español en América y del Derecho indiano.* M, 1969, xvi+367.

García Gallo, A., *La «Nueva Recopilación de las leyes de las Indias», de Solórzano Pereira.* AHDE, 1952, 22, 529-606.

García Gallo, A., *Estudios de historia del Derecho indiano.* M, 1972, 816.

Leyes de Indias. M, 1889-90, 13 v.

Manzano Manzano, J., *Historia de las Recopilaciones de Indias.* M, 1950-6, 2 v.

Muro Orejón, A., *Cedulario americano del siglo XVIII. Colección de disposiciones legales indianas desde 1680 a 1800...* Sevilla, 1956, xcvi+83.

Muro Orejón, A., *Las Leyes Nuevas de 1542-1543.* AEAm, 1959, 16, 561-619.

Recopilación de las Leyes de los Reinos de Indias. M, 1791. Ed. facs., M, 1943, 3 v.

Sánchez Bella, I., *Los comentarios a las Leyes de Indias.* AHDE, 1954, 24, 381-541.

Suárez Alvarez, F., *La política social en las Leyes de Indias.* REspañola de Seguridad Social (M), 1949, 3, 29-41.

Tresserras, B., *Origen y vicisitudes del Derecho indiano.* Cultura Hispánica (San Salvador), 1967, 1, 55-96.

→ 7.38.

40 SOCIOLOGIA

Rodríguez Vicente, E., *Los estudios sobre la sociedad y la economía de Hispanoamérica durante el período colonial. Orientaciones bibliográficas.* IHE, 1960, 6, xi-li.

Bagú, S., *Estructura social de la colonia. Ensayo de historia comparada de América latina.* Buenos Aires, 1952, 283.

Benítez, F., *La vida criolla en el siglo XVI.* México, 1962[2], 281.

Roel Pineda, V., *Historia social y económica de la Colonia.* Lima, 1970, 397.

Varela Orbegozo, L., *Apuntes para la historia de la sociedad colonial.* Lima, 1924, 2 v.

Zorraquín Becú, R., *La estructura social del Estado indiano.* Mercurio Peruano (Lima), 1955, 36, 258-67.

Amunátegui Solar, D., *La sociedad chilena del siglo XVIII. Mayorazgos y títulos de Castilla.* Santiago de Chile, 1901-4, 3 v.

Benévolo, L., *Las nuevas ciudades fundadas en el siglo XVI en América latina...* BolCentro de investigaciones históricas... (Caracas), 1968, 9, 117-36.

Bromley, J., *Recibimientos de virreyes en Lima.* RHistórica (Lima), 1953, 20, 5-108.

Carrillo Gariel, A., *El traje de la Nueva España.* México, 1959, 208 + láms.

Descola, J., *La vie quotidienne au Pérou au temps des espagnols, 1710-1820.* París, 1962, 302.

Fullaondo, J. D., *Introducción al urbanismo colonial hispanoamericano.* M, 1973, 150.

Furlong Cardiff, G., *Historia social y cultural del Río de la Plata (1536-1810).* Buenos Aires, 1969, 2 v.

Guarda, G., *La ciudad chilena del siglo XVIII.* Buenos Aires, 1968, 95 + láms.

Konetzke, R., *La formación de la nobleza en Indias.* EAm, 1951, 3, 329-57.

Leonard, I. A., *Baroque times in Old Mexico seventeenth century. Persons, places and practices.* Ann Arbor, 1959, xiv+260.

Mörner, M., *Panorama de la sociedad del Río de la Plata durante la primera mitad del siglo XVIII.* EAm, 1959, 17, 203-17.

Silva, H. A., *Pulperías, tendejones, sastres y zapateros. Buenos Aires en la primera mitad del siglo XVIII.* EAm, 1969, 26, 471-506.

Tejado Fernández, M., *Aspectos de la vida social en Cartagena de Indias durante el seiscientos.* Sevilla, 1954, 348.

Torre Revello, J., *La sociedad colonial... de Buenos Aires entre los siglos XVI y XIX.* Buenos Aires, 1970, 186.

→ 7.49, Gómez.

41 POBLACION

Audera, V., *La población y la inmigración en Hispanoamérica.* M, 1954, 139.

Barón Castro, R., *Política racial de España en Indias.* RI, 1946, 7, 781-802.

Barón Castro, R., *El desarrollo de la población hispanoamericana (1492-1950).* CHM, 1959, 5, 325-43.

Calderón Quijano, J. A., *Población y raza en Hispanoamérica.* AEAm, 1970, 27, 733-85.

7 Foster, G., *Aspectos antropológicos de la conquista española de América.* EAm, 1954, 8, 155-71.

Hernández Sánchez, M., *La población hispanoamericana y su distribución social en el siglo XVIII.* REPol, 1954, 78, 111-42.

Konetzke, R., *Las fuentes para la historia demográfica de Hispanoamérica durante la época colonial.* AEAm, 1948, 5, 267-324.

Konetzke, R., *Sobre el problema racial en la América española.* REPol, 1960, 113, 179-212.

→ 7.42, Rosenblat.

42 INDIOS. REDUCCIONES. ENCOMIENDA

Armas Medina, F., *Evolución histórica de las doctrinas de indios.* AEAm, 1952, 9, 101-29.

Ballesteros Gaibrois, M., y J. Ulloa Suárez, *Indigenismo americano.* M, 1961, 399.

García Gallo, A., *El Encomendero indiano. Estudio sociológico.* REPol, 1951, 55, 141-61.

Zavala, S., *La Encomienda indiana.* M, 1935, 356.

Arcila Farías, E., *El régimen de encomienda en Venezuela.* Sevilla, 1957, 378.

Bayle Prieto, C., *El Protector de indios.* AEAm, 1945, 2, 1-180.

Cabrero, L., *Visión del indio americano en tiempos de Carlos V.* CH, 1958, 107, 168-80.

Delgado Martín, J., *El problema del indio americano en tiempos de Carlos V.* CH, 1958, 107, 144-67.

Echánove, A., *Origen y evolución de la idea jesuítica de «Reducciones» en las Misiones del Virreinato del Perú.* MH, 1955, 12, 95-144.

Eguía Ruiz, C., *El espíritu militar de los jesuitas en el antiguo Paraguay español.* RI, 1944, 5, 267-319.

Furlong, G., *Misiones y sus pueblos de guaraníes.* Buenos Aires, 1962, 790.

Gibson, Ch., *The Aztecs under Spanish Rule. A history of the Valley of Mexico, 1519-1810.* Stanford, 1964, xii+657 + láms.

González Pomés, M. I., *La encomienda indígena en Chile durante el siglo XVIII.* Historia (Santiago de Chile), 1966, 5, 7-103.

Hanke, L., *El prejuicio racial en el Nuevo Mundo. Aristóteles y los indios de Hispanoamérica.* Santiago de Chile, 1958, 156.

Hanke, L., *El despertar de la conciencia en América. Experimentos y experiencias españolas con los indios del Nuevo Mundo.* CA, 1963, 22, 184-202.

Hera Pérez, A., *El derecho de los indios a la libertad y a la fe...* AHDE, 1956, 26, 89-182.

Hernández Jimeno, P., *Organización social de las doctrinas guaraníes de la Compañía de Jesús.* B, 1913, 2 v.

Lohmann Villena, G., *El Corregidor de indios en el Perú bajo los Austrias.* M, 1957, xxvii+629.

Muro Orejón, A., *Ordenanzas reales sobre los indios. Las leyes de 1512-1513.* AEAm, 1956, 13, 417-71.

Rosenblat, A., *La población de América en 1492. Viejos y nuevos cálculos.* México, 1967, 102.

→ 6.46, Rumeu; 7.37, 7.38.

43 ESPAÑOLES

Armas Medina, F., *El conquistador indiano.* EAm, 1956, 12, 401-15.

Bermúdez Plata, C., *Catálogo de pasajeros a Indias durante los siglos XVI, XVII y XVIII...* Sevilla, 1940-6, 3 v.
Lo publicado comprende de 1509 a 1559.

Figueroa Melgar, A., *Linajes que forjaron la Hispanidad.* Hidalguía, 1967, 15, 497-524.

García Soriano, M., *El conquistador español del siglo XVI.* Tucumán, 1954, 104.

Amézaga Aresti, V., *El elemento vasco en el siglo XVIII venezolano.* Caracas, 1966, 372.

Blanco Lázaro, E. T., *Etnias hispánicas.* RInst de Cultura Puertorriqueña (San Juan de Puerto Rico), 1969, 12, 29-31.

Borges, A., *La mujer pobladora en los orígenes americanos.* AEAm, 1972, 19, 389-444.

Boyd-Bowman, P., *La emigración peninsular a América, 1520 a 1539.* Historia Mexicana (México), 1963, 13, 165-92.

Boyd-Bowman, P., *Indice geobiográfico de 40.000 pobladores españoles de América en el siglo XVI.*
I (1493-1519), Bogotá, 1964; II (1520-1539), Méjico, 1968. En curso de publicación.

Boyd-Bowman, P., *La procedencia de los españoles de América, 1540-1559.* Historia Mexicana (México), 1967, 16, 37-71.

Cárcer Didier, M., *El cachupín y el gachupín...* AH, 1955, 23, 215-21.

Fernández Duro, C., *La mujer española en Indias.* M, 1902, 40.

Friede, J., *Algunas observaciones sobre la realidad de la emigración española a América en la primera mitad del siglo XVI.* RI, 1952, 12, 467-96.

Friede, J., *Los estamentos sociales en España y su contribución a la emigración a América.* RI, 1966, 26, 13-30.

Konetzke, R., *La emigración de mujeres españolas a América durante la época colonial.* RIS, 1945, 3, 123-50.

Konetzke, R., *La emigración española al Río de la Plata durante el siglo XVI.* Miscelánea americanista (M), 1952, 3, 297-353.

Lafarga Lozano, A., *Los vascos en el descubrimiento y colonización de América.* Bilbao, 1973, 229.

O'Sullivan-Beare, N., *Las mujeres de los conquistadores. La mujer española en los comienzos de la colonización americana.* M, 1956, 383.

Pérez Vidal, J., *Aportación de Canarias a la población de América. Su influencia en la lengua y en la poesía tradicional.* AEAtl, 1955, 1, 91-197.

Rodríguez Arzúa, J., *Las regiones españolas y la población de América (1509-38).* RI, 1947, 8, 695-748.

Rubio Moreno, L., *Pasajeros a Indias... Siglo primero de la colonización de América, 1492-1592.* M, 1930-1, 2 v.

Velasco, B., *Semblanza cristiana del conquistador a través de la crónica de Bernal Díaz del Castillo.* RI, 1962, 22, 89-90.

Vidaurreta de Tjarks, A., *Participación de la mujer en el proceso histórico latinoamericano.* RUniversidad Nacional de Córdoba (Argentina), 1969, 10, 153-80.

→ 10.24.

44 CRIOLLOS. MESTIZOS

Arrom, J. J., *Criollo: definición y matices de un concepto.* RColombiana de Folklore (Bogotá), 1953, 2, 265-72.

Esteva Fabregat, C., *El mestizaje en Iberoamérica.* RI, 1964, 24, 279-354.

Rosenblat, A., *La población indígena y el mestizaje en América (1492-1950).* Buenos Aires, 1954, 2 v.

Esteva Fabregat, C., *Aculturación y mestizaje en Iberoamérica. Algunos problemas metodológicos.* RI, 1964, 24, 445-72.

Forero, M. J., *En defensa del criollo.* Bolívar (Bogotá), 1955, 36, 125-32.

Konetzke, R., *El mestizaje y su importancia en el desarrollo de la población hispanoamericana durante la época colonial.* RI, 1946, 7, 7-44, 215-37.

Konetzke, R., *Los mestizos en la legislación colonial.* REPol, 1960, 112, 113-29.

Konetzke, R., *La condición legal de los criollos y las causas de la independencia.* EAm, 1950, 1, 31-54.

Lira, O., *Mestizaje e hispanidad.* CH, 1961, 139, 5-25.

45 NEGROS. ESCLAVITUD

Curtin, Ph. D., *The Atlantic Slave Trade. A census.* Madison, 1969, xix+338.

Gorlich, E. J., *La esclavitud en América.* Aconcagua (M), 1966, 2, 15-24.

Kamen, H., *El negro en Hispanoamérica.* AEAm, 1971, 28, 121-37.

Le Riverend Brusone, J., *Los negros en Hispanoamérica.* Estudios históricos (Jalisco), 1957, 1, 55-75.

Mellafe, R., *La esclavitud en Hispanoamérica.* Buenos Aires, 1964, 115.

Acosta Saignes, M., *Vida de los esclavos negros en Venezuela.* Caracas, 1967, 410.

Cortés Alonso, V., *Los esclavos domésticos en América.* AEAm, 1967, 24, 955-83.

Corwin, A. F., *Spain and the abolition of slavery in Cuba, 1817-1886.* Austin, 1967, xviii+373.

Díaz Soler, L. M., *Historia de la esclavitud negra en Puerto Rico (1493-1890).* M, 1970[3], xxiv+439.

Escalante, A., *El negro en Colombia.* Bogotá, 1964, 194.

Fortune, A., *Estudio sobre la insurrección de los negros esclavos. Los cimarrones del Panamá.* Lotería (Panamá), 1956, 5, 61-8; 6, 46-7; 9, 46-67. 7

Harth-Terré, E., *El esclavo negro en la sociedad indoperuana.* Journal of Inter-American Studies (Gainesville), 1961, 3, 297-340.

Labra, R. M., *La abolición de la esclavitud en las Antillas españolas.* M, 1869, 118.

Lapeyre, H., *Le trafic négrier avec l'Amérique espagnole.* HVV, II, 285-306.

Larrazábal Blanco, C., *Los negros y la esclavitud en Santo Domingo.* Santo Domingo, 1967, 200.

Morales Padrón, F., *La vida cotidiana en una hacienda de esclavos.* RInst de Cultura Puertorriqueña (San Juan de Puerto Rico), 1961, 4, 23-33.

Sampaio García, R., *Contribução ao estudo do aprovisionamento de escravos negros na America Espanhola (1580-1640).* Anais do Museu Paulista (São Paulo), 1962, 16, 7-195.

Studer, E. F. S., *La trata de negros en el Río de la Plata durante el siglo XVIII.* Buenos Aires, 1958, 378 + láms.

Szászdi, A., *Apuntes sobre la esclavitud en Puerto Rico, 1800-1811.* AEAm, 1967, 24, 1433-77.

→ 10.54, 10.97.

46 OTROS GRUPOS

Assunção, F. O., *Nacimiento del gaucho en la Banda Oriental...* BolHistórico (Montevideo), 1958, 79, 27-46.

Assunção, F. O., *El gaucho.* Montevideo, 1963, 556 + láms.

Costa Alvarez, A., *Las etimologías de «gaucho».* Nosotros (Buenos Aires), 1926, 54, 138-209.

Delgado Martín, J., *Extranjeros para la América española.* RI, 1947, 8, 485-96.

García de Proodian, L., *Los judíos en América... Siglo XVII.* M, 1966, xxii+565.

Inchauspe, P., *La tradición y el gaucho.* Buenos Aires, 1956, 240.

Liebman, S. B., *The Jewish in New Spain.* Florida, 1970, 381.

Monin, J., *Los judíos en la América española, 1492-1810.* Buenos Aires, 1939, 218.

Mörner, M., *La Corona española y los foráneos en los pueblos de indios de América.* Estocolmo, 1970, 445.

Nichols, M. W., *El gaucho.* Buenos Aires, 1953, 238.

Pike, R., *Enterprise and adventure. The Genoese in Seville and the opening of the New World.* Nueva York, 1966, xi+244.

Rodríguez Molas, R. E., *Historia social del gaucho.* Buenos Aires, 1968, 605.

47 SANIDAD. MEDICINA. ASISTENCIA SOCIAL

Guerra, F., *Historiografía de la medicina colonial hispanoamericana.* México, 1953, vi+324.

7 Herráiz S. de Escarche, J., *Beneficencia de España en Indias.* Sevilla, 1949, 180 + láms.

Guijarro Oliveras, J., *Política sanitaria en las leyes de Indias.* AIHM, 1957, 9, 255-62.

Hume, E. E., *Spanish colonial medicine.* Bulletin of the Institute of the History of Medicine (Baltimore), 1934, 2, 215-30.

Sáez Vigneaux, F., *Bases de la política de beneficencia de España en Indias.* BolAc Chilena de Historia (Santiago), 1940, 14, 53-63.

Archila, R., *Historia de la medicina en Venezuela. Epoca colonial.* Caracas, 1961, xxiv+620 + láms.

Ballesteros Gaibrois, M., *Aportación de los médicos y farmacéuticos españoles a la obra de España en América.* AEAm, 1947, 4, 521-78.

Beltrán, J. R., *Historia del protomedicato de Buenos Aires.* Buenos Aires, 1937, xvi+316.

Cooper, D. B., *Epidemic disease in Mexico City, 1761-1813...* Austin, 1965, xiv+236.

Guijarro Oliveras, J., *Historia de los hospitales coloniales españoles en América durante los siglos XVI, XVII y XVIII.* AIHM, 1950, 2, 529-99.

Ingenieros, J., *La locura en la Argentina. Locura y brujería en la sociedad colonial.* Buenos Aires, 1920, 239.

Laguarta, P. L., *Historia de la beneficencia española en México.* México, 1955, 527.

Lozano López, J., *Estudio de las pestes que azotaron al Nuevo Mundo a raíz de su descubrimiento y colonización.* TCHCM, 1936, 8, 239-52.

Muriel, J., *Hospitales de la Nueva España... Siglos XVII y XVIII.* México, 1960, 2 v.

Palm, E. W., *Los hospitales antiguos de la Española.* Ciudad Trujillo, 1950, 62.

Piga Pascual, A., *La lucha antialcohólica de los españoles en la época colonial.* RI, 1942, 3, 711-42.

Riquelme Salar, J., *Médicos, farmacéuticos y veterinarios en la conquista y colonización de América.* M, 1950, xx+158.

Venegas Ramírez, C., *La asistencia hospitalaria para indios en Nueva España.* Anales (México), 1966, 19, 227-40.

Viqueira, C., *Los hospitales para locos e «inocentes» en Hispanoamérica y sus antecedentes españoles.* RMedicina y ciencias afines (México), 1965, 22, 1-33.

→ 7.39, Suárez; 7.48, Pike; 9.56, 9.58, 9.59, 10.18.

48 TRABAJO. GREMIOS

Sánchez Perea, R., *Las instituciones regulares del trabajo en el Virreinato de la Nueva España.* México, 1956, 108.

Zorraquín Becú, R., *El trabajo en el período hispánico.* RInst de Historia del Derecho... (Buenos Aires), 1968, 19, 107-200.

Carrera Stampa, M., *Los gremios mexicanos.* México, 1954, 399. Epoca colonial.

Landázuri Soto, A., *El régimen laboral indígena en la Real Audiencia de Quito.* M, 1959, 224. 7

Pike, F. B., *Public work and social welfare in colonial Spanish American Towns.* The Americas (Washington), 1957, 13, 361-75.

Rumeu de Armas, A., *Código del trabajo del indígena americano.* M, 1953, 94.

Rumeu de Armas, A., *La reglamentación del trabajo en las Leyes de Indias.* RTrabajo (M), 1963, 2, 282-308.

Samayoa Guevara, H. H., *Gremios guatemalenses.* Guatemala, 1961, 295.

Samayoa Guevara, H. H., *Los gremios de artesanos en la ciudad de Guatemala.* Guatemala, 1962, 410 + láms.

Santiago Cruz, F., *Las artes y los gremios en la Nueva España.* México, 1960, 141.

Viñas Mey, C., *El estatuto del obrero indígena en la colonización española.* M, 1929, 368.

→ 9.50, 9.53.

49 ECONOMIA. HACIENDA

Mörner, M., *The Spanish American Hacienda: A survey...* HAHR, 1973, 53, 183-217.

Ots Capdequí, J. M., *Instituciones económicas hispanoamericanas del período colonial.* AHDE, 1934, 11, 211-82.

Arcila Farías, E., ... *Reformas económicas del siglo XVIII en Nueva España...* Caracas, 1955, 275.

Báncora Cañero, C., *Las remesas de metales preciosos desde El Callao a España en la primera mitad del siglo XVII.* RI, 1959, 19, 35-88.

Burzio, H. F., *La ceca de la villa imperial de Potosí y la moneda colonial.* Buenos Aires, 1945, c+297.

Céspedes del Castillo, G., *Reorganización de la hacienda virreinal peruana en el siglo XVIII.* AHDE, 1953, 23, 329-69.

Friede, J., *Los Welser en la conquista de Venezuela.* Caracas, 1961, 656.

Gómez de Cervantes, G., *La vida económica y social de Nueva España al finalizar el siglo XVI.* México, 1944, 218.

Luengo Muñoz, M., *Sumaria noción de las monedas de Castilla en Indias en el siglo XVI.* AEAm, 1950, 7, 325-66; 1951, 8, 35-7.

Luengo Muñoz, M., *Sumaria noción del poder adquisitivo de la moneda en Indias durante el siglo XVI.* AEAm, 1951, 8, 35-57.

Martínez Cardós, J., *La política económica indiana de las Cortes de Castilla.* REPol, 1955, 82, 173-92.

Moreno Toscano, A., *Geografía económica de México. Siglo XVI.* México, 1968, 178 + láms.

Rodríguez Vicente, M. E., *Los caudales remitidos desde el Perú a España... 1651-1739.* AEAm, 1964, 21, 1-24.

Sánchez Bella, I., *La jurisdicción de Hacienda en Indias (siglos XVI y XVII).* AHDE, 1959, 29, 175-227.

7 Sánchez Bella, I., *La organización financiera de las Indias. Siglo XVI.* Sevilla, 1968, 362.

Trías Fargas, R., *Notas para un estudio del régimen fiscal de la Colonia al tiempo de su independencia...* AHDE, 1952, 22, 1292-1313.

→ 7.38, Lockhart; 7,40, Rodríguez, Roel.

49.1 AGRICULTURA. GANADERIA

Alvarez López, E., *Las plantas de América en la botánica europea del siglo XVI.* RI, 1945, 6, 221-88.

Chevalier, F., *La formación de los grandes latifundios en México. Tierra y sociedad en los siglos XVI y XVII.* Problemas agrícolas... de México (México), 1956, 8, 1-288.

Dawson, G., *Los alimentos vegetales que América dio al Mundo.* La Plata, 1960, 68.

Deffontaines, P., *L'introduction du bétail en Amérique Latine.* Les Cahiers d'Outre Mer (Burdeos), 1957, 10, 5-22.

Dernhardt, R. M., *Spanish horses and the New World.* The Historian (Albuquerque), 1938, 1, 5-23.

Dusenberry, W. H., *The mexican Mesta. The Administration of ranching in colonial Mexico.* Urbana, 1963, ix+253.

Herrero, M., *Las viñas y los vinos en el Perú.* RI, 1940, 2, 111-6.

Johnson, J. J., *The introduction of the horse into the Western Hemisphere.* HAHR, 1943, 23, 587-610.

Luengo Muñoz, M., ... *La obtención de perlas en América durante el siglo XVI.* AEAm, 1952, 9, 51-72.

Ots Capdequí, J. M., *España en América. El régimen de tierras en la época colonial.* México, 1959, 145.

Pérez de Barradas, J., *Plantas medicinales, venenosas y fantásticas de la América indígena.* BRAH, 1951, 128, 99-136.

Pérez de Barradas, J., *Plantas mágicas americanas.* M, 1957, xi+342.

Portal, M., *El maíz: grano sagrado de América.* M, 1970, 142.

Ramos Pérez, D., *Notas sobre historia de la economía agrícola de Hispanoamérica.* RI, 1966, 26, 79-96.

Ratekin, M., *The early sugar industry in Española.* HAHR, 1954, 34, 1-19.

Rivero Muñiz, J., *Tabaco. Su historia en Cuba...* La Habana, 1964-5, 2 v.

Serpa Flórez, F., *Historia del café.* BolCultural y bibliográfico (Bogotá), 1964, 7, 1604-7.

Uzcategui Mendoza, N., *El tabaco, entre las tribus indígenas de Colombia.* RColombiana de Antropología (Bogotá), 1956, 5, 12-52.

Weatherwax, P., *Indian corn in Old America.* Nueva York, 1954, ix+253.

49.2 MINERIA. INDUSTRIA

Bargallo, M., *La minería y la metalurgia en la América española durante la época colonial...* México, 1955, 442.

Pohl, H., *Algunas consideraciones sobre el desarrollo de la industria hispanoamericana...* AEAm, 1971, 28, 459-77.
Prieto, C., *La minería en el Nuevo Mundo.* M, 1968, 149.

Bakewell, P. J., *Silver mining and society in colonial Mexico: Zacatecas, 1546-1700.* Cambridge, 1971, xiii+294.
Bargallo, M., *La amalgamación de los minerales de plata en Hispanoamérica colonial.* México, 1969, 601.
Bermúdez Miral, O., *Historia del salitre. Desde sus orígenes hasta la Guerra del Pacífico.* Santiago de Chile, 1963, 456 + láms.
Brading, D. A., *Miners and merchants in Bourbon Mexico, 1763-1810.* Cambridge, 1971, xvii+382.
Jara, A., *Tres ensayos de economía minera hispanoamericana.* Santiago de Chile, 1966, 117.
Lohmann Villena, G., *Las minas de Huancavélica en los siglos XVI y XVII.* Sevilla, 1949, xiv+465.
Martínez, P. S., *Las industrias durante el virreinato (1776-1810).* Buenos Aires, 1969, 162.
Messeguer Pardo, J., *El esfuerzo minero y metalúrgico de España en el Nuevo Mundo.* BRSG, 1949, 85, 339-69.
Silva Santisteban, F., *Los obrajes en el Virreinato del Perú.* Lima, 1964, 170.
Tejado Fernández, M., *Un informe de Ulloa sobre la explotación del platino.* Saitabi, 1949, 7, 51-76.
Zavala, S., *La amalgama en la minería de Nueva España.* Historia Mexicana (México), 1962, 48, 416-21.

→ 7.49.3, Ramos.

49.3 COMUNICACIONES. COMERCIO

Alcázar Molina, C., *Historia del correo en América...* M, 1920, 352.
Haring, C., *Comercio y navegación de España en Indias.* México, 1946, 460.
Schäfer, E., *Comunicaciones marítimas y terrestres de las Indias españolas.* AEAm, 1946, 3, 969-83.

Arcila Farías, E., *El comercio venezolano en los siglos XVI y XVII.* RHacienda (Caracas), 1944, 16, 21-55.
Arcila Farías, E., *El Real Consulado de Caracas.* Caracas, 1957, 254.
Artiñano Galdácano, G., *Historia del comercio con las Indias durante el dominio de los Austrias.* B, 1917, 350.
Basterra, R., *Una empresa del siglo XVIII. Los navíos de la Ilustración, Real Compañía Guipuzcoana de Caracas y su influencia en los destinos de América.* Caracas, 1925, 307.
Bitar Letayf, M., *Economistas españoles del siglo XVIII. Sus ideas sobre la libertad del comercio con Indias.* M, 1968, xx+257.
Bonet de Sotillo, D., *El tráfico ilegal en las colonias españolas.* Cultura Universitaria (Caracas), 1955, 48, 10-35.
Céspedes del Castillo, G., *La avería en el comercio de Indias.* AEAm, 1945, 2, 515-698.
También, Sevilla, 1945, viii+188.

7 Córdova Bello, E., *Compañías holandesas de navegación, agentes de la colonización neerlandesa.* Sevilla, 1964, vii+303.

Chaunu, P. y H., *Séville et l'Atlantique, 1504-1650.* París, 1955-9, 11 v.

Défourneaux, M., *La France et la liberté du commerce des Indes.* CHist, 1968, 2, 187-203.

Días, M. Nunes, *El Real Consulado de Caracas.* Caracas, 1971, xxxii+642.

Gómez Molleda, M. D., *El contrabando inglés en América.* Hispania, 1950, 10, 336-69.

Hussey, R. D., *La Compañía de Caracas, 1728-1784.* Caracas, 1962, 384.

Manjarrés, R., *Proyectos españoles de canal interoceánico (Panamá).* RABM, 1914, 30, 73-94, 283-97.

Morales Padrón, F., *El comercio canario-americano (siglos XVI, XVII y XVIII).* Sevilla, 1955, xx+425.

Muñoz Pérez, J., *El comercio de Indias bajo los Austrias y la crítica del proyectismo del siglo XVIII.* AEAm, 1956, 13, 1-83.

Navarro García, L., *Pilotos, maestres y señores de naos en la carrera de las Indias.* AH, 1967, 47, 241-94.

Navarro García, L., *La gente de mar en Sevilla en el siglo XVI.* RHA, 1969, 7, 1-64.

Pases, R., *War and trade in the West Indies, 1739-1763.* Nueva York, 1936, xi+631.

Pérez Embid, F., *Los viajes a Indias en la época de Juan de la Cosa.* Santander, 1951, 29.
También, en *Conferencias sobre Juan de la Cosa.* Santander, 1951, 29-52.

Pérez Hernández, M., y P. Nougués, *Los precursores españoles del canal interoceánico.* M, 1915, viii+216 + láms.

Pérez de Tudela, J., *Las armadas de Indias y los orígenes de la política de colonización (1492-1505).* M, 1956, 265.

Pulido Rubio, J., *El Piloto mayor y cosmógrafo de la Casa de Contratación de Indias.* M, 1950, viii+996.

Rahola, F., *Comercio de Cataluña con América en el siglo XVIII.* B, 1931, 303.

Ramón de San Pedro, J. M., *La Real Compañía Guipuzcoana de Navegación de Caracas.* PE, 1957, 22, 95-105.

Ramos Pérez, D., *Minería y comercio interprovincial en Hispanoamérica. Siglos XVI, XVII y XVIII.* Valladolid, 1970, 334.

Real Díaz, J. J., *Las ferias de Jalapa.* AEAm, 1959, 16, 167-314. También, Sevilla, 1959, xii+148.

Rodríguez Casado, V., *Comentarios al Decreto y Real Instrucción de 1765 regulando las relaciones comerciales de España e Indias.* AHDE, 1941, 13, 100-35.

Rodríguez Molas, R., *La pulpería rioplatense en el siglo XVII.* Universidad (Santa Fe), 1961, 49, 99-134.

Rodríguez Vicente, M. E., *El Tribunal del Consulado de Lima en la primera mitad del siglo XVII.* M, 1960, xvi+443.

Vázquez de Prada, V., *Las rutas comerciales entre España y América en el siglo XVIII.* AEAm, 1968, 25, 197-241.

Verlinden, Ch., *Modalités et méthodes du commerce colonial dans l'Empire espagnol au XVIe. siècle.* RI, 1952, 12, 249-76. 7

Vidago, J., *Cómo viajaban los pasajeros a Indias.* RNacional de Cultura (Caracas), 1961, 146, 182-202.

Villalobos, S., *Comercio y contrabando en el Río de la Plata y Chile.* Buenos Aires, 1965, 147.

Zendegui, G., *Los primeros correos del Nuevo Mundo.* The Americas (Washington), 1973, 25, 2-9.

→ 7.20, 7.21.

50 CIENCIA Y CULTURA

Arciniegas, C., *El continente de siete colores. Historia de la cultura en América latina.* Buenos Aires, 1970, 738 + láms.

Ballesteros Gaibrois, M., *La vida cultural en la América española en los siglos XVI y XVII,* en HGLH, III, 967-74.

Diffie, B. W., *Latin-American civilization: colonial period.* Harrisburg, 1945, 812.

Esteve Barba, E., *Cultura virreinal.* B, 1965, xi+1019.

Picón Salas, M., *De la Conquista a la Independencia. Tres siglos de historia cultural hispanoamericana.* México, 1965[4], 261.

Worcester, D. E., y W. G. Schaeffer, *The growth and culture of Latin American.* Nueva York, 1956, xviii+963.

Zavala, S., *Los desarrollos culturales de Hispanoamérica en la época colonial.* Mercurio Peruano (Lima), 1964, 443, 129-45.

Antelo, A., *Literatura y sociedad en la América española del siglo XVI...* Thesaurus, 1973, 28, 279-330.

Barreda Laos, F., *Vida intelectual del Virreinato del Perú.* Buenos Aires, 1937, 391.

Cervera Jiménez, F., *Jorge Juan y la colonización española en América.* M, 1928, 312.

Cordero, A., *Primeras manifestaciones de la cultura en el Nuevo Mundo.* REducación (Santo Domingo), 1964, 34, 61-76.

Delgado Martín, J., *El problema de la cultura americana.* REPol, 1957, 92, 177-233.

Fernández Méndez, E., *Historia cultural de Puerto Rico, 1493-1968.* S. Juan de Puerto Rico, 1970, 353.

Furlong, G., *Nacimiento y desarrollo de la filosofía en el Río de la Plata, 1536-1810.* Buenos Aires, 1952, 759.

González Ruiz, F., *Evolución de la cultura en América. Estudios de iniciación.* M, 1953, xii+592.

Malagón Barceló, J., *La literatura jurídica española del siglo de Oro en la Nueva España.* México, 1959, 173.

Meléndez Chávarri, C., *La Ilustración en el antiguo reino de Guatemala.* San José de Costa Rica, 1970, 218.

Porras Traconis, G., *Historia de la cultura en el Nuevo Reino de Granada.* Sevilla, 1952, x+562.

Ramos, S., *El movimiento científico en la Nueva España.* Filosofía y Letras (México), 1942, 3, 169-78.

7 Rey Fajardo, J., *Aportes jesuíticos a la filología colonial venezolana.* Caracas, 1971, 2 v.

Rey Pastor, J., *Los progresos de España en Hispanoamérica en las ciencias teóricas.* M, 1932, 61.

Rivas Sacconi, J. M., *El latín en Colombia.* Bogotá, 1949, viii+484. Humanismo en general.

Vargas, J. M., *Historia de la cultura ecuatoriana.* Quito, 1965, 589.

Whitaker, A. P., *La historia intelectual de Hispanoamérica en el siglo XVIII.* RHA, 1955, 40, 553-73.

→ 7.37, Lohmann; 7.40, Furlong; 14.57, Furlong; 14.91, Latorre.

51 EDUCACION

Bayle Prieto, C., *España y la educación popular en América.* M, 1941, 440.

Elizalde Armendáriz, I., *Las Universidades de la América virreinal.* Eca (S. Salvador), 1965, 20, 299-304.

Lanning, J. T., *Academic Culture in the Spanish Colonies.* Nueva York, 1940, 149.

Probst, J., *Cultura. La enseñanza durante la época colonial.* Buenos Aires, 1924, ccxii+688.

Rodríguez Cruz, A. M., *Historia de las Universidades hispanoamericanas. Período hispánico.* Bogotá, 1973, 2 v.

Angeles Caballero, C. A., *La educación en el virreinato del Perú.* RArchivo Nacional del Perú (Lima), 1958, 22, 105-31.

Becerra López, J. L., *La organización de los estudios en la Nueva España.* México, 1963, 379.

Carreño, A. M., *La Real y Pontificia Universidad de México, 1536-1865.* México, 1961, 502.

Carreño, A. M., *Efemérides de la Real y Pontificia Universidad de México según sus libros de claustros.* México, 1963, 2 v.

Galino Carrillo, M. A., *La obra educativa de España en Méjico (siglos XVI y XVII).* REP, 1947, 5, 25-54.

Góngora del Campo, M., *Notas para la historia de la educación universitaria colonial en Chile.* AEAm, 1949, 6, 161-230.

Iguiniz, J. B., *La antigua Universidad de Guadalajara.* México, 1959, 163.

Jobet, J. C., *Notas sobre la enseñanza superior en el siglo XVIII.* Atenea (Concepción), 1968, 167, 265-325.

Lanning, J. T., *The Eighteenth-Century Enlightement in the University of San Carlos de Guatemala.* Ithaca, 1956, xxv+372.

Lanning, J. T., *The Church and the Enlightement in the Universities.* The Americas (Washington), 1959, 15, 333-50.

Leal, I., *Historia de la Universidad de Caracas (1721-1827).* Caracas, 1963, 430.

Luque Alcaide, E., *La educación en Nueva España en el siglo XVIII.* Sevilla, 1970, xliv+403 + láms.

Mata Gavidia, J., *Fundación de la Universidad de Guatemala, 1548-1688.* Guatemala, 1954, viii+388.

Nieto Lozano, D., *La educación en el Nuevo Reino de Granada.* Bogotá, 1955, 180.

Razo Zaragoza, J. L., *Crónica de la ... Universidad de Guadalajara...* México, 1963, 200+lvi. 7

Ricinos, A., *Fundación de la Universidad de Guatemala, año 1676.* Anales de la SGeografía e Historia (Guatemala), 1962, 35, 32-7.

Rubio, P., *La Universidad de San Marcos de Lima durante la colonización española...* M, 1933, 256.

Tió, A., *La Universidad primada de América* [Puerto Rico]. BolAc Puertorriqueña de la Historia (San Juan de Puerto Rico), 1971, 2, 15-216.

Valcárcel, D., *La educación en el Perú autóctono y virreinal.* EAm, 1956, 12, 205-326.

Valcárcel, D., *San Marcos, Universidad decana de América.* Lima, 1968, 139.

Con noticias de otras Universidades tempranas.

53 IMPRENTA. LIBROS. BIBLIOTECAS

Cuesta Gutiérrez, L., *La imprenta y el libro en la América Hispana colonial.* Gutenberg Jahrbuch (Leipzig), 1957, 160-7.

Medina, J. T., *Historia de la imprenta en los antiguos dominios españoles de América y Oceanía.* Santiago de Chile, 1958, 2 v.

Millares Carlo, A., *Bibliotecas y difusión del libro en Hispanoamérica colonial.* Caracas, 1970, 54.

Pérez Vila, M., *Los libros en la colonia y en la independencia.* Caracas, 1970, xii+236.

Thompson, L. S., *Printing in Colonial Spanish America.* Hamden (USA), 1962, 108.

Thompson, L. S., *Las bibliotecas en la Hispanoamérica colonial.* BolBiblioteca general (Maracaibo), 1963, 3, 33-46.

Torre Revello, J., *El libro, la imprenta y el periodismo en América durante la dominación española.* Buenos Aires, 1940, 269+ccxxxviii.

Torre Revello, J., *Bibliotecas e imprentas en la América colonial.* BolAcNacional de la Historia (Buenos Aires), 1941, 15, 209-23.

Cayuela, J., *La difusión del libro en América.* Estudios (Santiago de Chile), 1956, 24, 18-32.

Comadrán Ruiz, J., *Bibliotecas cuyanas del siglo XVIII.* Mendoza, 1961, 143.

Furlong, G., *Bibliotecas argentinas durante la dominación hispánica.* Buenos Aires, 1944, 180.

Furlong, G., *Orígenes del arte tipográfico en América, especialmente en la República Argentina.* Buenos Aires, 1947, 225.

García Icazbalceta, J., *Bibliografía mexicana del siglo XVI. Catálogo...* México, 1954, 581.

Graiño, A., *Las imprentas menores en Ultramar y el libro durante la tutela de España.* RI, 1941, 6, 149-63.

Gutiérrez Lizardo, H., *Circulación del libro en el Nuevo Reino de Granada.* Historia (Bogotá), 1955, 1, 73-81.

Leonard, I. A., *Los libros del conquistador.* México, 1953, 399.

Lohmann Villena, G., *Los libros españoles en Indias.* Arbor, 1944, 2, 221-49.

7 Medina, J. T., *Historia y bibliografía de la imprenta en el antiguo virreinato del Río de la Plata.* Buenos Aires, 1892, 3 v.

Medina, J. T., *Biblioteca hispano-chilena (1523-1817).* Santiago de Chile, 1897-99, 3 v.

Medina, J. T., *Biblioteca hispano-americana (1493-1810).* Santiago de Chile, 1898-1907, 7 v.

Medina, J. T., *La imprenta en Bogotá (1739-1821).* Santiago, 1904, xxxii+199.

Medina, J. T., *La imprenta en Lima... (1584-1824).* Santiago de Chile, 1904-7, 4 v.

Medina, J. T., *La imprenta en México (1539-1821).* Santiago de Chile, 1909-12, 8 v.

Medina, J. T., *La imprenta en Guatemala (1660-1820).* Santiago, 1910, lxxxv+696.

Medina, J. T., *Introducción de la imprenta en América.* Santiago de Chile, 1910, 104.

O'Gorman, E., *Bibliotecas y librerías coloniales, 1585-1694.* BolArchivo general de la Nación (México), 1939, 10, 661-1006.

Torre Revello, J., *Los orígenes de la imprenta en la América española.* M, 1927, 39.

Torre Revello, J., *Lista de los libros embarcados para Buenos Aires en los siglos XVII y XVIII.* BIIH, 1930, 10, 29-50; 11, 45-66.

Torre Revello, J., *Orígenes de la imprenta en España y su desarrollo en la América latina.* Buenos Aires, 1940, 354.

Zulaica Gárate, R., *Los franciscanos y la imprenta en México en el siglo XVI.* México, 1939, 376.

54 LITERATURA: ESTUDIOS GENERALES

Carrera Andrade, J., *Bibliografía general de la literatura latinoamericana.* París, 1972, 187.

Rela, W., *Guía bibliográfica de la literatura hispanoamericana desde el siglo XIX hasta 1970.* Buenos Aires, 1971, 613.

Anderson Imbert, E., *Historia de la literatura hispanoamericana.* México, 1970[7], 2 v.

Aubrun, Ch. V., *Histoire des lettres hispano-américaines.* París, 1954, 224.

Bazin, R., *Historia de la literatura americana en lengua española.* Buenos Aires, 1967[3], 366.

Grossmann, R., *Historia y problemas de la literatura latinoamericana.* M, 1972, 758.

Hamilton, C., *Historia de la literatura hispano-americana.* M, 1966[2], 397.

Lazo, R., *Historia de la literatura hispanoamericana. El período colonial, 1492-1780.* México, 1965, xvii+370.

Lazo, R., *Historia de la literatura hispanoamericana. El siglo XIX (1780-1914).* México, 1967, 333.

Leguizamón, J. A., *Historia de la literatura hispanoamericana.* Buenos Aires, 1945, 2 v.

Sánchez, L. A., *Escritores representativos de América. Primera serie.* M, 1963[2], 3 v.

Sánchez, L. A., *Escritores representativos de América. Segunda serie.* M, 1963, 3 v.
Torres Rioseco, A., *Nueva historia de la gran literatura iberoamericana.* Buenos Aires, 1964^{5}, 338.
Valbuena Briones, A., *Literatura hispanoamericana.* B, 1969^{2}, 624.

55 GENEROS. EPOCAS. ESCUELAS

Alegría, F., *Historia de la novela hispanoamericana.* México, 1966^{3}, 300.
Arrom, J. J., *El teatro de Hispanoamérica en la época colonial.* La Habana, 1956, ix+239.
Carilla, E., *La literatura de la independencia hispanoamericana: Neoclasicismo y prerromanticismo.* Buenos Aires, 1964, 124.
Carilla, E., *El romanticismo en la América hispánica.* M, 1967^{2}, 2 v.
Carilla, E., *La literatura barroca en Hispanoamérica.* M, 1972, 209 + láms.
Carrizo, J. A., *La poesía tradicional de Hispanoamérica,* en HGLH, IV, 1, 291-314.
Cortázar, A. R., *Poesía gauchesca argentina,* en HGLH, IV, 1, 393-442.
Ferro, H., *Historia de la poesía hispanoamericana.* Nueva York, 1965^{2}, 381.
Furlong, G., *Escritores coloniales rioplatenses.* Buenos Aires, 1953, 3 v.
Henríquez Ureña, M., *Las corrientes literarias en la América hispánica.* México, 1954^{2}, 340.
Henríquez Ureña, M., *Breve historia del modernismo.* México, 1962^{2}, 640.
Jones, W. K., *Breve historia del teatro latino-americano.* México, 1956, 239.
Leal, L., *Historia del cuento hispanoamericano.* México, 1966, 175.
Leumann, C. A., *La literatura gauchesca y la poesía gaucha.* Buenos Aires, 1953, 213.
Lohmann Villena, G., *El arte dramático en Lima durante el virreinato.* Sevilla, 1945, xx+647.
Lohmann Villena, G., *El teatro en Sudamérica española hasta 1800,* en HGLH, IV, 1, 373-89.
Loveluck, J., y otros, *La novela hispanoamericana.* Santiago de Chile, 1966^{2}, 437.
María Campos, A., *Guía de representaciones teatrales en la Nueva España (siglos XVI al XVIII).* México, 1959, 212.
Mead, R. C., *Breve historia del ensayo hispanoamericano.* México, 1956, 144.
Menéndez Pelayo, M., *Historia de la poesía hispanoamericana.* M, 1948, 2 v.
Formada con los prólogos de su *Antología...* → 7.56.
Rivera, A., y R. Quintana, *Aparición de los géneros periodísticos en la época colonial.* Buenos Aires, 1945, 145.
También, BAAL, 1944, 13, 85-225.

7 Sánchez, L. A., *Proceso y contenido de la novela hispanoamericana.* M, 1968, 630.

Saz, A., *La poesía hispano-americana.* B, 1948, 155.

Saz, A., *Teatro hispanoamericano.* B, 1963, 2 v.

Saz, A., *Resumen de historia de la novela hispanoamericana.* B, 1949, 238.

Schulman, I., *Génesis del modernismo.* México, 1968^{2}, 215.

Simmons, M. E., *A bibliography of the romance and related forms in Spanish America.* Bloomington, 1963, 396.

Torre Revello, J., *Los orígenes del periodismo en la América española.* BolAc Nacional de la Historia (Buenos Aires), 1939, 13, 39-75.

Trenti Rocamora, J. L., *El teatro en la América colonial.* Buenos Aires, 1947, 476.

Trenti Rocamora, J. L., *El repertorio de la dramática colonial hispanoamericana.* Buenos Aires, 1950, 110.

Varela Iglesias, J. L., *Ensayos de poesía indígena en Cuba.* M, 1951, 124.

Wold, R., *El Diario de México, primer cotidiano de Nueva España.* M, 1970, 293.

Zum Felde, A., *La narrativa en Hispanoamérica.* M, 1964, 379.

→ 7.43, Pérez; 7.50, Antelo; 7.53, Torre.

56 ANTOLOGIAS

Anderson Imbert, E., y E. Florit, *Literatura hispanoamericana. Antología e introducción histórica.* Nueva York, 1960, 780.

Caillet-Bois, J., *Antología de la poesía hispanoamericana.* M, 1965^{2} 2072.

Campos, J., *Antología hispanoamericana.* M, 1950, 639.

Congrains, E., *Cuentos hispanoamericanos. Antología.* Lima, 1964, 268.

Danero, E. M. S., *Antología gaucha. Poesía.* Santa Fe, 1965^{3}, 411.

Flores, A., *Historia y antología del cuento y la novela hispanoamericana.* Nueva York, 1959, 696.

Garganico, J., y W. Rela, *Antología de la literatura gauchesca y criollista.* Montevideo, 1967, 521.

Gutiérrez, F., *Poesía hispanoamericana.* B, 1964, 2 v.

Jones, W. K., *Antología del teatro hispanoamericano.* México, 1959, 293.

Menéndez Pelayo, M., *Antología de poetas hispanoamericanos.* M, 1927-8^{2}, 4 v.

Menton, S., *El cuento hispanoamericano. Antología crítico-histórica.* México, 1964, 2 v.

Panero, L., *Antología de la poesía hispanoamericana desde sus comienzos hasta Ruben Darío.* M, 1944-5, 2 v.

57 LITERATURAS NACIONALES

→ 1.00, Foster.

Arrieta, R. A., y otros, *Historia de la literatura* **argentina.** Buenos Aires, 1958-60, 6 v.

Becco, H. J., *Fuentes para el estudio de la literatura argentina.* Buenos Aires, 1968, 62. 7
Berenguer Carísomo, A., *Literatura argentina.* B, 1970, 191.
Rojas, R., *Historia de la literatura argentina.* Buenos Aires, 1957^{4}, 9 v.

Díez de Medina, F., *Literatura* **boliviana.** *Del tiempo mítico a la producción contemporánea.* M, 1959^{2}, 416.
Finot, E., *Historia de la literatura boliviana.* La Paz, 1964^{3}, 621.
Camacho Guizado, E., *Literatura* **colombiana.** *Siglos XVI-XVII.* Bogotá, 1965, 136.
Gómez Restrepo, A., *Historia de la literatura colombiana.* Bogotá, 1953-4, 4 v.
Núñez Segura, J. A., *Literatura colombiana.* Medellín, 1961^{5}, 627.
Bonilla, A., *Historia y antología de la literatura* **costarricense.** San José, 1957-61, 2 v.
Bueno, S., *Historia de la literatura* **cubana.** La Habana, 1963^{3}, 464.
Henríquez Ureña, M., *Historia de la literatura cubana.* Nueva York, 1963, 2 v.
Dussuel, F., *Literatura* **chilena.** *Del siglo XVI al XIX.* Santiago de Chile, 1959, 413.
Silva Castro, R., *Panorama literario de Chile.* Santiago de Chile, 1961, 570.

Dominicana → infra [República] **Dominicana.**

Arias, A., *Panorama de la literatura* **ecuatoriana.** Quito, 1961^{4}, 338.
Barrera, I. J., *Historia de la literatura ecuatoriana.* Quito, 1960^{3}, 4 v.
Gallegos Valdés, L., *Panorama de la literatura* **salvadoreña.** S. Salvador, 1962^{2}, 238.
Vela, D., *Literatura* **guatemalteca.** Guatemala, 1944-5^{2}, 2 v.
González Peña, C., *Historia de la literatura* **mexicana.** *Desde sus orígenes hasta nuestros días.* México 1972^{10}, 355.
Monterde, F., *La literatura mexicana de los siglos XVI y XVII,* en HGLH, III, 999-1019.
Monterde, F., *La literatura mexicana [Siglos XVIII-XIX],* en HGLH, IV, 1, 363-72.
Valenzuela Rodarte, A., *Historia de la literatura en México.* México, 1961, 624.
García S., I., *Historia de la literatura* **panameña.** México, 1964, 189.
Centurión, C. R., *Historia de las letras* **paraguayas.** Buenos Aires, 1947-51, 3 v.
Rodríguez Alcalá, H., *Historia de la literatura paraguaya.* Asunción, 1971, 202.
Lohmann Villena, G., *La literatura* **peruana** *de los siglos XVI y XVII,* en HGLH, III, 977-95.
Sánchez, L. A., *La literatura peruana.* Lima, 1965, 2 v.
Tamayo Vargas, A., *Literatura peruana.* Lima, 1968, 2 v.

7 Aymerich, C., *Historia de la literatura* **puertorriqueña.** Río Piedras, 1971.

Manrique Cabrera, F., *Historia de la literatura puertorriqueña.* Puerto Rico, 1964, 410.

Rosa-Nieves, C., *Historia de la literatura puertorriqueña, 1589-1959.* San Juan, 1963, 2 v.

Balaguer, J., *Historia de la literatura* **dominicana.** Ciudad Trujillo, 1956, 365.

Henríquez Ureña, M., *Panorama histórico de la literatura dominicana.* Santo Domingo, 1966^{2}, 459.

Salvadoreña → supra [El] **Salvador.**

Bollo, S., *Literatura* **uruguaya,** *1807-1965.* Montevideo, 1965, 2 v.

Reyles, C., *Historia sintética de la literatura uruguaya.* Montevideo, 1931, 3 v.

Roxlo, C., *Historia crítica de la literatura uruguaya.* Montevideo, 1912-6, 7 v.

Díaz Seijas, P., *Historia y antología de la literatura* **venezolana.** M, 1962^{4}, 600 + láms.

Picón Salas, M., *Literatura venezolana.* Caracas, 1945, 270.

58 ARTE: ESTUDIOS GENERALES

Angulo Iñiguez, D., y otros, *Historia del arte hispanoamericano.* M, 1945-56, 3 v.

Castedo, L., *Historia del arte y de la arquitectura latinoamericana.* Santiago de Chile, 1970, 344 + láms.

Castedo, L., *Arte precolombino y colonial de la América latina.* B, 1972, 168 + láms.

Kelemen, P., *Art of the Americas. Ancient and Hispanic, with a comparative chapter on the Philippines.* Nueva York, 1969, 402 + láms.

Marco Dorta, E., *Arte en América y Filipinas.* M, 1973, 449 + láms.

Solá, M., *Historia del arte hispanoamericano. Arquitectura, escultura, pintura y artes menores... durante los siglos XVI, XVII y XVIII.* B, 1958^{2}, 341 + láms.

Vargas Ugarte, R., *Ensayo de un diccionario de artífices coloniales de la América meridional.* Burgos, 1968^{2}, 504.

Westheim, P., y P. Kelemen, *Arte Ibero-Americana.* Lisboa, 1971, 196.

58.1 ARQUITECTURA

Buschiazo, M. J., *Historia de la arquitectura colonial en Iberoamérica.* Buenos Aires, 1961, 169 + láms.

Angulo Iñiguez, D., *La arquitectura neoclásica en México.* M, 1958, 38.

Annis, V. L., *The architecture of Antigua Guatemala, 1543-1773.* Guatemala, 1968, xxiv+476 + láms.

Baird, J. A., *The churches of México, 1530-1810.* Berkeley, 1962, xxii+127 + láms.

Benavides Rodríguez, A., *La arquitectura en el virreinato del Perú y en la capitanía general de Chile.* Santiago de Chile, 1961^{2}, 483. 7

Bonet Correa, A., *Las iglesias barrocas en Guatemala.* AEAm, 1965, 22, 705-65.

Bonet Correa, A., *Antecedentes españoles de las capillas abiertas hispanoamericanas.* RI, 1963, 23, 268-80.

Calderón Quijano, J. A., *Historia de las fortificaciones en Nueva España.* Sevilla, 1953, xxxvi+334.

Furlong, G., *Arquitectos argentinos durante la dominación hispánica.* Buenos Aires, 1946, 430 + láms.

Gante, P., *La arquitectura de México en el siglo XVI.* México, 1954^{2}, xxiv+328.

Gasparini, G., *La arquitectura colonial en Venezuela.* Caracas, 1965, 379.

Kubler, G., *Mexican architecture of the sixteenth century.* Yale, 1948, 2 v.

Marco Dorta, E., *La arquitectura barroca en el Perú.* M, 1957, 47 + láms.

Marco Dorta, E., *Arquitectura del siglo XVIII en Venezuela.* AUH, 1959, 20, 111-29.

Mesa, J. de, y T. Gisbert, *Contribuciones al estudio de la arquitectura andina.* La Paz, 1966, 150 + láms.

Palm, E. W., *Los monumentos arquitectónicos de La Española.* Ciudad Trujillo, 1955, 2 v.

Pla, J., *Ámbito, volumen y cronología del barroco hispano-guaraní.* CH, 1967, 210, 555-73.

Rosell, L., *Iglesias y conventos coloniales de México...* México, 1961^{2}, 353.

58.2 ESCULTURA. ARTES MENORES

Berlín, H., *Historia de la imaginería colonial en Guatemala.* Guatemala, 1952, 234 + láms.

Daus, M. L., y G. Pack, *Mexican Jewlry.* Austin, 1963, 262.

Duarte, C. F., *Historia de la orfebrería en Venezuela* [colonial]. Caracas, 1970, 513.

Mariñas Otero, L., *La escultura en Honduras.* CH, 1960, 125, 215-23.

Mesa, J., y T. Gisbert, *Escultura virreinal en Bolivia.* La Paz, 1972, 490 + láms.

Navarro, J. G., *La escultura en El Ecuador. Siglo XVI al XVIII.* M, 1929, 195 + láms.

Rodríguez, C. A., *La imaginería en el arte quiteño.* Museo histórico (Quito), 1971, 52, 245-54.

58.3 PINTURA

Vivanco, L. F., *Introducción a la pintura de los países hispanoamericanos.* Clavileño, 1951, 12, 52-8.

Boulton, A., *Historia de la pintura en Venezuela.* Caracas, 1964-72, 3 v.

Mariñas Otero, L., *La pintura en Honduras.* CH, 1959, 119, 1-16.

7 Mesa, J., y T. Gisbert, *La pintura boliviana del siglo XVII*. EAm, 1956, 11, 19-42.

Mesa, J., y T. Gisbert, *Historia de la pintura cuzqueña*. Buenos Aires, 1962, 264 + láms.

Toussaint, M., *Pintura colonial en México*. México, 1965, xvi+307 + láms.

Tudela de la Orden, J., *La conquista de México en la pintura. De los códices indígenas a Diego de Ribera*. CH, 1960, 131, 157-67.

58.4 MUSICA

Bernal Jiménez, M., *Música... mejicana*. EAm, 1948, 1, 109-17.

Hernández Balaguer, P., *Breve historia de la música cubana*. Santiago de Cuba, 1964, 23.

Mariñas Otero, L., *Panorámica de la música hondureña*. CH, 1958, 103, 2-12.

Música, *La problemática de la ___ de las Américas*. Música (M), 1952, 2, 51-70.

Perdomo Escobar, J. I., *Historia de la música en Colombia*. Bogotá, 1963^{3}, 422.

Rodrigo, J., *La música hispanoamericana y sus derroteros*. CH, 1950, 18, 345-50.

Sánchez Pedrote, E., *Consideraciones sobre la música en Hispanoamérica*. EAm, 1954, 7, 417-26.

Stevenson, R., *La música colonial en Colombia*. Cali, 1964, 64.

→ 7.59, 18.80, Subirá.

58.5 AREAS REGIONALES

7 Angulo Iñiguez, D., *El gótico y el renacimiento en las Antillas. Arquitectura, escultura, pintura, azulejos, orfebrería*. Sevilla, 1947, viii+101 + láms.
También, AEAm, 1947, 4, 1-102.

Cossío del Pomar, F., *Arte del Perú colonial*. México, 1958, xix+253.

Chacón Torres, M., *Arte virreinal en Potosí*. M, 1973, 346 + láms.

Chinchilla, E., *Historia del arte en Guatemala*. Guatemala, 1965.

Harth-Terré, E., *Artífices en el Virreinato del Perú. Historia del arte peruano*. Lima, 1945, 244.

Jiménez de la Romera, W., *España. Sus monumentos... Cuba, Puerto-Rico y Filipinas*. B, 1887, 944.

Pagano, J. L., *El arte de los argentinos*... Buenos Aires, 1937-40, 3 v.

Rojas Rodríguez, P. M., *Historia general del arte mexicano*. México, 1963, 241.

Toussaint, M., *Arte colonial en México*. México, 1962^{2}, xiv+303 + láms.

Tudela de la Orden, J., *Las dos escuelas andinas* [Quito y Cuzco] *de arte colonial*. CH, 1966, 195, 503-11 + láms.

→ 18.35, Bonet.

59 FOLKLORE 7

Carvalho Neto, P., *Historia del folklore iberoamericano... hasta 1965*. Santiago de Chile, 1969, 212.

Coluccio, F., *Diccionario del folklore americano*. Buenos Aires, 1954, I, 417.

Acosta Saignes, M., *Estudios de folklore venezolano*. Caracas, 1962, 289.

Aretz, I., *Manual de folklore venezolano*. Caracas, 1957.

Argeliers, L., y A. León, *Música folklórica cubana*. La Habana, 1964, 148.

Barros A., R., *La danza folklórica chilena*. RMusical de Chile, 1962, 79, 60-9.

Bayle Prieto, C., *Juegos antiguos en América*. RyF, 1943, 128, 496-505; 1944, 129, 151-77.

Carvalho Neto, P., *Folklore del Paraguay*. Quito, 1961, 475.

Coluccio, F., *Diccionario folklórico argentino*. Buenos Aires, 1964, 2 v.

Davidson, H. C., *Diccionario folklórico de Colombia. Música, instrumentos y danzas*. Bogotá, 1970, 3 v.

Espinosa, A. M., *Folklore infantil de Nuevo Méjico*. RDTP, 1954, 10, 499-547.

Fortún, J. E., *Notas sobre el folklore boliviano*. CH, 1952, 28, 70-8.

Franco Fernández, R., *El folklore de Jalisco*. Guadalajara (Méjico), 1972, 211.

García Nieto, J., y F. Tomás Comes, *Leyendas hispanoamericanas*. M, 1964, 192.

Gil, B., *Folklore infantil hispanoamericano*. CH, 1963, 157, 83-94.

Hoyos Sáinz, L., *Avance del folklore y de la etnografía criolla*. RI, 1947, 8, 53-68.

Jijena Sánchez, R., *Expresiones del folklore argentino*. RDTP, 1959, 15, 259-73.

Lugones, L., *El payador. Estudio del suelo, la raza y el arte gauchescos*. Buenos Aires, 1961, 362.

Mendoza, V. T., *La canción mexicana...* México, 1961, 671.

Moya, I., *El arte de los payadores*. Buenos Aires, 1959, 462.

Olivares Figueroa, R., *Folklore venezolano*. Caracas, 1954, 2 v.

Paredes Candia, A., *La danza folklórica en Bolivia*. La Paz, 1960, 256.

Plath, O., *Folklore religioso chileno*. Santiago, 1966, 229.

Ramón Rivera, L. F., *Música folklórica y popular de Venezuela*. Caracas, 1963, 60.

Rosa Nieves, C., *Apuntes sobre los bailes en Puerto Rico*. EAm, 1956, 12, 435-42.

Saravia Viejo, J., *El juego de gallos en la Nueva España*. Sevilla, 1972, 149.

Soublette, L. G., *Formas musicales básicas del folklore chileno*. RMusical de Chile, 1962, 79, 49-59.

Zapata Olivella, D., *La cumbia... Síntesis histórica y coreográfica*. RColombiana de Folclor (Bogotá), 1962, 3, 187-204.

7

60 INDEPENDENCIA

Salas, C. I., *Bibliografía del General San Martín y de la emancipación sudamericana.* Buenos Aires, 1910, 5 v.
Torres Lanzas, P., *Independencia de América. Fuentes para su estudio.* M, 1912, 6 v.

Amunátegui Solar, D., *La emancipación de Hispanoamérica.* Santiago de Chile, 1936, 219.
André, M., *El fin del Imperio español en América.* Santander, 1939, 201.
Aunós Pérez, E., *Cómo se perdió América.* Buenos Aires, 1942, 112.
Bulnes, G., *1810, nacimiento de las repúblicas americanas.* Buenos Aires, 1927, 2 v.
Delgado Martín, J., *La independencia hispanoamericana.* M, 1960, 124.
Lynch, J., *The spanish american revolutions, 1808-1826.* Londres, 1973, xxvii+433.
Madariaga Rojo, S., *El ocaso del Imperio español en América.* Buenos Aires, 1959[2], 553.
Rizzi, M. A., *Historia de la Revolución de Mayo y de la emancipación americana.* Buenos Aires, 1945, 5 v.

61 PRECEDENTES. IDEOLOGIA. INTERPRETACION

Aguilera, M., *Raíces lejanas de la Independencia.* Bogotá, 1960, 111.
Amunátegui Reyes, M. L., *Los precursores de la Independencia de Chile.* Santiago de Chile, 1870-2, 3 v.
Caillet-Bois, R., *Ensayo sobre el Río de la Plata y la Revolución francesa.* Buenos Aires, 1929, 124+cxxix.
Carbia, R. D., *La Revolución de Mayo y la Iglesia.* Buenos Aires, 1945, 147.
Cornejo Buroncle, J., *Tupac Amaru, la revolución precursora...* Cuzco, 1963[2], 649.
Encina, F. A., *Bolívar y la Independencia de la América española. El Imperio hispano hacia 1810 y la génesis de su emancipación.* Santiago de Chile, 1957, 526.
Fisher, L. E., *The last Inca* [Tupac Amaru] *Revolt, 1780-1783.* Norman, 1966, xiii+426.
Gil Munilla, O., *Teoría de la emancipación.* EAm, 1950, 2, 329-51.
Giménez Fernández, M., *Las doctrinas populistas en la independencia de Hispano-América.* AEAm, 1946, 3, 517-666. También, Sevilla, 1946, viii+156.
Humphreys, R. A., *The origins of the Latin-American Revolutions, 1808-1826.* Nueva York, 1966, ix+308.
Independencia hispanoamericana, *Causas de la ___. Congreso hispanoamericano de Historia.* M, 1953, 520. Numerosas colaboraciones.
Levene, R., *El mundo de las ideas y la revolución hispanoamericana de 1810.* Santiago de Chile, 1956, 324.

Lewin, B., *Rousseau y la independencia argentina y americana.* Buenos Aires, 1967, 101.

Moses, B., *Spain's declining power in South America, 1730-1806.* Berkeley, 1919, xx+440.

Novoa, E., *Las Sociedades Económicas de Amigos del País. Su influencia en la emancipación americana.* M, 1955, 141.

Peñalver Simó, P., *El pensamiento de la emancipación.* EAm, 1951, 3, 201-27.

Restrepo Canal, C., *Causas de la independencia de los países hispanoamericanos e ideas de sus libertadores.* RI, 1968, 28, 143-67.

Stoetzer, O. C., *El pensamiento político en la América española durante el período de la emancipación (1789-1825).* M, 1966, 2 v.

Suárez Verdeguer, F., *El problema de la Independencia de América.* EAm, 1949, 1, 229-44.

Valcárcel, D., *La rebelión de Tupac-Amaru.* Lima, 1970, 226.

→ 7.44, Konetzke.

62 POLITICA Y OPINION PUBLICA ESPAÑOLAS. INTERVENCION EXTRANJERA

Beverina, J., *Las invasiones inglesas al Río de la Plata (1806-1807).* Buenos Aires, 1939, 2 v.

Bécker González, J., *La independencia de América. Su reconocimiento por España.* M, 1922, 574.

Cuervo Márquez, L., *Independencia de las colonias hispanoamericanas. Participación de la Gran Bretaña y de los Estados Unidos...* Bogotá, 1938, 2 v.

Delgado Martín, J., *La independencia de América en la prensa española.* M, 1949, 318.

Enciso Recio, L. M., *La opinión pública española y la independencia de América.* Valladolid, 1967, 179.

Fernández Almagro, M., *Reacción popular ante el desastre.* Arbor, 1948, 11, 379-97.

Fernández Almagro, M., *La emancipación de América y su reflejo en la conciencia española.* M, 1957, 213.

García Escudero, J. M., *El Parlamento ante el desastre.* Arbor, 1948, 11, 399-416.

Robertson, W. S., *France and Latin-American independence.* Baltimore, 1939, xv+626.

Rubio Esteban, J. M., *La Infanta Carlota Joaquina y la política de España en América, 1808-1812.* M, 1920, xii+304.

Seco Serrano, C., *Doña Carlota Joaquina de Borbón y la cuestión uruguaya.* RI, 1947, 8, 405-64.

Street, J., *Gran Bretaña y la independencia del Río de la Plata.* Buenos Aires, 1967, 202.

Villanueva, C. A., *Historia y diplomacia. Napoleón y la independencia de América.* París, 1912-4, 4 v.

Whitaker, A. P., *The United States and the independence of Latin American, 1800-1830.* Nueva York, 1962, xx+632.

→ 6.89.5.

7 63 PROTAGONISTAS

Dávila, V., *Diccionario biográfico de ilustres próceres de la Independencia suramericana.* Caracas, 1924-6, 2 v.
Descola, J., *Los libertadores.* B, 1960, 407 + láms.
Miquel Vergés, J. M., *Diccionario de insurgentes.* México, 1969, x+623.
Nicholson, I., *Los libertadores.* B, 1970, 264.

Pereda, S. E., **Artigas,** *1784-1850.* Montevideo, 1930, 3 v.
Street, J., *Artigas and the Emancipation of Uruguay.* Cambridge, 1959, xiv+406.

Belgrano, M., **Belgrano**... Buenos Aires, 1944, 386.
Furlong Cardiff, G., *Manuel Belgrano. Ensayos bibliográficos.* Investigaciones y ensayos (Buenos Aires), 1970, 9, 33-162.
Mitre, B., *Historia de Belgrano y de la Independencia argentina.* Buenos Aires, 1876-7, 3 v.
Newton, J., *Belgrano...* Buenos Aires, 1970, 269.

Belaunde, V. A., **Bolívar** *y el pensamiento político de la revolución hispanoamericana.* M, 1959, 433.
Johnson, J. J., *Simón Bolívar and Spanish American Independence, 1783-1830.* Princeton, 1968, 223.
Madariaga Rojo, S., *Bolívar.* Buenos Aires, 1959^{3}, 2 v.
Masur, G., *Simón Bolívar.* B, 1971, 596.
Mijares, A., *El Libertador* [Bolívar]. Caracas, 1967^{4}, 586.
Ruiz Rivas, G., *Simón Bolívar, más allá del mito.* Bogotá, 1963, 2 v.
Rumazo González, A., *Bolívar.* M, 1973^{5}, 272.
→ 7.61, Encina.

Furlong Cardiff, G., **Castro Barros.** *Su actuación.* Buenos Aires, 1961, 366.

Furlong Cardiff, G., *Bio-bibliografía del Deán* **Funes.** Córdoba, 1939, xxxi+413.

Infiesta, R., *Máximo* **Gómez.** La Habana, 1937, xii+252.

Chávez, E. A., **Hidalgo.** México, 1973^{2}, 112.

Romeu Fernández, R., *Eugenio María de* **Hostos**... M, 1959, 172.

Chávez, E. A., *Agustín de* **Itúrbide,** *libertador de México.* México, 1957, 176.
Mestas, A., *Agustín de Itúrbide, emperador de Méjico.* S. Sebastián, 1939, 211.

Gianello, L., *Estanislao* **López.** *Su vida y obra...* Santa Fe, 1955, 283.

Portell Vilá, H., *Narciso* **López** *y su época.* La Habana, 1959, 781.

Marquina, R., *Antonio* **Maceo,** *héroe epónimo.* La Habana, 1943, 447.
Zarragotia Ledesma, L., *Maceo.* La Habana, 1945, 518.

Parra Pérez, C., **Mariño** *y la independencia de Venezuela.* M, 1954-6, 4 v.

Mañach, J., **Martí,** *el apóstol.* M, 1968, 248.
Méndez, M. I., *Martí, estudio crítico-biográfico.* La Habana, 1941, 297.
Vitier, M., *Martí. Estudio integral.* La Habana, 1954, 338.

Picón Salas, M., **Miranda.** Caracas, 1972^{4}, 204. 7

Thorning, J. F., *Miranda, World Citizen.* Gainesville, 1960^{2}, xii+324.

Cárdenas de la Peña, E., **Morelos.** México, 1964, 452.

Chávez, E. A., *Morelos.* México, 1973^{3}, 222.

Elordi, G. F., *Mariano* **Moreno**... Buenos Aires, 1943^{2}, 317.

Levene, R., *Ensayo histórico sobre la Revolución de Mayo y Mariano Moreno.* Buenos Aires, 1920-1, 2 v.

Cruz Monclova, L., *Luis* **Muñoz Rivera**... San Juan de Puerto Rico, 1959, 707.

Blossom, Th., **Nariño.** *Hero of Colombian Independence.* Tucson, 1967, xxix+212.

Vergara Vergara, J. M., *Vida y escritos del general Antonio Nariño.* Bogotá, 1946, viii+342.

Eyzaguirre, J., *[Bernardo]* **O'Higgins.** Santiago de Chile, 1960^{2}, 440.

Rumazo González, A., **O'Leary,** *edecán del Libertador.* M, 1956, 254.

Rávago Bustamante, E., *El gran mariscal* **Riva Agüero.** Lima, 1959, 408.

Abud, S., **Rivadavia.** *El organizador de la República.* Buenos Aires, 1945, 508.

Capdevila, A., *Rivadavia y el españolismo liberal de la Revolución argentina.* Buenos Aires, 1931, 272.

Antuña, J. G., *Un caudillo. El general Fructuoso* **Rivera,** *prócer del Paraguay.* M, 1948, 214.

Irarrazábal, J., **San Martín** *y sus enigmas.* Santiago de Chile, 1949, 2 v.

Levene, R., *El genio político de San Martín.* Buenos Aires, 1970^{2}, xiv+439.

Otero, J. P., *Historia de... San Martín.* Buenos Aires, 1944-5, 8 v. → 7.60, Salas.

Cruz Santos, A., **Santander,** *el militar, el gobernador, el político.* Bogotá, 1972, 131.

González, F., *Santander.* Bogotá, 1940, 358.

Córdoba, D., *Vida del Mariscal* **Sucre**... México, 1959, 230.

Rumazo González, A., *Sucre... Biografía.* M, 1973^{4}, 272.

Forero, M. J., *Camilo* **Torres.** Bogotá, 1960, 383.

Batllori Munné, M., *El abate* **Viscardo.** *Historia y mito de la intervención de los jesuitas en la independencia de Hispanoamérica.* Caracas, 1953, 334.

64 AREAS REGIONALES

Amunátegui Reyes, M. L., y Gregorio, V., *La reconquista española de Chile en 1814.* M, 1922, 451.

Amunátegui Solar, D., *Nacimiento de la República de Chile, 1808-1833.* Santiago, 1930, 273.

Basadre, J., *Chile, Perú y Bolivia independientes.* B, 1948, xviii+880.

Cardozo, E., y J. E. Pivel Devoto, *Paraguay independiente. Uruguay independiente.* B, 1949, 638.

7 Chaves, J. C., *La entrevista de Guayaquil*. Buenos Aires, 1965, 107.

Díaz Venteo, F., *Las campañas militares del Virrey Abascal*. Sevilla, 1948, 416.

Furlong Cardiff, G., *La Revolución de Mayo. Los sucesos, los hombres, las ideas*. Buenos Aires, 1960^2, 189.

Furlong Cardiff, G., y A. R. Geoghegan, *Bibliografía de la Revolución de Mayo, 1810-1828*. Buenos Aires, 1960, xxxix+704.

Gil Munilla, O., *Cuba, problema español, 1891-1898*. AEAm, 1952, 9, 481-512.

Guzmán Raz, J., *Bibliografía de la independencia de México*. México, 1938-9, 3 v.

Lafuente Ferrari, E., *El Virrey Iturrigaray y los orígenes de la independencia de Méjico*. Valencia, 1941, 449.

Levene, G. G., *Breve historia de la independencia argentina*. Buenos Aires, 1966, 132.

Mason, G., *Remember the Maine* [Cuba]. Nueva York, 1939, 312.

Mayes H., G., *Honduras en la independencia de Centro América y anexión a México*. Tegucigalpa, 1956, 131.

Montaner Bello, R., *Historia diplomática de la independencia de Chile*. Santiago de Chile, 1941, 626.

Navarro, J. G., *La revolución de Quito del 10 de agosto de 1809*. Quito, 1962, x+532.

Núñez, I., *Remember the «Maine»!* [Cuba]. Arbor, 1948, 11, 369-78.

Ocampo López, J., *Historiografía y bibliografía de la emancipación del Nuevo Reino de Granada*. Tunja, 1969, 555.

Paz Soldán, M. F., *Historia del Perú independiente (1822-1827)*. M, 1919, 2 v.

Pérez, L. A., *Supervision of a protectorate: The United States and the Cuban Army, 1898-1908*. HAHR, 1972, 52, 250-71.

Perkins, D., *La cuestión de Santo Domingo*. Ciudad Trujillo, 1956, x+434.

Puyrredón, C. A., *1810. La Revolución de Mayo*... Buenos Aires, 1953, 670.

Restrepo, J. M., *Historia de la revolución... de Colombia*. Besançon, 1858^2, 4 v.

Risco, A., *La escuadra del Almirante Cervera... El combate naval de Santiago de Cuba*. M, 1929^3, 195.

→ 5.20, **Cervera Topete.**

Selva, J. B., *El grito de Dolores. Sus antecedentes y consecuencias*. Buenos Aires, 1935, 224.

Torres Reyes, C., *La revolución de Quito del 10 de agosto de 1809*. Quito, 1961, 721.

Varona Guerrero, M., *La guerra de la Independencia de Cuba, 1895-1898*. La Habana, 1946, 3 v.

→ 7.60-3.

65 HISTORIAS NACIONALES

Caldas Villar, J., *Nueva historia* **argentina**. Buenos Aires, 1966, 4 v.

Floria, C. A., y C. A. García Belsunce, *Historia de los argentinos*. Buenos Aires, 1971, 2 v.

Levene, G. G., *Historia ilustrada de la Argentina desde la colonia hasta nuestros días.* Buenos Aires, 1963, 419. 7

Levene, R., *Historia de la nación argentina.* Buenos Aires, 1950^{2}, 10 v.

Palacio, E., *Historia de la Argentina, 1515-1917.* Buenos Aires, 1957^{2}, 2 v.

Sierra, V. D., *Historia de la Argentina.* Buenos Aires, 1956-67, 7 v.

Díaz Machicao, P., *Historia de* Bolivia. La Paz, 1955, 3 v.

Fellmann Velade, J., *Historia de Bolivia.* La Paz, 1968, 403.

Finot, E., *Nueva historia de Bolivia. Ensayo de interpretación sociológica.* La Paz, 1954^{2}, 377.

Guzmán, A., *Breve historia de Bolivia.* La Paz, 1969, 416 + láms.

Heath, D. B., *Historical Dictionary of Bolivia.* Metuchen, 1972, vi+324.

Academia Colombiana de la Historia, *Historia extensa de* Colombia. Bogotá, 1965, 23 v.

Pérez Sarmiento, J. M., *Colombia, 1789-1917.* Cádiz, 1917, 647.

Monge Alfaro, C., *Historia de* Costa Rica. San José, 1958.

Forner, Ph. S., *A history of* Cuba... *From the conquest of Cuba to La Escalera.* Nueva York, 1962, 255.

Guerra Sánchez, R., y otros, *Historia de la nación cubana.* La Habana, 1952, 10 v.

Anrique Reyes, N., e I. Silva, *Ensayo de una bibliografía histórica i jeográfica de* Chile. Santiago de Chile, 1902, 679.

Encina, F. A., *Historia de Chile desde la Prehistoria hasta 1891.* Santiago de Chile, 1947-52, 20 v.

Encina, F. A., *Resumen de historia de Chile.* Santiago, 1961^{4}, 3 v.

Eyzaguirre, J., *Historia de Chile. Génesis de la nacionalidad.* Santiago, 1969^{2}, 432 + láms.

Frías Valenzuela, F., *Manual de historia de Chile.* Santiago de Chile, 1963^{6}, 672.

González Suárez, F., *Historia del* Ecuador. Quito, 1955, 12 v.

Jaramillo Pérez, C., *Historia del Ecuador.* Quito, 1959, 285.

Pareja Díez, A., *Historia del Ecuador.* Quito, 1958, 2 v.

Barberena, S. I., *Historia* del Salvador. San Salvador, 1966^{2}, I, 454.

Lardé Larín, J., *El Salvador. Historia de sus pueblos, villas y ciudades.* San Salvador, 1957, 571.

Vidal, M., *Nociones de historia de Centroamérica, especial para El Salvador.* San Salvador, 1961^{6}, 392.

Contreras R., D. J., *Breve historia de* Guatemala. Guatemala, 1961^{2}, 143 + láms.

Kelsey, V., y L. de John Osborne, *Four Keys to Guatemala.* Nueva York, 1961, xiv+332.

Durón, R. E., *Bosquejo histórico de* Honduras. Tegucigalpa, 1956^{2}, 326.

Mariñas Otero, L., *Honduras.* M, 1963, 339.

Bravo Ugarte, J., *Compendio de historia de* México *hasta 1952.* México, 1973^{9}, 352.

Cuevas, M., *Historia de la nación mexicana.* México, 1952, 3 v.

7 Garibay K., A. M., y otros, *Diccionario Porrúa de historia, biografía y geografía de México*. México, 1964, xx+1724.
León Portilla, M., y otros, *Historia documental de México*. México, 1964, 2 v.
Ramos, R., *Bibliografía de la historia de México*. México, 1965^{2}, 688.
Toro, A., *Compendio de historia de México*. México, 1969, 2 v.
Vasconcelos, J., *Breve historia de México*. M, 1952, 558.

Castillero, E. J., *Historia de* **Panamá**. Panamá, 1955.
Lucena Salmoral, M., *Historiografía de Panamá*. Lotería (Panamá), 1967, 142, 85-94; 143, 86-95.
Mack, G., *La tierra dividida. Panamá*. Panamá, 1971, 2 v.
Pereyra Jiménez, B., *Historia de Panamá*. Panamá, 1969^{3}, 455.

Cardozo, E., *Breve historia del* **Paraguay**. Buenos Aires, 1965, 120.

Basadre, J., *Historia de la República del* **Perú**. Lima, 1963-4, 10 v.
Porras Barrenechea, R., *Fuentes históricas peruanas*... Lima, 1963, 601.
Riva Agüero, J., *Historia del Perú*. Lima, 1953, 2 v.
Tauro, A., *Historia e historiadores del Perú*. RHA, 1949, 27, 1-43.
Vargas Ugarte, R., *Historia general del Perú*. Lima, 1966, 6 v.

Blanco, T., *Prontuario histórico de* **Puerto Rico**. San Juan de Puerto Rico, 1973^{6}, 140.
Cruz Monclova, L., *Historia de Puerto Rico. Siglo XIX*. Río Piedras, 1957-8, 3 v.
Figueroa, L., *Breve historia de Puerto Rico*. Río Piedras, 1970^{3}, 2 v.

Mejía Ricart, G. A., *Historia de Santo Domingo* **[República Dominicana]**. Ciudad Trujillo, 1948-54, 7 v.
Patee, R., *La República Dominicana*. M, 1967, 361.

Pivel, J. E., y A. Ranieri, *Historia de la República Oriental del* **Uruguay**. Montevideo, 1966.
Sota, J. M., *Historia del Territorio Oriental del Uruguay*. Montevideo, 1965, 2 v.

Magallanes, M. V., *Historia política de* **Venezuela**. Caracas, 1972, 3 v.
Morón, G., *Historia de Venezuela*. M, 1967^{4}, 520.
Morón, G., *Historia de Venezuela*. Caracas, 1971, 5 v.
Salcedo Bastardo, J. L., *Historia fundamental de Venezuela*. Caracas, 1972^{3}, 779.

66 ESTUDIOS REGIONALES Y LOCALES

Alaska → 7.24.

Manuel Hermano, A., **Antioquia**, *su historia y su geografía*. Medellín, 1962^{4}, 140.
→ 16.87.

Martínez, S., *Fundadores de* **Arequipa**. Arequipa, 1936, 458.

Arizona → 7.32.

Banda Oriental → 7.31.

Bélice → 7.33.

Cárdenas, J., *Guía moderna de* **Bogotá.** Bogotá, 1964.
Cordovez, J. M., *Reminiscencias de Santa Fe de Bogotá.* M, 1957.
→ 7.53, 16.87.

Berenguer Carisomo, A., *Cuando* **Buenos Aires** *era colonia.* Buenos Aires, 1960, 209.
Groussac, P., *Mendoza y Garay. Las dos fundaciones de Buenos Aires.* Buenos Aires, 1916, xxxi+546.
Lafuente Macháin, R., *Buenos Aires en el siglo XVII.* Buenos Aires, 1944, 249.
Torre Revello, J., *La fundación y despoblación de Buenos Aires, 1536-1541.* Buenos Aires, 1936, 206.
→ 7.31, Céspedes; 7.40, 7.47, 16.87.

Arboleda, G., *Historia de* **Cali,** *desde los orígenes de la ciudad hasta la expiración del período colonial.* Cali, 1956, 3v.

California → 7.24, 7.35, 16.87.

Campeche → 7.33, Juárez.

Armas Chitty, J. A., **Caracas.** *Origen y trayectoria de una ciudad.* Caracas, 1967, 2 v.
→ 7.49.3, 7.51.

Marco Dorta, E., **Cartagena de Indias.** *La ciudad y sus monumentos.* Sevilla, 1951, xxiv+322 + láms.
Porras Troconis, G., *Cartagena hispánica, 1533-1810.* Bogotá, 1954, 344.
→ 7.40, Tejada.

Campos Harriet, F., **Concepción** *y su historia.* BolAc Chilena de la Historia (Santiago de Chile), 1970, 84, 14-147 + láms.

Melo, C. R., **Córdoba** *durante el siglo XVI.* Investigaciones y Ensayos (Buenos Aires), 1971, 10, 85-130.

Cuyo → 7.53, Comadrán.

Elorrieta Arizábal, G., *Datos históricos, leyendas y tradiciones en* **Cuzco.** Cuzco, 1954-5, 2 v.
Noel, M. S., *El Cuzco virreinal.* Buenos Aires, 1960, xxix+90.
→ 7.58.3, Mesa; 7.58.5, Tudela.

Abecia, V., *Historia de* **Chuquisaca.** Sucre, 1939, 541.

Gallegos C., J. I., **Durango** *colonial.* México, 1960, 568 + láms.

Porras Barrenechea, R., **El Callao** *en la historia peruana.* RHistórica (Lima), 1956, 22, 254-65.
→ 7.49, Báncora.

El Dorado → 7.23, 7.26.

Florida → 7.23, 7.32, 7.35, 7.37.

Chávez Hayhoe, A., **Guadalajara** *de antaño.* Guadalajara, 1960, 173.
→ 7.51.

7 Armas Medina, F., **Guantánamo,** *bastión del Caribe.* EAm, 1961, 21, 255-78.

Menéndez Pidal, L., «*La Antigua*», *de* **Guatemala.** BolRAc de Bellas Artes (M), 1963, 17, 51-67.

Pardo, J. J., y otros, *Guía de la Antigua Guatemala.* Guatemala, 1968, 281 + láms.

→ 7.48, Samayoa; 7.51, 7.58.1.

Aspiazu C., M., *Las fundaciones de Santiago de* **Guayaquil**... Guayaquil, 1955, 340 + láms.

Pino Roca, J. G., *Leyendas, tradiciones y páginas de Guayaquil.* Guayaquil, 1963^{2}, 2 v.

→ 7.31, Castillo; 7.64, Chaves.

Huancavélica → 7.49.2, Lohmann.

Martínez de la Rosa, P., *Apuntes para la historia de* **Irapuato.** México, 1965, 188 + láms.

Jalapa → **Xalapa.**

Jalisco → 7.59, Franco; 16.87.

Espinosa Bravo, C. A., **Jauja** *antigua.* Lima, 1964, 584.

Hurtado Dianderas, A., *Fundación de la ciudad española de Jauja.* Lima, 1938, 22.

Rivera Martínez, E., *Imagen de Jauja.* Lima, 1967, 283.

→ 7.26, Herrero.

Helfritz, H., **Juan Fernández,** *la isla de Robinsón.* Aconcahua (M), 1966, 2, 425-40.

→ **Pascua.**

La Antigua → **Guatemala.**

La Española → 7.47, 7.49.1, 7.58.1.

Le Riverend Brusone, J. J., **La Habana.** La Habana, 1960, 507.

Roig de Leuchsenring, E., *La Habana. Apuntes históricos.* La Habana, 1963^{2}, 260.

Crespo R., A., *Historia de la ciudad de* **La Paz.** *Siglo XVII.* Lima, 1961, 211.

Bernales Ballesteros, J., **Lima.** *La ciudad y sus monumentos.* Sevilla, 1972, xx+418 + láms.

Porras Barrenechea, R., *Lima*... EAm, 1961, 22, 1-37.

→ 7.31, Céspedes; 7.38, 7.49.3, 7.51.

Luisiana → 7.32, 16.87.

Malvinas → 7.33.

Romero Luengo, A., **Maracaibo**... Maracaibo, 1958, 366.

Chaca, D., *Breve historia de* **Mendoza.** Buenos Aires, 1961, 440.

González Obregón, L., **México** *Viejo. Epoca colonial*... México, 1959, 742.

Maza, F., *La ciudad de México en el siglo XVII.* México, 1968, 65 + láms.

→ 7.51, 7.58-.1.

Bravo Ugarte, J., *Historia sucinta de* **Michoacán.** México, 1973[2], 3 v. **7**
Romero Flores, J., *Historia de Michoacán.* Morelia, 1962, 549.

Misiones → 7.42, Furlong.

Azarola Gil, L. E., *Los orígenes de* **Montevideo,** *1607-1749.* Buenos Aires, 1933, 285.
Lobo, M., *Breve reseña histórica de Montevideo.* RHistórica (Montevideo), 1966, 30, 518-58.
María, I., *Montevideo antiguo.* Montevideo, 1938, 2 v.

Nueva España → 7.31, 7.33, 7.47, 7.48, 7.49, 7.50, 7.51, 7.58.1, 7.59, Saravia; 16.87.

Nueva Granada → 7.24, 7.31, 7.38, 7.50, 16.87.

Nuevo Méjico → 7.23, 7.24, 7.31, 16.87.

Gay, J. A., *Historia de* **Oaxaca.** México, 1950, 2 v.

Castillero R., E. J., *La ciudad de* **Panamá.** *Su pasado y presente.* Lotería (Panamá), 1958, 3, 39-63.
Shafroth, J. F., *Panamá la Vieja.* Panamá, 1953, 74.

Maziere, F., *Fantástica isla de* **Pascua.** B, 1966, 263.
→ **Juan Fernández.**

Arboleda Llorente, J. M., **Popayán** *a través del arte y la historia.* Popayán, 1966, 310.

Cañete Domínguez, P. V., **Potosí** *colonial.* La Paz, 1939, 207.
Hanke, L., *La villa imperial de Potosí.* Arbor, 1956, 33, 169-88.
Molins, W. J., *La ciudad única* [Potosí]. Potosí, 1961[3], xxiv+316.
→ 7.49, Burzio; 7.58.5, Chacón.

Fernández Echeverría, M., y P. López de Villaseñor, **Puebla de los Angeles...** Puebla, 1931, 2 v.
Varona, E. A., *Puebla.* México, 1959, 44.

Vilá, M.-A., *Los orígenes de* **Puerto Cabello.** BolHistórico (Caracas), 1970, 23, 133-76.

Barrera, I. J., **Quito** *colonial. Siglo XVIII, comienzos del siglo XIX.* Quito, 1922, 163.
Bravo A., B., *Quito monumental y pintoresco.* Quito, 1961, 307.
→ 7.48, 7.58.2, 7.58.5, Tudela; 7.64, Navarro.

Río de la Plata → 7.24, 7.31, 7.35, 7.37, 7.38, 7.40, 7.43, 7.49.3, 7.50, 7.61, 7.62, 16.87.

Fernández Díaz, A., *El origen de* **Rosario.** Historia (Buenos Aires), 1963, 31, 98-120.
→ 16.87.

Sacramento → 7.31.

Varese, C., y H. de Arias, *Historia de* **San Juan** [Argentina]. Mendoza, 1966, 464.
Videla, H., *Historia de San Juan... 1551-1810.* Buenos Aires, 1962, 927 + láms.

7 Hostos, A., *Historia de* **San Juan** [Puerto Rico]... *1521-1898.* San Juan de Puerto Rico, 1971, 590 + láms.
Zeno, F. M., *Historia de la capital de Puerto Rico.* San Juan de Puerto Rico, 1959, 2 v.
→ 7.51.

Barón Castro, R., *Reseña histórica de la villa de* **San Salvador**... M, 1950, 323.

Sanabria Fernández, H., *Breve historia de* **Santa Cruz.** La Paz, 1973², 130.

Roverano, A. A., **Santa Fe** *la Vieja.* Santa Fe, 1960, 126.

Grez, V., *La vida* **santiaguina.** Santiago de Chile, 1968.
Ossaudón, C., *Guía de Santiago de Chile.* Santiago de Chile, 1962.
Vicuña Mackenna, B., *Historia de Santiago.* Santiago de Chile, 1938, 2 v.

Abascal, V., **Santiago de los Caballeros**... Guatemala, 1961, 237.

Gall, F., **Soconusco.** Anales de la SocGeografía e Historia (Guatemala), 1965, 35, 155-68.

Gimbernard, J., *Historia de* **Santo Domingo.** Santo Domingo, 1969, 604.

Calvo Berber, L., ... *Historia de* **Sonora.** México, 1958, iv+327.

Tabasco → 7.33.

Tejas → 7.32, 7.35, 16.87.

Salinas, M., *Datos para la historia de* **Toluca.** México, 1965, xvii+253.

Jaimes Freyre, R., *Historia del descubrimiento de* **Tucumán,** *seguida de investigaciones históricas.* Buenos Aires, 1916, 312.
Nichols, M. W., *Colonial Tucumán.* HAHR, 1938, 18, 461-85.

Correa, R. C., *Monografía de la ciudad de* **Tunja.** Repertorio Boyacense (Boyacá), 1967, 53, 2722-46.

Guardo Geywitz, F., *Historia de* **Valdivia,** *1552-1952.* Santiago de Chile, 1953, xxv+368.

Vicuña Mackenna, B., *Historia de* **Valparaíso.** Santiago, 1936, 2 v.

Saturno Guerra, R., *Recado histórico sobre* **Valencia.** Valencia, 1960, 188.

Chaunu, P., **Veracruz** *en la segunda mitad del siglo XVI y primera del XVII.* Historia Mexicana (México), 1960, 9, 521-57.
Pasquel, L., *Biografía integral de la ciudad de Veracruz.* México, 1969, 370.
Zilli, J., *Historia sucinta de Veracruz.* México, 1962², viii+171.
→ 7.33, Juárez.

González Cossío, F., **Xalapa.** *Breve reseña histórica.* México, 1957, 488.
→ 7.49.3, Real.

Yucatán → 7.24, 16.87.

Zacatecas → 7.49.2, Bakewell.

7

70 AFRICA

Africa, *Exposición de libros españoles sobre historia de* ___. M, 1947, 96.

Val, M. A., *Catálogo de una exposición de libros españoles sobre geografía y viajes en Africa.* M, 1948, 120.

García Figueras, T., *Africa en la acción española.* M, 1947, 230.

Alvarez Rubiano, P., *La política imperial española y sus relaciones con los hafsíes tunecinos...* Hispania, 1941, 1, 32-46.

Braudel, F., *Les espagnols dans l'Afrique du Nord de 1492 à 1557.* Revue africaine (Argel), 1928, 184-223.

García Figueras, T., *Presencia de España en Berbería central y oriental, Tremecén, Argel, Túnez, Trípoli.* M, 1943, 364.

García Gómez, E., *Cuando los españoles conquistamos el Sudán.* REPol, 1943, 5, 419-36.

Morales Oliver, L., *Africa en la literatura española.* M, 1957-64, 3 v.

Ricard, R., *Contribution à l'étude du mouvement africaniste en Espagne de 1860 à 1912,* en su *Études hispano-africaines...* Tetuán, 1956, 181-98.

Vilar, J. B., *España en Argelia, Túnez, Ifni y Sahara durante el siglo XIX.* M, 1970, 173.

→ 4.11, **Africa.**

71 TERRITORIOS JURISDICCIONALES ESPAÑOLES

Cordero Torres, J. M., *Bibliografía de política colonial.* REPol, 1952, 66, 265-77; 1953, 67, 225-9.

Fontán Lobé, J., *Bibliografía colonial. Contribución a un índice de publicaciones africanas.* M, 1946, 669.

Alvarez Gendín, S., *La administración española en el Protectorado de Marruecos. Plazas de soberanía y Colonias de Africa.* M, 1949, 134.

Díaz de Villegas, J., *España en Africa.* M, 1944-5, 2 v.

Díaz de Villegas, J., *Plazas y provincias africanas españolas.* M, 1962, 268.

Gil Crespo, A., *Plazas y provincias africanas españolas.* Salamanca, 1962, 255.

Miranda Junco, A., *Leyes coloniales.* M, 1945, 1462.

Sevilla Andrés, D., *Africa en la política española del siglo XIX.* M, 1960, 264.

72 MARRUECOS

Cagigas, I., *Tratados y convenios referentes a Marruecos.* M, 1952, 506.

Donnadieu, M., *Les relations diplomatiques de l'Espagne et du Maroc, de janvier 1592 à juillet 1926.* Montpellier, 1931, 221.

España, J., *La actuación de España en Marruecos. Apuntes de historia...* M, 1926, 421.

7 García Figueras, T., *Marruecos. La acción española en el norte de Africa.* B, 1955[4], 380 + láms.

Hernández de Herrera, C., y T. García Figueras, *Acción de España en Marruecos, 1492-1927.* M, 1929-30, 2 v.

Ruiz Orsatti, R., *Relaciones hispano-marroquíes.* M, 1944, 176.

Abenia Taure, I., *Memorias sobre el Rif. Su conquista y civilización.* Zaragoza, 1859, 110.

Campoamor, J. M., *La actitud de España ante la cuestión de Marruecos, 1900-1904.* M, 1951, 515.

Castel, J., *La actividad de España en Marruecos desde principios del siglo XIX hasta la paz de Tetuán de 1860.* M, 1954, 140.

Cordero Torres, J. M., *Organización del protectorado español en Marruecos.* M, 1942-3, 2 v.

Curato, F., *La questione marrochina e gli accordi italo-spagnoli del 1887 e del 1891.* Milán, 1964, 2 v.

Festa, A., *La Spagna e il Marocco, 1844-1912.* Roma, 1943, 245.

García Figueras, T., *Miscelánea de estudios varios sobre Marruecos.* Tetuán, 1953, 410.

García Figueras, T., *La acción africana de España en torno al 98 (1860-1912).* M, 1966, 2 v.

García Figueras, T., y J. L. Fernández Llebrez, *La zona española del Protectorado de Marruecos.* M, 1955, 210.

Marruecos, *Historia de las campañas de* ——— [1900-1918]. M, 1947, 2 v.

Martínez Campos, C., *España bélica. El siglo XX. Marruecos.* M, 1972, 413.

Maura Gamazo, G., *La cuestión de Marruecos desde el punto de vista español.* M, 1905, vii+308.

→ 4.12, 6.87.4, 6.89.5.

73 ASPECTOS SOCIALES Y CULTURALES

Fernández Romeral, F., *Los franciscanos en Marruecos.* Tánger, 1921, xv+442.

Ferrando La Hoz, V., *Apuntes para la historia de la imprenta en el norte de Marruecos.* Tetuán, 1949, 138.

Herrero Muñoz, L., *Acción sanitaria española en Marruecos.* AIEA, 1959, 13, 57-95.

Ibáñez, E., *Los franciscanos españoles en las misiones de Marruecos.* AIEA, 1959, 13, 65-79.

López, J., *La obra de España misionera en Marruecos.* Larache, 1940, 41.

Pazos, M. R., *Misión franciscano-española de Marruecos... 1859-1959.* Tánger, 1959, 244.

Sangróniz, J. A., *Marruecos. Sus condiciones físicas, sus habitantes y las instituciones indígenas.* M, 1926, 412.

Tamarit, J., *La minería en el Protectorado marroquí.* ICE, 1953, 244, 2232-9.

Valderrama Martínez, F., *La acción cultural de España en Marruecos.* CH, 1964, 178, 109-28.

Vial de Morla [T. García Figueras], *España en Marruecos. La acción social.* M, 1947, 174 + láms. **7**

→ 16.02, **árabe**; 17.89.3.

75 GEOGRAFIA. ESTUDIOS LOCALES

Mensua Fernández, S., *Bibliografía geográfica de Marruecos español y zona internacional de Tánger.* Zaragoza, 1955, xv+149.
Arqués, E., *Las adelantadas de España.* M, 1966, 308.
Ceuta, Melilla, Vélez de la Gomera, Alhucemas, Chafarinas.
Bazán, J., *Ceuta y Melilla.* M, 1964, 155.
Cordero Torres, J. M., *La organización de la zona internacional de Tánger.* CPI, 1954, 18, 147-239.
Fradejas Lebrero, J., *Ceuta en la literatura.* Ceuta, 1962, 80.
Gordillo Osuna, M., *Geografía urbana de Ceuta.* M, 1972, 530.
García Figueras, T., y C. Rodríguez Jouliá, *Larache... en el siglo XVII.* M, 1973, 499 + láms.
Morales Mendigutia, G., *Datos para la historia de Melilla.* Melilla, 1909, 630.
Reseña estadística de Ceuta y Melilla. M, 1973, 221.
Ruiz de Cuevas, T., *Apuntes para la historia de Tetuán.* Tetuán, 1973[2], 90.
Sebastián López, S., *Tetuán: urbanismo e itinerario artístico.* Africa (M), 1958, 15, 113-8.

→ 11.60, Vilá.

76 AFRICA ATLANTICA

Martínez González, F., *La división administrativa española y los acontecimientos africanos: cuatro nuevas provincias de régimen especial.* REVL, 1960, 114, 834-56.
Rumeu de Armas, A., *España en el Africa atlántica.* M, 1965-7, 2 v.

77 AFRICA OCCIDENTAL. IFNI. SAHARA

García Figueras, T., *Santa Cruz de Mar pequeña. Ifni. Sahara. La acción de España en la costa occidental de Africa.* M, 1941, 356.
Hernández Pacheco, F., y J. M. Cordero Torres, *El Sahara español.* M, 1962, 179 + láms.
Yanguas Miravete, J. M., *Sahara. Ifni.* M, 1964, 187 + láms.

Alía Medina, M., *Visión geográfica del Sahara español.* AIEA, 1958, 11, 7-15.
Alonso del Barrio, J. E., *Nómadas del Sahara.* Aaiún, 1973, 218.
Bullón Díaz, C., *Notas sobre la geografía humana de los territorios de Ifni y del Sahara.* BRSG, 1945, 81, 230-81.
Caro Baroja, J., *Una visión etnológica del Sáhara español.* AIEA, 1954, 7, 67-80.
Caro Baroja, J., *Estudios saharianos.* M, 1955, xx+489.
Cola Alberich, J., *El nuevo régimen legal de la provincia del Sahara.* RPI, 1961, 55, 69-79.

7 Comba Ezquerra, J. A., *La investigación minera en la provincia del Sahara.* AIEA, 1961, 16, 7-24.

Domenech, A., *Del territorio de Ifni. Algunos de sus aspectos.* M, 1946, 260.

Flores Morales, A., *El Sahara español.* M, 1954, 28. También, BRSG, 1950, 86, 95-122.

García Figueras, T., *Antecedentes históricos del territorio español de Ifni.* Africa (M), 1958, 15, 4-7.

Gil Benumeya, R., *La cuestión de Ifni.* NT, 1958, 5, 46-58.

Hernández Pacheco, E., y otros, *El Sahara español. Estudio geológico, geográfico y botánico.* M, 1949, 806.

Lasala Samper, F., *Ifni, provincia española.* Universidad (Zaragoza), 1958, 35, 171-80.

Linares Maza, A., *Estudios para una antropología del territorio de Ifni.* M, 1946, 177.

Molina Campuzano, M., *Contribución al estudio del censo de población del Sahara español.* M, 1954, 68.

Mulero Clemente, M., *Los territorios españoles del Sahara y sus grupos nómadas.* Las Palmas, 1945, 442.

Muñiz, A., *Misioneros españoles en Ifni y Sahara español.* AIEA, 1959, 13, 23-38.

Tabernero Chacobo, H., *Africa occidental española en la actualidad.* AIEA, 1961, 16, 29-43.

→ 7.70, Vilar; 11.60, Vilá; 14.98, Hernández.

79 GUINEA

Báguena Corella, L., *Manuales del Africa española. Guinea.* M, 1950, 160 + láms.

Cervera Pery, J., *Guinea acuatorial.* M, 1964, 183 + láms.

Cordero Torres, J. M., *La expansión española en el Africa ecuatorial.* M, 1944, 216.

Moreno Moreno, J. A., *Reseña histórica de la presencia de España en el Golfo de Guinea.* M, 1952, 101.

Olmo Bullón, J., *Los territorios españoles del Golfo de Guinea.* M, 1944, 137.

Unzueta Yuste, A., *Guinea continental española.* M, 1944, 384.

Díaz Pinés, O., *Los territorios españoles del Golfo de Guinea.* M, 1952, 28 + láms.

Guinea ecuatorial y su régimen de autonomía. M, 1964, 146.

Majó Framis, R., *Las generosas y primitivas empresas de Manuel Iradier Bulfy en la Guinea española. El hombre y sus hechos.* M, 1954, 213.

Molina Arrabal, J., *Sobre las provincias de Fernando Póo y Río Muni.* AIEA, 1961, 16, 45-59.

Pelisier, R., *La Guinée Espagnole.* Revue française de science politique (París), 1963, 13, 624-44.

Unzueta Yuste, A., *El tratado de El Pardo y las expediciones a la Guinea española: aspectos económicos.* BRSG, 1947, 83, 72-165.

79.1 ASPECTOS SOCIALES Y CULTURALES 7

Alvarez García, H. R., *Historia de la acción cultural en la Guinea española.* M, 1948, 558 + láms.

Bonelli Rubio, J. M., *Notas sobre la geografía humana... de Guinea.* BRSG, 1944, 80, 506-29.

Bonelli Rubio, J. M., *Concepto del indígena en nuestra colonización de Guinea.* M, 1947, 20.

Esteves Martins, A., *Los Padres Claretianos en la Guinea española.* España Misionera (M), 1950, 7, 141-64.

Fernández, C., *Misiones y misioneros en la Guinea española. Historia documentada... 1883-1912.* M, 1962, 817.

González Echegaray, C., *Bibliografía lingüística de los territorios españoles de Guinea.* AIEA, 1953, 6, 57-82.

González Echegaray, C., *Morfología y sintaxis de la lengua bujeba.* M, 1959, 191.

González Echegaray, C., *Estudios guineos.* M, 1959, 2 v. Lingüística. Etnología.

Macías, F. B., *La obra educativa de España en la región ecuatorial.* Africa (M), 1963, 261, 418-21.

Olangua, A., *Cien años de historia de las misiones de la Guinea española.* AIEA, 1959, 13, 39-64.

→ 17.89.3.

79.2 GEOGRAFIA. ECONOMIA

Bonelli Rubio, J. M., *Geografía económica de la Guinea española.* BRSG, 1944, 80, 530-44.

Capdevielle San Martín, J. M., *El bosque de la Guinea...* M, 1947, 310.

Fuster Riera, P., ... *Las maderas de la Guinea española.* M, 1944, 261.

Guinea López, E., *Ensayo geobotánico de la Guinea continental española.* M, 1946, 388 + láms.

Nosti Nava, J., *Notas geográficas, físicas y económicas sobre los territorios españoles del Golfo de Guinea.* M, 1947^{2}, 116 + láms.

Nosti Nava, J., *La agricultura en la Guinea española.* M, 1955, 376 + láms.

Perpiñá Grau, R., *De colonización y economía en la Guinea española.* B, 1945, 422 + láms.

→ 11.60, Vilá.

79.3 ISLAS ECUATORIALES

Ocaña García, M., *Las islas españolas del Golfo de Guinea.* Arbor, 1961, 48, 302-18.

Unzueta Yuste, A., *Islas del Golfo de Guinea.* M, 1945, 378.

Cencillo Pineda, M., *El Brigadier Conde de Argelejo y su expedición militar a Fernando Póo en 1778.* M, 1948, 221. También, AIEA, 1948, 2, 121-36.

Peris, S. V., *La isla de Annobón.* AIEA, 1961, 15, 27-51.

Pujadas, T. L., *La Iglesia en la Guinea ecuatorial. Fernando Póo.* M, 1968, 528 + láms.

Unzueta Yuste, A., *Geografía histórica de la isla de Fernando Póo.* M, 1947, 496.

Zamora Loboch, M., *Noticia de Annobón. Su geografía, historia y costumbres.* Fernando Póo, 1962, 89.

80 OCEANIA

Pastor Santos, E., *Territorios de soberanía española en Oceanía.* M, 1950, 158.

Barras de Aragón, F., *España en Polinesia oriental, 1770-1775.* BRSG, 1945, 81, 630-82; 1946, 82, 52-140.

Bosch Barret, M., *Doña Isabel Barreto, Adelantada de las Islas Salomón.* B, 1943, 143.

Beltrán Rózpide, R., *Juan Fernández y el descubrimiento de Australia.* M, 1918, 16.

Cabeza Pereiro, A., *Estudios sobre Carolinas. La Isla de Ponapé. Geografía. Etnografía. Historia...* Manila, 1895, xiii+241.

Casa Valencia, Conde de, *Mediación del Papa León XIII entre España y Alemania sobre las Islas Carolinas y Palaos.* Memorias de la RAc de Ciencias Morales (M), 1889, 6, 287-303.

Corney, B. G., *The quest and occupation of Tahiti by emissaries of Spain, 1772-1776.* Londres, 1919, 3 v.

Hidalgo Nieto, M., *La cuestión hispano-portuguesa en torno a las Islas Molucas.* RI, 1942, 3, 429-62.

Landín Carrasco, A., *Mourelle de la Rua, explorador del Pacífico.* M, 1971, 363.

Latorre, G., *Los españoles y los portugueses en Ultramar. La cuestión del Maluco.* Sevilla, 1923, 39.

Marenco, S., *La ficción y la verdad de lo ocurrido en Yap...* M, 1886, 126.

Montero Vidal, J., *El Archipiélago Filipino y las islas Marianas, Carolinas y Palao. Su historia, geografía y estadística.* M, 1886, xv+505.

Morales Padrón, F., *Los descubrimientos de Mendaña, Fernández de Quirós y Váez de Torres...* AEAm, 1967, 24, 985-1044.

Palacio Atard, V., *La cuestión de las Islas Carolinas...* Historia (Santiago de Chile), 1969, 8, 427-41.

Pla Cárceles, J., *España en la Micronesia.* RI, 1951, 11, 29-59.

Romero Solano, L., *Expedición cortesiana a las Molucas.* México, 1950, 315.

Sanz, C., *Australia. Su descubrimiento y denominación.* M, 1963, 14.

Taviel de Andrade, E., *Historia del conflicto de las Carolinas... La mediación del Papa.* M, 1886, xxix+426.

→ 3.01, 8.73.

81 FILIPINAS

Bibliografía española sobre Filipinas. M, 1971, 24.

Medina, J. T., *Bibliografía española de las islas Filipinas (1523-1810).* Santiago de Chile, 1897, 556. **7**

Retana, W. E., *Aparato bibliográfico de la historia general de Filipinas... [1906].* Manila, 1964, 3 v.

Buzeta, M., y F. Bravo, *Diccionario geográfico, estadístico-histórico de las Islas Filipinas.* M, 1850, 2 v.

Escobar Lozano, J., *El indicador del viajero en las Islas Filipinas.* Manila, 1885, 175.

Fulgoso, F., *Crónica de las Islas Filipinas.* M, 1871, 136.

→ 7.80, Montero.

82 DESCUBRIMIENTO

Arteche, J., *Urdaneta. El dominador... del Océano Pacífico.* M, 1943, 197.

Arteche, J., *Legazpi. Historia de la Conquista de Filipinas.* Zarauz, 1947, 190.

Cuevas, M., *Monje y marino. La vida y los tiempos de Fray Andrés Urdaneta.* México, 1943, xv+417.

Mitchell, M., *Friar Andrés Urdaneta... Pioneer of Pacific Navigation...* Londres, 1964, viii+182.

Montalbán, F. J., *El Patronato español y la conquista de Filipinas...* Burgos, 1930, x+140.

Sanz Díaz, J., *José López de Legazpi, primer Adelantado y conquistador de Filipinas.* M, 1950, 213.

Sanz Díaz, J., *López de Legazpi.* M, 1971, 80 + láms.

→ 7.02, Phelan.

83 HISTORIA. SOCIOLOGIA

Alcázar, J., *Historia de los dominios españoles en Oceanía. Filipinas.* Manila, 1895, 207.

Alip, E. M., *Political and cultural history of the Philippines.* Manila, 1959, 2 v.

Molina, A. M., *The Philippines through the centuries.* S. l. [USA], 1960, I, 366.

Montero Vidal, J., *Historia general de Filipinas.* M, 1887-95, 3 v.

Adro, X. [A. Rey Stolle], *Ocaso del Imperio... Fe y patriotismo en Filipinas.* M, 1940, 191.

Ayerbe, Marqués de, *Sitio y conquista de Manila por los ingleses en 1726.* Zaragoza, 1897, 135.

Beneyto Pérez, J., *Las provincias de Ultramar: Antillas y Filipinas en el siglo XIX.* REVL, 1955, 81, 369-81.

Castillo Jiménez, J. M., *Katipunam o el filibusterismo en Filipinas...* M, 1897, 297.

Cunnongham, Ch. H., *The Audiencia in the spanish colonies as illustrated by the Audiencia of Manilla.* Nueva York, 1971, vii+479.

Díaz Trechuelo, M. L., *La defensa de Filipinas en el último cuarto del siglo XVIII.* AEAm, 1964, 21, 145-209.

7 Escosura, P., *Memoria sobre Filipinas y Joló.* M, 1882, xl+447.

Feliz, A., y otros, *The Chinese in the Philippines, 1570-1770.* Manila, 1966, viii+286.

Mabini, A., *La revolución filipina.* Manila, 1931, 2 v.

Molina, A. M., *Genesis of Philippine separatism.* Unitas (Manila), 1963, 39, 433-45.

Sastrón, M., *La insurrección en Filipinas y guerra hispano-americana en el Archipiélago.* M, 1905, 600.

Storey, M., y M. Lichauco, *The conquest of the Philippines by the United States, 1898-1925.* Nueva York, 1926, xi+274.

Wickberg, E., *The Chinese in Philippine life, 1850-1898.* New Haven, 1965, x+280.

84 LA ACCION ESPAÑOLA. CULTURA

Alzona, E., *El legado de España a Filipinas.* Pasay, 1956, vii+66.

Díaz Trechuelo, M. L., *La empresa española en Filipinas.* EAm, 1956, 12, 27-39.

Piñar López, B., *Filipinas, país hispánico.* M, 1957, 31.

Veyra, J. C., *La hispanidad en Filipinas,* en HGLH, V, 509-25.

Cultura, lengua, literatura, Rizal.

→ 4.10, Veyra.

Bantug, J. P., *Bosquejo histórico de la medicina hispano-filipina.* M, 1952, 381.

Bantug, J. P., *Carlos IV y la introducción de la vacuna en Filipinas.* AEAm, 1955, 12, 75-129.

González Pola, M., *La Universidad de Santo Tomás en Manila.* BAEO, 1969, 5, 21-30.

Phelan, J. L., *The Hispanization of the Philippines. Spanish Aims and Filipino Responses, 1565-1700.* Madison, 1959, 218.

Rodríguez, L., *Chronicle of Philippine Pharmacy during the Spanish Period.* Unitas (Manila), 1954, 27, 465-529.

Rodríguez Baena, M. L., *La Sociedad Económica de Amigos del País de Manila en el siglo XVIII.* Sevilla, 1966, xiv+216.

Rosales, V., *Influence of Spanish Culture of the Filipinos.* Unitas (Manila), 1965, 38, 498-504.

→ 4.11, 14.57, Barras.

85 RELIGION

Achútegui, P. S., y M. A. Bernard, *Religious revolution in the Philippines. The life and church of Gregorio Aglipay...* Manila, 1960, xvi+578 + láms.

Aparicio López, T., *Misioneros y colonizadores agustinos en Filipinas.* Valladolid, 1965, 424.

Arbeiza, B., *Reseña histórica de los capuchinos de Filipinas.* Pamplona, 1969, 406 + láms.

Gerhard, A. P., *La obra evangelizadora de los primeros frailes agustinos en las Filipinas.* Anuario de Historia (México), 1964 4, 77-99.

La Costa, H., *The Jesuits in the Philippines (1581-1768).* Harvard, 1961, xiii+702.

Marín Morales, V., *Ensayo de una síntesis de los trabajos realizados por las corporaciones religiosas españolas de Filipinas.* Manila, 1901, 2 v.

Merino, M., *Agustinos evangelizadores de Filipinas, 1565-1965.* M, 1965, xlviii+581.

Rodríguez, I. R., *Gregorio Aglipay y los orígenes de la iglesia filipina independiente.* M, 1960, 2 v.

Rodríguez, I. R., *Los agustinos y la evangelización de Filipinas, 1565-1600.* MH, 1966, 23, 47-87.

Tormo Sanz, L., *El clero indígena en Filipinas durante el período español.* MH, 1966, 23, 259-96.

→ 7.35, Castro.

86 IMPRENTA. LITERATURA

Alinea, E. B., *Historia analítica de la literatura filipino-hispana (desde 1566 hasta mediados de 1964).* Quezon, 1964, xvi+176.

Lent, J. A., *Books publishing in the Philippines.* Unitas (Manila), 1968, 41, 260-75.

Desde el siglo XVI hasta el presente.

López del Castillo, J., *El primer libro impreso en Filipinas.* RI, 1952, 12, 579-86.

Medina, J. T., *La Imprenta en Manila desde sus orígenes hasta 1810.* Santiago de Chile, 1896-1904, 2 v.

Retana, W. E., *El periodismo filipino... 1811-1894...* M, 1895, 646.

Retana, W. E., *Orígenes de la imprenta filipina.* M, 1911, 204 + láms.

Sanz, C., *Primitivas relaciones de España con Asia y Oceanía. Los dos primeros libros impresos en Filipinas...* M, 1958, 528.

87 ARTE

Díaz Trechuelo, M. L., *Arquitectura española en Filipinas (1565-1800).* Sevilla, 1959, 562 + láms.

Ocampo, G., *Three periods of philippine art.* Unitas (Manila), 1958, 31, 740-89.

Zobel de Ayala, F., *Philippine colonial sculture.* Manila, 1958, 45 + láms.

→ 7.58, 7.58.5, Jiménez.

88 GEOGRAFIA. ECONOMIA

Chaunu, P., *Les Philippines et le Pacifique des Ibériques (XVIe., XVIIe., XVIIIe. siècles)...* París, 1960, 301.

Hartendorp, A. V. H., *Short history of industry and trade of the Philippines.* Manila, 1953, 276.

Kolb, A., *Die Philippinen.* Leipzig, 1942, 503.

Bantug, J. P., *Monetario de las Islas Filipinas durante el régimen español.* Manila, 1951, 30 + láms.

7 Bantug, J. P., *El servicio postal de Filipinas durante el período español, 1565-1898.* BAIHP, 1954, 9, 37-50.

Bantug, J. P., *Escarceos numismático-históricos sobre la moneda hispanofilipina.* M, 1955, 90 + láms.

Díaz Trechuelo, M. L., *The economic development of the Philippines in the second half of the eighteenth century.* Philippine Studies (Manila), 1963, 11, 195-231.

Díaz Trechuelo, M. L., *La Real Compañía de Filipinas.* Sevilla, 1965, xix+366 + láms.

Díaz Trechuelo, M. L., *Eighteenth century Philippine economy: mining.* Philippine Studies (Manila), 1965, 13, 763-97.

Díaz Trechuelo, M. L., *Eighteenth century Philippine economy: agriculture.* Philippine Studies (Manila), 1966, 14, 65-126.

Díaz Trechuelo, M. L., *Eighteenth century Philippine economy: commerce.* Philippine Studies (Manila), 1966, 14, 253-79.

Lorente Rodrigáñez, L. M., *El Galeón de Manila.* RI, 1944, 5, 105-20.

Quiason, S. D., *English «country trade» with the Philippines, 1644-1765.* Quezon, 1966, xiv+230.

Schurz, W. L., *The Manila Galeon.* Nueva York, 1959, 543.

89 ESTUDIOS LOCALES

Díaz Trechuelo, M. L., *Manila española: notas sobre su evolución urbana.* EAm, 1955, 9, 447-63.

Novas, M. R., *Manila.* RGeneral de Marina (M), 1945, 128, 651-71.

Ortiz Armengol, P., *Intramuros de Manila. De 1571 hasta su destrucción en 1945.* M, 1958, 247.

90 ASIA

Bermúdez de Castro, L., *Los españoles en Cochinchina.* RGeneral de Marina (M), 1941, 121, 486-96.

Boxer, C. R., *The Spaniards in Cambodia.* History Today (Londres), 1971, 21, 280-7.

Cushner, N., *Un intento de conquista de Formosa por los españoles: su examen por los teólogos.* RI, 1964, 24, 505-15.

Pérez, L., *Los españoles en el Imperio de Annam.* AIA, 1926, 26, 289-326.

Ramos Charco, A., *Los españoles en la expedición de Cochinchina (1858-1863).* M, 1943, 254.

→ 6.89.5, Ordóñez; 7.86, Sanz.

8

RELIGION

8

RELIGION

00 HISTORIA ECLESIASTICA

Vives Gatell, J., *Bibliografía hispánica de ciencias histórico-eclesiásticas.* AST, 1928, 2, a 1954, 27, múltiples entradas.

Aldea Vaquero, Q., y otros, *Diccionario de historia eclesiástica de España.* M, 1972-3, 3 v.
Previsto un v. más.

Descola, J., *Historia de la España cristiana.* M, 1954, x+331.

Fuente, V. de la, *Historia eclesiástica de España.* M, 1873-5[2], 6 v.

Gams, P. B., *Die Kirchengeschichte von Spanien.* Graz, 1864-79, 5 v.

García Villada, Z., *Historia eclesiástica de España.* M, 1929-36, 5 v.
Hasta 1085.

01 RELIGIONES PRIMITIVAS. PAGANISMO

Blázquez Martínez, J. M., *Religiones primitivas de Hispania.* M, 1962, I, xxxii+286.

MacKenna, S., *Paganism and pagan survivals in Spain up to the fall of the Visigothic Kingdom.* Washington, 1938, lx+166.

Albertos Firmat, M. L., *Nuevas divinidades de la antigua Hispania.* Zephyrus, 1952, 3, 49-63.

Balil Illana, A., *El culto de Isis en España.* CTEE, 1956, 8, 213-24.

Blázquez Martínez, J. M., *La religiosidad de los pueblos hispanos vista por los autores griegos y latinos.* Emerita, 1958, 26, 79-110.

Blázquez Martínez, J. M., *Caballo y ultratumba en la Península Hispánica.* Ampurias, 1959, 21, 281-302.

Étienne, R., *Le culte impérial dans la Péninsule Ibérique d'Auguste à Dioclétien.* París, 1958, xiii+616 + láms.

García Bellido, A., *Una deidad oriental en la España romana.* RUM, 1952, 3, 345-61.

García Bellido, A., *El culto a Sárapis en la Península Ibérica.* BRAH, 1956 ,139, 293-355.

García Bellido, A., *Némesis y su culto en España.* BRAH, 1960, 147, 119-47.

8 García Bellido, A., *Dioses syrios en el pantheon hispano-romano.* Zephyrus, 1962, 13, 67-74.

García Bellido, A., *Deidades semitas en la España antigua.* Sefarad, 1964, 24, 12-40, 237-75.

García Bellido, A., *Hercules Gaditanus.* AEA, 1963, 36, 70-153.

Heuten, G., *Les divinités capitolines en Espagne.* RBPhH, 1933, 12, 549-68; 1935, 14, 709-23.

López Martínez, M., *Las religiones prehistóricas de Galicia.* CEG, 1960, 15, 121-42.

Ors Pérez, A. d', *Sobre los orígenes del culto al Emperador en la España romana.* Emerita, 1942, 10, 197-227, 354-9.

Quintana Prieto, A., *La religión pagana en tierras de León,* en *León y su historia...* León, 1969, I, 33-107.

Torres Rodríguez, C., *El culto del Emperador en Galicia.* CEG, 1952, 7, 197-230.

→ 6.28, Sánchez; 14.15, 20.20.

02 CRISTIANIZACION. EPOCA ROMANA

Torres López, M., *La Iglesia en la España romana,* en HE, 1955[2], II, 447-86.

Blázquez Martínez, J. M., *Posible origen africano del cristianismo español.* AEA, 1967, 40, 30-50.

Díaz Díaz, M. C., *En torno a los orígenes del cristianismo hispánico,* en *Las raíces de España.* M, 1967, 423-43.

Eitel, A., *Die spanische Kirche in vorgermanischer Zeit,* en *Festgabe H. Fink.* Münster, 1925, 1-22.

García Villada, Z., *La venida de San Pablo a España.* RyF, 1914, 38, 171-81, 302-13; 39, 54-64.

García Villada, Z., *Los orígenes del cristianismo en España. La misión de los siete Varones Apostólicos.* RyF, 1915, 4, 204-16.

García Villada, Z., *La persecución de los primeros cristianos en España.* RyF, 1920, 57, 63-75, 306-17; 58, 52-61, 166-86.

Palol Salellas, P., *Algunos aspectos históricos y arqueológicos del Cristianismo en la Tarraconense y en las Galias.* Caesaraugusta, 1955, 6, 141-67.

Vega, A. C., *La venida de San Pablo a España y los Varones Apostólicos.* BRAH, 1964, 154, 7-78.

03 SANTIAGO. PEREGRINACION JACOBEA

Bottineau, Y., *El Camino de Santiago.* B, 1965, 231 + láms.

Carro García, X., *A pelegrinaxe ao Xacobe de Galicia.* Vigo, 1965, 215.

Huidobro Serna, L., y otros, *Las peregrinaciones jacobeas.* M, 1949-51, 3 v.

Salvador Conde, J., *El libro de la peregrinación a Santiago de Compostela.* M, 1971, 457.

Valiña Sampedro, E., *El Camino de Santiago. Estudio histórico-jurídico.* M, 1971, xxii+267.

Valiña Sampedro, E., *Guía del Camino de Santiago.* Vigo, 1971.
Vázquez de Parga, L., y otros, *Las peregrinaciones a Santiago.* M, 1948-9, 3 v.

8

Carro García, J., *Estudios jacobeos. Arca marmórica, cripta... y Cuerpo del Apóstol.* Santiago, 1954, 131.
Caucci, P., *Las peregrinaciones italianas a Santiago.* Santiago, 1971, 215 + láms.
Díaz Díaz, M. C., *La literatura jacobea anterior al Códice Calixtino.* Compostellanum (Santiago), 1965, 10, 283-305.
Díaz Díaz, M. C., *Estudios sobre la antigua literatura relacionada con Santiago el Mayor.* Compostellanum (Santiago), 1966, 11, 457-502.
→ 17.90, **Códice Calixtino.**
Echevarría Bravo, P., *Cancionero de los peregrinos de Santiago.* M, 1967, 187 + láms.
Elorduy, E., *La tradición jacobea de Galicia en el siglo IX.* Hispania, 1962, 22, 323-56.
Gárate Córdoba, J. M., *La huella militar en el Camino de Santiago.* M, 1971, 183.
Goicoechea Arrondo, E., *El Camino de Santiago.* León, 1971, 171 + láms.
González, B., *Influencia económica de las peregrinaciones a Compostela.* Economía española (M), 1934, 13, 77-93; 14, 39-57.
Guerra Campos, J., *Notas críticas sobre el origen del culto sepulcral a Santiago en Compostela.* LCT, 1961, 88, 417-74, 559-89.
Hüffer, H. J., *La significación del culto de Santiago en España y sus irradiaciones en Alemania.* RUBA, 1956, 1, 375-93.
Jimeno Jurío, J. M., *Leyendas del Camino de Santiago* [en Navarra]. Pamplona, 1969, 31.
Jimeno Jurío, J. M., *Rutas mayores a Santiago* [en Navarra]. Pamplona, 1971, 31.
Jimeno Jurío, J. M., *Rutas menores a Santiago* [en Navarra]. Pamplona, 1971, 31.
Lacarra de Miguel, J. M., *Las peregrinaciones a Santiago en la edad moderna.* PV, 1966, 27,33-45.
Lambert, E., *Les ordres et les confréries dans l'histoire du pélérinage de Compostelle.* Annales du Midi (Toulouse), 1943, 55, 369-403.
Lomax, D. W., *Algunos peregrinos ingleses a Santiago en la edad media.* PV, 1970, 31, 159-69.
López Mata, T., *La ruta jacobea. Al través de la provincia de Burgos.* BIFG, 1965, 16, 528-59.
Máiz Eleizegui, L., *La devoción al Apóstol Santiago en España y el arte jacobeo hispánico.* M, 1953², 350.
Marcos Pous, A., *Recenti sviluppi della polemica sulle origine del culto a S. Giacomo in Spagne.* Epigraphica (Milán), 1952, 14, 142-4.
Martínez Alegría, A., *Los caminos de Santiago de Compostela.* Pamplona, 1971, 176.

8 Pérez de Urbel, J., *Orígenes del culto de Santiago en España.* HS, 1952, 5, 1-31.
También, Arbor, 1953, 24, 515-25.

Portela Pazos, S., *Orígenes del culto del Apóstol Santiago en España.* Arbor, 1953, 25, 455-71.

Rénouard, Y., *Le pélérinage à Saint-Jacques-de-Compostelle et son importance dans le monde médiéval,* en su *Études d'histoire médiévale.* París, 1968, II, 727-35.

Sánchez Albornoz, C., *El culto a Santiago no deriva del mito dioscórido.* CHE, 1958, 28, 5-42.
También, en su *Miscelánea...* León, 1970, 421-55.

Santiago en la Historia, la Literatura y el Arte. M, 1954-5, 2 v. Miscelánea por numerosos autores.

Torra Balari, M., *Cataluña y Aragón en el Camino de Santiago.* Ilerda, 1960, 18, 69-82.

Velasco Gómez, C., *Santiago y España. Orígenes del cristianismo en la Península.* León, 1948, 264.

→ 6.36.2, 8.43, **Santiago**; 18.26, Bonet; 22.54.2, Losada; 22.68.2, Revilla.

04 EPOCA VISIGODA

Magnin, E., *L'Église wisigothique au VIIe. siècle.* París 1921.

Orlandis Rovira, J., *El cristianismo en el Reino visigodo,* en *Settimane di Studio...* Spoleto, 1956, 153-72.
También, en su *Estudios visigóticos.* Roma, 1956, I, 1-13.

Schäferdiek, K., *Die Kirche in dem Reichen der Westgoten und Suewen...* Zeitschrift für Savigny-Stiftung... (Weimar), 1968, 85, 414-17.

Torres López, M., *La Iglesia en la España visigoda,* en HE, 1963[2], III, 281-341.

Abadal de Vinyals, R., *La batalla del adopcionismo en la desintegración de la Iglesia visigoda.* B, 1949, 190.

Arenillas, I., *La autobiografía de San Valerio (siglo VII) como fuente para el conocimiento de la organización eclesiástica visigoda.* AHDE, 1934, 11, 468-78.

Duart, L., *Obispos godos de Levante. Aportación a la historia eclesiástica del Reino de Valencia.* M, 1961, 150.

Hernández Villaescusa, M., *Recaredo y la unidad católica. Estudio histórico-crítico.* B, 1890, 440.

Hillgarth, J. N., *La conversión de los visigodos.* AST, 1961, 34, 21-45.

Lacarra de Miguel, J. M., *La Iglesia visigoda en el siglo VII y sus relaciones con Roma,* en *Settimane di Studio...* Spoleto, 1960, 353-84.

Lombardía Díaz, P., *Los matrimonios mixtos en el derecho de la España visigoda.* AHDE, 1957, 27, 61-108.

Orlandis Rovira, J., *Problemas canónicos en torno a la conversión de los visigodos al catolicismo.* AHDE, 1962, 32, 301-21.

Orlandis Rovira, J., *El elemento germánico en la Iglesia española del siglo VII.* AEM, 1966, 3, 27-64.

→ 6.32.1, Torres; 8.40, Mañaricúa, Martínez; 8.42, 8.50, 8.80, Ziegler; 8.85, Amann, Madoz.

05 EPOCA MEDIEVAL Y REYES CATOLICOS

Abadal de Vinyals, R., *La situation ecclésiastique en Catalogne pendant l'empire de Louis le Pieux.* Études Roussillonnaises (Perpignan), 1956, 5, 31-50.

Alvarez, L., *Contribución a la reforma religiosa en el reinado de los Reyes Católicos.* RAgustiniana de espiritualidad (Calahorra), 1964, 5, 145-212.

Azcona, T., *La elección y reforma del episcopado español en tiempo de los Reyes Católicos.* M, 1960, xviii+382.

Bishko, Ch. J., *Peter the Venerable's Journey to Spain,* en *Petrus Venerabilis...* Roma, 1956, 163-75.

David, P., *La métropole ecclésiastique de Galice du VIIIe. au XIe. siècle. Braga et Lugo.* RPH, 1949, 4, 107-54.

Durán Gudiol, A., *La Iglesia en Aragón durante el siglo XI.* EEMCA, 1951, 4, 7-68.

Durán Gudiol, A., *Geografía medieval de los Obispados de Jaca y Huesca.* Argensola, 1961, 12, 1-103.

Durán Gudiol, A., *La Iglesia en Aragón durante los reinados de Sancho Ramírez y Pedro I.* Roma, 1962, 223.

Fernández Conde, F. J., *La Iglesia de Asturias en la alta edad media.* Oviedo, 1972, 204.

García Villada, Z., *Organización y fisonomía de la Iglesia española desde la caída del imperio visigótico, en 711, hasta la toma de Toledo en 1085.* M, 1935, 63.

Gómez del Campillo, F., *Apuntes para el estudio de las instituciones jurídicas de la Iglesia de España desde el siglo VIII al XI.* RABM, 1903, 7, a 1906, 11, múltiples entradas.

Lacarra de Miguel, J. M., *La restauración eclesiástica en las tierras conquistadas por Alfonso el Batallador.* RPH, 1947, 4, 263-86.

López Ferreiro, A., *Viaje de San Francisco a España (1214).* AIA, 1914, 1, 13-45, 257-89, 433-69.

Mansilla Reoyo, D., *La Curia romana y la restauración eclesiástica española en el reinado de San Fernando.* RET, 1944, 4, 127-64.

Mansilla Reoyo, D., *La Curia romana y el Reino de Castilla en un momento decisivo de su historia (1061-1085).* Burgos, 1944, 59.

Mansilla Reoyo, D., *Iglesia castellano-leonesa y Curia romana en España en los tiempos del Rey San Fernando...* M, 1945, xv+377+xlvi.

Suárez Fernández, L., *Notas acerca de la actitud de Castilla con respecto al cisma de Occidente.* RUO, 1948, 9, 91-116.

Suárez Fernández, L., *Castilla, el cisma y la crisis conciliar.* M, 1960, ix+460.

→ 8.40, Pérez, San Martín; 8.42, García; 8.71, Linehan.

8 07 SIGLOS XVI-XVII

Aldea Vaquero, Q., *Iglesia y Estado en la España del siglo XVII. Ideario político-eclesiástico.* Comillas, 1961, 418.

Bada, J., *Situació religiosa de Barcelona en el segle XVI.* B, 1970, 295.

Cereceda, F., *Dictamen sobre la reforma eclesiástica presentado a Felipe II...* Hispania, 1944, 4, 28-65.

Cereceda, F., *El «litigio de los cabildos» y su repercusión en las relaciones con Roma (1551-56).* RyF, 1944, 130, 215-34.

González Novalin, J. L., *Historia de la reforma tridentina en la diócesis de Oviedo.* HS, 1963, 16, 323-46.

Goñi Gaztambide, J., *La reforma tridentina en la diócesis de Pamplona.* HS, 1963, 16, 265-322.

Llorca Vives, B., *Aceptación en España de los decretos del Concilio de Trento.* EE, 1964, 39, 459-82.

Marín Martínez, T., *Primeras repercusiones tridentinas. El litigio de los cabildos españoles. Su proceso en la diócesis de Calahorra.* HS, 1948, 1, 325-49.

Rouco-Varela, A. M., *Staat und Kirche im Spanien des 16. Jahrhunderts.* Munich, 1965, xix+327.

→ 6.43, 7.34-6, 8.42.

08 SIGLOS XVIII-XIX

Biografías de los obispos contemporáneos, prelados y demás dignidades ilustres de la Iglesia española... M, 1852, 141.

Cuenca Toribio, J. M., *La Iglesia española en el trienio constitucional.* HS, 1965, 18, 333-62.

Cuenca Toribio, J. M., *La desarticulación de la Iglesia española del Antiguo Régimen (1833-1840).* HS, 1967, 20, 33-98.

Cuenca Toribio, J. M., *La jerarquía eclesiástica en el reinado de Isabel II.* Atlántida, 1968, 6, 600-21.

Cuenca Toribio, J. M., *Aproximación al estudio del catolicismo peninsular de fines del XIX.* Atlántida, 1971, 9, 314-36.

Cuenca Toribio, J. M., *La Iglesia española ante la revolución liberal.* M, 1971, 290.

Cuenca Toribio, J. M., *El catolicismo liberal español: las razones de una ausencia.* Hispania, 1971, 31, 581-91.

Cuenca Toribio, J. M., *Estudios sobre la Iglesia española del siglo XIX.* M, 1973, 301.

González Ruiz, M., *Vicisitudes de la propiedad eclesiástica en España durante el siglo XIX.* REDC, 1946, 1, 383-424.

Martí Gelabert, F., *La Iglesia en España durante la revolución francesa.* Pamplona, 1971, 523.

Martínez Albiach, A., *Religiosidad hispana y sociedad borbónica.* Burgos, 1969, 675.

Martínez Albiach, A., *Etica socio-religiosa de la España del siglo XVIII.* Burgos, 1970, 100.

→ 7.34-6; 8.80, García.

09 SIGLO XX

8

Simón Díaz, J., *Cien fichas sobre la Iglesia Católica durante la Segunda República.* ELE, 1958, 1, 648-54.

Andrés Gallego, J., *Planteamiento de la cuestión religiosa en España, 1899-1902.* IC, 1972, 24, 173-221.
Calvo Serer, R., *La Iglesia en la vida pública española desde 1936.* Arbor, 1953, 15, 289-324.
Cuenca Toribio, J. M., *Aproximación al catolicismo peninsular e iberoamericano en el Pontificado de Pío X...* NT, 1972, 227, 1-74.
Díaz Mozaz, J. M., *Guía de la Iglesia en España, 1965.* M, 1964, viii-384.
Ferrándiz, J., *Semblanzas de eclesiásticos españoles contemporáneos...* M, 1913, 228.
Lizcano, M., *Sociología de las religiones en España.* REPol, 1956, 90, 115-31.
Mendizábal Villalba, A., *L'offensive laïciste en Espagne.* La vie intellectuale (París), 1932, 15, 180-205.
Orlandis Rovira, J., *El catolicismo en la España de hoy.* Pamplona, 1960, 77.
Pérez de Urbel, J., *Anuario católico español.* M, 1953-4, 2 v.
Vázquez, A., *Quién es quién en la Iglesia de España.* M, 1972, 341.

→ 6.95.1, Getino, Gomá, Montero Moreno, Pérez de Urbel; 8.40, Castells.

10 BIBLIA

Morreale, M., *Apuntes bibliográficos para la iniciación al estudio de las traducciones bíblicas medievales en catalán.* AST, 1958, 31, 271-90.
Morreale, M., *Apuntes bibliográficos para la iniciación al estudio de las traducciones bíblicas medievales en castellano.* Sefarad, 1960, 20, 66-103.

Pérez, F., *La Biblia en España,* en *Verbum Dei.* B, 1956, I, 83-97.

Alcocer Martínez, M., *Felipe II y la Biblia de Amberes.* Valladolid, 1927, 188.
Areitio, F., *La Biblia vasca de Olavide.* EE, 1959, 33, 352-67.
Ayuso Marazuela, T., *La Biblia de Calahorra.* EB, 1942, 1, 241-71 + láms.
Ayuso Marazuela, T., *La Biblia de Oña.* Zaragoza, 1945, 138 + láms.
Ayuso Marazuela, T., *El problema de la primitiva Biblia española.* Arbor, 1950, 16, 426-32.
Ayuso Marazuela, T., *La liturgia mozárabe y su importancia para el texto bíblico de la «Vetus Latina Hispana».* EB, 1951, 10, 269-312.
Ayuso Marazuela, T., *La Vetus Latina Hispana.* M, 1953.
I, *Prolegómenos,* 1953; II, *Octateuco,* 1967; V, *El Salterio,* 1962, 3 v.

8 Ayuso Marazuela, T., *La Biblia visigótica de San Isidoro de León. Contribución al estudio de la Vulgata en España.* M, 1965, 201 + láms.

Biblia Polyglotta Matritensia. M, 1957- . Publicado: *Deuteronomium,* I. Ed. de A. Díez Macho, 1965.—*Vetus Evangelium Syrorum.* Ed. de I. Ortiz de Urbina, 1967.—*Salterium Uisigothicum-Mozarabicum.* Ed. de T. Ayuso Marazuela, 1967.— *Psalterium S. Hieronymi...* Ed. de T. Ayuso Marazuela, 1960.

Bucher, F., *The Pamplona Bibles.* New Haven, 1970, 2 v.

Bover, J. M., *La «Vulgata» en España.* EB, 1941, 1, 11-40, 167-85.

Domínguez del Val, U., *La Vetus Latina-Hispana.* LCD, 1958, 171, 287-95.

Enciso Viana, J., *Prohibiciones españolas de las versiones bíblicas en romance antes del Tridentino.* EB, 1944, 3, 523-60.

Llamas Simón, J., *La antigua Biblia castellana de los judíos españoles.* Sefarad, 1944, 4, 219-44.

Llamas Simón, J., *La versión bíblica castellana más antigua primera sobre el texto original.* LCD, 1947, 163, 547-98.

Llamas Simón, J., *Nueva Biblia medieval judía inédita en romance castellano.* Sefarad, 1949, 9, 57-74.

Llamas Simón, J., *Antigua Biblia judía medieval romanceada.* Sefarad, 1951, 11, 294-304.

O'Callaghan, J., *La Políglota matritense.* RyF, 1958, 157, 531-6.

Paz Meliá, A., *La Biblia puesta en romance por Rabí Mosé Arragel de Guadalajara (1422-1433).* HMPelayo, II, 5-93.

Pérez Castro, F., y L. Voet, *La Biblia Políglota de Amberes.* M, 1973, 80.

Ramos Frechilla, D., *La Políglota de Arias Montano.* REEB, 1928, 3, 27-54.

Revilla Rico, M., *La Políglota de Alcalá.* M, 1917, xv+178.

Secret, F., *Documents pour servir à l'histoire de la publication de la Bible d'Anvers.* Sefarad, 1958, 18, 121-8.

Verd, G. M., *Las Biblias romanzadas: Criterios de traducción.* Sefarad, 1971, 31, 319-51.

→ 17.06, **Biblia.**

11 ESPIRITUALIDAD. VIDA CRISTIANA

Pinta Llorente, M., *Aspectos históricos del sentimiento religioso en España.* M, 1961, 175.

Carda Pitarch, J. M., *Doctrina y práctica penitencial en la liturgia visigótica.* RET, 1946, 6, 223-47.

Durán Gudiol, A., *La penitencia pública en la catedral de Huesca.* Argensola, 1952, 3, 335-46.

Eiján, S., *Franciscanismo ibero-americano, en la historia, la literatura y el arte.* B, 1927, 526.

Estudios sobre la espiritualidad de las Ordenes Religiosas en España, en *Estado actual de los estudios de Teología espiritual.* B, 1957, 247-600.

Fernández Alonso, J., *La disciplina penitencial en la España romano-visigoda desde el punto de vista pastoral.* HS, 1951, 4, 243-311. 8

Fernández Catón, J. M., *Manifestaciones ascéticas en la Iglesia hispano-romana del siglo IV.* León, 1962, 152.

Gil Atrio, C., *¿España, cuna del Viacrucis?* AIA, 1951, 11, 63-92.

González Rivas, S., *La disciplina penitencial de la Iglesia española en el siglo IV.* RET, 1941, 1, 339-60.

González Rivas, S., *La disciplina penitencial de la Iglesia española desde el siglo V al siglo VIII.* RET, 1941, 1, 985-1019.

González Rivas, S., *La penitencia en la primitiva Iglesia española.* Salamanca, 1950, 230.

Göller, E., *Das spanisch-westgotische Busswesen von 6. bis 8. Jahrhundert.* Römische Quartalschrift... (Friburgo B.), 1929, 37, 245-313.

Groult, P., *Les courants spirituels dans la Péninsule Ibérique aux XVe., XVIe. et XVIIe. siècles.* LLR, 1955, 9, 208-25.

Huerga, A., *Santa Catalina de Siena en la historia de la espiritualidad española.* TE, 1968, 12, 165-228.

Ibeas, B., *Los ascéticos agustinos españoles.* España y América (El Escorial), 1923, 23, 99-112, 172-83.

Iparraguirre, I., *Bibliografía de ejercicios ignacianos.* Manresa (M), 1954, 26, 147-56.

Iparraguirre, I., *Historia de los Ejercicios de S. Ignacio.* Roma, 1946 — B, 1955, 2 v.

Janini, J., *Cuaresma visigoda y carnes tollendas.* AA, 1961, 9, 11-84.

Martínez Díez, G., *Un tratado visigótico sobre la penitencia.* HS, 1966, 19, 89-98.

Rodríguez, I., *Santa Teresa de Jesús y la espiritualidad española. Presencia de Santa Teresa en los autores espirituales españoles de los siglos XVII y XVIII.* M, 1972, xxii+598.

Saenz de Tejada, J. M., *Reinaré en España y consagración de España.* Bilbao, 1940.

Sáinz Rodríguez, P., *Espiritualidad española.* M, 1961, 345. Miscelánea.

Sala Balust, L., *La espiritualidad española en la primera mitad del siglo XVI.* CHist, 1967, 1, 169-87.

Ugarte, E., *España eucarística.* Salamanca, 1952.

Uriarte, J. E., *Principios del reinado del Sagrado Corazón de Jesús en España.* Bilbao, 1912^{2}, xlv+575.

→ 14.12, González, Le Bras, Pérez; 20.10, 22.56, Velasco.

13 MISTICA

Cruz Moliner, J. M., *Historia de la literatura mística en España.* Burgos, 1961, 603.

Morón Arroyo, C., *La mística española, I: Antecedentes y edad media.* M, 1971, 254.

Sáinz Rodríguez, P., *Introducción a la historia de la literatura mística en España.* M, 1927, 310.

8 Abad, C., *Ascetas y místicos españoles del Siglo de Oro.* MC, 1954, 21, 3-102.

Groult, P., *Las fuentes germánicas de la mística española.* Arbor, 1961, 48, 23-39.

Jesús Sacramentado, C., *La escuela mística carmelitana.* M, 1930, 456.

Jiménez Duque, B., *¿Hay una mística española?* Arbor, 1948, 11, 71-80.

Martínez, A., *Introducción al estudio teológico de «La mística ciudad de Dios».* Celtiberia, 1967, 17, 13-36.

Sanchís, J., *La escuela mística alemana y sus relaciones con los místicos de nuestro Siglo de Oro.* M, 1945, xi+237.

→ 17.28.5.

14 PATRISTICA. LITERATURA RELIGIOSA

Domínguez del Val, U., y E. Cuevas, *Patrología española.* M, 1956, 132.

Cruz Moliner, J. M., *Repertorio de autores españoles de espiritualidad.* REspir, 1955, 14, 53-70.

Rodríguez, I., *Autores espirituales españoles en la edad media.* RHCEE, 1967, 1, 175-351.

Rodríguez, I., *Autores espirituales españoles (1500-1570).* RHCEE, 1971, 3, 407-625.

Díaz Díaz, M. C., *De patrística española.* RET, 1957, 17, 3-46.

Domínguez del Val, U.,*El helenismo de los escritores cristianos españoles en los siete primeros siglos.* LCD, 1968, 181, 467-83.

Echevarría, L., *El libro religioso francés en España: tradición y actualidad.* Arbor, 1966, 63, 57-69.

González Haba, M. J., *Séneca en la literatura espiritual española de los siglos XVI y XVII.* RFilos, 1952, 11, 287-302.

Libro religioso, *El _____ en España (1939-1959).* M, 1959, 70.
Miscelánea por varios autores.

Madoz Moleres, J., *Citas y reminiscencias clásicas en los Padres españoles.* Sacris Erudiri (Brujas), 1953, 5, 105-32.

Padres españoles, *Santos* _____. Ed. y est. de V. Blanco García y otros. M, 1971, 2 v.
S. Isidoro, S. Leandro, S. Fructuoso, S. Ildefonso.

Vega, A. C., *De patrología española. En torno a la herencia de Juan de Bíclaro.* BRAH, 1969, 164, 13-74.

→ 1.12, 8.15, Verd; 17.31-5.

15 PREDICACION

Herrero Salgado, E., *Aportación bibliográfica a la oratoria sagrada española.* M, 1971, 742.

Eijo Garay, L., *De la oratoria sagrada en España.* M, 1927, 58.

González Olmedo, F., *Introducción al estudio de la predicación española.* RyF, 1964, 169, 143-54.

Baselga Ramírez, M., *El púlpito español en la época del mal gusto.* RAragón (Zaragoza), 1902, 2, 64-5, 129-34. 8

Cañizares Llovera, A., *Santo Tomás de Villanueva, testigo de la predicación española del siglo XVI.* M, 1973, 268.

Ferrer del Río, A., *La oratoria sagrada española en el siglo XVIII.* M, 1853, 52.

G[onzález] Olmedo, F., *Decadencia de la oratoria sagrada en el siglo XVII.* RyF, 1916, 46, 310-21, 494-507.

G[onzález] Olmedo, F., *La restauración de la oratoria sagrada en el siglo XVIII.* RyF, 1918, 51, 460-72.

G[onzález] Olmedo, F., *La restauración de la oratoria sagrada en España.* RyF, 1919, 55, 354-9.

Herrero García, M., *Sermonario clásico.* M, 1942, xc+198.

López Santos, L., *La oratoria sagrada en el seiscientos.* RFE, 1946, 30, 353-68.

Mir, M., *Predicadores de los siglos XVI y XVII.* M, 1906-14, 2 v.

Soria Ortega, A., *Una antología de sermones fúnebres a Felipe II,* en *HomE. Alarcos.* Valladolid, 1967, II, 455-82.

Verd, G. M., *La predicación patrística española.* EE, 1972, 47, 227-51.

→ 14.46, Martí.

16 CATEQUESIS. PASTORAL

Casas Homs, J. M., *Un catecismo hispano-latino medieval.* HS, 1948, 1, 113-26.

Castro Alonso, M., *Enseñanza religiosa en España.* Valladolid, 1898, vi+348.

Díaz Moreno, J. M., *La regulación jurídica de la cura de almas en los canonistas hispánicos de los siglos XVI y XVII.* Granada, 1972, 517.

Fernández Alonso, J., *La cura pastoral en la España romanovisigoda.* Roma, 1955, xxiv+628.

Floriano Cumbreño, A. C., *Un catecismo castellano del siglo XIV.* REP, 1945, 3, 87-99.

García Tuñón, R., *Los primeros y principales catecismos de España.* M, 1951, 43.

Guerrero García, J. R., *Catecismos de autores españoles de la primera mitad del siglo XVI (1500-1559).* RHCEE, 1971, 2, 225-60.

Guerrero García, J. R., *Catecismos españoles del siglo XVI.* M, 1973, 355.

Huerga, A., *Sobre la catequesis en España durante los siglos XV-XVI.* AST, 1968, 41, 299-345.

→ 8.11.

20 MARIOLOGIA

Exposición bibliográfica mariana. Biblioteca Nacional. Catálogo. M, 1954-5, 2 v.

8 Herrero García, M., *Bibliografía española de la Asunción de María.* ELE, 1958, 1, 395-407.

Herrero García, M., *Bibliografía mariana de España e Hispanoamérica.* ELE, 1959, 2, 623-30, 713-6; 1960, 3, 21-6, 55-62.

Fabraquer, Conde de [J. Muñoz Maldonado], *Historia, tradiciones y leyendas de las imágenes de la Virgen aparecidas en España.* M, 1861, 3 v.

Pérez, N., *Historia mariana de España.* Santander, 1941-51, 6 v.

Sánchez Pérez, J. A., *El culto mariano en España. Tradiciones, leyendas y noticias...* M, 1943, 482 + láms.

Bayerri, E., *El misterio de la Asunción de María en la liturgia hispana medieval.* Estudios Marianos (M), 1947, 6, 301-402.

Canal, J. M., *En torno a la antífona Salve Regina.* Recherches de Théologie ancienne et médiévale (Lovaina), 1966, 33, 342-55.

García Garcés, N., *El movimiento asuncionista en España.* Estudios Marianos (M), 1947, 6, 519-40.

Gironés Guillem, G., *La Virgen María en la liturgia mozárabe.* Anales del Seminario de Valencia, 1964, 4, 9-163.

Herrán, L., *La realeza de María en la literatura de España.* Estudios Marianos (M), 1956, 17, 205-60.

Llopart, E. M., *Los orígenes de la creencia y de la fiesta de la Asunción en España.* Estudios Marianos (M), 1947, 6, 155-98.

Martínez Kleiser, L., *La devoción mariana en la literatura popular.* BRAE, 1949, 29, 229-62.

Mundó, A. M., *El origen de la «Salve» visto desde España.* AEM, 1967, 4, 369-76.

Navarro, S., *El autor de la Salve.* Estudios Marianos (M), 1948, 7, 425-42.

Pérez, N., *La maternidad espiritual de María en la teología y literatura españolas.* Estudios Marianos (M), 1948, 7, 287-98.

Sotillo, L. R., *El culto de la Virgen Santísima en la liturgia hispano-visigótica-mozárabe.* MC, 1954, 22, 89-192.

→ 18.03.

21 AREAS REGIONALES

Manfredi, D., *Santuarios de la Virgen María en España y América.* M, 1954, 377 + láms.

Pérez Sanjulián, J., *Historia de la Santísima Virgen... Sus principales advocaciones en España y América.* M, 1902-3, 3 v.

Villafañe, J., *Compendio histórico de las... imágenes de... María Santísima que se veneran en los más célebres santuarios de España.* M, 1740, xxxvi+627.

Amades, J., *Imágenes marianas de los Pirineos orientales.* RDTP, 1955, 11, 80-118.

Barrio Marinas, E., *La Santísima Virgen en Segovia...* Segovia, 1954, 166 + láms.

Clavería Arangua, J., *Iconografía y santuarios de la Virgen en Navarra.* Pamplona, 1942-4, 2 v.

Díez Lozano, B., *Historia del culto de la Virgen en el antiguo Reino de León.* Oviedo, 1900, 207.
Fábrega Grau, A., *Santuarios marianos de Barcelona. Historia, leyendas, folklore.* B, 1954, 288.
Gil Atrio, C., *Orense mariano.* Orense, 1954, 237.
Llorens, A., *Els goigs de la Mare de Déu en l'antiga litúrgia catalana.* AST, 1955, 28, 127-32.
Munar Oliver, G., *Los santuarios marianos de Mallorca.* Palma de Mallorca, 1968, 495.
Torrellas Barcelona, B., *La Santísima Virgen en la provincia de Huesca.* Huesca, 1956, 183.
Uranga Galdiano, J. E., *Cien imágenes navarras de la Virgen.* Pamplona, 1972, xix + láms.
Valenzuela Foved, V., *Presencia de María en Aragón y en su historia.* Argensola, 1954, 5, 301-14.
Viñayo González, A., *La devoción mariana en Asturias durante... la Reconquista.* AL, 1963, 17, 31-108.
Vírgenes de Madrid. M, 1966, 64.
Miscelánea por varios autores.

→ 7.36.

22 ADVOCACIONES Y SANTUARIOS EN PARTICULAR

Domingo Palacio, T., *Ensayo histórico-crítico sobre la Santa Imagen de Nuestra Señora de la* **Almudena.** M, 1881, xiv+127.
Fradejas Lebrero, J., *La Virgen de la Almudena.* M, 1959, 55.
Vera Tassis, J., *Historia del origen, invención y milagros... de Nuestra Señora de la Almudena.* M, 1692, 511.

Antequera, M., *La Virgen de las* **Angustias.** Granada, 1973, 16 + láms.
Hitos, F. A., *Páginas históricas de Nuestra Señora de las Angustias, Patrona de Granada.* Burgos, 1929, 750.

Garmendia, D., **Arántzazu.** Arántzazu, 1969, 118.
Lizarralde, A., *Historia de la Virgen y del Santuario de Aránzazu.* Oñate, 1950, lxxi+552.

Arquero Soria F., *La Virgen de* **Atocha.** M, 1954, 44.

Mañaricúa, A. E., *Santa María de* **Begoña** *en la historia espiritual de Vizcaya.* Bilbao, 1950, 483+125.

Apráiz, M., *De nuevo sobre el origen de la advocación de la Virgen* **Blanca,** *¿en Navarra o en Burgos?* BSEAA, 1948, 24, 133-47.
Val, V., *La Virgen Blanca en la literatura alavesa.* Vitoria, 1954, 46.
Val, V., *Nuestra Señora de la Blanca, Patrona de... Vitoria.* Vitoria, 1971, 193.

Fe Jiménez, L., *Historia de Nuestra Señora de la* **Cabeza,** *de Sierra Morena.* M, 1900, 296.
Torres Laguna, C., *Facetas históricas de la Virgen de la Cabeza.* BIEG, 1960, 7,9-29.
→ 22.42.3, **Andújar.**

8 Pastrana García, J., *El santuario de la Virgen del* Camino. *Apuntes históricos.* León, 1973, 78.
Rodríguez, R., *La Virgen del Camino, de León.* AL, 1947, 1, 93-9.
Bujanda, F., *Historia de* Codés. Logroño, 1967, 116.
Cabal, C., *La Divina Peregrina. Los ritmos de* Covadonga. Oviedo, 1948, 408.
López García, L., *La batalla de Covadonga e historia del santuario.* Oviedo, 1945^5, 150.
Menéndez Pidal, L., *La Cueva de Covadonga, santuario de Nuestra Señora la Virgen María.* Oviedo, 1959, 124 + láms.
Prado, M., *Covadonga.* M, 1915, 543.
→ 21.21, Covadonga.

Herrero García, M., *Bibliografía española de la Virgen de los* Dolores. ELE, 1959, 2, 126-36.
Herrero García, M., *Bibliografía española de Nuestra Señora en sus advocaciones dolorosas [Angustias, Dolores, Paloma].* ELE, 1959, 2, 209-18, 363-9.

Dorleta → 22.36.3, Salinas.

Pinedo, R., *El Santuario de Santa María de* Estíbaliz. M, 1940, 96 + láms.

San Marcos, F., e I. Rodríguez Fernández, *Historia del origen y milagros de Nuestra Señora de la* Fuencisla *de Segovia...* M, 1915, 477.

Alvarez, A., Guadalupe. M, 1964, 360.
Floriano Cumbreño, A. C., *Guadalupe. Guía histórico-artística del Monasterio.* Cáceres, 1953, 246 + láms.
García Rodríguez, S., *Guadalupe, cita de fe y de arte.* Zaragoza, 1973, 112.
Rubio, G., *Historia de Nuestra Señora de Guadalupe.* B, 1926, 572.
Villacampa, C. G., *Grandezas de Guadalupe. Estudio sobre la historia y las bellas artes.* M, 1924, 489.
→ 17.09.1, Cáceres.

Crespo, M., *La Virgen de* Lepanto. Granada, 1970, 116.
→ 1.31.

Gazulla, F. D., *La Patrona de Barcelona [Nuestra Señora de la* Merced] *y su santuario.* B, 1918, 308.
Serratosa, R., *La Santísima Virgen de la Merced. Historia crítica de su aparición...* Estudios, 1952, 8, 571-9.
Vázquez Núñez, G., *Manual de historia de Nuestra Señora de la Merced.* Estudios, 1956, 12, 79-114.

Lastra Terry, J., *La* Merced, *Patrona de Jerez de la Frontera.* M, 1973, 360 + láms.

Albareda, A. M., *Història de* Montserrat. Montserrat, 1972^5, 320 + láms.
Verrie, E. D., *Montserrat.* M, 1950, 156.
→ 1.31, 1.41.

Sota Moreta, F., *Història de* **Núria.** B, 1952, 476.

Vázquez Saco, F., *Nuestra Señora de los* **Ojos Grandes,** *Patrona de Lugo. Notas históricas.* Lugo, 1973[2], 174.

Fernández Ruiz, J., *La Virgen de la* **Paloma.** Leyenda religiosa. M, 1899, 31.

Fuentes Ponte, J., *La Perla del barrio bajo. Leyenda de Nuestra Señora de la Soledad... de la Paloma en Madrid.* Lérida, 1899, 15.

→ **Dolores.**

Colunga Cueto, A., *Santuario de la* **Peña de Francia.** *Historia.* Salamanca, 1968[3], 136.

Vasco de Parra, M., *Historia de la invención y milagros de Nuestra Señora de la Peña de Francia.* Guadalajara, 1973, 450.

Aína Naval, L., *El* **Pilar,** *la tradición y la historia.* Zaragoza, 1939, 240.

Aína Naval, L., *La Virgen del Pilar. Historia breve de su culto y de su templo.* Zaragoza, 1969, 107.

Arco Garay, R., *El templo de Nuestra Señora del Pilar en la edad media.* EEMCA, 1945, 1,9-147.

Fita Colomer, F., *El templo del Pilar... Documentos anteriores al siglo XVI.* BRAH, 1904, 44, 425-61.

Gutiérrez Lasanta, F., *Historia de la Virgen del Pilar.* Zaragoza, 1971-3, 3 v.

Herrero García, M., *Avance de bibliografía de la Virgen del Pilar...* ELE, 1958, 1, 483-500.

Juan Olmo, F., *La Virgen vino a Zaragoza. Tradición...* Zaragoza, 1943, 269.

Navarro González, V., *Datos para la historia de una iconografía de la Virgen del Pilar.* Zaragoza, 1948, 56.

Armengou Feliu, J., *El santuari de la Mare de Déu de* **Queralt.** Granollers, 1971, 208.

Martín, J., *Nuestra Señora de la* **Regla.** Jerez, 1953, 101.

Porres Alonso, B., *Advocaciones y culto de la Virgen del* **Remedio** *en España.* HS, 1970, 23, 3-79.

Carrasco Díaz, M., *Historiando el* **Rocío.** Coria del Río, 1970, 92 + láms.

→ 20.10, Siurot.

Sánchez del Caño, D., *Historia de la Virgen Santísima de* **San Lorenzo.** *Patrona de Valladolid.* Valladolid, 1972[2], 199.

Díaz Hierro, D., *Compendio histórico de la devoción española a la* **Soledad** *de María.* Zaragoza, 1959, 32.

López González, V., *Historia de Nuestra Señora de* **Sonsoles.** *Santuario, imagen...* Avila, 1930, 198.

Arce, B., y A. de Heredia, *Historia del... monasterio de Nuestra Señora de* **Sopetrán.** M, 1676, 384.

Martínez Ortiz, J., *Historia de* **Tejeda.** Valencia, 1964, 152.

8 Minguella Arnedo, T., **Valvanera.** *Imagen y santuario. Estudio histórico.* M, 1919, 118.

Pérez Alonso, A., *Historia de la Real Abadía-santuario de Nuestra Señora de Valbanera, en la Rioja.* Gijón, 1971, 524.

→ 3.16, Lucas; 7.36, 16.68, Alvar.

23 INMACULADA CONCEPCION

Herrero García, M., *Bibliografía española de la Inmaculada Concepción de María.* ELE, 1958, 1, 630-8.

Barbero Martínez, L., *La Inmaculada Concepción y España.* M, 1954, 318.

Oller, J. M., *España y la Inmaculada Concepción. Memoria histórica.* M, 1905, xi+242.

Pérez, N., *La Inmaculada y España.* Santander, 1954, 480.

Fernández, L., *La Inmaculada Concepción, Patrona de España.* LCT, 1954, 81, 603-25.

Frías, L., *Antigüedad de la fiesta de la Inmaculada Concepción en las iglesias de España.* MC, 1955, 23, 81-156.

Gómez, O., *Juramentos concepcionistas de las Universidades españolas en el siglo XVII.* AIA, 1955, 15, 867-1045.

Larrínaga, J. R., *Las provincias vascas, por la Inmaculada.* AIA, 1954, 14, 191-206.

Luis, A., *La Universidad de Salamanca en los siglos XVI y XVII. Ambiente teológico-mariológico.* Estudios Marianos (M), 1964, 25, 149-90.

Llorca Vives, B., *La autoridad eclesiástica y el dogma de la Inmaculada Concepción.* EE, 1954, 28, 299-322.

Martín Sarmiento, A., *Los Reyes y las Universidades de España, por la Inmaculada.* Ilustración del clero (M), 1954, 882, 226-33.

Meseguer Fernández, J., *La Real Junta de la Inmaculada Concepción (1616-1817/1820).* AIA, 1955, 15, 619-866.

Pascual, A., *La Inmaculada Concepción en la liturgia visigótica.* Liturgia (Silos), 1954, 102, 174-82.

Pou Martí, J. M., *Embajadas de Felipe III a Roma, pidiendo la definición de la Inmaculada Concepción de María.* AIA, 1931, 34, a 1933, 36, múltiples entradas.

Riera Estarellas, A., *La doctrina inmaculista en los orígenes de nuestras lenguas romances,* en *Estudios Mariológicos.* Zaragoza, 1954, 371-416.

Solano, J., *La Inmaculada en los Padres españoles,* en *Estudios Mariológicos.* Zaragoza, 1954, 223-48.

Vázquez Janeiro, I., *Las negociaciones inmaculistas en la Curia romana durante el reinado de Carlos II (1665-1700).* M, 1957, 215.

→ 22.56, Simón.

24 HAGIOGRAFIA

Rius Serra, I., *Catalogus causarum beatificationis et canonizationis ad Hispaniam et Americam Hispanicam pertinentes.* REDC, 1953, 8, 617-38.

Colbert, E. P., *The Martyrs of Córdoba (850-859). A study of the sources.* Washington, 1962, xii+491. **8**

Díaz Díaz, M. C., *Correcciones y conjeturas al Pasionario hispánico.* RABM, 1957, 63, 453-65.

Durán Gudiol, A., *Los santos altoaragoneses.* Argensola, 1954, 5, 143-63.

Estal, J. M., *Felipe II y su archivo hagiográfico.* HS, 1970, 23, 193-333.

Fábrega Grau, A., *Pasionario hispánico. Siglos VII-XI.* M, 1953-5,2 v.

Fábrega Grau, A., *Orígenes del culto a San Mateo en España.* AST, 1956 ,29, 25-48.

Franke, F. R., *Die freiwilligen Martyrer von Córdoba und das Verhältnis der Mozaraber zum Islam.* GAKS, 1958, 13, 1-170.

Gaiffier, B., *Sub Daciano Praeside. Étude de quelques Passions espagnoles.* Analecta Bollandiana (Bruselas), 1954, 72, 378-96.

García Rodríguez, C., *El culto de los Santos en la España romana y visigoda.* M, 1966, x+475.

Gella Iturriaga, J. M., *La bella tradición santelmista hispanolusa.* RGeneral de Marina (M), 1962, 162, 519-28.

López Peláez, A., *El culto de San Froilán.* M, 1911, 214.

Pardo Villar, A., *Adiciones al santoral gallego.* BCPMOrense, 1955, 18, 111-6.

Pérez de Guzmán, L., *La devoción a Santa Bárbara en España.* M, 1957, 114.

Sánchez Loro, D., *Libro de la vida y milagros de los Padres emeritenses.* Cáceres, 1951.

Serdá, L., *Los martirologios de la Marca Hispánica en la evolución litúrgica de la misma.* Ausa (Vich), 1952-4, 1, 387-9.

Vives Gatell, J., *Santoral visigodo en calendarios e inscripciones.* AST, 1941, 14, 31-58.

Vives Gatell, J., *Boletín de hagiografía hispánica* [anterior al siglo XIII]. HS, 1948, 1, 229-43.

Vives Gatell, J., *Tradición y leyenda en la hagiografía hispana.* HS, 1964, 16, 495-508.

Vives Gatell, J., *La hagiografía hispana antigua y el culto a los patronos de las iglesias,* en *XXVII Semana Española de Teología.* M, 1970, 37-53.

→ 7.36, 17.90, **Vitas;** 20.14.

26 LITURGIA

Basó Andreu, A., *La iglesia aragonesa y el rito romano.* Argensola, 1956, 7, 153-64.

Bustamante, J., *Algunos manuales españoles distintos del Toledano y del Tarraconense.* Liturgia (Silos), 1958, 13, 235-62.

Esplá Rizo, R., *La Santísima Faz de Nuestro Señor Jesucristo. Reseña histórica de la reliquia... de Alicante.* Alicante, 1969^2, 80 + láms.

Fernández de la Cuesta, I., *El «Breviarium Gothicum» de Silos.* M, 1965, 126.

8 García Alonso, I., *La administración de los sacramentos en Toledo después del cambio de rito (siglo XIII).* Salmanticensis, 1958, 5, 3-79.

Goñi Gaztambide, J., *La adopción de la liturgia tridentina y los libros de coro en la diócesis de Pamplona.* PV, 1946, 7, 565-71.

Iñiguez Almech, F., *Algunos problemas de las viejas iglesias españolas.* Roma, 1953, 100 + láms.

Janini Cuesta, J., *Un singular sacramentario aragonés.* BRAH, 1962, 151, 133-50.

Janini Cuesta, J., *Los sacramentarios de Tortosa y el cambio de rito.* AST, 1962, 35, 5-56.

Leclerq, J., y J. Laporte, *Bénédictions épiscopales dans un manuscrit de Huesca.* HS, 1952, 5, 79-101.

López Santos, L., *Calendarios litúrgicos leoneses.* AL, 1956, 10, 119-41.

Olivar, A., *Las prescripciones litúrgicas del Concilio de Coyanza.* AL, 1951, 5, 79-113.

Olivar, A., *Panorama actual de la investigació històrica de la litúrgia a Catalunya.* AST, 1968, 41, 245-78.

Olivar, A., *La liturgia española del siglo XI al XV.* RHCEE, 1971, 2, 69-82.

Oñate, J. A., *El Santo Grial venerado en... Valencia.* Cultura Bíblica (M), 1953, 10, 110-5.

Palma Camacho, F., *Noticias del Santo Rostro... de Jaén.* Jaén, 1887, xvi+17+312.

Pascual, A., *El movimiento litúrgico en España.* Liturgia (Silos), 1951, 6, 18-25, 102-6.

Pascual de Aguilar, J. A., *España y el movimiento litúrgico.* Arbor, 1956, 33, 489-511.

Pérez Ramírez, D., *Los últimos auxilios espirituales en la liturgia del siglo XIII, a través de los concilios.* RET, 1950, 10, 391-432.

Saravia, C., *Repercusión en España del decreto del Concilio de Trento sobre las imágenes.* BSEAA, 1960, 26, 129-43.

Serdá, L., *Inicios de la liturgia romana en la Cataluña vieja.* HS, 1955, 8, 387-94.

Serdá, L., *La introducció de la litúrgia romana a Catalunya,* en *II Congrès litúrgic de Montserrat,* 1967, II, 7-19.

Sudario, *El Santo* ______ *en España. Documentos y vestigios.* B, 1952, 142.

Sustaeta, J. M., *El Manual Valentino de sacramentos.* Liturgia (Silos), 1958, 13, 205-34.

Tomás Avila, A., *El culto y la liturgia en la catedral de Tarragona (1300-1700).* Tarragona, 1963, 231.

Ubieto Arteta, A., *La introducción del rito romano en Aragón y Navarra.* HS, 1948, 1, 299-324.

Vidal Tur, G., *Síntesis histórica de la Santísima Faz de Cristo..., de Alicante.* Alicante, 1942, 36.

Villanueva, A. P., *Los ornamentos sagrados en España. Su evolución histórica y artística.* B, 1935, 332 + láms.

Vives Gatell, J., *Textos eucarísticos catalanes cuatrocentistas.* AST, 1951, 14, 9-31. **8**

→ **8.34,Santa Verónica**; 20.12.

27 LITURGIA HISPANICA

Brou, L., *Bulletin de liturgie mozarabe, 1936-1948.* HS, 1949, 2, 459-84.
Brou, L., *Ediciones de textos, investigaciones y estudios de los últimos treinta años,* en *Estudios sobre la liturgia mozárabe.* Toledo, 1965, 1-31.
Mora Ontalva, J. M., *Bibliografía general* [de liturgia mozárabe], en *Estudios sobre la liturgia mozárabe.* Toledo, 1965, 165-87.
Mora Ontalva, J. M., *Nuevo boletín de liturgia hispánica antigua.* HS, 1973, 26, 209-37.
Roche Navarro, A., *Bibliografía sobre la antigua liturgia hispana.* AL, 1971, 25, 323-69.
Prado, G., *Manual de liturgia hispano-visigótica o mozárabe.* M, 1927, 315.
Prado, G., *Historia del rito mozárabe y toledano.* Silos, 1928, 121.
Vives Gatell, J., *Los libros de la liturgia visigótica mozárabe.* Apostolado sacerdotal (B), 1954, 11, 45-50, 74-6.
Brou, L., *L'Alleluia dans la liturgie mozarabe...* AM, 1951, 6, 3-90.
Brou, L., *Liturgie «mozarabe» ou liturgie «hispanique»?* Ephemerides Liturgicae (Roma), 1949, 63, 66-70.
Brou, L., *Séquences et tropes dans la liturgie mozarabe.* HS, 1951, 4, 27-41.
Brou, L., *Études sur le Missel et le Bréviaire «mozarabes» imprimés.* HS, 1958, 11, 349-98.
Casañas, L., *El ritual hispano-visigótico-mozárabe.* Liturgia (Silos), 1958, 13, 156-78.
Díaz Díaz, M., *Los prólogos del Antiphonale Visigothicum de la Catedral de León.* AL, 1954, 8, 226-57.
Estudios sobre la liturgia mozárabe. Toledo, 1965, xiii+187. Miscelánea por diversos autores.
García Alonso, I., *El Manual Toledano: historia, contenido y compilación de sus formularios en lengua vulgar.* Liturgia (Silos), 1958, 13, 156-78.
Iñiguez Almech, F., *La liturgia en las miniaturas mozárabes.* AL, 1961, 15, 49-76.
Janini Cuesta, J., *Notas sobre libros litúrgicos hispánicos.* HS, 1961, 14, 145-54.
Janini Cuesta, J., *La consagración episcopal en el rito visigótico.* RET, 1965, 25, 415-27.
Krinke, J., *Der spanische Taufritus im frühen Mittelalter.* GAKS, 1954, 9, 55-116.
Liber Commicus. Ed. de J. Pérez de Urbel y A. González Ruiz. M, 1950-5, 2 v.
Liber Mozarabicus Sacramentorum. Ed. de M. Férotin. París, 1912, xci+1095 col.
Liber Ordinum. Ed. de M. Férotin. París, 1904, xlvi+800 col.

8 Marín Martínez, J., *Bibliografía del Antifonario* [de León]. AL, 1954, 8, 318-27.

Martín Patino, J. M., *El Breviarium mozárabe de Ortiz y su valor documental para el Oficio catedralicio hispánico...* MC, 1963, 40, 205-97.

También, Comillas, 1964, 93.

Messenger, R. E., *Mozarabic Hyms in relation to contemporary culture in Spain.* Traditio (Nueva York), 1946, 4, 149-77.

Mundó, A., *La datación de los códices litúrgicos visigóticos toledanos.* HS ,1965, 18, 1-25.

Oracional visigótico. Ed. de J. Vives Gatell y J. Claveras. B, 1946, liv+434.

Pérez de Urbel, J., *Origen de los himnos mozárabes.* BH, 1926, 28, 5-21, 113-39, 204-5, 305-20.

Pérez de Urbel, J., *La misa mozárabe,* en *HomM. Artigas.* M, 1931, I, 154-76.

Pérez de Urbel, J., *El último defensor de la liturgia mozárabe,* en *Miscellanea Mohlberg.* Roma, 1949, II, 189-97.

Pérez de Urbel, J., *Antifonario de León. El escritor y la época.* AL, 1954, 8, 115-44.

Pinell, J. M., *Las «Missae», grupos de cantos y oraciones en el oficio de la antigua liturgia hispana.* AL, 1954, 8, 145-85.

Pinell, J. M., *El «Matutinarium» en la liturgia hispana.* HS, 1956, 9, 61-85.

Pinell, J. M., *El Oficio hispano-visigótico.* HS, 1957, 10, 385-427.

Pinell, J. M., *La liturgia hispánica. Valor documental de sus textos para la historia de la Teología.* RHCEE, 1971, 2, 29-68.

Porter, W. S., *The mozarabic Unction and the others rites of the sick.* Laudate (Pershore), 1944, 22, 81-9.

Prado, G., *Valoración y plan de reforma del rito mozárabe.* M, 1943, 175.

Prado, G., *El Kyrial español.* AST, 1941, 41, 87-123.

Ramos, M., *Oratio admonitionis... La antigua misa española.* Granada, 1964, xxix+222.

Rivera Recio, J. F., *Gregorio VII y la liturgia mozárabe.* RET, 1942, 2, 3-33.

Rivera Recio, J. F., *Le rite baptismal dans l'ancienne liturgie hispanique.* La Maison-Dieu (París), 1959, 58, 39-47.

Rojo, C., y G. Prado, *El canto mozárabe...* B, 1929, 156.

Rovalo, P., *Temporal y santoral en el adviento visigodo...* HS, 1966, 19, 243-320.

Thorsberg, B., *Études sur l'hymnologie mozarabe.* Upsala, 1962, 183.

Vives Gatell, J., *El oracional mozárabe de Silos.* AST, 1945, 18, 1-25.

→ 8.10, Ayuso; 8.11, 8.20, 8.37, 16.71.

29 CORPUS CHRISTI

Matern, G., *Zur Vorgeschichte und Geschichte der Fronleichnamsfeier besonders in Spanien...* Münster, 1962, viii+337.

Very, F.-G., *The spanish Corpus Christi Procession: A literary and folklore study.* Valencia, 1962, xiii+160. 8

Aragón Fernández, A., *La festividad del Corpus Christi en Barcelona.* B, 1925, 115.

Bellver Cano, J., *El Corpus en Granada.* Granada, 1916^{2}, 135.

Bujanda, F., *La fiesta del Corpus en la diócesis de Calahorra.* Berceo, 1947, 2, 86-96.

Camós Cabruja, L., *Algunos aspectos de la procesión del Corpus de Barcelona en el siglo XV.* Divulgación histórica (B), 1951, 8, 290-4.

Carreres Zacarés, S., *Los gigantes de la procesión del Corpus* [desde 1589]. Valencia, 1960, 45.

Esteban Marcuello, R., *El Santísimo misterio de los corporales de Daroca,* en *Actas del Congreso Eucarístico Internacional de Madrid,* 1912, 439-53.

Flecniakoska, J. L., *Las fiestas del Corpus en Segovia (1594-1636). Documentos inéditos.* ES, 1956, 8, 139-201.

Gómez Catón, F., *La procesión del Corpus* [en Barcelona]. San Jorge (B), 1970, 78, 63-75.

Hernández Ascunce, L., *El Corpus de Pamplona en los siglos XVII y XVIII.* PV, 1947, 10, 85-108.

Llompart, G., *La fiesta del Corpus Christi y representaciones religiosas en Barcelona y Mallorca (siglos XIV-XVIII).* AST, 1967, 39, 25-45.

Llompart, G., *La fiesta del Corpus y representaciones religiosas en Zaragoza y Mallorca (siglos XIV-XVI).* AST, 1969, 42, 181-209.

Rodríguez Fernández, I., *Segovia. Corpus.* M, 1902, 136.

Soria Ortega, A., *El Corpus en Granada.* Granada, 1973, 16.

Valladar, F. P., *Estudio histórico-crítico de las fiestas del Corpus en Granada.* Granada, 1886, 186.

Varey, J. E., y N. D. Shergold, *La Tarasca de Madrid.* Clavileño, 1953, 20, 19-26.

Zacarés Velázquez, J. M., *La procesión del Corpus.* Valencia, 1955, 44.

→ 18.69.

30 ARQUEOLOGIA Y ARTE RELIGIOSOS

Batlle Huguet, P., *Arte paleocristiano,* en *Ars Hispaniae.* M, 1947, II, 181-223.

Bovini, G., *I sarcofagi paleocristiani della Spagna.* Ciudad del Vaticano, 1954, viii+272.

Gómez Moreno, M., *Primicias del arte cristiano español.* AEArte, 1966, 39, 101-39.

Iturgáiz, D., *Baptisterios paleocristianos de Hispania.* AST, 1967, 40, 209-95.

Palol Salellas, P., *Las mesas de altar paleocristianas en la Tarraconense.* Ampurias, 1958, 20, 81-102.

Palol Salellas, P., *Nuevos bronces litúrgicos hispanovisigodos.* BSEAA, 1964, 30, 311-8.

8 Palol Salellas, P., *La arqueología paleocristiana en España: estado de la cuestión.* BISS, 1966, 10, 17-25.

Palol Salellas, P., *Arqueología cristiana de la España romana. Siglos IV-VI.* M, 1967, xx+418 + láms.

Palol Salellas, P., *Arqueología cristiana hispánica de templos romanos y visigodos. Ensayo de síntesis monumental y bibliográfica.* Rivista di Archeologia Cristiana (Roma), 1967, 43, 177-232.

Sotomayor Muro, M., *La escultura funeraria paleocristiana en Hispania.* BISS, 1966, 10, 77-99.

Sotomayor Muro, M., *Datos históricos sobre sarcófagos romano-cristianos de España.* Granada, 1973, 142.

→ 18.15, 18.21.

32 MONUMENTOS. CENTROS RELIGIOSOS

Aguirre Prado, L., *Monasterios españoles.* M, 1959², 28 + láms.

Balaguer, V., *Los frailes [españoles] y sus conventos. Su descripción, sus tradiciones...* M, 1851, 2 v.

Dotor, A., *Catedrales de España. Guía históricodescriptiva... de las principales.* Gerona, 1950, 254.

Pillement, G., *Las catedrales de España.* B, 1953, 3 v.

Rahlves, F., *Catedrales y monasterios de España.* B, 1968, 342.

Sáinz de Robles, F. C., *Monasterios de España. Su historia, su arte, sus leyendas.* M, 1953, 395 + láms.

→ 1.71, Altisent; 8.37, Stevenson.

33 AREAS REGIONALES

Antón Casaseca, F., *Monasterios medievales de la provincia de Valladolid.* BSEE, 1923, 30, 97-122.
También, M, 1942², 341 + láms.

Arco Garay, R., *Fundaciones monásticas en el Pirineo aragonés.* PV, 1952, 13, 263-338.
También, Pamplona, 1952, 78.

Bonavía Jacas, J., *Excursió a les Cartoixes de Catalunya.* B, 1962, 39.

Gascón de Gotor, A., *Nueve catedrales en Aragón.* Zaragoza, 1945, 278.

Iturralde Suit, J., *Las grandes ruinas monásticas de Navarra.* Pamplona, 1916, 407 + láms.

López, C. M., *Leyre, Cluny y el monacato navarro-pirenaico.* Yermo, 1964, 2, 131-60.

Martínez, G., *Los monasterios de monjas en Galicia.* Yermo, 1966, 4, 51-78.

Monsalvatje Fossas, F., *Los monasterios de la diócesis gerundense.* Olot, 1904, 488.

Moral, T., *Revisión crítica de los estudios sobre los monasterios burgaleses.* AEM, 1968, 5, 561-87.

Moral, T., *Monasterios* [navarros]. Pamplona, 1969, 32 + láms.

Pladevall, A., *Els monastirs catalans.* B, 1968, 390 + láms.

Sarthou Carreres, C., *Monasterios valencianos.* Valencia, 1943, 333.

Sarthou Carreres, C., *Monasterios monumentales de Galicia.* BSEE, 1953, 57, 245-71.

Torres Balbás, L., *Les grands monastères cisterciens du Moyen-Age en Espagne.* Bulletin de l'Institut Français (M), 1954, 72, 49-55.

→ 22.56, Velasco.

34 CENTROS RELIGIOSOS EN PARTICULAR

Abellar → 10.91, Díaz.

Cantera Orive, J., *El primer siglo del Monasterio de* **Albelda** *(Logroño). Años 924-1024.* Berceo, 1950, 4, a 1963, 18, múltiples entradas.

→ 3.16, Ubieto.

Arigita Lasa, M., *Historia de la imagen y santuario de San Miguel de Excelsis* [**Aralar**]. Pamplona, 1904, xxi+358.

Jimeno Jurío, J. M., *San Miguel de Aralar.* Pamplona, 1970, 31 + láms.

→ 18.69, Leguina.

Rodríguez Fernández, J., *El monasterio de* **Ardón**. *Estudio histórico sobre los centros monásticos medievales de Cillanueva y Rozuela.* León, 1964, 341.
También, AL, 1964, 18, 7-128, 175-302.

Amador de los Ríos, R., *San Pedro de* **Arlanza**. *Estudio histórico-arqueológico.* M, 1896, 25.

→ 3.09, Serrano.

Cano Barranco, P., ... *Cartuja de* **Aula Dei**. B, 1925, 270.

García Górriz, P., *La basílica visigótica de San Juan de* **Baños**. Palencia, 1965.

Navascués Juan, J. M., *La dedicación de San Juan de Baños.* Palencia, 1961.
También, Classical Folia (Nueva York), 1968, 22, 19-64.

→ 22.68.3.

Comerma, J., *El monestir de* **Banyoles**. Vida cristiana (B), 1917, 4, 335-40.

Belmonte → 3.05, Floriano.

Fernández, L., *La abadía de Santa María de* **Benevívere** *durante la edad media. Su historia, su regla.* MC, 1962, 37, 3-254.
También, Comillas, 1962, 254 + láms.

→ 3.13, Fernández.

Castillo, A., *El monasterio de* **Bergondo**. BRAG, 1915, 8, 133-8.

Garnelo, J., *Las pinturas murales... de S. Baudilio* [de **Berlanga**]. BSEE, 1924, 32, 96-109.

Mélida, J. R., y M. Aníbal Alvarez, *La ermita de San Baudilio... de Berlanga.* BRAH, 1908, 52, 442-9.

8 Huidobro Serna, L., *El monasterio de San Pedro de* **Berlanga** *[Burgos] y su célebre calígrafo, el monje Fluencio.* BCPMBurgos, 1935, 4, 245-50, 286-90.

Torija Alonso, J., *El monasterio de* **Bonaval.** AEArte, 1948, 21, 100-12.

Quintana Prieto, A., *San Cosme y San Damián de* **Burbia.** AL, 1957, 11, 77-109.

Quintana Prieto, A., *San Miguel de* **Camarzana** *y su «scriptorium».* AEM, 1968, 5, 65-105.

Miret Sans, J., *Relaciones entre los monasterios de* **Camprodón** *y Moissac.* B, 1898, 89.

Carboeiro → 3.12, Lucas.

Alvarez, M. J., **Cardeña** *y sus hijos.* Burgos, 1953, 244.

Carzolio de Rossi, M. I., *Formación y desarrollo de los dominios del Monasterio de San Pedro de Cardeña.* CHE, 1967, 46, 79-150.

Moreta Velayos, S., *El monasterio de San Pedro de Cardeña. Historia de un dominio monástico castellano (902-1338).* Salamanca, 1971, 302.

→ 3.09, Serrano.

Goutagny, E., *L'Abbaye de* **Carracedo** *et son affiliation à l'Ordre de Cîteaux.* Cîteaux (Achel), 1963, 14, 105-33.

Puyol Alonso, J., *El monasterio de Carracedo.* BRAH, 1928, 92, 19-22.

Quintana Prieto, A., *El monasterio berciano de Santa Leocadia de* **Castañeda.** Studia Monastica (Montserrat), 1964, 6, 39-93.

San Martín de **Castañeda** → 3.13, Rodríguez.

Cazalla de la Sierra → Cuevas.

Celanova → 3.12, Serrano.

Menéndez, F. J., *El antiguo monasterio de S. Salvador de* **Celorio.** BSEE, 1922, 30, 293-303.

Pascual, P., *El* **Cerro de los Angeles.** M, 1965.

Cillanueva → Ardón.

Duro Peña, E., *El monasterio de Santa* **Comba de Naves.** AEM, 1968, 5, 137-79.

Cuervo, J., *El Monasterio de San Juan de* **Corias.** Salamanca, 1915, 36.

→ 3.05, Floriano.

Cornellana → 3.05, Floriano.

Cuartero Huerta, B., *Historia de la Cartuja de Santa María de las* **Cuevas** *de Sevilla y su filial de Cazalla de la Sierra.* M, 1950-4, 2 v.

Durán, F., *Las relaciones jurídicas del monasterio de San* **Cugat del Vallés.** M, 1914, 27.

Farreras Munné, M., *Monografia del monestir de San Cugat del Vallés.* B, 1904, 36. **8**
Peray de March, J., *San Cugat del Vallés. Su descripción y su historia.* B, 1934², 270.
→ 3.10, Rius.

Yáñez Neira, M. D., *Historia del Real Monasterio de San Isidro de* **Dueñas**. Palencia, 1969, xix+743.

Martín Postigo, M. S., *San Frutos del* **Duratón**. *Historia de un priorato benedictino.* Segovia, 1970, 371.

Abadal Vinyals, R., *Com neix y com creix un gran monestir pirenenc abans de l'any mil:* **Eixalada-Cuixà**. Montserrat, 1954, 232. También, Analecta Monserratensia, 1961, 8, 1-232.

Martón, L. B., *Origen y antigüedades del... Monasterio de Santa* **Engracia**... Zaragoza, 1737.
Montserrat Gámiz, M., *La parroquia de Santa Engracia, de Zaragoza.* Zaragoza, 1948, 228.

Alvarez Turienzo, S., **El Escorial** *en las letras españolas.* M, 1963, 273.
Camón Aznar, J., *Problemática de El Escorial.* Goya, 1963, 57, 70-85.
El Escorial, 1563-1963. M, 1963, 2 v.
Miscelánea por numerosos autores.
López Serrano, M., *El Escorial. El Monasterio y las Casitas del Príncipe y del Infante.* M, 1972⁹, 224 + láms.
Portabales Pichel, A., *Maestros mayores, arquitectos y aparejadores de El Escorial.* M, 1952, 316.
Rubio, L., *El monasterio de El Escorial. Sus arquitectos y artífices.* LCD, 1948, 60, a 1950, 162, múltiples entradas.
Sabau Bergamín, G., *Notas sobre la bibliografía escurialense.* Goya, 1963, 57, 198-207.
Torres, F., *Nueva guía de El Escorial.* M, 1952, 229.
Zarco Cuevas, J., *El monasterio de San Lorenzo el Real de El Escorial y la Casita del Príncipe.* M, 1958, 96 + láms.
→ 1.31, 1.41, 8.53, **Jerónimos**; 22.60, 18.69, Miró.

El Moral → 3.09, Serrano.

Fita Colomer, F., *San Miguel de* **Escalada** *y Santa María de Piasca.* BRAH, 1899, 34, 311-43.

Calvo, A., *San Pedro de* **Eslonza**. M, 1957, xxi+439 + láms.
→ 3.13, Vignau.

López, J. M., *El Monasterio de* **Espeja**. España y América (El Escorial), 1917, 15, 155-60.

Yáñez, D., *El monasterio de la* **Espina** *y sus abades.* AL, 1972, 26, 69-149.

Goy, A., *El* **Espino** *y su comarca a la luz de los archivos.* M, 1940, 308.

Esteban → 13.40, **Beltrán**.

8 Goñi Gaztambide, J., *Historia del monasterio cisterciense de* **Fitero.** PV, 1965, 26, 295-329.
Jimeno Jurío, J. M., *Fitero.* Pamplona, 1970, 31.

Calvo, A., *El monasterio de* **Gradefes.** León, 1936-44, xv+456.

Yáñez, D., *El monasterio cisterciense de* **Gratia Dei** *o Zaydía.* Cistercium, 1959, 11, 182-204.

Avila Díaz, G., *El Real Monasterio de las* **Huelgas**... B, 1941, 48.
Gómez Moreno, M., *Historia y arte en el panteón de Las Huelgas de Burgos.* Arbor, 1947, 7, 397-434.
Escrivá de Balaguer, J., *La abadesa de las Huelgas.* M, 1944, 415 + láms.
Moral, T., *Hacia una historia de las Huelgas de Burgos.* Yermo, 1965, 3, 153-70.
Rodríguez Albo, J. A., *El monasterio de Santa María la Real de las Huelgas y el Hospital del Rey, de Burgos.* Burgos, 1950[2], 62.
Rodríguez López, A., *El Real Monasterio de las Huelgas de Burgos y el Hospital del Rey.* Burgos, 1907, 2 v.
→ 22.16.1.

García Chico, E., *El monasterio de las* **Huelgas** *de Valladolid.* RABM, 1960, 68, 761-80.

Fernández Martín, P., *Los monasterios de Buenafuente y Santa María de* **Huerta** *y el Arzobispo Ximénez de Rada.* Celtiberia, 1963, 13, 159-81.
Pinaga, A., *Los fundadores del Real Monasterio de Santa María de Huerta.* Celtiberia, 1962, 12, 51-76.
Polvorosa López, M. T., *Santa María la Real de Huerta.* Santa María de Huerta, 1963, 150.

Ibarra Murillo, J., *Historia del monasterio benedictino y de la Universidad literaria de* **Irache.** Pamplona, 1939, 587.
Pellejero Soteras, C., *El claustro de Irache.* PV, 1941, 2, 16-35.
Roca Laymon, J., *Irache.* Pamplona, 1970, 31.
→ 3.15, Lacarra; 13.57, **Irache.**

Jimeno Jurío, J. M., **Iranzu.** Pamplona, 1970, 32 + láms.
→ 3.15, Jimeno.

Pérez Llamazares, J., *Historia de... San* **Isidoro de León.** León, 1927, xii+450.

Gutiérrez de Quijano, P., *La Cartuja de* **Jerez.** Jerez, 1924, 178 + láms.

Sancho Corbacho, A., *El monasterio de San* **Jerónimo de Buenavista.** AH, 1949, 33,9-32; 34, 125-70.

Yáñez, D., *El monasterio de San* **Joaquín** *y Santa Ana de Valladolid, cabeza de las Religiosas Recoletas de España.* Cistercium, 1956, 45, 104-15.

Danés Vernedas, J., *La vall i el monestir de Sant* **Joan de les Abadesses.** B, 1912, 34.

Arco Garay, R., *El Real Monasterio de San* **Juan de la Peña**. Zaragoza, 1919, 169 + láms.
Ramos Loscertales, J. M., *La formación del dominio y los privilegios de San Juan de la Peña entre 1035 y 1094*. AHDE, 1929, 6, 6-108.
Valenzuela Foved, V., *Los monasterios de San Juan de la Peña y Santa Cruz de Serós*. Huesca, 1959, 152.
→ 3.04, Ubieto.

Jubia → 3.12, Montero.

Gutton, F., *San* **Julián del Pereiro,** *monastère cistercien*. Cîteaux (Achel), 1961, 12, 321-9.

Acero Abad, N., *El monasterio de Nuestra Señora de* **La Vid**. RContemporánea (M), 1901, 123, 33-51, 148-56.
Rojo, F., *El monasterio de Santa María de La Vid*. Burgos, 1966.
Zamora Lucas, F., *El monasterio de La Vid*. RABM, 1961, 69, 5-17.
→ 1.31.

Corona Baratech, C., *Los abades del monasterio de San Salvador de* **Leyre**. Pirineos, 1948, 4, 477-92.
Iñiguez Almech, F., *El monasterio de San Salvador de Leyre*. PV, 1966, 27, 189-220 + láms.
Lojendio, L. M., *Leyre*. Pamplona, 1972, 31.
López, C. M., *Leyre. Historia, arqueología, leyenda*. Pamplona, 1962, 245 + láms.
López, C. M., *Apuntes para una historia de Leyre*. PV, 1964, 25, 139-68.
Moral, T., *El monasterio de Leyre en el último período de vida cisterciense (1800-1836)*. PV, 1970, 31, 77-100.
→ 1.31, 8.33, López.

Escagedo Salmón, M., *Vida monástica de la provincia de Santander* (**Liébana** *y Santillana)*. Santander, 1930, viii+250.
Gautier-Dalché, J., *Le domaine du monastère de Santo Toribio de Liébana*. AEM, 1965, 2, 63-117.
→ 3.09, Sánchez

Lence Santar, E., *Real Monasterio de S. Salvador de* **Lorenzana**. Mondoñedo, 1945.

Fabo Campos, P., *Historia del convento de* **Marcilla**. Monachil, 1919, 171.

Pérez de Llamazares, J., *Los priores de San* **Marcos** *(León)*. Hidalguía, 1957, 5, 81-96.
→ 1.31, **León**.

Hergueta, N., *Noticias históricas de... Santa* **María de la Piscina**. RABM, 1906, 14, 467-509.

Barreiro Fernández, J. R., *Abadologio del monasterio benedictino de San* **Martín Pinario** *en Santiago de Compostela (1607-1835)*. Studia Monastica (Montserrat), 1965, 7, 147-88.
Otero Túnez, R., *El retablo mayor de San Martín Pinario*. CEG, 1956, 11, 229-43.

8 Pladevall Font, A., *Sant* **Miguel de Fay**. Ausa (Vich), 1962, 40, 209-28.
También, B, 1970[3], 132 + láms.

Andreu González, R., *El monasterio de S.* **Miguel de los Reyes**. Valencia, 1935, 38 + láms.

Fullana, L., *Historia de San Miguel de los Reyes*. BRAH, 1935, 106, a 1936, 109, múltiples entradas.

García Cortázar, J. A., *El dominio del Monasterio de [San* **Millán de] la Cogolla** *(siglos X al XIII). Introducción a la historia rural de la Castilla altomedieval*. Salamanca, 1969, 371.

Garrán, C., *San Millán de la Cogolla y sus dos insignes monasterios*. Logroño, 1929, 189.

Menéndez Pidal, G., *Sobre el escritorio emilianense en los siglos X a XI*. BRAH, 1958, 143, 7-20.

Peña, J., *Páginas emilianenses*. Salamanca, 1972, 186.

Ubieto Arteta, A., *Los «votos de San Millán»*, en HVV, I, 309-24.

→ 1.41, 3.16, Serrano; 5.20, **Millán**.

Tarín Juaneda, F., *La Real Cartuja de* **Miraflores** *(Burgos). Su historia y su descripción*. Burgos, 1896, 623.

→ 22.16.1.

Cano Barranco, P., *Monografía histórico-descriptiva de la Cartuja de* **Montalegre**. Burgos, 1921, 87.

Jaricot, I., *La Cartuja de Santa María de Montalegre. Compendio histórico*. Montalegre, 1960, 155 + láms.

Escagedo Salmón, M., **Monte-Corbán**. Santander, 1916, 287.

Cocheril, M., *A propos de la fondation de* **Moreruela**... Cîteaux (Achel), 1961, 12, 61-79.

Guerin, P., *Moreruela y los orígenes del Císter en España*... Cistercium, 1960, 12, 209-14; 1961, 13, 244-8.

→ 18.27, Edoux.

Fita Colomer, F., *Primer siglo de Santa María de* **Nájera**. BRAH, 1895, 26, 227-75.

Garrán, C., *Santa María la Real de Nájera*... Soria, 1910, 80 + láms.

Santa María la Real de Nájera. Nájera, 1972, 18.

→ 3.16, Cantera.

Andrés, A., *El monasterio de Santa María de* **Obarenes**. BIFG, 1963, 15, 415-34, 613-25; 1964, 16, 20-37.

Jimeno Jurío, J. M., *Monasterio de la* **Oliva**. Pamplona, 1970, 32.

Marín, M. H., *Monasterio de Oliva: fundador y fecha fundacional*. PV, 1963, 24, 41-53.

Arzalluz, N., *El monasterio de* **Oña**. *Su arte y su historia*. Burgos, 1950, 235.

Herrera Oria, E., *Oña y su Real Monasterio*. M, 1917, 193.

Herrera Oria, E., *Reforma religiosa del monasterio de Oña en el siglo XV*. RABM, 1925, 29, 55-83, 155-65, 334-44.

Mañaricúa, A. E., *El monasterio de San Salvador de Oña y las iglesias vizcaínas*. ED, 1953, 1, 179-229.

→ 3.09, Alamo.

Vázquez Pardo, V., *El monasterio de* **Osera**. BCPMOrense, 1932, 9, 82-103. **8**

Otero de las Dueñas → 1.31.

Layna Serrano, F., *El monasterio de* **Ovila**. M, 1932, 247 + láms. → 3.08, Millares.

Paz, J., *El monasterio de San* **Pablo** *de Valladolid. Noticias históricas y artísticas.* Valladolid, 1897, 64.

Brans, J. V. L., *El Real Monasterio de Santa María de El* **Paular**. El Paular, 1956, 109.

Palomeque, P., *Real Cartuja de Santa María de El Paular.* M, 1949, 250.

Vives Miret, J., *El monasterio de* **Pedralbes**. B, 1964.

Puyol Alonso, J., *La abadía de San* **Pedro de Montes**. BRAH, 1925, 86, 116-76.
→ 3.13, Quintana.

Sitges Grifoll, J. B., *El monasterio de religiosas benedictinas de San* **Pelayo** *el Real de Oviedo.* M, 1913, 185.

Quintana Prieto, A., **Peñalba**. *Estudio histórico sobre el monasterio berciano de Santiago de Peñalba.* León, 1963, iv+129 + láms.

Jornet, L. [J. F. Mountadas], *Monasterio de* **Piedra**. *Su historia y descripción.* Zaragoza, 1972[8], 111 + láms.

Sarthou Carreres, C., *El ex-monasterio de Santa María y las maravillas de Piedra.* B, 1928, 110.

Bertrán Güell, F., *El Real Monasterio de Santa María de* **Poblet**... B, 1944, 180 + láms.

Finiestres de Monsalvo, J., *Historia del Real Monasterio de Nuestra Señora de Poblet [siglo XVIII].* B, 1947-9[2], 5 v.

Guitert Fontseré, J., *Historia del Real Monasterio de Poblet... desde el año 1752 hasta la fecha.* B, 1955, 301.

Martinell, C., *El Monasterio de Poblet.* B, 1927, 281.

Morgades, B., *Guía del Real Monasterio... de Poblet.* B, 1947, 201.
→ 3.10, Pons; 22.84.1, Cirlot.

Tarín Juaneda, F., *La Cartuja de* **Porta Coeli**. Valencia, 1897, viii+222.

Delgado Capeáns, R. *El antiguo monasterio de San Juan de* **Poyo**. El Museo de Pontevedra, 1952, 7, 72-83.

Anagasasti, B., *Visita al monasterio de Santa María de la* **Rábida**. Huelva, 1970, 18.

Ortega, A., *La Rábida. Historia documental crítica.* Sevilla, 1925, 4 v.

Vence de Campo, L., *Guía histórica... del monasterio de Santa María de la Rábida.* B, 1929, 121.
→ 7.21, Rumeu.

Duro Peña, E., *El monasterio de San Pedro de* **Ramiranes**. AL, 1971, 25, 9-74.

8 Beguer Pinyol, M., *El Real monasterio de Santa María de la* **Rápita.** Tortosa, 1948, 320.

Chamoso Lamas, M., y F. Pons Sorolla, *El monasterio de S. Esteban de* **Ribas de Sil.** CEG, 1958, 13, 35-42.

Sáez Sánchez, S., *El monasterio de Santa María de* **Ribeira.** Hispania, 1944, 4, 167-216.

García Sáinz, J., *El monasterio de monjes bernardos de Santa María de* **Ríoseco.** BIFG, 1960, 14, 331-42.

López Mata, T., *El monasterio de Santa María de Rioseco.* BIFG, 1950, 4, 290-6.

Abadal Vinyals, R., *La fundació del monestir de* **Ripoll.** Analecta Monserratensia, 1962, 9, 187-97.

Figueras, M., *Mil años de historia: Ripoll y su monasterio.* Ripoll, 1893.

Junyent, E., *La basílica del monasterio de Santa María de Ripoll.* Vich, 1955^{2}, 62.

→ 1.31, 1.41, 17.35.

Deulofeu, A., *El monasterio de San Pedro de* **Roda.** Figueras, 1970, 32 + láms.

Papell, A., *¡Sant Pere de Roda.* Figueras, 1930, 139 + láms.

Subías Galter, J., *El monestir de Sant Pere de Roda.* B, 1948, 170.

Ibarra, J., *Historia de* **Roncesvalles.** Pamplona, 1935, 1110.

Jimeno Jurío, J. M., *Roncesvalles.* Pamplona, 1972, 31.

Lacarra de Miguel, J. M., *Las más antiguas fundaciones monásticas en el paso de Roncesvalles,* en *HomJ.Urquijo,* S. Sebastián, 1949, II, 91-108.

Martínez Alegría, A., *Roncesvalles.* Pamplona, 1973^{3}, 170.

→ 6.38.2.

Rozuela → Ardón.

Quintanilla, M., *Monasterio de* **Sacramenia.** ES, 1952, 4, 535-50.

Torres Balbás, L., *El monasterio bernardo de Sacramenia.* AEArte, 1944, 17, 197-225.

Beltrán de Heredia, V., *El estudio del monasterio de* **Sahagún.** LCT, 1958, 85, 267-86, 687-97.

Fernández, L., *La abadía de Sahagún y el Obispado de Palencia durante los siglos XIII y XIV.* AL, 1971, 25, 209-29

Escalona, R., *Historia del Real Monasterio de Sahagún.* M, 1782, x+691.

González García, M., *Algunos aspectos de la vida del monasterio de Sahagún hasta el año 1100.* AL, 1967, 21, 249-351.

Puyol Alonso, J., *El abadengo de Sahagún. Contribución al estudio del feudalismo en España.* M, 1915, 347.

Arias, P., *Historia del Real Monasterio de* **Samos.** Santiago, 1950, xvi+498.

Durán de Valencia, M., *La Real Abadía de San Julián de Samos.* M, 1947, 67 + láms.

Martínez Morella, V., *El monasterio de* **Santa Verónica** *(Santa Faz de Alicante)*. Alicante, 1953, 40. **8**
→ 8.26, Esplá, Palma, Sudario, Vidal.

Fort Cogul, E., *Llibre de* **Santes Creus**. B, 1973², 234 + láms.
Guitert Fontseré, J., *Notícies històriques de Santes Creus*. Santes Creus, 1964, 2 v.
Soberanas Lleó, A.-J., *Notes bibliogràfiques sobre Santes Creus*, en *I Colloqui d'Història del Monaquisme català*. Santes Creus, 1969, II, 165-206.
Vives Miret, J., *L'escriptori del monestir de Santes Creus*... Studia Monastica (Montserrat), 1960, 1, 143-54.
→ 3.10, Udina; 22.84.1, Cirlot.

Yáñez Cifuentes, M. P., *El monasterio de* **Santiago de León**. León, 1972, 320.

Santillana → Liébana; 3.09, Jusué; 22.76.3.

Trenchs, J., *La proprietat territorial de* **Scala Dei** *dels inicis a 1300*, en *I Colloqui d'Història del Monaquisme català*. Santes Creus, 1969, II, 263-70.

González Miranda, M., *La condesa doña Sancha y el monasterio de Santa Cruz de la* **Serós**. EEMCA, 1956, 6, 185-202.
→ San **Juan de la Peña**; 3.04, Ubieto.

Arco Garay, R., *El Real Monasterio de* **Sigena**. BSEE, 1921, 29, 26-64.
Fuentes Ponte, J., *Memoria de... Santa María de Sigena*. Lérida, 1890, 3 v.
Palacios Sánchez, J. M., *Real Monasterio de Sigena*. Calahorra, 1955, 27.
Ubieto Arteta, A., *El Real Monasterio de Sigena (1188-1300)*. Valencia, 1966, 179.

Alcocer, R., *Santo Domingo de* **Silos**. Valladolid, 1925, 456.
Férotin, M., *Histoire de l'abbaye de Silos*. París, 1897, 369.
Guépin, I., *La vida monástica en la abadía benedictina de Silos*. Burgos, 1915.
Magariños Rodríguez, S., *El libro de Silos*. M, 1940, 120.
Palacio, M., y otros, *El monasterio de Santo Domingo de Silos*. León, 1973, 61 + láms.
Pérez de Urbel, J., *El claustro de Silos*. Burgos, 1955², 308.
Ruiz, A., *Abadía de Santo Domingo de Silos. El abad santo. El claustro*... Burgos, 1960, 102 + láms.
→ 1.31, 1.41, 3.09, Férotin; 18.69, Leguina.

Arco Garay, R., *El Real Monasterio de* **Siresa**. BSEE, 1919, 27, 270-305.
→ 3.04, Ubieto.

Jesús Vázquez, J., *Monasterio cisterciense Santa María la Real de* **Sobrado**. La Coruña, 1966, 180.

Duro Peña, E., *El monasterio de San Salvador de* **Sobrado de Trives**. AL, 1967, 21, 1-86.

Zamora Lucas, F., *Un monasterio cisterciense en* **Tardesillas**. Celtiberia, 1951, 1, 81-98.

8 Recondo Iribarren, J. M., *Monasterio de* **Tulebras**. Pamplona, 1972, 31.

Zudaire Huarte, E., *Monasterio de* **Urdax**. Pamplona, 1971, 31.
Zudaire Huarte, E., *Monasterio premonstratense de Urdax*. Analecta Praemonstratensia (Amberes), 1972, 48, 308-26.

Historia y vida de **Valdediós**. Oviedo, 1971, 394 + láms.

Chillón Sampedro, B., *San Martín Cid y el monasterio de Nuestra Señora de* **Valparaíso**. Zamora, 1939.

Bergadá, F., *El Real Monasterio cisterciense de Santa María de* **Vallbona**. B, 1928, 61.
Lladonosa Pujol, J., *El monasterio de Santa María la Real de Vallbona*. Lérida, 1957.
→ 1.31.

Madurell Marimón, J. M., *El monasterio de Santa María de* **Valldaura** *del Vallés (1150-1179)*. AST, 1952, 25, 115-63.

Guasp Gelabert, B., *La cartuja de* **Valldemosa** *y los ermitaños mallorquines*. Palma, 1947
→ 21.31.

Pérez de Urbel, J., *El monumento de Santa Cruz del* **Valle de los Caídos**. M, 1959, 38.

Vega → 3.13, Serrano.

Arco Garay, R., *El monasterio de* **Veruela**. Zaragoza, 1919, 169 + láms.
Blanco Trías, P., *El Real monasterio de Santa María de Veruela*. Palma de Mallorca, 1949, viii+306 + láms.
González Gómez, S., *Bécquer, Veruela y el Somontano del Moncayo*. Zaragoza, 1970, 198 + láms.

S. **Vicente** de Oviedo → 3.05, Serrano.

Martín Duque, A. J., ... *Monasterio de San* **Victorián** *de Sobrarbe*. Pirineos, 1955, 11, 305-15.
Martín Duque, A. J., *El dominio del monasterio de San Victorián de Sobrarbe en Huesca durante el siglo XIII*. Argensola, 1957, 8, 93-108.

Alvarez, J., ... *Apuntes históricos sobre el monasterio cisterciense de* **Vileña**. Burgos, ¿1951?, 177.

Huidobro Serna, L., **Villamayor de los Montes** *y su monasterio cisterciense*. BIFG, 1957, 11, 407-16.
Serrano Pineda, L., *Historia del Real Monasterio de Santa María la Real de Villamayor*. Cistercium, 1952, 23, 181-8.

Martínez, M. G., *El convento benedictino de* **Villanueva de Oscos**. BIEA, 1954, 8, 279-93.

Alboraya, D. M., *Historia del monasterio de* **Yuste**. M, 1906, 389.
Romero Solano, L., *Breve historia de Yuste*. Memorias de la Academia Mexicana de la Historia (México), 1959, 18, 239-310.
Sánchez Loro, D., ... *Historia del monasterio del Yuste*. Cáceres, 1949, 139 + láms.

Rodríguez González, P., Zarapuz *y Noveleta*. Pamplona, 1973, 30 + láms. 8

37 MUSICA RELIGIOSA

Aráiz Martínez, A., *Historia de la música religiosa en España*. B, 1942, 312.

Fernández, J., *La música religiosa en España*. Tesoro sagrado musical (M), 1931, 15, a 1932, 16, múltiples entradas.

Anglés Pamies, H., *Orgelmusik der Schola Hispanica von XV bis XVII Jh.*, en *P. Wagner Festschrift*. Leipzig, 1926, 11-26.

Anglés Pamies, H., *El Codex musical de las Huelgas. Musica a veus del segles XIII-XIV*. B, 1931, 3 v.

Anglés Pamies, H., *La musique aux Xe. et XIe. siècles. L'école de Ripoll*, en *La Catalogne à l'époque romane*. París, 1932, 157-79.

Anglés Pamies, H., *La música a Catalunya fins al segle XIII*. B, 1935, xvi+447 + láms.

Anglés Pamies, H., *La música medieval en Toledo hasta el siglo XI*. GAKS, 1938, 7, 1-68.

Brou, L., *Le joyau des antiphonaires latins: le manuscrit 8 des Archives de la Cathédrale de León*. AL, 1954, 8, 7-11.

Brou, L., *Notes de paléographie musicale mozarabe*. AM, 1955, 10, 23-44 + láms.

Collet, H., *Le mysticisme musical espagnol au XVIe. siècle*. París, 1913, 535.

Elústiza, J. B., y G. Castrillo, *Antología musical. Siglo de Oro de la música litúrgica de España... Siglos XV y XVI*. B, 1933, lxxxviii+182.

Eslava Elizondo, H., *Lira Sacro-Hispana. Colecciones de composiciones... de los siglos XVI, XVII, XVIII y XIX, con biografías*. M, 1852-69, 10 v.

Husmann, H., *Alleluia, Sequenz und Prosa im altspanische Choral*, en *Miscelánea... H. Anglés*. B, 1958, I, 407-15.

Kastner, S., *Palencia, encrucijada de los organistas españoles del siglo XVI*. AM, 1959, 14, 115-64.

Pedrell Sabaté, F., *Hispaniae Scholae Musica Sacra. Opera varia*. B, 1894-8, 8 v.

Piedra, J., y J. Climent, *Organistas valencianos de los siglos XVII y XVIII*. AM, 1962, 17, 141-208.

Querol Gavaldá, M., *La música española religiosa del siglo XVII*, en *Atti del Congresso di musica sacra*. Roma, 1950, 323-6.

Rubio Calzón, S., *Polifonía española. Canciones espirituales polifónicas*. M, 1955-6², 2 v.

Siemens, L., *La Seo de Zaragoza, destacada escuela de órgano en el siglo XVII*. AM, 1966, 21, 147-67; 1968, 23, 127-56.

Stevenson, R., *La música en la Catedral de Sevilla*. Los Angeles, 1954.

8 Stevenson, R., *Spanish Cathedral Music in the Golden Age.* Berkeley, 1961, ix+523.

→ 8.27, 18.82-6.

40 DERECHO CANONICO

Bidagor, R., *La «iglesia propia» en España. Estudio histórico-canónico.* M, 1933, xii+176.

Bonet, M., *El restablecimiento del Tribunal de la Rota de la Nunciatura.* REDC, 1947, 2, 487-563.

Cabreros de Anta, M., *Naturaleza y competencia de la Rota de la Nunciatura Apostólica en España.* REDC, 1947, 2, 863-95.

Campos Pulido, J. M., *Las capellanías colativas en España.* M, 1911, 337.

Cantero, P., *La Rota española.* M, 1946, 259.

Castells, J. M., *Las asociaciones religiosas en la España contemporánea (1767-1965).* M, 1973, 502.

Fernández del Corral, J., *El nombramiento de Obispos en España.* REDC, 1954, 9, 241-53.

Frías, L., *El Patriarcado de las Indias Occidentales.* EE, 1922, 1, 297-318; 1923, 2, 24-47.

García Martín, C., *El Tribunal de la Rota de la Nunciatura de España. Su origen, constitución y estructura.* AA, 1960, 8, 143-278.
También, Roma, 1961, 165.

Goñi Gaztambide, J., *Los cuestores en España y la regalía de indulgencias.* HS, 1949, 2, 3-45, 285-310.

Gutiérrez Martín, L., *El privilegio de nombramiento de Obispos en España.* Roma, 1967, 225.

Maldonado Fernández, J., *Las relaciones entre el derecho canónico y el derecho secular en los concilios españoles del siglo XI.* AHDE, 1943, 19, 227-381.

Maldonado Fernández, J., *Los recursos de fuerza en España. Un intento para suprimirlos en el siglo XIX.* AHDE, 1954, 24, 281-380.

Mañaricúa, A. E., *El nombramiento de obispos en la España visigoda y musulmana.* SV, 1966, 14, 87-114.

Martínez Díez, G., *El patrimonio eclesiástico en la España visigoda.* MC, 1959, 32, 2-200.
También, Comillas, 1959, 200.

Moral Sánchez, B., *El Cardenal Primado de España y el origen del poder.* M, 1963, 113.

Pérez Alhama, J., *Concatedrales en España.* REDC, 1960, 15, 373-43.

Pérez Villamil, M., *El señorío temporal de los Obispos de España en la edad media.* BRAH, 1916, 68, 361-90.

Portero Sánchez, L., *Iglesias y monasterios propios...* Salmanticensis, 1965, 12, 33-56.

Ruiz García, F., *Patriarcado de Indias y Vicariato general castrense.* REDC, 1967, 23, 449-71.

San Martín, J., *El diezmo eclesiástico en España hasta el siglo XII.* Palencia, 1940, xv+166.

Torres López, M., *El origen del sistema de «iglesias propias»*. AHDE, 1928, 5, 83-217. 8

→ 8.07, 8.43, **Toledo**; 8.71, Rius; 8.72, Saltillo; 9.80, Ruiz García.

42 DIOCESIS. GEOGRAFIA ECLESIASTICA

Mansilla Reoyo, D., *Bibliografía histórica sobre obispados (1950-1955)*. HS, 1956, 9, 215-26.

Flórez Setién, E., y otros, *España sagrada. Theatro geográfico-histórico de la Iglesia de España*. M, 1747-1957, 56 v.
A partir del v. XXIX continúan la obra, sucesivamente, M. Risco, A. Merino, J. de la Canal, P. Sáinz de Baranda, C. R. Fort, V. de la Fuente y A. C. Vega.
Indice, por A. González Palencia. M, 1946[2], x+360.

Villanueva, J., *Viaje literario por las iglesias de España*. M, 1803-52, 22 v.

Gavira Martín, J., *Estudios sobre la Iglesia española medieval. Episcopologios de sedes navarro-aragonesas durante los siglos XI y XII*. M, 1929, 180.

Mansilla Reoyo, D., *La reorganización eclesiástica española del siglo XVI*. AA, 1956, 4, 97-238; 1957, 5, 9-260.

Mansilla Reoyo, D., *Orígenes de la organización metropolitana en la iglesia española*. HS, 1959, 12, 255-90.

Mansilla Reoyo, D., *Obispados y metrópolis del occidente peninsular hasta el siglo X*. Braga, 1968, 32.

Mañaricúa, A., *Obispados en Alava, Guipúzcoa y Vizcaya hasta fines del siglo XI*, en *Obispados en Alava*... Vitoria, 1964, 1-184.

Palomeque Torres, A., *Episcopologio de las sedes del Reino de León*. León, 1966, 510.
También, AL, 1956, 10, a 1966, 20, múltiples entradas.

Pazos Rodríguez, M., *Episcopado gallego*... M, 1946, 3 v.

Sánchez Albornoz, C., *Fuentes para el estudio de las divisiones eclesiásticas visigodas*. BUC, 1930, 1, 28-83.

Ubieto Arteta, A., *Las diócesis navarro-aragonesas durante los siglos IX y X*. Pirineos, 1954, 10, 179-97.

Vázquez de Parga, L., *La División de Wamba. Contribución al estudio de la historia y geografía eclesiásticas de la edad media española*. M, 1943, 134.

Vives Gatell, J., *Nuevas diócesis visigodas ante la invasión bizantina*. Münster, 1961, 236.

→ 7.35, 7.37, 8.04, 8.05, 8.07.

43 DIOCESIS EN PARTICULAR. IGLESIAS LOCALES

Fernández de Navarrete, E., y S. Mantet, *Reseña histórica del antiguo obispado* **alavense**... Vitoria, 1863, 290.

Ubieto Arteta, A., *Episcopado de Alava (siglos IX-XI)*. HS, 1953, 6, 37-55.

→ **Vitoria.**

8 Rivera Recio, J. F., *La erección del obispado de* **Albarracín**. Hispania, 1954, 14, 27-52.
Tomás Laguía, C., *La erección de la diócesis de Albarracín*. Teruel, 1953, 10, 203-30.

Algeciras → **Cádiz.**

Tapia Garrido, J. A., *Los Obispos de* **Almería**. Almería, 1968, 94.

Font, R., *Episcopologio* **ampuritano**. Gerona, s. a.

Balaguer, F., *Los límites del Obispado de* **Aragón** *y el Concilio de Jaca en 1063*. EEMCA, 1951, 4, 69-138.

Macías García, M., *El Obispado de* **Astorga** *a principios del siglo XIX*. Orense, 1928, 137.
Quintana Prieto, A., *El Obispado de Astorga en el siglo IX. Restauración y episcopologio*. HS, 1965, 18, 159-202.
Quintana Prieto, A., *El Obispado de Astorga en los siglos IX y X*. Astorga, 1968, 570.
Rodríguez López, P., *Episcopologio asturicense*. Astorga, 1906-10 4 v.

Junyent, E., *La primitiva sede episcopal de* **Ausona**. Ausa (Vich), 1964, 5, 8-13.
→ **Vich.**

Blasco, R., *La restauración de la diócesis de* **Avila**... EAb, 1955, 4, 19-31.
Grande Martín, J., *Reportaje de los Obispos de Avila*. Avila, 1963.
→ 22.10, Martín.

Lasso de la Vega, M., *Prelados de* **Badajoz** *en el siglo XVII (1601-1680)*. REE, 1952, 8, 157-81.
→ 22.12, Solano.

Baeza → **Guadix.**

Barbastro → 22.40.3, **Barbastro.**

Mas, J., *Notes històriques del Bisbat de* **Barcelona**. B, 1906-21, 13 v.
Puig Puig, S., *Episcopologio de la diócesis barcinonense*. B, 1929, xii+546.

Mañaricúa, A. E., *Las nuevas diócesis de* **Bilbao** *y San Sebastián y sus antecedentes históricos*. REDC, 1951, 6, 79-128.

Reigosa, F., *La antigua sede episcopal de* **Britonia**. BCPMLugo, 1952, 5, 19-25.
→ **Lugo.**

López Martínez, N., *El Cardenal Mendoza [Bobadilla] y la reforma tridentina en* **Burgos**. HS, 1963, 16, 61-137.
Mansilla Reoyo, D., *Episcopologio de Burgos. Siglo XIII*. HS, 1951, 4, 313-33.
Mansilla Reoyo, D., *La diócesis de Burgos... en los siglos XIII y XIV*. AA, 1961, 9, 417-73.
Martínez Sanz, M., *Episcopologio de Burgos*. Burgos, 1875.
→ 6.37, Serrano.

Mansilla Reoyo, D., *Creación de los obispados de* **Cádiz** *y Algeciras.* HS, 1957, 10, 243-71. **8**

Bujanda, F., *La diócesis de* **Calahorra** *y La Calzada.* Logroño, 1944. *Episcopologio calagurritano desde la reconquista de la sede en 1045.* Logroño, 1944, 77 + láms.

Hergueta, N., *El Obispado de Calahorra a mediados del siglo XIII.* RABM, 1908, 19, 37-59, 402-16; 1909, 20, 99-116.

Rodríguez de la Lama, I. M., *Episcopologio calagurritano.* Berceo, 1956, 11, 56-62.

Ubieto Arteta, A., *Un mapa de la diócesis de Calahorra en 1257.* RABM, 1954, 60, 375-94.

→ 8.07, Marín.

Zunzunegui, J., *El segundo obispo de las Islas* **Canarias.** AA, 1961, 9, 413-6.

→ **Rubicón, Telde.**

Díaz Cassou, P., *Serie de Obispos de* **Cartagena.** M, 1895, 304.

González Huárquez, J., *El Obispado de Cartagena.* Cartagena, 1881-4, 4 v.

Puig Campillo, A., *El Arzobispado de Cartagena y su capital en Murcia.* Cartagena, 1955, 100.

Torres Fontes, J., *El Obispado de Cartagena en el siglo XIII.* Hispania, 1953, 13, 339-401, 515-80.

Jordán, L. M., *Memoria histórica de los Obispados de* **Ceuta** *y Tánger.* Tánger, 1909, 131.

Jiménez Manzanares, J., *La diócesis cluniense [***Ciudad Real***] y su episcopologio. Bosquejo histórico y biográfico del Obispado priorato de las cuatro Ordenes militares.* CEM, 1953, 6, 41-69.

→ 9.96, Ariño, Echevarría.

Fita Colomer, F., *La diócesis y fuero eclesiástico de* **Ciudad Rodrigo.** BRAH, 1912, 41, 437-48.

Gómez Bravo, J., *Catálogo de los Obispos de* **Córdoba.** Córdoba, 1771, 2 v.

Ortí Belmonte, A., *Episcopologio cauriense [***Coria***].* Cáceres, 1958.

Muñoz Soliva, T., *Noticia de todos los... obispos... de* **Cuenca.** Cuenca, 1860, 579.

Sanz, C., *Fuentes para la historia eclesiástica de la diócesis de Cuenca.* Cuenca, 1963.

Berlanga, R., *Iliberis [***Elvira***],* en HMPelayo, II, 693-756.

Vega, A. C., *De la Santa Iglesia Apostólica de Elvira.* M, 1957-61, 4 v.

Forma parte de la *España sagrada,* de E. Flórez.

Canadell, E., *El episcopologio de la sede* **gerundense.** BolOficial eclesiástico de Gerona, 1926, 2, 22-40.

Constans, L. G., *Girona, bisbat marià. Història, art, pietat, folklore.* B, 1954, 193 + láms.

8 Velázquez de Echevarría, J., *Episcopologio* **granatense**. Granada, 1768.
→ **Elvira.**

Suárez, P., *Historia del Obispado de* **Guadix** *y Baeza* [1696]. M, 1948, xl+434+ciii.

Durán Gudiol, A., *Un viaje por la diócesis de* **Huesca** *en el año 1338*. Argensola, 1956, 7, 367-72.

Durán Gudiol, A., *Los Obispados de Huesca y Roda en la primera mitad del siglo XII*. AA, 1965, 13, 35-134.

Catalina, V., *Episcopologio de la diócesis de Huesca*. Huesca, 1891.
→ 8.05, Durán; 8.11, Durán.

González, J., *La diócesis de* **León** *en la época visigoda*. AL, 1948, 2, 3-15.

Palomeque Torres, A., *La Iglesia y el Obispado de León desde sus orígenes hasta la dinastía navarra*. BUG, 1943, 15, 1-46.

Posadilla, J. D., *Episcopologio legionense*. León, 1899, 2 v.

Lérida → Roda.

Vázquez de Parga, L., *Los obispos de* **Lugo**-*Braga en los siglos VIII y IX*. EDMP, VII, 459-75.
→ 8.05, David.

Béjar, L., *Guía diocesana de* **Madrid** *y los pueblos de su provincia*. M, 1913, 527.

Guía de la Archidiócesis de Madrid-Alcalá. M, 1968.

Furió, A., *Episcopologio de la Santa Iglesia de* **Mallorca**. Palma, 1852.

Pérez Martínez, L., *Resumen histórico de la diócesis mallorquina*. Palma, 1959.

Rubió Lois, J., *El problema del Obispado de* **Manresa**. Bages (Manresa), 1955, 3, 3-4.

Vives Amengual, S., *Episcopologio de...* **Menorca**. Ciudadela, 1903.

Rodríguez Amaya, E., *La sede metropolitana* **emeritense**. REE, 1949, 5, 493-559.

Lence Santar, E., *Del Obispado de* **Mondoñedo**. Mondoñedo, 1911-5, 3 v.

Reigosa, F., *Cuáles fueron los orígenes del obispado mindunniense*. BCPMLugo, 1950, 4, 7-11.

Sáez Sánchez, E., *Notas al episcopologio minduniense del siglo X*. Hispania, 1946, 6, 3-79.

Sanjurjo Pardo, R., *Los Obispos de Mondoñedo*. Lugo, 1954, 2 v.
→ **Britonia.**

Fernández Alonso, B., ... *Crónica de los Obispos de* **Orense**. Orense, 1897, 649+x.

García Alvarez, M. R., *Notas al episcopologio auriense del siglo IX*. BCPMOrense, 1955, 18, 117-44.

Muñoz de la Cueva, J., *Noticias históricas de la S.I.C. de Orense*. M, 1727, 420.

Albert Berenguer, I., *Bibliografía de la diócesis de* **Orihuela**. Alicante, 1957, 111. 8

Vidal Tur, G., *Un obispado español. El de Orihuela-Alicante...* Alicante, 1961, 2 v.

Loperráez Corvalán, J., *Descripción histórica del Obispado de* **Osma**, *con el catálogo de sus obispos.* M, 1778, 3 v.

Núñez Marqués, V., *Guía de la S. I. Catedral del Burgo de Osma y breve historia del Obispado de Osma.* M, 1949, xv+263 + láms.

Mansilla Reoyo, D., *La supuesta metrópoli de* **Oviedo**. HS, 1955, 8, 259-74.

Oviedo, *El Arzobispado de _____, 813-1954.* Oviedo, 1955, 195.

Palomeque Torres, A.,*Episcopologio de la sede de Oviedo durante el siglo X.* HS, 1948, 1, 269-98.

Sánchez Candeira, A., *El Obispado de Oviedo entre 976 y 1035.* EDMP, III, 607-26.

→ 8.07, González; 21.16, González.

Alvarez Reyero, A., *Crónicas episcopales palentinas. Datos... de los Obispos de* **Palencia**. Palencia, 1898, 389.

San Martín, J., *La más antigua estadística de la diócesis de Palencia (1345).* PITTM, 1951, 7, 1-120.

→ 8.34, **Sahagún**; 22.68, Fernández.

Biurrun Sotil, T., *Inventario de la riqueza artística de la diócesis de* **Pamplona**. BCMNavarra, 1928, 19, 142-264.

Canellas López, A., *Contribución a la historiografía de los Obispos de Pamplona. Un episcopologio iruñés del siglo XVI.* EDMP, I, 435-64.

Fernández Pérez, G., *Historia de la Iglesia y Obispos de Pamplona.* M, 1820, 3 v.

Goñi Gaztambide, J., *Los navarros en el Concilio de Trento y la reforma tridentina en la diócesis de Pamplona.* Pamplona, 1947, 289.

Goñi Gaztambide, J., *Los Obispos de Pamplona del siglo XIII.* PV, 1957, 18, 41-237.

Goñi Gaztambide, J., *Los Obispos de Pamplona del siglo XIV.* PV, 1962, 23, 5-194.

Goñi Gaztambide, J., *Los Obispos de Pamplona del siglo XV y los navarros en los Concilios de Constanza y Basilea.* EEMCA, 1962, 7, 358-547; 1967, 8, 265-413.

Goñi Gaztambide, J., *Los Obispos de Pamplona del siglo XII.* AA, 1965, 13, 135-358.

Lacarra de Miguel. J. M., *Rectificaciones al episcopado pamplonés (años 1159-1167).* PV, 1942, 3, 299-307.

Madoz Moleres, J., *Dos hijos ilustres* [Lope de Artajona y Pedro de París] *de Artajona en la silla de San Fermín.* PV, 1952, 13, 339-74.

Pérez Goyena, A., *Episcopologios de la diócesis de Pamplona.* EE, 1942, 16, 55-72.

Tellechea Idígoras, J. I., *La diócesis de Pamplona en el siglo XVIII...* SV, 1972, 19, 93-106.

8 Ubieto Arteta, A., *Obituario de la Catedral de Pamplona.* Pamplona, 1954, 53.

→ 6.38.2, Zunzunegui; 8.07, Goñi:

Fernández Serrano, F., *Obispos conciliares de* **Plasencia.** HS, 1971, 24, 5-44.

Fernández Serrano, F., *Otras noticias sobre obispos conciliares en Plasencia.* HS, 1972, 25, 351-78.

→ 22.18.3, **Plasencia.**

Abadal Vinyals, R., *Origen y proceso de consolidación de la sede ribagorzana de* **Roda.** EEMCA, 1952, 5, 7-82.

Arroyo Ilera, F., *El dominio territorial del Obispado de Roda (siglos XI y XII).* HS, 1969, 22, 69-128.

Rubio García, L., *Problemas y cuestiones de la sede de Roda hasta su traslado a Lérida.* Ilerda, 1960, 18, 85-125; 1961, 19, 42-67.

Ubieto Arteta, A., *El origen ilerdense de la sede de Roda.* Ilerda, 1957, 21, 327-37.

Alvarez Delgado, J., *El* **«Rubicón»** *de Lanzarote.* AEAtl, 1957, 3, 490-533.

Coll, N., y M. Santiago, *Don Juan Cid, Obispo de Rubicón (1441-1459). Sus predecesores e inmediatos sucesores.* AEAtl, 1956, 2, 165-94.

Salvado, J., *Episcopologio* **salmantino.** Salamanca, 1902.

San Sebastián → Bilbao.

Lodos, F., *Los orígenes de la diócesis de* **Santander.** MC, 1942, 1, 397-439.

Lodos, F., *La creación del Obispado de Santander.* Altamira, 1955, 109-242.

Mansilla Reoyo, D., *El Obispado de Santander, 1577-1754.* HS, 1951, 4, 81-130.

Hoyo, J., *Memorias del arzobispado de* **Santiago** [1607]. Ed. de A. Rodríguez González y B. Varela Jácome. Santiago de Compostela, 1953, xiv+568.

López Ferreiro, A., *Historia de la Santa Iglesia de Santiago de Compostela.* Santiago, 1898-1909, 11 v.

→ 8.03.

Llorens Raga, P. L., *Episcopologio de la diócesis de* **Segorbe-Castellón.** M, 1973, 2 v.

Cuenca Toribio, J. M., *La archidiócesis hispalense [***Sevilla***] durante su trayectoria moderna y contemporánea...* AH, 1967, 46, 165-78.

Muñoz Torrado, A., *La Iglesia de Sevilla en el siglo XIII.* Sevilla, 1914, 186.

Federico Fernández, A., *Historia de la diócesis de* **Sigüenza**... *y de sus obispos.* Sigüenza, 1967, 251.

Minguella Arnedo, T., *Historia de la diócesis de Sigüenza.* M, 1910-3, 3 v.

Sánchez Albornoz, C., *El obispado de* **Simancas.** HMP, III, 325-44.

Riu Cabanas, R., *La diócesis de* **Solsona.** B, 1904.
→ 22.50.3.

Sanz Díaz, J., *Episcopologio* **soriano.** *Prelados notables de hace un siglo.* Celtiberia, 1957, 7, 137-40.

Tánger → Ceuta.

Blanch, J., *Arxiepiscopologi de* **Tarragona.** Tarragona, 1951, 2 v.
→ 8.26, Tomás.

Rumeu de Armas, A., *El Obispado de* **Telde.** M, 1960, 188 + láms.

Burriel Rodrigo, M., *La erección de la diócesis de* **Teruel.** Teruel, 1949, 1, 75-90.

Eixarch Santapau, M., *Los obispos de Teruel. Apuntes biográficos.* Teruel, 1893, xi+312.

Rivera Recio, J. F., *Encumbramiento de la sede* **toledana** *durante la dominación visigótica.* HS, 1955, 8, 3-32.

Rivera Recio, J. F., *La primacía eclesiástica de Toledo en el siglo XII.* AA, 1962, 10, 11-87.

Rivera Recio, J. F., *La Iglesia de Toledo en el siglo XII (1086-1208).* Roma, 1966, 394.

Rivera Recio, J. F., *Los Arzobispos de Toledo en la baja edad media (siglos XII-XV).* Toledo, 1969, 145.

Rivera Recio, J. F., *Los Arzobispos de Toledo en el siglo VII.* AT, 1971, 3, 181-217.

Rivera Recio, J. F., *Los Arzobispos de Toledo. Desde sus orígenes hasta fines del siglo XI.* Toledo, 1973, xxv+222.

Sevillano, N., *... Primacía de las Españas que goza la S. I. de Toledo.* M, 1726.

O'Callaghan, R., *Episcopologio de...* **Tortosa.** Tortosa, 1896, 288.

Lacarra de Miguel, J. M., *La Iglesia de* **Tudela** *entre Tarragona y Pamplona.* EEMCA, 1952, 5, 417-27.

Martorell, F., *Ordinatio Ecclesiae* **Valentinae.** TEEAH, 1912, 1, 81-127.

Olmos Canalda, E., *Los prelados valentinos.* M, 1949, 427.

Macho Ortega, F., *La Iglesia de* **Valpuesta** *en los siglos IX y X.* RABM, 1917, 36, 378-85.
→ 3.09, Barrau, Pérez.

Castro Alonso, M., *Episcopologio* **vallisoletano.** Valladolid, 1904, xiii+514.

Engels, O., *Die weltische Herrschaft des Bischofs von Ausona-***Vich** *(889-1315).* GAKS, 1968, 24, 1-40.

Moncada, J. L., *Episcopologio de Vich.* Vich, 1891-4, 2 v.

Mansilla Reoyo, D., *Antecedentes históricos de la diócesis de* **Vitoria.** Victoriensia (Vitoria), 1964, 19, 185-238.

Pérez Alhama, J., *Estudio jurídico sobre la erección de la diócesis de Vitoria...* Victoriensia (Vitoria), 1964, 19, 295-382.
→ **Alava.**

8 Zataraín Fernández, M., *Apuntes... para... la historia eclesiástica de Zamora y su diócesis.* Zamora, 1898, 431.

Mansilla Reoyo, D., *La formación de la provincia eclesiástica de Zaragoza.* HS, 1965, 18, 249-63.

Vincke, J., *Die Errichtung des Erzbistums Saragossa.* GAKS, 1930, 2, 114-32.

45 CONCILIOS. SINODOS

Goñi Gaztambide, J., *Boletín bibliográfico sobre concilios y sínodos.* HS, 1958, 11, 227-34.

Saenz de Aguirre, J., *Collectio Maxima Conciliorum Omnium Hispaniae et Novi Orbis...* Roma, 1693-4, 2 v.

Tejada Ramiro, J., *Colección de cánones y de todos los Concilios de la Iglesia de España y de América.* M, 1849-55, 6 v. El último v. recoge texto de concordatos.

Villanuño, M., *Summa Conciliorum Hispaniae.* M, 1784-5, 4 v.

Abadal de Vinyals, R., *Els concilis de Toledo,* en su *Dels visigots...* B, 1969, 69-93.

Concilios visigóticos e hispano-romanos. Ed. de J. Vives y otros. B, 1963, xx+580.

Costa Borrás, J. D., *Concilios tarraconenses de 1598 a 1859.* B, 1866, 2 v.

Fita Colomer, F., *Actas inéditas de siete concilios españoles celebrados desde el año 1282 hasta el 1314.* M, 1882, 245.

Fita Colomer, F., *El concilio de Alcalá de Henares en 1257.* BRAH, 1887, 10, 151-9.

Fita Colomer, F., ... *Concilio de Calahorra que presidió el Cardenal Jacinto en 1155.* BRAH, 1889, 14, 495-509.

Fita Colomer, F., *Concilio nacional de Sevilla... 1478.* BRAH, 1893, 22, 212-57.

Fita Colomer, F., *El concilio nacional de Palencia en el año 1100 y el de Gerona en 1101.* BRAH, 1894, 24, 215-35.

Fita Colomer, F., *Concilios nacionales de Carrión en 1103 y de León en 1107.* BRAH, 1894, 24, 299-342.

Fita Colomer, F., *Concilio de Salamanca en 1154.* BRAH, 1894, 24, 449-66.

Fita Colomer, F., *Concilio de Tarragona en 1318...* BRAH, 1896, 28, 237-59.

Fita Colomer, F., *Concilios tarraconenses en 1248, 1249 y 1250.* BRAH, 1902, 40, 444-59.

Fita Colomer, F., *Concilio inédito de Burgos... 1117.* BRAH, 1906, 48, 387-407.

Fita Colomer, F., *El Concilio nacional de Burgos de 1080.* BRAH, 1906, 49, 337-84.

Fita Colomer, F., *El Concilio de Palencia de 1322.* BRAH, 1908, 52, 17-48.

García Gallo, A., *El concilio de Coyanza. Contribución al estudio del derecho canónico español de la Alta Edad Media.* AHDE, 1950, 20, 275-633.

También, M, 1951, xii+362.
Gutiérrez Tejerina, J., *Los sínodos históricos legionenses.* León, 1957.
Madurell Marimón, J. M., *El concilio de Tarragona de 1530.* AST, 1943 ,16, 173-99.
Madurell Marimón, J. M., *El concilio de Tarragona de 1533.* AST, 1944, 17, 145-60.
Madurell Marimón, J. M., *Concilios tarraconenses (1455-1469).* AST, 1947, 20, 103-49.
Marín Ocete, A., *El concilio provincial de Granada en 1565.* Archivo teológico granadino, 1962, 25, 23-178.
Martínez Díez, G., *El concilio compostelano del reinado de Fernando I.* AEM, 1964, 1, 121-38.
Martínez Díez, G., *Los concilios de Toledo.* AT, 1971, 3, 119-38.
Moreno Casado, J., *Los concilios nacionales visigodos, iniciación de una política concordataria.* BUG, 1946, 18, 179-223.
Ochoa Martínez, J. M., *Los dos sínodos de Zaragoza... 1317-1345.* SV, 1955, 2, 118-59.
Sanabre San Román, J., *Los sínodos diocesanos de Barcelona.* B, 1930, 95.
Santos Díez, J. L., *Política conciliar postridentina en España. El Concilio provincial de Toledo de 1565.* Roma, 1969, 123.
Sobrino Chamón, T., *Constituciones sinodales abulenses de 1384.* HS, 1962, 15, 453-67.
Zunzunegui, J., *Concilios y sínodos medievales españoles.* HS, 1948, 1, 127-32; 1951, 4, 187-92.
Zunzunegui, J., *Los sínodos de Zaragoza... 1351-1382.* SV, 1955, 2, 311-70.
Zunzunegui, J., *Los sínodos diocesanos de Huesca... 1324-1328.* SV, 1957, 4, 326-53.

→ 8.26, Olivar; 8.43, **Aragón.**

47 CLERO. FORMACION Y CULTURA ECLESIASTICAS

Abad, C. M., *El Seminario Pontificio de Comillas. Historia... 1881-1925.* M, 1928, 362.
Amenos, J. M., *El fomento de vocaciones eclesiásticas en España en el siglo XIX.* Seminarios (Salamanca), 1955, 1, 58-83.
Artero, J., *Etiqueta eclesiástica salmantina a fines del siglo XVIII.* El Museo (Salamanca), 1957, 1, 51-8.
Beltrán de Heredia, V., *La formación intelectual del clero según nuestra antigua legislación canónica.* Escorial (M), 1941, 3, 289-97.
Beltrán de Heredia, V., *La formación intelectual del clero en España durante los siglos XII, XIII y XIV.* RET, 1946, 6, 313-57.
Cuenca Toribio, J. M., *Notas para el estudio de los Seminarios españoles en el pontificado de Pío IX.* NT, 1971, 224, 1-53.
Domínguez Ortiz, A., *La sociedad española en el siglo XVII. El estamento eclesiástico.* M, 1970, xvi+273.
Domínguez del Val, U., *El candidato al sacerdocio en los concilios de Toledo.* LCD, 1943, 155, 261-90.

8 Esteban Barrachina, P., *Figura jurídica del Colegio de Corpus Christi* [Burjasot] *de Valencia.* REDC, 1947, 2, 446-56; 1949, 4, 765-90.

→ 13.61, Valencia.

Fernández Conde, M., *España y los Seminarios tridentinos.* M, 1948, 96.

Folguera, J., *De statu clericali ut impedimentum matrimoniale in primaeva Ecclesia Hispaniae (saec. IV-VIII).* REDC, 1955, 10, 647-64.

García Villada, Z., *La cultura literaria del clero visigodo.* EE, 1924, 3, 250-63, 356-69.

González González, J., *La clerecía de Salamanca durante la edad media.* Hispania, 1943, 3, 409-30.

González Rivas, S., *La formación del clero en la España visigoda.* MC, 1943, 1, 373-93.

López Peláez, A., *El presupuesto del Clero.* M, 1910, 382.

Mansilla Reoyo, D., *El Seminario Conciliar de San Jerónimo de Burgos. Un ejemplo de rápida aplicación tridentina.* HS, 1954, 7, 3-44, 359-98.

Martín Hernández, F., *Los Seminarios españoles en la época de los primeros Borbones (1700-1808).* HS, 1959, 12, 357-420.

Martín Hernández, F., *Origen de los Seminarios españoles tridentinos.* Seminarios (Salamanca), 1960, 6, 75-98.

Martín Hernández, F., *La formación clerical en los colegios universitarios españoles (1371-1563).* Vitoria, 1961, 285+lxxxi.

Martín Hernández, F., *Fuentes y bibliografía para el estudio de los Seminarios españoles.* Salmanticensis, 1963, 10, 657-94.

Martín Hernández, F., *Los Seminarios españoles. Historia y pedagogia (1563-1700).* Salamanca, 1964, 400.

Martín Hernández, F. y J., *Los Seminarios españoles en la época de la Ilustración.* M, 1973, xiv+208.

Rodríguez Losada, M., *Origen de los Seminarios españoles hasta su organización definitiva según la reforma del Concilio de Trento.* Oviedo, 1903, 83.

Sala Balust, L., *Breve historia del Seminario de Salamanca.* Salmanticensis, 1960, 7, 118-31.

→ 7.35, 7.37, 7.85, 13.60-1, 8.56, Mayor; 13.03, Fontaine.

50 EREMITISMO. COMUNIDADES RELIGIOSAS

Guía de las comunidades religiosas en España. M, 1963, 2 v.

Bishko, C. J., *The date and nature of the spanish Consensoria Monachorum.* AJPh, 1948, 69, 377-95.

Campos Ruiz, J., *Sobre la Regla de S. Juan de Biclaro.* Salmanticensis, 1956, 3, 240-8.

Cocheril, M., *Études sur le monachisme en Espagne et en Portugal.* París, 1966, 445.

Díaz Díaz, M. C., *El eremitismo en la España visigoda.* RPH, 1955, 6, 217-37.

Díaz Díaz, M. C., *Aspectos de la tradición de la Regula Isidori.* Studia Monastica (Montserrat), 1963, 5, 27-53.

Díaz Díaz, M. C., *Eremitical life in Visigothic Spain.* Classical Folia (Nueva York), 1969, 23, 209-27.

España eremítica. Actas de la VI Semana de estudios monásticos... Leyre, 1963. Pamplona, 1970, 686 + láms.

García González, J. J., *Vida económica de los monasterios benedictinos* [castellanos] *en el siglo XIV.* Valladolid, 1972, 176.

García Oró, J., *La reforma de los religiosos españoles en tiempo de los Reyes Católicos.* Valladolid, 1969, 591.

Higounet, Ch., *Un mapa de las relaciones monásticas transpirenaicas en la edad media.* Pirineos, 1951, 7, 543-52.

Lambert, E., *Le voyage de Saint Euloge dans les Pyrénées en 848.* EDMP, IV, 557-67.

Martins, M., *O monacato de S. Fructuoso de Braga.* Biblos (Coimbra), 1950, 16, 315-412.

Mundó, A., *Il monachesimo nella Penisola Iberica fino al secolo VII...,* en *Settimane di Studio...* Spoleto, 1957, 73-117.

Orlandis Rovira, J., *«Traditio corporis et animae». La «familiaritas» en las iglesias y monasterios de la alta edad media.* AHDE, 1954, 24, 95-279.

También en su *Estudios sobre instituciones...* Pamplona, 1971, 219-378.

Orlandis Rovira, J., *Los orígenes del monaquismo dúplice en España,* en *HomJ. Moneva.* Zaragoza, 1955, 237-48.

También en su *Estudios sobre instituciones...* Pamplona, 1971, 17-34.

Orlandis Rovira, J., *Los monasterios familiares en España durante la alta edad media.* AHDE, 1956, 26, 5-46.

También en su *Estudios sobre instituciones...* Pamplona, 1971, 127-64.

Orlandis Rovira, J., *Los monasterios dúplices españoles en la alta edad media.* AHDE, 1960, 30, 49-88.

También en su *Estudios sobre instituciones...* Pamplona, 1971, 165-202.

Orlandis Rovira, J., *Las congregaciones monásticas en la tradición suevo-visigótica.* AEM, 1964, 1, 97-119.

También en su *Estudios sobre instituciones...* Pamplona, 1971, 95-123.

Orlandis Rovira, J., *Notas sobre sociología monástica de la España visigoda.* Yermo, 1968, 6, 1-16.

Orlandis Rovira, J., *Estudios sobre instituciones monásticas medievales.* Pamplona, 1971, 383.

Pérez de Urbel, J., *Los monjes españoles en los tres primeros siglos de la Reconquista.* BRAH, 1932, 101, 23-193.

Pérez de Urbel, J., *El Monasterio en la vida española de edad media.* B, 1942, 234 + láms.

Pérez de Urbel, J., *Los monjes españoles en la edad media.* M, 1945[2], 2 v.

Pérez de Urbel, J., *Le monachisme en Espagne au temps de Saint Martin.* Studia Anselmiana (Roma), 1961, 46, 45-65.

8

8

Pérez de Urbel, J., *Vida y caminos del Pacto de San Fructuoso.* RPH, 1963, 7, 5-25.

Pérez de Urbel, J., *El monaquismo castellano en el período posterior a San Fructuoso.* LCD, 1968, 181, 882-910.

Porter, W. S., *Monasticismo español primitivo.* HS, 1953, 6, 3-36.

Ruiz Jusué, T., *Las cartas de hermandad en España.* AHDE, 1944, 15, 387-463.

Santos Díez, J. L., *La encomienda de monasterios en la Corona de Castilla, siglos X-XV.* Roma, 1961, xviii+238.

Vincke, J., *Die vita communis des Klerus und das spanische Königtum im Mittelalter.* GAKS, 1937, 6, 30-59.

→ 8.11, *Estudios;* 9.59, González Deleito.

52 AREAS REGIONALES

Barraquer Roviralta, C., *Las Casas de Religiosos en Cataluña durante el primer tercio del siglo XIX.* B, 1906, 2 v.

Barraquer Roviralta, C., *Los religiosos en Cataluña durante la primera mitad del siglo XIX.* B, 1915-8, 3 v.

Bauer, J. J., *Rechtverhältnisse der Katalanischen Klöster von der Mitte des 10. Jahrhunderts bis zur Einführung der Kirchenreform.* GAKS, 1965, 22, 1-175.

Bishko, J., *Salvus of Albelda and frontier monasticism in tenth century Navarre.* Speculum (Cambridge, Mass.), 1948, 23, 559-90.

Bishko, J., *Gallegan pactual monasticism in the repopulation of Castille.* EDMP, II, 513-31.

Fort Cogul, E., *L'eremitisme a la Catalunya nova.* Studia Monastica (Montserrat), 1965, 7, 63-126.

Goñi Gaztambide, J., *La vida eremítica en el Reino de Navarra.* PV, 1965, 26, 77-92.

Monaquisme, *I Colloqui d'Història del _____ català.* Santes Creus, 1967, 360.

Munar, G., *Les Ordres religioses a Mallorca.* Palma, 1935, 74.

Sa Bravo, H., *El monacato en Galicia.* La Coruña, 1972, 2 v.

53 ORDENES, CONGREGACIONES Y SOCIEDADES EN PARTICULAR

Frías, L., *Introducción de la Regla* **agustiniana** *en España.* LCD, 1956, 169, 502-35.

Jordán, J., *Historia de la provincia agustiniana de la Corona de Aragón.* Valencia, 1704, 3 v.

Llorden, A., *La Orden Agustiniana en Andalucía.* LCD, 1956, 169, 584-608.

Manrique, A., *La regla de San Agustín en España, durante los primeros siglos de su existencia.* LCD, 1969, 182, 485-513.

Sanz Pascual, A., *Historia de los agustinos españoles.* Avila, 1948, 642.

→ 1.12, 7.85, 8.11, Ibeas; 14.10.

Benito Durán, A., *La Orden de San* **Basilio** *en Madrid.* RBAM, 1951, 20, 7-75.

Benito Durán, A., *Para una historia de los monjes basilios españoles.* Yermo, 1969, 7, 1-42.

¿Alvarez, R.?, *Varones insignes de la Congregación de Valladolid* **[benedictinos]** [siglo XVIII]. Ed. de J. Pérez de Urbel. Pontevedra, 1967, 350.

Curiel, F., *Congregatio Hispanobenedictina, alias Sancti Benedicti Vallisoleti.* Studien und Mitteilungen zur Geschichte des Benediktinerordens... (Munich), 1904, 25, a 1906, 27, múltiples entradas.

Goñi Gaztambide, J., *Los estudios y publicaciones de fuentes sobre los benedictinos y cistercienses en Navarra.* Studia Monastica (Montserrat), 1959, 1, 171-87.

Linage Conde, A., *La difusión de la «Regula Benedicti» en la Península Ibérica.* Regula Benedicti Studia (Hildesheim), 1972, 1, 297-325.

Linage Conde, A., *Los orígenes del monacato benedictino en la Península Ibérica.* León, 1973, 3 v.

Moral, T., *Los benedictinos españoles en el siglo XIX.* Yermo, 1972, 10, 207-48.

Plaine, B., *La Regla de San Benito y su introducción en España.* Valencia, 1900.

Seco, L., *Los benedictinos españoles en el siglo XX.* Burgos, 1931, 332.
Desde 1835.

Yepes, A., *Crónica general de la Orden de San Benito* [1613]. Ed. de J. Pérez de Urbel. M, 1959-60, 3 v.
Esta ed. se limita a la parte española.

→ 1.12, 8.50, García; 13.57, **Irache;** 14.10, 14.83, Domingo.

González Ayala, J., **Canónigos del Santo Sepulcro** *en Jerusalén y Calatayud.* M, 1970, 300.

Pou Martí, J. M., *Primera fundación de las* **capuchinas** *en España.* AIA, 1917, 7, 463-6.

Torredeflot, I., *Crónicas de la Orden de las monjas capuchinas en España.* Manresa, 1907-9, 2 v.

Añorbe, C., *La antigua provincia* **capuchina** *de Navarra y Cantabria. Desde los orígenes hasta la Revolución Francesa.* Pamplona, 1952, xv+447.

Carrocera, B., *Necrologio de los frailes menores capuchinos de... Castilla (1609-1943).* M, 1943, ix+384.

Carrocera, B., *La Provincia de frailes menores capuchinos de Castilla.* M, 1973, 688.

Ciáurriz, I., *Capuchinos ilustres de... Navarra-Cantabria.* S. Sebastián, 1920 — Pamplona, 1926, 2 v.

Ciáurriz, I., *La Orden Capuchina en Aragón...* Zaragoza, 1945, 411.

Palazuelo, A., *Vitalidad seráfica. Los franciscanos capuchinos de Castilla... Colección de biografías...* M, s. a., 2 v.

Riezu, C., *Necrología de los frailes mayores capuchinos de la Provincia de Navarra-Cantabria-Aragón.* Pamplona, 1959, 408.

Pobladura, M., *Los frailes menores capuchinos en Castilla... 1606-1945.* M, 1946, xxiii+317.

8 Rubí, B., *Establecimiento de los capuchinos en España y primera fundación en Barcelona.* Hispania, 1945, 5, 3-37.

Rubí, B., *Los capuchinos de Cataluña y la fundación de la provincia de Valencia (1596-1609).* Estudios Franciscanos (B), 1969, 70, 41-68.

Rubí, B., *Necrologi dels frares menors caputxius... de Catalunya y Balears (1578-1944).* B, 1945, xxii+385.

Valencina, A., *Reseña histórica de la Provincia capuchina de Andalucía y varones ilustres...* Sevilla, 1906-9, 5 v.

Vives Tutó, J., *Biografía hispano-capuchina.* B, 1891, 647.

→ 1.12, 7.85.

J. R. A. M. [José Recoder], *Glorias teresianas de Cataluña...* [carmelitas]. B, 1888, liv+690.

Santa Teresa, H., *Apuntes para la historia de la Venerable Orden tercera del Carmen en España, Portugal y América.* Vitoria, 1954, 147.

Santa Teresa, S., *Historia del Carmen Descalzo en España, Portugal y América.* Burgos, 1935-52, 15 v.

Steggink, O., *Beaterios y monasterios carmelitas españoles en los siglos XV y XVI.* Carmelus (Roma), 1963, 10, 149-205.

Steggink, O., *La reforma del Carmelo español...* Roma, 1965, 518.

Virgen del Carmen, A., *Historia de la reforma teresiana (1562-1961).* M, 1968, 741.

→ 5.20, Font Puig; 7.35, 8.13, Jesús.

Gómez, I. M., *La* Cartuja *en España.* Studia Monastica (Montserrat), 1962, 4, 139-76.

Sánchez, B., *La Cartuja. Prontuario histórico.* Burgos, 1953, xvii+626.

Las existentes en España.

Tarín Juaneda, F., *Monasterios de la Orden de la Cartuja en España.* Burgos, 1899.

→ 1.12.

Cocheril, M., *Les* cisterciens *dans la Péninsule Ibérique.* AEM, 1964, 1, 217-87.

Contel Barea, C., *El Císter zaragozano en el siglo XII...* JZ, 1965, 18, 385-553.

Fernández, M., *Monasterios de monjes cistercienses en Galicia.* Yermo, 1967, 5, 13-26.

García, C., *Estado actual de los estudios... sobre el Císter en España.* Cistercium, 1960, 12, 83-97, 196-208.

Guerín, P., *El Císter y España.* Cistercium, 1963, 15, 117-25.

Martín, E., *Los Bernardos españoles. Historia de la Congregación de Castilla de la Orden del Císter, 1425-1835.* Palencia, 1953, 116.

Martín, E., *La entrada del Císter en España y S. Bernardo.* Cistercium, 1953, 5, 152-60.

Masoliver, A. M., *Origen y primeros años (1616-1634) de la Congregación cisterciense de la Corona de Aragón.* Poblet, 1973, xii+560.

Moral, T., *La Congregación cisterciense de la Corona de Aragón y los monasterios navarros entre 1569 y 1632.* PV, 1968, 29, 5-27.

Piquer Jover, J. J., *Catalunya cistercenca.* B, 1967.
Tyburg, W., *San Bernardo y la propagación de la orden cisterciense en España.* Cistercium, 1964, 16, 79-85.
Yáñez Neira, D., *San Fernando, protector... de la Orden cisterciense,* en Collectanea Ordinis Cisterciensis Reformatorum (Westmalle), 1950, 12, 174-89; 1951, 13, 273-83.
Yáñez Neira, D., *Alfonso VII de Castilla y la Orden cisterciense.* Cistercium, 1959, 11, 30-3, 77-83.
→ **benedictinos**; 1.12, 8.33, Torres; 8.34, **Moreruela**, San **Joaquín**; 9.97, **Calatrava**; 18.27, Edoux.

Fernández Martín, C., *La Congregación de los Misioneros Hijos del Inmaculado Corazón de María* [**claretianos**]... *1849-1912.* M, 1967, 2 v.
→ 7.79.1.

Ivars, A., *Origen y propagación de las* **clarisas** *coletinas o descalzas en España.* AIA, 1924, 21, 390-410; 1925, 23, 84-108; 24, 99-104.
López Ferreiro, A., *Los conventos de Clarisas en España en el siglo XIII.* El Eco franciscano (Santiago), 1912, 29, 185-96.

Bishko, Ch. J., *The* **Cluniac** *Priories of Galicia..., 1075-ca. 1230.* Studia Monastica (Montserrat), 1965, 7, 305-56.
Bishko, Ch. J., *Fernando I y los orígenes de la alianza castellanoleonesa con Cluny.* CHE, 1968, 48, 31-5.
Fita Colomer, F., *La provincia cluniacense de España.* BRAH, 1892, 20, 431-2.
Robert, U., *État des monastères espagnols de l'Ordre de Cluny aux XIIIe.-XVe. siècles.* BRAH, 1892, 20, 321-431.

Alonso Getino, L. G., **Dominicos** *españoles confesores de Reyes.* LCT, 1916, 14, 374-451.
Beltrán de Heredia, V., *Historia de la reforma de la provincia de España (1450-1550).* Roma, 1939, viii+278.
Diago, F., *Historia de la Provincia de Aragón de la Orden de Predicadores.* B, 1599, 300 f.
Hoyos, M. M., *Primeras fundaciones dominicanas en España.* BIFG, 1952, 10, 198-219.
Hoyos, M. M., *Registro historial de nuestra provincia.* Pamplona, 1968, 3 v.
Medrano, M. J., *Historia de la provincia de España, en la Orden de Predicadores.* M, 1725-34, 3 v.
Pardo Villar, A., *Los dominicos en Galicia.* Santiago, 1939, v+258.
→ 1.12, 6.95.1, Getino; 8.78, García; 13.57, **Orihuela**; 14.10, 14.14, Ramírez.

Bau, C., *Historia de las Escuelas Pías* [**escolapios**] *en Cataluña.* B, 1951, 772.
Picanyol, L., *Memorias históricas sobre la fundación de las primeras Casas de Escuelas Pías en España.* M, 1927.
Rabaza, C., *Historia de las Escuelas Pías en España.* Valencia, 1917-8, 7 v.
→ 1.12.

8 Agustín, J., ... *Llegada de los Hermanos de las* Escuelas Cristianas *a España.* Hechos y dichos (Zaragoza), 1953, 28, 725-38.

Gabriel, C., *La obra lasaliana en España.* M, 1953, 662.

Amorós Payá, L., *Estadística de los conventos y religiosos de las provincias* franciscanas *de España en el año de 1768.* AIA, 1956, 16, 421-44.

Andrés Martín, M., *Reforma y estudio de teología en los franciscanos españoles.* AA, 1960, 8, 43-82.

Inchaurbe, D., *Noticias sobre los provinciales franciscanos de Canarias.* La Laguna, 1960, 452.

Lejarza, F., *Orígenes de la descalcez franciscana.* AIA, 1962, 22, 15-131.

López Ferreiro, A., *La provincia de España de los Frailes Menores... Orígenes de la Orden franciscana en España.* Santiago, 1915, xvi+414.

Observancia, *Introducción a los orígenes de la* _____ *en España. Las reformas de los siglos XIV y XV.* AIA, 1957, 17, 1-945.

Rubio, G., *La Custodia franciscana de Sevilla..., 1220-1499.* Sevilla, 1953, xxxix+911.

Sanahuja, P., *Historia de la Seráfica Provincia de Cataluña.* B, 1959, 1004.

→ 1.12, 7.35, 7.73, 8.11, Eiján; 8.78, Abad; 8.79, Muñiz; 13.57, Lérida.

Goñi Gaztambide, J., *La Orden de* Grandmont en España. HS, 1960, 23, 401-11.

Clavijo Clavijo, S., *La Orden* hospitalaria *de San Juan de Dios en la marina de guerra de España.* M, 1950, xx+421.

Clavijo Clavijo, S., *Breve historia de la Orden hospitalaria... en los ejércitos de mar y tierra.* M, 1950, 155.

Gil Roldán, C., *Glorias de los hijos de S. Juan de Dios N. P. de la Congregación de España...* M, 1796, 96.

→ 7.37, Clavijo; 14.60, Alvarez.

Alcina, L., *Fray Lope de Olmedo y su discutida obra monástica* [Jerónimos]. Yermo, 1964, 2, 29-70.

Lugo, A., *El renacer de los jerónimos.* Cistercium, 1971, 33, 147-56. Siglo XX.

Madrid, I., *La Orden de San Jerónimo en España. Primeros pasos para una historia crítica.* Studia Monastica (Montserrat), 1961, 3, 409-27.

Madrid, I., *Los monasterios de la Orden de San Jerónimo en España.* Yermo, 1967, 5, 107-75.

Zarco Cuevas, J., *Los Jerónimos de San Lorenzo de El Escorial.* El Escorial, 1930, 218.

→ 7.35.

Astrain, A., *Historia de la Compañía de* Jesús *en la Asistencia de España.* M, 1902-25, 7 v.
1540-1758.

Cummins, J. S., *The suppresion of the Jesuits* [en España]. History Today (Londres), 1973, 23, 839-48.

Frías, L., *La Provincia de España en la Compañía de Jesús, 1815-63.* M, 1914, 252. **8**
Frías, L., *La Provincia de Castilla de la Compañía de Jesús, 1863-1914.* Bilbao, 1915, 365.
Frías, L., *Historia de la Compañía de Jesús en su moderna Asistencia de España.* M, 1923-44, 2 v.
Continúa hasta 1868 la historia de Astrain.
J. O., *Catálogo de los difuntos de la Provincia de Toledo de la Compañía de Jesús, I: 1550-1767.* M, 1905, 115.
Leturia, P., *La fundación de la Compañía de Jesús (1540) y la España imperial del siglo XVI.* RyF, 1940, 121, 37-61.
Navarrete, J. A., *De viris illustribus in Castella Veteri Soc. Iesu ingressis et in Italia extinctis.* Bolonia, 1793-7, 2 v.
Vidas de algunos claros varones guipuzcoanos de la Compañía de Jesús. Tolosa, 1870, 448.
→ 1.12, 7.35, 7.42, 7.63, **Viscardo**; 7.85, 10.25, Batllori; 13.57, **Lérida**; 14.07, Batllori.

Gazulla, F., *La Orden de Nuestra Señora de la* **Merced**. B, 1934, 2 v.
Vázquez, G., *Manual de historia de la Orden de Nuestra Señora de la Merced.* Toledo, 1936, 2 v.
→ 1.12, 7.35, 7.37, Hernández; 9.98, Saavedra.

San José, B., *Historia de la Provincia* **Pasionista** *de... España, Portugal...* Santander, 1952, xv+727.

Paradela, B., *Historia de la Congregación de la Misión* **[Paúles]** *en España.* M, 1923, 477.

Backmund, N., *A propósito de los* **premonstratenses** *españoles.* Yermo, 1972, 10, 187-96.
Goñi Gaztambide, J., *La reforma de los premonstratenses españoles...* HS, 1960, 13, 5-96.
Moral, T., *Los premonstratenses en España. Guía para un estudio histórico-crítico de la Orden.* HS, 1968, 21, 57-85.
Moral, T., *Hacia una historia de la Orden Premonstratense en España y Portugal.* BRAH, 1969, 165, 219-53.
Valvekens, E., *L'Ordre des Prémontrés d'Espagne.* Analecta Praemonstratensia (Amberes), 1932, 7, 5-24.

Martín Hernández, F., *Los Sacerdotes Píos* **Operarios**. Seminarios (Salamanca), 1960, 6, 91-126.

Recoletas → cistercienses.

Annales Provinciae Hispanicae C. SS. R. **[Redentoristas]** *(1763-1900).* M, 1925-8, 3 v.
Felipe, D., *Historia de la Provincia española* [Redentorista]. M, 1964.
Felipe, D., *Fundación de los Redentoristas en España.* M, 1965, 424.

Arcalis, C. M., ... *Primer centenario del Instituto de la* **Sagrada Familia**, *de Urgel.* B, 1964, 412.

Sancho de Sopranis, H., *La Orden de* **Sancti Spiritus** *en el Arzobispado hispalense (1500-1600).* AH, 1961, 110, 233-60; 111, 9-35.

8 García Górriz, P., ... *Historia de la primera* **Trapa femenina** *en España.* M, 1961, 239.

Mier González, E., *Los* **trapenses** *españoles.* M, 1912, 304.

Ximénez de Sandoval, F., *La comunidad errante. Biografía de la primera Trapa española.* M, 1959, 446.

Vega Toraya, F., *Crónica de la Provincia de Castilla* [**Trinitarios**]. M, 1920-9, 3 v.

→ 1.12.

56 COFRADIAS. PROCESIONES

Albarracín, J., *Miscelánea histórica y cofradiera.* Sevilla, 1961, 98.

Almela Vinet, F., *Semana Santa en Sevilla. Historia y descripción de las Cofradías...* Sevilla, 1899, 145.

Alvarez Jusué, A., *La cofradía de la Esperanza de la Macarena en el siglo XVI.* AH, 1954, 20, 135-73.

Andrés, A., *Estatutos de la Cofradía de San Benito en Tulebras (siglo XIII).* Universidad, 1934, 11, 13-22.

Burgos, A., *Folklore de las cofradías de Sevilla.* Sevilla, 1973[2], 150.

Dubarle, D., *Processions d'Espagne.* L'art sacre (París), 1953, 12, 12-26.

Escagüés Javierre, I., *Datos sobre algunas cofradías y hermandades medievales.* RTrabajo (M), 1945, 877-99.

Fuenmayor, P., *Dos cofradías religiosas de Agreda: la de la Vera Cruz y la de Santiago.* Celtiberia, 1961, 11, 23-34.

Gerbert, M. C., *Les confréries religieuses à Cáceres de 1467 à 1523.* MCV, 1971, 7, 75-114.

González de León, F., *Historia... de las cofradías de Penitencia, Sangre y Luz... de Sevilla.* Sevilla, 1852, 205.

Herrero García, M., *La Semana Santa de Madrid en el siglo XVII.* M, 1935, 64.

Jamard, J. L., *Confréries religieuses et dichotomie sociale.* MCV, 1972, 8, 475-88.

Laffón, R., *Discurso de las cofradías de Sevilla.* Cádiz, 1940, 104.

Layna Serrano, F., *La histórica cofradía de «La Caballada» en Atienza.* M, 1942, 85.

También, Hispania, 1942, 2, 483-556.

López Martínez, C., *La Hermandad y la Imagen de Jesús de la Pasión. Estudio documental.* Sevilla, 1939, 54 + láms.

López Martínez, C., *Archicofradía sacramental de Jesús de la Pasión...* AH, 1960, 32, 169-93.

Martín Gil, T., *La cofradía de Animas de Casar de Cáceres...* REE, 1948, 4, 49-67.

Mayor Gimeno, V., *Historia de la... Congregación de San Pedro Apóstol de Presbíteros seculares naturales de Madrid...* M, 1964, 378.

Meseguer Fernández, J., *Las cofradías de la Vera Cruz...* AIA, 1968, 28, 199-213.

Muñoz de San Pedro, M., *La cofradía cacereña de Nuestra Señora de la Paz.* REE, 1949, 5, 117-52.

Ortega Sagristá, R., *Historia de las cofradías de Pasión y de sus procesiones de Semana Santa, en la ciudad de Jaén (siglos XVI al XX)*. BIEG, 1956, 10, 9-71.
Ortega Sagristá, R., *La cofradía de la Santa Cruz de Jaén. Historia de su fundación en 1541*. BIEG, 1968, 14, 9-98.
Pedregal, L. J., *La cofradía de Montesión*... AH, 1959, 31, 317-30.
Río Sanz, J., *Semana Santa en Castilla*. Valladolid, 1948, 113.
Sanfeliú, L., *La cofradía de San Martín, de hijosdalgo navegantes y mareantes de Laredo*... M, 1944, 105.
Tello Jiménez, J., *Hermandades y cofradías establecidas en Madrid*. M, 1942, 266.

→ 8.29, 9.53, 19.17, Subirá; 20.10, 22.79.

58 ASOCIACIONES DE FIELES

Andrés Gallego, J., *Génesis de la Acción Católica española, 1868-1926*. IC, 1973, 26, 369-402.
Corral, J., *La Congregación del Ave María*. M, 1972, 46.
González Ruiz, M., e I. Martín Martínez, *Seglares en la historia del catolicismo español* [Asociación Nacional de Propagandistas Católicos]. M, 1968, 188.
Llorens, M., *El P. Antonio Vicent, S. I. (1837-1912). Notas sobre el desarrollo de la Acción Social Católica en España*. EHM, 1954, 4, 393-440.
→ 5.20, **Vicent.**
Taboada Lago, J. M., *La Acción Católica en España*. B, 1934, 256.

→ 5.20, **Escrivá**; 8.40, Castells.

70 RELACIONES CON LA SANTA SEDE

Herrero García, M., *El Pontificado en las letras españolas*. M, 1942, vii+294.
Hinojosa, R., *Los despachos de la diplomacia pontificia en España*. M, 1896, lviii+425.
Soto de Gangoiti, J., *La Santa Sede y la Iglesia Católica en España*... M, 1942, 395.

71 EDADES ANTIGUA Y MEDIA

Batllori Munné, M., *Alejandro VI y la Casa Real de Aragón, 1492-1498*. M, 1958, 76.
Fernández Alonso, J., *Don Francisco de Prats, primer nuncio permanente en España (1492-1503)*. AA, 1953, 1, 67-154.
Fernández Alonso, J., *Legaciones y nunciaturas en España de 1466 a 1521*. Roma, 1963, 2 v.
Kehr, P., *El Papado y los Reinos de Navarra y Aragón hasta mediados del siglo XII*. EEMCA, 1946, 2, 74-185.
Kehr, P., *Das Papsttum und der Katalanische Prinzipat bis zur Vereinigung mit Aragón*. Berlín, 1926, 92.
Trad. al cat. en EUC, 1927, 12, a 1930, 15, múltiples entradas.

8 Linehan, P., *The Spanish Church and the Papacy in the thirteenth Century*. Cambridge, 1971, xvii+398.

Mansilla Reoyo, D., *Inocencio III y los reinos hispanos*. AA, 1954, 2, 9-49.

Mansilla Reoyo, D., *La documentación pontificia hasta Inocencio III (965-1216)*. Roma, 1955, xliii+665.

Mendi, J. M., *La primera legación del Cardenal Guido de Boulogne a España (1358-1361)*. SV, 1964, 12, 135-224.

Rius Serra, J., *Rationes decimarum Hispaniae (1279-80)*. B, 1946-7, 2 v.

Vega, A. C.,*El Pontificado y la Iglesia española en los siete primeros siglos*. El Escorial, 1942, 143.

Vincke, J., *Staat und Kirche in Katalonien und Aragon während des Mittelalters*. Münster, 1931, x+398.

Vincke, J., *Der König von Aragon und die Camera Apostolica in den Anfängen der grossen Schismas*. GAKS, 1952, 7, 84-126.

Vincke, J., *Die Anfänge der päpstlichen Provisionen in Spanien*. Römische Quartalschrift... (Friburgo B.), 1953, 48, 195-210.

Vincke, J., *Das Patronatsrecht der aragonischen Krone*. GAKS, 1955, 10, 55-195.

→ 6.35.2, 6.39.2, 6.44, Goñi; 8.04, Lacarra; 8.05.

72 SIGLOS XVI-XVII

Lefevre, J., *L'Ambassade d'Espagne auprès du Saint-Siège au XVIIe. siècle*. Bulletin de l'Institut Historique de Rome, 1936, 17, 5-56.

Meister, A., *Zur spanischen Nunziatur in XVI. und XVII. Jahrh.* Römische Quartalschrift... (Friburgo B.), 1893, 7, 447-81.

Olarra Garmendía, J., y M. L. Larramendi de Olarra, *Indices de la correspondencia entre la Nunciatura de España y la Santa Sede durante el Reinado de Felipe II*. M, 1948-9, 2 v.

Olarra Garmendía, J., y M. L. Larramendi de Olarra, *Correspondencia entre la Nunciatura en España y la Santa Sede. Reinado de Felipe III (1598-1621)*. Roma, 1960-7, 7 v.

Saltillo, Marqués del, *El Patronato de Castilla y la presentación de diócesis en tiempo de Felipe II (1573-1598)*. BRAH, 1948, 123, 419-522.

Serrano Pineda, L., *Correspondencia diplomática entre España y la Santa Sede durante el Pontificado de S. Pío V*. M, 1914, 4 v.

→ 7.37, 8.07, Cereceda.

73 SIGLOS XVIII-XX

Bécker, J., *Relaciones diplomáticas entre España y la Santa Sede durante el siglo XIX*. M, 1908, 487.

Castillo Ayensa, J., *Historia de las negociaciones con Roma*. M, 1859, 2 v.

Fernández Alonso, J., *Un período de relaciones entre Felipe V y la Santa Sede (1707-1717)*. AA, 1955, 3, 9-88.

López Martínez, N., *El Vaticano y España. Hitos documentales desde 1936.* Burgos, 1972, 140. 8

March, J. M., *La exclusiva dada por España contra el Cardenal Giustiniani en el cónclave de 1830-1831.* RyF, 1932, 98, 50-64, 337-48; 99, 46-61.

Olaechea, R., *Las relaciones hispano-romanas en la segunda mitad del siglo XVIII. La Agencia de preces.* Zaragoza, 1965, 2 v.

Pabón Suárez, J., *España y la cuestión romana.* M, 1972, 189.

Tirado Redondo, M., *León XIII y España.* M, 1903, xii+204.

→ 6.88, Bécker; 7.37, 7.80, 9.74, Esteban.

75 CONCORDATOS

Bauer, C., *Studien zur spanischen Konkordatgeschichte des späten Mittelalters.* GAKS, 1955, 11, 43-97.

Lamadrid, R. S., *El concordato español de 1753...* Jerez, 1937, 189.

Martín Martínez, I., *En el segundo centenario del concordato español de 1753.* REDC, 1953, 8, 745-59.

Montero Gutiérrez, E., *El nuevo concordato español.* M, 1954, 190.

Pérez Alhama, J., *Presupuestos político-económicos al concordato español de 1851.* SV, 1962, 8, 70-101, 244-76.

Pérez Alhama, J., *La Iglesia y el Estado español... a través del concordato español de 1851.* M, 1967, 688.

Pérez Mier, L., *El concordato español de 1953: significación y caracteres.* REDC, 1954, 9, 7-41.

Regatillo, E. F., *Sobre el nuevo concordato entre la Santa Sede y el Estado español.* RyF, 1953, 148, 117-27.

Regatillo, E. F., *El concordato español de 1953.* Santander, 1961, 639.

Suárez Verdeguer, F., *Génesis del concordato de 1851.* IC, 1963, 3, 63-247.

77 ACTUACION EXTERIOR. CONCILIOS ECUMENICOS

Beltrán de Heredia, V., *La embajada de Castilla en el concilio de Basilea y su discusión con los ingleses acerca de la precedencia.* HS, 1957, 10, 5-31.

Burgos, R., *España en Trento.* M, 1941, 190.

Caldas de Montbuy, Marqués, *Los embajadores de los estados españoles en el concilio de Constanza.* BRABarcelona, 1947, 20, 5-41.

Carro, V., *El Emperador Carlos V, la verdadera reforma de la Iglesia y el concilio de Trento.* CH, 1959, 115, 5-25.

Cereceda, F., *El nacionalismo religioso español en Trento.* Hispania, 1945, 5, 236-85.

Fernández Alonso, J., *Las iglesias nacionales de España en Roma. Sus orígenes.* AA, 1956, 4, 9-96.

G[arcía] Villoslada, R., *La reforma española en Trento.* EE, 1964, 39, 69-92, 147-73, 319-40.

González, S., *España en... el concilio de Florencia (1438-1445).* RyF, 1938, 115, 228-47.

8 Goñi Gaztambide, J., *Los españoles en el concilio de Constanza...* HS, 1963, 16, 253-386; 1965, 18, 103-58, 265-332.

Gutiérrez, C., *Españoles en Trento.* Valladolid, 1951, lxxx+1061.

Jobit, P., *Saint François de Sales et les influences espagnoles.* LLR, 1949, 3, 83-104.

Martín Tejedor, J., *España y el Concilio Vaticano I.* HS, 1967, 20, 99-175.

Rivera Recio, J. F., *Personajes hispanos asistentes al IV Concilio de Letrán.* HS, 1951, 4, 335-55.

Staffa, D., *De Pio Opere Hispaniae in Patriarchali Basilica S. Mariae Maioris.* Apollinaris (Roma), 1956, 29, 370-94.

De 1644 al presente.

Vázquez de Prada, V., *España y Francia ante la tercera apertura del concilio de Trento.* Simancas, 1950, 1, 334-55.

→ 8.43, **Pamplona.**

78 MISIONES

Bayle, C., *La expansión misional de España.* B, 1936, 244.

Díaz Mozaz, J. M., y A. Vázquez Rabana, *Las misiones... en la vida de la Iglesia en España.* M, 1971, 287.

Legísima, J. R., *Acción misional de España.* Filosofía y Letras (Oviedo), 1946, 5-58.

Olalla Villalta, R., *España en la historia de las Misiones...* Cuenca, 1930, 34.

Abad Pérez, A., *Misioneros franciscanos en China. Siglo XVIII...* MH, 1963, 20, 111-24; 1964, 21, 289-376; 1967, 24, 337-83.

Aspurz, L., *... Hacia una estadística de las misiones españolas en la época imperial.* MH, 1946, 3, 99-173.

Burns, R. I., *Christian-Islamic confrontation in the West: the thirteenth-century Dream of Conversion.* AHR, 1971, 76, 1386-434.

Coll, J. M., *Participación española en las misiones de la Tartaria durante el siglo XIV.* MH, 1950, 19, 163-91.

Gainza, F., *Cruzada española en Vietnam. Campaña de Indochina...* M, 1972, xxiv+559 + láms.

García, V., *Dominicos en Tonquín. Reseña histórica.* Oriente (Avila), 1961, 51, 39-43.

Garrigós Meseguer, A., *La Obra de Cooperación sacerdotal hispanoamericana.* EAm, 1959, 17, 265-72.

Lopetegui, L., *El movimiento misional en España de 1914-1953.* Studia Missionalia (Roma), 1954, 8, 188-238.

Miguélez, B., *Prefectura apostólica de Formosa.* España Misionera (M), 1957, 13, 199-212.

Ricard, R., *Études et documents pour l'histoire missionaire de l'Espagne et du Portugal.* Lovaina, 1931, 257.

Rodríguez, M., *La labor misionera de España en el mundo y el Consejo Superior de las Misiones.* M, 1950, 135.

Rodríguez, M., *El movimiento actual misional en España.* Studia Missionalia (Roma), 1954, 8, 240-1.

Vicente, V., *España y las misiones de China en el siglo XVII.* MH, 1969, 26, 361-84.

→ 4.11, 6.43, 7.34-6, 7.73, 7.77, 7.79.1, 7.79.3, 7.85, 14.43.

79 ESPAÑA EN TIERRA SANTA. CRUZADAS

Eiján, S., *Relaciones mutuas de España y Tierra Santa a través de los siglos.* Santiago de Compostela, 1912, 528.

Quecedo, F., *La influencia diplomática y económica de España en Tierra Santa.* Hispania, 1949, 9, 3-27.

Antelo Iglesias, A., *El ideal de cruzada en la baja edad media peninsular.* CHist, 1967, 1, 37-43.

Arce, A., *Expediciones de España a Jerusalén... 1673-1842.* M, 1958, xvi+464.

Beiner, B., *La idea de cruzada y los intereses de los príncipes cristianos en el siglo XV.* CHist, 1967, 1, 45-9.

Benito Ruano, E., *España y las Cruzadas.* AHAM, 1951-2, 92-120.

Benito Ruano, E., *Las órdenes militares españolas y la idea de cruzada.* Hispania, 1956, 16, 3-15.

Eiján, S., *Documentos relativos a la Obra Pía Española de los Santos Lugares de Palestina.* Santiago, 1939, 222.

Eiján, S., *Hispanidad en Tierra Santa. Actuación diplomática.* M, 1943, 183.

Eiján, S., *Real Patronato de los Santos Lugares en tiempo de los Reyes Católicos.* VyV, 1943, 1, 156-79.

Eiján, S., *Protectorado de España en Tierra Santa (1789-1830).* AIA, 1943, 3, 199-218.

Eiján, S., *Más sobre el protectorado de España en Tierra Santa.* AIA, 1944, 4, 186-93.

Eiján, S., *El Real Patronato de los Santos Lugares en la historia de Tierra Santa.* M, 1945-6, 2 v.

Fontán Pérez, A., *Cantores de la Cruzada y del Imperio.* NT, 1962, 17, 537-72.

Goñi Gaztambide, J., *Historia de la Bula de la Cruzada en España.* Vitoria, 1958, 1+724.

Juániz, C., *Los dineros de España en el mantenimiento y recuperación de los Santos Lugares.* España Misionera (M), 1958, 14, 5-23.

Muñiz, S., *Misiones franciscanas-españolas. La Custodia de Tierra Santa.* España Misionera (M), 1950, 7, 259-73.

Sánchez Candeira, A., *Las cruzadas en la historiografía española de la época.* Hispania, 1960, 20, 325-67.

Sobrequés Vidal, S., *Sobre el ideal de cruzada de Alfonso V de Aragón.* Hispania, 1952, 12, 232-52.

Torres Rodríguez, C., *Las peregrinaciones de Galicia a Tierra Santa en el siglo V.* CEG, 1955, 10, 313-60.

Ubieto Arteta, A., *La participación navarro-aragonesa en la primera cruzada.* PV, 1947, 7, 357-83.

→ 6.63, Alventosa; 21.82, Goñi, Vera.

8 80 RELACIONES CON EL ESTADO. INFLUJO SOCIAL

Alonso, J. B., *La Iglesia en la historia y civilización españolas.* B, 1932, viii+295.

Rumeu de Armas, A., *La obra social de la Iglesia en España.* Ecclesia (M), 1942, 93, 14-6; 94, 13-4.

Viñas Mey, C., *La obra social de la Iglesia.* Ecclesia (M), 1948, 339, 9-10.

Arbeloa, V. M., *Intentos de separación de la Iglesia y el Estado en España.* SV, 1972, 19, 294-332.

Bartlett, C. J., *The question of religious toleration in Spain in the nineteenth century.* Journal of Ecclesiastical History (Londres), 1957, 8, 205-16.

Cuenca Toribio, J. M., *Iglesia y Estado en la España contemporánea (1789-1914).* IC, 1970, 10, 405-55.

F[raile] Miguélez, M., *Jansenismo y regalismo en España.* Valladolid, 1895, viii+482.

Fuenmayor Champín, A., *Estado y Religión. El artículo 6.º del Fuero de los españoles.* REPol, 1967, 152, 99-120.

García Martín, C., *Ambiente político-religioso en los siglos XVIII y XIX.* REDC, 1961, 16, 617-28.

Garrán Moso, J., *Apuntes histórico-críticos sobre las regalías de la Corona.* M, 1923, 212.

Guerrero, E., y J. Alonso, *Libertad religiosa en España. Principios. Hechos. Problemas.* M, 1962, xvi+253.

Hughey, jr., J. D., *Religious freedom in Spain. Its ebb and flow.* Nashville, 1955, vii+211.

López Martínez, A., *La Iglesia desde el Estado...* M, 1972, 166.

López Peláez, A., *Por la Iglesia española. Discursos parlamentarios.* M, 1913, 512.

López Peláez, A., *El derecho español en sus relaciones con la Iglesia.* M, 1967[4], 537.

Martín Martínez, I., *...Un índice de las prácticas regalistas desde los tiempos visigóticos hasta Felipe V.* REDC, 1951, 6, 1119-268.

Martín Carramolino, J., *Regalías de la Corona.* M, 1868, 51.

Perlado, P. A., *La libertad religiosa en las Constituyentes del 69.* Pamplona, 1970, 426.

Revuelta González, M., *Política religiosa de los liberales en el siglo XIX.* M, 1973, 532.

Rivera Recio, J. F., *La cuestión religiosa en las Constituyentes de 1931.* Arbor, 1965, 60, 5-37.

Tapia, F. J., *Las relaciones Iglesia-Estado durante el primer experimento liberal en España (1820-1823).* REPol, 1970, 173, 69-86.

Ziegler, A. K., *Church and State in Visigothic Spain.* Washington, 1930, 131.

→ 6.39.2, Vincke; 6.78.2, Rodríguez; 7.34, Ybot; 7.37, 8.07, 8.09, 9.45, Lasala; 9.55-7.

83 INQUISICION

Llorca Vives, B., *Boletín literario* [bibliográfico] *acerca de la Inquisición española.* HS, 1948, 1, 244-50.

Junco, A., *Inquisición sobre la Inquisición.* México, 1973[4], 140.
Kamen, H., *La Inquisición española.* M, 1973, 344.
Lea, H. Ch., *A history of the Inquisition of Spain.* Nueva York, 1906-7, 4 v.
Llorca Vives, B., *La Inquisición en España.* B, 1954[3], 319 + láms.
Navarro Yébenes, R., *Reseña histórica de la Inquisición en España.* M, 1931, 598.
Ortí Lara, J. M., *La Inquisición.* B, 1932, 396.
Palacio Atard, V., *Razón de la Inquisición.* M, 1954, 54.
Pinta Llorente, M., *La Inquisición española.* M, 1948, 453.
Turbeville, A. S., *La Inquisición española.* México, 1960[4], 153.

López Martínez, N., *Tradición e Inquisición española (segunda mitad del siglo XVI).* Burgense, 1962, 3, 177-213.
Pinta Llorente, M., *Las cárceles inquisitoriales españolas.* M, 1949, 243.
Pinta Llorente, M., *En torno a la Inquisición aragonesa. Religión y política.* REPol, 1952, 12, 85-110.
Pinta Llorente, M., *La Inquisición española y los problemas de la cultura y de la intolerancia.* M, 1953-8, 2 v.

→ 6.43, 7.37, 8.85, Hera; 20.27.

85 CONFESIONES NO CATOLICAS. MOVIMIENTOS DESIDENTES

Alonso, J. M., *En torno al protestantismo español. Problemas críticos.* LCD, 1961, 174, 483-522, 668-92.
Desde el siglo XVI hasta el presente.
Menéndez Pelayo, M., *Historia de los heterodoxos españoles.* M, 1880-2, 3 v.

Amann, E., *L'adoptionisme espagnol du VIIIe. siècle.* Revue des Sciences Religieuses (París), 1936, 16, 281-317.
Andrés Martín, M., *Adversarios españoles de Lutero en 1521.* RET, 1959, 19, 175-85.
Apollis, E., *Les jansenistes espagnols.* Burdeos, 1966, 268.
Asensio Barbarín, E., *El erasmismo y las corrientes espirituales afines.* RFE, 1952, 36, 31-99.
Bataillon, M., *Erasmo y España.* México, 1966[2], 2 v.
Beltrán de Heredia, V., *Los alumbrados de la diócesis de Jaén.* RET, 1949, 9, 161-222, 445-88.
Debougnie, P., *L'inquietante mystique de Molinos.* Études carmelitaines (París), 1952, 31, 152-69.
Défourneaux, M., *Jansenisme et regalisme dans l'Espagne du XVIII siècle.* Caravelle (Toulouse), 1968, 11, 163-79.
Ellacuría Beascoechea, J., *Reacción española contra las ideas de Molinos. Procesos de la Inquisición y refutación de los teólogos.* Bilbao, 1956, 427.

8 Feliú, R. V., *Lutero en España y América española...* Santander, 1956, xxiii+809.

Hera Pérez, A., *Pluralismo y libertad religiosa.* Sevilla, 1971, 246. Religiones no católicas en 1812-1967.

Huerga, A., *Predicadores, alumbrados e Inquisición en el siglo XVI.* M, 1973, 100.

Llorca Vives, B., *Los alumbrados españoles en los siglos XVI y XVII.* RyF, 1934, 105, 323-42.

Madoz Moleres, J., *Arrianismo y priscilianismo en Galicia.* Bracara Augusta (Braga), 1957, 8, 68-87.

Márquez, A., *Origen y naturaleza del Iluminismo en Castilla (1523-1529).* Salmanticensis, 1969, 16, 339-62.

Márquez, A., *Los alumbrados.* M, 1972, 302.

Otero, H. S., *En torno a los alumbrados del Reino de Toledo.* Salmanticensis, 1955, 2, 614-54.

Pérez Goyena, A., *Jansenio en España.* RyF, 1920, 56, 172-88.

Pérez Goyena, A., *Jansenio en las Universidades de España.* RyF, 1920, 57, 181-97.

Pérez Goyena, A., *Consecuencias de la venida de Jansenio a España.* RyF, 1920, 57, 318-33.

Pou Martí, J. M., *Visionarios, beguinos y fraticelos catalanes. Siglos XIII-XV.* Vich, 1930, 534.

Redondo, A., *Luther et l'Espagne de 1520 à 1536.* MCV, 1965, 1, 109-65.

Sáinz Rodríguez, P., *Estado actual de la cuestión priscilianista.* AEM, 1964, 1, 653-7.

Santa Teresa, D., *Juan de Valdés (1498?-1541). Su pensamiento religioso y las corrientes espirituales de su tiempo.* Roma, 1957, 48+423.

Secret, F., *Les débuts du kabbalisme chrétien en Espagne et son histoire à la Renaissance.* Sefarad, 1957, 17, 36-48.

Stegmüller, F., *Geschichte des Molinismus.* Münster, 1935, I, xii+80+789.

Tellechea Idígoras, I., *La reacción española ante el luteranismo.* Arbor, 1971, 79, 5-19.

Tomsich, M. G., *El jansenismo en España. Estudio sobre ideas religiosas en la segunda mitad del siglo XVIII.* M, 1972, 207.

Van der Grijp, R. M. K., *Geschichte des spanischen Protestantismus im 19. Jahrhundert.* Wageningen, 1971, 593.

Ventura Subirats, J., *El catarismo en Cataluña.* BRABarcelona, 1960, 28, 75-168.

Ventura Subirats, J., *La valdesía de Cataluña.* BRABarcelona, 1962, 29, 275-317.

Ventura Subirats, J., *Els heretges catalans.* B, 1963, 248.

→ 8.04, Abadal; 8.80, Fraile; 10.94.

9

INSTITUCIONES. DERECHO

9

INSTITUCIONES. DERECHO

00 ESTUDIOS GENERALES

Gibert Sánchez, R., *Introducción bibliográfica a la historia del derecho y etnología jurídica. España.* Bruselas, 1965, 92.

Beneyto Pérez, J., *Instituciones de Derecho histórico español.* B, 1930-1, 3 v.

Beneyto Pérez, J., *Manual de Historia del Derecho español.* Zaragoza, 1948, 339.

García Gallo, A., *Curso de Historia del Derecho español.* M, 1956[6], 2 v.

García Gallo, A., *Manual de Historia del Derecho español.* M, 1973[5], 236.

Gibert Sánchez, R., *Historia general del Derecho español.* M, 1971, xxiii+549.

Lalinde Abadía, J., *Iniciación histórica al Derecho español.* B, 1970, xix+909.

Minguijón, S., *Historia del Derecho español.* B, 1927, 2 v.

Pérez Prendes, J. M., *Historia del Derecho español. Parte general.* M, 1973, xiv+726.

Sánchez Sánchez, G., *Curso de Historia del Derecho español...* Valladolid, 1972[10], 198.

Torres López, M., *Lecciones de Historia del Derecho español.* Salamanca, 1935-6[2], 2 v.

01 ESTUDIOS PARTICULARES

Desdevises du Dezert, G., *Les institutions de l'Espagne au XVIIIe. siècle.* Nueva York, 1927, 556.
También, RH, 1927, 70, 1-556.

Dou Bassols, R. L., *Instituciones de Derecho público general de España...* M, 1800-4, 9 v.

Estado Español, *El nuevo _____. 25 años de Movimiento Nacional, 1936-1961.* M, 1961, 802.
Miscelánea, por numerosos autores, sobre Administración, Ordenamiento jurídico, Política social, Cultura, etc.

9 García de Valdeavellano, L., *Curso de historia de las instituciones españolas. De los orígenes al final de la edad media.* M, 1973^{3}, 780.

02 PREHISTORIA. EDAD ANTIGUA

→ 6.10-28.

03 EDAD MEDIA

Font Rius, J. M., *Instituciones medievales españolas. La organización política, económica y social de los Reinos cristianos de la Reconquista.* M, 1949, 159.

García Gallo, A., *Las instituciones sociales en España en la alta edad media (siglos VIII-XII).* Política Social (M), 1945, 1, 7-53; 2, 7-44.

Mayer, E., *Historia de las instituciones sociales y políticas de España y Portugal durante los siglos V al XIV.* M, 1925-6, 2 v.

García Gallo, A., *El carácter germánico de la épica y del derecho en la edad media española.* AHDE, 1955, 25, 583-679.

Gibert Sánchez, R., *Romanismo y germanismo en la historia del derecho español.* NT, 1959, 6, 430-5.

Isola, D. L., *Las instituciones en la obra de Don Juan Manuel.* CHE, 1954, 22, 70-145.

Martínez Díez, G., *Las instituciones del Reino astur a través de los diplomas.* AHDE, 1965, 35, 59-167.

Merêa, P., *Estudos de Direito Hispanico medieval.* Coimbra, 1952-3, 2 v.

Orlandis Rovira, J., *Huellas visigóticas en el Derecho de la alta edad media.* AHDE, 1944, 15, 644-58.
También, cambiado el título, en su *El poder real...* Roma, 1962, 125-36.

Pérez Prendes, J. M., ... *Notas sobre el concepto y fijación del Derecho español de los siglos V al XIII.* RUM, 1963, 13, 367-418.

Puyol Alonso, J., *Orígenes del Reino de León y de sus instituciones políticas.* M, 1926, 552.

Sánchez Sánchez, G., *Para la historia del antiguo derecho territorial castellano.* AHDE, 1929, 6, 260-328.

Sánchez Albornoz, C., *Tradición y derecho visigodo en León y Castilla.* CHE, 1959, 20, 244-65.

Sánchez Albornoz, C., *Estudios sobre las instituciones medievales españolas.* México, 1965, 828.
Miscelánea de estudios ya publicados.

Sánchez Albornoz, C., *Investigaciones y documentos sobre las instituciones hispanas.* Santiago de Chile, 1970, xvi+559.

→ 10.03.

04 VISIGODOS

Gibert Sánchez, R., *Apéndice bibliográfico sobre instituciones y derecho de la España visigótica (1940-1956),* en HE, 1963^{2}, III, 343-54.

Prieto Bances, R., *Fuentes del derecho visigodo,* en HE, 1963², III, 267-80.

King, P. D., *Law and society in the visigothic kingdom.* Cambridge, 1972, xi+318.

Pérez Pujol, E., *Historia de las instituciones sociales de la España goda.* Valencia, 1896, 4 v.

Torres López, M., y otros, *Instituciones económicas, sociales y político-administrativas de la Península hispánica durante los siglos V, VI y VII,* en HE, 1963², III, 141-354.

Zeumer, K., *Historia de la legislación visigoda.* B, 1944, 345.

García Gallo, A., *Nacionalidad y territorialidad del derecho en la época visigoda,* AHDE, 1941, 13, 168-264.

Gibert Sánchez, R., *El reino visigótico y el particularismo español.* Estudios visigóticos (Roma), 1956, 1, 15-47.

Ors Pérez, A., *La territorialidad del derecho de los visigodos.* Estudios visigóticos (Roma), 1956, 1, 91-124.

Ors Pérez, A., *El Código de Eurico. Edición. Palingenesia. Indices.* Roma, 1960, x+318.

Sánchez Albornoz, C., *Pervivencia y crisis de la tradición jurídica romana en la España goda,* en *Settimane di Studio...* Spoleto, 1962, 128-99.

Sánchez Albornoz, C., *Estudios visigodos.* Roma, 1971, 386.

Torres López, M., *El Estado visigótico. Algunos datos sobre su formación y principios fundamentales.* AHDE, 1926, 3, 307-475.

→ 6.33, 8.45, 8.80, Ziegler.

05 ARABES

Lévi-Provençal, E., *Étude sur le siècle du Califat de Cordoue: institutions, vie sociale, religieuse et culturelle.* BRAH, 1950, 127, 687-98.

López Ortiz, J., *Derecho musulmán.* B, 1932, 239.

Antuña, M., *La jura en el Califato de Córdoba.* AHDE, 1929, 6, 108-44.

Casciaro Ramírez, J. M., *El visirato en el reino nazarí de Granada.* AHDE, 1947, 18, 233-58.

López Ortiz, J., *El tribunal de la fe de los Omeyas cordobeses.* Religión y Cultura (M), 1933, 6, 35-59.

López Ortiz, J., *La curia hispano-musulmana.* Religión y Cultura (M), 1929, 2, 66-81.

López Ortiz, J., *La recepción de la escuela malequí en España.* AHDE, 1930, 7, 1-167.

López Ortiz, J., *La jurisprudencia y el estilo de los tribunales musulmanes en España.* AHDE, 1932, 9, 213-48.

López Ortiz, J., *Fatwas granadinas de los siglos XIV y XV.* Al-Andalus, 1941, 6, 73-127.

→ 9.24, 9.27.

9

10 EL ESTADO. PODERES PUBLICOS. POLITICA

Bardavío, J., *La estructura del poder en España. Sociología política de un país.* M, 1969, 326.

Corona Baratech, C., *La doctrina del poder absoluto en España en la crisis del XVIII al XIX.* Oviedo, 1962, 46.

Christiansen, E., *The origins of military power in Spain, 1800-1854.* Londres, 1967 xiii+193.

Danvila, M., *El poder civil en España.* M, 1885-6, 6 v.

Escobar Kirkpatrick, J. I., *El Jefe del Estado en la Ley Orgánica.* REPol, 1967, 152, 35-55.

Fraga Iribarne, M., *Así se gobierna España.* M, 1949, 118.

Giménez Soler, A., *Del absolutismo a la Constitución. Estudio de la evolución de las ideas políticas desde la edad media a la Constitución de 1812.* Universidad, 1929, 6, 875-956; 1930, 7, 3-26.

Herr, R., *La inestabilidad política de la España moderna.* RO, 1972, 107, 287-312.

Jover Zamora, J. M., *Sociedad y Estado en tiempo del Estatutó Real.* RIS, 1969, 108, 45-71.

Lalinde Abadía, J., *Los medios personales de gestión del poder público en la historia española.* M, 1970, 221.

Marín Pérez, P., *El caudillaje español. Ensayo de constitución histórico-jurídica.* M, 1960, 221.

Payne, S. G., *Politics and the Military in modern Spain.* Stanford, 1967, xiii+574.

Rico Amat, J., *Historia política y parlamentaria de España desde los tiempos primitivos hasta nuestros días.* M, 1860, 3 v.

Sánchez Agesta, L., *Sentido sociológico y político del siglo XIX.* REPol, 1954, 75, 23-43.

Sánchez Bella, I., *Génesis del Estado moderno en España.* Pamplona, 1956, 57.

Xifra Heras, J., *Instituciones y sistemas políticos. La estructura constitucional de España.* B, 1961, 271.

Zafra Valverde, J., *Régimen político de España.* Pamplona, 1973, 596.

→ 7.58, 9.38, 10.03, 10.80-2.

12 CONSTITUCIONES Y LEYES FUNDAMENTALES

Garrido Falla, F., y otros, *Leyes políticas de España.* M, 1969, 1991. *Leyes Fundamentales.* M, 1972[8], 424.

Sáinz de Varanda, R., *Colección de leyes fundamentales.* Zaragoza, 1957, 783.

Sevilla Andrés, D., *Constituciones y otras leyes y principios políticos de España.* M, 1969, 2 v.

Cuenca Toribio, J. M., *El constitucionalismo en España.* Atlántida, 1969, 7, 659-65.

Farias García, P., *Breve historia constitucional de España...* Murcia, 1969, 103.

Sánchez Agesta, L., *Historia del constitucionalismo español.* M, 1955[2], 484.

Sevilla Andrés, D., *Historia constitucional de España (1800-1936).* Valencia, 1966, 446.

Bécker, J., *La reforma constitucional en España... Las Constituciones españolas.* M, 1923, 338.

Candela Martínez, J., *El Fuero de los españoles.* ADPub, 1954, 7, 33-75.

Candela Martínez, J., *El orden de leyes fundamentales en España desde la perspectiva de la Ley de Sucesión.* REPol, 1953, 69, 41-101.

Cánovas Cervantes, S., *Las Cortes de Cádiz. Constitución de 1812.* M, 1930, 126.

Carro Martínez, A., *La Constitución española de 1869.* M, 1952, x+386.

Fernández Almagro, M., *Orígenes del régimen constitucional en España.* B, 1928, 195.

Fernández Carvajal, R., *La Constitución española* [actual]. M, 1969^{2}, xv+182.

Ferrando, J., *La Constitución española de 1812 en los comienzos del «Resorgimento».* Roma, 1959, xvi+152.

Labra, R. M., *La Constitución de Cádiz de 1812.* M, 1907, lxxx+271.

Sánchez Agesta, L., *Los principios del constitucionalismo español. Soberanía nacional y constitución interna.* ADPub, 1954, 7, 13-32.

Sanz Cid, C., *La Constitución de Bayona...* M, 1922, 504.

Sevilla Andrés, D., *El poder constituyente en España de 1800 a 1868.* RInstCiencias Sociales (B), 1964, 4, 149-69.

Suárez Verdeguer, F., *La Pragmática Sanción de 1830.* Simancas, 1950, 1, 187-253.

Tomás Villarroya, J., *La redacción y publicación del Estatuto Real.* REPol, 1966, 145, 47-77.

Tomás Villarroya, J., *El sistema político del Estatuto Real (1834-1836).* M, 1968, 644.

→ 9.10, Jover.

14 MONARQUIA

Ferrari Billoch, F., *Historia de los Reyes de España.* M, 1961, 4 v. Ataúlfo-Alfonso XIII.

Gibert Sánchez, R., *La sucesión al trono en la Monarquía española.* RSJB, 1969, 22, 447-546.

Juseu, J., *Monarquía a la española. Un César con fueros.* M, 1971, 119.

Larios Martín, J., *Dinastías reales de España.* M, 1963, 42.

San Juan de Piedras Albas, Marqués de, *Apuntes biográficos de los Reyes castellanos.* M, 1965, 406.

15 EDADES ANTIGUA Y MEDIA

Abadal de Vinyals, R., *La monarquia en el Regne de Toledo.* HVV, I, 191-200.

También, en su *Dels visigots...* B, 1969, 57-67.

9 Caro Baroja, J., *La realeza y los reyes en la España antigua.* Cuadernos de la Fundación Pastor (M), 1971, 17, 51-159.

García Gallo, A., *El derecho de sucesión del trono en la Corona de Aragón.* AHDE, 1966, 36, 5-187.

Giesey, R. E., *Nuevos puntos de vista sobre el juramento «Nos que valemos tanto como vos».* BRAH, 1967, 160, 209-21.

Gimeno Casalduero, J., *La imagen del monarca en la Castilla del siglo XIV.* M, 1972, 237.

Grassotti, H., *La ira regia en León y Castilla.* CHE, 1967, 42, 5-135.

Iglesia Ferreiros, A., *Notas en torno a la sucesión al trono en el reino visigodo.* AHDE, 1970, 40, 653-82.

Maravall Casesnoves, J. A., *Sobre el concepto de monarquía en la edad media española.* EDMP, V, 401-17.

Marongiu, A., *Un momento típico en la monarquía medieval: el Rey juez.* AHDE, 1953, 23, 677-715.

Mateu Llopis, F., *Rex Aragonum. Notas sobre la intitulación real diplomática en la Corona de Aragón.* GAKS, 1954, 9, 117-43.

Orlandis Rovira, J., *En torno a la noción visigoda de tiranía.* AHDE, 1959, 29, 5-43.
También en su *El poder real...* Roma, 1962, 13-42.

Orlandis Rovira, J., *Algunas observaciones en torno a la «tiranía» de San Hermenegildo.* Temis (Zaragoza) ,1957, 2, 67-75.
También en su *El poder real...* Roma, 1962, 3-12.

Orlandis Rovira, J., *El poder real y la sucesión al trono en la monarquía visigoda.* Roma, 1962, 145.

Peirce, H. J., *Aspectos de la personalidad del Rey español en la literatura hispano-arábiga.* Northampton, 1929, cliv+143.

Sánchez Albornoz, C., *La sucesión al trono en los Reinos de León y Castilla.* BAAL, 1945, 14, 35-124.
También en su *Estudios sobre las instituciones...* México, 1965, 639-704.

Schramm, P. E., *Das Kastilische Königtum und Kaisertum während der Reconquista (XI Jahrhundert bis 1252), en Festschrift... G. Ritter.* Tubinga, 1949, 87-139.

Schramm, P. E., *Der König von Navarra (1035-1215).* Zeitschrift... für Rechtgeschichte (Weimar), 1951, 68, 110-210.

Schramm, P. E., *Der König von Aragón... (1276-1410).* Historisches Jahrbuch (Munich), 1955, 74, 99-123.

Suárez Fernández, L., *Nobleza y monarquía. Puntos de vista sobre la historia castellana del siglo XV.* Valladolid, 1959, 173.

16 EDADES MODERNA Y CONTEMPORANEA. LEGITIMIDAD DINASTICA

Ferrer, M., *Breve historia del legitimismo español.* M, 1958, 139.

Ranke, L., *La monarquía española de los siglos XVI y XVII.* México, 1946, 409.

Sencourt, R., *Spain's uncertain Crown. The story of the spanish Sovereigns, 1803-1931.* Londres, 1932, xiv+400.

Aparisi Guijarro, A., *El Rey de España.* M, 1869, 72.

Burgo Torres, J., *La sucesión de Carlos II... Un cambio fundamental en la sucesión de la Monarquía española.* Pamplona, 1967, 124. 9

Cora Lira, J., *El futuro caudillo de la Tradición española. Estudio jurídico, histórico y político.* M, 1932, 61.

Díez del Corral, L., *Campanella y la Monarquía hispánica.* RO, 1967, 5, 159-80, 313-55.

Dowling, J. C., *El pensamiento político-filosófico de Saavedra Fajardo. Posturas del siglo XVII ante la decadencia y conservación de Monarquías.* Murcia, 1957, 301.

Elías de Tejada, F., *La monarquía tradicional.* M, 1954, 182.

Fernández del Pino, F., *Leyes de sucesión de la Corona de España.* M, 1840.

Green, O. H., *La dignidad real en la literatura del Siglo de Oro...* RFE, 1965, 48, 231-50.

Jover Zamora, J. M., *Sobre lo castellano en la Monarquía española de los siglos XVI y XVII.* Santa Cruz (Valladolid), 1954, 11, 22-5.

Lizarda Inda, F. J., *Sucesión legítima a la Corona de España.* Pamplona, 1951[2], 112.

Melgar Trampus, F., *El noble final de una escisión dinástica.* M, 1964, 218.

Montoliu Sarriera, P. M., *¿D. Alfonso o D. Carlos? Estudio histórico-legal acerca del derecho de sucesión a la Corona de España.* B, 1876, 410.

Oyarzun, R., *Pretendientes al Trono de España. La cuestión dinástica a la luz de la historia.* B, 1965 ,125.

Pabón Suárez, J., *La otra legitimidad.* M, 1965, 280 + láms.

Rodríguez Casado, V., *De la Monarquía española del Barroco.* Sevilla, 1955, 179.

→ 6.85.2.

17 EL REY. LAS PERSONAS REALES

Aguilar, F., *Origen castellano del prognatismo en las dinastías que reinaron en Europa.* M, 1933, 190.

Alvarez Cervela, J. M., *Signos y firmas reales. Con extractos biográficos de los monarcas españoles, del siglo VIII al siglo XX.* Santiago, 1957, 397.

Bécker, J., *Las bodas reales en España.* M, 1900, 376.

Cadenas Vicent, V., *Títulos usados por personas reales.* Hidalguía, 1964, 12, 621-4.

Comenge, L., *Clínica egregia. Apuntes históricos.* B, 1895, xxi+613.

Cortés Echanove, L., *Nacimiento y crianza de personas reales en la Corte de España, 1566-1888.* M, 1958, 355 + láms.

Fabié, A. M., *El Principado de Asturias. Estudio histórico legal.* M, 1880, 104.

Fernández Duro, C., *Viajes regios por mar en el transcurso de quinientos años.* M, 1893, 390.

García Villada, Z., *La religiosidad de los monarcas españoles en los diplomas medievales.* RyF, 1918, 52, 474-89.

9 Longás Bartibás, P., *La coronación litúrgica del Rey en la edad media.* AHDE, 1953, 23, 371-81.

López Ferreiro, A., *Confesores de la familia real de Castilla.* AIA, 1929, 31, 5-75.

Oneca, N., y J. Quilis, *Bodas regias y festejos desde los Reyes Católicos hasta Alfonso XIII...* M, 1906, 175.

Orlandis Rovira, J., *La reina en la monarquía visigoda.* AHDE, 1958, 28, 109-35.
También en su *El poder real...* Roma, 1962, 103-23.

Pineda Ceballos, A., *Casamientos regios de la Casa de Borbón en España (1701-1879).* M, 1881, xi+588.

Rico Avello, C., *Breve evocación sobre mortalidad egregia.* AIHM, 1957, 9, 465-71.

Ruiz Moreno, A., *Enfermedades y muertes de los Reyes de Asturias, León y Castilla.* CHE, 1946, 6, 100-30.

Sánchez Albornoz, C., *Un ceremonial inédito de coronación de los Reyes de Castilla.* Logos (Buenos Aires), 1943, 2, 75-97.
También en su *Estudios sobre las instituciones...* México, 1965, 739-63.

Sánchez Albornoz, C., *La «Ordinatio Principis» en la España visigoda y postvisigoda.* CHE, 1962, 36, 5-36.

Sánchez Cantón, F. J., y J. M. Pita Andrade, *Los retratos de los Reyes de España.* M, 1948, 414 + láms.

Tormo Monzó, E., *Las primogenituras de la Casa Real de España.* BRAH, 1922, 80, 204-19, 316-28.

Tormo Monzó, E., *Las preeminencias de la Casa Real Española.* BRAH, 1924, 84, 312-31.

Tormo Monzó, E., y F. J. Sánchez Cantón, *Las viejas series icónicas de los Reyes de España.* M, 1917, 297.

Vida, F., *El Principado de Asturias...* M, 1880, 312.

→ 8.23, Martín; 8.53, **Dominicos**; 9.96, Salcedo; 10.35, 21.16, Pérez de Guzmán.

18 LA CORONA. LA CORTE

Alamo, N., *Lutos reales.* RHist, 1951, 17, 293-311.

Arco Garay, R., *Sepulcros de la Casa Real de Aragón.* M, 1945, 702 + láms.

Arco Garay, R., *Sepulcros de la Casa Real de Castilla.* M, 1954, 450 + láms.

Bermúdez de Pedraza, F., *El secretario del Rey. Sus preeminencias...* M, 1620, 86.

Bottineau, Y., *L'Alcázar de Madrid et l'inventaire de 1686. Aspects de la Cour d'Espagne au XVIIe. siècle.* BH, 1956, 58, 421-52; 1958, 60, 30-61, 145-79, 289-326, 450-83.

Bottineau, Y., *Aspects de la cour d'Espagne au XVIIe. siècle: l'étiquette de la chambre du Roi.* BH, 1972, 74, 138-57.

Carreras Candi, F., *Ordenanzas para la Casa y Corte de los Reyes de Aragón. Siglos XIII y XIV.* Cultura española (Zaragoza), 1906, 2, 327-38.

Caruana Gómez, J., *Los mayordomos de Aragón en los siglos XII y XIII*. RABM, 1956, 62, 349-77. 9

Domínguez Ortiz, A., *Los gastos de Corte en la España del siglo XVII*. HVV, II, 113-24.

Elliot, F. M., *Old Court Life in Spain*. Nueva York, 1914, 2 v.

Gallardo Fernández, F., *Origen, progresos y estado de las rentas de la Corona de España, su gobierno y administración*. M, 1805-8, 7 v.

Montero Alonso, J., *Sucedió en Palacio*. M, 1973, 538.

Moreno Villa, J., *Locos, enanos, negros y niños palaciegos... en la Corte española desde 1563 a 1700. Estudio y catálogo*. Méjico, 1939, 157.

Pérez Bustamante, C., *La Corte española del siglo XVI a través de las relaciones de los embajadores venecianos*, en *Conferencias de la Escuela Diplomática*. M, 1944-5, 295-326.

Pérez Llamazares, J., *Panteones reales leoneses*. Hidalguía, 1953, 1, 341-56.

Rodríguez Villa, A., *Etiquetas de la Casa de Austria*. M, 1913, 248.

Schramm, P. E., *Las insignias de la realeza en la edad media española*. M, 1960, 134 + láms.
Corona, cetro, sello, bandera, etc.

Tomás Valiente, F., *Los validos en la Monarquía española del siglo XVII. Estudio institucional*. M, 1963, ix+216.

Válgoma Díaz, D., *Norma y ceremonia de las Reinas de la Casa de Austria*. M, 1958, 167.

Varey, J. E., *La mayordomía mayor y los festejos palaciegos del siglo XVII*. AIEM, 1969, 4, 145-68.

→ 3.38, 8.80, Garrán, Martín; 10.65, Lizarraga; 18.69, Miró; 19.40.

19 CONSEJOS REALES

Arregui Lucía, L. F., *La Curia y las Cortes en Aragón*. Argensola, 1953, 4, 1-37.

Guglielmi, N., *La Curia regia en León y Castilla*. CHE, 1955, 24, 116-267; 1958, 28, 43-101.

Laguna Mallén, F., *Sobre el origen y composición de la Curia regia navarra*. JZ, 1953, 5, 114-20.

Sánchez Albornoz, C., *El Aula Regia y las asambleas políticas de los godos*. CHE, 1946, 5, 5-110.

Sánchez Albornoz, C., *¿Burgueses en la Curia Regia de Fernando II de León?* RPH, 1969, 12, 6-39.

Torreánaz, Conde de, *Los Consejos del Rey durante la Edad Media. Su formación, autoridad...* M, 1884-90, 2 v.

20 ADMINISTRACION PUBLICA. DERECHO ADMINISTRATIVO

Abella Blave, F., *Tratado de Derecho administrativo español*. M, 1886-8, 3 v.

Alvarez Gendín, S., *Manual de Derecho administrativo español*. B, 1954-8, 2 v.

9 Beneyto Pérez, J., *Historia de la Administración española e hispanoamericana.* M, 1959, xiv+632.

Cos Gayón, F., *Historia de la administración pública en España en sus diferentes ramos.* M, 1851, 361.

Freixa Clariana, F., *El derecho administrativo vigente en España.* B, 1870, 3 v.

García de Enterría, E., *La administración española.* M, 1972, 165.

Guaita Martorell, A., *Derecho administrativo especial* [español]. Zaragoza, 1960-6, 4 v.

Medina Brusa, L., y otros, *Leyes administrativas de España.* M, 1957-8, 2 v.

Oliván Borruel, A., *De la administración pública con relación a España.* M, 1843, 203.

Organización de la Administración del Estado. M, 1972, 652. Legislación actual.

Garrido Falla, F., *Les caractères spécifiques du Droit administratif espagnol.* Revue Internationale des Sciences Administratives (Bruselas), 1956, 22, 13-29.

Hernández Sampelayo, J. M., *Panorama actual de la reforma administrativa.* DA, 1965, 93, 9-22.

López Rodó, L., *El Patrimonio Nacional.* M, 1954, 283.

López Rodó, L., *La reforma administrativa en España.* DA, 1958, 1, 5-14.

Martín Retortillo, S., y otros, *Descentralización administrativa y organización política.* M, 1973, 3 v. Pasado y presente.

21 ADMINISTRACION CENTRAL. PODER EJECUTIVO

Alvarez Gendín, S., *Contribución al estudio de la Administración estatal española en los siglos XVI y XVII.* BolUniversidad de Oviedo, 1948, 9.

Bernard, M. G., *Liste des secrétaires d'État espagnols de l'avénement des Bourbons jusqu'en 1808.* RABM, 1956, 62, 387-94.

Botella Fuster, E., *El Ministerio de Agricultura: su organización...* REAS, 1963, 44, 119-49.

Escudero López, J. A., *Los secretarios de Estado y del Despacho (1474-1724).* M, 1969, 4 v.

Escudero López, J. A., *Origen de la Administración central borbónica,* en *Actas del I Symposium de Historia de la Administración.* M, 1970, 297-304.

Escudero López, J. A., *La creación de la Presidencia del Consejo de Ministros.* AHDE, 1972, 42, 757-67.

Fernández Espeso, C., y J. Martínez Cardós, *Primera Secretaría de Estado. Ministerio de Estado. Disposiciones orgánicas (1705-1936).* M, 1972, 755.

Guaita Martorell, A., *La Administración exterior española,* en *Studi... G. Zanobini.* Milán, 1965, II, 105-21.

Guaita Martorell, A., *El Ministerio de Educación y Ciencia.* DA, 1967, 117, 11-33.

Guaita Martorell, A., *El Consejo de Ministros.* M, 1967[2], 115. 9

Ministros, *Los _____ en España desde 1800 a 1869...* M, 1869-70, 3 v.

Morena de la Morena, L., *Las subsecretarías en el derecho español...* DA, 1966, 102, 41-67.

Muñoz de Arracó, J. M., *Una visión de la Administración Central española en el siglo XVIII.* RFacultad de Derecho (M), 1959, 6, 323-48.

Suárez Verdeguer, F., *La creación del Ministerio del Interior en España.* AHDE, 1949, 19, 15-56.

Walser, F., *Die spanischen Zentralbehörden und der Staatrat Karl V....* Göttingen, 1959, xxxv+291.

Yalí Román, A., *Origen y evolución de la Secretaría de Estado y de la Secretaría del Despacho.* Jahrbuch für Geschichte von Staat... (Colonia), 1969, 6, 41-142.

22 GRANDES CONSEJOS Y JUNTAS

Barriobero Armas, J., *Los Consejos de Estado del pasado al presente.* BRAH, 1927, 90, 66-91.

Bernard, G., *Le secrétariat d'État et le Conseil espagnol des Indes (1700-1808).* Ginebra, 1972, viii+296.

Cordero Torres, J. M., *El Consejo de Estado. Su trayectoria y perspectivas en España.* M, 1944, 602.

Espejo, C., *Enumeración y atribuciones de algunas Juntas de la Administración española desde el siglo XVI hasta el año 1800.* RBAM, 1931, 8, 325-62.

Gibert Sánchez, R., *El Consejo del Reino.* M, 1961, 42.
Desde 1947, con antecedentes.

Gibert Sánchez, R., *El antiguo Consejo de Castilla.* M, 1964, 47.

Lalinde Abadía, J., *El Vicecanciller y la presidencia del Consejo Supremo de Aragón.* AHDE, 1960, 30, 175-248.

Martínez Esteruelas, C., *Las funciones del Consejo del Reino.* REPol, 1967, 152, 251-66.

Royo Villanova, S., *El Consejo de Estado en España.* Estudios jurídicos (M), 1941, 1, 133-58.

Schaefer, E., *El Consejo Real y Supremo de Indias. Su historia, organización y labor administrativa hasta la terminación de la Casa de Austria.* Sevilla, 1935-47, 2 v.

→ 6.82.1, Desdevises; 9.32, Fuente.

23 BUROCRACIA. FUNCIONARIOS

Guaita Martorell, A., *Bibliografía española sobre funcionarios públicos.* RAP, 1962, 39, 575-94.

Beltrán Villalba, M., *Datos para el estudio de los funcionarios públicos en España.* BolCentro de Estudios Sociales (M), 1964, 3, 5-31.
También, DA, 1964, 83, 9-48.

9 Beneyto Pérez, J., *Burocracia y derecho público: la conciencia y los medios del Estado en la España moderna* [Reyes Católicos-Felipe II]. REPol, 1957, 95, 15-38.

García Gallo, C., *El estatuto de los empleados públicos según los Reales Decretos de 1844 y 1852.* AHDE, 1971, 41, 865-97.

Garrido Falla, F., *La nueva legislación sobre funcionarios públicos en España.* Alcalá, 1964, 52.

Gibert Sánchez, R., *El origen clásico del funcionario español,* en *El funcionario en su trayectoria histórica.* M, 1963, 9-17.

Gibert Sánchez, R., *El funcionario español de la época austríaca,* en *Actas del I Symposium de Historia de la Administración.* M, 1970, 257-91.

Gutiérrez Reñón, A., *Estructura de la burocracia española.* REOP, 1966, 3, 23-50.

Informática, *La* _____ *en España.* M, 1973, 246.

Martínez Díez, G., *Los oficiales públicos. De las Partidas a los Reyes Católicos,* en *Actas del II Symposium de Historia de la Administración.* M, 1971, 125-36.

Nieto García, A., *Fuentes legislativas preconstitucionales para la historia de la burocracia en España.* RAP, 1960, 33, 273-303.

Nieto García, A., *La retribución de los funcionarios en España. Historia y actualidad.* M, 1967, 461.

Oliva de Castro, A., *Selección, formación y perfeccionamiento de funcionarios.* DA, 1963, 69, 77-118.

Oliva de Castro, A., y A. Gutiérrez Reñón, *Los cuerpos de funcionarios,* en *Sociología de la Administración...* M, 1968, 87-157.

Perpiñá Rodríguez, A., *Notas sociológicas sobre la burocracia española.* DA, 1959, 15, 5-16.

→ 3.39, 7.38, Parry; 13.40, Oliva.

24 ADMINISTRACION Y GOBIERNO TERRITORIALES

Dóriga Tovar, C., *El cargo de gobernador civil y jefe provincial del Movimiento en el Nuevo Estado español.* REPol, 1967, 156, 195-264.

Fernández Castillo, A., *Las Mancomunidades provinciales,* en *Estudios de derecho administrativo especial canario.* Santa Cruz de Tenerife, 1967, I, 87-101.

Herrero Tejedor, F., *La figura del gobernador civil y jefe provincial del Movimiento.* M, 1962, 62.

Kamen, H., *El establecimiento de los intendentes en la administración española.* Hispania, 1964, 24, 368-95.

Martínez Díaz, A., *Diputación provincial,* en *Nueva Enciclopedia Jurídica.* B, 1955, 7, 510-25.

Pérez de la Canal, M. A., *Notas sobre el régimen legal de los gobernadores civiles (1812-1958).* M, 1964, 164.

Richard, B., *Étude sur les gouverneurs civils en Espagne... 1874-1923...* MCV, 1972, 8, 441-74.

Serra Ruiz, R., *Notas sobre el juicio de residencia en época de los Reyes Católicos.* AEM, 1968, 5, 531-46.

Sinués Ruiz, A., *El merino.* Zaragoza, 1954, 336.
Torne Jiménez, J. C., *Ensayo de una administración regional en España.* Granada, 1972, 230.
Vallina Velarde, V., *La provincia, entidad local en España.* Oviedo, 1964.
Vila Hernández, S., *El nombramiento de los «walíes» de Al-Andalus.* Al-Andalus, 1936, 4, 215-20.

→ 11.06.

25 FEUDALISMO. SEÑORIOS

G[arcía] de Valdeavellano, L., *Las instituciones feudales en España,* en F. L. Ganshof, *El feudalismo.* B, 1963, 229-305, 315-20.
Grassotti, H., *Las instituciones feudo-vasalláticas en León y Castilla.* Spoleto, 1969, 2 v.
Moxó Ortiz, S., *Los señoríos. En torno a una problemática para el estudio del régimen señorial.* Hispania, 1964, 24, 185-236, 399-430.

Alba, Duque de, *Relaciones de la Nobleza con sus pueblos y plan de una codificación de las Ordenanzas...* BRAH, 1927, 91, 259-318.
Domínguez Ortiz, A., *El ocaso del régimen señorial en la España del siglo XVIII.* RIS, 1952, 10, 139-80.
Domínguez Ortiz, A., *Ventas y exenciones de lugares durante el reinado de Felipe IV.* AHDE, 1964, 34, 163-207.
Esteban Fernández, J., *Las behetrías y su libro becerro.* Hidalguía, 1965, 13, 19-32.
Ferrari Núñez, A., *«Beneficium» y behetría.* BRAH, 1966, 159, 11-87, 211-78.
García Ormaechea, R., *Supervivencias feudales en España. Estudio de legislación y jurisprudencia sobre señoríos.* M, 1932, 124.
García de Valdeavellano, L., *El prestimonio... Manifestaciones del feudalismo en los Reinos de León y Castilla durante la edad media.* AHDE, 1955, 25, 5-122.
Grassotti, H., *Apostillas a «El prestimonio» de Valdeavellano... Las concesiones beneficiarias castellano-leonesas.* CHE, 1959, 30, 167-217.
Grassotti, H., *Pro bono et fideli servitio.* CHE, 1961, 34, 5-55.
Guilarte, A. M., *El régimen señorial en el siglo XVI.* M, 1962, 505.
Merêa, P., *Sobre a palavra «atondo». Contribução para a história das instituções feudais na Espanha.* AHDE, 1929, 6, 75-85.
Moxó Ortiz, S., *Feudalismo europeo y feudalismo español.* Hispania, 1964, 24, 123-33.
Moxó Ortiz, S., *La disolución del régimen señorial en España.* M, 1965, 271.
Moxó Ortiz, S., *El señorío, legado medieval.* CHist, 1967, 1, 105-18.
Porro, N. R., *En el ocaso de las behetrías.* CHE, 1967, 46, 396-416.
Ramos Loscertales, J. M., *La devotio ibérica. Los soldurios.* AHDE, 1924, 1, 7-26.
Ramos Loscertales, J. M., *Hospicio y clientela en la España céltica.* Emerita, 1942, 10, 308-37.

9 Sánchez Albornoz, C., *La potestad real y los señoríos en Asturias, León y Castilla. Siglos VIII al XIII.* RABM, 1914, 31, 263-90.
También en su *Estudios sobre las instituciones...* México, 1965, 791-822.

Sánchez Albornoz, C., *Las behetrías. La encomendación en Asturias, León y Castilla.* AHDE, 1924, 1, 158-336.
También en su *Estudios sobre las instituciones...* México, 1965, 9-183.

Sánchez Albornoz, C., *Muchas páginas más sobre las behetrías.* AHDE, 1928, 4, 5-141.
También en su *Estudios sobre las instituciones...* México, 1965, 185-316.

Sánchez Albornoz, C., *En torno a los orígenes del feudalismo.* Mendoza, 1942, 3 v.

Sánchez Albornoz, C., *Un documento de interés para la historia del vasallaje español.* Logos (Buenos Aires), 1942, 2, 53-93.

Sánchez Albornoz, C., *España y el feudalismo carolingio,* en *Settimane di Studio...* Spoleto, 1954, 1, 109-45.
También en su *Estudios sobre las instituciones...* México, 1965, 755-90.

Ubieto Arteta, A., *Homenaje de Aragón a Castilla por el Condado de Navarra.* EEMCA, 1948, 3, 7-28.

Vigil Pascual, M., y A. Barbero, *Algunos aspectos de la feudalización del Reino visigodo en relación a su organización financiera y militar.* MyC, 1970, 112, 71-91.

→ 6.22, Rodríguez; 8.34, Sahagún; 9.63, 9.81, Sánchez Albornoz; 10.58, 12.37, Martínez Gijón; 12.52, 21.45, González.

26 ADMINISTRACION Y GOBIERNO LOCALES

Alvarez de Cienfuegos, I., *Notas para el estudio de la formación de las haciendas municipales,* en *HomR. Carande.* M, 1963, II, 1-19.

Carretero Jiménez, A., *Los concejos comuneros de Castilla y Aragón.* ES, 1956, 8, 215-28.

González Alonso, B., *El corregidor castellano (1348-1808).* M, 1970, 436.

→ 7.38, 10.41.

27 EDAD MEDIA

Carlé, M. C., *Del concejo medieval castellano-leonés.* Buenos Aires, 1968, 295.

Font Rius, J. M., *Les villes dans l'Espagne du moyen-âge. L'histoire de leurs institutions administratives et judiciaires.* RSJB, 1954, 6, 263-95.

Gibert Sánchez, R., *El derecho privado de las ciudades españolas durante la edad media.* RSJB, 1957, 8, 181-220.

Gibert Sánchez, R., *El derecho municipal de León y Castilla.* AHDE, 1960, 31, 695-753.

Sánchez Albornoz, C., *Ruina y extinción del municipio romano en España e instituciones que le reemplazan.* Buenos Aires, 1943, 150. 9

Abdelkrim Aluch, *Organización administrativa de las ciudades en el Islam español.* MEAH, 1961, 10, 37-68.

Bó, A., y M. C. Carlé, *Cuándo empieza a reservarse a los caballeros el gobierno de las ciudades castellanas.* CHE, 1946, 4, 114-24.

Cerdá Ruiz, J., *Hombres buenos, jurados y regidores en los municipios castellanos de la baja edad media,* en *Actas del I Symposium de Historia de la Administración.* M, 1970, 161-206.

Font Ríus, J. M., *Orígenes del régimen municipal de Cataluña.* AHDE, 1945, 16, 389-529; 1946, 17, 229-585.
También, M, 1946, 504.

González Serrano, J., *Los oficios del Concejo en los fueros municipales de León y Castilla.* RCJS, 1921, 4, 538-65; 1922, 5, 82-104, 227-56.

Guglielmi, N., *El «Dominus ville» en Castilla y León.* CHE, 1953, 19, 55-103.

Guglielmi, N., *Los alcaldes reales en los concejos castellanos.* AHAM, 1956, 79-109.

Guglielmi, N., *La figura del juez en el concejo (León y Castilla, siglos XI-XIII),* en *Mélanges... R. Crozet.* Poitiers, 1966, 1003-24.

Hinojosa Naveros, E., *Origen del régimen municipal en León y Castilla,* en su *Estudios sobre la historia del Derecho español.* M, 1903, 5-70.

Lacarra de Miguel, J. M., *Para el estudio del municipio navarro-medieval.* PV, 1941, 2, 50-65.

Márquez Villanueva, F., *Conversos y cargos concejiles en el siglo XV.* RABM, 1957, 63, 503-40.

Procter, E. S., *The towns of León and Castille as suitors before King's Court in the thirteenth century.* The English Historical Review (Edimburgo), 1959, 74, 1-22.

Sánchez Albornoz, C., *El gobierno de las ciudades en España del siglo V al X,* en *Settimane di Studio...* Spoleto, 1958, 359-91.
También en su *Estudios sobre las instituciones...* México, 1965, 615-37.

→ 10.41.

28 SIGLOS XVI-XVIII

Albi, F., *El corregidor en el municipio español bajo la Monarquía absoluta...* M, 1943, 323.

Alvarez Gendín, S., *Contribución al estudio del municipio en el siglo XVIII.* RUO, 1946, 34, 5-20.

Gibert Sánchez, R., *La ciudad castellana bajo los Reyes Católicos.* ADPub, 1952, 5, 84-97.

Guardiola Sáez, L., *El corregidor perfecto...* M, 1796².

Mercader Riba, J., ... *La transformación del municipio catalán bajo Felipe V.* Hispania, 1961, 21, 232-97, 420-65.

9 Santayana Bustillo, L., *Gobierno político de los pueblos de España y el corregidor, alcalde y juez en ellos...* M, 1769^{2}, 353.

→ 6.78.2, Pérez; 7.38, 10.41.

29 SIGLOS XIX-XX

Abella, F., *Libro de los alcaldes, ayuntamientos y secretarios.* M, 1867, 2 v.

Bermejo Gironés, J. I., *La función concejil: acceso y condicionamiento.* Problemas políticos de la vida local (M), 1961, 1, 157-202.

Díez González, F. A., *La comunidad de aldea, con especial referencia a León.* REVL, 1955, 80, 185-214.

[González] Posada, A., *Evolución legislativa del régimen local en España (1812-1909).* M, 1910, xxx+513.

Jordana de Pozas, L., *El alcalde, en el derecho y en la realidad española.* Problemas políticos de la vida local (M), 1967, 7, 317-45.

López Rodó, L., *L'administration locale en Espagne.* Revue Internationale des Sciences Administratives (Bruselas), 1956, 22, 31-46.

Tusell Gómez, J., *La reforma de la administración local en la España del primer tercio del siglo XX.* Alcalá, 1973, 498.

→ 9.26, 10.41, 21.65, Villar.

30 CORTES

Ramos Pérez, D., *Historia de las Cortes tradicionales de España.* Burgos, 1944, 326.

Bofarull Romañá, M., *Las antiguas Cortes. El moderno Parlamento...* M, 1912, 168.

Iglesias Selgas, C., *Las Cortes españolas. Pasado, presente y futuro.* M, 1973, 436.

Pérez Serrano, N., *La Diputación permanente de Cortes en nuestro derecho constitucional histórico.* AHDE, 1932, 9, 290-312.

Serrano Serrano, R., *La representación política de España en las Cortes del antiguo y del nuevo régimen.* M, 1901, 47.

Tapia Ozcáriz, E., *Las Cortes de Castilla, 1188-1833.* M, 1964, xvi+256.

→ 21.46, García Rámila, Valdeón Baruque; 7.38, Lohmann, Pérez.

31 HASTA EL SIGLO XIX

Arco Garay, R., *Cortes aragonesas de los Reyes Católicos.* RABM, 1954, 60, 77-103.

Dualde Serrano, M., *Las Cortes valencianas durante el reinado de Fernando e Isabel.* RABM, 1952, 57, 5-22.

García Cárcer, R., *Las Cortes del reinado de Carlos I.* Valencia, 1973, 316.

Martínez Cardós, J., *Las Cortes de Castilla en el siglo XVI.* RUM, 1957, 6, 583-605.

O'Callaghan, J. F., *The beginnings of the Cortes of León-Castilla.* AHR, 1969, 74, 1503-37.

Piskorski, W., *Las Cortes de Castilla, en el período del tránsito de la edad media a la moderna, 1188-1520.* B, 1930, 212.

Salvá, A., *Las Cortes de 1392 en Burgos.* Burgos, 1891, 116.

Tomás valiente, F., *La Diputación de las Cortes de Castilla (1525-1601).* AHDE, 1962, 32, 347-69.

Torre, F., *Precedentes remotos de las Cortes.* Tradición (Santander), 1935, 3, 106-12, 186-95.

Voltes Bou, P., *Las Cortes tenidas en Barcelona por el Archiduque Carlos de Austria en 1705-6.* BRABarcelona, 1960, 28, 41-74.

→ 6.37.3, Valdeón; 6.39.5, Sobrequés; 7.38, Martínez; 9.19, 9.33, 21.46, 21.52, 21.83, 21.90.

32 SIGLOS XIX-XX

Calvo Marcos, M., *Régimen parlamentario de España en el siglo XIX. Apuntes y documentos para su historia.* M, 1883, 447+cxlvii.

Díaz Nosty, B., *Las Cortes de Franco...* B, 1972, 232.

Fernández Almagro, M., *Las Cortes del siglo XIX y la práctica electoral.* REPol, 1943, 5, 383-416.

Fernández Carvajal, R., *Las Cortes españolas en la Ley Orgánica del Estado.* REPol, 1967, 152, 59-95.

Fernández Flórez, W., *Acotaciones de un oyente.* M, 1962, 2 v. Sesiones de Cortes de 1916-20, 1931-33. Biografías de diputados.

Fernández Martín, M., *Derecho parlamentario español.* M, 1885-1900, 3 v.

Fuente de la Fuente, L., *El Consejo Nacional en la Ley Orgánica del Estado.* REPol, 1967, 152, 121-34.

García Venero, M., *Historia del parlamentarismo español (1810-1833).* M, 1946, 551.

Gutiérrez Ravé, J., *Las Cortes errantes del Frente Popular.* M. 1953, 245.

Luque Vicens, A., *Las Cortes españolas,* M, 1850, 4 v.

Nohlen, D., *Spanischer Parlamentarismus im 19. Jahrhundert...* Meisenheim, 1970, 370.

Ovilo Otero, M., *Historia de las Cortes de España y biografías de todos los diputados y senadores más notables contemporáneos...* M, 1849-54, 11 v.

Quién es quién en las Cortes españolas. M, 1972², 1040.

Rico Amat, J., *El libro de los diputados y senadores... Desde las Cortes de Cádiz hasta nuestros días.* M, 1862-4, 4 v.

Sevilla Andrés, D., *El poder constituyente en España de 1800 a 1868.* RInstCiencias Sociales (B), 1964, 1, 149-69.

Sevilla Andrés, D., *La función legislativa en España, 1800-1868.* RInstCiencias Sociales (B), 1965, 2, 107-28.

Sevilla Andrés, D., *La presidencia del Congreso de los Diputados (1810-1936).* RInstCiencias Sociales (B), 1969, 14, 21-56.

Tapia Ozcáriz, E., *Luz y taquígrafos. Un siglo de Parlamento en España.* M, 1961, 397.

9 Tébar, P. E., y J. Olmedo, *Las segundas Cortes de la Restauración. Semblanzas parlamentarias.* M, 1879, 2 v.

Tomás Villarroya, J., *Los orígenes del control parlamentario en España.* REPol, 1963, 132, 103-44.

→ 6.82.4, 6.87.2, Pérez; 6.88, Cambronero; 6.89.3, Sánchez; 8.80, Perlado, Rivera; 9.12, 9.33.

33 ACTAS DE CORTES

Cortes de los antiguos reinos de León y Castilla [1020-1559]. M, 1861-1903, 5 v.
Preceden 2 v. (1883-4) de introducción, por M. Colmeiro.

Cortes de los antiguos Reinos de Aragón y de Valencia y Principado de Cataluña [1064-1479]. M, 1896-1922, 26 v.

Actas de las Cortes de Castilla [1563-]. M, 1877- .
Ultimo v. publ., LIX, 1970, correspondiente a 1655-6.

Diario de sesiones de las Cortes generales y extraordinarias... [1810-13]. M, 1870-4, 9 v.

Actas de las sesiones secretas de las Cortes generales extraordinarias... en la Isla de León el día 24 de setiembre de 1810 [-Cádiz, 14.IX.1813]... *y de las secretas de las Cortes ordinarias* [Cádiz, 25.IX.1813-Madrid, 10.V.1814]. M, 1874, 962+6.

Cortes. Actas de las sesiones de la legislatura ordinaria de 1813. M, 1876, 498+53.

Cortes. Actas de las sesiones de la legislatura de 1814. M, 1876, 353+42.

Diario de las sesiones de Cortes. Legislatura de... M, 1871-1922.
Con el mismo título, a veces ligeramente modificado, se suceden varias series, muy copiosas, que se inician en el año indicado, para la legislatura de 1820, y comprenden, por lo menos, hasta 1922.

Diario de las sesiones de Cortes. Senado. M, 1883-1923.
Varias series, muy copiosas, que comprenden, al menos, 1834-59, 1876-8, 1881-1923. Hasta la legislatura de 1837-8 (M, 1884), en vez de *Senado* figura *Estamento de ilustres próceres.*

Asamblea Nacional. Diario de las sesiones. M, 1927-9, 2 v.

Cortes Constituyentes. M, 1931-1933, 10 v.

→ 9.35, *Colección de decretos.*

34 LEGISLACION

Marichalar, A., y C. Manrique, *Historia de la legislación y recitaciones del derecho civil de España.* M, 1861-72, 9 v.

Cerdá Ruiz, J., *Advertencias para la Novísima Recopilación.* AHDE, 1953, 23, 643-76.

Cerdá Ruiz, J., *Fuero Juzgo,* en *Nueva Enciclopedia Jurídica.* B, 1960, 10, 326-46.

Font Rius, J. M., *Código de las Siete Partidas,* en *Nueva Enciclopedia Jurídica.* B, 1952, 2, 313-21.

García Gallo, A., *El «Libro de las leyes» de Alfonso el Sabio. Del Espéculo a las Partidas.* AHDE, 1952, 22, 345-528. 9

Gibert Sánchez, R., *El Ordenamiento de Villa Real, 1346.* AHDE, 1955, 25, 703-29.

→ 17.90, **Alfonso X.**

35 RECOPILACIONES Y REPERTORIOS LEGISLATIVOS

Gil Ayuso, F., *Noticia bibliográfica de textos y disposiciones legales de los Reyes de Castilla impresos en los siglos XVI y XVII.* M, 1935, xii+465.

Alfonso X el Sabio, *Las Siete Partidas.* Ed. de la Real Academia de la Historia. M, 1807, 3 v.

Alfonso X el Sabio, *Opúsculos legales.* Ed. de la Real Academia de la Historia. M, 1836, 2 v.

Aranzadi, *Repertorio cronológico de legislación.* Pamplona, 1930- . Volúmenes anuales, en fascículos semanales. Varios índices acumulativos.

Aranzadi, *Indice progresivo de legislación.* Pamplona, 1930-69, 2 v. *Apéndice, 1970-2.* Pamplona, 1973. Continúa en fascículos mensuales.

Aranzadi, *Diccionario de legislación. Toda la legislación española en vigencia al 31 de diciembre de 1950.* Pamplona, 1951-2, 16 v. *Apéndice, 1951-66.* Pamplona, 1967-8, 12 v.

Boletín Oficial del Estado. M, 1939- .
Diario. Cont. de *Gaceta de Madrid.*

Códigos, *Los ——— españoles concordados.* M, 1872-3[2], 12 v.
Comprende: *Liber Judicum, Fuero Juzgo, Fuero Viejo de Castilla, Leyes del Estilo, Fuero Real, Ordenamiento de Alcalá, Las Siete Partidas. El Espéculo, Leyes para los Adelantados Mayores, Leyes Nuevas, Ordenamiento de las tafurerías, Ordenanzas Reales de Castilla, Leyes de Toro, Nueva Recopilación, Novísima Recopilación, Autos acordados, Ordenanzas de Bilbao.*

Colección de decretos y órdenes... que han expedido las Cortes [1811-23]. M, 1813-23, 10 v.

Colección legislativa de España. Legislación y disposiciones de la Administración Central. Disposiciones generales. Edición oficial. M, 1950- .
Comprende desde 1946. Aparición bimensual, con índices anuales.

Decretos del Rey Don Fernando VII. M, 1818-33, 18 v.

Gaceta de Madrid. M, 1845-1939.
Diaria. Cont. por *Boletín Oficial del Estado.*

Gómez Herrera, T., *Diccionario-guía legislativo español.* M, 1902-7, 7 v.
Recoge todas las disposiciones publ. en *Gaceta de Madrid* durante el siglo XIX.

Heras Marín, E., *Legislación de la Dictadura, 1923-1928.* M, 1929, 976+204.

Leyes y decretos, *Prontuario de las ——— del Rey... José Napoleón I desde el año 1808.* M, 1810, 8 v.

Martínez Alcubilla, M., *Códigos antiguos de España. Colección completa de todos los Códigos...* M, 1885, 2 v.

Comprende: *Fuero Juzgo, Fuero Viejo de Castilla, Fuero Real, Leyes del Estilo, Leyes para los Adelantados, Leyes Nuevas, Ordenamiento de las tafurerías, Las Siete Partidas, Ordenamiento de Alcalá, Leyes de Toro, Espéculo, Ordenanzas reales de Castilla, Nueva Recopilación, Novísima Recopilación.*

[Martínez] Alcubilla, M., *Diccionario de la Administración española. Compilación de la novísima legislación de España en todos los ramos de la Administración Pública.* M, 1914-33^{6}, 13 v.

Apéndices anuales hasta 1971. Continúa en el *Repertorio cronológico de legislación.*

Repertorio cronológico de legislación. M, 1972-.

Mensual, anejo a *Gaceta económica y legislativa Alcubilla.*

Sánchez, S., *Extracto puntual de todas las pragmáticas, cédulas... del Señor D. Carlos III.* M, 1797, 3 v.

Sánchez, S., *Colección de pragmáticas, cédulas..., del Señor D. Carlos IV.* M, 1805, 4 v.

37 PARTIDOS POLITICOS. ELECCIONES

Borrego, A., *La organización de los partidos políticos en España...* M, 1855, xviii+309.

Colomer Viadel, A., *...Notas para el estudio del origen de los partidos políticos en España.* REPol, 1972, 185, 109-42.

Costa Martínez, J., *Oligarquía y caciquismo... en España.* M, 1902, 269.

Esperabé de Arteaga, E., *Los partidos políticos en España y sus jefes en la edad contemporánea (1868-1950).* M, 1951, 345.

Fernández Areal, M., *La política católica en España.* B, 1970^{2}, 191.

Goicoechea Cosculluela, A., *Política de derechas.* M, 1923^{2}, 610.

Linz, J. J., *The Party System of Spain. Past and future,* en S. M. Lipset, y S. Rokkan, *Party Systems...* Nueva York, 1967, 197-282.

Linz, J. J., *Continuidad y discontinuidad en la élite política española. De la Restauración al régimen actual,* en *HomC. Ollero.* M, 1972, 361-423.

M[artínez] Cuadrado, M., *Elecciones y partidos políticos en España (1868-1931).* M, 1969, 2 v.

Miraflores, Marqués de, *Reseña histórico-crítica de la participación de los partidos en los sucesos políticos de España en el siglo XIX.* M, 1863, x+222.

Pedret Casado, P., *Los partidos políticos españoles en el primer cuarto del siglo XX.* Santiago, 1950, 22.

Pedret Casado, P., *Los partidos políticos españoles desde la revolución de 1868 hasta 1900.* Santiago, 1951, 17.

Pérez Embid, F., *Los católicos y los partidos políticos españoles a mediados del siglo XIX.* NT, 1958, 5, 387-409

Pino Artacho, J., *Aspectos sociológico-políticos del caciquismo español.* REOP, 1968, 15, 211-27.

Prieto Escudero, G., *El pensamiento político del doctrinarismo neocatólico español.* REPol, 1968, 158, 34-58.

Romero Maura, J., *El caciquismo: tentativa de conceptualización.* RO, 1973, 43, 15-44.

Sevilla Andrés, D., *Los partidos políticos españoles hasta 1868.* RGeneral de Derecho (Valencia), 1958, 14, 682-701.

Suárez Verdeguer, F., *Los partidos políticos españoles hasta 1868.* Santiago, 1951, 30.

Tomás Villarroya, J., *Las primeras elecciones directas en España.* Anales de la Universidad de Valencia, 1964, 38, 7-56.

Tusell Gómez, J., *Sociología electoral de Madrid, 1903-1931.* M, 1969, 219.

Tusell Gómez, J., *La descomposición del sistema caciquil español, 1902-1931.* RO, 1973, 43, 75-93.

Villaespesa Calvache, V., *El funesto caciquismo político-español...* M, 1908, 274.

→ 6.91.7, Maura; 6.94.1, 10.89, Zavala.

38 MOVIMIENTOS Y PARTIDOS EN PARTICULAR

García Prous, C., «**Acción española**». EI, 1972, 22, 163-201.

→ 2.94, Acción española.

Carlismo → 10.84.

Comín Colomer, E., *Historia del partido* **comunista** *de España.* M, 1965-7, 3 v.

Karl, M., *El comunismo en España...* M, 1932, 249.

Matorras, E., *El comunismo en España...* M, 1935, 188.

→ 6.95.1, 6.95.2, 10.88.

Andrade Uribe, B. M., *Maura y el partido* **conservador.** M, 1919², 118.

Borrego, A., *Lo que ha sido, lo que es y lo que puede ser el partido conservador.* M, 1857, 72.

→ 10.82, Suárez Verdeguer.

Alzaga Villaamil, O., *La primera* **democracia** *cristiana en España.* B, 1973, 355.

Eiras Roel, A., *El partido demócrata español (1849-1868).* M, 1961, 409.

Eiras Roel, A., *Nacimiento y crisis de la democracia en España: la revolución de 1868.* CH, 1969, 231, 592-627.

Alvarez Puga, E., *Historia de la* **Falange.** B, 1969, 217.

Bravo Martínez, F., *Historia de la Falange española de las JONS.* M, 1940, 214.

Payne, S. G., *Falange. Historia del fascismo español.* París, 1965, xvi+258.

Velarde Fuertes, J., *El nacionalsindicalismo, cuarenta años después.* M, 1972, 310.

Veyrat, M., y J. L. Navas Migueloa, *Falange, hoy.* M, 1973, 356.

→ 6.95.1, García.

Ledesma Ramos, R., *¿***Fascismo** *en España?* B, 1968, 334.

9 Payne, S. G., *Ledesma Ramos and the origins of spanish fascism.* Mid-America (Chicago), 1961, 43, 226-41.

Liberalismo → 10.85.

Marxismo → 10.88.

Borrego, A., *El programa, las tendencias y las vicisitudes del partido* **moderado**, en *La España del siglo XIX.* M, 1866, I, 447-92.
→ 6.87.2, Comellas.

Galindo Herrero, S., *Los partidos* **monárquicos** *bajo la Segunda República.* M, 1956^{2}, 344.
→ 6.95.1, Preston.

Azcárate, G., *Olózaga. Origen, ideas y vicisitudes del partido* **progresista**..., en *La España del siglo XIX.* M, 1866, II, 5-36.

Libro de Oro del partido republicano **radical**, *1864-1934.* M, 1935, 663.

Labra, R. M., *El partido* **republicano** *en España.* M, 1900, 152.
Morayta, M., *Reseña histórica del partido republicano español hasta 1873...* París, 1909, xcii+291.
Rodríguez Solís, E., *Historia del partido republicano.* M, 1892-3, 2 v.
Cantarero del Castillo, M., *Tragedia del* **socialismo** *español...* B, 1971, 295.
Cierva Hoces, R., *Historia perdida del socialismo español.* M, 1972, 289.
Eiras Roel, A., *La democracia socialista del ochocientos español.* REPol, 1960, 109, 131-57.
Gómez Latorre, M., *El socialismo en España... desde 1886.* M, 1918, 272.
Gómez Llorente, L., *Aproximación a la historia del socialismo español (hasta 1921).* M, 1972, 573.
Jutglar, A., *Notas para la historia del socialismo en España.* RTrabajo (M), 1964, 7, 21-47.
Morato Caldeiro, J. J., *El partido socialista obrero.* M, 1918, 320.
Dacarrete, A. M., *La* **Unión liberal**, en *La España del siglo XIX.* M, 1867, III, 581-651.

40 ADMINISTRACION DE JUSTICIA. DERECHO PROCESAL

Guasp Delgado, J., *Derecho procesal civil.* M, 1968^{31}, 2 v.
Plaza M., *Derecho procesal civil español.* M, 1951-5^{3}, 2 v.
Prieto Castro, L., *Manual de Derecho procesal civil.* M, 1973, 2 v.
Robles Pozo, J., *Derecho procesal de España.* M, 1888-98, 2 v.

Beneyto Pérez, J., *La gestación de la magistratura moderna.* AHDE, 1953, 23, 55-84.
Lalinde Abadía, J., *Los gastos del proceso en el derecho histórico español.* AHDE, 1964, 34, 249-416.
Laso Gaite, J. F., *Evolución histórica de la casación civil en España.* RDerecho Procesal Iberoamericana (M), 1971, 127-83.

Martínez Díez, G., *La tortura judicial en la legislación histórica.* AHDE, 1962, 32, 223-300. 9

Pérez Gordo, A., *Contribución al estudio de la historia del juicio ejecutivo.* RDerecho Procesal Iberoamericana (M), 1972, 105-85.

Soulié, M., *Les procès célèbres de l'Espagne.* París, 1931, 255.

Tomás Valiente, F., *La última etapa y la abolición de la tortura judicial en España.* Anales de la Universidad de La Laguna. Facultad de Derecho, 1964, 1, 23-59.

Tomás Valiente, F., *La tortura judicial en España.* B, 1973, 252.

41 EDAD MEDIA

Carlé, M. C., *«Boni homines» y hombres buenos.* CHE, 1964, 40, 133-68.

Cerdá Ruiz, J., *En torno a la pesquisa y procedimiento inquisitivo en el derecho castellano-leonés de la edad media.* AHDE, 1962, 32, 483-517.

García González, J., *El juramento de manquadra.* AHDE, 1955, 25, 211-25.

García Valdeavellano, L., *Escodriñamiento y otorificación.* JZ, 1965, 2, 123-335.

Gorría, E., *El medianedo en León y Castilla.* CHE, 1949, 12, 120-9.

Kennelly, K., *Sobre la paz de Dios y la sagrera en el Condado de Barcelona (1030-1130)* AEM, 1968, 5, 107-36.

López Ortiz, J., *El proceso en los reinos cristianos de nuestra reconquista, antes de la recepción romano-canónica.* AHDE, 1943, 14, 184-225.

Martínez Gijón, J., *La prueba judicial en el derecho territorial de Navarra y Aragón durante la baja edad media.* AHDE, 1961, 31, 17-54.

Orlandis Rovira, J., *La prenda como procedimiento coactivo en nuestro derecho medieval.* AHDE, 1943, 14, 81-183.

Orlandis Rovira, J., *La prenda de iniciación del juicio, en los fueros de la familia Cuenca-Teruel.* AHDE, 1953, 23, 83-93.

Otero Varela, A., *El riepto en el derecho castellano leonés,* en su *Dos estudios...* Roma, 1955, 9-82.

Otero Varela, A., *El riepto de los fueros municipales.* AHDE, 1959, 29, 153-73.

Prieto Bance, R., *Los «amigos» en el fuero de Oviedo.* AHDE, 1953, 23, 203-46.

Torres López, M., *Naturaleza jurídico-penal y procesal del desafío y riepto en León y Castilla.* AHDE, 1933, 10, 161-74.

42 SIGLOS XVI-XVIII

Asenjo Espinosa, M., *Funcionamiento y organización de la Real Chancillería de Valladolid.* Hidalguía, 1961, 9, 397-414.

Mendizábal, F., *Investigaciones acerca del origen, historia y organización de la R. Chancillería de Valladolid...* RABM, 1914, 30, 61-72, 243-64, 437-52; 31, 95-112, 459-67.

9 Muñoz de San Pedro, M., *La Real Audiencia de Extremadura...* M, 1966, 105.

Ortega Costa, A. P., y A. M. García Osma, *Relatos de jueces y escribanos.* M, 1971, 130.
Administración de justicia a fines del siglo XVIII.

Sánchez Santiago, A., *Idea elemental de los tribunales de la Corte...* M, 1787, 2 v.

Santayana Bustillo, L., *Los magistrados y tribunales de España...* Zaragoza, 1751, 2 v.

→ 1.31, **Granada, Valladolid.**

43 SIGLOS XIX-XX

Ballester Ros, I., *La nueva demarcación judicial.* REVL, 1965, 144, 875-87.

Jiménez Asenjo, E., *Organización judicial española.* M, 1952, xiv+469.

Prieto Castro, L., y otros, *Tribunales españoles. Organización y funcionamiento.* M, 1973, 228.

→ 9.40.

45 DERECHO PENAL

Aranzadi, *Repertorio de jurisprudencia.* Pamplona, 1930- . Sentencias del Tribunal Supremo. Volúmenes anuales, en fascículos mensuales.

Medina Brusa, L., y otros, *Leyes penales de España...* M, 1947^{10}, 2624.
Apéndice. M, 1961, 873.

Montes Luengos, J., *Derecho penal español.* El Escorial, 1929^{2}, 2 v.

Rodríguez Devesa, J. M., *Derecho penal español.* M, 1973^{5}, 2 v.

Rosal Fernández, J., *Derecho penal español...* M, 1960^{3}, 2 v.

Sánchez Tejerina, I., *Derecho penal español.* M, 1950^{5}, 2 v.

Casabo Ruiz, J. R., *Los orígenes de la codificación penal en España...* ADP, 1969, 20, 314-42.

Lasala, G., *El derecho de asilo eclesiástico en España.* REscuela de estudios penitenciarios (M), 1953, 9, 48-56.

Rodríguez Flórez, M. I., *El perdón real en Castilla (siglos XIII-XVIII).* Salamanca, 1971, 280.

Rodríguez Mourullo, G., *La distinción hurto-robo en el derecho histórico español.* AHDE, 1962, 32, 25-111.

46 EDAD MEDIA

García González, J., *Traición y alevosía en la alta edad media.* AHDE, 1962, 31, 323-45.

G[arcía] de Valdeavellano, L., *Sobre los conceptos de hurto y robo en el derecho visigodo y postvisigodo.* RPH, 1949, 4, 211-51.

Gibert Sánchez, R., *La paz del camino en el derecho medieval español.* AHDE, 1958, 28, 831-52.

Iglesia Ferreiros, A., *Historia de la traición. La traición regia en León y Castilla.* Santiago, 1971, 285.

López Amo, A., *El Derecho penal español de la baja edad media.* AHDE, 1956, 26, 337-67.

Orlandis Rovira, J., *La paz de la casa en el Derecho español de la alta edad media.* AHDE, 1944, 15, 107-61.

Orlandis Rovira, J., *El concepto de delito en el Derecho de la alta edad media.* AHDE, 1945, 16, 112-92.

Orlandis Rovira, J., *Las consecuencias del delito en el Derecho de la alta edad media.* AHDE, 1947, 18, 61-166.

Serra Ruiz, R., *El derecho de asilo en los castillos fronterizos de la Reconquista.* Murcia, 1965, 213 + láms.

47 SIGLOS XVI-XVIII

López Rey, M., *Las causas de justificación en el Derecho penal castellano del siglo XVI.* RDerecho Público (M), 1934, 3, 322-35, 360-72.

López Rey, M., *Jurisdicción y organización judicial, procedimiento criminal y Derecho penal en el siglo XVI.* S. l., h. 1936.

Olaechea, R., *Anotaciones sobre la inmunidad local en el XVIII español.* MC, 1966, 46, 295-381.

Tomás Valiente, F., *El perdón de la parte ofendida en el derecho penal castellano (siglos XVI, XVII y XVIII).* AHDE, 1961, 31, 55-114.

Tomás Valiente, F., *El Derecho penal de la Monarquía absoluta (siglos XVI, XVII, XVIII).* M, 1969, 479.

49 PENAS. CAUTIVERIO

Teijón, V., *Colección legislativa sobre cárceles, presidios... (1572-1886).* M, 1886, 723.

Salillas Ponzano, R., *Evolución penitenciaria en España.* M, 1919, 2 v.

Aparicio Laurencio, A., *El sistema penitenciario español y la redención de penas por el Trabajo.* M, 1954, 202.

Aylagas, F., *El régimen penitenciario español.* M, 1951, 182.

Bernaldo de Quirós, C., *La picota. Crímenes y castigos.* M, 1907, 111.

Bueno Arus, F., *El sistema penitenciario español.* M, 1971, 37.

Cadalso, F., *Instituciones penitenciarias y similares en España.* M, 1922, 876.

Cuello Calón, E., *Vicisitudes y panorama legislativo de la pena de muerte.* ADP, 1953, 9, 493-510.

Cuello Calón, E., *Contribución al estudio* [histórico] *de la pena de muerte.* ADP, 1957, 10, 9-39.

Cossío Martínez, J. M., *Cautivos de moros en el siglo XIII...* Al-Andalus, 1942, 7, 50-112.

Domínguez Ortiz, A., *La Galera o cárcel de mujeres de Madrid a comienzos del siglo XVIII.* AIEM, 1973, 9, 277-85.

9 Frías, Duque de, *Una redención de cautivos en tiempos del Emperador.* RABM, 1958, 64, 483-514.

Fuenmayor Gordon, P., *Las cárceles de la Villa. Notas para su estudio.* RBAM, 1955, 24, 75-102.

Gazulla, F. D., *Moros y cristianos. Los cautivos cristianos durante el Califato.* BSCC, 1927, 8, 221-34.

Gazulla, F. D., *La redención de cautivos entre los musulmanes.* BRABarcelona, 1928, 28, 321-42.

Gazulla, F. D., *Moros y cristianos. Los cautivos de las fronteras.* BSCC, 1930, 11, 94-107, 201-10.

Iñíguez Almech, F., *La cárcel de Sevilla.* RBD, 1948, 2, 159-65.

Pulido Fernández, A., *La pena capital en España.* M, 1897, 214.

Ramos Loscertales, J. M., *El cautiverio en la Corona de Aragón durante los siglos XIII, XIV y XV.* Zaragoza, 1915, 188+lxx+xvi.

Ruiz Funes, M., *Progresión histórica de la pena de muerte en España.* RDerecho Público (M), 1934, 3, 193-225.

Salillas Ponzano, R., *Vida penal en España.* M, 1888, xxix+453.

Sevilla Solana, F., *Historia penitenciaria española. La Galera.* Segovia, 1917, 268.

Sueiro, D., *Los verdugos españoles. Historia y actualidad del garrote vil.* M, 1971, 860.

Torres Balbás, L., *Las mazmorras de la Alhambra.* Al-Andalus, 1944, 9, 198-218.

→ 7.38, Pérez; 9.64, Tomás; 9.90, Lasala; 10.49, 22.56, Ramón.

50 TRABAJO. DERECHO SOCIAL Y LABORAL

Castán Tobeñas, J., y otros, *Leyes sociales de España.* M, 1968[3], 770+387+825+133+73+372.

Curiel, L., *Indice histórico de disposiciones sociales.* M, 1946, xxix+795.

De época visigoda a 1900.

Alonso García, M., *Derecho del Trabajo.* B, 1960, 2 v.

Bayón Chacón, G., y E. Pérez Botija, *Manual de Derecho del Trabajo.* M, 1961-3, 2 v.

Borrajo Dacruz, E., *Introducción al Derecho español del Trabajo.* M, 1971[3], xxiii+440.

Martín Granizo, L., *Apuntes para la historia del trabajo en España.* M, 1950-4, 8 fasc.

Menéndez Pidal, J., *Derecho social español.* M, 1952, 2 v.

Pérez Leñero, J., *Teoría general del Derecho español del Trabajo.* M, 1948, 411.

Pérez Leñero, J., *Instituciones de Derecho español del Trabajo.* M, 1950, 467.

Sánchez Monís, F., *Elementos de Derecho del Trabajo y legislación laboral española.* M, 1971, xxiv+760.

Beneyto Pérez, J., *Regulación del trabajo en la Valencia del 500.* M, 1931, 134.

Callahan, W. J., *La estimación del trabajo manual en la España del siglo XVIII*. RChilena de Historia y Geografía (Santiago), 1964, 132, 59-72.

Elorza, A., *La polémica sobre los oficios viles en la España del siglo XVIII*. RTrabajo (M), 1968, 22, 68-283.

García Rámila, I., *Estudio histórico-documental sobre actos, funciones, normas laborales y económicas... de los siglos XVI y XVII*. Burgos, 1969, 400.

Iglesias, M. C., y A. Elorza, *La fundación de la Comisión de Reformas sociales*. RTrabajo (M), 1969, 25, 75-105.

López Pena, I., *Los orígenes del intervencionismo laboral en España: El Instituto de Reformas Sociales*. RTrabajo (M), 1969, 25, 9-44.

Mejías González, M., *Ayer y hoy del trabajador en España*. M, 1962, 61.

Revenca, R., *La jornada de ocho horas*. M, 1903, xxxv+195.

San Valero Aparisi, J., *El trabajo entre los españoles prehistóricos*. RIS, 1950, 8, 159-86.

Villa, L. E., *Los orígenes de la administración laboral en España*. M, 1969, 80.

Villa, L. E., *Nacimiento del Derecho obrero en España*, en *Actas del I Symposium de Historia de la Administración*. M, 1970, 547-600.

→ 7.48.

52 GREMIOS. SINDICATOS

Mazón Verdejo, E., y otros, *Legislación sindical española*. M, 1973, 1384.

Arco Alvarez, J. L.,*Breve historia del movimiento cooperativo en España*. RTrabajo (M), 1964, 7, 75-96.

Basanta de la Riva, A., *Fuentes para la historia de los gremios*. Valladolid, 1921-3, 2 v.

García Venero, M., *Historia de los movimientos sindicalistas españoles*. M, 1961, 483.

Guillén Salaya, F., *Historia del sindicalismo español*. M, 1941, 196.

Guillot Carratalá, J., *Los gremios artesanos españoles*. M, 1959, 28.

Iglesias Selgas, C., *Los Sindicatos en España. Origen, estructura y evolución*. M, 1966², 547.

Lozoya, Marqués de, *Los gremios españoles*. M, 1944, 18.

Reventós Carner, J., *El movimiento cooperativo en España*. B, 1960, 229.

Rumeu de Armas, A., *Los gremios españoles. Su origen y vicisitudes*, en *Congreso de estudios sociales*. M, 1945, 187-95 (corresponde a RTrabajo (M) del mismo año).

Tarín Juaneda, F., *Los antiguos gremios de artesanos. Bosquejo histórico*. Burgos, 1931, 48.

Uña Sarthou, J., *Las asociaciones obreras en España. Notas para su historia*... M, 1900, 374.

→ 9.55, 10.56, Ortega; 12.69, Díaz; 12.85, Ventalló; 12.87, Medir.

9

53 HASTA EL SIGLO XIX

Alcocer Martínez, M., *Los gremios de Valladolid.* BCPMValladolid, 1927, 6, 66-83.

Alvarez Morales, A., *Las Hermandades, expresión del movimiento comunitario en España.* Valladolid, 1973, 272.

Arco Garay, R., *Antiguos gremios de Huesca...* Zaragoza, 1911, xviii+269.

Benito Ruano, E., *Hermandades en Asturias durante la edad media.* Oviedo, 1971, 83.

Cañas Gómez, S., *Los antiguos gremios de Guadalajara.* REVL, 1956, 85, 69-77.

Capella, M., y A. Matilla Tascón, *Los Cinco Gremios Mayores de Madrid. Estudio crítico-histórico.* M, 1957, xi+603 + láms.

Contreras López, J., *Historia de las corporaciones de menestrales de Segovia.* Segovia, 1921, xiv+154.

Díez G. O'Neil, J. L., *Los gremios en la España imperial.* M, 1941, 258.

Fernández Somera, J., *Lo que fueron nuestros gremios en la España imperial.* RyF, 1940, 119, 248-58, 379-87.

Figueras Pacheco, F., *Los antiguos gremios en la ciudad de Alicante.* Alicante, 1958, 139.

Freitag, R., *Die katalanischen Handwerkerorganisationen unter Königsshutz im Mittelalter...* GAKS, 1968, 24, 41-226.

González Sugrañes, M., *Contribuciò a la històría dels antics gremis dels arts i oficis de la ciutat de Barcelona.* B, 1915-8, 2 v.

Molas Ribalta, P., *Los gremios barceloneses del siglo XVIII...* M, 1970, 574 + láms.

Núñez de Cepeda, M., *Gremios y cofradías de Pamplona.* Pamplona, 1949, 371.

Piles Ros, L., *Estudio sobre el gremio de los zapateros.* Valencia, 1959, 175.

Tramoyeres Blasco, L., *Instituciones gremiales. Su origen y organización en Valencia.* Valencia, 1889, 444.

San Román, F. B., *Los gremios toledanos en el siglo XVII.* Toledo, 1970, 20.

→ 7.48, 8.56, 9.48, 10.64, Loste; 12.99, Palma, Toledo; 21.46.

54 SIGLOS XIX-XX

Albiol Montesino, I., *Representación sindical en España.* M, 1972, 429.

Boquera Oliver, J. M., *El aspecto jurídico-administrativo de la organización sindical española.* RAP, 1967, 52, 25-57.

García Abellán, J., *Derecho sindical español.* M, 1972, 374.

García de Haro, R., *Convenios colectivos y reglamentos de empresa.* B, 1961, 363.

García Nieto, J. N., *El sindicalismo cristiano en España. Notas sobre su origen y evolución hasta 1936.* Bilbao, 1960, 290.

Iglesias Selgas, C., *La Hermandad nacional de labradores y ganaderos.* REAS, 1963, 42, 159-64.

Sanz Orrio, F., ...*Los sindicatos españoles.* M, 1948, 291. 9

→ 10.87.

55 ASISTENCIA SOCIAL. PREVISION

Hernández Iglesias F., *La Beneficencia en España.* M, 1876, 1299.
Mut Rémola, E., *Evolución de la Seguridad Social en España.* RIberoamericana de Seguridad Social (M), 1972, 21, 1057-124.
Peso Calvo, C., *De la protección gremial al vigente sistema de seguridad social. Apuntes históricos.* M, 1967, 324.
Rumeu de Armas, A., *Los seguros sociales en nuestro pasado histórico.* M, 1943, 24.
Rumeu de Armas, A., *Historia de la previsión social en España. Cofradías, gremios, hermandades, montepíos.* M, 1944, 709.

Antón Ramírez, B., *Montes de Piedad y Cajas de Ahorros. Reseña histórica y crítica...* M, 1876, 304.
Ceballos Teresi, J. G., ...*Las Cajas de Ahorro benéficas de España.* M, 1929.
Delgado, J. B., *Los Pósitos agrícolas.* M, 1947, 414.
García del Mazo, J., *La protección de los ciegos en España.* Archivos de la SOftalmológica Hispano-Americana (M), 1949, 9, 352-8.
García Oviedo, C., *Notas acerca de la mendicidad en el Derecho histórico español.* AUH, 1940, 2, 117-35.
Huidobro Serna, L., *Estadísticas de las Arcas de Misericordia de la diócesis de Burgos.* Burgos, 1956, 126.
Siglos XV-XIX.
López Yepes, J., *Contribución a la historia de los Montes de Piedad en España. Notas sobre el origen y evolución histórica de los Pósitos.* Ahorro (M), 1969, 52, 21-9.
López Yepes, J., *Bibliografía del ahorro, Cajas de Ahorro y Montes de Piedad.* M, 1969-70, 3 v.
López Yepes, J., *Historia de los Montes de Piedad en España.* M, 1971, xx+626.
Pereda Revilla, V., *Libro de la Caja de Ahorros y Monte de Piedad de Madrid.* M, 1946, 361 + láms.
Rumeu de Armas, A., *El seguro de enfermedad. Sus precedentes históricos en España.* RIS, 1943, 1, 191-207.
Zorita, J. M., *Los Pósitos en España.* M, 1907, 208.

→ 12.20.

56 HASTA EL SIGLO XIX

Nanclares, E. M., *Legislación española de Beneficencia desde Isabel I... hasta el año 1869...* M, 1869.

Jiménez Salas, M., *Historia de la asistencia social en España en la edad moderna.* M, 1958, xi+140.

Altisent, A., *L'almoina reial a la cort de Pere el Cerimoniós...* Poblet, 1969, cxvi+415.

9

Anes Alvarez, G., *Los Pósitos en la España del siglo XVIII*. MyC, 1968, 105, 39-69.

Arco Garay, R., *Una notable institución social: el Padre de Huérfanos* [en Aragón]. EHSE, 1955, 3, 189-222.

Callahan, W. J., *The problem of confinement: an aspect of poor relief in eighteenth century Spain*. HAHR, 1971, 51, 1-24.

López Yepes, J., *Historia de los Montes de Piedad en Madrid en el siglo XVIII*. M, 1971, 2 v.

Salinas Quijada, F., *El Padre de Huérfanos, de Navarra*. Pamplona, 1954, 211.

San Vicente Pino, A., *El oficio de Padre de Huérfanos en Zaragoza*. Zaragoza, 1965, 370.

Viñas Mey, C., *La asistencia social a la invalidez militar en el siglo XVI*. AHES, 1968, 1, 598-605.

→ 7.47, 9.47, 12.21.

57 SIGLOS XIX-XX

Corral Nogales, J. M., *La asistencia social en España*. DA, 1966, 100, 505-13.

Gala Vallejo, C., *La seguridad social en España*. M, 1970², 198.

Blanco, J. E., *Antología del nacimiento de la previsión social española, 1908-1910*. M, 1959, 114.

Bosch Marín, J., *Puericultura social*. Anales de la RAc de Medicina (M), 1963, 80, 497-512.

Hernáinz Márquez, M., *Realizaciones de la seguridad social española*. CPS, 1955, 26, 7-22.

Jordana de Pozas, L., *Los seguros sociales en España de 1936 a 1950*. M, 1953, 223.

Marín de la Bárcena, A., *Apuntes para el estudio y organización en España de las instituciones de beneficencia y previsión*. M, 1909, civ+lxv+704.

Meilán Gil, J. L., *El mutualismo laboral*... M, 1963, 411.

Perpiñá Rodríguez, A., *Sociología de la seguridad social*. M, 1973, 624.

Posse Villelga, J., *Proceso histórico de una institución ejemplar* [Instituto Nacional de Previsión]. M, 1956, 53.

Soler Sabarís, F., *Problemas de la seguridad social española*. B, 1971, 152.

Villagrán Rodao, Q., *La Organización Nacional de Ciegos*... Valladolid, 1972, 126.

Zaragoza Rubirá, J. R., *Aproximación al estudio de los hospicios españoles durante la primera mitad del siglo XIX*. Medicina española (Valencia), 1964, 52, 85-92.

→ 9.55, 12.20-1.

58 SANIDAD

Rico Avello, C., *Notas para la historia de la Sanidad española*. M, 1955, 36 + láms.

Alvarez Sierra, J., *Estudios histórico-críticos de la legislación sanitaria española.* El Siglo médico (M), 1933, 91, 513-20. 9

Alvarez Sierra, J., *Cementerios de Madrid anteriores a Carlos III*, en *Actas del I Congreso español de Historia de la Medicina.* M, 1963, 71-6.

Cantera Burgos, F., *Cementerios hebreos de España.* Sefarad, 1953, 13, 362-7.

Corral Raya, J., *Los cementerios de las Sacramentales.* M, 1954, 33.

Criado Domínguez, J. P., *Bibliografía de la Cruz Roja Española.* M, 1905, 304.

Díaz Mora, R., *Prevenciones contra el cólera morbo en un municipio rural durante los años 1849-1854.* Medicamenta (M), 1960, 33, 293-7.

Fúster Forteza, G., *Profilaxis de una peste bubónica (Mallorca, 1820).* Anales de la RAc de Farmacia, 1964, 30, 292-342, 416-56.

García Ballester, L., *Aproximación a la historia social de la medicina bajomedieval en Valencia.* CHME, 1969, 8, 45-78.

García Luquero, C., *Historia de las luchas sanitarias (no infecciosas).* AIHM, 1957, 9, 189-226.

González Díaz, A., *El cementerio español en los siglos XVIII y XIX.* AEArte, 1970, 43, 289-320.

López Piñero, J. M., y otros, *Medicina y sociedad en la España del siglo XIX.* M, 1964, 486.
Figura social del médico, epidemias, vacunación, etc.

Puig Campillo, A., *Historia de la Cruz Roja Española durante las guerras civiles del siglo XIX.* Cartagena, 1930, 280.

Pulido Fernández, A., *Saneamiento de poblaciones españolas.* M, 1902, 298.

Rico Avello, C., *Ante el centenario de la primera legislación sanitaria española.* AIHM, 1957, 9, 455-7.

Rico Avello, C., *El ambiente sanitario español en la primera década del siglo actual.* RSanidad e Higiene pública (M), 1961, 35, 513-639.

Torres Balbás, L., *Cementerios hispano-musulmanes.* Al-Andalus, 1957, 22, 131-91.

→ 7.47, 9.47, 9.57, Bosch; 10.16-9, 10.32.

59 CENTROS SANITARIOS

Muñiz Fernández, C., *Hospitales españoles. Información para su historia,* en R. Muñoz Garrido y ———, *Fuentes legales...* Salamanca, 1969, 109-74.

Rico Avello, C., *Evolución histórica de la asistencia hospitalaria en España.* RUM, 1954, 9, 56-67.

Balnearios, *Guía de los establecimientos* ——— *de aguas mineromedicinales en España.* M, 1959, 24.

Burns, R. I., *Los hospitales del Reino de Valencia en el siglo XIII.* AEM, 1965, 2, 135-54.

9 Conde Gargollo, E., *Viejas historias... de nuestros balnearios, para una monografía.* BolCultural del Consejo General de Colegios Médicos (M), 1958, 21, 48-51.

Cortejoso Villanueva, L., *Los hospitales de Valladolid en tiempos de Felipe III.* AIHM, 1960, 12, 133-55.

Dávila, M., *Guía de los establecimientos balnearios de España.* M, 1897, 390 + láms.

Espinosa Iborra, J., *La asistencia al enfermo mental en España durante la Ilustración y el reinado de Fernando VII.* CHME, 1966, 5, 181-215.

Espinosa Iborra, J., *La asistencia psiquiátrica en la España del siglo XIX.* Valencia, 1966, 190.

Fuster Pomar, J., *Origen y evolución de la asistencia psiquiátrica en el Instituto Mental de la Santa Cruz.* Anales del Hospital de la Santa Cruz (B), 1960, 20, 173-331.
Desde la edad media.

González Deleito, F., *Las Congregaciones religiosas y la asistencia de los alienados en España.* El Siglo médico (M), 1935, 95, 2-5.

Guerra, A., *Recapitulación histórica de los hospitales de Badajoz.* REE, 1959, 15, 633-70.

Jetter, D., *Hospitalgebäude in Spanien.* Sudhoffs Archiv (Wiesbaden), 1960, 44, 239-58.

Menéndez Fernández, C., y otros, *Guía oficial de las aguas minero-medicinales y establecimientos balnearios de España.* M, 1906-19.
Un v. anual.

Porras Orué, P., *La planificación hospitalaria en España.* DA, 1967, 114, 55-62.

Tolivar Faes, J. R., *El hospital de leprosos de San Lázaro del Camino.* Archivum, 1962, 12, 167-92.

Tolivar Faes, J. R., *Hospitales de leprosos en Asturias durante las edades media y moderna.* Oviedo, 1966, 464.

Zaragoza Rubirá, J. R., *Los hospitales españoles en el primer tercio del siglo XIX.* Medicina española (Valencia), 1962, 48, 149-58.

Zaragoza Rubirá, J. R., *Breve historia de los hospitales valencianos.* Medicina española (Valencia), 1962, 47, 152-60, 237-46.

Zaragoza Rubirá, J. R., *Los hospitales medievales españoles según los relatos de viajeros extranjeros.* Medicina española (Valencia), 1965, 53, 56-62.

→ 7.47, 10.16-9, 11.14, 22.56, Alvarez Sierra, Villa; 14.69, Carretero, Gómez, Málaga.

60 DERECHO CIVIL

Medina Brusa, L., y otros, *Leyes civiles de España...* M, 1964^{12}, 2 v.
Actualización de la 12.ª ed. de las ——, por J. Castán Tobeñas y M. Batlle Vázquez. M, 1968, 361.

Castán Tobeñas, J., *Derecho civil español, común y foral.* M, 1972-3, 11 v.
El número de ed. varía entre la 7.ª y la 11.ª, según el v.

Castro Bravo, F., *Derecho civil de España.* M, 1954[3], 2 v. 9
Espín Cánovas, D., *Manual de Derecho civil español.* M, 1961-8[3], 5 v.
Giménez Arnau, E., *Derecho notarial español.* Pamplona, 1964-5, 3 v.
Manresa, J. M., *Comentarios del Código Civil español.* M, 1950-7, 12 v.
Puig Peña, F., *Compendio de Derecho civil español.* B, 1966, 5 v.
Rodríguez Arias, L., *Concepto y fuentes del Derecho civil español...* B, 1956, xiii+312.

62 PERSONAS. FAMILIA

Almagro Nosete, J., *Protección procesal de las derechos humanos en España.* RDerecho Procesal Iberoamericana (M), 1973, 7-70.
Bosch Marín, J., y M. Blanco Otero, *Derecho infantil y familiar español.* M, 1945, iv+545.
Castán Vázquez, J. M., *La patria potestad de la madre en el derecho español.* RDerecho Privado (M), 1957, 41, 508-33.
Castro Bravo, F., *Los estudios históricos sobre la nacionalidad...* REDI, 1955, 8, 217-33.
Fuenmayor Champín, A., *El sistema matrimonial español.* RGLJ, 1958, 37, 781-835; 1959, 38, 7-98.
Gacto Fernández, E., *La filiación no legítima en el Derecho histórico español.* Sevilla, 1969, 201.
Gacto Fernández, E., *La filiación ilegítima en la historia del Derecho español.* AHDE, 1971, 41, 899-944.
García González, J., *El incumplimiento de las promesas de matrimonio en la historia del Derecho español.* AHDE, 1953, 23, 611-42.
G[arcía] de Valdeavellano, L., *La comunidad patrimonial de la familia en el derecho español medieval.* Salamanca, 1956, 40.
Gibert Sánchez, R., *El consentimiento familiar en el matrimonio en el derecho medieval español.* AHDE, 1947, 18, 706-61.
Orlandis Rovira, J., *Sobre la elección de sepultura en la España medieval.* AHDE, 1950, 20, 5-49.
Otero Varela, A., *La adopción en la historia del derecho español,* en su *Dos estudios...* Roma, 1955, 83-146.
Otero Varela, A., *La patria potestad en el derecho histórico español.* AHDE, 1956, 26, 209-41.
Pizarro Rodríguez, A., *Evolución de la adopción en el derecho patrio.* AUH, 1964, 25, 99-129.

→ 4.10, Prieto; 8.04, Lombardía; 10.30.

63 BIENES. PROPIEDAD

Azcárate, G., *Ensayo sobre la historia del derecho de propiedad en España.* M, 1901-6, 3 v.
Cárdenas, F., *Ensayo sobre la historia de la propiedad territorial en España.* M, 1873-5, 2 v.
Concha Martínez, I., *La «presura». La ocupación de tierras en los primeros siglos de la Reconquista.* AHDE, 1943, 14, 382-460.

9 Domínguez Guilarte, L., *Notas sobre la adquisición de tierras y frutos en nuestro derecho medieval.* AHDE, 1933, 10, 287-324.

García Gallo, A., *Notas sobre el reparto de tierras entre visigodos y romanos.* Hispania, 1941, 1, 40-63.

García Gallo, A., *Bienes propios y derecho de propiedad en la alta edad media española.* AHDE, 1959, 29, 351-87.

G[arcía] de Valdeavellano, L., *Bienes muebles e inmuebles en el derecho español medieval.* CHE, 1949, 11, 105-23.

Gibert Sánchez, R., *Los contratos agrarios en el derecho medieval.* BUG, 1950, 22, 306-30.

Gibert Sánchez, R., *La disolución de los mayorazgos.* Granada, 1958, 46.

Gibert Sánchez, R., *Esplendor y ruina del mayorazgo español.* Atlántida, 1968, 6, 332-51.

Mesa Fernández, A., *Los mayorazgos españoles en la edad media.* Hidalguía, 1962, 10, 929-52.

Mesa Fernández, A., *Mayorazgos y vinculaciones en la España de los siglos XVI a XIX.* Hidalguía, 1965, 13, 657-88, 801-16.

Sempere Guarinos, J., *Historia de los vínculos y mayorazgos.* M, 1847[2], 137.

64 OBLIGACIONES

Aragoneses Alonso, P., y G. Pascual Nieto, *La vigente Ley de Arrendamientos y nuestro derecho histórico.* ADC, 1956, 9, 33-84.
El arrendamiento desde la edad media al presente.

Fernández Espinar, R., *La compraventa en el derecho medieval español.* AHDE, 1955, 25, 293-528.

G[arcía] de Valdeavellano, L., *Compra a desconocidos y compra en el mercado, en el derecho español medieval,* en *HomR. Carande.* M, 1963, I, 395-445.

Gibert Sánchez, R., *El contrato de servicios en el derecho medieval español.* CHE, 1951, 15, 5-129.

Lacasa Coarasa, J. M., *La «aliala» aragonesa en la edad media.* ADA, 1960, 10, 141-57.

Otero Varela, A., *Las arras en el derecho español medieval.* AHDE, 1955, 25, 189-210.

Sánchez Albornoz, C., *Contratos de arrendamiento en el reino astur-leonés.* CHE, 1948, 10, 142-79.

Tomás Valiente, F., *La prisión por deudas en los derechos castellano y aragonés.* AHDE, 1960, 30, 249-489.

65 SUCESIONES

Albaladejo García, M., *La adquisición de la herencia en el derecho español.* ADC, 1955, 8, 3-30.

Alonso Lambán, M., *Las formas testamentarias en la alta edad media de Aragón.* RDN, 1954, 5, 7-196; 1955, 10, 241-399.

García Gallo, A., *El problema de la sucesión «mortis causa» en la alta edad media española.* Anales de la AcMatritense del Notariado, 1959, 13, 247-76.

García García, H., *La forma del testamento en la España visigótica.* Estudios históricos y documentos de los Archivos de Protocolos (B), 1955, 3, 218-28.
García González, J., *La mañería.* AHDE, 1952, 22, 224-99.
García Valdecasas, G., *La adquisición de la herencia en derecho español.* RDerecho Privado (M), 1944, 28, 89-122.
Martínez Gijón, J., *La comunidad hereditaria y la partición de la herencia en el derecho medieval español.* AHDE, 1958, 28, 221-303.
Otero Varela, A., *La mejora.* AHDE, 1963, 23, 5-131.
Pascual Quintana, J. M., *La desheredación en el Derecho español: su desenvolvimiento histórico.* RUO (Facultad de Derecho), 1955, 16, 227-343.

67 DERECHOS PECULIARES Y PARTICULARES

Iglesias García, G., *Manual de Derecho foral español.* M, 1903, xvi+807.

Bermejo Cabrero, J. L., *La idea medieval de contrafuero en León y Castilla.* REPol, 1973, 187, 299-306.
Castro Bravo, F., *La cuestión foral y el derecho civil.* ADC, 1949, 2, 1003-46.
Cerdá Ruiz, J., *Fueros municipales,* en *Nueva Enciclopedia Jurídica.* B, 1960, X, 395-478.
Cerro Sánchez, E., *Aportación al estudio del Fuero del Baylio.* M, 1964, 180.
Estibález, L. M., *El pluralismo unitario del derecho civil español. Defensa de los derechos regionales.* ED, 1956, 4, 57-99.
García Gallo, A., *Una colección de fazañas castellanas del siglo XII.* AHDE, 1934, 11, 522-31.
García Gallo, A., *Aportación al estudio de los fueros.* AHDE, 1956, 26, 387-446.
García González, J., *Notas sobre «fazañas».* AHDE, 1963, 33, 609-24.
Leyes civiles forales (Vizcaya y Alava, Cataluña, Baleares, Galicia y Aragón). M, 1972[3], 598.
Los Arcos, J., *La Gamazada. Los fueros y sus defensas.* Bilbao, 1897, 186.
Madrid del Cacho, M., *El Fuero del Baylio. Un enclave foral en el derecho de Castilla.* Córdoba, 1963, 153.
Martínez Gijón, J., *La familia del Fuero de Cuenca. Estado de una investigación científica,* en *Congresso Internazionale... di Storia dal Diritto.* Florencia, 1971, II, 415-39.
Ramos Loscertales, J. M., *El derecho de los francos de Logroño en 1095.* Berceo, 1947, 2, 347-77.
Suárez Verdeguer, F., *La colección de «fazañas» del ms. 431 de la Biblioteca Nacional.* AHDE, 1943, 14, 519-92.

→ 3.20-35, 6.75, 6.85.1, Múgica; también, para cada región, la subdivisión correspondiente de 21; para cada materia específica, la subdivisión correspondiente de 9.

9

70 POLITICA EXTERIOR. DERECHO INTERNACIONAL

Gay de Montellá, R., *Valoración hispánica en el Mediterráneo.* M, 1952, 378.

Hoyos Sáinz, L., y N. Hoyos Sancho, *Las fronteras antropológicas y estatales de España y Portugal.* BRSG, 1954, 90, 175-86.

Ibáñez de Ibero, C., *Política mediterránea de España, 1704-1951.* M, 1952, 352.

Labra, R. M., *Historia de las relaciones internacionales de España.* M, 1897, 48.

→ 4.11, 8.70, 9.21.

73 HASTA EL SIGLO XIX

Cuenca Toribio, J. M., *La política exterior de la España dieciochesca. Sus instrumentos: Marina, Ejército, Diplomacia.* AH, 1969, 158, 135-49.

Derjavin, C., *La primera embajada rusa en España.* BRAH, 1930, 96, 877-96.
Reinado de Carlos II.

Díaz de Villegas, J., *Una embajada española a Siam en el siglo XVIII.* M, 1952, 236.

Doussinague Teixidor, J. M., *La política exterior de España en el siglo XVI.* M, 1949, 444.

López de Meneses, A., *Las primeras embajadas rusas en España (1523, 1525 y 1527).* BH, 1946, 48, 210-26.
También, CHE, 1946, 5, 111-28.

Morales Padrón, F., *Participación de España en la independencia política de los Estados Unidos.* M, 1952, 46.

Sánchez Diana, J. M., *Relaciones diplomáticas entre Rusia y España en el siglo XVIII: 1780-1783.* Hispania, 1952, 12, 590-605.

Sánchez Diana, J. M., *España y la política exterior de Federico II de Prusia.* Hispania, 1955, 15, 190-230.

→ 4.12, para cada país en particular; la subdivisión correspondiente de 6 para cada época, reinado, etc.; 8.71.3.

74 SIGLO XIX

Bécker González, J., *Historia de las relaciones exteriores de España durante el siglo XIX.* M, 1924-6, 3 v.

Castel, J., *El restablecimiento de las relaciones entre España y las Repúblicas hispanoamericanas (1836-1894).* M, 1955, 174.

Delgado Martín, J., *La política americanista de España en el siglo XIX.* CH, 1948, 2, 29-49.

Esteban Infantes, E., *Expediciones españolas (siglo XIX).* M, 1949, 347.
Dinamarca, Portugal, Vaticano, Méjico, Cochinchina, Pacífico.

Goicoechea Cosculluela, A., *La política internacional de España en noventa años (1814-1904).* M, 1922, 82.

Jover Zamora, J. M., *Caracteres de la política exterior española en el siglo XIX*, en *HomJ. Vincke.* M, 1962, 751-94.

Lema, Marqués de, *La política exterior española a principios del siglo XIX.* M, 1935, 203.

Mousset, A., *La política exterior de España (1873-1918).* M, 1918, 290.

→ 4.12, para cada país en particular; la subdivisión correspondiente de 6 para cada época, reinado, etc.; 8.73.

75 SIGLO XX

Areilza Martínez, J. M., y F. M. Castiella Maíz, *Reivindicaciones de España.* M, 1941, 672.

Barcia Trelles, C., *Puntos cardinales de la política internacional española.* B, 1939, 488.

Latorre, G., *Intervención tutelar de España en los problemas de límites de Hispano-América.* Sevilla, 1921, 57.

Pérez Embid, F., *Ambiciones españolas.* M, 1953, 221.

Pike, F. B., *Hispanismo, 1898-1936. Spanish Conservatives and Liberales and their relations with Spanish American.* Notre Dame, 1971, xx+486.

Sebastián de Erice, J., *España y la cooperación internacional.* Política internacional (M), 1950, 3, 9-32.

Sebastián de Erice, J., *España y las Naciones Unidas.* Política internacional (M), 1950, 4, 9-52.

Zook, D. H., *The spanish arbitration of the Ecuador-Peru dispute.* The Americas (Washington), 1964, 20, 359-75.

Zurano Muñoz, E., *Valor y fuerza de España como potencia en el concierto internacional.* M, 1922, 316.

→ 4.12, para cada país en particular; 6.91.5, 6.95.2, 6.96.3, 8.73.

76 TRATADOS INTERNACIONALES

Abreu Bertodano, J. A., *Colección de los tratados de paz, alianza, neutralidad... de España con los pueblos, reyes... de Europa y otras partes del Mundo, desde antes del establecimiento de la monarquía gótica hasta... Felipe V.* M, 1740-52, 12 v.

López Oliván, J., *Repertorio diplomático español. Indice de los tratados ajustados por España (1125-1935) y de otros documentos internacionales.* M, 1944, 671.

Olivart, Marqués del, *Tratados y documentos internacionales de España.* M, 1912, 4 v.
1903-1910.

Olivart, Marqués del, y M. Juderías Bender, *Colección de los tratados, convenios... con los Estados extranjeros desde el Reinado de Isabel II hasta nuestros días (1834-1902).* M, 1890-1906, 15 v.

Tratados de paz, *Colección de los ______, alianza, comercio... desde*

9 *el Reinado del Señor Don Felipe V hasta el presente.* M, 1796-1801, 3 v.
Continuación de la obra de Abreu.
→ 8.75.

78 ANDORRA

Brutails, J.-A., *Étude critique sur les origines de la question d'Andorre.* Toulouse, 1891, 39.
Brutails, J.-A., *Au sujet de l'Andorre.* BH, 1918, 20, 185-9; 1919, 21, 67-71.
Capdevilla, L., *Llibre d'Andorra. Història. Paisatge.* Andorra, 1970^{2}, 256.
Corts Payret, J., *Geografía e historia de Andorra.* B, 1945, 171 + láms.
Chevalier, M., *Andorra.* B, 1925, 108 + láms.
Font Rius, J. M., *Els origens del co-senyoríu andorrà.* Pirineos, 1955, 11, 77-108.
Guilera, J. M., *Una història d'Andorra.* B, 1960, 340.
Llobet, S., *El Principado de Andorra. Resumen geográfico.* Pirineos, 1946, 2, 5-51.
Llobet, S., *Visión geográfica de Andorra.* Arbor, 1945, 3, 575-87.
Llobet, S., *El medio y la vida en Andorra.* B, 1947, 347 + láms.
Pons, S., *Andorra feliz.* PE, 1958, 36, 119-39.
Riberaygua Argelich, B., *Valles de Andorra. Recopilación histórica.* B, 1949, 438.
Vidal Guitart, J. M., *Instituciones políticas y sociales de Andorra.* M, 1949, 514.

→ 16.91.6, 16.92.

79 GIBRALTAR

Alamo, J., *Gibraltar ante la historia de España.* M, 1952, 427.
Barcia Trelles, C., *Pasado, presente y futuro de un problema colonial: Gibraltar.* RPI, 1968, 96, 127-54.
Cano de Gardoqui, J. L., y A. de Bethencourt, *Incorporación de Gibraltar a la Corona de Castilla (1436-1508).* Hispania, 1966, 26, 325-81.
Conn, S., *Gibraltar in british diplomacy in the eighteenth century.* New Haven, 1942, ix+317.
Cordero Torres, J. M., *La población de Gibraltar.* RPI, 1966, 85, 7-30.
Gómez Molleda, D., *Gibraltar. Una contienda diplomática en el reinado de Felipe V.* M, 1953, xxxii+376.
Hispanus [J. Díaz de Villegas], *El Estrecho de Gibraltar...* M, 1963^{4}, xvii+469.
Ibáñez de Ibero, C., *España en el Estrecho de Gibraltar.* M, 1958, 260.
Túnel submarino.
Juderías Loyot, J., *Gibraltar.* M, 1951^{3}, 110.

Ledesma Miranda, R., *Gibraltar. La Roca de Calpe.* M, 1957, 220.
Luna, J. C., *Historia de Gibraltar.* M, 1944, 539.
Lleonart Amsélem, A. J., *Del Gibraltar inglés: su inconsistencia legal e histórica.* M, 1968, 297.
Mac Guffie, T. H., *The siege of Gibraltar, 1779-1783.* Londres, 1965, 208.
Quirós, F., *Los trabajadores españoles en Gibraltar.* EG, 1959, 20, 288-91.
Rico, G., *La población de Gibraltar. Sus orígenes, naturaleza y sentido.* M, 1967, 284.
Torres Balbás, L., *Gibraltar, llave y guarda del Reino de España.* Al-Andalus, 1942, 7, 168-216.
Velarde Fuertes, J., *Gibraltar y su campo. Una economía deprimida.* B, 1970, 256.

→ 11.13, Jessen.

80 FUERZAS ARMADAS. EJERCITO

Almirante Torroella, J., *Bibliografía militar de España.* M, 1876, cxxx+988.

Almirante Torroella, J., *Bosquejo de la historia militar de España hasta fines del siglo XVIII.* M, 1923, 3 v.
Almirante Torroella, J., *Estudios militares. Antología. Arte militar. Historia. Bibliografía.* M, 1943, 303.
Barado Font, F., *Museo militar. Historia del ejército español. Armas, uniformes... Organización.* B, 1883-7, 3 v.
Díaz de Villegas, J., *Contribución al estudio estratégico de la Península. Nueva geografía militar de España...* M, 1952, 721.
Guiu Martí, E., *El año militar español. Colección de episodios, hechos y glorias de la historia militar de España.* B, 1887-92, 3 v.
Martínez Friera, J., *Las batallas de España en el Mundo.* M, 1950, 631.

Alonso Baquer, M., *El Ejército en la sociedad española.* M, 1971, 315.
Barado Font, F., *La elocuencia militar.* M, 1879, 372.
Barrios Gutiérrez, J., *La enseñanza de la artillería en España hasta el Colegio de Segovia.* RHMil, 1965, 9, 117-42; 1970, 14, 39-65.
Blázquez, A., *Historia de la Administración militar.* M, 1897, 183.
Bonal Sánchez, J. J., *Los empleos militares a través del tiempo.* Guión (M), 1963, 258, 3-5.
Carrasco Sáiz, A., *Icono-biografía del generalato español.* M, 1901, xlviii+914.
Clonard, Conde de, *Memoria histórica de las Academias y Escuelas Militares de España.* M, 1847, 299.
Díaz de Villegas, J., *Los ejércitos como salvaguardia de la unidad de la patria.* Arbor, 1958, 40, 347-61.
Aspecto histórico.
Fuertes Arias, M., *Monografía histórica de la Academia de Intendencia.* M, 1935, 2 v.

García Laforga, A., *Mutilados de guerra por la patria... Siglos XVI al XX.* Zaragoza, 1971, 418.

Guaita Martorell, A., *La Administración militar.* RAP, 1952, 7, 105-26.

López Henares, V., *Administración militar.* REspañola de Derecho militar (M), 1965, 19, 71-88.

No Louis, E., *Gobierno militar,* en *Nueva Enciclopedia Jurídica.* B, 1960, X, 656-9.

Querol Durán, F., *Principios de Derecho militar español.* M, 1948, 2 v.

Ruiz García, F., *Los primeros vicarios castrenses en España.* RHMil, 1971, 15, 41-64.

Sotto Montes, J., *El reclutamiento militar en España.* RHMil, 1964, 8, 7-42.
De la antigüedad al presente.

Suárez Inclán, J., *Banderas y estandartes de los Cuerpos militares.* M, 1907, 94.

Touceda Fontenla, R., *La Academia de Caballería. Notas para su historia.* RHMil, 1969, 13, 105-28.

→ 8.40, Ruiz García; 9.56, Viñas; 10.68.

81 EDAD ANTIGUA

Balbín Delor, J., *Notas para la historia militar de la España prerromana.* RHMil, 1960, 4, 7-38.

Balil Illana, A., *Un factor difusor de romanización: las tropas hispánicas al servicio de Roma (siglos III-I a. de J. C.).* Emerita, 1956, 24, 108-34.

García Bellido, A., *Alas y cohortes españolas en el ejército auxiliar de la época imperial.* RHMil, 1957, 1, 23-49.

García Bellido, A., *Los auxiliares hispanos en los ejércitos romanos de ocupación.* Emerita, 1963, 31, 213-26.

82 EDAD MEDIA

Gárate Córdoba, J. M., *Espíritu y milicia en la España medieval.* M, 1967, 357.

Lanuza Cano, F., *El ejército en tiempos de los Reyes Católicos.* M, 1953, 267.

Moxó Ortiz, S., *El derecho militar de la edad media española.* REspañola de Derecho militar (M), 1961, 12, 9-59.

Palomeque Torres, A., *Contribución al estudio del ejército en los Estados de la Reconquista.* AHDE, 1944, 15, 205-351.

Sánchez Albornoz, C., *La «pérdida de España». El ejército visigodo: su protofeudalización.* CHE, 1967, 44, 5-73.

Vigón Suerodíaz, J., *El ejército de los Reyes Católicos.* M, 1968, 274.

→ 9.25, Vigil; 9.86.

9

83 SIGLOS XVI-XVIII

Calvo Sánchez, I., *Retratos de personajes del siglo XVI relacionados con la historia militar de España.* M, 1919, 291.
Maravall Casesnoves, J. A., *Ejército y Estado en el Renacimiento.* REPol, 1961, 118, 5-46.
Martínez Campos, C., *España bélica. Siglo XVIII.* M, 1965, 319
Martínez Campos, C., *España bélica. El siglo XVI.* M, 1966, 2 v. + láms.
Martínez Campos, C., *España bélica. El siglo XVII.* M, 1968, 294 + láms.
Rodríguez Casado, V., *El ejército y la marina en el Reinado de Carlos III.* BolInst Riva-Agüero (Lima), 1956, 12, 129-56.
Sotto Montes, J., *Organización militar de la Casa de Austria.* RHMil, 1965, 9, 67-116.

→ 9.92, O'Dogherty.

84 SIGLOS XIX-XX

Balbín Delor, J., *El ejército español de 1808 y estado militar de España al comenzar la guerra de la Independencia.* RHMil, 1958, 2, 51-83.
Carrasco Verde, M., y otros, *Cien años en la vida del ejército español.* M, 1956, 190.
Miscelánea.
Martínez Campos, C., *España bélica. Siglo XIX.* M, 1961, 405 + láms.
Sotto Montes, J., *Organización militar española de la Casa de Borbón (siglo XIX).* RHMil, 1969, 13, 90-126.

→ 9.80, 9.85, 9.86.

85 ESPECIALIDADES

Clonard, Conde de, *Historia orgánica de las Armas de Infantería y Caballería españolas.* M, 1851-9, 16 v.
Díaz de Quijano, P., *Breve historia del Cuerpo de Ingenieros militares.* Pensamiento y Acción (B), 1956, 7, 29-30.
Gil Alvaro, A., *Glorias de la Caballería española. Reseña histórica de sus Cuerpos.* M, 1896, 327.
Gil Ossorio, F., *Noticias orgánicas de la Artillería española del siglo XVIII.* RHMil, 1973, 17, 7-28.
Giménez Caballero, E., *La Infantería española.* M, 1941, 156.
Lambarri Yanguas, F., *...Historia militar del Cuerpo de Intendencia.* B, 1973, 500 + láms.
Sorja Sorja, F., *El origen del cuerpo de Sanidad Militar.* Ejército (M), 1963, 277, 47-50.
Sotto Montes, J., *Síntesis histórica de la Caballería española, desde los primeros tiempos históricos hasta el siglo XX.* M, 1968, 754 + láms.
Vigón Suerodíaz, J., *Historia de la Artillería española.* M, 1947, 3 v.

→ 9.89.

9

86 MILICIAS. VOLUNTARIADO

Darias Padrón, D. V., *Sumaria historia orgánica de las Milicias de Canarias.* EMC, 1953, 14, 131-204.
Espadas Burgos, M., *La Milicia Nacional.* M, 1972, 35.
Galey, J. H., *...Spanish Foreign Legión.* Journal of contemporary history (Londres), 1969, 4, 47-64.
González, M. E., *La anubda y la arrobda en Castilla.* CHE, 1964, 40, 5-42.
Groizard Coronado, M., *Las milicias locales en la edad media.* BRAH, 1909, 55, 353-62.
Hellwege, J., *Die spanischen Provinzialmilizen im 18 Jahrhundert.* Boppard, 1969, 471.
Lomax, D. W., *Las milicias cistercienses en el Reino de León.* Hispania, 1963, 23, 29-42.
→ 9.97, **Alcántara.**
Maciá Serrano, A., y otros, *La Legión Española. Cincuenta años de historia.* M, 1970-3, 2 v.
Pescador del Hoyo, C., *La caballería popular en León y Castilla.* CHE, 1961, 34, a 1964, 40, múltiples entradas.
Sotto Montes, J., *La infantería suiza al servicio de España.* RHMil, 1972, 16, 37-72, 117-37.
Suárez Verdeguer, F., *Los Cuerpos de voluntarios realistas...* AHDE, 1956, 26, 47-88.
Torres Fontes, J., *La caballería de alarde murciana en el siglo XV.* AHDE, 1968, 38, 31-86.

→ 6.95.5, Salas.

87 ARMAMENTO

Armería, *Informe sobre la _____ española.* ICE, 1973, 483, 53-9.
Cirlot, J. E., *La espada en los siglos XV y XVI.* San Jorge (B), 1957, 26, 6-9.
Clayburn, J., *La producción de fusiles... antes de la Guerra de la Independencia.* RHMil, 1970, 14, 108-20.
Chica, G., *El armamento de los iberos.* RABM, 1957, 63, 309-21.
García Fuentes, J. M., *Las armas hispanomusulmanas al final de la Reconquista.* Chronica Nova (Granada), 1969, 3, 7-39.
Laiglesia, F., *Cómo se defendían los españoles en el siglo XVI.* M, 1906, 87.
Leguina, E., *Los maestros espaderos.* Sevilla, 1897, 226.
Leguina, E., *La espada española.* M, 1914, 102.
Riquer Morera, M., *L'arnès del cavaller. Armes i armadures catalanes medievals.* Espluges, 1968, 239.
Sempere Pasquet, S., *Historia de las armas de fuego y su uso en España.* M, 1951, 326.
Sobejano R. Rubí, E., *Espadas de España.* Arte Español (M), 1956, 21, 204-23, 237-46.

→ 10.36, Danvila.

88 ARQUITECTURA MILITAR. CASTILLOS

Alomar, G., *Monumentos de arquitectura militar. Inventario resumido.* M, 1968, 173.

Sáinz de Robles, F. C., *Castillos en España. Su historia, su arte, sus leyendas.* M, 1962², 308 + láms.

Sarthou Carreres, C., *Castillos de España. Su pasado y su presente.* M, 1963⁴, 583 + láms.

Avila Díaz, G., *Castillos de la provincia de Burgos.* Burgos, 1961, 91.

Bordeje, F., *Itinerarios de castillos... de Madrid.* BAEAC, 1953, 1, 28-39.

Candamo, L. G., *La ruta de los castillos castellanos.* M, 1954, 136.

Catalá Roca, P., y otros, *Els castells catalans.* B, 1967-9, 2 v.

Collantes de Terán, F., *Los castillos del reino de Sevilla.* AH, 1953, 18, 117-85.

Díez del Corral, L., *Reflexiones sobre el castillo hispano.* REPol, 1952, 61, 31-75.

Dotor, A., *Castillos de Madrid y Avila.* RGE, 1951, 31, 3-68.

Dotor, A., *Castillos de Toledo.* RGE, 1955, 33, 1-86.

Dotor, A., *Los castillos árabes en España.* BAEAC, 1965, 13, 7-26.

Dotor, A., *Los castillos de Manzanares el Real y Buitrago.* AIEM, 1967, 2, 125-35.

Escagüés Javierre, I., *Los castillos de Aragón.* Hidalguía, 1954, 7, 769-84.

García Chico, E., *El castillo de la Mota, en Medina del Campo.* BAEAC, 1962, 10, 23-30.

Gaya Nuño, A., *Atalayas cristianas de la frontera.* AEArte, 1944, 17, 124-30.

Gil Montero, J., *El castillo de Gormaz.* BAEAC, 1954, 7, 296-8.

Goicoechea Romano, C., *Castillos de la Rioja...* Logroño, 1949, xv+123.

Guasp Gelabert, B., y otros, *Los castillos roqueros de Mallorca.* Palma, 1952, 217.

Jiménez, J., *Recintos medievales amurallados en los antiguos Reinos de Castilla y de León.* Castillos de España (M), 1972, 74, 17-33.

Layna Serrano, F., *Castillos de Guadalajara.* M, 1960², 574 + láms.

Luengo, J. M., *Monumentos militares leoneses. El castillo de Ponferrada.* León, 1929, 384.

Mateo Box, J., *Historia de los castillos de la provincia de Alicante.* Alicante, 1953, 171.

Morales, S., *Castillos y murallas del Santo Reino de Jaén.* BIEG, 1958, 17, 15-92; 18, 9-80; 1963, 35, 9-32.

Paz Espeso, J., *Castillos y fortalezas del Reino. Noticia de su estado y de sus alcaides y tenientes durante los siglos XV y XVI.* RABM, 1911, 25, a 1913, 29, múltiples entradas.

Sabater, G., *El castillo de Bellver. Su arte y su historia.* M, 1962, 80 + láms.

Sanz Díaz, J., *Castillos de Cuenca.* BAEAC, 1953, 1, 342-52.

Sanz Díaz, J., *Puertas y murallas.* M, 1956, 29 + lams.

Terrasse, H., *Les forteresses de l'Espagne musulmane.* BRAH, 1954, 134, 455-83.

Vázquez Otero, D., *Castillos y paisajes malagueños. Historia de los de la provincia.* Málaga, 1960, 335.

Velo Nieto, G., *Castillos de Extremadura.* M, 1968, 683.

Vera, J., y M. Villalpando, *Los castillos de Segovia.* Segovia, 1961², 116 + láms.

→ 7.58.2, Calderón; 9.97, **Montesa**; 9.98, Quintana; 10.41, Guitart; 18.24, Pillement.

89 FUERZAS DE SEGURIDAD. SERVICIOS SECRETOS

Aguado Sánchez, F. J., *Las fuerzas de orden público. Instituciones de antaño.* Ejército (M), 1963, 285, 9-14.

Aguado Sánchez, F. J., *Organización de la Guardia Civil desde la fundación hasta la actualidad.* REst históricos de la Guardia Civil (M), 1969, 4, 27-52; 1970, 5, 71-107; 6, 65-84.

Aguado Sánchez, F. J., *Síntesis histórica del Cuerpo de Carabineros.* REst históricos de la Guardia Civil (M), 1973, 6, 9-48.

Aguirre Prado, L., *La Guardia Civil.* M, 1955, 30.

Caamaño Bournacell, J., *Historia de la policía española.* M, 1972, I.

Cirot, G., *L'espionnage en Espagne au temps de la Reconquête.* BH, 1917, 19, 259-64.

Clonard, Conde de, *Memoria para la historia de las tropas de la Casa Real de España...* M, 1824, 239 + láms.

Comín Colomer, E., *Libro de Oro de la Policía gubernativa.* M, 1954.

Escobar Raggio, J. A., *Historia de la policía.* M, 1947, 391.

Iglesia Carnicero, E., *Reseña histórica de la Guardia Civil desde la creación del Cuerpo hasta la Revolución de 1868, seguida de un apéndice bibliográfico.* M, 1898, xvi+233.

Lohmann Villena, G., *El limeño Don Juan de Valencia..., Espía mayor de Castilla.* Miscelánea americanista (M), 1952, 3, 395-464.

Martínez Ruiz, E., *El guardia civil, un elemento nuevo en la tipología militar de España.* REst históricos de la Guardia Civil (M), 1969, 3, 32-50.

Martínez Ruiz, E., *Las fuerzas de seguridad y orden público en la primera mitad del siglo XIX,* en *Estudios sobre la España liberal.* M, 1973, 83-161.

Navarro, F., y otros, *Noble Guardia de Arqueros de Corps.* Hidalguía, 1953, 1, a 1962, 10, múltiples entradas.

Opisso, A., *La Guardia Civil y su tiempo.* B, 1913-6, 2 v.

Priego López, J., *Escoltas y guardias moras de los Jefes de Estado españoles.* M, 1952, 34.

→ 1.12, **Policías**; 6.43.

90 ARMADA

Carrero Blanco, L., *España y el mar.* M, 1962³, 578. Historia de la Armada.

Condeminas Mascaró, F., *La marina militar española. Compendio histórico.* B, 1930, 342. 9

Fernández Duro, C., *La marina militar de Castilla desde su origen... hasta la refundición en la Armada Española.* M, 1890-4, 2 v.

Fernández Duro, C., *Armada española desde la unión de Castilla y Aragón.* M, 1895-1903, 9 v.

Fuente Herrera, R., *Compendio histórico de la marina militar de España.* M, 1918, 214.

Ibáñez de Ibero, C., *Historia de la marina de guerra española desde el siglo XIII hasta nuestros días.* M, 1943^{2}, 272.

Ibáñez de Ibero, C., *Los grandes combates de España en el mar.* M, 1945, 130.

Acedo Cerdá, M., *Real Cuerpo de Artillería de la Armada.* M, ¿1970?, 386.

Clavijo Clavijo, S., *Historia del Cuerpo de Sanidad militar de la Armada...* San Fernando, 1925, 419.

Ibáñez de Ibero, C., *Almirantes y hombres de mar.* M, 1950, 555.

Lasala Navarro, G., *Galeotes y presidiarios al servicio de la marina de guerra en España.* M, 1961, 156.

Narbona, V., *Los grandes marinos españoles.* M, 1944, 135.

Olesa Muñido, F., *La galera en la navegación y el combate.* B, 1971, 2 v.

Pavía, F. P., *Galería biográfica de... Marina... desde 1700 a 1868.* M, 1873-4, 4 v.

Rivas Fabal, J. E., *Historia de la infantería de marina española.* M, 1970^{2}, ix+559 + láms.

Vargas Ponce, J., *Varones ilustres de la Marina española.* M, 1807-8, 2 v.

91 EDAD MEDIA

Ferrer Mallol, M. T., *Els corsaris castellans i la campanya de Pero Niño al Mediterrani (1404).* AEM, 1968, 5, 265-338.

González González, J., *Orígenes de la marina real de Castilla.* RABM, 1948, 44, 229-53.

Pérez Embid, F., *El Almirantazgo de Castilla hasta las Capitulaciones de Santa Fe.* AEAm, 1944, 1, 1-170.
También, Sevilla, 1945, xv+185.

Pérez Embid, F., *La marina real castellana en el siglo XIII.* AEM, 1969, 6, 141-85.

Salas Rodríguez, F. J., *Marina española de la edad media...* M, 1927^{2}, 2 v.

92 SIGLOS XVI-XVIII

Andrews, K. R., *Elizabethan privateering. English privateering during the spanish war, 1585-1603.* Londres, 1964, xvi+298.

Cáceres Blanco, F. I., *Los corsarios del Cantábrico durante el reinado de Carlos IV.* Altamira, 1964, 3-149.

Carlan, J. M., *Navíos en secuestro. La escuadra española del Océano en Brest (1788-1802).* M, 1951, 200.

Fernández Alvarez, M., *Orígenes de la rivalidad naval hispano-inglesa en el siglo XVI.* RI, 1947, 8, 311-69.
Piratería.
Lasso de la Vega, J., *La Marina Real de España a fines del siglo XVIII y principios del XIX.* M, 1856-63, 2 v.
Núñez, I., *Breve biografía orgánica de la infantería de marina del siglo XVIII.* RGeneral de Marina (M), 1952, 143, 597-608.
O'Dogherty Sánchez, A., *La Real Armada y el Ejército en el siglo XVIII.* RGeneral de Marina (M), 1952, 143, 119-26.
Olesa Muñido, F. F., *La organización naval de los estados mediterráneos y en especial de España durante los siglos XVI y XVII.* M, 1968, 2 v.
Salvá, J., *La Orden de Malta y las acciones navales españolas contra turcos y berberiscos en los siglos XVI y XVII.* M, 1944, 447.

93 SIGLOS XIX-XX

Aguilera, A., *Buques de guerra españoles, 1885-1971.* M, 1972[2], 147.
Núñez, I., *Breve biografía orgánica de la infantería de marina. Siglo XIX.* RGeneral de Marina (M), 1953, 144, 3-16.
Pastor Fernández, M., *Los blindados españoles.* RGeneral de Marina (M), 1968, 174, 280-98.

→ 6.89.5, Risco; 6.95.5, 9.90.

95 EJERCITO DEL AIRE

Acedo Colunga, F., *El alma de la aviación militar española.* M, 1928, 214.
Gomá Orduña, J., *Historia de la aeronáutica española.* M, 1946-50, 2 v.
Kindelán Duany, A., *Cómo el Ejército creó la Aviación.* Ejército (M), 1962, 265, 25-6.
No Louis, E., *Ejército del Aire,* en *Nueva Enciclopedia Jurídica.* B, 1956, VIII, 155-60.

→ 6.95.5, 12.98.

96 ORDENES MILITARES

Alvarez de Araujo, A., *Las Ordenes militares de Santiago, Calatrava, Alcántara y Montesa. Su origen, organización y estado actual.* M, 1891, 276.
Benavides, A., *Historia de las Ordenes de Caballería y de las condecoraciones españolas.* M, 1864-5, 4 v.
Caro de Torres, F., *Historia de las Ordenes militares de Santiago, Calatrava y Alcántara desde su fundación hasta el Rey Don Felipe Segundo.* M, 1629, 252.
Fernández Llamazares, J., *Historia compendiada de las cuatro Ordenes militares de Santiago, Calatrava, Alcántara y Montesa.* M, 1862, 449.

Iñigo Miera, M., *Historia de las Ordenes de Caballería... Comprende las diez y siete Ordenes españolas extinguidas y las existentes en la actualidad...* M, 1863, 2 v.

King, G. G., *A brief account of the Military Orders in Spain.* Nueva York, 1921, xii+275.

Rades Andrada, F., *Chrónica de las tres Ordenes y Caballerías de Santiago, Calatrava y Alcántara.* Toledo, 1572, 12+73+85+55 f.

Revilla Vielva, R., *Ordenes militares de Santiago, Alcántara, Calatrava y Montesa.* M, 1927, 70.

Alvarez de Araujo, A., *Ceremonial de las Ordenes militares de Calatrava, Alcántara y Montesa...* M, 1893, 222.

Ariño Alafont, A., *El priorato de las Ordenes militares.* REDC, 1954, 9, 197-201.

Ciadoncha, Marqués de, *Los caballeros portugueses en las Ordenes militares españolas.* Lisboa, 1946, 100.

Echevarría Martínez, L., *La diócesis priorato de las Ordenes militares.* Salmanticensis, 1955, 2, 299-349.

Guillamas, M., *Reseña histórica del origen y fundación de las Ordenes militares...* M, 1851, 101.

Javierre Mur, A., y G. del Arroyo, *Archivo Histórico Nacional. Guía de la sección de Ordenes militares.* M, 1949, xii+301.

Ladero Quesada, M. A., *Algunos datos para la historia económica de las Ordenes militares de Santiago y Calatrava en el siglo XV.* Hispania, 1971, 31, 637-62.

Lohmann Villena, G., *Los americanos en las Ordenes militares (1529-1900).* M, 1947, 2 v.

Mota Arévalo, H., *Las Ordenes militares en tierras de Extremadura.* REE, 1962, 18, 5-76.

O'Callaghan, J. F., *Hermandades between the military Orders of Calatrava and Santiago during the castilian Reconquest.* Speculum (Cambridge, Mass.), 1969, 44, 609-18.

Salcedo Jaramillo, B., *Soberanía... de los Reyes de España en las cuatro Ordenes militares.* BRAH, 1918, 73, 69-91.

Vignau Ballester, V., y F. R. Uhagón, *Indice de pruebas de los caballeros... de Calatrava, Alcántara y Montesa desde el siglo XVI hasta la fecha.* M, 1903, vii+359.

Wright, L. P., *The military Orders in sixteenth and seventeenth century spanish Society...* Past and Present (Oxford), 1969, 43, 34-70.

→ 8.43, **Ciudad Real**; 8.79, Benito.

97 LAS GRANDES ORDENES EN PARTICULAR

Cadenas Vicent, V., *Caballeros de la Orden de* **Alcántara**... *durante el siglo XIX.* M, 1956, 321.

O'Callaghan, J. F., *The foundation of the Order of Alcántara.* Catholic Historical Review (Washington), 1961, 47, 471-86.

Ortega Cotes, I. J., y otros, *Bullarium Ordinis Militiae de Alcántara.* M, 1759, 872.

Torres Tapia, A., *Crónica de la Orden de Alcántara.* M, 1763, 2 v.

→ 9.86, Lomax.

9 Alonso Rodríguez, H., *Algo sobre la fundación de la Orden de* Calatrava. B, 1917, 108.

Calatrava, *La Orden de* _____. Ciudad Real, 1959, 122. Miscelánea por diversos autores.

Caruana Gómez, J., *La Orden de Calatrava en Alcañiz*. Teruel, 1952, 8, 1-76.

Domínguez, J., *La Orden de Calatrava, cisterciense*. Cistercium, 1958, 10, 289-95.

Gutton, F., *La chevalerie militaire en Espagne. L'Ordre de Calatrave*. París, 1955, 240 + láms.

Gutton, F., *Influencia de Calatrava en el ámbito nacional español*. Cistercium, 1958, 10, 298-9.

Lomax, D. W., *Algunos estatutos primitivos de la Orden de Calatrava*. Hispania, 1961, 21, 483-94.

O'Callaghan, J. F., *The affiliation of the Order of Calatrava with the Order of Citeaux*. Analecta Sacri Ordinis Cisterciensis (Roma), 1959, 15, 161-93; 1960, 16, 3-59, 255-92.

O'Callaghan, J. F., *The earliest «definiciones» of the Order of Calatrava, 1304-1383*. Traditio (Nueva Yor), 1961, 17, 255-84.

Ortega Cotes, I. J., y otros, *Bullarium Ordinis Militiae de Calatrava*. M, 1761, 872.

Yáñez, M. D., *Origen de la Orden de Calatrava*. Cistercium, 1958, 10, 274-88.

Cadenas Vicent, V., *Caballeros de* **Montesa** *que efectuaron sus pruebas de ingreso durante el siglo XIX*. BRAH, 1957, 140, 283-421; 141, 373-453.

Ferrán Salvador, V., *El castillo de Montesa. Historia, descripción... Bosquejo histórico de la Orden militar de Santa María de Montesa y San Jorge de Alfama*. Valencia, 1926, 262. → 9.97, Más.

Javierre Mur, A. L., *Privilegios reales de la Orden de Montesa en la edad media...* M, 1945, 359 + láms.

Samper, H., *Montesa ilustrada*. Valencia, 1669, 2 v.

Vargas Zúñiga, A., *Catálogo de los caballeros y religiosos de la Orden de Montesa (1319-1700)*. Hidalguía, 1957, 5, 65-80, 177-92.

Figueroa Melgar, A., *La Orden de caballería de* **Santiago**. Hidalguía, 1967, 15, 785-808.

Gallego Blanco, E., *The rule of the spanish military Order of St. James...* Leiden, 1971, 172.

Gutiérrez del Arroyo, C., *Privilegios reales de la Orden de Santiago en la edad media*. M, 1946, 399 + láms.

Leclerq, J., *La vie et la prière des chevaliers de Santiago d'après leur règle primitive*. Liturgica (Montserrat), 1958, 2, 347-57.

Lomax, D. W., *La Orden de Santiago (1170-1275)*. M, 1965, xxvi+306.

López Agurleta, J., *Bullarium Equestri Ordinis Sancti Jacobi*. M, 1719, 634.

Martín, J. L., *Orígenes de la Orden militar de Santiago (1170-1193)*. AEM, 1967, 4, 571-92.

Mota Arévalo, H., *La Orden de Santiago en tierras de Extremadura*. REE, 1962, 18, 5-76.

Pérez Balsera, J., *Biblioteca histórica y genealógica. Los caballeros de Santiago.* M, 1932-6, 7 v.

Rodríguez Amaya, E., *La Orden de Santiago en tierras de Badajoz.* REE, 1946, 2, 251-76.

Rodríguez del Pino, C., *Algunas noticias sobre la fundación de la Orden de Caballería de Santiago de la Espada...* Hidalguía, 1963, 11, 223-36.

Salazar y Castro, L., *Los Comendadores de la Orden de Santiago* [siglo XVIII]. M, 1949, 2 v.

Vignau Ballester, V., y F. R. de Uhagón, *Indice de pruebas de los caballeros... de Santiago desde... 1501 hasta la fecha.* M, 1901, xv+392.

→ 22.28.3, **Uclés.**

→ 1.12, **Ordenes.**

98 OTRAS ORDENES. INSTITUCIONES ANALOGAS

Aguirre, D., *Descripción histórica del Gran Priorato de San Juan en los Reinos de Castilla y León.* M, 1772.

Almunia, J., *Un curioso proyecto de orden militar vascongada.* BRSV, 1953, 9, 3-19.

Ayneto, J., *Historia de los templarios en Aragón y Cataluña.* Lérida, 1904.

Blázquez Jiménez, A., *Bosquejo histórico de la Orden de Montegaudio.* BRAH, 1917, 71, 138-72.

Cobos de Belchite, Barón de, *La antigua Orden de Nuestra Señora del Lino (año 1043).* Hidalguía, 1953, 1, 269-72.

Daumet, G., *L'Ordre castillan de l'Écharpe* [Banda]. BH, 1923, 25, 5-32.

Díaz Milián, L., *Reseña histórica del extinguido Cabildo de Caballeros de Molina de Aragón, continuado con la ilustre Cofradía Orden militar del Monte Carmelo...* Guadalajara, 1886, 273.

Escalera, P., *Origen de los Monteros de Espinosa...* M, 1735, 262.

Estepa, C., *Las encomiendas del Temple en Tierra de Campos.* AL, 1972, 52, 47-57.

Ferreiro Alemparte, J., *Asentamiento y extinción de la Orden Teutónica en España...* BRAH, 1971, 168, 227-74.

Fluviá Escorsa, A., *Grandes maestres hispánicos en la Orden de San Juan.* Castillos de España (M), 1970, 42-9.
De 1295 a 1775.

Forey, A. J., *The Templars in the Corona de Aragón.* Londres, 1973, xi+498.

García Larragueta, S., *La Orden de San Juan en la crisis del Imperio Hispánico del siglo XII.* Hispania, 1952, 12, 483-524.

García Larragueta, S., *El Gran Priorado de Navarra de la Orden de San Juan de Jerusalén.* Pamplona, 1957, 2 v.

García Sáinz, J., *Los Monteros de Espinosa.* BIFG, 1957, 12, 763-9; 1958, 13, 48-59, 118-28; 1959, 13, 266-71, 357-62, 517-29, 549-601.

Javierre Mur, A., *...Proceso contra el Temple en Castilla.* RABM, 1961, 69, 47-100.

9 Lede, Marqués de, *Orden militar de la Inmaculada Concepción de la Virgen María.* Hidalguía, 1954, 7, 705-12.

Ledesma Rubio, M. L., *La Encomienda de Zaragoza de la Orden de San Juan de Jerusalén.* Zaragoza, 1967, 619.

Más Gil, L., *La Orden militar de San Jorge de Alfama...* Hidalguía, 1963, 11, 247-56.

→ 9.97, **Montesa.**

Menéndez Pidal, J., *Noticias acerca de la Orden militar de Santa María de España...* M, 1907, 26.

También, RABM ,1907, 17, 161-80.

Moliné Brases, E., *Establiment del Ordre de la Cavalleria de Sant Jaume.* BRABarcelona, 1915, 8, 167-82.

Muñoz de San Pedro, M., *La desaparecida Orden de Caballeros de Monfragüe.* Hidalguía, 1953, 1, 69-76.

Muñoz de San Pedro, M., *Los caballeros de Nuestra Señora de Salor.* Hidalguía, 1954, 6, 449-60.

Ortega Costa, J. M., *Breve historial de la Orden de Caballería del Santo Sepulcro de Jerusalén.* Sabadell, 1967, 42.

Palacio Palacio, J. M., *Las falsas Ordenes de Caballería.* Hidalguía, 1953, 1, 77-93, 533-620; 1954, 2, 73-97.

Pereda Merino, R., *Los Monteros de Espinosa.* Burgos, 1917, 643.

Pérez Villamil, J., *Origen e instituto de la Orden militar de Santa María de España.* BRAH, 1919, 74, 243-52.

Quintana Prieto, A., *Los templarios en Cornatel.* AL, 1955, 9, 47-70.

Rassow, P., *La Cofradía de Belchite.* AHDE, 1926, 3, 200-26.

Rodríguez Campomanes, P., *Disertaciones históricas del Orden y Caballería de los Templarios...* M, 1747, 23+286.

Saavedra Losada, J., *La Real y Militar Orden de Nuestra Señora de la Merced.* M, 1948, 70.

→ 8.53, **Mercedarios.**

Santo Sepulcro, *Establecimientos y constitución de la ínclita Orden militar del _____, con datos... desde su fundación hasta nuestros días.* M, 1934, 179.

Soler Cantó, J., *Santa María de Cartagena, primera patrona de las fuerzas embarcadas. Orden militar de Santa María de España.* RGeneral de Marina (M), 1967, 172, 24-30.

Ubieto Arteta, A., *La creación de la cofradía militar de Belchite.* EEMCA, 1952, 5, 427-34.

Usón Sesé, M., *Aportaciones al estudio de la caída de los templarios en Aragón.* Universidad, 1926, 3, 479-523.

Vela de Almazán, P., *Relación de caballeros maestrantes de Ronda, Sevilla, Granada, Valencia y Zaragoza, desde la creación de estos Cuerpos...* Ubeda, 1905, 217.

Velo Nieto, G., *La Orden de los Caballeros de Monsfrac.* M, 1950, 143.

Villanueva, L. T., *Memoria sobre la Orden de Caballería de la Banda de Castilla.* BRAH, 1918, 72, 436-65.

Villanueva, L. T., *La Orden española de caballería de la Jarra.* BRAH, 1919, 75, 68-77.

Vincke, J., *Nachrichten über den Deutschen Orden in Spanien.* GAKS, 1958, 13, 263-70. 9

→ 10.58, Válgoma.

99 VIDA CABALLERESCA

Martínez Ruiz, B., *La investidura de armas en Castilla.* CHE, 1944, 1, 190-221.

Martínez Ruiz, B., *La vida del caballero castellano, según los cantares de gesta.* CHE, 1949, 12, 130-44.

Muñoz, J., *El caballero español de la Reconquista.* MC, 1966, 46, 79-99.

Riquer Morera, M., *La vida caballeresca en la España del siglo XV.* M, 1965, 143.

Riquer Morera, M., *Caballeros andantes españoles.* M, 1967, 170. También, RO, 1965, 3, 20-32.

Scudieri Ruggieri, J., *Per uno studio della tradizione cavalleresca nella vita e nella cultura spagnola medievale.* Studi di Letteratura spagnola (Roma), 1964, [1], 11-60.

→ 9.87, Riquer; 20.20, Martínez.

10

SOCIOLOGIA

10

SOCIOLOGIA

01 LA SOCIEDAD

Beneyto Pérez, J., *Historia social de España e Hispanoamérica.* M, 1973[2], xiv+546.

Díaz Plaja, F., *La Sociedad española. Desde los orígenes hasta nuestros días en fotografías y documentos.* B, 1972, 538.

Vicens Vives, J., y otros, *Historia social y económica de España y América.* B, 1957-9, 5 v.

La misma obra apareció en 1961 bajo el título de *Historia de España y América,* en la portada, pero con el anterior en el colofón. De ella hay 2.ª ed., B, 1971, 5 v.

→ 8.80.

02 PREHISTORIA. EDAD ANTIGUA

Caro Baroja, J., *Regímenes sociales y económicos de la España prerromana.* RIS, 1943, 1, 149-90.

Serra Rafols, J., *La vida en España en la época romana.* B, 1944, 286.

Balil Illana, A., *Riqueza y sociedad en la España romana (s. III-I a. J. C.).* Hispania, 1965, 25, 325-66.

Blázquez Martínez, J. M., *Estructura económica y social de Hispania durante la anarquía militar y el bajo imperio.* M, 1964, vii+206.

Dolç Dolç, M., *Rasgos de la vida hispano-romana en la Celtiberia.* Argensola, 1950, 1, 27-46.

Prieto, A., *Estructura social del «Conventus Gaditanus».* HA, 1971, 1, 147-68.

03 EDAD MEDIA

Rubió Balaguer, J., *Vida española en la época gótica.* B, 1943, 295.

Beneyto Pérez, J., *La concepción jerárquica de la sociedad en el pensamiento medieval español.* EHSE, 1949, 1, 555-66.

10 Caro Baroja, J., *Una visión de la vida medieval. Glosa al Canciller Ayala.* Clavileño, 1954, 5, 1-6.
También, en su *Razas, pueblos...* M, 1957, 53-64.

Lourie, E., *A society organized for war: medieval Spain.* Past and present (Oxford), 1966, 35, 54-76.

Querol Faus, F., *La vida valenciana en el siglo XV. Un eco de Jaume Roig.* Valencia, 1963, 110 + láms.

Ruiz de la Peña, J. I., *La sociedad ovetense en el siglo XIII.* Hispania, 1967, 27, 485-527.

Sánchez Albornoz, C., *Una ciudad de la España cristiana hace mil años. Estampas de la vida en León.* M, 1966^{5}, 216.

Torres López, M., *La vida privada en los tres primeros siglos de la edad media,* en HE, 1963^{2}, III, 355-80.

Wieruszowski, H., *Politics and Culture in medieval Spain and Italy.* Roma, 1971, xx+681.

→ 9.03, 9.10.

04 SIGLOS XVI-XVII

Davies, R. T., *El Siglo de Oro español, 1501-1621.* Zaragoza, 1944, xxviii+355 + láms.

Défourneaux, M., *La vie quotidienne en Espagne au siècle d'or.* París, 1965, 288.

Domínguez Ortiz, A., *La sociedad española en el siglo XVII.* M, 1963-70, 2 v.
Población. Nobleza.

Fernández Alvarez, M., *La sociedad española del Renacimiento.* Salamanca, 1970, 270 + láms.

González Palencia, A., *La España del Siglo de Oro.* M, 1940, xi+216 + láms.

Pfandl, L., *Cultura y costumbres del pueblo español de los siglos XVI y XVII...* B, 1959^{3}, 378.

Piétri, F., *La España del Siglo de Oro.* M, 1960, 419.

Santa Marina, L., *La vida cotidiana en nuestros clásicos.* B, 1948-9, 2 v.

Valbuena Prat, A., *La vida española en el siglo de Oro, según sus fuentes literarias.* B, 1943, 283.

Arco Garay, R., *La sociedad española en las obras dramáticas de Lope de Vega.* M, 1941, 928.

Arco Garay, R., *La sociedad española en Tirso de Molina.* RIS, 1944, 2, 175-90; 1945, 3, 335-59, 459-77.

Arco Garay, R., *La sociedad española en las obras de Cervantes.* M, 1951, 78.

Arco Garay, R., *Más sobre Tirso de Molina y el medio social.* BRAE ,1953, 23, 19-72, 243-93.

Bustos Tovar, J. J., *Vida y literatura en el siglo XVI.* Cuenca, 1966, 41.

Cepeda Adán, J., *La sociedad en la época de los Reyes Católicos.* EAm, 1950, 2, 353-74.

Ebersole, A. V., *El ambiente español visto por Juan Ruiz de Alarcón.* Valencia, 1959, 191.

Jareño, E. F., *«El coloquio de los perros», documento social de la vida española en la edad de oro.* EHSE, 1952, 2, 327-64.

Maravall Casesnoves, J. A., *Los factores de la idea del progreso en el Renacimiento español.* M, 1963, 146.

Monreal, J., *Cuadros viejos... Costumbres españolas del siglo XVII.* M, 1878, xii+483.

Rubio, J. M., *Los ideales y los hombres en la España imperial.* M, 1942, 310.

→ 4.65, Herrero, Rubio; 7.40.

05 SIGLO XVIII

Díaz Plaja, F., *La vida española en el siglo XVIII.* B, 1946, 269.

Domínguez Ortiz, A., *La sociedad española en el siglo XVIII.* M, 1955, 396.

→ 6.70, Desdevises.

Artola Gallego, M., y otros, *La España del Antiguo Régimen.* Salamanca, 1966- .

Estudio socioeconómico y administrativo, por regiones. Ultimo v. publ., VI, 1971.

Cepeda Adán, J., *Sociedad, vida y política en la época de Carlos III.* M, 1967, 40.

Hamilton, A., *A study of spanish manners (1750-1800) from the plays of Ramón de la Cruz.* Urbana, 1926, 72.

Kany, Ch. E., *Life and manners in Madrid, 1750-1800.* Berkeley, 1932, xiv+481.

→ 7.40, 8.08, Martínez; 9.50, Callahan, Elorza.

06 SIGLO XIX

Díaz Plaja, F., *La vida española en el siglo XIX.* M, 1969[2], 271.

Castro Serrano, J., *Cuadros contemporáneos.* M, 1871, 415.

Descola, J., *La vie quotidienne en Espagne au temps de Carmen.* París, 1971, 209.

Echegaray Eizaguirre, J., *Recuerdos.* M, 1917, 3 v.

Faus Sevilla, P., *La sociedad española del siglo XIX en la obra de Pérez Galdós.* Valencia, 1972, 348.

Fernández Cordero, C., *La sociedad española del siglo XIX en la obra de... Pereda.* Santander, 1970, 363.

Figueroa Alonso, A., *La sociedad española bajo la Restauración.* M, 1945, 234.

Figueroa Alonso, A., *Modos y modas de cien años.* M, 1966, 296.

Flores, A., *Ayer, hoy y mañana... Cuadros sociales de 1800, 1850 y 1899.* M, 1863-4, 7 v.

Francos Rodríguez, J., *En tiempo de Alfonso XII (1875-1885).* M, 1919, 270.

Francos Rodríguez, J., *Días de la Regencia. Recuerdos de lo que fue, 1886-1889.* M, 1922, 276.

10 Francos Rodríguez, J., *Cuando el Rey era niño*... M, 1925, 250.

Gil Munilla, O., *Historia de la evolución social española durante los siglos XIX y XX*. M, 1961, 133.

Historia social de España. Siglo XIX. M, 1972, 348.
Miscelánea por varios autores.

Jutglar, A., *La era industrial en España. Aproximación a la historia social de la España contemporánea*. B, 1963, 349.

Olivar Bertrand, R., *España y los españoles cien años atrás*... M, 1970, 289.

Sáinz de Robles, F. C., *Ayer y hoy. La evolución de la sociedad española en cien años*. M, 1960, 330 + láms.

Tierno Galván, E., *Aparición y desarrollo de nuevas perspectivas de valoración social en el siglo XIX: lo cursi*. REPol, 1952, 62, 85-106.

Tipos, *Los españoles de ogaño* [sic]. *Colección de ____ de costumbres*... M, 1872, 2 v.
Miscelánea por numerosos autores.

Zorrilla Moral, J., *Recuerdos del tiempo viejo*. M, 1961, 2 v.

→ 7.40.

07 SIGLO XX

Abella Bermejo, R., *La vida cotidiana durante la guerra civil. La España nacional*. B, 1973, 446 + láms.

Alfonso, C., *La España cotidiana*. M, 1970, 217.

Baonza, J. A., *La sociedad española. De la transformación al desarrollo*. M, 1968, 155.

Escobar Kirkpatrick, M., *1875-1949. La sociedad española vista por el Marqués de Valdeiglesias*. M, 1957, 321.

Foessa, *Informe sociológico sobre la situación social de España en 1970*. M, 1970, 1654.

Fraga Iribarne, M., *Las transformaciones de la sociedad española contemporánea*. M, 1959, 95.

González Seara, L., *Tiempo libre y ocio en la ciudad*. REOP, 1965, 1, 73-89.

González Seara, L., *Las vacaciones del español y el problema del tiempo libre*. REOP, 1968, 14, 43-66.

Martín Artajo, A., *La conciencia social de los españoles*. M, 1961, 150.

Martín de Nicolás, J., *Los problemas sociales de España según una sociología de profundidad*. Fomento social (M), 1957, 12, 25-40.

Martínez Campos, C., *Ayer, 1892-1931*. M, 1946, 476.

Miguel Rodríguez, A., y otros, *Síntesis del informe sociológico sobre la situación social de España en 1970*. M, 1973[4], 352.

Rodríguez Aranda, L., *Ideas para una sociología del pueblo español*. M, 1973, 160.

Sociología española de los años setenta. M, 1971, 842.
Miscelánea por numerosos autores.

→ 6.90, 6.91.2, Olivar; 7.40.

08 DIRECTORIOS Y GUIAS DE SOCIEDAD 10

Anuario español y americano del gran mundo. M, 1972[43], 672.

Gallardo, F., *España en la mano...* M, 1969, 248.

González Vera, E., *Heráldica. Guía de sociedad.* M, 1973, 1500. Repertorio de titulares de instituciones oficiales, profesionales, académicas, empresas, etc. Títulos nobiliarios. Publicación anual.

Lahoz Sánchez, J. R., *Anuario de la aristocracia y alta sociedad.* M, 1971, 796.

10 POBLACION

Domínguez Ortiz, A., *La población española a lo largo de nuestra historia.* BRSG, 1950, 86, 250-85.

Fusté Ara, M., *La duración de la vida en la población española desde la prehistoria hasta nuestros días.* TIBS, 1954, 14, 81-104.

Hoyos Sáinz, L., *La densidad de población y el acrecentamiento en España.* M, 1952, 306.

Nadal Oller, J., *La población española. Siglos XVI al XX.* B, 1973[3], 288.

12 EDADES ANTIGUA Y MEDIA

Balil Illana, A., *La duración media de la vida en la Carpetania romana.* RABM, 1955, 61, 287-92.

Balil Illana, A., *La edad de vida media en la Tarraco romano-visigoda.* BolBiblioteca-Museo de Balaguer, 1954, 2, 113-6.

García Bellido, A., *La vida media en la España romana.* RIS, 1955, 13, 117-23.

Kofman, L. C., y M. I. Carzolio, *Acerca de la demografía asturleonesa y castellana en la alta edad media.* CHE, 1968, 48, 136-70.

Palol Salellas, P., *Demografía y arqueología hispánicas de los siglos IV al VIII.* BSEAA, 1966, 22, 5-66.

Roca Traver, F. A., *Cuestiones de demografía medieval.* Hispania, 1953, 13, 3-36.

Sánchez Real, J., *La duración de la vida en los primeros siglos de nuestra era.* BolArqueológico (Tarragona), 1955, 55, 117-24.

→ 10.42.

13 SIGLOS XVI-XVIII

Bustelo García, F.,*La población española en la segunda mitad del siglo XVIII.* MyC, 1972, 123, 53-104.

Girard, A., *La répartition de la population en Espagne dans les temps modernes, XVIe-XVIIIe siècles.* Revue d'histoire économique et sociale (París), 1929, 347-62.

González, T., *Censo de población de las provincias y partidos de la Corona de Castilla en el siglo XVI...* M, 1829, 399.

Mounier, A., *La población española.* REconomía Política (M), 1958, 9, 115-37.
Reinado de Felipe V.

10 Romero de Solís, P., *La población española en los siglos XVIII y XIX*. M, 1973, 284.

Ruiz Almansa, J., *La población de España en el siglo XVI...* RIS, 1943, 1, 115-36.

Ruiz Almansa, J. ...*El censo de población de España en 1797*. RIS, 1947, 5, 233-47.

Ruiz Martín, F., *La población española al comienzo de los tiempos modernos*. CHist, 1967, 1, 189-202.

→ 14.20. Ruiz.

14 SIGLOS XIX-XX

Campo Urbano, S., *Análisis de la población de España*. B, 1972, 192.

Perpiñá Grau, R., *Corología. Teoría estructural y estructurante de la población de España (1900-1950)*. M, 1954, 210.

Abascal Garayoa, A., *La evolución de la población urbana española en la primera mitad del siglo XX*. Geographica, 1956, 3, 47-58.

Bustinza Ugarte, P., *Evolución de la natalidad en España en los últimos treinta años*. RIS, 1958, 16, 455-82.

Bustinza Ugarte, P., y A. Sopeña Ibáñez, *Análisis de la natalidad española y de su decrecimiento*. RIS, 1957, 15, 635-79.

Capel, H., y otros, *La población básica de las ciudades españolas*. EG, 1970, 31, 29-76.

Censo de la población... de 1857. M, 1858, 900.

Con las palabras iniciales del título, hay numerosas ediciones posteriores, actualizadas. La última, correspondiente al censo de 1970, es de M, 1971-3, 5 v., y comprende: número de habitantes por municipio; características de la población; nomenclátor de ciudades, villas, etc.; índice general alfabético de entidades de población.

Daric, J., *Évolution démographique en Espagne*. Population (París), 1956, 40, 83-104.

Díez Nicolás, J., *Tamaño, densidad y crecimiento de la población en España, 1900-1960*. M, 1971, 108.

También, RIS, 1970, 110, 87-123.

Díez Nicolás, J., *Componentes del crecimiento de la población en España, 1900-1960*. RIS, 1971, 116, 87-113; 117, 75-114.

García San Miguel, L., *De la sociedad aristocrática a la sociedad industrial en la España del siglo XX*. M, 1973, 266.

Gavira Martín, J., *La población costera de la Península y su distribución*. M, 1940, 15.

Gavira Martín, J., *El crecimiento de la población urbana española*. EG, 1947, 8, 411-7.

González Rothvoss, M., *Influencia de la emigración en el crecimiento de la población española en los últimos cien años (1851-1950)*. EDem, 1959, 6, 541-70.

Hoyos Sáinz, L., *Una comparación analítica de la densidad de población y su acrecentamiento en España*. REPol, 1951, 56, 77-144.

Hoyos Sáinz, L., *Zonas demográficas: una síntesis necesaria y utilísima.* EDem, 1959, 6, 69-86. 10

Lasheras Sanz, A., *Estructura de la población por razón de la edad* [1940]. EDem, 1959, 6, 87-118.

Melón Ruiz, A., *Densimetría de la población española.* EG, 1941, 2, 393-412.

Melón Ruiz, A., *Los censos de población en España (1857-1940).* EG, 1951, 12, 203-81.

Melón Ruiz, A., *La población de España en 1950. Datos y comentarios.* EG, 1952, 13, 441-54.

Melón Ruiz, A., *El contenido censal de 1950.* EG, 1953, 14, 171-91.

Melón Ruiz, A., *Censo de la población de España del año 1960.* EG, 1962, 23, 337-51.

Población, *La ______ activa española de 1900 a 1957.* M, 1957, 157.

Población, *Estudio sobre la ______ española... para la elaboración del III Plan de Desarrollo...* M, 1972, 558.

Ruiz Almansa, J., *Crecimiento y repartición de la población de España.* EDem, 1945, 1, 141-84.
También, RIS, 1944, 2, 77-105.

Sánchez Verdugo, J., *La población española. Cómo se distribuye, cómo nace y cómo muere* [1900-1950]. RIS, 1952, 10, 365-90, 93-116, 347-60.

Saura del Campo, M., *La vida media de los españoles. Su evolución en lo que va de siglo.* RIS, 1956, 14, 533-51.

Sierra, P., *Notas demográficas... sobre la población agrícola.* RIS, 1958, 16, 138-41.
En 1900, 1920 y 1950.

Villar Salinas, J., *Problemas de demografía española.* Arbor, 1944, 2, 281-306.

Villar Salinas, J., *Mortalidad específica española comparada con la de otros países.* EDem, 1954, 3, 108-74.

Villar Salinas, J., *Estructura de la población española por edades y sexos* [1940]. EDem, 1959, 6, 389-422.

→ 10.13, Romero.

16 SALUD PUBLICA

Contreras Dueñas, F., y R. M. Suárez Inclán, *Historia de la lepra en España.* M, 1973, 288.

Mier Jadraque, J., *El desarrollo del cáncer en España.* Suplemento al BolEstadística (M), 1954, 15, 111-22.

Miguel, J. M., *El suicidio en España.* REOP, 1969, 18, 195-233.
También, RIS, 1970, 109, 21-44.

Miguel, J. M., y B. Oltra, *Para una sociología de la salud mental en España.* REOP, 1971, 24, 93-112.

Minguella Giné, M., *Defensa del medio ambiente en España.* ICE, 1972, 466, 55-62.

Palanca Martínez, J. A., *La lepra en España.* Las Ciencias, 1954, 19, 209-27.

Pittaluga, G., *Investigaciones y estudios sobre el paludismo en España.* B, 1903, 260.

10 Ramos, T., *España y los orígenes de la sífilis.* AIHM, 1956, 8, 335-8.

Suicidio, *El* ——— *en España... 1906 a 1955.* M, 1959, xxxv+85 + láms.

Velázquez Sánchez, J., *Reseña histórica de las enfermedades contagiosas en Sevilla desde la Reconquista cristiana hasta el presente.* Sevilla, 1866, 319.

Villalba, J., *Epidemiología española o historia cronológica de las pestes... desde la venida de los cartagineses hasta el año de 1801.* M, 1803, 209.

→ 9.58-9.

17 EDADES ANTIGUA Y MEDIA

Cabrillana, N., *La crisis del siglo XIV en Castilla: la peste negra en el Obispado de Palencia.* Hispania, 1968, 28, 245-58.

Gautier-Dalché, J., *La peste noire dans les États de la Couronne d'Aragón.* BH, 1962, 64 bis, 65-80.

López de Meneses, A., *Documentos acerca de la peste negra en los dominios de la Corona de Aragón.* EEMCA, 1956, 6, 291-447.

Verlinden, Ch., *La grande peste de 1348 en Espagne...* RBPhH, 1938, 17, 103-46.

Zabalo Zabalegui, F. J., *Algunos datos sobre la regresión demográfica causada por la peste en la Navarra del siglo XIV,* en *Miscelánea... J. M. Lacarra.* Zaragoza, 1968, 485-91.

→ 9.58-9.

18 SIGLOS XVI-XVIII

Albarracín Teulón, A., *La patología en el teatro de Lope de Vega.* AIHM, 1952, 4, 407-535.

Albarracín Teulón, A., *La medicina en el teatro de Lope de Vega.* M, 1954, xii+382.

Albarracín Teulón, A., *Lope de Vega y el hombre enfermo.* CH, 1963, 162, 435-535.

Alvarez Sierra, J., *Carlos III y la higiene pública.* M, 1956, 55 + láms.

Bennassar, B., *Recherches sur les grandes épidemies dans le nord de l'Espagne à la fin du XVI siècle...* París, 1969, 194.

Casal Martínez, F., *Dos epidemias de peste bubónica en Cartagena, en el siglo XVII (1648 y 1676) y una terrible de paludismo en 1785.* Murcia, 1951, 64.

Guijarro Oliveras, J., *La fiebre amarilla en España durante los siglos XVIII-XIX,* en *Ensayos científicos... Romay.* La Habana, 1968, 175-98.

Isla Carande, E., *La leyenda negra y el mal francés.* M, 1945, 219.

Lizarraga Lecue, R., *Notas sobre la peste bubónica en el siglo XVI.* BSEHF, 1962, 12, 178-83; 13, 31-5.

S[ánchez] Granjel, L., *Las epidemias de peste en España durante el siglo XVII.* CHME, 1964, 3, 19-40.

→ 7.47, 9.58-9.

19 SIGLOS XIX-XX

Delgado, E., *El peligro de la peste en España.* M, 1924, 227.

Fernández Gracia, V. L., *El cólera morbo en Barcelona en 1854.* TCHCM, 1934, 2, 83-131.

García Herrera, G., *Biología del romanticismo y esquema patográfico de románticos españoles.* Actualidad médica (Granada), 1934, 20, 355-65.

Navlet Rodríguez, J., *Historia de la peste bubónica a través de la prensa popular madrileña.* Medicina clínica (B), 1950, 14, 438-41.

Peset Reig, M. y J. L., *Muerte en España. Política y sociedad entre la peste y el cólera.* M, 1972, 258.

Rico-Avello, C., *La epidemia de gripe, 1918-1919.* Gaceta médica española (M), 1964, 38, 1-4.

Salud, *La* ——— *de los españoles.* DE, abril, 1973, 63, 32.

Vallejo, J., *Las epidemias de cólera en Madrid en el siglo XIX.* RBAM, 1950, 19, 377-97.

→ 9.58-9, 10.14, Villar; 10.32.

21 MIGRACION INTERIOR

Higueras Arnal, A. M., *La emigración interior en España.* M, 1967, 129.

G[arcía] Barbancho, A., *Las migraciones interiores españolas... desde 1900.* M, 1967, 128.

G[arcía] Barbancho, A., *Las migraciones interiores españolas en 1961-1965.* Alcalá, 1970, 75.

García Fernández, J., *La atracción demográfica de Madrid.* EG, 1956, 16, 87-91.

García Fernández, J., *El movimiento migratorio de trabajadores en España.* EG, 1964, 25, 139-74.

García González, J., *Migraciones internas en la España medieval.* Valencia, 1966, 34.

Migración, *Los problemas de la* ——— *española.* M, 1959, 475. Miscelánea por numerosos autores.

Migraciones, *Las* ——— *en España.* M, 1958, 75. Miscelánea por varios autores.

Redondo Gómez, J., *Las corrientes migratorias de los trabajadores agrícolas de España.* REAS, 1956, 5, 113-32.

Roda Jiménez, R., *La emigración de los campos a las ciudades.* M, 1926, 64.

Siguán Solar, M., *Del campo al suburbio. Un estudio sobre la inmigración interior en España.* M, 1959, 319.

Siguán Solar, M., *Las raíces de la emigración campesina.* EG, 1966, 27, 533-9.

→ 9.58-9, 21.05, 21.46, 21.65, 22.56.

10 22 EMIGRACION

García Fernández, J., *La emigración exterior de España.* B, 1965, 302.

González Rothvoss, M., *Los problemas actuales de la emigración española.* M, 1949, 251.

Desde mediados del siglo XIX.

Hermida, R., y otros, *La emigración española y el desarrollo económico.* M, 1959, 130.

Martínez Cachero, L. A., *La emigración española ante el desarrollo económico y social.* M, 1965, 92.

Martínez Cachero, L. A., *Régimen jurídico de la emigración española.* RDerecho español y americano (M), 1966, 13, 61-78.

Martínez Cachero, L. A., *La emigración española a examen.* M, 1969, 194.

Sermet, J., *La nouvelle émigration espagnole.* Revue Géographique des Pyrénées (Toulouse), 1960, 31, 295-306.

Serrano Carvajal, J., *La emigración española y su régimen jurídico.* M, 1966, xv+237.

→ 10.30, González; 21.65, 21.96, Lhande.

23 EMIGRACION A EUROPA

Sánchez López, F., *Emigración española a Europa.* M, 1969, 523.

Alberdi, J. R., *¡El latido de España en una urbe francesa* [Burdeos]. RyF, 1955, 151, 379-94.

García Manrique, E., *La emigración española a Bélgica en los últimos años.* M, 1964, 200.

García Terrel, A. M., *La emigración de españoles a Francia.* RIS, 1958, 16, 525-6.

González Rothvoss, M., *La emigración española a Francia.* Las Ciencias, 1959, 24, 93-103.

Hermet, G., *Los españoles en Francia. Inmigración y cultura.* M, 1969, 294.

Hilton, R., *Spaniards in Marseille in the XVIIIth. century.* BH, 1938, 40, 176-85.

Maréchal, J., *La colonie espagnole de Bruges du XIV au XVI siècle.* Revue du Nord (Lille), 1953, 35, 5-40.

Mathorez, J., *Notes sur les espagnols en France depuis le XVIe. siècle jusqu'au règne de Louis XIII.* BH, 1914, 16, 337-71.

Mathorez, J., *Les espagnols et la crise nationale française à la fin du XVIe. siècle.* BH, 1916, 18, 86-113.

Mathorez, J., *Notes sur la pénetration des espagnols en France du XIIe. au XVIe. siècle.* BH, 1922, 24, 41-66.

Mathorez, J., *Notes sur l'infiltration des espagnols en France aux XVIIe. et XVIIIe. siècles.* BH, 1932, 34, 27-51.

Rengifo, A., *La emigración española a Alemania.* M, 1967, 30.

San Cristóbal Sebastián, S., *Españoles en Francia, hoy.* B, 1967, 160.

24 EMIGRACION A AMERICA

Borregón Riber, V., *La emigración española a América.* Vigo, 1952, 350.
Vázquez Mateo, F., *La emigración a Iberoamérica.* M, 1968, 101.

Arderíus, F., *Política hispanoamericana. Problemas de la emigración. España en América.* M, 1915, 222.
García Fernández, J., *La emigración española a América en los últimos años (1948-1957).* EG, 1960, 21, 95-101.
Gómez, R. A., *Spanish emigration to the United States.* The Americas (Washington), 1962, 19, 59-78.
González Rothvoss, M., *La emigración española a Iberoamérica.* EDem, 1954, 3, 315-408.
Martí Bufill, C., *Nuevas soluciones al problema migratorio.* M, 1955, 547.
Emigración a América.
Verdera, F., *Un lustro* [1951-5] *de emigración ultramarina española.* PE, 1959, 4, 110-6.

→ 7.43.

25 DESTIERRO

Batllori Munné, M., *La irrupción de jesuitas españoles en la Italia dieciochesca.* RyF, 1942, 126, 108-30.
Durán Canyameras, F., *Els exiliats de la Guerra de Successió.* B, 1964, 59.
Llorens, V., *Liberales y románticos. Una emigración española en Inglaterra (1823-1834).* M, 1968², 453.
Marañón Posadillo, G., *Españoles fuera de España.* M, 1957⁴, 186. Miscelánea.
Sarrailh, J., *Réfugiés espagnols en France au XIXe. siècle.* BH, 1928, 30, 220-34.

→ 1.12, **Desterrados**; 6.94.6.

26 INMIGRACION

Alcouffe, D., *Contribution à la connaissance des émigrés français de Madrid au XVIIe. siècle.* MCV, 1966, 2, 179-97.
Avella Chafer, F., *El clero francés emigrado en Sevilla durante la revolución (1792-1801).* AH, 1967, 46, 101-46.
Bajón Pérez, F., *Notas demográficas. Extranjeros en España* [1943-57]. RIS, 1958, 16, 339-46.
Contrasty, J., *Le clergé français exilé en Espagne (1792-1802).* Toulouse, 1910, xii+391.
Défourneaux, M., *Les français en Espagne au XIe. et XIIe. siècles.* París, 1949, viii+333.
Domínguez Ortiz, A., *Armenios en Sevilla.* AH, 1953, 62, 189-96.
Domínguez Ortiz, A., *Los extranjeros en la vida española durante el siglo XVII.* EHSE, 1960, 4, 293-426.

10 Enciso Recio, L. M., *Actividades de los franceses en Cádiz (1789-1790)*. Hispania, 1959, 19, 251-86.

García Rives, M., *Condición jurídica de los extranjeros en Castilla y León desde el Fuero de León (1020) al Código de las Partidas*. RCJS, 1920, 3, 245-82.

Gibert Sánchez, R., *La condición de los extranjeros en el antiguo derecho español*. RSJB, 1958, 10, 151-99.

Gil Mendoza, R., *Síntesis de la legislación española sobre extranjeros*. RDN, 1962, 38, 160-208.

Gutiérrez de Velasco, A., *Los ingleses en España (siglo XIV)*. EEMCA, 1951, 4, 215-319.

Loomie, A. J., *The spanish Elizabethans. The English exiles at the court of Philip II*. Nueva York, 1963, xii+280.

Morel-Fatio, A., *Les allemands en Espagne du XVe. au XVIIIe. siècles*. RFE, 1922, 9, 277-97; 1923, 10, 63-5.

Moreu Rey, H., *Els immigrants francesos a Barcelona, segles XVI a XIX*. B, 1959, 56.

Ozanam, D., *La colonie française de Cadix au XVIIe. siècle...* MCV, 1968, 4, 259-348.

Sancho Sopranis, H., *Los genoveses en la región gaditano-xericiense de 1460 a 1800*. Hispania, 1948, 8, 355-402.

Sancho Sopranis, H., *Las naciones extranjeras en Cádiz durante el siglo XVII*. EHSE, 1960, 4, 643-877.

Sierra Nava, L., *La inmigración del clero francés en España (1791-1800)*. Hispania, 1968, 28, 393-421.

Sierra Nava, L., *Mil abates franceses, fugitivos de la Revolución, huéspedes del Señorío* [de Vizcaya] *(1792-1798)*. EV, 1970, 1, 79-133.

28 TURISMO

Aguirre, R., *El turismo en Guipúzcoa*. S. Sebastián, 1963, 162.

Arrillaga Sánchez, J. I., *El turismo en la economía nacional*. M, 1955, 213.

Bonet Correa, J., *El ordenamiento turístico español*. ET, 1966, 12, 103-20.

Fernández Alvarez, M., *Aportaciones para la historia del turismo en España. Relatos de viaje desde el Renacimiento hasta el Romanticismo*. M, 1956, xii+191.

García España, E., y V. Jiménez Díez, *Encuesta de turismo receptivo, 1970*. Estadística española (M), 1971, 53, 61-84.

Hermida, R., *El turismo en el plan de desarrollo económico-social*. M, 1971, 26.

Niemeier, G., *Die Fremdenverkehrslandschaft Costa del Sol*. Geographische Rundschau (Braunschweig), 1973, 25, 104-12.

Riedel, U., *Der Fremdenverkehr auf Kanarischen Inseln. Eine geographische Untersuchung*. Kiel, 1971, 300.

Riedel, U., *Entwicklung, Struktur und räumliche Differenzierung des Fremdenverkehrs der Balearen*. Erdkunde (Bonn), 1972, 26, 138-52.

Ruiz, U., *Empresas y actividades turísticas* [legislación]. M, 1969, 407. 10
Turismo, *El* ___ *en 1967*. M, 1968, 200.
Turismo, *El* ___ *en 1969*. M, 1970, 231.
Turismo, *Estadísticas de* ___. M, 1970, 452.
Vilá Valentí, J., *El valor económico del turismo en España*. EG, 1962, 23, 293-7.
Zahn, U., *Der Fremdenverkehr an der spanischen Mittelmeerküste. Eine vergleichende geographische Untersuchung*. Regensburg, 1973, 243 + láms.
Zimmermann, H., *Entwicklung des spanischen Fremdenverkehrs*. Zeitschrift für Wirtschaftgeographie (Hagen), 1964, 8, 210-6.

→ 4.20-1, 11.16, Palomares; 11.85.

29 HOSPEDAJE. HOSTELERIA

Fayard, J., y C. Larquié, *Géographie pittoresque des hôtels madrilènes en 1715*. MCV, 1967, 3, 351-74.
Guglielmi, N., *Posada y yantar...* Hispania, 1966, 26, 5-40, 165-219.
Gual Camarena, M., *El hospedaje hispano medieval...* AHDE, 1962, 32, 527-41.
Hoteles, *Guía de* ___, *1971*. M, 1971, 10 fasc.
Ibarra Rodríguez, E., *La industria del hospedaje en el reinado de los Reyes Católicos*. Las Ciencias, 1941, 6, 981-93.
Restaurantes, *Guía de* ___ *de España*. M, 1970, xlvi+1551.
Romero, L., *Libro de las tabernas de España*. B, 1956, 341.

→ 10.35, 22.56.

30 VIDA PRIVADA. FAMILIA

Belmartino, S. M., *Estructura de la familia y «edades sociales» en la aristocracia de León y Castilla... Siglos X-XIII*. CHE, 1968, 48, 256-328.
Beltrán Villanueva, M., y otros, *La familia española*. M, 1967, xi+333.
Bourland, C. B., *Aspectos de la vida del hogar en el siglo XVII...*, en HMP, II, 331-68.
Elorriaga, G., *La familia en España*. M, 1965, 94.
Fraga Iribarne, M., *La familia española ante la segunda mitad del siglo XX*. M, 1959, 53.
Fuertes, J., *La familia visigoda (los hijos)*. M, 1951, 110.
Gómez Arboleya, E., y S. del Campo Urbano, *Para una sociología de la familia española*. M, 1959, 93.
Gómez Reino, M., y otros, *La familia española*. M, 1967, 333.
G[onzález] Amezúa, A., *La vida privada española en el protocolo notarial... Siglos XVI, XVII y XVIII*. M, 1950, xli+442.
González Rothvoss, M., *Familia y emigración*. RIS, 1959, 17, 225-58.
Hernández Márquez, M., *Antecedentes históricos y legales del servicio doméstico*. CPS, 1959, 41, 7-38.

10 López Medel, J., *La familia rural, la urbana y la industrial en España.* M, 1961, 125.

Meléndez, L., *El servicio doméstico en España.* M, 1962, 225.

Terán Alvarez, M., *El presupuesto familiar de ingresos y gastos en España.* EG, 1960, 21, 408-13.

Vázquez, J. M., *Encuesta sobre el servicio doméstico urbano.* RIS, 1957, 15, 57-69.

→ 9.62, 9.65, 10.03, Torres; 10.07, González; 10.38, 14.88, Castañeda.

31 MUJER

Alvarez Quintero, S. y J., *La mujer española.* M, s. a., 89.

Bofill, M., y otros, *La mujer en España.* B, 1968, 159 + láms.

Marichalar Monreal, L., *El alma femenina española.* M, 1940, 30.

Martínez Suárez, G., *La mujer española.* M, 1942, 519.

Bomli, P. W., *La femme dans l'Espagne du siècle d'Or.* La Haya, 1950, viii+380.

Cabo Alonso, A., *El trabajo femenino en España.* EG, 1960, 21, 266-70.

Deleito Piñuela, J., *La mujer, la casa y la moda en la corte del Rey Poeta.* M, 1954^{2}, 304.

Entrambasaguas Peña, J., *Para la documentación literaria del comer barro,* en su *Miscelánea erudita.* M, 1949, I, 87-91.

Fitzmaurice-Kelly, J., *Woman in sixteenth-century Spain.* RH, 1927, 70, 557-632.

Fórmica, M., *Situación jurídica de la mujer española.* Argensola, 1954, 5, 165-72.

Francos Rodríguez, J., *La mujer y la política española.* M, 1920, 313.

García Gallo, A., *L'évolution de la condition de la femme en droit espagnol.* Annales de la Faculté de Droit de Toulouse, 1966, 14, 73-96.

García de Haro, R., *La situación jurídica de la mujer en el derecho privado español.* RSJB, 1962, 12, 605-88.

Gómez Molleda, M. D., *La cultura femenina en la época de Isabel la Católica...* RABM, 1955, 61, 137-95.

Guijarro, M., y otros, *Las mujeres españolas... Descripción y pintura del carácter, costumbres...* M, 1873, 3 v.

Hilton, R., *Emilia Pardo Bazán et le mouvement féministe en Espagne.* BH, 1952, 54, 153-64.

Hilton, R., *Pardo Bazán and literary polemics about feminism.* RR, 1953, 44, 40-6.

Laffite, M., *La mujer en España. Cien años de su historia, 1860-1960.* M, 1964, 390.

Landaburu, B., y otros, *El servicio social de la mujer en España.* M, 1970, 6.

L[ópez] Aranguren, J. L., *La mujer, de 1923 a 1963.* RO, 1963, 1, 231-43.

Maravall, J. M., *Aspectos del empleo femenino en España.* REOP, 1970, 19, 105-23.

Marco, C., *La mujer española del Romanticismo.* León, 1969, 348.
Oñate, M. P., *El feminismo en la literatura española.* M, 1938, 256.
Pérez Botija, E., *El trabajo femenino en España.* M, 1961, 157.
Pérez de Guzmán, J., *La mujer española en la minerva literaria castellana.* M, 1923, 130.
Robert, R., *Las españolas pintadas por los españoles.* M, 1871-2, 2 v.
Sánchez Albornoz, C., *La mujer en España hace mil años.* Buenos Aires, 1935, 46.
Solano, J. A., *La mujer y el trabajo.* M, 1966, 95.

→ 1.12, **Mujeres**; 7.43, 13.10.

32 NIÑEZ

Arbelo Curbelo, A., *La mortalidad de la infancia en España, 1901-1950.* M, 1962, 608.
Arbelo Curbelo, A., *Sanidad infantil en España (1901-1968).* M, 1971, xiii+409.
Bosch Marín, J., *El niño español en el siglo XX.* M, 1947, 182.
Bosch Marín, J., y A. Arbelo Curbelo, *La mortalidad de la edad preescolar en España (1900-1950).* RIS, 1958, 16, 73-107, 237-49.
Delacour, F., *El niño y la sociedad española de los siglos XIII a XVI.* AT, 1973, 7, 173-232.
Morales, J. L., *El niño en la cultura española. Ante la medicina y otras ciencias, la historia, las letras, las artes y las costumbres.* Alcalá, 1960, 984.
Roca Chust, T., *La Obra de Protección de Menores y los Tribunales Tutelares en España.* M, 1970, 77.
Ybarra de la Revilla, G. M., *El primer Tribunal de Menores de España.* M, 1925, 367.

→ 9.18, Moreno; 9.57, Bosch; 20.86.

33 JUVENTUD

Buceta Facorro, L., *La juventud ante los problemas sociales.* M, 1966, 306.
Fernández Pelletero, M., *Contribución al estudio de la personalidad en el muchacho español.* M, 1960.
Heras, J., *La juventud delincuente en España y su tratamiento reformador.* Alcalá, 1927, 150.
Iturrioz, J., *Nuestra juventud.* RyF, 1959, 159, 452-64.
Lora Soria, C., *Juventud española actual.* M, 1965, 215.
Mencía Fuente, E., *La religiosidad de nuestros jóvenes...* M, 1962, xxvi+299.
Miguel Rodríguez, A., *El prestigio de ocupaciones entre los jóvenes españoles.* Anales de Sociología (B), 1967, 3, 50-65.
Miguel Rodríguez A., y J. J. Linz, *La percepción del prestigio de las ocupaciones industriales y burocráticas por los jóvenes españoles.* Anales de Sociología (B), 1966, 1, 68-75.
Serra, M. A., *Història de l'escoltisme català.* B, 1968, 111.

10 Serrano Gómez, A., *Delincuencia juvenil en España.* M, 1970, 350.

Serrano Gómez, A., *Estudio socio-criminológico de la juventud española.* RIS, 1970, 113, 53-71.

Tardío Berzocana, A., *Hacia un derecho juvenil español.* M, 1971, 189.

Torregrosa Peris, J. R., *La juventud española. Conciencia general y política.* B, 1972, 244.

→ 10.32, Roca, Ybarra; 13.65.

35 ALIMENTACION. GASTRONOMIA

Dantín Cereceda, J., *La alimentación española. Sus diferentes tipos.* M, 1934, 136 + láms.

Altisent, A., *Notes sobre postres, vins i fruita al segle XV.* BSCC, 1970, 46, 235-41.

Bennassar, B., *L'alimentation d'une ville espagnole au XVIe. siècle... Les approvisionnements et la consommation de Valladolid.* AESC, 1961, 16, 728-40.

Capel Sáez, H., *El comercio de la nieve y los pozos de Sierra España.* EG, 1968, 29, 123-74.

Capel Sáez, H., *Una actividad desaparecida... El comercio de la nieve.* RGeografía (B), 1970, 4, 5-42.

Casado, D., *Problemas sociales de la alimentación española.* M, 1967, 217.

Cita Casado, S., y otros, *Estudios sobre alimentación española.* Anales de Bromatología (M), 1957, 9, 129-60.

Figueras Pacheco, F., *Historia del turrón y prioridad de los de Jijona y Alicante.* Alicante, 1970, 192.

Herrero García, M., *La vida española del siglo XVII. Las bebidas.* M, 1933, x+258.

Huici Miranda, A., *Traducción española de un manuscrito anónimo del siglo XIII sobre cocina hispano-magribí.* Valencia, 1966, 311.

Izquierdo Hernández, M., *El régimen alimentario de una Reina de España* [Mariana de Austria] *en 1696.* BRAH, 1948, 122, 351-9.

Izquierdo Hernández, M., *La alimentación de Fernando VII, el Rey comilón.* BRAH, 1947, 121, 217-30.

Lope Toledo, J. M., *Logroño en el siglo XVI. Los alimentos.* Berceo, 1965, 20, 251-68.

Nola, R., *Libre de doctrina pera ben servir de tallar i del art de coch...* B, 1520, 55 f.

Trad. cast., Toledo, 1525, y numerosas ed. hasta el presente.

Palacio Atard, V., *Noticia acerca de la historia de la alimentación española.* Folia Humanistica (B), 1964, 2, 625-34.

Pardo Bazán, E., *La cocina española antigua.* M, 1913, viii+412.

Rueda, J. L., *Guía gastronómica de España.* B, 1970, 180.

Sordo, E., *Arte español de la comida.* B, 1960, 141.

Varela Mosquera, G., y otros, *Contribución al estudio de la alimentación española.* M, 1968, 215.

Varela Mosquera, G., y otros, *La nutrición de los españoles...* M, 1971, 333.

Vega, L. A., *Guía gastronómica de España.* M, 1970[3], 243. 10

Wehrli, B., *Guide gastronomique de l'Espagne. La cuisine typique espagnole.* B, 1958, 183.

Zabala López, A., *Un banquete a Felipe II en 1596.* Hispania, 1942, 2, 286-97.

→ 10.29, 10.46, Lozoya; 12.30-6, 20.32-3.

36 INDUMENTARIA. MODA

Danvila Collado, F., *Trajes y armas de los españoles desde los tiempos prehistóricos hasta los primeros años del siglo XIX.* M, 1877, 160 + láms.

Diego González, N., y A. León Salmerón, *Compendio de indumentaria española.* M, 1915, 204.

Sempere Guarinos, J., *Historia del luxo y de las leyes suntuarias en España.* M, 1788, 2 v.

Arié, R., *Quelques remarques sur le costume des musulmans d'Espagne au temps des Nasrides.* Arabica (París), 1965, 12, 244-61.

Arié, R., *Le costume des musulmans de Castille au XIIIe. siècle d'après les miniatures du «Libro del Ajedrez».* MCV, 1966, 2, 59-66.

Arié, R., *Acerca del traje musulmán en España desde la caída de Granada hasta la expulsión de los moriscos.* RIEI, 1966, 13, 103-77 + láms.

Bernis Madrazo, C., *El tocado masculino en Castilla durante el último cuarto del siglo XVI.* AEArte, 1948, 21, 20-42; 1949, 22, 111-35.

Bernis Madrazo, C., *El traje masculino en Castilla durante el último cuarto del siglo XV.* BSEE, 1950, 44, 191-233.

Bernis Madrazo, C., *Indumentaria medieval española.* M, 1956, 87 + láms.

Bernis Madrazo, C., *Modas moriscas en la sociedad cristiana española del siglo XV y principios del XVI.* BRAH, 1959, 144, 199-226 + láms.

Bernis Madrazo, C., *Indumentaria española en tiempos de Carlos V.* M, 1962, 114 + láms.

Clonard, Conde de, *...El traje de los españoles desde los tiempos más remotos hasta el Reinado de los Reyes Católicos.* M, 1879, viii+215.

Contreras López, J., *El traje español en la época de Goya.* B, 1962, 70.

González Ollé, F., *Gonete. Datos para la historia de la palabra y del objeto.* BRAE, 1963, 43, 165-70.

Herrero García, M., *Cervantes y la moda.* RIE, 1948, 6, 176-202.

Herrero García, M., *Estudio de indumentaria española de los siglos XVI y XVII. El jubón de hombre.* Hispania, 1945, 5, 286-307.

Herrero García, M., *Estudios de indumentaria española en la época de los Austrias.* Hispania, 1953, 13, 185-215.

10 Martínez Ruiz, J., *Almohadas y calzados moriscos... en Granada (1557-1569).* RDTP, 1967, 23, 289-313.

Martínez Ruiz, J., *La indumentaria de los moriscos.* Cuadernos de la Alhambra (Granada), 1967, 3, 55-124.

Miguel Ojeda, G., *Museo de ricas telas del Monasterio de Las Huelgas.* BIFG, 1961, 14, 467-75.

Pérez Bueno, L., *De indumentaria española. Pragmáticas del año 1600.* AEArte, 1947, 20, 148-55.

Puiggarí, J., *Estudios de indumentaria española... especial de los siglos XIII y XIV.* B, 1890, ix+380.

Rocamora, M., *Abanicos históricos y anecdóticos.* B, 1956, 51.

Sáez Piñuela, M. J., *La moda en el Monasterio de El Escorial.* Goya, 1963, 57, 191-7.

Testimonios artísticos de los siglos XVI-XVIII.

Sáez Piñuela, M. J., *La moda en la corte de Felipe II. Madrid en el siglo XVI.* M, 1962, 18 + láms.

Soldevilla Zubiburu, C., *La moda ochocentista.* B, 1950, 54.

Torrella Niubó, F., *Significado social de las ropas suntuarias durante la edad media en la Corona de Aragón.* EHSE, 1955, 3, 771-88.

→ 7.40.

38 VIVIENDA

Balil Illana, A., *La casa romana en España.* M, 1959, 40.

Balil Illana, A., *Casa y urbanismo en la España antigua.* BSEAA, 1970, 36, 289-334; 1971, 37, 5-75 + láms.; 1972, 38, 55-131.

Cotorruelo Sendagorta, A., *La política económica de la vivienda en España.* M, 1960, 183.

Lorente Pérez, J. M., *Cuánta calefacción necesita España.* Calendario meteoro-fenológico (M), 1948, 128-32.

Lorente Pérez, J. M., *La refrigeración y el clima de España.* Calendario meteoro-fenológico (M), 1948, 142-4.

Serrano Mendicute, M., *El problema de la vivienda en España.* RyF, 1955, 152, 147-62.

Sierra Bravo, R., *Análisis sociológico, funcional y dinámico de la vivienda en España.* RIS, 1971, 115, 25-46; 116, 51-84.

→ 9.46, Gibert; 9.58, 10.30, 10.42, Guilarte.

39 MOBILIARIO

Byne, A., y M. Stapley, *Repertorio de interiores y muebles españoles. Siglos XV al XVIII.* México, 1943, xv+300 + láms.

Cándamo, L. G., *El mueble* [español]. M, 1958, 29.

Contreras López, J., *Muebles de estilo español.* B, 1972[4], 454 + láms.

Eberlein, H. D., y R. W., Ramsdell, *Tratado práctico del mueble español.* B, 1930, 79 + láms.

[Martínez] Feduchi, L., *El mueble español.* B, 1969, 313.

Pérez Bueno, L., *El tesoro artístico de España. El mueble.* B, 1935, 31 + láms.

Alomar, G., *Mobiliario de un castillo a fines del siglo XIV...* Castillos de España (M), 1972, 76, 8-57. 10
Banco, *El ____ en el mobiliario español.* Arte-Hogar (M), 1958, 161, 20-3.
Siglos XV-XVIII.
Brasero, *El ____, objeto de arte.* Arte-Hogar (M), 1958, 163, 26-31.
Siglos XIII-XVIII.
Cándamo, L. G., *El mueble mudéjar.* Arte-Hogar (M), 1958, 159, 32-7.
Siglos XV-XVII.
Cándamo, L. G., *Los bargueños, tópico y cumbre del mueble español.* Arte-Hogar (M), 1959, 173, 25-30.
Cándamo, L. G., *Las arcas y el dinero.* Arte-Hogar (M), 1960, 182, 29-32.
Echalecu, J. M., *El mueble español en el siglo XVIII.* AEArte, 1957, 30, 29-54.
Enríquez, M. D., *El mueble español en los siglos XV, XVI y XVII.* M, 1951, 41 + láms.
Hernández Perera, J., *La pintura española y el reloj.* M, 1958, 154 + láms.
Herrero García, M.,*El alumbrado de la casa española en tiempo de los Austrias.* Hispania, 1957, 17, 262-99.
M[artínez] Feduchi, L., *Antología de la silla española.* M, 1957, 45 + láms.
M[artínez] Feduchi, L., *Colecciones reales de España. El mueble.* M, 1965, 533 + láms.
Montañés, L., *Relojes olvidados. Sumario de relojería histórica española.* M, 1961, 128.
Orduña Viguera, E., *Relojeros españoles. Ensayo artístico-arqueológico.* M, 1915, 97 + láms.
Sillas, *Las ____ españolas de los siglos XVI-XVII.* Arte-Hogar (M), 1958, 157, 23-7.
Sillón, *El ____ frailero.* Arte-Hogar (M), 1958, 160, 38-41.
Siglos XVI-XVII.

41 VIDA URBANA. URBANISMO

Bidagor Lasarte, P., *Proceso evolutivo y situación actual del urbanismo en España.* M, 1964.
Gutkind, E. A., *Urban development... Spain and Portugal.* Nueva York, 1967, 534.
Jürgens, O., *Spanische Städte. Ihre bauliche Entwicklung und Ausgestaltung.* Hamburgo, 1926, 2 v.
Melón Ruiz, A., *El crecimiento de las ciudades españolas.* Geographica, 1954, 1, 96-116.
Urbanismo, *Resumen histórico del ____ en España.* M, 1968[2], 272 + láms.
Miscelánea por varios autores.
Verlinden, Ch., *L'histoire urbaine de la Péninsule Ibérique. Problèmes et tentatives de solution.* RBPhH, 1936, 15, 1142-66.
Arribas Palau, A., *El urbanismo peninsular durante el bronce primitivo.* Zephyrus, 1960, 10, 81-128.

10 Bassols Coma, M., *Génesis y evolución del derecho urbanístico español (1812-1956).* M, 1973, 638.

Benito Ruano, E., *La prelación ciudadana. Las disputas por la precedencia entre las ciudades de la Corona de Castilla.* Toledo, 1972, 103.

Bonet Correa, A., *Les places octogonales en Espagne au XVIIe. siècle.* Colóquio (Lisboa), 1972, 8, 25-9.

Casas Torres, J. M., *Esquema de la geografía urbana de Aragón y Navarra.* Geographica, 1954, 1, 117-9.

Díez Nicolás, J., *Especialización funcional y dominación en la España urbana.* M, 1972, 246.

Estalella, E., y E. Gubern, *Estructura funcional de las ciudades españolas en 1900.* EG, 1970, 31, 5-28.

Gaviria, M., *Los barrios nuevos periféricos de las grandes ciudades españolas,* en *Sociología española de los años setenta.* M, 1971, 581-92.

Guitart Aparicio, C., *Ciudades amuralladas.* BAEAC, 1966, 13, 165-218.

Jessen, O., *Paisajes urbanos españoles.* EG, 1947, 8, 729-38.

Quirós Linares, F., *Notas sobre núcleos de población españoles de planta regular.* EG, 1968, 29, 293-324.

Ricard, R., *La plaza mayor en España y en América española.* BRSG, 1951, 87, 198-206.

Sabaté Martínez, A., *Estructura urbana de España. Su evolución de 1950 a 1970.* Geographica, 1972, 14, 267-87.

Vilá Valentí, J., y H. Capel, *Campo y ciudad en la geografía española.* Estella, 1970, 192.

→ 7.40, 7.48, Pike; 9.26-9, 10.07, 10.10-4, 10.21.

42 EDAD MEDIA

Carlé, M. C., *La ciudad y su contorno en León y Castilla (siglos X-XIII).* AEM, 1973, 8, 69-104.

Caro Baroja, J., *Ciudades españolas* [medievales]. RUM, 1958, 7, 77-95.

Guilarte, A. M., *La casa y los orígenes de la ordenación urbana.* M, 1964, 280.
Textos jurídicos de los siglos X-XV.

Lacarra de Miguel, J. M., *El desarrollo urbano de las ciudades de Navarra y Aragón en la edad media.* Pirineos, 1950, 6, 6-34.

Lacarra de Miguel, J. M., *Evolución urbana y repoblación de ciudades medievales.* EEMCA, 1952, 5, 807-9.

Lacarra de Miguel, J. M., *Panorama de la historia urbana en la Península Ibérica desde el siglo V al X,* en *Settimane di Studio...* Spoleto, 1959, 319-55.

Lacarra de Miguel, J. M., *Les villes frontières dans l'Espagne des XIe. et XIIe. siècles,* en *Le Moyen Age. Livre Jubilaire.* Bruselas, 1963, 205-22.

Lévi-Provençal, E., *Un document sur la vie urbaine et les corps de métiers à Séville au début du XIIe. siècle...* Journal asiatique (París), 1934, 177-299.

Torres Balbás, L., *Las ciudades hispano-musulmanas y su urbanización.* REVL, 1942, 1, 59-80. 10

Torres Balbás, L., *Los contornos de las ciudades hispano-musulmanas.* Al-Andalus, 1950, 15, 437-86.

Torres Balbás, L., *Los edificios hispanomusulmanes.* RIEI, 1953, 1, 92-121.

Torres Balbás, L., *Estructura de las ciudades hispano-musulmanas: la medina, los arrabales y los barrios.* Al-Andalus, 1953, 18, 149-77.

Torres Balbás, L., *Extensión y demografía de las ciudades hispanomusulmanas.* Studia Islamica (París), 1955, 3, 35-59.

Torres Balbás, L., *La ciudad musulmana.* RUM, 1958, 7, 97-112.

Torres Balbás, L., *Ciudades hispanomusulmanas.* M, 1971, 2 v. Recopilación de estudios ya publ.

→ 9.27, 10.03, Sánchez; 12.32, Torres; 18.24, Torres.

46 USOS SOCIALES. CORTESIA

Alférez Callejón, G., *Tratamientos honoríficos en escritos administrativos.* Hidalguía, 1971, 19, 185-224.

Alférez Callejón, G., *Tratamientos honoríficos en la administración militar.* Hidalguía, 1971, 19, 369-400.

Camposol, Duque de, *Código de etiqueta y distinción social.* M, 1930, 248.

Cano de la Vega, J., *Tratado de protocolo.* Valencia, 1973^{4}, 280.

González Vargas, A., *El ceremonial del Cabildo municipal sevillano.* Sevilla, 1967, v+99.

Jazmín, F., *El lenguaje de las flores y el de las frutas..., del pañuelo y el del abanico.* B, 1882^{3}, 202 + láms.

Lozoya, Marqués de, *Mesas de gala en el siglo XIX.* Arte-Hogar (M), 1958, 155, 20-4.

Martín Gaite, C., *Usos amorosos del dieciocho en España.* M, 1972, xxi+273.

Monterde Pastor, F., *Protocolo oficial español.* Valencia, 1943, 125.

Pujol de Planés, Barón de, *Monitorio áulico de etiquetas en general, etiquetas oficiales, etiquetas palatinas, tratamientos...* M, 1908, 699.

Rementería Fica, M., *El hombre fino.... O manual completo de urbanidad...* M, 1830^{2}, viii+252.

Sánchez Moreno, J., *Distinción y etiqueta moderna.* B, 1943, 188.

Sulleiro González, P., *Protocolo, honores y distinciones en las corporaciones locales.* M, 1971, 246.

Urquiza, A. J., *Ceremonial público...* M, 1932, 560.

→ 9.17-8, 14.88, Castañeda.

47 VIDA RURAL. CAMPESINADO

Brugarola, M., *El problema social en el campo español.* M, 1950, 290.

Caro Baroja, J., *El sociocentrismo en los pueblos españoles,* en *HomF. Krüger.* Mendoza, 1954, II, 457-85.

10 También en su *Razas, pueblos*... M, 1957, 263-92.

Caro Baroja, J., *La despoblación de los campos*. RO, 1966, 4, 19-36.

Espinosa Poveda, A., *Aspectos del problema social del campo español*. M, 1962, 62.

Guglielmi, N., *La dependencia del campesino no propietario (León y Castilla, Francia, siglos XI-XIII)*. AHAM, 1967, 13, 95-187.

Hoyos Sáinz, L., *Los viejos caminos y los tipos de pueblos*... EG, 1947, 8, 275-312.

Martínez Gil, L., *Aspectos de la vida rural en España*. M, 1935, 64.

Miguel, J., *Notas sobre la estructura del campo español*. M, 1970, 68.

Pontieri, E., *Una familia de propietarios rurales en la Liébana del siglo X*. CHE, 1967, 44, 119-32.

Redonet López, L., *Policía rural en España*. M, 1916-28, 2 v.

Rodríguez Revilla, V., *El agro español y sus moradores*. M, 1931, 216.

Salomon, N., *Recherches sur le thème paysan dans la «Comedia»*... Burdeos, 1965, xxiv+946.

Salomon, N., *La vida rural castellana en tiempos de Felipe II*. B, 1973, 427.

Sánchez Albornoz, C., *Homines mandationis y iuniores*. CHE, 1971, 54, 7-235.

Siguán Soler, M., *El medio rural castellano y sus posibilidades de ordenación*. M, 1966, xvi+284.

Verlinden, Ch., *Les conditions des populations rurales dans l'Espagne médiévale*. RSJB, 1959, 2, 169-200.

→ 10.21, 10.41, Vilá; 12.50-6, 20.40-1, 21.46, 21.53.

49 DELINCUENCIA

Amor, A., *Fisonomía de la delincuencia española*. RIS, 1959, 17, 431-42.
Estadísticas.

Arco Garay, R., *La ínfima levadura social en las obras de Cervantes*. EHSE, 1952, 2, 209-90.

Ballester Ros, I., *Notas sobre la evolución y características de la delincuencia española*. RIS, 1965, 23, 243-53.

Bernaldo de Quirós, C., *Criminología de los delitos de sangre en España*. M, 1906, 130.

Bernaldo de Quirós, C., *El bandolerismo andaluz*. M, 1973, 200.

Borrás, A., *Contribución a los orígenes del bandolerismo en Cataluña*... EHM, 1953, 3, 157-80.

Castejón, F., *Ensayo sociológico sobre la criminalidad española de medio siglo (1883-1932)*. RIS, 1945, 3, 75-97 + láms.

Comín Colomer, E., *Un siglo de atentados políticos en España*. M, 1951, 303.

Chía, J., *Bandos y bandoleros en Gerona... desde el siglo XIV hasta mediados del XVII*. Gerona, 1888-90, 3 v.

Fuster, J., *El bandolerisme català, II: La llegenda.* B, 1963, 128 + láms.
→ Reglá Campistol.

Hernández Girbal, F., *Bandidos célebres españoles (en la historia y en la leyenda).* M, 1968-73, 2 v.

Reglá Campistol, J., *El bandolerisme català del Barroc.* B, 1960, 192.

Reglá Campistol, J., *El bandolerismo en la Cataluña del Barroco.* AHES, 1968, 1, 281-94.

Reglá Campistol, J., *El bandolerisme català, I: La història.* B, 1962, 156 + láms.
→ Fuster.

Salillas, R., *El delincuente español. Hampa...* M, 1898, xv+526.

Sau, V., *El catalán, un bandolerismo español.* B, 1973, 296.

Serrano Gómez, A., *Tipología del delincuente español.* ADP, 1970, 21, 49-66.

Thompson, I. I. A., *A map of crime in sixteenth-century Spain.* Economic History Review (Cambridge), 1968, 21, 244-67.

Villafranca, A., *Los bandoleros. Mitos y realidades.* B, 1957, 265.

Zugasti Sáenz, J., *El bandolerismo. Estudio social y memorias históricas.* M, 1876-80, 10 v.

Zugasti Sáenz, J., *El bandolerismo andaluz.* M, 1934, 253.

→ 9.49, 10.33.

CLASES SOCIALES

51 EDAD MEDIA

García Rives, A., *Clases sociales en León y Castilla. Siglos X-XIII.* RABM, 1920, 41, 233-52, 372-93; 1921, 42, 19-36, 157-67.

Guglielmi, N., *Cambio y movilidad social en el Cantar de Mío Cid.* AHAM, 1963, 12, 43-65.

Muñoz Romero, T., *Del estado de las personas en los Reinos de Asturias y León...* M, 1883², 166.

Stéfano, L., *La sociedad estamental en las obras de Don Juan Manuel.* NRFH, 1962, 16, 329-54.

Stéfano, L., *La sociedad estamental de la baja edad media española a la luz de la literatura...* Caracas, 1966, 161.

→ 10.03, Beneyto.

52 SIGLOS XVI-XVIII

Blanco González, B., *Del cortesano al discreto.* M, 1962, 556.

Subirá Puig, J., *«Petrimetría» y «majismo» en la literatura.* RL, 1953, 4, 267-85.

Subirá Puig, J., *«Señorío» y «servidumbre» en la literatura* [siglo XVIII]. RL, 1954, 6, 61-86.

→ 20.25, Herrero.

10

53 SIGLOS XIX-XX

Cazorla Pérez, J., *Un ensayo de estratificación social española de 1957*. REOP, 1965, 1, 91-119.

Elorza, A., y M. C. Iglesias, *Burgueses y proletarios*. B, 1973, 472.

Españoles, *Los ——— pintados por sí mismos*. M, 1843-4, 2 v.
Miscelánea por diversos autores.

Jover Zamora, J. M., *Conciencia burguesa y conciencia obrera en la España contemporánea*. M, 1952, 63.

Jutglar, A., *Ideologías y clases en la España contemporánea*. M, 1971, 2 v.

Población, *Estructura social básica de la ——— de España y sus provincias*. M, 1973, 397.

Sánchez López, F., *Movilidad social en España (1900-1950)*. REPol, 1961, 119, 29-63.
De clase y de lugar.

Sánchez de Palacios, M., *Comentarios y disquisiciones a un estudio crítico sobre «Los españoles pintados por sí mismos»*. RBAM, 1951, 20, 289-96.

54 SERVIDUMBRE. ESCLAVITUD

Al-Abbadi Ahmad Mujtar, *Los esclavos en España. Ojeada sobre su origen, desarrollo y relación con el movimiento suubiyya*. M, 1953, 28+44.
Texto árabe y castellano.

Cortés Alonso, V., *La liberación del esclavo*. AEAm, 1965, 22, 533-68.

Cortés Alonso, V., *La esclavitud en Valencia durante el reinado de los Reyes Católicos (1479-1516)*. Valencia, 1964, 544.

Doering, J. A., *La situación de los esclavos a partir de las Siete Partidas de Alfonso el Sabio*. Folia Humanistica (B), 1966, 4, 337-61.

Domínguez Ortiz, A., *La esclavitud en Castilla durante la edad moderna*. EHSE, 1952, 2, 369-428.

Gual Camarena, M., *Una cofradía de negros libertos en el siglo XV*. EEMCA, 1952, 5, 457-66.

Gual Camarena, M., *Un seguro contra crímenes de esclavos en el siglo XV*. AHDE, 1953, 13, 227-58.

Hinojosa Naveros, E., *La servidumbre en Cataluña durante la edad media*, en su *Obras*. M, 1948, I, 217-28.

Hinojosa Naveros, E., *Mezquinos y exaricos. Datos para la historia de la servidumbre en Navarra y Aragón*, en su *Obras*. M, 1948, I, 245-56.

Hinojosa Naveros, E., *La servidumbre de la gleba en Aragón*, en su *Obras*. M, 1948, I, 233-44.

Ladero Quesada, M. A., *La esclavitud por guerra a fines del siglo XV: el caso de Málaga*. Hispania, 1967, 27, 63-88.

Larquié, C., *Les esclaves de Madrid à l'époque de la décadence (1650-1700)*. Revue Historique (París), 1970, 244, 41-74.

Mangas Manjarrés, J., *Esclavos y libertos en la España romana*. Salamanca, 1971, 515.

Mans Puigarnau, J. M., *Las clases serviles bajo la monarquía visigoda y en los estados cristianos de la Reconquista española.* B, 1928, 161.

Marrero Rodríguez, M., *La esclavitud en Tenerife a raíz de la conquista.* La Laguna, 1966, 190.

Miret Sans, J., *La esclavitud en Cataluña en los últimos tiempos de la edad media.* RH, 1917, 41, 1-9.

Sánchez Albornoz, C., *Solariegos y collazos navarros. Un diploma que los diferencia.* AHDE, 1927, 3, 451-2.

Sánchez Albornoz, C., *Los libertos en el Reino asturleonés.* RPH, 1949, 4, 9-45.
También, en su *Estudios sobre las instituciones...* México, 1965, 217-351.

Verlinden, Ch., *L'esclavage dans le monde ibérique médiéval.* AHDE, 1934, 11, 283-448; 1935, 12, 361-422.

Verlinden, Ch., *L'esclavage dans l'Europe médiévale. I, Péninsule Ibérique-France.* Brujas, 1955, 930.

→ 7.45, 10.30, 10.52, Subirá; 10.97.

55 CLASE BAJA

Fernández Cuesta, N., *La vida del obrero en España desde el punto de vista higiénico.* M, 1909, 278.

Mendoza, Cardenal, *Origen de los villanos en España* [siglo XVI]. Ed. de V. Cadenas Vicent. Hidalguía, 1959, 7, 193-204.

Rodríguez Solís, E., *Majas, manolas y chulas.* M, 1886, 217.

Romeu Alfaro, F., *Las clases trabajadoras en España, 1898-1930.* M, 1970, 221.

→ 9.50, 10.21, García Fernández; 10.47, 10.53, 10.87.

57 CLASE MEDIA. BURGUESIA

Carrère, C., *La vie privée du marchand barcelonnais dans la première moitié du XVe. siècle.* AEM, 1966, 3, 263-92.

García de Valdeavellano, L., *Orígenes de la burguesía en la España medieval.* M, 1969, 220.

Herrero, J. M., *Notas sobre la ideología del burgués español del siglo XVIII.* AEAm, 1952, 9, 297-326.

Mateo del Peral, D., *Andrés Borrego y el problema de las clases medias.* REPol, 1962, 126, 279-318.

Murillo Ferrol, F., *Las clases medias españolas.* Granada, 1959, 84.

Palacio Atard, V., *El atractivo nobiliario sobre la burguesía española del Antiguo Régimen,* en *HomJ. Vincke.* M, 1962, 641-6.

Palacio de Palacio, J. M., *Contribución al estudio de los burgueses y ciudadanos honrados de Cataluña.* Hidalguía, 1957, 5, 305-20, 661-700.

Rodríguez Casado, V., *La «revolución burguesa» del XVIII español.* Arbor, 1951, 18, 5-30.
También, en *Historia de España... Arbor.* M, 1953, 367-84.

Rodríguez Casado, V., *La nueva sociedad burguesa en la literatura de la época de Carlos III.* EAm, 1959, 19, 1-22.

→ 9.19, Sánchez Albornoz; 10.53.

10 58 CLASE ALTA. NOBLEZA

Cadenas Vicent, V., *Apreciación inexacta entre la incompatibilidad del trabajo y la nobleza.* Hidalguía, 1971, 19, 153-6.

García Pelayo, M., *El estamento de la nobleza en el despotismo ilustrado español.* MyC, 1946, 17, 37-59.

Gerbert, M. C., *Les guerres et l'accès à la noblesse en Espagne de 1465 à 1592.* MCV, 1972, 8, 295-326.

Herrero García, M., *Ideología española del siglo XVII. La nobleza.* RFE, 1927, 14, 33-58, 161-75.

Lasso de la Vega, M., *La nobleza española en el siglo XVIII.* RABM, 1954, 60, 417-50.

Mitre Fernández, E., *Evolución de la nobleza en Castilla bajo Enrique III.* Valladolid, 1968, 222.

Morreale M., *El mundo del cortesano.* RFE, 1959, 42, 229-60. Nobleza renacentista.

Moxó Ortiz, S., *De la nobleza vieja a la nobleza nueva. La transformación nobiliaria castellana en la baja edad media.* CHist, 1969, 3, 1-210.

Moxó Ortiz, S., *La nobleza castellano-leonesa en la edad media...* Hispania, 1970, 30, 5-68.

Moxó Ortiz, S., *La nobleza castellana en el siglo XIV.* AEM, 1971, 7, 493-511.

Orlandis Rovira, J., *Los hispano-romanos en la aristocracia visigótica del siglo VII.* RPH, 1970, 13, 189-96.

Osorio de Fonseca, J., *La nobleza civil.* Hidalguía, 1957, 5, 805-12; 1958, 6, 161-76.

Pérez Prendes, J. M., *El origen de los caballeros de cuantía y los cuantiosos de Jaén en el siglo XV.* RFacultad de Derecho (M), 1960, 9, 111-75.

Ricard, R., *Jovellanos y la nobleza.* Atlántida, 1965, 3, 456-72.

Romero, J. L., *Ideales y formas de vida señoriales en la alta edad media.* RUBA, 1959, 4, 175-98.

Sobrequés Vidal, S., *La nobleza catalana en el siglo XIV.* AEM, 1971, 7, 513-31.

Válgoma Díaz, D., *Las viejas cofradías nobiliarias.* Hidalguía, 1962, 10, 41-8.

Zeininger de Borja, Conde de, *Contribution à l'histoire de la Grandesse d'Espagne.* Rivista Araldica (Roma), 1953, 51, 26-35.

→ 5.40-5, 7.40, Konetzke; 9.15, Suárez; 9.25, 10.04, Domínguez Ortiz; 10.30, Belmartino; 10.52, Subirá.

60 PROFESIONES

Biervert, B., *La motivación profesional de los españoles.* REOP, 1966, 5, 57-71.

García Yagüe, J., y C. Gil Muñoz, *Los estudios universitarios y sus salidas profesionales.* M, 1973², 136.

González Seara, L., *La independencia de las profesiones liberales.* REPol, 1960, 114, 147-58.

Ibarra Rodríguez, E., *Origen y vicisitudes de los títulos profesionales en Europa y especialmente en España.* M, 1920, 132. 10

López Medel, J., *El problema de las oposiciones en España.* M, 1957, 202.

Miguel Rodríguez, A., *Estructura dinámica de la población activa española.* REOP, 1970, 19, 71-104.

Vocabulario de ocupaciones. M, 1963, xvi+678.

Vocabulario de oficios y profesiones. M, 1946, 460.

→ 10.33, Miguel; 13.10.

62 LETRADOS. ESCRIBANOS

Arribas Arranz, F., *Los escribanos públicos en Castilla durante el siglo XV,* en *Centenario de la Ley del Notariado...* M, 1964, I, 165-260.

Berni Catalá, J., *Resumen de los privilegios... de los abogados españoles...* [1764]. Arenys de Munt, 1954, 12+116.

González Amezúa, A., *Apuntes sobre la vida escribanil en los siglos XVI al XVIII,* en su *Opúsculos...* M, 1955, III, 279-307.

Herrero García, M., *El notariado español y la evolución de su nombre.* Hispania, 1948, 8, 562-85.

Maravall Casesnoves, J. A., *La formación de la conciencia estamental de los letrados.* REPol, 1953, 48, 53-81.

Martínez Gijón, J., *Estudios sobre el oficio de escribano en Castilla durante la edad moderna,* en *Centenario de la Ley del Notariado...* M, 1964, I, 263-340.

Matilla Tascón, A., *Escribanos, notarios y archivos de protocolos en España.* BDGAB, 1965, 14, 16-26.

Valls Taberner, F., *Los abogados en Cataluña durante la edad media,* en su *Obras selectas.* M, 1954, II, 281-318.

→ 3.39, 7.38, Luján, Malagón; 9.23, 9.42-3.

64 MEDICOS

David-Peyre, Y., *Le personnage du médicin et la relation médicin-malade dans la litterature ibérique, XVIe. et XVIIe. siècles.* París, 1971, xviii+517.

Gómez Menor, J. C., *Algunos datos documentales sobre médicos toledanos del siglo XVI.* CHME, 1969, 8, 119-68.

Loste Echeto, L., *Estatutos de la primitiva cofradía de médicos, boticarios y cirujanos de Huesca (siglo XV).* Medicamenta (M), 1948 ,10, 109-11.

Muñoz Garrido, R., *Ejercicio legal de la medicina en España (siglos XV al XVIII).* Salamanca, 1967, 158.

Muñoz Garrido, R., *Fuentes legales de la medicina española. Siglos XIII-XIX.* Salamanca, 1969, 202.

Pérez Bautista, F. L., *La medicina y los médicos en el teatro de Calderón de la Barca.* CHME, 1968, 7, 149-245.

Pérez Bautista, F. L., *La medicina y los médicos en los dramaturgos menores españoles del siglo XVII.* CHME, 1969, 8, 79-118.

10 Rius Serra, J., *Aportaciones sobre médicos judíos en Aragón en la primera mitad del siglo XIV*. Sefarad, 1952, 12, 337-50.

Roldán Guerrero, R., *Los orígenes del Tribunal del Real Protomedicato de Castilla*. AIHM, 1960, 12, 249-54.

S[ánchez] Granjel, L., *La figura del médico en el escenario de la literatura picaresca*. AIHM, 1950, 2, 493-527.

S[ánchez] Granjel, L., *La medicina y los médicos en las obras de Torres Villarroel*. Salamanca, 1952, 81.

S[ánchez] Granjel, L., *El médico galdosiano*. AIHM, 1954, 6, 163-76.

S[ánchez] Granjel, L., *Retrato de un médico renacentista*. Medicamenta (M), 1967, 47, 103-6.

S[ánchez] Granjel, L., *El ejercicio de la medicina en la sociedad española del siglo XVII*. Salamanca, 1971, 49.

S[ánchez] Granjel, L., *Biografía de «El Doctor Sangredo»*. M, 1972, 151.

→ 1.12, **Médicos**; 7.47, 13.37, 14.62.

65 BOTICARIOS

Folch Andreu, R., *...El farmacéutico español del siglo XVIII como hombre de ciencia*. M, 1940.

Fuster Forteza, G., *Ensayo sobre la farmacia a través de las obras de los clásicos españoles de los siglos XV, XVI y XVII*. Anales de la RAc de Farmacia (M), 1949, 15, 129-260.

Herrero Hinojo, P., *Contratos de aprendizaje en farmacia en el siglo XVI...* BSEHF, 1968, 19, 73-9.

Lizarraga Lecue, R., *Los primeros boticarios reales*. BSEHF, 1963, 14, 127-35.

Rojo González, B., *Los farmacéuticos en el Reinado de los Reyes Católicos*. PITTM, 1951, 6, 202-17.

S[ánchez] Granjel, L., *Boticarios en el escenario de la literatura picaresca*. Medicamenta (M), 1951, 15, 137-8.

→ 7.47, 10.64, Loste.

68 OTRAS PROFESIONES

Busquets Bragulat, J., *El militar de carrera en España. Estudio de sociología militar*. B, 1967, 224.

Busquets Bragulat, J., *La sociología militar en España*. REPol, 1968, 158, 169-84.

Elorza, A., *La formación de los artesanos y la ideología ilustrada*. RTrabajo (M), 1968, 24, 281-306.

Martín González, J. J., *La vida de los artistas en Castilla la Vieja y León durante el siglo de oro*. RABM, 1959, 67, 391-439.

Payno, J. A., *Los gerentes españoles*. M, 1973, 432.

Pérez Bueno, L., *Indice de oficios artesanos*. Bilbao, 1950, 80.

→ 1.12, 1.87, 7.40, Silva; 8.47, 9.23, 9.53.

80 OPINION PUBLICA

Cases Casañ, A., *La opinión pública española.* M, 1917, 120.
Egido López, T., *Opinión pública y oposición al poder en la España del siglo XVIII.* Valladolid, 1971, 354.
Egido López, T., *Sátiras políticas de la España moderna.* M, 1973, 359.
Gil Novales, A., *«Las lavanderas de Carabanchel» y el sentido popular español del XVIII.* PSA, 1957, 5, 347-51.
Izaga Aguirre, L., *Evolución de la democracia en la España del siglo XVI.* ED, 1957, 5, 9-76.
Muñoz Pérez, J., *Los proyectos sobre España e Indias en el siglo XVIII: el proyectismo como género.* REPol, 1955, 54, 169-95.
Pérez Picazo, M. T., *La publicística española en la Guerra de Sucesión.* M, 1966, 2 v.
Sánchez Albornoz, C., *Sensibilidad política del pueblo castellano en la edad media.* RUBA, 1948, 2, 77-111.
Vasallo, J., *Participación de los españoles en la política.* M, 1970, 56.
→ 7.62, 15.17, 17.22.

81 REFORMISMO Y MOVIMIENTOS SOCIALES

Amsden, J., *Collective Bargaining and Class Conflict in Spain.* Londres, 1972, 204.
Conflictos laborales en la década de 1960.
Aragoneses, J. M., *Los movimientos y luchas sociales en la baja edad media.* EHSE, 1949, 1, 275-473.
Bonilla, L., *Las revoluciones españolas en el siglo XVI.* M, 1972, 247.
Busquets Bragulat, J., *Los pronunciamientos militares en España.* RInst Ciencias Sociales (B), 1968, 11, 53-72.
Carlé, M. C., *Tensiones y revueltas urbanas en León y Castilla.* AnInst de investigaciones históricas (Rosario), 1965, 13, 325-56. Siglos XIII-XIV.
Gautier-Dalché, J., *Les mouvements urbains dans le Nord-Ouest de l'Espagne au XII siècle...* CHist, 1968, 2, 51-64.
Gibert Sánchez, R., *Libertades urbanas y rurales en León y Castilla durante la edad media,* en *Les libertés urbaines...* Bruselas, 1968, 188-218.
Giralt Raventós, E., y otros, *Els moviments socials a Catalunya, País Valencià i les Illes. Cronologia, 1800-1939.* B, 1967, 123.
Mackay, A., *Popular movements and progroms in fifteenth century Castile.* Past and Present (Oxford), 1972, 55, 36-67.
Moreno de Guerra, J., *Los bandos de Jerez... Estudio social... en las fronteras del reino moro de Granada.* M, 1932, 2 v.
Olivar Bertrand, R., *Desasosiego político-social de España, 1868-1870.* REPol, 1962, 123, 195-217.
Pastor de Togneri, R., *Las primeras rebeliones burguesas en Castilla y León (siglo XII)...* Estudios de Historia Social (Buenos Aires), 1965, 1, 29-106.

10 Rodríguez Casado, V., *Los cambios sociales y políticos en España e Hispanoamérica.* M, 1955, 41.

Valle Cuesta, F., *Las reformas sociales en España.* M, 1946, 179 + láms.

→ 6.52, 6.78.2, 10.86, 21.05, 21.53.

82 CORRIENTES IDEOLOGICAS Y FUERZAS SOCIALES

Beneyto Pérez, J., *La sustitución de los elementos tradicionales en España e Hispanoamérica.* EAm, 1960, 20, 1-13.
Siglos XVIII-XX.

Calvo Serer, R., *Los motivos de las luchas intelectuales.* M, 1955, 34.
1800-1950.

Cores Trasmonte, B., *Comunidad y sociedad en las ideologías políticas del siglo XIX español.* BUC, 1961, 69, 33-51.

Díaz, E., *La filosofía social del krausismo español.* M, 1973, 279.

Elorza, A., *Hacia una tipología del pensamiento reaccionario en los orígenes de la España contemporánea.* CH, 1966, 68, 370-85.

Ferrando Badía, J., *La masa federal: románticos, regionalistas y proletarios (1868-1873).* REPol, 1968, 160, 209-31.

Herrero, J., *Los orígenes del pensamiento reaccionario español.* M, 1971, 409.

Iriarte, J., *La aventura krausista y su evolución en fuerza histórica nacional.* RyF, 1962, 166, 149-62, 413-46.

Iriarte, J., *Krausistas y sociedades secretas.* RyF, 1963, 167, 597-608.

Linz, J., *Intellectual Roles in sixteenth and seventeenth century Spain.* Daedalus (Boston), 1972, 59-108.

Maravall Casesnoves, J. A., *Las tendencias de reforma política en el siglo XVIII español.* RO, 1967, 5, 53-82.

Suárez Verdeguer, F., *Conservadores, innovadores y renovadores en las postrimerías del Antiguo Régimen.* Pamplona, 1955, 49.

→ 6.94.1, Ramírez; 9.37, 9.38, 10.53, Jutglar.

83 ILUSTRACION. AMIGOS DEL PAIS

Alcázar Molina, C., *El despotismo ilustrado en España.* Bulletin of the International Commitee of Historical Sciences (París), 1935, 5, 727-51.

Aldea, Q., *La Ilustración en España.* MC, 1965, 43, 329-41.

Cambre Mariño, J., *Las Sociedades Económicas de Amigos del País.* CA, 1971, 3, 137-54.

Labra, R. M., *Las Sociedades Económicas de Amigos del País. Su razón histórica, sus medios y su misión actual.* M, 1906, 128.

Palacio Atard, V., *El despotismo ilustrado español.* Arbor, 1947, 8, 27-52.
También, en *Historia de España... Arbor.* M, 1953, 348-66.

Ruiz González, E., *Las Sociedades Económicas de los Amigos del País.* Burgos, 1972 ,71.

Aguilar Piñal, F., *Noticia bibliográfica de la Real Sociedad Económica Matritense de Amigos del País en el siglo XVIII.* AIEM, 1970, 6, 319-49. 10

Aguilar Piñal, F., *La Real Sociedad Económica Matritense de Amigos del País.* M, 1972, 33.

Aguilar Piñal, F., *Bibliografía de la Real Sociedad Vascongada de los Amigos del País en el siglo XVIII.* S. Sebastián, 1971, 31.

Castro Alava, J. R., *Los Amigos del País y su ambiente histórico* [en Navarra]. Pamplona, 1972, 40.

Demerson, G., *La Real Sociedad Económica de Amigos del País de Avila (1786-1877).* Avila, 1968, 163.

Demerson, G., *La Real Sociedad Económica de Valladolid (1784-1808).* Valladolid, 1969, 49.

Domergue, L., *Jovellanos à la Societé Économique des Amis du Pays de Madrid (1778-1795).* Toulouse, 1971, 373.

Elorza, A., *La Sociedad Vascongada de Amigos del País en la Ilustración española.* CH, 1965, 185, 325-56.

Gil Novales, A., *Las Sociedades Económicas y las Sociedades Patrióticas en 1820.* MyC, 1971, 116, 33-64.

Lesén Moreno, J., *Historia de la Sociedad Económica de Amigos del País de Madrid.* M, 1863, 640.

Merino Urrutia, J. B., *La Real Sociedad Riojana de los Amigos del País.* BRSV, 1946, 2, 76-84.

Moreu-Rey, E., *El pensament illustrat a Catalunya.* B, 1966, 128.

Pinta Llorente, M., *Los Caballeritos de Azcoitia.* M, 1973, 142.

Rincón, C., *Sobre la noción de «Ilustración» en el siglo XVIII español.* RF, 1971, 83, 528-54.

Ruiz Lagos, M., *Historia de la Sociedad Económica de Amigos del País de Xerez de la Frontera.* Jerez, 1972, 58 + láms.

Sánchez Agesta, L., *El pensamiento político del despotismo ilustrado.* M, 1953, 317.

Sánchez Diana, J. M., *El despotismo ilustrado de Federico el Grande y su influencia en España.* Arbor, 1954, 28, 518-43.

Sánchez Real, J., *La Sociedad Económica de Amigos del País, de Tarragona.* Tarragona, 1972, 100.

Sarrailh, J., *La España ilustrada de la segunda mitad del siglo XVIII.* México, 1957, 784.

Shafer, J. R., *The Economic Societies of the Spanish World (1763-1821).* Syracuse, 1958, xiii+418.

Urquijo, J., *Los Amigos del País (según cartas y otros documentos inéditos del siglo XVIII).* RIEV, 1926, 17, 565-605; 1927, 18, 112-49.

→ 7.50, Meléndez; 7.61, Novoa; 7.84, Rodríguez; 12.05, Smith; 13.54, Alvarez; 13.57, Salamanca; 21.11, Fernández.

84 TRADICIONALISMO. CARLISMO. INTEGRISMO

García Moreno, M., *Ensayo de bibliografía e iconografía del carlismo español.* M, 1950, 109.

Elías de Tejada, F., y otros, *¿Qué es el Carlismo?* M, 1971, 208.

10 Ferrer, M., y otros, *Historia del Tradicionalismo español.* Sevilla, 1941-60, 29 v.

Galindo Herrero, S., *Breve historia del Tradicionalismo español.* M, 1956, 256.

Oyarzun, R., *Historia del Carlismo.* M, 1969[3], 553.

Artagán, B., *Políticos del Carlismo.* B, 1913, 302.

Baleztena, D., *Cancionero popular carlista.* M, 1957, 29.

Casariego, J. E., *Para la historia del Carlismo.* Bilbao, 1939, 310.

Casariego, J. E., *La verdad del Tradicionalismo.* M, 1939, 350.

Castells, C., *Dios, Patria, Rey: el ideario carlista frente al liberalismo.* BRSV, 1967, 23, 343-67.

Colldeforns, F. P., *Datos para la historia del partido integrista.* B, 1912.

Encinas, J., *La tradición española y la revolución.* M, 1958, 399.

Lluis Navas, J., *Las divisiones internas del Carlismo a través de la historia. Ensayo sobre su razón de ser (1814-1936),* en HVV, II, 307-45.

Marrero Suárez, V., *El tradicionalismo español del siglo XIX. Selección y prólogo.* M, 1955, xxxi+408.

Martínez Lumbreras, F., *El pensamiento y la acción tradicionalista en España durante el siglo XIX.* BUG, 1938, 10, 29-58, 373-402.

Olazábal Ramery, J., *Esquema o bosquejo del programa integrista.* Durango, 1911[2], 20.

Puy Muñoz, F., *El pensamiento tradicional en la España del siglo XVIII (1700-1760). Introducción para un estudio de las ideas jurídico-políticas españolas en dicho período histórico.* M, 1966, 315.

Redondo, L., y J. de Zavala, *El Requeté...* B, 1957, 556. De las Guerras carlistas a 1939.

Schumacher, J. N., *Integrism: a study in nineteenth century spanish politic-religious thought.* Catholic Historical Review (Washington), 1962, 48, 343-64.

Seco Serrano, C., *Don Carlos y el carlismo.* RUM, 1955, 4, 27-51.

Seco Serrano, C., *Tríptico carlista. Estudios sobre la historia del carlismo.* B, 1973, 157.

Suárez Verdeguer, F., *La formación de la doctrina política del Carlismo.* REPol, 1946, 14, 46-83.

Suárez Verdeguer, F., *Un factor fundamental* [el Tradicionalismo] *en la historia española del siglo XIX.* Saitabi, 1951, 8, 100-15.

Torras Bagés, J., y otros, *La actitud tradicional en Cataluña.* M, 1961, 349.

→ 4.08, Campión; 6.85-.2, 6.94.1, Blinkhorn; 6.95.1, 9.16, 14.00, Solana; 15.17.

85 LIBERALISMO

Artola Gallego, M., *La difusión de la ideología revolucionaria en los orígenes del liberalismo español.* Arbor, 1955, 31, 476-90.

Artola Gallego, M., *Caracteres sociales del liberalismo.* RTrabajo (M), 1964, 7, 7-18.

Canalejas Méndez, J., *La política liberal.* M, 1912, 231.

Colomer Viadel, A., *El enfrentamiento de intereses en la división del movimiento liberal español, 1833-1836.* REPol, 1972, 183, 109-42.

Comellas García, J. L., *La teoría del régimen liberal español.* M, 1962, 172.

Elorza, A., *La ideología liberal en la Ilustración española.* M, 1970, 309.

Larraz, J., *Una crisis del liberalismo español* [1931]. Arbor, 1965, 61, 5-21.

Lasa Iraola, I., *El primer proceso de los liberales (1814-1815).* Hispania, 1970, 30, 327-84.

Murillo Ferrol, F., *El «Manifiesto de los persas» y los orígenes del liberalismo español,* en *HomN. Pérez Serrano.* M, 1959, II, 160-82.

Suárez Verdeguer, F., *Génesis del liberalismo político español.* Arbor, 1947, 7, 349-95.
También, en *Historia de España... Arbor.* M, 1953, 520-52.

Suárez Verdeguer, F., *El régimen liberal español.* BUSC, 1950, 56, 63-109.
También, Santiago, 1951, 51.

→ 6.85, Pirala; 8.80, Revuelta, Tapia; 10.25, Llorens; 17.90, **Quintana.**

86 ANARQUISMO

Becarud, J., *Los anarquistas españoles.* B, 1972, 153.

Comín Colomer, E., *Historia del anarquismo español.* B, 1956[2], 2 v.

Gómez Casas, J., *Historia del anarcosindicalismo español.* M, 1969, 294.

Carner, A., *L'anarco-sindicalisme a Catalunya.* B, 1971, 62.

Elorza, A., *La utopía anarquista bajo la Segunda República española.* M, 1973, 468.

Lida, C. E., *Anarquismo y revolución en la España del XIX.* M, 1972, 334.

Lorenzo, C. M., *Les anarchistes espagnols et le pouvoir, 1868-1969.* París, 1969, 430.

Maestre Alfonso, J., *El movimiento anarcosindicalista.* RTrabajo (M), 1964, 8, 41-133.

Martí, C., *Orígenes del anarquismo en Barcelona.* B, 1959, 146.

Peirats, J., *Los anarquistas en la crisis política española.* Buenos Aires, 1964, 414.

Termes Ardévol, J., *Anarquismo y sindicalismo en España. La I Internacional, 1864-1881.* B, 1972, 670.

→ 10.81.

10 87 MOVIMIENTOS OBREROS

Abad de Santillán, D., *Historia del movimiento obrero español, I: Desde sus orígenes hasta la Restauración borbónica.* M, 1967, 266.

Buenacasa, M., *El movimiento obrero español, 1886-1926.* B, 1928, 301.

Castiñeiras Muñoz, J., y J. Domínguez Martín, *Un siglo de lucha obrera en España.* Bilbao, 1971, 271.

Lida, C. E., *Antecedentes y desarrollo del movimiento obrero es-pañol (1835-1888).* M, 1973, 520.

Núñez de Arenas, M., *Historia del movimiento obrero español.* B, 1970, 264.

Ruiz, D., *El movimiento obrero en Asturias: de la industrialización a la Segunda República.* Oviedo, 1968, 280.

Seco Serrano, C., *Asociación internacional de los trabajadores. Actas de los Consejos y Comisión federal de la Región Española (1870-1874).* Trascr. y est. B, 1969, 2 v.

→ 6.94.1, Peirats; 9.50-4, 10.55.

88 MARXISMO

García Venero, M., *Historia de las Internacionales en España (1868-1939).* M, 1956-7, 3 v.

Espadas Burgos, M., *La Primera Internacional y la historiografía española.* Hispania, 1970, 30, 181-97.

Jiménez Araya, T., *La introducción del marxismo en España...* Anales de Economía (M), 1972, 15, 107-49.

Morato Caldeiro, J. J., *Historia de la sección española de la Internacional (1868-1874).* M, 1930, 237.

Nettlau, M., *La première Internationale en Espagne (1868-1888).* Dordrecht, 1969, xxvii+683+anejo independiente.

Nettlau, M., *Miguel Bakunin. La Internacional y la Alianza en España (1868-1873).* Nueva York, 1971, 209.

Vergés Mundó, O., *La I Internacional en las Cortes de 1871.* B, 1964, xv+178.

→ 6.88.3, Suárez; 6.88.6, Coloma; 9.38, **Comunismo**; 10.86, Termes; 10.87.

89 SOCIEDADES SECRETAS. MASONERIA

Comín Colomer, E., *La masonería en España.* M, 1944, 454.

Fuente, V., *Historia de las sociedades secretas, antiguas y modernas, en España, y especialmente de la francmasonería.* B, 1933[2], 2 v.

Comín Colomer, E., *Lo que España debe a la masonería.* M, 1956[2], 208.

Díaz Pérez, N., *La francmasonería española... desde su origen.* M, 1894, 637.

Eiras Roel, A., *Sociedades secretas republicanas en el Reinado de Isabel II.* Hispania, 1962, 22, 251-310.

Fernández Alvarez, M., *Las sociedades secretas y los orígenes de la España contemporánea.* M, 1961, 104 + láms. 10

Figueroa Ríos, M., *Francmasonería española...* Cartagena, 1883, 136.

Morayta Sagrario, M., *Masonería española. Páginas de su historia.* M, 1956, 399.

Suárez Guillén, A., *Los masones en España.* M, 1932, 276.

Tirado Rojas, M., *La masonería en España.* M, 1921, 2 v.

Truth, J., *Reseña histórica del Grande Oriente Español.* Sevilla, 1926.

Zavala, I. M., *Las sociedades secretas: prehistoria de los partidos políticos españoles.* BH, 1970, 72, 113-47.

Zavala, I. M., *Masones, comuneros y carbonarios.* M, 1971, 363.

→ 6.82.4, Solís.

90 MINORIAS

Cagigas, I., *Problemas de minoría y el caso de nuestro medievo.* Hispania, 1950, 10, 506-38.

91 MOZARABES

Cagigas, I., *Los mozárabes.* M, 1947-8, 2 v.

Simonet, F. J., *Historia de los mozárabes de España.* M, 1897-1903, lviii+976.

Alcover, A. M., *Los mozárabes baleares.* RABM, 1921, 42, 226-46, 339-60, 513-37.

Balaguer, F., *Notas documentales sobre los mozárabes oscenses.* EEMCA, 1946, 2, 397-416.

Camino Velasco, P., *Noticia histórico-cronológica de los privilegios de las nobles familias de los mozárabes de... Toledo.* M, 1740, 44.

Dávila García, J. A., *La nobleza e hidalguía de las familias mozárabes de Toledo.* Hidalguía, 1966, 14, 257-80.

Díaz Jiménez, J. E., *Inmigración mozárabe en el Reino de León. El monasterio de Abellar.* BRAH, 1892, 20, 123-51.

Gálvez, R., *Mozárabes y mozarabismo. Valoración cultural y bibliografía razonada.* BRACórdoba, 1949, 20, 5-18.

Granja Santamaría, F., *Fiestas cristianas en Al-Andalus.* Al-Andalus, 1969, 34, 1-53; 1970, 35, 119-42.

Grassotti, R., *Lo mozárabe en el norte cristiano como proyección de la cultura hispanogoda.* CHE, 1961, 33, 336-44.

Levi de la Vida, G., *I mozarabi tra occidente e Islam,* en *Settimane di Studio...* Spoleto, 1965, II, 667-95.

Pastor de Togneri, R., *Problèmes d'assimilation d'une minorité. Les mozarabes de Tolède (de 1085 à la fin du XIII siècle).* AESC, 1970, 25, 351-90.

Pérez de Urbel, J., *Un islote de mozárabes en Castilla.* AEA, 1972, 45, 607-11.

Torres Balbás, L., *Mozarabías y juderías.* Al-Andalus, 1954, 19, 172-97.

10 Uría Ríu, J., *Notas para el estudio del mozarabismo asturiano.* RUO, 1947, 5-23.

→ 3.08, González Palencia; 8.24, Franke; 8.27, 14.04, Menéndez; 14.90, Menéndez; 19.40, Granja.

92 MOROS. MORISCOS. MUDEJARES

Cagigas, I., *Los mudéjares.* M, 1948, 2 v.

Lapeyre, H., *Géographie de l'Espagne morisque.* París, 1960, 310.

Reglá Campistol, J., *Los moriscos: estado de la cuestión y nuevas aportaciones documentales.* Saitabi, 1960, 10, 101-30.

Arribas Palau, M., *Nuevos datos sobre moros en la Alhambra en el siglo XVIII.* AIEA, 1954, 29, 7-24.

Boronat Barrachina, P., *Los moriscos españoles y su expulsión del reino de Valencia.* Valencia, 1901, 2 v.

Braudel, F., *Espagnols et morisques au XVIe. siècle.* AESC, 1947, 2, 397-410.

Cardaillac, L., *La polémique antichrétienne des morisques ou l'opposition de deux communautés (1492-1640).* Montpellier, 1973, 3 v.

Caro Baroja, J., *Los moriscos del Reino de Granada.* M, 1957, xi+305.

Carrasco Urgoiti, M. S., *El problema morisco en Aragón al comienzo del reinado de Felipe II.* Chapel Hill, 1969, 182.

Domínguez Ortiz, A., *Notas para una sociología de los moriscos españoles.* MEAH, 1962, 11, 39-54.

Domínguez Ortiz, A., *Los moriscos granadinos antes de su definitiva expulsión.* MEAH, 1964, 13, 113-28.

Estenaga Echevarría, N., *Condición social de los mudéjares en Toledo durante la edad media.* BolRAc de Bellas Artes... de Toledo, 1924, 6, 5-27.

Fernández González, F., *Estado social y político de los mudéjares de Castilla...* M, 1866, 456.

Gallego Burín, A., y A. Gámir Sandoval, *Los moriscos del Reino de Granada, según el Sínodo de Guadix de 1554.* Granada, 1968, 309.

García Sanz, A., *Mudéjares y moriscos en Castellón.* BSCC, 1952, 29, 94-114.

Grau Montserrat, M., *Mudéjares castellonenses.* BRABarcelona, 1962, 29, 251-73.

Gual Camarena, N., *Mudéjares valencianos...* Saitabi, 1949, 7, 165-90.

Halperin Donghi, T., *Un conflicto nacional: moriscos y cristianos viejos en Valencia.* CHE, 1955, 24, 5-515; 1957 ,26, 83-250.

Halperin Donghi, T., *Les morisques du royaume de Valence au XVIe. siècle.* AESC, 1956, 11, 154-82.

Hess, A. C., *The moriscos: an ottoman fifth column in sixteenth century Spain.* AHR, 1969, 74, 1-25.

Ladero Quesada, M. A., *Los mudéjares de Castilla en tiempos de Isabel I.* Valladolid, 1969, 378.

Ladero Quesada, M. A., *Datos demográficos sobre los musulmanes de Granada y Castilla en el siglo XV*. AEM, 1973, 8, 481-90.

Ledesma Rubio, M. L., *La población mudéjar en la vega baja del Jalón*, en *Miscelánea... J. M. Lacarra*. Zaragoza, 1968, 335-51.

Longás Bartibás, P., *Vida religiosa de los moriscos*. M, 1915, xix+315.

López Martínez, C., *Mudéjares y moriscos sevillanos*. Sevilla, 1935, 76 + láms.

Lourie, E., *Free moslems in the Balearics under christian rule in the thirteenth century*. Speculum (Cambridge, Mass.), 1970, 45, 624-49.

Macho Ortega, F., *Condición social de los mudéjares aragoneses*. Memorias de la Facultad de Filosofía y Letras (Zaragoza), 1923, 1, 137-320.

Mobarec Asfura, N., *La condición jurídica de los moros en la alta edad media española*. RChilena de Historia del Derecho, 1961, 2, 36-52.

Ortí Belmonte, M. A., *El Fuero de Córdoba y las clases sociales en la ciudad. Mudéjares y judíos en la edad media*. BRACórdoba, 1954, 25, 5-94.

Piles Ros, L., *La situación social de los moros de realengo en la Valencia del siglo XV*. M, 1949, 50.

Roca Traver, F. A., *Un siglo de vida mudéjar en la Valencia medieval*. EEMCA, 1952, 5, 115-208.

Salyer, J. C., *La importancia económica de los moriscos en España*. AE, 1949, 9, 117-33.

Sánchez Pérez, A., *Los moriscos de Hornachos, corsarios de Salé*. REE, 1964, 20, 93-152.

Torres Balbás, L., *Actividades de moros burgaleses en las artes y oficios de la construcción*. Al-Andalus, 1954, 19, 197-202.

Torres Fontes, J., *El alcalde mayor de las aljamas de moros en Castilla*. AHDE, 1962, 32, 131-82.

→ 6.56, Vincent; 6.62, Reglá; 6.65, Domínguez; 9.58, Torres; 10.36, 10.93, López; 16.69.4, 17.03, Carrasco.

93 JUDIOS

Amador de los Ríos, J., *Historia social, política y religiosa de los judíos en España y Portugal*. M, 1960 [1875-6], xx+1109 + láms.

Baer, F., *Die Juden in christlichen Spanien. Urkunden und Regesten*. Berlín, 1929-36, 2 v.

Baer, Y., *A History of the Jews in Christian Spain*. Filadelfia, 1961-2,2 v.

Caro Baroja, J., *Los judíos en la España moderna y contemporánea*. M, 1961-3, 3 v.

Fita Colomer, F., *La España hebrea. Datos históricos*. M, 1889-96, 2 v.

Gonzalo Maeso, D., *El legado del judaísmo español*. M, 1972, 295.

Kayserling, M., *Geschichte der Juden in Spain und Portugal*. Berlín, 1861-7, 2 v.

10 Lacalle Salinas, J. M., *Los judíos españoles.* B, 1964, 236.

Neuman, A. A., *The Jews in Spain.* Filadelfia, 1942-4, 2 v.

Torroba B. de Quirós, F., *Los judíos españoles.* M, 1967, 366.

Weinfeld, E., e I. Babani, *Enciclopedia judaica castellana.* México, 1948-52, 10 v.

Andrés, J., *La comunidad judía de Briviesca en los siglos XIV y XV.* BIFG, 1969, 18, 296-9.

Arco Garay, R., *Las juderías de Jaca y Zaragoza.* Sefarad, 1954, 14, 79-99.

Arco Garay, R., y F. Balaguer, *Nuevas noticias de la aljama judaica de Huesca.* Sefarad, 1949, 9, 351-92.

Bofarull Sans, F., *Los judíos en el territorio de Barcelona (siglos X al XIII). Reinado de Jaime I.* B, 1911, 128.

Cantera Burgos, F., *La usura judía en Castilla.* LCT, 1931, 43, 5-26.

Cantera Burgos, F., *La judería de Miranda de Ebro (1350-1492).* Sefarad, 1942, 2, 325-75.

Cantera Burgos, F., *La judería de Lucena.* Sefarad, 1953, 13, 343-54.

Cantera Burgos, F., *La judería de Calahorra.* Sefarad, 1955, 15, 353-72; 1956, 16, 73-112.

Cantera Burgos, F., *Sinagogas de Toledo, Segovia y Córdoba.* M, 1973^{2}, 193 + láms.

Cantera Burgos, F., y C. Carrete Parrondo, *Las juderías medievales en la provincia de Guadalajara.* Sefarad, 1973, 33, 3-44, 259-324.

Giménez Soler, A., *Los judíos españoles a fines del siglo XIV y principios del XV.* Universidad, 1950, 27, 37-90.

Goñi Gaztambide, J., *La matanza de judíos de Navarra.* HS, 1959, 12, 5-29.

Grau Montserrat, M., *La judería de Morella. Siglos XIII-XIV.* Sefarad, 1964, 24, 288-321.

Hernández, R., *La España visigoda frente al problema de los judíos.* LCT, 1967, 94, 627-85.

Isaacs, A. L., *The Jews of Mallorca.* Londres, 1936, xv+283.

Katz, S., *The Jews in the visigothic and frankish Kingdoms of Spain and Gaul.* Cambridge (Mass.), 1937, xi+182.

León Tello, P., *Los judíos de Palencia.* Palencia, 1967, iv+168.

López Mata, T., *Morería y judería* [en Burgos]. BRAH, 1951, 129, 335-84.

Mendoza, F., *Con los judíos de Estella.* PV, 1951, 12, 235-71.

Millás Vallicrosa, J. M., *Esbozo histórico sobre los judíos en Barcelona.* Miscellanea Barcinonensia, 1966, 5, 13-20.

Millás Vallicrosa, J. M., y F. Vendrell Gallostra, *La aljama judaica de Barcelona...* Miscellanea Barcinonensia, 1967, 6, 9-17.

Mitre Fernández, E., *Los judíos y la Corona de Castilla en el tránsito al siglo XV.* CHist, 1963, 3, 348-68.

Pacios López, A., *La disputa de Tortosa.* M, 1957, 2 v.

Pérez Castro, F., *Aspectos de la cultura hebraicoespañola.* Santander, 1964, 90.

Piles Ros, L., *Situación económica de las aljamas aragonesas a comienzos del siglo XIV*. Sefarad, 1950, 10, 73-114, 367-84.

Pons, A., *Los judíos del Reino de Mallorca durante los siglos XIII y XIV*. Hispania, 1960, 20, 3-54, 163-266, 368-540.

Puerta Vizcaíno, J., *La sinagoga balear o historia de los judíos en Mallorca*. Palma, 1951, 159.

Quadrado, J. M., *La judería de Mallorca*. Palma, 1967, 86 + láms.

Rahola, C., *Els jueus a Catalunya*. B, 1929, 135.

Rodríguez Fernández, J., *Judería de Sahagún*. AL, 1953, 14, 5-77.

Rodríguez Fernández, J., *La judería de la ciudad de León*. León, 1969, 276.

Sánchez Real, J., *La judería de Tarragona*. Sefarad, 1951, 11, 339-48.

Sancho Sopranis, H., *Contribución a la historia de la judería de Jerez de la Frontera*. Sefarad, 1951, 11, 349-70.

Serrano Sanz, M., *Notas acerca de los judíos aragoneses en los siglos XIV y XV*. RABM, 1917, 37, 324-46.

Suárez Fernández, L., *Documentos acerca de la expulsión de los judíos*. Valladolid, 1964, 565.

Torres Fontes, J., *Los judíos murcianos en el reinado de Juan II*. Murcia, 1965, 33.

Valdeón Baruque, J., *Los judíos de Castilla y la revolución Trastámara*. Valladolid, 1968, 88.

Vallecillo Avila, M., *Los judíos de Castilla en la alta edad media*. CHE, 1950, 14, 17-110.

Ysart, F., *España y los judíos en la segunda guerra mundial*. B, 1973, 240.

→ 1.12, **Judaica**; 5.20, **García de Santa María**; 6.43, 7.46, 9.58, Cantera; 10.64, 10.92, Ortí; 14.05, Millás; 14.62, 22.94.3, **Valmaseda**.

94 JUDEOCONVERSOS. JUDAIZANTES. CHUETAS

Caro Baroja, J., *El criptojudaísmo en España*, en su *Razas, pueblos...* M, 1957, 99-140.

Domínguez Ortiz, A., *Los judeoconversos en España y América*. M, 1971, 253.

Forteza, M., *Els descendents dels jueus conversos de Mallorca...* Palma, 1970, 220.

Netanyahu, B., *The marranos of Spain from the late 14th. to the early 16th. century*. Nueva York, 1966, x+254.

Porcel, B., *Los chuetas mallorquines...* B, 1971, 130.

Asensio Barbarín, E., *La peculiaridad literaria de los conversos*. AEM, 1967, 4, 327-51.

Cantera Burgos, F., y P. León Tello, *Judaizantes del Arzobispado de Toledo habilitados por la Inquisición en 1495 y 1497*. M, 1969, lxxviii+211.

Domínguez Ortiz, A., *Los «cristianos nuevos». Notas para el estudio de esta clase social*. BUG, 1949, 87, 251-97.

Domínguez Ortiz, A., *Los conversos de origen judío después de la expulsión*. EHSE, 1955, 3, 226-431.

10 Fita Colomer, F., *Los judaizantes españoles en los cinco primeros años (1516-20) de Carlos I.* BRAH, 1889, 33, 307-48.

Gutiérrez Nieto, J. I., *Los conversos y el movimiento comunero.* Hispania, 1964, 24, 237-61.

López Martínez, N., *El peligro de los conversos. Notas para la introducción al estudio de la Inquisición española.* HS, 1950, 3, 1-61.

López Martínez, N., *Los judaizantes castellanos y la Inquisición en tiempo de Isabel la Católica.* B, 1954, 451.

Llorca Vives, B., *La Inquisición española y los conversos judíos o «marranos».* Sefarad, 1942, 2, 113-51.

Llorca Vives, B., *Los conversos judíos y la Inquisición española.* Sefarad, 1948, 8, 357-89.

Riera Montserrat, F., *Lluites antixuetes en el segle XVIII.* Palma, 1973, 300.

→ 9.27, Márquez; 10.93.

95 SEFARDIES

Barnett, R., y otros, *The Sephardi heritage.* Londres, 1971, viii+640.

Cantera Ortiz, J., *Los sefardíes.* M, 1965[2], 31.

Estrugo, J. M., *Los sefardíes.* La Habana, 1958, 144.

Pulido Fernández, A., *Españoles sin patria y la raza sefardí.* M, 1905, viii+695.

Benardete, M J., *Hispanic culture and character of the Sephardic Jews.* Nueva York, 1952, 186.

Benardete, M. J., *Hispanismo de los sefardíes levantinos.* M, 1965, 262.

Elnecave, D., *Folklore de los sefardíes de Turquía.* Sefarad, 1963, 23, a 1965, 25, múltiples entradas.

Estrugo, J. M., *Tradiciones españolas en las juderías del Oriente Próximo...* Sefarad, 1954, 14, 128-47.

Fernández Rodríguez, M., *España y los judíos en el reinado de Alfonso XII.* Hispania, 1965, 25, 565-84.

Regreso de sefardíes desde Rusia.

Hassán, I. M., *Estado actual del mundo sefardí.* BFE, 1964, 12, 17-21.

Leví, I., *Antología de la liturgia judeoespañola.* Jerusalén, 1965-9, 4 v.

Molho, M., *Usos y costumbres de los judíos de Salónica.* Sefarad, 1947, 7, 93-121.

También, M, 1950, 341.

Molho, I. R., *El arte culinario de los judíos españoles de los Balkanes.* BRABarcelona, 1956, 26, 195-204.

Sefardíes, *Actas del primer simposio de estudios* ______. M, 1970, xxviii+781.

Van Praag, J. A., *Los sefarditas de Amsterdam y sus actividades.* M, 1967.

96 GITANOS 10

Borrow, G., *Los zincalí (los gitanos de España).* M, 1932 [1841], 401.
Guillamet, J., *Els gitanos* [en Cataluña]. B, 1970, 169.
Idoate Iragui, F., *Los gitanos en Navarra.* PV, 1949, 10, 445-74.
Lafuente, R., *Los gitanos, el flamenco y los flamencos.* B, 1955, 2 v.
López de Meneses, A., *La inmigración gitana en España en el siglo XV...*, en *Martínez Ferrando, archivero. Miscelánea...* B, 1968, 239-63.
López de Meneses, A., *Novesdades sobre la immigració gitana a Espanya al segle XV.* Estudis d'Història medieval (B), 1971, 4, 143-60.
Luna, J. C., *Gitanos de la Bética.* M, 1951, 254 + láms.
Moreno Casado, J., *Los gitanos de España bajo Carlos I.* Chronica Nova (Granada), 1969, 4, 181-98.
Ortiz de Villajos, C. G., *Gitanos de Granada. La zambra.* Granada, 1949, 102 + láms.
Pabanó, F. M. [F. Manzano López], *Historia y costumbres de los gitanos... Diccionario español-gitano... Dialecto de los gitanos.* B, 1915, 192+135.
Ramírez Heredia, J. D., *Nosotros los gitanos.* B, 1972, 210.

→ 16.69.1.

97 NEGROS

Frieiro, E., *O negro na literatura espanhola,* en su *O alegre arcipreste...* Belo Horizonte, 1959, 169-76.
Jason, H. M., *The Negro in spanish literature to the end of the Siglo de Oro.* Atenea (Puerto Rico), 1965, 2, 13-21.
Larrea Palacín, A., *Los negros en la provincia de Huelva.* AIEA, 1952, 6, 39-57.
Torres Ramírez, B., *La Compañía gaditana de negros.* Sevilla, 1973, xi+227.
Weber de Kurlat, F., *Sobre el negro como tipo cómico...* RPh, 1963, 17, 380-91.

→ 7.45, 9.18, 10.54, 16.69.4, 21.36, Granda.

99 OTRAS MINORIAS

Acevedo Huelves, B., *Los vaqueiros de alzada en Asturias.* Oviedo, 1915^{2}, xx+382.
Freeman, S. T., *Notas sobre la transhumancia pasiega.* PIEF, 1970, 2, 163-70.
Gárate, J., *Los agotes y la lepra.* BRSV, 1958, 14, 517-30.
García Lomas, G. A., *Los pasiegos..., años 1011 a 1960.* Santander, 1960, 378.
Horns, P., *Seroantropología e historia de los agotes.* PV, 1951, 12, 307-43.

10 Idoate Iragui, F., *Agotes en los valles de Roncal y Baztán.* PV, 1948, 9, 489-514.

Idoate Iragui, F., *Documentos sobre agotes y grupos afines en Navarra.* Pamplona, 1973, 303 + láms.

Ricau, O., *Histoire des cagots* [agotes]... Burdeos, 1963, 118.

Terán Alvarez, M., *Vaqueros y cabañas en los montes de Pas.* EG, 1947, 8, 493-535 + láms.

Uría Ríu, J., *Tradiciones sobre el origen de la trashumancia de los vaqueiros de Asturias...* EG, 1954, 15, 321-35.

Uría Ríu, J., *Los vaqueiros de alzada en el aspecto social.* EHSE, 1955, 3, 791-821.

→ 16.55, Menéndez; 16.65, Penny.

11

NATURALEZA. GEOGRAFIA

11

NATURALEZA. GEOGRAFIA

00 BIBLIOGRAFIA

Floristán Samanes, A., *Guía bibliográfica* [de Geografía española], en J. M. Casas Torres, *Iniciación a la geografía local*. Zaragoza, 1953, 99-166.

Gavira Martín, J., *Catálogo de la biblioteca de la Real Sociedad Geográfica*. M, 1948, 498.

Huguet del Villar, E., *Archivo geográfico de la Península Ibérica*. B, 1916, 256 + láms.
Bibliografía.

Muñoz Pérez, J., *Repertorios bibliográficos sobre Geografía de España*. EG, 1960, 21, 538-44.

01 GEOGRAFIA GENERAL

Arija Rivarés, E., *Geografía de España*. M, 1972-3, 4 v.

Igual Merino, J. M., *Geografía de la Península Ibérica*. M, 1940, 499.

Lautensach, H., *Geografía de España y Portugal*. B, 1967, xix+ 814.

Martín Echeverría, L., *Geografía de España*. B, 1937[3], 3 v.

Martín Echeverría, L., *España. El país y sus habitantes*. México, 1940, 488.
Refundición de la anterior.

Mason, K., y otros, *Spain and Portugal*. Londres, 1941-5, 4 v.

Moliner Ruiz, M., *España y los españoles*. M, 1968, 650.

Otero Pedrayo, R., *Geografía de España*. B, 1955-6, 4 v.

Ribera Irulegui, A., *Geografía de España*. M, 1953[2], 706.

Terán Alvarez, M., y otros, *Geografía de España y Portugal*. B, 1952- .
Se detalla cada v. en el lugar correspondiente.

Terrero, J., *Geografía de España*. B, 1969, 990.

Terrero, J., y otros, *España. La tierra, el hombre, el arte*. B, 1954-5, 2 v.

11 Vilá Valentí, J., *La Península Ibérica.* B, 1968, 389.
Vilá Valentí, J., *Geografía de España.* B, 1973, 2 v.

03 NOMENCLATORES. DICCIONARIOS

Academia de la Historia, *Diccionario geográfico-histórico de España.* M, 1802-46, 3 v.
Los dos primeros v. comprenden Navarra y Vascongadas; el tercero, Logroño y parte de Burgos.
Diccionario corográfico. M, 1948, 4 v.
Diccionario geográfico de España. M, 1956-61, 17 v.
Madoz, P., *Diccionario geográfico-estadístico-histórico de España y sus posesiones de Ultramar.* M, 1846-50^{2}, 16 v.
Melón Ruiz, A., *Los modernos nomenclátores de España (1857-1950).* M, 1958, 99.
Miñano Bedoya, S., *Diccionario geográfico-estadístico de España y Portugal.* M, 1826-9, 11 v.
Monge, G., y A. Gordillo, *Nomenclátor general estadístico de los pueblos de España.* M, 1917, xv+468.
Nomenclátor de 1860. Que comprende las poblaciones... M, 1863-71, 5 v.
Especialmente importante, no superado por varios de los siguientes.
→ 10.14, Censo.
Riera Sans, P., *Diccionario geográfico-estadístico e histórico... de España y sus posesiones de Ultramar.* B, 1881-91, 13 v.

04 ATLAS. MAPAS

Atlas Nacional de España. M, 1965- .
Casas Torres, J. M., y otros, *Atlas e índices de los términos municipales españoles.* M, 1969, 2 v.
Casas Torres, J. M., *España. Mapa de base municipal (1:500.000).* M, 1973, 168+18.
Mapa agronómico nacional, escala 1:50.000. M, 1948- .
Mapa geológico de España, escala 1:50.000. M, 1926- .
Mapa geológico de España, escala 1:200.000. M, 1971-2, 93 hojas con sendas memorias.
Mapa geológico y minero de España, escala 1:1.500.000. M, 1934.
[Mapa militar]. Plano Director, escala 1:25.000. M, 1933-.
Mapa topográfico nacional, escala 1:50.000. M, 1870-1968, 1106 hojas.
Nuevo atlas de España. M, 1961, 455.
Riba Arderiu, O., *Mapa litológico de España.* M, 1970.

→ 11.16, González.

06 DIVISIONES TERRITORIALES

Albertini, E., *Les divisions administratives de l'Espagne romaine.* París, 1923, 138.
Caballero Montes, F., *Proyecto de división territorial de España...* RGLJ, 1871, 39, 143-95.

Estefanía Alvarez, M. D. N., *Notas para la delimitación de los Conventos jurídicos en Hispania.* Zephyrus, 1958, 9, 51-7. 11

García Arias, A., *Principios para una nueva división territorial.* DA, 1962, 50, 17-34.

Jordana de Pozas, L., *Las previsibles alteraciones de nuestra división territorial.* REVL, 1967, 155, 641-60.

Lago Carballo, A., *La provincia en la vida española.* REPol, 1958, 62, 83-96.

Melón Ruiz, A., *El mapa prefectural de España (1810).* EG, 1951, 12, 5-72.

Melón Ruiz, A., *Inmediata génesis de las provincias españolas.* AHDE, 1958, 28, 17-59.

Melón Ruiz, A., *De la división de Floridablanca a la de 1833.* EG, 1958, 19, 173-220.

Melón Ruiz, A., *Provincialismo y regionalismo españoles.* Arbor, 1967, 66, 413-29.

Divisiones administrativas actuales.

Monès, H., *La división político-administrativa de la España musulmana.* RIEI, 1957, 5, 79-135.

→ 9.24.

10 GEOGRAFIA FISICA. GEOLOGIA

San Miguel de la Cámara, M., *Publicaciones extranjeras sobre geología de España.* M, 1950, 290.

Dantín Cereceda, J., *Resumen fisiográfico de la Península Ibérica.* M, 1948[2], 309.

Hernández Pacheco, E., *Síntesis fisiográfica y geológica de España.* M, 1934, 584 + láms.

Hernández Pacheco, E., *El solar de la historia hispana.* M, 1952, xii+760.

Hernández Pacheco, E. y F., *Características geográficogeológicas del solar hispano,* en HE, 1954[2], I, 1, 5-94.

Masachs Alavedra, V., y P. Font Quer, *Geografía de España y Portugal. España. Geografía física. El clima y las aguas. La vegetación.* B, 1954, 316.

Solé Sabarís, L., y otros, *España. Geografía física.* B, 1952-4, 2 v.

Amorós Portolés, J. L., *La agitación microsísmica en la costa mediterránea española.* M, 1946, 27.

Birot, P., y L. Solé Sabarís, *Recherches sur la morphologie du Sud-Est de l'Espagne.* Revue Géographique des Pyrénées (Toulouse), 1959, 30, 209-84.

Bonelli Rubio, J. M., y L. Chacón Alonso, *Estudio de la sismeidad de la zona murciano-alicantina.* M, 1961, 19.

García Fernández, J., *Notas sobre la estructura morfológica de España.* Valladolid, 1962, 53.

Hernández Pacheco, F., *Estudio de la región volcánica central de España.* M, 1932, 236.

Meléndez Meléndez, B., *Unidades estructurales de la Península Hispánica.* RUO, 1945, 30, 5-35.

11 Munuera, J. M., *La actividad sísmica en la región de la Península Ibérica hasta fines de 1960.* M, 1965, 10.

Rey Pastor, A., *Traits sismiques de la Péninsule Ibérique.* M, 1927, 72 + láms.

Ríos, J. M., *Bosquejo geológico del país vasco-cántabro.* Pirineos, 1954, 10, 7-32.

San Miguel de la Cámara, M., *...Las dunas de la Península Ibérica.* M, 1911, 42.

San Miguel de la Cámara, M., *Los volcanes y la erupción de la edad postpirenaica en España.* Estudios Geológicos (M), 1948, 8, 173-86.

San Miguel de la Cámara, M., *Estudio de las rocas eruptivas de España.* M, 1936.

Solé Sabarís, L., *Ideas modernas sobre la constitución geológica de España.* Arbor, 1944, 1, 201-14.

→ 12.70.

12 OROGRAFIA

Hernández Pacheco, F., *Síntesis orográfica y orogénica de la Península Ibérica.* BRSEHN, 1955, 53, 23-42, 51-78.

Birot, P., *Recherches sur la morphologie des Pyrénées Orientales Franco-Espagnols.* París, 1936, 318.

Birot, P., y L. Solé Sabarís, *Investigaciones sobre la morfología de la Cordillera Central española.* M, 1954, 79.

Bosque Maurel, J., *Sierra Nevada.* Granada, 1972, s. n.

Carandell, J., *El habitat en la Sierra Nevada.* BRSG, 1934, 74, 644-98.

Cueto Rui-Díaz, E., *Orografía y geología tectónica del país cántabro-astúrico.* M, 1926, 109.

Dantín Cereceda, J., *Tectónica del macizo galaico.* EG, 1944, 5, 45-52.

Enríquez de Salamanca, C., *Guadarrama y Gredos.* León, 1973, 190 + láms.

Fallot, P., *Les cordillères bétiques.* Estudios Geológicos (M), 1948, 8, 82-172.

Fernández, F., *Sierra Nevada.* B, 1946^{3}, 167.

Gaibar Puertas, C., *Contribución al estudio del geomagnetismo pirenaico.* Zaragoza, 1951, 146.

García Sáinz, L., *El glaciarismo cuaternario de Sierra Nevada.* EG, 1943, 4, 233-54.

Gómez de Llanera, J., *Bosquejo geográfico-geológico de los Montes de Toledo.* M, 1916, 74.

González Garrido, J., *Los Montes de Torozos...* Valladolid, 1955, 231 + láms.

Hernández Pacheco, E., *La Sierra Morena y la llanura bética.* M, 1926, 150 + láms.

Hinderink, J., *The Sierra de Gata. A geographical study...* Groningen, 1963, 277.

Lamare, P., *Les montagnes basques.* Pirineos, 1956, 12, 5-43.

Lueje Sánchez, J. R., *Cordillera Cantábrica*. Gijón, 1970, 20. 11
Llopis Lladó, N., *Los rasgos morfológicos y geológicos de la Cordillera Cántabro-astúrica*. Oviedo, 1950, 47.
Llopis Lladó, N., *El catálogo espeleológico de España*. Speleon (Oviedo), 1954, 5, 5-10.
Messerli, B., *Beiträge zur Geomorphologie der Sierra Nevada*. Zürich, 1965, 178 + láms.
Nonell Masjuán, C. y C., *El Pirineo Catalán*. León, 1972, 174 + láms.
Obermaier, H., y J. Carandell, *Los glaciares cuaternarios de la Sierra del Guadarrama*. M, 1916, 94.
Plandé, R., *La nieve y los glaciares en el Pirineo*. Pirineos, 1947, 3, 167-82.
Poyo Jiménez, E., *Moncayo de Aragón y Castilla*. Zaragoza, 1962, 167.
Puig Larraz, G., *Cavernas y simas de España*. M, 1896, 392.
Riba Arderiu, O., *Estudio geológico de la Sierra de Albarracín*. M, 1959, 283.
Saint Saud, Comte de, *Monographie des Picos de Europa. Pyrénées Cantabriques et Asturiennes*. París, 1937, 264.
Schmieder, O., *La Sierra de Gredos*. EG, 1953, 14, 421-40, 629-53.
Schriel, W., *La Sierra de la Demanda y los Montes Obarenes*. M, 1945, 130.
Sermet, J., *Sierra Nevada*. EG, 1942, 3, 727-49.
Sierra de Gredos. M, 1929, 82.
Sierra Nevada. Granada, 1971, 636 + láms. Miscelánea por diversos autores.
Solé Sabarís, L., *Los Pirineos. El medio y el hombre*. B, 1951, 616 + láms.
Solé Sabarís, L., *Sobre el concepto de Meseta española y su descubrimiento*, en *HomA. Melón Ruiz*. M, 1966, 15-47.
Soler Pérez, E., *Sierra Nevada y las Alpujarras*. M, 1903, 119.
Sorre, M., *Los Pirineos*. B, 1949, 174.
Vilá Valentí, J., y O. Riba Arderiu, *Un nombre mal empleado: los Montes Universales*. EG, 1956, 17, 41-60.

→ 19.65, 22.10.3, Arenas; 22.32.2, 22.76, 22.76.3.

13 COSTAS Y MARES

Carle, W., *Las rías bajas gallegas*. EG, 1949, 10, 323-30 + láms.
González, J. M., *El litoral asturiano en la época romana*. Oviedo, 1954, 234.
González Sabariegos, M., *Contribución al estudio dinámico del mar de España*. Las Ciencias, 1951, 16, 468-79.
Hernández Pacheco, E., *Las costas de la Península Ibérica y sus movimientos*, en *V CongrAsEspañola para el Progreso de las Ciencias*. Lisboa, 1932, 89-120.
Hernández Pacheco, E., *Significación geológica del relieve submarino del Cantábrico*. Las Ciencias, 1934, 1, 542-6.
Jessen, O., *Die Strasse von Gibraltar*. Berlín, 1927, 283.
Mensching, H., *Die Rías der galicisch-asturischen Küste Spaniens*. Erdkunde (Bonn), 1961, 51, 210-24.

11 Nonn, H., *Les régions cotières de la Galice.* París, 1966, 591 + láms.
Rey Pastor, A., *Las costas mediterráneas de la Península Hispánica.* RGeofísica (M), 1948, 7, 125-55.
Rotaeche, J. M., *Algunos problemas de oceanografía de España.* M, 1941, 26.
Rosselló Verger, V., *El litoral valencià.* Valencia, 1969, 2 v.
Sermet, J., *La costa mediterránea andaluza de Málaga a Almería.* EG, 1945, 4, 15-30.
Solé Sabarís, L., *Oscilaciones del Mediterráneo español durante el Cuaternario.* B, 1961, 58.
Tormo Rodríguez, F., *Playas y puertos.* M, 1955, 29 + láms.
Torre Enciso, E., *Estado actual del conocimiento de las rías gallegas.* Vigo, 1958.

→ 11.10, Amorós; 12.97, 22.06.3, **Costa Blanca**; 22.30.3, **Costa Brava**; 22.32.3, **Costa del Sol**; 22.62.3, **Costa del Sol**; 22.69, Alonso.

14 HIDROGRAFIA. HIDROLOGIA

Burillo González, M., y J. M. Sanz García, *Manual de hidrología de España...* M, 1960, 267.
Castells Ballespí, R., *Riqueza hidrológica y climatológica de España.* M, 1913, cxi+198.
Jaque Andrés, F., *Hidrología de España.* M, 1960, 204.
Masachs Alavedra, V., *El régimen de los ríos peninsulares.* B, 1948, 511.
Masachs Alavedra, V., y J. García Tolsa, *Hidrología de España.* B, 1960, 280.
Pardo García, L., *Introducción a la limnología española.* M, s. a., 232.
Pardo García, L., *Catálogo de los lagos de España.* M, 1948, 522.
Villaverde, J. B., *Lagos de España.* Cáceres, 1972, 116.
Botella, F., *Monografía de las aguas minerales y termales de España...* M, 1892, 69.
Drain, M., *Le Bas Guadalquivir... Le milieu physique.* París, 1971, 124.
García Sáinz, L., *Las grandes crecidas.* EG, 1959, 20, 5-20.
Hernández Pacheco, E., *Los cinco ríos principales de España y sus terrazas.* M, 1928, 149.
Hernández Pacheco, E., *Fisiografía del Guadiana.* RCEE, 1928, 2, 511-21.
Hernández Pacheco, E., *Historia geológica del Guadalquivir.* M, 1944, 41 + láms.
Hernández Pacheco, F., *La tectónica peninsular y su relación con las aguas minero-medicinales.* M, 1949, 134.
Higueras Arnal, A., *El alto Guadalquivir.* Zaragoza, 1961, 191.
López Bermúdez, F., *La vega alta del Segura. Clima, hidrología y morfología.* Murcia, 1973, 288.
Masachs Alavedra, V., *Las crecidas y los estiajes en los ríos de la Península Ibérica.* Las Ciencias, 1948, 13, 38-47.
Ortega Galindo, J., *El río Ebro.* ED, 1956, 4, 407-38.

Pardé, M., *Les régimes fluviaux de la péninsule ibérique.* Revue de Géographie (Lyon), 1964, 39, 129-82. 11
También, Pirineos, 1949, 5, 575-655.

Planchuelo Portalés, G., *Estudio del alto Guadiana y de la altiplanicie del Campo de Montiel.* Ciudad Real, 1954, 189.

Polaino Ortega, L., *Estudio del alto Guadalquivir.* BIEG, 1960, 7, 67-116 + láms.

Ramos, D., *Notas sobre la geografía del bajo Tajuña.* EG, 1947, 8, 41-154.

Revenga Carbonell, A., *Contribución al estudio de la hidrografía de la Península Ibérica.* EG, 1959, 20, 189-208.

Rubio, P. M., *Tratado completo de las fuentes minerales de España... Con una reseña histórica... y noticias curiosas sobre los lugares donde están situadas.* M, 1853, lxxvi+740.

Sáenz García, C., *Estructura general de la cuenca del Ebro.* EG, 1942, 3, 249-69.

Sanz Sánchez, E., *Porqueres. Descripción de la cuenca del lago de Banyoles.* Bañolas, 1973, 89 + láms.

Soler Pérez, E., *Por el Júcar (Alberique-Cofrentes)...* BRSG, 1905, 47, 93-159.

Vallés Pujals, J., *La cuenca del Ribagorzana.* B, 1949, 103 + láms.

Vanney, J. R., *L'hydrologie du Bas Guadalquivir...* M, 1970, 175.

Vidal Box, C., *Contribución al conocimiento morfológico de las cuencas de los ríos Sil y Miño.* BRSEHN, 1941, 39, 121-53.

→ 9.59, 11.10, Masachs; 11.88, 12.42, 12.67, 12.76, Fernández; 19.85, 22.10.3, 22.12.2, 22.14.2, 22.59, 22.70.2, 22.84.2, 22.90.2.

16 METEOROLOGIA

García Fernández, J., *El clima de España.* Valladolid, 1963, 73.

López Gómez, J. y A., *El clima en España según la clasificación de Köppen.* EG, 1959, 20, 151-66.

Lorente Pérez, J. M., *Características meteorológicas en España de cada mes del año.* Calendario meteoro-fenológico (M), 1946, 113-9; 1969, 164-72.

Lorente Pérez, J. M., *Climas españoles.* RGeofísica (M), 1946, 5, 204-31.

Soroa Pineda, J. M., *Los climas de España.* M, 1941², 88.

Tiempo, *Guía resumida del* _____ *en España.* M, 1968, 32.

Allué Andrade, J. L., *Subregiones fitoclimáticas de España.* M, 1966, 57.

A. R. F., *Temperaturas extremas en España, 1901-1960.* Calendario meteoro-fenológico (M), 1962, 134-41.

Dantín Cereceda, J., y A. Revenga Carbonell, *Las líneas y las zonas isóteras... Estudio de la aridez en España.* EG, 1941, 2, 35-91.

Elías, F., *Precipitaciones máximas en España. Régimen de intensidades y frecuencias.* M, 1963, 267 + láms.

Faura Sans, M., *Meteoritos caídos en la Península Ibérica.* Tortosa, 1922, 70.

11 Fernández Alonso, F., *Ensayo de revisión de los conceptos de «Iberia húmeda» e «Iberia seca».* EG, 1957, 18, 5-36.

Font Tullot, I., *La insolación en España.* BolMensual Climatológico (M), 1956, febrero, 3-5.

Font Tullot, I., *Períodos fríos en la Península Ibérica.* RGeofísica (M), 1957, 16, 41-60.

García Sáinz, L., *El clima de la España cuaternaria y los factores de su formación.* Valencia, 1947, 179.

González Quijano, P. M., *Mapa pluviométrico de España.* M, 1946, 546 + láms.

Hernández Pacheco, E., *Clima y paisaje de la Península Hispánica.* Arbor, 1954, 28, 254-63.

Hessinger, E., *La distribución estacional de las precipitaciones en la Península Ibérica y sus causas.* EG, 1949, 10, 59-128.

J. S. E., *El régimen mensual, estacional y anual de lluvias en España.* Calendario meteoro-fenológico (M), 1966, 161-78.

Lange, G., *Die Calina. Der Staubdunst der spanischen Sommer.* EG, 1962, 23, 583-90.

Lautensach, H., *El ritmo de las estaciones en la Península Ibérica.* EG, 1956, 17, 443-600.

Lautensach, H., *Características y ritmo anual de la temperatura en la Península Ibérica...* EG, 1962, 23, 259-92.

L. G. P., *Vientos marítimos y terrales en España.* Calendario meteoro-fenológico (M), 1972, 161-71.

Lorente Pérez, J. M., *El bienestar climático en España.* Calendario meteoro-fenológico (M), 1948, 133-41.

Palomares Casado, M., *Climatología turística de España.* M, 1967, 155.

Puig, I., *Epocas de sequía y de lluvia en España durante la antigüedad.* Ibérica (B), 1949, 167, 138-42.

Roldán Fernández, A., *Temperaturas de España.* BolMensual Climatológico (M), 1968, marzo, 5-9.

Schieth, E., y W. Kries, *Valores medios de la presión atmosférica sobre la Península Ibérica.* EG, 1947, 8, 537-44.

→ 11.10, Masachs; 11.14, Castells; 11.20, Gaussen.

18 EDAFOLOGIA

Albareda Herrera, J. M., *Sobre el estudio de los suelos españoles.* EG, 1943, 4, 255-66.

Kubiena, W., *Mapa de suelos de España.* M, 1956.

Albareda Herrera, J. M., e I. Asensio Amor, *Contribución al estudio de los suelos silíceos españoles.* AIEE, 1945, 4, 66-132.

Albareda Herrera, J. M., y E. Gutiérrez Ríos, *Suelos del Pirineo.* EG, 1946, 7, 5-28.

Albareda Herrera, J. M., y otros, *Contribución al estudio de los suelos calizos españoles.* AIEE, 1945, 4, 225-50.

Albareda Herrera, J. M., y otros, *Contribución al estudio de las tierras pardas españolas.* AIEE, 1949, 8, 421-502.

Alvira, T., *...Tierras rojas españolas.* AIEE, 1944, 3, 203-7.

Bennett, H. H., *Soil erosion in Spain.* Geographical Review (Nueva York), 1960, 59-72. 11

Burriel, F., y otros, *Ensayos sobre la fertilidad de los suelos españoles.* AIEE, 1950, 9, 537-66.

Riba Arderiu, O., y F. Macau Vilar, *Situación, características y extensión de los terrenos yesíferos en España.* M, 1962, 33.

Ríos García, J. M., *Materiales salinos del suelo español.* M, 1963, 161 + láms.

Tamés, C., *Los grupos principales de suelos de la España peninsular.* M, 1958, 49.

→ 11.20, Reyes.

20 FLORA

Caballero, A., *Flora analítica de España.* M, 1940, 617+xiv.

Colmeiro Penido, M., *Enumeración y revisión de las plantas de la Península... Nombres vulgares...* M, 1885-9, 5 v.

Lázaro Ibiza, B., *Compendio de la flora española.* M, 1920-1[3], 3 v.

Lüdi, W., y otros, *Die Pflanzenwelt Spaniens.* Zürich, 1956, 298.

Rivas Goday, S., *Los grados de vegetación de la Península Ibérica.* Anales del InstA. J. Cavanilles (M), 1955, 13.

Willkomm, M., y J. Lange, *Prodromus Florae Hispanicae.* Stuttgart, 1861-93, 4 v.

Allorge, P., *Essai de byogéographie de la Péninsule Ibérique...* París, 1947, 115.

Baró, F., *Bosquejo geográfico forestal de la Península Ibérica.* M, 1926.

Benito Cebrián, N., *Brezales y brezos.* M, 1948, 67.

Bernard, A., y otros, *Ensayo estadístico-económico sobre la estructura general del área forestal de España.* M, 1963, 2 v.

Casares Gil, A., *Flora ibérica. Briofitas, hepáticas y musgos.* M, 1919-32, 2 v.

Ceballos Fernández, L., *Los matorrales españoles y su significación.* M, 1945, 93.

Ceballos Fernández, L., y J. Ruiz de la Torre, *Arboles y arbustos de la España peninsular.* M, 1971, xxii+512.

Ferrer Granda, J. M., y M. Rodríguez de la Zubia, *Nuestros árboles forestales.* M, 1968, 127 + láms.

Forestal, *Inventario* ______ *nacional.* M, 1968, 84.

Gaussen, H., *Sol, climat et végétation des Pyrénées espagnols.* RAc de Ciencias Exactas... (Zaragoza), 1934, 18, 109-75.

Gaussen, H., *Les ensembles écologiques de la Péninsule Hispanique.* Publicaciones del InstBiología aplicada (M), 1957, 26, 9-17.

González Vázquez, E., *Los bosques en la Península Ibérica.* M, 1928.

González Vázquez, E., *Selvicultura... Los bosques ibéricos.* M, 1947, 575+xvi.

Hernández Pacheco, E., *Variación de la floresta de los paisajes hispanos en épocas prehistóricas e históricas.* Las Ciencias, 1952, 17, 247-63.

11 Hernández Pacheco, F., *Los matorrales españoles y su destrucción.* Las Ciencias, 1958, 23, 315-30.

J. E. P., *Yerba ballestera.* Correo erudito (M), 1957, 5, 266.

Laguna, M., *Flora forestal española.* M, 1890, 2 v.

Lillo, A. L., y A. Ramos Fernández, *Flora ornamental española.* M, 1972.

López Gómez, A., *Evolución de los bosques en las Montañas Ibéricas...* EG, 1955, 16, 167-70.

Madueño Box, M., *Las plantas medicinales en España.* M, 1941, 20.

Martín Bolaños, M., *Consideraciones sobre los encinares de España.* M, 1946, 106.

Martín Bolaños, M., y E. Guinea, *Jarales y jaras.* M, 1949, 221.

Reyes Prósper, E., *Las estepas de España y su vegetación.* M, 1915, 300.

Torner, J., *El eucalipto en el sur de España.* Montes (M), 1957, 10, 191-230.

→ 11.10, Masachs; 11.16, Allué.

27 SITIOS NATURALES. PAISAJE

Ceballos Fernández, L., y F. Ortuño, *El Parque nacional del Teide.* Montes (M), 1954, 10, 85-92.

García de Figuerola, L. C., *Nuestro paisaje.* M, 1956, 29 + láms.

Gaussen, H., *Parcs nationaux aux Pyrénées.* Pirineos, 1968, 24, 21-9.

Hernández Pacheco, E., *Guías de los sitios naturales de interés nacional.* M, 1931-3, 3 v.

Hernández Pacheco, E., *El paisaje en general y las características del paisaje hispano.* M, 1934, 64.

Muñoz Goyanes, G., *Parques nacionales españoles.* M, 1962, 189.

Parques nacionales españoles. Resumen informativo. M, 1962, 54.

→ 11.16, Hernández Pacheco; 11.20, Hernández Pacheco; 11.86, 11.88, 19.65, 21.21, **Covadonga**; 22.38.3, **Doñana**; 22.40.2, **Ordesa.**

30 FAUNA

Andreu Rubio, J. M., *Los dípteros bombílidos españoles.* M, 1961, 65.

Aritio, L. B., *Guía de campo de los mamíferos españoles.* M, 1971, 202 + láms.

Aves y mamíferos de España. Clasificación y actividades. M, 1970[4], 324.

Benítez Morera, A., *Los odonatos de España.* M, 1950, 99.

Bernis Madrazo, F., *Acotaciones al estudio de la migración de las aves en España.* BRSEHN, 1952, 51, 155-62.

Bernis Madrazo, F., *Aves migradoras ibéricas.* M, 1966, 4 v.

Cabrera, A., *Mamíferos. Fauna ibérica.* M, 1914, 438 + láms.

Ceballos, G., y otros, *Las tribus de los himenópteros de España.* M, 1941, 420.

Ceballos, G., y otros, *Catálogo de los himenópteros de España.* M, 1955, 554. 11
Crusafont Pairó, M., *El cuaternario español y su fauna de mamíferos...* Speleon (Oviedo), 1961, 12, 3-21.
Fernández Galiano, D., *El encebro o asno salvaje en Teruel medieval...* Teruel, 1957, 9, 127-41.
Figueroa Alonso, E., *El corzo en España.* Montes (M), 1953, 9, 5-12.
Gallego Trigo, S., *Aves indígenas de España.* B, 1970, 201 + láms.
Giner Mari, J., *Himenópteros de España.* M, 1943-5, 3 v.
Gómez Menor, J., *Las tribus de hemípteros de España.* M, 1956, 146.
Higgins and Riley, *Guía de campo de las mariposas de España y de Europa.* B, 1973, 400 + láms.
Junco, J. J., *Himenópteros de España.* M, 1960, 357.
Lozano Cabo, F., *Nomenclatura ictiológica. Nombres científicos y vulgares de los peces españoles.* M, 1963, xi+271.
Lozano Rey, L., *Los principales peces marinos y fluviales de España.* M, 1964^{3}, viii+134.
Margalef, R., *Los crustáceos de las aguas continentales ibéricas.* M, 1953, 243.
Notario, R., *El oso pardo en España.* M, 1970, 162.
Pardo García, L., *Zoología cinegética española. I, Mamíferos...* M, 1949, 124 + láms.
Peterson, R., y otros, *Guía de campo de las aves de España.* B, 1973^{3}, 456.
Prast, A., *La cabra hispánica en la Serranía de Gredos.* Ganadería (M), 1944, 44-6.
Rodríguez, F. L., *Reptiles y mamíferos ibéricos.* M, 1972, 274.
Rodríguez de la Fuente, F., *Fauna ibérica. Los animales cazadores.* M, 1970, 172.
Rodríguez García, M., *La cabra montés en Sierra Nevada.* M, 1963, 95.
Rodríguez López, C., *Helmintos de los vertebrados ibéricos.* Granada, 1947, 3 v.
Torre Cervigón, M., y P. Rodríguez Marqués, *El cangrejo de río en España.* M, 1964, 107.
Urquijo, A., *El Pirineo y los sarrios.* M, 1967, 356.

40 GEOGRAFIA HUMANA

→ 4.61-62, 10.10-14, 10.21-24, 10.41, 10.47.

50 GEOGRAFIA ECONOMICA

Bosque Maurel, J., *Geografía económica de España.* B, 1960^{5}, 455.
Cortada Reus, F., *Geografía económica de España.* B, 1951^{2}, 403.
Fuentes Irurozqui, M., *Síntesis de la economía española. Geografía económica de España.* M, 1946, 500.
Pérez de Tudela, J., y T. Pérez Saenz, *Geografía económica de España...* M, 1962, 784 + láms.

11 Fuentes Irurozqui, M., *Viaje a través de la España económica.* M, 1948, 337 + láms.

González Paz, J., y J. Plaza Prieto, *Regiones económicas españolas.* M, 1964, 106.

Meilán Gil, J. L., *España 71. El territorio, protagonista del desarrollo.* M, 1971, 219.

Miguel Rodríguez, A., *Dinámica del desarrollo industrial de las regiones españolas.* M, 1972, 337.

Sampedro Sáez, J. L., *Perfiles económicos de las regiones españolas.* M, 1964, 44.

Sanz García, J. M., *Geografía económica industrial.* M, 1960, 511.

56 GEOGRAFIA AGRARIA

Cabo Alonso, A., *Fuentes para la geografía agraria de España.* EG, 1961, 22, 223-49.

Muñoz Pérez, J., y J. Benito Arranz, *Guía bibliográfica para una geografía agraria de España.* M, 1961, xxxvi+887.

Alcaraz Martínez, E., *Ensayo de geografía agraria española.* B, 1937, iv+157.

Bosque Maurel, J., y E. Borrás, *Geografía agrícola de España.* B, 1959, 288.

Cañizo, J., y otros, *Geografía agrícola de España.* M, 1960, xix+319.

Pérez Sanz, T., *Geografía agrícola de España.* M, 1960^{2}, 375.

→ 12.40.

60 GEOGRAFIA REGIONAL

Terán Alvarez, M., y otros, *Geografía regional de España.* B, 1968, 503.

Casas Torres, J. M., y otros, *España. Geografía regional* [Valle del Ebro. Cataluña. Valencia]. B, 1966, 464.

Deffontaines, P., y M. Durliat, *La España del Este. Cataluña, Baleares, Valencia.* B, 1958, 256 + láms.
Geografía, arte, historia, folklore.

Sermet, J., *L'Espagne du Sud* [Extremadura. Andalucía. Murcia]. París, 1956^{2}, 423.
Geografía, arte, historia.

Sermet, J., *L'Espagne du Nord.* París, 1959, 400.

Terán Alvarez, M., y otros, *España. Geografía regional* [Galicia. Asturias. Santander. Vasconia. León. Castillas. Extremadura]. B, 1958, 481.

Vilá Valentí, J., y otros, *España. Geografía regional* [Baleares. Murcia. Andalucía. Canarias. Plazas y provincias africanas]. B, 1967, 424.

→ 21.65, Tormo.

62 REGIONES NATURALES

Dantín Cereceda, J., *Ensayo acerca de las regiones naturales de España.* M, 1922, xvi+ 386.

Dantín Cereceda, J., *Regiones naturales de España, I.* M, 1942, 397.

Hernández Pacheco, F., *...Las comarcas naturales del suroeste de Castilla la Nueva y de Sierra Morena.* M, 1934, 101.

Marco Baidal, J., *Regiones y comarcas tradicionales de España.* Valencia, 1967, 92.

Revenga Carbonell, A., *Catálogo de las comarcas geográficas de España.* M, 1960, 207.

Vergara Martín, G. M., *Catálogo de las regiones naturales, comarcas y territorios del suelo.* M, 1930, 181.

Vilá Valentí, J., *Características de las regiones naturales españolas.* AUMurcia, 1964, 22, 47-58.

63 REGIONES NATURALES EN PARTICULAR

Campo de Montiel → 11.14, Planchuelo.

Blázquez Delgado, A., *La* **Mancha** *en tiempo de Cervantes.* M, 1905, 31.

Ciganovic, J., *La Mancha.* M, 1968, 214 + láms.

Hoyos Sancho, N., *La Mancha.* M, 1955, 28 + láms.

Jessen, O., *La Mancha. Contribución al estudio geográfico de Castilla la Nueva.* EG, 1946, 7, 269-312, 479-524.

López Bustos, C., *Un madrileño recuerda la Mancha.* Ciudad Real, 1973, 148.

Olagüe, I., *El paisaje manchego en tiempos de Cervantes.* AC, 1953, 3, 215-79.

Lusenjo [J. Serrano Luna], *La Mancha y sus pueblos.* Valdepeñas, 1971, 68.

→ 12.56, Ruiz Maya.

Ribas de Pina, M., *La región natural llamada «La* **Montaña***». Estudio de geografía humana.* BRSG, 1948, 84, 164-78.
Entre Santander y Burgos.

Ferrer Regales, M., *La personalidad geográfica de Los* **Monegros.** Geographica, 1960, 7, 59-88.

Los Monegros... Zaragoza, 1951, 111.
Miscelánea por varios autores.

Mayoral, M., *Los Monegros.* M, 1957, 29.

Vidal, D. *...Los Monegros.* B, 1971, 221.

González Garrido, J., *Horizontes de Castilla. La* **Tierra de Campos.** Valladolid, 1941, 458.

Manfredi Cano, D., *Tierra de Campos.* M, 1962, 31.

Pérez Díaz, V., *Emigración y sociedad en Tierra de Campos.* M, 1969, 307.

Plans Sanz, P., *Campi Palatini-Campi Gothorum-Tierra de Campos.* EG, 1969, 30, 627-68.

Plans Sanz, P., *La Tierra de Campos.* M, 1970, 289 + láms.

Simón Nieto, F., *Los antiguos Campos Góticos.* M, 1895, 162.

→ 16.60, García Bermejo, Gutiérrez.

11 **Valle del Ebro**, *Unidad y variedad del* ____. Santander, 1952, 2 v.
Miscelánea por varios autores.
→ 11.60, Casas Torres.

80 GEOGRAFIA HISTORICA

Alemany Bolufer, J., *La Geografía de la Península Ibérica en los escritores cristianos desde San Isidoro hasta el siglo XIX*. Granada, 1923, 119.
Cordero Torres, J. M., *Fronteras hispánicas. Geografía e historia, diplomacia y administración*. M, 1960, 470.
Desde la época romana, en la Península y Africa.
López, T., *Geografía histórica de España*. M, 1802, 2 v.
Melón Ruiz, A., *Geografía histórica española*. M, 1928, 344.
Reparaz Ruiz, G., *Essai sur l'histoire de la géographie de l'Espagne de l'antiquité au XVe. siècle*. Annales du Midi (Toulouse), 1940, 52, 137-89, 280-341.
Vicens Vives, J., *España. Geopolítica del Estado y del Imperio*. B, 1940, 215.

81 EDADES ANTIGUA Y MEDIA

Abd Al-Mun'im Al-Hymîari, *La Péninsule Ibérique au Moyen Age. Textes arabes des notices*... Leyden, 1938, xxxvi+310.
Alemany Bolufer, J., *La geografía de la Península Ibérica en los textos de los escritores griegos y latinos*. M, 1912, 219.
Alemany Bolufer, J., *La geografía de la Península Ibérica en los escritores árabes*. Granada, 1921, 195.
Beltrán Martínez, A., *El río Ebro en la antigüedad clásica*. Caesaraugusta, 1961, 18, 65-79.
Bosch Vilá, J., *Unas notas en torno al «Kitab al Rawd al-Mitar», repertorio geográfico de ciudades de España*. EG, 1950, 11, 45-71.
Loos, E. P., *Une description arabe de l'Espagne au XIIIe. siècle*. RBPhH, 1926, 5, 101-16.
Schulten, A., *Geografía y etnografía antiguas de la Península Ibérica*. M, 1959, 412.
→ 6.10, García Bellido; 11. 13, González.

82 SIGLOS XVI-XIX

Blázquez Delgado, A., *Geografía de España en el siglo XVI*. BRSG, 1909, 51, 186-223.
También, M, 1909, 97.
Caballero, F., *Manual geográfico-administrativo de la Monarquía española*. M, 1844, 626.
Cabo Alonso, A., *Contribución al conocimiento de las fuentes para la geografía española (siglo XVIII)*. EG, 1957, 18, 177-88.
Laborde, A., *Itinerario descriptivo de las provincias de España*... Valencia, 1816, xiv+481.
Ortega Rubio, J., *Relaciones topográficas de los pueblos de España. Lo más interesante de ellas*... M, 1918, 710+viii.

Sánchez Costa, L., *La Península a principios del siglo XVIII.* RH, 1915, 34, 300-542. 11
Ms. contemporáneo.

→ 4.01, Mellado.

85 GUIAS TURISTICAS

Perrino, F., *Guías generales de España* [bibliografía]. ELE, 1959, 2, 228-33.
Perrino, F., *Guías regionales y locales* [bibliografía]. ELE, 1959, 2, 531-43.

Arias, J., y otros, *Guía turístico-monumental de Madrid y general de España.* M, 1951, 322.
Badía Marín, J. V., *Rutas y pueblos de España.* Valencia, 1973, 300.
Díez Monar, J., *Guía turística de la España sagrada, artística y monumental.* M, 1936, 389.
Espagne. Guides Bleues. París, 1973, 1060.
España turística. Guías Afrodisio Aguado. M, 1973[9], 1145.
Ford, A., *A Hand-Book for travellers in Spain.* Londres, 1845, 2 v.
García Campos, M. I., *Geografía turística de España.* M, 1970, 538.
Irureta Beitia, A., *Guía turística de España.* M, 1964, 552.
Mellado, F. P., *Guía del viajero en España... Descripción de las principales poblaciones, carreteras y caminos y noticias curiosas.* M, 1852[5], 514.
Tirado Carreño, M., *Guía turística general de España.* S. l., 1952, 494.
Troncoso de Castro, A., y P. Reigada de Pablo, *Geografía turística de España.* Valladolid, 1973[2], 2 v.
Valverde Alvarez, E., *Nueva guía del viajero en España...* M, 1886, 2 v.
Voss-Gerling, W., *España turística.* León, 1973, 288 + láms.

86 GUIAS FOTOGRAFICAS

Calleja, R., *Apología turística de España. Paisajes, monumentos y aspectos típicos.* M, 1943, 46+111 láms.
Calleja, R., *Nueva apología turística de España.* M, 1957, 587 láms.
García Ochoa, J., y J. L. Panero, *Desde el techo de España.* M, 1972, 352 láms.
García Ochoa, J., y S. Jiménez de la Torre, *España. Tierra, agua, fuego y aire.* M, 1973[2], xxii+522 láms.
Hürliman, M., *España: Paisajes, monumentos, tradiciones.* M, 1955, 264+265 láms.
Ministral Masiá, J., *La España que usted no conoce.* B, h. 1955, 47+102 láms.
Ortiz Echagüe, J., *España. Castillos y alcázares.* M, 1956, 30+312 láms+xiv láms.
Ortiz Echagüe, J., *España. Pueblos y paisajes.* M, 1953[9], 36+304 láms.
Ortiz Echagüe, J., *España. Tipos y trajes.* M, 1953[9], 31+280 láms+xxxvi láms.

11 Ortiz Echagüe, J., *España mística.* M, 1954^{3}, 32+282 láms+xxii láms.
Rocafort, C., *Portfolio fotográfico de España.* B, h. 1930, 4 v.
Soldevila Zubiburu, C., *Belleza de España. Guía de arte y paisaje.* B, 1949, 397.

88 GEOGRAFIA LITERARIA. VIAJES

Alarcón Ariza, P. A., *Viajes por España.* M, 1883, 337.
Asúa Campos, M., *Por carretera... Desde Madrid a Santander, cruzando... Segovia, Avila, Valladolid y Palencia.* M, 1900, xiii+266.
Azorín, *Castilla.* M, 1912, 156.
Azorín, *El paisaje de España visto por los españoles.* M, 1917, 180.
Azorín, *España clara.* M, 1966, 169.
Selección de textos.
Azorín, *Tiempo y paisaje. Visión de España.* M, 1968, 497.
Bobadilla, E., *Viajando por España. Evocaciones y paisajes.* M, 1912, 300.
Cruz, V., *Autobiografía del río Arlanza.* Burgos, 1973, 149.
Dantín Cereceda, J., *España vista por D. Antonio Ponz.* RO, 1925, 8, 331-58.
Escalante, A., *Del Manzanares al Darro. Relación de viaje.* M, 1863, 321.
Gómez de la Serna, G., *Los viajeros* [españoles] *de la Ilustración.* RABM, 1957, 63, 569-92.
Helman, E. F., *Viajes de españoles por la España del siglo XVIII.* NRFH, 1953, 7, 618-29.
Jiménez de Gregorio, F., *Notas a un viaje por la cuenca del Ebro.* Toledo, 1958, 55.
Lorenzo Morales, P., *Viaje de los ríos de España.* M, 1969, 404.
Manfredi Cano, D., *Biografía del Ebro.* M, 1956, 28 + láms.
Manfredi Cano, D., *Biografía del Tajo.* M, 1956, 29 + láms.
Manrique, G., *Biografía del Duero.* M, 1956, 32.
Manrique, G., *Biografía del Jalón,* M, 1957, 30.
Medina, T., *España por el talle.* M, 1972, 759.
Medina, T., *Carretera y manta.* M, 1972, 623.
Morales Padrón, F., *El Guadalquivir, río de América.* Atlántida, 1968, 6, 77-85.
Ponz, A., *Viaje de España...* M, 1772-94, 18 v.
También, M, 1947, 2039.
Sanz Díaz, J., *Biografía del Guadalquivir.* M, 1957, 29.
Serna Espina, V., *Nuevo viaje de España. La ruta de los foramontanos.* M, 1955, 268.
Serna Espina, V., *Nuevo viaje de España. La vía del Calatraveño.* M, 1960, 175.
Unamuno Jugo, M., *Por tierras de Portugal y de España.* M, 1930, 296.
Uranzu, L. [L. Rodríguez Gal], *Lo que el río vio. Biografía del río Bidasoa.* S. Sebastián, 1955, xxiii+489.
Vallverdú, J., y T. Sirera, *Els rius de Lleida.* B, 1973, 344.
Villalba Estaña, B., *El pelegrino curioso y grandezas de España.* Ed. de P. Gayangos. M, 1886-9, 2 v.

12

ECONOMIA

12

ECONOMIA

00 HISTORIA ECONOMICA

Barceló Fernández, J. L., *Historia económica de España.* M, 1952, 377.

Carrera Pujal, J., *Historia de la economía española.* B, 1943-7 5 v.

Colmeiro Penido, M., *Historia de la economía política en España.* M, 1863, 2 v.

Vázquez de Prada, V., y otros, *Historia económica y social de España.* M, 1973- .

Vicens Vives, J., *Manual de historia económica de España.* B, 1969[6], 782.

Voltes Bou, P., *Historia de la economía española hasta 1800.* M, 1972, 379.

02 EDAD ANTIGUA

Balil Illana, A., *Economía de la España romana.* Santiago, 1972, 119.

Blázquez Martínez, J. M., *Estructura económica de la Bética al final de la República romana y a comienzos del Imperio.* Hispania, 1967, 27, 7-62.

Cracco Ruggini, L., *Strutture socioeconomiche della Spagna tardoromana.* Athenaeum (Pavía), 1965, 43, 422-40.

Lachica, G., *La estructura económica de Hispania en el Bajo Imperio.* Zephyrus, 1961, 12, 55-169.

Tarradell Mateu, M., y otros, *Estudios de economía antigua de la Península Ibérica.* B, 1968, 370.

→ 10.02.

03 EDAD MEDIA

Carande Thovar, R., *La huella económica de las capitales hispanomusulmanas.* MyC, 1949, 29, 3-19.

12 Dübler, C. E., *Ueber des Wirtschaftsleben auf der iberischen Halbinseln vom XI. bis zum XIII. Jahrhundert. Beitrag zur der islamisch-christlichen Beziehungen.* Ginebra, 1943, xiv+180.

González Gallego, I., *Apuntes para un estudio económico de la España visigoda...* AL, 1967, 21, 89-109.

Imamuddin, S. M., *The economic history of Spain under the Umayyads* [Omeyas]. Dacca, 1963, xvii+537.

Lacarra de Miguel, J. M., *Aspectos económicos de la sumisión de los Reinos de Taifas,* en HVV, I, 254-77.

Lévi-Provençal, E., *La vie économique de l'Espagne musulmane du Xe. siècle.* Revue Historique (París), 1931, 167, 305-23.

Torres Delgado, C., *Bases para el estudio de la economía del Reino nazarí.* Granada, 1972, 103.

→ 6.39.9, 8.03, González; 9.04, Torres.

04 SIGLOS XVI-XVII

Arribas Arranz, F., *Repercusiones económicas de las Comunidades de Castilla.* Hispania, 1958, 18, 505-46.

Carande Thovar, R., *La economía y la expansión de España bajo el Reinado de los Reyes Católicos.* BRAH, 1952, 130, 213-55. También, en su *Siete estudios...* B, 1969, 9-53.

Espejo, C., *Las dificultades económicas en España en el primer tercio del siglo XVII y las soluciones particulares.* RBAM, 1926, 3, 463-99.

Girard, A., *Les étrangers dans la vie économique de l'Espagne au XVIe. et XVIIe. siècles.* Annales d'Histoire économique et sociale, 1933, 5, 567-78.

Hamilton, E. J., *Spanish mercantilism before 1700,* en E. F. Gay, *Facts and factors...* Cambridge (Mass.), 1932, 214-39. Trad. esp., en su *El florecimiento...* M, 1948, 185-208.

Larraz López, J., *La época del mercantilismo en Castilla, 1500-1700.* M, 1963[3], xviii+152.

Salyer, J. C., *La política económica de España en la época del mercantilismo.* AE, 1948, 8, 303-27.

Ullastres Calvo, A., *Sobre España y su economía en el siglo XVI.* AE, 1944, 4, 221-45.

Urgorri Casado, F., *Ideas sobre el gobierno económico de España en el siglo XVII. La crisis de 1627.* RBAM, 1950, 19, 123-230.

Van Klaveren, J., *Europäische Wirtschaftgeschichte Spaniens im 16. und 17. Jahrhundert.* Stuttgart, 1960, viii+286.

Vázquez de Prada, V., *La economía española de la época de Felipe II, vista a través de una firma comercial.* RABM, 1956, 62, 739-54.

Vázquez de Prada, V., *Política y economía españolas en la época de los Austrias.* Arbor, 1953, 25, 145-59.

Viñas Mey, C., *Felipe II y el problema económico español.* RNacional de Economía (M), 1921, 28, 349-83.

Viñas Mey, C., *Cuadro económico-social de la España de 1627-28. Pragmática sobre tasas...* AHES, 1968, 1, 715-72.

→ 7.49.

05 SIGLO XVIII

Anes Alvarez, G., *La economía española (1782-1829)*, en *El Banco de España...* M, 1970, 233-60.

Larruga Boneta, E., *Memorias políticas y económicas sobre los frutos, comercio, fábricas y minas de España...* M, 1787-1800, 45 v.
Incompleta. Comprende, por este orden, Madrid, Toledo, Segovia, Guadalajara, La Mancha, Cuenca, Avila, Soria, Valladolid, Burgos, Santander, Palencia, Salamanca, Extremadura, Galicia.

Mounier, A., *Les faits et la doctrine économiques en Espagne sous Philippe V.* Burdeos, 1919, 300.

Polo Catalina, J., *Censo de frutos y manufacturas de España...* M, 1960 [1799], xxiv+105.

Smith, R. S., *Economist and the Enlightenment in Spain, 1750-1800.* Journal of Political Economy (Chicago), 1955, 63, 345-8.

Sureda Carrión, J. L., *La política económica española del siglo XVIII.* AE, 1946, 6, 19-46.

→ 4.51, 7.49, 10.05, Artola; 14.07, Desdevises.

06 SIGLO XIX

Escudé Bartolí, M., *La producción española en el siglo XIX... Agricultura, industria y comercio.* B, 1895, 280.

Nadal Oller, J., *La economía española, 1839-1931*, en *El Banco de España...* M, 1970, 315-417.

Sardá Dexeus, J., *La fluctuación de la economía española en el siglo XIX.* AE, 1948, 8, 47-52.

Schwartz, P., y otros, *Ensayos sobre la economía española a mediados del siglo XIX.* M, 1970, 399 + láms.

Tortellá Casares, G., *Los orígenes del capitalismo en España. Banca, industria y ferrocarriles en el siglo XIX.* M, 1973, xxii+407.

07 SIGLO XX

Drain, M., *Iniciación a la economía de España.* B, 1971, 253.

Funes Robert, M., *Análisis general de la economía española.* M, 1968, 358.

Lacomba, J. A., *Introducción a la historia económica de la España contemporánea.* M, 1972², 606.

París Eguílaz, H., *Evolución política y económica de la España contemporánea.* M, 1968, 388.
Desde 1936.

Tamames Gómez, R., *Introducción a la economía española.* M, 1973⁸, 499.

Trías Fargas, R., *Principios de Economía política española.* M, 1973, 272.

Barroso Gippini, G., *España, 1970. Estudio de su desarrollo...* M, 1971, 149.

Cotorruelo Sendagorta, A., *El Plan de Desarrollo económico y social español. Descripción valorativa de una experiencia.* Tiers Monde (París), 1967, 32, 813-53.

12 *Coyuntura económica española.* ICE, 1972, 462, 11-56; 469, 37-86; 1973, 477, 15-62.

Economía española. Arbor, 1961, 50, 189-90, xxx+391.
Número monográfico sobre la economía del momento.

Economía, *La ____ española desde 1950 hasta 1960.* M, 1961, 228.

Economía española, 1973. M, 1973, 165.

Eza, Vizconde de, *El problema económico en España.* M, 1916, 234.

Fuentes Quintana, E., *El desarrollo económico de España... Informe del Banco Mundial.* M, 1963, 365.

Funes Robert, M., *El momento económico español.* PE, 1957, 2, 92-103.

Funes Robert, M., *El plan español de estabilización económica.* PE, 1959, 4, 93-105.

Lacomba, J. A., *La primera guerra europea y la economía española.* Saitabi, 1969, 19, 149-83.

López Rodó, L., *Objetivos y estructuras del Plan de Desarrollo económico.* M, 1963, 27.

López Rodó, L., *Nuevo horizonte del desarrollo.* M, 1972, 155.

Marvaud, A., *L'Espagne au XXe. siècle. Étude politique et économique.* París, 1915, xv+517.

Morán Yébenes, F., *Diez años de la economía española, 1957-1966.* M, 1972, 306.

Muñoz García, J., y otros, *La economía española en 1972.* M, 1973, 578.

París Eguílaz, H., *Factores del desarrollo económico español.* M, 1957, 457.

París Eguílaz, H., *Consideraciones sobre la evolución económica de España desde 1939 a 1959.* Arbor, 1960, 45, 7-33.

Prados Arrarte, J., *El Plan de Desarrollo en España (1964-1967). Exposición y crítica.* M, 1965, 312.

Robert, A., *Perspectivas de la economía española.* M, 1954, 221.

Robert, A., *España en la Europa del año 2000...* M, 1973, 224.

Rogers, T. E., *Spain. Economic and commercial conditions in Spain.* Londres, 1957, xii+230.

Roldán, S., y otros, *La formación de la sociedad capitalista en España, 1914-1920.* M, 1973, 2 v.

Román, M., *The limits of economic growth in Spain.* Nueva York, 1971, xii+186.

Ros Hombravella, J., y otros, *Capitalismo español. De la autarquía a la estabilización, 1939-1959.* M, 1973, 2 v.

Tortellá Casares, G., y otros, *Ensayos sobre la economía española a mediados del siglo XX.* M, 1970, 399.

Velarde Fuertes, J., *Política económica de la Dictadura.* M, 1970, 159.

→ 11.50, 12.08.

08 ESTRUCTURA ECONOMICA

Pérez Armiñán, G., *Introducción a la estructura económica de España.* M, 1972[4], xi+190.

Tamames Gómez, R., *Estructura económica de España.* M, 1971^{6}, xx+836. 12

Velarde Fuertes, J., *Lecciones de estructura e instituciones económicas de España.* M, 1969^{2}, 2 v.

Barquero Garcés, C., *Inversiones extranjeras.* M, 1971, 250.

Campillo, M., *Las inversiones extranjeras en España, 1850-1950.* M, 1963, 184.

Funes Robert, M., *Un programa para la economía española.* M, 1965, xxiv+154.

Funes Robert, M., *La inversión de capital extranjero en España.* PE, 1966, 11, 15-39.

García Barbancho, A., *Las desigualdades provinciales de renta en España.* REspañola de Economía (M), 1971, 3, 39-114.

Iturrioz, J., *Renta nacional y su distribución personal y espacial.* RyF, 1963, 167, 291-306.

Miguel, A., *El potencial económico de España.* M, 1935, xii+326.

París Eguílaz, H., *El producto nacional y su distribución en España.* Arbor, 1965, 61, 33-51.

Perpiñá Grau, R., *Corología agrícola y general económica de España. Ordenación espacio-temporal de población y estructura de riqueza.* M, 1958, iii+100.

Perpiñá Grau, R., *De economía hispana. Infraestructura. Historia.* B, 1972, 368.

Prados Arrarte, J., *Distribución de la renta nacional: salarios, intereses, rentas y beneficios.* M, 1972, 322.

Riqueza nacional de España. Bilbao, 1968-72, 6 v.

Tablas input-output de la economía española. M, 1965-6, 2 v.

Tamames Gómez, R., *Los centros de gravedad de la economía española.* M, 1969, 176.

Torres Martínez, M., *Juicio de la actual política económica española.* M, 1956, xxvii+268.

Varela, F., *Las inversiones extranjeras en España.* ICE, 1973, 477, 109-15.

Zulueta, J. A., *La renta nacional de España.* EG, 1970, 31, 471-9.

10 HACIENDA. DERECHO FISCAL

Albiñana García, C., *Introducción al sistema impositivo español.* M, 1970^{2}, 195.

Benzo Mestre, F., *La organización de la Hacienda española.* Bilbao, 1967, 266.

Calle Sáiz, R., *La Hacienda pública en España.* M, 1972, ix+426.

Cortés Domínguez, M., *Ordenamiento tributario español.* M, 1970^{2}, 568.

Fuentes Quintana, E., y C. Albiñana García, *Sistema fiscal español comparado.* M, 1967, 394.

Impuestos, *Los ____ en España.* M, 1971^{4}, 905.

Lozano Irueste, J. M., *La evolución de la Hacienda central española.* M, 1970, 53.

Pérez de Ayala, J. L., *Derecho tributario español.* M, 1968- .

12 Medina Brusa, L., y otros, *Leyes de Hacienda de España.* M, 1948, 2 v.

Toledano, E., *Curso de instituciones de Hacienda pública de España.* M, 1963, 2 v.

Albiñana García, C., *Tributación de las ganancias del capital en España.* M, 1970, 276.

Albiñana García, C., *La evolución histórica del presupuesto español.* HPE, 1971, 11, 21-73.

Alcaraz Martínez, E., *El Catastro español.* B, 1933, 290.

Altabella, J., *La lotería nacional de España, 1763-1963.* M, 1962, 376.

Castedo Hernández, J. A., *Referencias históricas y comentarios sobre la economía arancelaria española.* M, 1958, 434. Desde el siglo XIII.

Fabé Fernández, C., *La lotería nacional en España. Historia...* M, 1949, 203.

Gámir, L., *El proteccionismo arancelario en España.* ICE, 1972, 463, 15-123.

García Alonso, J. M., *La deuda pública exterior de España.* HPE, 1973, 23, 291-301.

González González, L., *El Tesoro Público español: sus funciones.* HPE, 1972, 14, 165-92.

López Escobar, E., *Los orígenes del derecho presupuestario español.* M, 1971, 432.

Marrón Gómez, A., *La administración de la Deuda Pública en España.* HPE, 1973, 20, 91-139.

Martín Retortillo, S., y J. Salas Hernández, *El monopolio de tabacos...* M, h. 1969, 290.

Martínez Cajén, P., *El Catastro en España.* M, 1955, 36.

Melguizo Sánchez, A., *La estructura del presupuesto español.* HPE, 1971, 11, 105-21.

Mendizábal Allende, R., *El Tribunal Mayor de Cuentas.* M, 1969, 74.

Moxó Ortiz, S., *Los orígenes de la percepción de alcabalas por particulares.* Hispania, 1958, 18, 307-39.

Moxó Ortiz, S., *La alcabala... Orígenes, concepto y naturaleza.* M, 1963, 217.

Muñoz Goyria, J., *Diccionario arancelario.* Oviedo, 1930, 1132.

Rivero de Andrea, F., *El Catastro en España, Francia, Italia... Estudio de legislación comparada.* M, 1957, 309.

Soto Guinda, J., *Tributación de las Sociedades en España.* M, 1973[2], 666.

Torres Martínez, M., y otros, *La contabilidad nacional de España.* M, 1958-60, 3 v.

13 EDAD MEDIA

Cedillo, Conde de, *Contribuciones e impuestos en León y Castilla durante la edad media.* M, 1896, 671.

Grassotti, H., *Para la historia del botín y de las parias en León y Castilla.* CHE, 1964, 40, 43-132.

Ladero Quesada, M. A., *La hacienda real castellana entre 1480 y 1492*. Valladolid, 1967, 96. 12
Ladero Quesada, M. A., *La Hacienda castellana de los Reyes Católicos, 1493-1504*. MyC, 1967, 103, 81-112.
Ladero Quesada, M. A., *La Hacienda real de Castilla en el siglo XV*. La Laguna, 1973, 384.
Moxó Ortiz, S., *Los cuadernos de alcabalas. Orígenes de la legislación tributaria castellana*. AHDE, 1969, 39, 317-450.
Sánchez Albornoz, C., *Notas para el estudio del «petitum»*, en *HomR. Carande*. M, 1963, II, 381-418.
Sánchez de Ocaña, R., *Contribuciones e impuestos en León y Castilla durante la edad media*. M, 1896, 456.
Torrella Niubó, F., *El impuesto textil de la «Bolla» en la Cataluña medieval*. Hispania, 1954, 14, 339-64.

14 SIGLOS XVI-XVII

Carande Thovar, R., *Carlos V y sus banqueros*. M, 1967^{2}, 3 v.
Domínguez Ortiz, A., *La desigualdad contributiva en Castilla durante el siglo XVII*. AHDE, 1952, 22, 1222-72.
Sureda Carrión, J. L., *La Hacienda castellana y los economistas del siglo XVII*. M, 1949, 244.
Ulloa, M., *La Hacienda real de Castilla en el Reinado de Felipe II*. Roma, 1963, 590.

→ 6.65, Domínguez; 7.49.

15 SIGLOS XVIII-XIX

Canga Argüelles, J., *Diccionario de Hacienda, con aplicación a España*. M, 1883-4^{2}, 2 v.
Martín Niño, J., *La Hacienda española y la revolución de 1868*. M, 1972, 347.
Matilla Tascón, A., *La única contribución y el Catastro de la Ensenada*. M, 1947, xii+603.
Melón Ruiz, A., *El Catastro del Marqués de la Ensenada*. EG, 1949, 10, 129-33.
Tallada Pauli, J. M., *Historia de la finanzas españolas en el siglo XIX*. M, 1946, 267.

→ 6.79.2, Herr; 7.49, 12.17.

17 SIGLO XX

Argüello Reguera, C., *El presupuesto para 1972*. HPE, 1972, 14, 23-59.
Ballesteros, P., *Medio siglo de Hacienda española*. AE, 1948, 8, 371-432.
Beneyto Juan, L. R., y J. M. Aguilar Pinós, *Aspectos generales del presupuesto de 1973*. HPE, 1972, 19, 25-48.
Fuentes Quintana, E., *Hacia una nueva política fiscal*. HPE, 1971, 9, 15-54.

12 Guijarro Arrizabalaga, F., *El nivel de racionalidad técnico fiscal del sistema tributario español.* RDerecho Financiero (M), 1968, 18, 783-98.

Lagares Calvo, M. J., y J. V. Sevilla Segura, *La suficiencia de la Hacienda española en el próximo cuatrienio, 1972-1975.* HPE, 1971, 13, 25-43.

Melguizo Sánchez, A., *Los gastos presupuestarios para 1970.* HPE, 1970, 1, 151-72.

Moral Medina, F. J., *Historia del impuesto sobre Sociedades desde 1900 hasta 1922.* HPE, 1973, 25, 21-41.

Presupuesto, *El* _____ *del Estado para 1973.* ICE, 1973, 474, 113-22.

Ramírez González, F., *La imposición sobre Sociedades a partir de 1957.* HPE, 1973, 25, 71-115.

Ramos Díaz, F. J., *La imposición sobre Sociedades en el período 1922-1957.* HPE, 1973, 25, 43-70.

→ 12.10.

19 DESAMORTIZACIONES

Martín, T., *La desamortización. Textos político-jurídicos. Estudio, notas y comentarios...* M, 1973, 247.

Simón Segura, F., *La desamortización española en el siglo XIX.* M, 1973, 328.

Tomás Valiente, F., *El marco político de la desamortización en España.* B, 1971, 172.

Gómez Chaparro, R., *La desamortización civil en Navarra.* Pamplona, 1967, 259.

Lazo Díaz, A., *La desamortización... en la provincia de Sevilla.* Sevilla, 1970, 204.

Moxó Ortiz, S., *Las desamortizaciones eclesiásticas en el siglo XVI.* AHDE, 1961, 31, 327-61.

Mutiloa Poza, J. M., *La desamortización eclesiástica en Navarra...* Pamplona, 1972, 713.

Mutiloa Poza, J. M., *La desamortización civil en Vizcaya y provincias vascongadas.* EV, 1970, 1, 211-58; 1971, 2, 14-67.

Porres Martín, J., *La desamortización del siglo XIX en Toledo.* Toledo, 1969, 597.

Simón Segura, F., *La desamortización de Mendizábal en la provincia de Barcelona.* MyC, 1966, 98, 121-41.

Simón Segura, F., *La desamortización de 1858.* REconomía financiera española (M), 1967, 20, 79-126.

Simón Segura, F., *Contribución al estudio de la desamortización... de Mendizábal en la provincia de Madrid.* M, 1969, 173.

Simón Segura, F., *Contribución al estudio de la desamortización... de Mendizábal en la provincia de Gerona.* M, 1969, 194.

→ 6.79.2, Herr.

20 BANCA. CREDITO

Aranguren Zubeldía, F. J., *Guía-nomenclátor de la Banca en España.* Pamplona, 1971, 124.

Galán Galindo, A., *Estructura del sistema crediticio español.* M, 1968, 438. 12
Martínez Cortiña, R., *Crédito y Banca en España...* M, 1971, 377.
Merlo Calvo, F., *El crédito en España...* M, 1970[5], 481.
Pérez de Armiñán, G., *Legislación bancaria española.* M, 1971[2], xiv+475.
Prados Arrarte, J., *El sistema bancario español.* M, 1958, viii+267.
Bonilla Moreno, J. A., *Las Cajas de Ahorro españolas.* M, 1972, 45.
Martínez de Ibarreta, J., *La Bolsa en España.* M, 1962, xvii+393.
París Eguílaz, H., *La Banca privada y la economía española.* M, 1959, 113.
Plaza Prieto, J., y otros, *El ahorro y la formación de capital en España, 1939-1968.* M, 1971, 2 v.
Poveda Anadón, R., *La creación de dinero en España, 1956-1970.* M, 1972, 333.
Sardá Dexeus, J., *El Banco de España (1931-1962),* en *El Banco de España...* M, 1970, 419-79.
Villalonga Villalba, I., *La Banca española en lo que va de siglo.* Arbor, 1961, 50, 93-111.

→ 9.55.

21 ASPECTOS HISTORICOS

Abaitúa Imaz, J., *Pasado, presente y futuro de las Bolsas españolas.* Bilbao, 1972, 29.
Banco de España, *El _____. Una historia económica.* M, 1970, xiii+ 485 + láms.
Miscelánea por varios autores.
Cabana, F., *La Banca a Catalunya. Apunts per a una història.* B, 1965, 270.
Canosa, R., *Un siglo de banca privada, 1845-1945.* M, 1945, 223.
Castillo Pintado, A., *Los juros de Castilla. Apogeo y fin de un instrumento de crédito.* Hispania, 1963, 23, 43-70.
Díaz Díaz, J., y F. Estapé Rodríguez, *La creación de erarios públicos en España...* MyC, 1956, 56, 41-53.
Galvarriato, J. A., *El Banco de España. Constitución, historia...* M, 1932, 416.
Hamilton, E. J., *The foundation of the Bank of Spain.* Journal of Political Economy (Chicago), 1945, 53, 97-113.
Hamilton, E. J., *Spanish Banking Schemes before 1700.* Journal of Political Economy (Chicago), 1949, 57, 134-56.
Lapeyre, H., *Simón Ruiz et les Asientos de Philippe II.* París, 1953, 135.
→ 12.33, Lapeyre.
López Muñoz, A., y J. L. García Delgado, *Crecimiento y crisis del capitalismo español.* M, 1968, 222.
Matilla Tascón, A., *Declaratorias de los Reyes Católicos sobre reducción de juros y otras mercedes.* M, 1952, xiv+253.
Ramia de Cap, R., *Notas sobre el crédito en España en la baja edad media.* AE, 1948, 8, 330-53.

12 Ruiz Martín, F., *La Banca en España hasta 1782,* en *El Banco de España...* M, 1970, 1-196.

Tortellá Casares, G., *El Banco de España entre 1829-1929. La formación de un banco central,* en *El Banco de España...* M, 1970, 261-313.

Torrente Fortuño, J. A., *Historia de la Bolsa de Bilbao...* Bilbao, 1966, 644.

→ 9.56, 12.06, Tortellá.

23 MONEDA. PRECIOS. SALARIOS

Jané Solá, J., *El problema de los salarios en España.* B, 1969, 275.

Olariaga Pujana, L., *La política monetaria en España.* M, 1933, 217.

París Eguílaz, H., *El movimiento de precios en España.* M, 1943, 165.

Carrasco Canals, F., *Los salarios en España en el contexto de la política de rentas.* M, 1972, xxiv+314.

Funes Robert, M., *Historia y futuro de la inflación en España.* PE, 1962, 78, 82-9.

Garzón Pareja, M., *La Real Casa de la Moneda de Granada.* Granada, 1970, 45.

Perpiñá Rodríguez, A., *Los salarios en la industria española y en el extranjero.* M, 1964, 185.

24 EDADES ANTIGUA Y MEDIA

Balil Illana, A., *Circulación monetaria en España durante el Imperio Romano.* Numisma, 1958, 8, 5-11.

Ashtor, E., *Prix et salaires dans l'Espagne musulmane aux Xe. et XIe. siècles.* AESC, 1965, 20, 664-79.

Beltrán Vilagrasa, P., *El sistema monetario del Califato de Córdoba.* Ligarzas (Valencia), 1968, 1, 7-77.

Carlé, M. C., *El precio de la vida en Castilla, del Rey Sabio al Emplazado.* CHE, 1951, 15, 132-56.

Feliú Monfort, G., *Las ventas con pago en moneda en el Condado de Barcelona hasta el año 1010.* Cuadernos de Historia Económica de Cataluña (B), 1971, 5, 9-41.

García de Valdeavellano, L., *La moneda y la economía de cambio en la Península Ibérica desde el siglo VI hasta mediados del siglo XI,* en *Settimane di Studio...* Spoleto, 1961, 203-20.

Gautier-Dalché, J., *L'histoire monétaire de l'Espagne septentrionale et centrale du IX au XII siècle...* AEM, 1969, 6, 43-95.

Hamilton, E. J., *Money, prices and wages in Valencia, Aragón and Navarra, 1351-1500.* Cambridge (Mass.), 1936, xxviii+310.

Lluís Navas, J., *Las cuestiones legales sobre la amonedación española bajo los Reyes Católicos.* M, 1960, 2 v.

Martí Valls, R., *La circulación monetaria ibérica.* BSEAA, 1966, 32, 207-343.

Orlandis Rovira, J., *Sobre el nivel de vida en la España visigótica.* AEM, 1973, 8, 17-34.

Sáez Sánchez, E., *Nuevos datos sobre el coste de la vida en Galicia durante la alta edad media.* AHDE, 1946, 17, 865-88. **12**

Sánchez Albornoz, C., *La primitiva organización monetaria de León y Castilla.* AHDE. 1928, 4, 301-45.
También, en su *Estudios sobre las instituciones...* México, 1965, 441-82.

Sánchez Albornoz, C., *El precio de la vida en el Reino asturleonés hace mil años.* Logos (Buenos Aires), 1944, 3, 225-64.
También, en su *Estudios sobre las instituciones...* México, 1965, 369-410.

Sánchez Albornoz, C., *¿Devaluación monetaria en León y Castilla al filo del 1200?,* en HVV, I, 607-17.

Torres Fontes, J., *El ordenamiento de precios y salarios de Pedro I al Reino de Murcia.* AHDE, 1961, 30, 281-92.

Valdeón Baruque, J., *Las reformas monetarias de Enrique II de Castilla,* en *HomE. Alarcos.* Valladolid, 1965, 829-945.

25 SIGLOS XVI-XVIII

Eiras Roel, A., *Notas sobre precios y salarios. Galicia, 1700.* BUSC, 1965, 73, 43-104.

Espejo Hinojosa, C., *Precio de los principales artículos en San Sebastián y Valladolid en tiempos de Felipe II.* RABM, 1907, 16, 387-404.

Espejo Hinojosa, C., *La carestía de la vida en el siglo XVI y medios de abaratarla.* RABM, 1920, 41, a 1921, 42, múltiples entradas.

Hamilton, E. J., *Wages and subsistence on spanish treasure ships, 1503-1660.* Journal of Political Economy (Chicago), 1929, 37, 430-50.
Trad. esp., en su *El florecimiento...* M, 1948, 95-117.

Hamilton, E. J., *Monetary inflation in Castille, 1598-1660.* Journal of Economic and Business History (Cambridge, Mass.), 1931, 2, 177-212.
Trad. esp., en su *El florecimiento...* M, 1948, 49-93.

Hamilton, E. J., *American treasure and the price revolution in Spain, 1501-1650.* Cambridge (Mass.), 1934, xxxv+428.

Hamilton, E. J., *The decline of Spain.* Economic History Review (Cambridge), 1938, 8, 168-79.
Trad. esp., en su *El florecimiento...* M, 1948, 119-35.

Hamilton, E. J., *War and inflation in Spain, 1700-1800.* Quarterly Journal of Economics (Cambridge, Mass.), 1944, 59, 36-77.
Trad. esp., en su *El florecimiento...* M, 1948, 137-84.

Hamilton, E. J., *War and prices in Spain, 1651-1800.* Cambridge (Mass.), 1947, xxvi+224+66.

López de Peñalver, J., *Reflexiones sobre la variación del precio del trigo* [1812]. AE, 1956, 15, 207-52.
Siglos XVII y XVIII.

Lluís Navas, J., *...La política penal monetaria en la Corona de Castilla durante la edad moderna.* Numisma, 1959, 9, 9-24.

12 Nadal Oller, J., *La revolución de los precios españoles en el siglo XVI*... Hispania, 1959, 19, 503-29.

→ 12.88, Guardamino.

28 SIGLOS XIX-XX

Quijano, F. G., *El nivel de precios en España, período 1906-1955.* MyC, 1958, 65, 35-57.

Ruiz y G. Linares, E., *Historia monetaria española:... primer centenario de la peseta.* BIFG, 1969, 18, 275-90.

Salarios, *Estadística de ——— y jornadas de trabajo referida al período 1914-1930.* RTrabajo (M), 1965, 9, 79-275.

Sardá Dexeus, J., *La política monetaria y las fluctuaciones de la economía española en el siglo XIX.* M, 1948, 366.

Tallada Pauli, J. M., *El problema monetario español en el siglo XIX.* MyC, 1956, 58, 53-64.

→12.08, Perpiñá; 12.23.

30 COMERCIO. ABASTOS

Fontana Lázaro, J. M., *Atlas comercial de España.* M, 1963, xxiii+182+58.

Gámir, L., y otros, *El comercio exterior de España.* M, 1973, 438.

Bernabé Maestre, J., *La exportación española de calzado*... EG, 1970, 31, 479-88.

Cisneros Palacios, J., *Análisis del comercio hispano-británico.* ICE, 1972, 464, 71-90.

Eguidazu, F., *El comercio exterior del juguete.* ICE, 1970, 439, 121-32.

Ezcurdia, J. L., *La estructura de la Balanza comercial española.* BolEstudios de Economía (Bilbao), 1953, 7, 257-88.

Funes Robert, M., *Valor político de la balanza de pagos en España.* M, 1970, 186.

García de Castro, J. A., *Los grandes almacenes en el comercio español.* ICE, 1971, 452, 83-5.

Guaita Martorell, A., *Notas características del régimen de abastecimientos en España.* REVL, 1950, 52, 547-68.

Johnsen, O. A., *Les relations commerciales entre la Norvège et l'Espagne dans les temps modernes.* Revue Historique (París), 1930, 165, 77-82.

Linde de Castro, E., *El comercio hispano-portugués.* ICE, 1972, 461, 67-76.

Lourties, V., *Les relations commerciales entre la France et l'Espagne.* París, 1910, 151.

Manzanedo Mateos, J. A., *El comercio exterior en el ordenamiento administrativo español.* M, 1968, 2 v.

Matoses, R., *El comercio hispano-italiano.* ICE, 1973, 473, 41-6.

Sánchez Apellániz, M., *Sobre las ferias y en especial las de muestras.* RDerecho Mercantil (M), 1960, 70, 367-92.

Smith, R. S., *Spanish Guild Merchant. A history of the Consulado, 1250-1700.* Durham, 1940, xii+167. 12

Torrente, V., y G. Mañueco, *Las relaciones económicas de España con Hispanoamérica.* M, 1953, 545.

Torres Martínez, M., *Las relaciones comerciales entre España e Hispanoamérica.* M, 1952, 141.

Valcárcel López, A., *Las Cámaras Oficiales de Comercio, Industria y Navegación de España.* M, 1962.

→ 10.57.

31 EDAD ANTIGUA

Blázquez Martínez, J. M., *Exportación e importación en Hispania al final de la República romana y durante el gobierno de Augusto, y sus consecuencias.* AHES, 1968, 1, 37-84.

Muñoz Amilibia, A. M., *Sobre el comercio cartaginés en España.* Pyrenae, 1968, 4, 129-40.

West, L. C., *Imperial Roman Spain. The objects of trade.* Oxford, 1929, 92.

32 EDAD MEDIA

Carlé, M. C., *Mercaderes en Castilla, 1252-1512.* CHE, 1954, 22, 146-328.

Carrère, C., *Le droit d'ancrage et le mouvement du port de Barcelone au milieu du XVe. siècle.* EHM, 1953, 3, 65-156.

Coll Juliá, N., *Una compañía barcelonesa para el comercio de paños, 1400-1484.* AEM, 1968, 5, 339-408.

Chalmeta Gendrón, P., *El «Señor del zoco» en España: edades media y moderna. Contribución al estudio de la historia del mercado.* M, 1973, lxix+761.

Del Treppo, M., *I mercanti catalani e l'espansione della Corona d'Aragona nel secolo XV.* Nápoles, 1972, xiv+878.

Finot, J., *Études historiques sur les relations commerciales entre la Flandre et l'Espagne au Moyen Age.* París, 1899, viii+360.

García Gómez, E., *Unas «Ordenanzas» del zoco del siglo IX...* Al-Andalus, 1957, 22, 253-316.

G[arcía] de Valdeavellano, L., *El mercado. Apuntes para su estudio en León y Castilla durante la edad media.* AHDE, 1931, 8, 201-403.

Gual Camarena, M., *El comercio de telas en el siglo XIII hispano.* AHES, 1968, 1, 85-106.

Heers, J., *Le commerce des Basques en Mediterranée au XVe. siècle.* BH, 1955, 57, 292-324.

Juderías Loyot, J., *El problema de las subsistencias en España en los siglos XV y XVI.* RGLJ, 1910, 116, 73-8.

Pérez Embid, F., *Navegación y comercio en el Puerto de Sevilla en la baja edad media.* AEAm, 1968, 25, 43-93.

Piles Ros, L., *El comercio valenciano a fines de la edad media.* Las Ciencias, 1956, 21, 489-506, 645-59.

12 Prieto Bances, R., *El abasto de Oviedo en el siglo XII y sus problemas,* en *HomR. Carande.* M, 1963, II, 357-79.

Roca Traver, F. A., *El mustaçaf de Castellón y el Libre de la Mustaçaffia.* BSCC, 1952, 28, 455-92.

Ruiz de la Peña, J. I., *El comercio ovetense en la edad media.* Archivum, 1966, 16, 339-84.

Sevillano Colom, F., *De la institución del mustaçaf de Barcelona, de Mallorca y de Valencia.* AHDE, 1953, 23, 525-38.

Torres Balbás, L., *Las alhóndigas hispano-musulmanas y el Corral del Carbón de Granada.* Al-Andalus, 1946, 11, 447-80.

Torres Balbás, L., *Plazas, zocos y tiendas en las ciudades hispanomusulmanas.* Al-Andalus, 1947, 12, 437-76.

Torres Balbás, L., *Alcaicerías.* Al-Andalus, 1949, 14, 431-55.

Verlinden, Ch., *The rise of the spanish trade in the middle age.* Economic History Review (Cambridge), 1940, 10, 44-59.

Verlinden, Ch., *El comercio de paños flamencos y brabanzones en España durante los siglos XIII y XIV.* BRAH, 1952, 130, 307-21.

Watson, W. B., *Catalans in the markets of Northern Europe during the fifteenth century,* en HVV, II, 785-804.

→ 10.57, 12.61, Rénouard.

33 SIGLOS XVI-XVIII

Espadas Burgos, M., y M. A. Burgos, *Abastecimiento de Madrid en el siglo XVI.* M, 1961, 17.

Espejo de Hinojosa, C., y J. Paz Espeso, *Las antiguas ferias de Medina del Campo...* Valladolid, 1912, vii+342.

Fontana Lázaro, J., *La primera etapa de la formació del mercat nacional a Espanya,* en HVV, II, 143-60.
Siglo XVIII.

Girard, A., *Le commerce français à Seville et Cadix au temps des Habsbourgs...* París, 1932, xxiii+597.

Lapeyre, H., *Une famille de marchands: les Ruiz... Commerce entre la France et l'Espagne au temps de Philippe II.* París, 1955, 672.
→ 12.21, Lapeyre.

Lobo Lahmeyer, E. M., *Aspectos da actuação dos Consulados de Sevilla, Cádiz e da América Hispánica na evolução económica do seculo XVIII.* Río de Janeiro, 1965, 112.

Lohmann Villena, G., *Les Espinosa, une famille d'hommes d'affaires en Espagne et aux Indes à l'époque de la colonisation.* París, 1968, 257.

Matilla Tascón, A., *Balanza del comercio exterior de España en el año 1795.* M, 1964, xvi+217.

McLachlan, J. O., *Trade and Peace with Old Spain, 1667-1750...* Cambridge, 1940, xvi+249.

Meijide Pardo, A., *Remesas gallegas de pescado fresco a la corte borbónica, 1740-1790.* CEG, 1971, 26, 187-212 + láms.

Morales Lezcano, V., *Relaciones mercantiles entre Inglaterra y los archipiélagos del Atlántico Ibérico..., 1503-1783.* La Laguna, 1970, 205.

Muñoz Pérez, J., *Mapa aduanero del XVIII español.* EG, 1955, 16, 747-98. 12

Muñoz Pérez, J., *Ideas sobre comercio en el siglo XVIII español.* EAm, 1960, 19, 47-66.

Palacio Atard, V., *El comercio de Castilla y el puerto de Santander en el siglo XVIII...* M, 1960, 206.

Palacio Atard, V., *Algo más sobre el abastecimiento de Madrid en el siglo XVIII.* AIEM, 1970, 6, 253-75.

Ruiz Martín, F., *Lettres marchandes des échangées entre Florence et Medina del Campo.* París, 1965, cli+484 + láms.

Vázquez de Prada, V., *La colonia mercantil valenciana en Amberes, en la época de Carlos V,* en HVV, II, 733-51.

Vázquez de Prada, V., *Lettres marchandes d'Anvers.* París, 1960-1, 4 v.

Verlinden, Ch., *La place de la Catalogne dans l'histoire commerciale du monde méditerranéen médieval.* Revue des Cours et Conférences (París), 1938, 39, 586-606, 737-54.

→ 4.51, 6.66, Domínguez; 7.49.3, 7.88, 10.57.

35 SIGLO XIX

Bécker González, J., *Relaciones comerciales entre España y Francia durante el siglo XIX.* M, 1910, 235.

Espadas Burgos, M., *Abasto y hábitos alimenticios en el Reinado de Fernando VII,* en *Estudios sobre la España liberal.* M, 1973, 238-87.

Fernández García, A., *El abastecimiento de Madrid en el Reinado de Isabel II.* M, 1971, xv+241.

Fontana Lázaro, J., *Colapso y transformación del comercio español entre 1792 y 1827...* MyC, 1970, 115, 3-23.

Gil Novales, A., *Abolicionismo y libre cambio.* RO, 1968, 6, 154-81.

Plaza Prieto, J., *El desarrollo del comercio exterior español desde principios del siglo XIX a la actualidad.* REcPol, 1955, 6, 26-65.

Pugés, M., *Cómo triunfó el proteccionismo en España.* B, 1931, 306.

Sánchez Albornoz, N., *La crisis de subsistencias de España en el siglo XIX.* Rosario, 1963, 123.

Tallada Pauli, J. M., *La política comercial y arancelaria española en el siglo XIX.* AE, 1943, 3, 47-71.

Vázquez de Prada, V., *...Una ruidosa polémica: proteccionistas frente a librecambistas.* Atlántida, 1968, 6, 589-99.

→ 7.88, 10.57.

36 SIGLO XX

Fuentes Irurozqui, M., *El comercio exterior de España, 1940-1960.* Arbor, 1961, 50, 301-64.

Higueras Arnal, A., *El consumo de frutas y verduras en Madrid,* en *HomA. Melón.* M, 1966, 179-89.

López Gómez, A., *El abastecimiento de pescado en Madrid.* EG, 1953, 14, 527-93.

12 Lluch Sanz, C., *El comercio exterior de España* [1960-9]. ICE, 1972, 461, 135-44.

Martínez Arévalo, L., *La exportación española: evolución histórica reciente.* ICE, 1971, 453, 145-52.

Martínez Arévalo, L., *La exportación: evolución histórica reciente.* ICE, 1973, 480, 209-15.

Martínez Arévalo, L., *La exportación española en los últimos once años.* ICE, 1973, 482, 77-86.

Pou, V., *España y la Europa Comunitaria.* Pamplona, 1973, 336.

Ullastres Calvo, A., *Política comercial española.* M, 1963, 742.

→ 10.57, 12.30, 12.40, Baade.

37 DERECHO MERCANTIL

Garrigues Díaz, J., *Curso de Derecho mercantil.* M, 1962[3], 2 v.

Langle Rubio, E., *Manual de Derecho mercantil español.* B, 1959, 3 v.

Alejandre García, J. A., *La quiebra en el derecho histórico español anterior a la codificación.* Sevilla, 1970, xiv+202.

Basas Fernández, M., *Contribución al estudio del seguro marítimo en el siglo XVI.* BIFG, 1958, 13, 157-77.

Benito Mampel, J. L., *La doctrina española de la quiebra.* M, 1931, 218.

Benito Mampel, J. L., *El derecho mercantil español en el siglo XVII.* M, 1935, 37.

Forniés Baigorri, A., *La vida comercial española, 1829-1885. Instituciones, doctrina y legislación mercantil.* Zaragoza, 1968, 207.

Gacto Fernández, E., *Historia de la jurisdicción mercantil en España.* Sevilla, 1971, 180.

Garrido Juan, R., *La letra de cambio en el medioevo valenciano.* Valencia, 1971, 74.

Lapeyre, H., *Contribution à l'histoire de la lettre de change en Espagne du XIVe. au XVIIIe. siècle.* AHES, 1968, 1, 107-25.

Madurell Marimón, J. M., *Contabilidad de una compañía mercantil trecentista barcelonesa.* AHDE, 1965, 35, 421-525; 1966, 36, 457-546.

Martínez Gijón, J., *La comenda en el derecho español. I, La comenda-depósito.* AHDE, 1964, 34, 31-140.

Martínez Gijón, J., *La comenda mercantil.* AHDE, 1966, 36, 379-456. Desde la edad media.

→ 9.25, Sánchez Albornoz; 14.94.

39 EMPRESA

Albiñana García, C., y otros, *La empresa pública industrial en España...* M, 1973, 365.

Empresas, *Directorio de las ______ de más de cien productores.* M, 1967, 185.

Sosa Wagner, F., *Organización y control del sector empresarial público en España.* M, 1971, 278.

Travesí, A., *La empresa española.* M, 1969, xi+215.

→ 10.68, Payno; 12.30, García; 12.80.

40 AGRICULTURA E INDUSTRIAS DERIVADAS

Cañizo Gómez, J., y C. Roquero Laburu, *Bibliografía española sobre industrias agrícolas.* M, 1954, 198.

Dantín Cereceda, J., *Catálogo metódico de las plantas cultivadas en España.* M, 1943^{2}, 187.

Melón Ruiz, A., *Producción agrícola española...* EG, 1947, 8, 739-45.

Zorrilla Dorronsoro, A., *Zonas agrícolas de España.* REAS, 1958, 24, 7-83.

Zorrilla Dorronsoro, A., *Introducción a la economía agrícola española.* M, 1960, 294.

Baade, F., y otros, *La agricultura española y el comercio exterior.* M, 1967, 308.

Fuentes Irurozqui, M., *El campo español y la economía nacional.* M, 1947, 196.

Martín Sánchez, F., *Verdades fundamentales de la economía agraria española.* Arbor, 1955, 32, 57-76.

Ochagavía Fernández, D., *Notas para la historia conservera riojana.* Berceo, 1950, 5, 357-72, 493-507.

Palacio Redondo, J., y E. Hernández Varea, *La producción conservera en Rioja baja y Ribera navarra.* Anales de Bromatología (M), 1958, 10, 255-64.

París Eguílaz, H., *Algunos problemas del desarrollo de la agricultura española.* AE, 1957, 17, 43-77.

París Eguílaz, H., *España. La agricultura y el crecimiento económico.* M, 1957, 431.

Rodríguez de Pablo, J., *La industria de la conserva vegetal en España.* ICE, 1973, 476, 148-52.

Serra Síster, P., *La industria de conservas vegetarianas en España.* Valencia, 1970, 95.

→ 11.56, 14.81.

42 CEREALES. LEGUMINOSAS

Abela Sáinz, E., *Producción de cereales en España.* Gaceta agrícola (M), 1880, 15, 542-58.

Alvarez Guerra, J., *Cultivo del arroz anegado y de secano...* M, 1840, 57.

Arocena, F., *La introducción del maíz en Guipúzcoa.* BRAH, 1954, 134, 389-93.

Arrué Astiazarán, A., *El arroz. Mapa agronómico nacional.* M, 1954, 186.

Bahr W., *Las marismas del Guadalquivir y el delta del Ebro. Dos sectores arroceros españoles.* EG, 1973, 34, 381-405.

12 Benito Arranz, J., *La industria harinera española y su significado en la provincia de Valladolid.* EG, 1962, 23, 165-216 + láms.

Bouza Brey, F., *Noticias históricas sobre la introducción del maíz en Galicia.* BRAH, 1953, 132, 35-72.

Bouza Brey, F., *Introducción del cultivo del maíz en Asturias en el siglo XVII.* BIEA, 1952, 6, 159-74.

Cerdá Gómez, N., *El cultivo del arroz.* Valencia, 1948, 80.

Daumas, M., *La production espagnole de blé.* Revue Géographique des Pyrénées (Toulouse), 1960, 31, 331-4.

Gadea, M., *Trigos cultivados en España...* M, 1958, 361.

García Fernández, J., *El cultivo del arroz y su expansión en el siglo XVIII en... Valencia.* EG, 1971, 32, 163-87.

Ibarra Rodríguez, E., *El problema cerealista en España durante el Reinado de los Reyes Católicos.* M, 1944, xxi+187.

Irujo, C., *El cultivo y producción del centeno en España.* EG, 1960, 21, 287-311.

Montojo, J., *La política española sobre trigos y harinas, 1900-1945.* M, 1945, 195.

Puerta Romero, J., *Variedades de judías cultivadas en España.* M, 1961, 798.

Rodríguez Roda, F. R., *Una cosecha de arroz.* Valencia, 1940, 172.

Sermet, J., *Progrès de la riziculture en Espagne.* Annales de Géographie (París), 1953, 62, 222-4.

Téllez, R., y F. Ciferri, *Trigos arqueológicos de España.* M, 1954, 129.

Torres Martínez, M., *El problema triguero y otras cuestiones fundamentales de la agricultura española...* M, 1944, 296.

→ 12.25, López.

43 VID

Belda, J., *Vinos de España.* M, 1922, 332.

Comenge, M., *La vid y los vinos españoles.* M, 1942, 237.

Ferrer Regales, M., *La vid en España.* Geographica, 1954, 1, 10-23.

Marcilla Arrazola, J., *Tratado práctico de viticultura y enología españolas.* M, 1946-9, 2 v.

Pérez, J., y R. Alsina, *Diccionario de vinos españoles.* B, 1966, 238.

Vega, L. A., *Guía vinícola de España.* M, 1970[3], 274.

Bengoa Ochoa, M., *¡El vino* [navarro]. Pamplona, 1970, 31.

B. E. S., *Tratado de los vinos de Navarra.* Pamplona, 1870, 254.

Bosque Maurel, J., *La uva de Almería. Estudio geográfico.* Geographica, 1960, 7, 3-27.

Boutelou, E., *Memoria sobre el cultivo de la vid en Sanlúcar de Barrameda y Xerez de la Frontera.* M, 1807, 160.

Carderera, L., *Los vinos de Rioja.* ICE, 1972, 467, 193-200.

Castellet, B., *Viticultura... El cultivo de la vid y los vinos de España.* Valencia, 1886, 414.

Cuevas Velázquez, J., *Biografía del vino de Jerez.* Jerez, 1949, 225.

Cuevas Velázquez, J., *Historia del brandy de Jerez.* Jerez, 1952, 268.

Cuevas Velázquez, J., *Nuevas páginas sobre la viña y el vino de Jerez.* Jerez, 1952, xv+124. 12
Siglos XV-XVIII.

Chicote Serrano, P., *Vinos españoles y sus mezclas.* M, 1942, 356.

Fernández Martínez, S., *La vid y el vino en la Mancha.* M, 1963, 139.

Fernández de la Rosa, G., *Elaboración, comercio y crianza de los vinos de Jerez.* BolAgricultura técnica... (M), 1916, 10, 775-85, 871-81.

Fóster, A.,*La región de la pasa malagueña.* EG, 1950, 11, 93-108.

García de Quevedo, J., *Economía del jerez. Estructura económica de la vitivinicultura jerezana...* Jerez, 1970, xvi+378.

Giralt Raventós, E., *La viticultura y el comercio catalán del siglo XVIII.* EHM, 1952, 2, 157-76.

Huetz de Lemps, A., *Vignobles et vins du Nord-Ouest de l'Espagne.* Burdeos, 1967, 2 v.

Larrea, A., *Viticultura y enología riojanas.* Berceo, 1951, 6, 343-56.

Lope Toledo, J. M., *Estudio histórico del vino de la Rioja.* Berceo, 1957, 12, 149-69.

Llano Gorostiza, M., *Los vinos de Rioja.* Bilbao, 1973, 176 + láms.

Llobet, S., *La industria del vino espumoso español.* EG, 1959, 20, 459-81.

Mensua Fernández, S., *...Estudio del viñedo navarro. Las áreas de cultivo.* PV, 1962, 23, 401-16.

Mola de Esteban, F., *La Ordenanza del vino de Jerez.* M, 1971, 231.

Ochagavía Fernández, D., *Notas para la historia de los vinos riojanos.* Berceo, 1949, 4, 5-48, 189-216.

Ochoa Palao, E., *Características de las vides y vinos de Yecla.* Valencia, 1973, 226.

Quintero, A., *La pasa moscatel de Málaga.* Agricultura (M), 1933, 5, 225-32.

Quirós, F., *El comercio de los vinos de Jerez.* EG, 1962, 23, 29-44.

Rojas Clemente, S., *Ensayos sobre las variedades de la vid común... en Andalucía.* M, 1807, xviii+324.

Rueda Ferrer, F., *La uva de mesa de Almería.* B, 1932, 342.

Ruiz Castro, A., *La filoxera en España. Datos históricos.* Agricultura (M), 1957, 26, 79-83.

Yeron Chacón, P., *Pretérito, presente y futuro de la pasa de Málaga.* Agricultura (M), 1953, 22, 122-9.

→ 22.20.3, Jerez.

44 ALGODON. TEXTILES

Aguirre Prado, L., *Fibras textiles.* M, 1959, 28 + láms.

Beltrán Flórez, L., *La industria algodonera española.* B, 1943, 187.

Benito Arranz, J., *La exportación textil algodonera española.* EG, 1959, 20, 277-84.

Cánovas, A., *Cultivo y motocultivo del algodonero en España.* Totana, 1946, 149.

Cremades Martínez, E., *El cultivo del algodón en España.* M, 1918, 19.

12 Cruz Auñón, P., *El algodonero en España.* M, 1949, 431.

Liro Ortiz, L., *El algodón en España.* Agricultura (M), 1955, 24, 655-71.

Llobet, S., *La industria textil del algodón en España.* EG, 1946, 7, 726-34.

Maluquer Sostres, J., *El algodón.* ICE, 1973, 476, 153-64.

Millás Vallicrosa, J. M., *El cultivo del algodón en la España árabe.* BRAH, 1956, 139, 463-72.

Muñoz Torres, A., *El algodón nacional.* ICE, 1953, 238, 1000-3.

Pérez Gómez, A., *Esparto* [murciano]. RFinanciera del Banco de Vizcaya (Bilbao), 1953, 78, 232-6.

Vilá Valentí, J., *Tres momentos del comercio espartero en el sudeste de España,* en *HomA. Melón.* M, 1966, 133-6.

45 AZUCAR

Blume, H., *El cultivo de la caña de azúcar en Andalucía...* EG, 1958, 19, 87-120.

Huerta, A., *El cultivo de la caña de azúcar en la zona subtropical* [andaluza]. Gibralfaro (Málaga), 1953, 3, 201-10.

Martínez Ruiz, J., *Notas sobre el refinado del azúcar de caña entre los moriscos granadinos.* RDTP, 1964, 20, 271-88.

Medina Peinado, L., *Economía azucarera española.* ICE, 1953, 243, 2040-7.

Palacio Atard, V., *Primeras refinerías de azúcar en España.* Hispania, 1960, 20, 555-61.

Pérez Vidal, J., *Cañas y trapiches de azúcar en Marbella.* RDTP, 1971, 27, 189-281.

Pérez Vidal, J., *La cultura de la caña de azúcar en el Levante español.* M, 1973, 156 + láms.

46 OLIVO

Roquero de Laburu, C., *Bibliografía sobre olivicultura.* BolBibliográfico Agrícola (M), 1951, 15, 57-72.

García Fernández, J., *La producción y el consumo de aceite de oliva en España.* EG, 1958, 19, 563-8.
Desde 1915.

García Serrano, R., *Notas históricas sobre la elaboración del aceite de oliva en la provincia de Jaén,* en *Etnología y tradiciones populares.* Zaragoza, 1969, 229-34.

Herrero García, M., *El olivo a través de las letras españolas...* M, 1950, 225.

Mangrané Escardó, D., *El aceite de oliva de España.* M, 1961, 126.

Mangrané Escardó, D., *Nuestra gran riqueza olivarera aceitera.* B, 1965.

Olivar, *¡El _____ español.* M, 1972, 136.

Ortega Nieto, J. M., *Las variedades de olivo cultivadas en España.* M, 1955, 75.

Ortega Nieto, J. M., *Situación y problemas de la producción del aceite en España.* Arbor, 1961, 48, 421-36.

Priego Jaramillo, J. M., *Origen, desarrollo e importancia del cultivo del olivo.* BolAgricultura técnica y económica (M), 1923, 17, 370-82.
Rodríguez Pantoja, M., *El aceite* [español]. M, 1959[2], 30 + láms.
Velarde, J., *...Localización de las zonas olivareras españolas.* BolOleicultura internacional (M), 1951, 4, 7-15.

47 ARBORICULTURA. FRUTALES

Abela Sáinz, E., *La producción y comercio de la naranja en España.* Gaceta agrícola (M), 1879, 12, 3-13.
Agrios, *El cultivo de los _____ en España. Situación en 1971.* M, 1973, 73.
Arróniz Sala, C., *El almendro en Levante.* Agricultura (M), 1933, 5, 437-42.
Barbaza, Y., *La industria del corcho en Cataluña septentrional.* EG, 1958, 19, 539-52.
Bauer, E., *Die Aufforstung in Spanien...* Forstarchiv (Hannover), 1965, 36, 1-8.
Cabo Alonso, A., *Cultivos que desaparecen del campo español: el zumaque,* en *HomA. Melón.* M, 1966, 163-70.
Cabreras Mejías, G., *El plátano en Canarias.* ICE, 1950, 197, 14-8.
Cañizo Gómez, J., *Bibliografía sobre citricultura.* BolBibliográfico Agrícola (M), 1952, 20, 141-60.
Capote Jiménez, J., *Cultivo intensivo del plátano en las Islas Canarias.* La Laguna, 1932, 123.
Ceballos, J., *La repoblación forestal española en los últimos veinte años.* EG, 1960, 21, 497-507.
Cid Ruiz, A., *La resinación del Pinus Pinaster en... Castilla.* M, 1941, 141.
→ 12.87.
Elorrieta Artaza, J., *El castaño en España.* M, 1949, 303.
García Díaz, E., *El pino piñonero en la provincia de Cuenca.* Montes (M), 1953, 9, 221-3.
García Guijarro, L., *Hespérides o la riqueza citrícola española.* M, 1957, 224.
García Gutiérrez, J., *Manzanas de Asturias.* Siembra (M), 1954, 263, 141-2.
González Sicilia, E., *Variedades de agrios cultivados en el Levante español.* Anales del InstNacional de Investigaciones Agronómicas (M), 1952, 1, 297-316.
Liniger, M., *L'orange d'Espagne sur les marchés européens...* Ginebra, 1962, 479.
López Gómez, A., *El cultivo del plátano en Canarias.* EG, 1972, 33, 5-68.
López Palazón, *El almendro en Baleares...* M, 1970, 154 + láms.
Martínez Hermosilla, P., *La repoblación forestal en España...* REAS, 1953, 5, 37-48.
Medina Peinado, L., *Los frutos secos españoles.* ICE, 1953, 244, 2214-23.

12 Menéndez Heras, R., y J. I. del Busto Iza, *La industria de los derivados de los cítricos.* ICE, 1970, 446, 87-99.

Ribes Pla, R., *La naranja española. Su historia y situación actual.* Castellón, 1947, 81.

Romero Villafranca, R., *El comercio exterior de naranjas y mandarinas. Exportación valenciana...* Valencia, 1970, 251.

Rosón Pérez, L., *La riqueza citrícola española.* M, 1949, 313.

Terán Alvarez, M., *La producción y comercio de la avellana en España, y especialmente en la provincia de Tarragona.* EG, 1949, 10, 33-49.

Terán Alvarez, M., *Cultivo de plantas cauchíferas en España.* EG, 1954, 15, 151-2.
→ 12.87.

Torres Martínez, M., y H. París Eguílaz, *La naranja en la economía española.* M, 1950, 253.

Vieira Natividade, J., *Subericultura ibérica. Realidades y posibilidades.* M, 1957.
→ 12.87.

Vidal Barraquer, J. M., *Producción y comercio de la almendra y avellana.* BolCámara Oficial Sindical Agraria (B), 1953, 8, 78-80.

→ 12.36, Higueras; 12.61, Parson; 12.87, 14.81, Jordana.

48 FLORICULTURA. PLANTAS ORNAMENTALES

Bornás Urcullu, G., *Los cultivos ornamentales en España...* M, 1962, 81.

Clarasó Daudí, N., *Nuestras flores más cultivadas.* B, 1970[3], 244 + láms.

Guinea López, E., y C. Vidal, *Parques y jardines de España. Arboles y arbustos.* M, 1969, 412 + láms.

Pañella Bonastre, J., *Las plantas de jardín cultivadas en España.* B, 1970, 204.

Reig Feliú, A., *Importancia del cultivo floral y plantas ornamentales en Valencia.* El Agrario Levantino (Valencia), 1945, 11, 3-5.

→ 11.20, Lillo; 18.77.

49 OTROS CULTIVOS

Aguirre Fainaque, L., *El condimento más antiguo* [ajo]... ICE, 1948, 174, 2-4.

Arróniz Sala, C., *El cultivo de la fresa en Aranjuez.* M, 1945.

Arróniz Sala, C., *Hortalizas españolas.* M, 1947, 137.

Arróniz Sala, C., y E. Ordóñez Márquez, *El cultivo del pimiento y la fabricación del pimentón en la región murciana.* Agricultura (M), 1931, 3, 153-7.

Artes Romero, J., *El cacahuet y su cultivo en Valencia.* El Agrario Levantino (Valencia), 1946, 12, 4-6.

Benito Arranz, J., *El cultivo y la industrialización de la achicoria en España.* EG, 1958, 19, 135-40.

Carmena Ruiz, F., *El tabaco, problema y cultivo en España. Historia de tres siglos. Calidad...* Málaga, 1923, 131 + láms.

Castañeda Chornet, J., *El consumo de tabaco en España y sus factores.* M, 1945, 116.

Fontavella González, V., *El azafrán. Su cultivo y comercio en España.* EG, 1952, 13, 239-56.

García Gisbert, C., *El cultivo de la fresa en Valencia.* Agricultura (M), 1933, 5, 823-8.

García Gisbert, C., *La chufa. Su cultivo en Valencia.* Economía y técnica agrícolas (M), 1935, 4, 213-9.

García Gisbert, C., *La cebolla. Estudio de su producción y comercio en España.* M, 1947, 234 + láms.

García Gisbert, C., *La cebolla valenciana.* ICE, 1952, 226, 838-42.

Nosti Nava, J., *La patata de siembra en España...* M, 1949, 214.

Pérez Vidal, J., *Historia del cultivo del tabaco en España.* M, 1956, 118 + láms.

Pérez Vidal, J., *España en la historia del tabaco.* M, 1959, xviii+392.

Tabarés de Ulloa, F., *Observaciones... sobre el cacahuete... Su producción en España...* Valencia, 1800, 31.

Urquijo Landaluce, P., *El cultivo del lúpulo en España.* M, 1963, 18.

→ 12.10, Martín; 12.36, Higueras.

50 ASPECTOS HISTORICOS, SOCIALES Y JURIDICOS. COLONIZACION

Giralt Raventós, E., *Los estudios de historia agraria en España desde 1940 a 1961. Orientaciones bibliográficas.* IHE, 1959, 5, ix-lxxix.

Ballarín Marcial, A., *Derecho agrario.* M, 1965, 476.

García Badell, G., *...El desenvolvimiento de la agricultura en España.* M, 1950, 43.
Desde la época árabe.

García Badell, G., *Introducción a la historia de la agricultura española.* M, 1963, xvii+251.

Redonet López, L., *Historia jurídica del cultivo y de la industria ganadera en España.* M, 1911-8, 2 v.

Anés Alvarez, G., *Las crisis agrarias en la España moderna.* M, 1970, 517.

Ballarín Marcial, A., *La agricultura española en sus aspectos jurídicos.* M, 1962, 79.
Desde 1768.

Beneyto Pérez, J., *Estudios sobre la historia del régimen agrario.* B, 1941, 201.

Bernal, A. M., *Le minifundium dans le régime latifundaire d'Andalousie.* MCV, 1972, 8, 379-406.

Bernaldo de Quirós, C., *Los reyes y la colonización interior de España desde el siglo XVI al XIX.* M, 1929, 148.

Bonet Ramón, F., *Progresión legislativa y directrices del derecho agrario en España.* RGLJ, 1953, 25, 173-229.

Carrión Carrión, P., *Los latifundios en España...* M, 1932, viii+439.

Carrión Carrión, P., *La reforma agraria.* M, 1931, 138.

12 Costa Martínez, J., *Colectivismo agrario en España. Doctrinas y hechos.* M, 1915, 422.

Eza, Vizconde de, *El problema agrario en España.* M, 1915, 304.

García Badell, G., *La distribución de la propiedad agrícola de España...* REAS, 1960, 30, 7-32.

Herrero Alcón, A., *Agricultura asociativa en España. El cultivo en común...* M, 1971, 246.

Redonet López, L., *Crédito agrícola. Historia, bases y organización.* M, 1924, 354.

Sánchez Albornoz, C., *La reforma agraria ante la historia.* M, 1932, 94.

Sevilla Guzmán, E., y A. Gamiz López, *Estructura espacial de las formas de tenencia de la tierra en España.* REAS, 1971, 74, 7-75.

→ 4.51, 9.21, Botella; 9.63, 10.47, 12.88, 20.40.

52 EDADES ANTIGUA Y MEDIA

García Gallo, A., *El hombre y la tierra en la edad media leonesa. El prestimonio agrario.* RFacultad de Derecho (M), 1957, 1, 319-72.

Hinojosa Naveros, E.,*El régimen señorial y la cuestión agraria en Cataluña durante la edad media.* M, 1905, xvi+379.

Oliveros de Castro, M. T., y J. Jordana de Pozas, *La agricultura de los reinos españoles en tiempo de los Reyes Católicos.* M, 1968, 298.

Redonet López, L., *El latifundio y su formación en la España medieval.* EHSE, 1949, 1, 139-204.

→ 9.25, 9.63.

53 SIGLOS XVI-XVIII

Alcázar Molina, C., *La colonización alemana de Sierra Morena.* M, 1926, 20.

Capel Margarito, M., *La Carolina, capital de las nuevas poblaciones. Un ensayo de reforma socioeconómica de España en el siglo XVIII.* Jaén, 1970, xxiv+367.

Caro Baroja, J., *Las «Nuevas Poblaciones» de Sierra Morena y Andalucía. Un experimento sociológico en tiempos de Carlos III.* Clavileño, 1952, 3, 52-64.

Défourneaux, M., *Le problème de la terre en Andalousie au XVIIIe. siècle et les projects de réforme agraire.* Revue Historique (París), 1957, 217, 42-57.

Kaltofen, R. A., *Por trescientos reales. Florecimiento y desaparición de una colonia alemana de campesinos a fines del siglo XVIII.* M, 1944, 302.

Laporta, F. L., *Historia de la agricultura española. Su origen, progresos y estado actual.* M, 1798, 2 v.

López de Sebastián, J., *Reforma agraria en España. Sierra Morena en el siglo XVIII.* M, 1968, 230.

Niemeier, G., *Die deutschen Kolonien in Südspanien...* Hamburgo, 1937, 126.

Vega Gutiérrez, J., *Aportación al estudio de la colonización española. La obra de Carlos III.* REVL, 1950, 9, 206-11, 716-22; 1952, 11, 33-9. 12

Viñas Mey, C., *El problema de la tierra en la España de los siglos XVI-XVII.* M, 1941, 242.

Viñas Mey, C., *La colonización interior de España en el siglo XVII.* RNacional de Economía (M), 1934, 39, 27-48.

Weiss, J., *Die deutsche Kolonie an der Sierra Morena... des 18. Jahrhunderts.* Colonia, 1907, 119.

→ 6.78.2, Rodríguez; 7.49.1, 7.88.

55 SIGLO XIX

Carcano, M. A., *Evolución histórica del régimen de la tierra pública, 1810-1916.* M, 1925, xxxiii+548.

Martínez Maroto, S., *La crisis agrícola y pecuaria en España...* Valladolid, 1896, xxv+525.

Sánchez Gadeo, J., *La riqueza agrícola y pecuaria en España.* M, 1895, 113.

Sierra Molina, F., *Las tendencias colectivas agrarias después de la desamortización...* REE, 1952, 8, 41-61.

Viñas Mey, C., *La reforma agraria en España en el siglo XIX.* Santiago, 1933, 65.
También, BUSC, 1932, 4, 3-65.

56 SIGLO XX

Beneyto Sanchís, R., *Ensayo de concentración parcelaria en España.* M, 1955, 47.

Carrión Carrión, P., *La reforma agraria de la 2.ª República y la situación actual de la agricultura española.* B, 1973, 278.

Cavero Beyard, C., *Indicadores socio-económicos del campo español.* M, 1971, 1414.

Censo agrario, *Primer _____ de España. Año 1962.* M, 1963, 2 v.

García Fernández, J., *Sobre la «agricultura de grupo» en Castilla la Vieja...* Valladolid, 1970, 138.

García de Oteyza, L., *Los regímenes de explotación del suelo nacional.* REAS, 1952, 1, 49-62.

Gil Crespo, A., *Colonización interior de España.* Las Ciencias, 1960, 25, 178-93.
Desde 1938.

Gómez Ayau, E., *Reforma agraria y revolución campesina en la España del siglo XX.* REAS, 1971, 77, 7-53.

López Medel, J., *La concentración parcelaria como empresa política.* M, 1961, 85.

López de Sebastián, J., *Política agraria en España, 1920-1970.* M, 1970, 448.

Malefakis, E., *Reforma agraria y revolución campesina en la España del siglo XX.* B, 1972², 523.

Ortega Valcárcel, J., *Un ensayo de nueva organización en el campo español: la cooperativa de Zúñiga.* EG, 1965, 26, 250-62.

12 Ruiz Maya, L., *Estudio de la estructura económica de las explotaciones agrarias de la Mancha.* M, 1970, xv+236.

Sáiz Estívariz, C., *Análisis de la agricultura española.* BolEstudios Económicos (M), 1956, 11, 23-32.
1929-55.

58 REGADIOS

Jordana de Pozas, L., *Ensayo de una bibliografía española de aguas y riegos,* en *III Congreso Nacional de Riegos...* Valencia, 1923, I, 217-53.

Navas, Conde de las, *Materiales para una bibliografía del agua en España.* M, 1910, 29.

González Quijano, A., *Breve reseña histórica del desarrollo de los regadíos en España.* M, 1960, 52.

Riegos, *Los* ______ *en España.* M, 1969, 633.

Terrero, J., *El regadío en la España peninsular.* EG, 1950, 11, 251-320.

Gil Olcina, A., *Embalses españoles de los siglos XVIII y XIX para riego.* EG, 1972, 33, 557-96.

Gómez Ayau, E., *El Estado y las grandes zonas regables.* M, 1961, xi+144.

González Palencia, A., *Notas sobre el régimen de riegos en la región de Veruela en los siglos XII y XIII.* Al-Andalus, 1945, 10, 79-88.

Lautensach, H., *Sobre la geografía del regadío en la Península Ibérica.* EG, 1950, 11, 515-47.

Martín Retortillo, S., *Las comunidades de regantes...* REAS, 1967, 60, 33-43.

Pazos Gil, J. M., *Estado actual y perspectivas del regadío en España.* REAS, 1957, 19, 17-40.

Serrano Oteyza, J., *Comunidades de regantes.* RGLJ, 1880, 57, 493-502.

→ 12.95, 20.44.

60 GANADERIA

Cabo Alonso, A., *La ganadería española. Evolución y tendencias actuales.* EG, 1960, 21, 123-69.
Desde el siglo XVIII.

García de la Concha, J., *La ganadería en la Península Ibérica y en el norte de Africa.* M, 1953, 75.

Sarazá Ortiz, R., *Mapa ganadero español.* Anales de la Facultad de Veterinaria de León, 1958, 4, 153-91.

Sarazá Ortiz, R., *La producción animal en España.* Oviedo, 1964, 128.

→ 14.81.

61 ESPECIES GANADERAS 12

Arche Hermosa, F., *El ganado vacuno en la Montaña.* Santander, 1945, 207.

Font de Toledo, S., *El karakul en España.* Ganadería (M), 1944, 2, 50-3.

García Ballesteros, A., *Algunos datos sobre la ganadería ovina española en el siglo XVIII.* EG, 1973, 34, 164-70.

López, S. R., *El origen de la oveja merina.* EHM, 1954, 4, 1-11.

Martínez Cortiña, R., *La ganadería vacuna en la economía española.* M, 1969, 206.

Montarco, Conde de, *El ganado lanar merino.* M, 1959, 40.

Naredo Teja, M., y F. Bajo Mateos, *El ganado bovino de Asturias...* M, 1929², 145.

Parson, J. J., *The acorn-hog economy of the oak woodlands...* Geographical Journal (Londres), 1962, 211-35.

Pomar, P. P., *Memoria... de los caballos de España.* M, 1789, xii+135.

Rénouard, Y., *Un sujet de recherches: l'exportation de chevaux de la Péninsule Ibérique en France et en Angleterre au Moyen Age,* en HVV, I, 571-7.

Salazar Mouliáa, Z., *Las cabras españolas.* Agricultura (M), 1929, 1, 98-100.

Torres Fontes, J., *Notas y documentos sobre caballos murcianos.* Murgetana (Murcia), 1966, 26, 5-16.

Ugarte Barrientos, F., *...La cría caballar de España.* Málaga, 1858, 49.

→ 19.33.

63 INDUSTRIAS GANADERAS

Abeger Muñoz, A., y A. Martín Calama, *Producción huevera, consumo...* Anales de Bromatología (M), 1956, 8, 425-32.

Martín Galindo, J. L., *Producción y consumo de leche en España.* EG, 1958, 19, 568-9.

Matallana Ventura, S., y V. Riesco del Potro, *El manchego, típico queso español.* M, 1952, 175.

Pastor Togneri, R., *La lana en Castilla y León antes de la organización de la Mesta.* MyC, 1970, 112, 47-69.

Rivas, E., *El mercado de las industrias cárnicas.* ICE, 1971, 452, 71-81.

Sáiz Moreno, L., *El queso manchego.* M, 1963, 64.

Salazar Mouliáa, Z., *Jamones y embutidos españoles.* Surco (M), 1942, 10, 14-7.

64 PASTOS

Calles Mariscal, J. S., *Las montaneras extremeñas.* Ganadería (M), 1947, 49, 394-6; 51, 502-4; 55, 24-6.

González Vázquez, E., *Alimentación de la ganadería y los pastizales españoles.* M, 1944, 467.

12 Rivas Goday, S., y S. Rivas Martínez, *Estudio y clasificación de los pastizales españoles.* M, 1963, xvi+269.

Moreno Márquez, V., *Contribución al estudio de los pastos extremeños.* M, 1952, 42.

65 ASPECTOS HISTORICOS, SOCIALES Y JURIDICOS

Costa Martínez, J., *Apuntes para la historia jurídica de la ganadería en España.* M, 1918, 336.
→ 12.50, Redonet López.

Aitken, R., *Rutas de trashumancia en la meseta castellana.* EG, 1947, 8, 185-99.
Blázquez Martínez, J. M., *La economía ganadera de la España antigua a la luz de las fuentes literarias griegas y romanas.* Emerita, 1957, 25, 159-84.
Dantín Cereceda, J., *Las cañadas ganaderas del Reino de León.* M, 1940, 38.
También, BRSG, 1936, 76, 464-99.
Fairén Guillén, V., *Contribución al estudio de la facería internacional del Roncal y Baretons.* PV, 1946, 8, 271-96.
Fairén Guillén, V., *La alera foral.* Zaragoza, 1951, 246.
Fairén Guillén, V., *Sobre las facerías internacionales en Navarra.* PV, 1955, 16, 507-24.
Fairén Guillén, V., *Facerías internacionales pirenaicas.* M, 1956, 444.
Floristán Samanes, A., *Juntas y mestas ganaderas en las Bardenas de Navarra,* en *Actas del I CIEP.* Zaragoza, 1952, V, 111-36.
Fribourg, A., *La trashumance en Espagne.* Annales de Géographie (París), 1910, 19, 231-44.
Klein, J., *La Mesta... 1273-1836.* M, 1936, 450.
Le Flem, J. P., *Las cuentas de la Mesta (1510-1709).* MyC, 1972, 121, 23-104.
Pastor de Togneri, R., *Ganadería y precios. Consideraciones sobre la economía de León y Castilla, siglos XI-XIII.* CHE, 1962, 36, 37-56.
Sánchez Gavito, L., *Vías pecuarias a través del tiempo.* M, 1955, 109.
Vilá Valentí, J., *Una encuesta sobre la trashumancia en Cataluña.* Pirineos, 1950, 6, 405-42.

→ 7.49.1, 10.99, 12.55, Martínez, Sánchez; 20.40.

67 PESCA

Lobo Andrada, M., *La pesca marítima en España.* Arbor, 1963, 56, 39-61.
Lledó Martín, J., *La pesca nacional.* M, 1943, 488.
Marcitllach Guazo, F., *La pesca en España.* ICE, 1972, 470, 75-82.
Pesca marítima. DE, 1973, n. 70, 43.

Bas, C., y otros, *La pesca en España. I, Cataluña.* B, 1955, 468 + láms.
Ciriquiáin Gaiztarro, M., *La pesca en el mar vasco.* M, 1952, 151.

Doumenge, F., *La pesca en Bermeo.* EG, 1959, 19, 365-80.
García Cabrera, C., *El banco pesquero canario-sahariano.* EG, 1963, 24, 147-97.
García Cabrera, C., *La pesca en Canarias y banco sahariano.* Santa Cruz de Tenerife, 1970, 168.
GAUR, *La pesca de superficie en Guipúzcoa y Vizcaya.* Bilbao, 1971, 366.
Kruiderink, A., *Algunos aspectos de la pesca mediterránea en España.* EG, 1967, 28, 89-114.
Lozano Rey, L., *Consideración sobre la pesca marina en el litoral hispánico.* BRSG, 1943, 79, 173-95.
Melcón López, L., *Métodos y artes de pesca en las aguas continentales españolas.* M, 1964, 274.
Muñoz Goyanes, G., *Informaciones estadísticas sobre la pesca continental en España.* M, 1959, 143.
Muñoz Pérez, J., *La pesca en la desembocadura del Guadalquivir.* Cádiz, 1972, 321.
Paz Andrade, V., *El proceso de expansión de las pesquerías españolas.* ICE, 1973, 478, 83-94.
Peláez Torralba, J., *La pesca bacaladera española.* ICE, 1953, 241, 1581-6.
Veiga González, C., *El cultivo del mejillón en la ría de Vigo.* EG, 1958, 19, 513-37.

→ 12.33, Meijide; 12.36, López; 20.42.

68 INDUSTRIAS PESQUERAS

Alemany, F., *Flota pesquera congeladora española.* ICE, 1973, 478, 107-24.
Calvo Mínguez, J., *La industria nacional de conservas de pescado.* ICE, 1953, 241, 1587-93.
Carré Aldao, E., *Influencia de los catalanes en el progreso de la industria pesquera de Galicia.* BRABarcelona, 1903, 3, 176-88.
Conservas, *La industria española de _____ de pescado.* M, 1966, 181.
López Gómez, J., *La crisis sardinera en Vigo...* EG, 1960, 21, 414-6.
Zaballa Zayas, J. J., *Comercialización de la pesca y de las conservas de pescado.* Murcia, 1963, 259.

→ 22.36.3, **Pasajes.**

69 ASPECTOS HISTORICOS, SOCIALES Y JURIDICOS

Aullo Costilla, M., *Reseña histórica de la pesca y de la piscicultura en aguas continentales españolas.* BRSEHN, 1949, 48, 9-28.
Pardo García, L., *Apuntes para la historia de la pesca continental española.* M, 1950-1, 2 v.
Desde los orígenes al presente.
Barras de Aragón, F., *Noticias acerca de una pesquería de bacalao establecida por los españoles en la costa de Patagonia en el siglo XVIII,* en *CongrAs española para el progreso de las ciencias.* Valladolid, 1915, 121-38.

12 Castañón, L., *Notas sobre la pesca de la ballena en relación con Asturias.* BIEA, 1964, 18, 39-62.

Castejón Chacón, C., *Derecho marítimo consuetudinario de España. Costumbres en la pesca...* Anuario Jurídico Escurialense, 1963, 41, 319-537.

Díaz de Rivera, P., *La riqueza pesquera en España y las cofradías de pescadores.* M, 1940, 133.

Moreno, A., y L. Abad, *Aportaciones al estudio de la pesca en la antigüedad.* Habis (Sevilla), 1971, 2, 209-21.

Palacio Atard, V., *Los vascongados y la pesca de Terranova...* AEAm, 1944, 1, 723-39.

Sánchez Adell, J., *La pesca en el Castellón medieval.* BSCC, 1957, 23, 264-71.

Terán Alvarez, M., *La «Balaena Biscayensis» y los balleneros españoles del Mar Cantábrico.* EG, 1949, 10, 639-68.

→ 20.40.

70 MINERIA

Bibliografía minera española. M, 1946-7, 2 v.

García Morales, J., *Apuntes para una bibliografía minera española e iberoamericana (1870-1969).* León, 1970, xvi+361.

López Azcona, J. M., *Bibliografía de minería, metalurgia, geología y ciencias afines, 1778-1961.* M, 1962, vii+559.

Maffei, E., y R. Rúa Figueroa, *Apuntes para una biblioteca española de libros, folletos y artículos impresos y manuscritos relativos al conocimiento y explotación de las riquezas minerales... Legislación y estadística... concernientes a la Península y posesiones de ultramar.* M, 1871-2, 2 v.
Ed. facs., León, 1970.

Azpeitia Moro, F., *Minerales y mineralogistas españoles.* M, 1924.

Calderón Arana, S., *Los minerales en España.* M, 1910, 2 v.

Madariaga, J. M., *Pasado, presente y porvenir de la minería española.* BolOficial de minas y metalurgia (M), 1917, junio, 1-40.

Marín Bertrán, A., *Recursos minerales de España.* BRSG, 1942, 78, 85-183, 234-83.

Mesa Alvarez, P., *La riqueza minera y metalúrgica de España.* M, 1899, 64.

Prado Calzado, J., *La minería en España.* M, 1973, 76.

Sánchez Sánchez, J. M., *La minería en España.* M, 1956, 30.

Guereca Tosantos, L., y otros, *La investigación y los recursos mineros en España.* M, 1970, 370.

Marín Bertrán, A., *Investigación de los distritos mineros más importantes de España.* M, 1950, 51.
También, Publicaciones de la RAc de Ciencias Exactas (M), 1949, 1, 123-240.

72 SALES

Altimir Bolvá, J., *La sal española y la industria química nacional.* M, 1945, 110.

Altimir Bolvá, J., *La sal española y su legislación, 1252-1945.* M, 1946, 108 + láms. **12**

Benito Arranz, J., *La potasa en España.* EG, 1961, 22, 115-21.

Gual Camarena, M., *Para un mapa de la sal hispana en la edad media,* en HVV, I, 483-7.

Pastor de Togneri, R., *La sal en Castilla y León. Un problema de la alimentación y del trabajo y una política fiscal. Siglos X-XIII.* CHE, 1964, 38, 42-87.

73 CARBON

Campo Viguri, J., *El carbón en España.* Gea (M), 1963, 8, 29-33.

Carbón, *Monografía de la minería del* _____. M, 1960, ix+159.

Floristán Samanes, A., *Producción nacional de carbones.* Geographica, 1960, 7, 168-71.

Herrero Garralda, I., *La política del carbón en España.* M, 1944, 196.

Laviña Beranger, E., *La minería del carbón.* ICE, 1953, 244, 2240-5.

Martín Galindo, J. L., *El tráfico nacional de carbones.* EG, 1962, 23, 100-2.

Oriol, R., *Carbones minerales de España. Su importancia, descripción y consumo.* M, 1873, ix+219.

Pla, J. I., *El carbón español.* M, 1904, 193.

Adaro Magro, L., *Cuenca carbonífera de Asturias...* M, 1914, 79.

Aldecoa, M., *Industrias hulleras de Asturias.* M, 1926, 268.

Alvarez Buylla, B., *Estudios acerca de los carbones asturianos.* M, 1929-30, 2 v.

Chastagnaret, G., *Contribution à l'étude de la production et des producteurs de la houille des Asturies de 1861 à 1914.* MCV, 1973, 9, 581-631.

Quirós, J., *Puertollano y su cuenca minera.* EG, 1956, 17, 207-48.

→ 22.24.3, **Puertollano.**

74 HIERRO

Adaro Magro, L., *Los criaderos de hierro de España.* M, 1912, 88.

Alvarez Ros, F., *Las minas españolas de mineral de hierro.* Minería y Metalurgia (M), 1956, 16, 17-24.

Balzola Menchaca, J., *Minería de hierro en España.* BolMinero e industrial (Bilbao), 1957, 36, 581-6.

Rubio Núñez, E., *El hierro.* M, 1959, 28.

Adán de Yarza, R., *Nota sobre las minas de hierro de Bilbao.* BolComMapa geológico (M), 1879, 6, 1-9.

Adaro Magro, L., *Criaderos de hierro de Asturias.* M, 1916, xvi+679.

Almunia, J., *Origen de la producción de hierro en España.* Inst Hierro y del Acero (M), 1953, 6, 43-52.

Gortázar, R., *La minería de hierro en Vizcaya.* Metalurgia y Electricidad (M), 1951, 172, 66-72.

Gual Camarena, M., *El hierro en el medievo hispano,* en *La minería hispana...* León, 1970, I, 275-92.

12 Reina Cerero, R., *La minería del hierro en Vizcaya.* M, 1933, 36.
→ 12.82.

75 COBRE

Fernández Balbuena, M., *Las piritas en España.* M, 1933, 30.
Gamir Prieto, E., *Las piritas en España.* Minería y Metalurgia (M), 1956, 17, 33-7.
Pinedo Vara, I., *Piritas de Huelva. Su historia, minería y aprovechamiento.* M, 1963, xiv+1003.
Roso de Luna, I., e I. Pinedo Vara, *El cobre y la pirita en España* [desde 1800]. M, 1958, 157 + láms.
Sundheim, C., *La minería de pirita en España.* ICE, 1953, 244, 2226-31.

76 MINERALES PRECIOSOS

Cavainac, E., *Les métaux précieux: les mines d'Espagne au IIe. siècle avant Jésus Christ.* AESC, 1953, 8, 498-501.
Domergue, C., *Les explotations aurifères du nord-ouest de la Péninsule Ibérique sous l'occupation romaine,* en *La minería hispana...* León, 1970, I, 151-93.
Fernández Nieto, F. J., *Aurifer Tagus.* Zephyrus, 1971, 22, 245-59.
Pérez Laciaga, M., *¡Minas de oro y diamantes en España.* M, 1920, 31.
Quiring, H., *El laboreo de las minas de oro por los romanos en la Península Ibérica y las «arrugias» de Plinio.* Investigación y Progreso(M), 1935, 9, 6-8.

77 PETROLEO

Aguirre Prado, L., *Prospecciones petrolíferas.* M, 1963, 30.
Alvarez Garcillán, M., *El petróleo y España.* M, 1965, 60.
García Fernández, J., *La industria del petróleo en España.* EG, 1956, 17, 523-91.
Hernández Sampelayo, P., *Notas acerca del petróleo español.* EG, 1950, 6, 211-25.
Lis Louis, E., *Legislación petrolífera española.* Salamanca, 1966, 2 v.
Ríos García, J. M., *Posibilidades petrolíferas del subsuelo español.* M, 1958, 49.

78 OTROS MINERALES

Balzola Menchaca, J., *La minería del antimonio en España,* en *II CogrNacional de Ingeniería.* M, 1950, V, 165-72.
Bario, *El _____ en España.* M, 1961, 78.
Cuadra, A., *Aprovechamiento de los recursos nacionales de manganeso.* M, 1967, 25.
González Llana, E., *El plomo en España.* M, 1960[2], 199.

Marín Bertrán, A., *Recursos mineros de España en minerales metálicos no férreos*. InstHierro y del Acero (M), 1953, 6, 1-15. 12
Meseguer Pardo, J., *Los yacimientos de níquel y su explotación en España*, en *X CongrAs Española para el progreso de las ciencias*. Coimbra, 1925, X, 15-21.
Rechemberg, H. P., *Criaderos de plomo de Linares*. Notas y comunicaciones del InstGeológico (M), 1957, 46, 161-74.
Sobrino Vicente, S. L., *La minería del plomo en España*... M, 1963, 87.
Vall, E., *Mineralogía del uranio y yacimientos uraníferos en España*. Palamós, 1958, 165.

→ 12.82, 22.24.3, **Almadén**.

79 ASPECTOS HISTORICOS, SOCIALES Y JURIDICOS

La minería hispana e iberoamericana. Contribución a su investigación histórica. Estudios. Fuentes. Bibliografía. León, 1970, 7 v. Miscelánea por numerosos autores.
Blanco Freijeiro, A., y J. M. Luzón, *Mineros antiguos españoles*. AEA, 1966, 39, 73-88.
Blázquez Martínez, J. M., *Explotaciones mineras en Hispania durante la República y el alto Imperio romano*... AHSE, 1969, 2, 9-68.
Carbonell Trillo, A., *La minería y la metalurgia entre los musulmanes en España*. BRACórdoba, 1929, 8, 179-217.
Estevan Senis, M. T., *La minería cartagenera, 1840-1919. Aspectos económicos y sociales*. Hispania, 1966, 26, 61-95.
García Domínguez, E., *Explotaciones mineras en la Asturias primitiva*. BIEA, 1964, 18, 257-74.
Gossé, G., *Las minas y el arte minero de España en la antigüedad*. Ampurias, 1942, 4, 43-68 + láms.
Luzón, J. M., *Instrumentos mineros de la España antigua*, en *La minería hispana*... León, 1970, I, 221-58.
Meseguer Pardo, J., *Geografía humana de la minería española*. BRSG, 1950, 86, 61-94.
Quevedo Vega, F., *Derecho español de minas*. M, 1964, 2 v.
Rickard, T. A., *The mining of the Romans in Spain*. Journal of Roman Studies (Londres), 1928, 18, 129-43.
Soler Herráiz, A., *Legislación minera española... desde los tiempos más remotos*. M, 1882, viii+280.

→ 7.49.2, 7.88.

80 INDUSTRIA

Acosta España, R., y otros, *La pequeña y media industria en España*. M, 1971, xxi+243.
Bosque Maurel, J., *La industrialización de España*. Granada, 1954, 40.
Castillo, A., *La Maquinista Terrestre y Marítima, personaje histórico (1855-1955)*. B, 1955, 575.

12 Empresas, *Las 300 grandes ___ industriales españolas en 1971.* M, 1972, 160.

Fontana, J. M., *La lucha por la industrialización de España.* M, 1953, 75.

Ferrer Regales, M., *La industria de la España cantábrica.* Bilbao, 1969, 192 + láms.

Hornillos García, C., *Problemas de la pequeña y mediana industria en España.* M, 1970, 486.

Industria, *La ___ española en 1972.* M, 1973, 2 v.

Ordeix Gesti, J. M., *España hacia una economía industrial.* B, 1972, 319.

Redonet Maura, L., *Realizaciones de la industria española en el período 1940-1952.* ICE, 1953, 235, 373-83.

Robert, A., *Un problema nacional. La industrialización necesaria.* M, 1943, 221.

Sanz García, J. M., *En torno a dos siglos de industrialización española.* Arbor, 1961, 50, 23-57.

Sierra, F., *La concentración económica en las industrias básicas españolas.* M, 1953, 104.

Torres Martínez, M., *Energía nuclear e industrialización de España.* M, 1954, 36.

Verdasco García, A., y otros, *Atlas industrial de España, 1964-5.* M, 1966, 2 v.

Vicens Vives, J., *La industrialización y el desarrollo económico de España de 1800 a 1936.* REcPol, 1960, 11, 138-47.

→ 7.49.2, 7.88, 11.50, 12.06, Tortellá.

81 ENERGIA. ELECTRICIDAD

Benito Revuelta, V., *La electrificación en España.* M, 1959, 29.

Cabo Alonso, A., *Factores geográficos de la industria eléctrica española.* Geographica, 1960, 7, 28-58.

Daumas, M., *L'équipement hydro-électrique des Pyrénées espagnols.* Revue Géographique des Pyrénées (Toulouse), 1962, 33, 73-106.

Electrónica, *Industria ___.* DE, 1973, n. 72, 103.

Energía, *La ___ en España. Evolución y perspectiva, 1945-1975.* M, 1961, 450.

Esparraguera Martínez, J. L., y J. Molina Fajardo, *El futuro de la energía en España...* M, 1970, 189.

Fernández, G., *Presente y futuro de la industria eléctrica española.* ICE, 1973, 474, 155-62.

Llobet, S., *La energía eléctrica en España.* EG, 1958, 19, 221-40.

Martín Rodríguez, J. L., y J. M. Ollé Romeu, *Orígenes de la industria eléctrica barcelonesa.* B, 1961, 114.

París Eguílaz, H., *Problemas de la expansión eléctrica española.* M, 1955, 143.

Redonet Maura, J. L., *La industria eléctrica en España.* Dyna (M), 1954, 29, 89-108.

Redonet Maura, J. L., *La industria de energía eléctrica en España.* Arbor, 1961, 50, 59-91. 12
Desde sus orígenes.
Sintes Olives, F. F., y F. Vidal Burdils, *La industria eléctrica en España.* B, 1933, 883 + láms.
Suárez, A., *La producción de energía eléctrica de origen térmico en España...* M, 1945, 57.
Uriarte Humarán, E., y A. Martínez Cattaneo, *Posibilidades hidroeléctricas de España.* M, 1960.

→ 12.80, Torres; 21.13, Checa.

82 METALURGIA

Calvo Calvo, F., *La España de los metales.* M, 1964, 126.
La metalurgia española desde la Prehistoria.
Chilcote, R. H., *Spain's iron and steel industry.* Austin, 1968, xvi+174.
Herrero Egaña, A., *La industria minero-metalúrgica en España.* ICE, 1952, 230, 1572-9.

Adaro Ruiz, L., *175 años de siderometalurgia asturiana.* Gijón, 1968, 392.
Calle Iturrino, E., *Ferrerías vascas.* Bilbao, 1963, 106.
Daumas, M., *L'industrie sidérurgique espagnole: son évolution, ses problèmes.* Revue Géographique des Pyrénées (Toulouse), 1966, 37, 295-315.
Escosura Morrogh, L., *Historia del tratamiento metalúrgico del azogue en España.* M, 1878, 138 + láms.
Espinosa de los Monteros, C., *La industria siderúrgica española.* ICE, 1972, 464, 91-109.
Kindelán, J. M., *El mineral de hierro y la siderurgia española.* M, 1967, 14.
Montes Iñiguez, J., *La siderurgia en España...* M, 1970, 16.
Ortega Valcárcel, J., *El consumo de lingote de hierro en España.* EG, 1965, 26, 262-5.
París Eguílaz, H., *Problemas de la expansión siderúrgica en España.* M, 1954, 137.
Sánchez Ramos, F., *La economía siderúrgica española. Estudio crítico de la historia industrial de España hasta 1900.* M, 1945, 383.
Sobrino Vicente, J. L., *Valoración de la metalurgia nacional del plomo.* Bilbao, 1970, 106.

→ 7.49.2, 12.74, 22.36.3, **Vergara.**

83 CONSTRUCCIONES

Aeronáutica, *La industria ____ española.* DE, 1972, n. 47, 40.
Artiñano Galdácano, G., *La arquitectura naval española en madera. Bosquejo de... su evolución.* M, 1920, 427.
Astilleros españoles e industria auxiliar. DE, 1972, n. 51, 31.

12 Lerat, S., *L'industrie des constructions navales en Espagne.* Revue Géographique des Pyrénées (Toulouse), 1960, 31, 337-42.

Ortega Valcárcel, J., *La producción y el consumo de cemento.* EG, 1964, 25, 617-23.

Parga, J. B., *La construcción naval española en 1951.* M, 1971, 34.

Rodrigo Jiménez, F., *La construcción naval.* ICE, 1972, 470, 51-8.

Rosselló Verger, V. M., *La industria azulejera en España.* EG, 1966, 27, 433-50.

Vega Sanz, R., y L. Beltrán Flórez, *La construcción naval española.* M, 1959, 194.

Desde 1939.

→ 20.47.

84 QUIMICA. FARMACEUTICA

Bustelo Vázquez, F., *...Sobre los orígenes de la industria española del nitrógeno.* MyC, 1957, 63, 23-40.

Consulting, *La industria farmacéutica en España.* M, 1969, 109.

Deleyto, J. M., *Industria química y farmacéutica.* M, 1958, 29.

Infiesta Molero, J., *La industria de plásticos y el desarrollo económico.* RUM, 1963, 12, 517-38.

Vián Ortuño, A., *La industria química y el desarrollo económico.* RUM, 1963, 12, 709-34..

85 TEXTIL. CURTIDOS

Arús, J. M., *La industria de la confección en España.* B, 1971, 87.

Corma, E., *Industria textil.* M, 1957, 29.

La industria textil-lanera española... B, 1969, 296.

Alcina Caulet, J., *La industria lanera catalana.* ICE, 1953, 236, 606-13.

Bejarano Robles, F., *La industria de seda en Málaga durante el siglo XVI.* M, 1951, 294.

Castells, J., *Historia de la industria textil de Tarrasa.* Tarrasa, 1951, 138 + láms.

Espín Rael, J., *Investigaciones sobre el cultivo y la industria de la seda en el reino de Murcia.* Murgetana (Murcia), 1955, 8, 9-19.

Galvañón, R., *La cosecha de seda en Valencia.* Gaceta Agrícola (M), 1879, 10, 351-6.

Garzón Pareja, M., *La industria sedera en España. El arte de la seda en Granada.* Granada, 1972, 521.

Gómez Sánchez, M., *El calzado de cuero en España.* ICE, 1971, 458, 55-68.

González, F., *Seda* [murciana]. RFinanciera del Banco de Vizcaya (Bilbao), 1953, 78, 238-41.

Gual Camarena, M., *Para un mapa de la industria textil hispana en la edad media.* AEM, 1967, 4, 109-68.

Herrera Oria, E., *Ideas del siglo XVIII sobre la industria de los tejidos en España.* Ibérica (B), 1923, 20, 299-302.

Industria textil, *Catálogo de la exposición bibliográfica e iconográfica retrospectiva de la* ______. B, 1949, 48.

La Force, J. C., *The development of the spanish textile industry, 1750-1800*. Berkeley, 1965, xi+210. 12

La Force, J. C., *La política económica de los Reyes de España y el desarrollo de la industria textil, 1750-1800*. Hispania, 1966, 26, 268-93.

López Guzmán, M., *Tradición sedera murciana*. Industria y Comercio (Murcia), 1955, 55, 5-10.

Martínez Ferrando, E., *La industria valenciana de la seda*. Valencia, 1933, 40.

May, F. L., *Silk textiles of Spain. Eight to fifteenth century*. Nueva York, 1957, 286.

Ochagavía, D., *Notas para la historia textil riojana*. Berceo, 1947, 2, 197-255.

Rodríguez López, G., *Manufacturas laneras de Castilla. Siglo XVIII. Segovia, Guadalajara, Béjar*. M, 1948, 111.

Torrella Niubó, F., *Los orígenes de la industria textil tarrasense...* Tarrasa, 1953, 20.

Torrella Niubó, F., *El moderno resurgir textil de Barcelona, siglos XVIII y XIX*. B, 1961, 251.

Valle, M., y F. Ortega, *El sector de la piel en España*. ICE, 1970, 438, 85-103.

Ventalló Vintró, J., *Historia de la industria lanera catalana. Monografía de sus antiguos gremios*. Tarrasa, 1904, 616.

→ 12.30, 12.44, 12.70, 22.72.3, **Béjar**.

87 OTRAS INDUSTRIAS

Baselga Neyra, A., *Manufacturas españolas de corcho*. ICE, 1953, 241, 1594-9.

Conesa Cortés, J., *La industria del juguete en Levante*. EG, 1962, 23, 317-22.

Lozano López, V., *La industria resinera española*. Suplemento de la RSindical de Estadística (M), 1953, 29, 23.
Desde 1848.

Medir Jofra, R., *Historia del gremio corchero* [catalán]. M, 1953, xviii+591.

Parson, J. J., *The corkoak forest and the evolution of the cork industry in Southern Spain...* Economic Geography (Worcester, Mass.), 1962, 38, 195-214.

Puerto Sanz, E. C., *La industria del caucho en España*. ICE, 1953, 236, 563-7.

→ 1.50-2, 1.82, 12.47, 19.20.

88 PESOS Y MEDIDAS

Aguirre de Irarola, F., *Situación actual de España respecto a la normalización*. M, 1970, 29.

Alvarez, M., *Prontuario... de todas las medidas agrarias...* M, 1891[3], 369+xxii.

Alvarez de la Braña, R., y F. Fita Colomer, *Igualación de pesos y medidas por Don Alfonso el Sabio*. BRAH, 1901, 38, 134-44.

12 Basas Fernández, M., *Introducción en España del sistema métrico decimal,* en *Studi in onore di A. Fanfani.* Milán, 1962, IV, 42-88.

Bowman, J. N., *The vara de Burgos.* Pacific Historical Review (Berkeley), 1961, 30, 17-21.

Enggass, P. M., *La legua española...* Geographica, 1972, 14, 63-7.

Galbete, V., *Algunas medidas empleadas en el antiguo Reino de Navarra.* PV, 1953, 14, 395-400.

García Franco, S., *La legua náutica en la edad media.* M, 1957, 231.

Guardamino, D., *Prontuario y claves de las correspondencias que entre sí tienen las monedas, medidas de granos, de palmos y peso sutil de Castilla con las de varios reinos y provincias...* M, 1757, 120.

Llensa de Gelcen, S., *Breve historia de las medidas superficiales agrarias de la Antigüedad y... en Cataluña.* Anales de la Escuela de peritos agrícolas (B), 1951, 10, 65-128.

90 OBRAS PUBLICAS. COMUNICACIONES

Alzola Minondo, P., *Las obras públicas en España. Estudio histórico.* Bilbao, 1899, 597.

Suárez de Tangil, F., *Las obras públicas en España y los gobiernos de autoridad...* M, 1954, 80.

→ 6.78.2, Rodríguez; 7.48, Pike.

91 VIAS Y TRANSPORTES TERRESTRES

Escagüés Javierre, I., *Geografía histórica de las comunicaciones. Las carreteras españolas actuales y las calzadas romanas.* BRSG, 1947, 83, 393-401.

Fernández Casado, C., *Historia de nuestras carreteras.* M, 1945.

Martín Granizo, L., *Los caminos y puentes de España.* BRSG, 1946, 82, 532-58.

Menéndez Pidal, G., *Los caminos en la historia de España.* M, 1951, 139.

Torres Yagües, F., *Caminos españoles.* M, 1950, 172.

Corchado Soriano, M., *Pasos naturales y antiguos caminos entre Jaén y La Mancha.* BIEG, 1963, 11, 9-37.

Corchado Soriano, M., *El camino de Toledo a Córdoba.* AHES, 1968, 1, 621-34.

Gil Crespo, A., *La Mesta de carreteros del Reino.* Las Ciencias, 1957, 22, 207-30.

Lambert, E., *Les routes des Pyrénées atlantiques et leur emploi au cours des âges.* Pirineos, 1951, 7, 335-78.

Tudela, J., *La cabaña real de carreteros,* en *HomR. Carande.* M, 1963, 1, 347-94.

Sermet, J., *Les routes transpyrénéennes.* Toulouse, 1965, 328.

→ 10.47, Hoyos; 11.88, 20.40, Martín; 20.44.

91.1 EDAD ANTIGUA

Blázquez Delgado, A., *Vía romana de Segovia a Madrid.* BRAH, 1912, 60, 303-5.

Blázquez Delgado, A., *...Algunas vías romanas del Valle del Duero.* M, 1916, 38 + láms.

Blázquez Delgado, A., *Vías romanas de Carrión a Astorga y de Mérida a Toledo.* M, 1920, 37 + láms.

Blázquez Delgado, A., y C. Sánchez Albornoz, *Vías romanas del Valle del Duero y Castilla la Nueva.* M, 1917, 30 + láms.

Blázquez Delgado, A., y C. Sánchez Albornoz, *Vías romanas de Briviesca a Pamplona y de Briviesca a Zaragoza.* M, 1918, 14 + láms.

Coello, F., *Vías romanas entre Toledo y Mérida.* BRAH, 1889, 15, 5-41.

Coello, F., *Vía romana de Sigüenza a Chinchilla.* BRAH, 1893, 23, 437-40.

Coello, F., *Vía romana de Chinchilla a Zaragoza.* BRAH, 1894, 24, 5-20.

Coello, F., *Itinerarios romanos de la provincia de Cuenca.* BRAH, 1897, 31, 5-19.

Escagüés Xavierre, I., *Nuevos datos... sobre las calzadas romanas del norte... de Zaragoza.* EG, 1944, 5, 591-606.

Estefanía Alvarez, M. D. N., *Vías romanas de Galicia.* Zephyrus, 1960, 11, 5-103.

Guitarte, G. L., *Ritmo de las marchas y de los viajes en la España romana.* CHE, 1948, 10, 5-20.

Roldán Hervás, J. M., *El Camino de la Plata.* M, 1968, 31 + láms.

Sánchez Albornoz, C., *De Birovesca a Suessatio.* RBAM, 1931, 8, 1-24.

Sánchez Albornoz, C., *Una vía romana en Asturias...* AnCuerpo Facultativo de Archiveros... (M), 1935, 3, 151-74.

91.2 EDADES MEDIA Y MODERNA

A[lsina] de la Torre, E., *Viajes y transportes en tiempo de los Reyes Católicos.* Hispania, 1954, 14, 365-410.

González de Amezúa, A., *Camino de Trento. Cómo se viajaba en el siglo XVI,* en su *Opúsculos...* M, 1953, III, 212-26.

Hernández Jiménez, F., *El camino de Córdoba a Toledo en la época musulmana.* Al-Andalus, 1959, 24, 1-62.

Meneses, A., *Repertorio de caminos...* M, 1576, 83 f.

Molenat, J. P., *Chemins et ponts du nord de la Castille au temps des Rois Catholiques.* MCV, 1971, 7, 115-62.

Torre, S. A., *Noticias de viajes en la España cristiana medieval (siglos X al XIII).* CHE, 1949, 12, 70-104.
Características.

Villuga, P. J., *Repertorio de todos los caminos de España* [1546]. M, 1951, 64.

→ 7.49.3, 9.46, Gibert; 11.88.

12 91.4 SIGLOS XVIII-XIX

Aguilar Piñal, F., *Problemas del transporte urbano madrileño en el siglo XVIII.* AIEM, 1973, 9, 341-55.
Alzola, J. M., *La rueda en Gran Canaria.* Las Palmas, 1968, 201 + láms.
Transporte desde el siglo XVIII.
Cienfuegos, F., *Jovellanos y la carretera de Castilla...* Gijón, 1970, 199.
Fernández Mesa, T. M., *Tratado legal y político de los caminos públicos y posadas... Correos y postas.* M, 1755-6, 2 v.
López, S., *Nueva guía de caminos...* M, 1808, 188.- M, 1828^{4}, 270.
Pérez de Rozas, J. J., *Itinerarios de España, Baleares y Canarias. Ferrocarriles, carreteras, caminos..., distancias.* M, 1885, 465.
Quirós Linares, F., *...Algunos libros sobre los caminos españoles de los siglos XVIII y XIX.* EG, 1971, 32, 353-73.
Ringrose, D. R., *Transportation and economic stagnation in Spain, 1750-1850.* Durham, 1970, 171.

→ 7.49.3.

91.5 SIGLO XX

Arespacochaga Felipe, J., *Los trasportes interiores en España.* De Economía (M), 1964, 17, 9-146.
Flores Jiménez, F., *El tráfico en España.* M, 1969, 25.
Ramos Torres, J. I., y M. Martín Blanco, *El transporte en España. Organización y magnitudes económicas.* M, 1966, 258.
Transportes, *La situación de los _____ terrestres en España.* M, 1960, 334.
Castillo, A., y M. Ríu, *Historia del transporte colectivo en Barcelona.* B, 1960, 251.
Escario, J. L., *Las carreteras españolas.* ICE, 1953, 237, 807-11.
Fernández Rodríguez, M., *«Ibérica». Guía general de las carreteras de España.* Oviedo, 1953, 818.
Iturrioz, J., *Nuestras carreteras.* RyF, 1962, 156, 101-111.
Jané Solá, J., y otros, *El transporte colectivo urbano en España.* B, 1972, 342.
Sánchez Ramos, F., *Economía política del transporte en España.* Arbor, 1946, 6, 257-317.
Talayero Lite, J., *España y Portugal. Guía de carreteras, líneas férreas, aéreas y marítimas.* M, 1949, 347.

→ 12.91, 22.56.3, Aguilar; 22.58.

92 VEHICULOS

Ciuro, J., *Historia del automóvil en España.* B, 1970, 453.
Clopas Batlle, I., *Las diligencias.* San Jorge (B), 1959, 36, 55-8.
Barcelona, siglo XIX.
Durán Rivillo, J., *El parque nacional de vehículos.* PE, 1958, 3, 101-8.

García Fernández, J., *El equipo de vehículos a motor en España.* EG, 1957, 18, 189-91.

Guía del Real Automóvil Club. M, 1906, 211. M, 1959[3], 2 v.

Velasco Zazo, A., *Panorama de Madrid. Postas y galeras.* M, 1950, 182.

→ 20.44.

93 FERROCARRIL

Ferrocarril, *Cien años de ____ en España.* M, 1948, 4 v. Miscelánea por numerosos autores.

Plana Sancho, A., *Les chemins de fer en Espagne, 1848-1958.* M, 1958, 123.

Wais San Martín, F., *Historia general de los ferrocarriles españoles.* M, 1967, 383.

Cambó Batllé, F., *Elementos para el estudio del problema ferroviario en España.* M, 1918, 3 v.

Casares Alonso, A., *Estudio histórico-económico de las construcciones ferroviarias españolas en el siglo XIX.* M, 1973, 503.

Castañeda Alcover, V., *Los primeros ferrocarriles españoles.* M, 1946, 78 + láms.

García Fernández, J., *El ferrocarril Zamora-La Coruña.* EG, 1957, 18, 519-21.

Goicoechea Omar, A., *Los ferrocarriles españoles.* Arbor, 1958, 42, 193-216.

Lartilleux, H., *Geografía de los ferrocarriles españoles.* M, 1954, 109.

Wais San Martín, F., *Origen de los ferrocarriles españoles.* M, 1943, 280.

Wais San Martín, F., *Origen y desarrollo de los ferrocarriles aragoneses.* Zaragoza, 1956, 3, 85-112.

Zamacois, R., *El tercer raíl. Aislamiento ferroviario español.* B, 1965, 212.

→ 12.06, Tortellá; 22.58, Valenzuela.

95 OBRAS HIDRAULICAS. VIAS FLUVIALES

Díaz Marta, M., *Las obras hidráulicas en España. Antecedentes, situación actual, desarrollo.* México, 1969, 158.

Arespacochaga Felipe, J., *La política hidráulica en la decadencia económica española.* De Economía (M), 1954, 7, 146-213.

Becerril, E., *Embalses españoles realizados y en proyecto o construcción.* ICE, 1953, 235, 366-72.

Benito Arranz, J., *El canal de Castilla.* Valladolid, 1957, 91.

Brásio, A., *Os projectos para a navegabilidade do Tejo.* Las Ciencias, 1959, 24, 419-27.

Cabo Alonso, A., *El consumo de agua en España.* EG, 1959, 20, 427-34.

Carreras Candi, F., *La navegación en el río Ebro. Notas históricas.* B, 1940, x+349.

12 Fernández Casado, C., *Los acueductos romanos* [en España]. Informes de la Construcción (M), 1968, 197, 53-82.

Fernández Casado, C., *Acueducto de Segovia.* Informes de la Construcción (M), 1968, 201, 63-120.

Fernández Marco, J. I., *El Canal Imperial de Aragón.* Zaragoza 1961, 179.

Gavira, J., *Para la historia de la navegación del río Tajo.* EG, 1951, 12, 339-50.

López Palomero, F. V., *El trasvase Tajo-Segura.* M, 1969, 164.

Lorenzo Pardo, M., *La conquista del Ebro.* M, 1931, 318.

Lorenzo Pardo, M., *Nueva política hidráulica...* M, 1930, 214 + láms.

Lorenzo Pardo, M., *Plan nacional de obras hidráulicas.* M, 1934, 3 v.

Martín Retortillo, S., *Trayectoria y significación de las Confederaciones Hidrográficas,* en su *De las Administraciones...* Sevilla, 1960, 107-90.

Presas, *Un testimonio de las* ____ *españolas.* M, 1973, xiv+300.

Puig, I., *Los aprovechamientos hidráulicos de la cuenca del Guadalhorce.* Ibérica (B), 1952, 228, 175-87.

Puig, I., *El pantano del Ebro.* Ibérica (B), 1952, 242, 255-64.

Puig, I., *El pantano de Alloz (Navarra).* Ibérica (B), 1952, 244, 339-45.

Puig, I., *Los pantanos del Guadalquivir superior.* Ibérica (B), 1957, 347, 135-43.

Puig, I., *Los pantanos del Guadalquivir inferior.* Ibérica (B), 1957, 350, 255-68.

Sástago, Conde de, *Descripción de los Canales Imperial de Aragón y Real de Tauste...* Zaragoza, 1796, 174.

Secall, J., *Guía del viajero en el Canal Imperial de Aragón...* Tudela, 1855, 171.

Smith, N. A. F., *Las primitivas presas españolas.* Endeavour (Londres), 1969, 28, 13-6.

→ 11.14, 12.58.

96 NAVEGACION. MARINA

Palau Claveras, A., y E. Ponce de León, *Ensayo de bibliografía marítima española.* B, 1943, ciii+461.

Pérez Embid, F., y F. Morales Padrón, *Bibliografía española de historia marítima (1932-1962).* Sevilla, 1970, xv+155.

Arranz Velarde, F., *Compendio de historia marítima de España.* B, 1940, 252.

Condeminas Mascaró, F., *La marina española. Compendio histórico.* B, 1923, 354.

Fernández de Navarrete, M., *Biblioteca marítima española.* M, 1858-9[2], 5 v.

Guillén Tato, J. F., *Historia marítima española.* M, 1961, 2 v.

Marina mercante española. DE, 1972, n. 45, 39.

Menchaca Careaga, A., *Bosquejo histórico de la marina mercante española.* RGeneral de Marina (M), 1955, 148, 537-49.

Rotaeche Rodríguez, J. M., *Pasado, presente y futuro de la marina mercante.* BRSG, 1942, 78, 612-32.

Calle Iturrino, E., *Hombres de mar de Vizcaya.* Bilbao, 1949, 49.

Estrada Arnáiz, R., *La influencia del mar en la historia de España.* M, 1950, 30.

Fernández Almagro, M., *Política naval de la España moderna y contemporánea.* M, 1946, 281.

García Bellido, A., *La navegación ibérica en la antigüedad...* EG, 1944, 5, 511-60.

González Echegaray, R., *Naufragios en la costa de Cantabria, 1834-1960.* Santander, 1963, 711 + láms.

Graiño Fernández, A., *La flota mercante española y sus problemas.* ICE, 1972, 470, 43-50.

Meijide Pardo, A., *Correos marítimos entre Falmouth y La Coruña (1689-1815).* La Coruña, 1966, 89.

Morales Belda, I., *La marina de Al-Andalus.* B, 1970, 137 + láms.

Río, J. A. y A., *Marinos ilustres de la provincia de Santander.* Santander, 1881, x+475.

Suárez Fernández, L., *Navegación y comercio en el Golfo de Vizcaya. Un estudio sobre la política marinera de la Casa de Trastámara.* M, 1959, 253.

→ 7.20, 7.21, 7.49.3, 9.90, 12.68, 12.83, 12.97.

97 PUERTOS

Martínez Catena, M., *Los puertos en España.* ICE, 1972, 470, 59-62.

Arizcun Moreno, R., *Aspecto técnico de los puertos de la costa gallega.* BRSG, 1944, 80, 205-64.

Ayuso Ayuso, F., *Los puertos de la zona mediterránea septentrional.* BRSG, 1945, 81, 282-334.

Bosque Maurel, J., *Funciones económicas de los puertos españoles de la Península.* EG, 1952, 13, 569-77.

Bravo Suárez, J., *Aspecto económico de los puertos del SO. de España.* BRSG, 1944, 80, 545-85.

Espárrago Fernández, M., *Aspecto económico de los puertos de la costa gallega.* BRSG, 1944, 80, 265-308.

Gaitán de Ayala, P., *Aspecto técnico de los puertos de la costa sur del Mediterráneo.* BRSG, 1944, 80, 586-617.

Garelly de la Cámara, A., *Los puertos de la zona cantábrica...* BRSG, 1944, 80, 97-146.

Guillén Tato, J. F., *Reseña histórica de los puertos de la Baja Andalucía.* BRSG, 1944, 80, 309-30.

Martínez Catena, M., *Los puertos españoles en 1970.* M, 1971, xvii.

Ossa Echaburu, R., *Puertos y superpuertos de la costa vasca.* ICE, 1972, 468, 149-60.

Pintor González, M., *Los puertos de las Islas Canarias occidentales.* BRSG, 1945, 81, 562-607.

→ 11.13, 12.32, Carrère, Pérez Embid; 12.96, 22.80.2, Navarro; 22.90.2, Vicent.

12 98 AVIACION

Díaz Arquer, G., y P. Vindel Angulo, *Historia bibliográfica e iconográfica de la aeronáutica en España... desde sus orígenes hasta 1900.* M, 1930, xviii+76.

Armijo, J., *España y las rutas del aire.* M, 1944, 176.

Tráfico, *El ______ aéreo y los aeropuertos españoles.* DE, 1973, n. 74, 75.

Alibert, G., *L'essort de l'aviation commerciale espagnole.* Revue Géographique des Pyrénées (Toulouse), 1954, 25, 157-65.

Aymat Mareca, J. M., *Conmemoración del vuelo de la «Atlántida»...* AIEA, 1957, 10, 7-22.

Beltrán Rózpide, R., *El viaje del «Plus Ultra» y el mundo hispano.* M, 1926, 22.

Cierva Codorníu, J., *Evolución histórica del autogiro.* RRAc de Ciencias exactas... (M), 1941, 35, 303-13.

Franco Bahamonde, R., y J. Ruiz de Alda, *De Palos al Plata.* M, 1926, 294.

Picheral, H., *L'essor spectaculaire du trafic aérien international de l'Espagne.* Information géographique (París), 1967, 34, 207-20.

→ 9.95.

99 CORREOS. TELECOMUNICACIONES

Correos y telecomunicaciones. DE, 1973, n. 68, 28.

Galvarriato, J. A., *El correo y la telecomunicación en España. Breve reseña histórica...* M, 1920, 200.

Gil Munilla, L., *La red telefónica española...* EG, 1955, 16, 171-2.

Molina Negro, F., *Las telecomunicaciones en España.* M, 1970, 43 + láms.

Alcázar Molina, C., *El espíritu corporativo de la posta española.* M, 1920, 118.

Alcázar Molina, C., *Los orígenes del correo moderno en España.* RBAM, 1928, 5, 169-87.

Alcázar Molina, C., *Historia de los carteros de Madrid en el siglo XVIII.* RBAM, 1951, 20, 57-74.

Argelich, R., *Correos. Reseña histórica* [en Cataluña]. B, 1968, 360.

Bose, W. B. L., *Organización del Correo en España y en las Indias orientales. Los Correos Mayores...* RCorreos y Telégrafos (Buenos Aires), 1942, 1549-58.

Campins Codina, J., *El Correo en Cataluña. Resumen histórico. Algunos datos para la historia postal de España.* B, 1951, 182.

Carreras Candi, F., *Las tarjetas postales en España.* B, 1903, 111.

Carreras Candi, F., *Correos y telegrafía óptica ibéricos.* BRAH, 1935, 107, 495-507.

Castañeda Alcover, V., *El correo y la telecomunicación en España.* BRAH, 1921, 79, 114-7.

Montáñez Matilla, M., *El Correo en la España de los Austrias.* M, 1953, 253.

Palma de Mallorca, A., *Valor jurídico-social de las cofradías de Correos medievales en la antigua Corona de Aragón.* BolAc Iberoamericana de Historia Postal (M), 1953, 8, 14-30.

Riedel, E., *Los primeros Tassis, Correos mayores de España.* BolAc Iberoamericana de Historia Postal (M), 1953, 8, 5-10.

Riedel, E., *Para la historia del transporte de la correspondencia entre España y Austria en el siglo XVI.* BolAc Iberoamericana de Historia Postal (M), 1954, 9, 91-100.

Rodríguez Campomanes, P., *Itinerario de las carreras de posta... Leyes y privilegios... Precios que se pagan.* M, 1761, 98+312+76.

Sánchez Albornoz, N., *El movimiento postal de España entre 1846 y 1867: correo y desarrollo económico.* MyC, 1971, 114, 75-88.

Serrano Pingarrón, R., *Geografía postal y servicio de Correos.* M, 1889, 216.

Thebussem, Doctor, *Fruslerías postales.* M, 1895, xv+317.

Toledo Girau, J., *Una cofradía postal valenciana en tiempos de Fernando el Católico.* ACCV, 1952, 13, 196-216.

Toledo Girau, J., *Los correos en el Reino de Valencia.* Valencia, 1958, 242.
1358-1850.

→ 7.49.3, 7.88, 12.91.4, Fernández; 12.96, Meijide.

13

EDUCACION

13

EDUCACION

00 HISTORIA

García Barberín, E., *Historia de la pedagogía española.* M, 1915, 371.

Herrera Oria, E., *Historia de la educación española desde el Renacimiento.* M, 1941, 510.

Paplauskas, A., *Les horizons pédagogiques de l'Espagne.* Revue de l'Université d'Ottawa, 1962, 32, 257-67.
De la antigüedad al presente.

Luzuriaga, L., *Documentos para la historia escolar de España.* M, 1916-7, 2 v.

Rodríguez Aranda, L., *La influencia en España de las ideas pedagógicas de John Locke.* REP, 1954, 12, 321-7.

→ 14.28.

03 HASTA EL SIGLO XVIII

Carrillo Guerrero, F., *La enseñanza en el siglo XVI...* Burgos, 1938, 76.

Cassani, J. L., *Aportes al estudio del proceso de la romanización de España. Las instituciones educativas.* CHE, 1952, 18, 50-70.

Fontaine, J., *Fins et moyens de l'enseignement ecclésiastique dans l'Espagne wisigothique,* en *Settimane di Studio...* Spoleto, 1972, I, 145-202.

Ribera Tarragó, J., *La enseñanza entre los musulmanes españoles,* en su *Disertaciones...* M, 1928, I, 229-359.

Riché, P., *L'éducation à l'époque wisigothique...* AT, 1971, 3, 171-80.

Seijas, R., *San Isidoro en la pedagogía.* REP, 1948, 6, 453-82.

→ 6.42.2, Torre; 7.51.

05 SIGLO XVIII

Aguilar Piñal, F., *La enseñanza primaria en Sevilla durante el siglo XVIII.* BRASevilla, 1973, 1, 39-83.

13 Carrera Pujal, J., *La enseñanza profesional en Barcelona en los siglos XVIII y XIX*. B, 1957, 210.

Carrera Pujal, J., *La Universidad, el Instituto, los colegios y las escuelas de Barcelona en los siglos XVIII y XIX*. B, 1957, 214.

Giménez Soler, A., *Cultura y enseñanza en la segunda mitad del siglo XVIII*. Universidad, 1926, 3, 541-96; 1928, 5, 541-620.

Lecea, J., *Las escuelas de Aragón en el siglo XVIII*. M, 1972, 600.

Marcos Montero, A., *El magisterio en la época de Carlos III*. REP, 1954, 12, 497-506.

Mateos Carretero, M. P., *La enseñanza en Alicante en el siglo XVIII*. Alicante, 1967, 300.

Mitja, M., *Fundaciones escolares en el siglo XVIII*. HS, 1948, 1, 39-111.

Redondo García, E., *La secularización docente en la segunda mitad del siglo XVIII...* REP, 1966, 24, 283-92.

→ 7.51.

06 SIGLO XIX

Gil de Zárate, A., *De la instrucción pública en España*. M, 1855, 3 v.

Goitia Rodríguez, A., *La enseñanza en España*. M, 1902-3, 4 v.

Rodríguez Fernández, T., *La enseñanza en España*. M, 1909, 424.

Andrés Gallego, J., *Una escuela rural castellana... Fuencaliente del Burgo, 1847-1901*. REP, 1972, 30, 401-14.

Aranda Fernández, R., *Fundamentos legales de nuestra primera enseñanza, previos a la ley Moyano*. REP, 1965, 23, 73-80.

González Palencia, A., *La primera enseñanza en los principios del siglo XIX*, en su *Entre dos siglos...* M, 1943, 333-48.

Ruiz Berrio, J., *Los primeros planes españoles de educación primaria*. REP, 1966, 24, 49-60.

Ruiz Berrio, J., *El coste de la enseñanza española en la época de la primera ley general de educación*. REP, 1969, 27, 133-57.

Ruiz Berrio, J., *Política escolar de España en el siglo XIX (1808-1833)*. M, 1970, xiii+491.

Sánchez Diana, J. M., *La educación pública y la censura gubernativa durante el reinado de Fernando VII*. BIFG, 1967, 17, 521-57.

Simón Palmer, M. C., *La enseñanza privada seglar en Madrid (1820-1868)*. M, 1972, xxiii+438.

Turin, Y., *La educación y la escuela en España de 1874 a 1902*. M, 1967, xxxi+380.

07 SIGLO XX

Ruiz Berrio, J., *La enseñanza en España (1960-1969). Fuentes bibliográficas*. REP, 1970, 28, 73-84.

Benito Durán, A., *La libertad de enseñanza en la España del siglo XX*. M, 1960, 84.

Enseñanza, *Datos y cifras de la ____ en España.* M, 1966, 250.
García Hoz, V., *Situación actual de la educación y de la pedagogía en España.* Bordón, 1952, 4, 92-100.
G[ómez] Molleda, M. D., *El problema religioso-pedagógico en la España contemporánea.* Eidos, 1960, 7, 13-44.
Royo, J., y J. L. Tendero, *La enseñanza en España: cómo se distribuyen los alumnos entre los distintos tipos de estudios.* REP, 1954, 12, 169-76.
Sáez Soler, R., *Planes de estudios en España.* M, 1945, 230.

10 MODALIDADES Y NIVELES EDUCATIVOS

Alvarez Carretero, A., *El Previsor. Breve reseña de las principales artes, oficios, profesiones y carreras de España...* Burgos, 1887[3], 250.
Moreno Moreno, J. M., *Enseñanzas, carreras y profesiones de España.* M, 1962, xvi+560.
Oca Moncada, M., *Las carreras... civiles y militares de España.* M, 1914[14], 576.
Aguirre Elustondo, J. A., *Así está la enseñanza primaria.* M, 1969, 334.
Blanco Rodríguez, J. E., *Las Universidades laborales: organización actual.* RDerecho del Trabajo (M), 1959, 6, 7-13.
Bragulat, J., *El analfabetismo en España.* RCalasancia (M), 1959, 5, 131-52.
Casamayor, E., *Las enseñanzas comerciales en España.* RE, 1956, 47, 81-9.
Enseñanzas, *Las ____ profesionales en España.* M, 1970, xviii+247.
Escribano Hernández, G., *Carreras y profesiones para la mujer en España.* M, 1922, 220.
García García, M., *Orientaciones legislativas de las enseñanzas del bachillerato en el presente siglo.* Educadores (M), 1964, 6, 855-85.
También del pasado.
García Guzmán, A., *La formación profesional en la sociedad burguesa medieval.* REP, 1955, 13, 136-44.
García Hoz, V., *Problemas de la reforma del sistema escolar.* REP, 1965, 33, 843-62.
García Yagüe, J., *Problemática histórico-legislativa de las Escuelas del Magisterio en España.* REP, 1955, 13, 15-27.
Guzmán Reina, A., *Valoración del analfabetismo en España. Estudio sobre sus causas.* Suplemento del Boletín sindical de estadística (M), 1954, 15, 73-109.
López Díaz, A. M., *Formación profesional de la mujer.* Eidos, 1958, 5, 246-70.
Luzuriaga, L., *El analfabetismo en España.* M, 1926, 88.
Martinell, F., *Las Escuelas familiares agrarias.* M, 1973, 346.
Promoción, *La ____ profesional de adultos en España.* DE, 1971, n. 15, 37.

→ 8.16, 8.47, 13.05-7.

13

30 MATERIAS DOCENTES EN PARTICULAR

→ 13.10.

32 CIENCIAS. FARMACIA

Aguilar Piñal, F., *Sobre la primera cátedra de Química en Sevilla.* AUH, 1963, 24, 155-71.

Roldán Guerrero, R., *Un siglo de enseñanza de la Química en la Universidad de Madrid.* Anales de la RAc de Farmacia (M), 1957, 23, 337-62.

→ 13.57, **Santiago,** Maíz; 14.55, 14.83.

33 DERECHO. SOCIOLOGIA

Garrido Falla, F., *Una polémica sobre la enseñanza del Derecho.* RAP, 1953, 10, 283-9.

Gibert Sánchez, R., *Enseñanza del Derecho en Hispania durante los siglos VI a XI.* Milán, 1967, 54.

Jordana de Pozas, L., *La enseñanza del Derecho en España,* en Ch. Eisenman, *Las ciencias sociales...* M, 1958, 142-50.

Perpiñá Rodríguez, A., *La enseñanza de la Sociología y la Universidad española.* RIS, 1944, 7, 35-70.

Peset Reig, M., *El Plan Pidal de 1845 y la enseñanza en las Facultades de Derecho.* AHDE, 1970, 40, 613-51.

Sánchez Agesta, L., *La Universidad y la enseñanza del Derecho.* Arbor, 1950, 17, 223-32.

Sánchez del Río, C., *Los nuevos planes de estudios jurídicos.* Temis (Zaragoza), 1965, 18, 11-22.

→ 14.20, 14.21.

34 FILOSOFIA

Gallego Salvadores, F. J., *La enseñanza de la Metafísica en la Universidad de Valencia durante el siglo XVI.* AST, 1972, 45, 137-71.

Heredia Soriano, A., *La filosofía «oficial» en la España del siglo XIX.* LCD, 1972, 185, 225-82.
También, El Escorial, 1972, 108.

Muñoz Delgado, V., *La Lógica nominalista en la Universidad de Salamanca (1510-1530).* M, 1964, 440.

Muñoz Delgado, V., *La Lógica en Salamanca durante la primera mitad del siglo XVI.* Salmanticensis, 1967, 14, 171-207.

Muñoz Delgado, V., *La Lógica en la Universidad de Alcalá durante la primera mitad del siglo XVI.* Salmanticensis, 1968, 15, 161-218.

→ 13.57, **Alcalá, Valladolid;** 14.14.

35 HUMANIDADES

→ 13.57, **Alcalá, Valladolid.**

36 LINGÜISTICA

Arco Garay, R., *La enseñanza de la Gramática en la Universidad de Huesca.* Argensola, 1953, 4, 339-45.
Bataillon, M., *L'arabe à Salamanque au temps de la Renaissance.* Hespéris (París), 1935, 21, 1-17.
Fontán Pérez, A., *El latín en los estudios españoles de enseñanza media.* Arbor, 1950, 16, 215-21.
González Palencia, A., *Notas sobre la enseñanza del francés a fines del siglo XVIII y principios del siglo XIX,* en su *Eruditos y libreros...* M, 1948, 419-27.
Gonzalo Maeso, D., *La enseñanza del hebreo en las antiguas Universidades españolas.* MEAH, 1966, 15, 3-21.
Martín Gamero, S., *La enseñanza del inglés en España. Desde la edad media hasta el siglo XIX.* M, 1961, 274.
Pabón Suárez, J. M., *La enseñanza del latín en España.* BUG, 1932, 4, 397-412.
R[odríguez] Adrados, F., *Las lenguas clásicas en la enseñanza universitaria.* Arbor, 1964, 59, 42-64.
Simón Díaz, J., *La cátedra de hebreo en los estudios de San Isidro de Madrid.* Sefarad, 1948, 8, 97-116.

→ 14.40-5.

37 MEDICINA

García del Carrizo, M. G., *Enseñanza de la anatomía en la Facultad de Medicina de Madrid, 1843-1931.* AIHM, 1961, 13, 227-49.
García del Carrizo, M. G., *La historia del saber médico en diez planes de estudio.* BolSEspañola de Historia de la Medicina (M), 1962, 3, 9-12.
S[ánchez] Granjel, L., *Pragmáticas y leyes sobre la ordenación de la enseñanza y ejercicio de la Medicina en España en los siglos XVI y XVII.* Medicamenta (M), 1949, 12, 114-6.

→ 13.57, **Alcalá, Madrid**; 14.60.

38 TEOLOGIA. CIENCIAS ECLESIASTICAS

Andrés Martín, M., *La enseñanza de la Teología en la Universidad española hasta el Concilio de Trento.* RHCEE, 1971, 2, 125-46.
Beltrán de Heredia, V., *La teología en nuestras universidades del siglo de Oro.* AST, 1941, 14, 1-30.
Pérez Goyena, A., *Cátedras de Suárez en las Universidades españolas.* RyF, 1917, 47, 11-25.
Pérez Goyena, A., *La Teología española del siglo XVIII hasta las reformas de Carlos III.* RyF, 1915, 41, 141-57.
Pérez Goyena, A., *El estudio de Teología en las Universidades españolas desde la reforma de 1771.* RyF, 1918, 50, 285-302; 51, 38-51.
Pérez Goyena, A., *Enseñanza de Santo Tomás en las Universidades españolas.* RyF, 1923, 67, 434-51; 1924, 68, 273-89; 69, 48-58.

Pérez Goyena, A., *La Facultad de Teología en las Universidades españolas.* RyF, 1928, 83, 324-37.

Pozo, C., *Origen e historia de las Facultades de Teología en las Universidades españolas.* Archivo teológico granadino, 1965, 28, 5-24.

Vázquez, I., *La enseñanza de la doctrina de Escoto en las Universidades españolas.* VyV, 1961, 19, 363-79.

→ 8.16, 8.47, 13.55, Espinós; 14.10, 13.57, **Alcalá, Granada, Osuna, Oviedo, Salamanca, Sigüenza, Toledo.**

39 OTRAS MATERIAS

Góngora, M., *El Colegio Imperial de Madrid en el siglo XVII y los orígenes de la enseñanza de la Historia en España.* CHA, 1959, 30, 231-43.

Piedrahita, M., *El periodismo, carrera universitaria.* M, 1972, 205.

→ 1.41, **Madrid**, Simón; 9.80, 14.30, 14.49.

40 INSTITUCIONES Y CENTROS DOCENTES

Abad, L., *Los Colegios de Huérfanos de España.* M, 1929, 277.

Azcárate, P., *Notas sobre el origen de la Institución Libre de Enseñanza.* BRAH, 1967, 161, 161-77.

Beltrán de Heredia, V., *El Estudio General de Calatayud: documentos referentes a su institución.* RET, 1957, 17, 205-30.

Beltrán de Heredia, V., *El Convento de San Esteban en sus relaciones con la... Universidad de Salamanca durante los siglos XIII, XIV y XV.* LCT, 1957, 54, 95-116.

Boyer, M., *...The Seminario de Nobles under the Jesuits.* H, 1959, 42, 71-4.

Bru Romo, M., *La Academia Española de Bellas Artes en Roma.* M, 1971, 385.

Cacho Viu, B., *La Institución Libre de Enseñanza. I, Orígenes y etapa universitaria.* M, 1962, 572 + láms.

Carrera Pujal, J., *La Escuela de Nobles Artes de Barcelona (1775-1901).* B, 1957, 184.

Ferrer, D., *...Historia del Real Colegio de Cirugía de Cádiz.* B, 1963, xi+374.

Ferrer C. Maura, S., *...La Escuela de estudios superiores del Magisterio (1909-1932).* M, 1973, 376 + láms.

Gómez Molleda, M. D., *Los reformadores de la España contemporánea.* M, 1966, xxxi+522.

Goñi Gaztambide, J., *Historia del Estudio de Estella.* PV, 1964, 25, 9-47.

Herrera García, A., *Estudio histórico sobre el Real Colegio Seminario de San Telmo de Sevilla.* AH, 1958, 28, 233-66. Formación de navegantes para Indias.

Yrízar, J., *El Real Seminario de Vergara.* BRSV, 1945, 1, 301-11.

Jiménez Fraud, A., *La Residencia de Estudiantes. Visita a Maquiavelo.* B, 1972, 249.

Jobit, P., *Les educateurs de l'Espagne contemporaine. I, Les krausistes.* París, 1936, xxiii+301.

Mendiola Querejeta, R., *Los estudios en el Real Seminario de Vergara.* Vergara, 1961, 86.

Oliva de Castro, A., *El Centro de formación y perfeccionamiento de funcionarios.* DA, 1961, 38, 37-52.

Rubio Sánchez, M. S., *Historia del Real Colegio de estudios mayores de la Purísima Concepción, de Cabra (Córdoba), 1679-1847.* Sevilla, 1970, 303.

Silván, L., *Los estudios científicos en Vergara a fines del siglo XVIII [Real Seminario Patriótico].* S. Sebastián, 1953, 119.

Simón Díaz, J., *Historia del Colegio Imperial de Madrid.* M, 1952-9, 2 v.

Simón Palmer, M. C., *El Colegio de San Mateo (1821-1825)* AIEM, 1969, 4, 309-63.

Sopeña Ibáñez, F., *Historia crítica del Conservatorio de Madrid.* M., 1967, 283.

Usandizaga Soraluce, M., *Historia del Real Colegio de Cirugía de Barcelona, 1760-1843.* B, 1964, 243.

→ 8.47, 9.21, Guaita; 9.80, 13.36, Simón; 13.50, 13.60-1, 13.63, 14.55, 14.84, Yolde.

50 UNIVERSIDADES

Gibert Sánchez, R., *Bibliografía sobre Universidades hispánicas,* en *Bibliographie internationale de l'histoire des Universités.* Ginebra, 1973, I, 1-100.

Ajo G. Sáinz, C. M., *Historia de las Universidades hispánicas.* M, 1957-68, 7 v.

Hasta comienzos del siglo XIX. Desde v. V, varía el nombre del autor: C. M. Ajo González de Rapariegos.

Fuente, V. de la, *Historia de las Universidades, Colegios y demás establecimientos de enseñanza en España.* M, 1884-9, 4 v.

Jiménez Fraud, A., *Historia de la Universidad española.* M, 1971, 520.

Sáinz de Robles, F. C., *Esquema de una historia de las Universidades españolas.* M, 1944, 536

Estornés Lasa, J., *Los vascos y la Universidad. Antecedentes y realizaciones.* S. Sebastián, 1970, 2 v.

Ibarra Rodríguez, E., *El fuero universitario.* BUM, 1930, 2, 325-40.

Mateo Lage, F., *¿Existe el llamado fuero universitario?* RFacultad de Derecho (M), 1958, 3, 115-42.

Rivera Manescau, S., *Tradiciones universitarias.* Valladolid, 1948, 240.

→ 10.60, García Yagüe.

54 HASTA EL SIGLO XIX

Alvarez Morales, A., *La «Ilustración» y la reforma de la Universidad en la España del siglo XVIII.* M, 1971, 209.

Gibert Sánchez, R., *Las Universidades bajo Carlos V*, en *Carlos V. Homenaje...* Granada, 1958, 475-500.

Gibert Sánchez, R., *Para el antiguo régimen universitario*, en *HomJ. Vincke.* M, 1963, 437-60.

González de la Calle, P. U., *Oposiciones a cátedras de la Universidad de Salamanca, 1550-1560.* M, 1934, 281.
También, Erudición Ibero-Ultramarina (M), 1934, 5, 231-68.

Guía histórica de las Universidades, Colegios, Academias y demás cuerpos literarios de España y América, en que se da noticia de sus funciones y su estado actual. M, 1786, 223.

Ibarra Rodríguez, E., *La política universitaria del Emperador Carlos V en España.* M, 1931, 24.

Jiménez Fraud, A., *La Universidad española en la edad media y en el Renacimiento.* RHM, 1936, 2, 173-92.

Jiménez Fraud, A., *Selección y reforma. Ensayo sobre la Universidad renacentista española.* México, 1944, 186.

Kagan, R. L., *Universities in Castile (1500-1700).* Past and Present (Oxford), 1970, 49, 44-71.

Peset, J. L., *En busca del Alma Mater universitaria.* RO, 1972, 38, 68-78.
Doctorado en Salamanca, siglos XVI-XVIII.

Reynier, G., *La vie universitaire dans l'ancienne Espagne.* París, 1902, vii+222.

Vincke, J., *Die Hochschulpolitik der Spanischen Domkapitel im Mittelalter.* GAKS, 1954, 9, 144-63.

Zabala Lera, P., *Las Universidades y los Colegios Mayores en tiempos de Carlos III.* M, 1907, 39.

→ 7.51, 8.23, Gómez, Martín.

55 SIGLO XIX

Alvarez de Morales, A., *Génesis de la Universidad española contemporánea.* M, 1972, 765.

Espinós, J., *La supresión de las Facultades de Teología en las Universidades del Reino.* Valencia, 1876.

Jiménez Fraud, A., *Ocaso y restauración. Ensayo sobre la Universidad española moderna.* México, 1948, 310.

Meilán Gil, J. L., *Los planes universitarios de enseñanza en la España contemporánea.* M, 1970, 92.

Ollero Tassara, A., *Universidad y política. Tradición y secularización en el siglo XIX.* M, 1972, 238.

Unamuno Jugo, M., *De la enseñanza superior en España.* M, 1899, 112.

56 SIGLO XX

Burillo Loshuertos, J., *La Universidad actual en crisis. Antología de textos desde 1939.* M, 1968, 458.

González, N., *El problema universitario español en su contexto histórico.* M, 1971, 43.

Ibarz Aznárez, J., *Algunas consideraciones acerca de la Universidad española.* B, 1967, 80. 13

Laín Entralgo, P., *La Universidad en la vida española.* M, 1958, 98.

López Medel, J., *La Universidad española. Estudio sociojurídico.* M, 1967, xvi+260.

Sánchez Montes, J., *Esquema actual de la Universidad española.* Arbor, 1949, 14, 241-54.

Rubio, J., *La enseñanza superior en España.* M, 1969, 245.

57 UNIVERSIDADES EN PARTICULAR

Addy, G. M., **Alcalá** *before Reform. The decadence of a spanish university.* HAHR, 1968, 48, 561-85.

Alonso Muñoyerro, L., *La Facultad de Medicina de la Universidad de Alcalá de Henares.* M, 1945, 313.

Beltrán de Heredia, V., *Cisneros, fundador de la Universidad de Alcalá.* LCT, 1917, 16, 346-60.

Beltrán de Heredia, V., *La Teología en la Universidad de Alcalá.* RET, 1945, 5, 145-78, 405-32, 497-527.

Enríquez de Salamanca, C., *Alcalá de Henares y su Universidad Complutense.* Alcalá, 1973, 320.

Entrambasaguas Peña, J., *Visitas y reformas en la Universidad de Alcalá de Henares durante el siglo XVII.* RNE, 1941, 3, 31-8.

Entrambasaguas Peña, J., *Grandeza y decadencia de la Universidad Complutense.* M, 1972, 260 + láms.

González Prieto, J., *La Universidad de Alcalá en el siglo XVII.* M, 1939, 166.

Lamadrid, R. S., *...Universidad de Alcalá. Las cátedras de Cánones durante los siglos XVI-XVII.* Archivo teológico granadino, 1942, 5, 5-28.

Martín Esperanza, M., *Estado de la Universidad de Alcalá desde su fundación hasta el año 1805.* RABM, 1903, 8, 58-62, 228-30, 300-6.

Martínez de Velasco, A., *El plan de estudios de 1824 y su aplicación en la Universidad de Alcalá de Henares.* Hispania, 1969, 29, 562-609.

Torre del Cerro, A., *La Universidad de Alcalá. Datos para su historia.* RABM, 1909, 20, 412-23; 21, 48-71, 261-85, 405-33.

Torre del Cerro, A., *Los Estudios de Alcalá de Henares anteriores a Cisneros,* en EDMP, III, 627-54.

Urriza, J., *La preclara Facultad de Artes y Filosofía de la Universidad de Alcalá en el siglo de Oro, 1509-1621.* M, 1941, 544. → 13.34.

Javierre, A., *La Universidad de* **Almagro**, *fundada por D. Fernando de Córdoba.* RABM, 1960, 68, 605-39 + láms.

Ajo G. Sáinz, C. M., *Origen y desarrollo de la... Universidad de* **Avila**. EAb, 1954, 1, 5-55.

Alvarez, M. E., *La Universidad de* **Baeza**..., *1538-1824.* BIEG, 1961, 7, 9-142 + láms.

13 Escolano, F., *Documentos y noticias de la antigua Universidad de Baeza.* Hispania, 1945, 5, 38-71.

Baleares → **Mallorca.**

Alvarez Rubiano, P., *La primera universidad estatal de* **Barcelona,** en HVV, II, 13-26.

Balari Jovany, J., *Historia externa de la Universidad de Barcelona,* en *Anuario de la Universidad literaria de Barcelona, 1896-7,* 1-129.

También, B, 1897, 129.

Gaya Massot, R., *Por qué se retrasó la fundación de la Universidad de Barcelona.* AST, 1952, 25, 165-73.

Termes, J., y otros, *La Universidad de Barcelona. Estudio histórico-artístico.* B, 1971, 237.

Torre del Cerro, A., *Reseña histórica y guía bibliográfica de la Universidad de Barcelona.* B, 1929, 51.

→ 13.05, Carrera.

García García, M., *El Colegio-Universidad de Santa Catalina...* [**Burgo de Osma**]. Celtiberia, 1959, 9, 133-8; 1961, 11, 35-50.

Iruela, J. M., *Una universidad castellana. La de Santa Catalina de El Burgo de Osma.* RSoria, 1967, 7, 4 h. s. n.; 8, 6 h. s. n.; 9, 5 h. s. n.; 1970, 10, 7 h. s. n.

Calatayud → 13.40, Beltrán.

Escobedo G. Alberú, J., *La Universidad de* **Canarias**... *desde su primera fundación en 1701 hasta el presente.* M, 1928, 249.

Rodríguez Moure, A., *Historia de las Universidades canarias.* Santa Cruz de Tenerife, 1933, 147.

Casanovas, I., *La cultura catalana en el siglo XVIII. Finestres y la Universidad de* **Cervera.** B, 1953, xi+323.

Folch, A., *La Universitat de Cervera.* B, 1970, 62.

Razquin Jené, J. M., *La leyenda negra de la Universidad de Cervera.* M, 1962, 45.

Razquin Jené, J. M., *La Universidad de Cervera.* Lérida, 1969, 40.

Rubio Borrás, M., *Historia de la Real Pontificia Universidad de Cervera.* B, 1915-6, 2 v.

Vilá Bartrolí, F., *Reseña histórica y guía descriptiva de la Universidad de Cervera.* B, 1923, 396 + láms.

Alejandro, J. M., *La Universidad Pontificia de* **Comillas.** VyV, 1960, 18, 335-40.

González Caminero, N., *La Pontificia Universidad de Comillas. Semblanza histórica.* Comillas, 1942, 185 + láms.

→ 8.47, Abad.

Sáenz de Santamaría, C., *La Universidad de* **Deusto.** ED, 1962, 20, 389-498.

Difernan, B., *Historia del Real Colegio de estudios superiores, Universidad «María Cristina» de* **El Escorial.** M, 1960, 264.

Sanz Florez, P., *Historia del Colegio y Universidad de* **Gandía.** Gandía, 1970, 58.

Torroella Bastons, J. B., *El Estudi General o Universitat literaria de* **Girona**. Gerona, 1906², 275. 13

Fernández Martínez, F., *Introducción a la historia de la Universidad de* **Granada**. BUG, 1932, 4, 453-83.

Montells Nadal, F. P., *Historia del origen y fundación de la Universidad de Granada, de las que existieron en su distrito y de los colegios...* Granada, 1870, xii+869.

Orozco Díaz, E., y J. Bermúdez Pareja, *La Universidad de Granada... 1532-1568,* en *Carlos V. Homenaje...* Granada, 1958, 563-93.

Sánchez Lamadrid, R., *La Facultad de Teología de Granada.* RET, 1940, 1, 845-52.

Arco Garay, R., *Memorias literarias de la Universidad de* **Huesca**. Zaragoza, 1912-6, 2 v.

Arco Garay, R., *Los estatutos primitivos de la Universidad de Huesca (1468-1487).* EEMCA, 1951, 4, 320-410.

Durán Gudiol, A., *Notas para la historia de la Universidad de Huesca en el siglo XVI.* HS, 1968, 21, 87-154.
→ 13.36, Arco.

Goñi Gaztambide, J., *Orígenes de la Universidad benedictina de* **Irache**. Studia Monastica (Montserrat), 1960, 2, 309-44.

Ríos, R., *The benedictine University of Hirache c. 1500-1835.* Downside Review (Stratton), 1942, 60, 285-94.
→ 8.34, **Irache**.

La Laguna → Canarias.

Gaya Massot, R., *Los jesuitas en la Universidad de* **Lérida**. Lérida, 1954, 230.

Gaya Massot, R., *...Período preparatorio de la fundación del Estudio General de Lérida.* Ilerda, 1949, 7, 57-72.

Gaya Massot, R., *La provisión de cátedras en el Estudio General de Lérida.* AST, 1957, 30, 233-96.

Gaya Massot, R., *Influencia de la Universidad de Salamanca en la de Lérida.* AST, 1958, 31, 101-24.

Poch, J., *Estado de las investigaciones críticas sobre la antigua Universidad de Lérida.* Lérida, 1968, 28.

Rius Serra, J., *L'Estudi General de Lleida en 1396.* EUC, 1933, 18, 160-74; 1935, 20, 98-141.

Sanahuja, P., *La Universidad de Lérida y los franciscanos.* AIA, 1947, 7, 167-242.

Serra Rafols, E., *Acerca de una Universidad medieval. El Estudio General de Lérida.* La Laguna, 1931, 94.
→ 13.65, Gaya.

Aparicio Simón, J., *Historia del Real Colegio de San Carlos de* **Madrid**. M, 1956, 246 + láms.

Lapuente Mateos, A., *La fundación del Real Colegio de Cirugía de San Carlos.* Medicina (M), 1946, 14, 430-47.

Lapuente Mateos, A., *Breve semblanza histórica de la Facultad de Medicina de Madrid.* Medicina (M), 1948, 16, 60-6.
→ **Alcalá**; 13.37, García.

13 Lladó Ferragut, J., *Historia del Estudio General Luliano y de la Real y Pontificia Universidad Luliana de* Mallorca. Palma, 1973, 362.

Piña Homs, R., *La Universidad balear*. Palma, 1973, 92.

Sánchez Jara, D., *Cómo y por qué nació la Universidad* murciana. Murcia, 1967, 222.

Fontán Pérez, A., *Una nueva Universidad española* [Navarra]. NT, 1960, 13, 435-60.

Guía de la Universidad de Navarra. Pamplona, 1971, 87.

Rasines, I., *L'Université de Navarre*. La Table Ronde (París), 1964, 201, 133-52.

Lizarralde, J. A., *Historia de la Universidad de Sancti Spiritus, de* Oñate. Tolosa, 1930, 530.

Ortiz, A., *Por qué y cómo cesó oficialmente en 1901 la Universidad de Oñate*. Oñate, 1953, 3, 39-42.

García Soriano, J., *El Colegio de Predicadores y la Universidad de* Orihuela. Murcia, 1918, 308.

Beltrán de Heredia, V., *La Facultad de Teología en la Universidad de* Osuna. LCT, 1934, 49, 145-75.

Merry Colón, M., *Del origen, fundación... de la Universidad de Osuna*. M, 1869, 40.

Rodríguez Marín, F., *Cervantes y la Universidad de Osuna*, en *HM Pelayo*, II, 757-812.

Sancho de Sopranis, H., *Don Juan Téllez-Girón y la Universidad de la Concepción de Osuna*. Hispania, 1958, 18, 356-436.

Beltrán de Heredia, V., *La Facultad de Teología en la Universidad de* Oviedo. LCT, 1936, 55, 213-59.

Canella Secades, F., *Historia de la Universidad de Oviedo*. Oviedo, 1903[2], x+791.

Cuesta, J., y D. M. Díaz Caneja, *D. Juan Asiego de Ribera y la fundación de la Universidad de Oviedo*. BIEA, 1954, 8, 435-7.

San Martín, J., *La antigua Universidad de* Palencia. M, 1942, xvi+94.

Salvador Conde, M., *La Universidad de* Pamplona. M, 1949, 340. 1546-1829.
→ Navarra.

Addy, G. M., *The reforms of 1771: first steps in the* Salamanca *Enlightenment*. HAHR, 1961, 41, 339-66.

Addy, G. M., *The Enlightenment in the University of Salamanca*. Durham, 1966, xxi+410.

Alvarez Villar, J., *La Universidad de Salamanca. Arte y tradiciones*. Salamanca, 1972, 234 + láms.

Beltrán de Heredia, V., *La cancillería de la Universidad de Salamanca*. Salmanticensis, 1954, 1, 5-49.

Beltrán de Heredia, V., *Los orígenes de la Universidad de Salamanca*. LCT, 1954, 81, 69-116.

Beltrán de Heredia, V., *Constitución y régimen académico en Salamanca durante los siglos XIII y XIV*. AAFV, 1957, 11, 195-226.

Beltrán de Heredia, V., *Bulario de la Universidad de Salamanca (1219-1549).* Salamanca, 1966-7, 3 v. 13

Beltrán de Heredia, V., *Cartulario de la Universidad de Salamanca.* Salamanca, 1970-3, 6 v.

Calvo, I., *Grados antiguos en la Universidad de Salamanca.* LEM, 1903, 15, 116-32.

Colombás, G. M., *Historia de la fundación de tres cátedras de Teología en la Universidad de Salamanca.* HS, 1960, 13, 305-94.

Esperabé Arteaga, E., *Historia... de la Universidad de Salamanca.* Salamanca, 1914-7, 2 v.

González González, J., *Nota sobre los orígenes de la Universidad de Salamanca.* BBMP, 1946, 22, 45-61.

Peña Fernández, T., *Guía de la Universidad de Salamanca.* Valladolid, 1890, 58.

Peset Reig, M. y J. L., *El reformismo de Carlos III y la Universidad de Salamanca.* Salamanca, 1969, 69.

Real de la Riva, C., *La Universidad de Salamanca. Apunte histórico.* Salamanca, 1953, 30.

Simón Rey, D., *Catálogo de catedráticos de Teología de la Universidad de Salamanca en el siglo XVIII.* Salmanticensis, 1962, 9, 243-368.
Biobibliografías.

Simón Rey, D., *Las cátedras de la Facultad de Teología de la Universidad de Salamanca en el siglo XVIII.* Salmanticensis, 1965, 12, 109-64.

Vidal Díaz, A., *Memoria histórica de la Universidad de Salamanca.* Salamanca, 1869, 616.
→ 8.23, Luis; 13.34, 13.36, Bataillon; 13.65, García, Rodríguez; 14.12, García; 14.24, Pereña; 14.94.

Cabeza de León, S., y E. Fernández Villamil, *Historia de la Universidad de* **Santiago de Compostela**. Santiago, 1945-7, 3 v.

Maíz Eleizegui, L., *Historia de la enseñanza de Farmacia en Santiago. Cien años de vida de la Facultad, 1857-1957.* Santiago, 1961, 221.

Pedret Casado, P., *Las cátedras de la Universidad de Santiago hasta el plan de estudios de 1772.* CEG, 1944, 1, 237-45.
→ 13.65, Cabeza.

Aguilar Piñal, F., *Historia de la Universidad de* **Sevilla** *en el siglo XVIII...* Sevilla, 1969, 562 + láms.

Martín Villa, A., *Reseña histórica de la Universidad de Sevilla.* Sevilla, 1886, xxvii+157+61.

Muro Orejón, A., *Los estatutos de la Universidad de Sevilla de 1621.* AUH, 1953, 14, 91-112.

Beltrán de Heredia, V., *La Facultad de Teología en la Universidad de* **Sigüenza**. RET, 1942, 2, 409-79.

Juliá Martínez, E., *La Universidad de Sigüenza y su fundador.* RABM, 1925, 46, a 1928, 49, múltiples entradas.

Montiel, I., *Historia de la Universidad de Sigüenza.* Maracaibo, 1963, 2 v.

13 Serra Vilaró, J., *Universidad literaria de* **Solsona**. Tarragona, 1953, 248.

Arco Molinero, A., *La antigua Universidad de* **Tarragona**. Tarragona, 1920, 120.

Beltrán de Heredia, V., *La Facultad de Teología en la Universidad de* **Toledo**. RET, 1943, 3, 201-47.

Cárcel Ortí, V., *La Universidad Pontificia de* **Valencia** *(1896-1931)*. HS, 1969, 22, 287-331.

Deleito Piñuela, J., *Las Universidades de España: la de Valencia*. Nuestro Tiempo (M), 1924, 24, 19-47, 301-47.

Palanca Pons, A., *Guía bibliográfica de la Universidad de Valencia*. M, 1958, 270.

Torre del Cerro, A., *Precedentes de la Universidad de Valencia*. Valencia, 1926, 131.

Vilanova Pizcueta, F. P., *Historia de la Universidad Literaria de Valencia*. Valencia, 1903, 157.

Vives Liern, V., *Las casas de los Estudios en Valencia*. Valencia, 1902, 128.

→ 13.34.

Alcocer Martínez, M., *Historia de la Universidad de* **Valladolid**... Valladolid, 1917-31, 7 v.

Arribas Arranz, F., *Historia de la Facultad de Filosofía y Letras de Valladolid*. Valladolid, 1971, 107.

Rius Serra, J., *Los rótulos de la Universidad de Valladolid*. AST, 1943, 16, 87-134.

Moragas Rodes, F., *L'antigua Universitat de* **Valls**. Valls, 1914, 50.

Borao Clemente, J., *Historia de la Universidad de* **Zaragoza**. Zaragoza, 1869.

Jiménez Catalán, M., *Memorias para la historia de la Universidad Literaria de Zaragoza. Reseña bio-bibliográfica de todos sus grados mayores en las cinco Facultades, desde 1583 a 1845*. Zaragoza, 1925, 582.

Jiménez Catalán, M., y J. Sinués Urbiola, *Historia de la Real y Pontificia Universidad de Zaragoza*. Zaragoza, 1922-3, 2 v.

Tomeo Lacrué, M., *Biografía científica de la Universidad de Zaragoza*. Zaragoza, 1962, 530 + láms.

60 ANTIGUOS COLEGIOS UNIVERSITARIOS

Desdevises du Dezert, G., *Los Colegios Mayores*... RH, 1900, 7, 223-45.

Febrero Lorenzo, A., *La pedagogía de los Colegios Mayores... en el Siglo de Oro*. M, 1960, xxviii+286.

Herrero García, M., *Los Colegios Universitarios*. REstudios Hispánicos (M), 1935, 1, 43-55; 1936, 2, 113-21.

Martín Hernández, F., *Noticia de los antiguos Colegios Universitarios españoles*. Salmanticensis, 1959, 6, 503-44.

Siglos XIV-XVI.

Pérez Goyena, A., *Los antiguos Colegios Mayores.* RyF, 1928, 83, 324-37. 13

Huarte Echenique, A., *Los Colegios Universitarios de Castilla en tiempos del Cardenal Mendoza.* BRAToledo, 1929, 11, 37-50.

→ 1.12, **Colegios Mayores**; 8.47, Martín; 13.54, Zabala.

61 ANTIGUOS COLEGIOS UNIVERSITARIOS EN PARTICULAR

Rújula Ochotorena, J., *Indice de los colegiales del Mayor de San Ildefonso y Menores de* **Alcalá**. M, 1946, xlviii+934.

Torre del Cerro, A., *Los Colegios de Alcalá.* RUM, 1943, 3, 123-34.

Beltrán de Heredia, V., *El Colegio de San Clemente de* **Bolonia** *y los Colegios Mayores de España.* Anuario Cultural Italo-Español, 1941, 1, 17-30.

Borrajo Herrera, P., y H. Giner de los Ríos, *El Colegio de Bolonia...* M, 1880, x+419.

→ 5.20, **Albornoz.**

Oriol Catena, F., *El Real Colegio de San Bartolomé y Santiago.* [**Granada**]. Anales de la Facultad de Filosofía y Letras (Granada), 1926, 2, 115-21.

Palomeque Torres, A., *Estampas del Colegio Mayor granadino de San Bartolomé y Santiago.* BUG, 1953, 2, 97-207.

Borraz Girona, F., *El Colegio de Santa Catalina de la Universidad de* **Salamanca** *(1549-1780).* HS, 1961, 14, 55-87.

Colombás, G. M., *Orígenes y primer desarrollo del Colegio de San Vicente de Salamanca.* Salmanticensis, 1960, 7, 257-330.

Febrero Lorenzo, M. A., *Un viejo Colegio salmantino: el de Pan y Carbón.* RCalasancia (M), 1960, 6, 233-48.

Ferrer Ezquerra, L., y H. Misol García, *Catálogo de los colegiales del Colegio Mayor de Santiago... de Salamanca.* Salamanca, 1956, 245.

Nogaledo Alvarez, S., *El Colegio Menor de «Pan y Carbón», primero de los Colegios Universitarios de Salamanca (1386-1780).* Salamanca, 1958, 184.

Riesco Terrero, A., *Proyección histórico-social de la Universidad de Salamanca, a través de sus Colegios. Siglos XV y XVI.* Salamanca, 1970, 155.

Ruiz de Vergara, F., y J. Rojas Contreras, *Historia del Colegio Viejo de S. Bartolomé... de Salamanca... Vida de Don Diego Anaya Maldonado...* M, 1766-70[2], 3 v.

Amplia noticia de los Colegios de otras Universidades.

Sala Balust, L., *Reales reformas de los antiguos Colegios de Salamanca anteriores a las del reinado de Carlos III.* Valladolid, 1956, viii+129.

Sala Balust, L., *Visitas y reforma de los Colegios Mayores de Salamanca en el reinado de Carlos III.* Valladolid, 1958, xxxi+453.

Sala Balust, L., *Los antiguos Colegios de Salamanca y la matrícula universitaria.* HS, 1959, 12, 131-64.

13 Sala Balust, L., *Constituciones, estatutos y ceremonias de los antiguos Colegios seculares de la Universidad de Salamanca.* M, 1962-4, 3 v.

Sobrino Sobrino, V., *El Colegio salmantino de Santo Tomás Cantuariense, 1510-1648.* HS, 1962, 15, 95-148.

Fraguas Fraguas, A., *Historia del Colegio de Fonseca* [Santiago]. Santiago, 1956, 343, 1522-1840.

Cuadra Gibaja, E., *Historia del Colegio Mayor de Santo Tomás de* Sevilla. Sevilla, 1890, 2 v.

Garrido Pastor, V., *El Castillo-Colegio Mayor del Beato Juan de Ribera* [Valencia]. Valencia, 1924, 56.
→ 8.47, Esteban.

Hoyos, M. M., *Historia del Colegio de San Gregorio de* Valladolid. Valladolid, 1928-40, 3 v.

Puyol Alonso, J., *El Colegio de Santa Cruz* [Valladolid] *y los Colegios Mayores.* BRAH, 1929, 94, 793-827.

Revilla, J. A., *El Colegio Mayor de Santa Cruz de Valladolid.* BolAc Bellas Artes (Valladolid), 1934, 4, 75-125.

Taylor, M., *The Scots College in Spain* [Valladolid]. Valladolid, 1971, 392.

63 MODERNOS COLEGIOS MAYORES

González Olmedo, F., *Los Colegios Mayores.* RyF, 1942, 126, 409-24.

Herrera Oria, E., *Colegios Mayores en España.* RyF, 1930, 91, 521-37.

Láscaris Comneno, C., y L. Bescansa Aler, *Colegios Mayores.* M, 1952, xxxi+168.

65 ESTUDIANTES

Bonilla San Martín, A., *La vida corporativa de los estudiantes españoles en sus relaciones con la historia de las Universidades.* M, 1914, 144.

Cabeza de León, S., *Notas sobre la disciplina escolar en la Universidad de Santiago durante los siglos XVI, XVII y XVIII.* Santiago, 1917, xxvi+57.

Casas, A. M., *Las Universidades y las asociaciones de estudiantes.* Orense, 1921.

Díaz Allué, M. T., *Problemática académica del universitario madrileño.* M, 1973, 455.

Durán, M. A., *Juventud universitaria femenina en España.* M, 1970, 126.

García Boiza, A., *Intervención de los estudiantes en la Universidad de Salamanca en el siglo XVI.* Salamanca, 1933, 20.

García Mercadal, J., *Estudiantes, sopistas y pícaros.* Buenos Aires, 1954[2], 212.

Gaya Massot, R., *Cómo vestían los estudiantes en la Universidad de Lérida.* Ilerda, 1954, 12, 19-34.

Hornedo, R. M., *Desaplicación y desórdenes estudiantiles en el seiscientos español.* RyF, 1959, 159, 131-44.

Ibarra Rodríguez, E., *El albergue de los estudiantes en la antigua Universidad española.* RNE, 1941, 1, 6, 15-29.

Jato, D., *La rebelión de los estudiantes. Apuntes para una historia del alegre SEU.* M, 1953, 358.
1933-1946.

Moseley, W. W., *Students and University life in the spanish Golden Age.* H, 1953, 36, 328-35.

Rodríguez Cruz, A. M., *Vida estudiantil en la Hispanidad de ayer* [Salamanca]. Thesaurus, 1971, 26, 355-99.

Sala Balust, L., *Un episodio del duelo entre manteístas y colegiales en el reinado de Carlos III...* HS, 1957, 10, 301-84.

Simón Díaz, J., *Los estudiantes de Madrid en el Siglo de Oro.* M, 1966, 48.
Estudiantes no universitarios.

→ 10.83, Pinta; 13.60-1.

14

CULTURA. CIENCIA

14

CULTURA. CIENCIA

00 HISTORIA Y CARACTERISTICAS

López Piñero, J. M. y otros, *Bibliografía histórica sobre la ciencia y la técnica en España.* Valencia, 1973, 480.
Excluye Medicina y Farmacia. Incluye biografías de científicos.
Menéndez Pelayo, M., *Inventario bibliográfico de la Ciencia española,* en su *La Ciencia española,* v. III.

Laín Entralgo, P., *Introducción a la cultura española.* Atenea (Chile), 1962, 147, 3-39.
Menéndez Pelayo, M., *La Ciencia española.* M, 1954, 3 v.
Rodríguez Carracido, J., *Estudios histórico-críticos de la ciencia española.* M, 1917², 422.
González Oliveros, W., *Sobre las vicisitudes de la política cultural en España.* REPol, 1953, 67, 99-107.
Actitudes europeas ante la ciencia española.
Laín Entralgo, P., *La polémica de la Ciencia española,* en su *España como problema.* M, 1962³, 14-41.
Laín Entralgo, P., y J. M. López Piñero, *The spanish contribution to World Science.* CHM, 1960, 6, 948-68.
López Piñero, J. M., *La influencia de la ciencia y la técnica en la historia de España.* M, 1964, 23 + láms.
Marañón Posadillo, G., *La literatura científica en los siglos XVI y XVII,* en HGLH, III, 933-66.
Polémica de la ciencia española.
Menéndez Pidal, R., *España y la introducción de la ciencia árabe en Occidente.* ES, 1952, 3, 257-80.
También, en su *España, eslabón...* M, 1956, 33-60.
Millás Vallicrosa, J. M., *Nuevas aportaciones para el estudio de la transmisión de la ciencia árabe a Europa a través de España.* B, 1943, 60.
Millás Vallicrosa, J. M., *España y los orígenes de la ciencia europea.* PE, 1957, 15, 42-63.

14 Millás Vallicrosa, J. M., *La ciencia antigua y la ciencia medieval europea*. Atlántida, 1965, 3, 28-41.
Transmisión española.

Nasio, J., *La obra de Cajal y los entretelones de la leyenda negra*. RUBA, 1953, 12, 491-553.

Nasio, J., *El mito de la decadencia científica española desde el siglo XVI al XIX*. Anales de la AcNacional de Medicina (M), 1955, 72, 231-57.

Pascual, R., *El botánico José Quer (1695-1764), primer apologista de la ciencia española*. Valencia, 1970, 83.

Peset, V., *Lo que debe a España la cultura mundial*. M, 1930, 282.

Sáinz Rodríguez, P., *Las polémicas sobre la cultura española*. M, 1919, 46.

Sangróniz, J. A., *La expansión cultural de España en el extranjero y principalmente en Hispano-América*. M, 1925, 301.

Solana, M., *El tradicionalismo político español y la ciencia hispana*. M, 1951, 682.

Vossler, K., *Algunos caracteres de la cultura española*. M, 1962[4], 151.
Miscelánea.

→ 4.11, 8.80, Alonso.

01 INFLUENCIAS EN PARTICULAR

Hüffer, H. I., *Relaciones culturales entre España y* **Alemania** *en lo pasado y en la actualidad*. Religión y Cultura (M), 1929, 8, 40-50.

Lyte, H. O., *A tentative bibliography of spanish-german literary and cultural relations*. Minneapolis, 1936, xi+98.

Schwarz, E., *The reception of german culture in Spain*. Yearbook of comparative and general literature (Chapel Hill), 1965, 14, 16-36.

Arabes → 14.05.

Pro, D. F., *Influencias de la cultura española en la* **Argentina** *actual*. Universidad (Santa Fe), 1960, 45, 127-39.

Hofer, S., *La huella de España en la cultura* **austríaca**. Arbor, 1959, 43, 406-20.

Batllori Munné, M., *Las relaciones culturales hispano***francesas** *en el siglo XVIII*. CHist, 1968, 2, 205-49.

Mathews, E. G., *Studies in spanish-english* [**Gran Bretaña**] *cultural and literary relations*. Nueva York, 1938, 86.

Runciman, S., *Eruditos británicos en España en la edad media*. Arbor, 1960, 47, 232-44.

Croce, B., *Spanish culture in* **Italy** *in the seventeenth century*. H, 1927, 10, 383-8.

Martín González, J. J., *La huella española en la cultura* **portuguesa** *(Renacimiento y Barroco)*. Santiago, 1961, 60.

Elías de Tejada, F., *Doce nudos culturales hispano-suecos.* Salamanca, 1950, 142. **14**

→ 4.11, 4.12, 7.04.

02 ENTIDADES CULTURALES Y CIENTIFICAS

Aguilar Piñal, F., *La Real Academia sevillana de Buenas Letras.* M, 1966, xix+392.

Aguilar Piñal, F., *La Real Academia latina matritense en los planes de la Ilustración.* AIEM, 1968, 3, 183-217.

Almela Vives, F., *El Liceo valenciano. Sus figuras y sus actividades.* BSCC, 1962, 38, 1-37, 148-62.

Araujo Costa, L., *Biografía del Ateneo de Madrid.* M, 1949, 210.

Armiñán Odriozola, L., *Biografía del Círculo de Bellas Artes, 1880-1973.* M, 1973, 168.

Arriaga Cantullera, J., *Historia de la Regia Sociedad de Medicina y demás Ciencias, de Sevilla.* AH, 1951, 14, 372-411.

Barreiro, A. J., *El Observatorio astronómico de Madrid. Su fundación y desarrollo.* RRAc de Ciencias Exactas... (M), 1932, 29, 173-90.

Barreiro, A. J., *El Museo Nacional de Ciencias Naturales.* M, 1944, 381.

Blanco Pérez, M., *El Instituto de estudios asturianos.* REVL, 1945, 28, 626-80.

Castañeda Alcover, V., *La Real Academia de la Historia.* BRAH, 1930, 96, 525-44.

Consejo Superior de Investigaciones, *Estructura del _____ científicas.* M, 1964^{2}, 254.

Cotarelo Mori, E., *La fundación de la Academia Española y su primer director, D. Juan Manuel Fernández Pacheco...* BRAE, 1914, 1, 4-38, 89-127.

Cotarelo Valledor, A., *Bosquejo histórico de la Real Academia Española.* M, 1946, 71.

Díaz Pinés, O., *El Consejo Superior de Investigaciones Científicas.* M, 1954, 30.

Falcao Espalter, M., *La Real Academia de la Historia. Bosquejo de su carácter y labor.* BRAH, 1919, 74, 169-75.

García Martí, V., *El Ateneo de Madrid (1835-1935).* M, 1948, 317.

Gil Ayuso, F., *Nuevos documentos sobre fundación de la Real Academia Española.* BRAE, 1927, 14, 593-9.

Hernández Pacheco, E., *Antecedentes, origen y desarrollo de la Real Sociedad Española de Historia Natural.* BRSEHN, 1949, 47, 45-61.

Hoyos Sáinz, L., *El Ateneo de Madrid hace cincuenta años.* RBAM, 1954, 23, 189-95.

Iglesias Fort, J., *La Real Academia de Ciencias Naturales y Artes en el siglo XVIII.* Memorias de la RAc de Ciencias y Artes (B), 1964, 36, 1-635.

Institut d'Estudis Catalans, *L' _____, els seus primers XXV anys.* B, 1935, 318.

14 Instituto de Cultura Hispánica, *El ____. Qué es y cómo trabaja.* M, 1969, 44.

Jaryc, M., *Le «Centro de estudios históricos» de Madrid.* Bulletin of the International Commitee of historical sciences (París), 1934, 25, 435-40.

López Martínez, J., *La Asociación de escritores y artistas españoles.* La estafeta literaria (M), 1974, 533, 18-9.

Pérez Rioja, J. A., *Las Casas de la Cultura.* M, 1971, 107.

Recasens Girol, S., *La Academia Nacional de Medicina.* R de las Españas (M), 1934, 9, 386-7.

Riquer Morera, M., *Breve historia de la Real Academia de Buenas Letras de Barcelona.* BRABarcelona, 1955, 25, 275-304.

Rodríguez Casado, V., *Escuela de Estudios Hispanoamericanos de Sevilla.* BDGAB, 1952, 7, 30-2.

Roncero, O., *Cien años de la Real Sociedad Española de Historia Natural.* Arbor, 1971, 78, 95-8.

Salamero Castillón, F., *Los comienzos de las Academias de Medicina y sus iniciadores.* Anales de Medicina y Cirugía (B), 1962, 42, 45-62.

Sánchez Cantón, F. J., *Los antecedentes, la fundación y la historia de la Real Academia de Bellas Artes.* Anales y BolRAc Bellas Artes (M), 1952, 1, 289-320.

Sánchez Palacio, M., *...Historia de la Asociación de escritores y artistas españoles.* RBAM, 1955, 24, 103-25.

Simón Cabarga, J., *Historia del Ateneo de Santander.* M, 1963, 289.

Subirá, J., *...La Junta para ampliación de estudios.* M, 1924, 71.

Tinoco, J., *Apuntes para la historia del Observatorio de Madrid.* M, 1951, 89 + láms.

→ 13.40, 13.50, 13.57, **Zaragoza**; 14.43, Seco; 14.54-5, 16.99.2, San Martín.

03 EDAD ANTIGUA

Caro Baroja, J., *Historia de la cultura española. España primitiva y romana.* B, 1957, 375 + láms.

→ 6.10-28.

04 EDAD MEDIA

Bagué, E., *Historia de la cultura española. La alta edad media.* B, 1953, 597 + láms.

Bagué, E., y J. Petit, *Historia de la cultura española. La baja edad media.* B, 1956, 412 + láms.

Beaujouan, G., *La science en Espagne aux XIVe. et XVe. siècles.* París, 1967, 45.

Carreras Artau, J., *La cultura científica y filosófica en la España medieval hasta 1400,* en HGLH, I, 749-65.

Vera, F., *La cultura española medieval. Datos bio-bibliográficos para su historia.* M, 1933-4, 2 v.

Díaz Díaz, M. C., *La cultura de la España visigoda del siglo VII,* en *Settimane di Studio...* Spoleto, 1958, 813-44, 889-99.

Fontaine, J., *Isidore de Séville et la culture classique dans l'Espagne wisigothique.* París, 1959, 2 v.

García Villada, Z., *La vida de los escritorios españoles medievales.* M, 1926, 20.

Maravall Casesnoves, J. A., *Estudios de historia del pensamiento español. Edad media.* M, 1967, 475.

Menéndez Pidal, G., *Le rayonnement de la culture isidorienne. Les mozarabes.* CHM, 1961, 6, 714-31.

Riquer Morera, M., *La culture au bas moyen âge.* CHM, 1961, 6, 771-86.

→ 21.53, Rubió Lluch.

05 ARABES

Burckhardt, T., *Moorish culture in Spain.* Londres, 1972, 225 + láms.

Lévi-Provençal, E., *La civilisation arabe en Espagne. Vue générale.* París, 1961[3], 2 v.

Lévi-Provençal, E., *La civilización árabe en España.* M, 1969[3], 151.

Sánchez Pérez, J. A., *La ciencia árabe en la edad media.* M, 1954, 181.

Asín Palacios, M., *La escatología musulmana en la Divina Comedia. Seguida de la historia y crítica de una polémica.* M, 1961[3], xvi+611.

Bosch Vilá, J., *El reino de taifas en Zaragoza: algunos aspectos de la cultura árabe en el Valle del Ebro.* JZ, 1960, 11, 7-67.

Gil Benumeya, R., *Proyección mundial de la cultura hispanoárabe.* Arbor, 1969, 73, 63-71.

Graupera, C. M., *La influencia árabe en la cultura española.* M, 1968, 30.

Makki, M. A., *Ensayo sobre las aportaciones orientales en la España musulmana y su influencia en la formación de la cultura hispanoárabe.* M, 1968, x+340.
También, RIEI, 1961, 9, 65-231.

Millás Vallicrosa, J. M., *Sobre la valoración de la ciencia arábigoespañola de fines del siglo X y principios del XI.* Al-Andalus, 1947, 12, 199-210.

Millás Vallicrosa, J. M., *Estudios sobre historia de la ciencia española.* B, 1949, viii+499.

Millás Vallicrosa, J. M., *Nuevos estudios sobre historia de la ciencia española.* B, 1960, 364.
Casi todos dedicados a la ciencia árabe.

Millás Vallicrosa, J. M., *Arab and hebrew contributions to spanish culture.* CHM, 1961, 6, 732-51.

Ruiz Morales, J. M., *Relaciones culturales entre España y el mundo árabe.* RIEI, 1960, 8, 1-40.

Steiger, A., *Función espiritual del Islam en la España medieval.* RIEI, 1958, 6, 41-57.
Influencia cultural.

Terrasse, H., *Islam d'Espagne. Une rencontre de l'Orient et de l'Occident.* París, 1958, iii+299 + láms.

→ 9.05, 14.00, Menéndez, Millás.

14 06 SIGLOS XVI-XVII

Bell, A. F. G., *El Renacimiento español.* Zaragoza, 1944, 402.

Igual Ubeda, A., *Historia de la cultura española. El Siglo de Oro.* B, 1951, 421 + láms.

Arco Garay, R., *La erudición aragonesa en el siglo XVII en torno a Lastanosa.* M, 1934, 373.

Arco Garay, R., *La erudición española en el siglo XVII y el cronista de Aragón Andrés de Uztárroz.* M, 1950, 2 v.

Bravo Lozano, E., *El momento filosófico-cultural bajo Carlos V.* España Misionera (M), 1958, 14, 484-97.

Cabello Lapiedra, L. M., *Cisneros y la cultura española.* M, 1919, 100.

Ciencia española, *Estudios sobre la* _____ *del siglo XVII.* M, 1935, xiv+669.
Miscelánea por varios autores.

Fraile, G., *Vitoria y la orientación de la ciencia española en el siglo XVI.* AAFV, 1948, 8, 55-101.

G[arcía] Villoslada, R., *Renacimiento y humanismo,* en HGLH, II, 319-433.

Iriarte, M., *Renovación de la metódica en la ciencia española seiscentista.* Las Ciencias, 1940, 5, 121-50.

Klemperer, V., *Gibt es eine spanische Renaissance?* Logos (Tübingen), 1927, 16, 129-61.

López Piñero, J. M., *La introducción de la ciencia moderna en España.* RO, 1966, 4, 133-56.
También, B, 1969, 172.

Maravall Casesnoves, J. A., *La estimación de lo nuevo en la cultura española.* CH, 1964, 171, 439-70.

Mateos, J., *Felipe II y la cultura española en el siglo XVI.* LCD, 1898, 47, 89-137.

Picatoste Rodríguez, F., *Apuntes para una biblioteca científica española del siglo XVI. Estudios biográficos y bibliográficos de ciencias exactas, físicas y naturales y sus inmediatas aplicaciones.* M, 1891, viii+416.

Rossell, M., *La cultura española en la época del descubrimiento de América.* H, 1928, 11, 477-84.

→ 7.50, 10.04, 14.00, Marañón.

07 SIGLO XVIII

Desdevises du Dezert, G., *La richesse et la civilisation espagnole au XVIIIe. siècle.* Nueva York, 1928, 488.
También RH, 1928, 73, 1-488.
Constituye el v. III de su *L'Espagne de l'ancien régime.*

Reglá Campistol, J., y S. Alcolea, *Historia de la cultura española. El siglo XVIII.* B, 1957, 443 + láms.

S[ánchez] Granjel, L., *Panorama de la ciencia española del siglo XVIII.* CHME, 1966, 5, 13-26.

Arias, J. C., *La preocupación científica en la España del siglo XVIII.* CHE, 1967, 44, 374-84.

Batllori Munné, M., *La cultura hispano-italiana de los jesuitas expulsados, españoles, hispanoamericanos, filipinos, 1767-1814.* M, 1966, 698.
Documents per la història cultural de Catalunya en el segle XVIII. B, 1932-4, 3 v.
Marañón Posadillo, G., *Nuestro siglo XVIII y las Academias,* en su *Vida e historia.* M, 1953[6], 40-71.
Marco Cuéllar, R., *El «Compendio mathematico» del Padre Tosca y la introducción de la ciencia moderna en España: Las Matemáticas. La Astronomía. La Física,* en *Actas del II Congreso español de Historia de la Medicina.* Salamanca, 1965, 325-57.
Pinta Llorente, M., *El sentido de la cultura española en el siglo XVIII e intelectuales de la época.* REPol, 1953, 68, 79-114.
Pinto, M., *Studi sulla cultura spagnola nel settecento.* Nápoles, 1964, 205.

→ 1.87, González; 6.71, 7.50.

08 SIGLO XIX

Mercader Riba, J., *Historia de la cultura española. El siglo XIX.* B, 1957, 439 + láms.

Entrambasaguas Peña, J., *Panorama histórico de la erudición española en el siglo XIX.* Arbor, 1946, 5, 165-92.
López Piñero, J. M., *La literatura científica en la España contemporánea* [siglos XIX-XX], en HGLH, VI, 677-93.
Peset Reig, M. y R., *Positivismo y ciencia positiva en médicos y juristas españoles del siglo XIX.* Almenara (Burjasot), 1963, 2, 65-123.

→ 7.50.

09 SIGLO XX

Albareda Herrera, J. M., *Panorama de la investigación en España.* BolInformativo del Consejo Superior de Investigaciones Científicas (M), 1964, 8, 1-15.
Becher, H., *Spaniens Ringen um geistige Ordnung.* Stimmen der Zeit (Friburgo), 1953, 154, 55-91.
Calvo Hernando, M., *Ciencia española actual.* M, 1970, 205.
Curtius, E. R., *Alemania y el pensamiento español actual.* CH, 1952, 28, 3-20.
Ibáñez Martín, J., *La investigación española.* M, 1950, 2 v.
Investigación, *La _____ científica en España.* DE, 1971, n. 28, 41.
Lora Tamayo, M., *El momento actual de la ciencia española.* Arbor, 1949, 12, 382-93.
Lora Tamayo, M., *Un clima para la ciencia.* M, 1969, 150.
Martínez Moreno, J., *La ciencia española en 1967.* Ciencia interamericana (Washington), 1967, 8, 1-17.
Mayor Zaragoza, F., *Investigación y desarrollo. Reflexiones sobre la problemática científica española.* Santander, 1973, 67.

14 Pérez Alvarez, J. R., *Estructura de la política científica en España.* Arbor, 1967, 68, 37-48.
Instituciones científicas del momento.

Sobrino, J. A., *Indice de intelectuales españoles en Estados Unidos, 1946-1952.* M, 1953, 68.

10 TEOLOGIA

Andrés Martín, M., *Historia de la Teología en España (1470-1570).* Roma, 1962, I, 285.

Abellán, D. M., *Una moral para comerciantes en el siglo XVI. Significación de la Suma de Fr. Tomás de Mercado en la historia de la teología moral.* MC, 1951, 15, 81-137.

Blázquez, J., *Teólogos españoles del siglo XVI.* RET, 1944, 4, 257-313.

Colunga, E., *Intelectualistas y místicos en la teología española del siglo XVI.* LCT, 1914, 9, 209-21, 377-94.

Díaz, G., *La escuela agustiniana desde 1520 hasta 1650.* LCD, 1963, 176, 63-84, 189-234.

Domínguez Carretero, E., *La escuela teológica agustiniana de Salamanca.* LCD, 1956, 169, 638-85.

Gutiérrez, D., *Del origen y carácter de la escuela teológica hispanoagustiniana de los siglos XVI y XVII.* LCD, 1941, 153, 227-55.

Hernández, R., *Teólogos dominicos españoles pretridentinos.* RHCEE, 1971, 3, 179-233.

Llamas Martínez, E., *Orientaciones sobre la historia de la teología española en la primera mitad del siglo XVI.* RHCEE, 1967, 1, 95-174.

Niño Jesús, M., *Los Salmanticenses.* El Monte Carmelo (Burgos), 1933, 34, 546-84.

Pérez Goyena, A., *La literatura teológica entre los benedictinos españoles.* RyF, 1917, 49, 167-79; 1918, 50, 45-63.

Pérez Goyena, A., *Los maestros de teología españoles en naciones extranjeras en los siglos XVI y XVII.* RyF, 1927, 81, 518-32.

Pérez Goyena, A., *Las escuelas teológicas españolas. La escuela agustiniana.* Archivo Agustiniano (M), 1929, 16, 148-60, 308-20.

Pérez Goyena, A., *Le mouvement théologique en Espagne.* Nouvelle Revue Théologique (Lovaina), 1929, 56, 703-13; 1931, 58, 429-44.

Pozo, C., *La teoría del progreso dogmático en los teólogos de la escuela de Salamanca, 1526-1644.* M, 1959, xviii+269.

Pozo, C., *Fuentes para la historia del método teológico en la Escuela de Salamanca.* Granada, 1962, vi+335.

Sagrado Corazón, E., *Los Salmanticenses. Su vida y su obra...* M, 1955, xxxvii+276.

Sagüés, J., *La suerte del bañecianismo y del molinismo.* MC, 1960, 35, 391-431.

Santísimo Sacramento, T., *El Curso Moral Salmanticensis. Estudio histórico y valoración crítica.* Valladolid, 1968.

Solano, J., *La teología en España durante los últimos 25 años.* Gregorianum (Roma), 1951, 32, 122-52.

Termus, J., *Zur Vorgeschichte der Moraltheologie von Vitoria bis Medina.* Paderbörn, 1930.

→ 13.38, 14.94.

11 ESCRITURISTICA. PATRISTICA. ESPIRITUALIDAD

Arnaldich, L., *Los estudios bíblicos en España desde el año 1900 al año 1955... Elenco bibliográfico...* M, 1958, 246. También, Salmanticensis, 1955, 2, 426-71, 707-61.

Domínguez del Val, U., *Cuatro años de bibliografía sobre Patrística española.* RET, 1955, 15, 399-444.

Domínguez del Val, U., *Estado actual de la Patrología española.* RET, 1962, 22, 409-25.

Fernández de Castro, E. F., *Ensayo de un índice de comentaristas y traductores españoles de los libros santos...* REEB, 1927, 2, 11-95.

Jiménez Duque, B., *Los estudios de historia de la espiritualidad española.* REspir, 1952, 43, 208-21.

Madoz Moleres, J., *Un decenio de estudios patrísticos en España (1931-1940).* RET, 1941, 1, 919-62.

Madoz Moleres, J., *Segundo decenio de estudios sobre patrística española (1941-1950).* M, 1951, 212.

Madoz Moleres, J., *Traducciones españolas de Santos Padres.* RET, 1951, 11, 437-72.

Madoz Moleres, J., *El renacer de la investigación patrítistica en España.* Sacris Erudiri (Brujas), 1952, 4, 355-71.

Metzger, B. M., *Recent spanish contribution to the textual criticism of the N. T.* Journal of Biblical Literature (Filadelfia), 1947, 66, 401-23.

12 CANONISTICA

Ariño Alafont, A., *Colección canónica hispana... Formación y contenido.* Avila, 1941, 144.

Beneyto Pérez, J., *Indice y balance del decretismo español,* en *Studia Gratiana* (Bolonia), 1954, II, 543-63.

Bidagor, R., *Contribución española al estudio del Decretum Gratiani,* en *Studia Gratiana* (Bolonia), 1954, II, 531-9.

Fournier, P., *La collection canonique dite «Caesaraugustana».* Nouvelle Revue historique du droit français et étranger (París), 1921, 45, 53-79.

García García, A., *Los canonistas de la Universidad de Salamanca en el siglo XIV-XV.* REDC, 1962, 17, 175-90.

García García, A., *Canonística hispánica.* Traditio (Nueva York), 1966, 22, 466-9; 1967, 23, 504-11.

García García, A., *La canonística ibérica medieval posterior al Decreto de Graciano.* RHCEE, 1967, 1, 397-434; 1971, 2, 183-214.

García Goldáraz, C., *El códice lucense de la Colección Canónica Hispana.* M, 1954, 3 v.

García Villada, Z., *Las colecciones canónicas en la época visigoda.* RyF, 1933, 102, 471-80.

14 González Rivas, S., *Los penitenciales españoles.* EE, 1942, 16, 73-98.

Langasco, A., *El cardenal Vives y la codificación del Derecho Canónico.* EstFranciscanos (B), 1956, 57, 161-82.

Le Bras, G., *Pénitentiels espagnols.* Revue historique du droit français et étranger (París), 1931, 55, 93-131.

Madoz Moleres, J., *La colección canónica hispana.* AL, 1960, 14, 89-117.

Martínez Díez, G., *El Epítome Hispánico. Una colección canónica española del siglo VII.* MC, 1961, 36, 5-90; 1962, 37, 321-466. También, Comillas, 1961, 236.

Martínez Díez, G., *Una colección canónica pirenaica del siglo XI.* MC, 1962, 38, 1-60.

Martínez Díez, G., *La colección del ms. de Novara.* AHDE, 1963, 33, 391-538.

Martínez Díez, G., *La Colección Canónica Hispana. I, Estudio.* M, 1966, 399.

Martínez Díez, G., *Canonística española pregraciana.* RHCEE, 1967, 1, 377-95.

Pérez de Urbel, J., y L. Vázquez de Parga, *Un nuevo penitencial español.* AHDE, 1943, 14, 5-32.

Rodríguez Sotillo, L., *Las fuentes ibéricas del Decreto de Graciano.* MC, 1953, 20, 299-329.

→ 5.20, **Raimundo de Peñafort.**

13 OTRAS CIENCIAS ECLESIASTICAS

Pérez de Goyena, A., *Los orígenes del estudio de la historia eclesiástica en España.* RyF, 1927, 79, 27-38.

Pérez Goyena, A., *El estudio actual de la historia eclesiástica en España.* RyF, 1927, 79, 418-32.

Portillo, E., *Estudios críticos de historia eclesiástica española durante la primera mitad del siglo XVIII.* RyF, 1908, 20, 198-203.

→ 8.26, Pérez; 13.34.

14 FILOSOFIA

Carreras Artau, J., *Balance y estado actual y perspectivas de los estudios sobre historia de la filosofía española,* en *Actas del Congreso de la AsEspañola para el progreso de las ciencias.* Málaga, 1951, 247-70.

Martínez Gómez, L., *Bibliografía filosófica española e hispanoamericana (1940-1958).* B, 1961, xxv+500.

Ramírez Dulanto, S., *Hacia un inventario de la producción filosófica de los dominicos españoles.* EF, 1951, 1, 5-26.

Vidart, L., *La filosofía española. Indicaciones bibliográficas.* M, 1866, xii+406.

Fraile, G., *Historia de la filosofía española desde la época romana hasta fines del siglo XVII.* M, 1971, xii+419.

Guy, A., *Les philosophes espagnols d'hier et d'aujourd'hui.* Toulouse 1956, vi+410. **14**

Manzanedo, M., *Breve historia de la Psicología en España,* en R. E. Brennan, *Historia de la Psicología...* M, 1958[2], 289-320.

Méndez Bejarano, M., *Historia de la filosofía en España hasta el siglo XX.* M, 1928, xvi+563.

Albendea, M., *Presencia de Suárez en la filosofía de Rosmini.* Crisis (M), 1955, 2, 149-254.

Avinyó, J., *Història del lulisme.* B, 1925, xiv+661.

Batllori Munné, M., *El lulismo en Italia.* RFilos, 1943, 2, 253-313, 479-537; 1944, 3, 146.

Batllori Munné, M., *Lullisme i antilullisme entre els segles XVII i XVIII.* EstLulianos (Palma de Mallorca), 1967, 11, 5-19.

Cabanelas Rodríguez, D., *Notas para la historia de Algazel en España.* Al-Andalus, 1952, 17, 223-32.

Carreras Artau, J., y J. Tusquets Terrats, *Apports hispaniques à la philosophie chrétienne de l'occident.* Lovaina, 1962, 206.

Chevalier, J., *¿Existe una filosofía española?* RFilos, 1945, 4, 589-94.

Ferrater Mora, J., *Is there a spanish philosophy?* HR, 1951, 19, 1-10.

Grabmann, M., *Carácter e importancia de la filosofía española a la luz de su desarrollo histórico.* LCT, 1943, 64, 5-25.

Iriarte, J., *Estudios sobre la filosofía española. Su concepto y su valor...* M, 1947, 431.

Menéndez Pelayo, M., *De las vicisitudes de la filosofía platónica en España,* en su *Ensayos de crítica filosófica.* M, 1948, 7-115.

Menéndez Pelayo, M., *De los orígenes del criticismo y del escepticismo y especialmente de los precursores españoles de Kant,* en su *Ensayos de crítica filosófica.* M, 1948, 117-216.

Menéndez Pelayo, M., *La filosofía española.* Selección de C. Lascaris Comneno. M, 1955, 481.

Muñoz Alonso, A., *Antonio Rosmini y la filosofía española.* Crisis (M), 1955, 2, 143-8.

→ 13.34, 17.90, **Séneca.**

15 EDADES ANTIGUA Y MEDIA

Bonilla San Martín, A., *Historia de la filosofía española desde los tiempos primitivos hasta el siglo XII.* M, 1908-11, 2 v.

Carreras Artau, T. y J., *Historia de la filosofía española. Filosofía cristiana de los siglos XIII al XV.* M, 1939-43, 2 v.

Cruz Hernández, M., *Historia de la filosofía española. Filosofía hispano-musulmana.* M, 1957, 2 v.

Gómez Nogales, S., *Filosofía musulmana española.* RHCEE, 1972, 4, 123-48.

Asín Palacios, M., *El Islam cristianizado. Estudio del sufismo a través de las obras de Abenarabí de Murcia.* M, 1931, 543.

Asín Palacios, M., *La espiritualidad de Algazel y su sentido cristiano.* M, 1934-42, 4 v.

14 Asín Palacios, M., *Aben Masarra y su escuela. Orígenes de la filosofía hispano-musulmana.* M, 1941, 190.

Cabanelas Rodríguez, D., *La filosofía hispano-musulmana. Esquema para su historia.* VyV, 1953, 11, 257-303.

Cordero Ovejero, M. J., *El Cerro de los Santos, enclave pitagórico.* RIE, 1954, 12, 11-24.

Muñoz Delgado, V., *Lógica hispanoportuguesa hasta 1600. Notas bibliográfico-doctrinales.* RHCEE, 1972, 4, 9-122.

Riesco Terrero, J., *La Metafísica en España (siglos XII al XV).* RHCEE, 1972, 4, 203-59.

→ 17.90, Abenházam.

16 SIGLOS XVI-XVIII

Filosofía española, *Exposición bibliográfica... y portuguesa de 1500 a 1650. Repertorio de fuentes impresas.* M, 1948, xiii+173.

Ceñal, R., *La filosofía española del siglo XVII.* RUM, 1962, 11, 373-410.

Mindán Manero, M., *La filosofía española en la primera mitad del siglo XVIII.* RFilos, 1953, 12, 427-43.

Solana, M., *Historia de la filosofía española. Epoca del Renacimiento (siglo XVI).* M, 1940-1, 3 v.

Bullón Fernández, E., *De los orígenes de la filosofía moderna. Los precursores españoles de Bacon y Descartes.* Salamanca, 1905, xi+251.

Bonilla San Martín, A., *Fernando de Córdoba y los orígenes del Renacimiento filosófico en España.* M, 1911, 158+lxxx+26.

Ceñal, R., *Cartesianismo en España... 1650-1750.* RUO, 1945, 5-97.

Ceñal, R., *Emmanuel Maignan: su vida, su obra, su influencia* [en España]. REPol, 1952, 66, 111-49.

Ceñal, R., *La historia de la Lógica en España y Portugal de 1500 a 1800.* Pensamiento (M), 1972, 28, 277-320.

Mindán Manero, M., *Las corrientes filosóficas en la España del siglo XVIII.* RFilos, 1959, 18, 471-88.

Muñoz Delgado, V., *Fuentes impresas de Lógica hispanoportuguesas del siglo XVI.* RHCEE, 1967, 1, 435-64.

Niño Jesús, F., *Los Complutenses. Su vida y su obra.* M, 1962, 240.

Quiroz Martínez, O., *La introducción de la filosofía moderna en España. El eclecticismo español de los siglos XVII y XVIII.* México, 1949, 363.

Rodríguez Aranda, L., *La recepción e influjo de la filosofía de Locke en España.* RFilos, 1955, 14, 359-81.

Solana, M., *Los grandes escolásticos españoles de los siglos XVI y XVII... en la historia de la filosofía.* M, 1928, 186.

→ 7.50, Furlong.

17 SIGLO XIX

Ceñal, R., *La filosofía española en la segunda mitad del siglo XIX.* RFilos, 1956, 15, 403-44.

López Morillas, J., *El krausismo español...* Méjico, 1956, 218. 14

Mallo, J., *Los krausistas españoles.* CA, 1957, 16, 73-85.

Ollero Tassara, A., *Los comienzos de la influencia neoescolástica (Juan Manuel Ortí Lara).* Anales de la Cátedra Francisco Suárez (Granada), 1971, 11, 9-30.

Ortí Lara, J. M., *La restauración de la filosofía cristiana en España.* La ciencia cristiana (M), 1879, 11, 562-8, 651-60.

18 SIGLO XX

Alonso Pueyo, S., *Filosofía y narcisismo. En torno a los pensadores de la España actual.* Valencia, 1953, 235.

Carro, V. D., *Filosofía y filósofos españoles, 1900-1928.* M, 1929, 80.

Ceñal, R., *La philosophie et les sciences humaines à l'époque moderne.* CHM, 1961, 6, 857-77.

Colomer, E., *El pensamiento novecentista (1890-1936),* en HGLH, VI, 239-338.

López Quintas, A., *Filosofía española contemporánea.* M, 1970, 712.

Marías Aguilera, J., *Presence and absence of existentialism in Spain.* Philosophy and Phenomenological Research (Buffalo), 1954, 15, 180-91.

Marías Aguilera, J., *Filosofía actual y existencialismo en España.* M, 1955, 376.
Miscelánea.

Marías Aguilera, J., *Filosofía española actual.* M, 1975[5], 147.

Muñoz Alonso, A., *Expresión filosófica y literaria de España.* B, 1956, 307.
Filosofía del momento.

Muñoz Alonso, A., *A filosofia actual em Espanha.* RPortuguesa de Filosofia (Braga), 1958, 14, 380-96.

19 HUMANISMO

Fontán Pérez, A., *Introducción al humanismo español.* Atlántida, 1966, 4, 443-53.

Alsina, J., *Aspectos del humanismo español en el siglo XVII.* Humanidades (Comillas), 1960, 12, 53-68.

Cirac Estopañán, S., *Helenismo y cristianismo en el humanismo español.* Logos (B), 1960, 1, 13-26.

Eguiagaray, F., *Los intelectuales españoles bajo Carlos V.* M, 1965, 169.

Fernández Galiano, M., *Humanisme espagnol et histoire d'Espagne.* L'Hellénisme contemporaine (Atenas), 1955, 9, 211-26.

Fraile, G., *El humanismo, Erasmo y Vitoria.* EF, 1957, 6, 491-508.

Maravall Casesnoves, J. A., *Sobre naturaleza e historia en el humanismo español.* Arbor, 1951, 18, 469-93.
También, en *Historia de España... Arbor.* M, 1953, 241-61.

Martín Tordesillas, A. M., *El Renacimiento y los humanistas españoles.* Toledo, 1961, 55.

Menéndez Pelayo, M., *Humanistas españoles del siglo XVI,* en su *Estudios y discursos...* M, 1941, II, 3-23.

14 Morán Samaniego, J., *El humanismo español desde Juan II de Castilla hasta los Reyes Católicos.* Cuenca, 1953, 75.

Riquer Morera, M., *L'humanisme català.* B, 1934, 104.

Rubio, F., *Don Juan II de Castilla y el movimiento humanístico de su reinado.* LCD, 1955, 168, 55-100.

Rubió Balaguer, J., *Sobre els orígens de l'humanisme a Catalunya.* BSS, 1947, 24, 88-99.

Russell, P. E., *Arms versus letters. Towards a definition of spanish fifteenth-century humanism,* en *Aspects of the Renaissance. Symposium...* Austin, 1967, 47-58.

→ 7.50, Rivas; 14.06, García Villoslada; 14.42, Gil; 14.48, Shepard; 17.14.3, Clavería; 17.35, Noto.

20 CIENCIAS SOCIALES EN GENERAL. SOCIOLOGIA

Bibliografía de los orígenes de la investigación social en España (hasta 1956), en *Sociología española de los años setenta.* M, 1971, 809-39.

Díez Nicolás, J., *Bibliografía de sociología en lengua castellana.* Granada, 1973, 140.

Tobío, J., *Bibliografía de traducciones españolas de obras sociológicas y sociales publicadas de 1870 a 1915.* REPol, 1957, 59, 347-63.

Gómez Arboleya, E., *Sociología en España.* REPol, 1958, 98, 47-83. Su historia, desde el siglo XIX.

Jiménez Salas, M., *Doctrinas de los tratadistas españoles de la edad moderna sobre la asistencia social.* RIS, 1948, 6, 153-85.

Lacarra de Miguel, J. M., *Orientation des études d'histoire urbaine en Espagne entre 1940 et 1957.* Le Moyen Âge (Bruselas), 1958, 64, 317-39.

Martín Granizo, L., *Biografías de sociólogos españoles.* M, 1963, 210.

Prieto Escudero, G., *El estado del pensamiento social en la España decimonónica.* REPol, 1966, 149, 47-65.

Quién es quién [sociólogos españoles], en *Sociología española de los años setenta.* M, 1971, 41-163.

Ruiz Almansa, J., *Las ideas y las estadísticas de población en España en el siglo XVI.* EDem, 1954, 3, 175-210. También, RIS, 1947, 5, 89-107.

→ 13.33.

21 DERECHO EN GENERAL. DERECHO CIVIL

Alcocer Martínez, M., y S. Rivera, *Bio-bibliografía de juristas notables y catálogo bibliográfico de las obras impresas en Valladolid hasta fin del siglo XVIII que hacen relación a ambos Derechos,* en su *Historia de la Universidad de Valladolid,* v. V. Valladolid, 1925.

Derecho, *Cuadernos de Bibliografía española. Artículos de revistas.* _____. M, 1973- .

Fernández de Villavicencio, F., y F. Solá Cañizares, *Bibliografía jurídica española.* B, 1954, 127. 14
Selectiva. Sólo libros.

Palmer, Th. W., *Guide to the law and legal literature of Spain.* Washington, 1915, 174.

Pascual Nieto, G., *Bibliografía de derecho civil, mercantil y procesal civil.* M, 1956, 2 v.
Selectiva. Sólo artículos.

Pérez Prendes, J. M., y A. Sánchez de la Torre, *Bibliografía jurídica española (1956).* M, 1958, 100.
Todo lo publicado en España sobre Derecho en el citado año. Continuada por J. Vivancos Gallego para 1957, 1958 y 1961.

Torres Campos, M., *Bibliografía española contemporánea del Derecho y de la Política* [1800-1896]. M, 1883-98, 2 v.

Alonso Lambán, M., *Apuntes sobre juristas aragoneses de los siglos XVI y XVII.* AHDE, 1963, 33, 625-37.

Barrero García, A. M., *Los repertorios y diccionarios jurídicos desde la edad media hasta nuestros días.* AHDE, 1973, 43, 311-51.

Beneyto Pérez, J., *La concepción jurídica de la sociedad en el pensamiento medieval español.* RIS, 1947, 5, 177-86.

Beneyto Pérez, J., *La ciencia del Derecho en la España de los Reyes Católicos.* RGLJ, 1953, 194, 563-81.

Bonnet Ramón, F., *La historiografía jurídica española en los siglos XVI y XVII.* RCJS, 1931, 14, 341-80, 517-54; 1932, 15, 65-112, 327-68, 413-47.

Corts Grau, J., *Los juristas clásicos españoles.* M, 1948, 183.

Difernan, B., *El concepto de Derecho y de Justicia en los clásicos españoles del siglo XVI...* El Escorial, 1957, 218.

Gibert Sánchez, R., *La tradición científica del Derecho español.* Atlántida, 1965, 3, 223-37.

Hernández Gil, A., *Juristas españoles de nuestro tiempo.* M, 1973, 109.

Jurisconsultos españoles. Biografías... anteriores al siglo XX... M, 1911, 2 v.

Seco de Lucena, L., *La escuela de juristas granadinos en el siglo XV.* MEAH, 1959, 8, 7-28.

Solá Cañizares, F., *Los estudios de derecho comparado.* RDerecho Privado (M), 1953, 37, 609-25.

Wohlhaupter, E., *La importancia de España en la historia de los derechos fundamentales.* M, 1930, 36.

→ 7.50, Malagón; 13.33.

22 DERECHO NATURAL. DERECHO INTERNACIONAL

Basave Fernández, A., *Escuela jusfilosófica española de los Siglos de Oro.* B, 1973, 78.

García Arias, L., *Historia de la doctrina hispánica de derecho internacional,* en A. Nussbaum, *Historia del derecho internacional.* M, h. 1950, 335-537.

14 Herrero Rubio, A., *Le droit des gens dans l'Espagne du XVIIIe. siècle.* Académie de Droit International (La Haye). Recueil des courses, 1952, 81, 313-449.

Hinojosa Naveros, E., *Los precursores españoles de Grocio.* AHDE, 1929, 6, 220-36.

Miaja de la Muela, A., *¡De la existencia de una escuela internacional española en los siglos XVI y XVII.* AAFV, 1949, 9, 99-141.

Puy Muñoz, F., *El derecho natural hispánico.* M, 1973, 512.

Scott, J. B., *El origen español del derecho internacional moderno.* Valladolid, 1928, xxv+245.

→ 7.01, 7.02.

23 DERECHO PENAL. DERECHO PROCESAL

Díaz Palos, F., *Bibliografía española del Derecho Penal* [desde 1839]. B, 1954, 86.

Díez, B., *El homicidio y su teleología en los clásicos agustinianos españoles del siglo XVI.* ADP, 1953, 6, 24-45.

Gallego Morell, M., *Pasado, presente y futuro del Derecho procesal español.* RGLJ, 1959, 206, 224-48.

Montes Luengos, J., *Los principios del derecho penal según los escritores del siglo XVI.* M, 1903, 75.

Montes Luengos, J., *Precursores de la ciencia penal en España.* M, 1911, 745.

Quintano Ripollés, A., *La influencia del derecho penal español en las legislaciones hispanoamericanas.* M, 1953, 293.

Rodríguez Molinero, M., *Origen español de la ciencia del derecho penal. Alfonso de Castro y su sistema penal.* M, 1959, xvi+363.

Rosal, J., *Esquema de los estudios penales en España en los últimos cincuenta años.* RDerecho y Ciencias Políticas (Lima), 1953, 17, 48-68.

Rosal, J., *Aperçu de l'évolution des études penales en Espagne au cours des 50 dernières années.* Revue internationale de droit comparé (París), 1955, 7, 35-52.

Silva Melero, V., *El torno a la escuela penal española.* ADP, 1954, 7, 439-50.

24 DERECHO PUBLICO. ADMINISTRACION. POLITICA

Bécker González, J., *La tradición política española. Apuntes para una biblioteca española de políticos y tratadistas de filosofía política.* M, 1896, 207.

Guaita Martorell, A., *Nueva bibliografía española de derecho administrativo.* M, 1969, 386.

Baena Alcázar, M., *Los estudios sobre Administración en la España del siglo XVIII.* M, 1968, 168.

Beneyto Pérez, J., *Textos políticos españoles de la baja edad media.* M, 1944, 384.

Beneyto Pérez, J., *Los orígenes de la ciencia política en España.* M, 1949, 414. 14

Bermejo, J. L., *El pseudo-Aristóteles en el pensamiento político español* [medieval]. REPol, 1971, 179, 85-101.

Codón Fernández, J. M., *Los teólogos juristas ibéricos, fundadores del moderno derecho político.* Burgense, 1962, 3, 423-32.

Dempf, A., *La filosofía cristiana del Estado en España.* M, 1961, 287.

Elías de Tejada, F., *Las doctrinas políticas en la Cataluña medieval.* B, 1950, 274.

Fernández Carvajal, R., *El pensamiento* [político] *español en el siglo XIX. Primer período,* en HGLH, IV, 2, 342-66.

Fernández de la Mora, G., *Maquiavelo visto por los tratadistas políticos españoles de la Contrarreforma.* Arbor, 1949, 13, 417-49.

Fernández de la Mora, G., *La estasiología en España.* REPol, 1961, 116, 5-48.

Galán Gutiérrez, E., *Esquema historicosistemático de la teoría de la escuela española del Siglo de Oro acerca de la esencia... del poder político.* RGLJ, 1953, 193, 57-91.

García Oviedo, C., *Los orígenes del derecho administrativo español.* RGLJ, 1943, 174, 577-600.

Hamilton, B., *Political thought in Sixteenth-century Spain...* Oxford, 1963, 201.

Jordana de Pozas, L., *Los cultivadores españoles de la ciencia de la Policía* [administrativa]. REVL, 1945, 17, 701-20.

Jover Zamora, J. M., *Sobre los conceptos de Monarquía y Nación en el pensamiento político español del siglo XVII.* CHE, 1950, 13, 101-50.

Juliá Andreu, G., *Clásicos políticos españoles.* Cuenca, 1956, 157.

Legaz Lacambra, L., *Doctrinas políticas de España,* en G. Mosca, *Historia de las doctrinas políticas.* M, 1941, 289-341.

Lucas Verdú, P., *Situación de la ciencia del derecho político en España.* ACJ, 1971, 1, 225-62.

Madden, M. R., *Political theory and law in medieval Spain.* Nueva York, 1930, xv+198.

Maravall Casesnoves, J. A., *La teoría española del Estado en el siglo XVII.* M, 1944, 428.

Maravall Casesnoves, J. A., *El pensamiento político en España del año 500 al 1300.* CHM, 1958, 4, 818-32.

Maravall Casesnoves, J. A., *Maquiavelo y maquiavelismo en España.* BRAH, 1969, 165, 183-218.

Meilán Gil, J. L., *La función pública española en la doctrina científica.* M, 1962, 101.

Pereña Vicente, L., *La Universidad de Salamanca, forja del pensamiento político español en el siglo XVI.* Salamanca, 1954, 170.

Rodríguez Aranda, L., *La recepción y el influjo de las ideas políticas de John Locke en España.* REPol, 1954, 76, 115-30.

Rodríguez Aranda, L., *El racionalismo en el pensamiento político español.* REPol, 1961, 119, 117-46.

Rosenthal, E. I. J., *La filosofía política en la España musulmana.* RO, 1969, 26, 259-80.

14 Sánchez Agesta, L., *El concepto del Estado en el pensamiento español del siglo XVI*. M, 1959, 192.

Santamaría Pastor, J. A., *Sobre la génesis del derecho administrativo español*. Sevilla, 1973, 164.

Silió, C., *Maquiavelo y el maquiavelismo en España...* M, 1941, 128

→ 21.83, Elías.

26 MILICIA

Barado, F., *Literatura militar española. Bosquejo histórico-bibliográfico*. M, 1890, lxxxiii+336.

Busquets, J., *Las publicaciones militares en España durante el siglo XIX*. EI, 1968, 6, 33-54.

Castrillo Mazeres, F., *La aportación de España al arte militar*. M, 1959, 91.

García de la Huerta, V., *Biblioteca militar española*. M, 1760, 129.

Historia militar, *Aportación de España a los estudios y trabajos sobre ____ comparada*. RInternacional de historia militar (M), 1950, 218-468.

Salas López, F., *Escritores militares contemporáneos*. M, 1967, 771.

Salas López, F., *Literatura militar*. M, 1963³, 396.

→ 1.12, Militares.

28 PEDAGOGIA

Blanco Sánchez, R., *Bibliografía pedagógica de las obras escritas en castellano o traducidas a este idioma*. M, 1908-12, 5 v.

Fernández Villabrille, F., *Bibliografía de la enseñanza de los sordomudos y de los ciegos. Catálogo de escritores españoles que se han ocupado de esta enseñanza...* M, 1852, 12.

Floriano Cumbreño, A. C., *Las fuentes para la historia de la pedagogía española*. REP, 1943, 1, 117-34.

Ochoa Vicente, J., *Bibliografía pedagógica de obras publicadas en los años 1930-1935*. M, 1947, 2 v.

Pérez Rioja, J. A., *Bibliografía pedagógica española. Selección de los años 1936 a 1957*. M, 1958, 66.

Borrell Felip, N., *Investigaciones españolas sobre enseñanza programada*. REP, 1965, 23, 557-60.

Casamayor, E., *La documentación pedagógica en España*. RE, 1956, 18, 87-91.
Desde 1882.

Forgione, J. D., *Huarte de San Juan, precursor español de la orientación profesional*. Historia (Buenos Aires), 1956, 2, 7-10.

Galino Carrillo, M. A., *Pedagogos contemporáneos españoles*, en F. de Hovre, *Pensadores contemporáneos*. M, 1951, 624.

Galino Carrillo, M. A., *Tres hombres y un problema. Feijóo, Sarmiento y Jovellanos ante la educación moderna*. M, 1953, 423.

García Hoz, V., *España. La investigación pedagógica...* REP, 1958, 16, 117-45.

López de Toro, J., *El primer tratado de pedagogía en España (1453)*. BUG, 1933, 5, 259-76.

Mallart, J., *Huarte y las modernas corrientes de ordenación profesional y social*. EHSE, 1952, 2, 113-51.

Prellezo, J. M., *Maria Montessori en España*. Orientamenti pedagogici (Milán), 1970, 17, 1565-86.

→ 13.00.

30 HISTORIOGRAFIA

Cirot, G., *Études sur l'historiographie espagnole. Les histoires générales d'Espagne entre Alphonse X et Philippe II*. Burdeos, 1904, xi+180.

Fernández Alvarez, M., *Breve historia de la historiografía española*. M, 1955, 127.

Sánchez Alonso, B., *Historia de la historiografía española*. M, 1947[2]-50, 3 v.
Hasta fines del siglo XVIII.

→ 10.39.

31 PREHISTORIA Y ARQUEOLOGIA

→ 1.12, **Arqueólogos**; 14.36.

32 EDAD MEDIA

Lacarra de Miguel, J. M., *Orientación de los estudios medievales en la España actual*. Clavileño, 1951, 12, 19-24.

Benito Ruano, E., *La historiografía en la alta edad media española...* CHE, 1952, 14, 50-104.

Coll Alentorn, M., *La historiografia de Catalunya en el període primitiu*. ER, 1952, 3, 139-96.

Catalán Menéndez, D., *De Alfonso X al Conde de Barcelos. Cuatro estudios sobre el nacimiento de la historiografía romance*. M, 1962, 454.

Chalmeta Gendrón, P., *Historiografía medieval hispana: arábica*. Al-Andalus, 1972, 37, 353-404.

Díaz Díaz, M. C., *La historiografía hispana desde la invasión árabe hasta el año 1000*, en *Settimane di Studio...* Spoleto, 1970, 313-43.

Gaspar Remiro, M., *Los cronistas hispano-judíos*. M, 1920, 79.

Guglielmi, N., *Panorama general de la historiografía asturleonesa*. AHAM, 1955, 105-22.

Hillgarth, J. N., *Historiography in visigothic Spain*, en *Settimane di Studio...* Spoleto, 1970, 261-311.

Menéndez Pidal, R., *Manuscritos. Crónicas generales de España*. M, 1918[3], x+240.

Moxó Ortiz, S., *Aproximación a la historiografía medieval española*, en *HomE. Alarcos*. Valladolid, 1967, II, 741-61.

14 Pons Boigues, F., *Los historiadores y geógrafos arábigo-españoles, 800-1450 A. D. Ensayo de un diccionario bio-bibliográfico*... M, 1898, 514.

Sánchez Albornoz, C., *Investigaciones sobre historiografía hispana medieval (siglos VIII al XII)*. Buenos Aires, 1967, 418.

Tate, R. B., *Mythology in spanish historiography of the middle ages and the renaissance*. HR, 1954, 22, 1-18.

Tate, R. B., *Ensayos sobre la historiografía peninsular del siglo XV*. M, 1970, 358.

Ubieto Arteta, A., *Notas sobre historiografía leonesa del siglo X*. AL, 1966, 20, 157-62.

33 SIGLOS XVI-XVIII

Esteve Barba, F., *Historiografía indiana*. M, 1964, 740.

Fernández Murga, F., *Roque Joaquín de Alcubierre, descubridor de Herculano, Pompeya y Estabia*. AEA, 1962, 35, 13-35.

Fernández Murga, F., *Los ingenieros españoles Roque Joaquín de Alcubierre y Francisco de la Vega, descubridores de Herculano, Pompeya y Estabia*. M, 1964, 36.

García Gallo, A., *El desarrollo de la historiografía jurídica indiana*. REPol, 1953, 70, 163-85.

Godoy Alcántara, J., *Historia crítica de los falsos cronicones*. M, 1868, 333.

Iglesia, R., *Cronistas e historiadores de la conquista de México. El ciclo de Hernán Cortés*. México, 1942, xi+288.

Montero Díaz, S., *La doctrina de la Historia, en los tratadistas españoles del Siglo de Oro*. Hispania, 1941, 1, IV, 3-39.

Morales Padrón, F., *Los grandes cronistas de Indias*. EAm, 1957, 14, 85-108.

Sánchez Alonso, B., *La literatura histórica en el siglo XVI*, en HGLH, III, 299-322.

Sánchez Alonso, B., *La literatura histórica en el siglo XVII*, en HGLH, III, 325-38.

Sánchez Diana, J. M., *Ideas españolas sobre la ciencia de la Historia en el siglo XVIII*. Theoria (M), 1954, 8, 51-64.

36 SIGLO XX

Ballesteros Gaibrois, M., *La moderna ciencia americanista española (1938-1950)*. RI, 1949, 10, 579-95.

Benito Ruano, E., *España y la colaboración histórica internacional*. Hispania, 1953, 13, 676-88.

Beckmann, J. D., *Dokumentation der spanischen Lateinamerika Forschung*. Hamburgo, 1971, 311.

Cirac Estopañán, S., *Estudio de la bizantinística en España*. Universidad, 1939, 16, 49-140.

Cuenca Toribio, J. M., *Radiografía de la historia española en 1971*. NT, 1971, 36, 106-16.

Jordá Cerdá, F., *Medio siglo de investigación prehistórica en España*... Zephyrus, 1964, 15, 134-45.

Jover Zamora, J. M., *Panorama of current spanish historiography.* CHM, 1961, 6, 1023-38. 14

Palacio Atard, V., *Consideraciones sobre la investigación actual de nuestra historia contemporánea.* M, 1969, 51.

Pericot García, L., *Medio siglo de prehistoria hispánica.* B, 1964, 102.

37 CIENCIAS AUXILIARES

Arco Garay, R., *Numismáticos aragoneses.* NH, 1953, 2, 53-80.

Fernández Galiano, M., *Papyrology in Spain.* Bulletin of the American Society of Papyrologist (New Haven), 1965, 2, 28-9.

García Morales, J., *Etapas y situación actual de la bibliografía.* BDGAB, 1958, 46, anexo s. n.

Macía Pons, T., *Eruditos del sello español* [filatélicos]. B, 1960, 122.

Menéndez Pelayo, M., *De re bibliographica,* en su *La ciencia española.* Santander, 1943, I, 57-84.

Millares Carlo, A., *El siglo XVIII español y los intentos de formación de un corpus diplomático.* RBAM, 1925, 2, 515-30.

Navascués, J., *Aportaciones a la museografía española.* M, 1959, 177 + láms.

Porcel Lacuadra, C., *Reseña bio-bibliográfica de autores de taquigrafía española.* M, 1954, 78.

Sala, M., *Aportación española a la ciencia papirológica.* Studia Papyrologica (B), 1972, 11, 7-24.

Sarrablo Aguareles, E., *Los archiveros españoles hasta mediados del siglo XIX.* RABM, 1958, 65, 19-37.

Simón Díaz, J., *La investigación bibliográfica sobre temas españoles,* en su *La bibliografía...* B, 1971, 45-87.

→ 1.12, **Archiveros, Bibliotecarios.**

40 LINGÜISTICA GENERAL Y ROMANICA. FILOLOGIA ESPAÑOLA

Alarcos García, E., *La doctrina gramatical de Gonzalo Correas.* Castilla (Valladolid), 1941, 1, 11-102.

Alonso, A., *Identificación de gramáticos españoles clásicos.* RFE, 1951, 35, 221-36.

Badía Margarit, A., *La filología catalana entre dos Congresos de Lingüística (1906-1953),* en *VII Congreso Internacional de Lingüística Románica.* B, 1955, I, 99-109.

Catalán Menéndez, D., *La escuela lingüística española y su concepción del lenguaje.* M, 1955, 169.

García González, C., *Contribución a la historia de los conceptos gramaticales. La aportación del Brocense.* M, 1960, 180.
→ 5.20.

Gili Gaya, S., *La lexicografía académica del siglo XVIII.* Oviedo, 1963, 23.

Griera Gaja, A., *El estado de los estudios de filología románica en España.* BDE, 1941, 25, 9-78.

14 Kukenheim, L., *Contributions à l'histoire de la grammaire italienne, espagnole et française à l'époque de la Renaissance.* Amsterdam, 1932, 232.

Lapesa Melgar, R., *Le dictionnaire historique de la langue espagnole,* en *Lexicologie et lexicographie françaises et romanes.* París, 1961, 21-7.

Lapesa Melgar, R., *Los diccionarios de la Academia.* BRAE, 1964, 44, 425-30.

Lázaro Carreter, F., *Las ideas lingüísticas en España durante el siglo XVIII.* M, 1949, 294.

Lomba Fuentes, J., *Una aportación hispano-musulmana a la filosofía del lenguaje.* Atlántida, 1965, 3, 94-100.

Lope Blanch, J. M., *Notas sobre los estudios gramaticales en la España del Renacimiento.* Anuario de Filología (Maracaibo), 1962, 1, 15-30.

Malkiel, Y., *Old and news trends in spanish linguistics.* Studies in Philology (Chapel Hill), 1952, 49, 437-58.

Malkiel, Y., *Filología española y Linguística General,* en *Actas del I CIH.* Oxford, 1964, 107-26.

Miquel Vergés, J. M., *¡La filologia catalana en el període de la decadència.* RCatalunya (B), 1938, 18, 63-80, 261-85, 429-62, 641-72.

Mourelle Lema, M., *La teoría lingüística en la España del siglo XIX.* M, 1968, 438.

Piñero Ramírez, P. M., *La «Ortografía castellana» del sevillano Mateo Alemán.* AH, 1967, 47, 179-239.

Roca Franquesa, J. M., *Las corrientes gramaticales de la primera mitad del siglo XIX...* Archivum, 1953, 3, 181-213.

Sánchez, J., *Evolution of the spanish dictionary.* H, 1944, 27, 131-7.

Senior, J., *Dos notas sobre Nebrija. I, Nebrija, iniciador de la gramática moderna; II, Su clasificación de las partes de la oración.* NRFH, 1959, 13, 83-8.
→ 5.20.

Webber, E. J., *A spanish linguistic treatise of the fifteenth century.* RPh, 1962, 16, 32-40.

→ 14.36.

42 FILOLOGIA Y ESTUDIOS CLASICOS

Bibliografía de los estudios clásicos en España (1939-1955). M, 1956, xvi+453.

Bibliografía de los estudios clásicos en España (1956-1965). M, 1968, xviii+486.

Menéndez Pelayo, M., *Bibliografía hispano-latina clásica.* M, 1950-3, 10 v.

Vallejo, J., *Papeletas de bibliografía hispano-latina clásica.* M, 1967, xiii+75.

Apráiz, J., *Apuntes para una historia de los estudios helénicos en España.* M, 1874, 192.

Demetrius, J. K., *Greek scholarship in Spain and Latin America.* Chicago, 1965, 144.

Gil Gil, L., *El humanismo español del siglo XVI.* EC, 1967, 11, 209-97.
Estudio de las lenguas clásicas.

Hompanera, P. B., *Helenismo en España durante la edad media.* LCD, 1923, 133, 258-64; 134, 36-44.

Julián, *Ars Iuliani Toletani Episcopi. Una gramática latina de la España visigoda.* Ed. y est. de M.A.H. Maestre Yenes. Toledo, 1973, cxii+244.

Lasso de la Vega, J. S., *La traducción de las lenguas clásicas al español como problema.* EC, 1967, 11, 87-140.

López Rueda, J., *Helenistas españoles del siglo XVI.* M, 1973, 464.

Maravall Casesnoves, J. A., *La estimación de Sócrates y del saber clásico en la edad media española.* RABM, 1957, 63, 5-68.

Riquer Morera, M., *Los clásicos de la «Fundación Bernat Metge».* Arbor, 1961, 49, 76-80.

Rubio, D., *Classical scholarship in Spain.* Washington, 1934, 205.

Viñas Mey, C., *Una página para la historia del helenismo en España* [Renacimiento]. M, 1922, 86.
También, RABM, 1921, 42, 168-98, 404-29, 560-73; 1922, 43, 134-40.

→ 1.14, 14.36.

43 FILOLOGIA Y ESTUDIOS SEMITICOS. ORIENTALISMO

Epalza, M., *Bibliografía general árabe e islámica en España (1960-1964).* BAEO, 1966, 2, 131-75.

Rodríguez Jouliá, C., *Ensayo de bibliografía menor hispanomusulmana... Siglos XVI, XVII y XVIII.* M, 1970, xix+377.

Bosch Vilá, J., *El orientalismo español. Panorama histórico. Perspectivas actuales.* BAEO, 1967, 3, 175-88.

Monroe, J. T., *Islam and the Arabs in spanish scholarship (sixteenth century to the present).* Leiden, 1970, 297.

Cabanelas Rodríguez, D., *Ibn Sida de Murcia. El mayor lexicógrafo árabe de Al-Andalus.* Granada, 1966, 188.

Cortabarría Beitia, A., *L'état actuel des études arabes en Espagne.* Mélanges. Institut Dominicain d'études orientales du Caire, 1966, 8, 75-130.
También, Las Caldas de Besaya, 1968, 94.

Frade, F., *El impulso de los estudios orientalistas en España.* Ampurias (B), 1965, 27, 353-5.

González Palencia, A., *El arabismo español y los estudios literarios.* BSS, 1947, 24, 108-16.

Levy, R., *The current revival of hebrew studies in Spain.* Jewish Forum (Nueva York), 1941, 24, 156-61.

López de Toro, J., *Arias Montano, orientalista. Notas sobre sus gramáticas hebrea y árabe.* REE, 1953, 9, 161-74.

Manzanares de Cirre, M., *Arabistas españoles del siglo XIX.* M, 1972, 221.

Pascual Recuero, P., *El primer diccionario hebreo-español, de García Blanco.* MEAH, 1970, 19, 66-87.

14 Seco de Lucena, E., *Arabismo granadino: el Centro de estudios históricos de Granada...* MEAH, 1958, 7, 99-135.

→ 13.36, 14.40, Lomba; 17.46, Granja.

44 OTRAS FILOLOGIAS

Angeles Caballero, C. A., *Las gramáticas de la lengua quechua hasta 1690.* Mercurio Peruano (Lima), 1956, 37, 178-94.

Barreiro, A. J., *Los misioneros españoles y la filología.* Archivo Agustiniano (M), 1931, 18, 321-34.

Carrocera, B., *Trabajos lingüísticos de los misioneros españoles capuchinos.* EstMarianos (M), 1946, 2, 235-49.

Cisneros, L. J., *La primera gramática de la lengua general* [quechua] *del Perú.* BolInst Riva Agüero (Lima), 1952, 1, 197-264.

González, J. M., *Apuntes acerca de la filología misional dominicana de Oriente.* España Misionera (M), 1955, 12, 143-79. Siglos XVIII-XX.

Muñoz Manzano, C., *Escritos de los portugueses y castellanos referentes a las lenguas de China y el Japón. Estudio bibliográfico.* Zaragoza, 1892, 139.

Pazos, M. R., *Misionología mejicana. Lingüistas y políglotas franciscanos.* Tánger, 1962, 233.

Phelan, J. L., *Philippine linguistics and spanish missionaries, 1565-1700.* Mid-America (Chicago), 1955, 37, 153-70.

Rubio, A., *...Trabajos filológicos en Indias durante los siglos XVI, XVII y XVIII.* Panamá, 1938, 42.

→ 7.50, Rey; 14.36.

45 LINGÜISTICA APLICADA. TRADUCCION

Alonso Alonso, M., *Notas sobre los traductores toledanos Domingo Gundisalvo y Juan Hispano.* Al-Andalus, 1943, 8, 156-88.

Alonso Alonso, M., *Traducciones del arcediano Domingo Gundisalvo.* Al-Andalus, 1947, 12, 295-338.

Alonso Alonso, M., *Traducciones del árabe al latín por Juan Hispano.* Al-Andalus, 1952, 17, 129-51.

Alonso Alonso, M., *Juan Sevillano: sus obras propias y sus traducciones.* Al-Andalus, 1953, 18, 17-49.

Alonso Alonso, M., *Coincidencias verbales típicas en las obras y traducciones de Gundisalvo.* Al-Andalus, 1955, 20, 129-52, 345-79.

Alonso Alonso, M., *Traducciones arábigo-latinas en el siglo XIV o a fines del siglo XIII.* EstLulianos (Palma de Mallorca), 1964, 8, 54-65.

Alverny, M. T. D', y G. Vajda, *Marc*[os] *de Tolède, traducteur d'Ibn Tumart.* Al-Andalus, 1951, 16, 99-140, 259-307; 1952, 17, 1-56.

Coll, J. M., *Escuelas de lenguas orientales en los siglos XIII-XIV.* AST, 1944, 17, 115-38; 1945, 18, 59-89; 1946, 19, 217-40.

García Fayos, L., *El Colegio de traductores de Toledo y Domingo Gundisalvo.* RBAM, 1932, 9, 109-23.

González Palencia, A., *El arzobispo Don Raimundo de Toledo y los traductores de Toledo.* B, 1942, 202.

Lemay, R., *Dans l'Espagne du XII siècle. Les traductions de l'arabe au latin.* AESC, 1963, 18, 639-65.

Menéndez Pidal, G., *La Escuela de traductores de Toledo,* en HGLH, I, 277-89.

Menéndez Pidal, G., *Cómo trabajaron las escuelas alfonsíes.* NRFH, 1951, 5, 363-80.

Millás Vallicrosa, J., *Literalismo de los traductores de la Corte de Alfonso el Sabio.* Al-Andalus, 1933, 1, 155-87.
También, en su *Estudios sobre historia...* B, 1949, 349-58.

Millás Vallicrosa, J. M., *Las traducciones orientales en los manuscritos de la biblioteca de la Catedral de Toledo.* M, 1942, 376.

Millás Vallicrosa, J. M., *La corriente de las traducciones científicas de origen oriental hasta fines del siglo XIII.* CHM, 1954, 2, 395-428.

Millás Vallicrosa, J. M., *Las primeras traducciones científicas de origen oriental hasta el siglo XII,* en su *Nuevos estudios...* B, 1960, 79-115.

Morreale, M., *Apuntes para la historia de la traducción en la edad media.* RL, 1959, 8, 1-8.

Rivera Recio, J. F., *Nuevos datos sobre los traductores Gundisalvo y Juan Hispano.* Al-Andalus, 1966, 31, 267-80.

Sánchez Albornoz, C., *Observaciones a unas páginas de Lemay sobre los traductores toledanos.* CHE, 1965, 42, 313-24.
También, en su *Miscelánea...* León, 1970, 479-89.

Schipperges, H., *Die Schulen von Toledo in ihrer Bedeutung für die abendlandische Wissenschaft.* Marburger Sitzungsberichte, 1962, 82, 3-18.

Teicher, J. L., *The latin-hebrew school of translators in Spain in the twelfth century,* en *HomJ. M. Millás.* B, 1956, II, 403-44.

→ 1.14, 13.36.

46 ESTUDIOS LITERARIOS

Carballo Picazo, A., *Los estudios de preceptiva y métrica españolas en los siglos XIX y XX.* RL, 1955, 8, 23-56.

Carballo Picazo, A., *El saber literario,* en HGLH, VI, 341-73.

Castañón Díaz, J., *El «Diario de los literatos» de España. Juicios críticos e ideas literarias.* Estudios (M), 1958, 14, 33-101, 321-72, 553-87.

Castañón Díaz, J., *La crítica literaria en la prensa española del siglo XVIII.* M, 1973, 319.

Correa, G., *Ultimas tendencias de la crítica literaria española.* Symposium (Syracuse), 1953, 7, 213-31.

Faulhaber, Ch., *Latin rethorical theory in thirteenth and fourteenth century Castile.* Berkeley, 1972, vi+166.

Gómez de Salazar, J., *«Diario de los literatos de España».* Gaceta de la Prensa española (M), 1958, 12, 879-85.

Kahut, K., *Las teorías literarias en España y Portugal durante los siglos XV y XVI.* M, 1973, xii+55.

Makowiecka, G., *Luzán y su poética.* B, 1973, 264.

14 Martí, A., *La preceptiva retórica española en el Siglo de Oro.* M, 1972, 346.
También, HR, 1970, 38, 264-98.

Rico Verdú, J., *La retórica española de los siglos XVI y XVII.* M, 1973, 370.

Shepard, S., *El Pinciano y las teorías literarias del Siglo de Oro.* M, 1962, 228.

Sáinz Rodríguez, P., *Don Bartolomé José Gallardo y la crítica literaria de su tiempo.* RH, 1921, 51, 211-304, 321-595.

Vilanova Andreu, A., *Preceptistas de los siglos XVI y XVII,* en HGLH, III, 567-692.

Ynduráin Hernández, F., *La critica spagnola contemporanea.* Convivium (Turín), 1956, 24, 321-30.

Zulueta, E., *Historia de la crítica española contemporánea.* M, 1966, 454.

→ 17.04, Díez.

48 ARTE. ESTETICA

Zamora Lucas, F., y E. Ponce de León, *Bibliografía española de Arquitectura, 1526-1850.* M, 1947, 205.

Menéndez Pelayo, M., *Historia de las ideas estéticas en España.* M, 1946-7, 5 v.

Borghini, V., *Problemi d'estetica e di cultura nel Settecento (Feijóo, Luzán, Arteaga).* Génova, 1958, 306.

Collet, H., *Contribution à l'étude des théoriciens espagnols de la musique au XVIe. siècle.* Année musicale (París), 1912, 2, 1-63.

Crítica, *La _____ de arte en España.* M, 1967, 394.
Antología de numerosos críticos.

León Tello, F. J., *La teoría española de la música en los siglos XVII y XVIII.* M, 1973, 776 + láms.

Menéndez Pelayo, M., *Tratadistas de Bellas Artes en el Renacimiento español,* en su *Estudios y discursos...* M, 1942, VII, 141-207.

Querol Gavaldá, M., *La escuela estética catalana contemporánea.* M, 1953, xiv+349.

Shepard, S., *La teoría del buen gusto entre los humanistas.* RFE, 1965, 48, 415-21.

49 MEDIOS INFORMATIVOS

Varela, S., *Bibliografía española sobre radio y televisión.* REOP, 1972, 27, 359-68.

→ 13.39.

51 MATEMATICAS

Igual, J., *Bibliografía matemática española fuera de España y anterior al siglo XIX.* RLibros (M), 1914, 12, 56-69.

Rey Pastor, J., *Bibliografía matemática del siglo XVII.* RLibros (M), 1913, 4, 33-47; 1914, 7, 21-31; 8, 34-40. **14**
Sánchez Pérez, J. A., *Bibliografía matemática española.* BHi, 1948, 1, 11-29, 111-31.
Vera, F., *Historia de la matemática en España.* M, 1929-33, 4 v.
Vera, F., *Los historiadores de la matemática española.* M, 1935, 168.

Alonso, A. V., *Catálogo de los matemáticos españoles.* RCalasancia (M), 1889, 3, 138-48.
Carreras Artau, J., *Algunos antecedentes hispanos de la combinatoria de Leibnitz.* Las Ciencias, 1948, 13, 649-57.
Echegaray, E., ...*El arte del ingeniero y el cultivo de las Matemáticas en España,* en *La España del siglo XIX.* M, 1886, II, 189-215.
Echegaray Eizaguirre, J., *De las matemáticas puras en España.* M, 1866, 53.
Garma Pons, S., *Las matemáticas en España en los principios del siglo XIX. Don Josef Mariano Vallejo.* RO, 1973, 40, 105-14.
Martínez Carrillo, J. A., *Las matemáticas en la España del siglo XIX.* Almenara (Burjasot), 1963, 2, 147-53.
Peñalver Bachiller, P., *Bosquejo de la matemática española en los siglos de la decadencia.* Sevilla, 1930.
Plans Freyre, J. M., *Las Matemáticas en España en los últimos cincuenta años.* Ibérica (B), 1926, 25.
Rey Pastor, J., *Historia de las matemáticas en España durante el siglo XIX,* en *Congreso de la AsEspañola para el progreso de las ciencias.* Valladolid, 1915, I, 7-20.
Rey Pastor, J., *Los matemáticos españoles del siglo XVI.* M, 1926, 162.
Rodríguez, A., *El primer álgebra impresa y publicada en lengua castellana.* LCD, 1915, 101, 170-85.
Sánchez Pérez, J. A., *Biografías de matemáticos árabes que florecieron en España.* M, 1921, 164.
Sánchez Pérez, J. A., *La matemática española en el siglo XVII.* M, 1935, 41.
Vera, F., *La matemática de los musulmanes españoles.* Buenos Aires, 1947, 236.

52 ESTADISTICA

Sanz Serrano, A., *Resumen histórico de la estadística en España.* M, 1956, xvi+224.

Díez Poyatos, J. L., *Libros de estadística.* ELE, 1958, 1, 445-50.
Lacomba, J. A., ... *Las estadísticas de la Restauración.* EG, 1963, 24, 39-55.
Publicaciones estadísticas de España. M, 1956, 202.
Royo López, J., *Centenario de la estadística en España.* Arbor, 1957, 36, 99-104.

14 53 ASTRONOMIA

García Franco, S., *Los cuadrantes astronómicos.* RGeneral de Marina (M), 1959, 157, 665-9.

López Piñero, J. M., *Galileo en la España del siglo XVII.* RO, 1966, 4, 99-108.

Millás Vallicrosa, J. M., *La aportación astronómica de Pedro Alfonso.* Sefarad, 1943, 3, 65-105.
También, en su *Estudios*... B, 1949, 197-217.

Millás Vallicrosa, J. M., *El quehacer astronómico de la España árabe.* RIEI, 1957, 5, 49-64.

Soriano Viguera, J., *La astronomía de Alfonso X el Sabio*... M, 1926, 173.

Vela, V., *Un telescopio español del siglo XVIII.* Arbor, 1955, 31, 462-76.

Vernet Ginés, J., *Dos notas sobre historia de la astronomía árabe.* Urania (Tarragona), 1949, 34, 50-4.

54 GEOLOGIA

Fallot, P., *Le progrès de la géologie en Espagne depuis cent ans.* M, 1949, 43.
También, Memorias de la RAc de Ciencias exactas... (M), 1950, 11, 116-55.

Hernández Sampelayo, P., y J. M. Ríos, *Ahora hace cien años.* BolInstGeológico y Minero (M), 1948, 20, iii–lxxi.
Fundación del Instituto.

Lozano Cabo, F., *Sesenta años de historia oceanográfica en España. El Instituto Español de Oceanografía.* RGeneral de Marina (M), 1969, 176, 567-76.

Mallada Pueyo, L., *Los progresos de la geología en España durante el siglo XIX.* M, 1897, 89.

Messeguer Pardo, J., *Los jerarcas de nuestra geología,* en *Libro jubilar del Instituto Geológico*... M, 1950, I, 3-57.

Oceanográfica, *La investigación* _____. ICE, 1972, 470, 111-6.

Publicaciones del Instituto Geológico y Minero de España. M, 1952, 37.

→ 13.32, 14.84.

55 FISICA. QUIMICA. ALQUIMIA

Díaz de la Jara, J., *Bibliografía química de autores españoles.* M, 1924, 48.

Faces Virgili, J., *Los químicos de Vergara y sus obras.* M, 1909.

Gregorio Rocasolano, A., *La escuela de Química de Zaragoza.* Universidad, 1936, 13, 254-87.

Guzmán Cairancio, J., *El atomismo en España. Noticia histórica.* Anales de Física y Química (M), 1946, 42, 5-6.

Lora Tamayo, M., *La química médica en España.* B, 1970, 28.

Luanco, J. R., *La alquimia en España.* B, 1889-97, 2 v.

Moreno Alcañiz, E., *Facetas de la alquimia y alquimistas españoles.* Anales de Física y Química (M), 1946, 42, 179-90. 14

Rodríguez Mourelo, J., *...Historia y estado actual de las ciencias físicas,* en *La España del siglo XIX.* M, 1886, II, 405-67.

Ruska, J., *La participación de España en el desarrollo de la alquimia.* Investigación y Progreso (M), 1933, 7, 284-7.

Villena, L., *Cincuenta años de Física en España.* Arbor, 1956, 33, 220-7.

→ 13.32, 14.84.

57 CIENCIAS BIOLOGICAS

Arévalo Carretero, C., *La Historia Natural en España.* M, 1935, vii+149.

Barras de Aragón, F., *Desarrollo de las ciencias naturales en España y especialmente en Sevilla.* Sevilla, 1914.

Alvarez López, E., *La Botánica en España y sus provincias de Ultramar durante el siglo XVIII.* M, 1954.

Azpeitia Moro, F., *La diatomología española en los comienzos del siglo XX.* M, 1911, 320 + láms.

Barras de Aragón, F., *Los naturalistas españoles en Filipinas hasta fines del siglo XVIII.* Las Ciencias, 1948, 13, 879-95.

Barreiro, A. J., *Los orígenes de la Historia Natural y las primeras manifestaciones de esta ciencia en España,* en *Congreso de la AsEspañola para el progreso de las Ciencias.* Salamanca, 1923, I, 109-38.

Bellot Rodríguez, F., *Pourret, Colmeiro, Planellas y Antonio Casares Gil. La escuela botánica compostelana.* Santiago, 1956, 45.

Bellot Rodríguez, F., *Una época en la botánica española (1871-1936).* M, 1967, 73.

Colmeiro Penido, M., *La Botánica y los botánicos de la Península Hispano-Lusitana. Estudio bibliográfico y biográfico.* M, 1858, xi+256.

Dusmet Alonso, J. M., *Apuntes para la historia de la Entomología de España,* en *VI CongrAsEspañola para el progreso de las ciencias.* Sevilla, 1917, I, 205-84.

Dusmet Alonso, J. M., *Recuerdos para... la historia de la Entomología de España.* M, 1944.

Furlong, G., *Naturalistas argentinos durante la dominación hispánica.* Buenos Aires, 1948, 440.

Laín Entralgo, P., *Cien años de ciencia natural española.* RO, 1973, 41, 50-64.

Meyerhof, M., *Esquisse d'histoire de la pharmacologie et botanique chez les musulmans d'Espagne.* Al-Andalus, 1935, 3, 1-41.

Muñoz Medina, J. M., *Historia del desarrollo de la Botánica en España.* Pamplona, 1969, 34.

Pérez Arcas, L., *Bosquejo de la bibliografía zoológica española.* M, 1968.

14 Rodríguez Mourelo, J., ...*Historia, progresos y estado actual de las ciencias naturales en España,* en *La España del siglo XIX.* M, 1886, II, 325-404.

→ 5.20, **Lázaro Ibiza**; 14.98.

60 MEDICINA

Hernández Morejón, A., *Historia bibliográfica de la Medicina española.* M, 1842-50, 7 v.

S[ánchez] Granjel, L., *Bibliografía histórica de la Medicina española.* Salamanca, 1965-6, 2 v.

S[ánchez] Granjel, L., y M. T. Santander Rodríguez, *Bibliografía española de historia de la medicina.* Salamanca, 1957, I, 242.

Alvarez Sierra, J., *Diccionario de autoridades médicas españolas.* M, 1963, 593.
Biografías.

Chinchilla, A., *Anales históricos de la Medicina en general y biográfico-bibliográficos de la española en particular.* Valencia, 1841-6, 8 v.

Diccionario médico biográfico español. M, 1971, 407.

García del Real, E., *Historia de la Medicina en España.* M, 1921-2, 2 v.

S[ánchez] Granjel, L., *Historia de la Medicina española.* B, 1962, 205.

S[ánchez] Granjel, L., y M. T. Santander Rodríguez, *Indice de médicos españoles.* Salamanca, 1962, 112.

Alvarez Sierra, J., *Médicos madrileños famosos. Biografía y bibliografía.* M, 1934, vii+261.

Alvarez Sierra, J., *Influencia de San Juan de Dios y de su Orden en el progreso de la Medicina y de la Cirugía.* M, 1950, 161.

Comenge, L., *La Medicina en Cataluña. Bosquejo histórico.* B, s. a., 196.

Fernández Ruiz, C., *Historia de la Medicina palentina.* Palencia, 1959, 137.

Jaén Albaitero, J., *Historia de la Medicina del país vasco-navarro.* TCHCM, 1935, 4, 265-74.

Martínez, F. A., *The contribution of Spain to Medicine.* Bulletin of Georgetown University Medical Center, 1957, 11, 53-7.

Moreno Rodríguez, A., *Los médicos segovianos.* ES, 1962, 14, 189-218.

Nasio, J., *Influencia de la Medicina española de los siglos XVI, XVII y XVIII sobre la medicina internacional.* AIHM, 1957, 9, 351-6.

S[ánchez] Granjel, L., *Médicos españoles.* Salamanca, 1967, 374.
Miscelánea.

S[ánchez] Granjel, L., *Capítulos de la medicina española.* Salamanca, 1971, 409.

Vázquez González, F., *La Medicina en Cantabria... hasta 1930.* Santander, 1930, 301.

→ 1.12, **Médicos**; 7.21, Riquelme; 13.37, 15.17.

61 EDAD ANTIGUA 14

Bosch Miralles, J., *La medicina canaria en la época prehispánica.* AEAtl, 1961, 7, 539-620.

Cassani, J. L., *La medicina romana en España y su enseñanza.* CHE, 1949, 12, 51-69.

García Alvarez, M. R., *La medicina en la Galicia prerromana.* AIHM, 1951, 3, 275-93.

Iñiguez Ortiz, M., *Numancia y la medicina de la antigua Iberia.* Zaragoza, 1916, 75.

Sanabria Escudero, M., *La medicina emeritense en las épocas romana y visigoda.* REE, 1964, 20, 53-84.

Zaragoza Rubira, R., *La Medicina en la España antigua.* CHME, 1964, 4, 131-89.
También, Valencia, 1965.

62 EDAD MEDIA

Cardoner Planas, A., *Història de la Medicina a la Corona d'Aragó, 1162-1479.* B, 1973, 300.

Comenge, L., *Contribution à l'étude de l'histoire de la Médicine dans le Royaume d'Aragón (moyen âge).* Janus (Harlem), 1903, 8, 574-82.

Fernández Martínez, F., *La medicina árabe en España.* B, 1936, 317.

García Ballester, L., *La medicina valenciana del siglo XIV*, en *Actas del I Congreso español de historia de la Medicina.* M, 1963, 371-86.

García Llauradó, J., *La medicina medieval en Cataluña.* Medicamenta (M), 1951, 16, 29-32.

Gonzalo Maeso, D., *La medicina y los médicos hispanojudaicos en la edad media.* Actualidad médica (Granada), 1946, octubre, 553-78.

Martínez Loscos, C., *Orígenes de la Medicina en Aragón: los médicos árabes y judíos.* JZ, 1954, 7, 7-61.

Peset Vidal, J. B., *Memoria sobre la Medicina hispanogoda.* CHME, 1962, 1, 5-23.

Riquelme Salar, J., *Médicos árabes en el reino moro de Murcia.* Galatea (Alicante), 1955, 3, 85-125.

Rodríguez Tejerina, J. M., *La medicina medieval en Mallorca.* Felanitx, 1962, 169.

Ruiz Moreno, A., *La medicina en la legislación medieval española.* Buenos Aires, 1946.

Zaragoza Rubira, J. R., *La medicina medieval española según los relatos de viajeros extranjeros.* CHME, 1966, 5, 27-76.

Zaragoza Rubira, J. R., *La medicina hispano-goda según las actas conciliares.* CHME, 1968, 7, 15-34.

Zubiri Vidal, F., *La ciencia médica del Al-Andalus en los siglos XI y XII.* Zaragoza, 1956, 16.

14 63 SIGLOS XVI-XVIII

Ainsa Font, M. M., *Contribución al estudio de la peste bubónica en España: Juan Tomás Porcell.* TCHCM, 1935, 4, 275-83.

López Piñero, J. M., *La medicina del Barroco español.* RUM, 1962, 11, 479-515.

Muñoz Garrido, R., *Empíricos sanitarios españoles de los siglos XVI y XVII.* CHEM, 1967, 6, 101-33.

S[ánchez] Granjel, L., *Panorama de la medicina española durante el siglo XVIII.* RUM, 1960, 9, 675-702.

Santander Rodríguez, M. T., *Hipócrates en España. Siglo XVI.* Salamanca, 1971, viii+419.

Subiza, E., *Los médicos de Felipe II. Aportación a su estudio.* AIHM, 1954, 6, 377-90.

Villa Río, P., *Casal en Oviedo. Estudio documental de los médicos, cirujanos y boticarios de Oviedo en el siglo XVIII.* Oviedo, 1967, 325.

Zubiri Vidal, F., *La medicina aragonesa en el siglo XVII.* Clínica y laboratorio (Zaragoza), 1958, 65, 203-15.

→ 6.42.2, Torres; 7.47, 7.84.

65 SIGLOS XIX-XX

Carreras Artau, T., *Estudio sobre médicos filósofos españoles del siglo XIX.* B, 1952, 416.

Casassas Simó, O., *La medicina catalana del siglo XX.* B, 1970, 239.

Comenge, L., *La medicina en el siglo XIX. Apuntes para la historia de la cultura médica en España.* B, 1914, 698.

Ramos, T., *La polémica hipocrática en la medicina española del siglo XIX.* AIHM, 1954, 6, 115-61.

→ 7.84.

66 ANATOMIA. HISTOLOGIA. CIRUGIA

Blanc Benet, J., *Datos para una bibliografía quirúrgica española.* B, 1895-6, 142.

Alvarez Sierra, J., *Historia de la Cirugía española. Con un diccionario bio-bibliográfico de cirujanos españoles, hispanoamericanos y filipinos.* M, 1961, 651.

Alberti López, L., *La anatomía y los anatomistas españoles del Renacimiento.* M, 1948, 276.

Alvarez Sierra, J., *Anatómicos madrileños famosos.* M, 1953, 46.

Celma Delgado, R., *Cirujanos aragoneses (siglos XVII y XVIII).* Zaragoza, 1968, 96.

Escribano García, V., *La anatomía y los anatómicos españoles del siglo XVI.* Granada, 1902, 48.

Escribano García, V., *Datos para la historia de la anatomía y cirugía españolas en los siglos XVIII y XIX.* Granada, 1916, 112.

Escribano García, V., *La cirugía y los cirujanos españoles del siglo XVI.* Granada, 1937-8, 2 v.

López Piñero, J. M., y L. García Ballester, *Antología de la escuela anatómica valenciana del siglo XVI.* Valencia, 1962, 71. 14

López Piñero, J. M., y otros, *La trepanación en España. Clásicos neuroquirúrgicos españoles...* M, 1967, xii+480.

Riera, J., *Los textos quirúrgicos españoles en la primera mitad del siglo XVIII.* CHME, 1966, 5, 77-128.

Riera, J., *Los textos quirúrgicos españoles en la segunda mitad del siglo XVIII.* CHME, 1968, 7, 35-133.

S[ánchez] Granjel, L., *Anatomía española de la Ilustración.* Salamanca, 1963, 106 + láms.

S[ánchez] Granjel, L., *Cirugía española del Renacimiento.* Salamanca, 1968, 85 + láms.

Terrada Ferrandis, M. L., *La anatomía microscópica en España... durante el Barroco y la Ilustración.* Salamanca, 1969, 76.

Terrada Ferrandis, M. L., y R. Marco, *Historia de la histología española anterior a Cajal.* Salamanca, 1965.

Valle Inclán, C., *Los médicos de Felipe V y el resurgimiento de la anatomía española en el siglo XVIII.* AIHM, 1949, 1, 387-9.

Valle Inclán, C., *El léxico anatómico de Bernardino Montaña de Monserrate y de Juan Valverde.* AIHM, 1949, 1, 121-88.

Valle Inclán, C., *El léxico anatómico de Porras y de Martín Martínez.* AIHM, 1952, 4, 141-228.

→ 14.63, Villa.

67 PEDIATRIA. PUERICULTURA

Morales, J. L., *Indice bibliográfico de la Pediatría y Puericultura españolas.* M, 1960, 2 v.

Usandizaga, M., *Catálogo de los libros españoles de pediatría anteriores a 1850.* B, 1952, 37.

Villaplana Satorre, E., *Bibliografía histórica de la pediatría española.* TCHCM, 1935, 4, 119-28.

S[ánchez] Granjel, L., *Historia de la Pediatría española.* Salamanca, 1965, 111 + láms.

Jacob Castillo, M., *La Pediatría y Puericultura en España durante el siglo XVIII.* CHME, 1962, 1, 123-68.

Morales, J. L., *El momento actual de la Puericultura en España.* Las Ciencias, 1955, 20, 515-26.

S[ánchez] Granjel, L., *Pediatría medieval española.* BolSoc castellano-astur-leonesa de Pediatría (Salamanca), 1964, 5, 273-80.

Zaragoza Rubira, J. R., *La pediatría en la España antigua.* CHME, 1964, 3, 197-217.

68 SIQUIATRIA

Peset Llorca, V., *Una introducción a la historia de la Psiquiatría en España.* Medicina Clínica (B), 1961, 37, 369-79.

Ullesperger, J. B., *La historia de la Psicología y de la Psiquiatría en España desde los más remotos tiempos hasta la actualidad.* M, 1954, xii+206.

14 Vallejo Nájera, A., *Evolución histórica de las ideas psiquiátricas hispánicas.* Gaceta médica española (M), 1949, 23, 41-6.

Ferrer Hombravella, J., *Aportaciones a la historia de la psiquiatría española.* Medicina clínica (B), 1948, 11, 440-51.

Marañón Posadillo, G., *Psiquiatras de España,* en su *Raíz y decoro...* M, 1941[2], 209-29.

Peraza de Ayala, T., *La Psiquiatría española en el siglo XIX.* M, 1947, xiv+160.

Peset Llorca, V., *Sobre la psiquiatría española del siglo XIX.* AIHM, 1950, 2, 622-7.

Peset Llorca, V., *Nuevos datos sobre la psiquiatría española del siglo XIX.* Gaceta médica española (M), 1950, 24, 199-216.

Soutullo López, A., *Notas para el estudio de la Psiquiatría española (siglo XIX).* TCHCM, 1935, 4, 305-11.

→ 9.59.

69 OTRAS ESPECIALIDADES MEDICAS

Abadal Pérez, J., *Resumen histórico de la Oftalmología en España.* TCHCM, 1933, 1, 149-62.

Betés Polo, L. E., *Historia de la logopedia en España.* Acta Oto-Rino-Laringológica Ibero-Americana (B), 1963, 14, 77-104.

Carretero Muriel, M., *Estado de la hidrología médica española en los siglos XVII y XVIII.* M, 1894, 33.

Cifuentes Díaz, P., *Bosquejo histórico de la Urología en España anterior al siglo XIX.* M, 1945, 95.

Gallart Esquerdo, A., *Historia de la Gastroenterología española.* B, 1955.

Gómez Pérez, R., *Evolución de los estudios de hidrología en España. Evolución histórica de la cura balnearia.* Medicina (M), 1947, 15, 209-40.

Hernández Benito, E., *El saber oftalmológico en la medicina renacentista española.* Publicaciones del Seminario de historia de la medicina (Salamanca), 1957, 1, 137-222.

Hernández Benito, E., *La oftalmología española del siglo XVIII.* Salamanca, 1959, 36.

Irigoyen Corta, M., *La odontología española del siglo XVIII.* Salamanca, 1967, 78.

Málaga Guerrero, S., *La hidrología española del siglo XVIII.* CHME, 1969, 8, 169-218.

Martínez Sánchez, J., *Bibliografía de la odontología española...* M, 1911, 63.

Menacho, M., *Notas para la historia de la oftalmología hispánica.* B, 1927, 47.

Merck Luengo, J. G., *La Quimiatría en España.* AIHM, 1959, 11, 138-244.

Munoa Ruiz, J. L., *Historia de la oftalmología contemporánea.* CHME, 1964, 3, 41-87. Siglos XIX-XX.

Oliver Rubio, F., y F. Zubiri Vidal, *La oftalmología árabe en la España musulmana durante los siglos XI y XII.* Clínica y laboratorio (Zaragoza), 1960, 69, 309-18. 14

Pansier, P., *Breve conspecto de la oftalmología árabe.* Masnou, 1956, 55.

Pareja Garrido, J., *Aportación de los médicos españoles al estudio de la sifiliografía.* BUG, 1932, 4, 745-55.

Piga, A., *Contribución española al progreso de la Medicina legal.* Práctica médica (M), 1945, 3, 35-42.

Plata Marcos, M., *Estudios biográfico-bibliográficos de la medicina militar española.* M, 1882[2], 339.

Pulido Cuchi, R., *Notas para una historia de la Otorrinolaringología en España.* TCHCM, 1933, 1, 475-509.

Riera, R., *La Urología española del siglo XVIII.* CHME, 1965, 4, 55-89.

Sánchez Arcas, R., *Historia de la operación cesárea en España.* M, 1950, 89.

S[ánchez] Granjel, L., *La oftalmología española en el siglo XVII.* CHME, 1963, 2, 3-21.

S[ánchez] Granjel, L., *Historia de la oftalmología española.* Salamanca, 1964, 153 + láms.

Sánchez Martín, A., *El saber tocoginecológico en la medicina española de la primera mitad del siglo XVIII.* Salamanca, 1958, 73-152.

Urología, *Historia de la _____ española,* en *Actas del II Congreso español de historia de la Medicina.* Salamanca, 1966, I, 45-253.

Usandizaga, M., *Historia de la obstetricia y de la ginecología en España.* Santander, 1944, xvi+361 + láms.

Usandizaga, M., *La ginecología española en el siglo actual.* Acta Gynaecologica et Obstetrica Hispano-Lusitana (Oporto), 1958, 7, 337-52.

Vila Coro, A., *Historia de la oftalmología catalana.* B, 1971, 63.

Zamora Nodal, J. V., *La patología cardiovascular y respiratoria en la medicina española del siglo XVIII.* CHME, 1964, 3, 219-53.

Zaragoza Rubira, J. R., *La medicina del trabajo en la España antigua.* BolSoc española de Historia de la Medicina (M), 1962, 3, 12-6.

→ 9.69.

81 AGRONOMIA. ZOOTECNIA

Antón Ramírez, B., *Diccionario de bibliografía agronómica...* M, 1865, xx+1016.

Cañizo Gómez, J., *Bibliografía forestal española.* BolBibliográfico agrícola (M), 1949, 8, 49-51.

Cañizo Gómez, J., y C. Laburu, *Bibliografía agronómica española, 1855-1955.* M, 1957, xxix+1005.

Jordana Morera, J., *Apuntes bibliográfico-forestales, o sea breve resumen de los libros, folletos... relativos al cultivo... de los montes, arbolados... caza y pesca.* M, 1873, v+320.

14 Llorente Lázaro, R., *Compendio de la bibliografía de la Veterinaria española, con algunas noticias históricas*... M, 1856, 704.

Palau Claveras, A., *Bibliografía hispánica de Veterinaria y equitación, anterior a 1901*. M, 1973, xii+162.

Tolsada Picazo, F., *Bibliografía española de Agricultura (1495-1900)*. M, 1953, lxvii+122.

Cordero Campillo, M., y otros, *Semblanzas veterinarias*. León, 1973, I, 410.

Sanz Egaña, C., *Historia de la Veterinaria española. Albeitería. Mariscalería. Veterinaria*. M, 1941, 493.

García Gómez, E., *Sobre agricultura arábigo-andaluza*. Al-Andalus, 1945, 10, 127-46.

Millás Vallicrosa, J. M., *Sobre bibliografía agronómica hispanoárabe*. Al-Andalus, 1954, 19, 129-42.

Millás Vallicrosa, J. M., *La ciencia geopónica entre los autores hispanoárabes*. M, 1954, 46.

Millás Vallicrosa, J. M., *La tradición de la ciencia geopónica hispanoárabe*. Archives Internationales d'Histoire des Sciences (París), 1955, 7, 463-72.

También, en su *Nuevos estudios*... B, 1960, 117-29.

Millás Vallicrosa, J. M., *Los geóponos hispanoárabes*. RIEI, 1956, 4, 123-9.

→ 7.47.

83 FARMACIA

Folch Jou, G., *Historia de la Farmacia*. M, 1951, xix+486.

Roldán Guerrero, R., *Diccionario biográfico y bibliográfico de autores farmacéuticos españoles*. M, 1958- .

Alday Redonnet, T., *Origen de la digital en España*. AIHM, 1957, 9, 9-11.

Blas, L., *Las farmacias en la España visigoda y un caso toxicológico de dicha época*. Anales de la RAc de Farmacia (M), 1952, 18, 5-12.

Domingo Jimeno, P., *La farmacia en los monasterios españoles de la Orden benedictina*. Anales de la RAc de Farmacia (M), 1966, 32, 25-59.

Dubler, C. E., *La «Materia médica» de Dioscórides. Transmisión medieval y renacentista*... B, 1953, I, lxxiii+333.

Farmacopea española. M, 1865, xvi+628.

Numerosas ediciones posteriores.

Folch Andreu, R., *El primer libro propiamente de Farmacia escrito en castellano*. M, 1933, 60.

Folch Andreu, R., *Contribución al estudio histórico de la quina en España*. RUM, 1941, 1, 60-84.

Folch Andreu, R., *Las farmacopeas nacionales españolas*. AIHM, 1956, 8, 247-67.

Folch Jou, G., *La colección de botes de farmacia en el Museo de la Farmacia Hispana*. BSEHF, 1966, 17, 51-77.

Folch Jou, G., *La colección de morteros del Museo de la Farmacia Hispana.* BSEHF, 1966, 17, 147-59. 14

Folch Jou, G., y P. Herrero Hinojo, *Contribución de los españoles al conocimiento y divulgación de la materia médica americana.* AIHM, 1957, 9, 173-81.

González de la Riva, J. M., *Aportación al estudio histórico de la farmacia en Navarra.* Pamplona, 1962, 150.

Gutiérrez Colomer, L., *Farmacia pretérita.* BSEHF, 1966, 17, 14-20. Hasta el siglo XVIII.

Herrero Hinojo, P., *Inventarios de farmacia.* BSEHF, 1968, 19, 97-115.

Muñiz Fernández, C., *Información para la historia de la farmacia española,* en R. Muñoz Garrido y ______, *Fuentes legales...* Salamanca, 1969, 177-202.

Muñoz, J. E., *Los Condes de Chinchón en la historia de la quina y en la política colonial española.* BolAc Nacional de la Historia (Quito), 1954, 34, 197-220.

Rico Avello, C., *Historia y leyenda en el descubrimiento de la quina.* AIHM, 1957, 9, 445-8.

Roldán Guerrero, R., *Aportación de los españoles al estudio de la quinología.* AIHM, 1956, 8, 343-52.

Saint-Loup, E., *Acerca de la historia del descubrimiento de la quina.* AIHM, 1957, 9, 491-6.

Villanueva, C., *La farmacia árabe y su ambiente histórico.* MEAH, 1958, 7, 29-83.

Zúñiga Sánchez, T., *Historia de la farmacopea española.* Anales de la RAc de Farmacia (M), 1944, 10.

→ 7.84, Rodríguez; 13.32, 14.63, Villa; 15.17.

84 INGENIERIA. METALURGIA

Fernández de Bobadilla, J., y otros, *Breve historia de la Ingeniería española.* M, 1950², 227.

Almunia, J., *Contribución de la Real Sociedad Vascongada al progreso de la siderurgia española a fines del siglo XVIII.* M, 1951, 106.

Alonso Vigueras, J. M., *Ingeniería industrial española en el siglo XIX.* M, 1961³, 312.

Fernández Rúa, J. L., *Inventores españoles.* M, 1959², 28 + láms.

Moreno Moreno, J., *Aportación universitaria española a la ingeniería química.* Sevilla, 1950, 43.

Yolde Bereau, F., *El aislamiento del platino y el Real Seminario Patriótico de Vergara.* Anales de Física y Química (M), 1945, 41, 193-210.

→ 1.12, **Ingenieros**; 14.51, Echegaray.

87 NAUTICA

Fernández de Navarrete, M., *Disertación sobre la historia de la Náutica y de las ciencias matemáticas que han contribuido a sus progresos entre los españoles.* M, 1846, 421.

14 García Franco, S., *La náutica en tiempos del Emperador.* RGeneral de Marina (M), 1958, 155, 418-22.

García Franco, S., *Instrumentos náuticos en el Museo Naval.* M, 1959, 276.

Guillén Tato, J., *La náutica española en el siglo XVII.* M, 1934, 45.

Guillén Tato, J., *Los libros de náutica en los años del Emperador.* RGeneral de Marina (M), 1958, 155, 481-509.

Laguardia Trías, R. A., *Origen hispánico de las tablas náuticas de declinación solar.* RGeneral de Marina (M), 1958, 155, 297-310.

Llabrés Bernal, J., *Aportación de los españoles al conocimiento de la ciencia náutica, 1801-1950. Ensayo bibliográfico.* Palma de Mallorca, 1959, 192.

→ 7.20, 7.21, 12.96.

88 OFICIOS

Castañeda Alcover, V., *Ensayo de una bibliografía comentada de manuales de artes, ciencias, oficios, costumbres públicas y privadas de España. Siglos XVI al XIX.* M, 1955, 620 + láms.

Basanta Campos, J. L., *Relojeros de España. Diccionario bio-bibliográfico.* Pontevedra, 1972, 151.

Montañés Fontenla, L., *Los clásicos de la relojería.* Bibliofilia (Valencia), 1957, 9, 67-88.

Navas, Conde de las, *Libros españoles de sastrería.* RABM, 1903, 7, 485-92.

90 GEOGRAFIA

Bécker González, J., *Los estudios geográficos en España.* M, 1917, 366.

Melón Ruiz, A., *España en la historia de la Geografía.* EG, 1943, 4, 195-232.

Bullón Fernández, E., *Florecimiento de los estudios geográficos en Andalucía en la época de Carlos V.* EG, 1943, 4, 423-42.

Casas Torres, J. M., *Lo stato attuale degli studi geografici in Spagna.* Bolletino della Società Geografica Italiana (Roma), 1962, 9, 1-28.

Fernández Duro, C., *La geografía española de los siglos XVII al XVIII.* BRSG, 1904, 46, 176-243.

F[raile] Miguélez, M., *Las relaciones histórico-geográficas de los pueblos de España hechas por orden de Felipe II.* M, 1915, 93.

Gavira Martín, J., *La ciencia geográfica española del siglo XVI...* M, 1931, 26.

Gavira Martín, J., *Aportaciones para la geografía española en el siglo XVIII.* M, 1932, 76.

Manjarrés, R., *Intervención de España en la determinación de la figura de la Tierra,* en *Congreso de la AsEspañola para el progreso de las ciencias.* Sevilla, 1917, IV, 163-70.

Melón Ruiz, A., *La etapa isidoriana en la geografía medieval.* Arbor, 1954, 28, 456-67.

Melón Ruiz, A., *El primer manual español de Geografía.* AUMurcia, 1960, 19, 5-18. **14**

Melón Ruiz, A., *Desideratas geográfico-españolas del siglo XVIII, superadas por el siguiente.* EG, 1962, 23, 308-12.

Menéndez Pidal, G., *Mozárabes y asturianos en la cultura de la alta edad media, en relación especial con los conocimientos geográficos.* BRAH, 1954, 134, 137-91 + láms.

Monès, H., *Historia de la Geografía y de los geógrafos en la España musulmana.* RIEI, 1964, 12, 7-328.

Pérez Agudo, E., *Los geógrafos españoles y la geografía de la Hispanidad.* B, 1948, 124.

Reparaz Ruiz, G., *Les études scientifiques et la géographie en Espagne au XVIIIe. siècle.* BH, 1943, 45, 1-67.

→ 11.82, Ortega.

91 CARTOGRAFIA

Abascal Garayoa, A., *La cartografía española cumple cien años.* Arbor, 1970, 77, 101-6.

Barreiro Meiro, R., *La cartografía en tiempos del Emperador.* RGeneral de Marina (M), 1958, 155, 433-9.

Blázquez Delgado, A., *...La cartografía española en la edad media.* BRSG, 1906, 48, 190-237.

Blázquez Delgado, A., *Noticias de mapas de España de los siglos XVI al XVIII.* BRSG, 1923, 64, 96-109.

García Camarero, E., *La escuela cartográfica de Mallorca.* RGeneral de Marina (M), 1959, 157, 10-22.

Guillén Tato, J., *Cartografía marítima española.* M, 1943, 63 + láms.

Guillén Tato, J., *Hacia el origen de la cartografía marítima.* RGeneral de Marina (M), 1959, 157, 649-64.

Higueras Arnal, A., *La cartografía de suelos en España.* EG, 1958, 19, 143-7.

Latorre Setién, G., *La cartografía colonial americana...* BolCentro de estudios americanistas (Sevilla), 1915, 3, a 1916, 4, múltiples entradas.

León Tello, P., *Mapas, planos y dibujos... del Archivo Histórico Nacional.* M, 1969, 210 + láms.

Revenga Carbonell, A., *Cartografía española.* EG, 1948, 9, 475-83; 1951, 12, 604-10.

Rey Pastor, J., y E. García Camarero, *La cartografía mallorquina.* M, 1960, xv+207.

Sureda Blanes, J., *Ramon Llull i el origen de la cartografia mallorquina.* B, 1969, 71.

Vindel Angulo, F., *Mapas de América en los libros españoles de los siglos XVI al XVIII (1503-1798). Mapas de América y Filipinas...* M, 1955-9, 2 v.

92 METEOROLOGIA

Huerta López, F., *Bibliografía meteorológica española.* M, 1973, 102.

14 Due Rojo, A., *Un curioso documento meteorológico del siglo XIX.* RGeofísica (M), 1943, 2, 422-7.

Lorente, J. M., *Notas acerca de la historia de la Meteorología en España.* Las Ciencias, 1941, 6, 607-17.

Lorente, J. M., *Nuevas notas acerca de la historia de la Meteorología en España.* Las Ciencias, 1954, 19, 316-22.

94 ECONOMIA

Colmeiro Penido, M., *Biblioteca de los economistas españoles de los siglos XVI, XVII y XVIII.* Memorias de la RAc de Ciencias Morales y Políticas (M), 1861, 1, 33-212.
También, M, 1954[4], 160.

Sagra, R., *Apunte para una biblioteca de escritores económicos españoles* [1853]. Cuadernos Bibliográficos de Hacienda Pública (Bilbao), 1958, 1, 323-49, 573-92; 1959, 2, 139-60.

Sempere Guarinos, J., *Biblioteca española económico-política.* M, 1801-21, 4 v.

Terrón, P., *Bibliografía mercantil. Reseña crítico bibliográfica de las obras publicadas en España durante el presente siglo...* M, 1900, 60.

Alonso Rodríguez, B., *Monografías de moralistas españoles sobre temas económicos.* RHCEE, 1971, 2, 147-82.

Beneyto Pérez, J., *El pensamiento jurídico español en torno al mundo mercantil.* RDerecho mercantil (M), 1956, 21, 343-62.

Franco, G., *La teoría económica de nuestro tiempo. España.* AE, 1972, 15, 5-28.

Gallotti, R., *La literatura económica contemporánea en España.* MyC, 1958, 67, 29-51.
Desde Flores de Lemus.

Gorosquieta Reyes, F. J., *El sistema de ideas tributarias de los teólogos y moralistas principales de la escuela de Salamanca. Siglos XVI y XVII.* M, 1972, 192.

Grice-Hutchinson, M., *The School of Salamanca. Readings in spanish monetary theory, 1544-1605.* Oxford, 1952, 134.

Iparraguirre, D., *Las fuentes del pensamiento económico en España en los siglos XIII al XVI.* ED, 1954, 2, 79-113.

Pérez de Ayala, J. L., *Un teórico español de la política financiera: D. Martín González de Cellorigo.* RDerecho financiero y Hacienda pública (M), 1959, 9, 711-47.

Smith, R. S., *La «Riqueza de las Naciones» en España e Hispanoamérica, 1780-1830.* HPE, 1973, 23, 240-56.

Sureda Carrión, J. L., *Nota para un estudio de los orígenes de la ciencia de la Hacienda en España.* AE, 1947, 7, 233-59.

Weber, W., *Geld und Zins in der spanischen Spätscholastik.* Münster, 1962, 159.

→ 7.49.3, Bitar.

96 FOLKLORE. ANTROPOLOGIA 14

Alcina Franch, J., *La antropología americanista en España: 1950-1970.* REspañola de Antropología Americana (M), 1972, 7, 17-59.

Guichot Sierra, A., *Noticia histórica del folklore... Desarrollo en España hasta 1921.* Sevilla, 1922, 256.

Hayes, F. C., *The collecting of proverbs in Spain before 1650.* H, 1937, 20, 85-94.

Navascués, J. M., *El folklore español. Boceto histórico,* en F. Carreras Candi, *Folklore...* B, 1934[2], I, 1-164.

98 EXPEDICIONES CIENTIFICAS

Arias Divito, J. C., *Las expediciones científicas españolas durante el siglo XVIII: Expedición botánica de Nueva España.* M, 1968, 427 + láms.

Barras de Aragón, F., *Notas para una historia de la expedición botánica de Nueva España.* AEAm, 1950, 7, 411-69.

Barreiro, A. J., *Historia de la Comisión científica del Pacífico, 1862 a 1865.* M, 1926, 511 + láms.

Carril, B., *La expedición de Malaspina en los mares americanos del Sur...* Buenos Aires, 1961, 63 + láms.

Castillo Domper, J., *Real Expedición filantrópica para propagar la vacuna en América y Asia y progresos de la vacunación en nuestra península.* M, 1912, 160.

Díaz de Iraola, G., *La vuelta al Mundo de la Expedición de la vacuna.* AEAm, 1947, 4, 103-266.
También, Sevilla, 1948, xvi+102.

Guillén Tato, J., *Españoles hacia la Antártida.* M, 1957, 71 + láms.

Hernández Pacheco, E. y F., *Sahara español. Expedición científica de 1941.* M, 1942, xi+197 + láms.

Herrera, F. L., *La expedición botánica de H. Ruiz y J. Pavón.* BolSoc Geográfica (Lima), 1939, 56, 1-7.

Lastres, J. B., *La viruela, la vacuna y la expedición filantrópica.* AIHM, 1950, 2, 85-120.

Miller, R. R., *...The spanish scientific expedition to America, 1862-1866.* Norman, 1968, 194 + láms.

Muñoz, J. E., *La primera expedición científica española del siglo XVIII.* BolAc Nacional de la Historia (Quito), 1958, 36, 209-25.

Ramos Catalina, M. L., *Expediciones científicas a California en el siglo XVIII.* AEAm, 1956, 13, 217-310.

Somolinos d'Ardois, G., *El viaje del doctor Francisco Hernández por la Nueva España.* Anales del InstBiología (México), 1951, 22, 435-84.

→ 7.84, Bantug.

15

MEDIOS INFORMATIVOS

15

MEDIOS INFORMATIVOS

00 MEDIOS INFORMATIVOS

Agencias informativas. Anuario de la Prensa Española (M), 1970, 97-186.

Agencias informativas. Anuario español de la publicidad (M), 1973, 79-81.

Altabella, J., *Notas para la prehistoria de las agencias de prensa en España.* EI, 1972, 22, 11-39.

EFE, S. A. M, 1971, 26.
Agencia así denominada.

Medios de comunicación, *Estudio sobre los ____ de masas en España.* M, 1964-5, 3 v.
Prensa, radio, televisión, cine, teatro, libros. Abundantes estadísticas.

02 PERIODISMO

Jaryc, M., *Essai d'une bibliographie de l'histoire de la Presse espagnole.* Bulletin of the International Committee of historical sciences (París), 1934, 6, 84-100.

Varela Hervias, E., *Materiales para una bibliografía de la historia de la prensa hispánica,* en *Hemeroteca municipal de Madrid, XXV aniversario.* M, 1945, 88 + láms.

Gómez Aparicio, P., *Historia del periodismo español.* M, 1967-71, 2 v.
1661-1898. Continúa la publicación.

González Blanco, E., *Historia del periodismo desde los comienzos hasta nuestra época.* M, 1919, 295.

Schulte, H. F., *The spanish press, 1470-1966. Print, power and politics.* Urbana, 1968, xi+280.

Ber, A., *El caso del periodismo español. Historias, cuentos y leyendas.* M, 1917, 204.

Criado Domínguez, J. P., *Antigüedad e importancia del periodismo en España. Notas históricas y bibliográficas.* M, 1892[3], 195.

15 García Anné, C., y otros, *Vida de periodistas ilustres.* B, 1923-4, 2 v.

Pérez de Guzmán, J., *Catálogo de ilustres periodistas españoles desde el siglo XVII.* Almanaque de la Ilustración Española y Americana (M), 1876, 56-9.

Periodismo español, *Los grandes maestros del* _____. Tarragona, 1971.
Miscelánea biográfica por varios autores.

→ 7.54.

04 HASTA EL SIGLO XVIII

Buchanan, M. A., *Some aspects of spanish journalism before 1800.* RH, 1933, 81, 29-45.

Crespo Fabião, L., *Nota para el estudio del protoperiodismo español.* Arbor, 1966, 64, 81-6.

Pérez de Guzmán, J., *Cuándo y quién fue el fundador del periodismo en España.* LEM, 1902, 160, 109-27.

Varela Hervias, E., *«Gazeta Nueva» (1661-1663). Notas sobre la historia del periodismo español en la segunda mitad del siglo XVII.* M, 1960, cx+109.

05 SIGLO XVIII

Enciso Recio, L., *Nipho y el periodismo español del siglo XVIII.* Valladolid, 1956, xviii+430.

Guinard, P. J., *La presse espagnole de 1737 à 1791. Formation et signification d'un genre.* París, 1973, 572.

Hamilton, A., *The journals of the eighteenth century in Spain.* H, 1938, 21, 161-72.

→ 10.80, Pérez Picazo.

06 SIGLO XIX

Arco Muñoz, L., *La prensa periódica en España durante la guerra de la Independencia...* Castellón, 1916, 212.

Churchman, P. H., *Notes on some periodicals of the romantic generation.* RH, 1910, 23, 392-410.

Gallego Burín, A., *Datos para la historia del periodismo español: una colección de periódicos del reinado de Fernando VII, 1820-1823,* en *EstEruditos... A. Bonilla.* M, 1927, I, 347-67.

Gómez Imaz, M., *Los periódicos durante la guerra de la Independencia, 1808-1814.* M, 1910, 421.

González Ruiz, N., *Periodismo y literatura periodística en el siglo XIX,* en HGLH, V, 145-83.

Ossorio Bernard, M., *Ensayo de un catálogo de periodistas españoles del siglo XIX.* M, 1903, x+508.

Sellés, E., [*El periodismo en España*]. M, 1895, 63.

→ 7.86, 16.78, Cullen.

07 SIGLO XX

Barbeito Herrera, M., *Periodismo provinciano de principios de siglo.* GP, 1963, 146, 77-82; 147, 67-74; 148, 65-70; 1964, 154, 92-7.

Espina, A., *El cuarto poder. Cien años de periodismo español.* M, 1960, 302.
1860-1960.

Hermet, G., *La presse espagnole depuis la suppression de la censure.* Revue Française de science politique (París), 1968, 18, 44-67.

Mori, A., *La prensa española de nuestro tiempo.* México, h. 1940, 216.

Valdeiglesias, Marqués de, *Setenta años de periodismo.* M, 1950-2, 3 v.

10 REPERTORIOS

Mira Izquierdo, L., *Prensa bilingüe y extranjera en España.* GP, 1968, 200, 81-4.

Publicaciones diarias. Anuario español de la publicidad (M), 1973, 5-88.
Diarios de información general, deportiva y económica. Boletines y diarios oficiales.

Publicaciones no diarias. Anuario español de la publicidad (M), 1973, 89-357.

Publicaciones, *Repertorio de la prensa española.* _____ *de información general.* Anuario de la Prensa Española (M), 1970, 565-825.
Diarios, semanarios, revistas.

Vasallo, J. I., *Prensa nacional, regional y local en España.* GP, 1971, 223, 19-39.
Repertorio.

→ 1.47, 2.00.

11 DIARIOS

Beneyto Pérez, J., *Los diarios impresos españoles.* REOP, 1965, 1, 9-26.
Situación del momento.

Altabella, J., *«El Norte de Castilla» en su marco periodístico (1854-1965).* M, 1966, 199.

Altabella, J., *«Las Provincias», eje histórico del periodismo valenciano, 1866-1969.* M, 1970, 209.

Altabella, J., y F. Leal Insúa, *«El Faro de Vigo» y su proyección histórica.* M, 1965, 145.

Araujo Costa, L., *Biografía de «La Epoca».* M, 1946, 244.

Asenjo, A., *«Diario de Barcelona» (1792-1929)..., decano actual de la prensa...* M, 1929, xiii+44.

Desvois, J. M., *«El Sol». Orígenes y tres primeros años...* EI, 1971, 17, 9-55.

Martínez Tomás, A., [*«La Vanguardia»*]. GP, 1964, 157, 43-6.

15 Molist Pol, E., *El «Diario de Barcelona», 1792-1963. Su historia, sus hombres y su proyección pública.* M, 1964, 205 + láms.

Ortega y Gasset, M., *«El Imparcial»...* Zaragoza, 1956, 254.

Peers, E. A., *Some provincial periodicals in Spain during the romantic movement: El Europeo (1823-1824), La Alhambra (1839-1841), Diario de Barcelona (c. 1833-1839).* MLR, 1920, 15, 374-91.

Pérez Rioja, J. A., *El «Diario de Cádiz» (1867-1967).* M, 1968, 158.

Redondo Gálvez, G., *Las empresas políticas de José Ortega y Gasset. El Sol, Crisol, Luz (1917-1934).* M, 1970, 2 v.

Richardson, A. L., *«ABC», 1905-1935.* BSS, 1935, 12, 137-40.

→ 15.19.

12 REVISTAS DE INFORMACION GENERAL. HUMOR

Cabezas, J. A., *De la sátira política al humor negro o del «Madrid cómico» a «La Codorniz».* Historia y Vida (B), 1970, 29, 120-31.

Carabias Barrios, J., *El humor en la prensa española.* M, 1973, 133.

Englekirk, J. E., *El Museo Universal (1857-1869): Mirror of transition years.* PMLA, 1955, 70, 350-74.

Espadas Burgos, M., *El misterio de «El Padre Cobos».* RL, 1955, 7, 208-12.

García, S., *Una revista romántica: El Observatorio pintoresco, de 1837.* BBMP, 1964, 40, 337-59.

Juretschke, H., *Las revistas románticas españolas y su valor historiográfico.* Arbor, 1948, 32, 409-21.

Laín Entralgo, P., *El humor de «La Codorniz»,* en su *Vestigios...* M, 1948, 127-37.

Larrubiera, A., *La prensa madrileña político-satírica en el siglo XX. Apuntes para un catálogo.* RBAM, 1933, 10, 344-62.

Salvá Miquel, F., *El «Gracia y Justicia».* PE, 1956, 9, 73-101; 10, 87-105.

Tubau Comamala, I., *De Tono a Perich. El chiste gráfico en la prensa española de la postguerra (1939-1969).* M, 1973, 323.

13 PUBLICACIONES OFICIALES

Enciso Recio, L. M., *La Gaceta de Madrid y el Mercurio histórico y político, 1756-1781.* Valladolid, 1957, 155.

Pérez de Guzmán, J., *Bosquejo histórico-documental de la Gaceta de Madrid...* M, 1902, 248.

Publicaciones oficiales, *Censo de las ____ españolas.* M, 1966-7, 2 v.

Publicaciones oficiales. Anuario de la Prensa Española (M), 1965, 239-65.

14 PUBLICACIONES RELIGIOSAS

Boletines oficiales eclesiásticos. Anuario de la Prensa Española (M), 1965, 265-75.

Criado Domínguez, J. D., *Las órdenes religiosas en el periodismo español.* M, 1907, 103.
Cárcel Ortí, V., *Los boletines oficiales eclesiásticos de España.* HS, 1966, 19, 45-85.
Orbegozo, A., *La prensa de la Iglesia en España.* M, 1957, 82.

15 PUBLICACIONES INFANTILES Y JUVENILES. TEBEOS

Altabella, J., *Las publicaciones infantiles en su desarrollo histórico.* GP, 1971, 229, 57-66; 230, 59-69.
Barreiro, E., *Autores españoles del «comic».* EI, 1971, 20, 391-411.
Fontes Garnica, I., *Análisis del mercado actual de tebeos en España.* EI, 1971, 20, 335-90.
Fuentes, J. L., *Breve panorama del tebeo en España.* EI, 1971, 20, 47-83.
Gasca, L., *Bibliografía mundial del «comic». Autores españoles.* REOP, 1968, 14, 365-90.
Martín Martínez, A., *Notas a un cincuentenario: TBO (1917-1967). Del ayer al mañana de la prensa infantil española.* GP, 1967, 191, 63-78.
Martín Martínez, A., *Apuntes para una historia de los tebeos...* RE, 1967, 194, 98-106 ;1968, 195, 139-53; 196, 61-74; 197, 125-41.
Martínez Alvarez, M. R., *La prensa para menores en España.* GP, 1971, 226, 31-42.
Publicaciones infantiles, *Las _____ y juveniles actuales.* GP, 1971, 227, 45-9.
Vázquez, J. M., *La prensa infantil en España.* M, 1963, 202.
Vázquez, J. M., *Prensa infantil y juvenil en España.* GP, 1964, 159, 43-50; 160, 31-6.

17 OTRA PRENSA ESPECIALIZADA. SECCIONES DE PERIODICOS

Alcázar, C., *La prensa política en las Cortes de Cádiz.* M, 1917, 49.
Altabella, J., *Crónicas taurinas.* M, 1965, 146 .
Altabella, J., *Notas para una historia de la crítica taurina.* GP, 1971, 226, 55-65; 227, 59-68; 228, 51-64.
Altabella, J., *Notas para una historia del periodismo femenino en España.* GP, 1972, 236, 55-61; 237, 61-7.
Arbeloa, V. M., *La prensa obrera en España.* RFomento Social (M), 1972, 107, 323-36; 108, 437-46.
Carmena Millán, L., *El periodismo taurino,* en *HMPelayo,* I, 309-61.
Carrasco Sanz, A., *Reseña de la prensa periódica militar.* B, 1898, 32.
Egido López, T., *Prensa clandestina española del siglo XVIII: «El Duende crítico».* Valladolid, 1968, 196.
Elorriaga Fernández, G., *Periodismo político en la España actual.* M, 1973, 700.

15 Escobar de la Serna, L., *La prensa obrera en España durante el siglo XIX*. EI, 1968, 5, 55-88.

Martínez Alvarez, M. R., *La prensa femenina en España*. GP, 1970, 221, 47-57.

Méndez Alvaro, F., *Breves apuntes para la historia del periodismo médico y farmacéutico en España*. M, 1883, 181.

Navarro Cabanes, J., *Apuntes bibliográficos de la prensa carlista*. Valencia, 1917, 306.

Sola Dachs, L., *Xut! (1922-1936)*. B, 1971, 221.

Zabala, V., *La crítica taurina*. GP, 1967, 188, 33-4.

19 ANTOLOGIAS

Ballesté, J., *Antología literaria de ABC. El artículo, 1905-1955*. M, 1955, xxv+485.

González Ruiz, N., *Antología de la literatura periodística española*. Selección y estudio. M, 1934, 252.

30 ASPECTOS LEGALES Y TECNICOS

Beneyto Pérez, J., *El nuevo derecho de la Prensa en España*. REOP, 1966, 4, 37-44.

Fernández Areal, M., *La libertad de prensa en España (1938-1971)*. M, 1971, 236.

Fernández Areal, M., *El control de la prensa en España*. M, 1973, 320.

Francos Rodríguez, J., [*El periódico y su desenvolvimiento en España*]. M, 1924, 64.

Merino, J., *Pequeña historia de la libertad de prensa en España*. GP, 1966, 184, 31-6.

Nieto Camargo, A., *La empresa periodística en España*. Pamplona, 1973, 270.

Pérez Prendes, J. M., *La prensa y el Código Penal de 1870*. Hispania, 1971, 31, 551-79.

Prados López, M., *Etica y estética del periodismo español*. M, 1943, 158.

Soria Sáinz, C., *El director de periódico*. Pamplona, 1972, 362.

→ 1.86.

40 AREAS REGIONALES

«Aragón» *y la prensa aragonesa*. Aragón (Zaragoza), 1928, 4, 2-16. Relación de publicaciones aragonesas.

Altabella, J., *Nuevas aportaciones a la historia del periodismo asturiano*. BIEA, 1959, 13, 398-426.

Fernández Avello, M., *Notas para una historia del periodismo ovetense*. BIEA, 1957, 11, 420-32; 1958, 12, 124-31.

Fuertes Acevedo, M., *Noticias históricas de la prensa periódica de Asturias*. Oviedo, 1968, 83.

Jove Bravo, R., *Un siglo de prensa asturiana (1808-1916). Apuntes para una historia del periodismo en Asturias.* BIEA, 1949, 3, 45-92. 15

Alemañ Vich, L., *Notas históricas sobre la prensa* **balear**. Palma, 1948, 8.

Altabella, J., *Notas urgentes para una historia de la prensa balear.* La estafeta literaria (M), 1969, 428, 92-102.

Bover Rosselló, J. M., *Diccionario bibliográfico de las publicaciones periódicas de las Baleares.* Palma, 1862, 72.

Maffiote, L., *Los periódicos de las Islas* **Canarias**. M, 1905-7, 3 v.

Mira Izquierdo, L., *El periodismo en las Islas Canarias.* GP, 1958, 12, 737-44.

Bertrán Pijoán, Ll., *Premsa de* **Catalunya**. B, 1931, xvi+375.

Elías de Molins, A., *El periodismo en Cataluña desde mediados del siglo XVII hasta el año 1868.* RABM, 1899, 3, 106-14.

Givanel Mas, J., *Bibliografia catalana. Premsa.* B, 1931-7, 3 v.

Torrent, J., y otros, *La presse catalane depuis 1641 jusqu'à 1937. Essai d'un index.* B, 1937, 166.

Torrent, J., y R. Tasis, *Història de la Premsa catalana.* B, 1966, 2 v.

Calzada, A. M., *La prensa* **navarra** *a fines del siglo XIX.* Pamplona, 1964, 109.

42 AREAS PROVINCIALES

Albert Berenguer, I., *Bibliografía de la prensa periódica de* **Alicante** *y su provincia.* Alicante, 1958, 70.

Gómez de Salazar, J., *Inventario de las publicaciones periódicas... de* **Avila**. M, 1958, 46.

Gómez Villafranca, R., *Historia y bibliografía de la prensa de* **Badajoz**. Badajoz, 1901, xi+200.

Torrent, J., *La premsa de* **Barcelona** *(1641-1967).* B, 1969, 110.

Voltes Bou, P., *Barcelona y su prensa durante el siglo XIX.* B, 1956, 18.

Solís, R., *Historia del periodismo* **gaditano**, *1800-1850.* Cádiz, 1971, 353.

Navarro Cabanes, J., *Unas notas acerca de la prensa de* **Castellón**. BSCC, 1927, 8, 303-11.

Montis, R., *Periódicos y periodistas* **cordobeses**. BRACórdoba, 1927, 6, 449-62.

Diges Antón, J., *El periodismo en la provincia de* **Guadalajara**... Guadalajara, 1902, 87.

Sanz Díaz, J., *...Mapa de la prensa... de Guadalajara.* M, 1955, 40 + láms.
Desde 1811.

Arco Garay, R., *La prensa periódica en la provincia de* **Huesca**. Argensola, 1952, 3, 197-236.

15 García Mateo, J., *Historia del periodismo oscense.* Argensola, 1959, 10, 281-96.

Sol Clot, R., *150 años de prensa* leridana. Lérida, 1964, lxii+527.

Altabella, J., *Historias de periódicos* [madrileños] *al filo de un cincuentenario.* M, 1968, 31.

Asenjo, A., *La prensa madrileña a través de los siglos.* M, 1933, 78. 1661-1925.

Hartzenbusch, E., *Apuntes para un catálogo de periódicos madrileños desde el año 1661 al 1870.* M, 1894, xii+420.

Martínez Olmedilla, A., *Periódicos de Madrid. Anecdotario...* M, 1956, 237.

Siglo XIX.

→ 1.47, Madrid.

Ballester, J., *Amanecer de la prensa periódica en* Murcia. Murcia, 1971, 172.

Gómez de Salazar, J., *Gazeta de Murcia, de 1706. Notas sobre los orígenes de la prensa murciana.* Murgetana, 1955, 7, 9-21.

Ibáñez García, J. M., *La prensa periódica en Murcia... 1792-1930.* Murcia, 1931, xv+463.

Régulo Pérez, J., *Los periódicos de la Isla de Palma (1853-1948)* [Santa Cruz de Tenerife]. RHist, 1948, 84, 313-414.

Campo Echeverría, A., *Periódicos montañeses* [Santander]. Santander, 1904, 40.

Sáez Romero, M., *Periodismo* segoviano. Segovia, 1949, 116.

Chaves, M., *Historia y bibliografía de la prensa* sevillana. Sevilla, 1896, xlii+375.

Vázquez, J. A., *Para la historia de la prensa en Sevilla.* AH, 1954, 20, 51-72.

Arco Muñoz, L., *El periodismo en* Tarragona... Tarragona, 1909, 106.

Altabella, J., y J. Gómez Mar, *La personalidad de Nifo e historia del periodismo en la provincia de* Teruel. Teruel, 1959, 22, 261-303.

Jiménez Rojas, F., *Prensa* toledana. BRAToledo, 1932, 14, 1-26.

Navarro Cabanes, J., *Catàlec bibliogràfic de la prensa* valenciana... *1586-1927.* Valencia, 1928, 175.

Soler Godes, E., *Els primers periòdics valencians.* Valencia, 1960, 54.

Tomás Villarroya, J., *La prensa de Valencia durante la guerra civil (1936-1939).* Saitabi, 1972, 22, 87-121.

Tramoyeres Blasco, L. J., *Periódicos de Valencia... desde 1529 hasta nuestros días.* Valencia, 1884, 140.

Alonso Cortés, N., *Periódicos* vallisoletanos, en su *Miscelánea vallisoletana,* 2.ª serie. Valladolid, 1919, 5-68.

Blasco Ijazo, J., *Historia de la prensa* zaragozana *(1638-1947).* Zaragoza, 1947, 207.

48 EXTRANJERO

Cambra, F. P., *Prensa española en el nuevo Estado de Israel.* GP, 1953, 63, 53-6.
Gaon, M. D., *A Bibliography of the Judeo-Spanish Press.* Jerusalén, 1965, 148.

50 RADIO. TELEVISION

Anuario de la radiotelevisión española. M, 1969, 407+39. Historia y situación.
Emisoras de radio y televisión. Anuario español de la publicidad (M), 1973, 359-434.
Radio-televisión, *Encuesta nacional de* _____... M, 1966, 98.

→ 14.49.

52 RADIO

Arias Ruiz, A., *Notas históricas de la radio. La Sociedad Española de Radiodifusión.* GP, 1964, 158, 73-8.
Arias Ruiz, A., *La radio española.* GP, 1965, 169, 75-80.
Arias Ruiz, A., *Nacimiento de la radiodifusión.* GP, 1965, 173, 47-53.
Arias Ruiz, A., *La radiodifusión española.* M, 1972, 93.
Rivero Ysern, E., *Consideraciones en torno a la radiodifusión en el derecho español.* Sevilla, 1968, 158.
Soria, V., *Historia de la radiodifusión en España.* M, 1935, 143 + láms.

60 TELEVISION

Arias Ruiz, A., *La televisión española.* M, 1970, 62 + láms.
González Casanova, J. A., *El régimen político de la televisión.* B, 1967, 215.
Llorca, C., *Los teleclubs en España.* M, 1971, 47.
Televisión, *La audiencia de la* _____ *en España.* M, 1969, 80.

80 PUBLICIDAD

Agencias de publicidad. Anuario español de publicidad (M), 1973, 657-786.
García Ruescas, F., *La publicidad en los medios informativos españoles.* GP, 1963, 149, 13-21.
García Ruescas, F., *Historia de la publicidad en España.* M, 1971, 361 + láms.
Martín Serrano, M., *Publicidad y sociedad de consumo en España.* M, 1970, 40.
Tallón García, J., *La actividad publicitaria en derecho español.* Valladolid, 1971, xx+293.

16

LINGŰISTICA

16

LINGÜISTICA

00 LINGÜISTICA ESPAÑOLA

Bialik, G., *Mil obras de lingüística española e hispanoamericana.* M, 1973, 816.

Bleznick, D. W., *A guide... of journals central to the study of spanish and spanish-american language and literature.* H, 1966, 49, 569-83.

Hall, P. C., *A bibliography of spanish linguistics. Articles in serial publications.* Baltimore, 1956, 162.

Rodríguez García, J. A., *Bibliografía de la gramática y de la lexicografía castellanas y sus estudios afines.* La Habana, 1903-12², 3 v.

Rohlfs, G., *Manual de filología hispánica. Guía bibliográfica, crítica y metódica.* Bogotá, 1957, 377.

Serís, H., *Bibliografía de la lingüística española.* Bogotá, 1964, lix+981.

Viñaza, Conde de la, *Biblioteca histórica de la filología castellana.* M, 1893, xxxv+1112.

Baldinger, K., *La formación de los dominios lingüísticos en la Península Ibérica.* M, 1972², 496.

Enciclopedia lingüística hispánica. M, 1960-7, 2 v.

Numerosos colaboradores. En curso de publicación.

Entwistle, W. J., *Las lenguas de España. Castellano, catalán, vasco y gallego.* M, 1973, 443.

Kuen, H., *Die sprachlichen Verhältnisse auf der Pyrenäenhalbinsel.* ZRPh, 1950, 66, 95-125.

Meier, H., *Beiträge zur sprachlichen Gliederung der Pyrenäenhalbinsel und ihrer historischen Begründung.* Hamburgo, 1930, xii+120.

Metzeltin, M., *Einführung in die hispanistische Sprachwissenschaft.* Tubinga, 1973, xii+79.

Alonso, A., *Castellano, español, idioma nacional.* Buenos Aires, 1968⁴, 149.

16 Alonso Fernández, D., *Unidad y defensa del idioma.* CH, 1956, 27, 272-88.
También, BRAE, 1964, 44, 387-95.

Bleiberg, G., *Antología de elogios de la lengua española.* M, 1951, xv+472.

Cisneros, J. L., *Fisonomía de la lengua española.* Mercurio Peruano (Lima), 1957, 38, 423-36.

Criado de Val, M., *Fisonomía del idioma español...* M, 1972, 328.

García de Diego, V., *Lecciones de lingüística española.* M, 1966[3], 234.

Menéndez Pidal, R., *La unidad del idioma,* en su *Castilla, la tradición, el idioma.* Buenos Aires, 1945, 171-218.

Morel-Fatio, A., *L'espagnol, langue universelle.* BH, 1913, 15, 207-25.

Nascentes, A., *Esbozo de comparación del español con el portugués.* AUCh, 1936, 21, 51-64.

Rohlfs, G., *Catalan, provençal, gascon et espagnol.* ER, 1968, 12, 7-17.

→ 16.76, Pastor.

02 RELACIONES CON OTRAS LENGUAS

Eguílaz Yanguas, L., *Glosario etimológico de las palabras españolas (castellanas, catalanas, gallegas, mallorquinas, portuguesas, valencianas y vascongadas) de origen oriental (árabe, hebreo, malayo, persa y turco).* Granada, 1886, xxiv+591.

→ 16.00, *Enciclopedia...,* II; 16.72, Honsa.

Janner, H., *La lengua española en* **Alemania** *durante la época de Carlos V.* CH, 1959, 39, 127-32.

Ohmann, E., *Zum spanischen Einfluss auf die deutsche Sprache.* NM, 1941, 41, 35-42.

Scheid, P., *Studien zum spanischen Sprachgut im Deutschen.* Greifswald, 1934, 135.

Wis, M., *Ueber den ältesten Einfluss des Spanischen auf die deutschen Sprache.* NM, 1965, 66, 619-34.

Azzuz Haquim, M., *Glosario de mil quinientas voces españolas usadas entre los marroquíes en el* **árabe** *vulgar.* M, 1953, 118.

Náñez Fernández, E., *El español en Marruecos.* Les langues néolatines (París), 1965, 4, 63-76.

Caló → 16.69.1.

Baralt, R. M., *Diccionario de galicismos* **[francés]**. M, 1890, xxi+626.

Castro Quesada, A., *Los galicismos,* en su *Lengua, enseñanza y literatura.* M, 1924, 102-40.

De Forest, J. B., *Old french borrowed words in the old spanish of the XII and XIII centuries.* RR, 1916, 7, 369-413.

Doppagne, A., *L'apport de l'espagnol au français littéraire, de Barrès à nos jours,* en *Actes du Xe. Congrès International de Linguistique Romane.* París, 1965, 471-82.

Honsa, V., *La extensión de la influencia francesa sobre la estructura del castellano medieval.* AEM, 1965, 2, 497-504.

Lapesa Melgar, R., *Los «francos» en la Asturias medieval y su influencia lingüística*, en *Symposium sobre cultura asturiana...* Oviedo, 1964, 341-53. **16**

Moldenhauer, G., *La influencia del español en la lengua francesa.* Investigación y Progreso (M), 1931, 5, 11-4.

Ruppert, R., *Die spanischen Lehn- und Fremdwörter in der französischen Schriftsprache.* Munich, 1920, 320.

Schmidt, W. F., *Die spanischen Elemente des französischen Wortschatz.* Halle, 1914, xv+210.

Serís, H., *Los nuevos galicismos.* H, 1923, 6, 168-75.

→ 16.77.

Eseverri Hualde, C., *Diccionario etimológico de helenismos españoles* **[griego]**. Burgos, 1945, 727.

Fernández Galiano, M., *Lengua griega y lengua española.* EC, 1964, 8, 184-204.

Moldenhauer, G., *Aportaciones al estudio de los helenismos españoles,* en *HomF. Krüger.* Mendoza, 1954, II, 217-46.

Schallman, L., *Diccionario de* **hebraísmos** *y voces afines.* Buenos Aires, 1952, 206.

Vidos, B. E., *...Los préstamos* **holandeses** *(flamencos) en castellano.* RFE, 1972, 55, 233-42.

Alfaro, R. J., *Diccionario de anglicismos* **[inglés]**. M, 1970[2], 520.

Estrany, M., *Calcos sintácticos del inglés.* FM, 1970, 35, 199-204.

Fernández García, A., *Anglicismos en el español (1891-1936).* Oviedo, 1972, 303.

Lorenzo Criado, E., *El anglicismo en la España de hoy.* Arbor, 1955, 32, 262-74.

Pratt, Ch., *El arraigo del anglicismo en el español de hoy.* FM, 1971, 11, 67-92.

Stone, H., *Los anglicismos en España y su papel en la lengua oral.* RFE, 1957, 41, 141-60.

Beccaria, G. L., *Spagnolo e spagnoli in Italia. Reflessi ispanici sulla lingua* **italiana** *del cinque e del seicento.* Turín, 1968, xxvi+373.

Croce, B., *La lingua spagnuola in Italia. Appunti.* Roma, 1895, 87.

Terlingen, J. H., *Los italianismos en español desde la formación del idioma hasta principios del siglo XVII.* Amsterdam, 1943, xii+400.

Wagner, M. L., *Los elementos español y catalán en los dialectos sardos.* RFE, 1922, 9, 221-65.

Wagner, M. L., *España y Cerdeña.* Arbor, 1953, 25, 160-73. Influjo lingüístico español.

Zaccaria, E., *L'elemento iberico nella lingua italiana.* Bolonia, 1927, xv+511.

→ 16.92.4.

Sá Nogueira, R., *Palavras castelhanas de origem* **portuguesa.** BFil, 1947, 8, 46-56, 185-236; 1948, 9, 197-228, 321-39.

→ 16.56, Alvar; 16.59, Pérez; 16.83, Granda.

16 Kleberg, T., *La lengua española en* Suecia *en el siglo XVII*, en *Mélanges Michaëlson*. Göteborg, 1952, 268-80.

Vascuence → 16.60, 16.70.1, 16.72, Sturcken; 16.97, Echaide.

→ 4.11-2, 4.30-1.

04 NORMAS. CORRECCION

Benot, E., *Prosodia castellana y versificación*. M, 1892, 4 v.

Fernández Ramírez, S., *Norma literaria y norma lingüística*. M, 1960, 39.

Franquelo Romero, R., *Frases impropias, barbarismos, solecismos y extranjerismos*... Málaga, 1911, 257.

Huidobro, E., *¡Pobre lengua!... Más de 300 voces y locuciones incorrectas hoy comunes en España*. Santander, 1903, 139.

Martínez Abellán, P., *Diccionario general de ortografía, homología y régimen de la lengua española*. M, 1900-11, 3 v.

Mendizábal, R., *Acentuación de los grecismos*. BRAE, 1924, 11, 408-26.

Navarro Tomás, T., *Compendio de ortología española*... M, 1927[2], 96.

Riquer Morera, M., *La pronunciación de los apellidos procedentes de Cataluña, Valencia y Baleares*. BRAE, 1973, 53, 263-71.

Robles Dégano, F., *Ortología de la lengua castellana, fundada en la autoridad de 400 poetas*. M, 1905, vii+380.

Rosenblat, A., *El criterio de corrección lingüística. Unidad y pluralidad de normas en el español de España y América*. Bogotá, 1967, 36.

Santamaría, A., *Diccionario de incorrecciones y particularidades del lenguaje*. M, 1967[2], 483.

Seco Reymundo, M., *Diccionario de dudas y dificultades de la lengua española*. M, 1973[6], xx+516.

Selva, J. B., *Guía del buen decir*. Buenos Aires, 1944, 290.

Toro Gisbert, M., *Ortología castellana de nombres propios*. París, 1914, xxi+491.

→ 16.77, 16.80.

05 FONETICA Y FONOLOGIA

Quilis Morales, A., *Fonética y fonología del español* [bibliografía]. M, 1963, 101.

Alarcos Llorach, E., *Fonología española*. M, 1968[4], 290.

Fernández Ramírez, S., *Cuatro capítulos de fonología*. BRAE, 1968, 48, 419-79.

Harris, J. W., *Spanish phonology*. Cambridge (Mass.), 1969, xiii+218.

Navarro Tomás, T., *Manual de pronunciación española*. M, 1970[15], 326.

Quilis Morales, A., y J. A. Fernández, *Curso de fonética y fonología españolas para estudiantes angloamericanos*. M, 1973[7], xxxiii+223.

Alarcos Llorach, E., *Historia y estructura en los sistemas vocálicos hispanos.* ER, 1961, 8, 105-16.
Alonso, A., *El grupo* tr *en España y América,* en HMP, II, 167-91.
Alonso, A., *Una ley fonológica del español: la variabilidad de las consonantes en la tensión y distensión de la sílaba.* HR, 1945, 13, 91-101.
Alonso, A., *La* ll *y sus alteraciones en España y América,* en EDMP, II, 41-89.
Alonso, A., y R. Lida, *Geografía fonética:* -l *y* -r *implosivas en español.* RFH, 1945, 7, 313-45.
Fernández, J. A., *La anticipación vocálica en español.* RFE, 1963, 46, 437-40.
Granda Gutiérrez, G., *La desfonologización de /r/-/rr/ en el dominio lingüístico hispánico.* Thesaurus, 1969, 24, 1-11.
Guitarte, G. L., *La constitución de una norma del español general: el seseo,* en *Simposio de Cartagena...* Bogotá, 1967, 3-12.
Hara, M., *Semivocales y neutralización. Dos problemas de fonología española.* M, 1973, xvi+264.
Lorenzo Criado, E., *Vocales y consonantes geminadas,* en HRL, I, 401-12.
Lloyd, P. M., y R. D. Schnitzer, *A statistical study of the structure of the spanish syllable.* Linguistics (La Haya), 1967, 37, 58-72.
Malmberg, B., *La structure syllabique de l'espagnol.* BFil, 1948, 9, 99-120.
Malmberg, B., *Estudios de fonética hispánica.* M, 1965, 156.
Navarro Tomás, T., *Rehilamiento.* RFE, 1934, 21, 274-9.
Navarro Tomás, T., *Estudios de fonología española.* Nueva York, 1946, 217.
Navarro Tomás, T., *La pronunciación de la* x *y la investigación fonética.* H, 1952, 35, 330-1.
Navarro Tomás, T., *La* g *de 'examen'.* H, 1962, 45, 314-6.
Navarro Tomás, T., *Nuevos datos sobre el yeísmo en España.* Thesaurus, 1964, 19, 1-17.
Quilis Morales, A., *La juntura en español: un problema de fonología,* en PFLE, II, 163-72.
Quilis Morales, A., *Phonologie de la quantité en espagnol.* Phonetica (Basilea), 1965, 13, 82-5.
Quilis Morales, A., *Datos para el estudio de las africadas españolas.* TLL, 1966, 4, 1, 403-12.
Quilis Morales, A., *El elemento esvarabático en los grupos* [*pr, br, tr...*], en *Mélanges... G. Straka.* Lyon, 1970, I, 99-104.
Zeitlin, M. A., *Unstressed ascending diphthongs in spanish.* Modern Languages Forum (Los Angeles), 1939, 24, 84-90.

→ 16.10, Fernández; 16.82.

06 ACENTO. ENTONACION

Matluck, J. H., *Entonación hispánica.* ALetras, 1965, 5, 5-32.
Navarro Tomás, T., *El acento castellano.* M, 1935, 59.
Navarro Tomás, T., *Manual de entonación española.* México, 1966[3], 305.

16 Bolinger, D. L., *Secondary stress in spanish.* RPh, 1962, 15, 273-9.

Contreras, H., *Sobre el acento en español.* BF, 1963, 15, 223-37.

Gili Gaya, S., *¿Es que...? Estructura de la pregunta general,* en HDA, II, 91-8.

Lacerda, A., y M. J. Canellada, *Comportamientos tonales vocálicos en español y portugués.* RFE, 1942, 26, 171-220, 469-85; 1943, 27, 256-388.
También, M, 1945, 271.

Morawski, J., *Les formules rimées de la langue espagnole.* RFE, 1927, 14, 113-33.

Morawski, J., *Les formules apophoniques en espagnol et en roman.* RFE, 1929, 16, 337-65.

Morawski, J., *Les formules allitérées de la langue espagnole.* RFE, 1937, 24, 121-61.

Navarro Tomás, T., *Palabras sin acento.* RFE, 1925, 12, 335-75.

Navarro Tomás, T., *La medida de la intensidad.* BF, 1964, 16, 231-5.

Navarro Tomás, T., *Diptongos y tonemas.* Thesaurus, 1971, 26, 1-10.

Neira, J., *Cambios de acento.* Archivum, 1966, 16, 19-33.

Py, B., *La interrogación en el español hablado de Madrid.* Bruselas, 1971, 199.

Quilis Morales, A., *Caracterización fonética del acento español.* TLL, 1971, 9, 53-72.

→ 16.04, 16.18.

07 FONETICA Y FONOLOGIA HISTORICAS

Alonso, A., *De la pronunciación medieval a la moderna en español.* M, 1955-9, 2 v.
Continúa la publicación.

Alonso Fernández, D., *La fragmentación fonética peninsular,* en ELH, I, suplemento, 215.
→ 17.11, Menéndez Pidal.

Alarcos Llorach, E., *Efectos de la yod sobre la vocal tónica en español,* en *Actes du Xe. Congrès International de Linguistique Romane.* París, 1965, 945-50.

Alonso, A., *Trueques de sibilantes en antiguo español.* NRFH, 1947, 1, 1-12.

Anderson, J. M., *Remarks on the development of spanish /Θ/.* FM, 1966, 6, 125-9.

Badía Margarit, A., *Nuevas precisiones sobre la diptongación española.* RLR, 1962, 26, 1-12.

Blaylock, C., *The monophthongisation of latin* ae *in spanish.* RPh, 1964-5, 18, 16-26.

Blaylock, C., *Hispanic metaphony.* RPh, 1964-5, 18, 253-71.

Blaylock, C., *Assimilation of stops to preceding resonants in Ibero-Romance.* RPh, 1965-6, 19, 418-34.

Brüch, J., *L'évolution de* l *devant les consonnes en espagnol.* RFE, 1930, 17, 1-17, 414-9.

Brüch, J., *Die Entwicklung des intervokalen* bl *im Spanischen.* VKR, 1930, 3, 78-86. 16

Bustos Tovar, E., *Estudios sobre asimilación y disimilación en el iberorrománico.* M, 1960, 157.

Catalán Menéndez, D., *El çeçeo-zezeo al comenzar la expansión atlántica de Castilla.* BFil, 1957, 16, 306-34.

Catalán Menéndez, D., *The end of the phoneme /z/ in spanish.* Word (Nueva York), 1957, 13, 283-322.

Catalán Menéndez, D., *La pronunciación [ihante] por /iffante/, en la Rioja del siglo XI...* RPh, 1968, 21, 410-35.

Contini, G., *Sobre la desaparición de la correlación de sonoridad en castellano.* NRFH, 1951, 5, 173-82.

Corominas, J., *Para la fecha del yeísmo y del lleísmo.* NRFH, 1953, 7, 81-7.

González Ollé, F., *Resultados castellanos de* kw *y* gw *latinos. Aspectos fonéticos y fonológicos.* BRAE, 1972, 52, 285-318.

González Ollé, F., *La sonorización de las consonantes sordas iniciales en vascuence y en romance y la neutralización de* k-/ g- *en español.* Archivum, 1972, 22, 253-74.

Granda Gutiérrez, G., *La estructura silábica y su influencia en la evolución fonética del dominio ibero-románico.* M, 1966, 173.

Guitarte, G. L., *Notas para la historia del yeísmo,* en *Festchrift für H. Meier.* Munich, 1971, 179-98.

Honsa, V., *Old spanish paragogic* -e. H, 1962, 45, 242-6.

Joos, M., *The medieval sibilants.* Language (Baltimore), 1952, 28, 222-31.

Krepinsky, M., *Inflexión de las vocales en español.* M, 1962[2], 151.

Lapesa Melgar, R., *La apócope de la vocal en castellano antiguo. Intento de explicación histórica,* en EDMP, II, 185-226.

Lapesa Melgar, R., *Sobre el ceceo y seseo andaluces,* en *HomA. Martinet.* La Laguna, 1957, I, 67-94.

Lázaro Carreter, F., f->h-, *¿fenómeno ibérico o romance?,* en *Actas de la I Reunión de toponimia pirenaica.* Zaragoza, 1949, 165-76.

Lüdtke, H., *Les résultats de* /-i/ *latin en espagnol ancien et moderne,* en *Mélanges... G. Straka.* Lyon, 1970, I, 52-6.

Malkiel, Y., *La* f- *inicial en español antiguo.* RLR, 1955, 18, 161-91.

Malkiel, Y., *Toward a unified system of latin-spanish vowel correspondences.* RPh, 1962-3, 16, 153-69.

Malkiel, Y., *...Diachronic studies in the hispano-latin consonant clusters* cl-, fl-, pl-. ALing, 1963, 15, 144-73; 1964, 16, 1-33.

Malkiel, Y., *...La monopthongaison occasionelle de* ie *et* ue *en ancien espagnol,* en *Mélanges... J. Frappier.* Ginebra, 1970, II, 701-35.

Malmberg, B., *Le passage castillan* f->h-, *perte d'un trait redondant?* Cercetari de Linguistica (Bucarest) (= *Mélanges Petrovici*), 1958, 3, 337-43.

Martinet, A., *The unvoicing of old spanish sibilants.* RPh, 1951-2, 5, 133-56.

Meier, H., *La* f- *no etimológica en el español antiguo.* ASNS, 1971, 207, 439-46.

16 Menéndez Pidal, R., *A propósito de* ll *y* l *latinas. Colonización suditálica en España.* BRAE, 1954, 34, 165-216.

Naro, A. J., *On* f>h *in Castilian and Western Romance.* ZRPh, 1972, 88, 437-47, 459-61.

Parodi, C., *Mutación y confluencia de las oclusivas latinas en romance castellano.* ALetras, 1972, 10, 47-74.

Rivarola, J. L., *Sobre* f>h *en español.* ZRPh, 1972, 88, 448-58.

Schürr, F., *La diptongación ibero-románica.* RDTP, 1951, 7, 379-90.

Schürr, F., *La filiación románica de los diptongos iberorrománicos.* RLR, 1963, 27, 345-63.

Tilander, G., *L'évolution du* x *latin dans la Péninsule Ibérique.* Romania, 1963, 84, 79-87.

Tovar Llorente, A., *La sonorización y caída de las intervocálicas, y los estratos indoeuropeos en Hispania.* BRAE, 1948, 28, 265-80.

Zeitlin, M. A., *La apócope de la* -a *final átona en español.* HR, 1939, 7, 242-6.

→ 16.24.1.

09 GRAFEMICA. ORTOGRAFIA

Academia Española, *Nuevas normas de prosodia y ortografía.* M, 1952, 134.

Casares Sánchez, J., *Las «Nuevas normas de prosodia y ortografía» y su repercusión en América.* BRAE, 1955, 35, 321-46.

Cuervo, R. J., *Disquisiciones sobre la antigua ortografía y pronunciación castellanas.* RH, 1895, 2, 1-69; 1898, 5, 273-307.

Escudero de Juana, B., *Contribución al estudio del romance español: La «Ortografía» de Lebrija (1517) comparada con las de los siglos XV, XVI y XVII.* M, 1923, 153.

Fernández Galiano, M., *Sobre traducciones, transcripciones y transliteraciones.* RO, 1966, 15, 95-106.

Fernández Galiano, M., *La transcripción castellana de los nombres propios griegos.* M, 1969^{2}, 159.

Lapesa Melgar, R., *Sobre transliteración de nombres propios extranjeros.* BRAE, 1973, 53, 279-87.

Marsá Gómez, F., *Ortografía.* B, 1962^{2}, 341.

Pellen, R., *Les nouvelles normes de l'orthographe et la prosodie espagnoles.* BH, 1967, 69, 198-217.

Rosenblat, A., *Fetichismo de la letra.* Caracas, 1963, 90.

Rosenblat, A., *Las nuevas normas de prosodia y ortografía de la Academia Española.* M, 1970^{3}, 55.

Tollis, G., *L'orthographe du castillan d'après Villena et Nebrija.* RFE, 1971, 54, 53-106.

→ 16.04.

10 GRAMATICA

Academia Española, *Gramática de la lengua española.* M, 1931, 534.

Academia Española, *Esbozo de una nueva gramática de la lengua española.* M, 1973, 592.

Alarcos Llorach, E., *Gramática estructural. Según la escuela de Copenhague y con especial atención a la lengua española.* M, 1971, 129. 16

Alonso, A., y P. Henríquez Ureña, *Gramática castellana.* Buenos Aires, 1938, 2 v.
Múltiples ediciones posteriores.

Bello, A., *Gramática de la lengua castellana destinada al uso de los americanos.* Santiago de Chile, 1847, 337.
Múltiples ediciones posteriores. Desde la de Bogotá, 1874, *Notas* de R. J. Cuervo. Desde la de Buenos Aires, 1945, *Observaciones,* de N. Alcalá Zamora.

Benot, E., *Arte de hablar, gramática filosófica de la lengua castellana.* M, 1910, xxxiv+423.

Coste, J., y A. Redondo, *Syntaxe de l'espagnol moderne.* París, 1965, 606.

Criado de Val, M., *Gramática española.* M, 1973[4], 280.

Fernández Ramírez, S., *Gramática española. Los sonidos, el nombre y el pronombre.* M, 1951, xliii+498.

Garcés, G., *Fundamento del vigor y elegancia de la lengua castellana.* M, 1791, 2 v.

Gili Gaya, S., *Curso superior de sintaxis española.* B, 1973[11], 356.

Hadlich, R. L., *Gramática transformativa del español.* M, 1973, 480.

Hernández Alonso, C., *Sintaxis española.* Valladolid, 1971[2], 400.

Keniston, H., *Spanish syntax list. A statistical study of grammatical usage in contemporary spanish prose.* Nueva York, 1937, xii+278.

Lamíquiz Ibáñez, V., *Lingüística española.* Sevilla, 1973, 431.

Lenz, R., *La oración y sus partes.* M, 1920, vi+545.

Marcos Marín, F., *Aproximación a la gramática española.* M, 1972, iv+321.

Martínez Amador, E. M., *Diccionario gramatical y de dudas del idioma.* B, 1960[2], 1498.

Pottier, B., *Gramática española.* M, 1971, 175.

Salvá, V., *Gramática de la lengua castellana, según ahora se habla.* París, 1830, xliv+491.

Seco Reymundo, M., *Gramática esencial del español.* M, 1973, 280.

Seco Sánchez, R., *Manual de gramática española.* Rev. y ampl. de M. Seco. M, 1971[9], xviii+322.

Alarcos Llorach, E., *Estudios de gramática funcional del español.* M, 1973[2], 257.

Barrenechea, A. M., *Las clases de palabras en español, como clases funcionales.* RPh, 1963-4, 17, 301-9.
También en su *Estudios...* Buenos Aires, 1971[2], 9-26.

Barrenechea, A. M., y M. V. Manacorda, *Estudios de gramática estructural.* Buenos Aires, 1971[2], 100.

Cuervo, R. J., *Diccionario de construcción y régimen de la lengua castellana.* París, 1886-93, 2 v.
Continuado por F. A. Martínez, v. III, 1-3 (hasta *encallar*), 1959-73. En curso de publicación.

16 Ford, A. J., *Aspects de la grammaire espagnole à la lumière de la théorie chomskienne*. Aix-en-Provence, 1971, 468.

Kahane, H. R., y A. Pietrangeli, *Descriptive studies in spanish grammar*. Urbana, 1954, xix+241.

Kahane, H. R., y A. Pietrangeli, *Structural studies on spanish themes*. Salamanca, 1959, 414.

Suárez, M. F., *Estudios gramaticales*. M, 1885, xvi+382.

→ 16.83.

11 GRAMATICA HISTORICA

García de Diego, V., *Gramática histórica española*. M, 1970[3], 622.

Hanssen, F., *Gramática histórica de la lengua castellana* [1913]. Buenos Aires, 1945, xxiv+367.

Menéndez Pidal, R., *Manual de gramática histórica española*. M, 1968[13], vii+367.

Lapesa Melgar, R., *Evolución sintáctica y norma lingüística interior en español*, en *Actas del XI Congreso Internacional de Lingüística Románica*. M, 1968, 131-50.

→ 16.72, Poerck; 16.76, Keniston.

14 ORACION SIMPLE. ORDEN DE PALABRAS. EXPRESIVIDAD

Cisneros, L. J., *El orden de las palabras en español*. Mercurio Peruano (Lima), 1956, 37, 365-98.
También, Lima, 1956, 36.

Cisneros, L. J., *Formas de relieve en español moderno*. Lima, 1957, 111.

Kovacci, O., *La oración en español y la definición de sujeto y predicado*. Filología, 1963, 9, 103-17.

Kovacci, O., *Las proposiciones en español*. Filología, 1965, 11, 23-39.

Oster, H., *Die Hervorhebung im Spanischen*. Zurich, 1951, 199.

Alarcos Llorach, E., *Verbo transitivo, verbo intransitivo y estructura del predicado*. Archivum, 1966, 16, 5-17.

Bolinger, D. L., *Meaningful word order in spanish*. BF, 1955, 8, 45-56.

Braue, A., *Beiträge zur Satzgestaltung der spanischen Umgangssprache*. Hamburgo, 1931, xii+123.

Contreras, L., *Oraciones independientes introducidas por* si. BF, 1960, 12, 273-90.

Crabb, D. M., *A comparative study of word order in old spanish and old french prose works*. Washington, 1955, xviii+66.

Dubsky, J., *L'inversion en espagnol*. Sbornik Prací Filosofické Fakulty (Brno), 1960, 9, 111-22.

Fält, G., *Tres problemas de concordancia verbal en español moderno*. Upsala, 1972, 200.

Fernández Ramírez, S., *Oraciones interrogativas españolas*. BRAE, 1959, 39, 243-76.

Fish, G. T., *The position of subject and object in spanish prose.* H, 1959, 42, 582-90.

Foster, D. W., *Spanish so-called impersonal sentences.* Anthropological linguistics (Bloomington), 1970, 12, 1-9.

Goldin, M. G., *Spanish case and function.* Washington, 1968, 83.

Hatcher, A. G., *Theme and underlying question. Two studies of spanish word order.* Nueva York, 1956, 52.

Manacorda de Rosetti, M. V., *La frase verbal pasiva en el sistema español.* Filología, 1961, 7, 145-59.
También, en su *Estudios*... Buenos Aires, 1971², 71-90.

Monge Casao, F., *Las frases pronominales de sentido impersonal en español.* Zaragoza, 1954, 112.

Navas Ruiz, R., *Construcciones con verbos atributivos en español.* BBMP, 1960, 36, 277-95.

Navas Ruiz, R., Ser *y* estar. *Estudio sobre el sistema atributivo del español.* Salamanca, 1963, 214.

Pedretti de Bolón, A., *Oraciones no articuladas en sujeto y predicado.* Montevideo, 1967, 100.

Roca Pons, J., *Le sujet et le prédicat dans la langue espagnole.* RLR, 1965, 29, 249-55.

Sapon, S. M., *A study of the development of the interrogative in spanish from the twelfth through the fifteenth centuries.* Columbus (Ohio), 1951, 99.

Schroten, J., *Concerning the deep structures of spanish reflexive sentences.* La Haya, 1972, 122.

Ynduráin, D., *«De verdes sauces hay una espesura». Anteposición de complemento con* de. VR, 1971, 30, 98-105.

→ 16.22.1, Chenery.

16 SUJETO

Benes, P., *Quelques remarques sur l'expression du sujet indéterminé. Domaine espagnol.* Études romaines (Brno), 1966, 2, 51-64.

Bull, W. E., y otros, *Subject position in contemporary spanish.* H, 1952, 30, 185-8.

Cartagena, N., *Las construcciones pronominales españolas de sujeto indeterminado.* RLingüística aplicada (Concepción), 1971, 9, 61-74.

Fish, G. T., *The position of subject in spanish prose.* H, 1959, 42, 582-90.

Kärde, S., *Quelques manières d'exprimer l'idée d'un sujet indéterminé ou général en espagnol.* Upsala, 1943, 143.

→ 16.14.

17 COMPLEMENTOS

Contreras, L., *Los complementos.* BF, 1966, 18, 39-57.
También, Montevideo, 1966, 42.

Lapesa Melgar, R., *Los casos latinos: restos sintácticos y sustitutos en español.* BRAE, 1964, 44, 57-105.

16 Castañeda Calderón, H. N., *Esbozo de un estudio sobre el complemento indirecto.* Language, 1946, 22, 9-43.

Fish, G. T., A *with spanish direct object.* H, 1967, 50, 80-5.

Fish, G. T., *The indirect object and the redundant construction.* H, 1968, 51, 862-6.

Hatcher, A. G., *The use of* a *as a designation of the personal accusative in spanish.* MLN, 1942, 57, 421-9.

Isenberg, H., *Das direkte Objekt im Spanischen.* Berlín, 1968, 277.

Molho, M., *La question de l'objet en espagnol.* VR, 1958, 17, 209-19.

Pottier, B., *L'emploi de la préposition* a *devant l'objet en espagnol.* Bulletin de la Société de Linguistique de Paris, 1968, 63, 83-95.

Reichenkron, G., *Das präpositionale Akkusativ-Objekt im ältesten Spanisch.* RF, 1951, 63, 342-97.

Tarr, F. C., *Prepositional complementary clauses in spanish with special reference to the works of Pérez Galdós.* RH, 1922, 56, 1-264.

También, Nueva York, 1922, 264.

→ 16.87, **Argentina.**

18 ORACION COMPUESTA

Carrillo Herrera, G., *Estudios de sintaxis. Las oraciones subordinadas.* BF, 1963, 15, 165-221.

García Berrio, A., *Bosquejo para una descripción de la frase compuesta en español.* Murcia, 1970, 27.

Algeo, J. E., *Pleonasm and the expression of reality in the concessive clause in medieval ibero-romance.* Revue roumaine de linguistique (Bucarest), 1971, 16, 287-97.

Contreras, L., *Oraciones interrogativas con* si. BF, 1957, 9, 67-86.

Contreras, L., *El período comparativo hipotético con* si. BF, 1958, 10, 39-49.

Contreras, L., *El período causal hipotético con* si. BF, 1959, 11, 355-9.

Contreras, L., *Las oraciones condicionales.* BF, 1963, 15, 33-109.

García de Diego, V., *La uniformación rítmica en las oraciones condicionales,* en EDMP, III, 96-107.

Gessner, E., *Die hypothetische Periode im Spanischen in ihrer Entwicklung.* ZRPh, 1891, 14, 21-65.

Gili Gaya, S., *Fonología del período asindético,* en EDMP, I, 55-67.

Harris, M., *The history of the conditional complex from latin to spanish: some structural considerations.* ALing, 1971, 2, 25-33.

Kany, C. E., *Conditions expressed by spanish* de *plus infinitive.* H, 1936, 19, 211-6; 1939, 22, 165-70.

Lamíquiz Ibáñez, V., *El modo de la concesiva en español y francés,* en *Actele celui de-al XII-lea Congress Intern. de Linguistica Romanica.* Bucarest, 1970, 447-53.

López Blanquet, M., *El estilo indirecto libre en español.* Montevideo, 1968, 76.

Mendeloff, H., *The evolution of the conditional sentence contrary to fact in old spanish.* Washington, 1960, 106.

Molina Redondo, J. A., *La construcción verbo en forma personal más infinitivo.* REL, 1971, 1, 275-98.

Pietsch, K., *Zur spanischen Grammatik: Einzelheiten zum Ausdruck des konzessiven Gedankens.* HR, 1933, 1, 37-49.

Polo, J., *Las oraciones condicionales en español.* Granada, 1971, 184.

Schultz, H., *Das modale Satzgefüge im Altspanischen.* Jena, 1937, viii+60.

Todeman, F., *Die erlebte Rede im Spanischen.* RF, 1930, 44, 103-84.

Vallejo, J., *Notas sobre la expresión concesiva...* RFE, 1922, 9, 40-51.

Verdín Díaz, G., *Introducción al estilo indirecto libre en español.* M, 1970, xi+164.

20 SUSTANTIVO. CONSTRUCCION NOMINAL

Alarcos Llorach, E., *Grupos nominales con /de/ en español.* HRL, I, 85-91.

Anderson, J. M., *The morphophonemics of gender in spanish nouns.* Lingua (Amsterdam), 1961, 10, 285-96.

Bobes Naves, M. C., *La coordinación en la frase nominal castellana.* REL, 1972, 2, 285-311; 1973, 3, 262-95.

Echaide Itarte, A. M., *El género del sustantivo en español. Evolución y estructura.* Ibero-romania, 1969, 1, 89-124.

Falk, J. S., *Nominalizations in spanish.* Seattle, 1968, iv+189.

Krohmer, U., *Unregelmässigkeiten bei der Pluralbildung des Nomens im Spanischen.* Ibero-romania, 1970, 2, 104-21.

Lapesa Melgar, R., *Sobre las construcciones* con sola su figura, Castilla la gentil *y similares.* Ibérida (Río de Janeiro), 1961, 6, 83-95.

Lapesa Melgar, R., *Sobre las construcciones* el diablo del toro, el bueno de Minaya, ¡ay de mí!, ¡pobre de Juan!, por malos de pecados. Filología, 1964, 8, 169-84.

Lorenzo Criado, E., *Dos notas sobre la morfología del español actual: 1. Un nuevo esquema de plural; 2. Nombres femeninos en* -o. EDMP, V, 65-76.

Llauró de Cometta, M. E., *La construcción endocéntrica sustantiva y la determinación de sus constituyentes inmediatos.* Filología, 1971, 15, 135-66.

Pellen, R., *Le substantif dans l'espagnol d'aujourd'hui.* RLaR, 1973, 80, 317-64.

Rodríguez Herrera, E., *Observaciones acerca del género de los nombres.* La Habana, 1947, 2 v.

Roldán Pérez, A., *Notas para el estudio del sustantivo,* en *Problemas y principios del estructuralismo lingüístico.* M, 1967, 71-87.

Rosenblat, A., *Vacilaciones y cambios de género motivados por el artículo.* BICC, 1949, 5, 21-32.

Rosenblat, A., *Vacilaciones de género en los monosílabos.* BolAc Venezolana (Caracas), 1950, 18, 183-204.

16 Rosenblat, A., *Género de los sustativos en* -e *y en consonante,* en EDMP, III, 159-202.

Rosenblat, A., *El género de los compuestos.* NRFH, 1953, 7, 95-112.

Rosenblat, A., *Cultismos masculinos con* -a *antietimológica.* Filología, 1959, 5, 35-46.

Rosenblat, A., *Morfología del género en español. Comportamiento de las terminaciones* -o, -a. NRFH, 1962, 16, 31-80.

Stevens, C. E., *A characterization of spanish nouns and adjectives.* Seattle, 1966, 120.

→ 16.29, 16.33, Malkiel.

21 ADJETIVO

Bolinger, D. L., *The comparison in inequality in spanish.* Language, 1950, 26, 28-62; 1953, 29, 62-5.

Bowen, J. D., *Apocopation of certain adjectives in spanish.* H, 1956, 39, 349-51.

Bull, W. E., *Spanish adjective positions: present rules and theories.* H, 1950, 33, 297-303.

Jörnving, R., *El elativo en* -ísimo *en la lengua castellana de los siglos XV y XVI.* Studia Neophilologica (Upsala), 1962, 34, 57-85.

Keniston, H., *Expressions for* than *after a comparative in 16th century spanish prose.* RLR, 1930, 6, 129-51.

Malkiel, Y., *Probleme des spanischen Adjektivabstraktums.* NM, 1945, 46, 171-91.

Navas Ruiz, R., *En torno a la clasificación del adjetivo,* en *Strenae... Estudios dedicados a... M. García Blanco.* Salamanca, 1962, 369-74.

Paufler, H.-D., *Positionsprobleme des spanischen Adjektivs.* BRPh, 1966, 5, 134-43.

Paufler, H.-D., *Strukturprobleme der Stellung attributiver Adjektive im Altspanischen.* Leipzig, 1968, 142.

Sobejano, G., *El epíteto en la lírica española.* M, 1970[2], 451.

Solé, C. A., *Morfología del adjetivo con* -al, -ero, -ico, -oso. Washington, 1966, 135.

Wallis, E., y W. E. Bull, *Spanish adjective position: phonetic stress and emphasis.* H, 1950, 33, 221-9.

→ 16.20, Stevens; 16.29, 16.33, Malkiel; 16.49, Duncan.

22.1 PRONOMBRES PERSONALES

Alarcos Llorach, E., *Los pronombres personales en español.* Archivum, 1961, 11, 5-16.

Brewer, W. B., *Extent of verbal influence and choice between* le *and* lo *in alphonsine prose.* HR, 1970, 38, 133-46.

Chenery, W. H., *Object-pronouns in dependent clauses. A study in old spanish word-order.* PMLA, 1905, 20, 1-151.

Gessner, E., *Das spanische Personalpronomen.* ZRPh, 1893, 17, 1-54.

Gili Gaya, S., *Nos-otros, vos-otros.* RFE, 1946, 30, 108-17.

Henríquez Ureña, P., *Ello.* RFH, 1939, 1, 209-29.

Lamíquiz Ibáñez, V., *El pronombre personal español. Estudio de su sistemática sincrónica actual.* BFE, 1967, 7, 3-12.

Lapesa Melgar, R., *Sobre los orígenes y evolución del leísmo, laísmo y loísmo,* en *Festschrift W. von Wartburg.* Tubinga, 1968, I, 523-52.

Luna Traill, E., *Sobre la sintaxis de los pronombres átonos en construcciones de infinitivo.* ALetras, 1972, 10, 191-200.

Marín, D., *El uso de* tú *y* usted *en el español actual.* H, 1972, 55, 904-8.

Otero, C. P., *El otro* lo, en *Actele celui de-al XII-lea Congress Intern. de Linguistica Romanica.* Bucarest, 1970, 649-59.

Perlmutter, D. M., *Les pronoms objects en espagnol: un exemple de la nécessité de contraintes de surface en syntaxe.* Langages (París), 1969, 14, 81-133.

Pla Cárceles, J., *La evolución del tratamiento de* vuestra merced. RFE, 1923, 10, 245-80.

Ríos, H. N., *Los pronombres personales y su distribución,* en *Actas de la V Asamblea... de Filología...* Bahía Blanca, 1968, 114-31.

Staaff, E., *Étude sur les pronoms* [personales] *abrégés en ancien espagnol.* Upsala, 1906, 152.

Sturgis, C., *Uso de* le *por* les. H, 1927, 10, 251-4.

Sturgis, C., *The use of* la *as feminine dative.* H, 1930, 13, 195-200.

→ 16.87, **Argentina.**

22.2 PRONOMBRES POSESIVOS

Cornu, J., *Le possessif en ancien espagnol.* Romania, 1884, 13, 307-14; ZRPh, 1897, 21, 415.

Gessner, E., *Das spanische Possesiv- und Demostrativpronomen.* ZRPh, 1893, 17, 329-54.

Lamíquiz Ibáñez, V., *Los posesivos del español, su morfosintaxis sincrónica actual.* EA, 1967, 10, 7-9.

Lapesa Melgar, R., *Sobre el artículo ante posesivo en castellano antiguo,* en *Festschrift H. Meier.* Munich, 1971, 277-96.

Poloniato, A., *Observaciones acerca de los sistemas de posesivos en español,* en *Actas de la V Asamblea... de Filología...* Bahía Blanca, 1968, 205-13.

→ 16.83, Granda.

22.3 PRONOMBRES DEMOSTRATIVOS

Badía Margarit, A., *Los demostrativos y los verbos de movimiento en ibero-románico,* en EDMP, III, 3-31.

Lamíquiz Ibáñez, V., *Estructuración del demostrativo español.* Les langues néo-latines (París), 1966, 177, 66-85.

Lamíquiz Ibáñez, V., *Valores estilísticos del demostrativo español.* Les langues néo-latines (París), 1967, 180, 103-10.

Lamíquiz Ibáñez, V., *El demostrativo en español y en francés. Estudio comparativo y estructuración.* RFE, 1967, 50, 163-202.

16 Molho, M., *Linguistique et grammaire. Remarques sur le système des mots démonstratifs en espagnol et en français.* Les langues modernes (París), 1968, 62, 335-50.

Otero, C. P., *The syntax of* mismo, en *Actes du Xe. Congrès Intern. des linguistes.* Bucarest, 1969, 1145-51.

→ 16.22.2, Gessner.

22.4 PRONOMBRES RELATIVOS, INTERROGATIVOS Y EXCLAMATIVOS

Alarcos Llorach, E., *Español* que. Archivum, 1963, 13, 5-17.

Cressey, W. W., *Relatives and interrogatives in spanish: a transformational analysis.* Linguistics (La Haya), 1970, 58, 5-17.

Gessner, E., *Das spanische Relativ- und Interrogativpronomen.* ZRPh, 1894, 18, 449-97.

Hernández Alonso, C., *El* que *español.* RFE, 1967, 50, 257-71.

Lavandera, B. R., *La forma* que *del español y su contribución al mensaje.* RFE, 1971, 54, 13-36.

Par, A., Qui *y* que *en la Península Ibérica.* RFE, 1926, 13, 337-49; 1929, 16, 1-34, 113-47; 1931, 18, 229-34.

22.5 PRONOMBRES INDEFINIDOS

Alarcos Llorach, E., Un, *el número y los indefinidos.* Archivum, 1968, 18, 11-20.

Brown, Ch. B., *The disappearance of the indefinite* hombre *from spanish.* Language, 1931, 7, 265-77.

Malkiel, Y., *Old spanish* nadi(e), otri(e). HR, 1945, 13, 204-30.

Malkiel, Y., *Hispanic* algu(i)en *and related formations.* University of California Publications in Linguistics (Berkeley), 1948, 1, 357-442.

Palomo, J. R., *The relative combined with* querer *in old spanish.* HR, 1934, 2, 51-64.

22.6 *SE*

Alarcos Llorach, E., *Valores de /se/ en español.* Archivum, 1968, 18, 21-8.

Contreras, L., *Significados y funciones de* se. ZRPh, 1966, 82, 298-307.

Foster, D. W., *A transformational analysis of spanish* se. Linguistics (La Haya), 1970, 64, 10-25.

Hernández Alonso, C., *¿Del* se *reflexivo al impersonal.* Archivum, 1966, 16, 39-66.

Jordan, P. G., *La forma* se *como sujeto indefinido en español.* H, 1973, 56, 597-603.

Otero, C. P., *El otro* se, en *Actas del XI Congreso Internacional de Lingüística Románica.* M, 1968, 1841-51.

→ 16.24.2.

23 ARTICULO

Alarcos Llorach, E., *«¡Lo fuertes que eran!*, en *Strenae... Estudios dedicados a... M. García Blanco.* Salamanca, 1962, 21-9.

Alarcos Llorach, E., *El artículo en español,* en *To honor R. Jakobson.* La Haya, 1967, I, 18-24.
También en su *Estudios...* M, 1970, 166-77.

Alonso, A., *Estilística y gramática del artículo en español.* VKR, 1933, 6, 189-209.
También en su *Estudios... Temas españoles.* M, 1967, 125-60.

Copceag, D., *Sobre la definición del artículo español.* Revue roumaine de linguistique (Bucarest), 1966, 11, 63-5.

Gamillscheg, E., *Zum spanischen Artikel und Personalpronomen.* RLR, 1966, 30, 250-6.

Lapesa Melgar, R., *El artículo como antecedente de relativo en español,* en *Homenaje... del Instituto de estudios hispánicos.* La Haya, 1961, 287-98.

Lapesa Melgar, R., *Del demostrativo al artículo.* NRFH, 1961, 15, 23-44.

Lapesa Melgar, R., *El artículo con calificativos o participios no adjuntos a sustantivos en español.* RLR, 1970, 34, 78-86.

Lapesa Melgar, R., Un/una *as the indefinite article in spanish,* en *Papers in honor of H. and R. Kahane.* Urbana, 1973, 492-503.

→ 16.22.2, Lapesa.

24 VERBO

Alarcos Llorach, E., *Sobre la estructura del verbo español.* BBMP, 1949, 25, 50-83.
También, en su *Estudios...* M, 1970, 50-89.

Badía Margarit, A., *Taward a formal definition of the verb in spanish,* en *Papers in honor of H. and R. Kahane.* Urbana, 1973, 41-7.

Bull, W. E., *Time, tense and the verbe... with particular attention to spanish.* Berkeley, 1960, viii+120.

Criado de Val, M., *El verbo español.* M, 1969, 457.

Gessner, A., *Das altspanische Verbum.* Halle, 1897, 208.

Lamíquiz Ibáñez, V., *Morfosintaxis estructural del verbo español.* Sevilla, 1972, 134.

24.1 MORFOLOGIA

Roca Pons, J., *Estudio morfológico del verbo español.* RFE, 1966, 49, 73-89.

Cuervo, R. J., *Las segundas personas de plural en la conjugación castellana.* Romania, 1893, 22, 71-86.

Kurylowicz, J., *La conjugaison en -ir de l'espagnol,* en *Omagiu lui A. Rosetti.* Bucarest, 1963, 457-60.

Lapesa Melgar, R., *Las formas verbales de segunda persona y los orígenes del voseo,* en *Actas del III CIH.* Méjico, 1969, 519-31.

16 Malkiel, Y., *The contrast* tomáis: tomávades, queréis: queríades *in classical spanish.* HR, 1949, 17, 159-65.

Malkiel, Y., *Towards a reconsideration of the old spanish imperfect in* -ía: -íe. HR, 1959, 27, 435-81.

Malkiel, Y., *Diphthongization, monophthongization, metaphony... of the old spanish* -ir *verbs.* Language, 1966, 42, 430-72.

Mańczak, W., *Sur quelques régularités dans le développement de la conjugaison espagnole.* RLR, 1963, 27, 463-9.

Müller, B., *Spanish* soy, estoy, doy, voy... RF, 1963, 75, 240-63.

Penny, R. J., *Verb-class as a determiner of stem-vowel in the historical morphology of spanish verbs.* RLR, 1972, 36, 343-59.

Spaulding, R. K., *On the introduction of the preterits in* u... HR, 1933, 1, 161-6.

Togeby, K., *L'apophonie des verbes espagnols et portugais en* -ir. RPh, 1972-3, 26, 256-64.

24.2 SINTAXIS

Spaulding, R. K., *Syntax of the spanish verb.* Liverpool, 1958, vi+136+xiii.

Alarcos Llorach, E., *La diátesis en español.* RFE, 1951, 35, 124-7. También, en su *Estudios...* M, 1970, 90-4.

Alarcos Llorach, E., *Pasividad y atribución en español,* en *HomE. Alarcos García.* Valladolid, 1967, II, 17-21. También, en su *Estudios...* M, 1970, 124-32.

Babcock, S. S., *The syntax of spanish reflexive verbs. The parameters of the middle voice.* La Haya, 1970, 96.

Bassols de Climent, M., *La cualidad de la acción verbal en español,* en EDMP, II, 135-47.

Beardsley, W. A., *The psychology of the spanish subjunctive.* H, 1925, 8, 98-108.

Benzig, J., *Zur Geschichte von* ser *als Hilfzeitwort bei den intransitiven Verben in Spanischen.* ZRPh, 1931, 51, 385-460.

Brown, Ch. B., *The passive reflexive as applied to persons in the Primera Crónica General.* PMLA, 1930, 45, 454-67.

Carrasco, F., *Sobre el formante de la «voz pasiva» en español.* REL, 1973, 3, 333-41.

Farley, R. A., *Time and the subjunctive in contemporary spanish.* H, 1970, 53, 466-75.

Fernández Ramírez, S., *Algo sobre la fórmula* estar + *gerundio,* en HDA, I, 509-16.

Fontanella de Weinberg, M. B., *Los auxiliares españoles.* AIL, 1970, 10, 61-73.

Heger, K., *La conjugación objetiva en castellano y en francés.* BICC, 1967, 22, 153-75.

Jensen, F., y Th. A. Lathrop, *The syntax of the old spanish subjunctive.* La Haya, 1973, 92.

Keniston, H., *Verbal aspect in spanish.* H, 1936, 19, 163-76.

Larochette, J., *Les aspects verbaux en espagnol ancien.* RLaR, 1939, 68, 327-421.

Larochette, J., *Les aspects verbaux en espagnol moderne.* RBPhH, 1944, 23, 39-72.

Manacorda de Rosetti, M. V., *La llamada «pasiva con* se» *en el sistema español,* en su *Estudios...* Buenos Aires, 1971[2], 91-100.

Mariner Bigorra, S., *Triple noción básica en la categoría modal castellana.* RFE, 1971, 54, 209-52.

Mendeloff, H., *The passive voice in old spanish.* RJ, 1964, 15, 269-87.

Monge Casao, F., Ser *y* estar *con participios y adjetivos.* BFil, 1959, 18, 213-27.

Navas Ruiz, R., *Bibliografía crítica sobre el subjuntivo español,* en *Actas del XI Congreso Internacional de Lingüística Románica.* M, 1968, 1823-39.

Roca Pons, J., *Estudios sobre perífrasis verbales del español.* M, 1958, xi+403.

Roca Pons, J., *El aspecto verbal en español.* Linguistica Antverpiensia (Amsterdam), 1968, 2, 385-99.

Rojo, G., *Acerca de la temporalidad en el verbo español.* BRAE, 1973, 53, 351-73.

Ruipérez Sánchez, M., *Observaciones sobre el aspecto verbal en español,* en *Strenae... Estudios dedicados... a M. García Blanco.* Salamanca, 1962, 427-35.

Schifko, P., «*Subjontif*» *und* «*subjuntivo*». *Zum Gebrauch des Konjunktivs im Französischen und Spanischen.* Viena, 1967, xix+217.

Starr, W. T., *Impersonal* haber *in old spanish.* PMLA, 1947, 62, 9-31.

Togeby, K., *Mode, aspect et temps en espagnol.* Copenhague, 1953, 136.

→ 16.14, 16.83, Rona; 16.87, **Argentina.**

24.3 TIEMPOS PERSONALES EN PARTICULAR

Alarcos Llorach, E., *Perfecto simple y compuesto en español.* RFE, 1947, 31, 108-39.

Alarcos Llorach, E., *La forme* cantaría *en espagnol. Mode, temps et aspect.* BFil, 1959, 18, 203-12.

Alarcos Llorach, E., *Sobre el imperativo.* Archivum, 1971, 21, 389-95.

Badía Margarit, A., *Ensayo de una sintaxis histórica de tiempos. I, El pretérito imperfecto de indicativo.* BRAE, 1948, 28, 281-300, 393-410; 1949, 29, 15-29.

Barrera Vidal, A., *Parfait simple et parfait composé en castillan moderne.* Munich, 1972, 350.

Bejarano Sánchez, V., *Sobre las dos formas del imperfecto de subjuntivo y el empleo de la forma en* -se *con valor de indicativo,* en *Strenae... Estudios dedicados a... M. García Blanco.* Salamanca, 1962, 77-86.

Bolinger, D. L., *The future and conditional of probability.* H, 1946, 29, 363-75.

Bolinger, D. L., *Subjunctive* -ra *and* -se: *free variation?* H, 1956, 39, 345-9 y 396.

Criado de Val, M., *Sintaxis del verbo español moderno. I, Metodología. II, Los tiempos pasados del indicativo.* M, 1948, I, 190.

Espinosa, A. M., *The use of the conditional for the subjunctive in castilian popular speech.* Modern Philology (Chicago), 1930, 27, 445-9.

Fish, G. T., *The neglected tenses:* hube hecho, *indicative* -ra, -re. H, 1963, 46, 138-42.

Gili Gaya, S., *El pretérito de negación implícita,* en HRL, I, 251-6.

Hernández Alonso, C., *El futuro absoluto de indicativo.* Archivum, 1968, 18, 29-39.

Lamíquiz Ibáñez, V., Cantara *y* cantase. RFE, 1971, 54, 1-11.

Mallo, J., *El empleo de las formas del subjuntivo terminadas en* -ra *con significación de tiempos del indicativo.* H, 1947, 30, 484-7.

Mallo, J., *La discusión sobre el empleo de las formas verbales en* -ra *con función de tiempos pasados de indicativo.* H, 1950, 33, 126-39.

Martin, J. W., *Some uses of the old spanish past subjunctives.* RPh, 1958, 12, 52-67.

Mourin, L., *La valeur de l'imparfait, du conditionnel et de la forme en* -ra *en espagnol moderne.* Romanica Gandensia, 1955, 4, 251-78.

Rogmann, H., *Zur indikativischen Funktion der spanischen Verbform auf* -ra. Ibero-romania, 1971, 3, 163-74.

Skubic, M., *Pretérito simple y compuesto en los primeros textos castellanos,* en *Actas del XI Congreso Internacional de Lingüística Románica.* M, 1968, 1891-901.

Söll, L., *Synthetisches und analytisches Futur im modernen Spanischen.* RF, 1968, 80, 239-48.

Wright, L. O., *The disappearing spanish verb form in* -re. H, 1931, 14, 107-14.

Wright, L. O., *The* -ra *verb form in Spain: The latin pluscuamperfect indicative form in its successive functions compared with those parallel forms.* Berkeley, 1932, 160.

→ 16.83, Granda; 16.87, **Colombia, Méjico.**

24.4 TIEMPOS NO PERSONALES EN PARTICULAR

Alarcos Llorach, E., *Análisis sincrónico de algunas construcciones del infinitivo español,* en *Actas del XI Congreso Internacional de Lingüística Románica.* M, 1968, 1755-9.

Alarcos Llorach, E., *Términos adyacentes del infinitivo.* Archivum, 1972, 22, 275-90.

Badía Margarit, A., *El gerundio de posterioridad,* en PFLE, II, 287-96.

Beardsley, W. A., *Infinitive constructions in old spanish.* Nueva York, 1921, xiv+279.

Bouzet, J., *Le gérondif espagnol dit de postériorité.* BH, 1953, 55, 349-74.

Chmelicek, H., *Die Gerundialumschreibung im Altspanischen zum Ausdruck von Aktionsarten.* Hamburgo, 1930, viii+102. 16

Knittlová, D., *El infinitivo sujeto en el español actual.* Philologica Pragensia, 1971, 14, 144-52.

Lope Blanch, J. M., *Construcciones de infinitivo.* NRFH, 1956, 10, 313-36.

Lope Blanch, J. M., *El infinitivo temporal durante la edad media.* NRFH, 1957, 11, 285-312.

Lyer, S., *Gérondif prédicatif se rapportant au régime en ancien espagnol.* ZRPh, 1935, 55, 155-68.

Macpherson, I. R., *Past participle agreement in old spanish: transitive verbs.* BHS, 1967, 44, 241-54.

Martín, E. H., *Acerca de los predicados verboidales.* Filología, 1965, 12, 129-36.

Mozos Mocha, S., *El gerundio preposicional.* Salamanca, 1973, 188.

Peña, R. A., *Tratado del gerundio.* México, 1955, 99.

Spitzer, L., *Das Gerundium als Imperativ im Spanischen.* ZRPh, 1922, 42, 204-10.

Wonder, J. P., *Some aspects of present-participial usage in six modern spanish novelist.* H, 1955, 38, 193-201.

→ 16.22.1, Luna.

25 ADVERBIO

Alarcos Llorach, E., *Aditamento, adverbio y cuestiones conexas.* Archivum, 1969, 19, 301-29.

También, en su *Estudios...* M, 1970, 219-53.

Badía Margarit, A., *Los complementos pronominalo-adverbiales derivados de* ibi e inde *en la Península Ibérica.* M, 1947, 281.

Campos, J., *La partícula* así. Helmantica (Salamanca), 1961, 12, 479-86.

Cressey, W., *Relative adverbs in spanish: a transformational analysis.* Language, 1968, 44, 487-500.

Domínguez de Rodríguez, P., *Morfología y sintaxis del adverbio en* -mente, en *Actas del III CIH.* Méjico, 1969, 293-303.

Doyer, N. J., *A study of the old spanish adverb in* -mente. HR, 1972, 40, 303-8.

Gamillscheg, E., *Ueber Präposition und Adverb im Spanischen,* en *Festschrift H. Rheinfelder.* Munich, 1963, 120-39.

Gregores, E., *Las formaciones adverbiales en* -mente. Filología, 1960, 6, 77-102.

Hanssen, F., *De los adverbios* mucho, mui, much, *en antiguo castellano.* AUCh, 1905, 116, 83-115.

Place, E. B., *Causes of the failure of old spanish* y *and* en *to survive.* RR, 1930, 21, 223-8.

Sacks, N., Aquí, acá, allí, *and* allá. H, 1954, 37, 263-6.

→ 16.29, 16.42, Rodríguez.

16 26 PREPOSICION

López, M. L., *Problemas y métodos en el análisis de las preposiciones.* M, 1970, 223.

Bolinger, D. L., *Purpose with* por *and* para. MLJ, 1944, 28, 15-21.
Gamillscheg, E., Por... para. *Ein Kapitel historischer spanischer Syntax,* en *Philologische Studien für J. M. Piel.* Heidelberg, 1969, 78-87.
Náñez Fernández, E., *Diccionario de construcciones sintácticas del español. Preposiciones.* Santander, 1970, 277.
Peuser, G., *Die Partikel* de *im modernen Spanischen. Ihre Leistung als Ligament und Präposition.* Freiburg, 1967, 313.
Trujillo Carreño, R., *Notas para un estudio de las preposiciones españolas.* Thesaurus, 1971, 26, 234-79.

→ 16.25, Gamillscheg.

27 CONJUNCION

Algeo, J. E., *The concessive conjuction in medieval spanish and portuguese. Its function and development.* RPh, 1973, 26, 532-75.
Mondéjar Cumpián, J., *La expresión de la condicionalidad en español (conjunciones y locuciones conjuntivas).* RFE, 1966, 49, 229-54.
Montgomery, T., *On the development of spanish* y *from* et. Romance Notes (Chapel Hill), 1967, 8, 137-42.
Pottier, B., *Problèmes relatifs à* aun, aunque. BH, 1962, 64 *bis,* 716-21.

→ 16.18.

28 INTERJECCION

Carnicé de Gállez, E., *Caracteres de la interjección,* en *Actas de la V Asamblea... de Filología...* Bahía Blanca, 1968, 84-90.
Lope Blanch, J. M., *Observaciones sobre la interjección.* Indianoromania (Lima), 1962, 1, 19-25.

29 CATEGORIAS GRAMATICALES

Bobes Naves, M. C., *Las personas gramaticales.* Santiago, 1971, 46.
Foley, J., *Spanish plural formation.* Language, 1967, 43, 486-93.
Harris, J. W., *A note on spanish plural formation.* Language, 1970, 46, 928-30.
Ibáñez, R., *Negation im Spanischen.* Munich, 1972, iii+188.
Knittlová, D., *Notes on spanish plural formation.* Philologica Pragensia, 1970, 13, 47-50.
Lapesa Melgar, R., *Personas gramaticales y tratamientos en español.* RUM, 1970, 19, 141-67.
Llorens, E. L., *La negación en español antiguo...* M, 1929, 199.
Manoliu Manea, M., *¿Qué es el neutro español?* Revue roumaine de linguistique (Bucarest), 1970, 15, 241-6.

Mariner Bigorra, S., *El femenino de indeterminación,* en *Actas del XI Congreso Internacional de Lingüística Románica.* M, 1968, 1297-313. 16

Mayerthaler, W., *Anmerkungen zur Pluralbindung im Spanischen.* LB, 1971, 12, 47-52.

Meyer Lübke, W., *Der Dual im Katalanischen und Spanischen.* BDC, 1923, 11, 123-7.

Molho, M., *De la négation en espagnol.* BH, 1962, 64 *bis,* 704-15.

Morreale, M., *Aspectos gramaticales y estilísticos del número.* BRAE, 1971, 51, 83-138; 1973, 53, 99-205.

Quilis Morales, A., *Morfología del número en el sintagma nominal español.* TLL, 1968, VI, 1, 131-40.

Rivero, M. L., *A surface structure constraint on negation in spanish.* Language, 1970, 46, 640-66.

Saltarelli, M., *Spanish plural formation: apocope or epenthesis?* Language, 1970, 46, 89-96.

Sandmann, M., *Zur Frage des neutralen Femininums im Spanischen.* VR, 1956, 15, 54-82.

Saporta, S., *On the expression of gender in spanish.* RPh, 1961-2, 15, 279-84.

Spitzer, L., *Der Dual im Katalanischen und Spanischen.* Archivum Romanicum (Ginebra), 1925, 9, 129-53.

Spitzer, L., *La feminización del neutro.* RFH, 1941, 3, 339-71.

Wagenaar, K., *Étude sur la négation en ancien espagnol jusqu'au XVe. siècle.* Groninga, 1930, 191.

→ 16.20, 16.55.

30 LEXICOLOGIA

Sandru Olteanu, T., *Bibliografía de... formación de palabras en los idiomas iberorrománicos (1920-1970).* BFE, 1972, 45, 13-35.

Alemany Bolufer, J., *Tratado de la formación de palabras en la lengua castellana. La derivación y la composición...* M, 1920, 214.

Narváez, R. A., *An outline of spanish morphology. Formation of words.* St. Paul (Minn.), 1970, xiv+219.

Alba de Diego, V., *Marcas, abreviaciones y siglas en el lenguaje publicitario.* Prohemio, 1975, 4, 349-78.

Arniches Barrera, F., *Siglas. Ensayo sobre divulgación del idioma abreviado.* M, 1948, 113.

Hoffman, R. J., *The derivation of spanish hypocoristics,* en *Papers from the V Regional Meeting of the Chicago Linguistic Society.* Chicago, 1969, 366-73.

Monge Casao, F., *Los nombres de acción en español,* en *Actele celui de-al XII-lea Congres Intern. de Linguistica Romanica.* Bucarest, 1970, I, 961-72.

Rabanales, A., *Las siglas: un problema de fonología española.* BF, 1963, 15, 327-42.

Sachs, G., *La formación de los gentilicios en español.* RFE, 1934, 21, 393-9.

16 32 PREFIJOS

Gyurko, L. A., *Affixal negation in spanish.* RPh, 1971-2, 25, 225-40.

Martínez, F. A., *De algunos casos de prefijación en el español antiguo.* BolAcColombiana (Bogotá), 1958, 8, 97-109.

Quilis Morales, A., *Sobre la morfonología. Morfonología de los prefijos en español.* RUM, 1970, 19, 223-48.

Salomonski, E., *Funciones formativas del prefijo* a- *estudiadas en el castellano antiguo.* Zurich, 1944, 104.

33 SUFIJOS

Aebischer, P., *Matériaux médiévaux pour l'étude du suffixe d'origine germanique* -ing *dans les langues de la Péninsule Ibérique,* en *Actas de la I Reunión de toponimia pirenáica.* Zaragoza, 1949, 11-24.

Craddock, J. R., *Latin legacy versus substratum residue. The unstressed «derivational» suffixes...* Berkeley, 1969, 141.

Craddock, J. R., y E. S. Georges, *The hispanic sound-suffix* -ido. RPh, 1963-4, 17, 87-107.

García, E. C., *Gender switch in spanish derivation, with special reference to* -a → -ero, -o → -era, -a → -ín, -ón. RPh, 1970-1, 24, 39-54.

Malkiel, Y., *The base of the spanish suffix* -eño. AJPh, 1944, 65, 307-23, 372-81.

Malkiel, Y., *Development of the latin suffixes* -antia *and* -entia *in the romance languages, with special regard to ibero-romance.* Berkeley, 1945, vi+187.

Malkiel, Y., *Studies in the hispanic infix* -eg. Language, 1949, 25, 139-81.

Malkiel, Y., *The latin background of the spanish suffix* -uno. RPh, 1950, 4, 17-45.

Malkiel, Y., *The hispanic suffix* -(i)ego. *A morphological and lexical study based on historical and dialectal sources.* University of California Publications in Linguistics (Berkeley), 1951, 4, 111-213.

Malkiel, Y., *Los interfijos hispánicos. Problema de lingüística histórica y estructural,* en *Miscelánea Martinet.* La Laguna, 1958, II, 107-99.

Malkiel, Y., *Fuentes indígenas y exóticas de los sustantivos y adjetivos verbales en* -e. RLR, 1959, 23, 80-111; 1960, 24, 201-53.

Malkiel, Y., *Nuevas aportaciones para el estudio del sufijo* -uno. NRFH, 1959, 13, 241-90.

Malkiel, Y., *The two sources of the hispanic suffix* -azo, aço. Language, 1959, 35, 193-258.

Menéndez Pidal, R., *Sufijos átonos en el Mediterráneo occidental.* NRFH, 1953, 7, 34-55.

Monge Casao, F., *Sufijos españoles para la designación de 'golpe',* en *HomF. Ynduráin.* Zaragoza, 1972, 229-47.

Murphy, S. L., *A description of noun suffixes in colloquial spanish,* en H. R. Kahane, *Descriptive studies...* Urbana, 1954, 1-48.

Wagner, M. L., *Iberoromanische Suffixstudien.* ZRPh, 1943, 63, 329-66; 1944, 64, 321-63. 16

Walsh, J. K., *The hispano-oriental derivational suffix -í.* RPh, 1971-2, 25, 159-72.

→ 16.54, Menéndez.

34 DERIVACION HOMOGENEA

Cisneros, L. J., *Los diminutivos en español.* Mercurio Peruano (Lima), 1956, 37, 327-45.

Fernández Ramírez, S., *A propósito de los diminutivos españoles,* en *Strenae... Estudios dedicados a... M. García Blanco.* Salamanca, 1962, 185-92.

González Ollé, F., *Los sufijos diminutivos en castellano medieval.* M, 1962, lx+340.

Gooch, A., *Diminutive, augmentative and pejorative suffixes in modern spanish...* Oxford, 1970[2], xii+386.

Latorre, F., *Diminutivos, despectivos y aumentativos en el siglo XVII.* AFA, 1957, 9, 105-20.

Monge Casao, F., *Los diminutivos en español,* en *Actes du X Congrès Intern. de Linguistique Romane.* París, 1965, 137-48.

Náñez Fernández, E., *El diminutivo. Historia y funciones en español moderno.* M, 1973, 472.

Zuluaga Ospina, A., *La función del diminutivo en español.* Thesaurus, 1970, 25, 23-48.

36 COMPOSICION

Bustos Tovar, E., *Algunas observaciones sobre la palabra compuesta.* RFE, 1966, 49, 255-74.

Lloyd, P. M., *Verb-complement compounds in spanish.* Tubinga, 1967, 160.

37 VOCABULARIO

Arriola, P. M., *Portuguese and spanish homonyms and homophones.* H, 1973, 56, 426-41.

Badía Margarit, A., *Por una revisión del concepto de «cultismo» en fonética histórica,* en HRL, I, 137-52.

Benítez Claros, R., *Problemas del cultismo,* en EDMP, VII, 17-25.

Benítez Claros, R., *Clasificación de los cultismos.* Archivum, 1959, 9, 216-27.

Fernández Galiano, M., *Los neologismos de base clásica en la lengua castellana.* Las Ciencias, 1961, 26, 121-33.

García de Diego, V., *El léxico español, su riqueza.* RO, 1926, 13, 67-76.

García de Diego, V., *Etimologías españolas.* M, 1964, 728.

Gorog, R., *Trends in spanish vocabulary (1913-1963).* H, 1965, 48, 645-67.

Iordan, I., *Au sujet du lexique des langues ibéro-romanes.* Revue roumaine de linguistique (Bucarest), 1958, 3, 141-52.

16 Lerch, E., *Die spanische Kultur im Spiegel des spanischen Wortschatzes.* Neuphilologische Monatschrift (Leipzig), 1930, 1, 525-40, 596-609.

Malkiel, Y., *Préstamos y cultismos.* RLR, 1957, 21, 1-61.

Martínez Otero, R., *Cultismos.* Archivum, 1959, 9, 189-215.

Patterson, W. T., *On the genealogical structure of the spanish vocabulary.* Word (Nueva York), 1968, 24, 309-39.

Pötters, W., *Unterschiede im Wortschatz der iberoromanischen Sprachen.* Colonia, 1970, 458.

Sand, L., *Trends in spanish lexical development during the past one hundred years.* Florida State University Studies, 1952, 3, 9-29.

Sandru, T., *Sobre la fisonomía léxica del español contemporáneo.* Revue roumaine de linguistique (Bucarest), 1965, 10, 401-8.

Smith, C. C., *Los cultismos literarios del Renacimiento...* BH, 1959, 61, 236-72.

→ 16.00, *Enciclopedia...*, II; 16.02, 16.20, Rosenblat; 16.69.2, Gili; 16.69.3.

39 ESTADISTICA LEXICA

Muller, C., *Récents travaux statistiques sur le lexique espagnol,* en *Actas del XI Congreso Internacional de Lingüística Románica.* M, 1968, 1957-62.

Szabó, M., *El estado actual de las investigaciones sobre el recuento del vocabulario español.* Acta Litteraria (Budapest), 1970, 12, 197-201.

García Hoz, V.,*Vocabulario usual, vocabulario común y vocabulario fundamental.* M, 1953, 254.

Juilland, A., y E. Chang-Rodríguez, *Frequency dictionary of spanish words.* La Haya, 1964, lxviii+500.

Rodríguez Bou, I., *Recuento de vocabulario español.* Puerto Rico, 1952-3, 3 v.

Urrutibéheity, H. N., *The statistical properties of spanish lexicon.* Cahiers de lexicologie (París), 1972, 1, 79-95.

41 DICCIONARIOS GENERALES

Academia Española, *Diccionario* [de autoridades] *de la lengua castellana...* M, 1726-39, 6 v.

Academia Española, *Diccionario histórico de la lengua española.* M, 1933-6, 2 v.

Hasta *cevilla.* Suspendida la publicación.

Academia Española, *Diccionario histórico de la lengua española.* M, 1972, I, clxxiv+1302.

Hasta *ala.* Continúa la publicación en fascículos.

Academia Española, *Diccionario de la lengua española.* M, 1970^{19}, xxix+1412.

Alonso, M., *Enciclopedia del idioma. Diccionario histórico y moderno..., regional e hispanoamericano.* M, 1958, 3 v.

Alonso, M., *Diccionario del español moderno.* M, 1972^{4}, xvi+1575.

Domínguez Ramón, J., *Gran diccionario clásico de la lengua española.* M, 1846, 2 v. 16

Moliner, M., *Diccionario de uso del español.* M, 1966-7, 2 v.

Pagés de Puig, A., *Gran diccionario de la lengua castellana, autorizado con ejemplos de buenos escritores antiguos y modernos.* B, 1901-31, 5 v.

Vox, *Diccionario general ilustrado de la lengua española...* Rev. de S. Gili Gaya. B, 1973^{3}, xl+1711.

42 DICCIONARIOS ESPECIALES

Levy, B., *Libros de sinonimia española.* HR, 1942, 10, 285-313.

Benot, E., *Diccionario de asonantes y consonantes.* M, 1893, 1085.

Benot, E., *Diccionario de ideas afines.* M, 1898-9, xxiv+1418.

Bloise Campoy, P., *Diccionario de la rima...* M, 1946, cxxvi+1384.

Caballero, R., *Diccionario de modismos de la lengua castellana.* M, 1905^{2}, 1198.

Casares Sánchez, J., *Diccionario ideológico de la lengua española.* B, 1971^{2}, lxxv+482+887.

Cejador Frauca, J., *Fraseología o estilística castellana.* M, 1921-25, 4 v.

Corominas, J., *Diccionario crítico etimológico de la lengua castellana.* M, 1954-7, 4 v.

Corominas, J., *Breve diccionario etimológico de la lengua castellana.* M, 1973^{2}, 627.

Duden español, *Diccionario por la imagen.* B, 1963, 792^{2}.

García de Diego, V., *Contribución al diccionario hispánico etimológico.* M, 1923, 209.

García de Diego, V., *Diccionario etimológico español e hispánico.* M, 1954, xlv+1069.

Gili Gaya, S., *Diccionario de sinónimos.* B, 1958, xvi+344.

Iribarren, J. M., *El porqué de los dichos.* M, 1955, 603.

Kalveram, C., *Diccionario de ideas y expresiones afines.* M, 1956, 710.

Marty Caballero, L., *Vocabulario de todas las voces que faltan a los diccionarios de la lengua castellana.* M, 1857, 388.

Mir Noguera, J., *Frases de los clásicos españoles.* M, 1899, 833.

Montoto Rautenstrauch, L., *Un paquete de cartas de modismos, locuciones, frases hechas, frases proverbiales y frases familiares.* M, 1888, 323.

Puyol Alonso, J., *Precedentes históricos y literarios de algunas frases, locuciones y palabras castellanas.* BRAH, 1935, 106, 33-82.

Rodríguez Marín, F., *Modos adverbiales castizos y bien autorizados que piden lugar en nuestro léxico...* Cuenca, 1931, 180.

Sáinz de Robles, F. C., *Ensayo de un diccionario español de sinónimos y antónimos.* M, 1971^{8}, 1149.

Stahl, F. A., y G. E. A. Scavnicky, *A reverse dictionary of the spanish language.* Urbana, 1973, 180.

→ 20.80.

16 43 DICCIONARIOS PARTICULARES

Aguado, J. M., *Glosario sobre Juan Ruiz...* M, 1929, 637.

Alemany Selfa, B., *Vocabulario de las obras de Don Luis de Góngora.* M, 1930, 1028.

Boggs, R. S., y otros, *Tentative dictionary of medieval spanish.* Chapel Hill, 1946, xxiii+536.

Boyd-Bowman, P., *Léxico hispanoamericano del siglo XVI.* Londres, 1972, xxii+1004.

Casares Sánchez, J., *Novedades en el diccionario académico.* M, 1965², 200.

Castro Quesada, A., *Glosarios latino-españoles de la edad media.* M, 1936, lxxxvii+378.

Cejador Frauca, J., *Vocabulario medieval castellano.* M, 1929, xii+414.

Covarrubias Horozco, S., *Tesoro de la lengua castellana...* [1611]. Ed. de M. de Riquer. B, 1943, xv+1093.

Criado de Val, M., y otros, *Libro de Buen Amor. Glosario.* B, 1973, xii+621.

Denis, S., *Léxique du théâtre de Juan Ruiz de Alarcón.* París, 1943, 704.

Fernández Gómez, C., *Vocabulario de Cervantes.* M, 1962, xi+1137.

Fernández Gómez, C., *Vocabulario completo de Lope de Vega.* M, 1971, 3 v.

Fontecha, C., *Glosario de voces comentadas en ediciones de textos clásicos.* M, 1941, vii+viii+409.

García Angulo, E., *Vocabulario del Lazarillo de Tormes.* B, 1970, 207.

Gili Gaya, S., *Tesoro lexicográfico (1492-1726).* M, 1960, I, xxvii+1005. Comprende A-H.

Gorog, P. R., *Una concordancia del Poema de Fernán González.* BRAE, 1969, 49, 279-316; 1970, 50, 137-72, 315-36, 517-57.

Gorog, P. R. y L. S., *La sinonimia en la Celestina.* M, 1972, 169.

Hauptmann, O. H., *A glossary of the Pentateuch of Escorial biblical manuscript I. J. 4.* HR, 1942, 10, 34-46.

Hill, J. M., *«Universal Vocabulario» de Alonso de Palencia. Registro de voces españolas internas.* M, 1957, vii+212.

Huarte Morton, F., *Un vocabulario castellano del siglo XV.* RFE, 1951, 35, 310-40.

Huerta Tejadas, F., *Vocabulario de las obras de Don Juan Manuel.* M, 1956, 200.

También, BRAE, 1954, 34, a 1955, 35, mútliples entradas.

Keller, J., *Contribución al vocabulario del Poema de Alixandre.* M, 1932, 189.

Kossof, A. D., *Vocabulario de la obra poética de Herrera.* M, 1966, xxxii+360.

Lanchetas, R., *Gramática y vocabulario de las obras de Berceo.* M, 1900, 1042.

Mir Noguera, J., *Rebusco de voces castizas.* M, 1907, xxviii+787.

Oelschlager, V. R. B., *A medieval spanish word-list. A preliminary dated vocabulary of first appearances up to Berceo.* Madison, 1940, x+230. 16

Richardson, H. B., *An etymological vocabulary to the «Libro de Buen Amor»...* Nueva York, 1930, ix+251.

Romera Navarro, M., *Registro de lexicografía hispánica.* M, 1951, 1013.

Ruiz Fornells, E., *A concordance to the poetry of G. A. Bécquer.* Alabama, 1970, xxi+207.

Ruiz Morcuende, F., *Vocabulario de D. Leandro Fernández de Moratín.* M, 1945, 2 v.

Sarmiento, E., *Concordancias de las obras... de Garcilaso de la Vega.* M, 1970, 581.

Schmid, W., *Der Wortschatz des Cancionero de Baena.* Berna, 1951, xxxiv+165.

Steiger, A., *Contribución al estudio del vocabulario del Corbacho.* M, 1923, 117.
También, BRAE, 1922, 9, a 1924, 11, múltiples entradas.

44 DICCIONARIOS TECNICOS

Adeline, J., y J. R. Mélida, *Diccionario de términos técnicos en Bellas Artes.* México, 1944[2], 579.

Alfau de Solalinde, J., *Nomenclatura de los tejidos españoles del siglo XIII.* M, 1969, 203.

Almirante, J., *Diccionario militar.* M, 1869, xiv+1218.

Alonso Santos, A., y otros, *Léxico de términos nucleares.* M, 1973, xl+730.

Altamira Crevea, R., *Diccionario castellano de palabras jurídicas y técnicas tomadas de la legislación indiana.* México, 1951, xxi+396.

Amich Bert, J., *Diccionario marítimo.* B, 1956, 456.

Anglés, H., y J. Pena, *Diccionario de la música.* B, 1954, 2 v.

Arniches Barrera, F., *Diccionario de voces, locuciones y conceptos de Economía.* M, 1950, xxiii+294.

Barceló, J. L., *Vocabulario de estadística.* B, 1964, 290.

Bassegoda Musté, B., *Glosario de dos mil voces usuales en la técnica edificatoria... y equivalencia en alemán, catalán, francés, inglés e italiano.* B, 1972, 403.

Beltrán Flórez, L., y otros, *Diccionario de banca y bolsa.* B, 1969, xxiv+1303.

Buonocore, D., *Vocabulario bibliográfico.* Santa Fe, 1952, 204.

Busto Medrano, P., *Pequeño diccionario tecnológico..., farmacia, química, física, medicina y ciencias naturales.* M, 1964, 214.

Cadenas Vicent, V., *Diccionario heráldico...* M, 1954, 388.

Cardenal, L., *Diccionario terminológico de ciencias médicas.* B, 1947[3], xi+1324.

Casso Romero, I., y otros, *Diccionario de derecho privado, derecho civil común y foral, derecho mercantil, derecho notarial y registral, derecho canónico.* B, 1961[2], 2 v.

Castany Saladrigas, F., *Diccionario de tejidos.* B, 1949, 478.

16 Castro Vicente, M., y otros, *Diccionario del automóvil.* B, 1969, 1158.

Caza, *Vocabulario español de la* _____. M, 1950, 294.

Colmeiro Penido, M., *Diccionario de los diversos nombres vulgares de muchas plantas usuales o notables del antiguo y nuevo mundo.* M, 1871, 240.

Dantín Cereceda, J., *Terminología científica, industrial y artística.* M, 1926^{2}, 212.

Darder, B., y L. del Arco, *Apuntes de terminología científica, industrial y artística.* M, 1930^{4}, 346.

Dubler, C. E., ...*Glosario médico castellano del siglo XVI.* B, 1954, xviii+940.

Espejo del Rosal, R., *Diccionario general de veterinaria.* M, 1877-8^{3}, 3 v.

Fatás, G., y G. Borrás, *Vocabulario de términos de arte.* Zaragoza, 1970, 150.

Faus, A., *Diccionario de la montaña.* B, 1965, 591.

Fernández Mata, F., *Terminología forestal española.* M, 1973, 488.

Ferrater Mora, J., *Diccionario de filosofía.* Buenos Aires, 1965^{5}, 2 v.

Font Quer, P., *Diccionario de botánica.* B, 1953, xxxix+1244.

Fueyo Cuesta, L., *Diccionario terminológico de minas, canteras y mineralurgia.* M, 1973, 272.

García Hoz, V., *Diccionario de pedagogía.* B, 1964, 847.

García Salinero, F., *Léxico de alarifes de los Siglos de Oro.* M, 1968, 280.

Granada, D., *Terminología hípica española e hispanoamericana.* BRAE, 1921, 8, 58-63, 187-98, 349-66; 1922, 9, 683-9.

Gutiérrez Alvis, F., *Diccionario de derecho romano.* M, 1948, viii +637.

Hernández de Gregorio, M., *Diccionario elemental de farmacia, botánica y materia médica.* M, 1803, 3 v.

Huesca, F., *Diccionario hípico y del sport.* M, 1881, 759.

Jordana Morera, J., *Algunas voces forestales...* M, 1900, ix+320.

Karag, A., *Diccionario de los deportes.* B, 1958-64, 6 v.

Land, G. S., *A glossary of baseball terms in spanish.* MLJ, 1940, 24, 342-4.

Leguina, E., *Glosario de voces de armería.* M, 1912, 882.

López Martínez, M., y J. Hidalgo Tablada, *Diccionario enciclopédico de agricultura, ganadería e industrias rurales.* M, 1885-8, 8 v.

López Toral, F., *Diccionario mercantil con todas las voces, frases y locuciones usadas en el comercio de España y de las Américas...* Zaragoza, 1882.

Márquez Villegas, L., *Un léxico de la artesanía granadina. Estudio lexicográfico de las ordenanzas textiles... de Granada de 1672.* Granada, 1972, 141.

Martínez Cruz, A., *Léxico de antropología.* B, 1973^{2}, 184.

Mateu Sancho, P., *Diccionario de astronomía y astronáutica.* B, 1968, 350.

Matons, A., *Diccionario de agricultura, zootecnia y veterinaria.* B, 1939, 3 v. 16

Molina Aranda, F., *Diccionario técnico hostelero.* M, 1972, 245.

Mota, I. H., *Diccionario de la publicidad. La prensa.* M, 1970, 503.

Mumbrú Laporta, J., *Thesaurus textil español.* B, 1973, 440.

Neira, M., y F. Martínez Mata, *Terminología forestal española.* M, 1973, 480.

Novo Fernández, P., *Diccionario de... geografía física.* M, 1949, 409.

Novo Fernández, P., *Diccionario de geología y ciencias afines.* B, 1957, 2 v.

Ocupaciones, *Vocabulario de* _____. M, 1963, xvi+680.

Oficios, *Vocabulario de* _____ *y profesiones.* M, 1946, 460.

Oliver, E., *Lenguaje de las leyes: vocabulario jurídico-legal.* M, 1903, 244.

Orthos, *Vocabulario de educación física y deportes.* B, 1970, 99.

Pando Villarroya, J. L., *Diccionario marítimo.* M, 1956, xxvi+235.

Pardo García, L., *Diccionario de ictiología, piscicultura y pesca fluvial...* M, 1945, xii+338 + láms.

Parussols, J., *Pequeño diccionario ilustrado de los términos usuales en cocina.* M, 1900, 135.

Pedrell, F., *Diccionario técnico de la música...* B, 1894, xix+529.

Pemartín Pemán, J., *Diccionario del vino de Jerez.* B, 1965, 264.

Pereda, M., *Diccionario de terminología médica.* B, 1958, 124.

Pfändler, O., *Wortschatz der Sportsprache Spaniens...* Berna, 1954, 132.

Picatoste Rodríguez, F., *Vocabulario matemático etimológico.* M, 1862, 135.

Rey Pastor, J., e I. Quiles, *Diccionario filosófico.* Buenos Aires, 1952, xxvii+1114.

Rodero, J. M., *Diccionario de caza.* B, 1955, 511.

Rodríguez Aragón, M., *Unidades. Diccionario de pesos, medidas y monedas.* M, 1949, 204.

Rodríguez Santamaría, B., *Diccionario de artes de pesca de España y sus posesiones.* M, 1923, xxxii+816.

Roma Rubíes, A., *Diccionario de viticultura.* M, 1927, 11 v.

Rubert Candau, J. M., *Diccionario manual de filosofía.* M, 1946, 658.

Salto Dolla, A., *Diccionario de términos de proceso de datos.* M, 1971, 446.

Sánchez Monge, E., *Diccionario de genética.* M, 1970[2], 355.

Sánchez Pérez, J. B., *Diccionario ilustrado de ajedrez.* M, 1934, 384.

Sáñez Reguart, A., *Diccionario histórico de las artes de la pesca nacional.* M, 1791-3, 4 v.

Soroa Pineda, J. M., *Diccionario de agricultura.* B, 1968, xi+1006.

Tecnológico, *Diccionario* _____ *hispanoamericano.* M, 1926- . Publicados 4 v., que comprenden hasta *anfidinio.*

Terreros Pando, E., *Diccionario castellano con las voces de ciencias y artes...* M, 1786-93, 4 v.

16 Valls Gorina, M., *Diccionario de la música.* M, 1971, 243.
Vergara Martín, G. M., *Diccionario de voces y términos geográficos.* M, 1927, 226.
Whinnom, K., *A glossary of spanish bird-names.* Londres, 1966, 157.

→ 10.60, 12.10, Muñoz; 12.15, Canga; 14.66, Valle; 16.45, Haensch; 19.30.

45 DICCIONARIOS BILINGÜES

Haensch, G., y E. Lederer, *Bibliografía de diccionarios especializados, bilingües y multilingües.* EA, 1966, 8, a 1969, 11, múltiples entradas.

Martínez Amador, E., *Diccionario* **alemán**-*español...* B, 1964, 1224.
Martínez Amador, E., *Diccionario español-alemán...* B, 1964, 1172.
Noeli, T., y otros, *Diccionario de los idiomas alemán y español.* Berlín, 1973[4], 1024.
Slaby, R. J., y R. Grossmann, *Wörterbuch der spanischen und deutschen Sprache.* B, 1971[10], 2 v.

Sabbagh, M., *Diccionario* **arábigo**-*español.* México, 1932, 1350.
Ruiz, C., y otros, *Vocabulario árabe-español.* M, 1972, 180.

Augusta, F. J., *Diccionario* **araucano**-*español y español-araucano.* Santiago de Chile, 1916-7, 2 v.

Sánchez de la Rosa, A., *Diccionario hispano*-**bisaya**... Manila, 1895, 2 v.

Caló → 16.69.1.

Catalán → 16.91.1.

Dubsky, J., y otros, *Cescko* **[checo]**-*spanelsky slovník.* Praga, 1963, 908.
Prokopová, L., *Spanelsko-cesky a cesko-spanelsky kapesni slovnik.* Praga, 1962, 646.

Host's, *Spansk-Danske* **[danés]** *og Dansk-Spanske Lommeordbog.* Copenhague, 1967, xiii+349.

Paluzie-Borreel, J., *Diccionario* **esperanto**-*español y español-esperanto.* B, 1967, 381.

Neuvonen, E. K., *Suomi* **[finlandés]**-*Espanja-Suomi.* Porvoo, 1973, 210.
Ruiz de Arcaute, J., *Diccionario finlandés-español y español-finlandés.* B, 1969, 384.

Fernández Cuesta, N., *Diccionario de las lenguas española y* **francesa** *comparadas...* B, 1885-7, 4 v.
García Pelayo, R., y otros, *Dictionnaire moderne français-espagnol..., espagnol-français.* París, 1967, xxiv+783+xvi+976.
Martínez Amador, E., *Diccionario francés-español.* B, 1964, 903.
Martínez Amador, E., *Diccionario español-francés.* B, 1964, 982.

Gallego → 16.95.

Mendizábal, R., *Diccionario* **griego**-*español ilustrado.* M, 1963^{5}, 627. 16
Pabón Suárez, J. M., *Diccionario manual griego-español.* B, 1970^{5}, xvi+711.
Sebastián Yarza, F. I., *Diccionario griego-español.* B, 1954, xv+1643.

Guasch, A., *Diccionario castellano*-**guaraní** *y guaraní-castellano, sintáctico, fraseológico, ideológico.* Sevilla, 1962, 788.
Ortiz Mayans, A., *Diccionario español-guaraní, guaraní-español...* Buenos Aires, 1961^{8}. 356.

Winocur, L., *Nuevo diccionario completo* **hebreo**-*español.* Buenos Aires, 1933.

Van Dam, C. F. A., *Spaans handwoordenboek. Spaans-Nederlands* **[holandés]**, *Nederlands-Spaans.* La Haya, 1968-9, 2 v.
Van Goor, G. B., *Klein Spaans Woordenboek. Spaans-Nederlands en Nederlands-Spaans.* Gravenhague, 1963, 588.

Gáldi, L., *Diccionario* **húngaro**-*español y español-húngaro.* Budapest, 1958-65, 2 v.

Smith, C., y otros, *Diccionario Collins, español*-**inglés**, *english-spanish.* Londres, 1971, xxxviii+602+640.
Williams, E. B., *Holt Spanish and English dictionary.* Nueva York, 1955, 2 v.

Ambruzzi, L., *Nuovo dizionario spagnolo*-**italiano** *e italiano-spagnolo.* Turín, 1963^{6}, 2 v.
Boselli, C., *Dizionario spagnolo-italiano, italiano-spagnolo.* Milán, 1968, xxvii+499.
Carbonell, S., *Dizionario fraseologico completo italiano-spagnolo e spagnolo-italiano.* Milán, 1964-8, 2 v.
Martínez Amador, E., *Diccionario español-italiano, italiano-español.* B, 1965, 2 v.

Guardia Mayorga, C., *Diccionario* **kechwa**-*castellano y castellano-kechwa.* Lima, 1967^{3}, 218.

Blánquez Fraile, A., *Diccionario* **latino**-*español.* B, 1967^{5}, 2 v.
Blánquez Fraile, A., *Diccionario español-latino.* B, 1967, 831.

Gronvold, M., *Damms Lommeordböker,* **Noruego**-*español.* Oslo, 1955, 412.

Martínez Almoyna, J., *Diccionario espanhol*-**português.** Porto, 1963^{3}, 1066.
Ortega Cavero, D., *Diccionario español-portugués, portugués-español.* B, 1966, 2 v.
Viqueira Barreiro, J. M., *Diccionario español-portugués y portugués-español.* M, 1961, xi+1230.

Quechua → Kechwa.

Martínez Calvo, L., *Diccionario* **ruso**-*español.* B, 1965, 1950.
Nogueira, J., y G. Turover, *Diccionario ruso-español.* B, 1969, 2 v.
Yaselman, Y. S., *Diccionario ruso-español.* M, 1963^{2}, 744.

16 Fernández, D. E., *Vocabulario* tagalo-*castellano*. Manila, 1896, 175.

Serrano Laktaw, P., *Diccionario hispano-tagalog y tagalog-hispano*. Manila, 1889-1914, 3 v.

Valenciano → 16.92.2.

Vasco → 16.98.1.

Calvo Garrido, F., *Diccionario* volapük-*español*. Guadalajara, 1886, 176.

46 SEMANTICA

Bouzet, J., *Orígenes del empleo de* estar, en EDMP, IV, 37-58.

Kohler, E., *Le sens large du vocabulaire espagnol*. Romania, 1954, 75, 498-511.

Seifert, E., Haber *y* tener, *como expresiones de la posesión en español*. RFE, 1930, 17, 223-76, 345-89.

Vermeylen, A., *L'emploi de* ser *et de* estar: *question de sémantique ou de syntaxe?* BH, 1965, 67, 129-34.

48 CAMPOS SEMANTICOS

Avila, R., *El campo semántico 'aparatos eléctricos para iluminación'*. NRFH, 1972, 21, 273-300.

Molina Redondo, J. A., *'Cabeza' (+ sufijos) en andaluz. Estudio de un campo semántico etimológico*. RFE, 1972, 55, 279-301.

Salas, A., *El campo semántico de 'burla' en el español literario*. BF, 1965, 17, 363-406.

Salvador Caja, G., *Estudio del campo semántico de 'arar' en Andalucía*. Archivum, 1965, 15, 73-111.

Trujillo Carreño, R., *El campo semántico de la valoración intelectual en español*. La Laguna, 1970, 557.

→ 16.77, Lapesa.

49 ONOMASIOLOGIA

Deutschmann, O., *Formules de malediction en espagnol...* BFil, 1949, 10, 215-72.

Duncan, R. M., *Adjetivos de color en el español medieval*. AEM, 1968, 5, 463-72.

Gili Gaya, S., *El lenguaje de la ciencia y de la técnica*, en PFLE, II, 269-76.

Goicoechea, J. M., *Some typical weather terms in spanish*. H, 1967, 50, 545-7.

Guillén Tato, J. F., *La parla marinera en el Diario del primer viaje de Cristóbal Colón*. M, 1951, 142.

Guillén Tato, J. F., *El lenguaje marinero*. M, 1963, 58.

Guillén Tato, J. F., y J. Jáudenes, *En torno a los colectivos de seres marinos*. M, 1956, 62.

Lope Blanch, J. M., *La expresión temporal en Berceo*. NRFH, 1956, 10, 36-41.

Lope Blanch, J. M., *La determinación popular del tiempo durante la edad media.* ALetras, 1961, 1, 33-73. 16

Lorenzo Criado, E., *La expresión de ruego y de mandato en español,* en *Strenae... Estudios dedicados a... M. García Blanco.* Salamanca, 1962, 301-8.

Madueño, R., *Léxico de la borrachera... de América y España.* Buenos Aires, 1953, 61.

Nagel, I., *Die Bezeichnung für 'dumm' und 'verrückt' im Spanische...* Tubinga, 1972, ix+340.

Nykl, A. R., *Old spanish terms of small value.* MLN, 1931, 46, 166-70.

Romera Navarro, M., *Apuntaciones sobre viejas fórmulas castellanas de saludo.* RR, 1930, 21, 218-23.

51 ANTROPONIMIA

Díez Melcón, G., *Apellidos castellanos-leoneses, siglos IX-XIII.* Granada, 1957, 417.

Dolç Dolç, M., *Antroponimia latina,* en ELH, I, 389-419.

Godoy Alcántara, J., *Ensayo histórico-etimológico-filológico sobre los apellidos castellanos.* M, 1871, 280.

Hills, E. C., *Spanish patronymics in -z.* RH, 1926, 68, 161-73.

Menéndez Pidal, R., y A. Tovar Llorente, *Los sufijos españoles en -z y especialmente los patronímicos.* BRAE, 1962, 42, 371-460.

Piel, J. M., *Sobre a formação dos nomes de mulher medievais hispano-visigodos,* en EDMP, VI, 111-50.

Piel, J. M., *Antroponimia germánica,* en ELH, I, 422-44.

Piel, J. M., y D. Kremer, *Beiträge zu einem Hispano-gotischen Namenbuch.* Beiträge zur Namenforschung (Heidelberg), 1968, 3, 213-40.

Ríos Ríos, A., *Ensayo histórico, etimológico y filológico sobre los apellidos castellanos desde el siglo X hasta nuestra edad.* M, 1871, 260.

Roblin, M., *Les noms de famille judéo-espagnols. Les noms de famille des juifs d'origine ibérique.* Revue Internationale d'Onomastique (París), 1951, 3, 65-72.

Tibón, G., *Onomástica hispanoamericana. Indice de siete mil nombres y apellidos castellanos, vascos, árabes, judíos... y un índice toponímico.* México, 1961, xi+360.

→ 5.40-5, 5.60, 16.04, 20.80.

52 ANTROPONIMIA PRERROMANA

Albertos Firmat, M. L., *Nuevos antropónimos hispánicos.* Emerita, 1964, 32, 209-52.

Albertos Firmat, M. L., *La onomástica personal primitiva de Hispania tarraconense y bética.* Salamanca, 1966, xxiv+383.

Gómez Moreno, M., *Onomástica personal y nombres personales ibéricos,* en HMP, III, 479-89.

Palomar Lapesa, M., *La onomástica personal prelatina de la antigua Lusitania.* Salamanca, 1957, 168.

16 Palomar Lapesa, M., *Antroponimia prerromana,* en ELH, I, 347-87.

Schmoll, U., *Turma Salluitana. Einige Bemerkungen zur lateinische Umschreibung hispanischer Eigennamen.* Glotta (Gotinga), 1956, 35, 304-11.

Tovar Llorente, A., *Les noms de personne de l'Hispania pré-romaine,* en *III Congrès International de Toponymie...* Lovaina, 1951, 3, 787-93.

Untermann, J., *Elementos de un atlas antroponímico de la Hispania antigua.* M, 1965, 199.

→ 16.71.

53 TOPONIMIA

Llorente Maldonado, A., *Toponimia e historia.* Granada, 1969, 53.

Rohlfs, G., *Aspectos de toponimia española.* BFil, 1951, 12, 229-65. También, en su *Studien zur romanischen Namenkunde.* Munich, 1956, 1-38.

Asín Palacios, M., *Contribución a la toponimia árabe de España.* M, 1940, 153.

Corominas, J., *Topica Hesperica.* M, 1972, 2 v. Miscelánea.

Corominas, J., *Sobre els noms de lloc d'origen bereber,* en HRL, I, 207-18.

López Santos, L., *Hagiotoponimia,* en EHL, I, 579-614.

Marsá Gómez, F., *Toponimia de la Reconquista,* en ELH, I, 615-46.

Montenegro Duque, A., *Toponimia latina,* en ELH, I, 501-30.

Oliver Asín, J., *Historia del nombre «Madrid».* M, 1959, 412 + láms.

Piel, J. M., *Os nomes dos santos tradicionais hispânicos na toponímia peninsular.* Biblos (Coimbra), 1949, 25, 287-353; 1950, 26, 281-314.

Piel, J. M., *Toponimia germánica,* en ELH, I, 531-60.

Sachs, G., *Die germanischen Ortsnamen in Spanien und Portugal.* Jena, 1932, viii+121.

Sánchez Albornoz, C., *El nombre de Castilla,* en EDMP, II, 629-41.

Vernet Ginés, J., *Toponimia arábiga,* en ELH, I, 561-78.

→ 16.04.

54 TOPONIMIA PRERROMANA

García Bellido, A., *Los más remotos nombres de España.* Arbor, 1947, 7, 7-27.
También, en *Historia de España... Arbor.* M, 1953, 28-45.

Hoz Bravo, J., *Hidronimia antigua europea en la Península Ibérica.* Emerita, 1963, 31, 227-42.

Hubschmid, J., *Toponimia prerromana,* en ELH, I, 447-93.

Menéndez Pidal, R., *El sufijo -en. Su difusión en la onomástica hispana.* Emerita, 1940, 8, 1-36.

Menéndez Pidal, R., *Toponimia prerrománica hispana.* M, 1969, 314. Miscelánea.

Menéndez Pidal, R., y A. Tovar Llorente, *Los sufijos con -rr- en España y fuera de ella, especialmente en la toponimia.* BRAE, 1958, 38, 161-214. 16

Millás Vallicrosa, J. M., *De toponimia púnico-española.* Sefarad, 1941, 1, 313-26.

Pemán Pemartín, C., *Los topónimos antiguos del extremo sur de España.* AEA, 1953, 26, 101-12.

Rohlfs, G., *Sur une couche préromane dans la toponymie de Gascogne et de l'Espagne du Nord.* RFE, 1952, 36, 209-56.

Solá Solé, J. M., *Toponimia fenicio-púnica,* en ELH, I, 495-9.

→ 16.70.1.

55 DIALECTOLOGIA

Alvar López, M., *Dialectología española* [bibliografía]. M, 1962, 93.

Avellaneda, M. R., y otros, *Contribución a una bibliografía de dialectología española y especialmente hispanoamericana.* BRAE, 1966, 46, 335-69, 525-55; 1967, 47, 125-56, 311-42.

Alvar López, M., *Textos hispánicos dialectales. Antología histórica.* M, 1960, 2 v.

García de Diego, V., *Manual de dialectología española.* M, 1959², 374.

Navarro Tomás, T., y otros, *Atlas lingüístico de la Península Ibérica. I, Fonética.* M, 1961, 28 h. s. n. + 75 mapas.

Zamora Vicente, A., *Dialectología española.* M, 1967², 588.

Alonso Fernández, D., *Metafonía y neutro de materia en España.* ZRPh, 1958, 74, 1-24.
También, ELH, I, suplemento, 105-54.

Alvar López, M., *Las hablas meridionales de España y su interés para la lingüística comparada.* RFE, 1955, 39, 284-313.

Alvar López, M., *Los dialectalismos en la poesía española del siglo XX.* RFE, 1960, 43, 57-79.

Espinosa, A. M., y L. Rodríguez Castellano, *La aspiración de la* h *en el sur y oeste de España.* RFE, 1936, 23, 225-54, 337-78.

Malkiel, Y., *The five sources of epenthetic /j/ in western hispano-romance...* HR, 1969, 37, 239-75.

Menéndez Pidal, R., *Pasiegos y vaqueiros: dos cuestiones de geografía lingüística.* Archivum, 1954, 4, 7-44.

Penny, R. J., *Mass-nouns and metaphony in the dialects of north-western Spain.* ALing, 1970, 1, 21-30.

Pottier, B., *Geografía dialectal antigua.* RFE, 1962, 45, 241-57.

Rodríguez Castellano, L., *Algunas precisiones sobre la metafonía de Santander y Asturias.* Archivum, 1959, 9, 236-48.

Rosenblat, A., *Notas de morfología dialectal,* en A. M. Espinosa, *Estudios sobre el español de Nuevo Méjico.* Buenos Aires, 1946, II, 105-316.

Sanchís Guarner, M., *La cartografía lingüística en la actualidad y el Atlas de la Península Ibérica.* M, 1953, 72.

16 56 ANDALUZ

Alvar López, M., y otros, *Atlas lingüístico y etnográfico de Andalucía*. Granada, 1961-72, 5 v.

Alarcos Llorach, E., *Fonología y fonética (a propósito de las vocales andaluzas)*. Archivum, 1958, 8, 193-205.

Alcalá Venceslada, A., *Vocabulario andaluz*. M, 1951[2], 676.

Alonso Fernández, D., y otros, *Vocales andaluzas...* NRFH, 1950, 4, 209-30.

Alvar López, M., *El cambio* -al, -ar > -e *en andaluz*. RFE, 1959, 42, 279-82.

Alvar López, M., *Portuguesismos en andaluz*, en *Festschrift A. Kuhn*. Innsbruck, 1963, 30-24.

Alvar López, M., *Estructura del léxico andaluz*. BF, 1964, 16, 5-12.

García de Cabañas, M. J., *Vocabulario de la Alta Alpujarra*. M, 1967, 124.

Llorente Maldonado, A., *Fonética y fonología andaluzas*. RFE, 1962, 45, 227-40.

Mondéjar Cumpián, J., *El verbo andaluz. Formas y estructuras*. M, 1970, xv+196.

Navarro Tomás, T., *Desdoblamiento de fonemas vocálicos*. RFH, 1939, 1, 165-7.

Navarro Tomás, T., y otros, *La frontera del andaluz*. RFE, 1933, 20, 225-77.

Rodríguez Castellano, L., *El habla de Cabra. Notas de morfología*. Archivum, 1952, 2, 384-407.

Rodríguez Castellano, L., y A. Palacio, *Contribución al estudio del dialecto andaluz. El habla de Cabra*. RDTP, 1948, 4, 387-418, 570-99.

Roldán Pérez, A., *La cultura de la viña en la región del Condado [Niebla]. Contribución léxica a la geografía dialectal*. M, 1966, 174.

Salvador Caja, G., *El habla de Cúllar-Baza...* RFE, 1957, 41, 161-252; 1958, 42, 37-89; RDTP, 1958, 14, 223-67.

Salvador Caja, G., *La fonética andaluza y su propagación social y geográfica*. PFLE, II, 183-8.

Toro Gisbert, M., *Voces andaluzas o usadas por autores andaluces...* RH, 1920, 49, 313-647.

→ 16.48, 16.80.

57 ARAGONES

Alvar López, M., *El dialecto aragonés*. M, 1953, 403.

Kuhn, A., *Der Hocharagonesische Dialekt*. RLR, 1935, 11, 1-312; ZRPh, 1939, 59, 73-83.

Alvar López, M., *Sobre la pérdida de* f- *en el aragonés del siglo XI*. AFA, 1947, 2, 155-62.

Alvar López, M., *El habla del Campo de Jaca*. Salamanca, 1948, 276.

Alvar López, M., *Documentos de Jaca*. AFA, 1959, 11, 327-66.

Alvar López, M., *Un problème de langues en contact: la frontière catalano-aragonaise.* TLL, 1971, 9, 73-84.

Alvar López, M., *Estudios sobre el dialecto aragonés.* Zaragoza, 1973, I, 364.

Arnal Cavero, P., *Vocabulario del alto-aragonés.* M, 1944, 32.

Badía Margarit, A., *Sobre morfología dialectal aragonesa.* BRABarcelona, 1947, 20, 57-123.

Badía Margarit, A., *Contribución al vocabulario aragonés moderno.* Zaragoza, 1948, 201.

Badía Margarit, A., *El habla del Valle de Bielsa.* B, 1950, 363.

Ballarín Cornel, A., *Vocabulario de Benasque.* AFA, 1966, 17, 127-212.

Borao Clemente, J., *Diccionario de voces aragonesas.* Zaragoza, 1908[3], cxxxix+353+lxxx.

Buesa Oliver, T., *Soluciones antihiáticas en el alto aragonés de Ayerbe.* AFA, 1959, 11, 23-55.

Buesa Oliver, T., *Noticia sobre el Atlas lingüístico y etnográfico de Aragón.* ALetras, 1964, 4, 57-69.

Elcock, W. D., *De quelques affinités phonétiques entre l'aragonais et le béarnais...* París, 1938, 226.

Ferraz Castán, V., *Vocabulario del dialecto que se habla en la alta Ribagorza.* M, 1934, 116.

Gili Gaya, S., *Manifestaciones del romance en documentos oscenses anteriores al siglo XIII.* HMP, II, 99-119.

González Guzmán, P., *El habla viva del Valle de Aragüés.* Zaragoza, 1953, 191 + láms.

Haensch, G., *Las hablas de la alta Ribagorza.* AFA, 1959, 11, 57-193. También, Zaragoza, 1960, 316.

Kuhn, A., *Estudios sobre el léxico del Alto Aragón.* AFA, 1966, 17, 7-56.

Monge Casao, F., *El habla de la Puebla de Híjar.* RDTP, 1951, 7, 187-241.

Monge Casao, F., *Notas para la historiografía del habla de Aragón.* BRAE, 1951, 31, 93-120.

Navarro Tomás, T., *El perfecto de los verbos en -ar en aragonés antiguo...* Revue de Dialectologie Romane (Bruselas), 1909, 1, 110-21.
También, AFA, 1959, 11, 315-24.

Pardo Asso, J., *Nuevo diccionario etimológico aragonés.* Zaragoza, 1938, 399.

Pottier, B., *Étude lexicologique sur les inventaires aragonais.* VR, 1949, 10, 87-219.

Pottier, B., *L'évolution de la langue aragonaise à la fin du moyen âge.* BH, 1952, 54, 184-99.

Rubio García, L., *Estudio histórico-lingüístico del antiguo condado de Ribagorza.* Lérida, 1955, 160+xxxix.

Vàrvaro, A., *Tradizione scrittorie e lingua parlata: il dittongamento di o breve tònica nell'alta Aragona.* Bolletino. Centro di Studi filologici e linguistici siciliani (Palermo), 1970, 2, 480-97.

→ 16.90, 16.92.

16 58 ASTURIANO

Acevedo Huelves, B., y M. Fernández Fernández, *Vocabulario del bable de occidente.* M, 1932, xii+242.

Alarcos Llorach, E., *Sobre la metafonía asturiana y su antigüedad,* en *Symposium sobre cultura asturiana...* Oviedo, 1964, 331-64.

Alvarez Fernández, J., *El habla y la cultura popular de Cabrales.* M, 1963, xxxvii+246.

Avello Casielles, G., *Estudio comparativo del vocabulario del Concejo de Pravia.* Archivum, 1969, 19, 349-433.

Bobes Naves, M. C., *Fonología del verbo bable.* BIEA, 1961, 15, 103-16.

Canellada, M. J., *El bable de Cabranes.* M, 1944, 378.

Catalán Menéndez, D., *El asturiano occidental. Examen sincrónico y explicación diacrónica de sus fronteras fonológicas.* RPh, 1957, 10, 71-91; 1957-8, 11, 120-58.

Díaz Castañón, C., *El bable de El Cabo de Peñas.* Oviedo, 1966, 413.

Fernández, J. A., *El habla de Sisterna.* M, 1960, xvi+188.

García Suárez, A., *Contribución al léxico del asturiano occidental.* RDTP, 1950, 6, 264-300.

G[a]r[cí]a Rendueles, E., *Los nuevos bablistas. Las mejores poesías en dialecto asturiano de los poetas del siglo XIX.* Gijón, 1925, xvii+359.

Granda Gutiérrez, G., *Observaciones sobre el sistema morfológico del nombre asturiano.* RFE, 1963, 46, 97-120.

Lapesa Melgar, R., *Asturiano y provenzal en el Fuero de Avilés.* Salamanca, 1948, 110.

Martínez Alvarez, J., *Bable y castellano en el concejo de Oviedo.* Oviedo, 1967, 292.

Martínez Alvarez, J., *El cambio* /-as/ > /-es/ *del asturiano central.* Archivum, 1972, 22, 291-303.

Menéndez García, M., *El Cuarto de los Valles. Un habla del occidente asturiano.* Oviedo, 1963, 2 v.

Neira, J., *El habla de Lena.* Oviedo, 1955, xxvii+295.

Rato Hevia, A., *Vocabulario de las palabras y frases bables...* M, 1891, xxv+147.

Rodríguez Castellano, L., *La variedad dialectal del Alto Aller.* Oviedo, 1952, 352.

Rodríguez Castellano, L., *El pronombre personal en el asturiano.* BIEA, 1952, 6, 119-30.

Rodríguez Castellano, L., *La aspiración de la* h *en el oriente de Asturias.* Oviedo, 1946, 39.

Rodríguez Castellano, L., *El sonido* ŝ (< l-, -ll-) *del dialecto asturiano.* EDMP, IV, 201-38.

Rodríguez Castellano, L., *Aspectos del bable occidental.* Oviedo, 1954, 317.

Rodríguez Castellano, L., *Contribución al vocabulario del bable occidental.* Oviedo, 1957, 539.

Rodríguez Castellano, L., *La frontera oriental de la terminación* -es < -as *del dialecto asturiano.* BIEA, 1960, 14, 106-18.

Vigón, B., *Vocabulario dialectológico del Concejo de Colunga.* Villaviciosa, 1898, 387. 16

Zamora Vicente, A., *Léxico rural asturiano... Libardón.* Granada, 1953, 189.

→ 16.02, francés; 16.60.

59 CANARIO

Alvar López, M., *El español hablado en Tenerife.* M, 1959, xiv+285.

Alvar López, M., *Niveles socio-culturales en el habla de Las Palmas de Gran Canaria.* Las Palmas, 1972, 356.

Alvarez Delgado, J., *Miscelánea guanche. Ensayos sobre lingüística canaria.* La Laguna, 1942, 145.

Alvarez Delgado, J., *Teide. Nuevas investigaciones de los problemas lingüísticos y culturales de los aborígenes de Tenerife.* M, 1944, 88.

Alvarez Delgado, J., *Notas sobre el español de Canarias.* RDTP, 1947, 3, 205-35.

Cabrera Perera, P., *Voces de la provincia de Las Palmas.* RDTP, 1961, 17, 355-73.

Catalán Menéndez, D., *El español en Canarias,* en PFLE, I, 239-80.

Classe, A., *Phonetics of the silbo gomero.* ALing, 1957, 9, 44-61.

Giese, W., *Acerca del carácter de la lengua guanche.* RHC, 1949, 15, 188-203.

Guerra Navarro, F., *Contribución al léxico popular de Gran Canaria.* M, 1965, 808.

Lugo, S., *Colección de vozes i frases provinciales de Canarias.* Ed. de J. Pérez Vidal. La Laguna, 1946, 201.

Millares Cubas, L. y A., *Léxico de Gran Canaria.* Las Palmas, 1924, xiii+189.

Navarro Artiles, F., y F. Calero Carreño, *Vocabulario de Fuerteventura.* RDTP, 1965, 21, 103-42, 215-72; 1966, 22, 135-99.

Pérez Vidal, J., *Portuguesismos en el español de Canarias.* EMC, 1944, 9, 30-42.

Pérez Vidal, J., *Arabismos y guanchismos en el español de Canarias.* RDTP, 1967, 23, 243-72.

Régulo Pérez, J., *Notas acerca del habla de la isla de La Palma.* RHC, 1969, 32, 1-174.

También, La Laguna, 1970, 174.

→ 21.36, Tradiciones.

60 CASTELLANO DE REGIONES NO CASTELLANAS

Abuín Soto, M., *El castellano hablado en las Rías Bajas gallegas.* Archivum, 1971, 21, 171-206.

Baráibar Zumárraga, F., *Vocabulario de palabras usadas en Alava.* M, 1903, 325.

Cotarelo Valledor, A., *El castellano en Galicia.* BRAE, 1927, 14, 82-136.

16 Echaide Itarte, A. M., *Castellano y vasco en contacto. Tendencias fonéticas vascas en el castellano de los vascohablantes bilingües.* BRAE, 1966, 46, 513-23.

Echaide Itarte, A. M., *Castellano y vasco en el habla de Orio. Estudio sobre lengua tradicional e importada.* Pamplona, 1968, 164.

Grossi Fernández, R., *Sobre el castellano popular de Asturias.* Archivum, 1963, 13, 311-36.

López de Guereñu, G., *Voces alavesas.* Euskera, 1958, 3, 173-367.

Moll, F. B., *El castellano en Mallorca,* en HDA, II, 469-74.

Rabanal Alvarez, M., *Hablas hispánicas. Temas gallegos y leoneses.* M, 1967, 153.

→ 16.97, Echaide.

61 CASTELLANO VULGAR Y RURAL

Muñoz Cortés, M., *El español vulgar. Descripción de sus fenómenos y métodos de corrección.* M, 1958, 121.

Andrés Cobos, P., *Vocabulario segoviano.* ES, 1967, 19, 279-302.

Blanco, F., *Algunos vocablos en el soriano decir.* Celtiberia, 1969, 19, 139-44.

Flórez, L., *Apuntes sobre el español de Madrid, año de 1965.* BolAc Colombiana (Bogotá), 1966, 16, 232-50.
También, Thesaurus, 1966, 21, 156-71.

Fonseca, A., *Notas de la lengua de Segovia.* RDTP, 1945, 1, 679-89.

García Bermejo, S., *Contribución al vocabulario de Tierra de Campos.* RDTP, 1946, 2, 474-88.

García de Diego, V., *Dialectalismos.* RFE, 1916, 3, 301-18.

García de Diego, V., *El castellano como complejo dialectal y sus dialectos internos.* RFE, 1950, 34, 107-24.

García de Diego, V., *El habla de Soria, su fichero léxico.* Celtiberia, 1951, 1, 31-50.

Gómez Pascual, M. A., *La gacería (Segovia).* RDTP, 1946, 2, 648-53.

González Ollé, F., *Características fonéticas y léxico del Valle de Mena (Burgos).* BRAE, 1960, 40, 67-85.

González Ollé, F., *El habla de la Bureba. Introducción al castellano actual de Burgos.* M, 1964, 258.

González Ollé, F., *El habla de Burgos como modelo idiomático en la historia de la lengua española y su situación actual,* en PFLE, I, 227-37.

Gutiérrez Cuñado, A., *Léxico de Tierra de Campos (Palencia).* BRAE, 1945, 24, 179-85; 1946, 25, 367-78; 1950, 30, 257-62.

López Barrera, J., *Estudios de semántica regional... Cuenca.* Cuenca, 1912[3], 161.

Luz Santiago, M. A., y C. Prieto Carrasco, *Palabras más típicas de Palencia.* RDTP, 1945, 1, 667-78.

Manrique, G., *Vocabulario popular de la provincia de Soria.* RDTP, 1965, 21, 380-412.

Navarro Tomás, T., *Datos de pronunciación alcarreña.* Modern Philology (Chicago), 1930, 27, 435-9.

Navarro Tomás, T., *Vulgarismos en el habla madrileña*. H, 1967, 50, 543-5.

Onís, J., *La lengua popular madrileña en la obra de Pérez Galdós*. RHM, 1949, 15, 353-63.

Pastor Molina, R., *Vocabulario de madrileñismos*. RH, 1908, 18, 51-72.

Quilis Morales, A., *Description phonétique du parler madrilène actuel*. Phonetica (Basilea), 1965, 12, 19-24.

Quilis Morales, A., *Notas para el estudio del habla de Madrid y su provincia*. AIEM, 1966, 1, 365-72.

Ruiz Morcuende, F., *Algunas notas de lenguaje popular madrileño*. HMP, II, 205-12.

Sánchez López, I., *Vocabulario de la comarca de Medina del Campo*. RDTP, 1966, 22, 239-303.

Seco Reymundo, M., *Arniches y el habla de Madrid*. M, 1970, 614.

Spaulding, R. K., *The phonology of popular spanish as seen in the «Género chico»*. PhQ, 1936, 15, 367-76.

Torre, A., *El habla de Cuéllar (Segovia)*. BRAE, 1951, 31, 133-64, 501-13.

Vergara Martín, G. M., *Materiales para... un vocabulario de... Segovia y su tierra... provincias de Burgos y Santander*. M, 1921, 98.

Vergara Martín, G. M., *Algunas palabras de uso corriente en la provincia de Guadalajara...* RDTP, 1946, 2, 134-47.

Vergara Martín, G. M., *Voces segovianas*. RDTP, 1946, 2, 594-640.

→ 16.24.3, Espinosa; 16.79.

63 EXTREMEÑO

Cabrera, A., *Voces extremeñas recogidas del habla vulgar de Alburquerque y su comarca*. BRAE, 1916, 3, 653-66; 1917, 4, 84-106.

Canellada, M. J., *Notas de entonación extremeña*. RFE, 1941, 25, 79-91.

Espinosa, A. M., *Arcaísmos dialectales. La conservación de la* s *y* z *sonoras en Cáceres y Salamanca*. M, 1935, xxxii+256.

Fink, O., *Studien über die Mundarten der Sierra de Gata*. Hamburgo, 1929, viii+130.

Lorenzo Criado, E., *El habla de Albalá*. RCEE, 1948, 22, 398-407.

Santos Coco, F., *Apuntes lingüísticos de Extremadura*. RCEE, 1936, 10, 167-81.

Santos Coco, F., *Vocabulario extremeño*. RCEE, 1940, 14, 65-96, 134-66, 216-92; 1941, 15, 69-96; 1942, 16, 33-48; 1944, 18, 243-53.

Velo Nieto, J. J., *El habla de Las Hurdes*. REE, 1956, 12, 59-207.

Zamora Vicente, A., *El habla de Mérida y sus cercanías*. M, 1943, 153.

64 LEONES

Menéndez Pidal, R., *El dialecto leonés*. Oviedo, 1962, 194.

Alonso Garrote, S., *El dialecto vulgar leonés hablado en Maragatería y tierra de Astorga*. Astorga, 1909, xii+271.

16 Alvar López, M., *El Fuero de Salamanca. Lingüística e historia.* Granada, 1968, 222.
Alvarez, G., *El habla de Babia y Laciana.* M, 1949, 337.
Baz, J. M., *El habla de la tierra de Aliste.* M, 1967, xiv+148.
Carvalho, J. G. Herculano, *Por que se falan dialectos leoneses em terras de Miranda.* RPF, 1952, 5, 265-81.
Carvalho, J. G. Herculano, *Fonologia mirandesa.* Coimbra, 1958, 161.
Casado Lobato, C., *El habla de la Cabrera Alta.* M, 1948, xx+191.
Cortés Vázquez, L. L., *Contribución al vocabulario salmantino. Adiciones al Diccionario de Lamano.* RDTP, 1957, 13, 137-89.
Fernández González, A. R., *El habla y la cultura popular de Oseja de Sajambre.* Oviedo, 1959, 382.
Fernández González, A. R., *Los Argüellos. Léxico rural y toponimia.* Santander, 1966, 197.
García Rey, V., *Vocabulario del Bierzo.* M, 1934, 163.
Krüger, F., *El dialecto de San Ciprián de Sanabria.* M, 1923, 132.
Lamano Beneyte, J., *El dialecto vulgar salmantino.* Salamanca, 1915, 680.
Leonés, *Trabajos sobre el dominio románico* _____. M, 1957-60, 2 v. Miscelánea por numerosos autores.
Llorente Maldonado, A., *Estudio sobre el habla de la Ribera.* Salamanca, 1947, 248.
Millán Urdiales, J., *El habla de Villacidayo.* M, 1966, 466.
Molinero Lorenzo, M., *Algunas voces de Zamora.* RDTP, 1961, 17, 180-3, 548-57; 1962, 18, 523-8.
Morán, C., *Vocabulario del Concejo de La Lomba, en las montañas de León.* BRAE, 1950, 30, 155-68, 313-30, 439-56.
Sánchez Sevilla, P., *El habla de Cespedosa de Tormes.* RFE, 1928, 15, 131-72, 244-83.
Staaff, E., *Étude sur l'ancien dialecte léonais d'après des chartes du XIIIe. siècle.* Upsala, 1907, 351.
→ 16.60.

65 MONTAÑES

Calderón Escalada, J., *Voces* [de los]... *valles altos de la provincia de Santander...* BRAE, 1946, 25, 379-97.
García Lomas, G. A., *El lenguaje popular de la Cantabria montañesa...* Santander, 1966[2], 358 + láms.
González Campuzano, J., *Apuntes para un vocabulario montañés.* BBMP, 1920, 2, 3-10, 59-68.
Penny, R. J., *Vowel-harmony in the speech of the Montes de Pas.* Orbis, 1969, 18, 148-66.
Penny, R. J., *El habla pasiega...* Londres, 1970, 470 + láms.
Rodríguez Castellano, L., *Estado actual de la* h *aspirada en la provincia de Santander.* Archivum, 1954, 4, 435-57.

66 MURCIANO

García Cotorruelo, E., *Estudio sobre el habla de Cartagena y su comarca.* M, 1959, 203.

García Martínez, G., *El habla de Cartagena y sus aledaños marítimos.* RDTP, 1946, 2, 458-73. 16
García Soriano, J., *Vocabulario del dialecto murciano...* M, 1932, cxviii+196.
Lemus Rubio, P., *Aportaciones para la formación del vocabulario panocho.* Murcia, 1933, 344.
Quilis Morales, A., *El habla de Albacete...* RDTP, 1960, 16, 413-42.
Ramírez Xarría, J., *El panocho...* Murcia, 1927, 120.
Rubio García, L., *El habla de Murcia en tiempos de Sancho IV.* Murcia, 1968, 75.
Sevilla, A., *Vocabulario murciano.* Murcia, 1919, xv+207.
Zamora Vicente, A., *Notas para el estudio del habla albaceteña.* RFE, 1943, 27, 233-55.

67 NAVARRO

González Ollé, F., *El romance navarro.* RFE, 1970, 53, 45-93.

Alvar López, M., *Palabras y cosas en la Aezcoa.* Pirineos, 1947, 3, 5-38, 263-315.
Alvar López, M., *El habla de Oroz-Betelu.* RDTP, 1947, 3, 447-90.
Ciérvide, R., *Primeros documentos navarros en romance (1198-1230). Comentario lingüístico.* Pamplona, 1972, 140.
Echaide Itarte, A. M., *Léxico de la viticultura en Olite.* PV, 1969, 30, 147-78.
González Ollé, F., *La lengua occitana en Navarra.* RDTP, 1969, 25, 285-300.
González Ollé, F., *Textos lingüísticos navarros.* Pamplona, 1970, 274.
González Ollé, F., *Vascuence y romance en la historia lingüística de Navarra.* BRAE, 1970, 50, 31-76.
Iribarren, J. M., *Vocabulario navarro.* Pamplona, 1952, 667. *Adiciones.* Pamplona, 1958, 213.
Saralegui Platero, M. C., *El testamento de Carlos III de Navarra. Edición, estudio lingüístico y vocabulario.* Pamplona, 1971, 179.
Ynduráin Hernández, F., *Contribución al estudio del dialecto navarro-aragonés antiguo.* Zaragoza, 1945, 115.

→ 16.99, 16.99.2.

68 RIOJANO

Alvar López, M., *El dialecto riojano.* México, 1969, 93.

Alvar López, M., *El becerro de Valbanera y el dialecto riojano del siglo XI.* AFA, 1952, 4, 153-86.
Echaide Itarte, A. M., y M. C. Saralegui Platero, *El habla de Anguiano.* Logroño, 1972, 67 + láms.
Goicoechea Romano, C., *Vocabulario riojano.* M, 1961, 180.
Fernández Bobadilla, F., *Vocabulario arnedano.* Berceo, 1950, 5, 599-602; 1951, 6, 127-43.
Llorente Maldonado, A., *Algunas características lingüísticas de la Rioja...* RFE, 1965, 48, 321-50.

16 Magaña, J., *Contribución al estudio del vocabulario de la Rioja.* RDTP, 1948, 4, 266-303.

Recuenco, P., *Terminología vitivinícola riojana.* Logroño, 1963, 112.

Yravedra, L., *El habla de Cervera de Río Alhama.* Berceo, 1946, 1, 143-5.

→ 16.07, Catalán.

69 LENGUAS Y HABLAS ESPECIALES

Besses, L., *Diccionario de argot español o lenguaje jergal, gitano, delincuente, profesional y popular.* B, 1906, 277.

Clavería Lizana, C., *Sobre el estudio del argot y del lenguaje popular.* RNE, 1941, 12, 65-76.

69.1 CALO

Clavería Lizana, C., *Estudio sobre los gitanismos del español.* M, 1951, 269.

Clavería Lizana, C., *Nuevas notas sobre los gitanismos del español.* BRAE, 1953, 33, 73-94.

Clavería Lizana, C., *Notas sobre el gitano español,* en *Strenae... Estudios... dedicados a M. García Blanco.* Salamanca, 1962, 109-19.

Dávila, B., y B. Pérez, *Apuntes del dialecto caló o gitano puro... y un diccionario español-gitano.* M, 1943, 200.

Tineo Rebolledo, J., *Gitanos y castellanos. A chipicallí (la lengua gitana), diccionario gitano-español y español-gitano.* B, 1909[2], 313.

Trujillo, E., *Vocabulario del dialecto gitano.* M, 1844, 104.

Wagner, M. L., *Sobre algunas palabras gitano-españolas y otras jergales.* RFE, 1941, 25, 161-81.

→ 10.96, Pabanó; 16.69, 16.87, **El Salvador.**

69.2 GERMANIA

Gili Gaya, S., *Cultismos en la germanía del siglo XVII.* NRFH, 1953, 7, 113-7.

Hill, J. M., *Voces germanescas.* Bloomington, 1949, xi+192.

MacHale, C. F., *De re lexicographica. La germanía de los diccionarios académicos.* M, 1953, 39.

Salillas, R., *Vocabulario de germanía.* M, 1896, vii+343.

69.3 SAYAGUES

Bobes Naves, M. C., *El sayagués.* AL, 1968, 22, 383-402.

Gillet, J. E., *Notes on the language of the rustics in the drama of the XVIth. century (dialect of Sayago),* en HMP, I, 443-53.

Lihani, J., *Some notes on sayagués.* H, 1958, 41, 165-9.

Myers, O. T., *Church Latin elements in sayagués.* RN, 1963, 4, 166-8.

Stern, Ch., *Sayago and sayagués in spanish history and literature.* HR, 1961, 29, 217-37. 16

Weber de Kurlat, F., *Latinismos arrusticados en el sayagués.* NRFH, 1947, 1, 166-70.

Weber de Kurlat, F., *El dialecto sayagués y los críticos.* Filología, 1949, 1, 43-50.

→ 17.90, **Fernández, L.**

69.4 OTRAS

Chasca, E., *The phonology of the speech of the negroes in early spanish drama.* HR, 1946, 14, 322-39.

Granda Gutiérrez, G., *Sobre el origen de «habla de negro» en la literatura peninsular del Siglo de Oro.* Prohemio, 1971, 2, 97-109.

Sloman, A. E., *The phonology of moorish jargon in the works of early spanish dramatists and Lope de Vega.* MLR, 1949, 44, 207-17.

Weber de Kurlat, F., *El tipo cómico del negro en el teatro prelopesco. Fonética.* Filología, 1962, 8, 139-68.

70 HISTORIA

Lapesa Melgar, R., *Historia de la lengua española.* M, 1968[7], 421.

Spaulding, R. K., *How spanish grew.* Berkeley, 1962[3], xvii+259.

Tavani, G., *Preistoria e protostoria delle lingue ispaniche.* L'Aquila, 168, 210.

70.1 SUBSTRATOS

Albertos Firmat, M. L., *Lenguas primitivas de la Península Ibérica.* BISS, 1973, 17, 69-107 + láms.

Blaylock, C., *Substratum theory applied to hispano-romance.* RPh, 1959, 13, 414-9.

Kuhn, A., *Die vorlateinischen Sprachen Hispaniens,* en *Festschrift L. C. Franz.* Innsbruck, 1965, 261-70.

Jungemann, F. K., *La teoría del sustrato y los dialectos hispanorromances y gascones.* M, 1955, 454.

Tovar Llorente, A., *Las lenguas primitivas de la Península Ibérica.* CHM, 1958, 4, 291-309.

Tovar Llorente, A., *The ancient languages of Spain and Portugal.* Nueva York, 1961, xii+136.

Tovar Llorente, A., *Revisión del tema de las lenguas indígenas de España y Portugal,* en *Miscelânea... J. Carvalho.* Figueira da Foz, 1962, 784-94.

Untermann, J., *Sprachräume und Sprachbewegungen im vorrömischen Hispanien.* Wiesbaden, 1961, 35.

Albertos Firmat, M. L., *Algunas consideraciones lingüísticas-geográficas en torno a la España prerromana.* Zephyrus, 1961, 12, 221-9.

Corominas, J., *Enseñanzas del Diccionario etimológico castellano sobre el hispano-celta,* en su *Topica Hesperica.* M, 1972, II, 195-235.

16 Gómez Moreno, M., *Las lenguas hispánicas* [prerromanas]. M, 1942, 30.
También, en su *Misceláneas*... M, 1949, 201-17.
→ 3.71.

Guitarte, G. L., *Vasco y románico en un trabajo de Gamillscheg*. CHE, 1955, 23, 317-26.

Hubschmid, J., *Hispano-Baskisches*. BFil, 1953, 14, 1-26.

Hubschmid, J., *Pyrenäenwörter vorromanischen Ursprungs und das vorromanische Substrat der Alpen*. Salamanca, 1954, 81.

Hubschmid, J., *Mediterrane Substrate, mit besonderer Berücksichtigung des Baskischen*... Berna, 1960, 98.

Hubschmid, J., *Lenguas* [peninsulares prerromanas] *no indoeuropeas. Testimonios románicos*, en ELH, I, 27-66.

Hubschmid, J., *Lenguas* [peninsulares prerromanas] *indoeuropeas. Testimonios románicos*, en ELH, I, 127-49.

Hubschmid, J., *Probleme der baskischen Lautlehre und baskisch-vorromanische Etymologien*. Berna, 1965, 168.

Lejeune, M., *Celtiberica*. Salamanca, 1955, 144.

Menéndez Pidal, R., *Influjo del elemento vasco en la lengua española*, en su *En torno a la lengua vasca*. Buenos Aires, 1962, 59-71.

Michelena Elissalt, L., *Los dialectos indoeuropeos hispánicos*. Zephyrus, 1960, 11, 245-8.

Michelena Elissalt, L., *Comentarios en torno a la lengua ibérica*. Zephyrus, 1961, 12, 6-23.

Rohlfs, G., *Baskische Reliktwörter im Pyrenäengebiet*. ZRPh, 1927, 47, 394-408.

Rohlfs, G., *Vorrömische Lautsubstrate auf der Pyrenäenhalbinsel?* ZRPh, 1955, 71, 408-13.

Schmoll, U., *Die Sprache der vorkeltischen indogermanen Hispaniens und das Keltiberische*. Wiesbaden, 1959, 130.
→ 3.71, Schmoll.

Tovar Llorente, A., *Las inscripciones ibéricas y la lengua de los celtíberos*. BRAE, 1946, 25, 7-42.

Tovar Llorente, A., *Estudios sobre las primitivas lenguas hispánicas*. Buenos Aires, 1949, 243.
Miscelánea.

Tovar Llorente, A., *Léxico de las inscripciones ibéricas*. EDMP, II, 273-323.

Tovar Llorente, A., *Les traces linguistiques celtiques dans la Péninsule Ibérique*. Celticum (Rennes), 1963, 6, 381-403.
→ 3.71.

Tovar Llorente, A., *Lenguas* [peninsulares prerromanas] *no indoeuropeas. Testimonios antiguos*, en ELH, I, 5-26.

Tovar Llorente, A., *Lenguas* [peninsulares prerromanas] *indoeuropeas. Testimonios antiguos*, en ELH, I, 101-26.

Tovar Llorente, A., *El oscuro problema de la lengua de los tartesios*, en *V Symposium de Prehistoria*. B, 1969, 341-6.

Wikander, S., *Sur la langue des inscriptions sud-hispaniques*. SL, 1966, 20, 1-8.

→ 16.52, 16.98.3-6, 16.99.2.

71 ROMANIZACION. LATIN HISPANO 16

Bassols Climent, M., y otros, *Glossarium mediae latinitatis Cataloniae.* B, 1960- .
En curso de publicación.

Bastardas Parera, J., *Particularidades sintácticas del latín medieval. Siglos VIII al XI.* B, 1953, xxxix+200.

Bastardas Parera, J., *El latín medieval,* en ELH, I, 251-90.

Carnoy, A., *Le latin d'Espagne d'après les inscriptions.* Lovaina, 1906^2, 293.

Díaz Díaz, M., *Movimientos fonéticos en el latín visigodo.* Emerita, 1957, 25, 369-86.

Díaz Díaz, M., *El latín de la Península Ibérica. Rasgos lingüísticos,* en ELH, I, 153-97.

Díaz Díaz, M., *El latín de la Península Ibérica. Dialectalismos,* en ELH, I, 237-50.

Díaz Díaz, M., *El latín de la liturgia hispánica,* en *Estudios sobre la liturgia mozárabe.* Toledo, 1965, 55-87.

García Bellido, A., *La latinización de Hispania.* AEA, 1967, 40, 3-29.

Gil Fernández, J., *Notas sobre fonética del latín visigodo.* Habis (Sevilla), 1970, 1, 45-86.

Lange, W. D., *Philologische Studien zur Latinität westhispanischer Privaturkunde des 9.-12. Jahrhunderts.* Leiden, 1966, lix+291.

Mariner Bigorra, S., *El latín de la Península Ibérica. Léxico,* en ELH, I, 199-236.

Rohlfs, G., *Oskische Latinität in Spanien?* RLR, 1955, 19, 221-5.

Tovar Llorente, A., *Latín vulgar, latín de Hispania.* Jornal de Filologia (São Paulo), 1955, 3, 81-6.

→ 17.90, **Samson.**

72 EDAD MEDIA

Gifford, D. J., y F. W. Hodcroft, *Textos lingüísticos del medioevo español.* Oxford, 1966^2, 318.

Menéndez Pidal, R., *Documentos lingüísticos de España. Reino de Castilla.* M, 1919, x+503.

Menéndez Pidal, R., y otros, *Crestomatía del español medieval.* M, 1965-6, 2 v.

Briesemeister, D., *Das Sprachbewusstsein in Spanien bis zum Erscheinen der Grammatik Nebrijas.* Ibero-romania, 1969, 1, 35-55.

Honsa, V., *A study of the contamination of XIIIth. century spanish prose by dialects and foreign languages.* Orbis, 1961, 10, 470-5.

Lapesa Melgar, R., *La lengua de la poesía lírica desde Macías hasta Villasandino.* RPh, 1953, 7, 51-9.

Lapesa Melgar, R., *La lengua de la poesía épica en los cantares de gesta y en el romancero viejo.* ALetras, 1964, 4, 5-24.
También, en su *De la edad media...* M, 1967, 29-36.

16 Menéndez Pidal, R., *Orígenes del español. Estado lingüístico de la Península Ibérica hasta el siglo XI.* M, 1968[6], xv+592.

Poerck, G., y L. Mourin, *Introduction à la morphologie comparée des langues romanes... Ancien portugais et ancien castillan.* Brujas, 1961, 175.

Sturcken, H. T., *Basque-cantabrian influence on Alfonsine Castilian.* SN, 1969, 41, 298-306.

→ 16.02, francés; 16.74, Galmés.

73 INFLUENCIA GERMANICA. EPOCA VISIGODA

Gamillscheg, E., *Historia lingüística de los visigodos.* RFE, 1932, 19, 117-50, 229-60.

Meier, H., *Sobre o superstrato visigótico no vocabulário hispano-português.* BFil, 1959, 18 [= *Actas do IX Congresso Internacional de Linguística Românica*], 67-70.

Piel, J. M., *Westgotisches Spracherbe in Spanien und Portugal.* Deutsche Kultur im Leben der Völker, 1943, 18, 171-88.

Reinhardt, W., *El elemento germánico en la lengua española.* RFE, 1946, 30, 295-309.

→ 16.71.

74 INFLUENCIA ARABE

Coates, M. W., *The arabic element in modern spanish.* H, 1943, 26, 59-64.

Engelmann, W. H., *Glossaire des mots espagnols et portugais dérivés de l'arabe.* Leyde, 1861, xxx+108.

Galmés de Fuentes, A., *Influencias sintácticas y estilísticas del árabe en la prosa medieval castellana.* M, 1956, 227.

Martínez Ruiz, J., *Léxico de origen árabe en documentos granadinos del siglo XVI.* RFE, 1965, 48, 121-33.

Mekinassi, A., *Léxico de las palabras españolas de origen árabe.* Tetuán, 1963, xvi+154.

Neuvonen, E. K., *Los arabismos del español en el siglo XIII.* Helsinki, 1941, 331.

Solá Solé, J. M., *El artículo* al- *en los arabismos del iberorománico.* RPh, 1967, 8, 21, 275-85.

Steiger, A., *Contribución a la fonética del hispanoárabe y de los arabismos en el ibero-románico y en el siciliano.* M, 1932, 250.

Wijk, H. L. A., *L'élément arabe en espagnol.* Neophilologus (Groninga), 1949, 33, 13-23.

→ 16.02, 16.59, Pérez Vidal.

75 MOZARABE

Sanchís Guarner, M., *El mozárabe peninsular,* en ELH, I, 293-342.

Asín Palacios, M., *Glosario de voces romances registradas por un botánico anónimo hispano-musulmán (siglos XI-XII).* M, 1943, liv+420.

Galmés de Fuentes, A., *El mozárabe levantino en los «Libros de los repartimientos de Mallorca y Valencia»*. NRFH, 1950, 4, 313-46. 16

Galmés de Fuentes, A., *Resultados de -ll-, -ly- y -c'l- en los dialectos mozárabes*. RLR, 1965, 29, 60-97.

Galmés de Fuentes, A., *Los plurales femeninos en los dialectos mozárabes*. BRAE, 1966, 46, 53-67.

Gili Gaya, S., *Notas sobre el mozárabe en la Baja Cataluña*, en *Actas del VII Congreso Internacional de Lingüística Románica*. B, 1955, I, 483-94.

Griffin, D. A., *Los mozarabismos del «Vocabularista» atribuido a Ramón Martí*. M, 1961, 255.

Lapesa Melgar, R., *Sobre el texto y lenguaje de algunas jarchyas mozárabes*. BRAE, 1960, 40, 53-65.

Sanchís Guarner, M., *Els parlars romanics de Valencia i Mallorca anteriors a la Reconquista*. Valencia, 1961^{2}, 164.

Simonet, F. J., *Glosario de voces ibéricas y latinas usadas entre los mozárabes*. M, 1888, ccxxxvi+628.

Steiger, A., *Zur Sprache der Mozaraber*, en *Festschrift J. Jud*. Zurich, 1943, 624-714.

76 SIGLOS XVI-XVII

Asensio Barbarín, E., *Juan de Valdés contra Delicado. Fondo de una polémica*, en HDA, I, 101-13.

Bahner, W., *La lingüística española del Siglo de Oro. Aportaciones a la conciencia lingüística de los siglos XVI y XVII*. M, 1966, 202.

Buceta, E., *La tendencia a identificar el español con el latín: un episodio cuatrocentista*, en HMP, I, 85-108.

Buceta, E., *De algunas composiciones hispano-latinas en el siglo XVII*. RFE, 1932, 19, 388-414.

García Blanco, M., *La lengua española en la época de Carlos V y otras cuestiones de lingüística y filología*. M, 1967, 309.

Honsa, V., *Teaching of spanish as a foreign language in the XVII century*. H, 1960, 43, 342-6.

Keniston, H., *The syntax of castilian prose. The XVIth century*. Chicago, 1938, xxix+750.

Menéndez Pidal, R., *El lenguaje del siglo XVI*, en su *La lengua de C. Colón*. Buenos Aires, 1947^{3}, 49-87.

Menéndez Pidal, R., *La lengua en tiempo de los Reyes Católicos*. CH, 1950, 5, 9-24.

Menéndez Pidal, R., *Gran innovación en el habla común del siglo XVII. Los diversos gustos lingüísticos*. Ibérida (Río de Janeiro), 1959, 1, 11-31.

Menéndez Pidal, R., *El lenguaje español en tiempo de Felipe II*, en *El Escorial. Historia. Literatura*. M, 1963, I, 531-62.

Mir, M., *Causas de la perfección de la lengua castellana en el Siglo de Oro...* M, 1902, 95.

Montoliú, M., *La lengua española en el siglo XVI*. RFE, 1945, 29, 153-60.

Pastor, J. F., *Las apologías de la lengua castellana en el Siglo de Oro*. M, 1929, xxx+188.

16 Romera Navarro, M., *La defensa de la lengua española en el siglo XVI.* BH, 1929, 31, 204-55.

Terracini, L., *Appunti sulla «coszienza linguistica» nella Spagna del Rinascimento e del secolo d'oro.* CN, 1959, 19, 69-90.

Terracini, L., *Tradizione illustre e lingua letteraria nella Spagna del Rinascimento.* Studi di Letteratura Spagnola (Roma), 1964, 61-98; 1965, 9-94.

77 SIGLO XVIII

Lapesa Melgar, R., *Ideas y palabras: del vocabulario de la Ilustración al de los primeros liberales.* Asclepio (M), 1966, 18, 189-218.

Rubio, A., *Comments on 18th century purismo.* HR, 1935, 3, 317-30.

Rubio, A., *La crítica del galicismo en España (1726-1832).* Méjico, 1937, 225.

Vargas Ponce, J., *Declamación sobre los abusos introducidos en castellano.* M, 1793, xxi+215.

→ 14.02, Cotarelo Mori, Cotarelo Valledor, Gil Ayuso.

78 SIGLO XIX

Cruz Seoane, M., *El primer lenguaje constitucional español.* M, 1968, 220.

Cullen, A. J., *El lenguaje romántico de los periódicos madrileños...* H, 1958, 41, 303-7.

79 SIGLO XX

Beinhauer, W., *El español coloquial.* M, 1968^{2}, 460.

Ibáñez, D., *El idioma castellano en nuestros días.* LCD, 1922, 128, 368-76.

Lapesa Melgar, R., *La lengua desde hace cuarenta años.* RO, 1963, 3, 193-208.

Le Gentil, G., *Quelques particularités de la langue parlée d'après le théâtre de... Benavente.* BH, 1912, 14, 174-93.

Lorenzo Criado, E., *El español de hoy, lengua en ebullición.* M, 1971^{2}, 240.

Rosenblat, A., *El futuro de la lengua.* RO, 1967, 19, 155-92.

→ 16.14, Braue; 16.61, 17.90, **Pérez Galdós**; 19.20, Navarro.

80 EL ESPAÑOL DE AMERICA

Solé, C. A., *Bibliografía sobre el español en América, 1920-1967.* Washington, 1970, v+175.

Solé, C. A., *Bibliografía sobre el español en América, 1967-1971.* ALetras, 1972, 10, 253-88.

Lope Blanch, J. M., *El español de América.* M, 1968, 150.

Malmberg, B., *La América hispanohablante. Unidad y diferenciación...* M, 1970, 317.

Wagner, M. L., *Lingua e dialetti dell'America spagnola.* Florencia, 1949, 190. 16

Alonso, A., *El problema de la lengua en América.* M, 1935, 205.
Guitarte, G. L., *Cuervo, Henríquez Ureña y la polémica sobre el andalucismo de América.* VR, 1958, 17, 363-416.
Henríquez Ureña, P., *Sobre el problema del andalucismo dialectal de América.* Buenos Aires, 1932, 136.
Herrero Mayor, A., *Presente y futuro de la lengua española en América.* Buenos Aires, 1943, 121.
Lapesa Melgar, R., *El andaluz y el español de América,* en PFLE, II, 173-82.
Lapesa Melgar, R., *América y la unidad de la lengua española.* RO, 1966, 13, 300-10.
Lope Blanch, J. M., *El supuesto arcaísmo del español americano.* ALetras, 1969, 7, 85-110.
Malmberg, B., *L'espagnol dans le Nouveau Monde, problème de linguistique générale.* SL, 1947, 1, 79-116; 1948, 2, 1-36.
Menéndez Pidal, R., *Sevilla frente a Madrid. Algunas precisiones sobre el español de América,* en *Miscelánea... A. Martinet.* La Laguna, 1962, III, 99-165.
Rona, J. P., *Aspectos metodológicos de la dialectología hispanoamericana.* Montevideo, 1958, 2 v.
Rona, J. P., *Normas locales, regionales, nacionales y universales en la América española.* NRFH, 1973, 22, 310-21.
Rosenblat, A., *Lengua literaria y lengua popular en América.* Caracas, 1969, 128.
Rosenblat, A., *La hispanización de América. El castellano y las lenguas indígenas desde 1492,* en PFLE, II, 189-216. También, Arbor, 1963, 55, 87-123.
Rosenblat, A., *Base del español de América. Nivel social y cultural de los conquistadores y pobladores.* BF, 1964, 16, 171-230. También, RI, 1971, 31, 13-76.
Rosenblat, A., *Contactos interlingüísticos en el mundo hispánico: el español y las lenguas indígenas de América,* en *Actas del II CIH.* Nimega, 1967, 109-54.
Rosenblat, A., *El castellano de España y el castellano de América...* M, 1973^2, 78.

→ 7.43, Pérez.

82 FONETICA

Canfield, D. L., *La pronunciación del español en América. Ensayo histórico-descriptivo.* Bogotá, 1962, 111.
Cárdenas, D. N., *The geographic distribution of the assibilated* r, rr *in Spanish America.* Orbis, 1958, 7, 407-14.
Doman, M. G., H *aspirada y* f *moderna en el español americano.* Thesaurus, 1969, 24, 426-58.
Lapesa Melgar, R., *Sobre el ceceo y el seseo en Hispanoamérica.* RIberoamericana (México), 1956, 21, 409-16.

16 Malmberg, B., *Tradición hispánica e influencia indígena en la fonética hispanoamericana,* en PFLE, II, 227-45.

→ 16.87.

83 GRAMATICA

Kany, Ch. E., *Sintaxis hispanoamericana.* M, 1970, 552.
Lenz, R., *Sobre la morfología del español en América,* en su *El español en Chile.* Buenos Aires, 1940, 259-68.
Granda Gutiérrez, G., *La evolución del sistema de posesivos en el español atlántico.* BRAE, 1966, 46, 69-82.
Granda Gutiérrez, G., *Formas en -re en el español atlántico y problemas conexos.* Thesaurus, 1968, 23, 1-22.
Rona, J. P., *Sobre sintaxis de los verbos impersonales en el español americano,* en *Romania. HomF. Piccolo.* Napoles, 1962, 391-400.
Rona, J. P., *Geografía y morfología del «voseo».* Pôrto Alegre, 1967,115.

→ 16.24.1, Lapesa; 16.87.

84 LEXICOLOGIA. LEXICOGRAFIA. SEMANTICA

Buesa Oliver, T., *Indoamericanismos léxicos en español.* M, 1965, 96.
Kany, Ch. E., *Semántica hispanoamericana.* M, 1963, 298.
Malaret, A., *Diccionario de americanismos.* Buenos Aires, 1946[3], 835.
Moríñigo, M. A., *Diccionario de americanismos.* Buenos Aires, 1966, 738.
Santamaría, F. J., *Diccionario general de americanismos.* Méjico, 1942, 3 v.
Casullo, F. H., *Voces indígenas en el idioma español.* Buenos Aires, 1964, 116.
Contreras, L., *Semántica del español americano.* RPF, 1968, 14, 157-212.
Corominas, J., *Rasgos semánticos nacionales.* AIL, 1941, 1, 5-13.
Corominas, J., *Indiano-románica. Estudios de lexicología hispanoamericana.* RFH, 1944, 6, 1-35, 139-75, 209-54.
Granda Gutiérrez, G., *Acerca de los portuguesismos en el español de América.* Thesaurus, 1968, 23, 344-58.
Malaret, A., *Lexicón de fauna y flora.* M, 1970, vii+569.
Moríñigo, M. A., *La formación léxica regional hispanoamericana.* NRFH, 1953, 7, 234-41.
Moríñigo, M. A., *La penetración de los indigenismos americanos en el español,* en PFLE, II, 217-26.
Ragucci, R. M., *Voces de hispanoamérica.* Buenos Aires, 1973, 382.
Rona, J. P., *¿Qué es un americanismo?,* en *Simposio de México.* México, 1969, 135-48.
Toro Gisbert, M., *Americanismos.* París, 1912, 285.

→ 16.87.

85 LENGUAS INDIGENAS

León Portilla, A. H., *Bibliografía lingüística náhuatl.* EstCultura náhuatl (México), 1972, 10, 409-41.

Pottier, B., *Bibliographie americaniste. Linguistique amérindienne.* París, 1967, 80.

Castellvi, M., y L. Espinosa Pérez, *Propedéutica etnioglotológica y diccionario clasificador de las lenguas indoamericanas.* M, 1958, 353.

Friederici, G., *Amerikanistisches Wörterbuch und Hilfswörterbuch für den Amerikanisten.* Hamburgo, 1960².

Garibay K., A. M., *Llave de náhuatl.* México, 1970, 385.

Grondin, M., *Método de aymara.* Oruro, 1973, 144.

Henríquez Ureña, P., *Para la historia de los indigenismos.* Buenos Aires, 1938, 147.

Ibarra Grasso, D. E., *Lenguas indígenas americanas.* Buenos Aires, 1958, 135.

Loukotka, C., *Classification of the south american indian languages.* Los Angeles, 1968, 453.

Middendorf, E. W., *Gramática keshua.* M, 1970, xxiv+345.

Moríñigo, M. A., *Hispanismos en el guaraní.* Buenos Aires, 1931, 434.

Ortiz, S. E., *Lenguas y dialectos indígenas en Colombia.* Bogotá, 1965, 456.

Tovar Llorente, A., *Catálogo de las lenguas de América del Sur.* Buenos Aires, 1961, 412.

→ 16.44, 16.87.

86 HABLAS CRIOLLAS. PAPIAMENTU

Bickerton, D., y A. Escalante, *Palenquero: a spanish-based creole of Northern Colombia.* Lingua (Amsterdam), 1970, 24, 254-67.

Goilo, E. R., *Papiamentu textbook.* Aruba, 1962, 148.

Granda Gutiérrez, G., *Materiales para el estudio sociohistórico de los elementos lingüísticos afroamericanos en el área hispánica.* Thesaurus, 1968, 23, 547-73.

Granda Gutiérrez, G., *Sobre el estudio de las hablas criollas en el área hispánica.* Thesaurus, 1968, 23, 64-70.

Granda Gutiérrez, G., *Cimarronismo, palenques y hablas criollas en Hispanoamérica.* Thesaurus, 1970, 25, 448-69.

Granda Gutiérrez, G., *Estado actual y perspectivas de la investigación sobre hablas criollas en Hispanoamérica.* ALetras, 1972, 10, 5-27.

Granda Gutiérrez, G., *Papiamento en Hispanoamérica. Siglos XVII-XIX.* Thesaurus, 1973, 28, 1-13.

Navarro Tomás, T., *Observaciones sobre el papiamento.* NRFH, 1953, 7, 183-9.

Wijk, H. L. A., *Origen y evolución del papiamentu.* Neophilologus (Groninga), 1958, 42, 169-82.

16 87 AREAS DIALECTALES Y NACIONALES

Henríquez Ureña, P., *Observaciones sobre el español en América.* RFE, 1921, 8, 357-90.

Hills, E. C., y otros, *El español en Méjico, los Estados Unidos y América Central.* Buenos Aires, 1938, lxi+526.

Navarro Tomás, T., *Linguistic zones in America.* Bulletin of the American Council of Learned Societies (Washington), 1942, 34, 71-3.

Resnick, M. C., *Dialect zones and automatic identification in Latin American Spanish.* H, 1969, 52, 553-68.

Rona, J. P., *El problema de la división del español americano en zonas dialectales,* en PFLE, I, 216-26.

Alonso, A., *La* **Argentina** *y la nivelación del idioma.* Buenos Aires, 1943, 192.

Barcia, J., *El lunfardo de Buenos Aires.* Buenos Aires, 1973, 173.

Barrenechea, A. M., y M. Manacorda de Rosetti, *La voz pasiva en el español hablado en Buenos Aires,* en *Simposio de México.* México, 1969, 234-43.

Barrenechea, A. M., y T. Orecchia, *La duplicación de objetos directos en el español hablado en Buenos Aires.* RPh, 1970-1, 24, 58-83.

Borello, R. A., *Para la historia del voseo en la Argentina.* Cuadernos de Filología (Mendoza), 1969, 3, 25-42.

Castro Quesada, A., *La peculiaridad lingüística rioplatense y su sentido histórico.* M, 1961^{2}, 150.

Davis, J. E., *The spanish of Argentina and Uruguay. An annotated bibliography.* Orbis, 1966, 15, 160-89, 442-88; 1968, 17, 232-77, 538-76.

Donni Mirande, N. E., *El español hablado en Rosario.* Rosario, 1969, 175.

Fontanella, M. B., *El voseo en Buenos Aires. Un problema histórico-lingüístico.* Cuadernos del Sur (Bahía Blanca), 1968, 9, 174-9.

Fontanella, M. B., *La evolución de los pronombres de tratamiento en el español bonaerense.* Thesaurus, 1970, 25, 12-22.

Granada, D., *Vocabulario ríoplatense razonado.* Montevideo, 1957, 2 v.

Malmberg, B., *Études sur la phonétique de l'espagnol parlé en Argentine.* Lund, 1950, 290.

Saubidet, T., *Vocabulario y refranero criollo (de los gauchos).* Buenos Aires, 1945^{2}, xi+421.

Solá, J. V., *Diccionario de regionalismos de Salta.* Buenos Aires, 1955, 366.

Tiscornia, E. F., *La lengua de «Martín Fierro».* Buenos Aires, 1930, 317.

Vidal de Battini, B. E., *El habla rural de San Luis.* Buenos Aires, 1949, xx+448.

Vidal de Battini, B. E., *El español de la Argentina.* Buenos Aires, 1964, 226.

Weber de Kurlat, F., *Fórmulas de cortesía en la lengua de Buenos Aires.* Filología, 1967, 12, 137-92. 16

Zamora Vicente, A., *Rehilamiento porteño.* Filología, 1949, 1, 5-22.

Fernández Naranjo, N., y D. Gómez de Fernández, *Diccionario de* **bolivianismos.** La Paz, 1967^2, 249.

Herrero, J., *Apuntes del castellano hablado en Bolivia.* BFE, 1969, 9, 37-43.

Kany, Ch. E., *Some aspects of bolivian popular speech.* H, 1947, 15, 193-205.

Alario di Filippo, M., *Lexicón de* **colombianismos.** Cartagena, 1964, 391.

Cock Hincapié, O., *El seseo en el Nuevo Reino de Granada.* Bogotá, 1969, 172.

Cuervo, J. R., *Apuntaciones críticas sobre el lenguaje bogotano.* Bogotá, 1867-72, xx+527.
Numerosas ediciones posteriores.

Flórez, L., *La pronunciación del español en Bogotá.* Bogotá, 1951, 390.

Flórez, L., *Habla y cultura popular en Antioquia...* Bogotá, 1957, 490.

Flórez, L., *El español hablado en Santander.* Bogotá, 1965, 380.

Flórez, L., *Las «Apuntaciones críticas» de Cuervo y el español bogotano cien años después. Pronunciación y fonética.* Bogotá, 1973, 129.

Flórez, L., y otros, *El español en el departamento del Norte de Santander...* Bogotá, 1969, 479.

González de la Calle, P. U., *Contribución al estudio del bogotano...* Bogotá, 1963, xx+343.

Montes Giraldo, J. J., *Sobre la categoría de futuro en el español de Colombia.* Thesaurus, 1962, 17, 527-55.

Montes Giraldo, J. J., *Contribución a una bibliografía de los estudios sobre el español de Colombia.* Thesaurus, 1965, 20, 425-65.

Montes Giraldo, J. J., *Sobre el voseo en Colombia.* Thesaurus, 1967, 22, 21-44.

Agüero, A., *El español de América y* **Costa Rica.** San José, 1962.

Arroyo Soto, V. M., *El habla popular en la literatura costarricense.* San José, 1971, 320.

Chavarría Aguilar, O. L., *The phonemes of Costa Rican Spanish.* Language, 1951, 27, 248-53.

Gagini, C., *Diccionario de costarriqueñismos.* San José, 1919^2, 275.

→ Hills.

Isbasescu, C., *El español en* **Cuba.** *Observaciones fonéticas y fonológicas.* Bucarest, 1968, 136.

López Morales, H., *La lengua de la poesía afrocubana.* EA, 1966, 7, 1-3.

López Morales, H., *El español de Cuba: situación bibliográfica.* RFE, 1968, 51, 111-37.

López Morales, H., *Estudios sobre el español de Cuba.* Nueva York, 1971, 188.

16 Ortiz, F., *Glosario de afronegrismos*. La Habana, 1924, xxxiii+558.
Perdomo, J. E., *Léxico tabacalero cubano*. La Habana, 1940, xii+163.
Pichardo, E., *Diccionario provincial... de voces y frases cubanas*. La Habana, 1875[4], xviii+393.
Ed. anot. por E. Rodríguez Herrera, La Habana, 1953, lxiii+716.
Rodríguez Herrera, E., *Léxico mayor de Cuba*. La Habana, 1958-9, 2 v.

Echeverría Reyes, A., *Voces usadas en* **Chile**. Santiago de Chile, 1900, 246.
Lenz, R., y otros, *El español en Chile*. Buenos Aires, 1940, 374.
Oroz, R., *Bibliografía del español en Chile*, en R. Lenz, *El español en Chile*. Buenos Aires, 1940, 299-324.
Oroz, R., *La lengua castellana en Chile*. Santiago de Chile, 1966, 545.
Oroz, R., *Algunos aspectos característicos del vocabulario contemporáneo chileno*. BF, 1968, 20, 229-80.
Rabanales, A., *Introducción al estudio del español de Chile*. Santiago, 1953, 142.
Rabanales, A., *Recursos lingüísticos en el español de Chile, de expresión de la afectividad*. BF, 1958, 10, 205-302.
Román, M. A., *Diccionario de chilenismos y de otras voces y locuciones viciosas*. Santiago de Chile, 1901-18, 5 v.
Silva Fuenzalida, I., *Estudio fonológico del español de Chile*. BF, 1953, 7, 153-76.
Yrarrazábal Larráin, J. M., *Chilenismos*. Santiago de Chile, 1945, 375.

Boyd-Bowman, P., *Sobre la pronunciación en* **El Ecuador**. NRFH, 1953, 7, 221-33.
Cornejo, J., *El quichua en el castellano del Ecuador*. Quito, 1967, 116.
Tobar, C. R., *Consultas al diccionario de la Lengua* [ecuatorianismos]. Quito, 1911[3], 516.
Toscano Mateus, H., *El español en El Ecuador*. M, 1953, 279.

Canfield, D. L., *Observaciones sobre el español* **salvadoreño**. Filología, 1960, 6, 29-76.
Schneider, H., *Notas sobre el lenguaje popular y caló salvadoreños*. RJ, 1961, 12, 372-92; 1962, 13, 257-72; 1963, 14, 231-44.
→ Hills.

Blanco, S. A., *La lengua española en la historia de California* [**Estados Unidos**]... M, 1971, 826.
Burma, J. H., *Spanish-speaking groups in the United States*. Durham, 1954, 214.
Cerda, G., y otros, *Vocabulario español de Texas*. Austin, 1953, vii+347.
Espinosa, A. M., *Estudios sobre el español de Nuevo México*. Buenos Aires, 1930-46, 2 v.
Fody, M., *The spanish of the american south-west and Louisiana. A bibliographical survey for 1954-1969*. Orbis, 1970, 19, 529-40.

Helm, J., *Spanish-speaking people in the United States.* Washington, 1969, vi+215. 16
Miscelánea por diversos autores.

MacCurdy, R. R., *The spanish dialect in St. Bernard Parish Louisiana.* Albuquerque, 1950, 88.

→ Hills.

Predmore, R. L., *Pronunciación de varias consonantes en el español de* **Guatemala.** RFH, 1945, 7, 277-80.

Sandoval, L., *Semántica guatemalense o diccionario de guatemaltequismos.* Guatemala, 1941-2, 2 v.

→ Hills.

Izaguirre, C., **Hondureñismos.** BolAc Hondureña de la Lengua (Tegucigalpa), 1955, 1, 55-124.

Membreño, A., *Hondureñismos.* México, 1912[3], 172.

Wijk, H. L. V., *Algunos aspectos morfológicos y sintácticos del habla hondureña.* BF, 1968, 20, 3-16.

→ Hills.

Boyd-Bowman, P., *Sobre restos de lleísmo en* **México.** NRFH, 1952, 6, 69-74.

Boyd-Bowman, P., *La pérdida de vocales átonas en la altiplanicie mexicana.* NRFH, 1952, 6, 138-40.

Boyd-Bowman, P., *El habla de Guanajuato.* México, 1960, 411.

Cárdenas, D. N.,*El español de Jalisco...* M, 1967, xxxii+201.

Dávila Garibi, J. I., *Préstamos lingüísticos e influencias recíprocas náhua-castellanas y castellano-náhuas.* EstCultura Náhuatl (México), 1967, 7, 255-65.

Davis, J. E., *The spanish of México: an annotated bibliography for 1940-69.* H, 1967, 54, 624-56.

Lope Blanch, J. M., *Observaciones sobre la sintaxis del español hablado en México.* México, 1953, 135.

Lope Blanch, J. M., *En torno a las vocales caedizas del español mexicano.* NRFH, 1964, 17, 1-19.

Lope Blanch, J. M., *Influencia de las lenguas indígenas en el léxico del español hablado en México.* ALetras, 1965, 5, 33-46. También, México, 1969, 75.

Lope Blanch, J. M., *La influencia del sustrato en la fonética del español de México.* RFE, 1967, 50, 145-61.

Lope Blanch, J. M., *Las zonas dialectales de México.* NRFH, 1970, 19, 1-11.

Marino Flores, A., *Bibliografía lingüística de la República Mexicana.* México, 1957, 50.

Matluck, J., *La pronunciación en el español del Valle de México.* México, 1951, xxvi+123.

Moreno de Alba, J. G., *Vitalidad del futuro de indicativo en la norma culta del español hablado en México.* ALetras, 1970, 8, 81-102.

Parodi Teresa, C., *Para el estudio de la lengua traída a la Nueva España.* ALetras, 1970, 8, 205-18.

Santamaría, F. J., *Diccionario de mejicanismos.* México, 1959, xxiv+1197.

16 Suárez, V. M., *El español que se habla en Yucatán.* Mérida, 1945, xxiii+198.
→ Hills.

Lacayo, H., *Apuntes sobre la pronunciación del español de* Nicaragua. H, 1954, 37, 267-8.

Valle, A., *Diccionario del habla nicaragüense.* Managua, 1948.
→ Hills.

Alvarado de Ricord, E., *El español de* Panamá. *Estudio fonético y fonológico.* Panamá, 1971, 170.

Amado, M., *El lenguaje en Panamá.* BAAL, 1945, 14, 641-66; 1949, 18, 339-88.

Blas Tejeiro, G., *El habla del panameño.* Panamá, 1964, 171.

Isaza Calderón, B., *Diccionario de panameñismos.* Panamá, 1964, 417.

Robe, S., *Algunos aspectos históricos del habla panameña.* NRFH, 1953, 7, 209-20.

Robe, S., *The spanish of rural Panamá. Major dialect features.* Berkeley, 1960, xviii+210.
→ Hills.

De Gásperi, L., *Presente y futuro de la lengua española en el* Paraguay, en PFLE, I, 127-33.

Eguía, C., *...Lengua y lingüística en el antiguo Paraguay.* RI, 1945, 6, 445-80.

Fogelquist, D. F., *The bilingualism of Paraguay.* H, 1950, 33, 23-7.

Pottier, B., *La situation linguistique du Paraguay.* Caravelle (Toulouse), 1970, 14, 43-50.

Rubin, J., *National bilingualism in Paraguay.* La Haya, 1968, 135.

Arona, J., *Diccionario de* peruanismos. Lima, 1883², lxv+530.

Benvenuto Murrieta, P. M., *El lenguaje peruano.* Lima, 1936, xii+230.

Carrión Ordóñez, E., y T. Diego Stegman, *Bibliografía del español en el Perú.* Tubinga, 1973, xiii+274.

Cisneros, L. J., *Historia de la lengua en el Perú.* Orbis, 1957, 6, 512-24.

Hildebrandt, M., *Peruanismos.* Lima, 1969, 450.

Calvo Hernando, M., *El idioma español en* Puerto Rico. Arbor, 1970, 75, 275-90.

Granda Gutiérrez, G., *Transculturación e interferencia lingüística en el Puerto Rico contemporáneo (1898-1968).* Bogotá, 1968, 226.

Llorens, W., *El habla popular de Puerto Rico.* San Juan de Puerto Rico, 1968, 104.

Malaret, A., *Vocabulario de Puerto Rico.* Nueva York, 1967², 293.

Navarro Tomás, T., *El español en Puerto Rico...* Río Piedras, 1948, 346.

Henríquez Ureña, P., *El español en* Santo Domingo. Buenos Aires, 1940, 304.

Navarro Tomás, T., *Apuntes sobre el español dominicano.* RIberoamericana (Iowa), 1956, 21, 417-29.

Marsilio, H., *El lenguaje de los* uruguayos. Montevideo, 1969, 60. 16

Mieres, C., y otros, *Diccionario uruguayo documentado.* RNacional (Montevideo), 1965, 10, 113-29, 243-89, 361-427.
También, Montevideo, 1966, 135.

→ **Argentina**, Castro, Davis, Granada.

Alvarado, L., *Glosarios del bajo español en* **Venezuela.** Caracas, 1953-4, 2 v.

Calcaño, J., *El castellano en Venezuela.* Caracas, 1897, 707.

Geckeler, H., y J. Ocampo Marín, *La posición del habla andina de Venezuela en el marco de la dialectología hispanoamericana.* VR, 1973, 32, 66-94.

Gómez de Ivashevsky, A., *Lenguaje coloquial venezolano.* Caracas, 1969, 502.

Rosenblat, A., *Buenas y malas palabras en el castellano de Venezuela.* Caracas, 1969[3], 4 v.

89.1 SEFARDI

Besso, H. V., *Bibliografía sobre el judeo español.* BH, 1952, 54, 412-22.

Agard, F. B., *Present-day judeo-spanish in the United States.* H, 1950, 33, 203-10.

Baruch, K., *El judeo-español de Bosnia.* RFE, 1930, 17, 113-51.

Bénichou, P., *Observaciones sobre el judeo-español de Marruecos.* RFH, 1945, 7, 209-58.

Benoliel, J., *El dialecto judeo-hispano-marroquí o hakitía.* BRAE, 1926, 13, a 1952, 32, múltiples entradas.

Besso, H. V., *Los sefardíes y el idioma castellano.* RHM, 1968, 34, 176-94.

Cantera Ortiz, J., *Longevidad y agonía del judeoespañol de Oriente.* Arbor, 1964, 58, 148-56.

Crews, C. M., *Recherches sur le judéo-espagnol dans les pays balkaniques.* París, 1935, vii+319.

Gaspar Remiro, M., *Sobre algunos vocablos y frases de los judeo-españoles.* BRAE, 1914, 1, a 1918, 5, múltiples entradas.

Kahane, H. R., y S. Saporta, *The verbal categories of judeo-spanish.* HR, 1953, 21, 193-214, 322-36.

Kraus, K., *Judeo-spanish in Israel.* H, 1951, 34, 261-70.

Luria, M. A., *A study of the Monastir dialect of judeo-spanish...* RH, 1930, 89, 323-584.
También, Nueva York, 1930, 261.

Pulido Fernández, A., *Los israelitas españoles y el idioma castellano.* M, 1904, 244.

Révah, I. S., *Formation et évolution des parlers judéo-espagnols des Balkans.* Ibérida (Río de Janeiro), 1961, 6, 173-96.

Révah, I. S., *Histoire des parlers judéo-espagnols.* Annuaire du Collège de France (París), 1967-8, 67, 511-5; 1968-9, 68, 557-62; 1969-70, 69, 573-6.

Sala, M., *Estudios sobre el judeoespañol de Bucarest.* México, 1970, 193.

Sala, M., *Phonétique et phonologie du judéo-espagnol de Bucarest.* La Haya, 1971, 224.

Spitzer, L., *El judeo-español de Turquía.* Judaica (Buenos Aires), 1939, 13, 9-14.

Van Praag, J. A., *Restos de los idiomas hispanolusitanos entre los sefardíes de Amsterdam.* BRAE, 1931, 18, 177-201.

Wagner, M. L., *Caracteres generales del judeo-español de Oriente.* M, 1930, 120.

Wagner, M. L., *Espigueo judeo-español.* RFE, 1950, 34, 9-106.

→ 1.12, 1.13, 15.48, 20.80.

89.2 FILIPINAS

Argüelles, B. S., *El estado presente de la enseñanza y aprendizaje del idioma español en Filipinas.* Arbor, 1963, 55, 133-45.

Cuadrado Muñiz, A., y otros, *Hispanismos en el tagalo.* M, 1972, lxxx+632.

Mateos, F., *Problemas lingüísticos de Filipinas.* RyF, 1957, 155, 471-80; 156, 209-34, 333-50.

Mateos, F., *El inglés de los filipinos.* BAEO, 1969, 5, 5-19.

Retana, W. E., *Diccionario de filipinismos.* RH, 1921, 51, 1-174. También, M, 1921, 174.

Verdín Díaz, G., *El español en Filipinas.* Arbor, 1963, 55, 147-53.

Villa Panganiban, J., *The family of Philippine languages and dialects.* Unitas (Manila), 1957, 30, 823-33.

Villa Panganiban, J., *Philippine linguistics.* Unitas (Manila), 1959, 32, 607-22. Lenguas aborígenes.

→ 16.44.

89.3 AFRICA

Castillo Barril, M., *El español en la Guinea ecuatorial.* EA, 1964, 3, 8-9.

González Echegaray, C., *Notas sobre el español en Africa ecuatorial.* RFE, 1951, 35, 106-18.

González Echegaray, C., *Estudios guineos.* M, 1959, 123.

Náñez Fernández, E., *El idioma español de Marruecos...* EA, 1969, 11, 2-11; 12, 10-4.

→ 16.02, **árabe**; 16.89.1.

90 CATALAN

Badía Margarit, A., *Où sont les études sur la langue catalane?*, en *Actas del XI Congreso Internacional de Lingüística Románica.* M, 1968, 46-101.

Griera Gaja, A., *Bibliografía lingüística catalana.* B, 1947, 84.

Meyer, P., *Traités catalans de grammaire et de poétique.* Romania, 1877, 6, 341-58; 1879, 8, 181-210.

→ 14.40, Badía. 16

Coromines, J., *El que s'ha de saber de la llengua catalana.* Palma, 1972[5], 141.

Roca Pons, J., *Introducció a l'estudi de la llengua catalana.* B, 1971, 385.

Aguiló Fuster, M., *Fronteres de la llengua catalana i estadistica dels que parlen català,* en *I Congresso Internacional de la llengua catalana.* B, 1906, 638-45.

Alonso, A., *La subagrupación románica del catalán.* RFE, 1926, 13, 1-38, 225-61.

También, en su *Estudios lingüísticos. Temas españoles.* M, 1967[3], 11-83.

Badía Margarit, A., *Fisiognómica comparada de las lenguas catalana y castellana.* B, 1955, 67.

También, variado el título, en su *Llengua...* B, 1964, 31-75.

Badía Margarit, A., *Llengua i cultura als països catalans.* B, 1972[3] 196.

Badía Margarit, A., *Langue et societé dans le domaine linguistique catalan, notamment à Barcelone.* RLR, 1972, 36, 263-304.

García de Diego, V., *El catalán, habla hispánica pirenaica.* BFil, 1950, 11, 55-60.

Griera Gaja, A., *La frontera catalano-aragonesa.* B, 1914, 122.

Griera Gaja, A., *La frontera del català occidental... de l'aragonés i del gascó.* BDC, 1918, 6, 17-37; 1919, 7, 69-79.

Kuen, H., *Die Stellung des Katalanischen in der Sprachfamilie,* en *Festschrift H. Flasche.* Berna, 1973, 331-52.

Meyer-Lübke, W., *Das Katalanische, seine Stellung zum Spanischen und Provenzalischen...* Heidelberg, 1925, xii+191.

Rohlfs, G., *Concordancias entre catalán y gascón,* en *Actas del VII Congreso Internacional de Lingüística Románica.* B, 1955, 663-72.

Rubio García, L., *Caracterización del catalán.* Murcia, 1967, 64.

Schädel, B., *La frontière entre le gascon et le catalan.* Romania, 1908, 37, 140-56.

→ 1.13, 16.00, Rohlfs.

90.1 FONETICA Y FONOLOGIA

Alarcos Llorach, E., *Sistema fonemático del catalán.* Archivum, 1953, 3, 2-14.

Alarcos Llorach, E., *Algunas consideraciones sobre la evolución del consonantismo catalán,* en *HomA. Martinet.* La Laguna, 1958, I, 5-40.

Alarcos Llorach, E., *La constitución del vocalismo catalán,* en HDA, I, 35-49.

Badía Margarit, A., *L'articulació de la c' en català primitiu...* ER, 1960, 7, 1-9.

Badía Margarit, A., *Problemes de la commutació consonàntica en català.* BFil, 1965, 21, 213-335.

Badía Margarit, A., *Els prosodemes en català.* REL, 1972, 2, 17-34.

Coromines, J., *Algunes lleis fonètiques catalanes.* ER, 1951, 3, 201-30.

Di Pietro, R., *Los fonemas del catalán.* RFE, 1965, 48, 153-8.

Lacerda, A., y A. Badía Margarit, *Estudios de fonética y fonología catalanas.* M, 1948, 159.

Miracle, J., *Un moment clau de la història de l'ortografia catalana.* B, 1964, 62.

Schürr, F., *La posición del catalán en el conjunto de la diptongación románica,* en *Actas del VII Congreso Internacional de Lingüística Románica.* B, 1955, 151-63.

Virgili Blanquet, V., *Notas sobre entonación catalana.* Archivum, 1971, 21, 359-77.

→ 16.02, **italiano.**

90.3 GRAMATICA

Badía Margarit, A., *Gramática histórica catalana.* B, 1951, 388.

Badía Margarit, A., *Gramática catalana.* M, 1962, 2 v.

Fabra, P., *Gramàtica catalana.* B, 1969[5], ix+204.

Griera Gaja, A., *Gramàtica històrica catalana.* B, 1965, 168.

Moll Casanovas, F. B., *Gramática histórica catalana.* M, 1952, 448.

Allières, J., *Le subjonctif en -i- du gascon occidental et du catalan oriental.* Via Domitia (Toulouse), 1967, 13, 15-46.

Badía Margarit, A., *Els origins de la frase catalana.* AIEC, 1952, 45, 43-54.

Badía Margarit, A., y M. Cardús, *Sociología del pretèrit simple en el català de Barcelona.* Ibero-romania, 1969, 1, 273-98.

Calveras, J., *La forma* que *del relatiu català.* AORL, 1929, 2, 185-254; 1930, 3, 65-76.

Colón, G., *Le parfait périphrastique catalan* va + infinitif. BFil, 1959, 18, 165-76.

Fabra, P., *La conjugació dels verbs en català.* B, 1926, 64.

Fabra, P., *La coordinació i la subordinació en els documents de la cancilleria catalana del segle XIV.* B, 1926, 30.

Fahlin, C., *Catalan* com *et* com a *dans les subordonnées comparatives,* en *Mélanges... J. Melander.* Upsala, 1943, 235-46.

Guiter, H., *Le subjonctif synthétique en catalan.* RLaR, 1945, 69, 157-68.

Klesper, O., *Beiträge zur Kenntnis altkatalanischer Konjunktionen.* BDC, 1930, 18, 321-421.

Mariner Bigorra, S., *Interpretación de los modos del verbo catalán según una noción básica triple.* Prohemio, 1971, 2, 439-65.

Meier, H., *O problema do acusativo preposicional no catalão.* BFil, 1947, 8, 237-60.

Mendeloff, H., *The catalan periphrastic perfect reconsidered.* RJ, 1968, 19, 319-26.

Par, A., *La sintaxi catalana, segons los escrits en prosa de Bernat Metge.* Halle, 1923, x+580.

Schlieben-Lange, B., *Okzitanische und katalanische Verbprobleme.* Tubinga, 1971, 251. 16

Soff, I., *Die Formen der katalanischen Verbalendungen von den Anfängen der schriftlichen Ueberlieferung bis 1400.* Erlangen, 1962, xix+235.

Solá, J., *Estudis de sintaxi catalana.* B, 1972-3, 2 v.

→ 16.29, Meyer, Spitzer.

91 LEXICOLOGIA. SEMANTICA

Aebischer, P., *Le suffixe* -arius *en catalan prélitteraire,* en *Miscelánea A. Griera.* B, 1960, I, 1-14.

Bernhard, O., *La formación de nombres por sufijos en catalán.* Zurich, 1947, 87.

Coromines, J., *Mots catalans d'origen aràbic.* BDC, 1936, 24, 1-67.

Coromines, J., *D'alguns germanismes típics del català,* en *Mélanges... M. Roques.* París, 1952, IV, 27-52.

Rodón Binué, E., *El lenguaje del feudalismo en el siglo XI en Cataluña.* B, 1957, 278.

Seifert, E., *Die Verben* habere *und* tenere *in Katalanisch.* ER, 1957, 6, 1-74.

Solá Solé, J., *Alguns arabismes catalans.* ER, 1950, 2, 107-12.

Vallès, E., *Diccionari de barbarismes del català modern.* B, 1930, 230.

91.1 LEXICOGRAFIA

Aguiló Fuster, M., *Diccionari Aguiló.* B, 1914-34, 8 v.

Alberti Gubern, S., *Diccionari castellà-català, català-castellà.* B, 1973, 1184.

Alcover Sureda, A., y F. B. Moll Casanovas, *Diccionari català-valencià-balear.* Palma, 1930-62, 10 v.

Arimany Coma, M., *Diccionari català general.* B, 1965, 1418.

Arimany Coma, M., *Diccionari català-castellà i castellà-català.* B, 1965^{9}, 958.

Fabra, P., *Diccionari general de la llengua catalana.* B, 1968^{5}, xxvii +1764.

Griera Gaja, A., *Tresor de la llengua, de les tradicions i de la cultura popular de Catalunya.* B, 1966-70^{2}, 14 v.

Labérnia, D., *Diccionari de la llengua catalana ab la correspondència castellana i llatina.* B, 1909^{5}, 2 v.

Miracle, J., *Diccionari català-castellà, castellà-català.* B, 1969, xlvi +1083.

Amades, J., *Vocabulari dels pastors.* BDC, 1931, 19, 64-240.

Amades, J., *Vocabulari dels vells oficis de transport i llurs derivats.* BDC, 1934, 22, 59-239.

Amades, J., y E. Roig, *Vocabulari de l'art de la navegació i de la pesca.* BDC, 1924, 12, 1-115.

Ferrer Pastor, F., *Diccionari de la rima.* Valencia, 1956, lxviii+1122.

Franquesa, M., *Diccionari de sinònims.* B, 1971, xvii+1232.

16 Griera Gaja, A., *Els noms dels peixos dels mars i rius de Catalunya.* BDC, 1923, 11, 33-79.

Griera Gaja, A., *Vocabulario catalán de origen eclesiástico.* BDE, 1951, 30, 7-51.

Gual Camarena, M., *Vocabulario del comercio medieval. Colección de aranceles aduaneros de la Corona de Aragón (siglos XIII y XIV).* Tarragona, 1968, 531 + láms.

Moll Casanovas, F. B., *Suplement català al diccionari romànich etimològich.* AORL, 1928, 1, 179-240 ;1929, 2, 7-72; 1930, 3, 9-22; 1931, 4, 105-69.

Pey Estrany, S., *Diccionari de sinònims, idees afins i antònims.* B, 1970, 823.

Pons, R., *Vocabulari català de les industries textils i llurs derivades.* BDC, 1916, 4, 59-164.

→ 20.80.

91.3 ONOMASTICA

Griera Gaja, A., *L'onomastique catalane.* Onoma, 1968, 13, 409-19.

Guiter, H., *Questions d'onomastique catalane,* en *La linquistique catalane...* París, 1973, 339-78.

91.4 ANTROPONIMIA

Aebischer, P., *Essai sur l'onomastique catalane du IXe. au XIIe. siècle.* AORL, 1928, 1, 43-118.

Almerich, Ll., *Origen i definició dels cognoms catalans.* B, 1968, 207.

Clapés Corberà, J., *Els cognoms catalans. Origens i evolució.* B, 1929, 291.

Kremer, D., *Die germanischen Personennamen in Katalonien...* ER, 1969, 14, 1-245; 1970, 15, 1-121.

Moll Casanovas, F. B., *Els llinatges catalans.* Palma, 1959, 441.

Piel, J. M., *Die ältesten Personennamen Kataloniens in ihren Verhältnis zu den altspanischen und altportugiesischen,* en *Actas del VII Congreso Internacional de Lingüística Románica.* B, 1953, 797-810.

Udina Martorell, F., *Noms catalans de persona als documents dels segles X-XI,* en *Miscelánea A. Griera.* B, 1960, II, 385-402.

91.6 TOPONIMIA

Aebischer, P., *Études de toponymie catalane... Noms de lieu en* -anum, -acum *et* -ascum, *de la Catalogne et du Roussillon.* B, 1928, 165.

Aebischer, P., *Autour de l'origine du nom* Catalogne. ZRPh, 1942, 62, 49-67; 1950, 66, 356-8.

Carmody, F. J., *Toponymie catalane: noms préromains sur la côte est.* Orbis, 1971, 20, 162-97.

Coromines, J., *Toponímia d'Andorra,* en *Hommage C. Brunel.* París, 1955, I, 288-310.

Coromines, J., *Els noms dels municipis de la Catalunya aragonesa.* RLR, 1959, 23, 35-63, 304-38. 16

Coromines, J., *Estudis de toponímia catalana.* B, 1966-70, 2 v.

Giner, J., *Introducción a la toponimia valenciana.* Valencia, 1948.

Marsá Gómez, F., *La hagiografía en la toponimia de la Marca Hispánica,* en *Actas del VII Congreso Internacional de Lingüística Románica.* B, 1955, 504-6.

Meyer-Lübke, W., *Els noms de lloc en el domini de la diòcesi d'Urgell.* BDC, 1923, 11, 1-32.

Montoliu, M., *Els noms de rius i els noms fluvials en la toponímia catalana.* BDC, 1922, 10, 1-33.

Moreu Rey, E., *Els noms de lloc.* B, 1965, 164+28.

Roca Garriga, P., *Los términos de color en la toponimia catalana.* S. Cugat del Vallés, 1959, 180.

Sanchís Guarner, M., *La partícula* son *de... predios mallorquines.* PSA, 1960, 17, 176-84.

Vernet Ginés, J., *El nombre de Cataluña.* BRABarcelona, 1970, 33, 133-6.

92 DIALECTOLOGIA

Griera Gaja, A., *Atlas lingüístic de Catalunya.* B, 1923-68, 10 v.

Griera Gaja, A., *Dialectología catalana.* B, 1949, 152.

Griera Gaja, A., *División dialectal de la lengua catalana.* BDE, 1961, 37, 41-2.

Sanchís Guarner, M., *Factores históricos de los dialectos catalanes,* en EDMP, VI, 151-86.

Badía Margarit, A., *Función significativa y diferencial de la vocal neutra en el catalán de Barcelona.* RFE, 1965, 47, 79-93.

Badía Margarit, A., *La llengua dels barcelonins. Resultats d'una enquesta sociològico-lingüística.* B, 1969, I, 684.

Barnils, P., *Del català de Fraga.* BDC, 1916, 4, 27-45.

Coromines, J., *Vocabulario aranés.* B, 1931, 118.

Fouché, P., *Phonétique historique du roussillonais.* Toulouse, 1924, xxx+311.

Fouché, P., *Morphologie historique du roussillonais.* Toulouse, 1924, x+192.

Gili Gaya, S., *Estudi fonètic del parlar de Lleida,* en *Miscelánea A. Alcover.* Palma, 1932, 195-203.

Grando, C., *Vocabulari rossellonès,* en *Miscel.lània Fabra.* Buenos Aires, 1943, 180-205.

Griera Gaja, A., *El català oriental. El català occidental.* BDC, 1920, 8, 1-39; 1921, 9, 1-3.

Griera Gaja, A., *El rossellonés.* BDC, 1921, 9, 33-50.

Griera Gaja, A., *Atlas lingüístic d'Andorra.* Andorra, 1960, xx+1232 mapas+15 + láms.

Haensch, G., *Algunos caracteres de las hablas fronterizas catalano-aragonesas del Pirineo.* Orbis, 1962, 11, 75-110.

Jaquetti, P., *Contribution à la syntaxe de l'aranais.* BFil, 1960, 19, 377-93.

16 Russell-Gebbett, P., *Catalán oriental y catalán occidental en el nordeste de la provincia de Lérida.* BFil, 1960, 19, 303-15.

Schädel, B., *Die katalanischen Pyrenäendialekte.* Revue de Dialectologie Romane (Bruselas), 1909, 1, 15-98, 386-412.

92.2 VALENCIANO

Almela Vives, F., *El monosilabismo valenciano.* RVF, 1951, 1, 105-38.

Alpera, Ll., *Conciencia y normalización lingüísticas en el País Valenciano,* en *HomF. Sánchez Escribano.* M, 1969, 335-45.

Barnils, P., *Die Mundart von Alacant...* B, 1913, 119.

Colón, G., *Castelló i la seva llengua.* BSCC, 1952, 28, 362-8.

Colón, G., *El valenciano,* en *Actas del VII Congreso Internacional de Lingüística Románica.* B, 1955, 137-49.

Escrig Martínez, J., *Diccionario valenciano-castellano.* Valencia, 1887-96[3], lxiv+1231.

Ferrer Pastor, F. J., *Vocabulari castellà-valencià i valencià-castellà.* Valencia, 1973, 1076.

Fullana Mira, L., *Compendi de la gramàtica valenciana.* Valencia, 1921, 105.

Fullana Mira, L., *Ortografía valenciana...* Valencia, 1933[2], 104.

Llatas, V., *El habla de Villar del Arzobispo.* Valencia, 1959, 2 v.

Navarro Tomás, T., y M. Sanchís Guarner, *Análisis fonético del valenciano literario.* RFE, 1934, 21, 113-41.

Primitiu, N., *El bilingüismo en Valencia.* Valencia, 1936, 68.

Salvador, C., *Gramàtica valenciana amb exercicis pràctics.* Valencia, 1972[5], 274.

Sanchís Guarner, M., *Extensión y vitalidad del dialecto apitxat.* RFE, 1936, 23, 45-62.

Sanchís Guarner, M., *Gramàtica valenciana.* Valencia, 1950, 326.

Sanchís Guarner, M., *Introducción a la historia lingüística de Valencia.* Valencia ,1950, 182.

Sanchís Guarner, M., *Els valencians i la llengua autòctona durant els segles XVI, XVII i XVIII.* Valencia, 1963, 135.

Sanchís Guarner, M., *La llengua dels valencians.* Valencia, 1972[4], 211.

Sanelo, M. J., *Diccionario valenciano-castellano.* Ed. de J. Gulsoy. Castellón, 1964, 549.

→ 1.13, 16.75, 20.80.

92.3 BALEAR

Amengual, J. J., *Nuevo diccionario mallorquín-castellano-latín.* Palma, 1858-78, 2 v.

Guiter, H., *Étude de linguistique historique du dialecte minorquin.* Montpellier, 1943, 348.

Massot Muntaner, J., *Els mallorquins i la llengua autòctona.* B, 1972, 190.

Moll Casanovas, F. B., *Vocabulari mallorquí-castellà amb... Menorca i Eivissa.* Palma, 1965, xv+327.

Moll Casanovas, F. B., *La lengua de las Baleares enseñada a las personas de habla castellana.* Palma, 1973², 168.

Niepage, M., *Laut- und Formenlehre der mallorkinischen Urkundensprache.* Revue de Dialectologie Romane (Bruselas), 1909, 1, 301-85; 1910, 2, 1-55.

Rokseth, P., *Terminologie de la culture des céréales à Majorque.* B, 1923, 215.

Rokseth, P., *L'article majorquin et l'article roman derivé de* ipsu. BFil, 1952, 13, 86-100.

→ 16.60, 16.75.

92.4 ALGUERES

Griega Gaja, A., *Els elements sards en el català d'Alguer.* BDC, 1922, 10, 133-9.

Griera Gaja, A., *Els elements catalans en el sard.* BDC, 1922, 10, 140-5.

Kuen, H., *El dialecto de Alguer y su posición en la historia de la lengua catalana.* AORL, 1932, 5, 121-77; 1934, 7, 41-112. También, B, 1934.

Saltarelli, M., *Fonologia e morfologia algherese.* Archivio Glottologico Italiano (Florencia), 1970, 55, 233-56.

→ 16.02, **italiano.**

93 HISTORIA

Carrascal Sánchez, J., *La penetración de la lengua catalana en el dominio gascón.* AFA, 1964, 15, 103-233. También, Zaragoza, 1966, 137.

Coromines, J., *Sobre els elements pre-romans del domini català,* en *Actas del VII Congreso Internacional de Lingüística Románica.* B, 1955, 401-17.

Meliá, J., *Informe sobre la lengua catalana.* M, 1970², 366.

Olivar, M., *Notas entorn la influència de l'*Ars dictandi *sobre la prosa catalana de cancilleria de finals del segle XIV,* en *Homenatge... A. Rubió Lluch.* B, 1936, III, 631-53.

Pericay, P., y J. Maluquer Motes, *Problemas de la lengua indígena en Cataluña,* en *II Symposium de Prehistoria peninsular.* B, 1963, 101-43.

Riquer Morera, M., *La lengua de los poetas catalanes medievales,* en *Actas del VII Congreso Internacional de Lingüística Románica.* B, 1955, 171-9.

Russell-Gebbett, P., *Mediaeval catalan linguistic texts.* Oxford, 1965, 312.

Udina Martorell, F., *El marco histórico del dominio lingüístico catalán, siglos VIII-XI,* en *Actas del VII Congreso Internacional de Lingüística Románica.* B, 1955, 85-91.

→ 16.75.

16 94 GALLEGO

Alonso Montero, X., y E. Ramos de Castro, *Bibliografía de lingüística gallega*, en *O porvir da lingua galega*. Lugo, 1968, 137-59.

Couceiro Freijomil, A., *El idioma gallego. Historia, gramática, literatura*. B, 1935, 503.

Iglesia, A., *El idioma gallego, su antigüedad y vida*. La Coruña, 1886, 2 v.

Alonso Montero, X., *Ensayo de bilingüística: galego e castelán frente a frente*. Grial, 1966, 13, 314-33.

Risco, V., *O idioma galego na nosa vida e na nosa cultura*. Grial, 1963, 10, 59-66.

Santamaría Conde, J. I., *O problema galego da fala*. Vigo, 1971, 60.

→ 1.13, 16.60.

94.1 FONETICA Y FONOLOGIA

Blanco Carril, R., *Notas de entonación gallega*. RFE, 1973, 56, 95-101.

Pensado Tomé, J. L., *Interferencias estructurales castellano-gallegas: el problema de la geada y sus causas*. RFE, 1970, 53, 27-44.

Zamora Vicente, A., *Geografía del seseo gallego*. Filología, 1951, 3, 84-95.

Zamora Vicente, A., *La frontera de la geada*, en *HomF. Krüger*. Mendoza, 1952, I, 57-72.

Zamora Vicente, A., *De geografía dialectal:* -ao, -an *en gallego*. NRFH, 1953, 7, 73-80.

94.3 GRAMATICA

Carballo Calero, R., *Gramática elemental del gallego común*. Vigo, 1970[3], 338.

Carré Alvarellos, L., *Gramática gallega*. La Coruña, 1967, 206.

García de Diego, V., *Elementos de gramática histórica gallega*. Burgos, 1909, 200.

Lugrís Freire, M., *Gramatica do idioma galego*. La Coruña, 1922, viii+158.

Saco Arce, J. A., *Gramática gallega* [1868]. Orense, 1967, 259.

Valladares Núñez, M., *Elementos de gramática gallega*. Vigo, 1970, 156.

95 LEXICOLOGIA. LEXICOGRAFIA

Buschmann, S., *Beiträge zum etymologischen Wörterbuch des Galizischen*. Bonn, 1965, 314.

Carré Alvarellos, L., *Diccionario galego-castelán e vocabulario castelán-galego*. La Coruña, 1972[4], xxxi+1045.

Franco Grande, X. L., *Diccionario galego-castelán e vocabulario castelán-galego*. Vigo, 1972[2], 966.

Rodrigues Lapa, M., *Vocabulario galego-portugués*. Vigo, 1965, 110.

Rodríguez González, E., *Diccionario enciclopédico gallego-castellano.* Vigo, 1958-61, 3 v. 16

Fernández Pousa, R., *Contribución al diccionario de la lengua gallega.* RDTP, 1959, 15, 125-52; RABM, 1961, 69, 223-61.

Krüger, F., *El léxico rural del noroeste ibérico.* M, 1947, 142.

Krüger, F., *Cosas y palabras del noroeste ibérico.* NRFH, 1950, 4, 231-53.

Lorenzo Vázquez, R., *Sobre cronologia do vocabulário galego-português...* Vigo, 1968, xii+382.

Lorenzo Vázquez, R., *Contribución al léxico gallego.* RDTP, 1969, 25, 211-50.

Otero Alvarez, A., *Hipótesis etimológicas referentes al gallego-portugués.* CEG, 1953, 8, 87-119; 1954, 9, 272-92; 1957, 12, 107-25, 213-27.

Otero Alvarez, A., *Contribución al diccionario gallego.* Vigo, 1967, 125.

Parker, K. M., *Vocabulario de la Crónica Troyana.* Salamanca, 1958, xv+327.

Pensado Tomé, J. L., *Estudios etimológicos galaico-portugueses.* Salamanca, 1965, 94.

Piel, J. M., *Miscelânea de etimologia portuguesa e galega.* Coimbra, 1953, xii+392.

Piel, J. M., *Beiträge zu einem galizischen etymologischen Wörterbuch,* en *Festschrift A. Kuhn.* Frankfurt, 1963, 83-100.

Piel, J. M., *Caractères généraux et sources du lexique galicien,* en *Actes du Xe. Congrès International de Linguistique Romane.* París, 1965, 1261-7.

Sarmiento, M., *Colección de voces y frases gallegas.* Ed. y est. de J. L. Pensado. Salamanca, 1970, 575.

Sarmiento, M., *Catálogo de voces y frases de la lengua gallega.* Ed. y est. de J. L. Pensado. Salamanca, 1973, 620.

→ 20.80.

95.6 TOPONIMIA

Menéndez Pidal, R., *El elemento* -obre *en la toponimia gallega.* CEG, 1946, 2, 1-6.

Moralejo Laso, A., *Observaciones sobre el estudio de la toponimia gallega.* CEG, 1944, 1, 59-72.

Moralejo Laso, A., *Sobre los nombres toponímicos gallegos en* -obre *y sus afines,* en EDMP, III, 135-57.

Moralejo Laso, A., *La toponimia gallega de* fons. CEG, 1952, 7, 315-51.

Olano Silva, V., *Toponimia gallega.* RDTP, 1945, 1, 652-666.

Piel, J. M., *Nomes de possessores latino cristãos na toponimia asturo-galego-portuguesa.* Biblos (Coimbra), 1947, 23, 143-202, 283-407.

Piel, J. M., *Nombres visigodos de propietarios en la toponimia gallega,* en *HomF. Krüger.* Mendoza, 1954, II, 247-68.

Piel, J. M., *Neue Beiträge zur galicisch-westgotischen Toponomastik,* en *Festschrift H. Meier.* Munich, 1971, 373-401.

16 Ramón Fernández, J., *Toponimias agrícolas gallegas.* CEG, 1950, 5, 221-40.

96 DIALECTOLOGIA

Alonso Fernández, D., y V. García Yebra, *El gallego-leonés de Ancares y su interés para la dialectología portuguesa.* CEG, 1961, 16, 43-79.

Alvarez Alvarez, D., *Jergas de Galicia. La de los tejeros, canteros, albañiles y paragüeros.* Pontevedra, 1965, 205.

Ben-Cho-Shey, *O barallete..., xerga dos afiadores.* Vigo, 1969, 72.

Fernández Rodríguez, M., *El habla de Goyán.* CEG, 1969, 24, 194-205.

Lorenzo Vázquez, R., *Estudios etnográfico-lingüísticos sobre la Mahía y aledaños.* CEG, 1962, 17, 49-67; 1963, 18, 129-47; 1964, 19, 10-64; RDTP, 1962, 18, 200-41, 487-522.

Ramón Fernández, J., *O barallete, jerga de los oficios ambulantes de la provincia de Orense.* RDTP, 1953, 9, 185-217.

Schneider, H., *Studien zum Galizischen des Limiabeckens (Orense).* VKR, 1939, 11, 69-145, 193-281.

96.2 HISTORIA

Alonso Montero, X., *Constitución del gallego en lengua literaria.* Lugo, 1970, 114.

Carré Alvarellos, L., *El idioma gallego en la edad media.* La Coruña, 1973, 52.

Ferro Couselo, X., *Cómo e por qué os escribanos deixaron de empregar o galego,* en *HomR. Otero Pedrayo.* Vigo, 1958, 251-4.

Rabanal Alvarez, M., *Rasgos de sustrato de la lengua gallega,* en *HomR. Otero Pedrayo.* Vigo, 1958, 199-218.

Rodrigues Lapa, M., *A recuperação literária do galego.* Colóquio (Lisboa), 1973, 13, 5-14.

Rübecamp, R., *A linguagem das* Cantigas de Santa Maria *de Alfonso X o Sabio.* BFil, 1932, 1, 273-356; 1933, 2, 141-52. También, Lisboa, 1933.

97 VASCUENCE

Lafon, R., *La lengua vasca,* en ELH, I, 67-97.

Michelena Elissalt, L., *El hecho lingüístico vasco.* CHM, 1958, 4, 918-33.

Tovar Llorente, A., *La lengua vasca.* S. Sebastián, 1954[2], 100.

Azkue, R. M., *Algunos rasgos característicos del vascuence...* Bilbao, 1928, 43.

Bouda, K., *Romanische syntaktische Einflüsse im Baskischen.* Indogermanische Forschungen (Berlín), 1948, 59, 1-49, 186-204.

Echaide Itarte, A. M., *Problemas actuales de contacto entre vasco y castellano,* en *Actas del XI Congreso Internacional de Lingüística Románica.* M, 1968, 437-43.

Guiter, H., *Quelques correspondances bascofinnoises.* Pirineos, 1967, 23, 333-44.
Holmer, N. M., *¿Las relaciones vasco-celtas desde el punto de vista lingüístico.* BRSV, 1950, 6, 399-415.
Lafon, R., *Concordances morphologiques entre le basque et les langues caucasiques.* Word (Nueva York), 1951, 7, 227-44; 1952, 8, 80-94.
Lafon, R., *Études basques et caucasiques.* Salamanca, 1951, 91.
Lafon, R., *Le basque dans la nouvelle édition des «Langues du monde».* BRSV, 1953, 9, 299-334.
Rohlfs, G., *La influencia latina en la lengua y cultura vascas.* RIEV, 1933, 24, 323-48.
Villasante, L., *Hacia la lengua literaria común.* Oñate, 1970, 127.

→ 1.13, 16.60, 16.99.

97.1 FONETICA Y FONOLOGIA

Michelena Elissalt, L., *Fonética histórica vasca.* S. Sebastián, 1961, 455.

Corum, C., *Palatalization phenomena in basque.* ASFV, 1972, 6, 29-34.
Navarro Tomás, T., *Sobre la entonación y el acento vascos.* RIEV, 1926, 17, 404-6.
Michelena Elissalt, L., *Las antiguas consonantes vascas,* en *HomA. Martinet.* La Laguna, 1957, I, 113-57.

→ 16.08, González Ollé.

97.3 GRAMATICA

Azkue, R. M., *Morfología vasca.* Bilbao, 1925, viii+930.
Campión, A., *Gramática de los cuatro dialectos literarios de la lengua euskera.* Tolosa, 1884, 795.
Lafitte, P., *Grammaire basque.* Bayonne, 1962, 49.
López Mendizábal, I., *Compendio de gramática del euskera.* S. Sebastián, 1963, 86.

Lafon, R., *Adjectif épithète et déterminante en basque.* Bulletin de la Societé de Linguistique de Paris, 1964, 59, 82-104.
Lafon, R., *Rôle syntaxique du verbe en basque.* Bulletin de la Societé de Linquistique de Paris, 1967, 62, 134-64.
Lafon, R., *Structure de la déclinaison basque,* en *Actes du Xe Congrès International de linguistes.* Bucarest, 1969, IV, 297-301.
Lekuona, M., *Sistema conjugacional del verbo vasco.* RIEV, 1925, 16, 74-81.

98 LEXICOLOGIA

Azkue, R. M., *De la composición vasca.* RIEV, 1920, 11, 161-73.
Michelena Elissalt, L., *Vasco-románica.* RFE, 1965, 48, 105-19.
Mújica, P., *Afijos vascos.* Bilbao, 1969, 78.

→ 16.98.6, López Mendizábal.

16 98.1 LEXICOGRAFIA

Azkue, R. M., *Diccionario vasco-español-francés.* Bilbao, 1905-6, 2 v.

Landuchio, N., *Dictionarium Linguae Cantabricae (1562).* Ed. de M. Agud y L. Michelena. S. Sebastián, 1958, 190.

Larramendi, M., *Diccionario trilingüe del castellano, bascuence y latín.* S. Sebastián, 1745, 2 v.

Löpelmann, M., *Etymologisches Wörterbuch der baskischen Sprache.* Berlín, 1968, 2 v.

López Mendizábal, I., *Diccionario vasco-español.* S. Sebastián, 1965, 450.

Oyeregui Arbelaitz, B., *Diccionario vasco-castellano, castellano-vasco de voces comunes a dos o más dialectos del euskera.* Bilbao, 1969, 372.

Villasante, L., *Despojo sistemático de la lengua de Axular.* Euskera, 1956, 1, 51-87; 1957, 2, 55-90; 1959, 4, 11-41.

→ 20.80.

98.3 ONOMASTICA

Lafon, R., *Les recherches onomastiques sur le pays basque.* Onoma, 1954, 5, 49-63.

Lafon, R., *Noms de lieux et noms de personnes basques et ibères: état actuel des problèmes.* Revue Internationale d'Onomastique (París), 1965, 17, 81-91.

Michelena Elissalt, L., *Introducción fonética a la onomástica vasca.* Emerita, 1956, 24, 167-86, 331-52.

98.4 ANTROPONIMIA

Lacarra de Miguel, J. M., *Onomástica vasca del siglo XIII.* RIEV, 1930, 21, 247-54.

Luchaire, A., *Sur les noms propres basques... des XIe., XIIe. et XIIIe. siècles.* Revue de linguistique... (París), 1881, 14, 150-71.

Michelena Elissalt, L., *Apellidos vascos.* S. Sebastián, 1973[3], 256.

Omaechevarría, I., *Nombres propios y apellidos en el País Vasco y sus contornos.* BRSV, 1949, 2, 153-75.

98.6 TOPONIMIA

Agud, M., *Areas toponímicas en el País Vasco.* ASFV, 1973, 7, 37-55.

Caro Baroja, J., *Sobre toponimia de las regiones ibero-pirenaicas,* en *Miscelánea A. Griera.* B, 1955, I, 113-35.

Giese, W., Ola *en la topografía vasca.* Eusko Jakintza (Sare), 1949, 3, 9-18.

López Guereñu, G., *Toponimia alavesa.* AEF, 1956, 16, a 1970, 23, múltiples entradas.

López Mendizábal, I., *La sufijación en la toponimia vasca,* en *HomJ. Urquijo.* S. Sebastián, 1949, II, 177-227.

Sasia, J. M., *Toponimia euskérica en las Encartaciones de Vizcaya.* Bilbao, 1966, 248.
Zabala, P., *Toponimia vasca: explotaciones agrícolas, forestales, ganadería, etc.* BRSV, 1952, 8, 425-60.
Zabala, P., *Toponimia vasca. Hidrografía.* BRSV, 1953, 9, 245-61.

99 DIALECTOLOGIA

Buesa Oliver, T., *Léxico vasco relativo al tiempo en la Navarra nordoriental,* en *HomF. Ynduráin.* Zaragoza, 1972, 65-105.
Holmer, N. M., *El idioma vasco hablado. Un estudio de dialectología euskérica.* S. Sebastián, 1964, 264.
Izaguirre, C., *El vocabulario vasco de Aránzazu-Oñate y zonas colindantes.* S. Sebastián, 1971, 248.
También, ASFV, 1970, 4, 3-248.
Sánchez Carrión, J. M., *El estado actual del vascuence en la provincia de Navarra.* Pamplona, 1972, 214.
Yrizar, P., *Los dialectos y variedades de la lengua vasca.* ASFV, 1973, 7, 3-36.

99.2 HISTORIA

Beltrán Martínez, A., *De nuevo sobre el «vasco-iberismo».* Zephyrus, 1953, 4, 495-501.
Caro Baroja, J., *Materiales para una historia de la lengua vasca en su relación con la latina.* Salamanca, 1945, 238.
Caro Baroja, J., *Retroceso del vascuence.* Atlantis (M), 1941, 16, 35-62.
Lacarra de Miguel, J. M., *Vasconia medieval. Filología e historia.* S. Sebastián, 1957, 70.
Merino Urrutia, J. B., *El vascuence en la Rioja y Burgos.* S. Sebastián, 1962, 105.
Michelena Elissalt, L., *Textos arcaicos vascos.* M, 1964, 207.
Michelena Elissalt, L., *Sobre el pasado de la lengua vasca.* S. Sebastián, 1964, 200.
San Martín Ortiz, J., *50 años de vida de la Academia de la lengua vasca,* en *Gran enciclopedia vasca.* Bilbao, 1968, III, 381-7.
Tovar Llorente, A., *Sobre el planteamiento del problema vasco-ibérico.* Archivum, 1954, 4, 220-31.
Tovar Llorente, A., *La lengua vasca en el mundo occidental preindoeuropeo,* en *IV Symposium de Prehistoria peninsular.* Pamplona, 1966, 287-97.
Vinson, J., *Le basque navarrais-espagnol à la fin du XVIe siècle.* Revue de Linguistique... (París), 1879, 12, 314-33, 367-75.

→ 16.67, González Ollé; 16.70.1, 21.98, Caro.

17

LITERATURA

17

LITERATURA

00 LITERATURA ESPAÑOLA

Paci, A. M., *Manual de bibliografía* [de la literatura] *española.* Pisa, 1970, 828.
Solamente artículos.

Serís, H., *Manual de bibliografía de la literatura española.* Syracuse, 1948-68, 2 v.
Inacabado.

Simón Díaz, J., *Bibliografía de la literatura hispánica.* M, 1950- .
En curso de publicación. Ultimo v. publicado, X, 1972. Hay 2.ª ed. de los tres primeros v. y un *Apéndice,* 1973, a V y VI.

Simón Díaz, J., *Manual de bibliografía de la literatura española.* B, 1963, vii+603.
Suplemento 1. B, 1966, 100; *Suplemento 2.* B, 1972, 198.
→ 1.00, Foster.

Alborg, J. L., *Historia de la literatura española.* M, 1966- .
En curso de publicación. Ultimo v. publicado, III, 1973. Hay 2.ª ed. de los dos primeros.

Amador de los Ríos, J., *Historia crítica de la literatura española.* M, 1861-5, 7 v.

Cejador Frauca, J., *Historia de la lengua y literatura castellana.* M, 1915-22, 14 v.

Díaz Echarri, E., y J. M. Roca Franquesa, *Historia de la literatura española e hispanoamericana.* M, 1972[2], xxxvi+1590.

Díaz Plaja, G., *Historia general de las literaturas hispánicas.* B, 1949-67, 7 v.
Numerosos colaboradores.

Diccionario de literatura española. M, 1972[4], 1197 + láms.
Numerosos colaboradores.

García López, J., *Historia de la literatura española.* B, 1972[17], 708.

Hurtado Jiménez, J., y A. González Palencia, *Historia de la literatura española.* M, 1949[6], 1102.

Valbuena Prat, A., *Historia de la literatura española.* B, 1968[8], 4 v.

17 Menéndez Pelayo, M., *Estudios y discursos de crítica histórica y literaria.* M, 1941-2, 7 v.

01 CARACTERIZACION

Alonso Fernández, D., *Escila y Caribdis de la literatura española.* Cruz y Raya (M), 1933, 7, 77-102.
También, en su *Ensayos sobre poesía...* M, 1944, 9-27.

Baquero Goyanes, M., *Réalisme et utopie dans la littérature espagnole.* La Table Ronde (París), 1964, 193, 66-90.

Farinelli, A., *Consideraciones sobre los caracteres fundamentales de la literatura española.* M, 1922, 25.

Figueiredo, F., *Características da litteratura hespanhola.* Santiago, 1935, 34.

Menéndez Pidal, R., *Algunos caracteres primordiales de la literatura española.* BH, 1918, 20, 205-32.
También, en HGLH, I, xv-lix, y en su *Los españoles...*

Milá y Fontanals, M., *Carácter de la literatura castellana.* B, 1865, 44+88.

Owen, A. L., *Psychological aspects of spanish realism.* H, 1931, 14, 1-8.

Peiser, W., *The ethical value of spanish literature.* H, 1943, 26, 155-60.

Valbuena Prat, A., *El sentido católico en la literatura española.* B, 1941, 186.

02 ANTOLOGIAS GENERALES

Alonso Fernández, D., y otros, *Primavera y flor de la literatura hispánica.* M, 1966, 3 v.

Díaz Plaja, G., *Antología mayor de la literatura española.* B, 1970², 4 v.

Río, A. y A., *Antología general de la literatura española.* M, 1954, 2 v.

Riquer Morera, M., y J. M. Valverde, *Antología de la literatura española e hispanoamericana.* B, 1965-6, 2 v.

Vilanova Andreu, A., *Antología literaria de autores españoles.* B, 1967, viii+798.

→ en la división correspondiente, las antologías de época o género,

03 TEMAS. TOPICOS

Agrait, G., *El* Beatus ille *en la poesía del Siglo de Oro.* Puerto Rico, 1971, 212.

Alda Tesán, J. M., *La fugacidad de la vida en la poesía áurea española.* PV, 1943, 4, 495-510.

Arco Garay, R., *La dueña en la literatura española.* RL, 1953, 3, 293-43.

Arias Arias, R., *El concepto del destino en la literatura medieval española.* M, 1970, 299.

Artiles, J., *La idea de venganza en el drama español del siglo XVII.* Segismundo, 1967, 3, 9-38. 17

Baquero Goyanes, A., *Don Juan y su evolución dramática.* M, 1966, 2 v.

Bonilla San Martín, A., *Las leyendas de Wagner en la literatura española.* M, 1913, 103.

Bertrand, M., *Bibliografía de la novela de la guerra civil española.* LT, 1969, 17, 119-30.

Blecua Teijeiro, J. M., *Los pájaros en la poesía española.* M, 1943, 265.

Blecua Teijeiro, J. M., *Las flores en la poesía española.* M, 1944, 268.

Cabañas, P., *El mito de Orfeo en la literatura española.* M, 1948, 408.

Caro Baroja, J., *Los duendes en la literatura clásica española,* en su *Algunos mitos...* M, 1944, 145-82.

Carrasco Urgoiti, M. S., *El moro de Granada en la literatura. Del siglo XV al XX.* M, 1956, 499.

Caruana Gómez, J., *Los amantes de Teruel. Tradición turolense...* Valencia, 1971[5], 120 + láms.

Castro Calvo, J. M., *Antología de la poesía eucarística española.* B, 1952, 207.

Cossío Martínez, J. M., *Fábulas mitológicas en España.* M, 1952, xv+907.

Cotarelo Mori, E., *Sobre el origen y desarrollo de la leyenda de los amantes de Teruel.* RABM, 1903, 8, 347-77.

Cotarelo Valledor, A., *Una cantiga célebre del Rey Sabio. Fuentes y desarrollo de la leyenda de Sor Beatriz.* M, 1904, 205.

Champourcín, E., *Dios en la poesía actual.* M, 1970, 264.

Diego Cendoya, G., *La Navidad en la poesía española.* M, 1952, 46.

Fernández Alonso, M. R., *Una visión de la muerte en la lírica española.* M, 1971, 449.

Gallego Morell, A., *El mito de Faetón en la literatura española.* M, 1961, viii+110.

García Lorenzo, L., *El tema del Conde Alarcos. Del Romancero a Jacinto Grau.* M, 1972, 229.

Gimeno Casalduero, J., *La profecía medieval en la literatura castellana y su relación con las corrientes proféticas europeas.* NRFH, 1971, 20, 64-89.

Green, O. H., *España y la tradición occidental. El espíritu castellano en la literatura desde el* Cid *hasta Calderón.* M, 1969, 4 v.

Keller, J. E., *Motif-index of mediaeval spanish exempla.* Knoxville, 1940, viii+67.

Legarda, A., *Lo vizcaíno en la literatura castellana.* S. Sebastián, 1953, 589.

Lida, M. R., *Transmisión y recreación de temas grecolatinos en la poesía lírica española.* RFH, 1939, 1, 20-63.

Lida, M. R., *El amanecer mitológico en la poesía narrativa española.* RFH, 1946, 8, 77-110.

Lomba de la Pedraja, J. R., *El Rey Don Pedro en el teatro,* en *HMPelayo,* II, 257-339.

17 Maeztu Whitney, R., *La brevedad de la vida en nuestra poesía lírica.* M, 1935, 77.

Mas, A., *Les turcs dans la littérature espagnole du Siècle d'Or...* París, 1967, 2 v.

Matulka, B., *The feminist theme in the drama of the Siglo de Oro.* RR, 1935, 46, 191-231.

Montoliu, M., *El alma de España y sus reflejos en la literatura del Siglo de Oro.* B, 1942, 752.

Mendoza Negrillo, J. D., *Fortuna y Providencia en la literatura castellana del siglo XV.* M, 1973, 482.

Moya del Baño, F., *El tema de Hero y Leandro en la literatura española.* Murcia, 1966, 334.

Navarro González, A., *Cancionero del mar.* M, 1973, 376.

Nunemaker, J. H., *...On magic in medieval spanish literature.* Speculum (Cambridge, Mass.), 1932, 7, 556-64.

Orozco Díaz, E., *Paisaje y sentimiento de la Naturaleza en la poesía española.* M, 1968, 374.

Osuna, R., *Bestiarios poéticos en el barroco español.* CH, 1967, 69, 505-14.

Osuna, R., *Bodegones literarios en el barroco español.* Thesaurus, 1968, 33, 206-17.

Pemán Pemartín, J. M., y M. Herrero García, *Suma poética... religiosa española.* M, 1944, lxxiv+699.

Polo García, V., *La soledad en la poesía romántica española.* Murcia, 1965, 248.

Porqueras Mayo, A., *Función de la fórmula* no sé qué *en textos literarios españoles, siglos XVIII-XX.* BH, 1965, 67, 253-73.

Porqueras Mayo, A., *El* no sé qué *en la Edad de Oro española.* RF, 1966, 78, 314-37.
También, en su *Temas y formas...* M, 1972, 11-59.

Porqueras Mayo, A., *Nuevas aportaciones al topos* no haber nacido *en la literatura española.* Segismundo, 1967, 3, 63-73.
También, en su *Temas y formas...* M, 1972, 60-93.

Post, Ch. R., *Mediaeval spanish allegory.* Cambridge, 1915, xii+331.

Rocamora, P., *Portugal en las letras de España.* Arbor, 1968, 70, 147-60.

Rogers, E., *El color en la poesía española del Renacimiento y del Barroco.* RFE, 1964, 47, 247-61.

Rosales Camacho, L., *El sentimiento del desengaño en la poesía barroca.* M, 1966, 379.

Rubio Alvarez, F., *«La Ciudad de Dios» en la literatura castellana de la edad media.* LCD, 1954, 167, 551-76.

Said Armesto, V., *La leyenda de Don Juan.* M, 1968, 216.

Scarpa, R. E., *Poesía del amor español.* Santiago de Chile, 1941, 701.

Schulte, H., El desengaño. *Wort und Thema in der spanischen Literatur des goldenen Zeitalters.* Munich, 1969, 236.

Singer, A., *The Don Juan theme, versions and criticism. A bibliography.* Morgan Brown, 1965, 370.

Villoslada, R., *El tema del* Ubi sunt... MC, 1966, 45, 7-117.

Vossler, K., *La poesía de la soledad en España.* Buenos Aires, 1946, 398.

→ 4.66, 8.11, Eiján; 8.20, 10.47, Salomon; 19.31, Roldán; 19.60, Gallego; 22.14, Díaz; 22.16, Hermenegildo, Ruiz; 22.32, Fernández. 17

04 MÉTRICA

Baehr, R., *Manual de versificación española.* M, 1970, 443.

Balaguer, J., *Apuntes para una historia prosódica de la métrica castellana.* M, 1954, 266.

Balbín Lucas, R., *Sistema de rítmica castellana.* M, 1968^{2}, 400.

López Estrada, F., *Métrica española del siglo XX.* M, 1970, 225.

Macrí, O., *Ensayo de métrica sintagmática...* M, 1969, 295.

Navarro Tomás, T., *Repertorio de estrofas españolas.* Nueva York, 1968, 374.

Navarro Tomás, T., *Métrica española. Reseña histórica y descriptiva.* M, 1973^{4}, 582.

Quilis Morales, A., *Métrica española.* M, 1973^{2}, 194.

Vicuña Cifuentes, J., *Estudios de métrica española.* Santiago de Chile, 1929, 264.

Alonso Fernández, D., *Versos correlativos y retórica tradicional.* RFE, 1944, 28, 139-53.

Balbín Lucas, R., *El axis rítmico en la estrofa castellana.* RL, 1961, 19, 3-18.

Balbín Lucas, R., *Sobre la configuración estrófica de la rima castellana.* RFE, 1964, 47, 237-46.

Barrera, C., *El alejandrino castellano.* BH, 1918, 20, 1-26.

Bassagoda, R. D., *Del alejandrino al verso libre.* BAAL, 1947, 16, 65-113.

Buceta, E., *Apuntaciones sobre el soneto con estrambote en la literatura española.* RH, 1928, 72, 460-74; 1929, 75, 583-95; RFE, 1931, 18, 239-51; 1934, 21, 361-76.

Clarke, D. C., *Sobre la quintilla.* RFE, 1933, 20, 288-95.

Clarke, D. C., *Sobre la espinela.* RFE, 1936, 23, 293-305.

Clarke, D. C., *El verso esdrújulo antes del Siglo de Oro.* RFH, 1941, 3, 372-4.

Clarke, D. C., *The spanish octosyllable.* HR, 1942, 10, 1-11.

Clarke, D. C., *El esdrújulo en el hemistiquio de arte mayor.* RFH, 1943, 5, 263-75.

Clarke, D. C., *The early seguidilla.* HR, 1944, 12, 211-22.

Clarke, D. C., *Morphology of fifteenth century castilian verse.* Pittsburg, 1964, xii+233.

Cossío Martínez, J. M., *La décima antes de Espinel.* RFE, 1944, 28, 428-54.

Díez Echarri, E., *Teorías métricas del Siglo de Oro...* M, 1949, 355.

Díez Echarri, E., *Métrica modernista: innovaciones y renovaciones.* RL, 1957, 11, 102-20.

Díez de Revenga, F. J., *La métrica de los poetas del 27.* Murcia, 1973, 380.

Frenk Alatorre, M., *El zéjel, ¿forma popular castellana?*, en *Festschrift H. Flasche.* Berna, 1973, 145-58.

Henríquez Ureña, P., *La versificación irregular en la poesía castellana.* M, 1933^{2}, viii+369.

17 Henríquez Ureña, P., *La cuaderna vía.* RFH, 1945, 7, 45-7.

Henríquez Ureña, P., *Sobre la historia del alejandrino.* RFH, 1946, 8, 1-11.

Huidobro, E., *El ritmo latino en la poesía española.* BRAE, 1957, 37, a 1960, 40, múltiples entradas.

Janner, H., *La glosa española. Estudio histórico de su métrica y de sus temas.* RFE, 1943, 27, 181-232.

Lang, H., *...Versos de «cabo roto».* RH, 1906, 66, 92-7.

Lázaro Carreter, F., *La poética del arte mayor castellano,* en HRL, I, 343-78.

Marasso, A., *El verso alejandrino.* BAAL, 1930, 7, 63-127.

Martínez Cabello, G., *Adaptación de los versos clásicos latinos a la poesía española.* Humanidades (Comillas), 1960, 12, 167-91.

Morley, S. G., *Strophes in the spanish drama before Lope de Vega,* en HMP, I, 505-31.

Morley, S. G., *La modificación del acento de la palabra en el verso castellano.* RFE, 1927, 14, 256-72.

Navarro Tomás, T., *El octosílabo y sus modalidades,* en *HomA. M. Huntington.* Wellesley, 1952, 435-55.

Navarro Tomás, T., *Los poetas en sus versos, desde Jorge Manrique a García Lorca.* B, 1973, 392.

Quilis Morales, A., *Estructura del encabalgamiento en la métrica española...* M, 1964, xiv+196.

Quilis Morales, A., *La percepción de los versos oxítonos, paroxítonos y proparoxítonos en español.* RFE, 1967, 50, 273-86.

Rosario, R., *El endecasílabo español.* San Juan, 1944, 116.

Saavedra Molina, J., *El verso de arte mayor.* AUCh, 1945, 103, 5-127.

Tittmann, B., *Further remarks on the origins of* arte mayor. CN, 1969, 29, 274-82.

→ 7.55, Simmons; 14.46, Carballo; 16.04, Benot; 16.42, Benot, Bloise.

05 RELACIONES CON OTRAS LITERATURAS

Clavería Lizana, C., *Les mythes et les thèmes espagnols dans la littérature universelle.* CHM, 1960, 6, 969-89.

Clavería Lizana, C., *España en Europa. Aspectos de la difusión de la lengua y las letras españolas desde el siglo XVI.* M, 1972, 133.

Grismer, R. L., *Introduction to the classical influence on the literatures of Spain and Spanish American. A bibliographical study.* BICC, 1949, 5, 433-46.

Hatzfeld, H. A., *El predominio del espíritu español en la literatura europea del siglo XVII.* RFH, 1941, 3, 9-23.

Lida, M. R., *La tradición clásica en España.* NRFH, 1951, 5, 183-223.

→ 17.07, Iglesias.

Tiemann, H., *Das spanische Schriftum in Deutschland* **[Alemania]** *von der Renaissance bis zur Romantik.* Hamburgo, 1937, 226.

→ 14.01, Lyte; 17.16.1, Díez.

Riquer Morera, M., *Relaciones entre la literatura renacentista castellana y la* **catalana** *en la edad media.* Escorial (M), 1941, 2, 31-49. 17

Ferguson, J. L., *American* **[Estados Unidos]** *literature in Spain.* Nueva York, 1916, xiii+267.

Williams, S. T., *La huella española en la literatura norteamericana.* M, 1957, 2 v.

Elizalde, I., *«Le Maître de Santiago» y el tema español en la literatura* **francesa** *contemporánea.* RyF, 1949, 134, 591-602.

Fournier, E., *L'Espagne et ses comédiens en France au XVIIe. siècle.* RH, 1911, 25, 19-46.

Hazard, P., *Ce que les lettres françaises doivent à l'Espagne.* RLC, 1936, 16, 5-22.

Huszar, G., *Études critiques de littérature comparée. L'influence de l'Espagne sur le théâtre français du XVIII et XIX siècles.* París, 1912, 190.

Martinenche, E., *...La comédie espagnole en France de Hardy à Racine.* París, 1900-22, 3 v.

Rogers, P. P., *Spanish influence on the literature of France.* H, 1926, 9, 205-35.

Strong, L., *Bibliography of Franco-Spanish literary relations until the XIXth. century.* Nueva York, 1930, 71.

Stubbings, H. U., *Renaissance Spain in its literary relations with England and France. A critical bibliography.* Nashville, 1969, xvi+138.

Carré Aldao, E., *Influencias de la literatura* **gallega** *en la castellana. Estudios críticos y bibliográficos.* M, 1915, 373.

Fitzmaurice-Kelly, J., *Relaciones entre las literaturas española e inglesa* **[Gran Bretaña]**. LEM, 1911, 267, 81-110.

Glendinning, N., *Influencia de la literatura inglesa en el siglo XVIII.* CCF, 1968, 20, 47-93.

Loftis, J., *Spanish drama in neoclassical England.* CompL, 1959, 11, 29-34.

Ungerer, G., *Anglo-spanish relations in Tudor literature.* Berna, 1956, 231.

→ **Francia**, Stubbings.

Looten, C., *Rapports littéraires entre la Néerlande* **[Holanda]** *et l'Espagne.* RLC, 1937, 17, 613-50.

Van Praag, J. A., *La comédie espagnole aux Pays-Bas au XVIIe. et au XVIIIe. siècle.* Amsterdam, 1922, 292.

Arce Fernández, J., *El conocimiento de la literatura* **italiana** *en la España de la segunda mitad del siglo XVIII.* CCF, 1968, 20, 7-45.

Bertini, G. M., *Drammatica comparata ispano-italiana.* Letterature moderne (Milán), 1951, 2, 418-37.

Farinelli, A., *Rapporti fra Espagna e Italia nell'etá media,* en su *Divagazione erudite.* Turín, 1925, 221-61.

Fucilla, J. G., *Relaciones hispanoitalianas.* M, 1953, 238.

Meregalli, F., *Las relaciones literarias entre Italia y España en el Renacimiento.* BICC, 1962, 17, 606-24.

→ 17.14.2, Arróniz.

17 Pieczara, S., *Recepción de las literaturas ibéricas e iberoamericanas en* **Polonia**. Universidad de La Habana, 1966, 177, 223-39.

Figueiredo, F., *Pyrene... Introdução á história comparada das literaturas* **portuguesa** *e hespanhola.* Lisboa, 1935, 194.

García Peres, D., *Catálogo razonado biográfico y bibliográfico de los escritores portugueses que escribieron en castellano.* M, 1890, xix+664.

Glaser, E., *Estudios hispanoportugueses. Relaciones literarias del Siglo de Oro.* Valencia, 1957, xii+273.

Buketoff Turkevich, L., *Spanish literature in* **Russia** *and in the Soviet Union, 1735-1964.* Metuchen, 1967, 273.

Portnoff, G., *La literatura rusa en España.* Nueva York, 1932, 301.

→ 4.11, 4.12, 4.20, 4.21, 14.01.

06 RELACIONES CON AUTORES Y OBRAS PARTICULARES

Peers, E. A., *The vogue of* **Alfieri** *in Spain.* HR, 1933, 1, 122-40.

Cortés, H., *Algunas reminiscencias de* **Apuleyo** *en la literatura española.* RFE, 1935, 22, 44-53.

Cortés, H., *Apuleyo y «El asno de oro» en la literatura española.* Studium (Bogotá), 1958, 2, 245-60.

Bertini, G. M., *Ludovico* **Ariosto** *e il mondo ispanico.* ER, 1961, 9, 269-82.

Chevalier, M., *Los temas ariostescos en el romancero y la poesía española del Siglo de Oro.* M, 1968, 340.

Macrí, O., *L'Ariosto e la letteratura spagnola.* Letterature moderne (Milán), 1952, 3, 515-43.

Parducci, A., *La fortuna dell'«Orlando furioso» nel teatro spagnuolo.* Turín, 1937, 256.

F[ernández] Montesinos, J., *Notas sueltas sobre la fortuna de* **Balzac** *en España.* RLC, 1950, 24, 309-38.

→ 4.21.

Lambert, E., *Maurice* **Barrès** *et l'Espagne.* RLC, 1946, 20, 34-50.

Catalán Menéndez, D., *La* **Biblia** *en la literatura medieval española.* HR, 1965, 33, 310-8.

Fernández de Castro, E. F., *El Salterio de David en la cultura española...* M, 1928, 182.

Gormly, F., *The use of the Bible in representative works of medieval spanish literature (1250-1300).* Washington, 1962, vii+100.

Bourland, C. B., **Boccaccio** *and the «Decameron» in castilian and catalan literature.* RH, 1905, 12, 1-232.

Farinelli, A., *Note sulla fortuna del Boccaccio in Ispagna nell'etá media.* ASNS, 1905, 114, 397-429; 115, 368-88; 1906, 116, 67-96; 117, 114-41.

→ **Dante.**

Churchman, Ph. P., *The beginnings of* **byronism** *in Spain.* RH, 1910, 23, 333-410.

Pujals Fontrodona, E., *Lord Byron en España.* Atlántida, 1969, 7, 32-50. 17
→ 4.21.

Cidade, H., *Dividas de* **Camoes** *á poesia espanhola,* en *HomA. Rubió Lluch.* B, 1936, 387-408.

Qualia, Ch. B., **Corneille** *in Spain in the eighteenth century.* RR, 1933, 24, 21-9.

Valle Abad, F., *Influencia española sobre la literatura francesa. Pedro Corneille...* BUG, 1945, 17, 137-241.

Núñez de Arenas, M., *Notas acerca de* **Chateaubriand** *en España.* RFE, 1925, 12, 290-6.

Peers, E. A., *La influencia de Chateaubriand en España.* RFE, 1924, 11, 351-82.
→ 4.21.

Meregalli, F., **D'Annunzio** *en España.* FM, 1964, 4, 265-89.

Farinelli, A., **Dante** *in Spagna, Francia...* Turín, 1922, ix+506.

G[onzález] de Amezúa, A., *Fases y caracteres de la influencia del Dante en España.* M, 1922, 77.

Morreale, M., *Dante in Spain. Annali.* Corso di lingue... (Bari), 1966, 8, 5-21.

Morreale, M., *Apuntes bibliográficos para el estudio del tema Dante en España hasta fines del siglo XVII.* Annali della Facoltà di Lettere... (Bari), 1968, 6, 91-134.

Penna, M., *Traducciones castellanas antiguas de la Divina Comedia.* RUM, 1965, 14, 81-127.

Sanvisenti, B., *I primi influssi di Dante, del Petrarca e del Boccaccio nella letteratura spagnuola.* Milán, 1902, xv+463.
→ 17.44.

Thompson, J. A., *Alexandre* **Dumas** *père and spanish romantic drama.* Louisiana, 1938, iv+229.
→ 4.21.

Erasmo → 8.85, Bataillon.

Florian → Molière.

González Ollé, F., *«Frei Luís de Sousa»* **[Garret]** *y la literatura española.* RL, 1953, 4, 413-23.

Cano, J. L., **Gessner** *en España.* RLC, 1961, 35, 40-60.

Pageard, R., **Goethe** *en España.* M, 1958, 236.
→ 4.21.

Rogers, P. P., **Goldoni** *in Spain.* Oberlin, 1941, x+190.

Gray → Young.

Guicciardini → 4.21.

Owen, C. R., **Heine** *im spanischen Sprachgebiet. Eine kritische Bibliographie.* Münster, 1968, 336.

17 Reichenberger, A. G., **Herodotus** *in Spain...* RPh, 1965-6, 19, 235-49.

Pallí Bonet, J., **Homero** *en España.* B, 1953, 180.

Andrade, J. C., **Horacio,** *poeta lírico. Su influencia en la literatura castellana.* Bogotá, 1956, 308.

Cioranescu, A., *Víctor* **Hugo** *y España,* en su *Estudios de literatura...* La Laguna, 1954, 269-92.

Le Gentil, G., *Victor Hugo et la littérature espagnole.* BH, 1899, 1, 149-95.

Parker, A., y E. A. Peers, *The vogue of Victor Hugo in Spain.* MLR, 1932, 27, 36-57.

Parker, A., y E. A. Peers, *The influence of Victor Hugo on Spain. Poetry and prose fiction.* MLR, 1933, 28, 50-61, 205-16.

→ 4.21.

Gregersen, H., **Ibsen** *and Spain. A study in comparative drama.* Londres, 1936, xiv+209.

Lida, M. R., *...En torno a* **Josefo** *y su influjo sobre la literatura española.* HR, 1971, 34, 183-213.

Cano, J. L., **Keats** *en España.* PSA, 1956, 3, 265-73.

Germain, G., **La Fontaine** *et les fabulistes espagnols.* RLC, 1932, 12, 312-29.

Peers, E. A., *The fortune of* **Lamartine** *in Spain.* MLN, 1922, 37, 458-65.

Delcombre, R., *L'hispanisme de...* **Leconte de Lisle** *et José María de Heredia.* Hispania (París), 1922, 5, 238-78, 292-341.

Del Greco, A. A., *Giacomo* **Leopardi** *in hispanic literature.* Nueva York, 1952, 286.

Lessing → 4.21.

Bertini, G. M., *La fortuna di* **Machiavelli** *in Spagna.* QIA, 1946, 1, 21-2, 25-6.

Rossi, G., *Il* **Manzoni** *nella Spagna dell'Ottocento.* Convivium (Turín), 1958, 26, 414-22.

Stoudemire, S. A., **Metastasio** *in Spain.* HR, 1941, 9, 184-91.

Peers, E. A., **Milton** *in Spain.* Studies in Philology (Chapel Hill), 1926, 23, 169-83.

Huszar, G., ...**Molière** *et l'Espagne.* París, 1907, ix+332.

Morley, S. G., *Notes on spanish sources of Molière.* PMLA, 1904, 19, 270-90.

Vézinet, F., *Molière, Florian et la littérature espagnole.* París, 1909, 254.

Marichal, J., **Montaigne** *en España.* NRFH, 1953, 7, 259-78.

Montherlant → 4.21.

Sobejano, G., **Nietzsche** *en España.* M, 1967, 687.

Catena, E., **Ossián** *en España.* CL, 1948, 4, 57-96.

Schevill, R., **Ovide** *and the Renaissance in Spain.* Berkeley, 1913, 268. 17

Fucilla, J. G., *Estudios sobre el* **petrarquismo** *en España.* M, 1960, xv+340.

→ **Dante.**

Chicharro de León, J., **Pirandelismo** *en la literatura española.* QIA, 1954, 2, 406-14.

Grismer, R. L., *The influence of* **Plautus** *in Spain before Lope de Vega.* Nueva York, 1954, 210.

→ **Terencio.**

Effross, S. H., *The influence of Alexandre* **Pope** *in eighteenth century Spain.* Studies in Philology (Chapel Hill), 1966, 63, 78-92.

Gillet, J. E., *Note sur* **Rabelais** *en Espagne.* RLC, 1936, 16, 140-4.

Qualia, Ch. B., **Racine***'s tragic art in Spain.* PMLA, 1939, 54, 1059-76.

Coe, A. M., **Richardson** *in Spain.* HR, 1935, 3, 56-63.

Rilke → 4.21.

Horrent, J., *La Chanson de* **Roland** *dans les littératures française et espagnole au moyen âge.* París, 1951, 534+13.

Spell, J. R., **Rousseau** *in the spanish world before 1833. A study in franco-spanish literary relations.* Austin, 1938, 325.

Reyes Cano, R., *La Arcadia de* **Sannazaro** *en España.* Sevilla, 1973, 178.

Zellars, G. G., *Influencia de Walter* **Scott** *en España.* RFE, 1931, 18, 149-62.

Ulsamer, F., *Hans* **Schlegel** *y la difusión del teatro español en Alemania.* EE, 1957, 1, 78-85.

Iriarte, J., **Schopenhauer,** *admirador de Gracián y Calderón.* RyF, 1960, 170, 405-18.

Par, A., **Shakespeare** *en la literatura española...* M, 1935, 2 v.

Par, A., *Representaciones shakesperianas en España.* M, 1936-40, 2 v.

Esquerra, R., **Stendhal** *en Espagne (1835-1935).* RLC, 1936, 16, 522-75.

Sanmartí Boncompte, F., **Tácito** *en España.* B, 1951, 216.

Arce Fernández, J., **Tasso** *y la poesía española...* B, 1973, 347.

Weber, E. J., *The literary reputation of* **Terence** *and Plautus in medieval and prerenaissance Spain.* HR, 1956, 24, 191-206.

Bayo, M. J., **Virgilio** *y la pastoral española del Renacimiento (1480-1530).* M, 1959, 281.

Moldenhauer, G., **Voltaire** *y el teatro español en el siglo XVIII.* Investigación y Progreso (M), 1930, 4, 27-9.

Qualia, Ch. B., *Voltaire's tragic art in Spain in the XVIII century.* H, 1939, 22, 273-84.

→ 4.21.

17 Peers, E. A., *The influence of* **Young** *and Gray in Spain.* MLR, 1926, 21, 404-18.

→ 4.21.

07 SOCIOLOGIA

Amorós, A., *Sociología de una novela rosa.* M, 1968, 75.

Asensio Moreno, M., *Los premios literarios.* M, 1968, 21.

Barreiro, E., *La novela de quiosco en España.* REOP, 1969, 17, 71-84.

Caro Baroja, J., *Ensayo sobre la literatura de cordel.* M, 1969, 442.

Carrasco Urgoiti, M. S., *Notas sobre el vejamen de academia en la segunda mitad del siglo XVII.* RHM, 1965, 31, 97-111.

Entrambasaguas Peña, J., *Las Justas poéticas en honor de San Isidro y su relación con Lope de Vega.* AIEM, 1969, 4, 27-133.

Entrambasaguas Peña, J., *Coronas poéticas del siglo XIX.* ELE, 1971, 14, 9-21.

García de Enterría, M. C., *Sociedad y poesía de cordel en el Barroco.* M, 1973, 402.

Gómez Santos, M., *Crónica del Café Gijón.* M, 1955, 198.

Iglesias Laguna, A., *¿Por qué no se traduce la literatura española?* M, 1964, 35.

King, W. F., *Prosa novelística y academias literarias en el siglo XVII.* M, 1963, 248.

Marañón Posadillo, G., *Las academias toledanas en tiempo de El Greco.* PSA, 1956, 1, 13-26.

Marco, J., *El «pliego suelto».* RO, 1971, 102, 334-40.

Pérez de la Dehesa, R., *Editoriales e ingresos literarios a principios de siglo.* RO, 1969, 71, 217-28.

Porqueras Mayo, A., *El lector español en el Siglo de Oro.* RL, 1954, 5, 187-215.

Romera Navarro, M., *Querellas y rivalidades en las academias del siglo XVII.* HR, 1941, 9, 494-9.

Sánchez, J., *Academias literarias del Siglo de Oro español.* M, 1961, 357.

Serrano Sanz, M., *Literatos españoles cautivos.* RABM, 1897, 1, 498-506, 536-44.

Torre, G., *Lope de Vega y la condición económico-social del escritor en el siglo XVII.* CH, 1963, 162, 249-61.

Velasco Zazo, A., *Panorama de Madrid. Tertulias literarias.* M, 1952, 178.

→ 19.47, 20.70, García.

08 COLECCIONES Y REVISTAS LITERARIAS

Bleiberg, G., *Algunas revistas literarias hacia 1898.* Arbor, 1948, 11, 465-80.

Caffarena Such, A., *«El Guadalhorce». Indice y antología...* Málaga, 1961, 145.

Cano, J. L., *Historia y sentido de una colección de poesía, «Adonais».* ELE, 1959, 2, 227.

García Nieto, J., *La revista «Garcilaso»*. ELE, 1959, 2, 283-5.

Le Gentil, G., *Les revues littéraires de l'Espagne pendant la première moitié du XIX siècle.* París, 1909, xix+155.

McCleland, I. L., *Biblioteca de autores españoles.* BSS, 1946, 23, 240-8.

Meregalli, F., *La «Gaceta literaria»*. Letterature moderne (Milán), 1952, 3, 168-75.

Paniagua, D., *Medio siglo de revistas poéticas en España.* Poesía española (M), 1964, 141, 3-8.

Revistas, *Indice de las* ____ *de poesía de medio siglo.* Poesía española (M), 1964, 141, 1-49.

Sánchez, J., *Revistas de poesía española.* RHM, 1959, 25, 313-28. Desde 1939.

Santos Torroella, R., *Medio siglo de publicaciones de poesía en España.* Segovia, 1952.

→ 2.01, 2.47, 17.18.1, Jiménez.

09 AREAS GEOGRAFICAS: REGIONES

Alvarez Solar N., *Noticias de teatro en Oviedo* [Asturias], *durante la segunda mitad del siglo XIX.* BIEA, 1964, 18, 275-89.
→ 16.58.

Fernández González., A. R., *Aportación al estudio del teatro en Mallorca* [Baleares]. Mayurqa (Palma de Mallorca), 1972, 9, 5-80. También, Palma de Mallorca, 1972, 80.
→ 8.29, Llompart.

Padrón Acosta, S., *El teatro en* Canarias... La Laguna, 1954, 93.

Rodríguez Moñino, A., *Historia literaria de* Extremadura. RCEE, 1941, 15, 105-206; 1942, 16, 1-24.

Corella Iráizoz, J. M., *Historia de la literatura* navarra. Pamplona, 1973, 350.

Martí Grajales, F., *Ensayo de un diccionario biográfico y bibliográfico de los poetas que florecieron en el Reino de* Valencia *hasta el año 1700.* M, 1927, 489.

→ 1.10.

09.1 AREAS GEOGRAFICAS: PROVINCIAS (Y LOCALIDADES)

Martínez Morella, V., *Escritores* alicantinos *del siglo XIX.* Alicante, 1963, 108.

Miró García, A., *Escritores de Alcoy.* Alcoy, 1973, 200.

Ramos, V., *Literatura alicantina.* M, 1966, 331.

Par, A., *Representaciones teatrales en* Barcelona *durante el siglo XVIII.* BRAE, 1929, 16, 326-46, 492-513, 594-614.
→ 8.29, Llompart.

García Rámila, I., *Breves notas sobre la historia del teatro* burgalés... *Siglos XVI a XVIII.* BRAH, 1951, 128, 389-423.

17 Villacampa, C. G., *Las representaciones escénicas en Guadalupe* [**Cáceres**]. BRAE, 1921, 8, 453-6.

Ríos Ruiz, M., *Diccionario de escritores gaditanos* [**Cádiz**]. Cádiz, 1973, 240.

Ramírez de Arellano, R., *Nuevos datos para la historia del teatro español. El teatro en* **Córdoba**. Ciudad Real, 1912, 216.

Arco Garay, R., *Misterios, autos sacramentales y otras fiestas en la Catedral de* **Huesca**. RABM, 1920, 41, 263-74.

Sáenz Cenzano, S., *Apuntes históricos de* **Logroño**: *el teatro*. Berceo, 1951, 6, 581-98.

Cartelera teatral **madrileña**. *I, Años 1830-1839*, por el Seminario de Bibliografía hispánica. M, 1961, 93. *II, Años 1840-1849*, por F. Herrero Salgado. M, 1963, 105.

Coe, A. M., *Catálogo bibliográfico y crítico de las comedias anunciadas en los periódicos de Madrid desde 1661 hasta 1819*. Baltimore, 1935, xii+270.

Díaz de Escovar, N., *El teatro en* **Málaga**... *Siglos XVI, XVII y XVIII*. Málaga, 1896, 110.

Barceló Jiménez, J., *Historia del teatro en* **Murcia**. Murcia, 1958, 214.

Barceló Jiménez, J., *Estudio sobre la lírica barroca en Murcia (1600-1650)*. Murcia, 1970, 132.

Morales Marín, A., *Historia informal del teatro de cámara en Murcia*. Murcia, 1971, 112.

Cossío Martínez, J. M., *Estudios sobre escritores montañeses* [**Santander**]. Santander, 1973, 3 v.

Grau, M., *El teatro en* **Segovia**. ES, 1958, 10, 5-98.

Aguilar Piñal, F., *Cartelera prerromántica* **sevillana**. *Años 1800-1836*. M, 1967, 49.

Bonneville, H., *Sur la poésie à Seville au Siècle d'Or*. BH, 1964, 66, 311-48.

Ruiz Copete, J. D., *Poetas de Sevilla. De la generación del «27» a los «Taifas» del cincuenta y tantos*. Sevilla, 1971, 397.

Sánchez Arjona, J., *Noticias referentes a los anales del teatro en Sevilla desde Lope de Rueda hasta fines del siglo XVII*. Sevilla, 1898, 529.

→ 19.40, Aguilar.

Higes, V., *El patio de comedias y sus representaciones en el siglo XVIII* [**Soria**]. Celtiberia, 1966, 16, 239-50.

Milego, J., *El teatro en* **Toledo** *durante los siglos XVI y XVII*. Valencia, 1909, 202.

Montero de la Fuente, L., *El teatro en Toledo durante el siglo XVIII (1762-1776)*. RFE, 1942, 26, 411-68.

Juliá Martínez, E., *El teatro en* **Valencia**. BRAE, 1917, 4, 56-83; 1926, 13, 318-41.

Juliá Martínez, E., *Preferencias teatrales del público valenciano en el siglo XVIII*. RFE, 1933, 20, 113-59.

Mérimée, H., *L'art dramatique à Valencia depuis les origines jusqu'au commencement du XVIIe. siècle.* Toulouse, 1913, 734. **17**

Puig Torralva, J. M., y F. Martí Grajales, *Estudio de los poetas valencianos de los siglos XVI, XVII y XVIII.* Valencia, 1883, 115.

Alonso Cortés, N., *El teatro en* Valladolid. M, 1923, 428+24. También, BRAE, 1917, 4, a 1923, 10, múltiples entradas.

Alonso Cortés, N., *El teatro en Valladolid. Siglo XIX.* Valladolid, 1947, 534.

Giménez Soler, A., *El teatro en* Zaragoza *antes del siglo XIX.* Universidad, 1927, 9, 243-96.

→ 1.11.

13 EDAD MEDIA

Deyermond, A. D., *Historia de la literatura española. La edad media.* B, 1973, 419.

Kohler, E., *Antología de la literatura española de la edad media.* París, 1957, xi+418.

López Estrada, F., *Introducción a la literatura medieval española.* M, 1970[3], 342.

Millares Carlo, A., *Literatura española hasta fines del siglo XV.* Méjico, 1950, xvi+352.

Vàrvaro, A., *Manuale di filologia spagnola medievale. Letteratura.* Nápoles, 1969, 314.

Vàrvaro, A., *Manuale di filologia spagnola medievale. Antologia.* Nápoles, 1969, 413.

→ 16.72, Gifford, Menéndez Pidal.

13.1 POESIA EN GENERAL. MESTER DE CLERECIA

Alvar López, M., *Poesía española medieval* [Antología]. B, 1969, 1085.

Asensio Barbarín, E., *Poética y realidad en el cancionero peninsular de la edad media.* M, 1970[2], 307.

Aubrun, Ch. V., *Inventaire des sources pour l'étude de la poésie castillane au XVe. siècle,* en EDMP, IV, 297-330.

Barcia, P. L., *El mester de clerecía.* Buenos Aires, 1967, 60.

Benítez Claros, R., *El diálogo en la poesía medieval.* CL, 1949, 5, 172-87.

Cirot, G., *Sur le «mester de clerecía».* BH, 1942, 44, 5-16.

Cirot, G., *Inventaire estimatif du mester de clerecía.* BH, 1946, 48, 193-209.

Cummins, J. G., *Method and conventions in the 15th. century poetic debate.* HR, 1963, 31, 307-23.

Foulché-Delbosc, R., *Cancionero castellano del siglo XV* [Recopilación]. M, 1912-5, 2 v.

Frenk Alatorre, M., *La autenticidad folklórica de la antigua lírica «popular».* ALetras, 1969, 7, 149-69.

17 Le Gentil, P., *La poésie lyrique espagnole et portugaise à la fin du moyen âge.* Rennes, 1949-53, 2 v.

Le Gentil, P., *Le virelai et le villancico. Le problème des origines arabes.* París, 1954, 279.

Menéndez Pelayo, M., *Antología de poetas líricos castellanos.* M, 1944-5, 10 v.

Menéndez Pidal, R., *La primitiva poesía lírica española,* en su *Estudios literarios.* Buenos Aires, 1938, 197-269.

Menéndez Pidal, R., *Sobre la primitiva lírica española.* CN, 1943, 3, 203-13.

También, en su *De primitiva lírica...* M, 1951, 107-22.

Montoliu, M., *La poesía heroicopopular castellana y el mester de clerecía,* en HGLH, I, 295-401.

Scholberg, K. R., *Sátira e invectiva en la España medieval.* M, 1971, 375.

→ 16.72, Lapesa; 17.04, Clarke.

13.2 RELACIONES CON LA POESIA ARABE. JARCHAS

García Gómez, E., *Las jarchas romances de la serie árabe en su marco* [Recopilación]. M, 1965, 431.

Solá-Solé, J. M., *Corpus de poesía mozárabe...* B, 1973, 380.

Alonso Fernández, D., *Cancioncillas de amigo mozárabes...* RFE, 1949, 33, 297-349.

Cantera Burgos, F., *Versos españoles en las muwassahas hispano-hebreas.* Sefarad, 1949, 9, 197-234.

Cantera Burgos, F., *La canción mozárabe.* Santander, 1957, 80.

García Gómez, E., *Nuevas observaciones sobre las jarchas romances en muwassahas hebreas.* Al-Andalus, 1950, 15, 157-77.

García Gómez, E., *La lírica hispanoárabe y la aparición de la lírica románica.* Al-Andalus, 1956, 21, 303-38.

Le Gentil, P., *La strophe zadjalesque, les khardjas et le problème des origines du lyrisme roman.* Romania, 1963, 84, 1-27, 209-50, 409-11.

Menéndez Pidal, R., *Poesía árabe y poesía europea.* BH, 1938, 40, 337-423.

También, en su *Poesía árabe...* M, 1951, 7-78.

Menéndez Pidal, R., *Cantos románicos andalusíes continuadores de una lírica latina vulgar.* BRAE, 1951, 31, 187-270.

Millás Vallicrosa, J. M., *Sobre los más antiguos versos en lengua castellana.* Sefarad, 1946, 6, 362-71.

Stern, S. M., *Les vers finaux en espagnol dans les muwassahas hispanohébraiques...* Al-Andalus, 1948, 13, 299-346.

→ 16.75.

13.3 POESIA EPICA. JUGLARIA

Guerrieri Crocetti, C., *L'epica spagnola.* Florencia, 1957[2], xcv+520.

Deyermond, A. D., *Folk-motifs in the medieval spanish epic.* PhQ, 1972, 51, 36-53.

Entwistle, W. J., *Remarks concerning the order of the spanish cantares de gesta.* RPh, 1947-8, 1, 113-23.

Galmés de Fuentes, A., *Epica árabe y épica castellana,* en *Atti del Convegno... La poesia epica.* Roma, 1970, 195-259.

Marcos Marín, F., *Poesía narrativa árabe y épica hispánica. Elementos árabes en los orígenes de la épica hispánica.* M, 1971, 387.

Menéndez Pidal, R., *La forma épica en España y en Francia.* RFE, 1933, 20, 345-53.
También, en su *De primitiva lírica...* M, 1951, 33-41.

Menéndez Pidal, R., *Reliquias de la poesía épica española.* M, 1951, lxxviii+292.

Menéndez Pidal, R., *La épica medieval en España y en Francia.* CompL, 1952, 4, 97-117.

Menéndez Pidal, R., *Poesía juglaresca y juglares.* M, 1957[6], viii+417.

Scudieri Ruggieri, J., *In margine all'epica spagnola.* CN, 1968, 28, 243-60.

→ 9.03, García Gallo; 16.72, Lapesa; 17.06, **Roland**; 17.13.1, Montoliu.

13.4 TEATRO

Cirot, G., *Pour combler les lacunes de l'histoire du drama religieux en Espagne avant Gómez Manrique.* BH, 1943, 45, 55-62.

Díaz Plaja, G., *La literatura dramática peninsular hasta 1400,* en HGLH, I, 405-23.

Donovan, R. B., *The liturgical drama in medieval Spain.* Toronto, 1958, 238.

Lázaro Carreter, F., *Teatro medieval. Textos íntegros en versión* [moderna]. M, 1965[2], 285.

López Morales, H., *Tradición y creación en los orígenes del teatro castellano.* M, 1968, 259.

Parker, A. A., *Notes on the religious drama in mediaeval Spain and the origins of the «auto sacramental».* MLR, 1935, 30, 170-82.

→ 20.76.

13.5 PROSA NARRATIVA Y DIDACTICA

Bohigas Balaguer, P., *Orígenes de los libros de caballería,* en HGLH, I, 521-41.

Domínguez Bordona, J., *La prosa castellana en el siglo XV,* en HGLH, II, 163-85

Kinkade, R. P., *Los Lucidarios españoles.* M, 1968, 346.

Menéndez Pidal, R., *Tradicionalidad en las Crónicas generales de España.* BRAH, 1955, 136, 131-97.

Porqueras Mayo, A., *Notas sobre la evolución histórica del prólogo en la literatura medieval castellana.* RL, 1957, 11, 186-94.

Tamayo, J. A., *Escritores didácticos de los siglos XIII y XIV,* en HGLH, I, 453-70.

→ 14.30, Cirot; 16.74, Galmés.

17 14 SIGLOS DE ORO

Pfandl, L., *Historia de la literatura española en la Edad de Oro.* B, 1952[2], xv+707.

Vossler, K., *Introducción a la literatura española del Siglo de Oro.* M, 1934, 127.

Baader, H., *Zum Problem des Manierismus in der spanischen Literatur des Goldenen Zeitalters,* en *Festschrift H. Flasche.* Berna, 1973, 47-62.

Buceta, E., *Algunos antecedentes del culteranismo.* RR, 1920, 11, 328-48.

Carilla, E., *El barroco literario hispánico.* Buenos Aires, 1969, 180.

Carilla, E., *Introducción al barroco literario hispánico,* en su *Literatura española...* Tucumán, 1971, 181-218.

García Berrio, A., *España e Italia ante el conceptismo.* M, 1968, 248.

Lázaro Carreter, F., *Sobre la dificultad conceptista,* en su *Estilo barroco...* Salamanca, 1967, 11-59.

Macrí, O., *La historiografía del barroco literario español.* Thesaurus, 1960, 15, 1-70.

Menéndez Pidal, R., *Oscuridad, dificultad entre culteranos y conceptistas,* en su *Castilla...* Buenos Aires, 1945, 219-32.

Monge Casao, F., *Culteranismo y conceptismo a la luz de Gracián,* en *Homenaje... Instituto de estudios hispánicos...* La Haya, 1966, 355-81.

Orozco Díaz, E., *Manierismo y barroco.* Salamanca, 1970, 204.

→ 17.05, **Francia.**

14.1 POESIA

Jones, R. O., *A literary history of Spain. The Golden Age Prose and Poetry.* Londres, 1971, xii+232.

Alonso Fernández, D., *Poesía española...* M, 1971[5], 672.

Aubrun, Ch. V., *Chansonniers espagnols du XVIIe. siècle.* BH, 1949, 51, 269-74; 1950, 52, 313-74.

Blecua Perdices, A., *Algunas notas curiosas acerca de la transmisión poética española en el siglo XVI.* BRABarcelona, 1968, 32, 113-38.

Blecua Teijeiro, J. M., *Sobre poesía de la Edad de Oro. Ensayos y notas eruditas.* M, 1970, 310.

Caravaggi, G., *Evoluzione di un presupposto aristotelico nell'epica ispanica del tardo Rinascimento.* CN, 1963, 23, 18-71.

Castro, A., *Poetas líricos de los siglos XVI y XVII* [Antología]. M, 1854-7, 2 v.

Collard, A., *Nueva poesía. Conceptismo, culteranismo en la crítica española.* M, 1967, xi+139.

Darbord, M., *La poésie religieuse espagnole des Rois Catholiques à Philippe II.* Paris, 1965, 462.

Frenk Alatorre, M., *La lírica popular en los Siglos de Oro.* México, 1946, 76.

Frenk Alatorre, M., *Dignificación de la lírica popular en el Siglo de Oro.* ALetras, 1962, 2, 27-54. 17

Gallego Morell, A., *Estudios sobre poesía española del primer Siglo de Oro.* M, 1970, 256.

Lapesa Melgar, R., *Poesía de cancionero y poesía italianizante,* en su *De la edad media...* M, 1967, 145-71.

Papell, A., *La poesía épica culta de los siglos XVI y XVII,* en HGLH, II, 755-83.

Pierce, F., *La poesía épica del Siglo de Oro.* M, 1968², 396.

Redondo de Feldman, S., *Apuntes sobre la evolución del romance en el Siglo de Oro.* RHM, 1968, 34, 400-11.

Rodríguez Moñino, A., *Construcción crítica y realidad histórica en la poesía española de los siglos XVI y XVII.* M, 1965, 59.

Rodríguez Moñino, A., *Diccionario bibliográfico de pliegos sueltos poéticos (siglo XVI).* M, 1970, 734.

Rosales Camacho, L., *La poesía cortesana,* en HDA, III, 287-335.

Rosales Camacho, L., *Poesía española del Siglo de Oro* [Antología]. B, 1970, 193.

Rosales Camacho, L., y L. F. Vivanco, *Poesía heroica del Imperio. Antología y prólogos.* M, 1941-3, 2 v.

Segura Covarsí, E., *La canción petrarquista en la lírica española del Siglo de Oro.* M, 1949, 333.

Thomas, L.-P., *Le lyrisme et la preciosité cultistes en Espagne. Étude historique et analytique.* Halle, 1909, 191.

→ 17.04, Díez; 17.90, **March.**

14.2 TEATRO

Aubrun, Ch. V., *La comedia española (1600-1680).* M, 1968, 320.

Crawford, J. P. W., *Spanish drama before Lope de Vega.* Filadelfia, 1967³, vii+223.
Suplemento bibliográfico por T. McCready.

Hermenegildo, A., *La tragedia en el Renacimiento español.* B, 1973, 608.

Juliá Martínez, E., *La literatura dramática en el siglo XVI,* en HGLH, III, 107-213.

Valbuena Prat, A., *El teatro español en su Siglo de Oro.* B, 1969, 402.

Wilson, E. M., y D. Moir, *The Golden Age Drama, 1492-1700.* Londres, 1971, xviii+171.

Alenda, J., *Catálogo de autos sacramentales, historiales y alegóricos.* BRAE, 1916, 3, a 1923, 10, múltiples entradas.

Arróniz, O, *La influencia italiana en el nacimiento de la comedia española.* M, 1969, 339.

Asensio Barbarín, E., *Itinerario del entremés desde Lope de Rueda a Quiñones de Benavente.* M, 1971², 374.

Bataillon, M., *Essai d'une explication de l'«auto sacramental».* BH, 1940, 42, 193-212.

Bravo Villasante, C., *La mujer vestida de hombre en el teatro español (siglos XVI y XVII).* M, 1955, 238.

17 Cotarelo Mori, E., *Colección de entremeses, loas, bailes, jácaras y mojigangas desde fines del siglo XVI a mediados del XVIII.* M, 1911, 2 v.

Falconieri, J. V., *Historia de la «Commedia dell'Arte» en España.* RL, 1957, 11, 3-37; 12, 69-90.

Flecniakoska, J.-L., *La formation de l'auto religieux en Espagne avant Calderón, 1550-1635.* Montpellier, 1961, viii+531.

García Barquero, J. A., *Aproximaciones al teatro clásico español.* Sevilla, 1973, 232.

González Pedroso, E., *Autos sacramentales desde su origen hasta fines del siglo XVII* [Recopilación]. M, 1865, lxi+590.

Herrero García, M., *Génesis de la figura del donaire.* RFE, 1941, 25, 46-78.

Jack, W. S., *The early entremés in Spain. The rise of a dramatic form.* Filadelfia, 1923, 136.

José Prades, J., *Teoría sobre los personajes de la Comedia Nueva, en cinco dramaturgos.* M, 1963, 337.

Ley, Ch. D., *El gracioso en el teatro de la Península (siglos XVI-XVII).* M, 1954, 263.

Meredith, J. A., *Introito and loa in the spanish drama of the sixteenth century.* Filadelfia, 1928, 136.

Newels, M., *Die dramatischen Gattungen in den Poetiken des Siglo de Oro.* Wiesbaden, 1959, 192.

Orozco Díaz, E., *El teatro y la teatralidad del Barroco...* B, 1969, 244.

Parker, A. A., *Aproximación al drama español del Siglo de Oro.* Cuadernos del Idioma (Buenos Aires), 1969, 3, 85-109.

Romera Navarro, M., *Las disfrazadas de varón en la comedia.* HR, 1934, 2, 269-86.

Sánchez Escribano, F., y A. Porqueras Mayo, *Preceptiva dramática española del Renacimiento y Barroco.* M, 1972[2], 408.

Shergold, N. D., y J. E. Varey, *Los autos sacramentales en Madrid en la época de Calderón, 1637-1681...* M, 1961, 380.

Wardropper, B. W., *Introducción al teatro religioso del Siglo de Oro. Evolución del auto sacramental antes de Calderón.* Salamanca, 1967, 339.

→ 10.64, Pérez Bautista; 17.04, Morley.

14.3 PROSA NARRATIVA Y DIDACTICA

Bourland, C. D., *The short story in Spain in the seventeenth century, with a bibliography of the novela from 1576 to 1700.* Northampton, 1927, x+215.

Clavería Lizana, C., *Humanistas creadores,* en HGLH, II, 437-88.

Krömer, W., *Gattung und Wort Novela im spanischen 17. Jahrhundert.* RF, 1969, 81, 381-434.

Ledda, G., *Contributo allo studio della letteratura emblematica in Spagna, 1549-1613.* Pisa, 1970, 217.

Place, E. B.,... *La novela corta y el cuento durante el Siglo de Oro, con tablas cronológicas...* M, 1926, 132.

Porqueras Mayo, A., *El prólogo como género literario. Su estudio en el Siglo de Oro español.* M, 1957, 200.
Porqueras Mayo, A., *El prólogo en el Renacimiento español.* M, 1965, 244.
Porqueras Mayo, A., *El prólogo en el Manierismo y Barroco españoles.* M, 1968, 297.
Selig, K. L., *La teoria dell'emblema in Ispagna: i testi fondamentali.* Convivium (Turín), 1955, 23, 406-21.

→ 8.13-5, 14.32, 17.28-5.

15 SIGLO XVIII. NEOCLASICISMO. PRERROMANTICISMO

Glendinning, N., *Historia de la literatura española. El siglo XVIII.* B, 1973, 235.
Pellissier, R. E., *The neo-classic movement in Spain during the XVIII century.* Stanford, 1918, 187.
Vian, C., *La letteratura spagnola del secolo diciottèsimo.* Milán, 1958, 200.

Juretschke, H., *El neoclasicismo y romanticismo en España: su visión del mundo estética y poética.* Arbor, 1969, 74, 5-20.
Krömer, W., *Zur Weltanschaung, Aesthetik und Poetik des Neoklassizismus und der Romantik in Spanien.* Münster, 1968, 253.
Sempere Guarinos, J., *Ensayo de una biblioteca española de los mejores escritores del reinado de Carlos III.* M, 1785-9, 6 v.

15.1 POESIA

Arce Fernández, J., *Rococó, neoclasicismo y prerromanticismo en la poesía española del siglo XVIII.* CCF, 1966, 18, 447-77.
Arce Fernández, J., *Diversidad temática y lingüística en la lírica dieciochesca.* CCF, 1970, 22, 31-51.
Capote, H., *Poetas líricos del siglo XVIII* [Antología]. Zaragoza, 1941, 2 v.
Carnero, G., *Antología de la poesía prerromántica española.* B, 1970, 275.
Cueto, L. A., *Poetas líricos del siglo XVIII* [Antología]. M, 1869-75, 3 v.
Lázaro Carreter, F., *La poesía lírica en España durante el siglo XVIII,* en HGLH, IV, 1, 33-105.
Real de la Riva, C., *La escuela poética salmantina del siglo XVIII.* BBMP, 1948, 24, 321-64.
Sebold, R. P., *El rapto de la mente. Poética y poesía dieciochescas.* M, 1970, 268.
Subirá, J., *La poesía didáctica,* en HGLH, IV, 1, 277-88.

15.2 TEATRO

Cook, J. A., *Neo-classic drama in Spain...* Dallas, 1959, xvii+576.
Saz, A., *La tragedia y la comedia neoclásicas,* en HGLH, IV, 1, 111-65.

17 Andioc, R., *Sur la querelle du théâtre au temps de Leandro Fernández de Moratín.* Tarbes, 1970, 721.

Campos, J., *Teatro y sociedad en España (1780-1820).* M, 1969, 215.

Caso González, J., *Rococó, prerromanticismo y neoclasicismo en el teatro español del siglo XVIII.* CCF, 1970, 22, 7-29.

Cid de Sirgado, M., *Afrancesados y neoclásicos. Su deslinde en el teatro español del siglo XVIII.* M, 1973, 320.

Esquer Torres, R., *Las prohibiciones de comedias y autos sacramentales en el siglo XVIII.* Segismundo, 1965, 1, 187-226.

Mac Clelland, I. L., *Spanish drama of pathos 1750-1808.* Liverpool, 1970, 2 v.

Subirá, J., *Géneros musicales de tradición popular,* en HGLH, IV, 1, 255-77.

→ 17.06, **Voltaire.**

15.3 PROSA NARRATIVA

Brown, R. F., *The place of the novel in eighteenth century Spain.* H, 1943, 26, 41-5.

Brown, R. F., *La novela española de 1700-1850.* M, 1953, 224.

Correa Calderón, E., *El costumbrismo en el siglo XVIII,* en HGLH, IV, 1, 237-51.

Papell, A., *La prosa literaria del Neoclasicismo al Romanticismo,* en HGLH, IV, 2, 1-152.

16 SIGLO XIX. ROMANTICISMO. NATURALISMO

Blanco García, F., *La literatura española en el siglo XIX.* M, 1909[3], 3 v.

García Mercadal, J., *Historia del Romanticismo en España.* M, 1943, 388.

Navas Ruiz, R., *El Romanticismo español. Historia y crítica.* Salamanca, 1973[2], 336.

Pattison, W., *El naturalismo español. Historia externa de un movimiento literario.* M, 1966, 192.

Peers, E. A., *Historia del movimiento romántico español.* M, 1973[2], 2 v.

Shaw, D. L., *Historia de la literatura española. El siglo XIX.* B, 1973, 296.

Davis, G., *The critical reception of Naturalism in Spain before* La cuestión palpitante. HR, 1954, 22, 97-108.

Davis, G., *The spanish debate overs Realism and Idealism.* PMLA, 1969, 84, 1649-56.

Díaz Plaja, G., *Introducción al estudio del Romanticismo español.* M, 1972[4], 204.

García, S., *Las ideas literarias en España entre 1840 y 1850.* Berkeley, 1971, 206.

González Ollé, F., *Prosa y verso en dos polémicas decimonónicas: Clarín contra Núñez de Arce y Campoamor contra Valera.* BBMP, 1963, 39, 208-27.

Navas Ruiz, R., *El Romanticismo español. Documentos.* Salamanca, 1971, 319.
Shaw, D. L., *The anti-romantic reaction in Spain.* MLR, 1968, 63, 606-11.
Varela Iglesias, J. L., *Generación romántica española.* CL, 1947, 2, 423-40.
→ 10.19, García Herrera; 10.25, Llorens.

16.1 POESIA

Cossío Martínez, J. M., *Cincuenta años de poesía española, 1850-1900.* M, 1960, 2 v.
Díez Taboada, J. M., *El germanismo y la renovación de la lírica en el siglo XIX, 1840-1870.* FM, 1961, 5, 21-55.
Marco, J., *Antología de la poesía romántica española.* B, 1972, 183.
Molas, J., *Sobre la poesía española de la segunda mitad del siglo XIX.* BHS, 1962, 39, 96-101.

16.2 TEATRO

Alonso Cortés, N., *El teatro español en el siglo XIX,* en HGLH, IV, 261-337.
Díaz Plaja, G., *Perfil del teatro romántico español.* Estudios escénicos (B), 1963, 8, 29-56.
Calvo Asensio, G., *El teatro hispano-lusitano en el siglo XIX.* M, 1875, 284.
Peak, H., *Social drama in nineteenth century Spain.* Chapel Hill, 1964, 165.
Yxart, J., *El arte escénico en España.* B, 1894-6, 2 v.

16.3 PROSA NARRATIVA

Baquero Goyanes, M., *El cuento español en el siglo XIX.* M, 1949, 699.
Baquero Goyanes, M., *La novela española en la segunda mitad del siglo XIX,* en HGLH, V, 55-143.
Correa Calderón, E., *El costumbrismo en el siglo XIX,* en HGLH, IV, 2, 245-58.
Eoff, S., *El pensamiento moderno y la novela española.* B, 1965, 273.
Fernández Montesinos, J., *Costumbrismo y novela. Ensayo sobre el redescubrimiento de la realidad española.* Valencia, 1960, 144.
Fernández Montesinos, J., *Introducción a una historia de la novela en España, en el siglo XIX.* M, 1973[3], 296.
Ferreras, J. I., *Introducción a una sociología de la novela española del siglo XIX.* M, 1973, 287.
Ferreras, J. I., *Los orígenes de la novela decimonónica, 1800-1830.* M, 1973, 235.
Rosselli, F., *Una polèmica letteraria in Spagna: il romanzo naturalista.* Pisa, 1963, 110.

Varela Iglesias, J. L., *Introducción al costumbrismo romántico*. Atlántida, 1963, 1, 428-35.

Varela Iglesias, J. L., *El costumbrismo romántico* [Antología]. M, 1970, 167.

Zavala, I. M., *Ideología y política en la novela española del siglo XIX*. Salamanca, 1971, 362.

Zellers, G., *La novela histórica en España, 1828-1850*. Nueva York, 1938, 168.

→ 10.53, Españoles, Sánchez.

17 EPOCA INTERSECULAR. MODERNISMO. GENERACION DEL 98

Torrente Ballester, G., *Panorama de la literatura española contemporánea*. M, 1961^{2}, 2 v.

Valbuena Prat, A., *Modernismo y generacion del 98 en la literatura española*, en HGLH, VI, 65-236.

Davidson, N., *El concepto de modernismo en la crítica hispánica*. Buenos Aires, 1971, 106.

Díaz Plaja, G., *Modernismo frente a Noventa y Ocho*. M, 1951, xx+376.

Díaz Plaja, G., *El modernismo, cuestión disputada*. H, 1965, 48, 407-12.

Ferreres, R., *Los límites del modernismo y la generación del 98*. CH, 1956, 26, 66-84.

Ferreres, R., *Los límites del modernismo y del 98*. M, 1964, 186.

Gicovate, B., *El modernismo y su historia*. HR, 1964, 32, 217-26.

González Ollé, F., *Del naturalismo al modernismo. Los orígenes del poema en prosa y un desconocido artículo de Clarín*. RL, 1964, 25, 49-67.

Gullón, R., *Direcciones del modernismo*. M, 1964, 242.

Jeschke, H., *La generación del 98 en España*. M, 1954^{2}, 177.

Laín Entralgo, P., *La generación del 98*. M, 1945, 460.

Molina, A. F., *La generación del 98*. B, 1973^{2}, 144.

S[ánchez] Granjel, L., *Panorama de la generación del 98*. M, 1959, 522.

S[ánchez] Granjel, L., *La generación literaria del Noventa y Ocho*. Salamanca, 1973^{3}, 270.

Silva Uzcátegui, R. D., *Historia crítica del modernismo en la literatura castellana*. B, 1926, 459.

→ 7.55, Henríquez.

17.1 POESIA

Diego Cendoya, G., *Los poetas de la generación del 98*. Arbor, 1948, 11, 439-48.

Gimferrer,P., *Antología de la poesía modernista*. B, 1969, 301.

→ 17.04, Díez; 17.18.1.

17.2 TEATRO

Subirá, J., *El postrer capítulo de la historia de la zarzuela (último decenio del siglo XIX)*. BRAE, 1958, 38, 55-92.

→ 17.18.2.

17.3 PROSA NARRATIVA

Anderson Imbert, E., *Comienzos del modernismo en la novela*. NRFH, 1953, 7, 515-25.

Durán, M., *La técnica de la novela y la generación del 98*. RHM, 1957, 23, 14-27.

→ 17.18.3.

18 SIGLO XX

Brown, G. C., *A literary history of Spain. The twentieth century*. Londres, 1972, xv+176.

González Ruiz, N., *La literatura española* [del siglo XX]. M, 1943, 296.

→ 17.17, Torrente Ballester.

Buckley, R., y J. Crispin, *Los vanguardistas españoles (1925-1935)* M, 1973, 438.

Gullón, R., *Balance del surrealismo*. Santander, 1961, 85.

Ilie, P., *Documents of the spanish Vanguard*. Chapel Hill, 1969, 451.

Ilie, P., *Los surrealistas españoles*. M, 1972, 323.

López Molina, L., *El tremendismo en la literatura española actual*. RO, 1957, 18, 372-8.

Montiel, I., *El signo existencialista en la literatura española*. BBMP, 1960, 36, 297-317.

Morris, C. B., *Surrealism at Spain, 1920-1936*. Cambridge, 1972, 291.

Quién es quién en las letras españolas. M, 1973², 548.

18.1 POESIA

Aguirre, J. M., *Antología de la poesía española contemporánea*. Zaragoza, 1971³, 2 v.

Alonso Fernández, D., *Poetas españoles contemporáneos*. M, 1952, 446.

Miscelánea.

Antología consultada de la joven poesía española. Valencia, 1952, 211.

Bodini, V., *Los poetas surrealistas españoles*. B, 1971, 117.

Böhmer, V., *Die Romanze in der spanischen Dichtung der Gegenwart*. Bonn, 1965, 269.

Cano Ballesta, J., *La poesía española, entre pureza y revolución (1930-1936)*. M, 1972, 284.

Cano García, J. L., *La poesía lírica española en lengua castellana (1939-1965)*, en HGLH, VI, 737-67.

Cano García, J. L., *La poesía de la generación del 27*. M, 1973², 290.

17 Cirre, J. F., *Forma y espíritu de una lírica española (1920-1935)*... Méjico, 1950, 180.

Debicki, A., *Estudios sobre la poesía española contemporánea. La generación de 1924-1925.* M, 1968, 331.

Delgado, F., *Poesía social española (1936-1964).* Humanidades (Comillas), 1965, 17, 77-93.

Diego Cendoya, G., *Antología de la poesía española, 1915-1931.* M, 1932, 469.

Diego Cendoya, G., *El lenguaje poético en la actualidad.* Arbor, 1963, 55, 43-54.

G[arcía] de la Concha, V., *La poesía española de posguerra. Teoría e historia de sus movimientos.* M, 1973, 542.

Gómez Galán, A., *Poesía actual.* Arbor, 1960, 47, 298-302.

González Muela, J., *El lenguaje poético de la generación Guillén-Lorca.* M, 1954, 186.

González Muela, J., *La nueva poesía española.* M, 1973, 160.

González Muela, J., y J. M. Rozas López, *La generación poética de 1927.* M, 1973[2], 376.

González Ruano, C., *Antología de poetas españoles contemporáneos*... B, 1946, 874.

Grande, F., *Apunte sobre poesía española de posguerra.* M, 1970, 115.

Jiménez Martos, L., *Nuevos poetas españoles. Antología.* M, 1961, 150.

Jiménez Martos, L., *Antología general de Adonais (1943-1968).* M, 1969, 397.

López Anglada, L., *Panorama poético español. Historia y antología, 1939-1964.* M, 1965, 681.

Macrí, O., *Poesia spagnola del novecento.* Guanda, 1961, clii+689.

Mantero, M., *Poesía española contemporánea. Estudio y antología, 1939-1965.* B, 1966, 621.

Martínez Ruiz, F., *La nueva poesía española. Antología crítica. Segunda generación de postguerra, 1955-1970.* M, 1971, 321.

Monterde, A., *La poesía pura en la lírica española.* Méjico, 1953, vii+160.

Moreno, A., *Poesía española actual.* M, 1946, 727.

Moreno Báez, E., *Antología de la poesía española contemporánea. Selección y prólogo.* B, 1971, 199.

Olivio Jiménez, J., *Diez años de poesía española, 1960-1970.* M, 1972, 440.

Siebenmann, G., *Los estilos poéticos desde 1900.* M, 1973, 582.

Valbuena Prat, A., *La poesía española contemporánea.* M, 1930, 130.

Videla, G., *El ultraísmo.* M, 1963, 246.

Vivanco, L. F., *La generación poética del 27*, en HGLH, VI, 465-628.

Vivanco, L. F., *Introducción a la poesía española contemporánea.* M, 1971[2], 2 v.

→ 16.55, Alvar; 17.04, Díez.

18.2 TEATRO 17

Aragonés, E., *Teatro español de postguerra.* M, 1971, 93.

Borel, J. P., *El teatro de lo imposible.* M, 1966, 304.

Davis Bárbara, S., *El teatro surrealista español.* RHM, 1967, 33, 309-29.

González Ruiz, N., *...Los últimos veinte años: el teatro.* M, 1949, 56.

Gordon, J., *Teatro experimental español.* M, 1965, 211.

Marquerie, A., *Veinte años de teatro en España.* M, 1959, 230.

Rodríguez Alcalde, L., *Teatro español contemporáneo.* M, 1973, 224.

Rodríguez Richart, J., *Entre renovación y tradición. Directrices principales del teatro español actual.* BBMP, 1965, 41, 383-418.

Sordo, E., *El teatro español desde 1936 hasta 1966,* en HGLH, VI, 771-92.

Torrente Ballester, G., *Teatro español contemporáneo.* M, 1958^{2}, 606.

Urbano, V., *El teatro español y sus directrices contemporáneas.* M, 1972, 215.

18.3 PROSA NARRATIVA. ENSAYO

Alborg, J. L., *Hora actual de la novela española.* M, 1958-63, 3 v.

Domingo, J., *La novela española del siglo XX.* M, 1973, 2 v.

[García de] Nora, E., *La novela española contemporánea (1898-1967).* M, 1973^{2}, 3 v.

Brandenberger, E., *Estudios sobre el cuento español contemporáneo.* M, 1973, 414.

Corrales Egea, J., *La novela española actual...* M, 1971, 270.

Correa Calderón, E., *El costumbrismo en la literatura española actual.* CL, 1948, 4, 215-30.

Fernández Almagro, M., *La novela española contemporánea.* Clavileño, 1950, 5, 15-28.

García Pavón, F., *Antología de cuentistas españoles contemporáneos.* M, 1959, 398.

García Viñó, M., *Novela española actual.* M, 1967, 221.

García Viñó, M., *Novela española de la postguerra.* M, 1971, 75.

Gil Casado, P., *La novela social española (1920-1971).* B, 1973^{2}, 598.

Gómez Baquero, E., *El ensayo y los ensayistas españoles contemporáneos.* Nosotros (Buenos Aires), 1923, 45, 502-17.

Iglesias Laguna, A., *Treinta años de novela española, 1938-1968.* M, 1969, 358.

Martínez Cachero, J. M., *La novela española entre 1939 y 1969...* M, 1973, 283.

Palomo Vázquez, M. P., *La novela española en lengua castellana (1939-1965),* en HGLH, VI, 697-733.

Rubio, R., *Narrativa española, 1940-1970.* M, 1970, 202.

Sanz Villanueva, S., *Tendencias de la novela española actual.* M, 1972, 297.

Sobejano, G., *Novela española de nuestro tiempo...* M, 1970, 479.

17 Soldevila Durante, I., *La novela española actual. Tentativa de entendimiento.* RHM, 1967, 33, 89-108.

GENEROS

21 POESIA. POESIA LIRICA

Díaz Plaja, G., *Historia de la poesía lírica española.* B, 1948, 456.

Sáinz de Robles, F. C., *Historia y antología de la poesía castellana, del siglo XII al XX.* M, 1967^{5}, 2 v.

Blecua Teijeiro, J. M., *Floresta de lírica española.* M, 1972^{3}, 2 v.

Camacho Guizado, E., *La elegía funeral en la poesía española.* M, 1969, 423.

Díaz Plaja, G., *El poema en prosa en España. Estudio crítico y antología.* B, 1956, 404.

Hoyo, A., *Antología del soneto clásico español, siglos XV-XVII.* M, 1963, 144.

Hoyo, A., *Antología del soneto español, siglos XVIII y XIX.* M, 1968, 89.

MacAndrew, R. M., *Naturalism in spanish poetry from the origins to 1900.* Aberdeen, 1931, xiii+255.

Moreno Báez, E., *Antología de la poesía lírica española.* M, 1952, lxiii+565.

Wardropper, B. W., *Poesía elegíaca española.* Salamanca, 1968, 173.

22 SATIRA. FABULA

Camarena, J., *Bibliografía de fabulistas españoles.* BiH, 1945, 5, a 1947, 7, múltiples entradas.

Giulian, A. A., *Martial and the epigram in Spain in the sixteenth and seventeenth centuries.* Filadelfia, 1930, 117.

Hamilton, G. H., *Political satire in the seventeenth century.* BSS, 1931, 8, 150-7.

Herrero García, M., *La poesía satírica contra la política del reinado de Felipe III.* Hispania, 1946, 6, 267-96.

Sáinz de Robles, F. C., *El epigrama español, del siglo I al XX. Selección y estudio.* M, 1941, 450.

→ 10.80, Egido; 15.12.

23 EPICA

Dessau, A., *Relations épiques internationales: les changes de thèmes entre les légendes héroïques françaises et espagnols.* CN, 1961, 21, 83-90.

Menéndez Pidal, R., *La epopeya castellana a través de la literatura española.* Buenos Aires, 1945, 245.

→ 17.13.3, 17.14.1, Papell, Pierce.

24 POESIA TRADICIONAL

Alín, J. M., *El cancionero español de tipo tradicional.* M, 1968, 786.
Alonso Fernández, D., y J. M. Blecua Teijeiro, *Antología de la poesía española. Poesía de tipo tradicional.* M, 1956, xxviii+263.
Frenk Alatorre, M., *Glosas de tipo popular en la antigua lírica.* NRFH, 1958, 12, 301-34.
Frenk Alatorre, M., *Lírica hispánica de tipo popular. Edad media y Renacimiento.* Méjico, 1966, xxix+270.
Martínez Torner, E., *Lírica hispánica. Relaciones entre lo popular y lo culto.* M, 1966, 454.
Menéndez Pidal, R., *Sobre la esencia de la poesía tradicional.* Clavileño, 1950, 6, 1-6.
Menéndez Pidal, R., *Para la definición de la poesía tradicional.* CH, 1953, 17, 159-64.
Sánchez Romeralo, A., *El villancico. Estudios sobre la lírica popular en los siglos XV y XVI.* M, 1969, 623.

→ 17.13.1, 17.13.2, 17.14.1, Frenk; 20.72, 20.74.

25 ROMANCERO

Menéndez Pidal, R., *Romancero hispánico... Teoría e historia.* M, 1953, 2 v.

Alvar López, M., *El romancero. Tradicionalidad y pervivencia.* B, 1970, 326.
Bénichou, P., *Creación poética en el romancero tradicional.* M, 1968, 188.
Caso González, J., *Tradicionalidad e individualismo en la estructura de un romance.* CH, 1969, 80, 78-102.
Catalán Menéndez, D., *Siete siglos de romancero.* M, 1969, 223.
Catalán Menéndez, D., *Por campos del romancero. Estudios sobre la tradición oral moderna.* M, 1970, 309.
Menéndez Pidal, R., *Estudios sobre el romancero.* M, 1973, 526.
Menéndez Pidal, R., y otros, *Cómo vive un romance...* M, 1954, xi+307.
Menéndez Pidal, R., y otros, *Romancero tradicional de las lenguas hispánicas... Colección de textos y notas.* M, 1957- . Ultimo v. publicado, V, 1972.
Rodríguez Moñino, A., *Manual bibliográfico de cancioneros y romanceros.* M, 1973, 2 v.

→ 20.72, 20.74.

26 TEATRO

Ruiz Ramón, F., *Historia del teatro español.* M, 1972², 2 v.
Shergold, N. D., *A history of the spanish stage from medieval times until the end of seventeenth century.* Londres, 1967, 624.
Valbuena Prat, A., *Historia del teatro español.* Méjico, 1957, 213.
Cotarelo Mori, E., *Bibliografía de las controversias sobre la licitud del teatro en España.* M, 1904, 745.

17 Crawford, J. P. W., *The spanish pastoral drama.* Filadelfia, 1915, 126.

Espina, A., *Las mejores escenas del teatro español e hispanoamericano.* M, 1959, 1172.

García Lorenzo, L., *La denominación de los géneros teatrales en España durante el siglo XIX y el primer tercio del XX.* Segismundo, 1967, 3, 191-9.

García Pavón, F., *Teatro social en España (1895-1962).* M, 1962, 190.

García Soriano, J., *El teatro universitario y humanístico en España.* Toledo, 1945, 416.

Mc Cready, W., *Bibliografía temática de estudios sobre el teatro español antiguo.* Toronto, 1966, 445.

Morley, S. G., *Objetive criteria for judging authorship and chronology in the comedia.* HR, 1937, 5, 281-5.

→ 17.09.1, 20.76.

26.1 TEATRO MUSICAL

Cotarelo Mori, E., *Orígenes y establecimiento de la ópera en España hasta 1800.* M, 1917, 459.

Cotarelo Mori, E., *Ensayo histórico sobre la zarzuela.* M, 1934, 618. También, BRAE, 1932, 19, a 1935, 22, múltiples entradas.

Deleito Piñuela, J., *Origen y apogeo del género chico.* M, 1949, xii+572.

Muñoz, M., *Historia de la zarzuela española y el género chico.* M, 1946, 343.

Vela, F., *El género chico.* RO, 1965, 10, 364-9.

→ 16.61, Spaulding; 17.15.2, Subirá; 18.87.

27 PROSA

Menéndez Pidal, R., *Antología de prosistas castellanos.* M, 1899, xiii+272.
Varias ediciones posteriores.

28 PROSA NARRATIVA. NOVELA

Alonso, A., *Ensayo sobre la novela histórica.* Buenos Aires, 1942, 7-145.

Alonso Fernández, D., *La novela española y su contribución a la novela realista moderna.* Cuadernos del idioma (Buenos Aires), 1965, 1, 17-43.

Amezcua Gómez, J., *Libros de caballerías hispánicos.* M, 1973, 342.

Avalle Arce, J. A., *La novela pastoril española.* M, 1959, 249.

Bataillon, M., *Pícaros y picaresca.* M, 1969, 252.
Miscelánea.

Bohigas Balaguer, P., *La novela caballeresca, sentimental y de aventuras,* en HGLH, II, 189-236.

Carilla, E., *La novela bizantina en España.* RFE, 1966, 49, 275-87.

Cvitanovic, D., *La novela sentimental española.* M, 1973, 371.

Durán, A., *Estructura y técnicas de la novela sentimental y caballeresca.* M, 1973, 182.

Ferreres, R., *La novela pastoril y morisca*, en HGLH, II, 790-9. 17

González de Amezúa, A., *Formación y elementos de la novela cortesana*. M, 1929, 152.

Herrero García, M., *Nueva interpretación de la novela picaresca*. RFE, 1937, 24, 343-62.

Kany, Ch. E., *The beginnings of the epistolary novel in France, Italy and Spain*. Berkeley, 1937, xi+158.

Knoke, U., *Die spanische Mauren-romanze*. Göttingen, 1966, 367.

Laurenti, J. L., *Ensayo de una bibliografía de la novela picaresca española. Años 1554-1964*. M, 1968, 152.

Laurenti, J. L., *Estudios sobre la novela picaresca española*. M, 1970, xii+143.

Marco, J., *Sobre los orígenes de la novela folletinesca en España*, en su *Ejercicios literarios*. B, 1969, 73-96.

Menéndez Pelayo, M., *Orígenes de la novela* [Estudio y textos]. M, 1905-15, 4 v.

Molho, M., *Introducción al pensamiento picaresco*. Salamanca, 1972, 229.

Monte, A., *Itinerario de la novela picaresca española*. B, 1971, 205.

Morales Oliver, L., *La novela morisca de tema granadino*. M, 1972, 287.

Parker, A. A., *Los pícaros en la literatura. La novela picaresca en España y Europa (1599-1753)*. M, 1971, 217.

Pereda, J. M., *La novela regional*... M, 1897, 49.

Rico Manrique, F., *La novela picaresca española* [Estudio y textos]. B, I, 1967- .

Rico Manrique, F., *La novela picaresca y el punto de vista*. B, 1973^{2}, 152.

Rodríguez Jouliá, C., *La novela de intriga. Diccionario de autores, obras y personajes. Ediciones en castellano*. M, 1972.

Siles Artés, J., *El arte de la novela pastoril*. Valencia, 1972, 170.

Thomas, H., *Las novelas de caballería españolas y portuguesas*. M, 1952, 261.

Ynduráin Hernández, F., *Antología de la novela española*. M, 1954, 310.

→ 10.64, Sánchez Granjel; 10.65, Sánchez Granjel.

28.1 CUENTO

Anderson Imbert, E., *El cuento español*. Buenos Aires, 1959, 47.

Sáinz de Robles, F. C., *Cuentos viejos de la vieja España*. M, 1964^{5}, 1120.

→ 20.74.

28.2 COSTUMBRISMO

Correa Calderón, E., *Análisis del cuadro de costumbres*. RIE, 1949, 7, 65-72.

Correa Calderón, E., *Iniciación y desarrollo del costumbrismo en los siglos XVII y XVIII*. BRAE, 1949, 29, 307-24.

17 Correa Calderón, E., *Costumbristas españoles. Estudio y selección.* M, 1964[2], 2 v.
Hendrix, W. S., *Notes on collections of types, a form of costumbrismo.* HR, 1933, 1, 208-21.
Prados, A., *La literatura del casticismo.* M, 1968, 330.
→ 17.15.3, Correa; 17.16.3, Correa, Varela; 17.18.3, Correa.

28.3 HUMORISMO

Acevedo, E., *Teoría e interpretación del humor español.* M, 1966, 290.
Alonso Schökel, L., *El humor y lo cómico* [en la literatura española]. Humanidades (Comillas), 1951, 3, 96-108, 200-21.
Entrambasaguas Peña, J., *El humor en la literatura española.* ELE, 1971, 14, 501-7.
Osete, C., *La aportación española al humorismo mundial.* Eidos, 1970, 16, 75-94.
Del Arcipreste de Hita al presente.
→ 15.12, 17.22.

28.4 DIDACTICA. ENSAYO

Bleznick, D. W., *El ensayo español del siglo XVI al XX.* M, 1964, 140.
Carballo Picazo, A., *El ensayo como género literario. Notas para su estudio en España.* RL, 1954, 5, 93-156.
Laurenti, J. L., *Situación actual de los estudios proemiales en la literatura española. Bibliografía crítica (1928-1970).* RInteramericana de Bibliografía (Washington), 1971, 21, 419-25.
Laurenti, J. L., y A. Porqueras Mayo, *Ensayo bibliográfico del prólogo en la literatura.* M, 1971, 13+72.
Sanjuán, P. A., *El ensayo hispánico. Estudio y antología.* M, 1954, 412.
→ 15.19, 17.18.3, Gómez Baquero.

28.5 LITERATURA RELIGIOSA

Hatzfeld, H., *Estudios literarios sobre mística española.* M, 1955, 408.
Ricard, R., *Estudios de literatura religiosa española.* M, 1964, 278. Miscelánea.
Valbuena Prat, A., *Estudios de literatura religiosa española.* M, 1963, 282.
Miscelánea.
→ 8.13, 8.14.

28.6 ORATORIA

Alcalá Zamora, N., *La oratoria española. Figuras y rasgos.* Buenos Aires, 1946, 159.
Cañamaque, F., *Los oradores de 1869.* M, 1879, xvi+391.

Fernández Almagro, M., *La oratoria* [en el siglo XX]. RO, 1963, 1, 209-14. 17

Olivar Bertrand, R., *Oratoria política y oradores del ochocientos.* Bahía Blanca, 1960, 115.

→ 8.15, 9.80, Barado.

29 LITERATURA INFANTIL

Bravo Villasante, C., *Libros infantiles españoles. Catálogo histórico de 1544 a 1920.* ELE, 1968, 11, 931-78.

Bravo Villasante, C., *Historia de la literatura infantil española.* M, 1969[3], 383.

Bravo Villasante, C., *Antología de la literatura infantil española.* M, 1973, 3 v.

Medín García, F., *Libros infantiles y juveniles en la actualidad.* EI, 1968, 8, 75-109.

Toral Peñaranda, C., *Literatura infantil española.* M, 1957, 2 v.

31 LITERATURA HISPANOLATINA. EPOCA ROMANA

Dolç Dolç, M., *Literatura hispanorromana,* en HGLH, I, 5-82.

Galindo Romeo, P., *Literatura hispano-latina. Escritores cristianos,* en HE, 1955[2], II, 547-61.

Pabón Suárez, J. M., *La literatura hispano-latina. Escritores paganos,* en HE, 1955[2], II, 525-43.

33 VISIGODA Y MOZARABE

Gil Fernández, J., *Corpus Scriptorum Muzarabicorum.* M, 1973, 2 v.

Madoz Moleres, J., *Literatura latinocristiana. Escritores de la época visigótica,* en HGLH, I, 85-140.

Madoz Moleres, J., *La literatura en la época mozárabe,* en HGLH, I, 259-74.

Pérez de Urbel, J., *Las letras en la época visigoda,* en HE, 1963[2] III, 435-90.

Ruffini, M., *Le origini letterarie in Spagna. L'epoca visigotica.* Turín, h. 1952, 218.

→ 17.31, Galindo.

Domínguez del Val, U., *Herencia literaria de padres y escritores españoles, de Osio de Córdoba a Julián de Toledo.* RHCEE, 1967, 1, 1-85.

Madoz Moleres, J., *Ecos del saber antiguo en las letras de la España visigoda.* RyF, 1941, 122, 228-40.

Madoz Moleres, J., *La literatura patrística española continuadora de la estética de los clásicos.* Universidad, 1950, 27, 275-87.

→ 8.14, 8.15, 17.31, Galindo.

17 35 MEDIEVAL Y HUMANISTICA

Díaz Díaz, M. C., *Index Scriptorum Latinorum Medii Aevi Hispanorum.* Salamanca, 1959, xx+582.

Rodríguez, I., *Literatura latina hispana del 711 hasta Trento.* RHCEE, 1971, 2, 99-123.

Hurtado Jiménez, J., *Traducciones latinas de clásicos castellanos.* RCalasancia (M), 1925, 13, 353-74.

Moralejo Alvarez, J. L., *El cancionero erótico de Ripoll en el marco de la lírica mediolatina.* Prohemio, 1973, 4, 107-41.

Nicolau d'Olwer, L., *L'escola poètica de Ripoll en els segles X-XIII.* AIEC, 1923, 6, 3-84.

Noto, G., *Moti umanistici in Ispagna al tempo del Marineo.* Caltanisetta, 1911.

Rico Manrique, F., *Las letras latinas del siglo XII en Galicia, León y Castilla.* Abaco (M), 1969, 2, 9-91.

Sánchez, E. T., *La lírica latina en el Siglo de Oro español (1500-1700).* EC, 1956, 3, 192-210, 287-303.

Szöverffy, J., *Iberian hymnody. A preliminary survey of medieval spanish and portuguese hymnody.* Classical Folia (Nueva York), 1970, 24, 187-253.

Vázquez de Parga, L., *Textos históricos en latín medieval. Siglos VIII-XIII.* M, 1952, 239.

Verrua, P., *Cultori della poesia latina in Ispagna durante il regno di Ferdinando il Catolico...* Adria, 1906, 50.

→ 14.19.

40 LITERATURA HISPANOARABE

González Palencia, A., *Historia de la literatura arábigo-española.* B, 1945^{2}, 381 + láms.

Terés Sádaba, E., *La literatura arábigoespañola,* en HGLH, I, 215-56.

Vernet Ginés, J., *Literatura árabe.* B, 1972^{2}, 264.

Alcocer Martínez, R., *La corporación de los poetas en la España musulmana.* Ceuta, 1940, xii+194.

Khalis, S., *La vie littéraire à Séville au XIe. siècle.* Argel, 1966, 245.

Ribera Tarragó, J., *Disertaciones y opúsculos.* M, 1928, 2 v.

42 ANTOLOGIAS

García Gómez, E., *Poemas arábigoandaluces.* M, 1930, 131. Numerosas ediciones posteriores.

García Gómez, E., ed. de Ibn Said al Magribi, *El libro de las banderas de los campeones.* M, 1942, 404.

Pérez M. Cerisola, N., *Antología de poetas árabes durante la dominación musulmana en España.* Melilla, 1926, 100.

44 RELACIONES CON OTRAS LITERATURAS

Asín Palacios, M., *Huellas del Islam.* M, 1941, 312.
Cerulli, E., *Dante e l'Islam.* Al-Andalus, 1956, 21, 229-53.
Nykl, A. R., *Hispano-arabic poetry and its relations with the old provençal troubadours.* Baltimore, 1946, xxvii+416.

→ 14.05, 17.13.2-3.

46 POESIA

Granja Santamaría, F., *Los estudios sobre poesía arábigoandaluza.* Al-Andalus, 1953, 18, 224-9.
García Gómez, E., *Poesía arábigo andaluza. Breve síntesis histórica.* M, 1952, 92.
Alonso Fernández, D., *Poesía arábigo-andaluza y poesía gongorina.* Al-Andalus, 1943, 8, 129-53.
García Gómez, E., *Convencionalismo e insinceridad en la poesía árabe.* Al-Andalus, 1940, 5, 31-43.
García Gómez, E., *Cinco poetas musulmanes. Biografía y estudios.* M, 1944, 277.
García Gómez, E., *Un eclipse de la poesía en Sevilla. La época almorávide.* Al-Andalus, 1945, 10, 285-343.
García Gómez, E., *Sobre un posible tercer tipo de poesía arábigo-andaluza,* en EDMP, II, 397-408.
García Gómez, E., *Los textos y los problemas de la casida zejelesca.* Al-Andalus, 1961, 26, 253-321.
Gibert, S., *Algunas curiosidades de la poesía arábigoandaluza. Versos correlativos, versos con eco...* Al-Andalus, 1968, 33, 95-122.
Nykl, A. R., *La poesía a ambos lados del Pirineo hacia el año 1100.* Al-Andalus, 1933, 1, 357-408.
Pérès, H., *La poésie andalouse en arabe classique au XIe. siècle...* París, 1953[2], xlviii+541.
Terés Sádaba, E., *Préstamos poéticos en Al-Andalus.* Al-Andalus, 1956, 21, 415-22.

→ 17.13.2-3.

47 OTROS GENEROS LITERARIOS

García Gómez, E., *Hacia un refranero arábigoandaluz.* Al-Andalus, 1970, 35, a 1972, 37, múltiples entradas.

→ 14.15, 14.31.

50 LITERATURA HISPANOJUDIA

Millás Vallicrosa, J. M., *Literatura hebraicoespañola,* en HGLH, I, 145-211.
Millás Vallicrosa, J. M., *Literatura hebraicoespañola.* B, 1968[2], 224.

17 55 POESIA

Millás Vallicrosa, J. M., *La poesía sagrada hebraico española.* M, 1948[2], xii+367.
Schirmann, J., *La poésie hébraique du moyen âge en Espagne,* en *Mélanges de Philosophie et de Littérature juives.* París, 1962, II, 171-210.

→ 17.13.2.

57 LITERATURA SEFARDI

Lazar, M., *The sephardic tradition: ladino and spanish-jewish literature.* Nueva York, 1972, 222.
Molho, M., *Literatura sefardita de Oriente.* M, 1960, xxvii+426.
Alonso García, D., *Literatura oral del ladino entre los sefardíes de Oriente.* M, 1970, 267.
Alvar López, M., *Poesía tradicional de los judíos españoles.* Méjico, 1966, 292.
Alvar López, M., *Endechas judeoespañolas.* M, 1969[2], xx+237.
Alvar López, M., *Cantos de boda judeoespañoles.* M, 1971, xx+401 + láms.
Attias, M., *Romanzero sefardi...* Jerusalén, 1956, xii+288.
Avenary, H., *Études sur le cancionero judéo-espagnol (XVIe. et XVIIe. siècles).* Sefarad, 1960, 20, 377-94.
Bénichou, P., *Romancero judeo-español de Marruecos.* M, 1968, 372.
Besso, H. V., *Dramatic literature of the spanish and portuguese jews of Amsterdam in the XVIIth and XVIIIth centuries.* BH, 1937, 39, 215-38.
Besso, H. V., *Literatura judeo-española.* Thesaurus, 1962, 17, 625-51.
Larrea Palacín, A., *Cuentos populares de los judíos del Norte de Marruecos.* Tetuán, 1952, 272.
Larrea Palacín, A., *Cancionero judío del Norte de Marruecos.* M, 1952-4, 4 v.
Levy, I., *Chants judéo-espagnols.* Londres, 1959, 87.
Martínez Ruiz, J., *Poesía sefardí de carácter tradicional (Alcazarquivir).* Archivum, 1963, 13, 79-215.

60 LITERATURA CATALANA

Montoliu, M., *Manual de historia de la literatura catalana.* B, 1938, 445.
Montoliu, M., *Les grans personalitats de la literatura catalana.* B, 1957-61, 6 v.
Riquer Morera, M., *Resumen de literatura catalana.* B, 1947, 175.
Riquer Morera, M., y A. Comas Pujol, *Història de la literatura catalana.* B, 1964-72, 4 v.
Continúa la publicación.
Ruiz Calonja, J., *Història de la literatura catalana.* B, 1954, xxiv+645.

Terry, A., *Catalan literature.* Londres, 1972, 136.
Vila Lusilla, A., *Compendi de literatura catalana.* B, 1967, 3 v.
→ 1.10, 1.13, 17.05, Riquer; 17.06, **Boccaccio.**

60.4 METRICA

Foxonet, E., *Assaig sobre versificació catalana clàssica i moderna.* Perpignan, 1970, 72.
Serra Baldo, A., y R. Llatas, *Resum de poetica catalana. Metrica i versificació.* B, 1932, 124.

61.1 LITERATURA VALENCIANA

Almela Vives, F., *Panorama histórico de la literatura valenciana.* Valencia, 1955, 31.
Fuster Ortells, J., *Antología de la poesía valenciana.* B, 1956, 218.
Rubió Balaguer, J., *Sobre el primer teatre valencià.* BSCC, 1949, 25, 367-77.
Sanchís Guarner, M., *La Renaixença al País Valencià.* Valencia, 1968, 160.

→ 17.09, Juliá, Martí, Martínez Morella, Merimée, Miró, Puig, Ramos.

61.2 LITERATURA BALEAR

Llompart, J. M., *La literatura moderna a les Baleares.* Palma, 1964, 238 + láms.
Meliá, J., *La Renaixença a Mallorca.* Palma, 1968, 190.
Oliver, M. S., *La literatura en Mallorca (1048-1903).* Palma, 1903, 296.

62 EDAD MEDIA

Molas Batllori, J., y J. Romeu Figueras, *Literatura catalana antiga.* B, 1961-4, 4 v.
Riquer Morera, M., *Literatura catalana medieval.* B, 1973, 140.
Rubió Balaguer, J., *Literatura catalana,* en HGLH, II, 645-746. Hasta el siglo XV.
Rubió Balaguer, J., *Literatura catalana,* en HGLH, III, 730-930. Siglos XV-XVI.

62.1 POESIA

Marfany, J. Ll., *La poesía catalana medieval. Antología.* B, 1966, 96.
Marfany, J. Ll., *Poesia catalana del segle XV. Antologia.* B, 1967, 98.
Massó Torrents, J., *Repertori de l'antiga literatura catalana. I, Poesia.* B, 1932, 620.
Montoliu, M., *La llengua catalana i els trobadors.* B, 1957, 145. Poesía trovadoresca.

17 Riquer Morera, M., *L'epopea medievale in Catalogna,* en *Atti del Convegno... La poesia epica.* Roma, 1970, 181-91.

Rodríguez Puértolas, J., *Poesia i societat a l'edat mitjana. Estudi i antologia.* Palma de Mallorca, 1973, 310.

Romeu Figueras, J., *El cantar paralelístico en Cataluña...* B, 1954, 55.
También, AM, 1954, 9, 3-55.

→ 16.93, Riquer.

62.2 TEATRO

Romeu Figueras, J., ed. de *Teatre hagiogràfic.* B, 1957, 3 v.
Siglos XII-XVI.

Romeu Figueras, J., ed. de *Teatre profà.* B, 1962, 2 v.
Siglos XV-XVI.

62.3 PROSA

Coll Alentorn, M., *Les cròniques universals catalanes.* BRABarcelona, 1972, 34, 43-50.

Corominas, J., *Las vidas de Santos rosellonesas del ms. 44 de París.* AIL, 1943, 3, 126-211.

Montoliu, M., *Les quatre grans cròniques.* B, 1959, 155.
Las de Jaime I, Desclot, Muntaner y Pedro el Ceremonioso.

Rubió Lluch, A., *Algunes consideracions sobre la oratòria politica de Catalunya en l'edat mitjana.* EUC, 1909, 3, 213-24.

63 SIGLOS XVI-XVIII

Molas Batllori, J., *Poesia neoclàssica i prerromàntica* [Antología]. B, 1968, 117.

Poblet, J. M., *Els precursors de la Renaixença. Del Rector de Vallfogona a Aribau.* B, 1968, 56.

Pons, J.-S., *La littérature catalane en Roussillon au XVIIe. et au XVIIIe. siècle...* Toulouse, 1929, xxi+397.

Rubió Balaguer, J., *Literatura catalana,* en HGLH, IV, 1, 485-597.
Siglo XVII.

Rubió Balaguer, J., *Literatura catalana,* en HGLH, V, 216-337.
Siglo XVIII.

→ 17.09, Par; 17.62, Rubió.

64 SIGLO XIX

Amade, J., *Origines et premières manifestations de la renaissance littéraire en Catalogne au XIXe. siècle.* Toulouse, 1924, 568.

Montoliu, M., *Manual d'història critica de la literatura catalana moderna, 1823-1900.* B, 1922, 447.

Montoliu, M., *La Renaixença i els jocs florals. Verdaguer.* B, 1962, 224.

Rovira Virgili, A., *Els corrents ideològics de la Renaixença catalana.* B, 1966, 100.

Tasis Marca, R., *La Renaixença catalana.* B, 1967, 112.
Tubino, F. M., *Historia del renacimiento literario contemporáneo en Cataluña, Baleares y Valencia.* M, 1880, 796.
Valentí Fiol, E., *El primer modernismo literario catalán...* B, 1973, 357.

64.1 POESIA

Molas Batllori, J., *Poesia catalana romàntica* [Antología]. B, 1965, 122.
Molas Batllori, J., *Poesia catalana de la Restauració* [Antología]. B, 1965, 111.
Ultimo cuarto del siglo XIX.

64.3 NOVELA

Brown, R. F., *The romantic novel in Catalonia.* HR, 1945, 13, 294-323.

65 SIGLO XX

Fuster Ortells, J., *Literatura catalana contemporània.* B, 1972, 512.
Molas Batllori, J., *La literatura de postguerra.* B, 1966, 57.
Montoliu, M., *Cuatro etapas en la evolución de la literatura catalana moderna.* M, 1956, 101.
Tasis Marca, R., *La literatura catalana moderna.* B, 1937, 84.

65.1 POESIA

Arimany, M., *L'avantguardisme en la poesia catalana actual.* B, 1972, 230.
Bofill Ferro, J., y A. Comas Pujol, *Un segle de poesia catalana* [Antología]. B, 1968, 1405.
Desde C. Aribau.
Castellet, J. M., y J. Molas Batllori, *Poesia catalana del segle XX. Antología.* B, 1963, 576.
Gutiérrez, F., *La poesia catalana. Antologia històrica. Els contemporanis.* B, 1947, viii+698.
Romeu Figueras, J., *La poesía catalana desde 1900 hasta 1936.* B, 1961, 123.
Triadú, J., *Nova antologia de la poesia catalana (1900-1964).* B, 1965, 368.
Torelló, J. B., *La poesía catalana contemporánea.* Arbor, 1949, 12, 161-96.

65.2 TEATRO

Fábregas, X., *Aproximació a la història del teatre català modern.* B, 1972, 322.

17 65.3 NOVELA

Triadú, J., *Situación de la prosa narrativa catalana.* Insula, 1953, 95, 10-1.

GENEROS

66 POESIA

Castellet, J. M., y J. Molas Batllori, *Ocho siglos de poesía catalana. Antología bilingüe.* M, 1969, 548.
Tasis Marca, R., *Antologia de la poesia catalana... Segles XIII a XIX.* B, 1949, 275.
Tasis Marca, R., *Un segle de poesia catalana, 1833-1953* [Antología]. B, 1968, 176.

67 TEATRO

Curet, F., *Història del teatre català.* B, 1967, 664.
Fuster Ortells, J., *Breu història del teatre català.* B, 1967, 112.

68 PROSA EN GENERAL. NOVELA

Nonell, L., *Antología de la prosa catalana. De Llull a Joseph Pla.* B, 1958, 2 v.
Tasis Marca, R., *Una visió de conjunt de la novella catalana.* B, 1935, 154.

69 OTROS GENEROS

Rovira, T., *Bibliografía histórica del libro infantil en catalán.* M, 1972, 189.

70 LITERATURA GALLEGA

Carré Aldao, E., *Literatura gallega, con extensos apéndices bibliográficos y una gran antología...* B, 1911², 607.
Fernández del Riego, F., *Manual de historia da literatura galega.* Vigo, 1971², 307.
Varela Jácome, B., *Historia de la literatura gallega.* Santiago, 1951, 462.
→ 1.10, 1.13, 16.94, Couceiro.

Alonso Montero, J., *Textos griegos y latinos traducidos al gallego. Bibliografía,* en *Actas del III Congreso español de estudios clásicos.* M, 1968, II, 9-17.
Fernández Pousa, R., *Selección literaria del idioma gallego (siglos XI-XX).* M, 1951, 198.
→ 17.05.

72 EDAD MEDIA

Alvarez Blázquez, X. M., *Escolma de poesia galega. Escola medieval galego-portuguesa, 1198-1346.* Vigo, 1953, 220.

Bagley, C. P., *Cantigas de amigo and cantigas de amor.* BHS, 1966, 43, 241-52. 17

Entwistle, W, J., *From «cantigas de amigo» to «cantigas de amor».* RLC, 1938, 18, 137-52.

Filgueira Valverde, J., *Lírica medieval gallega y portuguesa,* en HGLH, I, 545-642.

Filgueira Valverde, X., *Da épica na Galiza medieval.* La Coruña, 1973, 34.

Lesser, A. T., *...Pastorelas y serranas galaico-portuguesas.* Vigo, 1970, 179.

Machado, E. P. y J. P., ed. de *Cancioneiro da Biblioteca Nacional (antigo Colocci-Brancuti).* Lisboa, 1949-64, 8 v.

Michaëlis de Vasconcelos, C., ed. de *Cancioneiro da Ajuda.* Halle, 1904, 2 v.

Monaci, E., ed. de *Canzoniere portoghese della Biblioteca Vaticana.* Halle, 1875, xxx+456.

Nunes, J. J., *Trovadores e jograis galego-portugueses.* Biblos (Coimbra), 1925, 1, 601-30.

Nunes, J. J., ed. de *Cantigas d'amigo dos trovadores galego-portugueses.* Coimbra, 1926-8, 3 v.

Nunes, J. J., ed. de *Cantigas d'amor dos trovadores galego-portugueses.* Coimbra, 1932.

Pellegrini, S., *Studi su trove e trovatori della prima lirica ispano-portoghese.* Bari, 1959, 211.

Rodrigues Lapa, M., *Cantigas d'escarnho e de mal dizer.* Vigo, 1965, xix+764.

Tavani, G., *Repertorio metrico della lirica galego-portoghese.* Roma, 1967, 520.

Tavani, G., *Poesia del duecento nella Penisola Iberica. Problemi della lirica galego-portoghese.* Roma, 1969, 292.

73 SIGLOS XVI-XVIII

Varela Jácome, B., *La literatura del siglo XVIII en Galicia,* en HGLH, IV, 1, 463-91.

74 SIGLO XIX

Carballo Calero, R., *Historia da literatura galega contemporánea [1808-1936].* Vigo, 1963, 566.

Landeira, R. L., *La saudade en el renacimiento de la literatura gallega.* Vigo, 1970, 239.

74.1 POESIA

Fernández del Riego, F., *Escolma de poesia galega. O século XIX.* Vigo, 1957, 232.

Risco, V., *La poesía gallega en el siglo XIX,* en HGLH, IV, 2, 369-81.

Varela Iglesias, J. L., *Poesía y restauración cultural de Galicia en el siglo XIX.* M, 1958, 304.

17 74.3 PROSA

Varela Jácome, B., *La prosa en Galicia en el siglo XIX*, en HGLH, IV, 2, 385-418.

75 SIGLO XX

Carballo Calero, R., *Aportaciones a la literatura gallega contemporánea*. M, 1955, 227.
→ 17.74, Carballo Calero.

75.1 POESIA

Carballo Calero, R., *La poesía gallega del siglo XX*. M, 1954, 32.
Fernández del Riego, F., *Escolma de poesia galega. Os contemporáneos*. Vigo, 1955, 366.
González Alegre, R., *Antología de la poesía gallega contemporánea*. M, 1959, 258.
González Martín, J. P., *Ensayo sobre la poesía gallega contemporánea*. La Coruña, 1972, 200.

GENEROS

76 POESIA

Alonso Montero, X., *Os cen mellores poemas da lingua galega*. Lugo, 1972^{3}, 270.
Alvarez Blázquez, X. M., *A poesia dos séculos XIV ao XIX*. Vigo, 1958, 330.
Filgueira Valverde, J., *El «planto» en la historia y en la literatura gallega*. CEG, 1945, 4, 511-606.
Martín Gaite, C., y A. Ruiz Tarazona, *Ocho siglos de poesía gallega. Antología bilingüe*. M, 1972, 474.
Varela Jácome, B., *Poetas gallegos. Las mejores poesías*. Santiago, 1953, 510.

78 PROSA. NOVELA

Varela Jácome, B., *Singraduras da narrativa galega*. La Coruña, 1973, 348.

80 LITERATURA VASCA

Erzibengoa, J., y P. Ezkiaga, *Euskal literatura*. Bilbao, 1972-3, 2 v.
Michelena Elissalt, L., *Historia de la literatura vasca*. M, 1960, 180.
Michelena Elissalt, L., *Literatura en lengua vasca*, en HGLH, V, 341-86.
Onaindía Bareta, S., *Euskal literatura*. Amorebieta, 1973, 580.
Villasante, L., *Historia de la literatura vasca*. Bilbao, 1961, 445.
Giese, W., *Sur la caractère de la littérature basque*. Eusko-Jakintza (Sare), 1949, 3, 365-72.

→ 21.94, *Enciclopedia general*...

17

80.2 ANTOLOGIAS

Echenagusia Uribe, C., *Euskal idazleen lorategia.* S. Sebastián, 1969, 299.
Antología de prosistas en guipuzcoano y vizcaíno.

Estornés Lasa, B., *Fantasía y realidad. Antología literaria vasca.* S. Sebastián, 1964-7, 3 v.

Onaindía Bareta, S., *Milla euskal olerki eder.* Larrea, 1954, 2 v.
Antología poética.

Zárate Lejarraga, M., *Bizcaiko euskal idazleak...* Bilbao, 1970, 303.
Antología de autores vizcaínos, 1580-1968.

84 HASTA EL SIGLO XIX

Guerra, J. C., *Los cantares antiguos del euskera.* S. Sebastián, 1924, 292.

85 SIGLOS XIX-XX

Estornés Lasa, B., *Literatura* [vasca, 1789-1936], en *Enciclopedia... del País Vasco,* cuerpo B, v. II. S. Sebastián, 1970, 583.

Mourlane Michelena, P., *Los poetas en lengua vasca. La poesía vascongada en el siglo XIX,* en *Primer Congreso de estudios vascos.* Bilbao, 1919, 621-43.

San Martín Ortiz, J., *Catálogo bio-bibliográfico e iconográfico de más de 400 escritores contemporáneos.* Bilbao, 1969, 183 + láms. *Apéndice.* Bilbao, 1969, 38.

GENEROS

86 POESIA

Manterola, J., *Cancionero vasco. Poesías en lengua euskara... acompañadas de traducciones castellanas, juicios críticos...* S. Sebastián, 1877-80, 3 v.

→ 20.72, Zavala.

87 TEATRO

Hérelle, G., *Études sur le théâtre basque...* París, 1923, 173.

Labayen, A. M., *Teatro euskaro. Notas para una historia...* S. Sebastián, 1965, 2 v.

Urquijo, J., *Del teatro literario en el País Vasco.* RIEV, 1931, 22, 150-210.

90 AUTORES

Carrasco Urgoiti, M. S., *El relato* Historia del moro y Narváez *y el* Abencerraje. RHM, 1968, 34, 242-55.

López Estrada, F., *El* Abencerraje y la hermosa Jarifa. *Cuatro textos y un estudio.* M, 1957, 442.

17 López Estrada, F., *El* Abencerraje *de Toledo de 1561. Ed. crítica y comentarios.* AUH, 1959, 20, 1-60.

López Estrada, F., *Tres notas al* Abencerraje. RHM, 1965, 31, 264-72.

Moreno Báez, E., *El tema del* Abencerraje *en la literatura española.* Archivum, 1954, 4, 310-29.

Morreale, M., *Pedro Simón de* **Abril.** M, 1949, 329.

Navarro Moreno, J., **Abulcasis.** *El hombre y su obra.* BRACórdoba, 1948, 19, 21-48.

Pierce, F., La Creación del Mundo [de A. **Acevedo]** *and the spanish religious epic...* BHS, 1940, 17, 23-32.

Sánchez Albornoz, C., *El* **Ajbar Maymua.** *Cuestiones historiográficas.* Buenos Aires, 1944, 406.

Alonso Cortés, N., *Algunos datos sobre Hernando de* **Acuña.** HR, 1941, 9, 41-7.

Polt, J. H. R., *Una fuente del soneto de Acuña al Rey...* BH, 1962, 64, 220-7.

Fernández Montesinos, J., *Pedro Antonio de* **Alarcón.** Zaragoza, 1955, 182.

Ocaño, A., *Alarcón.* M, 1970, 193.

Soria Ortega, A., *Ensayo sobre Pedro Antonio de Alarcón y su estilo.* BRAE, 1951, 31, 45-92, 461-500; 1952, 32, 119-45.

Marrast, R., *Essai de bibliographie de Rafael* **Alberti.** BH, 1955, 57, 147-77; 1957, 59, 430-5.

Salinas de Marichal, S., *El mundo poético de Rafael Alberti.* M, 1968, 272.

Zardoya, C., *La técnica metafórica albertiana.* PSA, 1963, 30, 12-75.

García Barrón, C., *La obra crítica y literaria de Don Antonio* **Alcalá Galiano.** M, 1970, 250.

→ 5.20, **Alcalá Galiano.**

González Herrero, M., *Jerónimo de* **Alcalá Yáñez.** ES, 1955, 7, 57-135.

Montero Padilla, J., *Jerónimo de Alcalá y la novela picaresca.* ES, 1963, 15, 259-72.

Pike, R., *The converso family of Baltasar del* **Alcázar.** Kentucky Romance Quarterly, 1967, 14, 349-65.

Rodríguez Marín, F., ed. de B. del Alcázar, *Poesías.* M, 1910, xciii+375.

Capdevila, J. M., *Joan* **Alcover,** en su *Estudis...* B, 1965, 65-84.

Comas, A., *Joan Alcover.* B, 1973, 192.

Riber Campins, L., *El poeta mallorquín Juan Alcover.* BRAE, 1951, 31, 271-98.

Green, O. H., *On Francisco de* **Aldana...** HR, 1958, 26, 117-35.

Rivers, E. L., *Francisco de Aldana...* Badajoz, 1955, 208.

García Viñó, M., *Ignacio* **Aldecoa.** M, 1972, 203.

Senabre Sempere, R., *La obra narrativa de Ignacio Aldecoa.* PSA, 1970, 56, 6-24.

Bousoño, C., *La poesía de Vicente* **Aleixandre**... M, 1956^{2}, 422. **17**

Gullón, R., *Itinerario poético de Vicente Aleixandre.* PSA, 1958, 11, 195-234.

Huarte Morton, F., *Bibliografía sobre Vicente Aleixandre.* PSA, 1958, 11, 445-63.

Luis, L., *Vicente Aleixandre.* M, 1970, 192.

Alvarez, G., *Mateo* **Alemán**. Buenos Aires, 1953, 152.

Bleiberg, G., *Mateo Alemán y los galeotes...* RO, 1966, 4, 330-63.

Cros, E., *Protée et les Gueux. Recherches sur les origines et la nature du récit picaresque dans Guzmán de Alfarache.* París, 1967, 510.

Cros, E., *Mateo Alemán. Introducción a su vida y a su obra.* Salamanca, 1971, 198.

Laurenti, J. L., y J. Siracusa, *Ensayo de una bibliografía del sevillano Mateo Alemán.* AH, 1966, 45, 179-216.

Moreno Báez, E., *Lección y sentido del* Guzmán de Alfarache. M, 1948, 194.

Rico Manrique, F., *Estructuras y reflejos de estructuras en el* Guzmán de Alfarache. MLN, 1967, 82, 171-84.

Sobejano, G., *De la intención y valor del* Guzmán de Alfarache. RF, 1959, 71, 267-311.

→ 14.70, Piñero.

Alarcos Llorach, E., *Investigaciones sobre el libro de* **Alexandre.** M, 1948, 190.

Michael, I., *Estado actual de los estudios sobre el libro de* Alexandre. AEM, 1965, 2, 581-95.

Michael, I., *The treatment of classical material in the libro de* Alexandre. Manchester, 1970, 323.

Nelson, D. A., *El libro de* Alexandre. *A reorientation.* Studies in Philology (Chapel Hill), 1968, 65, 723-52.

→ 16.43, Keller

Armistead, S. G., *New perspectives in* **alfonsine** *historiography.* RPh, 1966, 20, 204-17.

Catalán Menéndez, D., *El taller historiográfico alfonsí...* Romania, 1963, 84, 354-75.

Clarke, D. C., *Versification in Alfonso el Sabio's* Cantigas. HR, 1955, 23, 83-98.

G[arcía] Solalinde, A., *Intervención de Alfonso X en la redacción de sus obras.* RFE, 1915, 2, 283-8.

García Solalinde, A., *Fuentes de la* General Estoria *de Alfonso el Sabio.* RFE, 1934, 21, 1-28; 1936, 23, 113-42.

Gómez Pérez, J., *Fuentes y cronología en la* Primera Crónica General de España. RABM, 1959, 67, 615-34.

Gómez Pérez, J., *Elaboración de* la Primera Crónica General de España *y su trasmisión manuscrita.* Scriptorium (Gand), 1963, 18, 233-76.

Herriott, J. H., *The validity of the printed editions of the Primera Partida.* RPh, 1951-2, 5, 165-74.

Keller, J. E., *Alfonso X el Sabio.* Nueva York, 1967, 198.

17 Lida, M. R., *La* General Estoria. *Notas literarias y filológicas.* RPh, 1958, 12, 111-42.
London, G. H., *Bibliografía de estudios sobre la vida y la obra de Alfonso X el Sabio.* BFE, 1960, 2, 18-31; 1965, 5, 35-40.
Menéndez Pidal, R., *Alfonso X y las leyendas heróicas.* CH, 1948, 1, 13-37.
Mettmann, W., ed. de Alfonso X, *Cantigas de Santa Maria.* Coimbra, 1959-72, 4 v.
Mettmann, W., *Stand und Aufgaben der Alfonsinischen Forschungen.* RJ, 1963, 14, 269-93.
Procter, E. S., *Alfonso X of Castile, patron of literature and learning.* Londres, 1951, viii+149.
Rico Manrique, F., *Alfonso el Sabio y la* General Estoria. *Tres lecciones.* B, 1972, 188.
Steiger, A., *Tradición y fuentes islámicas en la obra de Alfonso el Sabio.* RIEI, 1955, 3, 93-110.
Van Scoy, H., *Alfonso X as a lexicographer.* HR, 1940, 8, 277-84.
→ 9.34-5, 14.45, 14.53, 16.22.1, Brewer; 16.72, Sturcken; 16.96.2, Rübecamp; 18.82, Anglés; 19.50, Trend.

Catalán Menéndez, D., *El Poema de* **Alfonso XI**. *Fuentes, dialecto, estilo.* M, 1955, 146.

González Palencia, A., ed. de Pedro **Alfonso**, *Disciplina clericalis.* M, 1948, xl+238.
Schwarzbaum, H., *International folklore motifs in Petrus Alphonsi's* Disciplina clericalis. Sefarad, 1961, 21, 267-99; 1962, 22, 17-59, 321-44.
→ 14.53, Millás.

Rodríguez Aniceto, C., *...El poema latino* Prefatio de **Almería** [ed. y est.]. BBMP, 1931, 13, 140-75.
Sánchez Belda, L., ed., del *Poema de Almería,* en su *Chronica Adefonsi Imperatoris.* M, 1950, 165-86.

Mascaró, J., *Gabriel* **Alomar**. BHS, 1943, 20, 48-54.

Alvarado, E., *La obra poética de Dámaso* **Alonso**. M, 1968, 177.
Báez San José, V., *La estilística de Dámaso Alonso.* Sevilla, 1971, 112.
Flys, J. M., *La poesía existencial de Dámaso Alonso.* M, 1969, 344.
Huarte Morton, F., *Bibliografía de Dámaso Alonso,* en *Homenaje universitario a Dámaso Alonso.* M, 1970, 295-347.
Varela Iglesias, J. L., *Ante la poesía de Dámaso Alonso.* Arbor, 1960, 45, 38-50.

Luis, L., *La poesía de Manuel* **Altolaguirre**. PSA, 1961, 20, 189-201.

Cano García, J. L., *Un prerromántico:* **[Alvarez] Cienfuegos**. CH, 1966, 65, 462-74.
Cano García, J. L., ed. de N. Alvarez Cienfuegos, *Poesías.* M, 1969, 223.
Simón Díaz, J., *Nuevos datos acerca de N. Alvarez Cienfuegos.* RBN, 1944, 5, 263-84.

Artiles, J., ed. de J. **Alvarez Gato,** *Obras completas.* M, 1928, xlix+215. 17

Márquez Villanueva, F., *Investigaciones sobre Juan Alvarez Gato.* M, 1960, 500.

Pescador, M. C., *Aportaciones al estudio de Juan Alvarez Gato.* AEM, 1973, 8, 305-40.

Ruffini, M., *Observaciones filológicas sobre la lengua poética de Alvarez Gato.* Sevilla, 1953, 130.

Fitzmaurice-Kelly, J., **[Alvarez de] Noroña's,** Poesías asiáticas. RH, 1908, 18, 439-67.

Losada de la Torre, J., *Perfil de los hermanos* **Alvarez Quintero.** M, 1945, 234.

Romo Arregui, J., *Serafín y Joaquín Alvarez Quintero.* CLC, 1944, 14, 65-83.

Buceta, E., *Fecha probable de una poesía de* **[Alvarez de] Villasandino** *y de la muerte del poeta.* RFE, 1929, 16, 51-8.

Clarke, D. C., *Notes on Villasandino's versification.* HR, 1945, 13, 185-96.

Madoz Moleres, J., **Alvaro de Córdoba.** BRACórdoba, 1949, 20, 19-28.

Sage, C. M., *Paul Albar de Cordoba. Studies on his life and writings.* Washington, 1943, xii+239.

Gili Gaya, S., **Amadís de Gaula.** M, 1956, 26.

Lapesa Melgar, R., *El lenguaje del Amadís manuscrito.* BRAE, 1956, 36, 219-25.

Lida, M. R., *El desenlace del Amadís primitivo.* RPh, 1953, 6, 283-9.

Place, E. B., ed. de *Amadís de Gaula.* M, 1959-69, 4 v.

Williams, G. S., *The* Amadís *question.* RH, 1909, 21, 1-167.

García Blanco, M., ...*Nuevos datos para la biografía de Pedro* **Amigo.** RFE, 1937, 24, 363-71.

Marroni, G., ed. de Pedro Amigo de Sevilla, *Poesías.* AIUO, 1968, 10, 189-339.

Bardaviu Ponz, V., *Domingo* **Andrés,** *poeta latino del siglo XVII... de Alcañiz...* BBMP, 1924, 6, 352-9; 1925, 7, 143-51.

Domínguez Berrueta, J., *Fray Juan de los* **Angeles.** M, 1936, 153.

Ros, F., *La vie et l'oeuvre de Jean des Anges,* en *Mélanges... F. Cavallero.* Toulouse, 1948, 405-23.

García Blanco, M., *La originalidad del Libro de* **Apolonio.** RIE, 1945, 3, 351-78.

Marden, C. C., ed. del *Libro de Apolonio.* Baltimore, 1917-22, 2 v.

Jemein Lanbarri, C., *Biografía de* **Arana Goiri...** Bilbao, 1935, xvi+402.

Lafitte, P., *Sabin Arana Goiri, sa vie, son oeuvre, son influence.* Gure Herria (Bayonne), 1966, 3, 145-59.

→ 21.96, Sierra.

González Ollé, F., ed. de J. **Arbolanche,** *Las Abidas.* M, 1969-72, 2 v.

17 Roig, M., *Clementina* **Arderiu**... Serra d'Or (B), 1972, 148, 27-30.

Benítez Claros, R., ed. de J. de **Arguijo**, *Obras completas.* Santa Cruz de Tenerife, 1968, 282.

Montoliu, M., **Aribau** *i el seu temps.* B, 1962, 168.

Lentzen, M., *Carlos* **Arniches**. *Vom* género chico *zur* tragedia grotesca. Ginebra, 1966, 237.

Ramos, V., *Vida y teatro de Carlos Arniches.* M, 1966, 354.

Romero Tobar, L., *La obra literaria de Arniches en el siglo XIX.* Segismundo, 1967, 2, 301-29.

Romo Arregui, J., *Carlos Arniches, bibliografía.* CLC, 1943, 10, 299-307.

Ruiz Lagos, M., *Sobre Arniches: sus arquetipos y su esencia dramática.* Segismundo, 1967, 2, 279-300.

→ 16.61, Seco.

Körösi, A., *El P. Juan* **Arolas**. *Estudio crítico-biográfico.* RCalasancia (M), 1921, 9, a 1922, 12, múltiples entradas.

Lomba Pedraja, J. R., *El P. Arolas. Su vida y sus versos.* M, 1898, 243.

Mundy, J. H., *Some aspects of the poetry of Juan Arolas.* BHS, 1940, 17, 64-88.

Domenech, R., *Teatro de* **Arrabal**. Insula, 1966, 232, 16.

Marra López, J., *La obra literaria de Max* **Aub**. Primer Acto (M), 1964, 52, 8-14.

Soldevila Durante, I., *La obra narrativa de Max Aub.* M, 1973, 472.

Asín Palacios, M., *El filósofo zaragozano* **Avempace**. RAragón, 1900, 1, a 1901, 2, múltiples entradas.

Asín Palacios, M., *Avempace, botánico.* Al-Andalus, 1940, 5, 255-99.

Benavides, R., *Francisco de* **Avendaño** *y el teatro renacentista español.* BF, 1960, 12, 51-164

Alonso Alonso, M., *Teología de* **Averroes**. *Estudios y documentos.* M, 1947, 384.

Mendizábal Allende, R., *Averroes, un andaluz para Europa.* M, 1971, 216.

Afnan, S. M., **Avicenna**. *His life and works.* Londres, 1958, 298.

Anawati, G. C., *Essai de bibliographie avicennienne.* El Cairo, 1950, 20+436.

Cruz Hernández, M., *La metafísica de Avicena.* Granada, 1949, 270.

Urquijo, J., **Axular** *y su libro.* RIEV, 1911, 5, 538-55; 1912, 6, 292-303, 547-51.

Villasante, L., ed. de P. Axular, *Gero.* B, 1964, xvi+783.

Villasante, L., *Axular: mendea, gizona, liburua.* Oñate, 1972, 250.

→ 16.98.1, Villasante.

Amorós, A., *Bibliografía de Francisco* **Ayala** [**García**]. M, 1973, 93.

Ellis, K., *El arte narrativo de Francisco Ayala.* M, 1964, 260.

Hiriart, R. H., *Los recursos técnicos en la novelística de Francisco Ayala.* M, 1972, 112.

Irizarry, E., *Teoría y creación literaria en Francisco Ayala.* M, 1971, 274. 17

Romero Tobar, L., *Forma y contenido de la novela popular:* **Ayguals de Izco.** Prohemio, 1972, 3, 45-90.

Alonso Cortés, N., *Vital* **Aza.** Valladolid, 1949, 201.

Alfonso, J., **Azorín.** B, 1959, 270.

Baquero Goyanes, M., *Elementos rítmicos en la prosa de Azorín.* Clavileño, 1952, 15, 25-32.
También, en su *Prosistas...* M, 1956, 253-84.

Canellada, M. J., *Sobre el ritmo en la prosa enunciativa de Azorín.* BRAE, 1972, 52, 45-77.

Cruz Rueda, A., *Azorín, prosista.* CLC, 1945, 17, 331-56.

Lajohn, L. A., *Azorín and the spanish stage.* Nueva York, 1961, 203.

García Mercadal, J., *Azorín. Biografía ilustrada.* B, 1967, 171.

Gleenn, K. M., *The novelistic technique of Azorín.* M, 1973, 160.

Livingstone, L., *Tema y forma en las novelas de Azorín.* M, 1970, 242.

Martínez Cachero, J. M., *Las novelas de Azorín.* M, 1960, 313.

Milazzo, E., *Azorín... Studio crítico.* Roma, 1961, 139.

Riopérez Milá, S., *Azorín, sensibilidad y ternura.* CH, 1962, 155, 249-66.

S[ánchez] Granjel, L., *Retrato de Azorín.* M, 1958, 320.

Valverde, J. M., *Azorín.* B, 1972², 400.

Avalle-Arce, J. B., *Sobre Juan Alfonso de* **Baena.** RFH, 1946, 8, 141-7.

Fraker, Ch., *Studies on the* Cancionero de Baena. Chapel Hill, 1966, 131.

→ 16.43, Schmid.

Ramos Gil, C., *Algunos aspectos de la personalidad y de la obra de* **Bahya** *Ben Yosef Ibn Paquda.* AFA, 1950, 3, 129-80.

Ramos Gil, C., *Bahya Ibn Paquda. El puro amor divino.* MEAH, 1952, 1, 85-147.

Barceló Jiménez, J., *Vida y obra de Federico* **Balart.** Murcia, 1956, 305.

Cabañas, P., *La poesía de Rafael de* **Balbín.** RL, 1952, 1, 217-9.

Garrido Gallardo, M. A., *El profesor Rafael de Balbín.* BFE, 1973, 13, 3-14.

Muñoz Fillol, C., *Bernardo de* **Balbuena** *en sus obras.* CEM, 1971, 2, 35-134.

Rojas Garcidueñas, J., *Bernardo de Balbuena. La vida y la obra.* México, 1958, 212 + láms.

Van Horne, J., *Bernardo de Balbuena. Biografía y crítica.* Guadalajara (México), 1940, 183.

Cuervo Arango, F., *Don Francisco Antonio de* **Bances Candamo**... *Estudio bio-bibliográfico y crítico.* M, 1916, 223.

Penzol, P., *Francisco de Bances Candamo, de la comedia a la zarzuela.* M, 1931, 19.

Rubín, A., *Un dramaturgo y poeta... Bances Candamo.* Archivum, 1962, 12, 470-8.

17 Aldama, J. A., **Baquiario** *y Rufino.* Gregorianum (Roma), 1934, 15, 589-98.

Rodríguez Marín, F., *Luis* **Barahona de Soto**... M, 1903, viii+866.

Torre, G., *Arturo* **Barea** *y su autobiografía novelesca,* en su *Al pie de las Letras.* Buenos Aires, 1967, 186-92.

Ynduráin Hernández, F., *...Arturo Barea.* Arbor, 1953, 24, 73-9.

Moldenhauer, G., *Die Legende von* **Barlaam und Josaphat** *auf der Iberischen Halbinsel. Untersuchungen und Texte.* Halle, 1929, viii+348.

Peri, H., *Religionsdisput der Barlaam-Legende...* Salamanca, 1959, 272 + láms.

Alberich, J., *Algunas observaciones sobre el estilo de Pío* **Baroja.** BHS, 1964, 41, 169-85.

Arbó, S. J., *Pío Baroja y su tiempo.* B, 1969^{2}, 853.

Baeza, F., y otros, *Baroja y su mundo.* M, 1962, 2 v.

Ciplijauskaité, B., *Baroja, un estilo.* M, 1972, 269.

Flores Arroyuelo, F. J., *Pío Baroja y la historia.* M, 1972, 495.

González López, E., *El arte narrativo de Pío Baroja. Las trilogías.* Nueva York, 1971, 345.

López Estrada, F., *Perspectiva sobre Pío Baroja.* Sevilla, 1972, 117.

Matus, E., *La técnica novelesca de Pío Baroja.* La Habana, 1961, 134.

Pérez Ferrero, M., *Vida de Pío Baroja...* B, 1960, 316.

S[ánchez] Granjel, L., *Retrato de Pío Baroja.* B, 1953, 306.

Uribe Echeverría, J., *Pío Baroja: técnica, estilo, personajes.* Santiago de Chile, 1969, 125.

A[lonso] Getino, L., *Vida y obras de Fr. Lope de* **Barrientos.** Salamanca, 1927, xcvi+245.

Wilson, E. M., *Miguel de* **Barrios** *and spanish religious poetry.* BHS, 1963, 40, 176-80.

Cossío Martínez, J. M., *En torno a* **Bartrina.** Hispanófila, 1957, 2, 1-7.

Díaz Plaja, G., *La poesía y el pensamiento de Ramón* **Basterra.** B, 1941, 255.

Cardenal Iracheta, M., *El peregrino escritor Don Ciro* **Bayo**... Clavileño, 1952, 17, 33-8.

Entrambasaguas Peña, J., *Ciro Bayo,* en *Las mejores novelas contemporáneas.* B, 1959, IV, 1-53.

Alonso Fernández, D., *Originalidad de* **Bécquer,** en su *Ensayos...* M, 1944, 261-304.

Balbín Lucas, R., *Poética becqueriana.* M, 1969, 248.

Bécquer, *Estudios sobre G. A.* ____. M, 1972, 695 [= RFE, 1969, 52].
Miscelánea por numerosos autores.

Benítez, R., *Bécquer, tradicionalista.* M, 1970, 354.

Berenguer Carisomo, A., *La prosa de Bécquer.* Buenos Aires, 1947, 99.

Brown, R., *Bécquer.* B, 1963, xviii+416 + láms.

Cernuda, L., *Bécquer y el poema en prosa español.* PSA, 1960, 16, 233-45. 17
Díaz, J. P., ed. de G. A. Bécquer, *Rimas.* M, 1963, cxix+148.
Díaz, J. P., *Gustavo Adolfo Bécquer. Vida y poesía.* M, 1971[3], 513.
Díez Taboada, J.M., *La mujer ideal. Aspectos y fuentes de las* Rimas *de Gustavo Adolfo Bécquer.* M, 1965, xi+184.
Díez Taboada, J. M., *Bibliografía sobre G. A. Bécquer,* en *Estudios sobre G. A. Bécquer.* M, 1972, 651-95.
García Viñó, M., *Mundo y trasmundo de las leyendas de Bécquer.* M, 1970, 297.
Pageard, R., *Sentiment et forme dans les* Rimas. BH, 1971, 73, 350-62.
Vivanco, L. F., *Música celestial de Gustavo Adolfo Bécquer.* CH, 1970, 83, 449-71.
→ 8.34, **Veruela**; 16.43, Ruiz.

Kincaid, W. A., *Life and works of Luis* **Belmonte Bermúdez.** RH, 1928, 74, 1-260.

Juliá Martínez, E., *El teatro de Jacinto* **Benavente.** CLC, 1944, 15, 165-207.
Lázaro, A., *Vida y obra de Jacinto Benavente.* M, 1964, 306.
Pörtl, K., *The Satire in Theater Benaventes von 1896 bis 1907.* Munich, 1966, 191.
Romo Arregui, J., *Jacinto Benavente, bibliografía.* CLC, 1944, 15, 251-9.
Sánchez Estevan, I., *Jacinto Benavente y su teatro. Estudio biográfico-crítico.* B, 1954, 350 + láms.
Vila Selma, J., *Benavente, fin de siglo.* M, 1952, 299.
→ 16.75, Le Gentil.

Artiles, J., *Los recursos literarios de* **Berceo.** M, 1968[2], 268.
Campo, A., *La técnica alegórica en la introducción de los* Milagros de Nuestra Señora. RFE, 1944, 28, 15-57.
Devoto, D., *Sentido y forma de la cántica* Eya velar. BH, 1963, 65, 207-37.
Dutton, B., *Gonzalo de Berceo and the* cantares de gesta. BHS, 1961, 38, 197-205.
Gariano, C., *Análisis estilístico de los* Milagros de Nuestra Señora, *de Berceo.* M, 1971[2], 235.
Gicovate, B., *Notas sobre el estilo y la originalidad de Gonzalo de Berceo.* BH, 1960, 62, 5-15.
Gorog, R., *La sinonimia en las obras de Berceo.* BRAE, 1966, 46, 205-76.
Gorog, R., *La sinonimia en Berceo y el vocabulario del* Libro de Alexandre. HR, 1970, 38, 357-67.
Guerrieri Crocetti, C., *La lingua di Gonzalo de Berceo.* Studi medievali (Turín), 1942, 15, 163-88.
Gulsoy, J., *The -i words in the poems of Gonzalo de Berceo.* RPh, 1969, 23, 172-87.
Morreale, M., *La lengua poética de Berceo...* HR, 1968, 36, 142-51.

17 Orduna, J., *La introducción a los* Milagros de Nuestra Señora... *Análisis estructural...*, en *Actas de II CIH.* Nimega, 1967, 447-56.

Perry, A., *Art and meaning in Berceo's* Vida de Santa Oria. New Haven, 1968, 231.

Schug, H. L., *Latin sources of Berceo's* Sacrificio de la Misa. Nashville, 1936, 112.

Spitzer, L., *Sobre la cántica* Eya velar. NRFH, 1950, 4, 50-6.

Tilander, G., *La terminación* -i *por* -e *en los poemas de Gonzalo de Berceo.* RFE, 1937, 24, 1-10.

Weber de Kurlat, F., *Notas para la cronología y composición literaria de las vidas de santos de Berceo.* NRFH, 1961, 15, 113-30.

→ 16.43, Lanchetas; 16.49, Lope.

Lacosta, F. C., *Al margen de los clásicos: José* **Bergamín**. H, 1967, 50, 54-62.

Riquer Morera, M., *Guillem de* **Berguedà**... Poblet, 1971, 2 v.

Sánchez Cantón, F. J., *Aventuras de... Jerónimo* **Bermúdez**. CEG, 1965, 20, 225-42.

Triwedi, M. D., *Notas para una biografía de Jerónimo Bermúdez.* Hispanófila, 1967, 29, 1-9.

García Aráez, J., *Don Salvador* **Bermúdez de Castro**. RL, 1953, 3, 73-120.

Alvarez Rubiano, P., *La crónica de Juan* **Biclarense** [ed. y est.]. AST, 1943, 16, 7-44.

Arias, I. A., *Crónica Biclarense.* CHE, 1948, 10, 129-41.

Campos Ruiz, J., *Juan de Biclaro, obispo de Gerona. Su vida y su obra.* M, 1960, 237.

Díaz Díaz, M. C., *La transmisión textual del Biclarense.* AST, 1962, 35, 57-76.

Morera, J., *Juan Biclarense...* AST, 1936, 12, 1-59.

→ 8.14, Vega; 8.50, Campos.

Entrambasaguas Peña, J., *La traducción castellana del famoso soneto de* **Blanco White**. RL, 1954, 6, 337-49.

Méndez Bejarano, M., *Vida y obra de Don José María Blanco Crespo.* M, 1920, 605.

Gascó Contell, E., *Genio y figura de* **Blasco Ibáñez**... M, 1957, 236.

León Roca, J. L., *Vicente Blasco Ibáñez.* Valencia, 1967, 660.

Xandro, M., *Blasco Ibáñez.* M, 1971, 196.

Benítez Claros, R., *Vida y poesía de* **Bocángel**. M, 1950, 459.

Bofill Mates → G. Liost.

Reali, E., ed. de Juyão **Bolseiro** [*Poesías*]. AIUO, 1966, 6, 237-336.

Chércoles Vico, A., *Alonso de* **Bonilla**... Don Lope de Sosa (Jaén), 1917, 5, 258-62.

López de Sanabria, I., *Alonso de Bonilla. Ciento veintinueve poesías...* BIEG, 1964, 10, 13-104; 1965, 11, 11-91.

Fucilla, J. G., **Boscán**, en su *Estudios sobre el petrarquismo...* M, 1960, 1-7.

Green, O. H., *Boscán and* Il Cortegiano: *the* Historia de Leandro y Hero. BICC, 1948, 4, 90-101. 17
Menéndez Pelayo, M., *Boscán*, en su *Antología*... M, 1945, X, 3-413.
Morreale, M., *Castiglione y Boscán*... M, 1959, 2 v.
Reichenberger, A. G., *Boscán and the classics*. CompL, 1951, 3, 97-118.
Riquer Morera, M., *Juan Boscán y su Cancionero barcelonés*. B, 1945, 236.

Luis, L., *La poesía de Carlos* **Bousoño**. PSA, 1962, 24, 197-209.

Lynch, C. H., y P. Galindo, *San* **Braulio**, *Obispo de Zaragoza. Su vida y sus obras*. M, 1950, xvi+374.
Madoz Moleres, J., *Autenticidad de las cartas de S. Braulio de Zaragoza*. EE, 1943, 17, 433-85.
Ruffini, M., *Il ritmo prosaico nella* Vita S. Emiliani *di Braulio*. Helmantica (Salamanca), 1955, 6, 3-68.

Le Gentil, G., *Le poète Manuel* **Bretón de los Herreros** *et la societé espagnole de 1830 à 1860*. París, 1909, xxvi+549.
Molins, Marqués de, *Bretón de los Herreros. Recuerdos de su vida y de sus obras*... M, 1883, xvi+560.
Qualia, Ch. B., *Dramatic criticism in the comedies of Bretón de los Herreros*. H, 1941, 24, 71-8.
Sancho Gil, F., *Elogio de D. Manuel Bretón de los Herreros*. Zaragoza, 1886, 111.

Cerutti, L. M., *Interpretazione del teatro di Antonio* **Buero Vallejo**. Aevum (Milán), 1966, 40, 315-64.
Cortina, J. R., *El arte dramático de Antonio Buero Vallejo*. M, 1969, 130.
Kronik, J. W., *Antonio Buero Vallejo: a bibliography*. H, 1971, 54, 856-68.

Lozano Guirao, P., *Vida y obra de Javier de* **Burgos [Larragoiti]**. RL, 1965, 28, 39-64.

Scholberg, K. R., *The structure of the* **Caballero Cifar**. MLN, 1964, 79, 113-24.
Stefano, L., El caballero Zifar, *novela didáctico-moral*. Thesaurus, 1972, 27, 173-260.
Wagner, Ch. P., *The sources of* El caballero Cifar. RH, 1903, 10, 4-104.
Walker, R. M., *The unity of* El libro del Cavallero Zifar. BHS, 1965, 42, 149-59.
Walker, R. M., *The genesis of* El libro del Cavallero Zifar. MLR, 1967, 62, 61-9.

Risco, S., *O xenio lírico de Ramón* **Cabanillas [Enríquez]**... BRAG, 1961, 29, 169-75.
Sánchez Cantón, F. J., *...Ramón Cabanillas y Enríquez*. BRAE, 1959, 39, 379-91.

Colangeli, M. R., *Classicismo e romanticismo in Manuel de* **Cabanyes** [Ballester]. Lecce, 1967, 367.

17 Riber Campins, L., *El poeta Manuel de Cabanyes Ballester*. BRAE, 1954, 34, 59-84.

Rius Vila, J., *Bibliografía del poeta Manuel Cabanyes Ballester*. BolBiblioteca-Museo Balaguer (Villanueva y Geltrú), 1958, 5, 3-38.

Alvarez de Luna, J., *Fray Alonso de* **Cabrera**. BRACórdoba, 1926, 5, 447-68.

Anciano, C., *El P. ... Alonso de Cabrera*. BRACórdoba, 1955, 26, 143-8.

Rubio Sánchez, V., *Fray Alonso de Cabrera*. Anales. Universidad de Santo Domingo, 1957, 22, 21-51.

Glendinning, N., *Vida y obra de* **Cadalso**. M, 1962, 239.

Hughes, J. B., *José Cadalso y las* Cartas marruecas. M, 1969, 108. También, NRFH, 1956, 10, 194-202.

Marichal, J., *Cadalso: el estilo de un* hombre de bien. PSA, 1957, 4, 285-96.

Sebold, R. P., *Colonel Don José Cadalso*. Nueva York, 1971, 187.

Tamayo Rubio, J., *El problema de las* Noches lúgubres. RBN, 1943, 4, 325-70.

Ximénez de Sandoval, F., *Cadalso. Vida y muerte de un poeta soldado*. M, 1967, 250.

Cioranescu, A., **Cairasco de Figueroa**... AEAtl, 1957, 3, 275-386.

Vega, A. C., **Calcidio**, *escritor platónico español del siglo IV*. LCD, 1943, 155, 219-41, 491-524; 1944, 156, 99-122.

Cilveti, A. L., *El significado de* La vida es sueño **[Calderón]**. Valencia, 1971, 239.

Dunn, P. N., *Honour and the christian back-ground in Calderón*. BHS, 1960, 37, 75-105.

Engelbert, M., ed. de *El pleito matrimonial del cuerpo y el alma*. Hamburgo, 1969, 320.

Entwistle, W. J., *Calderón et le théâtre symbolique*. BH, 1950, 52, 41-54.

Flasche, H., *Stand und Aufgaben der Calderonsforschung*. Deutsche Vierteljahrschrift für Literatur (Stuttgart), 1958, 32, 613-43.

Flasche, H., *Baustein zu einer Kritischen und Kommentierten Ausgabe Calderón*. GAKS, 1963, 21, 309-26; 1970, 25, 132-75.

Frutos Cortés, E., *Calderón de la Barca*. B, 1949, 265.

Hilborn, H. W., *A chronology of the plays of Don Pedro Calderón de la Barca*. Toronto, 1938, vii+119.

Honig, E., *The concept of honor in the dramas of Calderón*. New Mexico Quartely (Albuquerque), 1965, 35, 105-17.

Lund, H., *Pedro Calderón de la Barca. A biography*. Edimburgo, 1963, 128.

Menéndez Pelayo, M., *Calderón de la Barca*, en su *Estudios*... M, 1941, III, 87-388.

Ochse, H., *Studien zur Metaphorik Calderons*. Munich, 1967, 218.

Parker, A. A., *Towards a definition of Calderonian tragedy*. BHS, 1962, 39, 222-37.

Parker, A. A., *The allegorical drama of Calderón. An introduction to the* Autos sacramentales. Oxford, 1968², 232.

Parker, A. A., *The chronology of Calderón's* Autos sacramentales *from 1647.* HR, 1969, 37, 164-88.

Parker, J. H., y A. M. Fox, *Pedro Calderón de la Barca Studies, 1951-1969: A critical survey and annotated bibliography.* Toronto, 1971, 247.

Pietschmann, K. R., *Recepción e influencia de Calderón en el teatro alemán del siglo XIX.* Clavileño, 1955, 35, 15-25.

Sloman, A. E., *The dramatic craftsmanship of Calderón...* Oxford, 1958, 327.

Valbuena Briones, A., *Perspectiva crítica de los dramas de Calderón.* M, 1965, 432.

Valbuena Prat, A., *Los autos sacramentales de Calderón...* RH, 1924, 61, 1-302.

Valbuena Prat, A., *Calderón.* M, 1941, 215.

Wardropper, B. W., y otros, *Critical essays on the theatre of Calderón.* Nueva York, 1965, 239.

Miscelánea por varios autores.

→ 10.64, Pérez Bautista; 17.06, **Schopenhauer**; 19.15, Valbuena.

Hottinger, A., *Kalila* [**Calila**] *und Dimna. Ein Versuch zur Darstellung der arabisch-altspanischen Uebersetzungs-Kunst.* Berna, 1958, iii+181.

Keller, J. E., y R. W. Linker, ed. de *Calila e Digna.* M, 1967, xxxix+374.

García Gómez, E., *La canción famosa* **Calvi vi calvi** / calvi aravi. Al-Andalus, 1956, 21, 1-10.

Onís, F., *El humor de Julio* **Camba.** H, 1927, 10, 167-75.

Guerrero, F., *Vida y obras de Narciso* **Campillo.** RL, 1964, 25, 69-106.

Gaos, V., *La poética de* **Campoamor.** M, 1969[2], 231.

González Blanco, A., *Campoamor. Biografía y estudio crítico.* M, 1912, 445.

→ 17.16, González Ollé.

Cañizares → Zamora.

Calders, P., *Josep* **Carner.** B, 1964, 80.

Manent, A., *Josep Carner i el noucentisme. Vida, obra i llegenda.* B, 1969, 368.

Manent, A., *Tres escritores catalanes: Carner, Riba, Pla.* M, 1973, 338.

Campo, A., *Problemas de la* Canción a Itálica [**Caro**]. RFE, 1957, 41, 47-139.

Montoto, S., *Rodrigo Caro. Estudio biográfico-crítico.* Sevilla, 1915, ii+79.

Morales, M., *Rodrigo Caro.* Utrera, 1947, 424.

→ 1.42.

Fortea, J. L., *La obra de Andrés* **Carranque.** M, 1973, 240.

Alonso Fernández, D., ed. de L. **Carrillo de Sotomayor,** *Poesía.* M, 1936, 180.

17 Battaglia, S., ...*Il* Libro de la erudición poética *di Luis Carrillo.* Filologia romanza (Nápoles), 1954, 1, 26-58.
García Soriano, J., *Don Luis Carrillo y Sotomayor y los orígenes del culteranismo.* BRAE, 1926, 13, 591-629.

Avalle-Arce, J. B., **Cartagena,** *poeta del* Cancionero general. BRAE, 1967, 47, 287-309.

Scoles, E., ed. de **Carvajal** [*Poesías*]. Roma, 1967, 239.

Alonso Cortés, N., *Miguel de* **Carvajal.** HR, 1933, 1, 141-8.
Gillet, J. E., ed. de M. de Carvajal, *Tragedia Josefina.* Princeton, 1932, lxiv+205.

Bernal Labrada, H., *Símbolo, mito y leyenda en el teatro de* **Casona.** Oviedo, 1972, 250.
Caso González, J., *Fantasía y realidad en el teatro de Alejandro Casona.* Archivum, 1955, 5, 304-18.
Gurza, E., *La realidad caleidoscópica de Alejandro Casona.* Oviedo, 1968, 143.
Rodríguez Richart, J., *Vida y teatro de Alejandro Casona.* Oviedo, 1963, 200.

Alvar López, M., *Juan de* **Castellanos.** *Tradición española y realidad americana.* Bogotá, 1972, 362 + láms.
Pardo, I. J., *Juan de Castellanos...* Caracas, 1961, 498.
Romero, M. G., *Juan de Castellanos: un examen de su vida y de su obra.* Bogotá, 1964, 467.

Rey, A., ed. de **Castigos y documentos** *del Rey Don Sancho.* Bloomington, 1952, 229.

Domínguez Bordona, J., ed. de C. de **Castillejo,** *Obras.* M, 1926-8, 4 v.
Nicolay, C. L., *The life and works of C. de Castillejo.* Filadelfia, 1910, 128.

Dunn, P. N., **Castillo Solórzano** *and the decline of the spanish novel.* Oxford, 1952, xvii+141.

Brauerton, C., *The chronology of the* Comedias *of Guillén de* **Castro** [**Bellvís**]. HR, 1944, 12, 89-151.
Floek, W., Las Mocedades del Cid *von Guillén de Castro und* Le Cid *von Pierre Corneille. Ein neuer Vergleich.* Bonn, 1969, 236.
Roca Franquesa, J. M., ...*Guillén de Castro.* RFE, 1944, 28, 378-427.
Weiger, J., *Sobre la originalidad e independencia de Guillén de Castro.* Hispanófila, 1967, 31, 1-15.

Alonso Montero, J., *Rosalía de* **Castro** [**Murguía**]. M, 1973², 216 + láms.
Carballo Calero, R., *Contribución ao estudo das fontes literarias de Rosalía.* Lugo, 1959, 134.
Carballo Calero, R., *Particularidades morfológicas del lenguaje de Rosalía de Castro.* Santiago, 1972, 74.
Kulp, K. K., *Manner and mood in Rosalía de Castro. A study of themes and style.* M, 1968, 417.
Nogales de Muñiz, M. A., *Irradiación de Rosalía de Castro...* B, 1966, 304.

Pinna, M., *Motivi della lirica di Rosalía de Castro.* QIA, 1957, 3, 321-32. 17

Varela Jácome, B., *Rosalía de Castro, novelista.* CEG, 1959, 14, 57-86.

Oller Rabassa, J., *Biografía de Victor* **Català**. B, 1967, 136.

Rouanet, L., *Oeuvres dramatiques du licencié Juan* **Caxes**. RH, 1901, 8, 83-180.

Foster, D. W., *Forms of the novel in Camilo José* **Cela**. Columbia, 1967, 185.

Huarte Morton, F., *Camilo José Cela: bibliografía.* RHM, 1962, 28, 210-20.

Ilie, P., *La novelística de Cela.* M, 1963, 238.

Polo García, V., *...Camilo José Cela.* Murcia, 1967, 105.

Prjevalinsky, O., *El sistema estético de Camilo José Cela...* Valencia, 1960, 171.

Tudela, M., *Cela.* M, 1970, 197.

Zamora Vicente, A., *Camilo José Cela.* M, 1962, 250.

Bellón Gazabán, J. A., *La poesía de Luis* **Cernuda**. Granada, 1973, 124.

Silver, Ph., *Luis Cernuda, el poeta en su leyenda.* M, 1972, 262.

Agostini, A., *El teatro cómico de* **Cervantes**. BRAE, 1964, 44, 475-540; 1965, 45, 65-90.

Astrana Marín, L., *Vida... de Miguel de Cervantes Saavedra.* M, 1948-58, 7 v.

Balbín Lucas, R., *La construcción temática de los entremeses de Cervantes.* RFE, 1948, 32, 415-28.

Bonilla San Martín, A., *Cervantes y su obra.* M, 1916, 262.

Carilla, E., *Cervantes y la novela bizantina...* RFE, 1968, 51, 155-67.

Casalduero, J., *Sentido y forma de* Los trabajos de Persiles y Sigismunda. Buenos Aires, 1947, 289.

Casalduero, J., *Sentido y forma del* Quijote. M, 1949, 392.

Casalduero, J., *Sentido y forma del teatro de Cervantes.* M, 1951, xv+303.

Casalduero, J., *Sentido y forma de las* Novelas ejemplares. M, 1962, 274.

Castro Quesada, A., *El pensamiento de Cervantes.* B, 1972, 407.

Cejador Frauca, J., *La lengua de Cervantes...* M, 1905-6, 2 v.

Correa, G., *La dimensión mitológica del* Viaje del Parnaso. CompL, 1960, 12, 113-24.

Cotarelo Valledor, A., *El teatro de Cervantes.* M, 1915, 770.

Cotarelo Valledor, A., *Padrón literario de Miguel de Cervantes...* M, 1948, xv+587.

Criado de Val, M., *Indices verbales de Cervantes, de Avellaneda y del autor de* La tía fingida. M, 1953, 130.

Drake, D. B., *Cervantes: a critical bibliography. I, The* Novelas ejemplares. Virginia, 1968, 146.

Forcione, A. K., *Cervantes'christian romance: a study of* Persiles y Sigismunda. Princeton, 1972, v+167.

González de Amezúa, A., *Cervantes, creador de la novela corta española.* M, 1956-8, 2 v.

17 González Ollé, F., *Observaciones filológicas al texto del* Viaje del Parnaso. MSI, 1963, 6, 99-109.

Grismer, R. L., *Cervantes. A Bibliography*... Nueva York, 1946, 183.

Hatzfeld, H., *El* Quijote, *como obra de arte del lenguaje.* M, 1972^{2}, 371.

Herrero García, M., *Vida de Cervantes.* M, 1948, 649.

Hornedo, R. M., *¿Retrató Jáuregui a Cervantes?* AC, 1951, 1, 235-47.

Icaza, F. A., *Las* Novelas ejemplares *de Cervantes. Los críticos, sus modelos*... M, 1901, 279.

Icaza, F. A., *El* Quijote *durante tres siglos.* M, 1918, 229.

López Estrada, F., *La* Galatea *de Cervantes.* La Laguna, 1948, viii+193.

López Navío, J., *Génesis y desarrollo del* Quijote. AC, 1958, 7, 157-235.

Malo, A., *Cervantes, poeta.* AUH, 1949, 10, 59-64.

Marasso, A., *Cervantes. La invención del* Quijote. Buenos Aires, 1954, 343.

Márquez Villanueva, F., *Fuentes literarias cervantinas.* M, 1973, 373.

Menéndez Pelayo, M., *Cervantes considerado como poeta,* en su *Estudios*... M, 1941, I, 257-68.

Menéndez Pelayo, M., *Interpretaciones del* Quijote, en su *Estudios*... M, 1941, I, 303-22.

Menéndez Pelayo, M., *Cultura literaria de Miguel de Cervantes,* en su *Estudios*... M, 1941, I, 323-50.

Menéndez Pidal, R., *Un aspecto en la elaboración del* Quijote. M, 1924^{2}, 98.

También, en su *De Cervantes*... M, 1964^{6}, 9-60.

Millé Giménez, J., *Sobre la génesis del* Quijote. B, 1930, 219.

Moreno Báez, E., *Reflexiones sobre el* Quijote. M, 1971^{2}, 171.

Navarro González, A., *El* Quijote *español del siglo XVII.* M, 1964, 410.

Oelschlager, V. R. B., *More cervantine bibliography.* H, 1950, 33, 144-50.

Continúa la de Grismer.

Real de la Riva, C., *Historia de la crítica e interpretación de la obra de Cervantes.* RFE, 1948, 32, 107-50.

Riley, E. C., *Teoría de la novela en Cervantes.* M, 1972^{2}, 359.

Río Rico, G. M., *Catálogo bibliográfico de la Sección de Cervantes de la Biblioteca Nacional.* M, 1930, xviii+915.

Riquer Morera, M., *Aproximación* al Quijote. B, 1967, 236.

Rius, L., *Bibliografía crítica de las obras de Miguel de Cervantes Saavedra.* M, 1895-904, 3 v.

Rodríguez Marín, F., *Estudios cervantinos.* M, 1947, 656.

Romero, C., *Introduzione al* Persiles. Venecia, 1968, 190.

Rosenblat, A., *La lengua del* Quijote. M, 1971, 380.

Sánchez, A., *Cervantes. Bibliografía fundamental.* M, 1961, 16.

Sánchez Castañer, F., *Penumbra y primeros albores en la génesis y evolución del mito quijotesco.* Valencia, 1948, 286.

Varo, C., *Génesis y evolución del* Quijote. M, 1968, 598.

Weigert, L., *Untersuchungen zur spanischen Syntax auf Grund der Werke des Cervantes.* Berlín, 1907, viii+241.
Ynduráin Hernández, F., ed. de M. de Cervantes, *Obras dramáticas.* M, 1962, lxxvii+657.
→ 10.04, Arco, Jareño; 10.36, Herrero; 10.49, Arco; 13.57, **Osuna**; 16.43, Fernández Gómez; 18.87, Querol, Salazar; 22.56.2, Rodríguez Marín.

Schlatter C., *Juan de* **Cervantes y Salazar**... AH, 1955, 23, 89-102.

Lewent, K., *The catalan troubador* **Cerverí** *and his contemporary, the joglar Guillem de Cervera.* Speculum (Cambridge), 1963, 38, 461-77.
Riquer Morera, M., *Guillem de Cervera, llamado también Cerverí.* BRABarcelona, 1960, 28, 257-63.
Tavani, G., *Sulla cobbola plurilingue di Cerverí de Girona.* CN, 1968, 28, 64-78.

Andrés, G., *El Maestro Baltasar de* **Céspedes**... *y su Discurso de las letras humanas. Estudio biográfico y edición crítica.* El Escorial, 1965, 262.
Espino Gutiérrez, G., *El maestro Baltasar de Céspedes, un humanista español.* RFE, 1942, 26, 249-81.
Marín, N., *La Poética de ... Céspedes.* RL, 1966, 29, 123-219.

Fonquerne, Y.-R., ed. de G. de **Céspedes y Meneses**, *Historias peregrinas y ejemplares.* M, 1970, 422.

Alonso Cortés, N., *Datos para la biografía de Gutierre de* **Cetina**. BRAE, 1952, 32, 73-118.
Cejador Frauca, J., *El madrigal de Cetina.* RH, 1923, 57, 108-14.
Lapesa Melgar, R., *La poesía de Gutierre de Cetina,* en *Hommage à E. Martinenche.* París, 1939, 248-61.
Lapesa Melgar, R., *Gutierre de Cetina. Disquisiciones biográficas,* en *HomA. Huntington.* Wellesley, 1952, 311-26.

Alvarez, J., *Proyecto de una bibliografía* **cidiana.** Burgos, 1952, 22.
Bandera Gómez, C., *El* Poema del Cid. *Poesía, historia, mito.* M, 1969, 189.
Cantera Burgos, F., *Raquel e Vidas.* Sefarad, 1958, 18, 99-108.
Criado de Val, M., *Geografía, toponimia e itinerario del* Cantar del Mío Cid. ZRPh, 1970, 86, 83-107.
Chasca, E., *Arte juglaresco en el* Cantar del Mío Cid. M, 1972[2], 418.
Gicovate, B., *La fecha de composición del* Poema del Mío Cid. H, 1956, 39, 419-22.
Horrent, J., *Historia y poesía en torno al* Cantar del Cid. B, 1973, 396.
Menéndez Pidal, R., *Poesía e historia en el* Mío Cid. *El problema de la épica española.* NRFH, 1949, 3, 113-29.
Menéndez Pidal, R., Cantar de Mío Cid. *Texto, gramática y vocabulario.* M, 1956[3], 3 v.
Menéndez Pidal, R., *En torno al* Poema del Cid. B, 1970, 235.
Menéndez Pidal, R., *El Cid Campeador.* M, 1973[7], 246.
Pattison, D. G., *The date of the* Cantar de Mío Cid. *A linguistic approach.* MLR, 1967, 62, 443-50.

17 Riaño Rodríguez, T., *Del autor y fecha del* Poema de Mío Cid. Prohemio, 1971, 2, 467-500.

Salomonski, E., *Raquel e Vidas.* VR, 1956, 2, 215-30.

Spitzer, L., *Sobre el carácter histórico del* Cantar de Mío Cid. NRFH, 1948, 2, 105-17.

Sutton, D., *The Cid: a tentative bibliography to january 1969.* BF, 1970, 21, 21-173.

Ubieto Arteta, A., *Observaciones al* Cantar de Mío Cid. Arbor, 1957, 37, 145-70.

Ubieto Arteta, A., *El* Cantar de Mío Cid *y algunos problemas históricos.* Valencia, 1973, 246.

→ 6.35.1, Menéndez.

Alonso Cortés, N., **Clarín** *y el* Madrid cómico. Archivum, 1952, 2, 43-61.

Baquero Goyanes, M., *Clarín y la novela poética.* BBMP, 1947, 23, 96-101.

Baquero Goyanes, M., *Clarín, creador del cuento español.* CL, 1949, 15, 145-69.

Beser, S., *Leopoldo Alas, crítico literario.* M, 1968, 371.

Durand, F., *Characterization in* La Regenta: *point of view and theme.* BHS, 1964, 41, 86-100.

Fernández Avelló, M., *Algo sobre Clarín y sus* Paliques. Oviedo, 1963, 42.

Gómez Santos, M., *Leopoldo Alas, Clarín. Ensayo bio-bibliográfico.* Oviedo, 1952, 255.

Gramberg, F. J., *Fondo y forma del humorismo de... Clarín.* Oviedo, 1958, 265.

Martínez Cachero, J. M., *Los versos de Leopoldo Alas.* Archivum, 1952, 2, 89-100.

Martínez Cachero, J. M., *Adiciones a una bibliografía sobre Leopoldo Alas.* Archivum, 1952, 2, 408-20.

Martínez Cachero, J. M., *Crónica y bibliografía del primer centenario... 1951-1952.* Archivum, 1953,3, 79-112.

Palls, B. P., *El naturalismo de* La Regenta. NRFH, 1972, 21, 23-39.

Reiss, K., *Valoración artística de las narraciones breves de Clarín...* Archivum, 1955, 5, 77-126; 1956, 6, 256-303.

Ríos, L., *Los cuentos de Clarín. Proyección de una vida.* M, 1965, 327.

Ventura Agudiez, J., *Inspiración y estética en* La Regenta, *de Clarín.* Oviedo, 1970, 184.

→ 17.16, González Ollé; 17.17, González Ollé.

Bell, A. F. G., *The seven songs of Martin* **Codax**. MLN, 1932, 18, 162-7.

Ferreira da Cunha, C., ed. de M. Codax, *O cancioneiro.* Río de Janeiro, 1956, 198.

Vázquez de Parga, L., *El* Liber Sancti Jacobi *y el* **Códice Calixtino.** RABM, 1947, 53, 35-45.

Whitehill, W. M., y otros, ed. del *Liber Sancti Jacobi. Codex Calixtinus.* Santiago, 1944, 3 v.

→ 8.03, Díaz.

García Carraffa, A. y A., *El Padre* **Coloma**. M, 1918, 210. 17

Fernández Pousa, R., *Las doctrinas agrosociales de* **Columela**. RIS, 1946, 4, 285-302, 415-35.

Nyström, G., *Variatio sermonis hos Columella.* Göteburg, 1926, x+116.

Saint-Denis, E., *Réhabilitons Columelle poète.* Giornale italiano di Filologia (Nápoles), 1969, 21, 121-36.

Sobel, R., *Studia Columelliana palaeographica et critica.* Göteburg, 1928, viii+87.

McClelland, I. L., **Comellan** *Drama and the* Censor. BHS, 1953, 30, 20-31.

Subirá Puig, J., *Un vate filarmónico: Don Luciano Comella.* M, 1953, 61.

Diego Cendoya, G., *Primavera de Carolina* **Coronado**. BBMP, 1962, 38, 385-409.

Sandoval, A., *Carolina Coronado y su época.* Zaragoza, 1944, 229.

Batllori Munné, M., *La trajectòria estètica de Miquel* **Costa i Llobera**. B, 1955, 64.

Torres Gost, B., *Miguel Costa Llobera.* B, 1971, viii+659 + láms.

Aragone, E., ed. de R. **Cota**, *Diálogo entre el Amor y un viejo.* Florencia, 1961, 139.

Cantera Burgos, F., *El poeta Rodrigo de Cota y su familia de judíos conversos.* M, 1970, 157.

Sánchez Albornoz, C., *El autor de la* **Crónica** *llamada de* **Albelda**. BH, 1948, 50, 291-304.

Sánchez Belda, L., ed. de **Chronica Adephonsi** *Imperatoris.* M, 1950, cxx+278.

García, M., *A propos de la* **Chronique** *du Connétable* **Miguel Lucas de Iranzo**. BH, 1973, 75, 5-39.

Cotarelo Mori, E., *Don Ramón de la* **Cruz** *y sus obras...* M, 1899, 612.

Palau Casamitjana, F., *Ramón de la Cruz und der französische Kulturinfluss...* Bonn, 1935, xviii+159.

→ 10.05, Hamilton.

Valbuena Prat, A., ed. de A. **Cubillo de Aragón**, *Las muñecas de Marcela...* M, 1928, xciv+235.

Bataillon, M., *Simples réflexions sur Juan de la* **Cueva**. BH, 1935, 37, 329-36.

Caso González, J., *Las obras de tema contemporáneo en el teatro de Juan de la Cueva.* Archivum, 1969, 19, 127-47.

Guerrieri Crocetti, C., *Juan de la Cueva e le origini del teatro nazionale spagnuolo.* Turín, 1936, 221.

Wardropper, B. W., *Juan de la Cueva y el drama histórico.* NRFH, 1955, 9, 149-56.

García Viñó, M., *Alvaro* **Cunqueiro**... PE, 1964, 103, 35-43.

Aramón i Serra, R., *L'humorisme del* **Curial e Güelfa**. EUC, 1936, 22, 703-23.

17 Bohigas Balaguer, P., *Notes sobre l'estructura del* Curial e Güelfa. EUC, 1936, 22, 607-19.

Par Tusquets, A., Curial e Güelfa. *Notes lingüistiques i d'estil.* B, 1928, 97.

Sansone, G. E., *Medievalismo del* Curial e Güelfa, en su *Studi di filologia catalana.* Bari, 1963, 221-37.

Alonso Montero, J., *Lengua y estilo de* **Curros Enríquez** *en su poesía gallega.* Lugo, 1968, 50.

Fernández Pousa, R., *La lengua gallega en Curros Enríquez.* RABM, 1952, 48, 353-81; 1953, 49, 229-42.

Ferreiro, C. E., *Curros Enríquez.* M, 1973, 217.

Vilanova, A., *Vida y obra de Manuel Curros Enríquez.* Vigo, 1960, 228.

Vives Gatell, J., **Dámaso** *y Ursino.* HS, 1952, 5, 211-26.

Vives Gatell, J., *San Dámaso, Papa español y los mártires.* B, 1943, 34.

Vives Gatell, J., *Damasiana.* AST, 1943, 16, 1-6.

Morreale, M., ed. de **Danza de la Muerte**. Annali. Corso di Lingue... (Bari), 1963, 6, 15-60.

Solá-Solé, J. M., *En torno a la* Dança general de la Muerte. HR, 1968, 36, 303-27.

Whyte, F., *The Dance of Death in Spain and Catalonia.* Baltimore, 1931, xi+175.

Blachère, R., *La vie et l'oeuvre du poète-epistolier andalou Ibn* **Darrag** *al-Kastalli.* Hespéris (París), 1933, 16, 99-121.

Alzola Guerediaga, N., *Notas bio-bibliográficas sobre Bernat* **D'Echepare**, en *La gran enciclopedia vasca.* Bilbao, 1966, I, 607-13.

Alzola Guerediaga, N., ed. de B. Dechepare, *Linguae Vasconum Primitiae.* Versión castellana de L. Aquesolo Olivares. Bilbao, 1966, 88.

Lafon, R., *La langue de Bernard Dechepare.* BRSV, 1951, 7, 309-38.

Lafon, R., *Sur la versification de Dechepare.* BRSV, 1957, 13, 387-93.

Michelena Elissalt, L., ed. de B. Dechepare, *Olerkiak.* Versión castellana de F. Altuna. S. Sebastián, 1968, 196.

Reicher, G., *Que sait-on de la vie de Bernard Dechepare.* Gure Herria (Bayonne), 1957, 29, 33-49.

López Martínez, L., *La novelística de Miguel* **Delibes**. Murcia, 1973, 212.

Umbral, F., *Miguel Delibes.* M, 1970, 186.

Damiani, B., La lozana andaluza [F. **Delicado**]: *bibliografía crítica.* BRAE, 1969, 49, 117-39.

Damiani, B., *La lozana andaluza: tradición literaria y sentido moral,* en *Actas del III CIH.* Méjico, 1970, 241-8.

Wardropper, B. W., *La novela como retrato: el arte de Francisco Delicado.* NRFH, 1953, 7, 475-88.

→ 16.76, Asensio.

Aubrun, Ch., *La* Dispute [**Denuestos**] de l'eau et du vin. BH, 1956, 58, 453-6. 17

→ **Razón de amor.**

Coll Alentorn, M., ed. de B. **Desclot,** *Crònica.* B, 1949-51, 5 v.

Soldevila Zubiburu, F., *Les prosificacions en els primers capitols de la* Crònica *de Desclot.* B, 1958, 38.
También, BRABarcelona, 1958, 27, 69-89.
→ 17.62.3, Montoliu.

Cotarelo Mori, E., *Don Juan Bautista* **Diamante** *y sus comedias.* BRAE, 1916, 3, 272-97, 454-97.

Carreño, A. M., *Bernal* **Díaz del Castillo.** México, 1946, 187.

Cerwin, H., *Bernal Díaz, historia of the Conquest.* Norman, 1963, xii+239.

Sáenz de Santamaría, C., *Introducción crítica a la* Historia verdadera *de Bernal Díaz del Castillo.* RI, 1966, 26, 323-465.

Hall, H. B., *Joaquín* **Dicenta** *and the drama of social criticism.* HR, 1952, 30, 44-66.

Gallego Morell, A., *Vida y obra de Gerardo* **Diego.** B, 1956, 272.

Manrique de Lara, J. G., *Gerardo Diego.* M, 1970, 201.

Mostaza, B., *Gerardo Diego, el multiforme.* ELE, 1964, 7, 407-13.

Alvar López, M., *Rasgos dialectales en la* **Disputa del alma y del cuerpo,** en *Strenae... Estudios dedicados a... M. García Blanco.* Salamanca, 1962, 37-41.

G[arcía] Solalinde, A., Disputa del alma y el cuerpo. *Comparación con su original francés.* HR, 1933, 1, 196-207.

S. C. R.,*Juan José* **Domenchina:** *bibliografía.* RHM, 1937, 3, 216-7.

Zardoya, C., *Juan José Domenchina, poeta de la sombra.* RHM, 1950, 16, 123-9.

Mettmann, W., La historia de la **Doncella Teodor.** *Untersuchung und kritische Ausgabe...* Mainz, 1962, 103.

Cotarelo Valledor, A., *Los hermanos* **Eans Mariño,** *poetas gallegos del siglo XIII.* BRAE, 1933, 20, 6-32.

Antón del Olmet, L., y A. García Carraffa, **Echegaray.** M, 1912, 221.

Eguía Ruiz, C., *Echegaray, dramaturgo...* RyF, 1917, 47, 26-37, 199-210; 48, 23-33, 156-67, 300-12.

Mathías, J., *Echegaray.* M, 1970, 190.

Mérimée, E., *José Echegaray et son oeuvre dramatique.* BH, 1916, 18, 247-78.

Avila, B., ...**Egeria,** *la peregrina española.* M, 1935, 159.

Barault, C., *Bibliografía egeriana.* HS, 1954, 13, 203-15.

Herrero Llorente, V. J., *Peregrinación de Egeria. Introducción, traducción y notas.* M, 1963, 134.

Milani, C., *L'aspetto classico della lingua di Egeria.* Aevum (Milán), 1969, 43, 381-452.

Prinz, O., ed. de *Peregrinatio Egeriae...* Heidelberg, 1960[5], 80.

17 Van Oorde, W., *Lexicon Aetherianum.* Amsterdam, 1929, viii+219. → 4.80, Eteria.

Barbadillo, M., ...*Luis de* **Eguilaz.** *Su vida, su época, su obra.* Jerez, 1964, 280.

Carreras Artau, T., *Fray Francisco* **Eximenis...** AIEG, 1946, 1, 270-93.

Ivars, A., *El escritor Fr. Francisco Eiximenez.* AIA, 1920, 14, a 1926, 25, múltiples entradas.

Montoliu, M., *Eiximenis...* B, 1959, 9-59.

Díaz Plaja, G., *Poesía y diálogo:* **Elena y María.** EstEscénicos (B), 1961, 6, 65-82.

Menéndez Pidal, R., *Elena y María.* RFE, 1914, 1, 52-96.

Battistessa, A. J., *Trazos para un perfil de Juan de la* **Encina,** en su *Poetas...* Buenos Aires, 1943, 173-232.

Caso González, J., *Cronología de las primeras obras de Juan del Encina.* Archivum, 1953, 3, 326-72.

Cirot, G., *Le théâtre religieux d'Encina.* BH, 1941, 43, 5-35.

Gimeno, R., *Juan del Encina. Teatro del primer* Cancionero. Segismundo, 1973, 9, 75-140.

Van Beysterveldt, A., *La poesía amatoria del siglo XV y el teatro profano de Juan del Encina.* M, 1972, 296.

Wardropper, B. W., *Metamorphosis in the theatre of Juan del Encina.* SPh, 1962, 59, 41-51.

Alonso Fernández, D., *El Fabio de la* **Epístola moral,** en su *Dos españoles...* M, 1960, 103-239.

[Menéndez Pelayo, M.], *Algunas fuentes de la* Epístola moral a Fabio. BBMP, 1925, 7, 270-4.

Weiss, A. H., *Metáfora e imagen en la* Epístola moral a Fabio. Clavileño, 1952, 13, 13-6.

Caillet-Bois, J., *Análisis de* La Araucana [A. de **Ercilla**]. Buenos Aires, 1967, 63.

Medina, J. T., ed. de A. de Ercilla, *La Araucana.* Santiago de Chile, 1917-8, 2 v.

Montes, H., *Estudios sobre* La Araucana. Valparaíso, 1966, 92.

Sánchez, L. A., *Alonso de Ercilla,* en su *Escritores representativos...* M, 1957, I, 9-22.

Ferreres, R., *Eduardo* **Escalante.** *El hombre y la obra.* Valencia, 1967, 164.

Cossío Martínez, J. M., *Don Amós de* **Escalante [Prieto].** M, 1933, 44. También, BRAE, 1933, 20, 548-68; 1934, 21, 63-81.

Menéndez Pelayo, M., *Don Amós de Escalante,* en su *Estudios...* M, 1942, V, 269-324.

Iniesta, A., *Don Patricio de la* **Escosura.** M, 1958, 111.

José Prades, J., *Las* Noches de invierno *de Antonio de* **Eslava.** RBD, 1949, 3, 163-96.

Entrambasaguas Peña, J., *Concha* **Espina,** en *Las mejores novelas contemporáneas.* B, 1959, IV, 1195-259.

Garlini, C. M., *Concha Espina.* Convivium (Turín), 1967, 35, 354-63. 17
Maza, J., *Vida de mi madre, Concha Espina.* M, 1969, 212.
Romo Arregui, J., *Concha Espina: bibliografía.* CLC, 1942, 1, 19-22.

Anzoátegui, I. B., *La picaresca y Vicente* Espinel. CH, 1957, 94, 54-65.
Entrambasaguas Peña, J., *Vicente Espinel, poeta de la Reina Ana de Austria.* RL, 1955, 8, 228-38; 1956, 9, 139-48.
Haley, G., *Vicente Espinel and* Marcos de Obregón. Providence, 1959, 254.

Cossío Martínez, J. M., *La* Fábula de Genil, *de Pedro* Espinosa. Cruz y Raya (M), 1935, 33, 43-66.
Homenaje a Pedro Espinosa. Sevilla, 1953, xvi+140. Miscelánea por varios autores.
Rodríguez Marín, F., *Pedro de Espinosa. Estudio biográfico, bibliográfico y crítico.* M, 1907, viii+461.
Terry, A., *Pedro de Espinosa and the praise of creation.* BHS, 1961, 38, 127-44.

Capmany, M. A., *Salvador* Espriu. B, 1972, 152.
Castellet, J. M., *Iniciació a la poesia de Salvador Espriu.* B, 1971, 176.

Casalduero, J., *Forma y visión de* El Diablo Mundo [J. Espronceda]. M, 1951, 153.
Casalduero, J., *Espronceda.* M, 1961, 280.
Cascales Muñoz, J., *Don José de Espronceda. Su época, su vida y sus obras.* M, 1914, 352.
Gallina, A. M., *La traiettoria drammatica di Espronceda...* AIUO, 1965, 7, 79-99.
Martinengo, A., *Polimorfismo nel* Diablo Mundo... Pisa, 1962, 137.
Pujals Fontrodona, E., *Espronceda y Lord Byron.* M, 1972[2], xv+482 + láms.
Romero Tobar, L., *Bibliografía de ediciones de Espronceda.* CB, 1972, 28, 163-71.
Segura Covarsí, E., *Espronceda, prosista.* REE, 1952, 8, 63-122.
Ynduráin Muñoz, D., *Análisis formal de la poesía de Espronceda.* M, 1971, 644.

Arco Garay, R., *El Príncipe de* Esquilache, *poeta anticulterano.* AFA, 1950, 3, 83-126.
Gili Gaya, S., *La obra poética de Esquilache.* NRFH, 1961, 15, 255-61.
González Palencia, A., *Noticias biográficas del Virrey poeta, Príncipe de Esquilache.* AEAm, 1949, 6, 73-160.

Cánovas del Castillo, A., El Solitario *y su tiempo. Biografía de Serafín* Estébanez Calderón *y crítica de sus obras.* M, 1883, 2 v.
Muñoz Rojas, J. A., El Solitario *en el tiempo.* RO, 1968, 58, 76-94.

Martínez Bujanda, J., *Diego de* Estella. *Estudio de sus obras castellanas.* Roma, 1971, 187.
Moral, T., *Fray Diego de Estella.* Pamplona, 1971, 31.
Pamplona, 1950, 161 + láms.
Sagüés Azcona, P., *Fray Diego de Estella... Biografía crítica.*

17 Benito Ruano, E., *Lope de [E]***Stúñiga**. *Vida y cancionero.* RFE, 1968, 51, 17-109.

Díaz Díaz, M. C., *Contribuciones al estudio de la pervivencia de* **Eugenio** *de Toledo.* Acta Salmanticensia, 1958, 12, 117-22.

Rivera Recio, J. F., *San Eugenio de Toledo y su culto.* Toledo, 1963, xi+267.

Rivera Recio, J. F., *Auténtica personalidad de San Eugenio I de Toledo.* AA, 1964, 12, 11-84.

García Laguna, A., *Vida de S.* **Eulogio**. Córdoba, 1959, 60.

Madoz Moleres, J., *El viaje de San Eulogio a Navarra...* PV, 1945, 6, 415-23.

Pérez de Urbel, J., *San Eulogio de Córdoba.* M, 1942^{2}, 260.

→ 8.50, Lambert.

Cavallera, F., *L'héritage littéraire et spirituel du prêtre* **Eutrope**. Revue d'Ascétyque (París), 1948, 24, 60-7.

Díaz Díaz, M. C., *La producción literaria de* **Eutropio de Valencia**. Acta Salmanticensia, 1958, 12, 123-5.

Domínguez del Val, U., *Eutropio de Valencia y sus fuentes de información.* RET, 1954, 14, 367-92.

Madoz Moleres, J., *Herencia literaria del presbítero Eutropio.* EE, 1942, 16, 24-54.

Castillo, R., *Poesías de Moisés Ibn* **Ezra**. Arbor, 1951, 18, 525-9.

Díez Macho, A., *Mosé ibn Ezra como poeta y preceptista.* M, 1953, 213.

Millás Vallicrosa, J. M., *Un capítulo del Libro de poética de Mose Abenezra.* BRAE, 1930, 17, 423-47.

Terés Sádaba, E., *Ibn* **Faray** *de Jaén y su* Kitab al-hada'iq... Al-Andalus, 1946, 11, 131-57.

Granja Santamaría, F., *Un literato arábigoandaluz olvidado: Ibn* **Fatuh**. Al-Andalus, 1967, 32, 459-68.

Riquer Morera, M., ed. de A. **Febrer**, *Poesies.* B, 1951, 172.

Montoliu, M., *Les trobes de Jaume* **Febrer**. RH, 1912, 27, 285-389.

Ceñal, R., **Feijóo**, *hombre de la Ilustración.* RO, 1964, 7, 313-34.

Cossío Martínez, J. M., *Introducción a la lectura de Feijóo...* Escorial (M), 1941, 2, 187-212.

Delpy, G., *...L'oeuvre de Feijóo.* París, 1936, lx+387.

Fernández González, A. R., *Personalidad y estilo en Feijóo.* CCF, 1966, 17, 7-31.

Lapesa Melgar, R., *Sobre el estilo de Feijóo,* en su *De la edad media...* M, 1967, 290-9.

Marañón Posadillo, G., *Las ideas biológicas del Padre Feijóo.* M, 1954^{3}, 323.

Otero Pedrayo, R., *El Padre Feijóo. Su vida, doctrina e influencias.* Orense, 1972, 770.

→ 14.28, Galino.

Elgorriaga, J. A., *León* **Felipe**: *estructura del mundo poético.* PSA, 1968, 51, 245-65.

Murillo González, M., *León Felipe. Sentido religioso de su poesía.* México, 1966, 321. 17

Rius, L., *León Felipe, poeta de barro. Biografía.* México, 1968, 260.

Fernández Montesinos, J., **Fernán Caballero.** Méjico, 1961, xiii+178.

Herrero, J., *Fernán Caballero...* M, 1963, 346.

Montoto, S., *Fernán Caballero. Algo más que una biografía.* Sevilla, 1969, 401 + láms.

Armistead, S. G., *La perspectiva histórica del Poema de* **Fernán González.** PSA, 1961, 21, 9-18.

Avalle-Arce, J. B., *El* Poema de Fernán González: *clerecía y juglaría.* PhQ, 1972, 51, 60-73.

Keller, J. P., *The structure of the* Poema de Fernán González. HR, 1957, 25, 235-46.

Polidor, E., ed. del *Poema de Fernán González.* Roma, 1962, 526. → 16.43, Gorog.

Cirot, G., *L'*Auto de la Pasión [L. **Fernández**]. BH, 1940, 42, 285-91.

Espinosa Maeso, R., *Ensayo biográfico del Maestro Lucas Fernández.* BRAE, 1923, 10, 386-424, 567-603.

Hermenegildo, A., *Nueva interpretación de un primitivo: Lucas Fernández.* Segismundo, 1966, 2, 1-43.

Lihani, J., *Lucas Fernández.* Nueva York, 1973, 179.

Lihani, J., *El lenguaje de Lucas Fernández: estudio del dialecto sayagués.* Bogotá, 1973, 654.

Carballo Picazo, A., *Cervantes,* **[Fernández de] Avellaneda** *y los «artículos»,* en HDA, I, 281-93.

García Soriano, J., *Los dos* Don Quijote... Toledo, 1944, 292.

Gilman, S., *Cervantes y Avellaneda...* Méjico, 1951, 182.

Maldonado de Guevara, F., *El incidente Avellaneda.* AC, 1956, 5, 41-62.

Riquer Morera, M., ed. de A. Fernández de Avellaneda, *Don Quijote de la Mancha.* M, 1972, 3 v.

Terrero, J., *Itinerario del Quijote de Avellaneda y su influencia en el cervantino.* AC, 1952, 2, 161-91.

Bolaño de Valdés, S., *Wenceslao* **Fernández Flórez** *y su obra.* Méjico, 1963, 122.

Halcón Villalón, M., *Don Wenceslao Fernández Flórez.* BRAE, 1964, 44, 7-16.

Mature, A., *Wenceslao Fernández Flórez y su novela.* Méjico, 1968, 157.

Romo Arregui, J., *Bibliografía de Fernández Flórez.* CL, 1948, 3, 71-4.

Palacio Valdés, A., *Don Manuel* **Fernández González,** en su *Los novelistas...* M, 1878, 89-101.

Fernández de Heredia, J. → 5.20.

Cabañas, P., **[L. Fernández de] Moratín** *y la reforma del teatro de su tiempo.* RBN, 1944, 5, 63-102.

Casalduero, J., *Forma y sentido de* El sí de las niñas. NRFH, 1957, 11, 36-56.

17 Consiglio, C., *Moratín y Goldoni.* RFE, 1942, 26, 1-14, 311-4.
Dowling, J., ed. de L. Fernández de Moratín, *La comedia nueva.* M, 1970, 346.
Entrambasaguas Peña, J., *El lopismo de Moratín.* RFE, 1941, 25, 1-45.
Higashitani, H., *El teatro de Fernández de Moratín.* M, 1973, 175.
Lázaro Carreter, F., *El afrancesamiento de Moratín.* PSA, 1961, 20, 145-60.
Mancini, G., *Perfil de Leandro Fernández de Moratín,* en su *Dos estudios...* B, 1970, 207-304.
Papell, A., *Moratín y su época.* Palma, 1958, 380.
Vézinet, F., *Moratín et Molière. Molière en Espagne.* Revue d'histoire littéraire de la France (París), 1907, 14, 193-230; 1908, 15, 245-85.
→ 16.43, Ruiz Morcuende.

Lázaro Carreter, F., *La transmisión textual del poema de* **[N. Fernández de] Moratín**, Fiesta de toros en Madrid. Clavileño, 1953, 21, 33-8.
Vivanco, L. F., *Moratín y la ilustración mágica.* M, 1972, 241.

Fernández de Oviedo, G. → 5.20, Fernández de Oviedo.

Cubero Sanz, M., *Vida y obra de Augusto* **Ferrán.** M, 1965, 303.
Martínez Cachero, J. M., *La obra de Emilio* **Ferrari.** Archivum, 1960, 10, 137-228.

Mele, E., y A. González Palencia, *Notas sobre Francisco de* **Figueroa.** RFE, 1941, 25, 333-82.

Matulka, B., *The novels of Juan de* **Flores** *and their european diffusion...* Nueva York, 1931, xvii+475.

Terry, A., *Sobre les obres poètiques de J. V.* **Foix.** Serra d'Or (B), 1968, 102, 47-52.

Li Gotti, E., *Jofre de* **Foixà**, *vers e regles de trobar.* Módena, 1952, 120.

Girona, M., *Josep M.ª* **Folch Torres.** B, 1953, 207.
Miracle, M., *Josep M.ª Folch i Torres.* Tárrega, 1971, 437 + láms.
Jiménez Salas, M., *Vida y obras de Don Juan Pablo* **Forner y Sagarra.** M, 1944, 618 + láms.
Peñuelas, M. C., *Personalidad y obra de Forner.* Hispanófila, 1966, 26, 23-31.

Entrambasaguas Peña, J., *Agustín de* **Foxá**, en *Las mejores novelas contemporáneas.* B, 1963, IX, 885-939.
Luca de Tena, J. I., *Agustín de Foxá.* BRAE, 1959, 39, 365-77.

Menéndez Pidal, R., *Don José* **Francos Rodríguez.** BRAE, 1931, 18, 481-8.

Fructuoso → 8.14, Padres.

Gonzalo Maeso, D., *El malagueño Selom ibn* **Gabirol**, *poeta y estilista árabe.* MEAH, 1970, 19, 155-75.

Gonzalo Maeso, D., *Selom ibn Gabirol, filósofo y teólogo.* MEAH, 1972, 21, 61-86. 17

Millás Vallicrosa, J. M., *Selomó ibn Gabirol como poeta y filósofo.* M, 1945, 201.

Colangeli, M. R., *La poesía di* **Gabriel y Galán**. Bolonia, 1965, 239.

Gutiérrez Macías, V., *Biografía de Gabriel y Galán.* M, 1956, 212.

Real de la Riva, C., *Vida y poesía de José María Gabriel y Galán.* Salamanca, 1954, 92.

Revilla Marcos, A., *José María Gabriel y Galán. Su vida y sus obras...* M, 1923, 210.

Zamora Vicente, A., *El dialectalismo de José María Gabriel y Galán.* Filología, 1950, 2, 113-75.

Rodríguez Marín, F., *La* Fílida *de* **Gálvez de Montalvo**. M, 1927, 81.

Cossío Martínez, J. M., *El realismo de Don Juan Nicasio* **Gallego**. BBMP, 1923, 5, 345-7.

González Negro, E., *Estudio biográfico de D. Juan Nicasio Gallego.* Zamora, 1901, 66.

Fernández Almagro, M., *Vida y obra de Angel* **Ganivet**. M, 1953, 302.

Gallego Morell, A., *Angel Ganivet, el excéntrico del 98.* Granada, 1965, 279 + láms.

Gallego Morell, A., *Estudios y textos ganivetianos.* M, 1971, 214.

Herrero, J., *Angel Ganivet. Un iluminado.* M, 1966, 346.

Ventura Agudiez, J., *Las novelas de Angel Ganivet.* Salamanca, 1972, 182.

Carballo Picazo, A., *El Doctor Carlos* **García**... RBD, 1951, 5, 5-46.

Alonso Alonso, M., ed. de D. **García**, *Planeta.* M, 1943, 494.

Corbella, R., *Lo Rector de Vallfogona* [F. V. **García**] *i los seus escrits.* B, 1921, 212.

Serra Vilaró, J., *El Rector de Vallfogona, Dr. Francesc García.* B, 1964, 72.

Adams, N. B., *The romantic drama of* **García Gutiérrez**. Nueva York, 1922, 149.

Entrambasaguas Peña, J., ed. de A. García Gutiérrez, *Poesías.* M, 1947, lxii+322.

Andioc, R., ed. de V. **García de la Huerta**, *Raquel.* M, 1971, 169.

Sebold, R. P., *Neoclasicismo y creación en la* Raquel *de García de la Huerta,* en su *El rapto...* M, 1970, 235-54.

Segura Covarsí, E., *La* Raquel *de García de la Huerta.* REE, 1951, 7, 197-234.

Babin, M. T., *Federico* **García Lorca**. *Vida y obra.* Nueva York, 1955, 122.

Correa, G., *La poesía mítica de Federico García Lorca.* M, 1970, 250.

Devoto, D., *Notas sobre el elemento tradicional en la obra de García Lorca.* Filología, 1950, 2, 294-341.

Díaz Plaja, G., *Federico García Lorca.* M, 1973[5], 224.

17 Eich, Ch., *Federico García Lorca, poeta de la intensidad*. M, 1958, 220.
Flys, J. M., *El lenguaje poético de García Lorca*. M, 1955, 243.
Laffranque, M., *Essai de chronologie de F. García Lorca*. BH, 1957, 59, 418-29.
Laffranque, M., *Federico García Lorca*. París, 1966, 129.
Río, A., *Vida y obra de Federico García Lorca*. Zaragoza, 1952, 168.
Rosenbaum, S. C., *Federico García Lorca. Bibliografía*. RHM, 1940, 6, 263-79.
Vian, C., *Federico García Lorca, poeta y dramaturgo*. Milán, 1952, 112.

Umbral, F., *José* **García Nieto**. PE, 1963, 83, 10-9.

Ponce Muñoz, F., *Actualidad de un escritor, Salvador* **García de Pruneda**. PE, 1964, 101, 89-93.

Rodríguez Herrero, A., ed. de L. **García de Salazar**, *Las bienandanzas e fortunas*. Bilbao, 1967, 4 v.

Fernández Almagro, M., *Federico* **García Sanchiz**. BRAE, 1964, 44, 203-11.
Gómez Santos, M., *Federico García Sanchiz*. B, 1958, 64.

Gullón, R., **[García] Tassara**, *Duque de Europa*. BBMP, 1946, 22, 132-69.
Méndez Bejarano, M., *García Tassara. Nueva biografía crítica*. M, 1928, 209.

Torre Pintueles, E., *La vida y la obra de José* **García Villalta**. M, 1959, 176.

Arce Blanco, M., **Garcilaso de la Vega**... M, 1930, 140.
Blecua Perdices, A., *En el texto de Garcilaso*. M, 1970, 181.
Gallego Morell, A., *Bibliografía de Garcilaso*. RBD, 1949, 3, 53-108.
Gallego Morell, A., *En torno a Garcilaso y otros ensayos*. M, 1970, 202.
Gallego Morell, A., *Garcilaso de la Vega y sus comentaristas*. M, 1972, 699.
Keniston, H., *Garcilaso de la Vega. A critical study of his life and works*. Nueva York, 1922, 509.
Lapesa Melgar, R., *La trayectoria poética de Garcilaso*. M, 1968[2], 233.
Navarro Tomás, T., *La musicalidad de Garcilaso*. BRAE, 1969, 49, 417-30.
→ 16.43, Sarmiento.

Miró Quesada, A., *El Inca* **Garcilaso**. M, 1948[2], 277.
Varner, J. G., *El Inca: The life and times of Garcilaso de la Vega*. Austin, 1968, 413.
→ 7.02, Menéndez.

Arocena Arregui, F., **Garibay**. Zarauz, 1960, 156.

Kirschenbaum, L., *Enrique* **Gaspar** *and the social drama in Spain*. Berkeley, 1944, viii+108.

Poyán Díaz, D., *Enrique Gaspar. Medio siglo de teatro español.* M, 1957, 2 v. 17

Gullón, R., *Cisne sin lago. Vida y obras de Enrique* **Gil Carrasco.** M, 1951, 266.
Lomba Pedraja, J. R., *Enrique Gil Carrasco. Su vida y su obra literaria.* RFE, 1915, 2, 137-79.
Ledda, G., *Il romanzo storico di Gil y Carrasco.* MSI, 1964, 133-46.
Samuels, D. G., *Enrique Gil Carrasco.* Nueva York, 1939, 249.
Varela Iglesias, J. L., *Semblanza isabelina de Enrique Gil Carrasco.* CL, 1949, 18, 105-46.

Ferreres, R., ed. de G. **Gil Polo,** *Diana enamorada.* M, 1953, xlvii+266.
Ferreres, R., *Estructura de las canciones de Gil Polo.* RFE, 1960, 43, 429-37.

Castro Castro, M., ed. de J. **Gil de Zamora,** *De preconiis Hispaniae.* M, 1955, ccxxiii+428.
Cirot, G., *De operibus historicis Johannis Aegidii Zamorensis.* Burdeos, 1913, 83.

Vázquez Dodero, J. L., *El arte y la historia en* Un millón de muertos [J. M. **Gironella**]. NT, 1961, 14, 732-42.

Bravo Villasante, C., *Una vida romántica: la* **[Gómez] Avellaneda.** B, 1967, 251.
Cotarelo Mori, E., *La Avellaneda y sus obras.* M, 1930, 450. También, BRAE, 1928, 15, a 1930, 17, múltiples entradas.
Williams, E. B., *The life and dramatic works of Gertrudis Gómez Avellaneda.* Filadelfia, 1924, 116.

Rubio, F., *Epigramas latinos de Alvaro* **Gómez de Castro.** LCD, 1958, 171, 723-30.

Cotarelo Valledor, A., *Cancionero de Payo* **Gómez Chariño.** M, 1934, 303.

Becco, H. J., *Bibliografía de Ramón* **Gómez de la Serna.** Cuadernos del idioma (Buenos Aires), 1968, 3, 145-60
Camón Aznar, J., *Ramón Gómez de la Serna en sus obras.* M, 1972, 535.
Entrambasaguas Peña, J., *Ramón Gómez de la Serna,* en *Las mejores novelas contemporáneas.* B, 1961, VIII, 909-1066.
Gómez de la Serna, G., *Ramón. Obra y vida.* M, 1963, 305.
Gómez de la Serna, G., *Hacia el concepto de* greguería. PSA. 1963, 30, 197-204.
S[ánchez] Granjel, L., *Retrato de Ramón. Vida y obra de Ramón Gómez de la Serna.* M, 1963, 260.

Alonso Fernández, D., *La lengua poética de* **Góngora.** M, 1950[2], 230.
Alonso Fernández, D., *Estudios y ensayos gongorinos.* M, 1955, 618.
Alonso Fernández, D., *Góngora y el* Polifemo. *Texto, estudio...* M, 1967[5], 3 v.
Artigas Ferrando, M., *Don Luis de Góngora y Argote. Biografía y estudio crítico.* M, 1925, 492.

17 Frattoni, O., *Ensayo para una historia del soneto en Góngora.* Buenos Aires, 1948, 111.

Gates, E. J., *The metaphors of Luis de Góngora.* Filadelfia, 1933, 190.

Millé Giménez, J. e I., *Bibliografía gongorina.* RH, 1933, 81, 130-76.

Orozco Díaz, E., *En torno a las* Soledades *de Góngora...* Granada, 1969, 328.

Orozco Díaz, E., *Lope y Góngora, frente a frente.* M, 1973, 428.

Pabst, W., *La creación gongorina en los poemas* Polifemo *y* Soledades. M, 1965, xv+148.
También, RH, 1930, 80, 1-229.

Pérez, C. A., *Juegos de palabras y formas de engaño en la poesía de Don Luis de Góngora.* Hispanófila, 1964, 20, 5-47; 21, 41-72.

Roig del Campo, J. A., *La poesía sacra de Góngora.* RyF, 1961, 765, 179-86; 766, 323-34.

Sánchez, A., *Lo cómico en la poesía de Góngora.* RFE, 1961, 44, 95-138.

Smith, C. C., *La musicalidad del* Polifemo. RFE, 1961, 44, 139-66.

Vilanova Andreu, A., *Las fuentes y los temas del* Polifemo *de Góngora.* M, 1957, 2 v.

→ 16.43, Alemany.

Bonguió, L., *Fray Diego Tadeo* **González** *and spanish taste in poetry in the eighteenth century.* RR, 1961, 52, 241-60.

Carreira, A., y J. A. Cid, ed. de *Vida y hechos de Estebanillo* **González**. M, 1971, 566.

Jones, W. K., *Estebanillo González.* RH, 1929, 77, 201-45.

G[onzález de] Amezúa, A., *Don Salvador* **González Anaya**. BRAE, 1955, 35, 7-12.

González Ruiz, N., y R. Gómez Ortega, *Juan Ignacio* **González del Castillo:** *catálogo crítico de sus obras completas.* BSS, 1924, 2, 35-50.

López Estrada, F., ed. de Ruy **González de Clavijo**, *Embajada a Tamorlán.* M, 1943, cclxxxi+304.

Batllori Munné, M., **Gracián** *y el Barroco.* Roma, 1958, 220.

Batllori Munné, M., y C. Peralta, *Baltasar Gracián en su vida y en sus obras.* Zaragoza, 1970, 240.

Blecua Teijeiro, J. M., *El estilo de* El Criticón. AFA, 1945, 1, 7-32.

Correa Calderón, E., *Baltasar Gracián. Su vida y su obra.* M, 1961, 422.

Coster, A., *Baltasar Gracián.* RH, 1913, 29, 347-754.
También, Zaragoza, 1947, xxiv+376.

Heger, K., *Baltasar Gracián. Estilo lingüístico y doctrina de valores...* Zaragoza, 1960, 230.

May, T. E., *An interpretation of Gracián's* Agudeza y arte de ingenio. HR, 1948, 16, 275-300.

May, T. E., *Gracián's idea of the* concepto. HR, 1950, 18, 15-41.

Navarro González, A., *Las dos redacciones de la* Agudeza y arte de ingenio. CL, 1948, 4, 201-14.

Ramos Foster, V., *The status of Gracián criticism: a bibliographic essay.* RJ, 1967, 18, 296-307. **17**
Romera Navarro, M., ed. de *El Criticón.* Filadelfia, 1938, 3 v.
Romera Navarro, M., *Las alegorías del* Criticón. HR, 1941, 9, 151-75.
Romera Navarro, M., *El humanismo y la sátira de Gracián.* HR, 1942, 10, 126-46.
Romera Navarro, M., *Estudios sobre Gracián.* Texas, 1950, vi+146.
→ 17.06, **Schopenhauer.**

Morreale, M., ed. de Lucas **Gracián Dantisco,** *Galateo español.* M, 1968, 383.

Northup, G. T., *La* **Gran Conquista de Ultramar** *and its problems.* HR, 1934, 2, 287-302.
Rey, A., *Las leyendas del ciclo carolingio en la* Gran Conquista de Ultramar. RPh, 1949-50, 3, 172-81.

Huerga, A., *Génesis y autenticidad del* Libro de la oración y meditación [Fr. Luis de **Granada**]. RABM, 1953, 59, 135-83.
Llaneza, M., *Bibliografía de Fray Luis de Granada.* Salamanca, 1926-9, 4 v.
Switzer, R., *The ciceronian style in Fr. Luis de Granada.* Nueva York, 1927, vi+159.

Romero Tobar, L., *Francisco* **Grandmontaigne.** BIFG, 1969, 18, 248-74.

Rodríguez Salcedo, G., *Introducción al teatro de Jacinto* **Grau.** PSA, 1966, 42, 13-42.

Domínguez del Val, U., *Herencia literaria de* **Gregorio de Elvira.** Helmantica, 1973, 24, 281-356.
Vega, A. C., *...S. Gregorio de Elvira.* LCD, 1944, 156, 205-58.

Villar Angulo, L. M., *Vida y obra de Alfonso* **Grosso.** Sevilla, 1973, 350.

Castro Quesada, A., *Antonio de* **Guevara.** *Un hombre y un estilo del siglo XVI.* BICC, 1945, 1, 46-76.
Costes, R., *Antonio de Guevara.* París, 1925, 72.
También, BH, 1923, 25, 305-60; 1924, 26, 193-208.
Gibbs, J., *Vida de Fray A. de Guevara.* Valladolid, 1960, 164.
Karl, L., *Note sur la fortune des oeuvres d'Antonio de Guevara à l'étranger.* BH, 1933, 35, 32-50.
Lida, M. R., *Fray Antonio de Guevara. Edad media y Siglo de Oro español.* RFH, 1945, 7, 346-88.
Marichalar, J., *Sobre la originalidad renacentista en el estilo de Guevara.* NRFH, 1955, 9, 113-28.
Ros, F., *Guevara, auteur ascétique.* AIA, 1946, 6, 304-404.
Weber de Kurlat, F., *El arte de Fray Antonio de Guevara en el* Menosprecio de la corte y alabanza de la aldea, en *Studia Iberica. Festschrift H. Flasche.* Berna, 1973, 669-87.

Blecua Teijeiro, J. M., ed. de J. **Guillén,** *Cántico.* B, 1970, 243.
Casalduero, J., Cántico, *de Jorge Guillén.* M, 1953, 357.
Debicki, A. P., *La poesía de Jorge Guillén.* M, 1973, 380.

17 Dehennin, E., Cántico *de Jorge Guillén. Une poésie de la clarté.* Bruselas, 1969, 254.
Gil Biedma, J., Cántico. *El mundo y la poesía de Jorge Guillén.* B, 1960, 189.
Weber, R. J., *De* Cántico *a* Clamor. RHM, 1963, 29, 109-19.

Fàbregas, X., *Angel* **Guimerà**, *les dimensions d'un mite.* B, 1971, 268.
Junyent, J. M., *Angel Guimerà...* B, 1968, 67.
Poblet, J. M., *Angel Guimerà.* B, 1967, 112.

Corbière, A. S., *Juan Eugenio* **Hartzenbusch** *and the french theatre.* Filadelfia, 1927, 95.
Picoche, J. L., ed. de *Los amantes de Teruel.* París, 1970, 2 v.

Antuña, M. M., *Ben* **Hayan** *de Córdoba y su obra histórica.* El Escorial, 1924, 71.
García Gómez, E., *A propósito de Ibn Hayyan. Resumen del estado actual...* Al-Andalus, 1946, 11, 395-423.

Arnáldez, R., *Grammaire et théologie chez Ibn* **Hazm** *de Cordoue...* París, 1956, 335.
Asín Palacios, M., *Abenházam de Córdoba y su historia crítica de las ideas religiosas.* M, 1927-32, 5 v.
García Gómez, E., *Un precedente y una consecuencia del* Collar de la paloma. Al-Andalus, 1951, 16, 309-30.
Pellat, Ch., *Ibn Hazm, bibliographe et apologiste de l'Espagne musulmane.* Al-Andalus, 1954, 19, 53-102.
Seco de Lucena, L., *Sobre el* Naqt al'arus *de Ibn Hazm de Córdoba. Ibn Hazm, historiador y político.* Al-Andalus, 1941, 6, 357-75.

Aguirre, A. M., *Bibliografía de Miguel* **Hernández**. QIA, 1968, 5, 186-202.
Cano Ballesta, J., *La poesía de Miguel Hernández.* M, 1971[2], 355.
Guerrero Zamora, J., *Miguel Hernández, poeta.* M, 1955, 428.
Puccini, D., *Miguel Hernández. Vita e poesia.* Milán, 1966, 227.
Ramos Pérez, V., *Miguel Hernández.* M, 1973, 378.

Alatorre, A., *Garcilaso,* **Herrera**, *Prete Jacopín...* MLN, 1963, 78, 126-51.
Battaglia, S., *Per il testo di Fernando de Herrera.* Filologia romanza (Nápoles), 1954, 1, 51-89.
Blecua Teijeiro, J. M., *Los textos poéticos de Fernando de Herrera.* Archivum, 1954, 4, 247-63.
Blecua Teijeiro, J. M., *De nuevo sobre los textos poéticos de Herrera.* BRAE, 1958, 38, 377-468.
Macrí, O., *Revisión crítica de la* controversia *herreriana.* RFE, 1959, 42, 211-27.
Macrí, O., *Fernando de Herrera.* M, 1972[2], 695.
→ 16.43, Kossoff.

Uriarte, J. E., *¿Quién fue D. Hugo de Jaspedós* [J. G. de **Hervás**]? RyF, 1901, 1, 316-26, 507-15.

Torres Rodríguez, C., *El* Cronicón *de* **Hidacio**... Compostellanum, 1956, 1, 237-73.

Torres Rodríguez, C., *Hidacio, el primer cronista español.* RABM, 1956, 62, 755-94. 17
→ 20.20, Torres.

Arroita Jáuregui, M., *La palabra humilde de José* **Hierro.** CH, 1954, 19, 152-5.
Rogers, D. M., *El tiempo en la poesía de José Hierro.* Archivum, 1961, 11, 201-30.

Sala Balust, L., *Los autores de la* **Historia Compostelana.** Hispania, 1943, 3, 16-69.

Pérez de Urbel, J., y A. González Ruiz, ed. de **Historia Silense.** M, 1959, 235.
Sánchez Albornoz, C., *Sobre el autor de la llamada* Historia Silense. CHE, 1955, 24, 307-16.

G[arcía] Solalinde, A., *Las versiones españolas* [**Historia Troyana**] *del* Roman de Troie. RFE, 1916, 3, 121-65.
Menéndez Pidal, R., y E. Varón Vallejo, ed. de *Historia Troyana.* M, 1934, xlix+225.

Ayerbe Chaux, R., *La investigación del texto del* Libro de Buen Amor [Arcipreste de **Hita**]. Thesaurus, 1971, 26, 28-83.
Gariano, C., *El mundo poético de Juan Ruiz.* M, 1967, 262.
Gybbon, G. B., *Estado actual de los estudios sobre el* Libro de Buen Amor. AEM, 1966, 3, 575-609.
Hart, T., *La alegoría en el* Libro de Buen Amor. M, 1959, 123.
Lecoy, F., *Recherches sur le* Libro de Buen Amor *de Juan Ruiz.* París, 1938, 374.
Libro de Buen Amor *Studies.* Londres, 1970, 256.
Miscelánea por diversos autores.
Lida, M. R., *Notas para la interpretación, influencia, fuentes y texto del* Libro de Buen Amor. RFH, 1940, 2, 105-50.
Lida, M. R., *Nuevas notas para la interpretación del* Libro de Buen Amor. NRFH, 1959, 13, 17-82.
Lida, M. R., *Dos obras maestras españolas: el* Libro de Buen Amor *y la* Celestina. Buenos Aires, 1966, 118.
Lida, M. R., *Selección del* Libro de Buen Amor *y estudios críticos.* Buenos Aires, 1973, xxiv+374.
Macchi, G., *La tradizione manoscrita del* Libro de Buen Amor. *A proposito di recenti edizioni ruiziane.* CN, 1968, 28, 264-98.
Morreale, M., *Glosario parcial del* Libro de Buen Amor: *palabras relacionadas por su posición en el verso,* en *Homenaje... Instituto de Estudios Hispánicos.* La Haya, 1966, 391-448.
Morreale, M., *Apuntes para un comentario literal del* Libro de Buen Amor. BRAE, 1963, 43, 249-371.
Morreale, M., *Más apuntes para un comentario...* BRAE, 1967, 47, 213-86, 417-97; 1968, 48, 117-44; HR, 1969, 37, 131-63; 1971, 39, 271-313.
Rico Manrique, F., *Sobre el origen de la autobiografía en el* Libro de Buen Amor. AEM, 1967, 4, 301-25.
Riquer Morera, M., *Ordenación de estrofas en el* Libro de Buen Amor. BRAE, 1967, 47, 115-24.

17 Villegas, J., *Hacia el sentido de las serranas en el* Libro de Buen Amor. BF, 1970, 21, 275-91.

Weisser, F., *Sprachliche Kunstmittel des Erzpriesters von Hita.* VKR, 1934, 7, 164-243, 281-348.

Zahareas, A. N., *The art of Juan Ruiz, Archpriest of Hita.* Oxford, 1965, xii+227.

→ 16.43, Aguado, Criado, Richardson.

Millás Vallicrosa, J. M., *La obra enciclopédica de Abraham bar* **Hiyya.** The Hebrew Union (Cincinnati), 1951, 23, 645-68.

Millás Vallicrosa, J. M., ed. de Abraham bar Hiyya, *Forma de la Tierra.* M, 1956, 128.

Pierce, F., **Hojeda**'*s La Christiada...* BHS, 1940, 17, 203-18.

Cotarelo Mori, E., *El licenciado Sebastián de* **Horozco** *y sus obras.* BRAE, 1915, 2, 646-706.

Márquez Villanueva, F., *Sebastián de Horozco y el* Lazarillo de Tormes. RFE, 1957, 41, 253-339.

Davies, G. A., *A poet at court: Antonio* **Hurtado de Mendoza.** Oxford, 1971, 367.

Blanco González, B., ed. de Diego **Hurtado de Mendoza,** *Guerra de Granada.* M, 1970, 449.

González Palencia, A., y E. Mele, *Vida y obras de Don Diego Hurtado de Mendoza.* M, 1941-3, 3 v.

Malcom, S., *The poetry of Don Diego Hurtado de Mendoza.* La Habana, 1959, 254.

Spivakoisky, E., *Son of the Alhambra. Don Diego Hurtado de Mendoza.* Austin, 1970, xviii+450 + láms.

Alonso Fernández, D., *Un poeta madrileñista... Don Juan* **Hurtado de Mendoza.** BRAE, 1957, 37, 213-98.

Canal, J. M., *S.* **Ildefonso** *de Toledo. Historia y leyenda.* Ephemerides Mariologicae (M), 1967, 17, 437-62.

Domínguez del Val, U., *Personalidad y herencia literaria de San Ildefonso de Toledo.* RET, 1971, 31, 137-66, 283-334.

Madoz Moleres, J., *San Ildefonso de Toledo.* EE, 1952, 26, 467-505.

Vega, A. C., *San Ildefonso de Toledo. Sus biografías y sus biógrafos y sus* Varones ilustres. BRAH, 1969, 165, 35-107.

→ 8.14, Padres.

Arce Fernández, J., *El prestigio de Dante en el magisterio lingüístico-retórico de* **Imperial,** en HRL, I, 105-18.

Clarke, D. C., *Francisco Imperial, nascent spanish secular drama...* PhQ, 1963, 42, 1-13.

Lapesa Melgar, R., *Notas sobre Micer Francisco Imperial.* NRFH, 1953, 7, 337-51.

También, en su *De la edad media...* M, 1967, 76-94.

Morreale, M., *El* Dezir a las siete virtudes... *Lectura e imitación prerrenacentista de la* Divina Comedia, en *Estudios dedicados a R. Oroz.* Santiago de Chile, 1967, 307-78.

Place, E. B., *Present status of the controversy over Francisco Imperial.* Speculum (Cambridge, Mass.), 1956, 31, 478-84.

Alvar López, M., ed. de *Libro de la* infancia y muerte de Jesús. M, 1965, xvi+200 + láms. 17

Castresana, L., *Vida y obra de* Iparraguirre... Bilbao, 1971, 360.
Salaverría, J. M., *Iparraguirre, el último bardo.* M, 1932, 184.

Cotarelo Mori, E., Iriarte *y su época.* M, 1897, viii+588.
Cox, R. M., *Tomás de Iriarte.* Nueva York, 1972, 161.
Navarro González, A., ed. de T. Iriarte, *Poesías.* M, 1953, lv+170.
Sebold, R. P., *Tomás de Iriarte, poeta de* rapto racional, en su *El rapto...* M, 1970, 141-96.

García Gómez, E., *Abu* Ishaq *de Elvira...*, en su *Cinco poetas...* M, 1944, 95-138.

Campos Ruiz, J., *La* Regula Monachorum *de San* Isidoro *y su lengua.* Helmantica, 1961, 37, 62-101.
Codoñer Merino, C., *El* De viris illustribus *de S. Isidoro de Sevilla.* Salamanca, 1964, 165.
García Rives, L., *Estudio de las traducciones castellanas de obras de S. Isidoro.* RABM, 1950, 56, 279-320.
Isidoriana. Colección de estudios sobre Isidoro de Sevilla... León, 1961, 557.
Miscelánea por numerosos autores.
Jiménez Delgado, J. M., *La formación clásica de S. Isidoro.* AST, 1941, 14, 59-74.
Madoz Moleres, J., *San Isidoro de Sevilla. Semblanza de su personalidad literaria.* León, 1960, xix+199.
También, AL, 1960, 14, 1-199.
Pérez Llamazares, J., *Vida y milagros de... San Isidoro...* León, 1924, 316 + láms.
Pérez de Urbel, J., *San Isidoro. Su vida, su obra, su tiempo.* B, 1945², 284.
Romero, J. L., *San Isidoro de Sevilla. Su pensamiento histórico-político...* CHE, 1947, 8, 5-71.
Segovia, A., *Informe sobre bibliografía isidoriana (1936-1690).* EE, 1961, 36, 73-126.
→ 1.42, 8.14, Padres; 8.50, Díaz; 13.03, Seijas; 14.04, Fontaine.

Eguía Ruiz, C., *El estilo humanístico del P.* Isla. Humanidades (Comillas), 1951, 3, 263-76.
Sebold, R. P., ed. de J. F. de Isla, *Fray Gerundio de Campazas.* M, 1960-4, 4 v.
→ 1.42.

Muhsin Mahdi, *Ibn Khaldun's* [Jaldún], *philosophy of history...* Londres, 1957, 325.
Pérès, H., *Essai de bibliographie sur la vie et l'oeuvre d'Ibn Haldun,* en *Studi orientalistici in onore di G. Levi.* Roma, 1956, II, 304-29.

Ariza Viguera, M., *Enrique* Jardiel Poncela *en la literatura humorística española.* M, 1974, 322.
Gómez de la Serna, G., *Enrique Jardiel Poncela...* Clavileño, 1953, 20, 54-7.

17 Alonso Cortés, N., *Don Juan de* **Jáuregui**. BRAE, 1945, 24, 105-12.

Jordán de Urríes, J., *Biografía y estudio crítico de Jáuregui.* M, 1899, vii+273.

Campoamor González, A., *Bibliografía fundamental de Juan Ramón* **Jiménez**. LT, 1968, 16, 177-231; 1969, 17, 131-68.

Díaz Plaja, G., *Juan Ramón Jiménez en su poesía.* M, 1958, 334.

Garfias, F., *Juan Ramón Jiménez.* M, 1958, 252.

Gicovate, B., *La poesía de Juan Ramón Jiménez.* B, 1973, 244.

Gullón, R., Platero, *revivido.* PSA, 1960, 16, 9-40, 127-56, 246-90.

Gullón, R., *El último Juan Ramón.* M, 1967, 181.

Palau de Nemes, G., *Vida y obra de Juan Ramón Jiménez.* M, 1957, 458.

Predmore, M. P., *La obra en prosa de Juan Ramón Jiménez.* M, 1966, 274.

Predmore, M. P., *La poesía hermética de Juan Ramón Jiménez.* M, 1973, 234.

Salgado, M. A., *El arte polifacético de las* caricaturas líricas *juanramonianas.* M, 1968, 256.

Sánchez Barbudo, A., *La segunda época de Juan Ramón Jiménez.* M, 1962, 228.

Ulibarri, S., *El mundo poético de Juan Ramón. Estudio estilístico de la lengua poética y de los símbolos.* M, 1962, 285.

Gómez Pérez, J., *Manuscritos del Toledano* [**Jiménez de Rada**]. RABM, 1954, 60, 189-213; 1957, 63, 157-74; 1959, 67, 129-64.

→ 5.20, **Jiménez de Rada**.

Arce Fernández, J., **Jovellanos** *y la sensibilidad prerromántica.* BBMP, 1960, 36, 139-77.

Caso González, J., *Notas críticas de bibliografía jovellanista.* BBMP, 1960, 36, 185-213.

Caso González, J., ed. de G. M. de Jovellanos, *Poesías.* Oviedo, 1962, 528.

Caso González, J., El delincuente honrado, *drama sentimental.* Archivum, 1964, 14, 103-33.

Caso González, J., *La poética de Jovellanos.* M, 1972, 234.

Domergue, L., *Jovellanos y Goya.* M, 1970, 294.

Helman, E. F., *El humanismo de Jovellanos.* NRFH, 1961, 15, 519-28.

Juderías Loyot, J., *Jovellanos. Su vida, su tiempo, sus obras, su influencia social.* M, 1913, 136.

Nocedal, C., *Vida de Jovellanos.* M, 1865, 265.

Peñalver Simó, P., *Modernidad tradicional en el pensamiento de Jovellanos.* Sevilla, 1953, xxxii+165.

Somoza de Montsoriú, J., *Jovellanos. Nuevos datos para su biografía.* M, 1885, 246.

→ 1.42, 10.58, Ricard; 10.83, Domergue; 12.91.4, Cienfuegos; 14.28, Galindo.

Ribera Tarragó, J., ed. de Al **Joxaní**, *Historia de los jueces de Córdoba.* M, 1914, xlvi+272+102.

Alda Tesán, J. M., *Poesía y lenguaje místicos de San* **Juan de la Cruz**. Universidad, 1943, 20, 577-600.

Alonso Fernández, D., *La poesía de San Juan de la Cruz.* M, 1966^{4}, 4, 229. 17

Cristiani, L., *San Juan de la Cruz: vida y doctrina.* M, 1969, 416.

Duvivier, R., *La génese du* Cantique spirituel *de Saint Jean de la Croix.* París, 1971, 79+536.

García Blanco, M., *San Juan de la Cruz y el lenguaje del siglo XVI.* Castilla (Valladolid), 1941, 3, 139-59.
También, en su *La lengua...* M, 1967, 45-68.

Hatzfeld, H., *Ensayo sobre la prosa de San Juan de la Cruz en la* Llama de amor viva. Clavileño, 1952, 18, 1-10.

Icaza, R. M., *The stylistic relationship between poetry and prose in the* Cántico espiritual *of San Juan de la Cruz.* Washington, 1957, ix+208.

Jesús, C., y otros, *Vida y obras de San Juan de la Cruz.* M, 1964^{4}, xxv+1111.

Ottonello, P. P., *Bibliografia di San Juan de la Cruz.* Roma, 1967, 194.

Ottonello, P. P., *Une bibliographie des problèmes esthétiques et littéraires chez Saint Jean de la Croix.* BH, 1967, 69, 123-38.

Ruiz Salvador, F., *Introducción a San Juan de la Cruz. El escritor, los escritos, el sistema.* M, 1968, 675.

Vilnet, J., *La Biblia en la obra de San Juan de la Cruz.* Buenos Aires, 1953, 322.

Carilla, E., *Sor* **Juana [Inés de la Cruz]**: *ciencia y poesía...* RFE, 1952, 36, 287-307.

Garcés, J. J., *Vida y poesía de Sor Juana Inés de la Cruz.* M, 1953, 174 + láms.

Puccini, D., *Sor Juana Inés de la Cruz. Studio d'una personalità del Barocco messicano.* Roma, 1967, 186.

Madoz Moleres, J., *San* **Julián** *de Toledo.* EE, 1952, 26, 39-69.

Madoz Moleres, J., *Fuentes teológico-literarias de San Julián de Toledo.* Gregorianum (Roma), 1952, 33, 399-417.

Murphy, F. X., *Julián of Toledo and the condemnation of monothelism in Spain,* en *Mélanges J. de Ghellinck.* Gembloux, 1951, I, 361-73.

Murphy, F. X., *Julián of Toledo and the fall of the visigothic kingdom in Spain.* Speculum (Cambridge, Mass.), 1952, 27, 1-27.

Rivera Recio, J. F., *San Julián, Arzobispo de Toledo.* B, 1944, 239.
→ 14.42, Julián.

Hansson, N., *Textkritisches zu* **Juvencus,** *mit vollständigem index verborum.* Lund, 1950, 169.

Laganà, F., *Giovenco.* Bari, 1947, 150.

Vega, A. C., *Juvenco y Prudencio.* LCD, 1945, 157, 209-47.

Illanes Adaro, G., *La novelística de Carmen* **Laforet.** M, 1971, 202.

Bataillon, M., *Andrés* **Laguna**, *auteur du* Viaje de Turquía... BH, 1956, 58, 121-81.
Trad. esp., ES, 1963, 15, 5-69.

Bataillon, M., *Le docteur Laguna, auteur du* Voyage en Turquie. París, 1958, 152.

17 *Cuarto centenario del Doctor Laguna.* Segovia, 1959. Miscelánea por diversos autores.

Gil Fernández, L. y J., *Ficción y realidad en el* Viaje de Turquía. RFE, 1964, 45, 89-160.

Fernández Gallego, J., *Valentín* Lamas Carvajal. *Estudio bio-bibliográfico.* La Coruña, 1950, 218.

Varela Jácome, B., *La poesía de Lamas Carvajal.* CEG, 1949, 4, 279-324.

La Puente, L. → 5.20.

Cuevas García, C., *La prosa métrica. Teoría. Fray Bernardino de* Laredo. Granada, 1972, 368.

Bellini, G., *La crítica del costumbrismo negli articoli di* Larra. Milán, 1957, 208.

Caravaca, F., *Notas sobre las fuentes literarias del costumbrismo de Larra.* RHM, 1963, 29, 1-22.

Escobar, J., *Los orígenes de la obra de Larra.* M, 1973, 364.

Seco Serrano, C., ed. de M. J. de Larra, *Obras.* M, 1964, 4 v.

Ullman, P. L., *Mariano de Larra and spanish political rhetoric.* Madison, 1971, 428.

Varela Iglesias, J. L., *Sobre el estilo de Larra.* Arbor, 1960, 47, 30-51.

Entrambasaguas Peña, J., y otros, ed. de P. Laynez, *Obras.* M, 1951, 2 v.

Marín Ocete, A., ed. de P. Laínez, *Poesías.* Granada, 1950, xx+387.

Bataillon, M., *Novedad y fecundidad del* Lazarillo de Tormes. Salamanca, 1973[2], 108.

Caso González, J., *La génesis del Lazarillo de Tormes.* Archivum, 1966, 26, 129-55.
También, en *Historia y estructura de la obra literaria.* M, 1971, 175-96.

Cossío Martínez, J. M., *Las continuaciones del* Lazarillo. RFE, 1941, 25, 514-23.

Damiani, B. A., Lazarillo de Tormes. *Present state of scholarship.* AIUO, 1969, 12, 5-19.

Jauss, H. R., *Ursprung und Bedeutung der Ich-Form in* Lazarillo de Tormes. RJ, 1957, 8, 290-311.

Laurenti, J. L., *Ensayo de una bibliografía del* Lazarillo de Tormes *(1554) y de la Segunda parte... de Juan de Luna.* AIUO, 1966, 8, 265-317.

Lázaro Carreter, F., *Lazarillo de Tormes en la picaresca.* B, 1972, 232.

Rico Manrique, F., *En torno al texto crítico del* Lazarillo de Tormes. HR, 1970, 38, 405-19.

Rumeau, A., *Le* Lazarillo de Tormes. *Essai d'interpretation, essai d'attribution.* París, 1964, 38.

Rumeau, A., *Sur les* Lazarillo *de 1554. Problème de filiation.* BH, 1969, 71, 476-501.

Sicroff, A. A., *Sobre el estilo de* Lazarillo de Tormes. NRFH, 1957, 11, 157-70.

Siebenmann, G., *Ueber Sprache und Stil in* Lazarillo de Tormes. Berna, 1953, xii+113. 17
→ 16.43, García Angulo.

Campos Ruiz, J., e I. Roca, ed. de S. **Leandro**, *Regula,* en su *San Leandro*... M, 1961, 9-20.
Vega, A. C., ed. de S. Leandro, *De institutione virginum.* El Escorial, 1948, 138.
→ 8.14, Padres.

Quintanilla, M. A., **Ledesma.** *Datos biográficos.* ES, 1949, 1, 526-54.
Salinero, F. G., *Alonso de Ledesma, ¿soldado y autor del falso* Quijote? H, 1967, 50, 277-84.
Smieja, F., *Ledesma y su poesía a lo divino.* ES, 1963, 15, 323-48.

Mathías, J., *Un dramaturgo del siglo XVII: Francisco de* **Leiva.** M, 1970, 161.

Alvarez Turienzo, P., *Sobre Fray Luis de* **León**, *filólogo.* LCD, 1956, 169, 112-36.
Bell, A. F. G., *Luis de León*... B, 1927, 434.
Coster, A., *Luis de León.* RH, 1921, 53, 1-468; 1922, 54, 1-346.
Coster, A., *Bibliographie de Luis de León.* RH, 1923, 58, 1-104.
Goode, H. D., *La prosa retórica de Fray Luis de León en* Los Nombres de Cristo. M, 1969, 185.
Guy, A., *El pensamiento filosófico de Fray Luis de León.* M, 1960, 323.
Lapesa Melgar, R., *Las odas de Fray Luis de León a Felipe Ruiz,* en HDA, II, 301-18.
Macrí, O, ed. de Fr. Luis de León, *Poesía.* Salamanca, 1970, 413.
Millás Vallicrosa, J. M., *Probable influencia de la poesía sagrada hebraico-española en Fray Luis de León*... Sefarad, 1955, 15, 261-86.
Pinta Llorente, M., *Estudios y polémicas sobre Fray Luis de León.* M, 1956, 257.
Sáinz Rodríguez, P., *Introducción al estudio de Fray Luis de León,* en A. Guy, *El pensamiento*... M, 1960, 13-72.
Vega, A. C., ed. de Fr. Luis de León, *Poesías originales.* B, 1970, lxiv+511.
Vossler, K., *Luis de León.* Buenos Aires, 1946, 149.

Entrambasaguas Peña, J., *Ricardo* **León**, en *Las mejores novelas contemporáneas.* B, 1959, IV, 253-344.
Juliá Martínez, E., *Biografía de Ricardo León.* CLC, 1943, 10, 367-76.
Romo Arregui, J., *Ricardo León, bibliografía.* CLC, 1943, 10, 397-99.

Blecua Teijeiro, J. M., ed. de Lupercio y Bartolomé **Leonardo Argensola**, *Rimas.* Zaragoza, 1950-1, 2 v.
Castro Calvo, J. M., *Para una valoración diferencial de los Argensola.* Ensayos y estudios (Berlín), 1940, 2, 13-23.
Fucilla, J. G., *Petrarchism in the poetry of the Argensola.* HR, 1952, 20, 200-11.

17 Green, O. H., **Bartolomé Leonardo de Argensola**. BH, 1951, 53, 375-92.

Crawford, J. P. W., *Notes on the tragedies of* **Lupercio Leonardo Argensola**. RR, 1914, 5, 31-44.

Green, O. H., *Vida y obras de Lupercio Leonardo de Argensola.* Zaragoza, 1945, 194.

Madoz Moleres, J., **Liciniano** *de Cartagena y sus cartas. Edición crítica y estudio.* M, 1948, 145.

Platero, J. A., *Liciniano de Cartagena y su doctrina...* Oña, 1947.

Bofill Ferro, J., *Guerau de* **Liost**, en su *Vint-i-cinc anys de crítica.* B, 1959, 161-94.

Teixidor, J., *Guerau de Liost,* en su *Cinc poetes.* B, 1969, 27-47.

Clarke, D. C., *On the versification of Alberto* **Lista**. RR, 1952, 43, 109-16.

Juretschke, H., *Vida, obra y pensamiento de Alberto Lista.* M, 1951, xi+717 + láms.

Metford, J. C. J., *Alberto Lista and the romantic movement in Spain.* BSS, 1939, 16, 84-103.

Rubio, J., *Algunas aportaciones a la biografía y obras de Eugenio Gerardo* **Lobo**. RFE, 1947, 31, 19-85.

Segura Covarsí, E., *Don Juan de* **Lomas Cantoral**: *un petrarquista olvidado.* RL, 1952, 2, 39-75.

Castro Calvo, J. M., ed. de **A. López de Ayala**, *Obras completas.* M, 1965, 3 v.

Marín, D., *El valor de época de Adelardo López de Ayala.* BHS, 1952, 39, 131-8.

Sebold, R. P., ed. de **I. López de Ayala**, *Numancia destruida.* Salamanca, 1971, 152.

Casalduero, J., **Pero López de Ayala** *y el cambio poético de Castilla a comienzos del XV.* HR, 1965, 33, 1-14.

Lozoya, Marqués de, *Introducción a la biografía del Canciller Ayala...* Bilbao, 1950, 161.

Orduna, G., *El fragmento P del* Rimado de Palacio *y un continuador anónimo del Canciller Ayala.* Filología, 1961, 7, 107-19.

Sears, H. L., *The* Rimado de Palaçio *and the* De regimine principum *tradition of the middle age.* HR, 1952, 20, 1-27.

Suárez Fernández, L., *El Canciller Ayala y su tiempo.* Vitoria, 1962, 80 + láms.

Tate, R. B., *López de Ayala, humanist historian?* HR, 1957, 25, 157-74.

Urrutia, L., *Algunas observaciones sobre el libro por muchos mal llamado* Rimado de Palacio. CH, 1969, 80, 459-74.

→ 10.03, Caro.

Alcázar Anguita, C., *Bernardo* **López García**... Guadalajara, 1935, 69.

García Blanco, M., *En memoria de...* **López Picó**. PSA, 1961, 22, 259-75.

Manent, A., *Situación de la poesía de López Picó.* Insula, 1953, 96, 10-1.

Mainer, J. C., *José* **López Pinillos** *en sus dramas rurales.* PSA, 1968 50, 227-58. 17

Alonso Cortés, N., **López Silva.** BBMP, 1929, 11, 56-66, 135-46, 241-63.

Bataillon, M., *Pícaros y picaresca. La pícara Justina* [F. **López de Ubeda**]. M, 1969, 252.

Foulché-Delbosc, R., *L'auteur de* La Pícara Justina. RH, 1903, 10, 236-41.

González Ollé, F., ed. de F. **López de Yanguas,** *Obras dramáticas.* M, 1967, lxxxii+137.

González Ollé, F., *El primer auto sacramental del teatro español.* Segismundo, 1967, 3, 179-84.

Lope Toledo, J. M., *El poeta Francisco* **López de Zárate.** Logroño, 1954, 388.

Castresana Udaeta, R., *Historia y política en la* Farsalia *de Marco Anneo* **Lucano.** M, 1956, xii+287.

Fischli, W., *Studien zum Fortleben der* Pharsalia *des M. Annaeus Lucanus.* Lucerna, 1945, 104.

Herrero Llorente, V. J., *Lucano en la literatura hispanolatina.* Emerita, 1959, 27, 19-52.

Lucan. Darmstadt, 1970, vii+552. Miscelánea por varios autores.

Mariner Bigorra, S., *La* Farsalia, *poema sin dioses, ¿también sin héroes?* EC, 1971, 15, 133-60.

Morford, M. P. O., *The poet Lucan. Studies in rhetorical epic.* Oxford, 1967, xii+98.

Schlayer, C., *Spuren Lukans in der spanischen Dichtung.* Heidelberg, 1928, v+100.

Tasler, W., *Die Reden in Lucans* Pharsalia. Bonn, 1972, 264.

Tremoli, P., *M. Anneo Lucano. L'ambiente familiare e letterario.* Trieste, 1961, 109.

→ **Séneca,** L. A.,

Alcalá, A., *Juan de* **Lucena** *y el pre-erasmismo español.* RHM, 1968, 34, 108-31.

Lapesa Melgar, R., *Sobre Juan de Lucena: escritos suyos mal conocidos o inéditos,* en su *De la edad media...* M, 1967, 123-44.

Morreale, M., *El tratado de Juan de Lucena sobre la felicidad.* NRFH, 1955, 9, 1-21.

Morreale, M., *La* Repetición de amores, *di Luis de* **Lucena.** QIA, 1956, 20, 177-81.

Cáceres Peña, J. A., *La poesía de Leopoldo de* **Luis.** Málaga, 1970, 102.

Lulio → Llull.

Durán, M., *Teodor* **Llorente [Olivares].** B, 1936, 36.

Guadalberto Danza, M. C., *Teodoro Llorente y los problemas de su tiempo.* Saitabi, 1968, 18, 129-44.

Menéndez Pelayo, M., *Don Teodoro Llorente,* en su *Estudios...* M, 1942, V, 231-42.

17 Badía Margarit, A., *La llengua de Ramon* Llull, en R. Llull, *Obres essencials*... B, 1960, II, 1299-358.

Colom Ferrá, G., *Ramón Llull y los orígenes de la literatura catalana.* EL, 1965, 9, 193-206; 1966, 10, 171-92.

Colomer, E., *Situación de Ramón Llull. Panorama bibliográfico.* Pensamiento (M), 1971, 26, 434-51.

García Palou, S., *Hacia una revisión crítica de la cronología de las obras del Beato Ramón Llull.* EL, 1971, 15, 67-85.

Montoliu, M., *Ramón Llull i Arnau Vilanova.* B, 1958, 173.

Peers, E. A., *Ramón Llull. A biography.* Londres, 1929, xviii+454.

Platzeck, E.-W., *Raimund Llull. Sein Leben, seine Werke*... Düsseldorf, 1962-4, 2 v.

Saiz Barberá, J., *Raimundo Lulio*... M, 1963, 899.

Sansone, G. E., *Ramón Llull narratore.* RFE, 1960, 43, 81-96.

Sureda Blanes, F., *El Beato Ramón Lull. Su época. Su vida*... M, 1934, xlix+392.

Sureda Blanes, F., *Contribución... de bibliografía luliana.* RBN, 1944, 5, 407-56.

Yates, F. A., *La teoría luliana de los elementos.* EL, 1959, 3, 237-50; 1960, 4, 45-62, 151-6.

→ 14.14, Avinyó, Batllori; 14.91, Sureda.

Martínez Barbeito, C., Macías *el enamorado y Juan Rodríguez del Padrón.* Santiago, 1951, 222.

Vanderford, K. H., *Macías in legend and literature.* PhQ, 1933, 21, 35-64.

Albornoz, A., *Bibliografía de Antonio* Machado. LT, 1964, 12, 505-53.

Alvarez Molina, R., *Variaciones sobre Antonio Machado: el hombre y su lenguaje.* M, 1972, 105.

Beceiro, C., La tierra de Alvargonzález. *Un poema prosificado.* Clavileño, 1956, 41, 36-46.

Beceiro, C., *Notas a una edición crítica de la obra poética de Antonio Machado.* CH, 1963, 167, 331-45.

Cobos, P. A., *Humor y pensamiento de Antonio Machado en sus apócrifos.* M, 1972[2], 216.

Ferreres, R., *Etapas de la poesía de Antonio Machado.* CH, 1964, 117, 303-19.

González Ollé, F., *Antonio Machado: versión en prosa de la elegía a Giner.* NT, 1962, 17, 696-714.

Guerra, M. H., *El teatro de Manuel y Antonio Machado.* M, 1966, 208.

Gullón, R., *Simbolismo y modernismo en Antonio Machado.* LT, 1964, 12, 329-47.

Gullón, R., *Una poética para Antonio Machado.* M, 1970, 270.

Macrí, O., ed. de A. Machado, [*Poesías*]. Milán, 1969[3], 1485.

Navarro Tomás, T., *La versificación de Antonio Machado.* LT, 1964, 12, 425-42.

Pemán Pemartín, J. M., *El tema del limonero y la fuente en Antonio Machado.* BRAE, 1952, 32, 171-91.

Pérez Ferrero, M., *Vida de Antonio Machado y Manuel.* Buenos Aires, 1952, 226.

Phillips, A. W., La tierra de Alvargonzález: *verso y prosa.* NRFH, 1955, 9, 129-48. 17

Ruiz de Conde, J., *Antonio Machado y Guiomar.* M, 1964, 192.

Serrano Poncela, S., *Antonio Machado. Su mundo y su obra.* Buenos Aires, 1954, 226.

Sobejano, G., *Notas tradicionales en la lírica de Antonio Machado.* RF, 1954, 66, 112-51.

Zubiría, R., *La poesía de Antonio Machado.* M, 1973[3], 267.

Brotherston, G., *Manuel* **Machado.** *A revaluation.* Cambridge, 1968, 162.

Carballo Picazo, A., ed. de M. Machado, *Alma. Apolo.* M, 1967, 249.

Pemán Pemartín, J. M., *Don Manuel Machado.* BRAE, 1947, 26, 7-17.

Romo Arregui, J., *Manuel Machado: bibliografía.* CLC, 1942, 2, 79-81.

→ Antonio **Machado.**

Christiaens, J., *Alonso de* **Madrid.** *Contribution à sa biographie et à l'histoire de ses écrits.* LLR, 1955, 19, 251-68, 439-62.

Gamallo Fierros, D., *Bibliografía acerca de la vida y la obra literaria y política de Ramiro de* **Maeztu.** CH, 1952, 34, 239-75.

Gómez de la Serna, G., *Maeztu y el 98.* CH, 1952, 34, 136-48.

Marrero Suárez, V., *Maeztu.* M, 1955, 755.

Nozick, M., *An examination of Ramiro de Maeztu.* PMLA, 1954, 69, 719-40.

Bamberger, F., *Das System des* **Maimonides...** Berlín, 1935, 138.

Duhem, P., *Moïse Maimonides et ses disciples,* en su *Le système du Monde.* París, 1958, V, 171-232.

Llamas, J., *Maimónides.* M, h. 1930, 286.

Sérouya, H., *Maïmonide. Sa vie, son oeuvre...* París, 1951, 152.

Pineda Novo, D., *Juan de* **Mal Lara,** *poeta, historiador y humanista sevillano del siglo XVI.* AH, 1967, 46, 9-99.

Hatzfeld, H., *El estilo de* **Malón de Chaide,** en HDA, II, 195-214. También, en su *Estudios sobre el Barroco.* M, 1964, 241-63.

Sanjuán Urmeneta, J. M., *Fray Pedro Malón de Echaide.* Pamplona, 1957, 114.

Alvarez Macías, J. F., *La novela popular en España:* **Mallorquí.** Sevilla, 1972, 196.

Leal, T., *Gómez* **Manrique.** *Su tiempo y su obra.* Recife, 1958.

Sieber, H., *Dramatic symmetry in Gómez Manrique's la* Representación del Nacimiento de Nuestro Señor. HR, 1965, 33, 118-35.

Cangiotti, G., *Le* Coplas *de [Jorge]* **Manrique** *tra medioevo e umanesimo.* Bolonia, 1964, 175.

Cortina, A., ed. de J. Manrique, *Cancionero.* M, 1971[6], lxxxiv+176.

Gómez Galán, A., *Contribución al estudio de las* Coplas *de Jorge Manrique.* Arbor, 1960, 45, 56-71.

Moreno Báez, E., *El gótico nominalista y las* Coplas *de Jorge Manrique.* RFE, 1970, 53, 95-113.

17 Orduna, G., *Las* Coplas *de Jorge Manrique... Estructura e intencionalidad.* RF, 1967, 79, 139-51.

Salinas, P., *Jorge Manrique o tradición y originalidad.* Buenos Aires, 1948, 240.

Sánchez Arce, N. E., *Las glosas a las* Coplas *de Jorge Manrique.* Clavileño, 1956, 40, 45-50.
También, M, 1956, 166.

Serrano de Haro, A., *Personalidad y destino de Jorge Manrique.* M, 1966, 381.

Barcia, P. L., *Análisis de* El Conde Lucanor [Juan **Manuel**]. Buenos Aires, 1969, 64.

Devoto, D., *Introducción al estudio de Don Juan Manuel y en particular de* El Conde Lucanor. *Una bibliografía.* M, 1972, 505.

Giménez Soler, A., *Don Juan Manuel. Biografía y estudio crítico.* M, 1932, xii+731.

Lida, M. R., *Tres notas sobre Don Juan Manuel.* RPh, 1950-1, 4, 155-94.

Orduna, G., *Notas para una edición crítica del...* Conde Lucanor... BRAE, 1971, 51, 493-511.

Ruffini, M., *Les sources de Don Juan Manuel.* LLR, 1953, 7, 27-49.

Steiger, A., *El Conde Lucanor.* Clavileño, 1953, 23, 1-8.

→ 9.03, Isola; 10.51, Estéfano; 16.43, Huerta.

Arimany, M., **Maragall**, *1860-1911-1961.* B, 1963, 266.

Corredor, J. M., *Joan Maragall.* B, 1960, 256.

Maragall. Bibliografía, en J. Maragall, *Obres completes.* B, 1960, II, 1123-80.

Serrahima, M., *Vida i obra de Joan Maragall.* B, 1965, 112.

Terry, A., *La poesía de Joan Maragall.* B, 1963, 226.

Pepe, L., *Marziale* [**Marcial**]. Nápoles, 1950, 222.

Riber Campins, L., *Un celtíbero en Roma. Marco Valerio Marcial.* M, 1941, 238.

→ 6.28, Dolç; 17.22, Giulian.

Bohigas Balaguer, P., ed. de A. **March**, *Poesies.* B, 1952-9, 5 v.

Bohigas Balaguer, P., *La estela de Ausiàs March.* QIA, 1956, 18, 95-102.

Bohigas Balaguer, P., *Metafísica y retórica en la obra de Ausiàs March.* RVF, 1962, 6, 9-54.

Fullana Mira, L., *El poeta Ausiàs March. Su ilustre ascendencia, su vida y sus escritos.* Valencia, 1945, 272.

Montoliu, M., *Ausiàs March.* B, 1959, 153.

Pagès, A., *Les deux Auzias March.* BH, 1936, 38, 5-18.

Ramírez Molas, P., *La poesia d'Ausiàs March: anàlisi textual, cronologia, elements filosòfics.* Basilea, 1970.

Riquer Morera, M., *Influencia de Ausias March en la lírica castellana de la edad de Oro.* RNE, 1941, 8, 49-60.

Sanchís Guarner, M., *La lengua de Ausiàs March.* RVF, 1962, 6, 85-99.

Guazzelli, F., *Un neoclassico spagnolo: José* **Marchena**. MSI, 1968, 16, 257-87.

Menéndez Pelayo, M., *El abate Marchena,* en su *Estudios...* M, 1942, IV, 107-222. 17

Schevill, R., *El abate Marchena and french tought of the eigteenth century.* RLC, 1936, 16, 180-94.

Tate, R. B., *A study of the* Paralipomenon Hispaniae *of Joan* **Margarit.** Manchester, 1951, 165.

Tate, R. B., *El manuscrit i les fontes del* Paralipomenon Hispaniae. ER, 1953, 4, 107-36.

Tate, R. B., *Joan Margarit i de Pau, Cardenal-Bishop of Gerona.* Manchester, 1955, xv+155.

También, Speculum (Cambridge, Mass.), 1952, 27, 28-42.

Alvar López, M., ed. de *Vida de Santa* **María Egipciaca.** M, 1970-2, 2 v.

Andrés Castellano, M. S., ed. de *La vida de Santa María Egipciaca.* M, 1964, 259.

López de Toro, J., *Una crónica de los Reyes Católicos en versión poético-latina* [Vicente **Mariner,** *Historia de rebus gestis...*]. RABM, 1951, 57, 553-78.

Juliá Martínez, E., *Eduardo* **Marquina,** *poeta lírico y dramático.* CLC, 1942, 4, 109-50.

Montero Alonso, J., *Vida de Eduardo Marquina.* M, 1965, 300.

Risco, V., **[Martínez] Murguía.** Arquivos do Seminario de Estudos Galegos (Santiago), 1933, 6, vii-xlvi.

Menéndez Pelayo, M., *Don Francisco* **Martínez de la Rosa,** en su *Estudios...* M, 1942, IV, 263-88.

Sarrailh, J., *Un homme d'État espagnol: Martínez de la Rosa.* Burdeos, 1930, xx+399.

Seco Serrano, C., ed. de F. Martínez de la Rosa, *Obras.* M, 1962-3, 8 v.

Sosa, L., *Martínez de la Rosa, político y poeta.* M, 1930, 255.

Goldsborough Serrat, A., *Imagen humana y literaria de Gregorio* **Martínez Sierra.** M, 1965, 176.

Alonso Cortés, N., *Juan* **Martínez Villergas.** Valladolid, 1913[2], 217.

Alonso Fernández, D., Tirant lo Blanch [J. **Martorell**], *novela moderna.* RVF, 1951, 1, 179-215.

Nicolau d'Olwer, Ll., Tirant lo Blanch. *Examen de algunas cuestiones...* NRFH, 1961, 15, 131-54.

Riquer Morera, M., ed. de J. Martorell, *Tirant lo Blanc.* B, 1969, 2 v.

García Gómez, E., *El Príncipe amnistiado* [**Marwan**] *y su diwan.* Escorial, 1942, 4, 323-40.

Masarra, A. → 14.15, Asín.

García Gómez, E., y F. de la Granja Santamaría, *Muhammad ben* **Mas'ud,** *poeta herbolario...* Al-Andalus, 1972, 37, 405-43.

Riquer Morera, M., *El trovador Huguet de* **Mataplana,** en HRL, I, 455-94.

17 Jones, M., *The literary world of Ana María* **Matute**. Lexington, 1970, 144.

Winecoff, J., *Style and solitude in the works of Ana Maria Matute*. H, 1966, 49, 61-9.

San Román, F. P., *Eliseo de* **Medinilla** *y su personalidad literaria*. BRAToledo, 1920, 2, 129-70.

Alonso Fernández, D., y S. Reckert, *Vida y obra de* **Medrano**. M, 1948-58, 2 v.

Folmer, H., *Stilistika studier öfter Pomponius* **Mela**. Upsala, 1920, 99.

Colford, W. R., *Juan* **Meléndez Valdés**. *From Neoclassicism to Romanticism in spanish poetry*. Nueva York, 1942, 369.

Demerson, G., *Meléndez Valdés y su tiempo*. M, 1971, 2 v.

Froldi, R., *Un poeta illuminista: Meléndez Valdés*. Milán, 1967, 147.

Prestage, E., *Don Francisco Manuel de* **Mello**... Coimbra, 1914, xxxv+614.

Prestage, E., *Don Francisco Manuel de Mello*. MLR, 1942, 37, 327-34.

Teensma, B. N., *Don Francisco Manuel de Melo*. La Haya, 1966, 234.

Clarke, D. C., *Juan de* **Mena's** Laberinto de Fortuna. *Classic epic and Mester de Clerecía*. Mississippi, 1973, 128.

Foulché-Delbosc, F., *Étude sur le* Laberinto *de Juan de Mena*. RH, 1902, 9, 75-138.

Gericke, Ph. O., *The narrative structure of the* Laberinto de Fortuna. RPh, 1968, 21, 512-22.

Lapesa Melgar, R., *El elemento moral en el* Laberinto *de Mena: su influjo en la disposición de la obra*. HR, 1958, 37, 257-66.

Lida, M. R., *Juan de Mena, poeta del prerrenacimiento español*. Méjico, 1950, 589.

Street, F., *La vida de Juan de Mena*. BH, 1953, 55, 149-73.

Vàrvaro, A., *Premesse ad un'edizione critica delle poesie minori di Juan de Mena*. Nápoles, 1964, 130.

Rodríguez Puértolas, J., ed. de Iñigo de **Mendoza**, *Cancionero*. M, 1968, lxxix+366.

Rodríguez Puértolas, J., *Fray Iñigo de Mendoza y sus* Coplas de Vita Christi. M, 1968, 634.

Stern, Ch., *Fray Iñigo de Mendoza and the medieval dramatic ritual*. HR, 1965, 33, 197-245.

Miró Quesada, A., *El primer virrey-poeta en América, Don Juan de* **Mendoza y Luna**... M, 1962, 274.

Méndez Ferrín, X. L., *O* Cancioneiro *de Pero* **Meogo**. Vigo, 1966, 250.

López Prudencio, J., *Cristóbal de* **Mesa**. RCEE, 1942, 16, 165-78.

Gardner, M., *Enrique de* **Mesa**. H, 1930, 13, 311-4.

Cotarelo Mori, E., *Elogio biográfico de Don Ramón* **Mesonero Romanos**. BRAE, 1925, 12, 155-91, 309-43, 433-69.

Pitollet, C., *Mesonero Romanos, costumbrista.* LEM, 1903, 178, 38-53. **17**
Romero, F., *Mesonero Romanos, activista del madrileñismo.* M, 1968, 39.
Seco Serrano, C., ed. de R. Mesonero Romanos, *Obras.* M, 1967, 5 v.
Simón Díaz, J., [*Bibliografía de R. Mesonero Romanos*], en su *La bibliografía...* B, 1971, 60-72.

Mestres → 18.95, **Mestres.**

Casella, M., *Il* Somni *d'En Bernat* **Metge** *e i primi influssi italiani sulla letteratura catalana,* en su *Saggi di letteratura...* Bari, 1966, 167-243.
Montoliu, M., *Bernat Metge,* en su *Eiximenis...* B, 1959, 101-46.
Vilanova Andreu, A., ed. de B. Metge, *Lo somni.* M, 1946, xxx+134.
→ 16.90.3, Par.

Costes, R., *Pedro* **Mexía,** *chroniste de Charles-Quint.* BH, 1920, 22, 1-36, 256-68; 1921, 23, 95-110.
Menéndez Pelayo, M., *El magnífico caballero Pedro Mexía,* en su *Estudios...* M, 1941, II, 25-38.
Pires, F., *La* Silva de varia lección *de Pedro Mexía.* LLR, 1959, 13, 119-44, 279-92, 371-83.

Ponce Muñoz, F., *Vida de* **Mihura.** PE, 1964, 93, 39-51.
Ponce Muñoz, F., *Miguel Mihura.* M, 1972, 185.
Van Praag Chantraine, J.,...*El humorismo de Miguel Mihura.* Thesaurus, 1962, 17, 682-91.
Wofsy, S. A., *La calidad literaria del teatro de Miguel Mihura.* H, 1960, 43, 214-8.

Rodríguez Puértolas, J., *Sobre el autor de las* Coplas de **Mingo Revulgo,** en *Actas del II CIH.* Nimega, 1967, 513-6.

Cotarelo Mori, E., **Mira de Amescua** *y su teatro.* BRAE, 1930, 17, 467-505, 611-58; 1931, 18, 7-90.
Valbuena Prat, A., ed. de A. Mira de Amescua, *Teatro.* M, 1926-8, 2 v.
→ **Ufano...**

Pensado Tomé, J. L., ed. de **Miragres de Santiago.** M, 1958, clx+359.
Kaul, G., *El estilo de Gabriel* **Miró.** CL, 1948, 4, 97-138.
Lizón Gadea, A., *Léxico y estilo en Gabriel Miró.* CLC, 1942, 6, 229-44.
Miró, C., y J. Guerrero Ruiz, [*Miró*], *Bibliografía.* CLC, 1942, 6, 245-82.
Ramos Pérez, V., *Vida y obra de Gabriel Miró.* M, 1955, 360.
Ramos Pérez, V., *El mundo de Gabriel Miró.* M, 1964, 478.
Sánchez Gimeno, C., *Gabriel Miró y su obra.* Valencia, 1960, 206.
Vidal, R., *Gabriel Miró. Le style...* Burdeos, 1964, 232.

Artigas Ferrando, M., *Un nuevo poema* [**Miseria de omne**] ... Santander, 1920, 90.
También, BBMP, 1919, 1, a 1920, 2, múltiples entradas.

17 Armistead, S. G., *Para el texto de la refundición de las* **Mocedades de Rodrigo**. AEM, 1966, 3, 529-40.

Deyermond, A. D., *Epic poetry and the clergy. Studies on the* Mocedades de Rodrigo. Londres, 1969, 312.

Azkue, R. M., ed. bilingüe de J. A. **Moguel Urquiza**, *Peru Abarca*. Bilbao, 1970[2], 157.

Avalle-Arce, J. B., *The* Diana *of* **Montemayor**: *Tradition and innovation*. PMLA, 1959, 74, 1-6.

López Estrada, F., ed. de J. Montemayor, *Los siete libros de Diana*. M, 1967[4], ciii+302.

Moreno Báez, E., ed. de J. Montemayor, *Los siete libros de Diana*. M, 1955, lix+310.

Wardropper, B. W., *The* Diana *of Montemayor: Revaluation and interpretation*. SPh, 1951, 48, 126-44.

García Sáez, S., **Montengón**, *un prerromántico*... Alicante, 1973, 186.

González Palencia, A., *Pedro Montengón y su novela el* Eusebio. RBAM, 1926, 3, 343-65.

Bataillon, M., *Chanson pieuse et poésie de dévotion. Fray Ambrosio de* **Montesino**. BH, 1925, 27, 228-38.

Berndt, E. R., *Algunos aspectos de la obra poética de Fray Ambrosio de Montesino*. Archivum, 1959, 9, 56-71.

Laurencín, Marqués de, *Don Agustín de* **Montiano y Luyando**... *Noticias y documentos*. M, 1926, 369.

Arco Garay, R., *Ideario literario y estético de José* **Mor de Fuentes**. RIE, 1947, 5, 395-435.

Ors Lois, M., *Los* Poemas del toro, *de Rafael* **Morales**. Pamplona, 1972, 105.

Nuez Caballero, S., *Tomás* **Morales**... Tenerife, 1956, 2 v.

Balbín Lucas, R., *Notas sobre el teatro menor de* **Moreto**, en *HomF. Krüger*. Mendoza, 1954, II, 601-12.

Bennholdt-Thomsen, U. K., *Das idealisierte Weltbild des Theaters im Siglo de Oro. Eine Studie zum dramatischen Werk Moretos*. Colonia, 1966, 241.

Caldera, E., *Il teatro di Moreto*. Pisa, 1960, 236.

Casa, F. P., *The dramatic craftsmanship of Moreto*. Cambridge, 1966, xvi+189.

Cotarelo Mori, E., *La bibliografía de Moreto*. BRAE, 1927, 14, 449-94.

Kennedy, R. L., *The dramatic art of Moreto*. Northampton, 1932, x+221.

Stegagno Picchio, L., ed. de Martín **Moya**, [*Poesías*]. Roma, 1968, 308.

Rahola, C., *En Ramon* **Muntaner**. *L'home, la Crònica*. B, 1922, xi+69.

Tasis Marca, R., *La vida d'En Ramon Muntaner*. B, 1964, 62.

→ 17.62.3, Montoliu.

Blachère, R., ...*Abou t-Tayyib al-***Motanabbi**. París, 1935, xx+366. **17**
García Gómez, E., *Mutanabbi, el mayor poeta de los árabes.* Escorial, 1941, 3, 15-49.
También, en su *Cinco poetas...* M, 1944, 15-65.

Simón Díaz, J., *Vida y obras de Francisco* **Navarro Villoslada**. RBN, 1946, 7, 169-220.

Elizalde Armendáriz, I., *Sobre el autor del soneto* **No me mueve...** *y su repercusión en el mundo literario.* RL, 1958, 13, 3-29.
Huff, M. C., *The Sonnet* No me mueve, mi Dios. *Its theme in spanish tradition.* Washington, 1948, viii+142.
López Estrada, F., *En torno al soneto* A Cristo crucificado. BRAE, 1953, 23, 95-106.

Fernández Pousa, R., *Cancionero gallego del trovador Ayras* **Núñez**. RL, 1954, 5, 219-50.
Placer, G., *Airas Nunes.* BRAG, 1943, 23, 411-31.
Tavani, G., ed. de Ayras Núnez, [*Poesías*]. Milán, 1964, 179.

Cossío Martínez, J. M., *El poeta* **Núñez de Arce**. BBMP, 1959, 35, 31-81.
Menéndez Pelayo, M., *Don Gaspar Núñez de Arce,* en su *Estudios...* M, 1942, IV, 331-60.
Romo Arregui, J., *Vida, poesía y estilo de Don Gaspar Núñez de Arce.* M, 1946, 277.
→17.16, González Ollé.

Rose, C. H., *Alonso* **Núñez de Reinoso**. *The lament of a sixteenth-century exile.* Rutherford, 1971, 309.

Triadú, J., *Situació de Joan* **Oliver**. Serra d'Or (B), 1969, 121, 719-21.

Alcover, J., *Miguel S.* **Oliver**. *Estudio biográfico.* B, 1964.

Costas Jové, F. A., *El novelista Narciso* **Oller**. Tarragona, 1946, 74.
Dinamarca, S., *Estudio del* Arauco domado, *de Pedro de* **Oña**. Nueva York, 1952, 252.
Iglesias, A., *Pedro de Oña, ensayo de crítica e historia.* Santiago de Chile, 1971, 480.

Corominas, J., *Sur les homélies d'***Organyà**. BH, 1964, 66, 45-54.
Molho, M., *Les homélies d'Organyà.* BH, 1961, 63, 186-210.

Orixe Omenaldi. Homenaje a **Oriche**. S. Sebastián, 1965. Miscelánea por varios autores.

Castro, M., *El hispanismo en la obra de Paulo* **Orosio**. CEG, 1954, 9, 193-250.
Fink, G., *Recherches bibliographiques sur Paul Orose.* RABM, 1952, 58, 271-322.
Lacroix, B., *Orose et ses idées.* Montreal, 1965, 235.
Torres Rodríguez, C., *La* Historia *de Paulo Orosio.* RABM, 1955, 61, 107-35.

Schmidt, R. A., *José* **Ortega Munilla**: *friend, critic and disciple of Galdós.* Anales galdosianos (Austin), 1971, 6, 107-11.
Schmidt, R. A., *Ortega Munilla y sus novelas.* M, 1973, 285.

17 Clercq, V. C., **Ossius** *of Cordova...* Washington, 1954, xxxi+561.
Domínguez del Val, U., *Osio de Córdoba.* RET, 1958, 18, 141-65, 261-81.
Ortí Belmonte, M. A., *Breve biografía de Osio...* BRACórdoba, 1959, 30, 283-99.
Yaben, H., *Osio, Obispo de Córdoba.* B, 1945, 169.

Ros, F., *...François d'***Osuna***. Sa vie, son oeuvre, sa doctrine...* París, 1936, xx+704.

Alarcos Llorach, E., *La poesía de Blas de* **Otero**. Salamanca, 1973, 156.

Domínguez del Val, U., *S.* **Paciano** *de Barcelona, escritor, teólogo y exégeta.* Salmanticensis, 1962, 9, 53-85.
Martínez, M., *S. Paciano, Obispo de Barcelona.* Helmantica, 1952, 3, 221-38.
Rubio, L., *El texto de S. Paciano.* Emerita, 1957, 25, 327-67.

Gimeno Casalduero, J., *Sobre el Cartujano* [J. de **Padilla**] *y sus críticos.* HR, 1961, 29, 1-14.

Sandoval, M., *Manuel del* **Palacio**. BRAE, 1931, 18, 691-711.

Cruz Rueda, A., *Armando* **Palacio Valdés**. M, 1949^{2}, 221.
Entrambasaguas Peña, J., *Armando Palacio Valdés,* en *Las mejores novelas contemporáneas.* B, 1958, III, 1-79.
Roca Franquesa, J. M., *La novela de Palacio Valdés. Clasificación y análisis.* BIEA, 1953, 7, 426-58.

Rouanet, L., *Bartolomé* **Palau** *y sus obras.* Archivo de investigaciones históricas (M), 1911, 1, 267-303, 357-90, 535-64; 2, 93-154.

Paz Meliá, A., *El cronista Alonso de* **Palencia**. *Su vida y sus obras.* Nueva York, 1914, lxxxvii+473.
Pfandl, L., *Ueber Alfonso Fernández de Palencia.* ZRPh, 1935, 55, 340-60.

Mancini, G., *Introducción al* **Palmerín de Oliva**, en su *Dos estudios...* B, 1970, 11-202.

Connolly, E., *Leopoldo* **Panero**. *La poesía de la esperanza.* M, 1969, 236.
Rosales Camacho, L., *Leopoldo Panero...* CH, 1965, 62, 35-79.

Alarcos García, E., *Los sermones de* **Paravicino**. RFE, 1937, 24, 162-97, 249-319.
Gates, E. J., *Paravicino, the gongoristic poet.* MLR, 1938, 33, 540-6.

Baquero Goyanes, M., *La novela naturalista española. Emilia* **Pardo Bazán**. AUMurcia, 1955, 13, 157-234, 539-639.
Baquero Goyanes, M., *Emilia Pardo Bazán.* M, 1971, 64.
Barroso, F. J., *El naturalismo en la Pardo Bazán.* M, 1973, 192.
Bravo Villasante, C., *Vida y obra de Emilia Pardo Bazán.* M, 1973, 313.
Brown, D. F., *The catholic naturalism of Pardo Bazán.* Chapel Hill, 1957, 168.

Entrambasaguas Peña, J., *Emilia Pardo Bazán,* en *Las mejores novelas contemporáneas.* B, 1958, III, 893-976. 17
Giles, M. E., *Pardo Bazan's two styles.* H, 1965, 48, 456-62.
Varela Jácome, B., *Estructuras novelísticas de Emilia Pardo Bazán.* Santiago, 1973, ix+294.
→ 10.31, Hilton.

Marquerie, A., *Alfonso* **Paso** *y su teatro.* M, 1960, 266.
Mathías, J., *Alfonso Paso.* M, 1971, 206.

Chao Espina, E., **Pastor Díaz,** *dentro del Romanticismo.* M, 1949, xv+688.

Cabañas, P., **Pemán,** *prosista.* CL, 1949, 6, 193-219.
Gascó Contell, E., ed. de J. M. Pemán, *Obras selectas.* B, 1971, 1011.
Linares, M., *Pemán, dramaturgo.* RyF, 1946, 134, 376-88.
Perlado, J. J., *José María Pemán, articulista...* PE, 1960, 54, 24-43.
Romo Arregui, J., *José María Pemán, bibliografía.* CLC, 1943, 8, 189-90.

Camp, J., *José María de* **Pereda.** *Sa vie, son oeuvre et son temps.* París, 1937, 416.
Clarke, A. H., *Pereda, paisajista.* Santander, 1969.
Clarke, A. H., *Manual de bibliografía perediana.* Santander, 1974, 136.
Cossío Martínez, J.M., *La obra literaria de Pereda. Su historia, su crítica.* Santander, 1934, 410.
Fernández Montesinos, J., *Pereda o la novela idilio.* Berkeley, 1962, viii+309.
Outzen, G., *El dinamismo en la obra de Pereda.* Santander, 1935, 246.
→ 10.06, Fernández Cordero.

Amorós Guardiola, A., *La novela intelectual de Ramón* **Pérez de Ayala.** M, 1972, 409.
Pérez Ferrero, M., *Ramón Pérez de Ayala.* M, 1973, 164.
Reinink, K. W., *Algunos aspectos literarios y lingüísticos de la obra de Don Ramón Pérez de Ayala.* La Haya, 1955, 155.

Catalán Menéndez, D., y J. Gil Fernández, ed. de Guillelmi Petri de Calciata [**Pérez de la Calzada**], *Rithmi de Iulia Romula seu Ispalensi Urbe.* AEM, 1968, 5, 549-58.

Alvar López, M., *Novela y teatro en* [**Pérez**] **Galdós.** Prohemio, 1970, 1, 158-202.
Andrade Alfieri, G., y J. J. Alfieri, *El lenguaje familiar de Pérez Galdós.* Hispanófila, 1964, 8, 27-73.
Baquero Goyanes, M., *Perspectivismo irónico en Galdós.* CH, 1972, 84, 143-60.
Bravo Villasante, C., *Galdós, visto por sí mismo.* M, 1970, 316.
Casalduero, J., *Vida y obra de Galdós.* M, 1951, 273.
Correa, O., *Realidad, ficción y símbolo en las novelas de Pérez Galdós...* Bogotá, 1967, 298.
Fernández Montesinos, J., *Galdós.* M, 1972², 3 v.

17 García Lorenzo, L. E., *Sobre la técnica dramática de Galdós...* CH, 1972, 84, 445-71.

García Lorenzo, L. E., *Bibliografía galdosiana.* CH, 1972, 84, 758-97.

Gullón, R., *Técnicas de Galdós.* M, 1969, 222.

Gullón, R., *Galdós, novelista moderno.* M, 1973[3], 374.

Hernández Suárez, M., *Bibliografía de Galdós.* Las Palmas, 1972, 553.

Hinterhauser, H., *Los* Episodios nacionales *de Benito Pérez Galdós.* M, 1963, 398.

Lassaletta, M. G., *Aportaciones al estudio del lenguaje coloquial galdosiano.* M, 1973, 290.

Olbrich, R., *Syntaktisch-stilistische Studien über Benito Pérez Galdós.* Hamburgo, 1937, 155.

Regalado García, A., *Benito Pérez Galdós y la novela histórica española: 1868-1912.* M, 1966, 586.

Ricard, R., *Galdós et ses romans.* París, 1969, 121.

Shoemaker, W. H., *Estudios sobre Galdós.* Valencia, 1970, 295.

Warshaw, J., *Galdós' indebtedness to Cervantes.* H, 1933, 16, 127-42.

Woodbridge, H. C., *Benito Pérez Galdós. A selected annotated bibliography.* H, 1970, 53, 899-971.

Ynduráin Hernández, F., *Galdós entre la novela y el folletín.* M, 1970, 82.

→ 1.42, 10.06, Faus; 10.64, Sánchez Granjel; 16.17, Tarr; 16.61, Onís.

Foulché-Delbosc, R., *Étude bibliographique sur Fernán* **Pérez de Guzmán**. RH, 1907, 16, 26-55.

López Estrada, F., *La retórica en las* Generaciones y semblanzas *de Fernán Pérez de Guzmán.* RFE, 1946, 30, 310-52.

Soria Ortega, A., *La* Confesión rimada *de Fernán Pérez de Guzmán.* BRAE, 1960,40, 191-263.

Tate, R. B., ed. de F. Pérez de Guzmán, *Generaciones y semblanzas.* Londres, 1965, xxvii+112.

Festugière, P., *Ginés* **Pérez de Hita**. *Sa personne, son oeuvre.* BH, 1944, 46, 145-83.

Moreno Báez, E., *El manierismo de Pérez de Hita,* en *HomE. Alarcos García.* Valladolid, 1967, II, 353-67.

Wiegman, N. A., *Ginés Pérez de Hita y la novela romántica.* M, 1973[2], 140.

Entrambasaguas Peña, J., *Alejandro* **Pérez Lugín**, en *Las mejores novelas contemporáneas.* B, 1959, V, 3-52.

Bacon, G. W., *The life and dramatic works of Doctor Juan* **Pérez de Montalbán**. RH, 1912, 26, 1-455.

Dixon, V., *Juan Pérez de Montalbán's* Para todos. HR, 1964, 32, 36-59.

Parker, J. H., *The chronology of the plays of Juan Pérez de Montalbán.* PMLA, 1952, 67, 186-210.

Atkinson, W., *Hernán* **Pérez de Oliva**. *A biographical and critical study.* RH, 1927, 71, 309-484. 17
Menéndez Pelayo, M., *El Maestro Fernán Pérez de Oliva,* en su *Estudios...* M, 1941, II, 39-58.

Maura Gamazo, A., *Necrología de... Jacinto Octavio* **Picón**. BRAE, 1923, 10, 497-504.

Blanco, M., *Ensayo bio-bibliográfico del P. Juan de* **Pineda**. Liceo franciscano (Santiago de Compostela), 1953, 6, 157-78.
Meseguer Fernández, J., ed. de J. de Pineda, *Diálogos familiares de la agricultura cristiana.* M, 1963-4, 5 v.
Scudieri Ruggieri, J., *Premessa allo studio linguistico dell'*Agricultura cristiana... CN, 1960, 20, 253-9.

Manent, A., *Aproximación cronológica a la obra de José* **Pla**. CH, 1968, 73, 79-103.
Martinell, J., *Josep Pla, vist de prop.* B, 1972, 145.
Vilanova Andreu, A., *Imagen de José Pla.* PSA, 1957, 5, 289-98.
→ **Carner**, Manent.

Serrano Josa, P., *La obra literaria y costumbrista del novelista* **Polo y Peyrolón**. Teruel, 1953, 9, 5-24.

Carballo Calero, R., *Eduardo* **Pondal**. Vigo, 1965, 36.
López Abente, G., *A terra e a poesia de Pondal.* BRAG, 1956, 27, 245-70.
Pinna, M., *La lirica di Eduardo Pondal.* Studi mediolatini e volgari (Bolonia), 1960, 8, 173-91.
Varela Iglesias, J. L., *Un capítulo del ossianismo español: Eduardo Pondal,* en EDMP, VI, 557-90.
Varela Jácome, B., *La métrica de Eduardo Pondal.* CEG, 1960, 15, 63-87.

Fernández Pousa, R., *Cancionero gallego del trovador Pero da* **Ponte**. RABM, 1956, 62, 804-40.
Panunzio, S., ed. dc Pero da Ponte, *[Poesias].* Bari, 1967, 279.

Orozco Díaz, E., **Porcel** *y el barroquismo literario del siglo XVIII.* Oviedo, 1968, 60.

González Ollé, F., *El bachiller de la* **Pradilla**, *humanista y dramaturgo.* RJ, 1966, 17, 285-300.

Blanco Aguinaga, C., *Emilio* **Prados:** *vida y obra.* RHM, 1960, 26, 1-105.

Blanco García, V., *Estética y estilo de* **Prudencio**. Humanidades (Comillas), 1950, 2, 182-91.
Deferrari, R. J., y J. M. Campbell, *A concordance of Prudentius.* Cambridge (Mass.), 1932, viii+833.
Herzog, R., *Die allegorische Dichtkunst des Prudentius.* Munich, 1966, 144.
Lavarenne, M., *Étude sur la langue du poète Prudence.* París, 1933, 687.
Peebles, B. M., *The poet Prudentius.* Nueva York, 1951, 160.
Riber Campins, L., *Aurelio Prudencio.* B, 1942[2], 248 + láms.

17 Sabattini, T. A., *Storia e leggenda nel* Peristephanon *di Prudenzio.* Rivista di Studi Classici (Turín), 1972, 20, 32-53, 187-221.

Thraede, K., *Studien zu Sprache und Stil des Prudentius.* Göttingen, 1965, 143.

→ **Juvenco.**

Tate, R. B., ed. de F. del **Pulgar,** *Claros varones de Castilla.* Oxford, 1971, lxviii+118.

Losada Castro, B., *Pere* **Quart,** *poeta no tempo.* Grial (Vigo), 1967, 5, 441-56.

Guarner, L., *Vicente* **Querol,** *poeta horaciano.* BSCC, 1965, 41, 27-46.

Alarcos García, E., **Quevedo** *y la parodia idiomática.* Archivum, 1955, 5, 3-38.

Astrana Marín, L., *La vida turbulenta de Quevedo.* M, 1945, 622.

Baum, D. L., *Traditionalism in the works of Francisco de Quevedo y Villegas.* Chapel Hill, 1970, 210.

Blecua Teijeiro, J. M., ed. de F. de Quevedo, *Poesía original.* B, 1963, cl+1461.

Blecua Teijeiro, J. M., ed. de F. Quevedo, *Obra poética.* M, 1969-71, 3 v.

Cotarelo Valledor, A., *El teatro de Quevedo.* BRAE, 1945, 24, 41-104.

Crosby, J. O., *En torno a la poesía de Quevedo.* M, 1967, 268.

Ettinghausen, H., *Francisco de Quevedo and the neostoic movement.* Oxford, 1972, xl+178.

Lázaro Carreter, F., *Originalidad del* Buscón, en HDA, II, 319-38.

Lida, R., *Sobre el arte verbal del* Buscón. PhQ, 1972, 51, 255-69.

Milner, Z., *Le cultisme et le conceptisme dans l'oeuvre de Quevedo.* LLN, 1960, 44, 19-35.

Navarro de Kelley, E., *La poesía metafísica de Quevedo.* M, 1973, 184.

Nolting-Hauff, I., *Vision, Satire und Pointe in Quevedos* Sueños. Munich, 1968, 207.

Papell, A., *Quevedo. Su tiempo, su vida, su obra.* B, 1947, 576.

Parker, A. A., *La* agudeza *en algunos sonetos de Quevedo,* en EDMP, III, 345-60.

Penzol, P., *Comentario al estilo de D. Francisco de Quevedo.* BHS, 1931, 8, 76-88.

Pinna, M., *La lirica di Quevedo.* Padua, 1968, 192.

Rovatti, L., *Struttura e stile nei* Sueños *di Quevedo.* Studi mediolatini e volgari (Bolonia), 1968, 16, 121-67.

Spitzer, L., *Zur Kunst Quevedos in seinem* Buscón. Archivum Romanicum (Ginebra), 1927, 11, 511-80.

Dérozier, A., *Manuel Josef* **Quintana** *et la naissance du libéralisme en Espagne.* París, 1968, 715.

Dérozier, A., ed. de M. J. Quintana, *Poesías completas.* M, 1969, 399.

Martínez Quinteiro, M. A., *Quintana, revolucionario.* M, 1972, 188.

Menéndez Pelayo, M., *Quintana considerado como poeta lírico,* en su *Estudios...* M, 1942, V, 229-61.

Pageaux, D. H., *La genèse de l'oeuvre poétique de M. J. Quintana.* RLC, 1963, 37, 227-67. 17

Vila Selma, J., *Ideario de Manuel José Quintana.* M, 1961, xii+196.

Cousin, J., *Études sur* **Quintilien.** París, 1936, 2 v.

Dolç Dolç, M., *La estética en la oratoria: Quintiliano.* RIE, 1949, 7, 383-415.

Guazzoni-Foá, V., *Quintiliana.* Brescia, 1947, 135.

Kennedy, G., *Quintilian.* Nueva York, 1969, ix+155.

Bergman, H. E., *Luis* **Quiñones de Benavente** *y sus entremeses...* M, 1965, 571.

→ 17.14.2, Asensio.

Menéndez Pelayo, M., *Pedro de* **Quirós,** en su *Estudios...* M, 1941, II, 197-224.

Colin, G. S., **Quzmaniana,** en *Études d'orientalisme... E. Lévi.* París, 1962, I, 87-98.

García Gómez, E., *Aben Cuzman, una voz en la calle.* Cruz y Raya (M), 1933, 3, 31-59.

También, en su *Cinco poetas...* M, 1944, 139-67.

García Gómez, E., *Todo Ben Quzman.* M, 1972, 3 v.

Lévi-Provençal, E., *De nouveau sur Ibn Quzman.* Al-Andalus, 1944, 9, 347-69.

Ribera Tarragó, J., *El* Cancionero *de Abencuzman,* en su *Disertaciones...* M, 1928, I, 3-92.

Stern, S. M., *Studies on Ibn Quzman.* Al-Andalus, 1951, 16, 379-425.

Cárdenas, D. N., *Nueva luz sobre* **Razón de amor y denuestos del agua y del vino.** RHM, 1968, 34, 227-41.

Díaz Plaja, G., *Poesía y diálogo:* Razón de amor. EstEscénicos (B), 1960, 5, 7-43.

London, G. H., *The* Razón de amor *and the* Denuestos del agua y el vino. *New readings and interpretations.* RPh, 1965, 19, 28-47.

Menéndez Pidal, R., *Razón de amor con los denuestos del agua y el vino.* RH, 1905, 13, 602-18.

Spitzer, L., *Razón de amor.* Romania, 1950, 71, 145-65.

Aguilar Piñal, F., *La obra poética de Manuel* **Reina.** M, 1968, 158.

González Ollé, F., *Conceptismo y crítica textual. A propósito de* Los peligros de Madrid [Baptista **Remiro de Navarra**], en *Festschrift für H. Flasche.* Berna, 1973, 189-96.

Placer, G., *Biografía del P. Alonso* **Remón.** Estudios (M), 1945, 1, 2.°, 104-42; 3.°, 59-60.

Placer, G., *Fray Alonso Remón, censor de libros.* Estudios (M), 1952, 8, 341-76.

Iranzo de Ebersole, C., *Andrés* **Rey de Artieda** *y* Los amantes de Teruel. H, 1971, 41, 13-21.

Díaz Plaja, G., *El* Auto de los **Reyes Magos.** EstEscénicos (B), 1959, 4, 99-126.

17 Lapesa Melgar, R., *Sobre el* Auto de los Reyes Magos: *sus rimas anómalas y el posible origen de su autor,* en su *De la edad media...* M, 1967, 37-47.

Wardropper, B. W., *The dramatic texture of the* Auto de los Reyes Magos. MLN, 1955, 70, 46-50.

→ 20.76.

Ferraté, J., *Carles* **Riba**, *avui.* B, 1955, 138.

Llompart, J. M., *La obra poética de Carles Riba.* PSA, 1957, 4, 81-94.

Manent, A., *Carles Riba.* B, 1963, 80.

Valentí Fiol, E., *Carles Riba, humanista.* PSA, 1961, 23, 191-205.

→ **Carner**, Manent.

Laín Entralgo, P., *Lorenzo* **Riber Campins**. BRAE, 1958, 38, 321-9.

Periñán, B., ed. de Suero de **Ribera**, *Poesías.* MSI, 1968, 16, 5-138.

Ruiz Peña, J., *Un clásico actual:* **Rioja**. BIFG, 1959, 38, 602-13.

Lugrís Freire, R., *Vicente* **Risco** *na cultura galega.* Vigo, 1964, 158.

Boussagol, G., *Alvaro de Saavedra* [Duque de **Rivas**]... *Sa vie, son oeuvre poétique.* Toulouse, 1926, xii+481.

Boussagol, G., *Alvaro de Saavedra... Essai de bibliographie critique.* BH, 1927, 19, 5-98.

Peers, E. A., *Alvaro de Saavedra... A critical study.* RH, 1923, 58, 1-600.

Rosales Camacho, L., *Vida y andanzas del Duque de Rivas.* BRAE, 1965, 45, 395-406.

Rizal, J. → 5.20.

Hernández Alonso, C., Siervo libre de amor, *de Juan* **Rodríguez del Padrón**. Valladolid, 1970, 90.

Lida, M. R., *Juan Rodríguez del Padrón...* NRFH, 1952, 6, 313-51; 1954, 8, 1-38; 1960, 14, 318-21.

→ **Macías**.

Burgos, A. M., *Vida y obra de Tomás* **Rodríguez Rubí**. RL, 1963, 23, 65-102.

Miquel Planas, R., ed. de J. **Roig**, *Spill.* B, 1929-50, 2 v.

Pons, J.-S., *Le* Spill *de Jaume Roig.* BH, 1952, 54, 5-14.

Carbonell, J., ed. de J. **Roís de Corella**, *Obres completes.* Valencia, 1973, 216.

Fuster, J., *Lectura de Roís de Corella,* en su *Obres completes.* B, 1968, I, 285-312.

Saavedra, A. M., *El humanismo catalán. Roiç de Corella.* Clavileño, 1955, 35, 43-7.

Alonso Cortés, N., *Varia fortuna de Agustín de* **Rojas**. BBMP, 1948, 24, 25-87.

Adinolfi, G., *La* Celestina [F. **Rojas**] *e la sua unità di composizione.* Filologia romanza (Nápoles), 1954, 1, 12-60.

Bataillon, M., *La* Célestine *primitive,* en *Studia Philologica... in honorem L. Spitzer.* Berna, 1958, 39-55.

Bataillon, M., *La* Célestine *selon Fernando de Rojas.* París 1961, 273. 17
Bataillon, M., *La originalidad artística de la* Celestina. NRFH, 1964, 17, 264-90.
Castro Guisasola, F., *Observaciones sobre las fuentes literarias de la* Celestina. M, 1924, 194.
Criado de Val, M., *Indice verbal de la* Celestina. M, 1955, 266.
Deyermond, A. D., *The petrarchan sources of* La Celestina. Oxford, 1961, 172.
Ferreccio Podestà, M., *Hacia una edición crítica de la* Celestina. ALetras, 1965, 5, 47-76.
Gilman, S., *The art of* La Celestina. Madison, 1956, ix+261.
González Ollé, F., *El problema de la autoría de* La Celestina. *Nuevos datos y revisión del mismo.* RFE, 1960, 43, 439-45.
Herriott, J. H., *Towards a critical edition of the* Celestina: *a filiation of early editions.* Madison, 1964, vii+293.
Herriott, J. H., *Notes on selectivity of language in the* Celestina. HR, 1969, 37, 77-101.
Herriott, J. H., *Fernando de Rojas as author of act I of* La Celestina, en HRL, I, 295-311.
Kruse, M., *Stand und Aufgaben der* Celestina *Forschung.* RJ, 1954, 6, 324-41.
Lida, M. R.,*La originalidad artística de* La Celestina. Buenos Aires, 1962, 755.
Mandel, A. S., La Celestina *studies: a thematic survey and bibliography, 1824-1970.* Metuchen, 1971, 261.
Mc Pheeters, D. W., *The present status of* Celestina *studies.* Symposium (Syracuse), 1958, 12, 196-205.
Menéndez Pelayo, M., *La Celestina,* en su *Estudios...* M, 1941, II, 237-58, y en su *Orígenes de la novela.* M, 1943, III, 219-458.
Riquer Morera, M., *Fernando de Rojas y el primer acto de* La Celestina. RFE, 1957, 41, 375-95.
Rubio García, L., *La Celestina.* RABM, 1962, 69, 655-749.
También, Murcia, 1970, 241.
Samonà, C., *Aspetti del retoricismo nella* Celestina. Roma, 1954, 247.
→ 1.42, 16.43, Gorog.
Mac Curdy, R. R., *Francisco de* **Rojas Zorrilla** *and the tragedy.* Albuquerque, 1958, xiii+162.
Mac Curdy, R. R., *Francisco de Rojas Zorrilla: bibliografía crítica.* M, 1965, 47.
Mac Curdy, R. R., *Francisco de Rojas Zorrilla.* Nueva York, 1968, 172.
Varela Iglesias, J. L., *Vida y obra de Gregorio* **Romero Larrañaga.** M, 1948, 372.
Horrent, J., **Roncesvalles.** *Étude...* París, 1951, 260.
Menéndez Pidal, R., Roncesvalles. *Un nuevo cantar...* RFE, 1917, 4, 105-24.
Riquer Morera, M., *El* Roncesvalles *castellano,* en su *La leyenda...* M, 1968, 205-20.

17 *Homenaje a Luis* **Rosales**. CH, 1971, 258, 217-702. Miscelánea por numerosos autores.

Miró, E., *Los poemas en prosa de Luis Rosales.* CH, 1970, 242, 425-33.

Anderson Imbert, E., *La originalidad de* **Rubén Darío**. Buenos Aires, 1967, 269.

Garciasol, R., *Lección de Rubén Darío.* M, 1961, 232.

Greco, A. A., *Repertorio bibliográfico del mundo de Rubén Darío.* Nueva York, 1969, 666.

Judicini, J., *Rubén Darío y la renovación de la prosa castellana.* RIberoamericana (Iowa), 1964, 30, 51-89.

López Estrada, F., *Rubén Darío y la edad media.* B, 1971, 164.

Oliver Belmás, A., *Este otro Rubén Darío.* B, 1960, 475.

Rama, A., *Rubén Darío y el modernismo.* Caracas, 1970, 124.

Salinas, P., *La poesía de Rubén Darío.* Buenos Aires, 1948, 294.

Woodbridge, H. C., *Rubén Darío. A critical bibliography.* H, 1968, 51, 95-110.

Cotarelo Mori, E., ed. de Lope de **Rueda**, *Obras.* M, 1908, 2 v.

González Ollé, F., ed. de L. de Rueda, *Eufemia. Armelina.* Salamanca, 1967, 154.

González Ollé, F., ed. de L. de Rueda, *Los engañados. Medora.* M, 1973, lviii+129.

Stiefel, A. L., *Lope de Rueda und das italianische Lustspiel.* ZRPh, 1891, 15, 183-216, 318-43.

Tusón, V., *Lope de Rueda. Bibliografía crítica.* M, 1965, 85.

Veres d'Ocón, E., *Juegos idiomáticos en las obras de Lope de Rueda.* RFE, 1950, 34, 195-237.

→ 17.14.2, Asensio.

Alonso Cortés, N., *Armonía y emoción en Salvador* **Rueda**. CLC, 1943, 7, 36-48.

Anastasi, A., *Estimación de Salvador Rueda.* CH, 1959, 109, 87-95.

Fogelquist, D. F., *Salvador Rueda y Rubén Darío.* RHM, 1964, 30, 189-204.

Romo Arregui, J., *Salvador Rueda, bibliografía.* CLC, 1943, 7, 84-8.

Vázquez Otero, D., *Salvador Rueda.* Málaga, 1960, 138.

Blecua Perdices, A., ed. de J. **Rufo**, *Las seiscientas apotegmas y otras obras en verso.* M, 1972, 406.

Ramírez de Arellano, R., *Juan Rufo... Estudio biográfico y crítico.* M, 1912, 377.

Ruiz J. → Hita.

Cossío Martínez, J. M., *Don Ventura* **Ruiz Aguilera**. PSA, 1952, 2, 129-52.

Castro Leal, A., *Juan* **Ruiz de Alarcón**, *su vida y sus obras.* México, 1943, 270.

Claydon, E., *Juan Ruiz de Alarcón, baroque dramatist.* Chapel Hill, 1970, 175.

Denis, S., *La langue de Juan Ruiz de Alarcón.* París, 1943, 370.

→ 16.43, Denis.

Fernández Guerra, L., *Don Juan Ruiz de Alarcón.* M, 1871, x+556. 17
Granados, J., *Juan Ruiz de Alarcón e il suo teatro.* Milán, 1954, 149.
Pérez, E., *Influencias de Plauto y Terencio en el teatro de Ruiz de Alarcón.* H, 1928, 11, 131-49.
Poesse, W., *Ensayo de una bibliografía de Juan Ruiz de Alarcón.* Valencia, 1964, 85.
También, Hispanófila, 1962, 14, 1-21; 15, 29-56; 1963, 17, 35-78; 1966, 27, 32-42.
Vázquez Arjona, C., *Elementos autobiográficos e ideológicos en el teatro de Alarcón.* RH, 1928, 73, 557-615.
→ 10.04, Ebersole.

Lendínez Gallego, E., *El teatro de Víctor* **Ruiz Iriarte.** M, 1973, 144.

Guillén Cabañero, J., *Un gran latinista aragonés del siglo XVI: Pedro* **Ruiz de Moros.** JZ, 1961, 13, 129-60.

García Villoslada, R., *El poeta neolatino Fernán* **Ruiz de Villegas.** Humanidades (Comillas), 1954, 6, 21-42.

Pla, J., *Santiago* **Rusiñol** *i el seu temps.* B, 1961³, 259.
Poblet, J. M., *Vida i obra literària de Santiago Rusiñol.* B, 1965, 110.
→ 18.95, **Rusiñol.**

Capdevila, J. M., *Joaquim* **Ruyra**, en su *Estudis...* B, 1965, 138-95.
Cardona, O., *J. Ruyra. Resum biogràfic.* B, 1966, 107.

Díez de Revenga, F. J., *Espíritu y técnica de la* República literaria *de* **Saavedra Fajardo.** Murgetana, 1970, 33, 65-87.
Maldonado de Guevara, F., *Emblemática y política. La obra de Saavedra Fajardo,* en su *Cinco salvaciones.* M, 1953, 103-50.
Muñoz Alonso, A., *Revisión bibliográfica de Saavedra Fajardo.* REPol, 1958, 63, 236-43.
Murillo Ferrol, F., *Introducción al estudio de Saavedra Fajardo.* ADPub, 1954, 7, 115-57.
Murillo Ferrol, F., *Saavedra Fajardo y la política del Barroco.* M, 1957, 363.
Van Praag, J. A., *Apuntes bibliográficos sobre Saavedra Fajardo.* BRAE, 1929, 16, 652-7.
→ 9.16, Dowling.

Cardona, J., *L'obra dramàtica de J. M. de* **Sagarra.** B, 1966, 66.
Espinàs, J. M., *Sagarra, escritor en sociedad.* PSA, 1961, 23, 111-5.
Espinàs, J. M., *Josep Maria de Sagarra.* B, 1962, 80.

Cossío Martínez, J. M., *El buen Don Francisco Gregorio de* **Salas.** BBMP, 1924, 6, 174-86.

Icaza, F. A., ed. de A. J. **Salas Barbadillo,** *La peregrinación sabia.* M, 1924, xlvii+303.
Place, E. B., *Salas Barbadillo, satirist.* RR, 1926, 17, 230-42.

Caudet Roca, F., *Vida y obra de José María* **Salaverría.** M, 1972, xvi+229.

17 Petriz Ramos, B., *Introducción crítico-biográfica a José María Salaverría.* M, 1960, 353.

Buceta, E., *La obra poética del Conde de* **Salinas**... RFE, 1925, 12, 16-29.

Bonneville, H., *Le poète sévillan Juan de* **Salinas**. *Vie et oeuvre.* París, 1969, xv+522.

Arce Blanco, M., y S. C. Rosenbaum, *Pedro* **Salinas**, *bibliografía.* RHM, 1941, 7, 69-73.

Costa Viva, O., *Pedro Salinas frente a la realidad.* M, 1969, 160.

Dehennin, E., *Passion d'absolu et tension expressive dans l'oeuvre poétique de Pedro Salinas.* Gand, 1957, 208.

Feal Deibes, C., *La poesía de Pedro Salinas.* M, 1971[2], 270.

Pane, R. U., *Pedro Salinas. A tentative bibliography.* H, 1952, 35, 156-60.

Rodríguez Richard, J., *Sobre el teatro de Pedro Salinas.* BBMP, 1960, 36, 397-427.

Spitzer, L., *El conceptismo interior de Pedro Salinas.* RHM, 1941, 7, 33-69.

Vila Selma, J., *Pedro Salinas.* M, 1972, 187.

Zubizarreta, A., *Pedro Salinas, el diálogo creador.* M, 1969, 423.

Marqueríe, A., *Ensayo crítico del teatro de Jaime* **Salom**. M, 1973, 320.

Jareño, E., ed. de F. M. **Samaniego**, *Fábulas.* M, 1969, 229.

Pérez de Urbel, J., **Sampiro**, *notario, cronista y obispo.* RABM, 1952, 58, 203-70.

→ 6.36.2, **Sampiro**.

Casado Fuente, G., *Estudios sobre el latín medieval español: el Abad* **Samsón**. M, 1964, 34.

López Prudencio, J., *Diego* **Sánchez de Badajoz**. Badajoz, 1915, 285.

Weber de Kurlat, F., ed. de D. Sánchez de Badajoz, *Recopilación en metro.* Buenos Aires, 1968, 581.

Weber de Kurlat, F., *Relaciones literarias: la* Celestina, *Diego Sánchez de Badajoz y Gil Vicente.* PhQ, 1972, 51, 105-22.

Gallagher, P., *The life and works of Garci* **Sánchez de Badajoz**. Londres, 1968, 296.

Villanueva, D., El Jarama, *de* **Sánchez Ferlosio**. *Su estructura y su significado.* Santiago, 1973, 168.

Luca de Tena, J. I., *Semblanza literaria y sentimental de Rafael* **Sánchez Mazas**. BRAE, 1966, 46, 401-10.

Díaz Jiménez, E., *Clemente* **Sánchez de Vercial**. RFE, 1920, 7, 358-68.

Groult, P., *Sánchez de Vercial y su* Libro de los exemplos por A.B.C. Cuadernos del Sur (Buenos Aires), 1969, 10, 1-33.

Keller, J. E., ed. del *Libro de los enxemplos.* M, 1961, 448.

Reig Salvá, C., *El Cantar de* **Sancho II y cerco de Zamora**. M, 1947, 401.

Krause, A., *Apunte bibliográfico sobre Diego de* **San Pedro**. RFE, 1952, 36, 126-34. 17

Langbehn-Rohland, R., *Zur Interpretation der Romane des Diego de San Pedro.* Heidelberg, 1970, 227.

Vivian, D. S., La Passión trobada, *de Diego de San Pedro.* AEM, 1964, 1, 451-70.

Wardropper, B. W., *El mundo sentimental de la* Cárcel de Amor. RFE, 1953, 37, 168-93.

Whinnom, K., ed. de D. de San Pedro, *Obras completas.* M, 1971-3, 2 v.

Pérez, Q., *Fray Hernando de* **Santiago**, *predicador del Siglo de Oro.* M, 1949, 207.

Azáceta G. Albéniz, J. M., *Italia en la poesía de* **Santillana**. RL, 1953, 3, 17-54.

Azáceta G. Albéniz, J. M., *Santillana y los reinos orientales.* RL, 1954, 5, 157-86.

Durán, M., *Santillana y el prerrenacimiento.* NRFH, 1961, 15, 343-63.

Lapesa Melgar, R., *La obra literaria del Marqués de Santillana.* M, 1957, ix+347.

Pianca, A. H., *Influencias dantescas en la obra del Marqués de Santillana.* Estudios (M), 1965, 21, 263-72.

Terrero, J., *Paisajes y pastoras en las* Serranillas *del Marqués de Santillana.* CL, 1950, 7, 169-220.

→ 1.42.

Riquer Morera, M., *Jordi de* **Sant Jordi**. *Estudio y edición.* Granada, 1955, 225.

Hammond, J. H., *Francisco* **Santos**'*s indebtedness to Gracián.* Austin, 1950, iii+102.

Winter, C. J., *Notes on the works of Francisco Santos.* H, 1929, 12, 457-64.

Díez Taboada, J. M., *Eulogio Florentino* **Sanz**. RL, 1958, 13, 48-78.

González Ollé, F., *Biografía de José de* **Sarabia**, *presunto autor de la* Canción real a una mudanza. RFE, 1963, 46, 1-30.

→ **Ufano.**

Aranda Muñoz, E., **Selgas** *y su obra.* Murcia, 1954, 257. También, AUMurcia, 1954, 12, 87-215, 425-86.

Menéndez Pidal, R., *Don Eugenio* **Sellés**. BRAE, 1926, 13, 397-404.

Alarcos Llorach, E., *La lengua de los* Proverbios morales, *de Don* **Sem Tob**. RFE, 1951, 35, 249-308.

González Lanuza, E., y A. Portnoy, ed. de S. Tob, *Proverbios morales.* Buenos Aires, 1958, 156.

Tamayo, J. A., *La rosa y el judío.* Finisterre (M), 1948, 1, 377-83.

González Palencia, A., *Versiones castellanas del* **Sendebar**. M, 1946, xxxii+318.

Carrasquer, F., Imán *y la novela histórica de* **Sender**. Londres, 1971, 299.

17 King, Ch. L., *Una bibliografía senderiana española.* H, 1967, 50, 630-45.

Peñuelas, M. G., *La obra narrativa de Ramón J. Sender.* M, 1971, 294.

Rivas, J.,... *Estudio crítico y literario sobre Ramón Sender.* Méjico, 1967, 340.

Abel, K. H., *Bauformen in* [*Lucio Anneo*] **Senecas** *Dialogen...* Heidelberg, 1967, 200.

Astrana Marín, L., *Vida genial y trágica de Séneca.* M, 1947, xvi+659.

Blüher, K. A., *Seneca... in Spanien vom 13. bis 17. Jahrhundert.* Munich, 1969, 503.

Elorduy, E., *Séneca. Vida y escritos.* M, 1965, 390.

Fontán Pérez, A., *Tradición y crítica del texto de Séneca.* EC, 1951, 1, 81-8.

García Garrido, J. L., *La filosofía de la educación de Lucio Anneo Séneca.* M, 1969, 312.

García Prado, J., *Séneca, geógrafo.* Archivum, 1951, 2, 63-94.

Grimal, P., *Sénèque. Sa vie, son oeuvre.* París, 1948, 158.

Giancotti, F., *Saggio sulle tragedie di Seneca.* Roma, 1953, 196.

Gobliani, H., *Il barochismo in Seneca e in Lucano.* Mesina, 1938, 175.

Liénard, E., *Sur la correspondance apocryphe de Sénèque et de Saint Paul.* RBPhH, 1932, 11, 5-24.

Mazzoli, G., *Seneca e la poesia.* Milán, 1970, 319.

Muñoz Valle, I., *Cronología de las tragedias de Séneca.* Humanidades (Comillas), 1967, 19, 316-30.

Momigliano, A., *Note sulla leggenda del cristianesimo di Seneca.* Rivista Storica Italiana (Nápoles), 1950, 62, 325-44.

Θroz Reta, J., *Séneca y el estilo «nuevo».* Helmantica (Salamanca), 1965, 16, 319-56.

Reynolds, L. D., *The medieval tradition of Seneca's Letters.* Oxford, 1965, xii+167.

Rubio, F., *Contribución a una bibliografía acerca de Séneca el Filósofo.* AH, 1965, 43, 107-38.

Runchina, G., *Tecnica drammatica e retorica nelle tragedie di Seneca.* Cagliari, 1960, 187.

Séneca, *Estudios sobre* _____. *Ponencias y comunicaciones.* M, 1966, 392.

Miscelánea por numerosos autores.

Yela Utrilla, J. F., *Séneca.* B, 1956, 272.

→ 8.14, González.

Griffin, M., *The elder* [Marco Anneo] **Seneca** *and Spain.* Journal of Roman Studies (Londres), 1972, 62, 1-19.

Whitehorne, J. E. G., *The elder Seneca. A review of past work.* Prudentia (Auckland), 1969, 1, 14-27.

Guillén Cabañero, J., *Un gran poeta latino aragonés del siglo XVI. Antonio* **Serón**, *bilbilitano, 1512-1569.* Helmantica (Salamanca), 1971, 22, 209-72.

Cluzel, I. M., *Amanieu de* **Sescars**, *troubadour catalan?* RFE, 1959, 42, 270-8. 17

Menger, M. G., *Fr. José de* **Sigüenza**, *poeta e historiador.* Méjico, 1944, 47.

Sigüenza Góngora, C. → 5.20.

Alonso Cortés, N., *Feliciano de* **Silva**. BRAE, 1933, 20, 382-404.

Marín Ocete, A., *Gregorio* **Silvestre**. *Estudio biográfico y crítico.* Granada, 1939, 272.

Díaz Díaz, M. C., *Para una edición del poema astronómico del Rey* **Sisebuto**. RABM, 1955, 61, 337-40.

Recchia, V., *Sisebuto di Toledo: il* Carmen de Luna. Bari, 1971, 293.

González de la Calle, P. U., *El poeta aragonés Juan* **Sobrarias**. Universidad, 1933, 11, 105-80; 1934, 12, 23-68.

Poblet, J. M., *Frederic* **Soler**: *Serafí Pitarra.* B, 1967, 394.

Arocena, L. A., *Antonio* **Solís**, *cronista indiano...* Buenos Aires, 1963, 526.

Sánchez Regueira, M., ed. de A. Solís Rivadeneyra, *Varias poesías sagradas y profanas.* M, 1968, viii+444.

Gallego Morell, A., *Pedro* **Soto de Rojas**. Granada, 1948, 160.

Crawford, J. P. W., *Vida y obras de Cristóbal* **Suárez de Figueroa**. Valladolid, 1911, 106.

Dowling, J., *Un envidioso del siglo XVII: Cristóbal Suárez de Figueroa.* Clavileño, 1953, 22, 11-6.

Dickie, J., *Ibn* **Suhayd**. *A biographical and critical study.* Al-Andalus, 1964, 29, 243-310.

Madoz Moleres, J., **Tajón** *de Zaragoza y su viaje a Roma,* en *Mélanges J. de Ghellinck.* Gembloux, 1951, I, 345-60.

Vega, A. C., *Tajón de Zaragoza. Una obra inédita.* LCD, 1943, 155, 145-77.

González Muela, J., ed. de Arcipreste de **Talavera**, *Corbacho.* M, 1970, 304.

Madoz Moleres, J., ed. de Arcipreste de Talavera, *Vidas de San Ildefonso y San Isidoro.* M, 1952, ciii+173.

Richthofen, E. V., *Alfonso Martínez de Toledo und sein* Arcipreste de Talavera... ZRPh, 1941, 61, 417-537.

→ 16.43, Steiger.

Esquer Torres, R., *Valoración técnica del teatro de* **Tamayo Baus**. RL, 1955, 7, 99-133.

Esquer Torres, R., *El teatro de Tamayo y Baus.* M, 1965, 280.

Esquer Torres, R., *Un aspecto desconocido de Tamayo y Baus: su obra lírica.* Castellón, 1968, 79.

Sicars Salvadó, N., *Don Manuel Tamayo Baus. Estudio crítico-biográfico.* B, 1906, xii+426.

17 Auclair, M., *Vida de Santa* **Teresa de Jesús**. M, 1972[2], 380.
Bernabéu Barrachina, F., *Aspectos vulgares del estilo teresiano y sus posibles razones*. REspir, 1963, 22, 359-75.
Flasche, H., *Syntaktische Untersuchungen zu Santa Teresa*. GAKS, 1960, 15, 151-74.
Hoornaert, R., *Sainte Thérèse, écrivain...* Bruselas, 1940, 522.
Jesús, C. de, *Vida de Santa Teresa*. M, 1961, 144.
Jesús, S. de, *Santa Teresa de Avila a través de la crítica literaria*. Bilbao, 1949, 411.
Jiménez Salas, M., *Santa Teresa de Jesús. Bibliografía fundamental*. M, 1962, 86.
Madre de Dios, E. de la, y otros, ed. de Santa Teresa de Jesús, *Obras completas*. M, 1951-9, 3 v.
Madre de Dios, E. de la, y O. Steggink, *Tiempo y vida de Santa Teresa*. M, 1968, 795.
Menéndez Pidal, R., *El estilo de Santa Teresa*, en su *La lengua de Colón*. M, 1942, 145-74.
Peers, E. A., *Madre del Carmelo. Retrato de Santa Teresa de Jesús*. M, 1948, 265.
Peers, E. A., *Literary style of St. Teresa*. Cross and Crown (St. Louis), 1953, 5, 208-22.
Sánchez Moguel, A., *El lenguaje de Santa Teresa de Jesús...* M, 1915, 157.
Santa Teresa, S. de, *Vida de Santa Teresa de Jesús*. Burgos, 1935-7, 5 v.
Santa Teresa, S. de, *Santa Teresa de Avila*. M, 1946, 592.
Termenón Solís, G., *El estilo de Santa Teresa*. Bolívar (Bogotá), 1955, 41, 81-105.
Vega Rodríguez, A. C., *La poesía de Santa Teresa*. M, 1972, 304.
→ 8.11, Rodríguez; 22.10, Yepes.

Aróstegui, M. P., *La dramaturgia de Juan de* **Timoneda**. BBMP, 1972, 48, 201-30.
Delgado Barnés, P., *Contribución a la bibliografía de Juan de Timoneda*. RL, 1959, 16, 24-56.
Juliá Martínez, E., *Originalidad de Timoneda*. RVF, 1958, 5, 91-151.

Asín Palacios, M., *El filósofo autodidacto* **[Tofail]**. RAragón, 1901, 25-7, 57-60, 89-91.
Gauthier, L., *Ibn Thofail*. París, 1909.
González Palencia, A., ed. de Ibn Tufayl, *El filósofo autodidacto*. M, 1934, 202.

Aubrun, Ch. V., *Le* Don Juan *de* **Tirso de Molina**. *Essai d'interprétation*. BH, 1957, 59, 26-61.
Aubrun, Ch. V.,... *El Condenado por desconfiado*. BHS, 1958, 35, 138-56.
Cotarelo Mori, E., *Tirso de Molina. Investigaciones bio-bibliográficas*. M, 1893, 225.
Fernández Marcane, L., *El teatro de Tirso de Molina. Estudio de onomatología*. M, 1973, 105.

Hesse, E. W., *Catálogo bibliográfico de Tirso de Molina.* Estudios (M), 1949, 5, 781-889. 17
Suplementos, 1951, 7, a 1960, 16.

Hornedo, R. M., *La tesis escolástico-teológica de* El Condenado por desconfiado. RyF, 1948, 138, 633-46.

Kennedy, R. L., *Studies for the chronology of Tirso's theater.* HR, 1943, 11, 17-46.

López, A., *El cancionero popular en el teatro de Tirso de Molina.* Estudios (M), 1958, 14, 707-89.

Maurel, S., *L'univers dramatique de Tirso de Molina.* Poitiers, 1971, 621.

Menéndez Pidal, R., *Sobre los orígenes de* El convidado de piedra, en su *Estudios literarios.* M, 1920, 105-36.

Mettmann, W., *Studien zum religiösen Theater Tirso de Molinas.* Colonia, 1954, 102.

Morley, S. G., *El uso de las combinaciones métricas en las comedias de Tirso de Molina.* BH, 1914, 16, 177-208.

Pinedo, M., *Tirso de Molina. Aportaciones biográficas.* Estudios (M), 1949, 5, 19-122.

Ríos, B., *Las mujeres de Tirso,* en su *Del siglo de Oro.* M, 1910, 229-75.

Ríos, B., ed. de Tirso de Molina, *Obras dramáticas completas.* M, 1946-59, 3 v.

Valbuena Prat, A., *Sobre la creación de caracteres y la temática de Tirso de Molina.* Segismundo, 1965, 1, 11-22.

Vossler, K., *Lecciones sobre Tirso de Molina.* M, 1965, 147.

Wade, G. E., *The authorship and the date of composition of* El burlador de Sevilla. Hispanófila, 1968, 32, 1-22.

→ 10.04, Arco.

Crow, G. D., *Antonio de* **Torquemada**, *spanish dialogue writer...* H, 1955, 38, 265-71.

Elsdon, J. H., *On the life and work of... Antonio de Torquemada.* University of California Publications in Modern Philology, 1937, 20, 127-86.

G[onzález de] Amezúa, A., ed. de A. Torquemada, *Jardín de flores curiosas.* M, 1943, xxxviii+333.

Coster, A., *Sur Francisco de la* **Torre**. RH, 1925, 65, 74-133.

Zamora Vicente, A., ed. de F. de la Torre, *Obras.* M, 1944, lx+209.

Marín López, N., *La obra poética del Conde de* **Torrepalma**. CCF, 1963, 15, 7-56.

Marín López, N., *Poesía y poetas del setecientos. Torrepalma y la Academia del Trípode.* Granada, 1971, 267.

Boixareu, M., *Vida i obra de Marius* **Torres**. B, 1968, 279.

Falconieri, J. V., *La situación de* **Torres Naharro** *en la historia literaria.* Hispanófila, 1957, 1, 32-40.

Gillet, J. E., *Torres Naharro and the spanish drama of the sixteenth century,* en *Estudios eruditos... A. Bonilla.* M, 1927, II, 437-68, y HR, 1937, 5, 193-207.

17 Gillet, J. E., ed. de B. Torres Naharro, *Propalladia.* Bryn Mawr, 1943-61, 4 v.

García Boiza, A., *Don Diego de* Torres Villarroel. *Ensayo biográfico.* M, 1949, 297.

Ilie, P., *Grotesque portraits in Torres Villarroel.* BHS, 1968, 45, 16-37.

Segura Covarsí, E., *Ensayo crítico de la obra de Torres Villarroel.* CL, 1950, 8, 125-64.

→ 10.64, Sánchez Granjel.

Bach Rita, P., *The works of Pere* Torroella. Nueva York, 1930, xx+332.

Aguilar Piñal, F., *La obra «ilustrada» de Don Cándido María* Trigueros. RL, 1968, 34, 31-55.

Gallego Morell, A., *Francisco y Juan de* Trillo Figueroa. Granada, 1950, 138.

González Palencia, A., ed. de T. Trueba Cossío, *España romántica.* M, 1942, xlviii+868.

Becerro de Bengoa, R., *Biografía de Don Antonio* Trueba [Quintana]. Bilbao, 1896, 211.

Fernández Montesinos, J., *Trueba y el realismo,* en *Wort und Text. Festschrift für F. Schalk.* Frankfurt, 1963, 434-48.

González Blanco, A., *Antonio de Trueba. Su vida y sus obras.* Bilbao, 1914, iv+196.

Asín Palacios, M., *El original árabe de la* Disputa del asno *contra Fray Anselmo de* Turmeda. RFE, 1914, 1, 1-51.

Epalza, M., *Nuevas aportaciones a la biografía de Fray Anselmo de Turmeda.* AST, 1965, 38, 87-158.

Montoliu, M., *Turmeda,* en su *Eiximenis...* B, 1959, 63-98.

→ Veragüe, Rico Manrique.

Stern, S. M., *Muhammad ibn* Ubada *al-Quazzaz.* Al-Andalus, 1950, 15, 79-109.

Blecua Teijeiro, J. M., *La canción* Ufano, alegre, altivo, enamorado. RFE, 1942, 26, 80-9.

→ Sarabia, González Ollé.

García Aráez, J., *Don Luis de* Ulloa Pereira. M, 1952, 424.

Blanco Aguinaga, C., Unamuno, *teórico del lenguaje.* México, 1954, 128.

Curtius, E. R., *Miguel de Unamuno,* excitator Hispaniae. CH, 1954, 60, 248-64.

Diego Cendoya, G., *Unamuno, poeta.* BRAE, 1965, 45, 7-17.

Ferrater Mora, J., *Unamuno. Bosquejo de una filosofía.* Buenos Aires, 1957[2], 145.

Franco, A., *El teatro de Unamuno.* M, 1971, 347.

García Blanco, M., *Don Miguel de Unamuno y sus poesías...* Salamanca, 1954, 453.

García Blanco, M., *En torno a Unamuno.* M, 1965, 625.

García Blanco, M., *Don Miguel de Unamuno y la lengua española,* en su *La lengua española...* M, 1967, 69-131. 17

García Morejón, J., *Bibliografía unamuniana.* Cuadernos del idioma (Buenos Aires), 1965, 1, 149-57.

Hoyos, A., *Unamuno, escritor.* Murcia, 1959, 147.

Huarte Morton, F., *El ideario lingüístico de Miguel de Unamuno.* Cuadernos de la Cátedra Miguel de Unamuno (Salamanca), 1954, 5, 5-183.

Ibáñez, L., *Bibliografía unamuniana.* Cuadernos de la Cátedra Miguel de Unamuno (Salamanca), 1968, 18, 103-11.

Laín, M., *Aspectos estilísticos y semánticos del vocabulario poético de Unamuno.* Cuadernos de la Cátedra Miguel de Unamuno (Salamanca), 1959, 9, 77-115.

Marías Aguilera, J., *Miguel de Unamuno.* M, 1971^5, 220.

Onís, F., *Bibliografía de Unamuno.* LT, 1961, 9, 601-36.

Ramis Alonso, M., *Don Miguel de Unamuno. Crisis y crítica.* Murcia, 1953, 313.

Salcedo, E., *Vida de Don Miguel.* Salamanca, 1970^2, 445.

Turiel, P., *Unamuno. El pensador, el creyente, el hombre.* M, 1970, 353.

Veres d'Ocón, E., *El estilo enumerativo en la poesía de Unamuno.* CL, 1949, 5, 115-43.

Zavala, I. M., *Unamuno y su teatro de conciencia.* Salamanca, 1963, 222.

Zubizarreta, A. F., *Unamuno en su «Nivola».* M, 1960, 420.

González Palencia, A., *Don José María* **Vaca de Guzmán**... BRAE, 1931, 18, 293-347.

F[ernández] Montesinos, J., *Algunas notas sobre el* Diálogo de Mercurio y Carón [A. **Valdés**]. RFE, 1929, 16, 225-66.

Morreale, M., *El* Diálogo de las cosas ocurridas en Roma, *de Alfonso de Valdés.* BRAE, 1957, 37, 395-417.

Rossi, G. C., *Aspectos literarios del* Diálogo de las cosas ocurridas en Roma, *de Alfonso Valdés.* CH, 1958, 108, 365-72.

Cione, E., *Juan de* **Valdés**. Nápoles, 1963^2, 225.

Lope Blanch, J. M., ed. de J. de Valdés, *Diálogo de la lengua.* M, 1969, 186.

→ 8.85, Santa Teresa; 16.76, Asensio.

Aguirre, J. M., *José de* **Valdivielso** *y la poesía religiosa tradicional.* Toledo, 1965, 224.

Allué Morer, F.,... *José de Valdivielso.* Poesía española (M), 1960, 22-9.

Flecniakoska, J.-L., ed. de J. Valdivielso, *El hospital de los locos...* Salamanca, 1971, 133.

Lange, W.-D., *El fraile trovador. Zeit, Leben und Werk des Diego de* **Valencia de León**. Frankfurt, 1971, 262.

Real de la Riva, C., *Un mentor del siglo XV. Diego de* **Valera** *y sus epístolas.* RL, 1961, 20, 279-305.

17 Bermejo Marcos, M., *Don Juan* **Valera**, *crítico literario.* M, 1968, 252.
Bravo Villasante, C., *Biografía de Don Juan Valera.* B, 1959, 368.
De Coster, C. C., *Bibliografía crítica de Juan Valera.* M, 1970, 182.
Fernández Montesinos, J., *Valera o la ficción libre.* M, 1970^{2}, 219.
Jiménez Fraud, A., *Juan Valera y la generación de 1868.* Oxford, 1956, 177.
Romero Mendoza, P., *Don Juan Valera. Estudio biográfico-crítico.* M, 1940, 246.
Zamora Romera, A., *Don Juan Valera. Ensayo biográfico-crítico.* Córdoba, 1966, 236.
→ 17.16, González Ollé.

Aherne, C. M., **Valerio of Bierzo**, *an ascet of the wisigothic period.* Washington, 1949, x+211.
Díaz Díaz, M. C., *Sobre la compilación hagiográfica de Valerio del Bierzo.* HS, 1951, 4, 3-25.
Robles Sierra, A., *San Valerio del Bierzo y su corriente de espiritualidad monástica.* TE, 1965, 9, 7-52.
→ 8.04, Arenillas.

Paraíso, M. I., *José María* **Valverde:** *trayectoria de una vocación asumida.* CH, 1965, 185, 383-402.

Baquero Goyanes, M., **Valle Inclán** *y lo valle-inclanesco.* CH, 1966, 199, 34-52.
Benítez Claros, R., *Metricismos en las* Comedias bárbaras, RL, 1953, 3, 247-91.
Bermejo Marcos, M., *Valle-Inclán: introducción a su obra.* Salamanca, 1971, 357.
Cardona, R., y A. N. Zahareas, *Visión del esperpento...* M, 1970, 255.
Díaz Plaja, G., *Las estéticas de Valle Inclán.* M, 1972, 297.
Fernández Almagro, M., *Vida y literatura de Valle Inclán.* M, 1943, 277.
García de la Torre, J. M., *Análisis temático de* El ruedo ibérico. M, 1972, 356.
González López, E., *El arte dramático de Valle Inclán.* Nueva York, 1967, 267.
Gullón, R., *Técnicas de Valle Inclán.* PSA, 1966, 43, 21-86.
Lima, R., *An annotated bibliography of Ramón del Valle-Inclán.* Pennsylvania, 1972, xi+401.
March, M. E., *Forma e idea de los* Esperpentos *de Valle-Inclán.* Chapel Hill, 1969, 173.
Matilla Rivas, A., *Las* Comedias bárbaras: *historicismo y expresionismo dramático.* Salamanca, 1972, 165.
Ramírez, M., *La musicalidad y la estructura rítmica en la prosa de Valle Inclán.* Kentucky Foreign Language Quarterly, 1962, 9, 130-42.
Speratti Piñero, E. S., *La elaboración artística en* Tirano Banderas. Méjico, 1957, 206.

Speratti Piñero, E. S., *Génesis y evolución de* Sonata de otoño. RHM, 1959, 35, 57-80. 17

Speratti Piñero, E. S., *De* Sonata de otoño *al esperpento*... Londres, 1968, 341.

Varela Iglesias, J. L., *Melodía gallega a través de la prosa rítmica de Valle Inclán.* CLC, 1946, 18, 485-501.

Varela Iglesias, J. L., *El mundo de lo grotesco en Valle Inclán.* CEG, 1967, 22, 36-65.

Zahareas, A. N., y S. Greenfield, *Ramón del Valle Inclán. An appraisal of his life and works.* Nueva York, 1968, 856. Miscelánea por numerosos autores.

Zamora Vicente, A., *Las* Sonatas *de Valle Inclán.* M, 1955^{2}, 190.

Zamora Vicente, A., *La realidad esperpéntica. Aproximación a* Luces de bohemia. M, 1969, 208.

Menéndez Pelayo, M., *Tres comedias de Alonso de la* **Vega**, en su *Estudios*... M, 1941, II, 379-402.

Astrana Marín, L., *Vida azarosa de Lope de* **Vega**. B, 1941^{2}, 344.

Brown, R. B., *Bibliografía de las comedias históricas de Lope de Vega.* México, 1958, 152.

Castro Quesada, A., y H. Rennert, *Vida de Lope de Vega.* Salamanca, 1968, 584.

Cayuela, A. M., *Los autos sacramentales de Lope de Vega*... RyF, 1935, 108, 168-90, 330-49.

Clark, F. M., *Objective methods for testing authenticity and the study of ten doubtful comedies at atribued to Lope de Vega.* Chapel Hill, 1971, 185.

Entrambasaguas Peña, J., *Una guerra literaria del Siglo de Oro: Lope de Vega y los preceptistas aristotélicos.* BRAE, 1932, 19, a 1934, 21, múltiples entradas.
También, en su *Estudios sobre Lope de Vega.* M, 1946, I, 63-417; II, 7-411.

Entrambasaguas Peña, J., *Vida de Lope de Vega.* B, 1936, 272 + láms.

Entrambasaguas Peña, J., *Estudios sobre Lope de Vega.* M, 1946-58, 3 v.

Entrambasaguas Peña, J., *Lope de Vega y su tiempo*... M, 1961, 2 v.

Entrambasaguas Peña, J., *Lope de Vega en las Justas poéticas toledanas de 1605 y de 1608.* RL, 1967, 32, 5-104; 1968, 33, 5-52. También, M, 1969, 152.

Farinelli, A., *Lope de Vega en Alemania.* B, 1936, 324.

F[ernández] Montesinos, J., *Contribución al estudio de la lírica de Lope de Vega.* RFE, 1924, 11, 298-311; 1925, 12, 284-90.

F[ernández] Montesinos, J., *Estudios sobre Lope.* México, 1951, 332.

Froldi, R., *Lope de Vega y la formación de la comedia.* Salamanca, 1973^{2}, 184.

Jameson, A. K., *The sources of Lope de Vega's erudition.* HR, 1937, 5, 124-39.

17 Jorder, O., *Die Formen des Sonnetts bei Lope de Vega.* Halle, 1936, xii+322.

Lázaro Carreter, F., *Lope de Vega y su tiempo...* Salamanca, 1961, 2 v.

Marín, D., *Uso y función de la versificación dramática en Lope de Vega.* Valencia, 1962, 120.

Menéndez Pelayo, M., y otros, ed. de Lope de Vega, *Obras.* M, 1890-1930, 27 v.

Menéndez Pelayo, M., *Estudios sobre el teatro de Lope de Vega.* M, 1919-27, 6 v.

Morley, S. G., y C. Bruerton, *Cronología de las comedias de Lope de Vega...* M, 1968, 690.

Morley, S. G., y R. W. Tyler, *Los nombres de personajes en las comedias de Lope de Vega.* Berkeley, 1961, 2 v.

Müller-Bochat, E., *Lope de Vega und die italianische Dichtung.* Mainz, 1956, 158.

Parker, J. H., y A. M. Fox, *Lope de Vega studies 1937-1962. A critical survey and annotated bibliography.* Toronto, 1964, xi+210.

Pérez, L. C., y F. Sánchez Escribano, *Afirmaciones de Lope de Vega sobre preceptiva dramática a base de cien comedias.* M, 1961, 220.

Pérez Pérez, M. C., *Bibliografía del teatro de Lope de Vega...* M, 1973, 128.

Romera Navarro, M., *Lope y su defensa de la pureza de la lengua y estilo poético.* RH, 1929, 72, 287-381.

Romera Navarro, M., *La preceptiva dramática de Lope de Vega y otros ensayos sobre el Fénix.* M, 1935, 302.

Simón Díaz, J., y J. de José Prades, *Ensayo de una bibliografía de las obras y artículos sobre la vida y escritos de Lope de Vega Carpio.* M, 1955, xi+233.

Simón Díaz, J., y J. de José Prades, *Lope de Vega. Nuevos estudios.* M, 1961, 16.

Villarejo, O. M., *Revisión de las listas de* El Peregrino... RFE, 1963, 46, 343-99.

Vossler, K., *Lope de Vega y su tiempo.* M, 1940[2], 364.

Yndurain Hernández, F., *Lope de Vega como novelador.* Santander, 1962, 82.

Zamora Vicente, A., *Lope de Vega. Su vida y su obra.* M, 1961, 294.

→ 10.04, Arco; 10.18, Albarracín; 16.43, Fernández Gómez; 17.07, Torre.

Lozano Guirao, P., *Vida y obras de Ricardo de la* **Vega**. M, 1959, 30.

Leslie, J. K., *Ventura de la* **Vega** *and the spanish theatre, 1820-1865.* Princeton, 1940, xiii+142.

Luca de Tena, J. I., *Semblanza literaria y social de Ventura de la Vega.* BRAE, 1965, 45, 385-93.

Mancini, G., *Motivi vecchi e nuovi nel teatro di Ventura de la Vega.* MSI, 1964, 147-78.

Montero Alonso, J., *Ventura de la Vega. Su vida y su tiempo.* M, 1951, 183. **17**

Cotarelo Mori, E., *Luis* **Vélez de Guevara** *y sus obras dramáticas.* BRAE, 1916, 3, 621-52; 1917, 4, 137-71, 269-308, 414-44.
Muñoz Cortés, M., *Aspectos estilísticos de Vélez de Guevara en su* Diablo Cojuelo. RFE, 1943, 27, 48-76.
Muñoz Cortés, M., ed. de L. Vélez de Guevara, *Reinar después de morir* y *El diablo está en Cantillana.* M, 1948, lxxiii+204.
Profeti, M. G., *Note critiche sull'opera di Vélez de Guevara.* MSI, 1965, 47-174.
Rodríguez Marín, F., ed. de *El Diablo Cojuelo.* M, 1918, xl+295.
Spencer, E., y R. Schevill, *The dramatic works of Luis Vélez de Guevara.* Berkeley, 1937, xxvi+387.

Piero, R. A., *Dos escritores... Pedro de* **Veragüe** *y el Arcipreste de Talavera.* M, 1970, 166.
Rico Manrique, F., *Pedro de Veragüe y Fra Anselm Turmeda.* BHS, 1973, 50, 224-36.

Arbó, S. J., *La vida trágica de Mosén Jacinto* **Verdaguer.** B, 1970, 739.
Casacuberta, J. M., *Sobre la génesi de* L'Atlàntida... ER, 1952, 3, 1-56.
Guarner, L., *Bibliografia general de Jacint Verdaguer,* en su *Obres completes.* B, 1964^{4}, 1525-48.
Miracle, J., *Verdaguer, el Atlántico y* La Atlántida. AEAtl, 1960, 6, 327-408.
Pérès, R. D., *La poesía de J. Verdaguer.* BRAE, 1945, 24, 369-86.
Riber Campins, L., *Jacinto Verdaguer, poeta épico.* BRAE, 1945, 24, 353-68.
Sagarra, J. M., *Verdaguer, poeta de Catalunya.* B, 1968, 152.
Xuriguera, R., *Jacint Verdaguer, l'home i l'obra.* B, 1971, 355.
→ 17.64, Montoliu.

López Toro, J., *El primer poema macarrónico* [Juan de **Vergara**] *en España,* en HDA, II, 401-11.

López Toro, J., *Un pequeño poema acerca de las guerras de Flandes* [Juan de **Verzosa**]. Hispania, 1943, 3, 89-126.
López Toro, J., ed. y trad. de J. Verzosa, *Epístolas.* M, 1945, xc+296.
López Toro, J., *Los* Anales *de Juan de Verzosa.* BRAH, 1962, 150, 91-122.

Alonso, M. R., *Antonio de* **Viana.** RHist, 1951, 17, 260-92.
Alonso, M. R., *El* Poema *de Viana.* M, 1952, 697.

Field, W. H. W., *Raimon* **Vidal.** *Poetry and prose.* Chapel Hill, 1971, 2 v.

Cioranescu, A., *José* **Viera y Clavijo,** *escritor,* en su *Estudios de literatura...* La Laguna, 1954, 249-68.

Alvarez Sierra, J., *Francisco* **Villaespesa.** M, 1949, 230.

17 Rosenbaum, S. C., *Francisco Villaespesa, bibliografía.* RHM, 1937, 3, 278-82.
Cortés, E., *El teatro de Villaespesa. Estudio crítico.* M, 1971, 210.

Dixon, V., *Apuntes sobre la vida y la obra de Jerónimo de* **Villaizán y Garcés**. Hispanófila, 1961, 13, 5-22.

Kerr, R. J. A., *Prolegomena to an edition of* **Villalón's** Scholastico. BHS, 1955, 32, 130-9, 204-13.
Kerr, R. J. A., ed. de C. de Villalón, *El Scholastico.* M, 1967, 232.

Alonso Cortés, N., *La muerte del Conde de* **Villamediana.** Valladolid, 1928, 95.
Cotarelo Mori, E., *El Conde de Villamediana...* M, 1886, 343.
Rosales Camacho, L., *Pasión y muerte del Conde de Villamediana.* M, 1969, 252.
Rozas, J. M., *El Conde de Villamediana. Bibliografía y contribución al estudio de sus textos.* M, 1964, 108.
Rozas, J. M., ed. de Conde de Villamediana, *Obras.* M, 1969, 399.

González Palencia, A., *José de* **Villaviciosa** *y* La Mosquea. BRAE, 1926, 13, 405-32; 1927, 14, 17-61, 181-95.
También, en su *Historias y leyendas.* M, 1942, 483-627.

López Estrada, F., ed. de Antonio de **Villegas**, *Inventario.* M, 1955-6, 2 v.

Campo Iñiguez, E., *D. Esteban Manuel de* **Villegas**... Logroño, 1972, 330.

Arjona, D. K., *Enrique de* **Villena** *and the* Arte cisoria. H, 1960, 43, 209-13.
Morreale, M., ed. de E. de Villena, *Los doce trabajos de Hércules.* M, 1958, lxxx+146.
Pascual Rodríguez, J. A., *La traducción castellana de la* Divina Comedia, *atribuida a D. Enrique de Aragón...* Salamanca, 1971, 24.
Sánchez Cantón, F. J., *El* Arte de trovar, *de Don Enrique de Villena.* RFE, 1919, 6, 158-80.
Santiago Lacuesta, R., *Sobre los manuscritos y la traducción de la* Eneida *de Virgilio hecha por Enrique de Villena.* FM, 1971, 11, 297-311.
Ximénez de Sandoval, F., *Don Enrique de Villena.* M, 1973, 139.
→ 16.09, Tollis.

Sargent, C. V., *A study of the dramatic works of Cristóbal de* **Virués**. Nueva York, 1931, ix+161.

Garvin, J. N., ed. de *The* **Vitas Sanctorum Patrum** *Emeritensium.* Washington, 1946, vii+567.

Nykl, A. R., *La elegía árabe de Valencia* [**Al-Waqqasi**]. HR, 1940, 8, 9-17.

Millás Vallicrosa, J. M., **Yehudá ha-Leví** *como poeta y apologista.* M, 1947, 284.

Klenk, U., *La* leyenda de **Yusuf,** *ein Aljamiadotext. Edition und Glossar.* Tubinga, 1972, xvii+137. 17

Menéndez Pidal, R., Poema de **Yuçuf:** *materiales para su estudio.* Granada, 1952[2], 150.

Stevens, J. R., *The* costumbrismo *and the ideas of Juan de* **Zabaleta.** PMLA, 1966, 81, 512-20.

Cour, A., *Ibn* **Zaidoûn.** Constantina, 1920.
Massé, H., *Ibn Zaidoun.* Hespéris (París), 1921, 1, 183-93.

Trifilo, S. S., *Influencias calderonianas en el drama de* **Zamora** *y Cañizares.* Hispanófila, 1961, 11, 39-46.

García Gómez, E., *Ibn* **Zamrak,** *el poeta de la Alhambra.* M, 1943, 103.
También, en su *Cinco poetas...* M, 1944, 169-271.

González de Amezúa, A., ed. de María de **Zayas Sotomayor,** *Novelas amorosas y ejemplares.* M, 1948, 423.
También, *María de Zayas. Notas críticas,* en su *Opúsculos históricos...* M, 1951, II, 1-47.
Polo García, V., *El romanticismo literario de Doña María de Zayas Sotomayor.* AUH, 1968, 26, 557-66.
Vasileski, I. U., *María de Zayas y Sotomayor. Su época y su obra.* M, 1973, 163.

Alonso Cortés, N., **Zorrilla.** *Su vida y sus obras.* Valladolid, 1942[2], 1242.
Ibáñez, D., *Zorrilla, poeta épico.* LCD, 1922, 129, 16-31, 81-94, 241-52, 321-36.
Ibáñez, D., *Zorrilla, poeta dramático.* LCD, 1922, 131, 287-95; 132, 443-5; 133, 46-59, 912-9.
Ibáñez, D., *Zorrilla, poeta legendario.* LCD, 1926, 145, 414-26; 147, 37-55; 1927, 148, 274-90.
Mancini, G., *Sulla simplicità di Zorrilla.* QIA, 1965, 31, 81-97.
Rubio Fernández, L., *Variaciones estilísticas del* Tenorio. RL, 1961, 19, 55-92.

Bell, A. F. G., *The eleven songs of Joan* **Zorro.** MLR, 1920, 15, 58-64.
Alvar López, M., *Las once cantigas de Joam Zorro.* Granada, 1969[2], 146.

Carbonell Basset, D., *La novelística de Juan Antonio* **Zunzunegui.** M, 1965, 218.

18

ARTE

18

A R T E

00 HISTORIA DEL ARTE

López Serrano, M., *Bibliografía de arte español y americano (1936-1942).* M, 1942, 243.

Ars Hispaniae. Historia universal del arte hispánico. M, 1947- . Se detalla cada v. en la división correspondiente, a nombre de su(s) autor(es).

Gaya Nuño, J. A., *Historia del arte español.* M, 1973[5], 480.

Gudiol Ricart, J., *The arts of Spain.* Nueva York, 1964, 318 + láms.

Gudiol Ricart, J., y S. Alcolea, *Guía general del arte español.* B, 1962, 2 v.

Jiménez Placer, F., *Historia del arte español.* B, 1955, 2 v.

Lozoya, Marqués de, *Historia del arte hispánico.* B, 1931-49, 5 v.

Parronde de Acero, C., *Inventario del patrimonio artístico y arqueológico de España.* M, 1973, 520 + láms.

Aguilera Cerni, V., *Ortega y D'Ors en la cultura artística española.* M, 1966, 165.

Herrero García, M., *Contribución de la literatura a la historia del arte.* M, 1943, 272.

Sánchez Cantón, F. J., *Datos documentales inéditos para la historia del arte español.* M, 1914-6, 3 v.

Sánchez Cantón, F. J., *Fuentes literarias para la historia del arte español.* M, 1923-41, 5 v.

01 CARACTERIZACION. INFLUENCIAS

Callcott, F., *The hispanic contribution to modern art.* H, 1932, 15, 351-6.

Camón Aznar, J., *Presencia de España en el arte moderno.* Santander, 1948, 24.

Contreras López, J., *Características del arte español.* Santander, 1970, 28.

18 Hernández Perera, J., *Los esmaltes románicos y su origen español.* Goya, 1956, 2, 297-303.

Hornedo, R., *Proyección de Trento en el arte español.* RyF, 1963, 168, 439-52.

Junoy, J. M., *Sentido del arte español.* B, 1944, 133.

→ 4.11, 4.12.

03 TEMAS

Angulo Iñiguez, D., *La mitología y el arte español del Renacimiento.* BRAH, 1952, 131, 63-209.

Azcárate Ristori, J. M., *El tema iconográfico del salvaje.* AEArte, 1948, 21, 81-99 + láms.

Camón Aznar, J., *La Pasión de Cristo en el arte español.* M, 1949, 106 + láms.

Camón Aznar, J., *San José en el arte español.* Goya, 1972, 107, 306-13.

Delclaux, F., *Imágenes de la Virgen en los códices medievales de España.* M, 1973, 384.

Egry, A., *Simbolismos funerarios en monumentos románicos españoles.* AEArte, 1971, 54, 9-15 + láms.

Font, L., y otros, *El tema eucarístico en el arte de España.* B, 1952, xlviii+145 + láms.

Gallego, J., *Visión y símbolos en la pintura española del Siglo de Oro.* M, 1972, xv+354 + láms.

Pamplona, G., *Iconografía de la Santísima Trinidad en el arte medieval español.* M, 1970, xxi+173 + láms.

Pantorba, B., *El paisaje y los paisajistas españoles.* M, 1943, 150 + láms.

Pinedo Monasterio, R., *El simbolismo en la escultura medieval española.* M, 1930, 203.

Sánchez Camargo, M., *La muerte y la pintura española.* M, 1954, 728 + láms.

Sánchez Cantón, F. J., *Los grandes temas del arte cristiano en España. Nacimiento e infancia de Cristo.* M, 1948, 191 + láms.

Sánchez Cantón, F. J., *Los grandes temas del arte cristiano en España. Cristo en el Evangelio.* M, 1950, 124 + láms.

Torres Martín, R., *La naturaleza muerta en la pintura española.* B, 1971, 206.

Trens, M., *María. Iconografía de la Virgen en el arte español.* M, 1946, 715.

Trens, M., *La Eucaristía en el arte español.* B, 1952, 340.

→ 5.30, 8.03, Máiz; 8.11, Eiján.

05 MUSEOS

Altamira Crevea, R., *Los museos españoles,* en su *De historia...* M, 1898, 92-106.

Araujo Sánchez, C., *Los museos de España.* M, 1875, 201.

Ballesteros Gaibrois, M., *Museología española.* RI, 1941, 2, 65-81.

Gaya Nuño, J. A., *Historia y guía de los museos de España.* M, 1955, 916. 18

Gaya Nuño, J. A., *La España de los museos.* M, 1970, 305 + láms.

Museos, *Anuario-guía de los* ____ *de España.* M, 1955, xv+133.

Nieto Gallo, G., *Panorama de los museos españoles.* M, 1973, 200.

Palacios y museos del Patrimonio Nacional. M, 1970, xv+551 + láms.

Pantorba, B., *Historia y crítica de las Exposiciones Nacionales de Bellas Artes, celebradas en España.* M, 1948, xxiii+564.

Sanz Pastor, C., *Museos y colecciones de España.* M, 1972, 503.

Taracena Aguirre, B., *Noticia histórica de los museos arqueológicos españoles.* RABM, 1949, 55, 71-89.

Viardot, L., *Les musées d'Espagne...* París 1843, x+382.

10 PREHISTORIA. ANTIGÜEDAD

Almagro Basch, M., *Arte prehistórico,* en AHH, 1947, I, 11-133.

Blanco Freijeiro, A., *Die klassischen Wurzeln der iberischen Kunst.* Madrider Mitteilungen (Heidelberg), 1960, 1, 101-21.

Camón Aznar, J., *Las artes y los pueblos de la España primitiva.* M, 1954, 935.

Castillo Yurrita, A., *Estética del arte paleolítico.* Ampurias, 1954, 16, 1-41.

García Bellido, A., *Colonizaciones púnica y griega. El arte ibérico. El arte de las tribus célticas,* en AHH, 1947, I, 135-347.

García Bellido, A., *Arte ibérico,* en HE, 1954, I, 3, 373-675.

11 ARQUITECTURA. ESCULTURA

Gaya Nuño, J. A., *Escultura ibérica.* M, 1964, 185 + láms.

Maluquer de Motes, J., *Arquitectura prehistórica.* B, 1951, 45.

Almagro Basch, M., *Las estelas decoradas del sudoeste peninsular.* M, 1966, 244 + láms.

García Bellido, A., *La Dama de Elche y el conjunto de piezas arqueológicas reintegradas en España...* M, 1943, 206 + láms.

Presedo Velo, F., *La Dama de Baza.* Trabajos de Prehistoria (M), 1973, 3, 151-216.

13 PINTURA

Pericot García, L., *El arte rupestre español.* B, 1950, 56.

Acosta, P., *La pintura rupestre esquemática en España.* Salamanca, 1968, 250 + láms.

Arte rupestre, *Simposio internacional de* ____. B, 1968, xxviii+308.

Beltrán Martínez, A., *Arte rupestre levantino.* Zaragoza, 1968, 258.

Breuil, E., y H. Obermaier, *La cueva de Altamira en Santillana del Mar.* M, 1935, vii+236 + láms.

Carballo, J., *Cuevas prehistóricas de Santander. Altamira.* Santander, 1970, 120 + láms.

Jordá Cerdá, F., *El arte rupestre cantábrico.* Zaragoza, 1953, 32 + láms.

18 Jordá Cerdá, F., *Comentarios al arte rupestre de Asturias.* BIEA, 1957, 11, 353-71.

Jordá Cerdá, F., *Sobre técnicas, temas y etapas del arte paleolítico de la región cantábrica.* Zephyrus, 1964, 15, 5-25.

Jordá Cerdá, F.,..*Cronología del arte rupestre levantino.* Zephyrus, 1966, 17, 47-76.

Madariaga Campa, B., *Las pinturas rupestres de animales en la región franco-cantábrica.* Santander, 1969, 85 + láms.

Ripoll Perelló, E., *Para una cronología relativa de las pinturas del Levante de España,* en *Festschrift für L. Zotz.* Bonn, 1960, 457-65.

Santander Symposium [arte rupestre]. Santander, 1972, 645.

14 ARTES MENORES

Barandiarán Maestu, I., *Arte mueble del paleolítico cántabro.* Zaragoza, 1972, 369.

Bosch Gimpera, P., *Todavía el problema de la cerámica ibérica.* México, 1958, 132.

Bosch Gimpera, P., *Tipos y cronología del vaso campaniforme.* AEA, 1971, 44, 3-37.

Castillo Yurrita, A., *El vaso campaniforme.* Zaragoza, 1954, 28 + láms.

García Bellido, A., *Nuevos datos sobre la cronología final de la cerámica ibérica y sobre su expansión extrapeninsular.* AEA, 1952, 25, 39-45.

López Cuevillas, F., *Las joyas castreñas.* M, 1951, 123.

Maluquer de Motes, J., *Desarrollo de la orfebrería prerromana en la Península Ibérica.* Pyrenae, 1970, 6, 79-109 + láms.

Monteagudo, L., *Orfebrería del N. W. hispánico en la edad del bronce.* AEA, 1953, 26, 269-312.

Wattenberg, F., *Las cerámicas indígenas de Numancia.* M, 1963, 256 + láms.

15 EPOCA ROMANA

García Bellido, A., *Nombres de artistas de la España Romana.* AEA, 1955, 28, 3-19.

García Bellido, A., *Arte romano.* M, 1972^{2}, xviii+836 + láms.

Mélida Alinari, J. R., *El arte en España durante la época romana,* en HE, 1955^{2}, II, 565-751.

Taracena Aguirre, B., *Arte romano,* en AHH, 1947, II, 9-179.

Tarradell Mateu, M., *El arte romano en España.* B, 1969, 243 + láms.

→ 8.30.

16 ARQUITECTURA

Balil Illana, A., *Arquitectura y sociedad en la España romana.* APL, 1972, 13, 139-47.

Mélida Alinari, J. R., *El puente de Alcántara.* M, 1914, 20 + láms.

Mélida Alinari, J. R., *El anfiteatro y el circo romano de Mérida.* M, 1921, 17 + láms.
Mélida Alinari, J. R., *Monumentos romanos de España.* M, 1925, 153 + láms.

→ 12.95, 19.10, Serra.

19 OTRAS ARTES

Artiñano, P. M., y J. Ferrandis Torres, *Artes industriales hispano-romanas,* en HE, 1955², II, 755-71.
Balil Illana, A., *Notas sobre* terra sigillata *hispánica.* RABM, 1958, 63, 711-22.
Balil Illana, A., *Estado actual del estudio de la musivaria romana en España.* PV, 1967, 28, 15-9.
Beltrán Lloris, M., *Las ánforas romanas en España.* Zaragoza, 1970, 669.
García Bellido, A., *Escultura romana de España y Portugal.* M, 1949, 2 v.
González Serrano, M. P., *Tipología de las ánforas romanas en España...* M, 1965, 40.
Mezquíriz Irujo, M. A.,*Aportaciones al conocimiento* de la sigillata *hispánica.* PV, 1960, 21, 241-73.

→ 8.30.

20 EDAD MEDIA

Lambert, E., *Art musulman et art chrétien dans la Péninsule Ibérique.* Toulouse, 1958, 312.
Terrasse, H., *L'Espagne du Moyen Age. Civilisations et arts.* París, 1966, 205.
Bosque, A., *Artisti italiani in Spagna. Dal XIV secolo ai Rei Cattolici.* Milán, 1968, 470.
Camón Aznar, J., *Pintura medieval española.* M, 1966, 716.
Camps Cazorla, E., *Cerámica medieval española.* M, 1943, 34 + láms.
Gudiol Cunill, J., *Els primitius.* B, 1927-55, 3 v.
Hildburgh, W. L., *Medieval spanish enamels.* Oxford, 1936, xiv+146 + láms.
Lampérez Romea, V., *Historia de la arquitectura cristiana española en la edad media.* M, 1930², 3 v.
Llubiá, L. M., *Cerámica medieval española.* B, 1967, 194 + láms.
Puig Cadafalch, J., *L'art wisigothique et ses survivances. Recherches sur les origines et le développement de l'art en France et en Espagne du IVe. au XIIe. siècle.* París, 1961, 204 + láms.

→ 21.12.

21 ARTE PRERROMANICO, VISIGODO Y ASTURIANO

Bonet Correa, A., *Arte prerrománico asturiano.* B, 1967, 267.
Camps Cazorla, E., *El arte hispanovisigodo,* en HE, 1963², III, 493-666.

18 Fontaine, J., *L'art pre-roman hispanique.* Yonne, 1973, 400 + láms.

Iñiguez Almech, F., *El estilo asturiano y su influencia en la formación del románico,* en *Symposium sobre cultura asturiana.* Oviedo, 1964, 41-9.

López Serrano, M., *Arte visigodo: arquitectura y escultura. Artes decorativas de la época visigoda,* en HE, 1963^2, III, 727-831.

Palol Salellas, P., *Arqueología paleocristiana y visigoda.* Zaragoza, 1954, 46.

Palol Salellas, P., *Arte hispánico de la época visigótica.* B, 1968, 237 + láms.

Pijoán, J., *Arte bárbaro y prerrománico desde el siglo IV hasta el año 1000,* en su *Summa Artis.* M, 1950^3, VIII, 353-544.

Pita Andrade, J. M., *Arte asturiano.* M, 1963, 46 + láms.

Schlunk, H., *Arte visigodo,* en AHH, 1947, II, 227-323.

Schlunk, H., *Arte asturiano,* en AHH, 1947, II, 325-416.

→ 8.30, 18.20, Puig; 18.23, Gómez.

22 GENEROS ARTISTICOS EN PARTICULAR

Berenguer Alonso, M., *Las pinturas murales de las iglesias asturianas prerrománicas.* Oviedo, 1964, 47 + láms.
También, BIEA, 1964, 18, 107-52 + láms.

Berenguer Alonso, M., *Pintura mural prerrománica en Asturias.* M, 1966, 88.

Berenguer Alonso, M., *Puntualizaciones sobre los edificios ramirenses del Naranco.* AEM, 1973, 8, 395-404.

Camón Aznar, J., *Arquitectura española del siglo X. Mozárabe y de la repoblación.* Goya, 1963, 52, 206-19.

Camps Cazorla, E., *Revisión de algunos problemas de los monumentos ramirenses,* BIEA, 1948, 2, 95-126.

Contreras López, J., *Valoración del arte ramirense.* BIEA, 1948, 2, 173-94.

Fernández Arenas, J., *La arquitectura mozárabe.* B, 1972, 281 + láms.

Ferrandis Torres, J., *Artes decorativas visigodas,* en HE, 1963^2, III, 669-724.

Gómez Moreno, M., *Iglesias mozárabes. Arte español de los siglos IX al XI.* M, 1919, 2 v.

Schlunk, H., *La decoración de los monumentos ramirenses.* BIEA, 1948, 2, 55-94.

Schlunk, H., y M. Berenguer Alonso, *La pintura mural asturiana de los siglos IX y X.* Oviedo, 1957, xxii+188 + láms.

Torres Balbás, L., *La pintura mural de las iglesias mozárabes.* Al-Andalus, 1959, 23, 417-24.

→ 18.24, Camps.

23 ARTE ARABE Y MUDEJAR

Gómez Moreno, M., *El arte árabe español hasta los almohades. Arte mozárabe,* en AHH, 1951, III, 421-7.

King, G. G., *Mudéjar.* Bryn Mawr, 1927, xvii+262. 18

Terrasse, H., *L'art hispano-mauresque des origines au XIIIe. siècle.* París, 1932, 506.

Terrasse, H., *Historia política y artística de la España musulmana.* RO, 1969, 26, 281-94.

Torres Balbás, L., *Arte almohade. Arte nazarí. Arte mudéjar.* M, 1949, 428.

Torres Balbás, L., *Arte almorávide y almohade.* M, 1955, 47 + láms.

Torres Balbás, L., *Arte hispanomusulmán hasta la caída del Califato de Córdoba,* en HE, 1965^{2}, V, 333-788.

→ 21.12.

24 ARQUITECTURA

Camps Cazorla, E., *Arquitectura califal y mozárabe.* M, 1929, 32.

Pavón Maldonado, B., *Memoria de la excavación de la mezquita de Medinat al-Zahra.* M, 1966, 138 + láms.
→ 22.26.3.

Pillement, G., *Palacios y castillos árabes de Andalucía.* B, 1953, 114.

Torres Balbás, L., *Las torres albarranas.* Al-Andalus, 1942, 7, 216-20.

Torres Balbás, L., *Atarazanas hispanomusulmanas.* Al-Andalus, 1946, 11, 175-209.

Torres Balbás, L., *Rábitas hispanomusulmanas.* Al-Andalus, 1948, 13, 475-91.

Torres Balbás, L., *Algunos aspectos del mudejarismo urbano medieval.* M, 1954, 109.

→ 10.42, 21.12.

25 OTRAS ARTES

Beckwith, J., *Caskets from Córdoba.* Londres, 1960, 72 + láms.

Bernis, C., *Tapicería hispano-musulmana, siglos XIII y XIV.* AEArte, 1956, 29, 95-115.

Ferrandis Torres, M., *Marfiles árabes de occidente.* M, 1935-40, 2 v.

Navascués Palacio, J., *Una escuela de eboraria... La arqueta hispano-musulmana llamada de Leyre.* Al-Andalus, 1964, 29, 199-206.

Prieto Moreno, F., *Jardines en las alcazabas hispano-musulmanas.* Castillos de España (M), 1970, 3, 118-29.

Torres Balbás, L., *De cerámica hispano-musulmana.* Al-Andalus, 1939, 4, 412-32.

Torres Balbás, L., *Sillerías de coro mudéjares.* Al-Andalus, 1954, 19, 203-18 + láms.

→ 10.39, Cándamo.

18 26 ARTE ROMANICO

Gaya Nuño, J. A., *Cien fichas sobre arte románico español.* ELE, 1961, 4, 56-78.

Bonet Correa, A., *Las peregrinaciones a Santiago de Compostela y el arte románico.* Goya, 1961, 43, 128-35.
Camps Cazorla, E., *El arte románico en España.* B, 1945[2], 240.
Durliat, M., *L'art roman en Espagne.* París, 1962, 90 + láms.
García Romo, F., *Orígenes y cronología de nuestro románico.* RIE, 1972, 30, 23-48.
Gaya Nuño, J. A., *Teoría del románico español.* BUC, 1961, 69, 77-93.
Gómez Moreno, M., *El arte románico español...* M, 1934, 173 + láms.

27 GENEROS ARTISTICOS EN PARTICULAR

Camón Aznar, J., *La pintura románica española.* Goya, 1961, 43, 179-227.
Cook, W. W. S., y J. Gudiol Ricart, *Pintura e imaginería románicas.* M, 1950, 404.
Edoux, H. P., *L'abbatiale de Moreruela et l'architecture des églises cisterciennes d'Espagne.* Cîteaux (Achel), 1954, 173-207.
Gaillard, G., *La sculpture romane espagnole.* París, 1946, 63.
García Romo, F., *La escultura del siglo XI (Francia-España) y sus precedentes hispánicos.* B, 1973, 275.
Gaya Nuño, J. A., *Tímpanos románicos españoles.* Goya, 1961, 43, 32-43.
Gudiol Ricart, J., y J. A. Gaya Nuño, *Arquitectura y escultura románicas.* M, 1948, 399.
Hernández Perera, J., *Las artes industriales españolas de la época románica.* Goya, 1961, 43, 98-112.
Iñiguez Almech, F., *Capiteles del primer románico español inspirados en la escatología musulmana.* BAEO, 1965, 1, 35-71.
Lambert, E., *La peregrinación a Compostela y la arquitectura románica.* AEArte, 1943, 16, 273-310.
Pita Andrade, J. M., *Estructuras arquitectónicas del románico en España.* Goya, 1961, 43, 2-11.
Porter, A. K., *Romanesque sculpture of the Pilgrimage Roads.* Boston, 1923, 19 v.
Porter, A. K., *La escultura románica en España.* B, 1930, 2 v.
Porter, A. K., *Spanish romanesque sculpture.* Nueva York, 1969, 264 + láms.
Whitehill, W. M., *Spanish romanesque architecture of the eleventh century.* Oxford, 1941, xxix+307 + láms.

→ 18.03, Egry.

28 ARTE GOTICO

Azcárate Ristori, J. M., *Términos del gótico castellano.* AEArte, 1948, 21, 259-75.
Blanch, M., *El arte gótico en España.* B, 1972, 378 + láms.

Lambert, E., *L'art gothique en Espagne aux XIIe. et XIIIe. siècles.* París, 1931, 314. 18

Lozoya, Marqués de, *El gótico en España.* B, 1935, 272 + láms.

Martín González, J. J., *Arte español de transición al gótico.* Goya, 1961, 43, 168-78.

Mayer, A. L., *El estilo gótico en España.* M, 1929, 310.

29 GENEROS ARTISTICOS EN PARTICULAR

Durán Sanpere, A., y J. Ainaud de Lasarte, *Escultura gótica.* M, 1956, 409.

Gudiol Ricart, J., *Pintura gótica.* M, 1955, 420.

Street, G. E., *La arquitectura gótica en España.* M, 1926, 176 + láms.

Torres Balbás, L., *Arquitectura gótica.* M, 1952, 402.

Weise, G., *Studien zur spanischen Architektur der Spätgotik.* Reutlingen, 1935, 132 + láms.

30 SIGLO XVI. RENACIMIENTO

Brans, J. V. L., *Isabel la Católica y el arte hispano-flamenco.* M, 1952, 274 + láms.

Gómez Moreno, M., *Sobre el Renacimiento en Castilla...* AEAA, 1925, 1, 1-40, 245-84.

Gómez Moreno, M., *Las águilas del Renacimiento español. Bartolomé Ordóñez. Diego de Síloe. Pedro Machuca. Alonso Berruguete.* M, 1941, 271 + láms.

Haupt, A., *Geschichte der Renaissance in Spanien und Portugal.* Stuttgart, 1927, xi+203.

Selva, J., *El arte español en tiempo de los Reyes Católicos.* B, 1957, 224 + láms.

Selva, J., *El arte en España durante los Austrias.* B, 1957, 240 + láms.

→ 18.03, Angulo.

31 ARQUITECTURA

Byne, A., y M. Stapley, *Spanish architecture of the sixteenth century... Plateresque and Herrera styles.* Nueva York, 1917, 458.

Camón Aznar, J., *La arquitectura plateresca.* M, 1945, 2 v.

Camón Aznar, J., *La arquitectura y la orfebrería españolas del siglo XVI.* M, 1959, viii+568.

Chueca Goitia, F., *Arquitectura del siglo XVI.* M, 1953, 401.

32 ESCULTURA

Azcárate Ristori, J. M., *Escultura del siglo XVI.* M, 1958, 345.

Camón Aznar, J., *La escultura y la rejería españolas del siglo XVI.* M, 1961, 558.

Gómez Moreno, M., *Escultura del Renacimiento en España.* B, 1931, 116 + láms.

Martín González, J. J., *Tipología e iconografía del retablo español del Renacimiento.* BSEAA, 1964, 30, 5-66.
Weise, G., *Die Plastik Renaissance und des Frühbarocks in nördlichen Spanien...* Tubinga, 1957-9, 2 v.

33 PINTURA

Angulo Iñiguez, D., *Pintura del Renacimiento.* M, 1954, 363 + láms.
Camón Aznar, J., *La pintura española del siglo XVI.* M, 1970, 664.

34 ARTES MENORES

Byne, A., y M. Stapley, *Rejería of the spanish Renaissance.* Nueva York, 1914, viii+101 + láms.
Nieto Alcalde, V., *La vidriera del Renacimiento en España.* M, 1970, 61 + láms.

→ 18.31, Camón; 18.32, Camón.

35 SIGLO XVII. BARROCO

Bonet Correa, A., y V. M. Villegas, *El Barroco en España y Méjico.* Méjico, 1967, ix+264.
Hatzfeld, H., *Resumen crítico de las teorías barrocas recientes.* AUCh, 1962, 120, 107-23.
Lafuente Ferrari, E., *La interpretación del Barroco y sus valores españoles.* BSEAA, 1942, 7, 13-66.
Lozoya, Marqués de, *El Barroco académico y el Barroco hispánico.* RUM, 1962, 11, 295-320.
Sarmiento, E., *The significance of the spanish Baroque.* BSS, 1934, 11, 127-41.
Schubert, O., *Historia del Barroco en España.* M, 1924, 469.
Weisbach, W., *Spanish Baroque Art.* Cambridge, 1941.

36 GENEROS ARTISTICOS EN PARTICULAR

Angulo Iñiguez, D., *Pintura del siglo XVII.* M, 1958, 426.
Bergström, I., *Maestros españoles de bodegones y floreros del siglo XVII.* M, 1970, 128 + láms.
Gómez Moreno, M. E., *Escultura del siglo XVII.* M, 1958, 361.
Kubler, G., *Arquitectura de los siglos XVII y XVIII.* M, 1957, 379.
Pla Dalmau, J. M., *La arquitectura barroca española y el churrigueresco.* Gerona, 1951, 132 + láms.
Sáenz de la Calzada, C., *El retablo barroco español y su terminología artística. Sevilla.* AEArte, 1956, 29, 211-42.

40 SIGLO XVIII. NEOCLASICISMO

Bottineau, Y., *L'art de Cour dans l'Espagne de Philippe V (1700-1746).* Burdeos, 1962, 687+134 + láms.
Cirici Pellicer, A., *El neoclasicismo.* B, 1948, 98.

41 GENEROS ARTISTICOS EN PARTICULAR

Aguilera, E. M., *Pintores españoles del siglo XVIII*. B, 1946, 28 + láms.
Martín González, J. J., *El manierismo en la escultura española*. RIE, 1960, 18, 301-12.
Pardo Canalís, E., *La escultura neoclásica en España*. M, 1958, 34 + láms.
Sánchez Cantón, F. J., *Escultura y pintura del siglo XVIII*, en AHH, 1958, XVII, 15-330.
Taylor, R. C., *Rococo in Spain*... The Architectural Review (Westminster), 1952, 12, 8-15.

45 SIGLO XIX. ROMANTICISMO. NATURALISMO. MODERNISMO

Gaya Nuño, J. A., *Arte del siglo XIX*. M, 1958, 419.
Modernismo, *El ___ en España. Catálogo de la exposición*... M, 1969, 195 + láms.
Rafols, J. F., *Modernismo y modernistas*. B, 1949, 450 + láms.
Rafols, J. F., *El arte romántico en España*. B, 1954, 280.
Roland, A. E., *Lo cursi, el estilo finisecular y el 900*. Imago Mundi (Buenos Aires), 1955, 2, 42-53.

46 GENEROS ARTISTICOS EN PARTICULAR

Beruete Moret, A., *Historia de la pintura española del siglo XIX*. M, 1926, 162 + láms.
Bohigas, O., *Arquitectura modernista*. B, 1968, 330 + láms.
Larco, J., *La pintura española moderna y contemporánea*. M, 1964, 3 v.
Pardo Canalís, E., *Escultores del siglo XIX*. M, 1951, 396.

50 SIGLO XX

Aguilera Cerni, V., *Panorama del nuevo arte español*. M, 1966, 339 + láms.
Aguilera Cerni, V., *Iniciación al arte español de la postguerra*. B, 1970, 147.
Areán González, C., *El arte español desde 1940 hasta nuestros días*. Arbor, 1967, 68, 5-36.
Areán González, C., *Treinta años de arte español (1943-1972)*. M, 1972, 386.
Campoy, A. M., *Diccionario crítico del arte español contemporáneo*. M, 1973, 490.

51 ARQUITECTURA

Areán González, C., *Cien años de arquitectura española*. Atlántida, 1968, 6, 206-19.
Cid Priego, C., *Orientaciones de la arquitectura religiosa actual española*. RyF, 1954, 680, 158-68.

18 Domenech Girbau, L., *Arquitectura española contemporánea.* B, 1968, 200 + láms.
Fernández Arenas, A., *Iglesias nuevas en España.* B, 1963, 180.
Flores, C., *Arquitectura española contemporánea.* M, 1961, 623 + láms.
Desde fines del siglo XIX.
Ortiz Echagüe, C., *Arquitectura española actual.* M, 1965, 116.

52 ESCULTURA

Areán González, C., *Escultura actual en España...* M, 1967, 129 + láms.
Gaya Nuño, J. A., *Escultura española contemporánea.* M, 1957, 152.
Gaya Nuño, J. A., y J. Rubio, *El hierro en el arte español. Formas de la escultura contemporánea...* M, 1966, 231 + láms.

53 PINTURA. DIBUJO

Areán González, C., *Veinte años de pintura de vanguardia en España.* M, 1961, 212.
Chávarri, R., *La pintura española actual.* M, 1973, 452 + láms.
Francés Sánchez, J., *La caricatura española contemporánea.* M, 1915, 62.
García Viñó, M., *Pintura española neofigurativa.* M, 1968, 204 + láms.
Gaya Nuño, J. A., *La pintura española del medio siglo.* B, 1952, 79.
Gaya Nuño, J. A., *La pintura española del siglo XX.* M, 1972^{2}, 440 + láms.
Moreno Galván, J. M., *Introducción a la pintura española actual.* M, 1960, 202.
Moreno Galván, J. M., *La última vanguardia de la pintura española.* M, 1969, 265 + láms.
Sánchez Camargo, M., *Pintura española contemporánea. La nueva escuela de Madrid.* M, 1954, 602 + láms.
Sánchez Camargo, M., *Diez pintores madrileños. Pintura española contemporánea.* M, 1965, 208.

GENEROS

60 ARQUITECTURA

Bevan, B., *Historia de la arquitectura española.* B, 1950, 293 + láms.
Calzada, A., *Historia de la arquitectura española.* B, 1949^{2}, 460.
Durliat, M., *L'architecture espagnole.* Toulouse, 1966, 333.

Azcárate Ristori, J. M., *Monumentos españoles. Catálogo de los declarados histórico-artísticos.* M, 1953-4, 3 v.
Calvert, A. F., *Royal Palaces of Spain. A historical and descriptive account...* Londres, 1909, 107.
Chueca Goitia, F., *Historia de la arquitectura española. Edad antigua y media.* M, 1965, 734 + láms.

Chueca Goitia, F., *Invariantes castizos de la arquitectura española...* M, 1971, 250 + láms. **18**

Gaya Nuño, J. A., *La arquitectura española en sus monumentos desaparecidos.* M, 1961, 461 + láms.

Iñiguez Almech, F., *Geografía de la arquitectura española.* M, 1957, 106.

También, BRSG, 1946, 82, 355-441.

Lampérez Romea, V., *Arquitectura civil española de los siglos I al XVIII.* M, 1922-7, 2 v.

Monumentos españoles. Catálogo de los declarados nacionales, arquitectónicos e histórico-artísticos. M, 1932, 2 v.

Sarthou Carreres, C., *Palacios monumentales de España, nobiliarios, eclesiásticos, militares y reales...* Valencia, 1953, 381 + láms.

→ 9.88, 10.41-2, 18.05, Palacios.

61 ESCULTURA. TALLA

Alcolea, S., *Escultura española.* B, 1969, 321 + láms.

Gómez Moreno, M. E., *Breve historia de la escultura española.* M, 1951², x+245 + láms.

Weise, G., *Spanische Plastik aus sieben Jahrhunderten.* Reutlingen, 1925-39, 6 v.

Azcárate Ristori, J. M., *La influencia miguelangelesca en la escultura española.* Goya, 1966, 75, 104-21 + láms.

Byne, A., y M. Stapley, *Decorated wooden cellings in Spain...* Nueva York, 1920, xii+112.

Byne, A., y M. Stapley, *La escultura de los capiteles españoles... del siglo VI al XVI.* M, 1926, 40 + láms.

Güell, Conde de, *Escultura polícroma religiosa española. Una colección.* París, 1925, xviii+126 + láms.

Juaristi, V., *Las fuentes de España.* M, 1944, 230.

Lafuente Ferrari, E., *Las artes de la madera en España.* M, 1941, 32 + láms.

Martínez Caviro, B., *Porcelana del Buen Retiro. Escultura.* M, 1973, 50 + láms.

Orduña Viguera, E., *Arte español. La talla ornamental en madera.* M, 1930, liv+359 + láms.

Pantorba, B., *Imagineros españoles.* M, 1952, 114.

Pla Cargol, J., *Imagineros españoles.* Gerona, 1953, 164 + láms.

Quintero Atauri, P., *Sillerías de coro en las iglesias españolas.* Cádiz, 1928², 216 + láms.

Rafols, J. F., *Techumbres y artesonados españoles.* B, 1945³, 109 + láms.

→ 18.03, Pinedo.

62 PINTURA. DIBUJO

Areán González, C., *La pintura española. De Altamira al siglo XX.* M, 1971, 417 + láms.

Guinard, P., *La pintura española.* B, 1973, 2 v.

18 Lafuente Ferrari, E., *Breve historia de la pintura española*. M, 1953^{4}, 657 + láms.
Lassaigne, J., *La peinture espagnole*... Ginebra, 1952, 2 v.
Mayer, A. L., *Historia de la pintura española*. M, 1942^{3}, 556.
Post, Ch. R., *A history of spanish painting*. Cambridge (Mass.), 1930-66, 14 v.
Sérullaz, M., *Evolución de la pintura española desde los orígenes hasta hoy*. Valencia, 1956, 422 + láms.
Subías Galter, J., *Historia de la pintura hispánica. De la Prehistoria a Goya*. B, 1970, 245.

Camón Aznar, J., *El retrato español del siglo XIV al XIX*. Goya, 1970, 94, 200-7.
Cavestany Anduaga, J., *Floreros y bodegones en la pintura española*. M, 1940, 196 + láms.
Fuster, A. F., *El impresionismo español en colecciones particulares*. M, 1973, 126 + láms.
Gaya Nuño, J. A., *La pintura española fuera de España*. M, 1958, 376.
Lafuente Ferrari, E., *Acuarelistas de España y Portugal*. M, 1947, 14 + láms.
Lipschutz, I. H., *Spanish paintings and the french romantics*. Harvard, 1972, xvii+407.
Reig Corominas, R., *La acuarela en España*. B, 1954, 112 + láms.
Sánchez Cantón, F. J., *Los pintores de cámara de los Reyes de España*. M, 1916, 190.
Sánchez Cantón, F. J., *Dibujos españoles, siglos X al XVII*. M, 1930, 5 v.
Tomás, M., *La miniatura retrato en España*. M, 1953, 92 + láms.

→ 1.84, 20.47.

65 ARTES MENORES

Pérez Villamil, M., *La tradición indígena en la historia de nuestras artes industriales*. M, 1907, 118.
Pérez Villamil, M., *Artes e industrias del Buen Retiro*. M, 1933, xv+151 + láms.

→ 8.26, Villanueva; 10.39, 20.47.

66 CERAMICA

Ainaud de Lasarte, J., *Cerámica y vidrio*. M, 1952, 420.
Alcántara, J., *La cerámica en España*. Academia (M), 1966, 22, 7-23.
Camps Cazorla, E., *Cerámica española*. M, 1936, 109 + láms.
Escrivá de Romaní, M., *Historia de la cerámica de Alcora*. M, 1945^{2}, 400 + láms.
Escrivá de Romaní, M., *Cerámica de la ciudad de Toledo*... M, 1954^{2}, 55 + láms.
González Martí, M., *Cerámica española*. B, 1933, 184.
González Martí, M., *Cerámica del Levante español*... B, 1944-52, 3 v.

→ 18.61, Martínez; 20.47, 22.88.3, **Talavera**; 22.90.1.

67 VIDRIO

Frothingham, A. W., *Hispanic Glass.* Nueva York, 1941, 204.
Frothingham, A. W., *Spanish Glass.* Londres, 1963, 96 + láms.
Pérez Bueno, L., *La Real Fábrica de cristales de San Ildefonso.* M, 1932, 52.
Pérez Bueno, L., *Artes decorativas españolas. Vidrios y vidrieras.* B, 1942, 277 + láms.
Pérez Bueno, L., *Los vidrios en España.* M, 1943, 34 + láms.

→ 18.66, Ainaud.

68 FORJA

Artiñano Galdácano, P. M., *Catálogo de la Exposición de hierros antiguos españoles.* M, 1919, ciii+178.
Byne, A., y M. Stapley, *Spanish iron-work.* Nueva York, 1915, xxiii+143 + láms.
Cándamo, L. G., *El arte... de las rejas españolas.* Arte-Hogar (M), 1960, 184, 22-5.
Fornet de Asensi, E., *Hierros y rejerías.* M, 1955, 30 + láms.
Gallego de Miguel, A., *Rejería castellana. Salamanca.* Salamanca, 1970, 224 + láms.
Leguina, E., *Obras de hierro.* M, 1914, 268.
Orduña Viguera, E., *Rejeros españoles.* M, 1915, 97 + láms.
Pérez Bueno, L., *Ferros artistics espanyoles dels segles XII al XVIII.* B, 1921, 22 + láms.
Ruiz del Castillo, A., *El arte del hierro en España.* B, 1946, 121 + láms.

→ 20.47, 22.80.1, Guerrero.

69 ORFEBRERIA. ESMALTES

Agapito Revilla, J., *Las custodias de plata en Castilla y León.* BSCE, 1903, 43-6, 56-8, 61-4; 1904, 337-8.
Artiñano Galdácano, P. M., *Catálogo de la exposición de orfebrería civil española.* M, 1925, 163 + láms.
Gascón Gotor, A., *El Corpus Christi y las custodias procesionales de España.* B, 1916, 157 + láms.
Johnson, A. M., *Hispanic silverwork.* Nueva York, 1944, 308.
Juaristi, V., *Esmaltes con especial mención de los españoles.* B, 1933, 286.
Laínez Alcalá, R., *Antigua orfebrería española.* M, 1941, 34.
Leguina, E., *Arte antiguo. Esmaltes españoles. Los frontales de Orense, San Miguel in Excelsis, Silos y Burgos.* M, 1909, 255.
Miró, J. I., *Estudio de las piedras preciosas. Su historia... Descripción de las joyas más notables de la Corona de España y del Monasterio del Escorial.* M, 1870, 288.
Muller, P. E., *Jewles in Spain, 1500-1800.* Nueva York, 1972, 195 + láms.
Oman, Ch., *The Golden Age of hispanic silver, 1400-1665.* Londres, 1968, xlvii+72 + láms.

18 Ramírez de Arellano, R., *Estudio sobre la historia de la orfebrería toledana.* Toledo, 1915, 431.
Ross, M. Ch., *Esmaltes catalanes de los siglos XII y XIII.* AEArte, 1941, 14, 181-4.
Sentenach, N., *Bosquejo histórico sobre la orfebrería española.* M, 1909, 148 + láms.
Trens, M., *Las custodias españolas.* B, 1952, 76 + láms.

→ 18.01, Hernández; 18.14.

70 EBORARIA. AZABACHERIA

Ferrandis Torres, J., *Marfiles y azabaches españoles.* B, 1928, 270.
Ferrandis Torres, J., *Marfiles árabes de occidente.* M, 1935-40, 2 v.
Ferrandis Torres, J., *Marfiles hispano-árabes con decoración pintada.* AEArte, 1940, 14, 117-29.

72 GRABADO

Ainaud Lasarte, J., *Grabado,* en AHH, 1958, XVIII, 243-320.
Amades, J., *Las estampas.* Bibliofilia (Valencia), 1957, 9, 11-33.
Contreras López, J., *El grabado español.* Segovia, 1970, 16 + láms.
Esteve Botey, F., *El grabado en madera y su acrecentamiento en España.* M, 1942, 32 + láms.
García Miñor, A., *Xilografía y xilógrafos de ayer y de hoy.* Oviedo, 1957, 231 + láms.
Lafuente Ferrari, E., *Una antología del grabado español.* M, 1952-3, 2 v.
Tormo Freixes, E., *El grabado en España.* B, 1962, 44.

→ 1.84.

75 ARTES DEL TEJIDO Y DEL CUERO

Artiñano Galdácano, P. M., *Catálogo de la exposición de tejidos españoles.* M, 1917, 51 + láms.
Artiñano Galdácano, P. M., *Los encajes españoles durante el reinado de los Austrias.* Arte español (M), 1920, 5, 97-114.
Artiñano Galdácano, P. M., *Los encajes españoles durante el reinado de los Borbones.* Arte español (M), 1922, 6, 62-89.
Artiñano Galdácano, P. M., *Randas españolas.* AEAA, 1925, 1, 219-24.
Baroja de Caro, C., *El encaje en España.* B, 1933, 197 + láms.
Byne, A., y M. Stapley, *Tejidos y bordados populares españoles.* M, 1924, 56 + láms.
Castellanos Díaz, M., *Historia y técnica ornamental y decorativa de los bordados españoles. Siglos XV al XVII...* M, 1922, 107.
Ferrandis Torres, J., *Exposición de alfombras antiguas españolas.* M, 1933, 122 + láms.
Ferrandis Torres, J., *Cordobanes y guadamecíes.* M, 1955, 131.
Floriano Cumbreño, A. C., *El bordado.* B, 1942, 182 + láms.
Lafuente Ferrari, E., *La tapicería en España.* M, 1943, 32 + láms.
Madurell Marimón, J. M., *El antiguo arte del guadamecí y sus artífices.* Vich, 1973, 156.

Niño Más, F., *Antiguos tejidos artísticos españoles.* M, 1942, 34 + láms. 18

Pérez Dolz, F., *El arte del tapiz y la alfombra en España.* B, 1952, 118 + láms.

Segura Lacomba, M., *Bordados populares españoles.* M, 1949, 252 + láms.

→ 12.85, 20.47.

77 JARDINERIA

Bertrand, L., *Jardins d'Espagne.* Avignon, 1940, 150.

Byne, M. S. y A., *Spanish gardens and patios.* Filadelfia, 1924, 305.

Casa Valdés, Marquesa de, *Jardines de España.* M, 1973, xix+299.

Contreras López, J., *Jardines. Los jardines españoles.* M, 1951.

Priego, J. M., *Jardinería general y española.* M, 1925, 303.

Winthuysen, X., *Jardines clásicos de España (Castilla).* M, 1930, 131 + láms.

→ 12.48, 20.38, Baleares; 22.90.1, Almela.

80 MUSICA

Odriozola, A.,... *Notas para un repertorio bibliográfico acerca de la música española (1939-1958).* M, 1958, 20.

Pedrell, F., *Bibliografía musical española...* B, 1888, xx+104.

Anglés Pamies, H., *Catálogo de la exposición histórica de la música española desde la edad media hasta nuestros días.* B, 1941, 82.

Chase, G., *La música de España.* Buenos Aires, 1944, 410.

Chase, G., *The music of Spain.* Nueva York, 1959^{2}, 383.

Livermore, A., *A short history of spanish music.* Londres, 1972, x+262.

Salazar, A., *La música de España.* M, 1972, 2 v.

Soriano Fuertes, M., *Historia de la música española desde la venida de los fenicios hasta el año 1850.* B, 1855-9, 4 v.

Subirá Puig, J., *Historia de la música española e hispanoamericana.* B, 1953, xx+1003.

Van Vechten, C., *The music of Spain.* Nueva York, 1918, 223.

Anglés Pamies, H., *Gloriosa contribución de España a la historia de la música universal.* M, 1948, 62.

Barreda, E. M., *Música española de los siglos XIII al XVIII.* Buenos Aires, 1942, 213.

Fernández de la Torre, R., *Antología de la música militar en España.* M, 1972, 112.

González de Amezúa, R., *Perspectivas para la historia del órgano español...* M, 1970, 197.

Lamaña, J. M., *Los instrumentos musicales en los últimos tiempos de la dinastía de la Casa de Barcelona.* AM, 1969, 24, 9-120.

Sagardía, A., *Bosquejo histórico de las orquestas españolas.* Música (M), 1954, 9.

Sáinz de la Maza, R., *La guitarra y su historia.* M, 1955, 58.

18 Salazar, A., *La guitarra, heredera de la* kithara *clásica.* NRFH, 1953, 7, 118-26.

Schuler, M., *Spanische Musikeinflüsse im Rom um 1500.* AM, 1970, 25, 27-36.

Villar, R., *El sentimiento nacional en la música española.* M, 1918, 39.

→ 8.37, 20.60-7.

82 EDAD MEDIA

Anglés Pamies, H., *Hispanic musical culture from the VIth. to the XIVth. century.* Musical Quartely (Nueva York), 1940, 26, 494-528.

Anglés Pamies, H., *La música en la España de Fernando el Santo y de Alfonso el Sabio.* M, 1943, 69.

Anglés Pamies, H., *La notación musical española de la segunda mitad del siglo XV...* AM, 1947, 2, 152-73.

Anglés Pamies, H., *La música de las* Cantigas de Santa María *del Rey Alfonso el Sabio.* B, 1958, 552.
También, Arbor, 1944, 1, 327-48.

Anglés Pamies, H., *La musique juive dans l'Espagne médiévale,* en I. Adler, *Yuval...* Jerusalén, 1968, 48-64.

Anglés Pamies, H., *Historia de la música medieval en Navarra.* Pamplona, 1970, 462.

Larrea Palacín, A., *La música hispano-árabe.* M, 1957, 32.

Ribera Tarragó, J., *Historia de la música árabe medieval y su influencia en la española.* M, 1927, 355.

Schneider, M., *A propósito del influjo árabe. Ensayo de etnografía musical de la España medieval.* AM, 1946, 1, 31-139.

→ 8.37, 20.72, Romeu.

83 SIGLOS XVI-XVII

Anglés Pamies, H., *La música en la Corte de los Reyes Católicos.* B, 1941-51, 3 v.

Anglés Pamies, H., *La música en la corte de Carlos V.* B, 1944, xii+217.

Castrillo Hernández, G., *La escuela musical castellana en la corte de Doña Isabel la Católica.* PITTM, 1951, 6, 219-32.

Jacobs, Ch., *La interpretación de la música española del siglo XVI para instrumentos de teclado.* M, 1959, 119.

Kastner, S., *Relations entre la musique instrumentale française et espagnole au XVIe. siècle.* AM, 1955, 10, 84-108.

Llorens, J. M., *Músicos españoles durante el siglo XVI en la capilla pontificia de Roma.* CTEEHA, 1955, 7, 273-96.

Mitjana Gordon, R., *Estudios sobre algunos músicos españoles del siglo XVI.* M, 1918, vii+247.

Querol Gavaldá, M., *La música en las obras de Cervantes.* B, 1948, 172.

Querol Gavaldá, M., *Polifonía profana. Cancioneros españoles del siglo XVII.* B, 1970, 132.

Querol Gavaldá, M., *La polifonía española profana del Renacimiento.* RMusical Chilena (Santiago), 1971, 25, 30-8. 18
Salazar, A., *Música, instrumentos y danzas en las obras de Cervantes.* NRFH, 1948, 2, 21-56, 118-73; 1949, 3, 385-95; 1951, 5, 71-7, 422-3.
Sopeña, F., *La música española del siglo XVI.* CH, 1964, 173, 313-9.
Stevenson, R., *Spanish music in the age of Columbus.* La Haya, 1960, xv+335.

→ 8.37, 20.72, Rumeu.

84 SIGLO XVIII

Hamilton, M. N., *Music in XVIIIth. century Spain.* Urbana, 1937, 283.
→ 8.37.

86 SIGLO XX

Casas, A., *45 revoluciones en España.* B, 1972, 183. Música contemporánea.
Collet, H., *L'essor de la musique espagnole au XXe. siècle.* París, 1950, 182.
Fernández Cid, A., *La música y los músicos españoles en el siglo XX.* M, 1963, 176.
Fernández Cid, A., *La música española en el siglo XX.* M, 1973, 504 + láms.
Marco, T., *La música de la España contemporánea.* M, 1970, 52.
Marco, T., *Música española de vanguardia.* M, 1970, 249.
Mitjana Gordon, R.,... *Estudios sobre el arte musical contemporáneo en España.* Valencia, 1909, 229.
Salazar, A., *La música contemporánea en España.* M, 1930, 357.
Sopeña, F., *Historia de la música española contemporánea.* M, 1958, 415.
Valls Gorina, M., *La música catalana contemporània.* B, 1960, 239 + láms.
Valls Gorina, M., *La música española después de Manuel de Falla.* M, 1962, 314.

→ 8.37.

87 OPERA. ZARZUELA. MUSICA TEATRAL

Gómez García, J., *Los problemas de la ópera española.* M, 1956, 67.
Pedrell, F., *Teatro lírico español anterior al siglo XIX.* La Coruña, 1897-8, 5 v.
Peña Goñi, A., *La ópera española y la música dramática en España durante el siglo XIX.* M, 1881, 680.
Peña Goñi, A., *España, desde la ópera a la zarzuela.* M, 1967, 265.
Subirá Puig, J., *La tonadilla escénica.* M, 1928-32, 4 v. También, B, 1933, 212 + láms.

18 Subirá Puig, J., *Historia de la música teatral en España.* B, 1943, 214.

→ 17.26.1.

88 CANTO

Capmany, A., *Un siglo de música coral en Cataluña.* San Jorge (B), 1954, 13, 49-64.
Díaz de Quijano, M., *Historia del cuplé.* M, 1960, 240.
Fernández Cid, A., *Lieder y canciones de España... 1900-1963.* M, 1963, 531.
Lamaña Coll, J. M., y otros, *Cinco siglos de canciones españolas (1300-1800).* M, 1963, 44.
Letra y melodía.
Tarragó Pons, G., *Canciones españolas del Renacimiento (1400-1600).* M, 1963[2], 43.
Letra y melodía.
Zúñiga, A., *Una historia del cuplé.* B, 1954, 455 + láms.

→ 8.37, 20.60-7.

89 DANZA

Borrull, T., *La danza española.* B, 1946, 142.
Cotarelo Mori, E., *Danzas y bailes mencionados en los entremeses,* en su *Colección de entremeses...* M, 1911, I, ccxxxiii-cclxxiii.
Gyenes, J., y otros, *Ballet español.* M, 1953, x+láms.+95.
Marrero Suárez, V., *El acierto de la danza española.* M, 1952, 175.
Marrero Suárez, V., *El enigma de España en la danza española.* M, 1959, 326 + láms.
Minguet Irol, P., *Breve tratado de los passos de danzar a la española, que oy se estilan en las seguidillas, fandangos y otros tañidos...* M, 1764[2], 16.
Puig, A., *Guía técnica, sumario cronológico... del ballet y baile español.* B, 1944, 199 + láms.
Querol Gavaldá, M., *La chacona en la época de Cervantes.* AM, 1970, 25, 49-65.

→ 18.83, Salazar; 19.55, 20.60-7.

90 REPERTORIOS BIOGRAFICOS DE ARTISTAS

Alcahalí, Barón de, *Diccionario biográfico de artistas valencianos.* Valencia, 1897, 443.
Baquero Almansa, A., *Catálogo de los profesores de las Bellas Artes murcianos...* Murcia, 1913, vi+512.
Ceán Bermúdez, J. A., *Diccionario histórico de los más ilustres profesores de las Bellas Artes en España.* M, 1800, 6 v.
Fernández Núñez, M. F., *La vida de los músicos españoles...* M, 1925, 127.
Gestoso Pérez, J., *Ensayo de un diccionario de los artífices... en*

Sevilla desde el siglo XIII al XVIII inclusive. Sevilla, 1899-1909, 3 v. 18

Llaguno Amírola, E., *Noticia de los arquitectos y arquitectura en España desde su restauración...* M, 1829, 4 v.

Miró Bachs, A., *Cien músicos célebres españoles.* B, 1951, 211.

Ossorio Bernard, M., *Galería biográfica de artistas españoles del siglo XIX.* M, 1868-9, 2 v.

Ossorio Bernard, M., *Galería biográfica... continuación del* Diccionario *de Ceán Bermúdez hasta el año 1882.* M, 1884, viii+749.

Pedrell, F., *Diccionario biográfico y bibliográfico de músicos y escritores de música españoles, portugueses e hispanoamericanos antiguos y modernos...* B, 1894-7, 2 v.
Inacabado.

Rafols, J. F., *Diccionario biográfico de artistas de Cataluña desde la época romana hasta nuestros días.* B, 1951-4, 3 v.

Saldoni, B., *Diccionario biográfico-bibliográfico de efemérides de músicos españoles.* M, 1868-81², 4 v.

Villar, R., *Músicos españoles. Compositores y directores.* M, 1927², viii+360.

Viñaza, Conde de la, *Adiciones al* Diccionario histórico *de... Ceán Bermúdez.* M, 1889-94, 4 v.

→ 10.68, Martín; 18.15, 18.20, Bosque; 18.61, Pantorba, Pla; 18.62, Lafuente, Sánchez Cantón; 18.83, Mitjana.

95 ARTISTAS

Palencia Flores, C., *Leonardo* **Alenza** *y Nieto.* M, s. a., 15 + láms.

Heras, A., *Vida de* **Albéniz.** Bilbao, 1940, 174.

Laplane, G., *Albéniz. Su vida y su obra.* B, 1972², 240.

Sánchez Cantón, F. J., *F.* **Alvarez de Sotomayor.** Santiago, 1952, 45 + láms.

Camón Aznar, J., *La significación artística de* **Ancheta.** PV, 1941, 2, 8-10.

Camón Aznar, J., *El escultor Juan de Ancheta.* Pamplona, 1943, 88 + láms.

→ 21.84, García.

Angulo Iñiguez, D., *José* **Antolínez.** M, 1957.

Alonso Cortés, N., *Noticias de los* **Arfes.** BRAH, 1951, 128, 71-98.

Sánchez Cantón, F. J., *Los Arfe.* M, 1920, 79 + láms.

Fernández Cid., A., *Ataúlfo* **Argenta.** M, 1958, 349.

Fernández Cid, A., *Ataúlfo Argenta.* M, 1971, 63.

Sagardía, A., *El compositor Juan Crisóstomo de* **Arriaga.** M, s. a., 46.

Arrieta → Gaztambide.

Peña Goñi, A., [Asenjo] Barbieri. M, 1875, 61.

Otero Túñez, R., *Homenaje al escultor* **Asorey.** BUC, 1962, 70, 11-160 + láms.

Sambricio, V., *Francisco* **Bayeu.** M, 1955, 40 + láms.

18 Solís Rodríguez, C., *El arquitecto Francisco* **Becerra.** *Su etapa extremeña.* REE, 1973, 29, 287-383.

Martín González, J. J., *Precisiones sobre Gaspar* **Becerra.** AEArte, 1969, 42, 327-56 + láms.

Guerrero Lovillo, J., *Valeriano* **Bécquer.** Sevilla, 1973, 154 + láms.

Santos Torroella, R., *Valeriano Bécquer.* B, 1948, 55 + láms.

Quevedo Pessanha, C., *Vida artística de Mariano* **Benlliure.** M, 1947, 878.

Tormo Monzó, E., *Bartolomé* **Bermejo...** *Resumen de su vida, de sus obras...* AEAA 1926, 2, 1-97.

Azcárate Ristori, J. M., [Alonso] **Berruguete.** *Cuatro ensayos.* Valladolid, 1963, 127 + láms.

Camón Aznar, J., *Alonso Berruguete.* Goya, 1962, 50, 78-89.

Orueta, R., *Berruguete y su obra.* M, 1917, 348 + láms.

→18.30, Gómez Moreno.

Laínez Alcalá, R., *Pedro* **Berruguete.** M, 1943², 159 + láms.

Faraldo, R. D., *Aureliano de* **Beruete.** B, 1949, 39 + láms.

Lafuente Ferrari, E., *Aureliano de Beruete.* Arte español (B), 1941, 13, 25-7.

Angulo Iñiguez, D., *Juan de* **Borgoña.** M, 1954, 37 + láms.

Gudiol Ricart, J., **Borrassá.** B, 1953, 162 + láms.

Hernández González, G., **Bretón.** Salamanca, 1952, 245.

Salcedo, A. S., *Tomás Bretón. Su vida y sus obras.* M, 1924, 124.

Rodríguez Gutiérrez, A., *Bartolomé de* **Bustamante** *y los orígenes de la arquitectura jesuítica en España.* Roma, 1967, 392. También, Archivum Historicum Societatis Iesu (Roma), 1963, 32, 3-102.

Sánchez Marín, V., *El pintor José* **Caballero.** Goya, 1964, 62, 94-9.

Anglés Pamies, H., *Antonio de* **Cabezón,** *organista de Carlos V y de Felipe II.* CH, 1966, 68, 257-72.

Anglés Pamies, H., *Antonio Cabezón: su vida y su obra.* AM, 1966, 21, 1-15.

Ibáñez, E., *Antonio de Cabezón, músico de Reyes y patriarca de los organistas españoles.* BIFG, 1966, 17, 308-27.

Camón Aznar, J., *Los estilos de Alonso* **Cano.** Goya, 1968, 85, 2-11 + láms.

Gómez Moreno, M., *Alonso Cano, escultor.* AEAA, 1926, 2, 177-214.

Martínez Chumillas, M., *Alonso Cano.* M, 1949, 466.

Orozco Díaz, E., *Alonso Cano y su escuela.* Granada, 1968.

Pita Andrade, J. M., y otros, *Centenario de Alonso Cano en Granada.* Granada, 1969-70, 2 v.

Wethey, H. E., *Alonso Cano. Painter, sculptor, architect.* Princeton, 1955, xiii+227 + láms.

García Tizón, A., **Canogar.** M, 1973, 134.

Dicenta de Vera, F., *El escultor José* **Capuz**. Valencia, 1957, 81 + láms. 18

Igual Ubeda, A., *Leonardo Julio* **Capuz**, *escultor valenciano del siglo XVIII*. Valencia, 1953, 111.

Barettini Fernández, J., *Juan* **Carreño**... M, 1972, 212 + láms.
Berjano Escobar, D., *El pintor Don Juan Carreño de Miranda*. M, 1925, 184 + láms.

Alavedra, J., *La extraordinaria vida de Pablo* **Casals**. B, 1969, 121.
Corredor, J. M., *Casals. Biografía ilustrada*. B, 1967, 149.

Bedat, C., *El escultor Felipe de* **Castro**. Santiago, 1971, xv+146 + láms.

Buendía Muñoz, J. R., *Mateo* **Cerezo**... Goya, 1966, 7, 278-91.

Gaya Nuño, J. A., *José* **Clará**. B, 1948, 65 + láms.

Guansé, D., *Josep Anselm* **Clavé**, *apòstol, agitador i artista*. B, 1966, 111.
Poblet, J. M., *Josep Anselm Clavé i la seva época*. B, 1973, 336.

Gaya Nuño, J. A., *Claudio* **Coello**. M, 1957, 38 + láms.

Cossío → Gutiérrez Cossío.

Allende Salazar, J., *Francisco* **Chacón**, *pintor de la Reina Católica*. AEAA, 1927, 3, 356-63.

Juan del Aguila, J., *Ruperto* **Chapí** *y su obra lírica*. Alicante, 1973, 150.
Salcedo, A. S., *Ruperto Chapí. Su vida y sus obras*. Córdoba, 1929, 207.

Figuerola-Ferretti, L., **Chillida**. M, 1971, 61.

Conde, M., **Chirino**. M, 1971, 75.

Rodríguez Gutiérrez, A., *Los* **Churriguera**. M, 1971, 53 + láms.

Cowles, F., *El caso Salvador* **Dalí**. B, 1959, 396.
Fernández Molina, A., *Dalí*. M, 1972, 87.
Gerard, M., *Dalí*... B, 1973, 135 + láms.

Vázquez Dodero, J., **Delapuente**. M, 1973, 65.

Corredor Matheos, J., *Alvaro* **Delgado**. Santander, 1973, 100 + láms.

Núñez Juan, E., *Roberto* **Domingo**... M, 1958, 31 + láms.
Prados López, J., *Roberto Domingo*. Archivo de arte valenciano (Valencia), 1957, 28, 96-9.

Riezu, J., *Vida, obra y semblanza espiritual del Padre José Antonio* **Donostia**. B, 1956, 71.

Martín González, J. J., *Antón* **Egas**. BSEAA, 1957, 23, 5-17.

Buendía Muñoz, J. R., *Recordatorio de* **Escalante**. Goya, 1970, 99, 146-53.

Saint-Martin, C., *Don Hilarión de* **Eslava**. Pamplona, 1973, 30.

18 Pérez Sánchez, A. E., *Jerónimo Jacinto de* Espinosa. M, 1972, 68 + láms.

Iglesias Alvarez, A., *Oscar* Esplá. M, 1973, 62 + láms.

Guerrero Lovillo, J., *Antonio María* Esquivel. M, 1957, 46 + láms.
Pantorba, B., *Antonio María Esquivel.* Arte español (M), 1959, 22, 155-79 + láms.

Igual Ubeda, A., *José* Esteve Bonet... Valencia, 1971, 251 + láms.
Soria, M. S., *Esteve y Goya.* Valencia, 1957, 165.

Campodonico, L., *Manuel de* Falla. París, 1959, 189.
Demarquez, S., *Manuel de Falla.* París, 1963, 252.
Orozco Díaz, M., *Falla.* B, 1969, 212.
Pahissa, J., *Vida y obra de Manuel de Falla.* Buenos Aires, 1956, 221.
→ 20.67, Molina.

Angulo Iñiguez D., *Alejo* Fernández. M, 1957.

Gómez Moreno, M. E., *Gregorio* Fernández. M, 1953, 39 + láms.
Orueta Duarte, R., *Gregorio Hernández.* M, 1920, 68 + láms.

Marrero Suárez, V., *La escultura en movimiento de Angel* Ferrant. M, 1954, 155 + láms.
Romero Escassi, J., *Angel Ferrant.* M, 1973, 112.
Vivanco, L. F., *Angel Ferrant.* M, 1954, 48 + láms.

Otero Túñez, R., *El escultor* Ferreiro. Santiago, 1957.

Fullaondo, J. D., *Miguel* Fisac. M, 1972, 69.

Bermejo, E., *Juan de* Flandes. M, 1962, 35 + láms.

Abizanda Broto, M., *Damián* Forment. B, 1942, 96 + láms.

Costa Clavell, J., Fortuny. B, 1973, 64 + láms.
Folch Torres, J., *Fortuny.* Reus, 1962, 182 + láms.

Andrés, T., *El rejero Juan* Francés. AEArte, 1956, 29, 189-210 + láms.

Sánchez Cantón, F. J., *Maestre Nicolás* Francés. M, 1964, 37 + láms.

Gaya Nuño, J. A., *Fernando* Gallego. M, 1958, 40 + láms.
Gómez Moreno, M., y F. J. Sánchez Cantón, *Sobre Fernando Gallego.* AEAA, 1927, 3, 349-57.

Camón Aznar, J., *Pablo* Gargallo. Goya, 1955, 8, 74-8.

Bergós Massó, J., *Antoni* Gaudí... B, 1972, 236.
Martinell Brunet, C., *Gaudí. Su vida. Su teoría. Su obra.* B, 1967, xv+528 + láms.
Pane, R., *Antoni Gaudí.* Milán, 1964, 276.
Puig Boada, I., *El templo de la Sagrada Familia, síntesis del arte de Gaudí.* B, 1952, 161 + láms.
→ 22.48.3, Astorga.

Hernández Girbal, F., *Julián* Gayarre... M, 1970[3], 608.

Sagardía Sagardía, A., Gaztambide *y Arrieta.* Pamplona, 1968, 32 + láms.

Lozoya, Marqués de, *Rodrigo* **Gil de Ontañón** *en Segovia*. Santander, 1962, 45 + láms. 18
Pereda de la Reguera, M., *Rodrigo Gil de Ontañón*. Santander, 1951, cclxxxviii+116 + láms.

Aguilera Cerni, V., *Julio* **González**. B, 1973, 394 + láms.
Cirlot, J. E., *El escultor Julio González*. Goya, 1955, 1, 206-12.

Arrese Magro, J. L., *Antonio* **González Ruiz**. M, 1973, 212.

Beruete Moret, A., **Goya**. M, 1916-8, 3 v.
Gassier, P., *Los dibujos de Goya*. B, 1973, 400.
Gassier, P., y J. Wilson, *Vida y obra de Francisco Goya*. B, 1973, 400 + láms.
Gudiol Ricart, J., *Goya*... B, 1970, 4 v.
Held, J., *Farbe und Licht in Goyas Malerei*. Berlín, 1964, 210.
Lafuente Ferrari, E., y R. Stolz,... *Goya, los frescos de San Antonio de la Florida*. B, 1955, 154.
Ruiz Cabriada, A., *Aportación a una bibliografía de Goya*. M, 1946, 198.
Sambricio, V., *Tapices de Goya*. M, 1946, vi+303 + láms.
Sánchez Cantón, F. J., *Vida y obras de Goya*. M, 1951, 195.
→ **Esteve**.

Pardo Canalís, E., *Vida y arte de José* **Gragera**. M, 1954, 227 + láms.

Fernández Cid, A., **Granados**. M, 1956, 305.
Riera, J., *Enrique Granados*. Ilerda, 1968, 29, 67-117.

Camón Aznar, J., *Dominico* **Greco**. M, 1970², 2 v.
Cossío, M. B., *El Greco*. Ed. definitiva... B, 1972, xxiii+448.
Gudiol Ricart, J.,... *El Greco*. B, 1973, 350 + láms.
Puppi, L., *El Greco*. B, 1973³, 120.
Soehner, H., *Estado actual de la investigación sobre el Greco*. Clavileño, 1956, 40, 24-39.
Wethey, H. E., *El Greco and his school*. Princeton, 1962, 2 v.
→ 22.87, Marañón.

Camón Aznar, J., *Juan* **Gris** *y sus etapas*. Goya, 1954, 1, 156-63.
Gaya Nuño, J. A., *Juan Gris*. B, 1973, 262 + láms.
Kahnweiler, D. H., *Juan Gris. Vida y pintura*. M, 1971, 405 + láms.

Azcárate Ristori, J. M., *La obra toledana de Juan* **Guas**. AEArte, 1956, 29, 9-42.
Brans, J. V. L., *Juan Guas, escultor*. Goya, 1960, 36, 362-6.

Mitjana Gordon, R., *Francisco* **Guerrero**. *Estudio crítico-biográfico*. M, 1922, 91.
→ **Morales**.

Rodríguez Aguilera, C., **Guinovart**. M, 1971, 91.

Gaya Nuño, A., *Francisco* **Gutiérrez Cossío**. M, 1973, 233 + láms.
Rodríguez Alcalde, L., *Pancho Cossío*. M, 1973, 128.

Aguilera, E. M., *José* **Gutiérrez Solana**... B, 1947, 30 + láms.
Campoy, A. M., *Solana* [escritor]. M, 1971, 205.
Flórez, R., *J. Solana*. M, 1973, 113 + láms.

18 Francés Sánchez, J., *José Gutiérrez Solana y su obra.* Gerona, 1947, 70 + láms.

Gaya Nuño, J. A., *José Solana.* M, 1973, 88 + láms.

Sánchez Camargo, M., *Solana. Vida y pintura.* M, 1962[2], 314 + láms.

Baldellou, M.-A., *Luis* **Gutiérrez Soto.** M, 1973, 93.

Cid Priego, C., *Aportaciones para una monografía del pintor Carlos* **Haes.** Lérida, 1956, 114 + láms.

Marco, T., *Cristóbal* **Halffter.** M, 1972, 91.

García Vázquez, S., *El pintor Eugenio* **Hermoso.** AH, 1964, 40, 75-110.

Hernández → Fernández.

Gaya Nuño, J. A., *Semblanza de* **Herrera** *el Viejo.* Goya, 1960, 6, 277-84.

Chueca Goitia, F., **Herrera** *y el herrerianismo.* Goya, 1963, 57, 98-115.

Ruiz de Arcaute, A., *Juan de Herrera...* M, 1936, 198 + láms.

→ 1.42, 22.56.2, Iñiguez.

Castro Arines, J., *Fernando* **Higueras.** M, 1972, 96.

Ainaud de Lasarte, J., *Jaime* **Huguet.** M, 1955, 45 + láms.

Aguilera Cerni, V., **Jacomart.** Archivo de arte valenciano (Valencia), 1961, 32, 80-95.

Saralegui, L., *En torno al binomio Jacomart-Rexach.* Archivo de arte valenciano (Valencia), 1962, 33, 6-12.

Dotor, A., *Juan de* **Juanes.** Gerona, 1953, 92.

Igual Ubeda, A., *Juan de Juanes.* B, 1943, 153 + láms.

Prat Ubach, P., **Junceda,** *home exemplar.* B, 1958, 284.

Martín González, J. J., *Juan de* **Juni.** M, 1954, 37 + láms.

Chávarri, R., **Labra.** M, 1972, 95.

Campoy, A. M., *Genaro* **Lahuerta.** M, 1973, 68.

Fernández Cid, A., *Jesús* **Leoz.** M, 1953, 41.

Aguilera, E., *Vicente* **López.** B, 1946, 30 + láms.

Lozoya, Marqués de, *Vicente López. Estudio biográfico.* B, 1943, 69.

Lozoya, Marqués de, *Vicente López, pintor de retratos.* Goya, 1971, 104, 68-71.

Lozoya, Marqués de, *Vicente López y su obra.* M, 1973, 34.

Méndez Casal, A., y M. González Martín, *Vicente López...* M, 1949, 191 + láms.

Nogales Márquez, A., **López Mezquita.** *Su personalidad en la pintura española.* M, 1954, 132 + láms.

Gaya Nuño, J. A., *Eugenio* **Lucas.** B, 1948, 47 + láms.

Monedero Puig, M., *José* **Llimona,** *escultor.* M, 1966, 126 + láms.

Aldana Fernández, S., **Llorens Artigas.** M, 1971, 72 + láms.

Mon, F., *Victorio* **Macho.** M, 1971, 75 + láms.

Machuca → 18.30, Gómez Moreno.

Pantorba, B., *Los* Madrazo. B, 1947, 35 + láms.
Puente, J., *Innovación y conservadurismo en los Madrazos.* Goya, 1971, 104, 98-105.

Iribarren Rodríguez, J. M., *Genio y figura de Gustavo* Maeztu. Arte español (M), 1948, 17, 60-70.

Cela Trulock, C. J., *Cristino* Mallo. M, 1973, 141 + láms.

Trapero, F., *El escultor Aniceto* Marinas. ES, 1953, 5, 201-6.

Camón Aznar, J., Martínez Montañés *y la escultura andaluza de su tiempo.* Goya, 1969, 91, 2-17 + láms.
Gómez Moreno, M. E., *Juan Martínez Montañés.* B, 1942, 96 + láms.
Hernández Díaz, J., *Juan Martínez Montañés.* M, 1949, 80 + láms.

Mon, F., Maside. M, 1972, 105.

Filgueira Valverde, J., *Datos y conjeturas para la biografía del Maestro* Mateo. CEG, 1948, 3, 49-69.

Llorden, A., *El imaginero... Pedro* Mena Medrano. LCD, 1955, 168, 313-76.
Orozco Díaz, E., *Devoción y barroquismo en las Dolorosas de Pedro de Mena.* Goya, 1963, 52, 235-41.
Orueta Duarte, R., *La vida y la obra de Pedro de Mena y Medrano.* M, 1914, 340.

Hernández Díaz, J., *Juan de* Mesa, *escultor de imaginería.* Sevilla, 1972, 143.
López Martínez, C., *Elogio del escultor Juan de Mesa y Velasco.* Sevilla, 1939, 71 + láms.

Tarín Iglesias, J., *Apeles* Mestres. *El último humorista del siglo XIX.* B, 1954, 64.

Pérez Embid, F., *Pedro* Millán *y los orígenes de la escultura en Sevilla.* M, 1973, 126 + láms.

Corredor Matheos, J., Miró. M, 1971, 73.
Hunter, S., *Joan Miró.* B, 1959, xxxv+108.
Lafuente Ferrari, E., *Miró o la pintura en libertad.* PSA, 1957, 7, 281-310.
Lassaigne, J., *Miró.* París, 1963, 143.
Meliá Pericás, J., *Joan Miró. Vida i gest.* B, 1973, 144.
Santos Torroella, R., *Notas para una bibliografía de Joan Miró.* PSA, 1957, 7, 383-98.

Kastner, S., *Federico* Mompou. M, h. 1946, 104.

Magaña Beisbal, L., *Una familia de escultores: los* Mora. AEArte, 1952, 25, 143-57.

Anglés Pamies, H., *Cristóbal de* Morales *y Francisco Guerrero. Su obra musical.* AM, 1954, 9, 56-79.
Mitjana Gordon, R., *Cristóbal de Morales. Estudio crítico-biográfico.* M, 1920.

18 Rubio, S., *Cristóbal de Morales. Estudio crítico de su polifonía.* El Escorial, 1969, 348.
También, LCD, 1968, 181, 43-88.

Bäcksbacka, I., *Luis de* Morales. Helsinki, 1962, 366.
Gaya Nuño, J. A., *Luis de Morales.* M, 1961, 46 + láms.
Juez Nieto, A., *Luis Morales el Divino. Su vida y su obra.* Badajoz, 1925, 118.

Rodríguez García, S., *Antonio* Muñoz Degrain. Valencia, 1966, 225 + láms.

Aguilera, E. M., Murillo. B, 1950[3], 74 + láms.
Elizalde, I., *En torno a las Inmaculadas de Murillo.* M, 1955, 158.
Pérez Delgado, R., *Bartolomé Esteban Murillo.* M, 1972, 231 + láms.
Solar Quintes, N., *El compositor español José de* Nebra. AM, 1954, 9, 179-208.

Jardí Casany, E., Nonell. B, 1968, 343.
Nonell, C., *Isidro Nonell. Su vida y su obra.* M, 1963, viii+293 + láms.

Gómez Moreno, M. E., *Bartolomé* Ordóñez. M, 1956, 39 + láms.
→ 18.30, Gómez Moreno.

Campoy, A. M., Ortega Muñoz. M, 1970, 83 + láms.
Llosent Marañón, E., *Ortega Muñoz.* M, 1952, 87 + láms.

Tormo Monzó, E., *Rodrigo* Osona, *padre e hijo, y su escuela.* AEAA, 1932, 8, 101-47; 1933, 9, 153-214.

Marco, T., *Luis de* Pablo. M, 1971, 77 + láms.

Barbadillo Rodríguez, M., Pacheco, *su tierra y su tiempo.* Jerez, 1969.
Rodríguez Marín, F., *Francisco Pacheco, maestro de Velázquez.* M, 1923, 57.
Urmeneta, F., *Francisco Pacheco, pedagogo del arte.* REP, 1954, 12, 483-95.

Bonnard, A., *Benjamín* Palencia. M, 1949, 28 + láms.
D[escalzo] Faraldo, R., *Benjamín Palencia.* B, 1949, 160 + láms.
D[escalzo] Faraldo, R., *Benjamín Palencia.* M, 1972, 67.

Aparicio Olmos, E. M., Palomino, *su arte y su tiempo.* Valencia, 1966, 176 + láms.
Pérez Sánchez, A. E., *Notas sobre Palomino pintor.* AEArte, 1972, 45, 251-70.

Kusche, M., *Juan* Pantoja de la Cruz. M, 1964.
Sánchez Cantón, F. J., *Sobre la vida y las obras de Juan Pantoja de la Cruz.* AEArte, 1947, 20, 95-120 + láms.

Delgado, O., Paret Alcázar. M, 1957, 335 + láms.
Gaya Nuño, J. A., *Luis Paret y Alcázar.* BSEE, 1952, 56, 87-153.
Salas, X., *Aportaciones a la obra de Luis Paret y Alcázar.* AEArte, 1962, 35, 123-33.

Tormo Monzó, E., *Un gran pintor vallisoletano, Don Antonio de* **Pereda.** BSCE, 1910, 4, 469-75, 507-11. **18**

Salas, X., *Varias notas sobre Jenaro* **Pérez Villaamil.** AEArte, 1958, 31, 273-98.
Seoane, L., *J. Pérez Villaamil.* Buenos Aires, 1954.

Boeck, W., **Picasso.** B, 1958, 524.
Camón Aznar, J., *Picasso y el cubismo.* M, 1956, 717.
Daix, P., *Picasso.* B, 1973², 272 + láms.
Penrose, R., *Picasso:su vida y obra.* M, 1959, xxii+499 + láms.
Pompey, F., *Picasso: su vida y sus obras.* M, 1973, 329 + láms.
Gaya Nuño, J. A., *Bibliografía crítica y antológica de Picasso.* San Juan de Puerto Rico, 1966.
Lecaldano, P., *La obra pictórica completa de Picasso, azul y rosa.* B, 1969, 119 + láms.

González Martí, M., **Pinazo.** *Su vida y su obra.* Valencia, 1971², 224 + láms.

Barettini Fernández, J., *Nicanor* **Piñole.** M, 1973, 176.
Descalzo Faraldo, R., *Don Nicanor Piñole...* Oviedo, 1973, 270 + láms.

Núñez Ladeveze, L., *José* **Planes Peñálvez.** M, 1973, 88.

Benet, R., **Regoyos.** B, 1946, 112 + láms.
García Miñor, A., *El pintor Darío de Regoyos y su época.* Oviedo, 1958, 144 + láms.
Soriano Barroeta, R., *Darío de Regoyos...* M, 1921, 200 .

Rexach → Jacomart.

Camón Aznar, J., *Los* **Ribaltas.** M, 1958, 155.
G[onzález] Espresati, C., *Ribalta, pintor catalán.* B, 1954², 197 + láms.

Sarthou Carreras, C., *J. José de* **Ribera** *y su arte...* Valencia, 1947, 186.
Trapier, E. G., *Ribera.* Nueva York, 1952, xii+306.

Tormo Monzó, E., y otros, *La vida y la obra de Juan* **Ricci.** M, 1930, 2 v.

Angulo Iñiguez, D., *Francisco* **Rizi...** *Su vida. Cuadros religiosos fechados anteriores a 1670.* AEArte, 1958, 31, 89-115.

Iglesias, A., *Joaquín* **Rodrigo.** Orense, 1965.
Sopeña Ibáñez, F., *Joaquín Rodrigo.* M, 1946, 132.
Sopeña Ibáñez, F., *Joaquín Rodrigo.* M, 1970, 75.

Francés Sánchez, J., *José María* **Rodríguez Acosta.** M, 1948, 77 + láms.

Chueca Goitia, F., *Ventura* **Rodríguez [Tizón]** *y la escuela barroca romana.* AEArte, 1942, 15, 185-210.
Pulido López, L., y T. Díaz Galdo, *Biografía de Don Ventura Rodríguez...* M, 1898, 138 + láms.
→ 21.84, Yárnoz.

18 Bernales Ballesteros, J., *Pedro* **Roldán**. Sevilla, 1973, 149.
Salazar Bermúdez, M. D., *Pedro Roldán, escultor*. AEArte, 1949, 22, 317-39.
Sancho Corbacho, H., *El escultor sevillano Pedro Roldán y sus discípulos*. Sevilla, 1950, 132 + láms.

Barberán, C., *Julio* **Romero de Torres**. *Su vida, su obra y su museo*. M, 1947, 199 + láms.
Patrón de Sopranis, A., *Julio Romero de Torres en su museo de Córdoba*. Cádiz, 1943, 375 + láms.

Chacón Enríquez, J., *Eduardo* **Rosales**. M, 1926^{2}, 191 + láms.
Prieto, G., *Eduardo Rosales*. M, 1950, 69.

Francés Sánchez, J., *Santiago* **Rusiñol** *y su obra*. Gerona, 1945, 68 + láms.
→ 17.90, **Rusiñol**.

Pantorba, B., *El pintor* **Salaverría**. M, 1948, 83 + láms.

Pardo Canalís, E., *Francisco* **Salzillo**. M, 1965, 51 + láms.
Sánchez Jara, D., *Salzillo*. M, 1951, 106.
Sánchez Moreno, J., *Vida y obra de Francisco Salzillo*. Murcia, 1945, 232 + láms.

Orozco Díaz, E., *Las Vírgenes de* **Sánchez Cotán**. Granada, 1954, 71 + láms.
Orozco Díaz, E., *Realismo y religiosidad en la pintura de Sánchez Cotán*. Goya, 1954, 1, 19-28.

Francés Sánchez, J., *...Marceliano* **Santa María**. M, 1945, 65 + láms.

Pérez Ollo, F., **Sarasate**... Pamplona, 1969, 32 + láms.
Zárate, L., *Sarasate*. B, 1945, 232.

Usillos, C., *Andrés* **Segovia**. M, 1973, 144.

Sagardía, A., *El compositor José* **Serrano**. *Vida y obra*. M, 1972, 131.

Gallego, J., *Pablo* **Serrano**. M, 1971, 75 + láms.

Castillo, A., *José María* **Sert**. *Su vida y su obra*. B, 1947, 352 + láms.
Sánchez de Muniáin, J. M., *Estudio... de la pintura de Sert*. Arbor, 1944, 1, 57-84 + láms.
→ 22.14.3, **Vich**.

Wethey, H. E., *Gil de* **Síloe** *and his school*. Cambridge (Mass.), 1936, viii+151.
→ 18.30, Gómez Moreno.

Anglés Pamies, H., ed. de A. **Soler**, *Seis quintets*... B, 1933, lxxii.

Miró, A., *Francisco de* **Solís**. AEArte, 1973, 46, 401-22.

Pantorba, B., *La vida y la obra de Joaquín* **Sorolla**. M, 1970^{2}, 227.

Puente, J., *Ramón* **Stolz Viciano**. Arte español (M), 1959, 22, 215-27.

Giralt Miracle, D., **Subirachs**. M, 1973, 92.

Bonet, B., **Tàpies**. B, 1964, 180 + láms.
Cirici Pellicer, A., *Tàpies*... B, 1973, 400 + láms.

Galfetti, M. T., *Tàpies. Obra gráfica, 1947-1972.* B, 1973, 252 + láms. **18**

Gasch, S., *Tàpies.* M, 1971, 80.

Gatt, G., *Antoni Tàpies.* Bolonia, 1964, 147 + láms.

Rueda, N., *Francisco* **Tárrega.** Villarreal, 1970, 16.

Areán, C., **Tharrats.** M, 1971, 119 + láms.

Sánchez Cantón, F. J., *J. B.* **Tiépolo** *en España.* M, 1953, 37 + láms.

Capdevila, M., *Eduardo* **Toldrá,** *músico.* B, 1972, 368.

Chueca Goitia, F., *Narciso* **Tomé.** *Una incógnita del barroco español.* Goya, 1962, 49, 12-21.

Sopeña, F., *Joaquín* **Turina.** M, 1956^{2}, 146.

Trapier, E. G., *Daniel* **Urrabieta Vierge**... Nueva York, 1936, xc+ 186 + láms.

Arozamena, J. M., *Joshemari* **(Usandizaga)** *y la bella época donostiarra.* S. Sebastián, 1969, 395 + láms.

Beruete Morte, A., **Valdés Leal.** M, 1911, ix+126 + láms.

Trapier, E. G., *Valdés Leal, spanish baroque painter.* Nueva York, 1960, 86 + láms.

Chueca Goitia, F., *Andrés de* **Vandelvira.** M, 1954, 39 + láms.

Solís, R., **Vaquero [Palacios].** M, 1973, 102.

Manrique de Lara, J. G., **Vaquero Turcios.** M, 1973, 104.

Benito Jaén, A., **Vázquez Díaz.** *Vida y pintura.* M, 1971, 549.

Camón Aznar, J., **Velázquez.** M, 1964, 2 v.

Gaya Nuño, J. A., *Bibliografía... de Velázquez.* M, 1963, 640.

Gudiol Ricart, J., *Velázquez...* B, 1973, 355 + láms.

Justi, C., y J. A. Gaya Nuño, *Velázquez y su siglo...* M, 1953, 917.

Orozco Díaz, E., *El barroquismo de Velázquez.* M, 1965, 172.

Pantorba, B., *La vida y la obra de Velázquez.* M, 1955, 298 + láms.

Varia velazqueña. M, 1960, 2 v.
Miscelánea por numerosos autores.
→ 1.42.

Moll Roqueta, J., *...Luis* **Venegas de Henestrosa.** AM, 1951, 6, 155-78.

Coromines, P., *Vida d'En Pep de la Tenora (Pep* **Ventura).** B, 1953, 90.

Hernández, F., *Tomás Luis de* **Victoria**... EAb, 1954, 1, 177-95.

Pedrell, F., *Tomás Luis de Victoria, abulense...* M, 1918, viii+207.

Solar Quintes, N. A., *Tomás Luis de Victoria. Nuevas aportaciones.* EAb, 1958, 8, 41-57.

Chueca Goitia, F., y C. de Miguel, *La vida y las obras de... Juan de* **Villanueva.** M, 1949, 455 + láms.

Amadeo **Vives** *(1871-1971).* M, 1972, 168.
Miscelánea por varios autores.

Hernández Girbal, F., *Amadeo Vives...* M, 1971, 404 + láms.

Sagardía, A., *Amadeo Vives...* M, 1971, 180 + láms.

18 Caturla, M. L., *Fernando* Yáñez *no es leonardesco.* AEArte, 1942, 15, 35-49 + láms.
Garín Ortiz, F. M., *Yáñez de la Almedina, pintor español.* Valencia, 1954, 217.

Ibáñez Martín, J., *Gabriel* Yoly. M, 1956, 40 + láms.

Rodríguez Aguilera, C., R. Zabaleta. M, 1971, 125.

Arozamena, J. M., *Ignacio* Zuloaga, *el pintor, el hombre.* S. Sebastián, 1970, 414 + láms.
Lafuente Ferrari, E., *La vida y el arte de Ignacio Zuloaga.* M, 1972^{2}, 499 + láms.
Rodríguez del Castillo, J., *Ignacio Zuloaga.* Zarauz, 1970, 322.

Carrascal Muñoz, J. M., Zurbarán. M, 1973, 248 + láms.
Guinard, P., *Zurbarán et les peintres espagnols de la vie monastique.* París, 1960, xi+293 + láms.
Pompey, F., *Zurbarán.* M, 1973, 96 + láms.
Soria, M. S., *The paintings of Zurbarán.* Londres, 1955^{2}, 200 + láms.

19

ESPECTACULOS. JUEGOS. DEPORTES

19

ESPECTACULOS. JUEGOS. DEPORTES

00 ESPECTACULOS

Valle Fernández, R., *Ideas y números sobre el fabuloso mundo del espectáculo.* RSindical de estadística (M), 1971, 26, 2-47.

10 TEATRO

Chispero [V. Ruiz Albéniz], *Teatro Apolo. Historia, anecdotario... 1873-1929.* M, 1953, xiv+582.

Deleito Piñuela, J., *Estampas del Madrid teatral fin de siglo...* M, h. 1945, 378 + láms.

Díez Borque, J. M., *Estructura social de los corrales de comedias madrileños en la época de Lope de Vega.* CH, 1973, 274, 7-22.

Falconieri, J. V., *Los antiguos corrales en España.* EstEscénicos (B), 1965, 11, 93-118.
Fines del siglo XVI.

González Araco, M., *El Teatro Real por dentro. Memorias...* M, 1897, 371.

Muñoz, M., *Historia del Teatro Real.* M, 1946, 293.

Sáinz de Robles, F. C., *Los antiguos teatros de Madrid.* M, 1952, 48.

Salvador, T., *El Gran Teatro del Liceo* [Barcelona]. M, 1961, 31.

Serra Rafols, J. C., *Los teatros romanos en España.* EstEscénicos (B), 1958, 3, 9-50.

Shergold, N. D., *Nuevos documentos sobre los corrales de comedias de Madrid en el siglo XVII.* RBAM, 1951, 20, 391-445.

Shergold, N. D., *Nuevos documentos sobre los corrales de comedias de Madrid, 1632-1700.* BBMP, 1959, 35, 209-346.

Subirá Puig, J., *El teatro del Real Palacio (1849-1851).* M, 1950, 300.

Subirá Puig, J., *Historia y anecdotario del Teatro Real.* M, 1949, 819.

Varey, J. E., y N. D. Shergold, *Tres dibujos inéditos de los antiguos corrales de comedias de Madrid.* RBAM, 1951, 20, 319-20 + láms.

19 Varey, J. E., y N. D. Shergold, *Datos históricos sobre los primeros teatros de Madrid: contratos de arriendo, 1587-1615.* BBMP, 1963, 39, 95-179.

Varey, J. E., y N. D. Shergold, *Teatros y comedias en Madrid: 1651-1665. Estudios y documentos.* Londres, 1973, 258.

Velasco Zazo, A., *Historia del* [Teatro] *Real.* M, 1956, 243 + láms.

→ 19.20, Vizcaíno; 22.24.3, **Almagro**; 22.56.

15 ESCENOGRAFIA. VESTUARIO

Carilla, E., *El teatro español en la Edad de Oro. Escenarios y representaciones.* Buenos Aires, 1968, 96 + láms.

Gual Queralt, A., *Revisión a la historia de la escenografía española.* B, 1928.

Mancini, G., *Nota per lo studio della scenografia spagnola nel secolo XVII.* Studi mediolatini e volgari (Bolonia), 1954, 2, 39-47.

Muñoz Morillejo, J., *Escenografía española.* M, 1923, 311.

Rennert, H. A., *The spanish stage in the time of Lope de Vega.* Nueva York, 1929, xv+635.

Ruiz Lagos, M., *Estudio y catálogo del vestuario escénico en las personas dramáticas de Calderón.* AIEM, 1971, 7, 181-214.

Shoemaker, W. H., *Windows on the spanish stage in the sixteenth century.* HR, 1934, 2, 303-18.

Shoemaker, W. H., *The multiple stage in Spain during the fifteenth and sixteenth centuries.* Princeton, 1935, xii+152.

Valbuena Prat, A., *La escenografía de una comedia de Calderón.* AEAA, 1930, 6, 1-16.

Williams, R. B., *The staging of plays in the Spanish Peninsula prior to 1555.* Iowa, 1935, 142.

17 ACTORES

Bastinos, A., *Arte dramático español contemporáneo. Bosquejo de autores y artistas que han sobresalido en nuestro teatro.* B, 1914, 332.

Calvo Revilla, L., *Actores célebres... Siglo XIX... Datos biográficos.* M, 1920, 272.

Díaz de Escobar, N., *Intimidades de la farándula... desde el siglo XVI hasta el día.* Cádiz, 1916, 160.

Díaz de Escobar, N., *Comediantes del siglo XVIII.* BRAH, 1925, 87, 60-77.

Flores García, F., *El teatro por dentro...* M, 1914, 272.

Martínez Olmedilla, A., *Los teatros de Madrid. Anecdotario de la farándula.* M, 1947, 334.

Pérez Pastor, C., *Nuevos datos acerca del histrionismo español en los siglos XVI y XVII.* M, 1901, y Burdeos, 1914, 2 v.
V. II, también en BH, 1906, 8, a 1915, 17 múltiples entradas.

Rennert, H. A., *Spanish actors and actresses between 1560-1680.* RH, 1907, 16, 334-538.

Rodríguez Marín, F., *Nuevas aportaciones para la historia del histrionismo español en los siglos XVI y XVII.* BRAE, 1914, 1, 60-6, 171-82, 321-49. 19
Subirá Puig, J., *El gremio de representantes españoles y la cofradía de Nuestra Señora de la Novena.* M, 1960, 269.

→ 17.05, **Francia.**

20 CINE

R[odríguez] Aragón, M., *Bibliografía cinematográfica española.* M, 1956, 341.
Cabero, J. A., *Historia de la cinematografía española, 1896-1949.* M, 1949, 708.
García Escudero, J. M., *La historia, en cien palabras, del cine español...* S.l., 1954, 189.
Méndez-Leite, F., *Cuarenta y cinco años de cinema español...* M, 1941, 209 + láms.
Méndez-Leite, F., *Historia del cine español.* M, 1965, 2 v.
Vizcaíno Casas, F., *La cinematografía española.* M, 1970^2, 38 + láms.
Vizcaíno Casas, F., *Diccionario del cine español, 1896-1968.* M, 1970^3, 360.
Aranda, F., *Cinema de vanguardia de España.* Lisboa, h. 1954, 62.
Cine, *Estudio sobre la situación del ____ en España.* M, 1968, viii+431.
Fernández Cuenca, C., *30 años de documental de arte en España.* M, 1967, 118.
García Escudero, J. M., *Cine español.* M, 1962, 224.
García Escudero, J. M., *Una política para el cine español.* M, 1967, 213.
García Fernández, M., *El espectador cinematográfico en España.* EI, 1970, 13, 21-38.
Gómez Mesa, L., *Necesidad de una cinematografía hispana.* M, 1936.
López Clemente, J., *Cine documental español.* M, 1960, 220.
López García, V., *La industria cinematográfica española.* M, 1945, 56.
López García, V., y otros, *La industria de producción de películas en España.* M, 1955, 114.
Moya López, E., *El cine en España.* M, 1954, 102.
Aspecto industrial.
Moya López, E., *En torno a la industria cinematográfica.* REcP, 1956, 7, 21-117.
Navarro Tomás, T., *El idioma español en el cine parlante.* M, 1930, 100.
Porter Moix, M., y G. Huerre de Porter, *La cinematografía catalana (1896-1925).* Palma de Mallorca, 1958, 159.
Porter Moix, M., y M. T. Ros Vilella, *Història del cinema català.* B, 1969, 302.

19 Ruszkowski, A., *El aporte cultural del cine español.* Mercurio Peruano (Lima), 1957, 38, 353-65.

Torrella, J., *El cine amateur español.* B, 1950, 223.

Torrella, J., *Crónica y análisis del cine amateur español.* M, 1965, 300.

Villegas López, M., *El nuevo cine español.* S. Sebastián, 1967, 180.

Viola, F., *Implantación del cine sonoro y hablado en España.* M, 1956, 92.

Vizcaíno Casas, F., *Derecho cinematográfico español.* M, 1952, 192.

Vizcaíno Casas, F., *Legislación cinematográfica y teatral.* M, 1954, 542.

30 TAUROMAQUIA: ESTUDIOS GENERALES

Carmena Millán, L., *Bibliografía de la tauromaquia.* M, 1883, xii+159.

Carmena Millán, L., *Catálogo de la biblioteca taurina de ____.* M, 1903, 197.

Díaz Arquer, G., *Libros y folletos de toros. Bibliografía taurina.* M, 1931, vii+388.

Fiesta nacional, *La ____. Ensayo de bibliografía taurina.* M, 1973, 233.

Urquijo de Federico, A., *Catálogo de la biblioteca taurina de* ____. M, 1956, xiii + 326.

Cossío Martínez, J. M., *Los toros. Tratado técnico e histórico.* M, 1967-71, 4 v.
V. I y III 6.ª ed.; v. II, 5.ª ed.; v. IV, 3.ª ed.

Luján, N., *Historia del toreo.* B, 1967, 440.

Mulas Pérez, I., *Diccionario taurino.* B, 1970, 510.

Quijano Larrinaga, J. A., y L. Piza Bueno, *Diccionario taurino. Vocablos, términos y frases.* México, 1969, 516.

Sánchez Neira, J., *Gran diccionario tauromaco... Voces técnicas... Biografías...* M, 1896², xi+1068.

Vázquez Rodríguez, L., *Vocabulario tauromaco...* M, 1880, 135.

31 ESTUDIOS PARTICULARES

Alvarez Villar, A., *Psicología de la tauromaquia.* Arbor, 1965, 61, 65-77.

Barriobero Herrán, E., *Libro de la fiesta nacional. Preceptiva. Cronistas. Censores.* M, 1931, 205.

Blázquez Martínez, J. M., Venationes *y juegos de toros en la antigüedad.* Zephyrus, 1962, 13, 47-65.

Clavo Santos, M., *El toreo en la época actual.* M, 1948, 367.

Corrochano, G., *Cuando suena el clarín.* M, 1961, 208.

Corrochano, G., *¿Qué es torear?* M, 1966, 268.

Hernández, R., *Historia de la plaza de toros de Madrid (1874-1934).* M, 1955, 416.

Iribarren Rodríguez, J. M., *Los toros en Navarra.* PV, 1948, 9, 361-406 + láms.
Lubac, A., Los toros *dans la littérature française.* RFE, 1946, 30, 54-107.
Navas, Conde de las, *El espectáculo más nacional.* M, 1899, xviii+591.
Pereda, J., *Los toros ante la Iglesia y la Moral.* Bilbao, 1965², 224.
Roldán, M., *Poesía hispánica del toro. Antología.* M, 1971, 364.
Sáez Moil, I., *Antología del toreo a caballo.* Valencia, 1971, 141.
San Juan de Piedras Albas, Marqués de, *Fiestas de toros. Bosquejo histórico.* M, 1927, 526.
Sureda Molina, G., *El toreo contemporáneo (1947-1954).* Palma de Mallorca, 1955, 218 + láms.
Tomás López, M., *Los extranjeros en los toros.* B, 1947, 256.
Toro Buiza, L., *Sevilla en la historia del toreo...* Sevilla, 1947, 351.
Tuser, J. M. y G., *Para entender la corrida de toros.* B, 1961², 128.
Vargas Ponce, J., *Disertación sobre las corridas de toros.* Ed. de J. F. Guillén Tato. M, 1961, xxxv+489.
Zabala, V., *La ley de la fiesta.* M, 1971², 241.

→ 15.17, 19.68, Sancho.

32 TOREROS

Bagüés Masarre, B., *Historia de los matadores de toros.* B, 1973², 464.
Medrano, J. A., *Toreros, 1756-1965. Libro biográfico de todos los matadores...* M, 1965, 277.
Santa Coloma, J., *Apuntes biográficos de los diestros que más se han distinguido...* M, 1877, 346.
Vila, E., *Historia de la rivalidad taurina (1777-1947).* M, 1947, 375.

33 TOROS. GANADERIAS

Areva [A. Vera López], *Orígenes e historial de las ganaderías bravas.* M, 1961⁴, 429.
Barga Bensusan, R., *El* afeitado. *Un fraude a la fiesta brava.* M, 1972, 272.
Uriarte, L., *El toro de lidia español...* M, 1969, 476.
Vera López, A., *La fiesta nacional. El toro. Orígenes, casta, crianza y lidia.* M, 1954, 118.

36 CIRCO

Elías, J., *El circo en España en 1965.* Reseña (M), 1965, 2, 394-7.
Marquerie, A., *Los clowns y la historia de los payasos españoles.* La Estafeta Literaria (M), 1974, 533, 10-3.
Puigjaner, J. M., *Circo internacional en España.* Reseña (M), 1966, 3, 150-4.

19 38 TITERES

Varey, J. E., *Historia de los títeres en España (desde sus orígenes hasta mediados del siglo XVIII).* M, 1957, viii+464.

Gasch, S., *Títeres y marionetas.* B, 1949, 53 + láms.
Keller, D., *Historical notes on spanish puppetry.* H, 1959, 42, 205-9.
Larrea, A., *Siglo y medio de marionetas. La Tía Norica de Cádiz.* RDTP, 1950, 6, 583-620; 1953, 9, 667-704.
Varey, J. E., *Titiriteros y volatines en Valencia, 1585-1785.* RVF, 1953, 3, 215-76; 1954, 4, 75-6.
Varey, J. E., *Representaciones de títeres en teatros públicos y palaciegos.* RFE, 1954, 38, 170-211.
Varey, J. E., *Títeres, marionetas y otras diversiones populares de 1758-1859.* M, 1959, 32 + láms.
Varey, J. E., *Los títeres y otras diversiones populares de Madrid, 1758-1840.* Londres, 1972, 290.

40 FIESTAS PUBLICAS. SOLEMNIDADES

Alenda, J., *Relaciones de solemnidades y fiestas públicas de España.* M, 1903, 2 v.
Desde 1402.

Aguilar Piñal, F., *Las representaciones teatrales y demás festejos públicos en la Sevilla del Rey José.* AH, 1964, 41, 251-304.
Almela Vives, F., *Las fallas.* B, 1949, 55 + láms.
Alvarez Gendín, S., *Notas históricas sobre los festejos de San Mateo y otros de Oviedo.* BIEA, 1968, 22, 131-52.
Batlle Prats, I., *Fiestas en Gerona por la conquista de Granada.* AEG, 1946, 1, 94-107.
Borja Guzmán, P., *La rosa valenciana.* Hidalguía, 1968, 16, 487-96.
Festejos de Valencia en 1755.
Bustamante Callejo, M., *Fiestas y duelo, en Laredo, a la proclamación y muerte de los Reyes.* Altamira, 1951, 138-46.
Cambronero Martínez, C., *Crónicas del tiempo de Isabel II.* M, h. 1914, viii+436.
Diversiones públicas.
Carreres de Calatayud, F. A., *Las fiestas valencianas y su expresión poética, siglos XVI-XVII.* Valencia, 1949, 496.
Carriazo Arroquía, J. M., *Alegrías que hizo Sevilla por la toma de Granada.* Clavileño, 1953, 21, 21-7.
Herrero García, M., *Las fiestas populares de Madrid.* RBAM, 1954, 23, 329-64.
Cid Priego, C., *Cuatro siglos de arte y danza en la Lonja de Comercio de Barcelona.* Hispania, 1952, 12, 430-44.
Cortés Echanove, L., *De cómo la ciudad de Burgos en 1845 recibió a Isabel II.* BIFG, 1968, 18, 318-44.
Deleito Piñuela, J., *También se divierte el pueblo.* M, 1954[2], 304.
Díaz Pérez, N., *Noticia histórica de las fiestas reales celebradas en Badajoz (1287-1879).* M, 1899, 240.

García Serrano, R., y R. Masats, *Los Sanfermines.* M, 1963, 275 + láms.

Gómez Tabanera, J. M., *El carnaval en Madrid.* Clavileño, 1955, 36, 58-77.

Granja Santamaría, F., *Fiestas cristianas en Al-Andalus.* Al-Andalus, 1969, 34, 1-53; 1970, 35, 119-42.

Iribarren Rodríguez, J. M., *Los Sanfermines.* Pamplona, 1970, xix+167.

Jacquots, J., *Panorama des fêtes et cérémonies du règne. Évolutions des thémes et des styles,* en *Fêtes et cérémonies...* París, 1957, II, 413-91.
Recibimientos a Carlos V y Felipe II.

Jovellanos, G. M., *Memoria para el arreglo de la policía de los espectáculos y diversiones públicas y sobre su origen en España.* Gijón, 1790, 124.

Lope Toledo, J. M., *Logroño en el siglo XVI. Diversiones populares.* Berceo, 1964, 19, 239-56.

Marsden, C. A., *Entrées et fêtes espagnoles au XVIe. siècle,* en *Fêtes et cérémonies...* París, 1957, II, 389-411.

Martínez Barbeito, C., *Las reales proclamaciones en La Coruña durante el siglo XVIII.* Revista (La Coruña), 1965, 1, 11-63.

Morales Barrero, C., *Fiestas reales en el reinado de Fernando VI.* M, 1972, 95.

Ombuena, J., *Las fallas de Valencia.* León, 1971, 64 + láms.

Ordóñez, V., *San Fermín y sus fiestas.* Pamplona, 1967, 31.

Redonet López, L., *Honras a Felipe II.* BRAH, 1956, 139, 39-106, 203-91.
En diversas ciudades.

Soler Godes, E., *Calendari faller, 1849-1900.* Valencia, 1953, 79.

Solís, S., *Coros y chirigotas. El carnaval en Cádiz.* M, 1966, 153.

Tamayo Rubio, J. A., *Madrid por Carlos III. Fiestas reales en la villa y corte.* RBAM, 1944, 13, 293-368.

Válgoma Díaz, D., *Entradas en Madrid de reinas de la Casa de Austria.* M, 1966, 39.

Vega Carpio, F. L., *Relación de las fiestas... de Madrid en la canonización de S. Isidro.* M, 1625, 28+156.

→ 7.40, 9.17, 20.50, 22.56.

47 JUEGOS FLORALES

Balaguer, V., *Los juegos florales en España. Memorias y discursos.* B, 1895, 481.

Díaz de Escobar, N., *Apuntes históricos sobre juegos florales.* Málaga, 1900.

Gubern Domènech, R., *Els primers Jocs florals a Catalunya: Lleida, 31 de maig 1338.* BHS, 1957, 34, 95-6.

Miracle, J., *La restauraciò dels Jocs Florals.* B, 1960, 351.

Moliné Brases, E., *La primera vinticinquena dels Jochs Florals.* B, 1913, 57.

19 Salvador Gallardo, J., *Juegos florales... de Sevilla. Recuerdos.* Sevilla, 1958, 121.

→ 4.08, Balaguer; 17.64, Montoliu.

50 JUEGOS DE SALON

Arenys Plandolit, J., *Bibliografía española de prestidigitación.* B, 1950², 50.
Paluzíe Lucena, J., *Primer ensayo de bibliografía española de ajedrez,* B, 1912, 39.
Vindel Angulo, F., *Libros españoles sobre los juegos de ajedrez y damas en los siglos XVI y XVII,* en su *Solaces bibliográficos.* M, 1942, 1-23.

Capo González, J., *La apertura española o Ruy López* [de Segura]... B, 1899, 156.
Juegos de cartas. M, 1848, 39+59+37+148.
Madurell Marimón, J. M., *Notas documentales de naiperos barceloneses.* Documentos y estudios (B), 1961, 4, 53-116.
Marco, L., y E. de Ochoa, *Repertorio completo de todos los juegos. Juegos de naipes, de puro azar, de combinación, de sociedad, de prendas, de ingenio...* M, 1899, 1015.
Prendas, *Nueva colección de juegos de* ____ *y penitencias...* B, 1837, vi+208.
Reglamento de todos los juegos de baraja y de salón. M, 1940², 260.
Rementería Fica, M., *Manual completo de juegos de sociedad...* M, 1852, 308.
Server, A. W., Sobre el tapete verde: *a handbook of spanish cards.* Lexington, 1962, 122.
Solana, G., *El juego* [de azar] *en la sociedad española del siglo XX.* M, 1973, 182.
Trend, J. B., *Alfonso el Sabio and the game of chess.* RH, 1933, 81, 393-403.
Veciana, P., *El tresillo...* M, 1909, 55.

→ 19.55.

55 BAILE

Bailes y juegos. Contiene lo más importante hasta el día en materia de bailes, juegos de prendas, de ingenio, de memoria, de naipes, de agilidad y de fuerza. M, 1918², 267.
Biosca, A., *Arte de danzar... Contradanzas francesas y rigodones...* B, 1832, 100.
Cairón, A., *Compendio de las principales reglas del baile... Método de ejecutar la mayor parte de los bailes conocidos en España, tanto antiguos como modernos.* M, 1820, xvi+222.

→ 18.89, 20.60-7.

60 DEPORTES 19

Deporte, *El* ____ *y la vida española.* M, 1962, 56.
Deporte, *El* ____ *en España.* DE, 1971, n.º 21, 27.

Cronos, *Vidas de grandes deportistas. De Zamora a Santana.* M, 1972.

Delegación española de educación física y deportes, *Anuario, 1965.* M, 1966, 852.

Gallego Morell, A., *Literatura de tema deportivo.* M, 1969, 396.

Instituto Nacional de Educación física y deportes, *Memoria, 1971.* M, 1972, 136.

Navarro, E., *Album histórico de las sociedades deportivas de Barcelona.* B, s. a., 251.

Piernavieja del Pozo, M., *La educación física en España. Antecedentes histórico-legales.* M, 1962, 150.
También, Citius, 1962, 4, 5-150.

Rico, P., *El sport en España. Amateurs y profesionales. Educación. Distracción. Espectáculo.* M, 1930, 207.

Sánchez González, F., *Archivo deportivo de Santander.* Santander, 1948, 2 v.

Vadillo, F., *Cien famosos del deporte* [español]. B, 1964, 543.

→ 15.17, 21.94, *Enciclopedia general.*

61 HASTA EL SIGLO XIX

Caro, R., *Días geniales o lúdricos* [h. 1626]. Sevilla, 1883, xx+436.

Hesse, J., *El deporte en el Siglo de Oro. Antología.* M, 1967, 175.

García Bellido, A., *El español C. Apuleius Diocles, el más famoso corredor de carros en la antigüedad.* Citius, 1959, 1, 165-81.

García Bellido, A., *Gladiadores de la España romana.* Citius, 1962, 4, 203-19.

García Bellido, A., *Lápidas funerarias de gladiadores de Hispania.* AEA, 1960, 33, 123-44.

Piernavieja Rozitis, P., *Epitafios deportivos de la Hispania romana.* Citius, 1968, 10, 247-310.

Piernavieja Rozitis, P., *Repercusión social de los deportistas de la España romana.* Citius, 1971, 13, 141-7.

63 ATLETISMO. GIMNASIA

Atletas españoles, *Los cien mejores* ____ *en 1961.* M, 1962, 77.

Barra, *Historial y reglamento del lanzamiento de la* ____ *española.* M, 1945, 15.

Corominas, J., *Medio siglo de atletismo español, 1914-1964.* M, 1967[2], 240.

Hernández Coronado, R., *Los 20 años del atletismo español...* M, 1931, viii+127.

Reyes, E., *Amorós, adelantado de la gimnasia moderna.* M, 1961, 129.

19 65 MONTAÑISMO. ESQUI.

Asín López, G., *Las estaciones invernales en España.* M, 1965, 11.
Asín López, G., *Montañismo y sus posibilidades turísticas.* M, 1968, 5.
Bernaldo de Quirós, C., *Guía alpina del Guadarrama.* M, s. a., 62.
Coll, X., y otros, *Valle de Ordesa... Monte Perdido...* Granollers, 1970, 32.
Delgado Ubeda, J., *El Naranjo de Bulnes...* M, 1934, 48.
Ferrer, A., *Nuestras montañas. Notas de alpinismo vizcaíno.* Bilbao, 1927, 267.
Foeger, W., *Nieve y esquí en España.* Valencia, 1945, 79.
Gómez de Llarena, J., y otros, *Guadarrama. Siete Picos. Navacerrada... Fuenfría. Peñalara.* Granollers, 1967, 24.
González de Amezúa, M., *Sierra de Gredos. Itinerarios.* M, 1930, 59.
Guilera Albiñana, J. M., *Excursions pels Pirineus...* B, 1959, 223.
Hermida Cebreiro, J., *Guía de las estaciones de invierno* [esquí]. M, 1967, 84.
Odriozola Calvo, J. A., *El Naranjo de Bulnes. Biografía de medio siglo (1904-1954).* Gijón, 1967, vi+82.
Pérez Cardenal, A., *Alpinismo castellano... Sierras de Gredos, Béjar y Francia.* Bilbao, 1914, 128.
Ripa, F., y otros, *El Pirineo roncalés...* Pamplona, 1958, 88.
Vignemale. Monte Perdido... Panticosa. Ordesa... B, 1968, xx+484. Alpinismo.

66 ESGRIMA

Gestoso Pérez, J., *Esgrimidores sevillanos. Documentos para su historia.* Citius, 1961, 3, 289-316.
Leguina, E., *Bibliografía e historia de la esgrima española.* M, 1904, 143.
Merelo Casademunt, J., *Tratado completo de la esgrima del sable español.* Toledo, 1862, 199.
Moreno, F., *Esgrima española. Apuntes para su historia.* M, 1904^{3}, xvi+248.

68 EQUITACION

Cañizo Gómez, J., *Libros antiguos españoles sobre caballos y equitación.* BolBibliográfico Agrícola (M), 1948, 4, 133-8.
Torrecilla, Marqués de la, *Libros, escritos o tratados de equitación, jineta, brida, albeitería... Indice de bibliografía hípica española y portuguesa...* M, 1916-21, v+441.
→ 14.81, Palau.

A. de la V., *Guía de carreras de caballos en la Península...* Cádiz, 1888, 84.
Bruns, U., *Andalusiens tanzende Pferde.* Zürich, 1968, 168.
Carreras, *Guía de las _____ de caballos verificadas en España en el año 1952.* M, 1953, 203.

Chacón, F., *Tractado de la caualleria de la gineta* [1551]. M, 1950, 21. 19
Fuentecilla, J., *Las carreras de caballos en España, 1916-1966*. Zarauz, 1966, 250.
Gómez Díaz, M., *Fiestas de cañas de la Real Maestranza de Sevilla*. Sevilla, 1900, 40.
Leitich, A. T., *Die spanische Reitschule in Wien*. Münich, h. 1956, 56 + láms.
López Serrano, M., Las parejas, *juego hípico del siglo XVIII*. M, 1973, 56 + láms.
Reuter, W., *Von Lipizzanern und der spanischen Reitschule*. Innsbruck, h. 1969, 78 + láms.
Sancho de Sopranis, H., *Juegos de toros y cañas en Jerez de la Frontera*. Jerez de la Frontera, 1960, 140.
Sanz Egaña, S., *La jineta española*. Citius, 1959, 1, 337-75. También, M, 1951, xlvii.
Serrano Dolz, E., *Examen de la equitación militar en España*... M, 1879, 94.
Toro Buiza, L., *Noticias de los juegos de cañas reales tomadas de nuestros libros de gineta*... Sevilla, 1944, 32+10.

70 PELOTA

Abril, E., y otros, *Dos siglos de pelota vasca*. S. Sebastián, 1971, 279.
Andrade, B. M., *Carácter y vida íntima de los principales pelotaris*. M, 1894, 62.
Bombín Fernández, L., *Historia, ciencia y código del juego de pelota*. B, 1946, 610.
Irigoyen Guerricabeitia, J., *El juego de pelota a mano, 1900-1925. Semblanzas de jugadores*. Bilbao, 1926, 197.
Onieva, A. J., *El deporte de la pelota*. Citius, 1964, 6, 71-106.
Peña Goñi, A., *La pelota y los pelotaris*. M, 1892, 2 v.
Tudela de la Orden, J., *El juego de pelota en ambos mundos*. Cuadernos del Museo Etnológico (M), 1957, 1, 7-40.

71 FUTBOL

Copa, *Historia de la* ___. M, 1973, 616.
Fielpeña, *40 años de campeonato de España de fútbol*. M, 1942, 213.
Fielpeña, *Historia del campeonato de Liga*. M, 1944, 255.
Fielpeña, *Los 60 partidos de la selección española de fútbol*... M, 1941, 200.
Fuentes, N. y E., *Fútbol. Historia del campeonato nacional de Copa*. M, 1970, 2 v.
García Castell, J., *Història del fútbol català*. B, 1968, 488.
Gómez Aróstegui, M., *España en el fútbol internacional*. M, h. 1950, 52.
González Mart, F., *Ayer y hoy del fútbol andaluz*. Málaga, 1968, 282.
Hernández Perpiñá, J. M., *Y la Liga sigue... 1929-1970*. Valencia, 1970[3], 210.
Hernández Perpiñá, J. M., *España, 1920-1971. Fútbol internacional*. Valencia, 1971, 60 + láms.

19 Liga, *Historia de la* ___. M, 1973, 660.
Marichalar, R., *Medio siglo de la selección* [nacional de fútbol]. M, 1973, 160.
Melcón, R., *Historia de los 80 encuentros internacionales de fútbol*. M, 1950, 124.
Monasterio Gálvez, M., *Fútbol internacional español. Desde la Olimpiada de Amberes al Campeonato del Mundo de 1954*. M, 1954, 117.

72 EQUIPOS EN PARTICULAR

Terrachet, E., *Historia del* **Athletic de Bilbao**... Bilbao, 1969[2], 380 + láms.

Pinedo Ovejero, J., **Atlético de Madrid**. M, 1973, 128.
Remón, J. C., *Historia del Athletic de Madrid*. Bilbao, 1971, 237.

Ramón Pero, J., *Historia del C. de F.* **Barcelona**. Bilbao, 1971, 392 + láms.
Repollés, J., *Historia del C. de F. Barcelona*. B, 1962, 160 + láms.

Lasplazas, J. L., y C. Pardo, *Historia del Real Club Deportivo* **Español**. M, 1941, 93 + láms.
Segura Palomeres, J., *Historia del Real Club Deportivo Español*. Bilbao, 1973, 400.

Hess, G., *Real* **Madrid**. *Club der Millionen*. Munich, h. 1962, 218.
Matías, J., y J. L. Muniain, *5.000 goles blancos. Historia del Real Madrid*... Bilbao, 1969, xi+358.
Melcón, R., *Real Madrid C. de F.* M, 1972, 128.
Melcón, R., y S. Smith, *The Real Madrid*. Londres, 1961[2], 143.
Repollés, J., *Historia del Real Madrid*. B, 1962, 160 + láms.

Erostarbe, *Historial de la* **Real Sociedad de San Sebastián**. M, 1941, 110.

Aguilar, J. R., *Historia del* **Sevilla** *C. de F.* B, 1963, 150 + láms.

Aguilar, J. R., *Historia del* **Valencia** *C. de F.* B, 1963, 153 + láms.
Hernández Perpiñá, J. M., *Valencia Club de Fútbol*... Valencia, 1969, 394 + láms.

75 OTROS DEPORTES

Benítez de Aragón, S., *El judo. Historia... Extensión en España*. M, 1959, 80.
Guirado, C., *El tenis español*. REspañola de educación física (M), 1965, 17, 11-2.
Hockey, *Medio siglo de* ___. *Barcelona-Tarrasa, 1907-1957*. S.l., s.a., 94.
Martínez Daniel, E., *España en la Copa Davis... 1921 a 1969...* B, 1970, xliii+355.
Morera, J., *Historia de la natación española*. M, 1965[2], 234 + láms.
Motociclismo, *Libro de Oro del* ___ *español*. M, 1973, 300.
Ortueta, J., *Historia del tiro de pichón en Madrid*. M, 1935, 45.
Ribera, A., *Guía submarina de la Costa Brava*. B, 1956, 167.

Sánchez Ocaña, R., *Las piraguas. Descenso internacional del Sella.* Oviedo, 1968, 145.
Tello, M., *El Real Madrid, gigante del baloncesto español.* M, 1972, 96.
Valiente, J. R., *El tiro de pichón en 1960.* M, 1960, 60.

→ 20.52.

80 CAZA

Gutiérrez Arrese, D., *Bibliografía española de caza (1889-1958).* M, 1958, 77.
Uhagón, F., y E. de Leguina, *La caza. Estudios bibliográficos.* M, 1888, xi+114.

Delibes, M., *La caza en España.* M, 1972, 144.
Fernández de Cañete, J., *Guía de la caza en España.* M, 1969, 2 v.
Foxá Torroba, J., y F. Huerta Ramírez, *La caza en España.* León, 1973, 169.
Yebes, Conde de, y otros, *La caza en España.* M, 1964, 2 v.

Abella, F., *Manual del Derecho de caza.* M, 1883², viii+213.
Almazán, Duque de, *Historia de la Montería en España.* M, 1934, xxiv+474.
Bernaldo de Quirós, J. L., *Medio siglo de cacerías por toda España...* M, 1961, 386.
Borrell, M., *La caza deportiva en España.* Montes (M), 1952, 8, 19-22.
Covarsi, A., *Narraciones de un montero y práctica de caza mayor.* B, 1952³, 190.
Cuéllar Graguera, A., ... *Monterías de reses en Extremadura.* Badajoz, 1954, 146.
García Lavernia, J., y F. Flores López, *Derecho español de caza.* M, 1965.
Gibert Buch, J., *Perros de caza en España. Razas...* B, 1970, 205.
Madariaga, J. J., *La caza y la pesca al descubrirse América.* M, 1968, 170.
Momblanch Gonzálbez, F. P., *Cacerías reales en la Albufera de Valencia.* ACCV, 1956, 17, 115-59.
Morales Prieto, P., *Las monterías en Sierra Morena a mediados del siglo XIX.* Valladolid, 1904, 244.
Ortueta, J., *Notas de caza de aves en Castilla.* M, 1934, 202.
Quiroga Losada, D., *La caza de aves acuáticas en España.* Montes (M), 1954, 10, 327-32.
Rodríguez de la Fuente, F., *Cetrería y aves de presa.* M, 1964, 75.
Rodríguez de la Fuente, F., *El arte de la cetrería.* B, 1970², 284 + láms.
Ruiz Constantino, V., *La perdiz española. Caza...* M, 1971, 216 + láms.
Uría Ríu, J., *La caza de la montería en León y Castilla en la edad media.* Clavileño, 1955, 35, 1-14.
Uría Ríu, J., *La caza de la montería durante la edad media en Asturias, León y Castilla.* BCPMOviedo, 1957, 33-79.

19 Viré, F., *La volerie dans l'Espagne du Xe. siècle.* Arabica (París), 1965, 12, 306-14.
Cetrería árabe.

→ 6.91.2, Arrillaga; 11.30, Pardo; 14.81, 16.44, Caza, Rodero.

85 PESCA

Huerta Ramírez, F., *España. Guía de pesca.* M, 1969, 119.
Huerta Ramírez, F., *La pesca en España.* León, 1973, 171.

Aroca, J., *Los ríos de Zamora* [pesca]. M, 1944, 30.
Bellido Neyra, M., *Guía de pesca fluvial de la provincia de La Coruña.* Pontevedra, 1964, 91 + láms.
Buesa Buesa, A., *Los ríos de Alava y su riqueza piscícola.* M, 1948, 30.
Castro Martín, A., *Vizcaya y su riqueza piscícola.* M, 1946, 31.
Catalá Morales, F., *Ríos y lagos de Valencia* [pesca]. M, 1945, 35.
García Morán, J., *Notas sobre la pesca del salmón en los ríos de Asturias.* BIEA, 1963, 17, 75-90.
Lumbreras Lorca, C., *Ríos y lagunas de Cuenca* [pesca]. M, 1945, 31.
Llatjos García, J., *Los ríos y la pesca fluvial en la provincia de Barcelona.* M, 1946, 32.
Nadal Fortia, J., *Ríos y lagos de Gerona. Guía de pesca...* M, 1952, 37.
Nadales Gutiérrez, R., *Cómo se pesca la trucha, la madrilla y el barbo... Desarrollo de este deporte en España.* M, 1940, 94.
Pol Pol, C., *Ríos y lagos de la provincia de Lérida. Rutas de pesca.* M, 1945, 30.
Salmón, *El ___ y su pesca en España.* M, 1945, 378 + láms.
Miscelánea por varios autores.

→ 12.67, 12.68, 12.69, 14.81, 19.80, Madariaga.

20

FOLKLORE

20

FOLKLORE

00 FOLKLORE

Carreras Candi, F., y otros, *Folklore y costumbres de España.* B, 1931-3, 3 v.
Gómez Tabanera, J. M., *El folklore español.* M, 1968, xii+455.
Miscelánea por varios autores.
Hoyos Sáinz, L., y N. Hoyos Sancho, *Manual de folklore. La vida popular tradicional.* M, 1947, xv+602 + láms.
Caro Baroja, J., *Los pueblos de España. Ensayo de etnología.* B, 1946, 495.
Antiguas y actuales regiones etnológicas.
Caro Baroja, J., *Los pueblos del Norte de la Península Ibérica. Análisis histórico-cultural.* S. Sebastián, 1973[2], 303.
Desde la Prehistoria.
Gómez Tabanera, J. M., *Trajes populares y costumbres tradicionales.* M, 1950, 225 + láms.
Violant Simorra, R., *El Pirineo español. Vida, usos, costumbres...* M, 1949, 675.

→ *Folklore regional,* en subdivisiones de 21.

10 FOLKLORE RELIGIOSO

Vives Gatell, J., *El folklore religioso en España. Bibliografía 1940-1960.* GAKS, 1962, 20, 303-12.

Aguirre Prado, L., *Romerías.* M, 1958, 29.
Almarche Vázquez, F., *Goigs valencians. Sigles XV al XIX.* Valencia, 1918, 205.
Alvarez Blázquez, J. M., *Romerías gallegas.* Buenos Aires, 1951.
Alvarez Solar, N., *Invocación religiosa en el folklore astur.* BIEA, 1963, 17, 187-99.
Amades, J., *El diable.* Zephyrus, 1953, 4, 375-89.
Amades, J., *Los gozos.* Valencia, 1954, 24.
Badelló, F., *Los goigs de la Mare de Deu.* AST, 1955, 28, 183-97.
Baleztena, D., y M. A. Astiz, *Romerías navarras.* Pamplona, 1944, xi+267.
Batlle, J. B., *Los goigs a Catalunya.* B, 1924, 127.

20 Brugarola, M., *Cruceros y penitentes a Nuestra Señora de Ujué.* RDTP, 1955, 11, 522-8.

Brugarola, M., *Fiestas religiosas.* RDTP, 1961, 17, 195-213. Miscelánea.

Caro Baroja, J., *Dos romerías en la provincia de Huelva.* RDTP, 1957, 13, 411-50.

Castellanos, Marqués de, *Tradiciones religiosas de Pascualcobo (Avila).* RDTP, 1953, 9, 329-49.

García Sanz, S., *Las* ramas. RDTP, 1945, 1, 578-97.

Guillén Tato, J. F., *Ex votos marineros...* M, 1934, 24 + láms.

Iribarren Rodríguez, J. M., *De Pascuas a Ramos. Galería religioso popular pintoresca.* Pamplona, 1970[2], 275.

Jimeno Jurío, J. M., *Auroros y auroras* [en Navarra]. Pamplona, 1973, 40.

Loriente Cancio, V., *Procesiones típicas.* BIEA, 1951, 5, 69-81.

Lozano Guirao, P., *Los auroros murcianos.* RDTP, 1961, 17, 502-23.

Moraleda Esteban, J., *Los seises de la Catedral de Toledo. Antigüedad, vestidos, música y danza.* Toledo, 1911, 76.

Rovira Artigues, J. M., *Els goigs, seguit de llur bibliografia.* B, 1964, 94.

Sáinz Ripa, E., *El folklore religioso riojano.* Berceo, 1965, 20, 379-406.

Sancho Izquierdo, E., *Despertadores del Bajo Aragón.* Caesaraugusta, 1958, 11, 191-209. Rosarios de la aurora.

Siurot, M., *La romería del Rocío.* Huelva, 1918, 30.

→ 8.56, Burgos; 20.62, 21.66, Rodríguez.

12 TIEMPOS LITURGICOS

Caro Baroja, J., *Semana Santa de Puente Genil (1950).* RDTP, 1957, 13, 24-49.

Ferrandis, P., *Nacimientos.* M, h. 1955, 73 + láms.

García Sanz, S., *La quema del Judas en la provincia de Guadalajara.* RDTP, 1948, 4, 619-25.

Fraguas Fraguas, A., *Contribución al estudio de la Navidad en Galicia. Nadales, aninovos...* RDTP, 1947, 3, 401-46.

G[a]r[cí]a Rendueles, E., *Liturgia popular.* Oviedo, 1950, 71.

Griera Gaja, A., *Liturgia popular.* San Cugat, 1967, 107.

Hoyos Sancho, N., *Semana Santa.* M, 1959, 28.

Jimeno Jurío, J. M., *Folklore de Navidad* [en Navarra]. Pamplona, 1971, 31.

Jimeno Jurío, J. M., *Folklore de Semana Santa* [en Navarra]. Pamplona, 1973, 30.

Navarro, S., *La Semana Santa de San Vicente de la Sonsierra y la Vera Cruz.* Bilbao, 1945, 77. Los *picaos.*

Ramón Fernández, J., *Ramos procesionales...* RDTP, 1961, 17, 93-125.

Violant Simorra, R., *El llibre de Nadal. Costums, creences...* B, 1949, 251.

→ 20.62.

14 SANTORAL

Amades, J., *Leyenda de San Jorge.* San Jorge (B), 1953, 2, 18-30.

Avrial Flores, J. M., *El día de Santa Agueda en Zamarramala* [1839]. ES, 1953, 5, 115-20.

Canellas López, A., *Leyenda, culto y patronazgo en Aragón del Señor San Jorge.* JZ, 1967, 20, 7-22.

Caro Baroja, J., *El toro de San Marcos.* RDTP, 1945, 1, 88-121.

Castillo de Lucas, A., *San Antón. Hagiografía folklórico-médica.* AIHM, 1955, 7, 103-14.

Gallardo de Alvarez, I., *El culto de la Santa Cruz.* REE, 1949, 5, 153-70.

García Matos, M., *Curiosa historia del* toro de San Marcos *en un pueblo de la Alta Extremadura.* RDTP, 1948, 4, 600-10.

Gella Iturriaga, J., *La bella tradición santelmista hispano-lusa.* RDTP, 1961, 17, 126-35.

Hoyos Sancho, N., *Fiestas patronales y principales devociones de la Mancha.* RDTP, 1947, 3, 113-44.

Hoyos Sancho, N., *Fiestas en honor de Santa Agueda, patrona de las mujeres.* RDTP, 1951, 7, 446-56.

Llompart, G., *San Cristóbal como abogado popular de la peregrinación medieval.* RDTP, 1965, 21, 293-313.

Millá Reig, Ll., *Sant Jordi, patró de Catalunya.* B, 1972, 153.

→ 8.24.

20 MITOS. SUPERSTICIONES. CREENCIAS POPULARES

Sánchez Pérez, J. A., *Supersticiones españolas.* M, 1948, 302.

Abrams, F., *Supersticiones sobre la derecha y la izquierda en el Siglo de Oro español y su origen.* DHR, 1962, 2, 19-31.

Amades, J., *Piedras de virtud.* RDTP, 1951,7, 84-131.

Barandiarán, J. M., *Diccionario ilustrado de mitología vasca.* Bilbao, 1972, 452.

Barandiarán, J. M., y otros, *El mundo en la mente popular vasca...* Zarauz, 1960, 198.

Barreda, F., *Del folklore marítimo santanderino. Los movimientos de las mareas y la muerte humana.* BBMP, 1945, 21, 348-52.

Bouza Brey, F., *La mitología del agua en el noroeste hispánico.* BRAG, 1942, 23, 1-5, 89-104.

Cabal, C., *El retorno de la muerte en la tradición astur.* BIEA, 1947, 1, 35-54; 1948, 2, 65-81.

Cabal, C., *La mitología asturiana.* Oviedo, 1972, 614.

Caro Baroja, J., *Algunos mitos españoles.* M, 1941, 186.

Castañón, L., *Los meses en el refranero asturiano.* RDTP, 1962, 18, 395-415.

Domínguez Ortiz, A., *Aspectos de la España de Feijóo.* Hispania, 1964, 24, 552-76.
Supersticiones.

Fraguas Fraguas, A., *Notas sobre el fuego en Galicia...* Zephyrus, 1953, 4, 401-15.

García de Diego, P., *Supersticiones.* RDTP, 1953, 9, 140-56.

20 García Lomas, G. A., *Mitología y supersticiones de Cantabria.* Santander, 1964, 375.

Herrero García, M., *Los rasgos físicos y el carácter según los textos españoles del siglo XVII.* RFE, 1925, 12, 157-77.

Herrero García, M., y M. Cardenal, *Sobre los agüeros en la literatura española del Siglo de Oro.* RFE, 1942, 26, 15-41.

López de Ayala, J., *Las campanas de Velilla... Tradición aragonesa.* M, 1886, xxxii+211.

Martínez Carrocera, C., *La mitología de Navia.* BIEA, 1960, 14, 390-410.

Martínez Ruiz, B., *Notas sobre las creencias y supersticiones de los caballeros cristianos medievales.* CHE, 1945, 3, 158-67.

Risco, V., *Creencias gallegas. La procesión de las ánimas y las premoniciones de la muerte.* RDTP, 1946, 2, 380-429.

Risco, V., *Los tesoros legendarios de Galicia.* RDTP, 1950, 6, 185-213, 403-29.

Rodríguez López, J., *Supersticiones de Galicia y preocupaciones vulgares.* Lugo, 1971^5, 276.

Rodríguez Marín, F., *Supersticiones clásicas. Los agüeros del estornudo.* REspañola de Medicina y Cirugía (M), 1935, 18, 114-7.

Rumeu Figueras, J., *Folklore de la lluvia y de las tempestades en el Pirineo catalán.* RDTP, 1951, 7, 292-326.

Sanchís Guarner, M., *Els vents segons la cultura popular.* B, 1952, 64.

Taboada, J., *Folklore de Verín. Las creencias y el saber popular.* Orense, 1960, 126.

Torres Rodríguez, C., *Las supersticiones en Hidacio.* CEG, 1956, 11, 181-204.

Violant Simorra, R., *Mitología, folklore y etnografía del fuego en Cataluña.* RDTP, 1951, 7, 602-51; 1952, 8, 67-116.

→ 6.67.1, Maura; 8.01.

22 SERES MITICOS EN PARTICULAR

Amades, J., *Los ogros infantiles.* RDTP, 1957, 13, 254-84.

Bataillon, M., *Pérégrinations espagnoles du juif errant.* BH, 1941, 43, 81-122.

González, J. M., Martín, *genio mítico popular.* Archivum, 1959, 9, 154-78.

González, J. M., *La mitología de las fuentes en Valduno (Asturias).* RDTP, 1957, 13, 64-76.

Ibero, J., *El secreto de la* Xana. RDTP, 1945, 1, 609-27.

Montoto Rautenstrauch, L., *Personajes, personas y personillas que corren por... ambas Castillas.* Sevilla, 1921-2^2, 2 v.

Sánchez Escribano, F., y A. Pasquariello, *Más personajes, personas y personillas del refranero español.* Nueva York, 1959, 118.

→ 17.03, Caro.

23 FAUNA Y FLORA

Alonso Fernández, D., *El saúco entre Galicia y Asturias. Nombre y superstición.* RDTP, 1946, 2, 3-32.

Amades, J., *El mito de la fiera malvada.* RDTP, 1952, 8, 117-41. 20

Bouza Brey, F., *Nombres y tradiciones de la* Coccinella septempunctata *en Galicia.* CEG, 1948, 3, 367-92.

Bouza Brey, F., *Nombres y formulillas infantiles de la* Mantis religiosa *en Galicia.* RDTP, 1948, 4, 3-14.

Bouza Brey, F., *El lagarto en la tradición popular gallega.* RDTP, 1949, 5, 531-50.

Bouza Brey, F., *Nombres y tradiciones de la digital en Galicia y Asturias.* RDTP, 1950, 6, 3-27.

Caro Baroja, J., *Sobre el culto a los árboles y la mitología relacionada con él en la Península Ibérica,* en *HomL. Hoyos Sáinz.* M, 1950, II, 65-74.

Castañón, L., *Apuntes folklóricos sobre la vaca en Asturias.* RDTP, 1972, 28, 291-315.

Fernández de Córdoba, F. P., *Sobre el lobo y su presencia en Galicia.* RDTP, 1963, 18, 92-118.

Prieto, L., *La zoantropía en Galicia.* Zephyrus, 1953, 4, 353-62.

Risco, V., *El lobishome.* RDTP, 1945, 1, 514-33.

Risco, V., *Creencias gallegas. Tradiciones referentes a algunos animales.* RDTP, 1947, 3, 103-88, 371-400.

Risco, V., *Contribución al estudio del lobo en la tradición popular gallega.* CEG, 1948, 3, 93-116.

Rohlfs, G., *Apuntes para una flora popular de España.* ER, 1966, 8, 121-33.

Violant Simorra, R., *Los animales de color negro en las supersticiones españolas.* RDTP, 1953, 9, 272-323.

Violant Simorra, R., *La rosa segons la tradició popular.* B, 1956, 87.

25 MEDICINA POPULAR Y MAGICA

Castillo de Lucas, A., *Folkmedicina. Medicina popular. Folklore médico...* M, 1958, xix+620.

Alvarez Miranda, A., *Magia y medicina popular en el mundo clásico y en la Península Ibérica.* AIHM, 1953, 5, 309-26.

Barriola, I. M., *La medicina popular en el País Vasco.* S. Sebastián, 1952, 166.

Cangas Fonteriz, R., *La medicina popular en Ibias.* BIEA, 1959, 13, 441-8.

Cortés Vázquez, L. L., *Medicina popular riberana* [Salamanca] *y dos conjuros de S. Martín de Castañeda.* RDTP, 1952, 8, 526-37.

Díaz Mora, R., *La medicina popular en la región de Sierra de Gata.* AIHM, 1949, 1, 424-7.

Gallardo de Alvarez, I., *Medicina popular supersticiosa.* REE, 1945, 1, 359-64; 1946, 2, 6-18; 1947, 3, 179-98.

González Palencia, A., *La tarántula y la música. Creencias del siglo XVIII.* RDTP, 1945, 1, 54-87.

Herrero García, M., *Tipología social del siglo XVII.* Hispania, 1955, 15, 173-90.

Ensalmadores y saludadores.

Hurtado de Saracho, A., *Medicina popular* [navarra]. Pamplona, 1970, 32.

20 Lis Quibén, V., *Medicina popular* [gallega]. RDTP, 1945, 1, 253-331, 694-722; 1949, 5, 309-32, 471-506.
También, Pontevedra, 1949, xiv+335.

Pérez Vidal, J., *Contribución al estudio de la medicina popular canaria.* Tagoro (La Laguna), 1944, 1, 29-88.

Siles Cabrera, M., *Medicina astrológica... Siglo XVI.* Medicamenta (M), 1958, 16, 78-80.

Sorapán de Rieros, J., *Medicina española contenida en proverbios vulgares de nuestra lengua.* Ed. y est. de A. Castillo de Lucas. M, 1949, 640.

27 MAGIA. BRUJERIA

Salillas Ponzano, R., *La fascinación en España. Brujas, brujerías, amuletos.* M, 1905, 107.

Amades, J., ... *Brujas asturianas y catalanas.* BIEA, 1957, 11, 273-96, 452-7.

Autenchlus Maier, O. F., *Las salamancas.* RDTP, 1961, 17, 251-63. Cuevas mágicas.

Caro Baroja, J., *Las brujas de Fuenterrabía.* RDTP, 1947, 3, 189-204.

Caro Baroja, J., *Las brujas y su mundo.* M, 1961, 381.

Caro Baroja, J., *Doña Antonia de Acosta Mexía. Perfil de una hechicera del siglo XVII.* RDTP, 1961, 17, 39-65.

Caro Baroja, J., *Vidas mágicas e Inquisición.* M, 1967, 2 v.

Caro Baroja, J., *De nuevo sobre la historia de la brujería.* PV, 1969, 30, 265-328.

Castroviejo, J. M., *Apariciones en Galicia.* Santiago, 1955, 165.

Cirac Estopañán, S., *Aportación a la historia de la Inquisición española. Los procesos de hechicerías en... Toledo y Cuenca.* M, 1942, 344.

Ebersole Jr., A. V., *Pedro Ciruelo y su* Reprobación de hechicerías. NRFH, 1962, 16, 430-7.

Gárate, J., *Un diccionario mágico vasco.* PV, 1952, 13, 217-23.

Gelabert, A., *Histories de les buixes d'Altafulla.* Altafulla, 1971, 130.

González de Amezúa, A., *Fray Martín de Castañega y su* Tratado de las supersticiones y hechicerías, en su *Opúsculos...* M, 1951, III, 308-17.

Idoate Iragui, F., *Brujerías en la montaña de Navarra en el siglo XVI.* HS, 1951, 4, 193-218.

Idoate Iragui, F., *La brujería* [navarra]. Pamplona, 1967, 30.

Idoate Iragui, F., *Un documento de la Inquisición sobre brujería en Navarra.* Pamplona, 1972, 193 + láms.

Lis Quibén, V., *El conjuro de la tronada en Galicia.* RDTP, 1952, 8, 471-93.

Martínez Alegría, A., *La batalla de Roncesvalles y el brujo de Bargota. Historia, leyenda y folklore.* Pamplona, 1925, 269.

Martínez Risco, V., *Los* nubeiros *o* tempestarios *de Galicia.* BolMuseo Arqueológico de Orense, 1943, 1, 71-91.

Ramón Fernández, J., *Amuletos lunares en Cáceres.* RDTP, 1952, 8, 407-24.

Ramón Fernández, J., *Amuletos lunares toledanos.* RDTP, 1965, 21, 143-63. 20

Risco, V., *Las fuerzas o agentes mágicos en la tradición popular gallega,* en *HomL. Hoyos Sáinz.* M, 1950, II, 352-7.

Risco, V., *Apuntes sobre el mal de ojo en Galicia.* RDTP, 1961, 17, 66-92.

Taboada, J., *Folklore de Verín. Magia y brujería.* RDTP, 1959, 15, 292-312.

→ 17.03, Nunemaker; 20.25.

30 CICLO VITAL. RELACIONES SOCIALES

Casas Gaspar, E., *Costumbres españolas de nacimiento, noviazgo, casamiento y muerte.* M, 1947, 388.

Amades, J., *Cencerradas.* San Jorge (B), 1958, 32, 52-3.

Barandiarán, J. M., *Estelas funerarias del País Vasco (zona norte).* S. Sebastián, 1970, 212.

Barreda, F., *Las lloronas montañesas.* BBMP, 1952, 28, 42-3.

Beinhauer, W., *Ueber* piropos. *Eine Studie über spanische Liebessprache.* VKR, 1934, 7, 111-63.
Trad. en su *El humorismo...* M, 1973, 159-235.

Díaz Martín, M., *Piropos andaluces.* Sevilla, 1866.

García de Diego, P., *Censura popular.* RDTP, 1960, 16, 295-333.

González Iglesias, L., *Protocolo del amor serrano.* Salamanca, 1944, 84 + láms.
La Alberca.

Hoyos Sáinz, L., *Folklore español del culto a los muertos.* RDTP, 1945, 1, 30-53.

Hoyos Sancho, N., *Costumbres referentes al noviazgo y a la boda en la Mancha.* RDTP, 1948, 4, 454-69.

Hoyos Sancho, N., *Luz a los muertos.* Las Ciencias, 1959, 24, 927-38.

Nuevo Zarracina, D. G., *Filandones y esfoyazas.* BIEA, 1964, 17, 63-88.

Peña Santiago, L. P., *La* Argizaiola *vasca. Creencias, ritos y costumbres relacionados con la misma.* S. Sebastián, 1964, 198.

Pérez de Castro, J. L., *El alarido y el palo en la cultura asturiana.* RDTP, 1961, 17, 330-48.
Peleas tradicionales.

Prieto Rodríguez, L., *Vida del individuo. Tierra de La Gudiña (Orense).* RDTP, 1947, 3, 558-78.

Vergara Martín, G. M., *Coplas de ronda.* RDTP, 1948, 4, 419-33.

32 ALIMENTACION

Calera, A. M., *Cocina española.* B, 1973, 384.

Cándido, *La cocina española.* B, 1971^{2}, 606 + láms.

Castillo de Lucas, A., *Refranerillo de la alimentación.* M, 1940, 117.

Luján, N., y J. Perucho, *El libro de la cocina española.* B, 1970, 567.

Pérez, D., *Guía del buen comer español. Inventario de la cocina clásica de España y sus regiones.* M, 1929, 356.

Sans, C. S., *La cocina típica española.* B, 1969^{2}, 252.

20 Sarrau, J., *Nuestra cocina española.* M, 1969, 1188 + láms.
Sarrau, J., *La cocina de España.* M, 1970, 512.
Vega, L. A., *Viaje por la cocina española.* B, 1969, 186.
Wason, B., *The art of spanish cooking*... Nueva York, 1963, 208.
→ 10.35.

33 AREAS REGIONALES

Alcaide de la Vega, J., *Gastronomía antequerana* [**Andalucía**]. Antequera, 1972, 79.

García Sánchez, L. M., *Platos típicos de* **Asturias**. Oviedo, 1972^{2}, 163.

Arrinas Vidal, C., *Cocina selecta mallorquina* [**Baleares**]. Campos (Mallorca), 1971^{9}, 272.
Ripoll Arbós, L., *Llibre de la cuina mallorquina.* Palma, 1973, 176.

Alvarez Delgado, J., *Sobre la alimentación indígena de* **Canarias**. *El gofio*... Actas y memorias de la SocEspañola de Antropología (M), 1946, 21, 20-58.
Pérez Vidal, J., *Conservas y dulces de Canarias.* RDTP, 1947, 3, 236-55.

Aragonés Subero, A., *Gastronomía de Guadalajara* [**Castilla la Nueva**]. Guadalajara, 1973, 257.
Entrambasaguas Peña, J., *Gastronomía madrileña.* M, 1971^{2}, 103.
Escobar, J., *Itinerarios por las cocinas y bodegas de* **Castilla** [**la Vieja**]. M, 1968^{2}, 253.

Alperi, M. y V., *Platos típicos de* **Cataluña**. Oviedo, 1973, 340.
Nicolau, M. C., *Cuina catalana.* B, 1971, 128.

Vera Camacho, J. P., *El arte culinario de la* **Extremadura** *oriental.* REE, 1969, 25, 137-50.

Castroviejo, J., y A. Cunqueiro Mora, ...*Caza y cocina* **gallegas**. M, 1962, 158.
Cunqueiro Mora, A., *A cociña galega.* Vigo, 1973, 162.
Ebeling, W., y F. Krüger, *La castaña en el NO. de la Península Ibérica.* AIL, 1952, 5, 155-288.
Lis Quibén, V., *Los ensalmos de la elaboración del pan en Galicia.* RDTP, 1953, 9, 525-32.
Taboada, J., *La matanza del cerdo en Galicia.* RDTP, 1969, 25, 89-105.
Durán, V., *Alimentación. Albacete y toda la provincia* [**Murcia**]. RDTP, 1946, 2, 496-500.
Useros, C., *Cocina de Albacete.* Albacete, 1971, 542.

Sarobe, V. M., *Gastronomía* [**navarra**]. Pamplona, 1968-9, 2 fasc.

Sefardíes → 10.95, Molho.

Almela Vives, F., *Historieta de la horchata de chufas* [**Valencia**]. Castellón, 1933, 25.
García Albors, E., *Dulces y peladillas de Alcoy.* Alcoy, 1973, 92.
Seijo Alonso, F. G., *La cocina alicantina.* Alicante, 1973, 337.

Busca Isusi, J. M., *Guía gastronómica de Guipúzcoa* [Vasconia]. M, 1972, 110 + láms. 20

Calera, A. M., *La cocina vasca.* Bilbao, 1971², 549.

34 INDUMENTARIA

Aguilera, E. M., *Los trajes populares de España vistos por los pintores españoles.* B, 1948, 65 + láms.

Amades, J., *Arte popular. Indumentaria tradicional.* B, 1939, 103.

Hoyos Sáinz, L., y N. Hoyos Sancho, *Zonas de ornamentación en los trajes populares de España.* RDTP, 1953, 9, 126-39.

Hoyos Sancho, N., *Folklore indumental de España.* RDTP, 1945, 1, 139-57 + láms.

Hoyos Sancho, N., *Tocados y peinados femeninos regionales en España.* Anales del Museo del Pueblo Español (M), 1935, 1, 175-86.

Palencia, I., *El traje regional de España.* M, 1926, 155 + láms.

Vela Espilla, F., *El traje de pastor en España.* Anales del Museo del Pueblo Español (M), 1935, 1, 168-74.

→ 10.36.

35 AREAS REGIONALES

Arco Garay, R., *El traje popular alto*aragonés. Huesca, 1924, 71.

Lisón Tolosana, C., *El traje aragonés...* Caesaraugusta, 1957, 9, 158-61.

García Sanz, S., *Notas sobre el traje popular en la provincia de Guadalajara* [Castilla la Nueva]. RDTP, 1951, 7, 141-51.

Hoyos Sancho, N., *El traje regional de la Mancha.* CEM, 1948, 2, 40-51.

Rincón Ramos, V., *La indumentaria lagarterana.* RDTP, 1945, 1, 131-5.

Hoyos Sancho, N., *El traje regional en la provincia de Santander* [Castilla la Vieja]. PIEF, 1969, 1, 11-45.

Anderson, R. M., *Spanish costume:* Extremadura. Nueva York, 1951, vii+344 + láms.

Hoyos Sancho, N., *El traje regional de Extremadura.* RDTP, 1955, 11, 155-77, 353-86.

Hoyos Sancho, N., *El traje regional de* Galicia. Santiago, 1971, 67 + láms.

García Boiza, A., y J. Domínguez Berruete, *El traje regional salmantino* [León]. M, 1940, 31.

Almela Vives, F., *El traje* valenciano. Valencia, 1946, 66 + láms.

Almela Vives, F., *Historia del vestido de labradora valenciana.* Valencia, 1962, 56.

Larrea Recalde, L., *Algunos aspectos de indumentaria* vasca. TIBS, 1948, 6, 95-116.

20 36 ARQUITECTURA: ESTUDIOS GENERALES

Byne, A., y M. Stapley, *Provincial houses in Spain.* Nueva York, 1925, x+190.

Cárdenas, G., *La casa popular española.* Bilbao, 1944, 45.

Flores, C., *Arquitectura popular española.* M, 1973, 2 v.

García Mercadal, F., *La casa popular en España.* M, 1930, 89.

Giese, W., *Los tipos de casa de la Península Ibérica.* RDTP, 1951, 7, 563-601 + láms.

Hoyos Sancho, N., *La casa tradicional en España.* M, 1952, 29 + láms.

→ 10.38.

37 ESTUDIOS PARTICULARES

Carlé, W., *Los hórreos en el noroeste de la Península Ibérica.* EG, 1948, 9, 275-93.

Frankowski, E., *Hórreos y palafitos de la Península Ibérica.* M, 1918, 154.

García Bellido, A., *Sobre la extensión actual de la casa redonda en la Península Ibérica.* RDTP, 1967, 23, 41-54.

Hernández Pacheco, F., *Las regiones climatológicas naturales de España en relación con la construcción rural.* BRSEHN, 1941, 39, 47-65.

Krüger, F., Las Brañas. *Contribución a la historia de las construcciones circulares en la zona astur-galaica-portuguesa.* BIEA, 1949, 3, 41-100 + láms.

Martínez Rodríguez, I., *Tipos de hórreos del NO. ibérico...* Las Ciencias, 1959, 24, 167-88, 461-92.
También, M, 1959, 53.

Monteagudo, L., *Palafitos. Problemas y leyendas.* RDTP, 1957, 13, 77-136.

Taracena Aguirre, B., *Construcciones rurales en la España romana.* Investigación y Progreso (M), 1944, 15, 337-47.

38 AREAS REGIONALES

Sancho Corbacho, A., *Haciendas y cortijos sevillanos* [Andalucía]. AH, 1952, 17, 9-27.

Daumas, M., *La* borda *dans la zone pastorale du Haut* Aragón *oriental.* Revue Géographique des Pyrénées (Toulouse), 1959, 30, 23-40.

Daumas, M., Pardinas *et* masías *dans le Haut Aragón oriental.* Pirineos, 1967, 23, 105-18.

Wilmes, R., *El mobiliario de la casa rústica altoaragonesa del Valle de Vió.* AFA, 1947, 2, 179-224.

Fernández Martínez, R., *Realidad de* la casa asturiana. Oviedo, 1953, 74.

Labandera Campoamor, J. A., *Cocinas y lareras típicas de la comarca del Eo.* BIEA, 1971, 24, 463-82.

Palacio Gros, V., *Las construcciones rurales en la comarca de Cangas de Onís*. BIEA, 1956, 10, 278-89, 432-41. 20

Byne, A., y M. Stapley, *Majorcan houses and gardens* [Baleares]. Nueva York, 1928, xvii+144 + láms.

Deffontaines, P., *Étude de l'habitation aux Baléares*. Palma, 1956, 292.

Pérez Vidal, S., *La vivienda* canaria... AEAtl, 1967, 13, 41-113.

Téllez, G., *La casa toledana* [Castilla la Nueva]. Toledo, 1950, 56 + láms.

Contreras López, J., *La vivienda rural en la provincia de Segovia* [Castilla la Vieja]. Atlantis (M), 1940, 15, 151-5.

Hernández Morales, A., *Arquitectura rural montañesa*. EG, 1949, 10, 336-9.

Lastra Villa, A., *Chozos circulares pastoriles en Cantabria*. PIEF, 1970, 2, 149-60.

Manrique, G., *La casa popular del alto Duero*. RDTP, 1950, 6, 574-82.

Camps Arboix, J., *La masia* catalana. *Història, arquitectura, sociologia*. B, 1959, 281 + láms.

Gibert, J., *La masía catalana. Origen, esplendor y decadencia*. B, 1947, 101 + láms.

Gimeno Font, E., *La vivienda en Terra-Alta, comarca de... Tarragona*. EG, 1959, 20, 81-112.

Griera Gaja, A., *La casa catalana*. BDC, 1932, 20, 13-329.

Violant Simorra, R., *Características tradicionales... del hogar doméstico popular en Cataluña*. RDTP, 1950, 6, 430-95.

Vicente Clavé, X., y R. Chanes, *Arquitectura típica de La Vera (Cáceres)* [Extremadura]. M, 1973, 272.

López Soler, J., *Los hórreos* gallegos. Memorias de la SocEspañola de Antropología (M), 1931, 10, 97-161.

Melón Ruiz, A., *Tipología del hórreo gallego*. EG, 1961, 22, 105-10.

García Zarza, E., *Aspectos geográficos de la población y de las construcciones rurales salmantinas* [León]. Salamanca, 1971, 102.

González Iglesias, L., *La casa albercana*. Salamanca, 1945, 80 + láms.

Satrústegui, J. M., *Las casas de Valcarlos* [Navarra]. RDTP, 1968, 24, 121-45.

Urabayen, L., *Geografía humana de Navarra. La vivienda*. Pamplona, 1929-32, 2 v.

Almela Vives, F., *La vivienda rural* valenciana. Valencia, 1960, 91.

Casas Torres, J. M., *La barraca de la huerta de Valencia*. EG, 1943, 4, 113-78.

Sanchís Guarner, M., *Les barraques valencianes*. B, 1957, 94 + láms.

Seijo Alonso, F. G., *Arquitectura alicantina. La vivienda popular*. Alicante, 1973, 2 v.

Alvarez Osés, J. A., *Los hórreos del País* Vasco. Munibe (S. Sebastián), 1971, 23, 407-12.

20 Baeschlin, A., *La arquitectura del caserío vasco.* Bilbao, 1968, 300.
Yrízar, J., *Las casas vascas...* Bilbao, 1965, 137 + láms.
→ 20.47, Peña.

40 MODOS DE VIDA. ECONOMIA Y DERECHO CONSUETUDINARIOS

Caro Baroja, J., *La vida agraria tradicional reflejada en el arte español.* EHSE, 1949, 1, 45-138.

Caro Baroja, J., *Ideas y personas en una población rural.* RDTP, 1951, 7, 17-55.

Caro Baroja, J., *Introducción al estudio de las formas de vida tradicional en España,* en su *Razas, pueblos...* M, 1957, 27-52.

Casas Gaspar, E., *Ritos agrarios. Folklore campesino español.* M, 1950, 310.

Costa Martínez, J., y otros, *Derecho consuetudinario y economía popular de España.* B, 1902, 2 v.

Espejo, Z., *Costumbres de Derecho y Economía rural consignadas en los contratos agrícolas.* M, 1900, 368.

Gella Iturriaga, J., *Antología marinera.* M, 1945, 384.
Canciones, preces, refranes, etc.

Hoyos Sáinz, L., *Sociología agrícola tradicional.* RIS, 1947, 5, 109-31. También, EHSE, 1949, 1, 17-43.

Hoyos Sáinz, L., *Fiestas agrícolas.* RDTP, 1948, 4, 15-35.

Madurell Marimón, J. M., *Las fargas pirenaicas.* Pirineos, 1952, 8, 545-53.

Manrique, G., *Vida pastoril.* M, 1955, 30.

Martín Galindo, J. L., *Arrieros leoneses. Los arrieros maragatos.* AL, 1956, 10, 153-79.

Martín Galindo, J. L., *Arrieros maragatos en el siglo XVIII.* Valladolid, 1956, 41.

Violant Simorra, R., *Notas de etnografía pastoril pirenaica. La trashumancia.* Pirineos, 1948, 4, 271-89.

Violant Simorra, R., *Supervivencia de ritos pastoriles arcaicos en Cataluña y Aragón,* en *HomL. Hoyos Sáinz.* M, 1950, II, 412-6.

Violant Simorra, R., *Els pastors i la musica.* B, 1953, 101.

→ 10.47, 12.50, 12.65, 12.69, 12.79, 24.34, Vela.

42 AREAS REGIONALES

Fuente Pertegaz, P., *Derecho consuetudinario. Contratos especiales sobre cultivo y ganadería de* **Aragón.** M, 1916, 179.
→ 20.40, Violant; 21.11.

Krüger, F., *La tornería, supervivencia* **asturiana** *de un antiguo oficio europeo,* en EDMP, III, 109-23.

Pérez de Castro, J. L., *¡El lavado de ropa en el folklore asturiano.* RDTP, 1965, 21, 72-89.

Prieto Bances, R., *Cocktail asturiano. Costumbres jurídicas populares.* BIEA, 1956, 10, 321-55.

Solís de la Calzada, F., *La artesanía relojera en Asturias.* BIEA, 1959, 13, 429-33.
→ 10.99.

Hoyos Sancho, N., *La vida pastoril en la Mancha* [**Castilla la Nueva**]. EG, 1948, 9, 623-36 + láms. **20**

Sanz Serrano, A., *Los* gancheros *conquenses y su organización laboral.* EG, 1949, 10, 707-14.

Escagedo Salmón, M., *Costumbres pastoriles cántabro-montañesas* [**Castilla la Vieja**]. Santander, 1921, 206.

→ 10.99.

Manrique, G., *San Pedro Manrique* [Soria]. *Cultura popular pastoril.* RDTP, 1952, 8, 494-525.

Manrique, G., *Yanguas de Soria. Cultura popular pastoril.* RDTP, 1954, 10, 161-75.

Birot, P., *Estudio comparado de la vida rural pirenaica en las regiones de Pallars (España) y de Couserans (Francia)* [**Cataluña**]. EG, 1946, 25, 687-720.

→ 20.40, Violant.

Carré, L., *As feiras na* **Galiza.** Revista de Etnografia (Oporto), 1964, 2, 97-124.

Filgueira Valverde, J., *Archivo de mareantes.* Pontevedra, 1946, 305 + láms.

→ 21.65, Aguilera.

Bejarano Sánchez, V., *El cultivo del lino en las regiones salmantinas de Las Bardas y La Huebra* [**León**]. RDTP, 1950, 6, 243-63.

Bierhenke, W., *Das Dreschen in der Sierra de Gata.* VKR, 1929, 2, 20-82.

Bierhenke, W., *Ländliche Gewerbe der Sierra de Gata. Sach- und wortkundliche Untersuchungen.* Hamburgo, 1932, 176 + láms.

Cortés Vázquez, L. L., *Ganadería y pastoreo en Berrocal de Huebra (Salamanca).* RDTP, 1952, 8, 425-64, 563-93.

Galindo, I. L., *Géneros de vida en Laciana y Maragatería.* AL, 1949, 2, 59-81.

Teijón Laso, E., *Los modos de vida en la dehesa salmantina.* EG, 1948, 9, 421-42.

→ 20.40, Martín.

Ruiz Funes, M., *Derecho consuetudinario y economía popular de la provincia de* **Murcia.** M, 1916, 216.

Caro Baroja, J., *Sobre la vida pastoril en el Pirineo* **navarro.** Munibe (S. Sebastián), 1971, 33, 413-7.

Idoate Iragui, F., *El tributo de las tres vacas.* Pamplona, 1970, 31.

Marqués Carbó, L., *El tributo de las tres vacas y la facería roncalesa.* REVL, 1954, 75, 367-84.

Peris Gimeno, B., *El Tribunal de las Aguas de* **Valencia.** RDerecho español y americano (M), 1964, 3, 87-94.

Salvador Caja, M., *El Tribunal de las Aguas de Valencia.* REAS, 1960, 33, 159-70.

A. E., *El caserío* **vasco.** *Labores de la familia labradora.* Munibe (S. Sebastián), 1959, 11, 120-30.

20 Aizpurúa, M., *Puerto de Zumaya. Notas relativas a la pesca tradicional.* AEF, 1960, 17, 43-50.

Crespo, C., y J. M. Ugartechea Salinas, *De la pesca tradicional en Lequeitio.* AEF, 1960, 17, 11-41.

López de Guereñu, G., *La ganadería en la montaña alavesa.* RDTP, 1972, 18, 85-122.

Ugartechea Salinas, J. M., *La pesca tradicional en Lequeitio.* AEF, 1968, 22, 9-155.

43 ERGOLOGIA

Caro Baroja, J., *Disertación sobre los molinos de viento.* RDTP, 1952, 8, 212-366.

Caro Baroja, J., *Sobre maquinarias de tradición antigua y medieval.* RDTP, 1956, 12, 114-75.

Giese, W., *Telares de Astorga.* RDTP, 1955, 11, 3-14.

Idoate Iragui, F., *Almadías* [navarras]. Pamplona, 1969, 32 + láms.

Llompart, G., y J. Mascaró Pasarius, *Hondas baleares.* RDTP, 1962, 18, 125-35.

Pérez Vidal, J., *Catálogo de la colección de cucharas de madera y de asta.* M, 1958, 68 + láms.

Sanchís Guarner, M., *Els molins de vent de Mallorca.* B, 1955, 57 + láms.

Varela Hervías, E., *Cerraduras de madera.* RDTP, 1949, 5, 622-6.

→ 20.47, Peña.

44 APEROS Y MAQUINAS DE RIEGO

Aitken, R. y B., *El arado castellano. Estudio preliminar.* Anales del Museo del Pueblo Español (M), 1935, 1, 109-38.

Aranzadi Unamuno, T., *Los cencerros.* RDTP, 1945, 1, 491-5.

Cañizo Gómez, J., *Yugos españoles para bueyes.* Ganadería (M), 1945, 2, 608-11, 742-7.

Caro Baroja, J., *Los arados españoles...* RDTP, 1949, 5, 4-96.

Caro Baroja, J., *Norias, azudas, aceñas.* RDTP, 1954, 10, 29-160.

Caro Baroja, J., *Sobre cigüeñales y otros ingenios para elevar el agua.* Revista de Guimerães, 1955, 65, 161-82.

Caro Baroja, J., *Sobre la historia de la noria de tiro.* RDTP, 1955, 11, 15-79.

Ebeling, W., *Die landwirtschaftlichen Geräte im Osten der Provinz Lugo.* VKR, 1932, 5, 50-151.

González Echegaray, J., *Aportación al estudio del carro chillón en Cantabria.* PIEF, 1969, 1, 47-79.

González Echegaray, J., *Yugos y arados en la provincia de Santander.* PIEF, 1971, 3 ,123-68.

Herculano de Carvalho, J. G., *Coisas e palavras... Primitivos sistemas de debulha na Península Ibérica.* Biblos (Coimbra), 1953, 29, 1-365.

También, Coimbra, 1953, xii+413.

Krüger, F., *Sach- und Wortkundliches vom Wasser in den Pyrenäen.* VKR, 1929, 2, 139-243.

López Soler, J., *El carro mariñán.* BRSG, 1954, 90, 7-79.

Lorenzo Fernández, J., *El carro en el folklore gallego.* AIL, 1957, 6, 311-23. 20

Ringrose, D. R., *Carryng in the hispanic world...* HAHR, 1970, 50, 30-51.

Torres Balbás, L., *Las norias fluviales en España.* Al-Andalus, 1940, 5, 195-208.

Violant Simorra, R., *El arado y el yugo tradicionales en Cataluña.* RDTP, 1958, 14, 306-53, 441-96.

47 ARTE. ARTESANIA

Subías Galter, J., *El arte popular en España.* B, 1948, 144 + láms.

Violant Simorra, R., *El arte popular español...* B, 1953, 154 + láms.

Cortés Vázquez, L. L., *La alfarería popular salmantina.* Salamanca, 1953, 61 + láms.

Cortés Vázquez, L. L., *La alfarería en Peruela (Zamora).* Zephyrus, 1954, 5, 141-63.

Durán Sanpere, A., *Grabados populares españoles.* B, 1971, 222 + láms.
Estampas, naipes, calendarios, etc.

Garmendía Larrañaga, J., *Artesanía vasca.* S. Sebastián, 1970, 2 v.

Giese, W., *Contribución al estudio de la cerámica y los tejares mallorquines.* RDTP, 1957, 13, 50-63.

González, S., *Industria pastoril en la Sierra de Burgos.* Atlantis (M), 1941, 16, 262-75.

González Hontoria, G., *La industria artesana.* M, 1967, 151.

González Iglesias, L., *El bordado popular serrano* [Salamanca]. Salamanca, 1952, 30 + láms.

Llorens Artigas, J., y J. Corredor Matheos, *Cerámica popular española actual.* B, 1970, 239.

Nonell, C., *Cerámica y alfarería populares de España.* León, 1973, 64 + láms.

Peña Santiago, L. P., *Arte popular vasco. Arquitectura, mobiliario, forja, utensilios..., símbolos.* S. Sebastián, 1970, 334.

Seseña Díez, N., *La alfarería de Mota del Cuervo* [Cuenca]. RDTP, 1967, 23, 339-46.

Seseña Díez, N., *Producción popular en Talavera de la Reina y Puente del Arzobispo.* AEArte, 1968, 41, 45-57.

Seseña Díez, N., *La cerámica popular en Castilla la Nueva,* en *Etnología y tradiciones populares.* Zaragoza, 1969, 547-54.

Seseña Díez, N., *La cerámica de Manises en el siglo XIX.* AEArte, 1970, 43, 395-406.

Silván, L., *Cerámica navarra.* S. Sebastián, 1973, 265.

→ 18.65-75, 20.34, Amades.

50 FIESTAS

Baleztena, I., *Las mezetas* [Navarra], en *HomJ.Urquijo.* S. Sebastián, 1949, II, 453-68.

Brugarola, M., *La Pinochada de Vinuesa (Soria).* RDTP, 1950, 6, 307-14.

20 Brugarola, M., *Las fiestas de San Juan y de la Madre de Dios en Soria.* RDTP, 1955, 11, 178-82.

Caro Baroja, J., *Olentzaro, la fiesta del solsticio de invierno en Guipúzcoa oriental y en... Navarra.* RDTP, 1946, 2, 42-68.

Caro Baroja, J., *Algunas fiestas populares de la vieja España.* BolInformativo (M), 1948, febr., 45-50.

Caro Baroja, J., *Mascaradas y alardes de San Juan.* RDTP, 1948, 4, 499-517.

Caro Baroja, J., *Mascaradas de invierno en España y en otras partes.* RDTP, 1963, 19, 139-296.

Caro Baroja, J., *El carnaval.* M, 1965, 398.

Caro Baroja, J., *Una fiesta de buena vecindad.* RDTP, 1970, 26, 3-26. Carnaval de Ituren y Zubieta (Navarra).

Chico Rello, P., *Fiestas populares de la provincia de Soria,* en *HomL. Hoyos Sáinz.* M, 1950, II, 117-24.

Fraguas Fraguas, A., *Fiestas de Galicia. Fiadeiros.* CEG, 1949, 4, 397-427.

Gallardo de Alvarez, I., *El día de San Juan.* REE, 1942, 16, 81-110.

García Rámila, I., *Fiestas tradicionales en tierras burgalesas,* en *HomL. Hoyos Sáinz.* M, 1950, II, 182-8.

García Rámila, I., *Fiestas y romerías tradicionales y famosas en tierras burgalesas.* BIFG, 1951, 9, 461-76.

González Palencia, A., *Las fiestas de mayo en la literatura y en el folklore de España.* Haz (M), 1945, 21, 52-5.

González Palencia, A., y E. Melé, *La Maya.* M, 1944, 166.

Gutiérrez Macías, V., *Fiestas cacereñas.* RDTP, 1960, 16, 335-57.

Gutiérrez Macías, V., *Por la geografía cacereña. Fiestas populares.* M, 1968, 372.

Gutiérrez Macías, V., *Alta Extremadura. Carnestolendas.* REE, 1968, 24, 279-88.

Hoyos Sancho, N., *Sobre las fiestas populares malagueñas.* Las Ciencias, 1953, 18, 163-71.

Iribarren Rodríguez, J. M., *El folklore del día de San Juan.* PV, 1942, 3, 201-17.

Nuevo Zarracina, D. G., *Las marzas.* RDTP, 1944, 1, 200-10.

Pan, I., *Recuerdo folklórico de algunas fiestas tradicionales españolas.* RDTP, 1945, 1, 188-99.

Peña, L., *Fiestas tradicionales y romerías de Guipúzcoa.* S. Sebastián, 1973, 355.

Risco, V., *Notas sobre las fiestas del carnaval en Galicia.* RDTP, 1948, 4, 163-96, 339-64.

Romeu Figueras, J., *La nit de Sant Joan.* B, 1953, 113.

Taboada, J., *La noche de San Juan en Galicia.* RDTP, 1952, 8, 600-32.

→ 19.40, 20.52, 20.76.

52 DISFRACES. JUEGOS

García de Diego, V., *Juegos hispánicos.* RDTP, 1961, 17, 431-51.

Caro Baroja, J., *Los diablos de Almonacid del Marquesado* [Cuenca]. RDTP, 1965, 21, 40-62.

Caro Baroja, J., *A caza de botargas.* RDTP, 1965, 21, 273-92.

Castelló Villena, M., *Artistas de las hogueras de Alicante.* Alicante, 1958, 91. 20
Chico Rello, P., *El portento de caminar sobre el fuego.* RDTP, 1947, 3, 78-85.
García Sanz, S., *Botargas y enmascarados alcarreños.* RDTP, 1953, 9, 467-92.
Jiménez, J., *El juego de bolos en Alava.* Vitoria, 1970, 81 + láms.
Marrero Hernández, L., *De la lucha canaria...* Las Palmas, 1948, 129.
Nuevo Zarracina, D. G., *Guirrios y zamarrones.* RDTP, 1948, 4, 242-65.
Pérez Pérez, J. J., *Lucha canaria...* M, 1965, 200.
Salvat Bové, J., *Los gigantes y enanos de Tarragona... Estudio histórico costumbrista.* Tarragona, 1971[2], 175.

→ 19.63, Barra; 19.70, 21.94, *Enciclopedia general.*

60 MUSICA. CANTO. DANZA

Zamora Lucas, F., y J. L. Díez Poyatos, *Cien fichas sobre danza y bailes regionales.* ELE, 1959, 2, 370-9.
Armstrong, L., *Dances of Spain.* Londres, 1950, 40.
López Chávarri, E., *Música popular española.* B, 1958, 154.
Preciado, D., *Folklore español. Música, danza y ballet.* M, 1969, 336.
Schindler, K., *Folk music and poetry of Spain and Portugal.* Nueva York, 1941, xxx+376+126.

Benedito Vives, R., *Canciones folklóricas españolas.* M, 1962, 187. Letra y melodía.
García Bellido, A., *Música, danza y literatura entre los pueblos primitivos de España.* RIE, 1943, 3, 59-86.
Hernández Hernández, I., *Flores de España.* M, 1951[4], 98. Canciones populares, letra y melodía.
Juan del Aguila, J., *Las canciones del pueblo español.* M, 1960[2], 217. Letra y melodía.
Juan del Aguila, J., *Lo que canta el pueblo español.* M, 1966[4], 221. Letra y melodía.
Martínez Hernández, A., *Antología musical de cantos populares españoles...* B, 1930, 246.
M[artínez] Torner, E., *Cancionero musical. Antología antigua y moderna...* M, 1928, vi+188.
M[artínez] Torner, E., *Cancionero musical español.* Londres, 1948, 64.
Moreno Torroba, F., *Canciones españolas.* M, 1956, 2 v. Letra y melodía.
Pedrell, F., *Cancionero musical popular español.* Valls, 1918-22, 4 v.
Pla, R., *La música popular española del Renacimiento.* Clavileño, 1952, 14, 33-5.
Rodríguez Marín, F., *Cantos populares españoles.* M, 1951[2], 5 v.

→ 20.40, Violant.

62 TEMAS. FORMAS

Aguilar Tejera, A., *Saetas populares...* M, 1928, xxvi+263.

20 Amades, J., *Las danzas de espadas y de palos en Cataluña, Baleares y Valencia.* AM, 1955, 10, 163-90.

Amades, J., *Etnología musical.* RDTP, 1964, 20, 113-200, 289-331, 479-526.
Temática.

Amades, J., *Las danzas de moros y cristianos.* Valencia, 1966, 124.

Fuente Caminals, J., *Cánticos religiosos.* RDTP, 1948, 4, 316-22.

García de Diego, P., *Canciones de Navidad.* RDTP, 1964, 20, 532-44.

Gil García, B., *La canción histórica en el folklore español.* RDTP, 1961, 17, 452-69.

Hidalgo Montoya, J., *Cancionero de Navidad. Villancicos populares españoles.* M, 1969, 126.
Letra y melodía.

Larrea Palacín, A., *La saeta.* AM, 1949, 4, 105-35.

Larrea Palacín, A., *Villancicos y canciones de Nochebuena.* Tetuán, 1954, 221.

Maíllo, A., *Cancionero español de Navidad.* M, 1949, 476.

Martínez Remis, M., *Cancionero popular taurino.* M, 1963, 187.

M[artínez] Torner, E., *Del folklore español. Persistencia de antiguos temas poéticos y musicales.* BSS, 1924, 1, 62-70, 97-102.

Rodríguez Marín, F., *El alma de Andalucía en sus mejores coplas amorosas...* M, 1929, 353.

Romeu Figueras, J., *El canto dialogado en la canción popular. Los cantares a desafío.* AM, 1948, 3, 133-61.

Sáinz de la Maza, P., *Nanas de España.* B, 1969, 84.

Sanchís Guarner, M., *Cançoneret valencià de Nadal.* Valencia, 1960, 82.

Sanz Pedre, M., *El pasodoble español...* M, 1961, 164.
También, Cisneros (M), 1967, 17, 46-8.

Schneider, M., *La danza de espadas y la tarantela.* B, 1948, 212.

Schneider, M., *Tipología musical y literaria de la canción de cuna en España.* AM, 1948, 3, 3-58.

Schneider, M., *Los cantos de lluvia en España.* AM, 1949, 4, 3-56.

Valencina, D., *Historia documentada de la saeta...* Sevilla, 1949, 187.

→ 20.30, Vergara; 20.67, **Aragón**; 20.86.

64 INSTRUMENTOS MUSICALES

Donostia, J. A., y J. Tomás, *Instrumentos de música popular española. Terminología general.* AM, 1947, 2, 106-50.

García Matos, M., *Instrumentos musicales folklóricos de España.* AM, 1954, 9, 161-78; 1956, 11, 123-64; 1959, 14, 77-90.

Cobas Pazos, V., *Esbozo de un estudio sobre la gaita gallega.* Santiago de Compostela, 1955, 320 + láms.

Donostia, J. A., *Instrumentos musicales del pueblo vasco.* AM, 1952, 7, 3-49.

Schneider, M., Zambomba *und* pandero. GAKS, 1954, 9, 1-29.

Violant Simorra, R., *Instrumentos músicos de construcción infantil y pastoril en Cataluña.* RDTP, 1954, 10, 331-400, 548-90.

67 AREAS REGIONALES 20

Caffarena, A., *Geografía del cante* andaluz. Málaga, 1964, 34.
García Matos, M., *Cante flamenco. Algunos de sus presuntos orígenes.* AM, 1950, 5, 97-124.
Hidalgo Montoya, J., *Cancionero de Andalucía.* M, 1971, 156. Letra y melodía.
Larrea Palacín, A., *La canción andaluza...* Jerez de la Frontera, 1961, 170.
Luna, J. C., *De* cante grande *y* cante chico. M, 1926, 118.
Machado Alvarez, A., *Colección de cantes flamencos.* Sevilla, 1881, xviii+209.
Molina, R., y A. Mairena, *El cante flamenco y las letras españolas.* CH, 1963, 164, 108-23.
Molina, R., y A. Mairena, *Mundo y formas del cante flamenco.* Sevilla, 1971, 326.
Molina Fajardo, E., *Manuel de Falla y el* cante jondo. Granada, 1962, 250.
Núñez de Prado, G., *Cantaores andaluces. Historias...* B, 1904, 287.
Ordóñez Sierra, J., *El cante actual.* Arbor, 1963, 56, 52-63.
Quiñones, F., *El flamenco. Vida y muerte.* B, 1971, 272.
Ríos Ruiz, M., *Introducción al cante flamenco.* M, 1972, 277.
Sánchez Romero, J., *La copla andaluza.* Sevilla, 1962, 114.
Schuchardt, H., *Die* Cantes flamencos. ZRPh, 1881, 5, 249-322.
Torres Rodríguez, M. D., *Cancionero popular de Jaén.* Jaén, 1972, xii+584.
→ 10.96.

Arnaudas Larrodé, M., *Colección de cantos populares de la provincia de Teruel* [Aragón]. M, 1927, xii+308.
Beltrán Martínez, A., *La jota aragonesa...* Zaragoza, 1960, 22.
Doporto, S., *Cancionero popular turolense...* B, 1901², xlvii+140.
Fuente Caminals, J., *El dance de Calamocha.* RDTP, 1947, 3, 589-98.
Jiménez de Aragón, J. J., *Cancionero aragonés. Canciones de jotas...* Zaragoza, 1925, xxx+424.
Larrea Palacín, A., *Preliminares al estudio de la jota aragonesa.* AM, 1947, 2, 175-90.
Larrea Palacín, A., *El dance aragonés y las representaciones de moros y cristianos.* Tetuán, 1952, 823.
Mingote Lorente, A., *Cancionero musical de la provincia de Zaragoza.* Zaragoza, 1950, 48+352.
Pueyo Roy, M., *Origen y problemas estructurales del dance en Aragón.* Caesaraugusta, 1961, 18, 81-90.
Pueyo Roy, M., *El dance en Aragón.* Zaragoza, 1973, 324.
Rinera Tarragó, J., *La música de la jota aragonesa...* M, 1928, 161.

Hidalgo Montoya, J., *Cancionero de* Asturias... M, 1973, 153. Letra y melodía.
Hurtado, J., *Cien cantos populares asturianos.* M, 1956³, 80. Letra y melodía.
Llano Roza, A., *Esfoyaza de cantares asturianos...* Oviedo, 1924, xxx+327.

20 Martínez Torner, E., *Cancionero musical de la lírica popular asturiana.* Oviedo, 1971[2], lxi+278.
Nuevo Zarracina, D. G., *Cancionero popular asturiano.* RDTP, 1946, 2, 98-133, 246-77.
Nuevo Zarracina, D. G., *Apuntes para el estudio de la danza prima.* BIEA, 1967, 21, 1-59.
Pérez Vidal, J., *En torno a la danza prima.* BIEA, 1956, 10, 411-31.
Ginard Bauçà, R., *Cançoner popular de Mallorca* [**Baleares**]. Palma de Mallorca, 1966-70, 3 v.
Moll, F. B., *Cançons populars mallorquines.* Mallorca, 1934, xii+127.

Alonso, M. R., *Las canciones populares* **canarias**. EMC, 1945, 4, 55-66.
Alonso, M. R., *Las danzas y canciones populares de Canarias.* EMC, 1948, 26, 77-92.
Alvarez Delgado, J., *Las canctones populares canarias. Diseño de su estudio filológico.* Togoro (La Laguna), 1944, 1, 113-26.

Aragonés Subero, A., *Danzas, rondas y música popular de Guadalajara* [**Castilla la Nueva**]. Guadalajara, 1973, 253.
Echevarría Bravo, P., *Cancionero popular manchego.* M, 1951, 514.
García Matos, M., *Danzas de España. Castilla la Nueva.* M, 1957, 192.
García Matos, M., y otros, *Cancionero popular de la provincia de Madrid.* B, 1951-60, 3 v.
Hidalgo Montoya, J., *Cancionero de las dos Castillas.* M, 1971, 158. Letra y melodía.
Ruiz Manzanares, J., *También Castilla canta.* M, 1925, 3 v. Letra y melodía.

Alonso Cortés, N., *Cantares populares de* **Castilla** [**la Vieja**]. RH, 1914, 32, 87-427; 1917, 39, 610-2.
Calleja, R., *Colección de canciones populares de la provincia de Santander.* M, 1925, 212.
Castrillo, G., *Estudio sobre el canto popular castellano.* Palencia, 1925, ix+xvi+137.
Córdova Oña, S., *Cancionero popular de la provincia de Santander.* Santander, 1947-55, 4 v.
Manrique, G., *Castilla: sus danzas y canciones.* RDTP, 1949, 5, 295-308.
Olmeda, F., *Folklore de Castilla o Cancionero popular de Burgos.* Sevilla, 1903, 215.
Río Velasco, J., y R. Inclán, *Danzas típicas burgalesas.* Burgos, 1959, 288.
Vergara Martín, G. M., *Cantares populares... de Castilla la Vieja y especialmente en Segovia y su tierra.* M, 1912, 217.
→ **Castilla la Nueva.**

Amades, J., *Folklore de* **Catalunya**... *Cançoner. Cançons, refranys, endevinalles.* B, h. 1950, 1396.
Capmany, A., *Cançoner popular.* B, 1903-7, 3 v.
Capmany, A., *La dansa a Catalunya.* B, 1927, 2 v.
Mainer, J., y otros, *La sardana.* B, 1972[2], 3 v.
Miracle, J., *Llibre de la sardana.* B, 1953, 249.

Morant Clanxet, J., *Cent anys de sardanisme. La dansa a Tarragona.* Tarragona, 1971, 175. 20

Pépratx-Siasset, H., *La sardane...* Perpignan, 1956, 214.

Capdevielle, A., *Canciones de Cáceres y su provincia* [Extremadura]. Cáceres, 1969, 376.

García Matos, M., *Lírica popular de la Alta Extremadura...* M, 1945, 429.
Letra y melodía.

Gil García, B., *Cancionero popular de Extremadura.* Badajoz, 1931-56, 2 v.

González Rodríguez, D., *Cancionero popular* gallego. Orense, 1963, 184.

Landín Carrasco, A., *Cantares marineros gallegos.* CEG, 1955, 10, 259-303.

Martínez Torner, E., y J. Bal Gay, *Cancionero gallego.* M, 1973, 2 v.

Pérez Ballesteros, J., *Cancionero popular gallego...* M, 1885-6, 3 v.

Sampedro Folgar, C., y J. Filgueira Valverde, *Cancionero musical de Galicia.* Pontevedra, 1942-3, 2 v.

Domínguez Berrueta, M., *Del cancionero* leonés. León, 1971[2], 353.

Ledesma, D., *Folk-lore o cancionero salmantino.* M, 1907, 261.

Sánchez Fraile, A., *Nuevo cancionero salmantino...* Salamanca, 1943, xx+265.

Inzenga, J., Murcia. *Cantos y bailes populares.* M, 1886[8], 24.
Letra y melodía.

Sevilla Pérez, A., *Cancionero popular murciano.* Murcia, 1921, xx+399.

Arrarás Soto, F., *La danza* [Navarra]. Pamplona, 1972, 130.

Bordonaba Castell, V., *Expresiones del alma popular.* Pamplona, 1968, 30.
Jotas.

Flamarique, P. M., y J. C. Urroz Roy, *La jota navarra.* Pamplona, 1968, 31.

Fraile, A., *La música en Navarra.* Pamplona, 1967, 30.

Menéndez de Esteban, J., y P. M. Flamarique, *Colección de jotas navarras.* Pamplona, 1967, 119.

Inzenga, J., Valencia. *Cantos y bailes populares.* M, 1886[8], 24.
Letra y melodía.

Pérez Jorge, V., *Canciones populares valencianas.* M, 1960[2], 35.
Letra y melodía.

Seguí, S., *Cancionero musical de la provincia de Alicante.* Valencia, 1973, 560.

Arratia, J. M., *Cancionero popular del País* Vasco. S. Sebastián, h. 1968, 4 v.

Azkue, R. M., *Cancionero popular vasco.* Bilbao, 1968[2], 2 v.

Barandiarán, G., *Danzas de Euskal Erri.* S. Sebastián, 1963, 2 v.

Caro Baroja, J., *La significación de algunas danzas vasconavarras.* PV, 1945, 6, 115-32 + láms.

20 Caro Baroja, J., *El ritual de la danza en el País Vasco.* RDTP, 1964, 20, 40-76.

Donostia, J. A., *Historia de las danzas de Guipúzcoa...* AM, 1954, 9, 97-152.

Donostia, J. A., y F. de Madina, *De música vasca.* Buenos Aires, 1951, 151.

Iztueta Echeberría, J. I., *Viejas danzas de Guipúzcoa.* Bilbao, 1968, 399.

Orúe Matía, J., *Cancionero del País Vasco.* M, 1970, 127. Letra y melodía.

Orúe Matía, J., *Canciones populares bilbaínas.* M, 1970, 127. Letra y melodía.

70 LITERATURA

Amades, J., *El testamento de animales en la tradición catalana.* RDTP, 1962, 18, 339-94.

García de Diego, P., *El testamento en la tradición popular.* RDTP, 1947, 3, 551-7; 1953, 9, 601-66; 1954, 10, 300-77, 400-72.

García de Diego, P., *Catálogo de pliegos de cordel.* RDTP, 1971, 27, 123-64, 371-409; 1972, 28, 157-88, 317-60; 1973, 29, 473-516.

Pérez Vidal, J., *Testamentos de bestias.* RDTP, 1947, 3, 524-50.

Rodríguez Marín, F., *Mil trescientas comparaciones populares andaluzas.* Sevilla, 1899, xix+118.

Romeu Figueras, J., *El mito de* El comte Arnau *en la canción popular, la tradición legendaria y la literatura.* B, 1948, xxiii+273.

→ 20.60, García.

72 POESIA

Aguilar Piñal, F., *Romancero popular del siglo XVIII.* M, 1972, 313.

Alvarez Solar, N., *Nuevas facetas de la lírica popular astur.* BIEA, 1959, 13, 27-50.

Catalán Menéndez, D., *La flor de la marañuela. Romancero general de las Islas Canarias.* M, 1969, 2 v.

Cejador Frauca, J., *La verdadera poesía castellana. Floresta de la antigua lírica popular...* M, 1921-4, 5 v.

Cossío Martínez, J. M., y T. Maza Solano, *Romancero popular de la Montaña.* Santander, s. a., 2 v.

Díaz Cassou, P., y otros, *El cancionero panocho. Coplas, romances, cantares...* M, 1900, 98.

Gayano Lluch, R., *Aucología valenciana.* Valencia, 1942, xi+189.

Gella Iturriaga, J., *Romancero aragonés.* Zaragoza, 1972, lxxi+639.

Gorostiaga, J., *Antología de poesía popular vasca.* M, 1955, 124.

Kundert, H., *Romancerillo sanabrés.* RDTP, 1962, 18, 37-124.

Massot Muntaner, J., *El romancero tradicional español en Mallorca.* RDTP, 1961, 17, 157-73.

Massot Muntaner, J., *Sobre la poesía tradicional catalana.* RDTP, 1962, 18, 416-69.

Morán Bardón, C., *Poesía popular salmantina.* Salamanca, 1924, 220.

Pérez Vidal, J., *Romancero tradicional canario.* RDTP, 1949, 5, 435-70; 1950, 6, 554-73; 1951, 7, 266-91, 424-45.
Pérez Vidal, J., *La décima popular.* RDTP, 1965, 21, 314-41.
Pérez Vidal, J., *Poesía tradicional canaria.* Las Palmas, 1968, 164.
Romeu Figueras, J., *La poesía popular en los cancioneros musicales españoles de los siglos XV y XVI.* AM, 1949, 4, 57-91.
Vergara Martín, G. M., *La poesía popular madrileña y el pueblo de Madrid.* BRSG, 1925, 65, 165-85.
Zavala, A., *Bosquejo de historia del bersolarismo.* S. Sebastián, 1964, 192.

→ 17.24-5, 20.60, Schindler.

74 NARRATIVA

Baquero Goyanes, M., *El cuento popular español.* Arbor, 1948, 9, 471-4.
Baselga Ramírez, M., *Cuentos aragoneses.* Zaragoza, 1946, 365.
Belmonte Díaz, J., *Leyendas de Avila.* Avila, 1947, 209.
Cabal, C., *Cuentos tradicionales asturianos.* M, 1924, 252.
Carré Alvarellos, L., *Contos populares da provincia de Lugo.* Vigo, 1963, 380.
Clavería, C., *Leyendas de Vasconia.* Pamplona, 1958, 182.
Cortés Vázquez, L. L., *Veinte cuentos populares sanabreses.* RDTP, 1949, 5, 200-60.
Cortés Vázquez, L. L., *Cuentos populares de la ribera del Duero.* Salamanca, 1955, 156.
Curiel Merchán, M., *Cuentos extremeños.* M, 1944, 376.
Espinosa, A. M., *Los cuentos populares españoles.* BBMP, 1923, 5, 39-61.
Espinosa, A. M., *La clasificación de los cuentos populares.* BRAE, 1934, 21, 175-208.
Espinosa, A. M., *Cuentos populares españoles. Recogidos de la tradición oral.* M, 1946-7, 3 v.
García García, J. M., *Leyendas guanches de las Islas Canarias.* B, 1972[3], 245.
Iravedra, L., *Leyendas y tradiciones de la Rioja.* M, 1949, 140.
Iturralde Suit, J., *Tradiciones y leyendas navarras.* Pamplona, 1916, 2 v.
Larrea Palacín, A., *Cuentos de Aragón.* RDTP, 1947, 3, 276-301.
Larrea Palacín, A., *Cuentos populares de Andalucía. Cuentos gaditanos.* M, 1959, 215.
León Domínguez, L., *Los cuentos de Andalucía...* M, 1925, 210.
Llano Roza, A., *Cuentos asturianos recogidos de la tradición oral.* M, 1925, 316.
Lluís, J., *Històries i llegendes del Pallars.* B, 1971, 291 + láms.
Marcos Sande, M., *Cuentos extremeños.* RDTP, 1947, 3, 86-95.
Sáiz Antomil, M. A., *Leyendas del Valle de Soba, en la Montaña de Santander.* M, 1951, 113.
Tomás Laguía, C., *Leyendas y tradiciones de la Sierra de Albarracín.* Teruel, 1954, 12, 123-48.
Vallejo Guijarro, M. L., *Leyendas de Murcia.* Cuenca, 1959-60, 2 v.

20 Vallejo Guijarro, M. L., *Leyendas conquenses.* Cuenca, 1962, 196.
Zamora Lucas, F., *Leyendas de Soria.* M, 1971, 492 .

76 REPRESENTACIONES

Barceló Verdú, J., *Santiago y la fiesta de moros y cristianos.* Alicante, 1972, 195.
Brugarola, M., *El Misterio de Elche.* RDTP, 1967, 23, 205-11.
Carrasco Urgoiti, M. S., *Aspectos folklóricos y literarios de la fiesta de moros y cristianos en España.* PMLA, 1963, 78, 476-91.
Duodoroff, M. J., *Sobre la naturaleza del* Auto de los Reyes Magos *en época moderna.* RDTP, 1973, 29, 417-26.
Fernández, J. M., *Un* auto *popular de los Reyes Magos.* RDTP, 1949, 5, 551-621.
López Santos, L., *Autos de Nacimiento leoneses.* AL, 1947, 1, 7-31.
Muñoz Renedo, C., *La representación de moros y cristianos de Zújar.* M, 1972, xii+130.
Pomares Perlasia, J., *La* Festa *o el Misterio de Elche.* B, 1957, 238+94.
Ramos Folqués, R., *Leyenda del Misterio de Elche.* M, 1956, 225.
Ricard, R., *Notes pour un inventaire des fêtes de* moros y cristianos *en Espagne.* BH, 1938, 40, 311-2.
Sabanés de Balagué, A., *La Passió d'Esparraguera.* B, 1957, 174.
Salvá Ballester, A., *Bosqueig históric i bibliogràfic de les festes de moros i cristians.* Alicante, 1958, 175.
Siglos XVI-XX.

→ 20.62, Amades; 20.67, **Aragón.**

78 AREAS REGIONALES

Azkue, R. M., *Euskaleriaren Yakintza. Literatura popular del País Vasco.* M, 1935-47, 4 v.
Texto bilingüe.
Díaz Cassou, J., *La literatura panocha...* Murcia, 1972, 135.
Fernán Caballero, *Cuentos y poesías populares andaluzas, coleccionados...* Sevilla, 1859, xviii+45.
Fernández Núñez, M., *Folklore leonés. Canciones, romances y leyendas...* M, 1931, 111+104.
Lafuente, P., *Cuentos y romances del Alto Aragón.* Huesca, 1971, 191.
Lecuona, M., *Literatura oral vasca.* S. Sebastián, 1965, 224.

80 REFRANERO. ADIVINANZAS. APODOS

García Moreno, M., *Catálogo paremiológico.* M, 1918, 248.
Apéndice. M, 1948, 71.

Cejador Frauca, J., *Refranero castellano.* M, 1928-9, 3 v.
Combet, L., *Recherches sur le* Refranero *castillan.* París, 1971, 500.
Martínez Kleiser, L., *Refranero general ideológico español.* M, 1953, xxx+788.

Sbarbi, J. M., *El refranero general español.* M, 1874-8, 10 v.
Sbarbi, J. M., *Diccionario de refranes..., locuciones y frases proverbiales de la lengua española.* M, 1922, 2 v.

Alberola Serra, E., *Refraner valencià...* Valencia, 1928, xiii+415.
Amades, J., *Calendari de refranys.* B, 1933, 115.
Arnal Cavero, P., *Refranes, dichos, mazadas en el Somontano y montaña oscense.* Zaragoza, 1953, 325.
Castillo de Lucas, A., *Refranero médico...* M, 1944, 307.
Castillo de Lucas, A., *Refranes y dichos populares madrileños. Visión médica.* RDTP, 1945, 1, 628-38.
Correas, G., *Vocabulario de refranes y frases proverbiales.* Ed. de L. Combet. Burdeos, 1967, xxv+794.
Espinosa, A. M., *Algunas adivinanzas españolas.* RDTP, 1952, 8, 31-66.
Espinosa, E., *Refranero.* Ed. de E.S.O'Kane. M, 1968, 254.
Gella Iturriaga, J., *Refranero del mar.* M, 1944, 2 v.
Genís, S., *Refranes catalanes con sus equivalentes en castellano.* Gerona, 1883[3], 438.
Gutiérrez Ballesteros, J. M., *Paremiología flamenca. Con una extensa introducción histórico-bibliográfica sobre los refranes glosados en España. Siglos XV-XX.* M, 1957, 198.
Hoyos Sancho, N., *Refranero agrícola español.* M, 1954, 479.
Machado Alvarez, A., *Colección de enigmas y adivinanzas en forma de diccionario.* Halle, 1883, 495.
Morán Bardón, C., *Acertijos. Colección recogida directamente del pueblo.* RDTP, 1957, 13, 299-365.
O'Kane, E. S., *Refranes y frases proverbiales españoles de la edad media.* M, 1959, 266.
Prado, J., *Máximas y refranes gallegos.* Lalín, 1906, 131.
Rodríguez Marín, F., *Más de 21.000 refranes castellanos no contenidos en... Correas.* M, 1926, L+514.
Rodríguez Marín, F., *Doce mil seiscientos refranes más...* M, 1930, 344.
Rodríguez Marín, F., *Los seis mil seiscientos sesenta y seis refranes...* M, 1934, 198.
Rodríguez Marín, F., *Todavía diez mil setecientos refranes más...* M, 1941, 314.
Saporta Beja, E., *Refranero sefardí... de Salónica y otros sitios de Oriente.* M, 1957, 344.
Urquijo Ibarra, J., *Refranero vasco: los* Refranes y sentencias *de 1596.* S. Sebastián, 1964, 166.
Vergara Martín, G. M., *Apodos que aplican a los habitantes de algunas localidades...* M, 1918, 18.
Vergara Martín, G. M., *Diccionario geográfico popular de cantares, refranes...* M, 1923, 336.
Vergara Martín, G. M., *Refranero geográfico español...* M, 1936, 462.
Zamora Mosquera, F., *Refrans e ditos populares galegos.* Vigo, 1972, 283.

→ 14.96, 16.87, **Argentina; 20.67, Cataluña.**

20 86 FOLKLORE INFANTIL

F[ernández] Villabrille, F., *Juegos y entretenimientos de los niños.* M, 1864, ix+178.

Alonso, R., *Folklore infantil.* EMC, 1944, 5, 15-36.

Baleztena Abarrategui, J., *El Rey de la faba.* Pamplona, 1969, 31.

Castro Guisasola, F., *Canciones y juegos de los niños de Almería.* Almería, 1973, 328.

Curiel Merchán, M., *Juegos infantiles de Extremadura.* RDTP, 1945, 1, 162-87.

Fernández Costas, M., *Juegos infantiles en la comarca de Tuy.* RDTP, 1952, 8, 633-76.

García de Diego, V., *El trompo. Juguete y juego.* RDTP, 1961, 17, 3-38.

Gil García, B., *Cantan las niñas de España.* M, 1961, 40.
Letra y melodía.

Hidalgo Montoya, J., *Cancionero popular infantil español.* M, 1972[2], 125.
Letra y melodía.

López Guereñu, G., *La vida infantil en la montaña alavesa.* RDTP, 1960, 16, 139-79; 1961, 17, 571-8.

López Guereñu, G., *Folklore alavés. Costumbres religiosas y profanas de la infancia.* BISS, 1964, 8, 95-119.

Maspons Labrós, F., *Jochs de l'infancia.* B, 1874, 112.

Montalbán, R., *El corro de las niñas.* M, 1926[5], 30.
Canciones, letra y melodía.

Naharro, V., *Descripción de los juegos de la infancia.* M, 1818, 78.

Pérez Vidal, J., *Folklore infantil de las Islas Canarias.* RHM, 1945, 11, 349-70.

Risco, V., *Sobre la vida de los niños en la aldea gallega.* RDTP, 1957, 13, 227-53.

Rodrigo, M., y E. Fortún, *Canciones infantiles.* M, 1934, 118.

Rodríguez Marín, F., *Varios juegos infantiles del siglo XVI.* M, 1932, 102.
También, BRAE, 1931, 18, 489-521, 649-90; 1932, 19, 5-33.

→ 20.62.

21

ESTUDIOS LOCALES. LAS GRANDES REGIONES TRADICIONALES

21

ESTUDIOS LOCALES. LAS GRANDES REGIONES TRADICIONALES

00 ESTUDIOS LOCALES

González Palencia, A., *Adiciones de D. Fermín Caballero al* Diccionario *de Muñoz y Romero.* RABM, 1947, 53, 253-344.

Muñoz Romero, T., *Diccionario bibliográfico histórico de los antiguos reinos, provincias, ciudades, villas, iglesias y santuarios de España.* M, 1858, vii+329.

Parcerisa, J., y P. Piferrer, *Recuerdos y bellezas de España.* B, 1839-65, 12 v.
Iniciada por los autores citados, fue continuada por J. M. Quadrado y P. Madrazo Kuntz. La 2.ª ed., que amplía y mejora la anterior, se titula *España. Sus monumentos y arte. Su naturaleza e historia.* B, 1884-902, 27 v.
Se detalla cada v., en la división correspondiente, bajo el nombre de su autor.

Ponce de León, E., *Nuevo diccionario bibliográfico-histórico de ciudades y villas de España.* BHi, 1947, 6, 464-79.
Anticipo de obra no publicada.

Provincia, *La España de cada* _____. M, 1964, 832.
Caracterización de cada una por un especialista.

Rosell, C., y otros, *Crónica general de España, o sea, historia ilustrada y descriptiva de sus provincias, sus poblaciones... Su geografía y topografía, su historia natural, su agricultura, comercio, industria..., legislación, lengua, literatura y bellas artes, su estadística general, sus hombres célebres... Su estado actual, edificios, oficinas...* M, 1865-71, 14 v.
Se detalla cada v., en la división correspondiente, bajo el nombre de su autor.

→ 11.85, Perrino.

03 ANDALUCIA

Benítez Salvatierra, M., *Andalucía turística...* Sevilla, 1972[2], 802.

Muller, N., *Andalucía.* M, 1967, 216.

21 Pemán Pemartín, J. M., *Andalucía.* B, 1973^{3}, 590.

Acqueroni, J. L., *Casi una teoría de Andalucía.* CH, 1964, 171, 473-90.

Gil Benumeya, R., *Andalucismo africano.* M, 1953, 134.

González Climent, A., *Andalucía en los Quintero.* M, 1956, 227.

Marías Aguilera, J., *Nuestra Andalucía y Consideración de Cataluña.* M, 1972, 173.

Ortega y Gasset, J., *Teoría de Andalucía y otros ensayos.* M, 1942, 212.

Pérez Embid, F., *Pequeña teoría de Andalucía.* M, 1962, 10. También, La estafeta literaria, 1962, n.° 232.

04 HISTORIA. BIOGRAFIA

Cagigas, I., *Andalucía musulmana. Aportaciones a la delimitación de la frontera del Andalus. Ensayo de etnografía andaluza medieval.* M, 1950, 92.

Guichot, J., *Historia general de Andalucía.* M, 1869-71, 8 v.

Ladero Quesada, M. A., *Andalucía en el siglo XV...* M, 1973, xxix+151.

→ 6.22, 6.27, 6.95.3

05 INSTITUCIONES. SOCIOLOGIA. CULTURA

Andalucía, *Estudio socioeconómico de* ______. M, 1970-1, 3 v. Por varios equipos de trabajo.

Caro Baroja, J., *Pueblos andaluces.* Clavileño, 1954, 26, 63-75. También, en su *Razas...* M, 1957, 181-204.

Díaz del Moral, J., *Historia de las agitaciones campesinas andaluzas.* M, 1929, L+584.

Domínguez Ortiz, A., *Alteraciones andaluzas.* M, 1973, 240.

Montoya Melgar, A., *Niveles de empleo y movimientos migratorios en Andalucía.* M, 1964, 32.

Niemeier, G., *Problemas sobre la geografía de los establecimientos humanos en la Baja Andalucía.* BRSG, 1933, 73, 499-524.

→ 3.21, 4.12, **Africa**, Gil; 14.90, Bullón.

06 ARTE

Guía industrial y artística de Andalucía. M, 1930, 676.

07 ETNOLOGIA. FOLKLORE

González Climent, A., *Bibliografía flamenca.* M, 1965, 260.

González Climent, A., y J. Blas Vega, *Segunda bibliografía flamenca.* Málaga, 1966, 237.

Manfredi Cano, D., *Silueta folklórica de Andalucía.* M, 1961, 158.

Giese, W., *Volkskundliches aus Ost Granada.* VKR, 1934, 7, 25-54. También, *Elementos de cultura popular en el este de Granada.* BUG, 1955, 4, 115-44.

Giese, W., *Nordost-Cádiz: Ein Kulturwissenschaftlicher Beitrag zur Erforschung Andalusiens.* Halle, 1937, 254.

González Climent, A., *Flamencología. Toros, cante y baile.* M, 1964², 461.

González López, L., *La jaenera. Estudio literario. Folklore, tipismo, costumbres.* M, 1936, 144.

Martínez Barrionuevo, M., *Andalucía. Costumbres y recuerdos.* B, 1890, 2 v.

→ 20.

08 GEOGRAFIA. ECONOMIA

Capelo Martínez, M,. *Fundamentos del desarrollo económico de Andalucía.* M, 1963, 350.

Caro Baroja, J., *Remarques sur la vie agraire en Andalousie.* Études rurales (París), 1963, 10, 81-101 + láms.

Rodrigáñez, C., *El problema agrario en el mediodía de España.* M, h. 1903, 112.

→ 11.13, Sermet; 11.60, 12.43, 12.45, 12.50, 12.53, 12.87, 12.97, 12.99, 19.68, Bruns; 21.05, 21.06.

09 ARAGON

Arco Garay, R., *Aragón. Geografía. Historia. Arte.* Huesca, 1931, xi+680.

Casas Torres, J. M., y otros, *Aragón.* Zaragoza, 1960, 2 v. Geografía, historia, economía.

Quadrado, J. M., *España... Aragón.* B, 1886, xciii+686.

Valverde Alvarez, E., *Guía del antiguo Reino de Aragón...* M, 1886, 127.

10 HISTORIA. BIOGRAFIA

Arco Garay, R., *El genio de la raza. Figuras aragonesas.* Zaragoza, 1923-6, 2 v.

Lacadena, R., *Vidas aragonesas.* Zaragoza, 1972, 668.

Reglá Campistol, J., *Introducció a la història de la Corona d'Aragó. Dels orígens a la Nova Planta.* Palma de Mallorca, 1969, 188.

Castán Palomar, F., *Aragoneses contemporáneos. Diccionario biográfico.* Zaragoza, 1934, 619.

Galiay Sarañana, J., *Prehistoria de Aragón.* Zaragoza, 1945, 209 + láms.

Galiay Sarañana, J., *La dominación romana en Aragón.* M, 1946, 252 + láms.

Guilera, J. M., *Unitat històrica del Pirineu.* B, 1964, 274.

Lacarra de Miguel, J. M., *Aragón en el pasado.* M, 1972, 227. Hasta el siglo XVIII.

Poza Rodríguez, M., *Mujeres célebres aragonesas.* Zaragoza, 1884, 252.

Reglá Campistol, J., *La Corona de Aragón en el tránsito de la edad media a la moderna.* CHist, 1967, 1, 203-20.

21 Solano Costa, F., *Estudios sobre la historia de Aragón durante la edad moderna.* CHist, 1967, 1, 119-58.

→ 3.01, *Colección de documentos...;* 3.04, 6.13, 6.15, 6.35.2, 6.39-9, 6.56, 6.75, 6.95.3, Martínez; 8.03, Torra; 10.17, 10.92, 10.93, 14.21, Alonso; 14.37, Arco; 14.66, Celma.

11 INSTITUCIONES. SOCIOLOGIA. CULTURA

Blas, A., *Derecho civil aragonés...* M, 1873, 575.

Castán Tobeñas, J., *Aragón y su derecho...* Zaragoza, 1968, 110.

Costa Martínez, J., *Derecho consuetudinario del Alto Aragón.* M, 1880, xii+212.

Fernández Clemente, E., *La Ilustración aragonesa.* Zaragoza, 1973, 300 + láms.

Font Rius, J. M., *Fueros de Sobrarbe,* en *Nueva Enciclopedia Jurídica.* B, 1960, X, 393-4.

Font Rius, J. M., *El desarrollo general del derecho en los territorios de la Corona de Aragón (Siglos XII-XIV),* en *VII Congreso de la Corona de Aragón.* B, 1962, 289-326.

García de Diego, E., *Historia judicial de Aragón hasta el siglo XI.* AHDE, 1934, 11, 77-210.

Haebler, K., *Los Fueros de Sobrarbe.* AHDE, 1941, 13, 5-35.

Lalinde Abadía, J., *La Gobernación general en la Corona de Aragón.* M, 1963, 574.

López de Haro, C., *La constitución y las libertades de Aragón y el Justicia Mayor.* M, 1926, 645.

Melón Ruiz, A., *Del Reino de Aragón a la provincia de Aragón y provincias aragonesas.* EG, 1971, 32, 5-21.

Molho, M., *Difusión del derecho pirenaico (Fuero de Jaca) en el Reino de Aragón.* BRABarcelona, 1960, 28, 265-352.

Pérez Prendes, J. M., *Sobre la naturaleza feudal de la Unión Aragonesa.* RFacultad de Derecho (M), 1965, 9, 493-523.

Ribera Tarragó, J., *Orígenes del Justicia de Aragón...* Zaragoza, 1897, 472.

Salord Comella, S., *La Casa de la Diputación de la Generalidad de Aragón...* EEMCA, 1955, 6, 247-65 .

→ 3.22, 9.22, 9.31, Arco; 9.33, 9.41, 9.56, 9.64, Lacasa; 9.65, Alonso; 9.67, 10.54, 13.05, Lecea; 14.06, Arco; 14.62, 14.63, Zubiri.

12 ARTE

Torralba Soriano, F., *Guía artística de Aragón.* Zaragoza, 1960, 176 + láms.

Durán Gudiol, A., *Arte alto aragonés de los siglos X y XI.* Zaragoza, 1973, 228 + láms.

Galiay Sarañana, J., *Arte mudéjar aragonés.* Zaragoza, 1950, 272 + láms.

Gudiol, J., *Pintura medieval en Aragón.* Zaragoza, 1971, 346 + láms.

Iñiguez Almech, F., *Notas para la geografía de la arquitectura mudéjar en Aragón*. BRSG, 1924, 74, 307-28. 21

Iñiguez Almech, F., *Torres mudéjares aragonesas*... AEAA, 1937, 13, 173-89.

Olivar Daydí, M., *La cerámica trecentista en los países de la Corona de Aragón*. B, 1952, 152 + láms.

Torres Balbás, L., *El arte mudéjar en Aragón*. Al-Andalus, 1940, 5, 190-2.

→ 8.33, 9.88, Escagüés.

13 ETNOLOGIA. FOLKLORE

Alvarez Osés, J. A., *Avance de una encuesta etnológica sobre Caspe*. Caesaraugusta, 1957, 9, 49-68.

Arco Garay, R., *Notas de folklore altoaragonés*. M, 1943, 541.

Ballarín Cornell, A., *Civilización pirenaica*. RDTP, 1970, 26, 93-137.

Bergmann, W., *Studien zur volkstümlichen Kultur im Grenzgebiet von Hocharagon und Navarra*. Hamburgo, 1934, xii+99.

Fusté Ara, M., y J. Pons, *La población aragonesa. Estudio antropológico*. Zaragoza, 1962, 92 + láms.

Krüger, F., *Die Hochpyrenäen*. Comprende: A: *Landschaften, Haus und Hof*. Hamburgo, 1936-9, 2 v.- B: *Hirtenkultur*. VKR, 1935, 8, 1-103.- C I: *Transport und Transportgeräte*. B, 1936, 204. También, BDC, 1935, 23, 39-240.- C II: *Ländliche Arbeit*. Hamburgo, 1939, 467.- D: *Hausindustrie, Tracht und Gewerbe*. VKR, 1935, 8, 210-328; 1936, 9, 1-106.

Lisón Tolosana, C., *Chiprana. Estudio etnológico*. Caesaraugusta, 1958, 12, 127-77.

Palacio Nacenta, E., *Algunos aspectos etnológicos de la villa de Graus*, en *Etnología y tradiciones populares*. Zaragoza, 1969, 147-60.

Wilmes, R., *La cultura popular de un valle altoaragonés (Valle de Vió)*. AIL, 1957, 6, 149-309.

→ 20.

14 GEOGRAFIA. ECONOMIA

Casas Torres, J. M., y A. Floristán Samanes, *Bibliografía geográfica de Aragón*. Zaragoza, 1946, x+162.
También, EG, 1945, 6, 559-726.

Asso, I., *Historia de la economía política de Aragón* [1798]. Ed. de J. M. Casas Torres. Zaragoza, 1947, xxviii+487.

Casas Torres, J. M., y otros, *Mercados de Aragón*. Zaragoza, 1946, 112.

Checa, L. M., *La industria eléctrica en la zona aragonesa*. ICE, 1953, 235, 424-31.

Dantín Cereceda, J., *El medio físico aragonés y el reparto de su población*. EG, 1942, 3, 51-162.

→ 10.41, Casas Torres; 12.24, 12.99, Palma.

21 15 ASTURIAS

Jovellanos, G. M., *Colección de Asturias*... Ed. de M. Ballesteros Gaibrois. M, 1947-9, 4 v.
Documentos históricos.
Martínez Cachero, J. M., *Cien fichas sobre Asturias*. ELE, 1959, 2, 703-12.
Sangrador Vítores, M., *Gran biblioteca histórico-asturiana*. Oviedo, 1864-79, 4 v.
Somoza García, J., *Registro asturiano de obras... referentes al Principado que no se hallan en bibliografías anteriores*. Oviedo, 1926, lxiv+432.

Alvarez Suárez, E., y F. M. Gámez, *Asturias. Guía monumental, histórica, artística, industrial y de profesiones*. B, 1923, 571 + láms.
Aramburu Zuloaga, F., *Monografía de Asturias*. Oviedo, 1899, vi+510.
Arias, A., y M. F. Fernández, *Guía turística de Asturias*. Oviedo, 1948, 330.
Asturias, *El libro de* _____. Oviedo, 1970, 495.
Miscelánea por numerosos autores.
Bellmunt Traver, O., y otros, *Asturias. Su historia y monumentos... Asturianos ilustres*... Gijón, 1895-900, 3 v.
Cabezas, J. A., *Asturias. Biografía de una región*. M, 1970^{2}, 632 + láms.
Cepeda González, J. A., *Asturias*. M, 1964, 171 + láms.
Enciclopedia, *Gran* _____ *asturiana*. Gijón, 1970- .
Ultimo v. publ., XII, 1972.
Quadrado, J. M., *España... Asturias y León*. B, 1885, 670.
Truyols Santoja, J., y otros, *El libro de Asturias*. Oviedo, 1970, 496.
Vigil, C. M., *Asturias monumental, epigráfica y diplomática*. Oviedo, 1887, 2 v.
Villarta, A., *Asturias. Costumbres, valles, mar*. M, 1957, 202.
Viñayo González, A., *Asturias*. León, 1972^{3}, 184 + láms.
→ 21.63, Valverde.

Luis García, C. M., *Los asturianos y sus cosas*. Oviedo, 1973, 250.
Llano Roza, A., *Bellezas de Asturias de Oriente a Occidente*. Oviedo, 1928, xiii+542.
Pérez Pimentel, A., *Asturias, paraíso del turista*. Gijón, 1925, 480.

16 HISTORIA. BIOGRAFIA

Caveda Nava, J., *Apuntamientos genealógicos... de Asturias... Memorias de varones célebres asturianos*. Santiago de Chile, 1924, 247.
Fernández, J. [E. M. González del Valle], *Asturianos ilustres. Apuntes biográficos*. La Habana, 1879^{2}, 91.
Martínez, C., *Historia de Asturias*. Gijón, 1969, 458.

Rodríguez García, F., *Ensayo para una galería de asturianos ilustres.* Cebú, 1888, xxxiii+275.
Adiciones y ampliaciones al Ensayo... Cebú, 1891-3, 2 v.

Canella Secades, F., *El Carballón. Recuerdos históricos de Oviedo.* M, 1880, 24.
Carrera Díaz, F., *La prehistoria asturiana.* Oviedo, 1951, 165.
Floriano Cumbreño, A., *Origen, fundación y nombre de Oviedo,* en *Symposium sobre cultura asturiana...* Oviedo, 1964, 167-90.
García Larragueta, S. A., *«Sancta Ovetensis». La catedral de Oviedo, centro de vida urbana y rural en los siglos XI al XIII.* M, 1962, 135.
González de Posada, C., *Memorias históricas del Principado de Asturias y Obispado de Oviedo.* Tarragona, 1794, 422.
González Solís, P., *Memorias asturianas.* M, 1890, cxii+815.
Pérez de Guzmán, J., *El Principado de Asturias. Bosquejo histórico-documental.* M, 1880, xiv+436.
Pérez de Guzmán, J., *El Principado de Asturias.* BRAH, 1920, 77, 286-312.
Pérez Solís, O., *Sitio y defensa de Oviedo.* Valladolid, 1937, 323.
Santana, J., *Asturianos casi olvidados.* Oviedo, 1970, 266 + láms.
Villa García, M., *La Junta General del Principado de Asturias.* Oviedo, 1909, 49.

→ 6.11, 6.24, 6.82.6, Fugier, García; 6.94.1, 9.53, Benito; 9.59, Tolivar.

17 INSTITUCIONES. SOCIOLOGIA. CULTURA

G[onzález] Novalín, J. L., *Panorama social de Asturias, siglos XVI-XVII.* BIEA, 1966, 20, 89-143.
González Velasco, E., *Tipos y bocetos de la emigración asturiana...* M, 1880, xx+132.
Prieto Bances, R., *La casería asturiana.* RCrítica de Derecho Inmobiliario (M), 1941, 14, 567-70, 728-44; 1942, 15, 17-26.

→ 3.05, Vigil; 3.23, 4.08, Alvarez; 9.17, 9.64, Sánchez Albornoz; 10.03, Ruiz; 10.51, 10.54, 14.32, Guglielmi; 14.90, Menéndez; 17.09, 21.65, Jove.

18 ARTE

Andújar Polo, M. D., *Repertorio bibliográfico de arte y arqueología asturiana.* BIEA, 1955, 9, 300-30.
Alvarez Amandi, M., *La catedral de Oviedo.* Oviedo, 1929, 126 + láms.
Berenguer Alonso, M., *Arte románico en Asturias.* Oviedo, 1966, 150.
Cuesta Fernández, J., *Guía de la catedral de Oviedo.* Oviedo, 1957, 176.

21 Manzanares Rodríguez, J., *Itinerario monumental de Oviedo.* Archivum, 1959, 9, 249-60.

Saltillo, Marqués del, *Palacios ovetenses... 1474-1786.* RUO, 1942, 10, 281-96.

Tolivar Faes, J. R., *Nombres y cosas de las calles de Oviedo.* Oviedo, 1958, 419.

→ 18.21-2.

19 ETNOLOGIA. FOLKLORE.

Cabal, C., *Las costumbres asturianas. Su significación y sus orígenes. La familia, la vivienda, los oficios primitivos.* M, 1931, 414.

Cabal, C., *Diccionario folklórico de Asturias.* Oviedo, 1951-8, 5 v. Comprende hasta *Apodo.*

Canella Secades, F., *Saber popular. Folklore asturiano.* Oviedo, 1884, 11.

Llano Roza, A., *Del folklore asturiano. Mitos, supersticiones, costumbres.* Oviedo, 1972, xxiii+277.

Armayor, O., *Del folklore de Caso.* BIEA, 1957, 11, 433-51.

Delor Castro, R., *Patología general de Asturias.* Oviedo, 1958, 67.

Menéndez García, M., *Notas folklóricas del Cuarto de los Valles... (Tineo).* BIEA, 1954, 8, 386-410.

→ 19.40, Alvarez; 20.

20 GEOGRAFIA. ECONOMIA

Fonseca Rodríguez, J., *Análisis estructural de la economía asturiana.* Oviedo, 1972, xv+404.

Muñiz Vigo, A., *Geografía especial de Asturias.* Oviedo, 1935, 190.

Casal, G., *Historia natural y médica del Principado de Asturias* [1762]. Oviedo, 1959, liii+368.

Cueto Rui-Díaz, E., *Características fisiográficas del suelo de Asturias.* BIEA, 1948, 4, 3-44.

Dantín Cereceda, J., *Distribución geográfica de la escanda asturiana.* EG, 1941, 2, 739-97.

Dantín Cereceda, J., *Clima de la región astur-leonesa.* EG, 1944, 5, 27-44.

Delgado, J., *Ubiña. Alta montaña.* Gijón, 1971, 157.

Economía asturiana, *Conferencias sobre* _____. Oviedo, 1951-9, 3 v. Miscelánea por numerosos autores.

Ferrer Regales, M., *La región costera del oriente asturiano. Estudio geográfico.* Oviedo, 1960, 207 + láms.

Fuertes Arias, R., *Asturias industrial...* Gijón, 1902, 488.

G[arcía] F[ernández], J., *La factoría siderúrgica de Avilés.* EG, 1957, 18, 521-8.

Labadíe Otermín, F., y G. Cerezo Barredo, *La hora de Asturias.* M, 1956, 244. Economía desde 1939.

Lueje, J. R., *Picu Urriellu o Naranjo de Bulnes.* Gijón, 1972, 50 + láms.
Martínez Alvarez, J. A., *Rasgos geológicos de la zona oriental de Asturias.* Oviedo, 1965, 132 + láms.
Pérez Manrique, A., y otros, *Situación actual y perspectivas de desarrollo de Asturias.* M, 1973, 4 v.
Señas Encinas, F., *Reseña histórica de la agricultura en Asturias.* BIEA, 1961, 15, 509-42; 1963, 17, 3-38.
Uría Ríu, J., *Oviedo y Avilés en el comercio atlántico de la edad media (siglos XIII al XVII).* BIEA, 1967, 21, 199-250.
Vigil Alvarez, F., *La minería en Siero.* BIEA, 1954, 8, 236-52.

→ 11.12, Cueto; 11.13, González, Mensching; 11.60, 12.24, 12.32, 12.42, 12.69, Castañón; 12.73, 12.74, 12.79, 12.82.

21 ESTUDIOS LOCALES

Aller → 16.58, Rodríguez.

Arias García, D., *Historia general de* **Avilés** *y su concejo* [1892]. Avilés, 1973, 300.
→ 3.23, Fernández; 21.20, García, Uría.

Brañas → 20.37, Krüger.

Cabrales → 16.58, Alvarez.

Cabranes → 16.58, Canellada.

Prieto Bances, R., *La jurisdicción concejil de* **Candamo.** *Apuntes para su historia.* Archivum, 1963, 12, 137-66.

Cangas de Narcea → Tineo.

Cangas de Onís → **20.38, Asturias.**

Gómez, M., *Los siglos de* **Cangas de Tineo.** M, 1920-5, 2 v.
→ **Tineo.**

Llano Roza, A., *El libro de* **Caravia.** Oviedo, 1919, 242.

Caso → 21.19, Armayor.

Colunga → 16.58, Vigón.

Canella Secades, F., *De* **Covadonga.** M, 1918, 395.
Delgado Ubeda, J., *El parque nacional de la montaña de Covadonga.* M, 1932, 132.
→ 6.36.2, 8.22, **Covadonga.**

Cuarto de los Valles → 16.58, Menéndez; 21.19, Menéndez.

Rodríguez Fernández, J., **Figueras del Mar.** BIEA, 1959, 13, 384-97.
Bonet, J. A., *Biografía de la villa y puerto de* **Gijón.** Gijón, 1967-8, 2 v.
Bonet, J. A., *Pequeñas historias de Gijón...* Gijón, 1969, 566.
Fernández Rúa, J. L., *Gijón.* M, 1958, 29 + láms.
García Prado, J., *La villa de Gijón. Estudio de geografía urbana.* Gijón, 1955, 530.

21 Labrada, V., *Al aire de Cimadevilla.* Gijón, 1970, 206.
Somoza Sala, J., *Gijón en la historia general de Asturias.* Oviedo, 1908, 2 v.
→ 1.31.

Lena → 16.58, Neira.

Libardón → 16.58, Zamora.

Cobas, M. G., *Guía turística, histórico-descriptiva de* **Luarca**... Luarca, 1960, 123 + láms.

Gómez Muñoz, R., **Lugones** *y el Concejo de Siero.* Sama de Langreo, 1971, 97.

Carrera Díaz, F., **Llanes.** *Crónicas del tiempo ido.* Llanes, 1973, 126.
Martínez, E., *Estudio de historia de Llanes.* Llanes, 1971, 130.
Mijares Mijares, F., *Monografía geográfico-histórica del Concejo de Llanes.* Llanes, 1902, 108.
→ 3.23, Bonilla.

Aurelio, L., *Guía poética de* **Mieres.** Oviedo, 1969, 233.

Díaz Mayor, J. E., *Biografía del Concejo de* **Nava**... Buenos Aires, 1964, 240.

Cepeda Taborcias, F., *Anales de* **Navia.** *Historia general*... M, 1909, viii+262.
Martínez Fernández, J., *Navia remota y actual... Siglo XVIII.* BIEA, 1963, 17, 120-30; 1964, 18, 303-32.
Martínez Fernández, J., *Navia remota y actual... Siglo XIX.* BIEA, 1965, 19, 135-96.
Martínez Fernández, J., *Navia... a través de los tiempos.* Oviedo, 1973, 68 + láms.
→ 20.20, Martínez.

Monte Cuesta, H., *Apuntes sobre* **Noreña.** Oviedo, 1960, 318.

Peñas → 16.58, Díaz.

Pravia → 16.58, Avello.

Martínez Marcos, G., **San Esteban de Laviana** *y el río Neva.* BIEA, 1952, 6, 378-87.

Siero → **Lugones**; 21.20, Vigil.

Sisterna → 16.58, Fernández.

Vargas Vidal, D., *Añoranzas y recuerdos de* **Tapia de Casariego.** Oviedo, 1967, 334.
Cabezas, J. A., *Crónica de dos concejos.* **Tineo.** *Cangas de Narcea.* M, 1973, 176.
Uría Ríu, J., *Tineo y su comarca... De la romanización al siglo XIII.* Tineo, 1968, 27.
→ **Cangas de Tineo.**

Valduño → 20.22, González.

22 BALEARES

Alcover González, R., *Baleares.* M, 1964, 159 + láms.
Baleares, *Reseña estadística de la provincia de* _____. M, 1962[2], 658.
Fulgosio, F., *Crónica de las Islas Baleares.* M, 1870, 96.
Luis Salvador, Archiduque, *Las Baleares. Las antiguas Pityusas.* Palma, 1886-90, 2 v.
Kucera, E., *Las islas Baleares.* B, 1957, 144.
Piferrer Fábregas, P., y J. M. Quadrado, *España... Islas Baleares.* B, 1888, xviii+1423.
Pla, J., *Mallorca, Menorca e Ibiza.* B, 1970[3], 632.
Sabater, G., *Guía de información turística de Baleares.* Palma, 1971[5], 328.

23 HISTORIA. BIOGRAFIA

Llompart, G., *Bibliografía arqueológica de las Baleares (Mallorca y Menorca).* Palma de Mallorca, 1958, 102.
Pons Pastor, A., *Historia del Reino de Mallorca. Instituciones, cultura y costumbres. Siglos XII-XVII.* Palma, 1970, 189.

→ 6.15, 6.24, 6.34.1, 6.39.7, 10.81, 10.92.

24 INSTITUCIONES. SOCIOLOGIA. CULTURA

Alvarez Novoa, C., *La justicia en el antiguo reino de Mallorca.* Palma, 1971, 223.
Pascual González, L., *Derecho foral de Baleares.* Palma, 1956.

→ 3.24, 9.67, 10.28, 14.62, Rodríguez; 14.91, 17.09.

26 ETNOLOGIA. FOLKLORE

Ferrer Guinart, A., *Folk-lore balear.* Ciudadela y Artá, 1914-24, 3 v.
Ferrer Guinart, A., *Folklore balear.* Palma, 1965, 87.
Galmés, A., *Mallorca. Menorca. Ibiza. Folklore.* Palma, 1950, 171.
Coll Tomás, B., *Folklore de Lluchmajor...* Lluchmajor, 1971, 124 + láms.

→ 20.

27 GEOGRAFIA. ECONOMIA

Colón Casasnovas, G.,... *Geología elemental de las Baleares.* M, 1950, 285.
Colón Casasnovas, G., *Biogeografía de las Baleares. La formación de las islas y el origen de su flora y de su fauna.* Palma, 1957, 568.
Colón Casasnovas, G., *El medio y la vida en las Baleares.* Palma, 1964, 292.
Santaner Marí, J., *Geografía de las Baleares.* Palma, 1958, 297.

21 Santoja Peris, L., *Situación actual y perspectivas de desarrollo de Baleares.* M, 1973, 4 v.
→ 11.60, 12.32, 12.47.

28 MALLORCA

Bonet, J., *Mallorca.* León, 1972^{3}, 216.
Casasnovas Marqués, A. y L., *¡Mallorca.* León, 1973, 212 + láms.
Escalas Real, J., *Guía de Mallorca.* Palma, 1971^{13}, 192 + láms.
Font Martorell, G., y J. Muntaner Bujosa, *Manual del turismo en Mallorca.* Palma, 1955, 399.
Villalonga, L., *Mallorca.* B, 1958, 45+14 + láms.
Binimelis, J., *Nueva historia de la isla de Mallorca.* Palma, 1927, 5 v.
Bover, J. M., y R. Medel, *Varones ilustres de Mallorca.* Palma, 1847, 782.
Escalas Real, J., *Aquella ciudad de Palma... de últimos del siglo XIX y primeros del XX.* Palma, 1954, 190.
Estada, E., *La ciudad de Palma.* Palma, 1885, xii+116.
Luis Salvador, Archiduque, *La ciudad de Palma.* Palma, 1954, 311.
Luis Salvador, Archiduque, *Costumbres de los mallorquines.* Palma, 1955, viii+202.
Comienzos del siglo XX.
Luis Salvador, Archiduque, *Los pueblos de Mallorca. La parte meridional de la isla.* Palma, 1958, 169.
Massuti Oliver, M., *La pesca industrial mallorquina.* Palma, 1973, 158.
Massuti Oliver, M., *La pesca deportiva en Mallorca.* Palma, 1973, 169.
Matheu Mulet, P. A., *Palma de Mallorca monumental.* M, 1958, 160.
Meliá, J., *Els mallorquins.* Palma de Mallorca, 1967, 194.
Oliver Tolrá, M. S., *Mallorca durante la primera revolución (1808-1814).* Palma, 1901, ix+686.
Palmer Verger, M., *La industria del palmito en Mallorca.* EG, 1958, 19, 337-52.
Rosselló Bordoy, G., *Mallorca musulmana. Estudis d'arqueologia.* Palma, 1973, 224.
Rosselló Bordoy, G., *La cultura talayótica en Mallorca.* Palma, 1973, 224.
Rosselló Verger, V. M., *Mallorca. El sur y sureste...* Palma, 1964, xx+553 + láms.
Geografía.
Sabater, G., *Mallorca, ayer y hoy.* M, 1961, 152.
Sebastián López, S., y A. Alonso Fernández, *Arquitectura mallorquina moderna y contemporánea.* Palma, 1973, 194 + láms.
Vidal Isern, J., *Monumentos de Palma.* Palma, 1962, 32 + láms.
Xamena Fiol, P., *Resumen de historia de Mallorca.* Felanitx, 1970^{2}, 107.
Zaforteza Musoles, D., *La ciudad de Mallorca. Ensayo histórico-toponímico.* Palma de Mallorca, 1953, 380.

→ 6.11, Rosselló; 6.39.7, 6.73, Porcel; 6.95.3, Martínez; 9.88, Sabater, Guasp; 8.29, 10.93, 10.94. **21**

29 MENORCA

Barber Barceló, M., *Ensayo de bibliografía menorquina.* Mahón, 1967, iv+167.
Autores y temas menorquines.
Baulies, J., *L'illa de Menorca.* B, 1964-7, 3 v.
Casasnovas Marqués, A. y L., *Menorca.* León, 1972, 172 + láms.
Hernández Sanz, F., *Compendio de geografía e historia de la isla de Menorca.* Mahón, 1906, 449.
Mascaró Pasarius, J., *Menorca...* Palma de Mallorca, 1970, 108.
Tayá Pugés, F., *Menorca.* B, 1973, 96.

Ballester Pons, P., *Costumbres populares de Menorca.* Mahón, 1905, xxiii+102.
Bisson, J., *La tierra y el hombre en Menorca.* BolCámara Oficial de Comercio (Palma de Mallorca), 1967, 69, 51-114.
Agricultura.
Candel Vila, M., *L'île de Minorque. Essai de géographie humaine.* Bulletin de la Societé languedocienne de Géographie (Montpellier), 1950, 21, 132-69.
Castells Adriarnsens, F., *Dominaciones británicas y francesas en la isla de Menorca.* Ejército (M), 1943, 38, 19-25.
Comas Candel, J., *Menorca, avanzada del solar hispánico.* Ciudadela, 1956, 22.
Martí Camps, F., *Breve introducción a la historia de Menorca.* B, 1971, 267.
Martí Camps, F., *Iniciaciò a la història de Menorca.* Palma, 1973, 186.
Mascaró Pasarius, J., *Las taulas.* RMenorca (Mahón), 1968, n.º extraord., 215-330.
Rodríguez Arzúa, J., *La industria de la isla de Menorca.* EG, 1956, 17, 1-40.
→ 6.13.

30 OTRAS ISLAS

Llabrés, J., *Algunas notas bibliográficas sobre Ibiza y Formentera.* Studia (Palma de Mallorca), 1952, 24, 241-2; 1953, 25, 8-13, 37-41, 76-81.

Castillo Guasch, J., *Ibiza y Formentera.* Palma, 1972, 141 + láms.
López Dufour, M., *Guía de Ibiza.* Ibiza, 1973, 45.
Macabich Llobet, I., *Historia de Ibiza.* Palma, 1965-7^2, 4 v.
Verdera Ribas, F., *Ibiza y Formentera.* León, 1972, 182 + láms.
Villangómez, M., *Llibre d'Eivissa. Paisatge. Història. Antologia.* B, 1957, 230.

Bonet, A., *Rutas de Ibiza y Formentera.* Palma, 1971, 102 + láms.
Macabich Llobet, I., *Formentera.* Hispania, 1952, 12, 568-89.

21 Macabich Llobet, I., *Notas sobre Ibiza púnica-romana.* AEA, 1947, 20, 129-37.

Macabich Llobet, I., *Eivissa. Les seves institucions històriques.* B, 1964, 78.

Siglos XIII-XIX.

Sebastián López, S., *El patrimonio artístico de Ibiza.* Palma, 1973, 86 + láms.

Vilá Valentí, J., *Formentera. Estudio de geografía humana.* EG, 1950, 11, 389-442 + láms.

31 ESTUDIOS LOCALES

Guasp Gelabert, B., *...Historia de* **Alaró** *y su castillo.* Lluchmayor, 1973, 129.

Ramos Folqués, A., *Guía de* **Alcudia** *y su museo.* Elche, 1973, 40 + láms.

Lliteras, L., **Artá** *en el siglo XIV...* Palma de Mallorca, 1971, 620.

Martí Camps, F., **Ciutadella** *de Menorca...* Ciudadela, 1971, 252 + láms.

Rosselló Vaquer, R., *Noticies i documents per a la història de* **Felanitx**. Felanitx, 1972, 63.

Barceló Pons, B., **Inca** *y su término.* Palma, 1958, 18.

Font Obrador, B., *Historia de* **Llucmajor**. Llucmajor, 1973², 414 + láms.

→ 21.26, Coll.

Mahón → 1.41.

Fuster, G., *Historia de* **Manacor**. Palma, 1966, 410 + láms.

Santaner Marí, J., *Hombres notables de* **Muro**. Muro, 1973, 137.

Rotger Capllonch, M., *Historia de* **Pollensa**. Palma, 1967-9², 3 v.

Nicolau Bauzá, J., *Miscelánea histórica de* **Sóller**. Sóller, 1970, 156.

Rullán, J., *Historia de Sóller.* Palma, 1875-7, 2 v.

Molina, E., **Valldemosa** *y sus bellezas.* Palma, s. a., 101.

→ 8.34.

32 CANARIAS

Castillo Ruiz, P. A., *Descripción histórica y geográfica de las Islas Canarias...* Santa Cruz de Tenerife, 1848, xviii+350.

Even, Y., *Les Iles Canaries...* Santa Cruz de Tenerife, 1963, 1967 + láms.

García Venero, M., *Canarias. Biografía de la región atlántica.* M, 1962, 549.

Giménez Romera, W., *Crónica de las Islas Canarias.* M, 1868, 96.

Reyes Darias, A., *Las Canarias Occidentales. Tenerife, La Palma, La Gomera, El Hierro.* B, 1969, 615.

33 HISTORIA. BIOGRAFIA 21

Blanco Montes, J., *Breve noticia histórica de las Islas Canarias.* Las Palmas, 1957, 375 + láms.

Jiménez Sánchez, S., *Breve reseña histórica de las Islas Canarias.* Las Palmas, 1949^{4}.

López Herrera, S., *Las Islas Canarias a través de la historia.* M, 1972^{3}, 201 + láms.

Millares Torres, A., *Hijos ilustres de las Islas Canarias.* Las Palmas, 1878-9^{2}, 2 v.

Utrera Cabezas, M., *Historia de Canarias.* Las Palmas, 1926, viii+293.

Viera Clavijo, J., *Noticias de la historia general de las Islas Canarias.* M, 1772-83, 4 v.

Alvarez Delgado, J., *El episodio de Iballa.* AEAtl, 1959, 5, 255-374.

Alvarez Delgado, J., *La conquista de Tenerife. Un reajuste de datos hasta 1496.* RHC, 1959, 25, 169-96; 1960, 26, 71-93, 245-97; 1961, 27, 6-65.

Alvarez Delgado, J., *Primera conquista y cristianización de La Gomera...* AEAtl, 1960, 6, 445-92.

Bonnet Reverón, B., *Las expediciones a las Canarias en el siglo XIV.* RI, 1944, 5, 577-610; 1945, 6, 7-31, 189-220, 389-418.

Bonnet Reverón, B., *Las Canarias y la conquista franconormanda.* La Laguna, 1944-54, 2 v.

Bonnet Reverón, B., *La conquista de Gran Canaria.* RHistoria (La Laguna), 1952, 18, 308-33.

Guimerá Peraza, M., *Estudios sobre el siglo XIX político canario.* Las Palmas, 1973, 386.

Lanuza Cano, F., *Ataque y derrota de Nelson en Santa Cruz de Tenerife.* M, 1955, 795.

León, F. M., *Apuntes para la historia de las Islas Canarias, 1776-1868.* Santa Cruz de Tenerife, 1966, xx+424.

Martínez Campos, C., *Canarias en la brecha. Compendio de historia militar.* Las Palmas, 1953, 410 + láms.

Padrón Acosta, S., *Retablo canario del siglo XIX.* Santa Cruz, 1968, 280.
34 biografías.

Pérez Voiturez, A., *Problemas jurídicos internacionales de la conquista de Canarias.* La Laguna, 1958, 288.

Pinto de la Rosa, J. M., *Canarias prehispánica y Africa occidental española.* M, 1954, 272.

Ricard, R., *Recherches sur les relations des Iles Canaries et de la Berberie au XVIe. siècle.* Hespéris (París), 1935, 21, 79-130.

Rosa Olivera, L., *Notas sobre los Reyes de Tenerife y sus familias.* RHC, 1956, 22, 1-17.

Rumeu de Armas, A., *Piraterías y ataques navales contra las Islas Canarias.* M, 1947-51, 5 v.

Serra Rafols, E., *Los últimos canarios.* RHC, 1959, 25, 5-23.

Torres Campos, R., *Carácter de la conquista y colonización de las Islas Canarias.* M, 1901, 249.

→ 6.46, 6.82.6, Bonnet.

21 34 INSTITUCIONES. SOCIOLOGIA. CULTURA

Bonnet Reverón, B., *Comienzos de las misiones en Canarias.* HS, 1959, 12, 193-207.

Guimerá Peraza, M., *La capitalidad y la división de Canarias... 1808-1873.* Santa Cruz de Tenerife, 1966, 46.

Guimerá Peraza, M., *El pleito insular. La capitalidad de Canarias (1808-1839).* AEAtl, 1967, 13, 365-445.

Guimerá Peraza, M., *El pleito insular. La división de la provincia de Canarias (1840-1873).* AEAtl, 1968, 14, 535-635.

Ossuna Van Den-Heede, M., *El regionalismo en las Islas Canarias.* Santa Cruz de Tenerife, 1904, 2 v.

Peraza Ayala, J., *Los antiguos cabildos de las Islas Canarias.* AHDE, 1927, 4, 225-97.

Peraza Ayala, J., *El Real Patronato de Canarias.* AHDE, 1960, 30, 113-74.

Rosa Olivera, L., *Evolución del régimen local en las Islas Canarias.* M, 1946, 255.

Rosa Olivera, L., *La Real Audiencia de Canarias. Notas para su historia.* AEAtl, 1957, 3, 91-161.

Valle Benítez, J., *Los cabildos insulares de Canarias.* Santa Cruz de la Palma, 1970, viii+149.

Zunzunegui, J., *Los orígenes de las misiones en las Islas Canarias.* RET, 1940, 1, 361-408.

→ 7.43, 7.49.3, 9.86, 10.28, 14.61, Bosch; 17.09.

35 ARTE

Hernández Perera, J., *Orfebrería de Canarias.* M, 1955, 532.

36 ETNOLOGIA. FOLKLORE

Diego Cuscoy, L., *Tradiciones populares... Folklore canario. Folklore infantil.* M, s. a., 264.

Diego Cuscoy, L., *Paletnología de las Islas Canarias.* Santa Cruz de Tenerife, 1963, 69 + láms.

Diego Cuscoy, L., *Los guanches. Vida y cultura...* Santa Cruz de Tenerife, 1968, 279.

Granda Gutiérrez, G., *Algunas notas sobre la población negra en las Islas Canarias (siglos XVI-XVIII) y su interés antropológico y lingüístico.* RDTP, 1972, 28, 213-28.

Jiménez de Gregorio, F., *La población de las Islas Canarias en la segunda mitad del siglo XVIII.* AEAtl, 1968, 14, 127-301.

Pérez Vidal, J., *Aportación portuguesa a la población de Canarias.* AEAtl, 1968, 14, 41-106.

Serra Rafols, E., *La repoblación de las Islas Canarias.* AEM, 1968, 5, 409-29.

Tarquis Rodríguez, P., *Tradiciones canarias.* Santa Cruz de Tenerife, 1970, 331 + láms.

Tradiciones populares. Palabras y cosas. Colección de ensayos y notas de folklore canario. La Laguna, 1944, 216.

→ 20.

37 GEOGRAFIA. ECONOMIA

Alonso Luengo, M., *Las Islas Canarias. Estudio geográfico-económico*... M, 1947, 422 + láms.
Bravo, T., *Geografía general de las Islas Canarias.* Santa Cruz de Tenerife, 1954, 412.
Díaz Llanos, R., *Síntesis de economía de Canarias.* M, 1953, 460 +102 + láms.
Jiménez Sánchez, S., *Descripción geográfica de Canarias*... Las Palmas, 1929[2], vi+198.
Myhill, H., *The Canary Islands*... Londres, 1968, 204.
Ceballos Fernández, L., y F. Ortuño, *Vegetación y flora forestal de las Canarias occidentales.* M, 1951, 470 + láms.
Font Tullot, I., *Factores que gobiernan el clima de las Islas Canarias.* EG, 1955, 16, 5-21.
Font Tullot, I., *El clima de las Islas Canarias.* AEAtl, 1959, 5, 57-104.
Fuster, J. M., *Geología y vulcanología de las Islas Canarias.* M, 1968, 177.
Hausen, H. M., *Hidrografía de las Islas Canarias*... La Laguna, 1954, 84.
Huetz de Lemps, A., *Le climat des îles Canaries.* París, 1969, 224.
Magalhaes Godinho, V., *A economia das Canárias nos séculos XIV e XV.* Revista de História (São Paulo), 1952, 10, 313-48.
Martel, M., *Génesis del archipiélago canario.* EG, 1951, 7, 381-410.

→ 11.60, 12.33, 12.47, 12.67, 12.91.4, Alzola; 12.97.

38 CASTILLA LA NUEVA

Criado de Val, M., *Teoría de Castilla la Nueva.* M, 1969[2], 400.
Gómez de la Serna, G., *Castilla la Nueva.* B, 1964, 596.
Quadrado, J. M., y V. de la Fuente, *España... Castilla la Nueva.* B, 1885-6, 3 v.

39 HISTORIA. BIOGRAFIA

→ 10.92.

40 INSTITUCIONES. SOCIOLOGIA. CULTURA

→ 3.26, 9.16, Jover; 9.22, 9.30, Tapia; 9.31, 9.33, 9.45, 10.41, Benito; 10.54, 13.54.

41 ARTE

Orueta Duarte, R., *La escultura funeraria en España. Provincias de Ciudad Real, Cuenca y Guadalajara.* M, 1919, 384.
→ 9.88, Bordeje; 18.30, Gómez; 18.69, Agapito.

42 ETNOLOGIA. FOLKLORE

Castillo de Lucas, A., *Historias y tradiciones de Guadalajara y su provincia. Costumbres, devociones, fiestas, coplas*... M, 1970, 198.

21 Hoyos Sancho, N., *Sobre la vida tradicional en tierras de Don Quijote.* BRSG, 1951, 27, 491-511.

Olavarría, E., *El folk-lore de Madrid,* en *Biblioteca de las tradiciones populares españolas.* M, 1884, II, 5-100.

→ 20.

43 GEOGRAFIA. ECONOMIA

Gradfelter, B. G., *Meseta and campiña landsforms in Central Spain...* Chicago, 1971, xii+204.

→ 11.60.1, 12.14, 12.25.

44 CASTILLA LA VIEJA

Calvet, A., *Castilla adentro.* B, 1963, 230.

Carretero Jiménez, A., *La personalidad de Castilla en el conjunto de los pueblos hispánicos.* Valencia, 1968^{3}, 180.

Corominas, P., *Por Castilla adentro.* M, 1930, 232.

García Villoslada, R., *En el milenario de Castilla..., raíz y médula de España.* RyF, 1943, 128, 374-92.

Manrique Hernández, G., *Castilla la Vieja.* M, 1954, 28 + láms.

Martín Abril, F. J., *Castilla* [la Vieja]. M, 1944, 46.

Martín González, J. J., *Surco de Castilla.* Valladolid, 1972, 224 + láms.

Menéndez Pidal, R., *Carácter originario de Castilla.* REPol, 1944, 14, 383-408.

También, en su *Castilla. La tradición...* Buenos Aires, 1943, 9-93.

Pérez, Q., *Castilla en la literatura contemporánea.* RyF, 1946, 133, 329-36.

Pérez Embid, F., *Sobre lo castellano y España.* Arbor, 1948, 11, 263-76.

También, en *Historia de España... Arbor.* M, 1953, 740-51.

Ridruejo Jiménez, D., *Castilla la Vieja. Santander, Burgos, Logroño.* B, 1973, 686.

Sánchez Alonso, B., *Castilla y España.* RBAM, 1946, 15, 389-95.

Suárez Fernández, L., *Herencia medieval de Castilla.* REPol, 1951, 55, 127-39.

→ 6.37.1, Reinhart; 11.88, Azorín; 17.03, Green.

45 HISTORIA. BIOGRAFIA

Ferrari Núñez, A., *Castilla dividida en dominios según el Libro de las Behetrías.* M, 1958, 195.

García Sáinz, J., *Historia de las antiguas merindades de Castilla.* Burgos, 1952, 576.

González Magro, P., *Merindades y señoríos de Castilla en 1355.* RFE, 1914, 1, 378-401.

Palol Salellas, P., *Castilla la Vieja entre el Imperio Romano y el Imperio Visigodo.* Valladolid, 1970, 50.

Pérez de Urbel, J., *Origen y caminos de los repobladores de la Castilla primitiva.* BIFG, 1973, 20, 810-25.

Sánchez Albornoz, C., *Alfonso III y el particularismo castellano.* CHE, 1950, 13, 19-100. 21

Sánchez Diana, J. M., *La Castilla germánica.* BIFG, 1973, 20, 584-608.

46 INSTITUCIONES. SOCIOLOGIA. CULTURA

Carretero, L., *La cuestión regional de Castilla la Vieja...* Segovia, 1918, xi+446.

Cerdá Ruiz, J., *Fuero antiguo de Castilla,* en *Nueva Enciclopedia Jurídica.* B, 1960, X, 257-60.

Cerdá Ruiz, J., *Fuero Viejo de Castilla,* en *Nueva Enciclopedia Jurídica.* B, 1960, X, 352-72.

Domínguez Ortiz, A., *La ruina de la aldea castellana.* RIS, 1948, 6, 99-124.

Encinas, J., *Sociología rural de Castilla.* PE, 1959, 4, 127-33.

García Rámila, I., *Las Cortes de Castilla. Orígenes y vicisitudes...* RABM, 1925, 46, 84-99, 262-78.

Pérez Díaz, V., *Emigración y cambio social. Procesos migratorios y vida rural en Castilla.* B, 1971[2], 233.

Puyol Alonso, J., *Las Hermandades de Castilla y León. Estudio histórico...* M, 1913, 156.

Sánchez Diana, J. M., *Castilla ante los regionalismos.* BIFG, 1973, 20, 963-81.

Senador Gómez, J., *La ciudad castellana. Entre todos la matamos...* B, 1919, 202.

Senador Gómez, J., *Castilla en escombros. Las leyes. Las tierras...* Valladolid, 1920[2], 265.

Senador Gómez, J., *La canción del Duero. Arte de hacer naciones y deshacerlas.* M, 1932, 278.

Suárez Fernández, L., *Evolución histórica de las Hermandades castellanas.* CHE, 1951, 16, 5-78.

Torres Fontes, J., *Los condestables de Castilla en la edad media.* AHDE, 1971, 41, 57-112.

Valdeón Baruque, J., *Las Cortes de Castilla y las luchas del siglo XV.* AEM, 1966, 3, 293-326.

→ 3.27, 3.34, 8.56, Río; 9.16, Jover; 9.22, 9.27, 9.28, 9.30, Tapia; 9.31, 9.33, 9.41, 9.45, 9.46, 9.67, 9.86, 10.41, Benito; 10.51, 10.54, 10.81, 10.93, 13.54.

47 ARTE

García Chico, E., *Documentos para el estudio del arte en Castilla.* Valladolid, 1940-6, 4 v.

García Chico, E., *Nuevos documentos para el estudio del arte en Castilla.* Valladolid, 1959, 115.

Gaya Nuño, J. A., *La pintura románica en Castilla.* M, 1954, 33 + láms.

Martín González, J. J., *La policromía en la escultura castellana.* AEArte, 1953, 26, 295-312.

Martín González, J. J., *Escultura barroca castellana.* M, 1959-71, 2 v.

21 Pita Andrade, J. M., *Escultura románica en Castilla. Los maestros de Oviedo y Avila*. M, 1955, 40 + láms.

Proske, B. G., *Castilian sculpture, Gothic to Renaissance*. Nueva York, 1951, 525.

Rodríguez, A., y L. M. Lojendio, *Castille romane*. Yonne, 1966, 2 v.

→ 9.88, Bordeje, Jiménez; 18.30, Gómez; 18.69, Agapito; 18.83, Castrillo.

48 ETNOLOGIA. FOLKLORE

Briones Matute, R., *Etnología de la zona montañosa de la provincia de Logroño*, en *Etnología y tradiciones populares*. Zaragoza, 1969, 133-6.

Brugarola, M., *Las tradiciones populares de Santo Domingo de la Calzada*. RDTP, 1950, 6, 640-9.

González, J. V.,...*Tipos y costumbres del oeste riojano*. M, 1926, 265.

Hergueta Martín, D., *Folklore burgalés*. Burgos, 1934, 242.

Hoyos Sancho, N., *Algunos aspectos de la etnografía soriana*. EG, 1958, 19, 241-73.

Klemm, A., *La cultura popular de la provincia de Avila*. AIL, 1962, 8, 1-304 + láms.

Manrique, G., *El casticismo de Castilla en el folklore*. RDTP, 1963, 19, 55-77.

Merino Urrutia, J. B., *El folklore en el Valle de Ojacastro*... M, 1949, 89 + láms.

Pan, I., *Aspecto etnográfico de la Rioja. Los pueblos*... Berceo, 1952, 7, 577-600; 1953, 8, 41-71, 199-225.

Revilla, A., *Cuestionario de orientación etnográfica en Segovia*. ES, 1952, 3, 526-32.

→ 20.

49 GEOGRAFIA. ECONOMIA

Escagüés Javierre, I., *La estructura económica del Valle del Duero*... Las Ciencias, 1957, 22, 775-830.

Fernández Díez, G., *El valor de Castilla. Estudio económico y semipolítico*. Avila, 1926, 590.

García Fernández, J., *Aspectos del paisaje agrario de Castilla la Vieja*. Valladolid, 1963, 47.

García Fernández, J., *Champs ouverts et champs clôtures en Vieille Castille*. AESC, 1965, 20, 692-718.

Gutiérrez Martínez, A., *Estudio histórico-económico de Castilla y Burgos durante el siglo XVI*. BIFG, 1972, 20, 266-82; 1973, 566-83.

Hernández Pacheco, F., *Fisiografía e historia geológica de la altiplanicie de Castilla la Vieja*. Valladolid, 1930, 16.

Höpfner, H., *Die ländlichen Siedlungen der Altkastilischen Meseta*... Hamburgo, 1939, ix+163 + láms.

Höpfner, H., *La evolución de los bosques de Castilla la Vieja en tiempos históricos*. EG, 1950, 15, 415-30.

Schmitt, R., *El clima de Castilla la Vieja y Aragón.* EG, 1945, 6, 727-812.

→ 11.60, 12.04, Larraz; 12.13, 12.14, 12.24, 12.25, 12.32, 12.33, 12.43, 12.47, 12.63, 12.65, 12.75, 12.88, Guardamino.

50 CATALUÑA

Barnat, J., *Visió de Catalunya.* B, 1973, 319.
Bover Argerich, J., *Guía de Cataluña y sus comarcas. Síntesis geográfico-histórica. Agricultura, industria, demografía, turismo, folclore...* B, 1966, 364.
Enciclopèdia, *Gran ___ catalana.* B, 1969-.
García Venero, M., *Cataluña. Síntesis de una región.* M, 1954, 372.
Piferrer Fábregas, P., y otros, *España... Cataluña.* B, 1884, 2 v.
Pla Casadevall, J., *Cataluña.* B, 1972[4], 620 + láms.
Pla Casadevall, J., *Guía de Cataluña.* B, 1973[2], 440.
Soldevila Zubiburu, C., *Cataluña. Arte, vida, paisaje.* B, 1951, 375.
Vicens Vives, J., *Notícia de Catalunya.* B, 1960[2], 227.
Clemente, J. C., *Cataluña, hoy.* M, 1970, 234.
Entrevistas personales.
Ferrater Mora, J., *Les formes de la vida catalana...* B, 1960[2], 205.
Miscelánea.
Gracia, J., *Cataluña juzgada por escritores españoles no catalanes.* B, 1906, 172.
Marías Aguilera, J., *Consideración de Cataluña.* B, 1966, 179.
Prat de la Riba, C., *La nacionalidad catalana.* B, 1910, 147.
Serrahima, M., *Realidad de Cataluña. Respuesta a Julián Marías.* B, 1967, 155.
Soldevila Zubiburu, C., *Bellesa de Catalunya.* B, 1957, 418.
Torrás Bagés, J., *La tradició catalana.* B, 1966[3], 428.
Vicens Vives, J., *Obra dispersa. I: Catalunya ahir i avui.* B, 1967, xvii+595.

51 HISTORIA. BIOGRAFIA

Abadal Vinyals, R., y otros, *Moments crucials de la història de Catalunya.* B, 1962, xxxix+327.
Albertí, S., *Diccionari biogràfic.* B, 1966-70, 4 v.
Bofarull Broca, A., *Historia crítica, civil y eclesiástica de Cataluña.* B, 1876-8, 9 v.
Carrera Pujal, J., *Historia política y económica de Cataluña.* B, 1947, 4 v.
Carreras Bulbena, J. R., *Estudis biogràfichs i critichs de catalans ilustres.* B, 1908-12, 2 v.
Reglá Campistol, J., y otros, *Història de Catalunya.* B, 1972, 2 v.
Rovira Virgili, A., *Història nacional de Catalunya.* B, 1922-34, 7 v.
Soldevila Zubiburu, C., *Cataluña. Sus hombres y sus obras.* B, 1955, 405.
86 biografías.
Soldevila Zubiburu, F., *Història de Catalunya.* B, 1963[2], xx+1532.

21 Soldevila Zubiburu, F., *Síntesis de la historia de Cataluña.* B, 1973, 282.
Soldevila Zubiburu, F., y otros, *Història dels catalans.* B, 1963-6, 3 v.
Valls Taberner, F., *Historia de Cataluña.* B, 1955, 2 v.

Albertí, S., *El republicanisme català i la Restauració monàrquica (1875-1923).* B, 1973, 530.
Balcells, A., *Crisis económica y agitación social en Cataluña de 1930 a 1936.* B, 1971, 295.
Batllori Munné, M., *Catalunya a l'època moderna.* B, 1971, 504.
Carrera Pujal, J., *Historia política de Cataluña en el siglo XIX.* B, 1957-8, 7 v.
Lalinde Abadía, J., *La institución virreinal en Cataluña (1471-1716).* B, 1964, iv+669.
Llates, R., *30 anys de vida catalana* [1900-31]. B, 1969, 575 + láms.
Mercader Riba, J., *Els capitans generals.* B, 1957, 182.
Cataluña en el siglo XVIII.
Oliver, M. S., *Catalunya en temps de la revolució francesa.* B, 1922, 222.
Poblet, J. M., *Catalunya, 1833-1913. Una panoràmica amb el teatre i els jocs florals.* B, 1969, 191.
Porcel, B., *Grans catalans d'ara.* B, 1973, 464.
Reglá Campistol, J., *Els virreis de Catalunya.* B, 1956, 179.
Reglá Campistol, J., *Felip II i Catalunya.* B, 1956, xvi+243 + láms.
Sanpere Miquel, S., *Fin de la nación catalana.* B, 1905, 693.
Soldevila Zubiburu, F., y otros, *Un segle de vida catalana, 1814-1930.* B, 1961, 2 v.
Miscelánea.
Tarradell Mateu, M., *Les arrels de Catalunya.* B, 1962, xvi+322.
Udina Martorell, F., *En torno a la leyenda de las «barras» catalanas.* Hispania, 1949, 37, 531-65.
Vicens Vives, J., *Cataluña en el siglo XIX.* M, 1961, 452.
Vicens Vives, J., y M. Llorens, *Industrials i polítics del segle XIX.* B, 1958, 444.

→ 6.13, 6.33, 6.39-.2, 6.39.4-.5, 6.39.9, 6.65.1, 6.82.6, Blanch, Desdevises, Mercader; 6.85.1, 6.94.1, 6.95.5, 7.49.3, 8.03, Torra; 8.05, 8.85, Pou, Ventura; 10.49, 10.81.

52 INSTITUCIONES

Camps Arboix, J., *Bibliografía del derecho catalán moderno.* B, 1956, 118.

Broca, G. M., *Historia del Derecho de Cataluña.* B, 1918-23, 2 v.
Figa Faura, L., *Manual de Derecho Civil catalán.* B, 1961, xii+668.
García Venero, M., *Historia del nacionalismo catalán.* M, 1967², 2 v.

Aunós Pérez, A., *El derecho catalán en el siglo XIII.* B, 1926, 355.
Camps Arboix, J., *Historia del derecho catalán moderno.* B, 1958, 363.
Camps Arboix, J., *La Mancomunitat de Catalunya.* B, 1968, 108.
Camps Arboix, J., *Les cases pairals catalanes.* B, 1969³, 336 + láms.

Camps Arboix, J., *Història de la Solidaritat catalana.* B, 1970, 285. 21
Carreras Candi, F., *Divisions administratives de Catalunya en les èpoques passades.* BRABarcelona, 1917, 9, 30-40, 116-24.
Coroleu Inglada, J., y J. Pella Forgas, *Las Cortes catalanas. Estudio jurídico...* B, 1876, 418.
Coroleu Inglada, J., y J. Pella Forgas, *Los fueros de Cataluña...* B, 1878, 775.
Cucurull, F., *Origens i evolució del federalisme català.* B, 1970, 125.
Chaupart, J. M., *Del regionalismo al nacionalismo catalán.* Toulouse, 1969.
Fernández Almagro, M., *Catalanismo y República española.* M, 1932, 214.
Font Rius, J. M., *Franquicias urbanas medievales de la Cataluña vieja.* B, 1960, 45.
González Ledesma, F., *El dret català actual.* B, 1969, 106.
Jaume, F., *El separatismo en Cataluña...* M, 1907, 541.
March, J. M., *El Somatén. Su origen y naturaleza. Su historia y organización.* B, 1923, 52.
Mercader Riba, J., *La ordenación de Cataluña por Felipe V.* Hispania, 1951, 11, 257-371.
Mercader Riba, J., *Un organismo-piloto en la monarquía de Felipe V: la Superintendencia de Cataluña.* Hispania, 1966, 26, 382-409, 426-518; 1967, 27, 116-57, 354-76.
Molas, I., *Lliga catalana.* B, 1973², 2 v.
Mor, C. G., *En torno a la formación del texto de los «Usatici Barchinonae».* AHDE, 1958, 28, 413-59.
Oterino Cervelló, A., *El Somatén armado de Cataluña...* REstudios históricos de la Guardia Civil (M), 1972, 9, 9-38; 10, 9-49.
Peres Unzueta, J., *El Sometent a través de la història.* B, 1924, xv+460.
Poblet, J. M., *El moviment autonomista a Catalunya dels anys 1918-1919.* B, 1970, 127.
Pons Guri, J. M., y V. Sandalinas Florenza, *Constituciones y otros derechos de Cataluña. Textos de derecho civil vigente en Cataluña.* B, 1952, xix+327.
Procter, E. S., *The development of the catalan Corts in the thirteenth century.* EUC, 1936, 22, 525-46.
Rubió Cambronero, I., *La Deputació del General de Catalunya en los segles XV i XVI.* B, 1950, 2 v.
Sabaté, M., *Historia de la Lliga.* B, 1969, 106.
Sales, N., *Història dels mossos d'esquadra...* B, 1962, 266 + láms.
Soldevila Zubiburu, F., *La formation du sentiment national en Catalogne au Moyen Age.* Bulletin of the Intern. Comm. of historical sciences (París), 1938, 10, 261-4.

→ 3.28, 6.75, 9.27, Font; 9.28, 9.33, 9.53, Freitag; 9.67, 10.54, 10.57, 10.58.

53 SOCIOLOGIA. CULTURA

Maluquer Sostres, J., *Població i societat a l'àrea catalana.* B, 1965, 188.
Desde la edad media.

21 Balcells, A., *El problema agrari a Catalunya (1890-1936). La qüestió rabassaire.* B, 1968, 300.

Candel, F., *Els altres catalans.* B, 1964, 360.
Inmigrantes.

Giralt Raventós, E., *El conflicto «rabassaire» y la cuestión agraria en Cataluña hasta 1936.* RTrabajo (M), 1965, 7, 3-24.

Golobardes Vila, M., *Els remences dins el quadre de la pagesia catalana fins el segle XV.* Gerona. 1970-3, 2 v.

Iglésies Fort, J., *El fogaje de 1365-1370... La población de Cataluña en la segunda mitad del siglo XIV.* MRACA, 1962, 34, 247-356.

Iglésies Fort, J., *El cens del Comte de Floridablanca, 1787. Part de Catalunya.* B, 1969, 618.

Massot Muntaner, J., *Aproximació a la història religiosa de la Catalunya contemporània.* Montserrat, 1973, 228.

Nadal Oller, J., y E. Giralt Raventós, *La population catalane de 1553 à 1717...* París, 1960, xxiii+354.

Rubió Balaguer, J., *La cultura catalana del Renaixement a la Decadència.* B, 1964, 172.
Miscelánea.

Rubió Lluch, A., *Documents per l'història de la cultura catalana mig-eval.* B, 1908-21, 2 v.

Vicens Vives, J., *Historia de los remensas en el siglo XV.* B, 1945, 380.

Vicens Vives, J., *El gran sindicato remensa, 1488-1508.* M, 1954, 263.

Voltes Bou, P., *La población de Cataluña en el primer cuarto del siglo XVIII.* EG, 1956, 17, 165-84.

→ 12.52, Hinojosa; 14.07, Documents; 14.19, Riquer, Rubió; 14.24, Elías; 14.31, Coll; 14.62, García; 14.65, Casassas; 17.64.

54 ARTE

Durliat, M., *Art catalan.* París, 1963, 419 + láms.

Gudiol Ricart, J., y otros, *Arte en España. Cataluña.* B, 1955, 512.

Cirici Pellicer, A., *El arte modernista catalán.* B, 1951, 475.

Cirici Pellicer, A., *L'arquitectura catalana.* Palma de Mallorca, 1955, 183.

Cirici Pellicer, A., *L'escultura catalana.* Palma, 1957, 180.

Cirici Pellicer, A., *L'art català contemporani.* B, 1970, 390 + láms.

Cirici Pellicer, A., y O. Maspons, *Arquitectura gótica catalana.* B, 1973, 432 + láms.

Cook, W. W. S., *La pintura mural románica en Cataluña.* M, 1956, 41 + láms.

Cook, W. W. S., *La pintura románica sobre tabla en Cataluña.* M, 1960, 36.

Gudiol Ricart, J., *Los vidrios catalanes.* B, 1941, 168 + láms.

Jardí Casany, E., *L'art català contemporani.* B, 1972, 494.

Jardí Casany, E., *Les arts plàstiques a Catalunya en el segle XIX.* Palma, 1973, 206 + láms.

Martinell, C., *Arquitectura i escultura barroques a Catalunya.* B, 1959-63, 3 v.

Pijoán Soteras, J., *Las pinturas murales románicas de Cataluña.* B, 1948. 21

Puig Cadafalch, J., y otros, *L'arquitectura romànica a Catalunya.* B, 1949-54[2], 3 v.

Whitehill, W. M., *L'art romànic a Catalunya. Segle XI.* B, 1973, 285 + láms.

→ 8.33, 8.37, 9.88, Catalá, Jiménez; 18.69, Ross; 18.86, Valls; 18.88, Capmany; 18.90, Rafols.

55 ETNOLOGIA. FOLKLORE

Amades, J., *Folklore de Catalunya.* B, 1950-69, 3 v.

Amades, J., *Costumari català. El curs de l'any.* B, 1950-6, 5 v.

→ 16.91.1, Griera Gaja.

Abella Gibert, D., *El nostre caràcter.* B, 1961, 61.

Arimany, M., *I els catalans també.* B, 1965, 220.
Sicología.

Matons, A., *Psicoanàlisi del català.* B, 1971, 259.

Moreira, J., *Del folklore tortosí.* Tortosa, 1934, 749.

Pla Cargol, J., *Tradición, tipismo y artes populares (provincia de Gerona),* en *Etnología y tradiciones populares.* Zaragoza, 1969, 109-16.

Violant Simorra, R., *Etnografia de Reus i la seva comarca.* Reus, 1955-9, 5 v.

→ 20.

56 GEOGRAFIA. ECONOMIA

Blasi Maranges, P., *Les terres catalanes.* B, 1954, 741 + láms.

Carreras Candi, F., y otros, *Geografia general de Catalunya.* B, 1913-8, 6 v.
Comprende: L. Marián Vidal y otros, *Catalunya,* 1123.—F. Carreras Candi, *Ciutat de Barcelona,* 1137.—C. Gomis, *Província de Barcelona,* 594.—J. Botet Sisó, *Província de Girona,* 1072.—C. Rocafort, *Província de Lleyda,* 986.—E. Morera Llaudaró, *Província de Tarragona,* 951.

Cortada Reus, F., *Geografía económica de Cataluña.* B, 1950, 400.

Creus Vidal, Ll., *Visió econòmica de Catalunya.* B, 1934, 2 v.

Chevalier, M., *Geografia física de Catalunya.* Gerona, 1934, 234.

Solé Sabarís, L., y otros, *Geografia de Catalunya.* B, 1958, 665.

Trías Fargas, R., *Introducción a la economía de Cataluña.* M, 1973, 152.

Aguilera, J., *Historia de la industria catalana.* B, 1952, 2 v.

Camps Arboix, J., *Història de l'agricultura catalana.* B, 1969, 413.

Carrera Pujal, J., *La economía de Cataluña en el siglo XX.* B, 1961, 4 v.

Gil, P., *Geografia de Catalunya* [1600]. Ed. de J. Iglésies. B, 1949, 317.

Iglésies, J., *Síntesi de la Junta de Comerç de Barcelona (1760-1847).* B, 1969, 70.

21 Mir, R. M., y otros, *Cataluña agrícola. Aportación a su estudio.* B, 1943, 398.

Pi Sunyer, C., *L'aptitud econòmica de Catalunya.* B, 1927, 2 v.

Romeva Ferrer, P., *Historia de la industria catalana.* B, 1952, 2 v.

Ros Hombravella, J., y A. Montserrat, *L'aptitud financera de Catalunya. La balança catalana de pagaments.* B, 1967, 183.

Vila, P., *Assaig d'una localització de les indústries antigues a Catalunya.* EUC, 1932, 17, 50-64.

Vilá Valentí, J., *El origen de la industria catalana moderna.* EG, 1960, 21, 5-40.

Vilá Valentí, J., *El mon rural a Catalunya.* B, 1973, 210.

Vilar, P., *La Catalogne dans l'Espagne moderne. Recherches sur les fondements économiques des structures nationales.* París, 1962, 3 v.

Economía, siglo XVIII.

Voltes Bou, P., *La Banca barcelonesa de 1840 a 1920.* B, 1963, viii+355.

→ 11.60, 12.13, Torrella; 12.21, 12.24, 12.32, 12.33, 12.52, 12.65, 12.67, 12.85, 12.88, Llensa; 12.99.

57 EXTREMADURA

Barrantes, V., *Catálogo razonado y crítico de los libros, memorias... de Extremadura.* M, 1865, viii+320.

Barrantes, V., *Aparato bibliográfico para la historia de Extremadura.* M, 1875-7, 3 v.

Barrantes, V., *Indice de la biblioteca extremeña de ___.* M, 1881, 400.

Sánchez Loro, D., *Bibliografía de Extremadura (5.000 fichas).* Cáceres, 1955^2, 343.

Ciganovic, J., *Extremadura.* M, 1968, 220.

Díaz Pérez, N., *España... Extremadura.* B, 1887, xlvii+1019.

López Prudencio, J., y otros, *Extremadura.* Badajoz, s.a., 143.

Lorenzo Morales, P., y otros, *Extremadura.* M, 1968, 216.

Muñoz de San Pedro, M., *Extremadura...* M, 1961, 653.

Rickenback, P., *La España de los conquistadores.* M, 1967, 208 + láms.

Valverde Alvarez, E., *Guía de Extremadura.* M, 1889, 64.

Zoido Díaz, A., *Extremadura es así. Ciudades, costumbres, tipismo, personajes, historia...* M, 1969, 80 + láms.

Corchón García, J., *Relaciones topográficas referentes a Extremadura.* EG, 1949, 10, 299-321.

Lorenzo Morales, P., *Extremadura: la fantasía heroica.* M, 1973^2, 208.

Sánchez Loro, D., *Trasuntos extremeños.* Cáceres, 1956, 246.

Sánchez Morales, N.,...*Metafísica y fenomenología extremeñas.* REE, 1968, 24, 227-43.

58 HISTORIA. BIOGRAFIA

Díaz Pérez, N., *Diccionario histórico, biográfico, crítico y bibliográfico de autores, artistas y extremeños ilustres.* M, 1884-8, 2 v.

Martínez Quesada, J., *Extremadura en el siglo XVIII.* B, 1965. 21

Morán Márquez, A., *Nombres claros de Extremadura. Notas biográficas.* Badajoz, 1914, xiii+197.

Muñoz de San Pedro, M., *Extremadura en 1829. Datos de sus partidas y localidades.* REE, 1960, 16, 31-58, 319-48; 1964, 20, 5-52.

Rodríguez Moñino, A., *Extremadura en el siglo XVI. Noticias de viajeros y geógrafos (1495-1600).* REE, 1952, 8, 281-376; 1954, 10, 329-41.

Solar Taboada, A., y Marqués de Ciadoncha, *Egregios extremeños.* Badajoz, 1946, 181.

→ 6.35.1, 6.82.6, Gómez, Silva; 9.96, Mota; 9.97, Mota.

59 INSTITUCIONES. SOCIOLOGIA. CULTURA

→ 3.29, 9.42, Muñoz; 17.09.

60 ARTE

Pueblos, *Los ___ extremeños. Su historia y monumentos. Catálogo y guía de la riqueza de Extremadura.* Badajoz, 1929, 190 + láms.

→ 9.88, Velo.

61 ETNOLOGIA. FOLKLORE

Caba, P., *Algunos rasgos del hombre extremeño.* REE, 1966, 22, 39-73, 259-88; 1967, 23, 23-104, 313-68; 1968, 24, 37-117. También, Badajoz, 1966, 313.

Gutiérrez Macías, V., *Apuntes de etnología extremeña. Jaraiz de la Vera.* RDTP, 1964, 20, 228-40.

Gutiérrez Macías, V., *Estudio etnológico de Torrejoncillo (Cáceres).* RDTP, 1965, 21, 182-93.

Gutiérrez Macías, V., *Tradiciones cacereñas.* RDTP, 1967, 23, 367-82.

Hoyos Sáinz, L., *La raza extremeña.* REE, 1952, 8, 3-22.

Marcos de Sande, M., *Del folklore garrovillano...* REE, 1945, 1, 447-61; 1947, 3, 76-114.

Ramón Fernández, J., *Costumbres cacereñas.* RDTP, 1950, 6, 78-103.

Rodríguez Moñino, A., *Diccionario geográfico popular de Extremadura. Colección de refranes, cantares, romances, apodos... de Badajoz y Cáceres.* REE, 1960, 16, 363-83, 597-669; 1961, 17, 125-57, 423-85; 1962, 18, 153-76.

→ 20.

62 GEOGRAFIA. ECONOMIA

Corchón García, J., *Bibliografía geográfica extremeña.* Badajoz, 1955, 768.

Hernández Pacheco, F., *Bosquejo preliminar de las comarcas geográficas de Extremadura (Cáceres, Badajoz, Huelva).* M, 1934, 99.

21 Segura, E., *Un rasgo extremeño. Los rebaños trashumantes.* RCEE, 1938, 12, 153-62.
Terrón Albarrán, M., *El paisaje extremeño.* REE, 1949, 5, 470-95.
Vera Camacho, J. P., *Viajes a las tierras del Zújar y el Guadiana.* REE, 1960, 16, 519-73.

→ 11.60, 12.64.

63 GALICIA

Filgueira Valverde, J., *Bibliografía de Galicia.* CEG, 1944-.
Villa-Amil Castro, J., *Ensayo de un catálogo sistemático y crítico de algunos libros, folletos... de Galicia.* M, 1875, xxiii+309.

Castroviejo Blanco, J. M., *Galicia. Guía espiritual de una región.* M, 1970^2, 635 + láms.
Ciganovic, J., *Galicia.* M, 1969, 220 + láms.
Losada, B., *Galicia...* B, 1969, 230.
Martínez Barbeito, C., *Galicia.* B, 1957, 524.
[Martínez] Murguía, M., *España... Galicia.* B, 1888, xiv+1196.
Otero Pedrayo, R., *Guía de Galicia. Geografía. Historia...* Vigo, 1954^3, 468 + láms.
Valverde Alvarez, E., *Guía del antiguo Reino de Galicia y Principado de Asturias.* M, 1886, 142.

Elías de Tejada, F., *La tradición gallega.* M, 1944, 203.
García Martí, V., *Galicia. La esquina verde...* M, 1954, 231.
López Aydillo, E., *La aportación gallega a la grandeza de España. Presencia de Galicia en la historia de España.* M, 1950, 122.
Rodríguez Rodríguez, A., *Fisonomía y alma de Galicia.* M, 1955, xvi+530.

64 HISTORIA. BIOGRAFIA

Martínez Murguía, M., *Historia de Galicia.* La Coruña, 1901-7, 5 v.
Otero Pedrayo, R., *Historia de Galicia.* Buenos Aires, 1962, 2 v.
Risco, V., *Historia de Galicia.* Vigo, 1971^2, 268.
Rodríguez González, J., *Compendio de historia general de Galicia.* Santiago, 1933, xii+303.
Villar Ponte, R., *Historia sintética de Galicia.* La Coruña, 1927, 221.

Alvarez Blázquez, J. M., *Galería de gallegos ilustres.* Vigo, 1956, 61. Siglos XVII-XIX.
Chao Espina, E., *De Galicia en el pasado siglo XIX.* Ortigueira, 1972, lii+442 + láms.
David, P., *Études historiques sur la Galice et le Portugal du VIe. siècle au XIIe. siècle.* París, 1947, xiv+579.
González López, E., *Grandeza y decadencia del reino de Galicia.* Buenos Aires, 1957, 313.
González López, E., ... *Galicia en la Contrarreforma. El reinado de Felipe II.* Vigo, 1970, 390.
Jiménez Gallego, S., *Guía para el estudio de la edad media gallega (1100-1480).* Santiago, 1973, 172.

López Ferreiro, A., *Galicia en el último tercio del siglo XV*. Vigo, 1968[3], 294. 21
Meijide Pardo, A., *La invasión inglesa de Galicia en 1719*. Santiago, 1970, 153 + láms.
Monteagudo, L., *Galicia en Ptolomeo*. CEG, 1946, 2, 609-53.
Monteagudo, L., *Casitérides*. Emerita, 1950, 18, 1-17.
Otero Pedrayo, R., *Síntesis histórica do século XVIII en Galicia*. Vigo, 1969, 200.
Pardiñas Villalovos, J., *Breve compendio de los varones ilustres de Galicia*... [1782]. La Coruña, 1877, xiii+247.
Polo, C., *Galicia, en sus hombres de hoy*. M, 1971, 274.
Portela Pazos, S., *Galicia en tiempo de los Fonsecas*. M, 1957, 174.
Rincón Martínez, M. A., *Consideraciones generales acerca de la romanización de las tribus galaicas*. Pyrenae, 1970, 6, 71-7.
Sánchez Cantón, F., *La vida en Galicia en los tiempos del arte románico*. CEG, 1962, 17, 182-201.
Torres Rodríguez, C., *Las «Kassitérides»*. CEG, 1944, 1, 621-32.
Vesteiro Torres, T., *Galería de gallegos ilustres*. Buenos Aires, 1955, 2 v.

→ 3.12, 6.13, 6.15, 6.21, 6.23, 6.27, 6.32.1, 6.37.3, 6.75, 6.82.6, Castilla; 6.85.1, 8.01, Torres; 8.24, Pardo; 8.79, Torres; 8.85, Madoz.

65 INSTITUCIONES. SOCIOLOGIA. CULTURA

Abraira López, C., *El derecho foral gallego*. Santiago, 1970, 130.
Otero Pedrayo, R., *Historia de la cultura gallega*. Buenos Aires, 1939, 222.
Pérez Porto, J., *El derecho foral de Galicia*. La Coruña, 1915, 216.
Ruiz Almansa, J., *La población de Galicia (1500-1945)*. M, 1948, 327.

Aguilera Arjona, A., *Galicia. Derecho consuetudinario*... M, 1916, 174.
Beiras, J. M., *Estructura y problemas de la población gallega*. La Coruña, 1970, 387.
Cuesta Gutiérrez, L., *La emigración gallega a América*. Arquivos do Seminario de Estudos Galegos (Santiago), 1932, 4, 141-217.
Dantín Cereceda, J., *Distribución geográfica de la población de Galicia*. M, 1925, 40.
Fernández Villamil, E., *Juntas del Reino de Galicia*... [1599-1834]. M, 1962, 3 v.
Jove Bravo, R., *Los foros... en Galicia y Asturias*. M, 1883, xi+360.
López López, E., *Galicia como problema. Estructura y emigración*. M, 1960, 71.
López Soler, J., *Ensayo de la distribución del territorio y de la población rural en Galicia*. Las Ciencias, 1936, 3, 16-40.
Martínez Morás, M., *Una ojeada sobre la demografía de Galicia* [1800-1954]. BRAG, 1956, 27, 309-20, 349-72.
Meijide Pardo, A., *La emigración gallega intrapeninsular en el siglo XVIII*. M, 1960, xiv+146.
También, EHSE, 1960, 4, 463-606.
Menéndez Valdés, E., *Separatismo e unidade. Unha mitificación histórica*. Pontevedra, 1970, 243.

21 Moralejo, A., *Gallegos a Castilla.* CEG, 1950, 5, 441-3.

Niemeier, G., *Tipos de población rural en Galicia.* EG, 1945, 6, 301-27.

Pedreira, L., *El regionalismo en Galicia. Estudio crítico.* M, 1894, 312.

Río Barja, F. J., *La delimitación provincial de Galicia en el siglo XVIII.* BUC, 1958, 66, 47-67.

Risco, V., *El problema político de Galicia.* M, 1930, 248.

Sánchez López, F., *Movimientos migratorios de Galicia.* Vigo, 1967, 186.

Vázquez Martínez, A., *Galicia y la siega en Castilla.* BCPMOrense, 1948, 16, 317-46.

Villar Grangel, D., *El municipio en Galicia.* B, 1917, 27.

Villar Ponte, R., *Nacionalismo gallego...* La Coruña, 1916[2], 95.

→ 3.30, 9.67, 14.61, García.

66 ARTE

Castillo López, A., *Inventario de la riqueza monumental y artística de Galicia.* Santiago, 1972, xlv+715 + láms.

Ferreira Arias, E., *Monumentos de Galicia.* Pontevedra, 1955, 199.

Caamaño Martínez, J., *Contribución al estudio del gótico en Galicia.* Valladolid, 1962, xvi+336 + láms.

Chamoso Llamas, M., *La arquitectura barroca en Galicia.* M, 1955, 42 + láms.

Gallego de Miguel, A., *El arte del hierro en Galicia.* M, 1963, 320.

Rodríguez Castelao, A., *As cruzes de pedra na Galiza.* Buenos Aires, 1975, 282 + láms.

→ 8.33.

67 ETNOLOGIA. FOLKLORE

Pardo Bazán, E., y otros, *Folk-lore gallego,* en *Biblioteca de las tradiciones populares españolas.* M, 1884, IV, 5-172.

Taboada Chivite, X., *Etnografía galega. Cultura espiritual.* Vigo, 1972, 200.

Cortezón Alvarez, D., *De la saudade y sus formas.* Vigo, 1960, 174.

García Martí, V., *Saudade.* BRAG, 1956, 27, 166-8.

González Reboredo, J. M., *El folklore en los castros gallegos.* Santiago, 1971, 102.

Lorenzo Vázquez, R., *Estudios etnográfico-lingüísticos sobre La Mahía y aledaños.* RDTP, 1962, 18, 200-41, 487-522.

Otero Pedrayo, R., *Sobre el carácter gallego,* en *HomL. Hoyos Sáinz.* M, 1950, II, 296-305.

Piñeiro, R., y otros, *La saudade.* Vigo, 1953, 197.

Torres Rodríguez, C., *La Galicia romana y la Galicia actual.* CEG, 1953, 8, 371-95.

→ 20.

68 GEOGRAFIA. ECONOMIA

Río Barja, F. J., *Bibliografía de geografía económica de Galicia.* Vigo, 1960, xii+253.

Carreras Candi, F., y otros, *Geografía general del Reino de Galicia.* B, 1928-36, 6 v.
Comprende: *Reino de Galicia,* 1110.—E. Carré Aldao, *Provincia de La Coruña,* 2 v.—V. Risco, *Provincia de Orense,* 884.—G. Alvarez Limeses, *Provincia de Pontevedra,* 1087.—M. Amor Meilán, *Provincia de Lugo,* 987.

Fraguas Fraguas, A., *Geografía de Galicia.* Santiago, 1953, 491.

Martínez Morás, M., *Síntesis económica de Galicia.* Vigo, 1958, 141.

Rodríguez González, J., *Compendio de geografía especial de Galicia.* Santiago, 1933, 457.

Taboada Arceo, A., *Galicia. Estructura y ritmo socio-económicos.* La Coruña, 1971, xvi+390.

Beiras Torrado, X. M., *O atraso económico de Galicia.* Vigo, 1973, 248.

Bellot Rodríguez, F., *Sinopsis de la vegetación en Galicia.* M, 1951.

Castroviejo, J. M., *Rías bajas de Galicia.* B, 1953, 37 + láms. Aspecto turístico.

Cueto, R., *La minería en Galicia. Historia. Situación actual...* La Coruña, 1919, 21.

García Tizón, A., *Galicia, caminos literarios.* M, 1961, 145.

Labrada, J. L., *Descripción económica de Galicia* [1804]. Vigo, 1971, 292.

Meijide Pardo, A., *Economía marítima de la Galicia cantábrica en el siglo XVIII.* Valladolid, 1971, 245.

Otero Pedrayo, R., *Paisajes y problemas geográficos de Galicia.* M, 1928, 214.

→ 11.12, Dantín; 11.13, Carlé, Mensching, Nonn, Torre; 11.60, 12.24, Sáez; 12.25, 12.33, 12.42, 12.97.

69 LEON

70 HISTORIA. BIOGRAFIA

→ 6.36.

71 INSTITUCIONES. SOCIOLOGIA. CULTURA

García Gallo, A., *El fuero de León.* AHDE, 1969, 39, 5-171.

García Gallo, A., *Los Fueros de Benavente.* AHDE, 1971, 41, 1143-92.

Sánchez Albornoz, C., *Imperantes y potestates en el Reino asturleonés (718-1037).* CHE, 1967, 46, 352-73.

→ 3.31, 9.27, 9.31, O'Callaghan; 9.33, 9.41, 9.46, 9.67, 9.86, 10.51, 10.54, 10.81, 12.52, García; 14.32, Guglielmi, Ubieto.

21 72 ARTE

→ 9.88, Jiménez; 18.69, Agapito.

73 ETNOLOGIA. FOLKLORE

Andújar Espino, M. S., *Fiestas y costumbres tradicionales de Peñaranda de Bracamonte.* RDTP, 1966, 22, 350-77.
Fernández Núñez, M., *Folklore bañezano.* RABM, 1914, 30, 384-422.
González Iglesias, L., *Aportaciones al folklore español. Costumbres de la Sierra de Francia.* M, 1944, 41.
González Largo, F., *Escenas costumbristas de la montaña leonesa.* RDTP, 1969, 25, 325-55.
Krüger, F., *Die Gegenstandskultur Sanabrias und seiner Nachbargebiete.* Hamburgo, 1923, 323.
Morán Bardón, C., *Costumbres y deportes del Concejo de La Lomba (León).* RDTP, 1969, 25, 307-16.
Reyero, D., *Historia, religión y costumbres de las montañas de Porma y Curueño (León).* M, 1926, 265.

→ 20.

74 GEOGRAFIA. ECONOMIA

→ 11.60, 12.13, 12.24, 12.32, 12.63, 12.65, 12.72.

75 MURCIA

Amador de los Ríos, R., *España... Murcia y Albacete.* B, 1889, 790.
Mateo, J. V., *Murcia* [Murcia y Albacete]. B, 1971, 575.
Pérez Sánchez, A., *Murcia, Albacete y sus provincias.* B, 1961, 200 + láms.
Tormo Monzó, E., y J. Dantín Cereceda, *Levante (provincias valencianas y murcianas).* M, 1923, clxiv+400.

→ 21.88, Valverde.

Cascales, F., *Discursos históricos de... Murcia y su reino.* Murcia, 1621, 458 f.
Reyes, R., *Estampas murcianas. Ensayo sobre la psicología y el panorama del país murciano.* M, 1960, 46 + láms.

→ 3.14.

77 INSTITUCIONES. SOCIOLOGIA. CULTURA

→ 9.86, 14.62, Riquelme.

79 ETNOLOGIA. FOLKLORE

→ 20.

80 GEOGRAFIA. ECONOMIA 21

→ 11.60, 12.24, 12.49, 12.85.

81 NAVARRA

Burgo Torres, J., *Navarra.* M, 1972, 148.
Burgo Torres, J., *Navarra.* León, 1972^{3}, 160 + láms.
Cirlot, J. E., *Navarra.* B, s. a., 199.
Huici Lacambra, J. L., *Navarra.* B, 1970, 202.
Ilundáin, J., *Guía de Pamplona y de las atracciones histórico-artísticas de Navarra.* Pamplona, 1926, 63.
Iribarren Paternáin, M., *Navarra, ensayo de biografía.* M, 1956, 407.
Madrazo, P., *España... Navarra y Logroño.* B, 1886, 3 v.
Navarra, *Reseña estadística de* _____. M, 1950, 611.
Nombela, J., *Crónica de... Navarra.* M, 1868, 112.
Núñez de Cepeda, M., *Guía completa del País Navarro.* Pamplona, 1947, 288.
Ramírez Arcas, A., *Itinerario descriptivo-geográfico-estadístico y mapa de Navarra.* Pamplona, 1848, 150.
Rubio López, J., *Guía de Navarra.* Pamplona, 1952-3^{8}, 560.
Sáiz Calderón, A., *Guía de Navarra.* Pamplona, 1922, 182.
Urabayen, L., *Biografía de Pamplona...* Pamplona, 1952, 313.

→ 21.94, Valverde.

82 HISTORIA. BIOGRAFIA

Gil Bardají, P., *Memoria acerca de los hombres célebres de Navarra, desde la antigüedad hasta nuestros días.* Pamplona, 1882, 103.
Jimeno Jurío, J. M., *La historia* [navarra]. Pamplona, 1973, 30.
Ochoa de Alda, T., *Diccionario geográfico-histórico de Navarra.* Pamplona, 1852^{2}, iv+316.
Yanguas Miranda, J., *Diccionario de antigüedades del Reino de Navarra.* Pamplona, 1840, 3 v.
Adiciones al _____. Pamplona, 1843, 382.
→ 3.15.

Arazuri Díez, J. J., *Pamplona hace noventa años.* PV, 1962, 23, 473-87.
Arazuri Díez, J. J., *Pamplona antaño...* Pamplona, 1968^{2}, 131 + láms.
Arazuri Díez, J. J., *Pamplona estrena siglo.* Pamplona, 1970, ix+131 + láms.
Arazuri Díez, J. J., *Pamplona en 1560.* Pamplona, 1972, 31.
Arazuri Díez, J. J., *El municipio pamplonés en tiempos de Felipe II.* Pamplona, 1973, 157.
Burgo Torres, J., *Viajeros románticos.* Pamplona, 1974, 32.
Campión Jaime, A., *La sucesión de D. Fernando VII en Navarra...* LEM, 1890, 14, 115-32.

21 Campión Jaime, A., *Una información acerca de los infanzones de Obanos,* en su *Euskariana,* 5.ª serie. Pamplona, 1915, 205-38.

Caro Baroja, J., *La hora navarra del siglo XVIII...* Pamplona, 1969, 493 + láms.

Elías de Tejada, F., *Navarra-España en los escritores navarros medievales.* PV, 1944, 5, 341-62.

Goñi Gaztambide, J., *Navarra y las Cruzadas.* Pamplona, 1968, 30.

I[barra Murillo], J., *Biografías de los ilustres navarros del siglo XVII.* Pamplona, 1951, 232.

I[barra Murillo], J., *Biografías de los ilustres navarros del siglo XVIII.* Pamplona, 1952, 300.

Ibarra Murillo, J., *Biografías de los ilustres navarros de los siglos XIX y parte del XX.* Pamplona, 1953, 434.

Idoate Iragui, F., *Rincones de la historia de Navarra.* Pamplona, 1954-66, 3 v.

Idoate Iragui, F., *Guerra contra la Convención...* Pamplona, 1971, 31.

Iribarren Rodríguez, J. M., *Pamplona y los viajeros de otros siglos.* Pamplona, 1957, 250.

Irurita Lusarreta, M. A., *El municipio de Pamplona en la edad media.* Pamplona, 1959, 325.

Jimeno Jurío, J. M., *Guerra de la Navarrería.* Pamplona, 1970, 32.

Jimeno Jurío, J. M., *El Privilegio de la Unión.* Pamplona, 1973, 40.

Mañé Flaquer, J., *El oasis. Viaje al país de los fueros.* B, 1878-80, 3 v.

Mezquíriz de Catalán, M. A., *Romanización.* Pamplona, 1969, 32 + láms.

Mezquíriz de Catalán, M. A., *Pamplona romana.* Pamplona, 1973, 40.

Pérez Goyena, A., *La santidad en Navarra. Santos, beatos y personas insignes en santidad...* Pamplona, 1947, 239.

Rodríguez Garraza, R., *Navarra, de reino a provincia (1828-1841).* Pamplona, 1968, 516.

Salaberry, J. P., *La Baja Navarra.* Pamplona, 1971, 31 + láms.

Sanz Baeza, F., *Estadística de Navarra.* Pamplona, 1858, 176.

Un Navarro [J. Ibarra Murillo], *Ilustres navarros del siglo XVI.* Pamplona, 1951, 211.

Vera Ydoate, G., *Navarra y las Cruzadas.* Pamplona, 1931, 255.

→ 6.11, 6.15, 6.35.2, 6.38-.2, 6.38.4, 6.82.6, Esparza; 8.03, Jimeno; 10.17, Zabalo; 10.93, Goñi.

83 INSTITUCIONES. SOCIOLOGIA. CULTURA

García Granero, J., y otros, *Recopilación privada del derecho privado foral de Navarra.* Pamplona, 1967, 180.

Lacarra Mendiluce, V., *Instituciones de Derecho Civil navarro.* Pamplona, 1917-32, 2 v.

Salinas Quijada, F., *Derecho Civil de Navarra.* Pamplona, 1971-4, 4 v. 21

Abascal Garayoa, A., *Los orígenes de la población actual de Pamplona.* Geographica, 1955, 7, 99-185.
Aldea Eguilaz, R., *Divulgación de los Fueros de Navarra.* Pamplona, 1971, viii+324.
Arriaga Sagarra, J. M., *Las Cortes de Navarra.* PV, 1954, 15, 297-305.
Burgo Tajadura, J. I., *Origen y fundamento del régimen foral de Navarra.* Pamplona, 1968, 550.
Burgo Tajadura, J. I., *Aspectos jurídicos del régimen fiscal de Navarra.* HPE, 1971, 13, 133-48.
Carrasco Pérez, J., *La población de Navarra en el siglo XIV.* Pamplona, 1973, 703 + láms.
Elías de Tejada, F., *La literatura política en la Navarra medieval.* PV, 1956, 17, 199-212.
Elías de Tejada, F., *Cuestiones previas para la interpretación del sistema institucional de la Navarra medieval.* PV, 1958, 19, 289-304.
Fairén Guillén, V., *Ensayo sobre la evolución del derecho de Navarra, desde la guerra de Sucesión al Código Civil.* PV, 1945, 6, 83-111.
Gibert Sánchez, R., *Fuero general de Navarra,* en *Nueva Enciclopedia Jurídica.* B, 1960, X, 321-6.
Gómez Antón, F., *El Consejo Foral Administrativo de Navarra.* Pamplona, 1962, 64.
Gúrpide Beope, J., *Navarra foral, siempre española. Divulgación foral.* Pamplona, 1953, 332.
Huici Goñi, M. P., *Las Cortes de Navarra durante la edad moderna.* Pamplona, 1963, 482.
Idoate Iragui, F., *Un ceremonial de la Diputación de Navarra (de 1781).* AHDE, 1958, 28, 853-87.
Idoate Iragui, F., *La primera Diputación de Navarra.* AHDE, 1970, 40, 539-49.
Iribarren Rodríguez, J. M., *El comer, el vestir y la vida de los navarros de 1817, a través de un «memorial de ratonera».* PV, 1956, 17, 473-86.
Jiménez Castillo, M., *La población de Navarra...* Zaragoza, 1958, 192.
Lacarra de Miguel, J. M., *Notas para la formación de las familias de fueros navarros.* AHDE, 1933, 10, 203-52.
Lacarra de Miguel, J. M., *Estructura político-administrativa de Navarra antes de la Ley Paccionada.* PV, 1963,24, 231-48.
Lacarra de Miguel, J. M., *El juramento de los Reyes de Navarra.* M, 1972, 127.
Lalinde Abadía, J., *El sistema normativo navarro.* AHDE, 1970, 40, 85-108.
Lluís Navas, J., *Las fuentes de la legislación navarra sobre delitos monetarios.* Numisma, 1958, 8, 65-93.
Nagore Yárnoz, J., *Los fueros de Navarra.* NT, 1964, 118, 469-87.

21 Núñez de Cepeda, M., *La beneficencia en Navarra a través de los siglos*. Pamplona, 1940, 488.

Salcedo Izu, J., *El Consejo Real de Navarra en el siglo XVI*. Pamplona, 1964, 311.

Salcedo Izu, J., *La Diputación del Reino de Navarra*. Pamplona, 1969, 276.

Salinas Quijada, F., *La compilación del derecho civil foral de Navarra*. Pamplona, 1973, 32.

Uranga Santesteban, J. J., *La población de la Navarrería de Pamplona en 1350*. PV, 1952, 13, 67-106.

Yanguas Miranda, J., *Diccionarios de los fueros del Reino de Navarra*... S. Sebastián, 1828, xx+433.
También, Pamplona, 1964, 307.

Zabalo Zabalegui,J., *La Administración del Reino de Navarra en el siglo XIV*. Pamplona, 1973, 422 + láms.

→ 3.15, 3.33, 9.27, 9.41, 9.53, Núñez; 9.56, 10.41, Casas Torres; 14.83, González; 17.09, 21.96, Estecha.

84 ARTE

Albizu Sáinz, J., *San Cernin. Reseña histórico-artística*... Pamplona, 1930, 193.

Albizu Sáinz J., *Antecedentes históricos de la... Catedral... y del Palacio episcopal de Pamplona*. PV, 1947, 8, 527-74.

Angulo Iñiguez, D., *La pintura del Renacimiento en Navarra*. PV, 1943, 4, 421-44 + láms.

Baleztena Abarrategui, J., *Calles del viejo Pamplona*. Pamplona, 1971, 31.

Biurrun Sotil, T., *La escultura y bellas artes en Navarra durante la época del Renacimiento*. Pamplona, 1935, xvi+479.

Biurrun Sotil, T., *El arte románico en Navarra*. Pamplona, 1936, 719.

Castro Alava, J. R., *Pintores navarros del siglo XVI*. Pamplona, 1944, 188 + láms.
También, PV, 1942, 3, a 1943, 4, múltiples entradas.

Castro Alava, J. R., *Cuadernos de arte navarro. Escultura*. Pamplona, 1949, 170 + láms.

Castro Alava, J. R., *La escultura. Renacimiento y romanismo*. Pamplona, 1970, 31.

Gaillard, G., *La escultura del siglo XI en Navarra antes de las peregrinaciones*. PV, 1956, 17, 121-30.

Galbete Guerendiain, V., *Bosquejo histórico-urbanístico de la ciudad de Pamplona*. RNacional de Arquitectura (M), 1950, 10, 239-51.

García Gainza, M. C., *La escultura romanista en Navarra. Discípulos y seguidores de Juan Anchieta*. Pamplona, 1969, 512 + láms.

Gárriz Ayanz, J., *La Santa Iglesia Catedral de Pamplona. Guía histórico-artística*. Pamplona, 1966, 168 + láms.

Goñi Gaztambide, J., *La fecha de construcción y consagración de la catedral románica de Pamplona*. PV, 1949, 10, 387-95.

Idoate Iragui, F., *Las fortificaciones de Pamplona a partir de la conquista de Navarra*. PV, 1954, 15, 57-154.

Idoate Iragui, F., *Ciudadela de Pamplona.* Pamplona, 1974, 30.
Iñiguez Almech, F., y J. E. Uranga Galdiano, *Arte medieval navarro.* Pamplona, 1971-3, 5 v.
Lacarra de Miguel, J. M., y J. Gudiol, *El primer románico en Navarra.* PV, 1944, 5, 221-72.
Lojendio, L. M., *Itinerario del románico.* Pamplona, 1970, 31 + láms.
Mezquíriz de Catalán, M. A., *Museo de Navarra. Guía.* Pamplona, 1968, 95 + láms.
Yárnoz Larrosa, J., *Ventura Rodríguez y su obra en Navarra...* M, 1944, 74 + láms.

→ 8.33, 18.82, Anglés; 20.47, Silván.

85 ETNOLOGIA. FOLKLORE

Caro Baroja, J., *Etnografía histórica de Navarra.* Pamplona, 1971-2, 3 v.
Caro Baroja, J., *Notas de etnografía navarra.* RDTP, 1972, 28, 3-38.
Cotín, S., *Etnología en el Valle de Roncal,* en *Etnología y tradiciones populares.* Zaragoza, 1969, 125-32.
Cruchaga Purroy, J., *Un estudio etnográfico de Romanzado y Urraul Bajo.* CEEN, 1970, 2, 143-265 + láms.
Iribarren Rodríguez, J. M., *Estampas del folklore navarro.* PV, 1944, 5, 393-420.
Iribarren Rodríguez, J. M., *Historias y costumbres.* Pamplona, 1956[2], 339 + láms.
Iribarren Rodríguez, J. M., *Navarrerías.* Pamplona, 1971[5], 226.
Iribarren Rodríguez, J. M., *Batiburrillo navarro.* Pamplona, 1972, 273.
Navarro Villoslada, F., *La mujer de Navarra.* PV, 1946, 7, 809-21.
Peña Santiago, L. P., y J. San Martín, *Estudio etnológico del Valle de Urraul Alto (Navarra).* Munibe (S. Sebastián), 1966, 18, 69-160.

→ 19.31, Iribarren; 19.40, 20, 21.83, Iribarren.

86 GEOGRAFIA. ECONOMIA

Altadill, J., *Provincia de Navarra,* → 21.99, Carreras Candi.
Casas Torres, J. M., *La originalidad geográfica de Navarra.* Pamplona, 1956, 23.
Jimeno Jurío, J. M., *Geografía física* [navarra]. Pamplona, 1973, 30.
Jimeno Jurío, J. M., *Geografía humanizada* [navarra]. Pamplona, 1974, 30.
Callejo, L., *La caza.* Pamplona, 1969, 31.
Casas Torres, J. M., y A. Abascal Garayoa, *Mercados geográficos y ferias de Navarra.* Zaragoza, 1948, 201.
Doria Esparza, L., y J. Gortari Unanua, *La industria.* Pamplona, 1968, 31.
Elizburu Mendióroz, R., *La pesca.* Pamplona, 1969, 30.

21 Ferrer Regales, M., *La industria navarra.* Pirineos, 1967, 23, 121-36.

Gárriz Ayanz, J., *Despoblados.* Pamplona, 1973, 40.

Idoate Iragui, F., *Notas para el estudio de la economía navarra... 1500-1660.* Pamplona, 1960, 107 + láms. También, PV, 1960, 21, 275-318.

Iribarren Onsalo, J. J., *Nuestras aves.* Pamplona, 1969, 29.

Mensua Fernández, S., *La Navarra media oriental. Estudio geográfico.* Zaragoza, 1960, 186 + láms.

Nagore Nagore, D., *Geografía botánica de Navarra.* EG, 1945, 6, 241-59.

Purroy Iráizoz, F., *Fauna.* Pamplona, 1971, 30.

Torres Luna, M. P., *La Navarra húmeda del noroeste. Estudio geográfico de la ganadería.* M, 1971, xi+178.

Urabayen, L., *Una geografía de Navarra. Estudio de sus residencias humanas.* Pamplona, 1959, 481.

→ 12.19, 12.24, 12.40, Palacio; 12.43, 12.65, Fairén; 12.88, Galbete.

87 ESTUDIOS LOCALES

Urtasun Villanueva, B., *Valle de* **Aézcoa.** Pamplona, 1971, 30.
→ 16.67, Alvar.

Ordóñez, V., **Aguilar de Codés.** Pamplona, 1973, 40.

Jimeno Jurío, J. M., **Alsasua.** Pamplona, 1974, 30.

Alloz → 12.95, Puig.

Lapuente Martínez, L., *Las* **Améscoas.** Pamplona, 1972, 31.

Aralar → 8.34.

Urtasun Villanueva, B., *Valle de* **Arce** *y Oroz Betelu.* Pamplona, 1970, 31.

Jimeno Jurío, J. M., *Historia y leyenda en torno a la Virgen de Jerusalén de* **Artajona.** PV, 1966, 27, 65-108.

Jimeno Jurío, J. M., *Artajona.* Pamplona, 1969, 32.
→ 3.15, Jimeno.

Floristán Samanes, A., *Una descripción de las* **Bardenas** *Reales en el siglo XVIII.* PV, 1949, 10, 475-81.

Hernández Pacheco, F., *Las Bardenas Reales. Rasgos fisiográficos y geológicos.* PV, 1949, 10, 427-40 + láms.

Salinas Quijada, F., *Las Bardenas Reales.* Pamplona, 1968, 31.

Sangrador Vítores, M., *Memoria geográfico-histórica sobre las Bardenas Reales.* Tudela, 1854, 38.
→ 12.65.

Bargota → 20.27, Martínez.

Pérez Goyena, A., *El Valle de* **Baztán.** *Colección bio-bibliográfica.* Pamplona, 1957, 187.

Zudaire Huarte, E., *Valle de Baztán.* Pamplona, 1974, 30.

Videgáin Agós, F., *Val de* **Berrueza.** Pamplona, 1973, 30.

Urtasun Villanueva, B., y J. A. Pedroarena, **Burguete.** Pamplona, 1973, 30.

Sanz, J. M., *La ciudad de* **Cascante** *y su Virgen del Romero.* Tarazona, 1928, 211. 21

Corella → 1.31.

Caro Baroja, J., **Cortes de Navarra.** *El Ebro como eje.* RDTP, 1969, 25, 75-88.

Iráizoz Unzué, J., *La* **Cuenca** [de Pamplona]. Pamplona, 1971, 30.

Floristán Samanes, A., *El Valle de* **Elorz.** Zaragoza, 1954, 41 + láms.

Urabayen, L., ...**Espinal.** EG, 1946, 7, 585-691 + láms.

Bielza de Ory, V., **Estella,** *estudio geográfico...* PV, 1968, 29, 53-115.

Bielza de Ory, V., *Tierra de Estella. Estudio geográfico.* Pamplona, 1972, 358.

Gutiérrez Eraso, P. M., *Estella monumental.* Pamplona, 1970, 32 + láms.

Iribarren, S., *Apuntes sobre la antigua historia de Estella.* Sevilla, 1912, xxiii+343.

Lacarra de Miguel, J. M., *Antigüedades romanas de Estella.* PV, 1945, 6, 350-3.

→ 1.31, 3.33, Holmer, Lacarra; 10.93, Mendoza; 13.40, Goñi.

Fitero → 8.34, **Fitero.**

Funes → 3.33, Ramos.

Esteban Chavarría, J., *Memorias históricas de* **Fustiñana.** Zaragoza, 1930, xvi+260.

Gárriz, J., *La villa de* **Garde**... Pamplona, 1923, 156.

Irache → 8.34, **Irache;** 13.57, **Irache.**

Iranzu → 8.34, **Iranzu.**

Ituren → 20.50, Caro.

Urabayen, L., **Jaurrieta**... EG, 1948, 9, 377-420.

Recondo, J. M., *El castillo de* **Xavier.** *Estudio arqueológico.* PV, 1957, 18, 261-417.
También, Pamplona, 1970, 31 + láms.

Leyre → 8.34, **Leyre.**

Videgáin Agós, F., **Los Arcos.** Pamplona, 1973, 30.

Fabo Campos, P., *Historia de* **Marcilla.** Pamplona, 1917, 334 + láms.
→ 8.34, **Marcilla.**

Martínez Monje, J., *Historia de la villa de* **Monteagudo**... Pamplona, 1947, iv+421.

Jimeno Jurío, J. M., *Almiradío de* **Navascués.** Pamplona, 1972, 31.

Novenera → 3.33, Tilander.

Obanos → 21.82, Campión.

Jimeno Jurío, J. M., **Ochagavía.** Pamplona, 1972, 30.

21 Albizu Sáinz, J., *Historia ilustrada y documentada de la parroquia de San Pedro de* **Olite**. Pamplona, h. 1950, 215.
Eransus Iribarren, A., *Olite, cuna y trono...* Pamplona, 1970, 120.
Jimeno Jurío, J. M., *Olite histórico*. Pamplona, 1970, 31.
Jimeno Jurío, J. M., *Palacio Real de Olite*. Pamplona, 1971, 31.
Martínez Erro, J. R., *Olite, corte de Reyes*. Pamplona, 1957², 122 + láms.

Oliva → 8.34.

Urabayen, L., **Oroz-Betelu**. *Monografía geográfica*. M, 1916, 146.
También RGeografía colonial y mercantil (M), 1916, 13.
→ **Arce**; 16.67, Alvar.

Escribano Zardoya, F., *La* **Ribera** *de Navarra*. Pamplona, 1968, 30.
Floristán Samanes, A., *La Ribera tudelana de Navarra*. Zaragoza, 1951, xi+316 + láms.

Arbeiza, T., y J. M. Jimeno Jurío, **Rocamador**. Pamplona, 1970, 30.

Romanzado → 21.85, Cruchaga.

Estornés Lasa, B., *El Valle del* **Roncal**. Zaragoza, 1927, 291.
Gambra Ciudad, R., *El Valle de Roncal*. Pamplona, 1968, 32.
Idoate Iragui, F., *La comunidad del Valle de Roncal*. Pirineos, 1967, 23, 141-6.
→ 12.65, Fairén; 20.42, **Navarra**; 21.85, Cotín.

Roncesvalles → 6.38.2, 8.34.

Idoate Iragui, F., *Un valle navarro y una institución: el alcalde mayor y capitán a guerra del Valle de* **Salazar**. PV, 1951, 12, 83-117.
Idoate Iragui, F., *El Valle de Salazar*. M, 1956, 29.
Jimeno Jurío, J. M., *Valle de Salazar*. Pamplona, 1972, 30.

Moral, T., **Sangüesa** *histórica*. Pamplona, 1970, 31.
Villabriga, V., *Sangüesa... Apuntes medievales*. Sangüesa, 1962, 186.

Idoate Iragui, F., *El señorío de* **Sarría**. Pamplona, 1959, 748 + láms.

Beltrán, J., *Historia... de* **Tafalla**. Tafalla, h. 1920, 350.
Cabezudo Astráin, J., *Tafalla*. Pamplona, 1971, 31.

Ordóñez, V., **Torres del Río**. Pamplona, 1969, 32.

Castro Alava, J. R., **Tudelanos** *de proyección universal*. Pamplona, 1968, 30.
Castro Alava, J. R., *Miscelánea tudelana*. Pamplona, 1972, 390.
Díaz Bravo, J. V., *Memorias históricas de Tudela*. Ed. de J. R. Castro Alava. Pamplona, 1956, 422.
También, PV, 1951, 12, a 1955, 16, múltiples entradas.
Fuentes Pascual, F., *Bocetos de historia tudelana*. Tudela, 1958, 244.
Gil Gómez, L., *De la vieja Tudela. Paisajes y recuerdos*. Pamplona, 1972, 30.
Gil Gómez, L., *Tudelanos notables contemporáneos*. Pamplona, 1973, 30.

Gómez Moreno, M., *La mezquita mayor de Tudela.* PV, 1945, 6, 9-27 + láms. **21**
Iribarren Rodríguez, J. M., *Estampas tudelanas.* Pamplona, 1971², 63.
Marín Royo, L. M., *Tudela histórica.* Pamplona, 1971, 31.
Sáinz, M., *Apuntes tudelanos.* Tudela, 1913-4, 2 v.
Segura Miranda, J., *Tudela. Historia, leyenda, arte.* Tudela, 1964, 184 + láms.
↦ **Ribera**; 3.31, 6.38.2.

Tulebras → 8.34, 8.56, Andrés.

Clavería, J., *Historia documentada de la Virgen del santuario y villa de* **Ujué**. Pamplona, 1953, 294.
Jimeno Jurío, J. M., *Ujué.* Pamplona, 1969, 30.
→ 20.10, Brugarola.

Caro Baroja, J., *Un pueblo de encrucijada* **[Urdiain]**. RDTP, 1969, 25, 3-29.

Urraul → 21.85, Cruchaga, Peña.
Jimeno Jurío, J. M., **Valcarlos**. Pamplona, 1969, 31.
→ 20.38, **Navarra**.

Olcoz Ojer, F., *Historia* **valdorbesa**. Estella, 1971, 460.
Olcoz Ojer, F., *La Valdorba.* Pamplona, 1972, 30.

Zapatero Ruiz, F., *Monografía de la villa de* **Valtierra**. Pamplona, 1935, 154.

Caro Baroja, J., *La vida rural en* **Vera de Bidasoa**. M, 1944, 244.

Gancedo Ibarrondo, E., *Recuerdos de* **Viana** *o apuntes históricos*... M, 1947², 274 + láms.
Sáinz Ripa, E., *Viana.* Pamplona, 1969, 32 + láms.

Zubieta → 20.50, Caro.
Ezcurra, F., **Zúñiga**, *parroquia y cooperativa.* Estella, 1964, 224.
→ 12.56, Ortega.

88 VALENCIA

Almela Vives, F., *Valencia y su Reino.* Valencia, 1965, 743.
Enciclopedia, *Gran _____ de la región valenciana.* Valencia, 1973- .
Fuster, J., *El País Valenciano.* B, 1962, 526.
Llorente Olivares, T., *España... Valencia.* B, 1887-902, 2 v.
Mateu Llopis, F., *El Pais Valencià.* Valencia, 1933, 123.
→ 21.75, Tormo.

Castañeda Alcover, V., *Relaciones geográficas, topográficas e históricas del Reino de Valencia, hechas en el siglo XVIII*... M, 1919, 280.
También, RABM, 1916, 35, a 1924, 45, múltiples entradas.
Fischer, Ch. A., *Description de Valence.* París, 1804, vi+423.
Fuster, J., *Nosaltres, els valencians.* B, 1962, 222.

21 García Martínez, S., *El fonaments del pais valencià modern.* Valencia, 1968, 182.

Sevilla Andrés, D., *Unas notas sobre la personalidad valenciana.* Valencia, 1970, 50.

Valverde Alvarez, E., *Guía de los antiguos Reinos de Valencia... y Murcia.* M, 1889, 149.

89 HISTORIA. BIOGRAFIA

Almarche Vázquez, F., *Historiografía valenciana. Catálogo bibliográfico de dietarios, libros de memorias... del antiguo Reino de Valencia.* Valencia, 1919, 434.

Almela Vives, F., *Bibliografía de historias locales relativas al Reino de Valencia.* Valencia, 1952, 161.

Añón Marco, V., *Hijos ilustres del Reino valenciano.* Valencia, 1973, 228.

Boix, V., *Historia de la ciudad y reino de Valencia.* Valencia, 1845-7, 3 v.

Lluch Arnal, E., *Compendio de historia del antiguo Reino de Valencia.* Valencia, 1953, 182.

Pérez Ruiz, P. A., *Glorias de Valencia. Biografías de hijos inmortales del Reino.* Valencia, 1953-5, 2 v.

Reglá Campistol, J., *Aproximació a la història del pais valencià.* Valencia, 1973², 194.

Tarradell Mateu, M., *Història del Pais valencià.* B, 1965, 375.

Cucó Giner, A., *Aspectes de la política valenciana en el segle XIX.* B, 1965.

Cucó Giner, A., *El valencianisme politic, 1874-1936.* Valencia, 1971, xx+472.

Lacomba, J. A., *Crisi i revolució al Pais Valencià (1917).* Valencia, 1968, 198.

Mateu Ibars, J., *Los virreyes de Valencia...* Valencia, 1963, 403.

Tarradell Mateu, M., *El País valenciano del Neolítico a la iberización. Ensayo de síntesis.* Valencia, 1962, 216 + láms.

Torres Morera, J. R., *Repoblación del Reino de Valencia después de la expulsión de los moriscos.* Valencia, 1969, 199.

→6.11, 6.15, 6.17, 6.22, 6.24, 6.27, 6.34.1, 6.39.6, 6.68, 10.81, 10.92.

90 INSTITUCIONES. SOCIOLOGIA. CULTURA

Boix, V., *Apuntes históricos sobre los fueros del antiguo reino de Valencia.* Valencia, 1855, 325.

Cucó Giner, A., *Sobre el radicalismo valenciano.* Hispania, 1969, 29, 117-29.

Danvila Collado, M., *Estudios... acerca de las Cortes y Parlamento del antiguo Reino de Valencia.* MRAH, 1906, 14, 201-376.

Derecho histórico, *Catálogo de la Exposición de _____ del Reino de Valencia.* Valencia, 1955, xxiv+317 + láms.

Marqués Segarra, M., *Introducción al derecho foral valenciano.* Valencia, 1963, 92.

Martínez Aloy, J., *La Diputación de la Generalidad del Reino de Valencia.* Valencia, 1930, 390. 21

Mateu Llopis, F., *Evocación de la cultura valenciana del siglo XVIII.* ACCV, 1949, 10, 51-64.

Mestre Sanchís, A., *Historia, fueros y nacionalismo en el siglo XVIII...* Valencia, 1970, 18.

Pérez Puchal, P., *La abolición de los fueros de Valencia y la Nueva Planta.* Saitabi, 1962, 12, 179-98.

Peset Reig, M., *Observaciones sobre la génesis de los fueros de Valencia y sobre sus ediciones impresas.* Ligarzas (Valencia), 1971, 3, 48-84.

Piles Ros, L., *Estudio documental sobre el bayle general de Valencia...* Valencia, 1970, 390.

Roca Traver, F., *La gobernación foral del Reino de Valencia...* EEMCA, 1951, 4, 177-214.

Roca Traver, F., *El Justicia de Valencia (1238-1321).* Valencia, 1970, 433.

Romeu Alfaro, S., *Catálogo de Cortes valencianas hasta 1410.* AHDE, 1970, 40, 581-607.

→ 3.35, 9.31, Dualde; 9.33, 9.59, Burns; 14.62, García; 17.09.

91 ARTE

Igual Ubeda, A., *Historiografía del arte valenciano.* Valencia, 1956, 229.

Sarthou Carreres, C., *Valencia monumental... en las tres provincias de Alicante, Castellón y Valencia.* Valencia, 1954, 212.

92 ETNOLOGIA. FOLKLORE.

Martínez Martínez, F., *Folklore valensià...* Valencia, 1927, 157.

Soler Godes, E., *Els valencians pintats per ells mateix.* Valencia, 1962, 229.

Thede, M., *Die Albufera von Valencia. Eine volkskundliche Darstellung.* VKR, 1933, 6, 210-73, 317-83.

→ 20.

93 GEOGRAFIA. ECONOMIA

Vicent Cortina, V., *Bibliografía geográfica del Reino de Valencia.* Zaragoza, 1954, 170.

Badía Marín, V., *Compendio de Geografía del Reino de Valencia.* Valencia, 1955[2], 94.

Carreras Candi, F., y otros, *Geografía general del Reino de Valencia.* B, 1920-7, 5 v.

Comprende: E. Murga y otros, *El Reino de Valencia,* 1007.—J. Martínez Aloy y C. Sarthou Carreres, *Provincia de Valencia,* 2 v.— F. Figueras Pacheco, *Provincia de Alicante,* 1210.—C. Sarthou Carreres, *Provincia de Castellón,* 1087.

21 Lluch, E., y otros, *L'estructura econòmica del Pais Valencià*. Valencia, 1970, 2 v.

Marco Baidal, J., *Síntesis geográfica de la región valenciana*. Valencia, 1963, 134.

Querol Roso, L., *Geografía valenciana*. Castellón, 1947, 117.

Carreres Zacarés, S., *La Taula de Cambis de Valéncia, 1408-1719*. Valencia, 1957, 159.

Cavanilles, A. J., *Observaciones sobre la historia natural, geografía, agricultura, población y frutos del Reino de Valencia* [1797]. Ed. de J. M. Casas Torres. Zaragoza, 1958, xvi+322+430 + láms.

Santamaría Arández, A., *Aportación al estudio de la economía de Valencia durante el siglo XV*. Valencia, 1966, 231.

Planes García, S., *El Turia y sus acequias*. Agricultura (M), 1935, 7, 145-50.

Tasso Izquierdo, R., *Algunos datos sobre la historia, descripción y actuación de la Acequia Real del Júcar*. Valencia, 1948, 46.

→ 11.13, Rosselló; 11.60, 12.24, 12.37, 12.45, Pérez; 12.47, 12.87, 22.90.2.

94 VASCONIA

Allende Salazar, A., *Biblioteca del Bascófilo. Ensayo de un catálogo general... de las obras referentes a... Vizcaya, Guipúzcoa, Alava y Navarra*. M, 1887, 488.

Areitio Mendiolea, D., *Biblioteca de la Excma. Diputación de Vizcaya. Ensayo de un catálogo de la sección vascongada*. Bilbao, 1919, 455.

Catálogo de la Biblioteca provincial. Excma. Diputación de Vizcaya. Sección vascongada. Autores. Bilbao, 1954, 4 v.

Sorarrain, G., *Catálogo... general cronológico de las obras impresas referentes a... Alava, Guipúzcoa, Bizcaya, Navarra, a sus hijos y a su lengua eúskara o escritos en ella...* B, 1898, xviii+492.

Baroja Nessi, P., *El País Vasco*. B, 1972[4], 560.

Enciclopedia general ilustrada del País Vasco. S. Sebastián.

Cuerpo A. Diccionario enciclopédico vasco, 1970- .

Cuerpo B. Enciclopedia sistemática. Arte, lengua y literatura, por I. Estornés Zubizarreta y B. Estornés Lasa, 1969- .

Cuerpo C. Eusko bibliographia, por J. Bilbao, 1970- .

Cuerpo anexo. Juegos y deportes vascos, por R. Aguirre Franco, 1971, 687.

Enciclopedia, *La gran* _____ *vasca*. Dirigida por J. M. Martín de Retana, Bilbao, 1966- .

Estudios monográficos, generalmente reediciones, por diversos autores. Volúmenes misceláneos.

Espel Uranga, C., y V. Arana Gaitarro, *El País Vasco*. S. Sebastián, 1955, 140.

Gereño, J. M., *Guía del País Vasco*. Bilbao, 1970, 239.

Michel, F., *Le pays basque. Sa population, sa langue, ses moeurs...* París, 1857, 547.

Pirala, A., *España... Provincias vascongadas.* B, 1885, xliii+623.
Valverde Alvarez, E., *Guía de las provincias vascongadas y Navarra.* M, 1886, 146.

Arocena, F., *El País Vasco visto desde fuera.* S. Sebastián, 1950, 110.
Salaverría, J. M., *Guía sentimental del país vasco.* S. Sebastián, 1955, 142.
Zabalbeascoa, J. A., *Las Vascongadas y el país vasco-francés.* B, 1969, 250.

95 HISTORIA. BIOGRAFIA

Zabala, F., *Historia del pueblo vasco.* S. Sebastián, 1971, 2 v.

Areitio, D., *Los vascos en la historia de España.* Bilbao, 1960, 219.
Estornés Lasa, B., *Orígenes de los vascos.* S. Sebastián, 1972, 4 v.
Gutiérrez Arechabala, S., *La ruta de los vascos foramontanos.* Bilbao, 1969, 191.
Labayru, E. J., *Galería de vascongados ilustres en Religión...* Bilbao, 1893, 318.
Llorente, J. A., *Noticias históricas de las tres provincias vascongadas...* M, 1807-8, 5 v.
Ortueta, A., *Vasconia y el imperio de Toledo.* B, 1935, 480.
Schulten, A., *Las referencias sobre los vascones hasta el año 810 de J. C.* RIEV, 1927, 18, 225-40.
Ybarra Bergé, J., *Relaciones vasco-británicas.* BRSV, 1949, 5, 159-74.
Ybarra Bergé, J., *Gestas vascongadas.* S. Sebastián, 1951, 125.
Zumalde, I., *Ensayos de historia local vasca.* S. Sebastián, 1972.
→ 6.11, 6.13, 6.23, 6.37.5, 16.99.2, Lacarra; 22.52, Suils.

96 INSTITUCIONES. SOCIOLOGIA. CULTURA

Estecha Martínez, J. M., *Régimen político y administrativo de las provincias vasco-navarras.* Bilbao, 1918-20[2], 2 v.
García Royo, L., *Foralidad civil de las provincias vascongadas.* Vitoria, 1952, 3 v.
García Venero, M., *Historia del nacionalismo vasco.* M, 1969[3], 664.

Altabella Gracia, P., *El catolicismo de los nacionalistas vascos.* M, 1939, 218.
Amador Carrandi, F., *Les anciens traités de bonne correspondance entre les basques de France et ceux d'Espagne.* RIEV, 1927, 18, 55-69.
Arteaga, F., *«Eta» y el proceso de Burgos...* M, 1971, 366.
Azaola, J. M., *Vasconia y su destino. I. La regionalización de España.* M, 1972, 551.
Lhande, P., *La emigración vasca.* S. Sebastián, 1971, 2 v.
Malaxechevarría, J., *La Compañía de Jesús, por la instrucción del pueblo vasco en los siglos XVII y XVIII.* S. Sebastián, 1926, xxix+631.
Otazu, A., *El «igualitarismo» vasco: mito y realidad.* S. Sebastián, 1973, 454.

21 Sarriá, J., *Ideología del nacionalismo vasco.* Bilbao, 1918, 129.
Sierra Bustamante, R., *Euzkadi. De Sabino Arana a José Antonio Aguirre... Nacionalismo vasco.* M, 1941, 340.

→ 3.01, *Colección de cédulas;* 4.08, 7.43, 14.60, Jaén.

97 ARTE

Alvarez, J. M., *Origen y evolución de la pintura vasca.* M, 1973, 224.
Colas, L., *Grafía, ornamentación y simbología vascas a través de mil años de estelas discoideas.* Bilbao, 1972, 3 v.
Madariaga, L., *Pintores vascos.* S. Sebastián, 1971-2, 3 v.
Sagardía Sagardía, A., *Músicos vascos.* S. Sebastián, 1972, 3 v.

→ 13.50.

98 ETNOLOGIA. FOLKLORE

Vinson, J., *Notice bibliographique sur le folk-lore basque.* París, 1884, 64.
También, Revue de linguistique (París), 1883, 16, 372-404; 1884, 17, 41-81.

Aranzadi, T., y otros, *La raza vasca.* Zarauz, 1959, 184 + láms.
Caro Baroja, J., *Los vascos.* M, 1971^{3}, 384.
Gallop, R., *Los vascos.* M, 1948, 238.
Veyrin, P., *Les basques... de France et d'Espagne.* París, 1958, 358.
Vinson, J., *Le folk-lore du pays basque.* París, 1883, xxxvii+396.
Aranzadi, T., *Los vascos en la etnografía europea.* RIEV, 1926, 17, 269-80.
Caro Baroja, J., *Observaciones sobre la hipótesis del vascoiberismo considerada desde el punto de vista histórico.* Emerita, 1942, 10, 236-86; 1943, 11, 1-59.
Caro Baroja, J., *Datos para el estudio de la mentalidad del campesino vasco.* BRSV, 1946, 2, 9-45.
Caro Baroja, J., *Sobre la religión antigua y el calendario del pueblo vasco.* TIBS, 1948, 6, 2-94.
Caro Baroja, J., *Vasconiana.* M, 1957, 177.
Miscelánea.
Clavería, C., *Los vascos en el mar.* Pamplona, 1966, 356.
Estornés Lasa, B. y M., *¿Cómo son los vascos?* S. Sebastián, 1967, 185 + láms.
Hoyos Sáinz, L., *Investigaciones de antropología prehistórica de España. La raza vasca.* Antropología y etnología (M), 1949, 1, 21-185 + láms.
Irigoyen, J. I., *Folklore alavés.* Vitoria, 1950, 147.
López de Guereñu, G., *Calendario alavés. Vida, usos, costumbres...* Vitoria, 1970, 403.
Márquez, P., *Contribution à l'étude anthropologique des basques.* París, 1963.
Montenegro Duque, A., *Los orígenes de los vascos.* HA, 1971, 1, 271-334.

Moreau, R., *Histoire de l'âme basque.* Burdeos, 1970, 748. 21

Peña Santiago, L. P., *Costumbres peculiares de Eibar.* RDTP, 1970, 26, 315-22.

Ugartechea, J. M., *Lequeitio. Breves notas de etnografía local (siglo XVIII).* AEF, 1966, 21, 53-64.

→ 17.03, Legarda; 20.

99 GEOGRAFIA. ECONOMIA

Arabegui, P., *Geología y geografía del país vasco.* M, 1936, 141.

Bernoville, G., *Le pays des basques.* París, 1934, 197.

Carreras Candi, F., y otros, *Geografía general del País Vasco-navarro.* B, 1915-21, 6 v.

Comprende: R. Adán de Yarza y otros, *País vasco-navarro,* 998.—J. Altadill, *Provincia de Navarra,* 2 v.—S. Múgica, *Provincia de Guipúzcoa,* 1122.—V. Vera, *Provincia de Alava,* 753.—C. Echegaray y T. Guiard, *Provincia de Vizcaya,* 1028.

Churruca, A., *Minería, industria y comercio del país vasco.* S. Sebastián, 1951, 116.

Sollube, I., *Geografía del País vasco.* S. Sebastián, 1972, 2 v.

Ziesemer, W., *Das Land der Basken.* Berlín, 1934, 200.

Basterrechea Ichaso, J., *Mercados geográficos y ferias de Vascongadas.* Pirineos, 1951, 7, 49-307.

Ciriquiain Gaiztarro, M., *Los puertos marítimos vascongados.* S. Sebastián, 1951, 270.

Dorao Lanzagorta, J., *La infraestructura de las Vascongadas.* ICE, 1972, 468, 143-8.

Sermet, J., *La personnalité et les limites géographiques du Pays Basque espagnol.* Annales du Midi (Toulouse), 1956, 339-74.

→ 11.10, Ríos; 11.12, Lamare; 11.60, 12.19, 12.32, 12.67, 12.69, 12.97.

22

ESTUDIOS LOCALES. LAS PROVINCIAS

ESTUDIOS LOCALES. LAS PROVINCIAS

01 ALAVA

Alfaro Fournier, T., *Vida de la ciudad de Vitoria.* M, 1951, 688.
Becerro de Bengoa, R., *El libro de Alava.* Vitoria, 1877, xvi+336.
Becerro de Bengoa, R., *Descripciones de Alava.* M, 1918, 353.
Bisso, J., *Crónica de la provincia de Alava.* M, 1868, 79 + láms.
Chavarri Peñalver, V. E., *Alava.* M, 1964, 146 + láms.
Madinaveitia, H., *Guía espiritual de mi tierra (Alava).* Tolosa, 1929, 166.
Martínez de Marigorta, J., *Guía general de Alava.* Vitoria, 1947, 104.
Portilla, M. J., *Alava.* León, 1968, 156.
Serdán Aguirregavidia, E., *Vitoria. El libro de la ciudad.* Vitoria, 1926-7, 2 v.

02 INSTITUCIONES. HISTORIA. BIOGRAFIA

Floranes Encinas, R., *Memorias y privilegios de... Vitoria.* M, 1922, 267.
González Echávarri, V., *Alaveses ilustres.* Vitoria, 1900-6, 6 v.
González Echávarri, V., *Vitoria histórica.* Vitoria, 1903, 168.
Landázuri Romarate, J. J., *Historia civil, eclesiástica... de Vitoria* [1780]. Vitoria, 1929, x+475.
Landázuri Romarate, J. J., *Historia general de Alava* [1797-9]. Zalla, 1973, 7 v.
Landázuri Romarate, J. J., *Los varones ilustres alaveses...* Vitoria, 1799, xx+246+xii.

Abella García, A. M., *Las otras especialidades forales de Alava.* Vitoria, 1971, 173.
Albertos Firmat, M. L., *Alava prerromana y romana.* Estudios de arqueología alavesa (Vitoria), 1970, 4, 165-223.
Díaz de Mendívil, J. M., *Recuerdos del Vitoria de antaño.* BRSV, 1945, 1, 41-54.
Iribarren Rodríguez, J. M., *Vitoria y los viajeros del siglo romántico.* Vitoria, 1950, 249.

22 Mañueco Francos, A., e I. M. Segarna, *Vitoria en 1850.* Vitoria, 1956, 95.

Perdomo García, J., *Diccionario heráldico municipal de... Alava.* M, 1952, 350.

Santoyo, J. L., *Viajeros por Alava. Siglos XV a XVIII.* Vitoria, 1972, 312.

Serdán Aguirregavidia, E., *Rincones de la historia vitoriana.* Vitoria, 1914, vi+436 + láms.

Velasco Fernández, L., *Memorias del Vitoria de antaño.* Vitoria, 1889, 348.

→ 9.67.

02.1 ARTE

Castro, C., *Catálogo monumental... de Alava.* M, 1915, 324.

Catálogo monumental. Diócesis de Vitoria. Vitoria, 1967, 2 v.

Martínez de Marigorta, J., *Las dos catedrales de Vitoria.* Vitoria, 1969, 110 + láms.

02.2 GEOGRAFIA. ECONOMIA

García de Amézaga, A., *Aportación a la geografía urbana de Vitoria.* Zaragoza, 1961, 310.

Losa España, M., *Contribución al estudio de la flora de Alava.* Vitoria, 1946, 76.

Ramírez del Pozo, J., *Síntesis geológica de la provincia de Alava.* Vitoria, 1973, 200.

Vera, V., *Provincia de Alava,* → 21.99, Carreras Candi.

02.3 ESTUDIOS LOCALES

Madinabeitia, J., *El libro de* **Amurrio.** Bilbao, 1932, 229 + láms.

Galíndez Suárez, J., *La M. N. y M. L. Tierra de* **Ayala.** *Su señorío y fuero.* M, 1933, 43.

Armentia, F., **Labastida.** Vitoria, 1969, 221.
También, BISS, 1968, 12 (número monográfico), 1-221.

Laguardia → 1.31.

López de Juan, J. M., y A. López de Torre, **Llodio:** *crisis y crecimiento.* Vitoria, 1970, 237.

Ochoa González, M. J., *Apuntes geográfico-históricos del Valle de Llodio.* Bilbao, 1960, 15.

Ochoa González, M. J., *Estudio geográfico del Valle de Llodio.* Vitoria, 1965, 2 v.

Olabarría Sauto, J., *El Valle de* **Zuya.** Vitoria, 1973, 400.

03 ALBACETE

Albacete. M, 1964, 96 + láms.

Albacete, *Guía general de* ___ *y su provincia.* Albacete, 1948, 201 + láms.

Albacete, *Reseña estadística de la provincia de ___*. M, 1971, x+166. 22
Campo Aguilar, F., *Albacete contemporáneo (1925-1958)*. M, 1958, 300 + láms.
Jávega, J. F., *Guía de la provincia de Albacete*. Albacete, 1904, 64.
Moya Cuadra, A., *Diccionario geográfico, histórico... Albacete*. M, 1875, 192.
Roa Erostarbe, J., *Crónica de la provincia de Albacete*. Albacete, 1891-4, 2 v.

04 INSTITUCIONES. HISTORIA. BIOGRAFIA

Baquero Almansa, A., *Hijos ilustres de la provincia de Albacete. Estudio bio-bibliográfico*. M, 1884, xvii+250.
Sánchez Torres, F. J., *Apuntes para la historia de Albacete*. Albacete, 1916, 176.

Quijada Valdivieso, J., *Albacete en el siglo XX. Apuntes para la historia*. Albacete, 1925, 187.

04.3 ESTUDIOS LOCALES

Marco Hidalgo, J., *Cultura intelectual y artística... de* **Alcaraz**. RABM, 1908, 18, 385-415; 19, 27-41, 182-201; 1909, 21, 208-33, 492-53. → 3.26, Roudil.
Pérez Ruiz, J., *Historia de* **Almansa**. M, 1949, 251 + láms.
Piñero Alarcón, G., **La Gineta**, *un lugar de la Mancha*. Albacete, 1971, 200.

Solera Alonso, D., **Tarazona de la Mancha**. Utiel, 1971, 123.
Sandoval Mulleras, A., *Historia de...* **Villarrobledo**. Albacete, 1961, 391.

05 ALICANTE

Alicante, *Reseña estadística de la provincia de ______*. M, 1969, 723.
Martínez Morellá, V., *Alicante*. M, 1964, 145 + láms.
Martínez Morellá, V., *Alicante*. León, 1973[3], 160 + láms.
Viravens Pastor, R., *Crónica de... Alicante*. Alicante, 1876, 469 + láms.

06 INSTITUCIONES. HISTORIA. BIOGRAFIA

Figueras Pacheco, F., *Compendio histórico de Alicante*. Alicante, 1957, 256.
Figueras Pacheco, F., *Resumen histórico de la ciudad de Alicante*. Alicante, 1963, 114.
Jover, N. C., *Reseña histórica de la ciudad de Alicante*. Alicante, 1863, 307.
Milego, J. M., y A. Galdo López, *Alicantinos ilustres. Apuntes biográficos*. Alicante, 1905, xv+446.
Molla, B., y otros, *Alicantinos ilustres*. Alicante, 1889, 237.

22 Ramos, V., *Historia de la provincia de Alicante y de su capital.* Alicante, 1971, 2 v.

Bendicho, V., *Crónica de... Alicante* [1640]. Ed. de F. Figueras Pacheco. Alicante, 1960, 212.

Figueras Pacheco, F., *Alicante bajo los Reyes de Castilla...* Alicante, 1952, 173.

Lafuente Vidal, J., *Las ruinas de la antigua Lucentum. La Alicante de hace 20 siglos.* Alicante, 1954, 333.

Lafuente Vidal, J., *Alicante en la edad antigua.* Alicante, 1957, 135 + láms.

Orts Bosch, P. M., *Alicante. Notas históricas, 1373-1800.* Alicante, 1971, 182 + láms.

Vidal Tur, G., *Alicante ochocentista.* Alicante, 1967, 205.

Viñes, V., *Al pie del Benacantil. Costumbres, tradiciones y retazos de la historia de Alicante.* Alicante, 1953, 200.

→ 6.39, Jaime I; 9.53, Figueras; 13.05, Mateos.

06.1 ARTE

Aguilar Gómez, J. D., *Historia de la música en la provincia de Alicante.* Alicante, 1970, 750.

Figueras Pacheco, F., y D. Fletcher Valls, *Bibliografía arqueológica de la provincia de Alicante.* Alicante, 1958, 315.

Martínez Morellá, V., *La iglesia de S. Nicolás de Alicante.* Alicante, 1960, 151.

Martínez Morellá, V., *Alicante monumental.* Alicante, 1963, 74.

→ 9.88, Layna.

06.2 GEOGRAFIA. ECONOMIA

Figueras Pacheco, F., *Provincia de Alicante,* → 21.93, Carreras Candi.

Jiménez de Cisneros, D., *Geología y paleontología de Alicante.* M, 1917, 140 + láms.

Orozco Sánchez, P., *Manual geográfico-estadístico de la provincia de Alicante.* Alicante, 1878, vi+272.

Coloma, R., *Viaje por tierras de Alicante.* M, 1957, 248.

López Gómez, A., *Riegos y cultivos en la huerta de Alicante. Evolución y estado actual.* EG, 1951, 12, 701-71.

López Gómez, J., *El puerto de Alicante.* EG, 1955, 16, 511-83.

Marco Cecilia, J. M., *Guía de comercio de Alicante y provincia.* Alicante, 1942, 152.

Rigual Magallón, A., *Flora y vegetación de la provincia de Alicante...* Alicante, 1972, xix+403 + láms.

Torras Uriarte, L., *La riqueza agrícola en la provincia de Alicante.* Alicante, 1952, 47.

→ 11.10, Bonelli.

06.3 ESTUDIOS LOCALES

Mestre Palacio, J., *Alcalalí.* Alicante, 1970, 693.

Llorca Villaplana, C., *Monografía de Alcoy.* EG, 1951, 12, 283-316.

Miró, A., *Bibliografía de Alcoy*. Alicante, 1958, 83.
Sanchís Llorente, R., *Alcoy y la guerra de Sucesión, 1700-1709*. Alicante, 1969, 211.
Sanchís Llorente, R., *Esquema histórico del Alcoy medieval*. Alcoy, 1971, I.
Vicedo Sanfelipe, R., *Guía de Alcoy*. Alicante, 1925, 431+67.
→ 6.88.6, Coloma; 17.09.1, **Alicante**; 20.33, **Valencia**.

Sarrión, V., **Benidorm**, *un núcleo turístico en expansión*. AUMurcia (Filosofía y Letras), 1965, 23, 133-52 + láms.

Llopis Bertomeu, V., **Calpe**. Valencia, 1953, 272.

Salvá Ballester, A., *La villa de* **Callosa de Ensarriá**. Alicante, 1960, 2 v.

Sánchez Díaz, J., *Historia de* **Caudete** *y de su Virgen de Gracia*. Alicante, 1956, 281.

Fullana Mira, L., *Historia de la villa y condado de* **Cocentaina**. Valencia, 1920, ix+479 + láms.

García Martínez, J., y V. Martínez Morellá, *Guía turística de la* **Costa Blanca**. Alicante, 1971, 100 + láms.
→ 22.64.3, **Costa Blanca**.

Mas Espinosa, A., **Crevillente** *y su Semana Santa*... Crevillente, 1969, 232.

Chabás Llorens, R., *Historia de la ciudad de* **Denia** [1874]. Alicante, 1958, xxxviii+211.
Martín, G., *Arqueología romana de Denia*. Valencia, 1970, 100 + láms.
Oliver Sanz, E., *La Denia del siglo XX*. Valencia, 1972, 112.

Gómez Brufal, S. y J., *Bibliografía de* **Elche**. Alicante, 1957, 51.
Jessen, O., *El palmeral y la ciudad de Elche*. EG, 1951, 12, 111-30.
Pérez Valiente, S., *Libro de Elche*. M, 1949, 159.
Ramos Folques, A., *Historia de Elche*. Elche, 1971, 647.
→ 20.73, Brugarola, Pomares, Ramos.

Navaro Pastor, A., *Bibliografía de* **Elda**. Alicante, 1957, 61.

Momblanch Gonzálbez, F. P., *¡Historia de la villa de* **Muro**. Alicante, 1959, I, 155.

Bellot, P., *Anales de* **Orihuela** *(siglos XIV-XVII)*. Ed. de J. Torres Fontes. Orihuela, 1954-6, 2 v.
Chiarri Martín, M. L., *Orihuela y la guerra de las Germanías*. Orihuela, 1963, 236.
Gisbert Ballesteros, E., y A. Gisbert Columbo, *Historia de Orihuela*. Orihuela, 1901-3, 3 v.
Sebastián López, S., *Guía artística de Orihuela y su comarca*... Orihuela, 1970, 234 + láms.
→ 1.21, **Alicante**; 13.57, **Orihuela**.

Más Gil, L., *Bibliografía de* **Pego**. Alicante, 1958, 40.

Fuster Pérez, J., *Baronía de* **Polop**. Polop, 1971, 428.

22 Ramos Folqués, A., *La isla de* Tabarca. Alicante, 1970, 71.
Soler García, J. M., *Bibliografía de* Villena *y su partido judicial.* Alicante, 1958, 229.
Soler García, J. M., *La relación de Villena de 1575.* Alicante, 1969, 582.

→ 6.43, Torres.

07 ALMERIA

Espinosa Orozco, S., *Almería. Guía turística y sentimental.* Almería, 1963², 226.
Granados Cruz, S., *Almería, mi España inmediata.* Valencia, 1972, 227.
Martín del Rey, B., *Guía ilustrada de Almería y su provincia.* Almería, 1957, 302.
Urquiza Hernández, J. S., y M. Román González, *Almería.* M, 1964, 125 + láms.

→ 22.31, Pi.

08 INSTITUCIONES. HISTORIA. BIOGRAFIA

Santisteban Delgado, J., y M. Flores González, *Historia cronológica y biográfica de Almería.* Almería, 1927, 187.
Tapia Garrido, J. A., *Almería, piedra a piedra. Biografía de la ciudad.* Almería, 1970, xxxi+560.
Tapia Garrido, J. A., *Breve historia de Almería.* Almería, 1973, 251.
Torres Balbás, L., *Almería islámica.* Al-Andalus, 1957, 22, 411-53.

→ 6.15.

08.2 GEOGRAFIA. ECONOMIA

Marín Fernández, B., *Almería y el mar.* Almería, 1973, 240.
Puyol Antolín, R., *Estudio geoeconómico de la provincia de Almería.* M, 1972, 36.

→ 12.43.

08.3 ESTUDIOS LOCALES

Fernández López, A., **Adra,** *histórica y fundamental.* Adra, 1971, 36 + láms.
Sermet, J., *La vega de Adra.* EG, 1950, 11, 695-710.
→ **Alpujarra.**

Tapia Garrido, J. A., *Historia de la Baja* **Alpujarra** *(Berja, Adra, Dalías).* Almería, 1966, 475.
→ 22.32.3, **Alpujarra.**

Berja → **Alpujarra.**

Dalías → **Alpujarra.**

García Asensio, E., *Historia de la villa de* **Huércal-Overa** *y su comarca.* Murcia, 1908-10, 3 v.

Almendros, C., **Mojácar**... B, 1970, 126.

Tapia Garrido, J. A., **Vélez-Blanco**... M, 1959, 372 + láms.

Palanqués Ayén, F., *Historia de* **Vélez-Rubio**... Vélez-Rubio, 1909, xxiv+640.

09 AVILA

Avila. M, 1964, 104 + láms.
Belmonte Díaz, L., y A. de la Cruz Vaquero, *Guía de Avila.* Avila, 1955, 125.
Hernández Martín, F., *Avila.* León, 1972[3], 165.
Martín Carramolino, J., *Guía del forastero en Avila.* M, 1872, 164.
Martín García, F. J., *Guía de la ciudad de Avila.* Avila, 1969, 357 + láms.
Mayoral Fernández, J., *Grandezas de Avila.* Avila, 1888, 90.
Melgar Alvarez, J. N., *Guía descriptiva de Avila.* Avila, 1922, xxxvi+220.
Rodríguez Almeida, E., *Guía monumental de Avila y su provincia.* Avila, 1961, 30.
Veredas Rodríguez, A., *Avila de los Caballeros. Descripción... de la capital y pueblos...* Avila, 1935, 255.

10 INSTITUCIONES. HISTORIA. BIOGRAFIA

Martín Carramolino, J., *Historia de Avila, su provincia y obispado.* M, 1872-3, 3 v.
Vergara Martín, G. M., *Estudio histórico de Avila y su territorio.* M, 1896, 204.

Ballesteros, E., *Estudios históricos de Avila y su territorio.* Avila, 1896, xxv+505.
Barrios García, A., *La catedral de Avila en la edad media. Estructura socio-jurídica y económica.* Avila, 1973, 147.
Bayo Fernández, M. J., *Avila en las letras. Ensayo de recorrido histórico.* Avila, 1958, 99 + láms.
García Dacarrete, S., *Cosas de Avila. Jirones de su historia.* Valladolid, 1928, 324.
Mayoral Fernández, J., *El municipio de Avila. Estudio histórico.* Avila, 1958, 182.
Merino Alvarez, A., *La sociedad abulense durante el siglo XVI.* M, 1926, 227.
Yepes, J., *Itinerarios teresianos abulenses.* Avila, 1941, 90.
→ 3.27, Foronda.

10.1 ARTE

Alcolea, S., *Avila monumental.* M, 1952, 156.

22 Heras Hernández, F., *La iglesia de S. Vicente de Avila.* Avila, 1971, 93 + láms.

→ 9.88, Dotor.

10.2 GEOGRAFIA. ECONOMIA

Pozo Martín, M., *La ganadería en la provincia de Avila.* Avila, 1959, 215.

→ 21.48, Klemm.

10.3 ESTUDIOS LOCALES

López Nazario, S., *Avila,* **Arenas de San Pedro** *y su comarca. Sierra de Gredos.* Pamplona, 1951, 62.
Rivera, A., *La Andalucía de Avila... Arenas de San Pedro.* M, 1925, 352.
Serrano Cabo, J., *Historia y geografía de Arenas de San Pedro y... de su partido.* M, 1925, 165.
Suárez, M., *Estudios prácticos sobre el partido de Arenas de San Pedro y regiones del Tiétar.* Avila, 1906, 205.
Montalvo, J. J., *De la historia de* **Arévalo** *y sus sexmos.* Avila, 1928, 2 v.

Muñoz Mateos, I., ...*El* **Barco de Avila.** M, 1918, 188.
Fuente Arrimadas, N., *Fisiografía e historia del Barco de Avila.* Avila, 1925-6, 2 v.

Encinas, A., **Madrigal de las Altas Torres.** M, ¿1956?, 115 + láms.
García Zurdo, A., *Madrigal de las Altas Torres.* Avila, 1961, 117.

Pascualcobo → 20.10, Castellanos.

Grande Martín, J., *Reportaje de* **Piedrahita**... Avila, 1969, 210.
→ **Valdecorneja.**

Hernández Rodríguez, C., *Andorrilla avilesa* **[Poyales del Hoyo].** Avila, 1958, 97.

Lunas Almeidas, J., *Historia del Señorío de* **Valdecorneja,** *en la parte referente a Piedrahita.* Avila, 1930, 271.
Sánchez Gómez, J. C., *Estudio geográfico regional de Valdecorneja y valles superiores del Tormes.* M, 1932, 116.
También, BRSG, 1932, 62, 474-505, 533-71, 599-612, 659-87.

11 BADAJOZ

Callejo Serrano, C., *Badajoz y su provincia.* B, 1964, 198.
Cerro, E., *Algunos datos sobre la vida de la provincia.* RCEE, 1927, 1, 146-57.
Dosma Delgado, R., *Discursos patrios... de Badajoz.* Badajoz, 1870, lxx+163.
Henao Muñoz, M., *Crónica de la provincia de Badajoz.* M, 1870, 64 + láms.

Muñoz de San Pedro, M., *Badajoz...* León, 1971, 172 + láms.
Rodríguez Arias, F., y J. Cienfuegos Linares, *Badajoz.* M, 1964, 148.

12 INSTITUCIONES. HISTORIA. BIOGRAFIA

Mateos Moreno, F., *De historia de Badajoz.* Ed. de T. Lozano Rubio. Badajoz, 1930, 178.
Solano de Figueroa, J., *Historia eclesiástica de la ciudad y obispado de Badajoz* [1668]. Badajoz, 1929-34, 4 v.
Thous, A. J., *Badajoz a través de la historia patria.* Badajoz, 1901, 338.

Agúndez Fernández, A., *Notas para la historia de la ciudad de Badajoz a fines del siglo XVIII.* REE, 1959, 15, 133-97.
Guerra, A., *El Badajoz del siglo XVI.* Badajoz, 1964, 53.
Martínez Martínez, M. R., *Historia de Badajoz durante la dominación musulmana.* Badajoz, 1904, 481.
Morales, A., *Crisis histórica de la ciudad de Badajoz.* Badajoz, 1908, 333.
Rubio Recio, J. M., *Badajoz. Apunte estructural y genético.* REE, 1962, 18, 225-78.
Suárez de Figueroa, D., *Historia de Badajoz* [1727]. Badajoz, 1916, 262.

→ 6.34.1, 6.82.6, Silva; 9.59, Guerra; 9.97, Rodríguez; 19.40, Díaz.

12.1 ARTE

Gómez Tejedor, M. D., *La catedral de Badajoz.* REE, 1958, 14, 533-60.
Mélida Alinari, J. R., *Catálogo monumental de España. Provincia de Badajoz.* M, 1925, 3 v.
Rodríguez Moñino, A., *Los pintores badajoceños del siglo XVI.* REE, 1955, 11, 119-272.

12.2 GEOGRAFIA. ECONOMIA

Muñoz de Rivera, A., *Geografía de la provincia de Badajoz. Tratado enciclopédico de dicha provincia.* Badajoz, 1894, x+172.
García de Oteyza, L., *El plan de Badajoz.* M, 1958, 213.
Hernández Pacheco, F., *Características geográficas y geológicas de las vegas del Guadiana...* Badajoz, 1956, 161.
López Santamaría, F., *El «Plan Badajoz». Antecedentes, contenido...* REAS, 1954, 6, 45-82.
Pérez Camarero, A., *Cifras fundamentales del Plan Badajoz.* REVL, 1958, 17, 75-83, 233-43.
Rodríguez Amaya, E., *La tierra de Badajoz desde 1230 a 1500.* REE, 1951, 7, 395-497.
Villalba Diéguez, F., *Cartas extremeñas. Viajes por la provincia de Badajoz.* Badajoz, 1952, 156.

12.3 ESTUDIOS LOCALES

Martínez, M. R., **Alange.** RExtremadura (Cáceres), 1900, 2, 405-15.

22 Duarte Insúa, L., *Historia de* **Alburquerque**. Badajoz, 1929, 646.
→ 16.63, Cabrera.

Suárez Murillo, M., **Almendralejo**. Archivo extremeño (Badajoz), 1911, 4, 477-86.

Navarro del Castillo, V., *Rasguños históricos de* **Arroyo de San Serván**. Badajoz, 1971, 58.

Rodríguez Díaz, F., *Monografía de* **Azuaga**. Badajoz, 1894, xvi+274.

Pico Villarreal, J., *Apuntes geográficos de la villa de* **Campanario**. Archivo extremeño (Badajoz), 1910, 3, 225-33.

Fernández de Sevilla, R., *Tierra extremeña.* **Don Benito**. M, 1921, 64.

Sánchez Cid, A. M., *Epítome histórico de...* **Fregenal**. Sevilla, 1843, viii+333.

Martínez, M. R., **Fuente de Cantos**. RExtremadura (Cáceres), 1903, 5, 228-35.

Muñoz de Rivera, A., *Monografía histórico-descriptiva de la villa de* **Hornachos**. Badajoz, 1895, 76.

Martínez, M. R., *El libro de* **Jerez de los Caballeros**. Sevilla, 1892, 518.

Agúndez Fernández, A., *Viaje a* **La Serena** *en 1791...* Cáceres, 1955, 198.

Fernández de Sevilla, R., *Tierra extremeña. La Serena...* M, 1921^{2}, 84.

Pérez, P., *La vida concejil en La Serena en los siglos XVI y XVII.* RCEE, 1931, 5, 306-16.

Navarro del Castillo, V., *El pueblo Lyco* **(Lobón)** *a través de la historia.* REE, 1963, 19, 51-99.

Montero Santarén, E., *Monografía de* **Llerena**. Badajoz, 1900, 98.

Fernández de Sevilla, R., *Tierra extremeña.* **Medellín**. Murcia, 1922, 12.

Almagro Basch, M., *Guía de* **Mérida**... M, 1972^{5}, 101 + láms.

Fernández de Sevilla, R., *Tierra extremeña. Mérida y su partido...* Cartagena, 1922, 96.

González Gómez, J. J., *Epítome histórico de Mérida.* Mérida, 1906, 110.

Moreno de Vargas, B., *Historia de la ciudad de Mérida...* Mérida, 1892, 515.

Navarro del Castillo, V., *Historia de Mérida y pueblos de su comarca.* Cáceres, 1972, I, 412.

Redondo Gálvez, G., *Mérida, museo de la historia de España.* NT, 1956, 3, 92-101.

→ 14.61, Sanabria; 16.63, Cabrera; 18.16.

Demerson, P., *La villa de* **Montijo** *en el año 1735.* REE, 1969, 35, 413-22.

Casco Arias, J., *Geobiografía e historia de* **Quintana de la Serena**. M, h. 1961, 308.

Estévez Verdejo, R., *Monografía de* San Vicente de Alcántara. Badajoz, 1907, 55.
Ruan Jociles, F., *Fundación de San Vicente de Alcántara.* M, 1947, 109.

Casquete Hernando, A., *Noticias de la villa de* Segura de León. Sevilla, 1951, 151.

Díaz Pérez, N., *Historia de* Talavera la Real... M, 1879[2], xv+358.
Morente Cejo, M. R., *Geografía, topografía e historia de Talavera la Real.* Badajoz, 1908, 31.

Usagre → 3.29, Ureña.

Croche de Acuna, F., **Zafra**... Zafra, 1972, 120.
Vives Tabero, M., *Glorias de Zafra o recuerdos...* M, 1901, 553.

13 BARCELONA

Barcelona. M, 1964, 242 + láms.
Barcelona, *La provincia de* ___. B, 1966, 3 v.
Miscelánea por numerosos autores.
Barcelona, *Reseña estadística de la provincia de* ___. M, 1969, viii+191.
Batlló, J., *La provincia de Barcelona.* León, 1960, 188.
Cirici Pellicer, A., y E. Borràs, *Barcelona.* B, 1952, 160.
Gudiol Ricart, J., *Provincia de Barcelona.* B, 1954[3], 201 + láms.
Maisterra, P., *Barcelona.* León, 1973[2], 176 + láms.
Pamias Ruiz, J., *Guía urbana de Barcelona y... provincia.* B, 1973[13], 2 v.
Romero, L., *Barcelona.* B, 1954, xxx+105 + láms.
Soldevila Zubiburu, C., *Barcelona.* B, 1965[3], 548 + láms.
Tasis, R., *Barcelona. Imatge i història d'una ciutat.* B, 1961, 525 + láms.

14 INSTITUCIONES. HISTORIA. BIOGRAFIA

Durán Sanpere, A., *Barcelona i la seva història.* B, 1973, 3 v.
Guanse, D., *Història de Barcelona il.lustrada.* B, 1972, 114.
Pericot García, L., *Barcelona a través de los tiempos.* B, 1944, 351.
Torres Oriol, I., *Barcelona histórica antigua y moderna.* B, 1913, viii+164+48.
Udina Martorell, F., y J. M. Garrut, *Barcelona, dos mil años de historia.* B, 1963, 410 + láms.
Alberich Roselló, R., *Un siglo de Barcelona.* B, 1944, 180.
Batlle Gallart, C., *La crisis social y económica de Barcelona a mediados del siglo XV.* B, 1973, 2 v.
Carrera Pujal, J., *La Barcelona del segle XVIII.* B, 1951, 2 v.
Curet, F., *Visions barcelonines, 1760-1860.* B, 1952-5, 3 v.
Díaz Plaja, G., *Barcelona a través de la literatura.* San Jorge (B), 1953, 11, 7-17.
Jutglar, A., *Notas para el estudio de la enseñanza en Barcelona* [desde el siglo XVI] *hasta 1900.* Documentos y estudios (B), 1966, 16, 283-419.

22 Masriera Colomer, A., ... *Costumbres y anécdotas de la Barcelona ochocentista.* B, 1924, 363.

Masriera Colomer, A., *Barcelona isabelina y revolucionaria...* B, 1930, 465.

Mitjà Saguè, M., *Condado y ciudad de Barcelona. Capítulos de su historia en los siglos IX y X.* Estudios históricos y documentos de los Archivos de Protocolos (B), 1955, 3, 267-80.

Verdaguer, M., *Medio siglo de vida íntima barcelonesa.* B, 1957, 380.

Voltes Bou, P., *Barcelona durante el gobierno del Archiduque Carlos de Austria (1705-1714).* B, 1963, 2 v.

→ 3.28, Abadal, *Manual,* Valls; 6.39.5, 6.82.6, Mercader; 6.91.2, 6.95.3, 8.07, Bada; 8.29, 9.31, Voltes; 9.53, 10.19, Fernández Gracia; 10.26, Moreu; 10.93, 13.05, 19.60, Navarro.

14.1 ARTE

Ainaud de Lasarte, J., y otros, *Catálogo monumental de España. La ciudad de Barcelona.* M, 1947, 2 v.

Almagro Basch, M., y otros, *Carta arqueológica de España. Barcelona.* M, 1945, 240 + láms.

Balaguer, V., *Las calles de Barcelona.* B, 1865-6, 2 v.

Balil Illana, A., *Las murallas romanas de Barcelona.* M, 1961, 139.

Busquets, G., *Ensanche y reforma de Barcelona (1842-1942).* B, 1942.

Durán Sanpere, A., *El barrio gótico.* B, 1952, 29.

Fábrega Grau, A., *La catedral de Barcelona...* B, 1973[3], 48 + láms.

Ferrès Calsina, M., *Ensayo para una bibliografía de la catedral de Barcelona.* Biblioteconomía, 1958, 15, 25-70.

Fragua, J. M., *Montjuich. Guía breve del museo y resumen histórico del castillo.* B, 1970, 61.

Hernández Cros, J. E., y otros, *Arquitectura de Barcelona.* B, 1972, 310 + láms.

Martorell Portas, V., *Historia del urbanismo en Barcelona...* B, 1970, 153.

Museos, *Guía de los ___ de arte, historia y arqueología de la provincia de Barcelona.* B, 1954, 160.

Rafols, R. F., *El arte modernista en Barcelona.* B, 1943, 186 + láms.

Soldevila Zubiburu, C., *Barcelona vista pels seus artistes.* B, 1957, 342.

Verrié, F. P., *La Casa de la Ciudad y el Palacio de San Jorge.* San Jorge (B), 1954, 13, 73-80.

Voltes Bou, P., *Historia de Montjuich y su castillo.* B, 1960, 217 + láms.

14.2 GEOGRAFIA. ECONOMIA

Amich, J., *Historia del puerto de Barcelona.* B, 1956, 253.

Bolós, O., *El paisaje vegetal barcelonés.* B, 1962, viii+192 + láms.

Bolós Vayreda, A., *Vegetación de las comarcas barcelonesas.* B, 1950, 579 + láms.

Capmany Monpalau, A., *Memorias históricas sobre la marina, comercio y artes de la antigua ciudad de Barcelona.* B, 1779-92, 4 v.

Carrera Pujal, J., *La Lonja de Mar y los Cuerpos de Comercio de Barcelona.* B, 1953, xii+591.
Carreras Candi, F., *Ciutat de Barcelona,* → 21.56, Carreras Candi.
Carrère, C., *Barcelona, centre économique à l'époque des difficultés, 1380-1462.* París, 1967, 2 v.
Deffontaines, P., *El delta del Llobregat. Estudio de geografía humana.* EG, 1956, 17, 259-88.
Galera, M., y otros, *Atlas de Barcelona, siglos XVI-XX.* B, 1972, 538 + láms.
Gomis, C., *Provincia de Barcelona,* → 21.56, Carreras Candi.
López Gómez, J., *El puerto de Barcelona.* EG, 1973, 34, 429-38.
Vilá Valentí, J., *El origen de la industria catalana moderna.* EG, 1960, 21, 5-40.

→ 12.19, Simón; 12.32, 12.81, 12.85, 12.91, Castillo.

14.3 ESTUDIOS LOCALES

Cuyás Tolosa, J. M., *La* **Badalona** *del segle XVIII.* Badalona, 1936, 202.

Junyent Subirá, E., *El comtat de* **Berga** *en els segles X i XI.* Berga, 1973[2], 30 + láms.

Bruch → 6.82.6.

Busquets Molas, E., *Història de* **Capellades.** Capellades, 1972, 455 + láms.

Serra Vilaró, J., *Història de* **Cardona.** Tarragona, 1966-8, 2 v.
Codina Costa, J., *Pasado y presente de la villa de Cardona.* Martorell, 1956, 93 + láms.

Montagut, L., *Història breu de* **Castellar del Vallés.** B, 1970, 274.
Vergés Solá, L., *El llibre de Castellar del Vallés.* Sant Llorenc, 1972, 310 + láms.

Gelabert Fiet, E., **Cornellà de Llobregat.** *Història, arqueologia i folklore.* Cornellá, 1973, 312.

Valls Broquetas, O., *La villa d'***Esparraguera** *i el seu terme.* Esparraguera, 1961, 406.
→ 20.76, Sabanés.

Carbonell, E., **Esplugues de Llobregat.** B, 1949, 330.

Brasó Vaqués, M., *Breve historia de* **Gracia.** B, 1950, 24.

Baulíes Cortal, J., **Granollers.** B, 1965, 262.
Llobet Reverter, S., *Granollers. Estudio geográfico e histórico.* Granollers, 1951, 61.

Ivern, F., *...Resumen de historia de* **Hospitalet.** BolInformación municipal (Hospitalet), 1958, 5, 16-7, 23-5; 1959, 6, 13-4, 37-8.
Ivern, F., *Hospitalet... Sociología urbana.* B, 1960, 211.

Carner, A., *Estampas* **igualadinas.** Igualada, 1954-5, 2 v.
Martí Figueras, J., *Guía turística de Igualada y su comarca.* Igualada, 1969, 240.

22 Mercader, J., *La ciutat d'Igualada.* B, 1953, 160 + láms.
Segura, J., *Història d'Igualada.* Igualada, 1908, 2 v.
Solá Gabarro, A., *Biografías de igualadinos ilustres.* Igualada, 1884, 92.

Maurí Serra, J., *Història de* **La Garriga**. B, 1949-54, 3 v.

Gasol, J. M., **Manresa**. *Panorama d'una ciutat.* Manresa, 1971, 154 + láms.
Sarret Arbós, J., *Noticiero-guía... de Manresa.* Manresa, 1955, xvi+112.

Casas, J., *El* **Maresme**. B, 1959, 203.
Llobet Reverter, S., *De geografía agraria de la comarca del Maresme.* EG, 1955, 16, 23-71, 215-97 + láms.
→ **Sant Joan de Vilassar.**

Colomer, J. M., **Mataró** *en el Mil Cinc-Cents.* Mataró, 1970, 213 + láms.
Llovet, J., *La ciutat de Mataró.* B, 1959, 205.
Llovet, J., *Mataró, 1680-1719.* Mataró, 1966, 180.

Llobet Reverter, S., *El medio y la vida en el* **Montseny**. *Estudio geográfico.* B, 1947, 518 + láms.
También, EG, 1945, 6, 5-66.

Picanyol, L., *La villa de* **Moyá** *desde los tiempos prehistóricos hasta la invasión napoleónica...* B, 1959, 60 + láms.

Ripoll Perelló, E., **Olérdola**. *Historia...* B, 1971, 91 + láms.

Busquets Molas, E., **Plegamans**. *Una història de deu segles.* B, 1970, 233.

Riba Gabarró, J., *La* **Pobla de Claramunt**. B, 1972, 355 + láms.

Palma de Mallorca, A., **Prat de Llobregat**. *Ensayo histórico.* Prat de Llobregat, 1958, 444 + láms.

Bosch Cardellach, A., *Memorias de* **Sabadell** *antiguo y su término.* Sabadell, 1882, 526.
Carreras Costajussà, M., *Elements d'història de Sabadell.* Sabadell, 1932, 416.
Nueva ed., en fascículos. Sabadell, 1968-.
Costajussà, J., *Sabadell, 1967.* Sabadell, 1968.

Martí Vilá, C., *Notes històriques de la Vila* **Sant Boi** [Baudilio] **de Llobregat**. Sant Boi de Llobregat, 1952, 153.

Sant Cugat → 8.34.

Guardiola Prim, L., **Sant Joan de Vilassar**. *Història i geografia de la comarca vilassanesa i del Maresme.* Vilassar de Mar, 1955, 583.

Farrerons Tarragó, J. M., *Glosses de* **Sitges**. B, 1969, 36.
Gibert, J., *Sitges, la playa de oro.* B, 1952, 186.

Baldrich, M., *Presente y futuro de* **Tarrasa**. B, 1951, 46.
Cardús, S., *Terrassa medieval. Visió històrica.* Tarrasa, 1960, 198 + láms.

Cardús, S., *La ciutat i la seu episcopal d'Egara...* Tarrasa, 1964, 149 + láms. **22**
Hasta el siglo VIII.
Cirici Pellicer, A., *Contribución al estudio de las iglesias de Tarrasa.* Ampurias, 1946, 8, 215-32.
Soler Palet, J., *Cent biografies tarrasenques.* B, 1900, 180.
→ 12.85, Castells, Niubó.

Solà, F., *Historia de* **Torelló**. B, 1947, 676.

Gil, R., y R. Escayola, *Historia de* **Valldoreix**. B, 1956, 349.

Canyameres, F., *El* **Vallés**, *vigor i bellesa.* B, 1970^{2}, 296.
Llobet Reverter, S., *Evolución del poblamiento y población de la comarca del Vallés.* EG, 1942, 3, 751-832.
Vila, P., *El Vallés. Assaig geogràfic.* B, 1930, 85.

Abadal de Vinyals, R., *La Plana de* **Vich** *en els segles VIII i IX.* Vich, 1954, 28.
Junyent, E., *Jurisdiccions i privilegis de la ciutat de Vic* [siglos XII-XVII]. Vic, 1969, 314.
Molist Pol, E., *Vich en la historia espiritual de Cataluña.* San Jorge (B), 1955, 18, 65-70.
Monreal Tejada, L., *La Catedral de Vich. Su historia... Las pinturas murales de José María Sert.* B, 1948^{3}, 148 + láms.
Reparáz, G., *La Plana de Vic.* B, 1928, 342.
→ 3.31.

Más Parere, P., **Villafranca del Panadés**. B, 1933, 236 + láms.

Baldrich Tibau, M., y A. Perpiñá Cebriá, *Análisis de* **Villanueva y Geltrú**. M, 1954, 69.
Freix Olivar, J. M., *Anales de Villanueva y Geltrú (1850-1880).* Villanueva y Geltrú, 1959, xi+298.
Garí Siumell, J. A., *Descripción e historia de la villa de Villanueva y Geltrú desde su fundación hasta nuestros días* [1860]. Villanueva y Geltrú, 1963, 279 + láms.

15 BURGOS

García Rámila, I., *Bibliografía burgalesa.* Burgos, 1961, 384.
López Martínez, N., *Aportaciones a la bibliografía histórica burgalesa.* BIFG, 1962, 15, 149-75.
También, Burgense, 1962, 3, 433-56.
Pérez Carmona, J., *Más fichas sobre bibliografía histórica burgalesa.* BIFG, 1962, 15, 265-98.

Amador de los Ríos, R., *España... Burgos.* B, 1888, xxvi+1081.
Ayala López, M., *La ciudad de Burgos.* Burgos, 1952, 122.
Buitrago Romero, A., *Guía general de Burgos.* M, 1877, 600.
Cariolet, L., *Indicador general de Burgos.* Burgos, 1906, 192.
Cruz, V., *Burgos. Guía completa de las tierras del Cid.* Burgos, 1973, 320.
Díez Pérez, P., *Nueva guía de Burgos y su provincia.* Burgos, 1930, 180.

22 Escalera Hasperué, P., *Burgos y su provincia.* Valladolid, 1919, 65.
Fuente, F., *Guía de Burgos.* León, 1972[3], 192 + láms.
Fuyma [F. Fuente Macho], *Guía de Burgos.* Burgos, 1953, 150.
Gaya Nuño, J. A., *Burgos.* B, s. a., 207.
López Mata, T., *La provincia de Burgos en la geografía y en la historia.* Burgos, 1963, 426 + láms.
Maldonado Macanaz, J., *Crónica de la provincia de Burgos.* M, 1866, 112 + láms.
Pérez de Urbel, J., *Burgos.* M, 1964, 139 + láms.

16 INSTITUCIONES. HISTORIA. BIOGRAFIA

Albarellos, J., *Efemérides burgalesas.* Burgos, 1964[2], 395 + láms.
Buitrago Romero, A., *Compendio de la historia de Burgos.* Burgos, 1882, 350.
Gil Gavilondo, I., *Memorias históricas de Burgos y su provincia.* Burgos, 1913, 339.
Goyri, N., *Apuntes para las biografías de algunos burgaleses célebres.* Burgos, 1878, vii+252.
Salvá Pérez, A., *Historia de la ciudad de Burgos.* Burgos, 1914-5, 2 v.
Ballesteros Beretta, A., *Datos para la topografía del Burgos medieval.* BCPMBurgos, 1939, 5, a 1940, 6, múltiples entradas.
García Rámila, I., *Estudio topográfico-histórico del Burgos de los pasados siglos.* BCPMBurgos, 1939, 5, múltiples entradas.
García Rámila, I., *Estampas histórico-laborales de la ciudad de Burgos en los pasados siglos.* BRAH, 1953, 132, 73-156.
García Rámila, I., *Típicas pinceladas del vivir burgalés en los días de antaño.* BRAH, 1954, 135, 101-85.
García Sáinz, J., *La ciudad de Burgos y su concejo en la edad media.* Burgos, 1967, 2 v.
Hermenegildo, A., *Burgos en el romancero y en el teatro de los siglos de oro.* M, 1958, 183.
Huidobro Serna, L., *Vida pretérita, benéfica y laboral en Burgos.* Burgos, 1955, 146.
López Mata, T., *Geografía urbana burgalesa en los siglos XV y XVI.* Burgos, 1952, 24.
Pérez Carmona, J., *Burgos en tiempos de Santa Teresa.* Burgense, 1964, 5, 255-84.
Ruiz Peña, J., *Burgos en la literatura romántica española.* Burgos, 1957, 26.
Sánchez Diana, J. M., *Burgos durante el siglo XVI.* BIFG, 1969, 18, 100-22.
Sánchez Diana, J. M., *Burgos en el siglo XVII.* BIFG, 1969, 18, 345-68; 1970, 19, 97-114.
Sánchez Diana, J. M., *Las tierras de Burgos durante la antigüedad.* BIFG, 1972, 20, 93-110.
Serrano Pineda, L., *Los Reyes Católicos y la ciudad de Burgos.* M, 1943, 304.

→ 8.03, López; 9.31, Salvá; 10.92, 10.93, 19.40, Cortés.

16.1 ARTE

22

Almagro Basch, M., *Guía abreviada del Museo Arqueológico de Burgos*. Burgos, 1954, 41 + láms.
Ayala López, M., *La catedral de Burgos*. Burgos, 1955, 152.
López Mata, T., *La catedral de Burgos*. Burgos, 1950, 453.
Monteverde, J. L., *Esquema de cómo fue el Hospital del Rey, de Burgos*. BIFG, 1961, 14, 454-6.
Monteverde, J. L., *Monasterio de Las Huelgas y Palacio de la Isla, de Burgos, y Monasterio de Santa Clara, de Tordesillas (Valladolid)*. M, 1971, 62 + láms.
Pérez Carmona, J., *Arquitectura y escultura románicas en la provincia de Burgos*. B, 1959, 334 + láms.
Pérez López, J., *La catedral de Burgos*. Burgos, 1971[3], 85.
Sagredo Fernández, F., *La Cartuja de Miraflores*. León, 1973, 63.

→8.33, 8.34, 8.37, Anglés; 9.88, Avila; 18.69, Leguina.

16.2 GEOGRAFIA. ECONOMIA

Basa Fernández, M., *Priores y cónsules de la Universidad de Mercaderes y Consulado de Burgos en el siglo XVI*. BIFG, 1963, 15, 679-91.
García de Quevedo, E., *Ordenanzas del Consulado de Burgos de 1538*. Burgos, 1905, 300.
González, N., *Burgos, la ciudad marginada de Castilla. Estudio de geografía urbana*. Burgos, 1958, 307.
Hergueta Martín, D., *Antigua geografía burgalesa*... BCPMBurgos, 1930, 9, 52-7.
López Mata, T., *Geografía del Condado de Castilla a la muerte de Fernán González*. M, 1957, 160.
López Mata, T., *El alfoz de Burgos*. BIFG, 1961, 14, 416-30, 512-29, 618-34.
Osaba Ruiz, B., Moenia sacra: *poblados, monasterios y castillos desaparecidos en la provincia de Burgos*. BIFG, 1966, 17, 22-61.

→ 11.63, **La Montaña**; 22.82.2, Kleinpenning.

16.3 ESTUDIOS LOCALES

Durango Pardini, J., **Aranda** *monumental e histórica*. Aranda, 1926, 20.
Sanz Abad, P., *Sobre los orígenes de Aranda de Duero*. BIFG, 1973, 20, 620-5.
Velasco Pérez, S., *Aranda. Memorias de mi villa*... M, 1925, 445.

Arlanza → 8.34.

Arreba → **Melgar**.

Blanco García, F., **Belorado** *en la edad media*... M, 1973, 172 + láms.
López Bernal, H., *Apuntes históricos de Belorado*. Estepa, 1907, 190.
Ortega Galindo, J., *Belorado: Estudio de una villa en la edad media*. ED, 1954, 2, 141-88.

22 Gálvez Cañero, E., **Briviesca**... Pamplona, 1973, 128 + láms.
García Rámila, I., ...*Briviesca, la Bureba y sus pueblos.* Burgos, 1963, 164.
Pérez Carmona, J., *Historia y arte del partido de Briviesca.* Burgense, 1963, 4, 331-63.
Sagredo Fernández, F., *Un siglo de oro en Briviesca, 1568-1668.* Burgos, 1968, 162 + láms.
Sanz García, J., *Del antiguo Briviesca.* BCPMBurgos, 1922, 1, 352-63.
→ 3.27, Sanz; 10.93, Andrés.

Huidobro Serna, L., **Bujedo de Juarros.** BCPMBurgos, 1930, 9, 114-20.

Ortega Valcárcel, J., *La* **Bureba.** Valladolid, 1966, 199 + láms.
Ramos Pérez, D., *El problema de las comarcas y los límites de la Bureba.* BRSG, 1947, 83, 650-69.
Sanz García, J., *La Bureba y Briviesca.* BCPMBurgos, 1922, 1, 150-4, 181-5, 215-8.
Sentenach, N., *La Bureba.* BSEE, 1924, 32, 205-20; 1925, 33, 36-46, 122-30.
→ 16.61, González Ollé.

Caleruega → 3.09, Martínez.

Bustamante Bricio, J., *Breve historia del Concejo de* **Caniego** *y sus ordenanzas.* BIFG, 1968, 18, 143-66.

Cardeña → 8.34.

Huidobro Serna, L., **Castrojeriz** *y el camino... a Santiago de Compostela.* Burgos, 1950, 51.

Palol Salellas, P., *Guía de* **Clunia.** Valladolid 1965, 59 + láms.

Alameda Beltrán, J., **Covarrubias** *en la historia y en el arte.* Burgos, 1928, 64.
Gómez Oña, F. J., *Covarrubias.* Burgos, 1973, 14.
Subiñas Rodrigo, V., *Covarrubias. Historia, arte, monumentos.* Burgos, 1968, 84 + láms.
Vargas Blanco, R., y C. Arranz Ruiz, *Covarrubias.* Burgos, 1969, 85 + láms.
→ 3.09, Serrano.

Espino → 8.34.

Fernández, O., *Una ciudad y unos recuerdos* [**Frías**]. Avila, 1940, 101.
Quintana Iturbe, C., *Historia de la ciudad de Frías.* Vitoria, s. a., 218.
Villasante, A., *Memoria de la ciudad de Frías.* Burgos, 1931, 114.
Villasante, A., *Historia de la ciudad de Frías.* La Plata, 1944.

Dávila Jalón, V., *Historia y nobiliario de* **Gumiel del Mercado,** *Sotillo de Ribera y Ventosilla.* M, 1958, 301.

Miguel Ojeda, G., **Hoyuelos de la Sierra.** BIFG, 1959, 13, 799-805.

Martínez Gallego, B., *Historia, leyenda y costumbres de la villa de* **Isar.** Burgos, 1966, 166.

La Vid → 8.34, **La Vid.**

Andrés, A., *Apuntes para la historia de* **Lerma**. BRAH, 1915, 67, 280-302. 22
Cervera Vera, L., *El conjunto palacial de la villa de Lerma.* M, 1967, 2 v.
Cervera Vera, L., *El núcleo urbano de Lerma desde sus orígenes hasta el siglo XI.* Burgos, 1971, 116.
García Rámila, I., *...Lerma y sus pueblos.* BIFG, 1967, 17, 623-94.
Nieto Gallo, G., *Los monumentos de Lerma, paradigma de la arquitectura post-escurialense.* M, 1959, 37 + láms.

Escagüés Javierre, I., *La* **Lora:** *el país y sus habitantes.* BIFG, 1949, 8, 129-41, 182-91.

García Sáinz, J., *El valle de* **Losa.** *Notas para su historia.* BIFG, 1947, 7, a 1951, 9, múltiples entradas.

García Sáinz, J., *Apuntes históricos de* **Medina de Pomar.** Burgos, 1917, 505.
García Sáinz, J., *Medina de Pomar.* Alcalá, 1934, 276.

López Mata, T., *Tierras de Castilla:* **Melgar de Fernamental,** *el condado de Treviño y el Alfoz de Arreba.* BIFG, 1954, II, 242-50.

Bustamante Bricio, J., *Las torres de* **Mena.** BIFG, 1966, 17, 373-84.
Bustamante Bricio, J., *Manuscritos sobre el Valle de Mena en el siglo XVIII.* BIFG, 1970, 19, 151-67; 1971, 19, 865-85.
Bustamante Bricio, J., *La tierra y los valles de Mena. Biografía de un municipio.* Bilbao, 1971, 606.
Nuño García, A., *El Valle de Mena y sus pueblos.* Santoña, 1925, 2 v.
Ortega Valcárcel, J., *Evolución del paisaje agrario del Valle de Mena.* EG, 1969, 39, 107-64.
San Pelayo, J., *Noticia del... Valle de Mena.* Ed. de _____. Sevilla, 1892, xviii+283.
Vázquez, P., *El Valle de Mena.* BSEE, 1909, 17, 106-21.
→ 16.61, González Ollé.

Moral García, J., **Milagros,** *un municipio... de Burgos.* BIFG, 1972, 20, 437-55.

Cantera Burgos, F., *La historia de* **Miranda de Ebro** *en sus hijos más ilustres.* Burgos, 1952, 48.
García Rámila, I., *...Miranda de Ebro y sus tierras...* Burgos, 1963, 188.
López Mata, T., *Miranda de Ebro.* BIFG, 1963, 15, 692-6.
Sáenz, T., *Reseña histórica de Miranda de Ebro.* Vitoria, 1892.
→ 3.27, Cantera; 10.93, Cantera.

López Mata, T., *El territorio de Auca* [**Oca**]*... a fines del siglo XI.* BCPMBurgos, 1939, 20, 294-304; BIFG, 1940, 1, 344-51.

Guerra Gómez, M., *Constantes religiosas europeas y sotoscuevenses.* **Ojo de Guareña,** *cuna de Castilla.* Burgos, 1973, 679 + láms.

Oña → 1.41, 18.34.

Cruz, V., *Notas para la historia de* **Palacios de la Sierra.** BIFG, 1968, 18, 305-11.

22 Huidobro Serna, L., **Pampliega.** *Su historia y monumentos.* BIFG, 1951, 9, 354-60, 453-60, 659-74; 1952, 10, 230-5.

Albaina Pérez, J., **Pancorbo** *a través de la historia.* Valladolid, 1956, 78.
→ 3.27, Serrano.

Martínez González, M., *La parroquia de* **Quintanadueñas.** Burgense, 1963, 4, 431-59.

Sanz Abad, P., *La zona de* **Roa de Duero** *en sus aspectos histórico y artístico.* BIFG, 1968, 18, 117-35.

García Rámila, I., *La zona de* **Salas de los Infantes** *en sus aspectos histórico, legendario y artístico.* Burgos, 1961, 64.
Pérez Carmona, J., *Historia y arte del partido de Salas de los Infantes.* Burgense, 1962, 3, 349-76.
Sanz Abad, P., *Historia, arte y leyenda de la tierra de Salas.* BIFG, 1969, 18, 30-47.

Arroyo Gonzalo, P., **Santa María del Campo** *(Burgos). Notas históricas y descriptivas de la iglesia y del municipio.* Alcalá de Henares, 1954, 115.
Huidobro Serna, L., **Santa María de Ribarredonda.** BIFG, 1950, 9, 183-92.

Huidobro Serna, L., **Sasamón,** *villa de arte.* Valladolid, 1911, 52.
Huidobro Serna, L., *El partido judicial de* **Sedano.** Burgos, 1916, 57. También, BIFG, 1957, 12, 380-93, 483-96.

Silos → 8.34.
Sotillo de Ribera → Gumiel del Mercado.

Barandiarán, I., *Notas sobre la historia antigua del condado de* **Treviño.** BIFG, 1973, 20, 609-19.
García Sáinz, J., *El condado de Treviño. Notas histórico-geográficas.* BCPMBurgos, 1926, 4, a BIFG, 1946, 7, múltiples entradas.
Mateo, V., *Curiosidades históricas del condado de Treviño.* BIFG, 1972, 20, 322-75.
→ **Melgar.**

Huidobro Serna, L., **Tubilla del Lago.** BIFG, 1948, 8, 6-9.
Hergueta Martín, D., *Noticias históricas de* **Ubierna.** Burgos, 1937, 92.

López Gómez, A., **Valdelaguna.** *Colectivismo agrario...* EG, 1954, 15, 551-67.

Huidobro Serna, L., y J. García Sáinz, *Apuntes descriptivos, históricos y arqueológicos de la merindad de* **Valdivieso...** Burgos, 1930, 344 + láms.
Manero Miguel, F., *Valdivielso...* Valladolid, 1972, 340.
Ventosilla → Gumiel.

Vileña → 8.34.
Villamayor de los Montes → 8.34.

García Sáinz, J., **Villarcayo** *y la merindad de Castilla la Vieja.* Alcalá, 1934, 166. 22

Huidobro Serna, L., **Villavieja de Muño** *en la historia y en el arte.* BIFG, 1949, 8, 80-5.

17 CACERES

Canilleros, Conde de, *Cáceres.* León, 1970², 171.

Rosa Roque, J., *Guía de Cáceres y su provincia.* Cáceres, 1951, 565.

Sellers de Paz, G., *Cáceres.* M, 1964, 108 + láms.

18 INSTITUCIONES. HISTORIA. BIOGRAFIA

Agúndez Fernández, A., *Síntesis biográfica de Cáceres.* REE, 1958, 14, 575-88.

Boxoyo, S. B., *Historia de Cáceres y su Patrona.* Cáceres, 1952, 188.

Sellers de Paz, G., *Cáceres... Casi 3000 años de vida...* Cáceres, 1964, 490 + láms.

Callejo Serrano, C., *El origen y el nombre de Cáceres.* Cáceres, 1962, 152 + láms.

Floriano Cumbreño, A., *Cáceres ante la historia.* Cáceres, 1931, 26.

Le Flem, J. P., *Cáceres, Plasencia y Trujillo en la segunda mitad del siglo XVI.* CHE, 1967, 46, 248-300.

Muñoz de San Pedro, M., *Cómo se hizo Cáceres.* M, 1966, 54.

Ortí Belmonte, M. A., *La vida de Cáceres en los siglos XIII y XVI al XVIII.* Cáceres, 1949, 116.

Ortí Belmonte, M. A., *Cáceres bajo la Reina Católica...* REE, 1954, 10, 193-328.

Ulloa Golfín, P., *Aparato a la historia de Cáceres.* Cáceres, s. a., 416.

→ 6.35.1, 6.36.2, 8.56, Gerbert, Muñoz.

18.1 ARTE

Callejo Serrano, C., *Cáceres monumental.* M, 1972², 160 + láms.

Dotor, A., *Cáceres y su provincia. Castillos, palacios, templos y monasterios.* M, 1962, 160.

Floriano Cumbreño, A. C., *Cáceres monumental...* Cáceres, 1973, 43 + láms.

Mélida Alinari, J. R., *Catálogo monumental de España. Provincia de Cáceres.* M, 1924, 3 v.

Muñoz de San Pedro, M., *Cáceres. Estudio histórico-artístico.* M, 1954, li.

18.2 GEOGRAFIA. ECONOMIA

Corchón García, J., *Introducción al estudio geográfico de la Alta Extremadura.* Saitabi, 1953, 9, 121-33.

Guardado Ricafort, M., *Guia turistica de la Alta Extremadura.* Cáceres, 1955, 65.

22 Rivas Mateos, M., *Flora de la provincia de Cáceres.* Cáceres, 1931, 307.

18.3 ESTUDIOS LOCALES

García García, S., *...Historia, costumbres y leyendas de* **Ahigal.** Cáceres, 1955, 131.

Albalá → 16.63, Lorenzo.

Alcántara → 18.16.

Corchón García, J., *El campo de* **Arañuelo.** *Estudio geográfico de una comarca extremeña.* M, 1963, 434 + láms.

Gutiérrez Macías, V., *Por la geografía cacereña.* **Baños de Montemayor.** REE, 1966, 22, 95-104.

Hernández Díaz, E., *Baños de Montemayor.* Cáceres, 1971, 63 + láms.

Bide, J. B., *Las* **Batuecas** *y las Hurdes.* BRSG, 1903, 32, 256-365.

Legendre, M., *La légende des Batuecas et des Jurdes.* BH, 1927, 29, 369-406.

Pitollet, C., *A propos des «Batuecas» et des «Jurdes».* BH, 1928, 30, 78-84.

Escobar Prieto, E., *Hijos ilustres de la villa de* **Brozas.** Cáceres, 1961, xxviii+218 + láms.

Muñoz de San Pedro, M., *Brozas, la Encomienda Mayor.* Cáceres, 1969, 39.

Casar → 8.56, Martín.

Rosado, J., *Bosquejo histórico de...* **Ceclavín.** Cáceres, 1928^{2}, 178.

Muñoz de San Pedro, M., **Coria...** M, 1961, 165.

Dotor, A., *Coria, una ciudad romana y medieval.* BAEAC, 1965, 13, 141-51.

Velo Nieto, G., *Coria. Bosquejo histórico...* M, 1947, 175.

→ 3.27, Sáez; 6.35.1, Velo.

Garrovillas → 21.61, Marcos.

Guerra Hontiveros, M., *Apuntes históricos... de* **Gata.** Salamanca, 1897, 102.

Barrantes Moreno, V., *Las Jurdes* **[Hurdes]** *y sus leyendas.* BRSG, 1891, 20, 241-314.

Couderc, J. M., *L'évolution économique et humaine de Las Hurdes (Espagne).* Revue Géographique des Pyrenées (Toulouse), 1966, 37, 263-94.

Legendre, M., *Las Jurdes. Etude de géographie humaine.* París, 1927, lviii+512 + láms.

Vega, L., *Las Hurdes, leyenda y verdad.* M, 1964, 97 + láms.

Zurbano, F., *Las Hurdes falsificadas.* RyF, 1961, 163, 306-9.

→ **Batuecas;** 16.63, Velo.

Jiménez de Gregorio, F., *La población en la* **Jara** *cacereña.* EG, 1959, 20, 21-80. 22
Desde sus orígenes.

Alcaide Sánchez, J., **Jaraiz.** M, 1950, 81.
→ 21.61, Gutiérrez.

Losada Peix, V., **Jarandilla.** *Su historia, vida, costumbres y folklore.* Jaraiz, 1958, 64.

La Vera → 20.38, Extremadura.

Lancho Moreno, J. J., **Malpartida de Cáceres.** *Estudio socioeconómico.* Cáceres, 1969, 37.

Lozano Rubio, T., *Historia de* **Montánchez.** Badajoz, 1894, 348.

Gutiérrez Macías, V., *Montánchez...* REE, 1961, 17, 63-77.

Gutiérrez Salmador, V., *Tierras moralas* **[Navalmoral de la Mata].** M, 1947, 32.

Velo Nieto, G., *Solar de* **Pasarón.** BSEE, 1954, 58, 167-80.

Gutiérrez Macías, V., *Ligero apunte de...* **Pescueza.** REE, 1970, 26, 363-72.

Cuadrado Lobo, T., *...Datos históricos... de* **Plasencia.** BAEAC, 1964, 12, 381-95.
Díaz Coronado, J., *Plasencia. Guía histórico-artística-turística.* Plasencia, 1949, 92.
Fernández, A., *Historia y anales de la ciudad y obispado de Plasencia* [1627]. Cáceres, 1952, xix+578.
Jiménez García, J. J., *Guía histórico-artística de... Plasencia.* Plasencia, 1970, 32.
Jiménez García, J. J., *Guía turística de Plasencia.* Plasencia, 1973, 12.
Toro, L., *Descripción de la ciudad y obispado de Plasencia* [siglo XVI]. Plasencia, 1961, x+13+112+61.
→ 1.21, **Cáceres;** 22.18, Le Flem.

Torrejoncillo → 21.61, Gutiérrez.

Alonso Pedraz, M., **Trujillo,** *ciudad de Pizarro.* M, 1943, 62.
Moreno Lázaro, J., *Guía de Trujillo.* Trujillo, 1973, 63.
Muñoz de San Pedro, M., *Crónicas trujillanas del siglo XVI...* Cáceres, 1952, xlvii+337.
Naranjo Alonso, C., *Trujillo y su tierra. Historia, monumentos e hijos ilustres.* Trujillo, s. a., 2 v.

→ 22.18, Le Flem.

19 CADIZ

Ruiz Lagos, M., *Aportación para una bibliografía histórico-descriptiva de la provincia de Cádiz.* CB, 1972, 28, 195-201.
→ 1.21.

Bisso, J., *Crónica de la provincia de Cádiz.* M, 1868, 127 + láms.
Cádiz, *Reseña estadística de la provincia de* _____. M, 1969, 429.

22 Castro, A., *Manual del viajero en Cádiz*. Cádiz, 1859, 151.
Cruz Hermosilla, E., *Cádiz*. M, 1964, 146.
García Gómez, J. M., *Cádiz*. León, 1971², 181.
Villagrán, F., *Cádiz*. M, 1958, 29.

→ 22.79, Madrazo.

20 INSTITUCIONES. HISTORIA. BIOGRAFIA

Cambiaso Verdes, N. M., *Memorias para la biografía y para la bibliografía de la isla de Cádiz*. M, 1829-30, 3 v.
Casanova, S., *Anales gaditanos*. Cádiz, 1905, 37.
Desde sus orígenes.
Castro, A., *Historia de la... ciudad de Cádiz*. Cádiz, 1845, viii+144.
Castro, A., *Historia de Cádiz y su provincia desde los remotos tiempos hasta 1814*. Cádiz, 1858, 826.
Pro Ruiz, S., *Anales gaditanos*. Cádiz, 1927, 261.
Pro Ruiz, S., *Diccionario biográfico de gaditanos insignes*. Cádiz, 1955, 224.
Quintero Atauri, P., *Historia de Cádiz...* Cádiz, 1928, 118 + láms.
Conte Lacave, A., *En los días de Trafalgar*. Cádiz, 1955, xii+288.
Delgado Orellana, J. A., *Heráldica municipal de la provincia de Cádiz*. S. Fernando, 1969, 340.
García Bellido, A., *«Iocosae Gades». Pinceladas para un cuadro sobre Cádiz en la antigüedad*. BRAH, 1951, 129, 73-122.
Horozco, A., *Discurso de la fundación y antigüedad de Cádiz...* Cádiz, 1929, xi+298.
Pemán Pemartín, C., *Sobre la antigüedad y fundación de Cádiz*. BRAH, 1931, 98, 104-21.
Solís, R., *El Cádiz de las Cortes. La vida en la ciudad en los años 1810 a 1813*. M, 1958, 563.
Sancho de Sopranis, H., *Estructura y perfil demográfico de Cádiz en el siglo XV*. EHSE, 1952, 2, 535-612.
Sancho de Sopranis, H., *Cádiz y la piratería turcoberberisca en el siglo XVI*. AIEA, 1953, 26, 7-77.
Sancho de Sopranis, H., *La repoblación y el repartimiento de Cádiz por Alfonso X*. Hispania, 1955, 15, 483-539.

→ 10.02, Prieto; 10.26, 19.40, Solís.

20.1 ARTE

Pemán Pemartín, C., *El arte en Cádiz*. M, 1930, 100.
Romero de Torres, E., *Catálogo monumental de... Cádiz*. M, 1934, 2 v.

20.2 GEOGRAFIA. ECONOMIA

Ceballos Fernández, L., y M. Martín Bolaños, *Estudio sobre la vegetación forestal de la provincia de Cádiz*. M, 1930, 353 + láms.

→ 12.33, 12.42.

20.3 ESTUDIOS LOCALES **22**

Sánchez del Arco, E., *Monografía de* **Alcalá de los Gazules.** Cádiz, 1893, 112.

Delgado Gómez, C., **Algeciras.** *Pasado y presente...* Algeciras, 1971[2], 293.

Gamaza Romero, P., *Descripción de...* **Arcos de la Frontera.** Arcos, 1902, 34.

Mancheño Olivares, M., *Galería de arcobricenses ilustres.* Arcos de la Frontera, 1892, vi+592.

Mancheño Olivares, M., *Arcos de la Frontera.* Arcos, 1922, 886.

Socci, P., *Memorias históricas de... Arcos de la Frontera.* Arcos, 1901, 84.

Cuevas, J. y J., **Bornos.** Cádiz, 1961, 35.

Arbolí, F., **Conil...** Chiclana, 1970, 133.

Sosa Rodríguez J., *Historia de la Isla* **Cristina.** Sevilla, 1970, xxix+855.

Arbolí, F., **Chiclana** *entre el mito y la verdad.* M, 1970, 144 + láms.

Autrán, J. G., *Monografía de Chiclana de la Frontera.* Cádiz, 1898, 118.

Gibraltar → 9.79.

Campoy Miró, J., *Guía oficial de* **Jerez.** Jerez, 1946, 359.

Esteve Guerrero, M., *Jerez de la Frontera.* Jerez, 1933, 223.

Góngora, A., *Materiales para la historia de... Jerez de la Frontera.* Jerez, 1901, 330.

González Gordon, M. M., *Jerez... Noticias sobre el origen de esta ciudad, su historia y su vino.* Jerez, 1970, xxi+600 + láms.

Mesa Xinete, R., *Historia... de Jerez de la Frontera.* Jerez, 1888, 2 v.

Parada Barreto, D., *Noticias sobre la historia y estado actual del cultivo de la vid y del comercio vinatero de Jerez de la Frontera.* Jerez, 1868, 152.

Parada Barreto, D., *Hombres ilustres de la ciudad de Jerez de la Frontera.* Jerez, 1878, 16+xc+508.

Ruiz Lagos, M., *Miscelánea literaria. Ensayo de historia de Jerez.* Jerez, 1961, 88.

Sancho de Sopranis, H., *Historia de Jerez de la Frontera.* Jerez, 1964-5, 2 v.

Soto Molina, J., *Jerez y su vino.* Jerez, 1952, 35.

→ 1.21, **Cádiz**; 10.81, Moreno; 10.93, Rodríguez; 12.43, 16.44, Pemartín; 19.68, Sancho.

Vega Rodríguez, J., **La Línea de la Concepción...**, *1870-1970.* Cádiz, 1973, 380.

Martínez Delgado, T., *Historia de...* **Medina Sidonia.** Cádiz, 1875, xxxiv+389.

→ 1.21, **Cádiz.**

Muro Orejón, A., *La villa de* **Puerto Real**, *fundación de los Reyes Católicos.* AHDE, 1950, 20, 746-57.

22 Muro Orejón, A., *La villa del Puerto Real en el siglo XVIII*. AUH, 1961, 21, 1-52 + láms.

Martínez Alfonso, M., *El* **Puerto de Santa María** *en la literatura española*. M, 1962, 567.

Sancho Mayi, H., *Historia del Puerto de Santa María desde su incorporación a los dominios cristianos en 1459 hasta el año 1800*. Cádiz, 1943, 604.

Vila Valencia, A., *...Apuntes histórico-descriptivos de... Puerto de Santa María*. Cádiz, 1959, 32.

Carandell, J., *...Estudio de...* **Rota.** RGeografía colonial y mercantil (M), 1924, 21, 301-34.

Barbadillo Delgado, P., *Historia de la ciudad de* **Sanlúcar de Barrameda.** Cádiz, 1942, 995.

Valverde Alvarez, J., *El paisaje y los modos de vida en Sanlúcar de Barrameda*. Geographica, 1959, 6, 71-83.

→ 6.65, 12.43, Boutelou.

Ubrique, S., *Historia de* **Ubrique.** Sevilla, 1945, 510.

Cuevas, J. y J., **Zahara.** Cádiz, 1961, 31.

21 CASTELLON

Balbás Cruz, J. A., *El libro de la provincia de Castellón*. Castellón, 1892, 872.

Espresati, C. G., *Castellón*. M, 1964, 155 + láms.

Fornet de Asensi, E., *Castellón*. M, 1959, 29.

Mundina Milalloave, B., *Historia, geografía y estadística de la provincia de Castellón*. Castellón, 1873, 662.

Perales Villar, E., *Historia de Castellón y geografía de su provincia*. Castellón, 1912, 160.

Sánchez Adell, J., *Castellón*. León, 1971^2, 170.

22 INSTITUCIONES. HISTORIA. BIOGRAFIA

Balbás, J. A., *Castellonenses ilustres. Apuntes biográficos*. Castellón, 1883, 454.

Bellver, L., *Historia de Castellón de la Plana*. Castellón, 1888, 263.

Llistar Escrig, A., *Historia de... Castellón de la Plana*. Valencia, 1887, viii+143.

Balbás, J. A., *Casos y cosas de Castellón. Estudios históricos*. Castellón, 1884, 264.

Beti Bonfill, M., *Orígenes de Castellón. Sus primeros señores*. Castellón, 1926, 92.

Gimeno Michavila, V., *Del Castellón viejo*. Castellón, 1926, 389 + láms.

Llinás, C., *Castellón en otros siglos*. Castellón, 1917, ix+176.

Martínez Ferrando, E. J., *Castellón de la Plana en la baja edad media*. BSCC, 1949, 25, 351-60.

Revest Corzo, L., *Hospitales y pobres en el Castellón de otros tiempos*. Castellón, 1947, 207.

Rocafort, J., *Libro de cosas notables de la villa de Castellón de la Plana.* Ed. de E. Codina Armengot. Castellón, 1945, xiv+342.

Sánchez Adell, J., *Castellón en la baja edad media.* BSCC, 1973, 49, 29-57.

Traver Tomás, V., *Antigüedades de Castellón de la Plana...* Castellón, 1958, 486 + láms.

→ 3.35, Roca; 10.92.

22.2 GEOGRAFIA. ECONOMIA

Sarthou Carreres, C., *Provincia de Castellón,* → 21.93, Carreras Candi.

Beltrán Manrique, E., *La Plana de Castellón.* Castellón, 1919, 82.

Burriel de Orueta, E. L., *Desarrollo urbano de Castellón de la Plana.* EG, 1971, 32, 189-290.

También, M, 1971, 111 + láms.

López Gómez, A., *Evolución agraria de la Plana de Castellón.* EG, 1957, 18, 309-60.

Meliá Tena, C., *Producciones agropecuarias de la provincia de Castellón.* Castellón, 1953, 58.

Sarthou Carreres, C., *Impresiones de mi tierra. Notas de turismo por... Castellón.* Burriana, 1910, 236.

→ 12.32, 12.69.

22.3 ESTUDIOS LOCALES

Meliá Tena, C., **Albocácer.** Penyagolosa (Castellón), 1956, 2, 43-8.

Ruiz de Lihory, J., **Alcalá de Chivert.** *Recuerdos históricos.* Valencia, 1905, 94.

Zaragoza, J., *Conferencia sobre Alcalá de Chivert.* BRSG, 1877, 2, 67-86.

Alcora → 18.66, Escrivá.

Roca Alcayde, F., *Historia de* **Burriana.** Castellón, 1932, 562 + láms.

Carreras, R., *La comarca de Morella.* **Catí.** Castellón, 1929, 150 + láms.

Puig, J., *Historia... de Catí.* Castellón, 1970, 255.

Gimeno Michavila, V., **Lucena del Cid.** Penyagolosa (Castellón), 1957, 3, 47-52.

Mestre Noé, F., *El* **Maestrazgo.** Tortosa, 1909, 61.

→ **Morella.**

García Castillo, J. M., *Noticias sobre* **Matet.** Segorbe, 1970, 146.

Herrero Herrero, V., *La villa de* **Montán.** Segorbe, 1971, 218.

Beti Bonfill, M., **Morella** *y el Maestrazgo en la edad media.* Castellón, 1972, 304.

Ortí Miralles, F., *Síntesis de historia de Morella.* Benimodo, 1971², 140.

22 Segura Barreda, J., *Morella y sus aldeas.* Morella, 1868, 3 v.
→ 10.93, Grau; **Catí.**

Sevillano Colom, F., *Bosquejo histórico de* **Oropesa** *(Castellón).* Castellón, 1953, 107.

Beltrán Martínez, A., *Breve historia de* **Peñíscola** *y del Castillo del Papa Luna.* Zaragoza, 1972, 16.

Canellas López, A., *Ocho siglos de historia de Peñíscola en doscientas quince noticias.* Castellón, 1958, 62.

Codina Armengot, E., *Peñíscola.* Castellón, 1957, 47.

Rico Estasen, J., *Excursión a Peñíscola.* BAEAC, 1959, 4, 112-7.

García García, H., *Historia de* **Vall de Uxó.** Vall de Uxó, 1962, iv+145 + láms.

Monfort Tena, A., *Historia de la Real Villa de* **Villafranca del Cid.** Castellón, 1965, 183.

Doñate Sebastiá, J. M., *Datos para la historia de* **Villarreal.** Valencia, 1973, 4 v.

Font, D. P., *Villarrealenses ilustres. Apuntes bio-bibliográficos.* M, 1914, 32.

Borrás Jarque, J. M., *Historia de* **Vinaroz.** Castellón, s. a., 2 v.

López Gómez, J., *El puerto de Vinaroz.* EG, 1968, 29, 5-102.

23 CIUDAD REAL

Enríquez de Salamanca, C., *Guía de Ciudad Real.* León, 1973, 160.

Hervás Buendía, I., *Diccionario histórico, geográfico, biográfico y bibliográfico de la provincia de Ciudad Real.* Ciudad Real, 1899, xii+580.

Hosta, J., *Crónica de la provincia de Ciudad Real.* M, 1865, 96 + láms.

Martínez Val, J. M., *Ciudad Real.* M, 1964, 126 + láms.

24 INSTITUCIONES. HISTORIA. BIOGRAFIA

Blázquez Delgado, A., *Apuntes para las biografías de hijos ilustres de la provincia de Ciudad Real, precedidos del catálogo de los libros que se ocupan de su territorio e historia...* Avila, 1886, 63.

Delgado Merchán, L., *Historia documentada de Ciudad Real.* Ciudad Real, 1907, 465.

Hervás Buendía, I., *Hijos ilustres de la provincia de Ciudad Real.* M, 1889.

Espadas Burgos, M., *Ciudad Real en el proceso histórico del siglo XIX.* Ciudad Real, 1973, 21.

Jara, J., *Historia de... la Virgen del Prado, fundadora y protectora de Ciudad Real... Sucesos muy notables de dicha capital.* Ciudad Real, 1880, 504.

Jiménez de Gregorio, F., *Las Relaciones de Felipe II. Una fuente para el conocimiento de algunos pueblos... de Ciudad Real, en el siglo XVI.* CEM ,1953, 6, 19-31.

Medrano Treviño, D., *Consideraciones sobre el estado económico, moral y político de la provincia de Ciudad Real* [1843]. Ciudad Real, 1972, xiii+90 + láms.

Pérez Valera, I., *Ciudad Real en el siglo XVIII*. Ciudad Real, 1955, 96.

Viñas Mey, C., y R. Paz, *Relaciones... de los pueblos de España hechas por iniciativa de Felipe II. Ciudad Real*. M, 1971, xiv+ 618.

24.1 ARTE

Portuondo, B., *Catálogo monumental de la provincia de Ciudad Real*. Ciudad Real, 1972, 153 + láms.

24.2 GEOGRAFIA. ECONOMIA

Alonso Rodríguez, J., *Excursión por el norte de la provincia de Ciudad Real*. Ciudad Real, 1955, 36 + láms.

Mapelli, E., *Forasteros en la provincia de Ciudad Real*. CEM, 1952, 5, 19-33.

→ 12.63.

24.3 ESTUDIOS LOCALES

Alcázar de San Juan. *Guía*. Alcázar de San Juan, 1963, 56 + láms.

Alvarez Ros, F., *El mercurio en las minas de* **Almadén**. Minería y metalurgia (M), 1957, 17, 21-4.

Matilla Tascón, A., *Historia de las minas de Almadén* [hasta 1645]. M, 1958, xv+506.

Navarro Reigadas, J., *Las minas de Almadén*. M, 1872, 48.

Parayuelo, F. J., *Almadén*. M, 1970, 14.

Pontes Fernández, J. M., *Historia de la antigua ciudad de Sisapon, hoy Almadén del azogue*. M, 1900, viii+291.

Rodrigo, A., **Almagro** *y su corral de comedias*. Ciudad Real, 1971, 107.

→13.57, **Almagro**.

Agostini Banús, E., *Historia de* **Almodóvar del Campo**... Ciudad Real, 1972, 371 + láms.

Jiménez de Gregorio, F., *El enclave de las* **Anchuras**. Ciudad Real, 1953, 44.

Beño, P. A., *Esto fue, es y será...* **Argamasilla de Alba**. Ciudad Real, 1969, 64 + láms.

Pérez Valera, I., y J. A. Sánchez Manjavacas, **Campo de Criptana** *en la Edad de Oro. Descripción de la villa...* Campo de Criptana, 1961, 18.

Daimiel. *Relaciones topográficas mandadas hacer por Felipe II. Año 1575*. Ed de A. Sarria Rueda y F. Pérez Fernández. Daimiel, 1961, xv+52.

22 Pérez Fernández, F., *Daimiel. Geografía...* Ciudad Real, 1958, 99.

La Mancha → 11.63.

Romero Velasco, A., *Historia de...* **La Solana**. La Solana, 1940, 131.

Montiel → **11.63, Campo de Montiel.**

Flores Jiménez, F., **Puertollano**. M, 1969, 26.
→ 12.73.

Romero García, I., *Los hidalgos de* **San Benito**. CEM, 1953, 6, 7-18.

Vasco, E., **Valdepeñeros** *ilustres*. Valdepeñas, 1890-5, 216.
Vasco, E., *Valdepeñas...* Valdepeñas, 1912, 382.

25 CORDOBA

Alcolea Gil, S., *Córdoba*. B, 1963, 208.
Cabronero Romero, M., *Guía de Córdoba y su provincia para 1891 y 1892*. Córdoba, 1891, 589.
Córdoba, *Reseña estadística de la provincia de* _____. M, 1972, 185.
González Llama, M., *Crónica de la provincia de Córdoba*. M, 1867, 95 + láms.
Madrazo, P., *España... Córdoba*. B, 1886, 546.
Río Sanz, J., *Córdoba*. M, 1964, 141 + láms.
Salcedo Hierro, M., *Córdoba...* León, 1973^3, 160 + láms.

26 INSTITUCIONES. HISTORIA. BIOGRAFIA

Ramírez de Arellano, T. y R., *Colección de documentos... para la historia de Córdoba*. Córdoba, 1883, 406.

Delgado Gallego, G., y J. M. Rey, *Estudios biográficos. Hijos ilustres de la provincia de Córdoba*. Córdoba, 1913, 184.
Jaén Morente, A., *Historia de la ciudad de Córdoba*. M, 1935, 436.
Maraver Alfaro, L., *Historia de Córdoba desde los más remotos tiempos hasta nuestros días*. Córdoba, 1863-6, 2 v.
Ramírez de Arellano, R., *Historia de Córdoba*. Ciudad Real, 1915-20, 4 v.
Salcines López, M., *Breve historia de Córdoba y sus monumentos*. Córdoba, 1967, 109.
Gutiérrez, T., *Paseos por Córdoba, o sea Apuntes para su historia*. Córdoba, 1973^2, 618.
Nieto Cumplido, M., *Córdoba en el siglo XV*. Córdoba, 1973, 64.
Ortí Belmonte, M. A., *Córdoba... La ciudad antigua*. Córdoba, 1966, 203.

→ 6.34.2, 10.93, Cantera.

26.1 ARTE

Angulo Iñiguez, D., *Pintores cordobeses del Renacimiento*. AEArte, 1944, 17, 226-44 + láms.
Castejón Martínez, R., *La Mezquita de Córdoba*. León, 1971, 62 + láms.

Ortí Belmonte, M. A., *La Catedral, antigua mezquita y santuarios cordobeses*... Córdoba, 1970, 271 + láms. **22**
Torres Balbás, L., *La mezquita de Córdoba y las ruinas de Madinat al-Zahra.* M, 1952, 160.

26.2 GEOGRAFIA. ECONOMIA

Cabanás, R., ...*Las comarcas naturales de la provincia de Córdoba.* EG, 1962, 23, 353-87.
Quesada, F., *Las fuentes de riqueza de la provincia de Córdoba.* ICE, 1953, 238, 1086-92.

26.3 ESTUDIOS LOCALES

Baena ↦ 3.21, Valverde.

Benamejí → 1.21, **Córdoba.**

Caro Baroja, J., *En la campiña de Córdoba* [**Bujalance**]. *Observaciones de 1949.* RDTP, 1956, 12, 270-99.
También, en su *Razas, pueblos*... M, 1957, 233-59.

Giménez Caballero, E., **Cabra**, *la cordobesa.* M, 1973, 66.
→ 13.40, Rubio; 16.56, Rodríguez.

Navajas Fuentes, J., *Algo sobre*... **Castro del Río.** BRACórdoba, 1956, 27, 81-8.

Chucena, J., *Apuntes históricos de*... **Chucena.** Córdoba, 1958, 263.

Sánchez Romero, C., **Doña Mencía.** *Aspectos físico, económico y humano.* Baena, 1973, 223 + láms.

Muñoz Vázquez, M., *Historia de* **El Carpio.** Córdoba, 1963, 252 + láms.

Hornachuelos → 10.92, Sánchez.

López de Cárdenas, F. J., *Memorias de la ciudad de* **Lucena** *y su territorio*... Ecija, 1777, 320.
→ 10.93, Cantera.

Medina Zahara → 18.24, Pavón; 22.26.1, Torres.

Torres, A., *Historia de* **Palma del Río.** M, 1963[3], 287.

Ocaña Torrejón, J., *Historia de la villa de* **Pedroche** *y su comarca.* Córdoba, 1962, 150 + láms.

Cabanás, R., *Los* **Pedroches.** EG, 1967, 28, 23-88, 197-242.
Gil Muñiz, A., *El valle de los Pedroches. El país y sus habitantes.* BRSG, 1926, 66, 45-76.

Castro García, J., **Pozoblanco,** *eje vital del valle de Los Pedroches.* Pozoblanco, 1973, 218.

Aguilar Cano, A., *El libro de* **Puente Genil.** Puente Genil, 1897, 985.
Losada Campos, A., *Historia de*... *Puente Genil.* M, 1971, 369 + láms.
→ 20.12, Caro.

22 Ocaña Prados, J., *Historia de la villa de* **Villanueva de Córdoba.** M, 1911, 391.

Arjona Castro, A., **Zuheros.** *Estudio geográfico e histórico...* Córdoba, 1973, 200 + láms.

27 CUENCA

Alvarez de Castro, J. L., *Cuenca.* M, 1964, 110 + láms.

Cuenca, *Anuario estadístico provincial de...* ____. M, 1944, 510.

Gómez de Travecedo, F., *Nueva guía de Cuenca.* M, 1958, 198.

González Ruano, C., *Guía de Cuenca y principales itinerarios de su provincia.* B, 1956, 104 + láms.

Larrañaga Mendía, J., *Cuenca. Geografía, población, historia, monumentos.* Cuenca, 1929, x+452.

Larrañaga Mendía, J., *Cuenca.* M, 1966^{2}, xvi+481.

Martínez Pérez, B., *Postales conquenses.* Cuenca, 1929, 193.

Moragas Roger, V., *Cuenca y Ciudad encantada.* M, 1959, 160.

Muelas, F., *Guía de Cuenca.* León, 1973,^{3} 145 + láms.

Pruneda, P., *Crónica de la provincia de Cuenca.* M, 1869, 78.

Sanz Serrano, A., *Cuenca y su provincia.* B, 1960, 208.

28 INSTITUCIONES. HISTORIA. BIOGRAFIA

González Palencia, A., *Fuentes para la historia de Cuenca.* M, 1944, xii+452.

Caballero, F., *Conquenses ilustres.* M, 1868-75, 4 v.

López, M., *Memorias históricas de Cuenca y su Obispado* [1787]. Ed. de A. González Palencia. M, 1949-53, 2 v.

Martín Rizo, J. P., *Historia de Cuenca.* M, 1629, 316.

Muñoz Soliva, T., *Historia de... Cuenca... de su provincia y obispado desde los tiempos primitivos hasta la edad presente.* Cuenca, 1866-7, 2 v.

Torres Mena, J., *Noticias conquenses.* M, 1878, xliv+883.

Zarco Cuevas, J., *Relaciones de pueblos del Obispado de Cuenca, hechas por orden de Felipe II.* Cuenca, 1927, 2 v.

→ 3.26, Ureña.

28.1 ARTE

Martínez Kleiser, L., *Cuenca. Paisajes y monumentos...* Cuenca, 1944, 149.

Sanz Serrano, A., *La Catedral de Cuenca.* Cuenca, 1959, 187.

→ 9.88, Sanz.

28.2 GEOGRAFIA. ECONOMIA

Estébanez Alvarez, J., *Estudio geoeconómico de la provincia de Cuenca.* M, 1972, 40.

Jiménez de Aguilar, J., *Las torcas de Cuenca.* BRSEHN, 1917, 17, 409-15.

28.3 ESTUDIOS LOCALES **22**

Cañete, J. M., *Apuntes históricos de la villa de* **Alarcón**. B, 1965, 77 + láms.
Dotor Municicio, A., *Alarcón*... M, 1956, 24.
Gómez de la Serna, G., *Viaje a Alarcón*. Clavileño, 1954, 28, 62-78.
→ 3.26, Roudil.

Almonacid del Marquesado → 20.52, Caro.

Jurado Prieto, R., *Notas informativas... de* **Belmonte**... Palma de Mallorca, 1952, 52.
Jurado Prieto, R., *Villa de Belmonte*. Palma de Mallorca, 1961[4], 199.
Sanz Serrano, A., ...*La villa de* **Cañete**, *solar de los Mendozas*. BSEE, 1952, 66, 241-51.

Mota del Cuervo → 20.47, Seseña.

Moya *(Cuenca). Geografía. Historia. Turismo*. Cuenca, 1969, 141.

Corchado Soriano, M., *Iniciación al estudio geográfico-histórico del Priorato de* **Uclés** *en la Mancha*. M, 1965, 95.
Quintero Atauri, P., *Uclés*... M, 1913-5, 3 v.

→ 9.97, **Santiago**.

29 GERONA

Oliver Alberti, M., *Gerona*... León, 1969, 246 + láms.
Palol Salellas, P., *Gerona*. B, 1953, 199.
Pla Cargol, J., *La provincia de Gerona*. Gerona, 1966[5], 656.
Pla Cargol, J., *Gerona y sus comarcas*. Gerona, 1957, 186.
Pla Cargol, J., *Tradiciones, santuarios y tipismo de las comarcas gerundenses*. Gerona, 1957[4], 478.
Pla Dalmau, J., y otros, *Gerona*. M, 1964, 121 + láms.

30 INSTITUCIONES. HISTORIA. BIOGRAFIA

Gibert, J., *Girona. Petita història de la ciutat i de les seves tradicions i folk-lore*. B, 1946, 366.
Pla Cargol, J., *Biografías de gerundenses*. Gerona, 1948, 329.
Pla Cargol, J., *Gerona histórica*. Gerona, 1954[4], 37.

Gay de Montellá, R., *Girona a les darreries del s. XIX*. B, 1955, 15.
Girbal, E., *El Príncipe de Gerona. Historia de este antiguo título*. Gerona, 1865, 59.
Masiá de Ros, A., *Gerona en la guerra civil en tiempo de Juan II*. B, 1943, xix+262.
Negre Pastell, P., *El Ducado, después Principado de Gerona*. RGerona, 1960, 6, 23-31.
Pla Cargol, J., *Gerona popular*. Gerona, 1955[4], 345.
Pla Cargol, J., *Gerona en el primer tercio del siglo XX*. Gerona, 1956, 321.
Pujol Camps, C., *Gerona en la revolución de 1640*. Gerona, 1881, 122.

22 Sobrequés Vidal, S., *Censo y profesión de los habitantes de Gerona en 1462*. AIEG, 1951, 6, 193-246.

→ 3.28, Hinojosa; 6.82.6, Ahumada, Cúndaro, Grahit, Pla; 10.49, Chía; 19.40, Batlle.

30.1 ARTE

Corominas Planellas, J. M., y J. Marqués Casanovas, *La comarca de Bañolas* [catálogo monumental]. Gerona, 1970, 2 v.
Font, L., *Gerona. La Catedral y el Museo diocesano*. Gerona, 1952, 84+xlviii + láms.
Oliver Alberti, M., *La Catedral de Gerona*. León, 1973, 64 + láms.
Palol Salellas, P., *Gerona monumental*. M, 1955, 156.
Pla Cargol, J., *Plazas fuertes y castillos en tierras gerundenses*. Gerona, 1953^{2}, 337.
Pla Cargol, J., *Gerona arqueológica y monumental*. Gerona, 1961^{5}, 401.
Serra Rafols, J. C., *El recinto antiguo de Gerona*. AEA, 1942, 15, 114-35.

→ 8.33.

30.2 GEOGRAFIA. ECONOMIA

Botet Sisó, J., *Provincia de Girona*, → 21.56, Carreras Candi.
Gironella Caraña, J., *Rutas. Guía turística de Gerona*. Gerona, 1971^{6}, 332.
Guilera Albiñana, J. M., *El Pirineo a trossos. Ribes, Núria, La Molina*. B, 1958, 220.

→ **12.19, Simón.**

30.3 ESTUDIOS LOCALES

Marqués Casanovas, J., **Amer.** AIEG, 1971, 20, 5-74 + láms.

Carandell Pericay, J., *El Bajo* **Ampurdán.** *Ensayo geográfico*. Granada, 1945, 185.
También, BUG, 1942, 14.
Ferrer, B., *El Baix Empordà*. B, 1971, 254.
Guillamet, J., *Coses i gent de l'Empordà*. B, 1972, 278 + láms.
Pla Casadevall, J., *El meu pais*... [Ampurdán]. B, 1968, 742.

Pla Cargol, J., **Ampurias** *y Rosas*. Gerona, 1953^{4}, 166.
Ripoll Perelló, E., *Ampurias. Descripción de las ruinas y museos*. B, 1973^{3}, 72 + láms.

→ 6.21.

Constans, L. G., **Bañolas.** Bañolas, 1951, 303.
Rigau, A. M., *El lago de Bañolas. Guía gráfica*. Bañolas, 1953, 36+36.

→ 8.34, Comerma; 11.14, Sanz; 22.30.1, Corominas.

Caula Vegas, F., **Besalú.** *Comtat pirenenc*. Olot, 1969, 173 + láms.
Grabolosa, R., *Besalú, un pais aspre i antic*. B, 1973^{2}, 200 + láms.

Monsalvatje Fossas, F., *Besalú. Su historia, sus condes...* Olot, 1889-90, 2 v. 22
Monsalvatje Fossas, F., *Geografía histórica del condado de Besalú.* Olot, 1899, 331.
→ 3.10, Monsalvatje.

Pla Casadevall, J., **Cadaqués.** B, 1970^{2}, 208 + láms.

Birba, Ll., *La Vall de* **Camprodón.** B, 1962, 262 + láms.
Galy, A., y J. Morer, *Historia de Camprodón.* B, 1879.
→ 8.34.

Negre Pastell, P., **Castelló** *de Ampurias... Siglos IX a XII.* AIEG, 1958, 12, 89-172.

Gay de Montellá, R., *Llibre de la* **Cerdanya.** B, 1951, 220.
Vila, P., y M. Chevalier, *La Cerdanya.* B, 1926, 263 + láms.
→ **Llivia.**

Batllo, J., **Costa Brava.** León, 1970, 192.
Cardós, A., *Costa Brava.* B, 1953, 209.
Castillo, A., *La Costa Brava en la antigüedad.* Ampurias, 1939, 1, 186-267.
Pla Casadevall, J., *Guía de la Costa Brava.* B, 1973^{6}, 542.
Torrent Fábregas, J., *La Costa Brava vista pels escriptors catalans.* B, 1958, 104.

Rodeja Galter, E., **Figueras.** *Notas históricas.* Gerona, 1957-60, 2 v.
Rodeja Galter, E., *Llibre de Figueres.* B, 1962, 284 + láms.

Lloberas Vidal, P., **La Bisbal** *en la història i el record.* La Bisbal, 1959, 325.
Lloberas Vidal, P., *La Bisbal. El poble...* B, 1970, 254.

Anglada Ferrán, M., *Vint-i-cinc anys a* **Llivia.** *Estampes de Cerdanya.* B, 1962, 256.
Marqués Casanovas, J., *Llivia.* RGerona, 1963, 9, 45-52.

Cuéllar Bassols, A., *Guía turística de* **Olot** *y sus alrededores...* Olot, 1969, 192 + láms.
Danés Torras, J., *Preterits olotins.* Olot, 1951,^{2} 650.
Danés Torras, J., *Llibre d'Olot.* B, 1955, 258.
Grabolosa, R., *Olot: els homes i la ciutat.* B, 1969, 304.
Hortolá, J., y otros, *La comarca d'Olot.* B, 1966, 205.
Noguera Nassa, A., *La comarca d'Olot.* B, 1973, 202.
→ 6.24, Torrent.

Torroella Plaja, M., *Historia de* **Palafrugell...** Igualada, 1929, 196.

Barceló Bou, L., *El antiguo condado de* **Palamós.** AIEG, 1946, 1, 228-35.

Golobardes Vila, M., **Perelada.** *Condado, villa, palacio.* Perelada, 1959, 172.

Porqueres → 11.14, Sanz.

Boixes Sabatés, J., *El petit pais del* **Ripollès.** Ripoll, 1970^{2}, 230 + láms.
→ 8.34.

22 Maluquer de Motes, J., *Rhode,* **Rosas**, *la ciudad más antigua de Cataluña.* RGerona, 1965, 11, 13-8.

Palol Salellas, P., *Rosas, de la antigüedad a la edad media.* RGerona, 1965, 11, 19-29.

→ **Ampurias**; 6.21.

Calvet, A., *Una villa del Vuitcents,* **San Felíu de Guixols**. B, 1953, 264.

Font, L., *San Felíu de Guixols.* B, 1957, 16.

Gaziel [A. Calvet], *San Felíu de la Costa Brava...* B, 1963, 400 + láms.

González de Hurtebise, E., *Bosquejo histórico de... San Felíu de Guixols.* San Felíu de Guixols, 1970, 186 + láms.

San Juan de las Abadesas → 8.34.

Millás Vallicrosa, J. M., y F. Rabassa Arigós, *Historia de* **Santa Coloma de Farnés** *y su comarca.* Santa Coloma, 1951, viii+220.

Grabolosa, R., **Santa Pau** *i la seva baronia.* B, 1970, 307 + láms.

Ainaud de Lasarte, J., **Tossa**. B, 1957, 90.

Caussa Sunyer, J., **Vilademat**. RGerona, 1964, 10, 37-45.

31 GRANADA

Alcolea, S., *Granada.* B, 1960, 199.

Antequera, M., *Granada. Guía Breve.* Granada, 1954, 149 + láms.

Bosque Maurel, J., *Granada, la tierra y sus hombres.* M, 1971, 341.

Covaleda, A., *Guía de Granada.* M, 1958, 346.

Gallas Encinas, G., *Granada.* M, 1964, 139.

Gallego Burín, A., *Granada. Guía del viajero.* M, 1973,^{5} 240.

Ganivet, A., *Granada la bella* [1896]. Granada, 1954, xli+133.

Lafuente Alcántara, M., *El libro del viajero en Granada.* Granada, 1843, 330.

Pi Margall, F., *España... Granada, Jaén, Málaga y Almería.* B, 1885, x+576.

Prieto Moreno, F., *Granada.* B, 1969, 446 + láms.

Rada Delgado, J. D., *Crónica de la provincia de Granada.* M, 1869, vi+191 + láms.

Seco de Lucena, L., *¡Guía breve de Granada.* Granada, 1923, 231.

Seco de Lucena, L., *Granada.* León, 1972^{3}, 205 + láms.

Torrens López, A., *Granada. Itinerario emocional.* Granada, 1953, 164 + láms.

Valdivieso González, F., *Guía turística de Granada y su provincia.* Granada, 1973, 256.

Valladar, F. P., *Guía de Granada.* Granada, 1890, 400 + láms.

32 INSTITUCIONES. HISTORIA. BIOGRAFIA

Lafuente Alcántara, M., *Historia de Granada...* Granada, 1904-7, 4 v.

Acosta Medina, J., *La Granada de ayer.* M, 1973, 384.

Fernández Almagro, M., *Granada en la literatura romántica española.* M, 1951, 110.
Gallego Burín, A., *Granada en la Guerra de la Independencia.* Granada, 1923, 178.
Gámir Sandoval, A., *Los viajeros ingleses y norteamericanos en la Granada del siglo XIX.* Granada, 1954, 48 + láms.
García Ortiz, C., *Crónica de Granada en 1937.* Granada, 1938, 174.
Henríquez de Jorquera, F., *Anales de Granada... Crónica de la Reconquista (1482-1492). Sucesos de los años 1588 a 1646.* Ed. de A. Marín Ocete. Granada, 1934, 2 v.
Simonet, F. J., *Cuadros históricos y descriptivos de Granada.* M, 1896, xxi+389.
Surroca Grau, J., *Granada y sus costumbres.* Granada, 1912, 212.
Villa-Real Valdivia, F. P., *El libro de las tradiciones de Granada.* Granada, 1888, xv+562.
→ 6.34.1, 6.44, 8.29, 10.92, 14.21, Seco.

32.1 ARTE

Gallego Burín, A., *La Capilla Real de Granada.* M, 1952, 222.
Gallego Burín, A., *El barroco granadino.* Granada, 1956, 255 + láms.
Orozco Díaz, E., *La Cartuja de Granada: la sacristía.* Granada, 1973, 16.
Prieto Moreno, F., *Los jardines de Granada.* M, 1973, 368 + láms.
Resenthal, E. A., *The Catedral of Granada. A study of the Spanish Renaissance.* Princeton, 1961, 235 + láms.
Seco de Lucena, L., *Cármenes de Granada.* Granada, 1971, s. p.
Seco de Lucena, L., *La Alhambra de Granada.* León, 1973[2], 63 + láms.
Taylor, R. C., *La sacristía de la Cartuja de Granada y sus autores.* AEArte, 1962, 35, 135-72.
Torres Balbás, L., *La Alhambra de Granada antes del siglo XIII.* Al-Andalus, 1940, 5, 155-74.
Torres Balbás, L., *La Alhambra y el Generalife.* M, 1953, 100.
Villa Real, R., *La Alhambra y el Generalife.* Granada, 1973, 56 + láms.

32.2 GEOGRAFIA. ECONOMIA

Bosque Maurel, J., *Geografía urbana de Granada.* Zaragoza, 1962, 314.
Dantín Cereceda, J., *Aspectos geográficos de las vegas de Granada.* EG, 1943, 4, 267-371.
Floristán Samanes, A., y J. Bosque Maurel, *Movimientos migratorios de la provincia de Granada.* EG, 1957, 18, 361-402.
Molina Fajardo, E., *Sacromonte gitano.* Granada, 1971, 20 s. n.
Rivas Goday, S., *Contribución al estudio de la vegetación y la flora de la provincia de Granada.* M, 1941.
Sánchez León, J., *Sierra Nevada y la Costa del Sol granadina a través de las Alpujarras.* Granada, 1972, 234.
Villar Yebra, E., *Albaicín. Historia, descripción.* Granada, 1958, 38.
→ 12.23, Garzón; 12.85.

22 32.3 ESTUDIOS LOCALES

Ponce de León, B., *Historia de* **Alhendín**... M, 1960, 286.

Alonso García, J., *Historia de* **Almuñécar**. M, 1973, 292.

Alarcón Ariza, P. A., *La* **Alpujarra**. M, 1874, 563.
→ 16.56, García; 22.08.3, **Alpujarra**; 22.32.2, Sánchez.

Cano García, G., **Baza**. *Notas de geografía urbana*. Alboraya, 1973, 112.
→ **Guadix**; 3.21, Moreno.

Soria Ortega, A., *La* **Costa del Sol** *granadina*. Granada, 1971, s. p.
→ 22.32.2, Sánchez León; 22.62.3.

Cúllar-Baza → 16.56, Salvador.

Tarrago Mateos, T., y J. Torres López, *historia de* **Guadix**, *Baza y pueblos del Obispado*. Guadix, 1854, 208.

García Ayuso, J. D., **Lanjarón**. *Sus fuentes*... M, 1959, 82.

Villegas Molina, F., *El valle de* **Lecrín**. Granada, 1972, xxiv+348.

Hönerbach, W., **Loja** *en la época nasrí*. MEAH, 1954, 3, 55-69.

Rosal Paulí, R., y F. Derqui del Rosal, *Noticias históricas de la ciudad de Loja*. Granada, 1957, 302.

Rosal Paulí, R., y otros, *Guía oficial de... Loja*. Granada, 1962[2], 84.

Cano García, G., *La vega de* **Zújar**. Saitabi, 1971, 21, 201-19.

→ 20.76, Muñoz.

33 GUADALAJARA

Enríquez de Salamanca, C., *Guadalajara*. León, 1973[2], 160 + láms.

Escudero, J. M., *Crónica de la provincia de Guadalajara*. M, 1869, 68.

García [López], J. C., *El libro de la provincia de Guadalajara*. Guadalajara, 1881, 183.

Guadalajara, *Reseña estadística de la provincia de* ____. M, 1969, 205.

Layna Serrano, F., *La provincia de Guadalajara*. M, 1948, 352 + láms.

Pareja Serrada, A., *Guadalajara y su partido*. Guadalajara, 1915, 171.

Pedrodomingo de la Riva, V., *Guía de Guadalajara y su provincia*. Guadalajara, 1917, 240.

Velasco Bueno, J. A., *Guadalajara*. M, 1964, 115 + láms.

García López, J. C., *Relaciones topográficas de España. Relaciones de pueblos... de Guadalajara*. M, 1903-5, 3 v.

Pérez Villamil, M., *Relaciones topográficas de España. Guadalajara y pueblos de su provincia*. M, 1914-5, 2 v.

34 INSTITUCIONES. HISTORIA. BIOGRAFIA 22

Pareja Serrada, A., *Diplomática arriacense. Colección de documentos para una historia de Guadalajara.* Guadalajara, 1912, 421.

Diges Antón, J., y M. Sagredo Martín, *Biografías de hijos ilustres de la provincia de Guadalajara.* Guadalajara, 1889, xv+168.

Layna Serrano, F., *Compendio histórico-descriptivo de Guadalajara.* M, 1934, 34.

Layna Serrano, F., *Historia de Guadalajara y sus Mendozas en los siglos XV y XVI.* M, 1941-3, 4 v.

→ 3.26, Keniston; 9.53, Cañas; 10.93, Cantera.

34.1 ARTE

Layna Serrano, F., *El Palacio del Infantado en Guadalajara...* M, 1941, 112.

Layna Serrano, F., *El arte retrospectivo en la provincia de Guadalajara...* M, 1942, vii+118 + láms.

Layna Serrano, F., *Los conventos antiguos de Guadalajara.* M, 1943, 524.

Layna Serrano, F., *La arquitectura románica en la provincia de Guadalajara.* M, 1971, 284 + láms.

→ 9.88, Layna.

34.2 GEOGRAFIA. ECONOMIA

Alonso Fernández, J., *Estudio geoeconómico de la provincia de Guadalajara.* M, 1972, 32.

Camarillo Hierro, T., *Turismo alcarreño.* Guadalajara, 1952, 230.

Jordana Soler, L., *Breve reseña físico-geológica de la provincia de Guadalajara.* M, 1935, 57 + láms.

→ 12.85, Rodríguez.

34.3 ESTUDIOS LOCALES

Martín Echeverría, L., *Una comarca española: La* **Alcarria**, en *Comptes rendues. Congrès Intern. de Géographie.* Amsterdam, 1938, II, 454-63.

Pareja Serrada, A., *La Alcarria.* Guadalajara, 1904, 35.

→ 16.61, Navarro; 20.52, García.

Layna Serrano, F., *Historia de la villa de* **Atienza**. M, 1945, 615 + láms.

López Gómez, A., *Geografía urbana de Atienza.* EG, 1967, 28, 453-98.

San Juan Garcés, Z., *Atienza, conjunto monumental.* Zaragoza, 1973[2], 16.

→ 8.56, Layna.

Rodríguez Gutiérrez, M., *Historia de* **Azuqueca de Henares**. M, 1971, 35.

22 Layna Serrano, F., *Compendio histórico-descriptivo de* **Brihuega**. M, 1934, 16.

Pareja Serrada, A., *Brihuega y su partido.* Guadalajara, 1916, 748.

Layna Serrano, F., *Historia de la villa condal de* **Cifuentes**. M, 1955, 341 + láms.

Fuentes de Alcarria → 3.26, Vázquez.

Targhetta, J. B., *Temas mineros:* **Hiendelaencina**. Notas y comunicaciones del Instituto Geológico y Minero (M), 1953, 32, 47-53.

García Fernández, J., **Horche**. *Estudio de estructura agraria.* EG, 1953, 14, 193-239.

Talamanco, J., *Historia de... Horche.* M, 1748, 319.

Abánades López, C., *El alcázar de* **Molina**... M, 1963, 192 + láms.

Abánades López, C., *Tierra molinesa. Breve estudio geográfico de sus pueblos.* M, 1969, 137.

Gutiérrez de Velasco, A., *Molina en la Corona de Aragón.* Teruel, 1951, 6, 75-128.

Perruca Díaz, M., *Historia de Molina y de Su Noble y Muy Leal Señorío.* Teruel, 1891, 166.

Sanz Díaz, J., *...Apuntes para una bibliografía completa del antiguo señorío de Molina...* BRSG, 1951, 87, 663-752.

→ 6.34.1, Sanz Díaz.

Pérez Cuenca, M. N., *Historia de* **Pastrana** *y... de los pueblos de su partido.* M, 1871[2].

Federico, A., *La Catedral de* **Sigüenza**. M, 1954, 160.

Juderías, A., *Elogio y nostalgia de Sigüenza.* M, 1958, 128 + láms.

Terán Alvarez, M., *Sigüenza. Estudio de geografía urbana.* EG, 1946, 7, 633-66.

Pérez Villamil, M., *La Catedral de Sigüenza.* M, 1899, xix+482.

→ 1.31, 13.57, **Sigüenza**.

Sanz Díaz, J., *...El Valle de* **Solán de Cabras**. BRSG, 1952, 88, 758-73.

Rodríguez Gutiérrez, M., *Historia de* **Yunquera de Henares**. M, 1971, 47.

Zorita de los Canes → 3.26, Ureña.

35 GUIPUZCOA

Arocena Arregui, F., *Nuestra pequeña historia. Las instituciones. El idioma. La tierra. Los hombres.* Zarauz, 1961, 198.

Donosty, J. M., *San Sebastián y Guipúzcoa.* León, 1972[3], 179 + láms.

Fulgosio, F., *Crónica de la provincia de Guipúzcoa.* M, 1868, 80.

Gorosábel, P., *Diccionario histórico-geográfico-descriptivo de los pueblos, valles, partidos... de Guipúzcoa...* Tolosa, 1862, vi+734.

Guipúzcoa. S. Sebastián, 1969, 453 + láms.

San Sebastián. Guía turística. Pamplona, 1955, 154.

Silván López, L., y F. Arocena Arregui, *Guipúzcoa.* M, 1964, 142 + láms.

Donosty, J. M., *Temas, pueblos y paisajes de Guipúzcoa.* S. Sebastián, 1969, 306. 22
Peña Santiago, L. P., *Guipúzcoa olvidada.* Bilbao, 1968, 276.
Peña Santiago, L. P., *Guipúzcoa, paso a paso.* Bilbao, 1969, 307 + láms.
Peña Santiago, L. P., *Guipúzcoa, el último camino.* Bilbao, 1970, 259.

36 INSTITUCIONES. HISTORIA. BIOGRAFIA

Camino Orella, J. A., *Colección de documentos inéditos para la historia de Guipúzcoa.* S. Sebastián, 1958-61, 4 v.
Arocena Arregui, F., *Diccionario biográfico vasco. I, Guipúzcoa.* S. Sebastián, 1963, 215.
Arocena Arregui, F., *Guipúzcoa en la historia.* M, 1964, 213.
Echegaray, C., *Compendio de instituciones forales de Guipúzcoa.* S. Sebastián, 1924, xix+452.
Pérez Arregui, I., *Historia de San Sebastián.* S. Sebastián, 1966.
Arozamena, J. M., *San Sebastián. Biografía sentimental...* M, 1963, 399.
Barandiarán Maestu, I., *Guipúzcoa en la edad antigua.* Zarauz, 1973, 102.
Berruezo, J., *Viajeros románticos en San Sebastián.* S. Sebastián, 1951, 131.
Blasco Imaz, C., *Los Fueros. Apuntes guipuzcoanos.* Irún, 1966, 149.
Camino Orella, J. A., *Historia... de San Sebastián* [1870]. S. Sebastián, 1923, 332.
Cillán Apalategui, A., *La foralidad guipuzcoana...* Zarauz, 1969, 235.
Ciriquiáin Gaiztarro, M., *La formación de las villas en Guipúzcoa.* REVL, 1947, 31, 49-66; 32, 214-36; 33, 365-84.
Gorosábel, P., *Noticia de las cosas memorables de Guipúzcoa* [siglo XIX]. Bilbao, 1967, 3 v.
Guerra, J. C., *Ensayo de un padrón histórico de Guipúzcoa, según el orden de sus familias pobladoras.* S. Sebastián, 1929, 689.
Guerra, J. C., *A propósito de las Juntas Generales de Guipúzcoa.* RIEV, 1934, 5, 640-65.
López Alén, F., *Iconografía biográfica de Guipúzcoa...* S. Sebastián, 1898, ix+333.
Loyarte, A., *Donostiarras del siglo XIX.* S. Sebastián, 1913, 522.
Loyarte, A., *La vida de la ciudad de San Sebastián, 1900-1950.* S. Sebastián, 1950-4, 6 v.
Martínez de Isasti, L., *Compendio historial de... Guipúzcoa* [1625]. S. Sebastián, 1850, x+20+671.
Mendiola, R., *Vida cultural donostiarra. Notas históricas.* BRSV, 1949, 2, 385-412.
Michelena Elissalt, L., *Guipúzcoa en la época romana.* BRSV, 1956, 12, 69-94.

22 Múgica, S., *Curiosidades históricas de San Sebastián*. S. Sebastián, 1970^{2}, 384.

Pirala, A., *San Sebastián en el siglo XIX*. M, 1900, 88.

Seoane Ferrer, R., *Navegantes guipuzcoanos*. M, 1908, 106.

Serrano Alcázar, R., *San Sebastián. Descripción histórica*. M, 1894, 92.

→ 3.33, Lacarra; 6.11.

36.1 ARTE

Arrázola Echeverría, M. A., *El Renacimiento en Guipúzcoa*. S. Sebastián, 1967-9, 3 v.

Echegaray, C., *Monumentos civiles de Guipúzcoa. Monumentos religiosos de Guipúzcoa*. B, 1921, 2 v.

36.2 GEOGRAFIA. ECONOMIA

Cobreros Uranga, V., *San Sebastián. Paseando por la ciudad*. S. Sebastián, 1950, 153 + láms.

Gordejuela Sanz, L., *Geografía urbana de San Sebastián*. Pirineos, 1955, 11, 149-304 + láms.

Múgica, S., *Las calles de San Sebastián*. S. Sebastián, 1916, xliv+196.

Múgica, S., *Provincia de Guipúzcoa*, → 21.99, Carreras Candi.

Oyarzun, M., *San Sebastián. Sus calles y principales monumentos*. S. Sebastián, 1951, 106.

→ 12.25, Espejo; 12.40, Arocena; 12.67.

36.3 ESTUDIOS LOCALES

Múgica, S., *Monografía de* ... **Aiztondo.** S. Sebastián, 1902, 107.

Amasa → Villabona.

Arregui, R., *Aspectos de la vida e historia de* **Andoain.** S. Sebastián, 1970, 49 + láms.

Beristáin Eguiguren, J. M., *Pequeña historia de...* **Azcoitia.** S. Sebastián, 1970, 88 + láms.

→ 10.83, Pinta.

Odriozola, I. E., **Azpeitia** *y sus hombres*. S. Sebastián, 1970, 67.

Azurmendi Dorronsoro, J. M., **Beasain.** *Historia...* S. Sebastián, 1970, 103.

Garmendía de Otaola, A., *Beasain, patria de San Martín de Loinaz. Biografía de un pueblo y de un santo*. Zarauz, 1962, 351 + láms.

Erenchun Onzalo, J., **Cestona.** S. Sebastián, 1970, 142.

Amuátegui, T., **Deva** *y mis recuerdos*. S. Sebastián, 1970, 52.

Celaya Olabarri, P., **Eibar.** S. Sebastián, 1970, 118.

García Manrique, E., *Eibar. Inmigración y desarrollo...* Zaragoza, 1961, 208.

Múgica, G., *Monografía histórica de la villa de Eibar.* Zarauz, 1956^{2}, 528+xx. 22
→ 21.98, Peña.
Elejalde, F., **Elgoibar.** S. Sebastián, 1970, 112 + láms.

Barcáiztegui Manso, J., **Fuenterrabía.** *Notas para su bibliografía.* BRSV, 1945, 1, 425-38.
Echart Uranga, J. M., *Fuenterrabía.* S. Sebastián, 1970, 76.
Elejalde, F., *Fuenterrabía.* S. Sebastián, 1970, 90 + láms.
→ 20.27, Caro.

Cerezo Hijano, F., **Guetaria**... S. Sebastián, 1970, 106.

Murugarren, L., **Hernani.** *Su historia e instituciones.* S. Sebastián, 1970, 104.
Taltavull Estrada, B., *Vida rural y urbana... de Hernani.* EG, 1963, 24, 57-108.
Zuaznavar, J. M., *Noticias de la villa de Hernani.* BRSV, 1953, 9, 465-9.

Goñi Gaztambide, J., *Noticias históricas sobre la parroquia de* **Igueldo.** *Desde el siglo XV hasta el XIX.* BolEstudios históricos sobre San Sebastián, 1968, 2, 65-76.

Izquierdo Benito, R., **Irún.** *Pequeña monografía*... S. Sebastián, 1970, 132.
Múgica, S., *Monografía histórica de... Irún.* Irún, 1903, viii+210.
→ 1.31.

Auzmendi Aguirre, J. M., *Historia del pueblo de* **Lazcano.** S. Sebastián, 1970, 104.
Basurko Garmendía, M., *Lazcano.* S. Sebastián, 1970, 53.

Lasa, J. I., **Legazpia.** S. Sebastián, 1970, 144.

Silván López, L., **Lezo.** S. Sebastián, 1970, 76 + láms.

Letona Arrieta, J., **Mondragón.** S. Sebastián, 1970, 128.
Uranga Arregui, J. M., *Mondragón. Trayectoria y anecdotario.* S. Sebastián, 1970, 116.

Aldabaldetrecu Sáiz, F., **Monreal de Deva.** S. Sebastián, 1970, 112 + láms.

Zubicaray, A., **Motrico.** *Apuntes*... S. Sebastián, 1968, 96.

Arrazola Echeverría, M. A., **Oñate.** S. Sebastián, 1973, 54.
Zumalde, I., *Historia de Oñate.* S. Sebastián, 1957, 694.
Zumalde, I., *Oñate.* S. Sebastián, 1970, 72.
→ 13.57, **Oñate.**

Erquicia, D., y otros, **Orio**... S. Sebastián, 1970, 69 + láms.
→ 10.60, Echaide.

Lecuona, M., *Del* **Oyarzun** *antiguo. Monografía histórica.* S. Sebastián, 1959, 371 + láms.
Silván López, L., *Oyarzun*... S. Sebastián, 1970, 66 + láms.

Iturrioz Tellería, F., **Pasajes.** *Resumen histórico. Pesquerías y secaderos de bacalao de España.* S. Sebastián, 1952, xvi+285.

22 Larrañaga, R., **Placencia de las Armas**. S. Sebastián, 1970, 86.

Goñi Galarraga, J. M., *Historia de* **Rentería**. S. Sebastián, 1969, 106.

Bergareche, D., *Apuntes históricos de* **Salinas de Léniz** *y del Santuario de la Virgen de Dorleta.* Vitoria, 1954, 212.

Gorosábel, P., *Bosquejo de las antigüedades de...* **Tolosa** [1853]. Cizúrquil, 1956^{2}, 238.

Insausti Treviño, S., *Tolosa en la formación de la Hermandad guipuzcoana.* Tolosa, 1969, 102.

Tolosa, *Libro-homenaje a* _____. *VII centenario.* Tolosa, 1956, 280 + láms.
Miscelánea por diversos autores.

Zavala, F., y J. Garmendia Larrañaga, *Monografía histórica de la villa de Tolosa.* S. Sebastián, 1969, 104.
→ 1.21, **Guipúzcoa**.

Sancristóval Murúa, P., **Usúrbil**... Zaragoza, 1958, 156 + láms.

Larrea Elústiza, J., *Breve monografía de* **Vergara**. S. Sebastián, 1970, 81 + láms.

Urquijo, J., *Vergara en el último tercio del siglo XVIII... El primer platino enviado a Suecia.* BRSV, 1945, 1, 253-69.

Zumalde, I., *Vergara.* S. Sebastián, 1970, 64 + láms.
→ 6.85.1, Burgo, Múgica; 13.40, 14.55, Faces.

Insausti, S., **Villabona**-*Amasa.* S. Sebastián, 1970, 100.

Olaechea, J., **Villafranca de Ordizia**. S. Sebastián, 1970, 80 + láms.

Erenchun Onzalo, J., **Zarauz**. S. Sebastián, 1970, 85

Busca Isusi, J. M., **Zumárraga**. S. Sebastián, 1970, 70.

Olaechea, J. B., **Zumaya**. S. Sebastián, 1970, 124.

→ 20.42, **Vasconia**.

37 HUELVA

Díaz Hierro, D., *Cien fichas sobre Huelva.* ELE, 1960, 3, 274-85.

Amador de los Ríos, R., *España... Huelva.* B, 1891, 813.

García Gómez, J. M., *Huelva.* León, 1970, 172.

García Nieto, L., *Huelva y la Rábida.* Sevilla, 1920, 50.

Merelo Casademunt, J., *Guía de Huelva y su provincia.* Huelva, 1891.

Santamaría, B., *Huelva y la Rábida.* M, 1882, 345.

Segovia, J. M., *Huelva.* M, 1964, 103 + láms.

38 INSTITUCIONES. HISTORIA. BIOGRAFIA

Aguirre Lazareno, B., *Siluetas de hombres ilustres de Huelva y su provincia.* Huelva, 1919, 206.

Fernández de los Reyes, J., *Huelva y América. Historia de Huelva.* Huelva, 1942, 260.

Montero Escalera, F., *Un siglo en la historia de Huelva.* Ayamonte, 1946, 332. **22**
Mora Negro, J. A., *Huelva ilustrada. Breve historia... de Huelva.* Sevilla, 1762, 40+174.
→ 6.13.

38.2 GEOGRAFIA. ECONOMIA

Rodríguez, E. J., *Geografía estadística de la provincia de Huelva.* Huelva, 1895, 97.

→ 12.75.

38.3 ESTUDIOS LOCALES

Villagrán, F., *El coto* **Doñana.** M, 1968, 30.

Delgado, A., *Bosquejo histórico de* **Niebla.** BRAH, 1891, 18, 484-551.
Jurado Carrillo, C., *Mosaico de leyendas, tradiciones y recuerdos históricos de la ciudad de Niebla.* Lérida, 1935, 184.
Jurado Carrillo, C., *Apuntes históricos de la ciudad de Niebla.* Lérida, 1935, 54.
Requena, F., *El castillo y el recinto murado de la Niebla milenaria.* BAEAC, 1967, 14, 329-48.
→ 16.56, Roldán.

Rábida → 8.34, 22.37.

Aldana, L., *Las minas de* **Río Tinto**... *desde 1725...* M, 1875, 542.
Checkland, S. G., *The mines of Tharsis. Roman, French and British enterprise in Spain.* Londres, 1967, 288.
Guerrero Ruiz, J., *El municipio de Minas de Río Tinto.* REVL, 1944, 17, 724-53.
Mármol, E., *Las minas de Riotinto. Técnica, historia, economía y arte.* M, 1935, 181.
Thomas, J. L., *Notes on the mines of Río Tinto.* Londres, 1965, 32.

Rocío → 8.22, Carrasco; 20.10, Siurot.
Terrero, J., *La* **«Tierra llana»** *de Huelva. Estudio geográfico de la comarca.* EG, 1952, 13, 671-98; 1954, 15, 5-57.

39 HUESCA

Arnal Cavero, P., *Aragón de las tierras altas.* Zaragoza, 1955, 190.
Broto Aparicio, S., *Huesca, corazón de los Pirineos. Guía turística de la provincia.* Huesca, 1955, 151.
Durán Gudiol, A., *Huesca y su provincia.* B, 1957, 208.
Valenzuela Foved, V., y otros, *Huesca.* M, 1964, 107 + láms.

40 INSTITUCIONES. HISTORIA. BIOGRAFIA

Blasco Val, C., *Huesca biográfica... desde su fundación hasta nuestros días.* Huesca, 1871, 636.

22 Blasco Val, C., *Historia biográfica de las ciudades, villas y pueblos de... Huesca.* Huesca, 1871, 179.

Cañardo Alterachs, J., *Historia antigua de Huesca.* Huesca, 1908, 203 + láms.

Gota Hernández, G., *Huesca. Apuntes para su historia.* Huesca, 1891, 62.

Mur Ventura, L., *Efemérides oscenses.* Huesca, 1928, vii+474.

Algarra Rafegas, A., *El asedio de Huesca.* B, 1941, 200.

Arco Garay, R., *Huesca en el siglo XII.* Huesca, 1921, 161.

Arco Garay, R., *El municipio oscense de antaño.* Universidad, 1936, 13, 375-404, 645-78, 901-32.

Tomeo, M., *Aportación oscense a la ciencia española.* Argensola, 1962, 13, 193-217.

→ 3.04, Navarro; 3.22, Meijers; 6.39.1, **Sancho Ramírez;** 8.24, Durán; 9.53, Arco; 10.64, Loste; 10.93, Arco.

40.1 ARTE

Arco Garay, R., *Catálogo monumental de España. Huesca.* M, 1942, 2 v.

Arco Garay, R., *La Catedral de Huesca.* Huesca, 1924, 208 + láms.

Durán Gudiol, A., *Arte altoaragonés de los siglos X y XI.* Zaragoza, 1973, 225.

Iguacén Borau, D., *La basílica de San Lorenzo de Huesca.* Huesca, 1969, 283.

→ 8.33.

40.2 GEOGRAFIA. ECONOMIA

Arco Garay, R., *Las calles de Huesca.* Huesca, 1922, 223.

Casas Torres, J. M., y A. Floristán Samanes, *Un mapa de los mercados de la provincia de Huesca.* EG, 1945, 6, 461-87.

García Mercadal, J., *Del llano a las cumbres. Pirineos de Aragón.* M, 1923, 306.

Montserrat-Recorder, P., *La Jacetania y su vida vegetal.* Zaragoza, 1971, 108 + láms.

40.3 ESTUDIOS LOCALES

Conte Oliveros, J., *Historia de* **Abiego**... Zaragoza 1968, 99.

Calvo Palacios, J. L., **Aisa,** *un valle pirenaico.* Pirineos, 1970, 97, 29-62 + láms.

Forniés Casals J. F., **Alquézar,** *enclave medieval.* Zaragoza, 1973², 16.

Aragüés → 16.57, González.

García Ciprés, G., y E. Ubieto Ponz, **Ayerbe.** *Reseña histórica...* Huesca, 1928, 39.

Ubieto Arteta, A., *Ayerbe. Notas y sugerencias.* Argensola, 1952, 3, 1-10.

Ubieto Arteta, A., *Ayerbe. Páginas sobre su historia.* Valencia, 1969, 38.
→ 16.57, Buesa.

Balaguer, F., *La ciudad de* **Barbastro** *y las negociaciones diplomáticas de Ramiro II.* Argensola, 1950, 2, 133-58.
Bielsa, M. A., *Notas sobre la repoblación de Barbastro.* Argensola, 1961, 13, 185-222.
López Novoa, S., *Historia de la ciudad de Barbastro y descripción geográfico-histórica de su diócesis.* Barbastro, 1861, 2 v.
Salanova, R., *Barbastro, ciudad del Vero.* Zaragoza, 1971, 18.
→ 1.31, 6.35.2.

Mur Saludas, J., *Municipios rurales españoles:* **Benabarre.** M, 1955.

Ballarín Cornel, A., *El valle de* **Benasque.** Zaragoza, 1968, 207.
Curiá Martínez, S., *Pirineos altoaragoneses. El valle de Benasque...* Santa Cruz de Tenerife, 1926, 78.
Duréne, B., *Notes sur l'histoire de Vénasque.* Revue de Comminges (Saint Gaudens), 1954, 67, 114-86.
→ **Concas;** 16.57, Ballarín.

Solé Sabarís, L., *La canal de* **Berdún.** EG, 1942, 3, 271-318.

Cardús, J., **Bielsa** *y su frontera.* Huesca, 1970, 23 + láms.
→ 16.57, Badía.

Fontboté, J. M., *La ribera de* **Biescas.** Pirineos, 1948, 4, 39-90.

Español Muzas, I., y F. Bazus Mur, *Historia de* **Binaced.** Huesca, 1954, xii+130.

Arnal, V., *Notas para la historia de* **Bolea** *(siglos XVII-XIX).* Argensola, 1953, 4, 233-8.

Lucas Alvarez, M., *Apuntes históricos sobre el municipio de* **Canfranc.** Pirineos, 1952, 8, 32-123.

Casbas → 3.04, Ubieto.

Agud Querol, M., *El Señorío de* **Concas** *(Benasque).* S. Sebastián, 1951, 279.

Pita Mercé, R., **Fraga** *en la antigüedad.* Argensola, 1954, 5, 17-31.
Pita Mercé, R., *La Fraga musulmana.* Argensola, 1954, 5, 315-40.
Salarrullana, J., *Estudios históricos... de Fraga.* RABM, 1919, 23, 69-90.
Salinas Tesán, J. L., *Guía turística, estadística, urbana, histórica... de Fraga.* Fraga, 1972, 184 + láms.
→ 16.92, Barnils.

Martín Duque, A. J., **Graus:** *un señorío feudal aragonés del siglo XII.* Hispania, 1958, 18, 159-80.
→ 21.13, Palacio.

Aznárez, J. F., *Historia monumental de* **Jaca.** Argensola, 1958, 9, 205-13.
Aznárez, J. F., *Estudios de historia jacetana.* Huesca, 1960, 44 + láms.

22 Comín Colomer, E., *Jaca*. M, 1953, 30.
Enríquez de Salamanca, C., *Jaca y el románico*. León, 1973, 64.
Lacarra de Miguel, J. M., *Desarrollo urbano de Jaca en la edad media*. EEMCA, 1951, 4, 139-55.
Ubieto Arteta, A., *El románico de la catedral jaquesa y su cronología*. PV, 1964, 25, 187-200.
→ 1.31, 3.04, Sangorrín; 3.22, Molho; 10.93, Arco; 16.57, Alvar; 22.40.2, Montserrat.

Oliveros de Castro, M. T., *Historia de* **Monzón**. Zaragoza, 1964, 603 + láms.

Cajal Sazatornil, P., *X siglos de historia de* **Naval**... B, 1969, 2 v.

Broto Aparicio, S., *El Parque Nacional de* **Ordesa**. León, 1969, 160.
España, A., *El Parque Nacional del Valle de Ordesa*. M, 1935, 113.
Fernández Reyes, J., *Parque Nacional de Ordesa*. M, 1965, 156.
Rivera Gallo, V., *Pirineo alto-aragonés. El Parque Nacional del Valle de Ordesa*. M, 1929, 207.

Gurucharri, J. E., *Memoria de las aguas minerales de* **Panticosa**. M, 1903, 272.

Moner, J. M., *Historia de la* **Ribagorza** *desde su origen hasta nuestros días*. Fonz, 1878-80, 4 v.
Semir, R., *La Ribagorza*. Granollers, 1968.
→ 6.39.3, 16.57.

Martón, L. B., **Sallent**, *cabeza del Valle de Tena, sus antigüedades y varones ilustres*... Pamplona, 1750, 224.

Sobrarbe → 3.22, Meijers; 6.39.3, Ubieto; 8.34, **Victorián**; 21.11.

Casas Torres, J. M., y J. M. Fontboté, *El Valle de* **Tena**. *Rasgos fisiográficos y economía regional*. Pirineos, 1945, 1, 37-107.

Vió → 20.38, **Aragón**; 21.13, Wilmes.

Seró Serra, C., *Historia de* **Zaidín**. Lérida, 1964.

41 JAEN

Alonso, A. V., *Ensayo bibliográfico-histórico de la provincia de Jaén*. Jaén, 1896, 96.

Chamorro Lozano, J., *Jaén*. M, 1964, 118 + láms.
González Sánchez, J., *Descripción de la ciudad de Jaén y notas biográficas de sus obispos*. M, 1907.
Jaén, *Reseña estadística de la provincia de* _____. M, 1967, 448.
Palomino Gutiérrez, R., *Guía y planos de Jaén y provincia*. Jaén, 1955, 423.
Santiago Fuentes, M., *Jaén. Geografía e historia*. B, 1911, 40.
→ 22.31, Pi.

42 INSTITUCIONES. HISTORIA. BIOGRAFIA

Pinero Jiménez, F., y J. Martínez Romero, *Giennenses ilustres. Reseñas biográficas.* Jaén, 1954, 251.
Jiménez Patón, B., y P. Ordóñez de Ceballos, *Historia de la ciudad de Jaén...* Jaén, 1628, 249.
Mozas Mesa, M., *Jaén legendario y tradicional...* Jaén, 1959, 402 + láms.
Ruiz Giménez, J., *Apuntes para la historia de Jaén.* Jaén, 1879, 543.

→ 8.56, Ortega; 8.85, Beltrán; 10.58, Pérez Prendes.

42.1 ARTE

Alamo Benzosa, G., *Iglesia Catedral de Jaén...* Jaén, 1971[2], 168.
Chamorro Lozano, J., *Guía artística y monumental de la ciudad de Jaén.* Jaén, 1954, 328 + láms.
Pinero Jiménez, F., y J. Martínez Romero, *La Catedral de Jaén. Apunte histórico-artístico.* Jaén, 1954, 169.

→ 9.88, Morales.

42.2 GEOGRAFIA. ECONOMIA

Cabañas, R., *Datos fisiográficos de la provincia de Jaén.* BRSEHN, 1959, 57, 101-15.
Marín Badillos, D., *Historia de cada uno de los pueblos de la provincia de Jaén.* Jaén, 1862.
Ortega Campos, P., *Dieciséis años del Plan Jaén.* Jaén, 1973, 200.
Pérez Camarero, A., *Cifras esenciales del Plan Jaén...* REVL, 1950, 17, 577-87.
Puig, I., *El Plan Jaén...* B, 1960, 309.

→ 12.46.

42.3 ESTUDIOS LOCALES

Guardia Castellano, A., *Leyenda y notas para la historia de* **Alcalá la Real.** M, 1913, 454.

Torres Laguna, C., *Historia de la ciudad de* **Andújar** *y de su patrona, la Virgen de la Cabeza...* Andújar, 1954, viii+333. También, M, 1961-6, 4 v.

González Sánchez, J., *Historia de la ciudad de* **Arjona.** M, 1905, 233.
Morales Talero, S., *Anales de la ciudad de Arjona.* M, 1965, 331.
Cózar Martínez, F., *Noticias y documentos para la historia de* **Baeza.** Jaén, 1884, 592.
Molina Hipólito, J., *Guía de Baeza.* M, 1964, 44 + láms.
→ 1.21, **Jaén;** 3.21, Roudil; 13.57, **Baeza.**

Bailén → 6.82.6.

Muñoz Cobo, J., **Baños de la Encina** *y su castillo.* M, 1968, 31.

22 González Carral, J. D., **Castellar del Condado de Santiesteban.** *Datos geográficos e históricos.* Linares, 1968, 124 + láms.
Polaino Ortega, L., *Semblanza de* **Cazorla.** Sevilla, 1947, 169.

Capel Margarito, M., *Apuntes para la historia de* **La Carolina.** BIEG, 1960, 7, 31-58.
Rubio González, J., *Historia de... La Carolina (1767-1967).* M, 1967, 386.
→ 12.53.

Corbella Torres, A., **Linares** *y sus famosos.* Jaén, 1972, 210.
→ 12.78, Rechemberg.

Villalta, D., *Historia... de la Peña de* **Martos.** M, 1923, viii+221.

Mercado Egea, J., *La Muy Ilustre Villa de* **Santisteban del Puerto.** M, 1973, 284.
Sanjuán Moreno, M., *Santisteban del Puerto y su comarca. Datos históricos.* M, 1909, 165.

Martínez, J. C., *Memorias sobre el partido judicial de* **Segura de la Sierra.** Baeza, 1842, 181.

Molina Hipólito, J., *Guía de* **Ubeda.** M, 1965^{2}, 55.
Pasquau, J., *Biografía de Ubeda.* Ubeda, 1958, 645.

43 LA CORUÑA

Fulgosio, F., *Crónica de... La Coruña.* M, 1865, 128.
González Garcés, M., *La Coruña.* León, 1973^{3}, 160 + láms.
Martínez Barbeito, C., *La Coruña.* B, 1959, 40 + láms.
Martínez Pérez, J. A., *La Coruña.* M, 1964, 128 + láms.
Rebollo, A., *Guía de La Coruña.* La Coruña, 1945, 122.
Yordi, J. R., *Cristal y sonrisa. Guía y guión de La Coruña.* La Coruña, 1944, 269.

→ 22.69, Anderson.

44 INSTITUCIONES. HISTORIA. BIOGRAFIA

García Barrios, J., *Medio siglo de vida coruñesa, 1834-1886...* La Coruña, 1970, 551.
Martínez Barbeito, C., *Bernardo del Río describe La Coruña de fines del siglo XVIII.* Revista (La Coruña), 1966, 2, 39-58.
Martínez Salazar, A., *El cerco de La Coruña en 1589 y Mayor Fernández Pita.* La Coruña, 1889, 240.
Vedia Goossens, E., *Historia y descripción de la ciudad de La Coruña* [1845]. La Coruña, 1972, 323.

→ 19.40, La Coruña.

44.1 ARTE

Blanco Areán, R., *La Coruña. Arte y paisaje.* La Coruña, 1971, 123.

22

44.2 GEOGRAFIA. ECONOMIA

Carré Aldao, E., *Provincia de La Coruña,* → 21.68, Carreras Candi.
Casas Torres, J. M., *Sobre la geografía de las rías de Muros y Noya.* EG, 1943, 4, 559-623.
→ 12.96, Meijide.

44.3 ESTUDIOS LOCALES

Montero Aróstegui, J., *Historia y descripción de...* **El Ferrol.** M, 1859, 718.
Ferrol hace un siglo. Ferrol, 1958, 94.
Ramón Ballesteros, F., *Sinfonía en mar mayor:* **Finisterre.** Santiago, 1971, 241.

Mahía → 16.96, Lorenzo.

La Mariña → 20.44, López.

Otero Pedrayo, R., y otros, *Terra de* **Melide.** Compostela, 1933, 736 + láms.
Geografía, historia, folklore.

Artaza Alvarez, R., *La villa de* **Muros** *y su distrito.* Pontevedra, 1908-54. 5 v.
También, Pontevedra, 1959, 764.
→ 22.44.2, Casas Torres.

Agrelo Hermo, J., *Efemérides* **noyesas.** Santiago, 1971, 267.
Caamaño Bournacell, J., *Noya, guía histórico-turística.* M, 1971, 84 + láms.
Gutiérrez de Velasco, A., *El mercado de la villa de Noya. Noticias históricas.* CEG, 1967, 22, 264-80.
→ 22.44.2, Casas Torres.

Basco Pérez, R., *La comarca del Ortegal en el II milenio antes de Jesucristo. Los orígenes de* **Ortigueira.** Ortigueira, 1954, 214.
Dávila Díaz, J., *Geografía descriptiva de la comarca de Ortigueira.* La Coruña, 1931, 244.

Domínguez Fontán, M., *La* **Puebla del Caramiñal...** Vigo, 1962, 453.

Couceiro Freijomil, A., *Historia de* **Puentedeume** *y su comarca.* Santiago, 1944, 463.
Fernández Pousa, R., *Puentedeume y su comarca.* BRAG, 1950, 86, 46-87.

Alcolea Gil, S., *La catedral de* **Santiago.** M, 1958^2, 200.
Castroviejo, J. M., *La ciudad de Santiago.* B, 1954, 17 + láms.
Chamoso Lamas, M., *Santiago de Compostela.* B, 1961, 200.
Chamoso Lamas, M., *La fachada del Obradoiro de la Catedral de Santiago de Compostela.* AEAA, 1936, 12, 209-38 + láms.
Fernández Sánchez, J. M., y F. Freire Barreiro, *Guía de Santiago y sus alrededores.* Santiago, 1885, xvi+576.
Filgueira Valverde, J., *El libro de Santiago.* M, 1948, 321.
Guerra Campos, J., *Excavaciones en la Catedral de Santiago.* LCT, 1960, 87, 97-168, 269-324.

22 Lucas Alvarez, M., *El Hospital Real de Santiago (1499-1531).* Santiago, 1964, 92.

Millán, I., *...Once siglos de vida compostelana.* Santiago, 1938, 560.

Otero Pedrayo, R., *Santiago de Compostela.* B, 1971^{4}, 35 + láms.

Prado Díaz, A., *Guía artística de Santiago de Compostela...* Santiago, 1971, 223.

Silva, R., y J. R., Barreiro Fernández, *El Pórtico de la Gloria.* Santiago, 1965, xvii+113.

Varela Jácome, B., y A. Rodríguez González, *Santiago de Compostela.* León, 1971, 176.

→ 1.21, La Coruña; 3.30, López; 8.03, 13.57, Santiago.

45 LAS PALMAS

Ayala, A., *Guía de la provincia de Las Palmas.* Las Palmas, 1971, 160 + láms.

Cronin, A. J., *Gran Canaria.* B, 1956, 360.

González Sosa, M., *Gran Canaria, Lanzarote y Fuerteventura.* León, 1973^{4}, 224.

Las Palmas, *Reseña estadística de la provincia de* _____. M, 1973, 184.

Reyes Parra, A., *Las Palmas.* M, 1964, 169 + láms.

Sosa, Ch., y J. Brito, *Guía de Lanzarote.* B, 1969, 102.

Torre, C., *Gran Canaria, Fuerteventura, Lanzarote.* B, 1966, 540 + láms.

Zaya Vega, O., *Gran Canaria.* Santa Cruz de Tenerife, 1973, 140 + láms.

46 ESTUDIOS LOCALES

Arrecife, *capital de... Lanzarote.* Arrecife, 1970, 45 fotografías.

Burriel de Orueta, E. L., *El puerto de La Luz en* Las Palmas... EG, 1973, 34, 211-302.

Enríquez Padrón, R., *Guía de la ciudad de Las Palmas.* B, 1911, 149.

Sánchez Falcón, E., *Evolución demográfica de Las Palmas.* AEAtl, 1964, 10, 299-414.

47 LEON

Alonso Gómez, C., y M. García Menéndez, *León. Manual del turista.* Valladolid, ¿1953?, 467.

Cremer Alonso, V., *León.* M, 1971, 92 + láms.

Cruz Martín, A., *León y su provincia.* Astorga, 1960, 483 + láms.

D[omínguez] Berrueta, M., *León.* B, 1962, 199.

Mingote Tarazona, P., *Guía del viajero en León y su provincia.* León, 1879, 270.

Morán Bardón, C., *Por tierra de León. Historia, costumbres...* Salamanca, 1925, 212.

Mourille López, J., *La provincia de León. Guía general.* Toledo, 1928, 538. **22**
Roa Rico, F., *León.* M, 1964, 156 + láms.
Viñayo González, A., *La provincia de León.* León, 1973[6], 160 + láms.

48 INTITUCIONES. HISTORIA. BIOGRAFIA

Luengo Martínez, J. M., y J. Sanz Martínez, *Apuntes para la historia de León.* León, 1928, 100.
Mingote Tarazona, P., *Varones ilustres de la provincia de León. Ensayo biográfico.* León, 1880, xvi+337.
Eguiagaray Pallarés, J., *...Estampas anecdóticas del viejo León.* León, 1955, 125.
Fernández Vargas, V., *La población de León en el siglo XVI.* M, 1968, 167.
García Bellido, A., *La «Legio VII Gemina Via Felix» y los orígenes de la ciudad de León.* BRAH, 1950, 127, 449-79.
León y su historia. Miscelánea histórica. León, 1969, 397. Por numerosos autores.
Martín Galindo, J. L., *La ciudad de León en el siglo XVIII...* León, 1959, 141.
Merino Rubio, W., *León en el siglo XV.* León, 1973, 50.

→ 3.31, Vázquez; 8.01, Quintana; 10.03, Sánchez; 10.93, Rodríguez.

48.1 ARTE

Gómez Moreno, M., *Catálogo munumental de España. Provincia de León.* M, 1925-6, 2 v.

Deben, C., *El Hostal de San Marcos.* León, 1972, 96 + láms.
Domínguez Berrueta, M., *Guía del caminante en la ciudad de León.* León, 1972[2], 293.
Gómez Moreno, M. E., *La catedral de León.* León, 1973, 64 + láms.
Viñayo González, A., *La Colegiata de San Isidoro de León.* León, 1971, 64+32 + láms.
Viñayo González, A., *León roman.* Yonne, 1972, 425 + láms.

48.2 GEOGRAFIA. ECONOMIA

[Domínguez] Berrueta, M., *Regiones naturales y comarcas de la provincia de León.* León, 1952, 74.
Fernández Revuelta, J. y otros, *Estructura económica de León.* León, 1972, 125.

Alonso Gómez, C., *Rúas leonesas. Nombres con que se han conocido... desde su fundación.* León, 1958, 146.
Díez González, F., *León, provincia de aldeas y comarcas.* REVL, 1962, 123, 342-70.
Martín Galindo, J. L., *Evolución de los poblados en el actual territorio leonés.* AL, 1953, 7, 91-112.
Martín Galindo, J. L., *La ciudad de León.* EG, 1957, 18, 95-150. Estudio geográfico, desde sus orígenes.

22 Represa, A., *Evolución urbana de León en los siglos XI-XIII.* AL, 1969, 23, 243-87.
Revilla, J., *Riqueza minera de la provincia de León.* M, 1906, lxxii+312 + láms.
Rodríguez Rodríguez, B., *Estudio de la ganadería leonesa.* León, 1955, viii+150.

48.3 ESTUDIOS LOCALES

Ancares → 16.96, Alonso.

Argüelles → 16.64, Fernández.

Alonso Gavela, M. J., *Gaudí en* **Astorga.** León, 1972, 127.
Cabrero Diéguez, V., *Evolución y estructura urbana de Astorga.* Salamanca, 1973, 96.
Matinot, L. F., *Notas para una bibliografía astorgana.* Astorga, 1955, 44.
Rodríguez Díez, M., *Historia de... Astorga.* Astorga, 1909, xv+919.
→ 1.31, 6.32.1, Quintana; 6.82.6, Salcedo.

Babia → **Luna**; 16.64, Alvarez; 20.43, Giese.

Sabugo, N., *El pueblo y el solar de* **Benavides.** AL, 1952, 12, 5-29. También, León, 1959, 60.

Rodríguez Mencía, E., **Bercianos del Real Camino...** EG, 1962, 23, 389-441.

Alvarez Villar, J., *El* **Bierzo.** *Descripción geográfica, histórica, artística y económica de la región, con un especial estudio de Ponferrada.* Pontevedra, 1952, 169.
Gómez Núñez, S., *El Bierzo.* BRSG, 1923, 64, 113-34.
Montero García, M. C., *Análisis económico de la región de El Bierzo.* León, 1972, 286.
Quintana Prieto, A., *Monografía histórica del Bierzo. Desde la Prehistoria hasta fines de la Edad Media.* M, 1956, xv+248.
→ 16.64, García.

Llopis Lladó, N., y J. M. Fontboté, *Estudio geológico de la* **Cabrera Alta.** Geographica, 1958, 5, 8-58.
→ 16.64, Casado.

Díez Monar, J., *Historia de* **Campo Sagrado.** León, 1951, 367.

Castrocalbón → 3.31, Díez.

Flórez Manjorín, F., **Compludo...** Santiago, 1964, 187.

Cornatel → 9.98, Quintana.

Curueño → 21.73, Andújar.

Valle del **Fenar** → **3.31, Díez.**

Escobar García, F., *Apuntes para la historia del municipio de* **Gordón.** León, 1962, 386.

Ferreras, C., **La Aldea del Puente.** *Estudio geográfico...* EG, 1971, 32, 673-750.

Fernández Núñez, J., *Apuntes para la historia del partido de* **La Bañeza.** La Bañeza, 1919. 22

Marcos Segovia, J., *Algunas efemérides bañezanas.* León, 1957.

→ 21.73, Fernández.

Díez González, F., *Memoria del... Concejo de* **Laciana.** M, 1946, 206 + láms.

→ 16.64, Alvarez; 20.42, **León.**

Lomba → 16.64, Morán; 21.73, Morán.

Teijón Laso, E., *El valle del río* **Luna:** *comarcas de Babia y de Luna.* EG, 1946, 7, 419-77.

García Escudero, R., *Por tierras maragatas. Estudio e historia de* **Maragatería.** Astorga, 1953, 328.

Martín Galindo, J. L., *Esquema histórico-geográfico de la Maragatería durante los reinos bárbaros.* AL, 1950, 8, 61-81.

Martín Galindo, J. L., *Evolución de las actividades agrícolas y ganaderas en Maragatería.* AL, 1957, 11, 110-37.

Martín Galindo, J. L., *Actividades agrícolas y ganaderas en Maragatería.* EG, 1958, 19, 55-85.

→ 16.64, Alonso; 20.40, Martín; 20.42, **León.**

Rodríguez Fernández, J., *Apuntes...* de **Mayorga de Campos.** AL, 1968, 23, 273-372 + láms.

Teijón Laso, E., *...Estudio geográfico-humano de la región natural del valle del río* **Orbigo.** BRSG, 1949, 85, 231-309, 452-507.

Díez González, F. A., *La noble tierra de* **Ordás...** M, 1950, 114.

Oseja → 16.64.

Pajares de los Oteros → 3.31, Díez.

Quintana Prieto, A., **Ponferrada** *en la antigüedad.* M, 1955, 206.

→ **Bierzo;** 9.88, Luengo.

Porma → 21.73, Reyero.

Díez Caneja, O., *Las bellezas de la montaña de* **Riaño.** León, 1958, 38.

Sahagún → 8.34, 10.93, Rodríguez.

Viloria, A., **Torre del Bierzo,** *solar histórico.* M, s. a., 69.

Martín Galindo, J. L., *El hombre y los Picos de Europa en* **Valdeón.** *Estudio geográfico.* BRSEHN, 1952, 50, 59-80.
También, BRSG, 1952, 88, 702-26.

García Abad, A., *Historia de* **Valderas** *y su término.* Burgos, 1968, 315.

Rodríguez Fernández, J., *Apuntes históricos sobre* **Valencia de Don Juan.** Tierras de León, 1965, 6, 15-41.

Villacidayo → 16.64, Millán.

Luengo, J. M., *Síntesis histórica de* **Villafranca del Bierzo.** Tierras de León, 1964, 5, 11-64.

22 49 LERIDA

Tarragó Pleyán, J. A., *Aportación a la bibliografía turística de la provincia de Lérida.* Lérida, 1952, 45.

Alcolea Gil, S., *Lérida y su provincia.* B, s. a., 208.
Corbella Albiñana, E., y J. P. Pijuán Siguán, *Guía comercial turística de Lérida y su provincia.* Lérida, 1972, 560.
Lara Peinado, F., *Lérida.* León, 1973^{2}, 160 + láms.
Lérida, *Guía gráfica de _____ y su provincia.* Lérida, 1960, 328.
Lérida, *Reseña estadística de la provincia de _____.* M, 1969, 217.
Lladonosa Pujol, J., *La ciutat de Lleida.* B, 1955-9, 3 v.
Tarragó Pleyán, J. A., *Lérida.* M, 1964, 159 + láms.
Lladonosa Pujol, J., y otros, *Lleida, problema i realitat.* B, 1967, 208.

50 INSTITUCIONES. HISTORIA. BIOGRAFIA

Lladonosa Pujol, J., *Història de Lleida.* Lérida, 1972- .
Pleyán de Porta, J., *Apuntes de historia de Lérida...* Lérida, 1873, 579.

Ayneto, J., *El sitio de Lérida en el año 1646.* Lérida, 1916, 212.
Gras Esteva, R., *La Pahería de Lérida. Organización municipal, 1149-1707.* Lérida, 1909, xiv+363.
Lara Peinado, F., *Lérida romana.* Lérida, 1973, 128.
Lladonosa Pujol, J., *Naixement de Lleida contemporània.* B, 1969, 67.
Olives Roca, M., *Lérida en la primera mitad del siglo XIX.* Ilerda, 1944, 2, 35-67.
Pérez de Puertas, C., y J. M. Nadal Gaya, *El Ayuntamiento de Lérida. Sus ceremonias, tradiciones y fiestas.* Lérida, 1961, 96.
Pita Mercé, R., *Lérida paleocristiana.* Lérida, 1973, 128.
Pita Mercé, R., *Lérida judía.* Lérida, 1973, 208.
Quiñones de Benavente, J., *Corografía breve de la ciudad de Lérida* [1644]. Lérida, 1946, 42.

→ 3.28, Loscertales; 6.27, 6.39.4.

50.1 ARTE

Lara Peinado, F., *La Seo antigua de Lérida.* Lérida, 1973, 130 + láms.

50.2 GEOGRAFIA. ECONOMIA

Rocafort, C., *Província de Lleyda,* → 21.56, Carreras Candi.
Tortosa Durán, J., *El medio y la vida en la provincia de Lérida.* Lérida, 1961, 239.

Compte Freixenet, A., *Aspectos geográficos de la huerta de Lérida.* Ilerda, 1951, 9, 17-50.
Espinas, J. M., *Guía del Pirineo de Lérida.* B, 1958, 143.

Lluch, E., *La regió fruitera de Lleida*. B, 1970, 141. 22
Mut Remolá, E., *La vida económica en Lérida de 1150 a 1500*. Lérida, 1956, 337.
Solé Sabarís, L., *Problemas morfológicos del llano de Lérida*. Ilerda, 1946, 4, 5-22.

→ 11.88, Vallverdú.

50.3 ESTUDIOS LOCALES

Sanahuja, P., *Historia de la villa de* **Ager**. B, 1961, 360.
Seró Serra, C., *Reseña... de* **Albages**. Bellpuig, 1952, 95.
Costa Escolá, A., *Monografía de* **Alcarrás**. Lérida, 1955, 431 + láms.
Vallverdú, J., y otros, **Almacelles**, *visió d'un poble*. B, 1970, 273.
Lladonosa Pujol, J., *Invasions i intents d'integració de la Vall d'***Aran** *a França*. B, 1967, 63.
Puig Oriol, A. y J., *La Vall d'Aran*. B, 1972, 190.
Reglá Campistol, J., *El Valle de Arán en la coyuntura decisiva de su historia (siglos XIII-XIV)*. Pirineos, 1948, 4, 195-220.
Reglá Campistol, J., *El Valle de Arán y la expansión ultrapirenaica de la Corona de Aragón*. Ilerda, 1948, 6, 33-48.
Semir de Arquer, R., *La Vall d'Aran*. Granollers, 1971, 116.
→ 6.39.2, Reglá; 16.92.

Cavero Cambra, B., *Aspectos geográficos del pueblo de* **Aspa**. Lérida, 1955, 22.

Durán Sanpere, A., *...Història de* **Balaguer**... Balaguer, 1970, 16.
Pou Martí, J., *Historia de Balaguer*. Manresa, 1913, 392.
Sanahuja, P., *La antiga ciutat de Balaguer*. Lérida, 1930, 207.

Seró Serra, C., *Historia de* **Bell-lloch**. Lérida, 1970, 232 + láms.

Lladonosa Pujol, J., *Biografía de* **Borjas Blancas**. Lérida, 1956, 24.

Durán Sanpere, A., *Llibre de* **Cervera**. Tárrega, 1972, xv+578 + láms.
→ 1.21, **Lérida**; 13.57, **Cervera**.

Campos Cava, E., *Notas históricas de* **Guissona**. Lérida, 1952, 41.

Lluís, J., *El meu* **Pallars**. B, 1959-67, 3 v.
→ 6.39.3, 20.42, Birot; 20.74, Lluís.

Casanovas Borrell, Ll., *La* **Pobla de Segur**. *Notes històriques*. Igualada, 1958, 189.

Corts Peyret, J., *Historia de la* **Seo de Urgel**. B, 1953, 272.
Serdá Prat, L., *Seo de Urgel. Guía de la ciudad*. Seo de Urgel, 1964, 72 + láms.
→ 3.10, Pujol; 3.28, Valls; 6.39.3.

Costa Bofarull, D., *Memorias de la ciudad de* **Solsona** *y su Iglesia* [1799]. B, 1959, 2 v.
→ 13.57, **Solsona**.

Serra Teixidó, J., *Anuario-guía... de* **Tárrega**. Tárrega, 1970, 220.
→ 3.28, Font.

22 51 LOGROÑO

Giménez Romera, W., *Crónica de la provincia de Logroño.* M, 1867, 64 + láms.

Lope Toledo, J. M., *Logroño.* M, 1964, 104 + láms.

Lope Toledo, J. M., *Logroño.* León, 1968, 157 + láms.

Ruiz Galarreta, J. M., y S. Alcolea Gil, *Logroño y su provincia.* B, 1962, 208.

→ 21.81, Madrazo.

Lope Toledo, J. M., *Relaciones topográficas de la Rioja.* Berceo, 1947, 2, 573-84; 1948, 3, 567-84; 1949, 4, 95-106, 587-92.

Medrano, J. M., *Geopsicología de la Rioja.* Berceo, 1971, 26, 23-32.

52 INSTITUCIONES. HISTORIA. BIOGRAFIA

Barrón, L., *Cantabria y Logroño. Estudio filológico-histórico...* Málaga, 1914, 253.

Garrán, C., *Galería de riojanos ilustres.* M, 1888, xvii+675.

Gil del Río, A., *La Rioja desde sus albores.* Zaragoza, 1972, 503.

Gómez, F. J., *Memoria biográfica de los varones ilustres de la Rioja...* Logroño, 1884, 256.

Lope Toledo, J. M., *Célebres varones de la Rioja.* Berceo, 1951, 6, 393-438.

Moreno Garbayo, T., y J. Gómez, *Apuntes históricos de Logroño.* Logroño, 1943, xv+296.

Oca Merino, E., *Historia de Logroño.* Logroño, 1914, 94.

Sáenz Cenzano, S., *Apuntes históricos de Logroño.* Berceo, 1951, 6, 581-98.

Albia de Castro, F., *Memorial histórico por la ciudad de Logroño.* Ed. de J. Simón Díaz. Logroño, 1953, xli+223.

Ayala Viguera, F. F., *Charlas histórico-descriptivas del antiguo Logroño.* Logroño, 1935, 157.

Goicoechea Romano, C., *Documentos y noticias para la historia de la vida municipal en la ciudad de Logroño.* Berceo, 1951, 6, 135-59, 615-33.

Higueras Arnal, A., *Geodemografía de la provincia de Logroño* [desde 1900]. Geographica, 1957, 3, 86-106.

Leza, J., *Señoríos y municipios en la Rioja durante la baja edad media (1319-1474).* Logroño, 1955, 85.

Lope Toledo, J. M., *Logroño en el siglo XVI. Los alimentos.* Berceo, 1965, 20, 251-68.

Pons Ibáñez, F., *Epidemia de peste en Logroño (año 1559).* Berceo, 1964, 19, 387-406.

Sánchez Terán, S., *Páginas olvidadas de la historia de la Rioja.* Berceo, 1950, 5, 561-94.

Simón Díaz, J., *La Rioja, república federal.* Berceo, 1951, 6, 637-9.

Suils, A., *Vascos y celtas en la Rioja.* Berceo, 1955, 10, 305-27, 413-27; 1956, 11, 11-25.

Taracena Aguirre, B., *La antigua población de la Rioja.* AEA, 1941, 14, 157-76.

Vicuña Ruiz, J. A. y F. J., *La Rioja, tierra de contacto entre los reinos hispanos.* Berceo, 1971, 26, 127-48. 22

→ 3.16, 3.34, 6.35.1, 19.40, Lope.

52.1 ARTE

→ 9.88, Goicoechea.

52.2 GEOGRAFIA. ECONOMIA

García Prado, J., *Geografía de la provincia de Logroño.* Logroño, 1933, 51.

García Prado, J., *La ciudad de Logroño. Estudio geográfico.* Logroño, 1949, 243.

Sánchez Lozano, R., *Descripción física, geológica y minera de la provincia de Logroño.* M, 1894, 548 + láms.

Cámara Niño, F., *Estudios sobre la flora de la Rioja Baja.* M, 1940, 182.

García Prado, J., *La Rioja como región geográfica.* Berceo, 1952, 7, 321-44, 381-419.

Lope Toledo, J. M., *Estudio histórico del vino de la Rioja.* Berceo, 1957, 12, a 1958, 13, múltiples entradas.

Merino Urrutia, J. J., *Cómo se creó la provincia de Logroño en el año 1833.* Berceo, 1968, 23, 279-83.

Sáenz Cenzano, S., *Apuntes históricos de Logroño. Industria.* Berceo, 1948, 3, 43-62.

→ 12.40, 12.43, 12.85, Ochagavía.

52.3 ESTUDIOS LOCALES

Albelda → 8.34.

Alonso García, D., *Apuntes históricos de la villa de* **Alcanadre.** Berceo, 1956, 11, a 1959, 14, múltiples entradas.

García Prado, J., **Aldeanueva de Ebro**... Berceo, 1953, 8, 379-404, 473-504.

Blas Ladrón, A., *Historia de...* **Alfaro.** Zaragoza, 1915, xvi+358.

Helwig de Echauri, U., **Anguiano**... en *Etnología y tradiciones populares.* Zaragoza, 1969, 161-8.

→ 16.68, Echaide.

Abad León, F., *Radiografía de* **Arnedo** *en el siglo XVIII.* Logroño, 1973, 350.

García Prado, J., *La industria del calzado en Arnedo.* Berceo, 1951, 6, 375-91.

→ 16.68, Fernández.

Ibarnavarro, A., *Pueblos de la Rioja.* **Briones.** Zaragoza, 1946, 109 + láms.

Catalán Carbonell, F., y otros, *Conozca* **Calahorra** *y su comarca.* Calahorra, 1970, 244 + láms.

22 Gutiérrez Achútegui, P., *Historia de... Calahorra*. Berceo, 1955, 10, a 1959, 14, múltiples entradas.

Lecuona, M., *La Catedral de Calahorra. Notas histórico-arqueológicas*. Berceo, 1947, 2, 63-109 + láms.

San Juan de la Cruz, L., *Historia de Calahorra y sus glorias*. Valencia, 1925, xvi+326.

→ 1.31, 8.29, Bujanda; 10.93, Cantera.

Cervera de Río Alhama → 16.68, Yravedra.

Ezcaray → **Ojacastro.**

Herrero Pérez, J., **Haro.** *Monografía geográfica*. RGeografía colonial y mercantil (M), 1911, 12, 89.

Calvo, A., *¡Este es mi pueblo!* **Laguna de Cameros.** Nájera, 1951, 207.

Nájera → 3.34, Garrán; 8.34, **Nájera.**

Cillero Ulecia, A., *La villa de* **Navarrete.** *Desde su fundación hasta nuestros días*. Logroño, 1953, 66 + láms.

Cillero Ulecia, A., *Guía artística... de Navarrete*. Buenos Aires, 1962, 34 + láms.

García Prado, J., *La villa y tierra de* **Ocón.** Berceo, 1954, 9, 201-14, 269-80, 371-82.

García de San Lorenzo, J., **Ojacastro** *y Ezcaray*. Berceo, 1954, 9, 229-32.

Merino Urrutia, J. J., *El valle de Ojacastro,* en *HomL. Hoyos*. M, 1950, III, 271-6.

Merino Urrutia, J. J., *El río Oja y su comarca*. Logroño, 1968, vii+346 + láms.

→ 21.48, Merino.

Martínez Olmedo, L., *La villa de* **Ortigosa de los Cameros.** M, 1946, 197 + láms.

San Vicente de la Sonsierra → 20.12, Navarro.

Prior Untoria, A., *La catedral calceatense* [**Santo Domingo de la Calzada**]. Logroño, 1950, xv+109.

Saezmierra Uyarra, J. J., *Estampas calceatenses. Un santo y una ciudad*. Logroño, 1972, 115.

→ 1.31, 21.48, Brugarola.

Pan, I., *Ensayo de monografía geográfica...* **Torrecilla en Cameros** Berceo, 1948, 3, 5-28, 141-59.

Valdeosera → 5.45, Maldonado.

Ochagavía Fernández, D., *La villa de* **Viguera.** Berceo, 1953, 8, 521-44; 1954, 9, 7-30, 317-35.

→ 3.33, Ramos; 6.38, Ubieto.

53 LUGO

Cunqueiro Mora, A., *Lugo*. León, 1968, 158 + láms.

García Siso, J., *Reseña estadística de la provincia de Lugo*. M, 1953, xv+509.

García Tejeiro, M., *Lugo. Unos días en la ciudad.* Lugo, 1906, 49. 22
Tuñas Bouzón, J., *Lugo.* M, 1964, 104.
Villaamil Castro, J., *Crónica de la provincia de Lugo.* M, 1866, 80.

54 INSTITUCIONES. HISTORIA. BIOGRAFIA

Amor Meilán, M., *Historia de la provincia de Lugo.* Lugo, 1918, 2 v.
Castro López, M., *Hijos distinguidos de la provincia de Lugo.* Lugo, 1890.
Castro S. Freire, S., *Lugo y sus hombres. Ensayo de síntesis histórica.* Lugo, 1951, 169.
Santiago Gómez, J., *Historia de Lugo y su comarca.* M, 1896, 604 + láms.

Correa Fernández, A., *Historia fin de siglo... de Lugo.* Lugo, 1902, 2 v.
Pardo Villar, A., *Dominicos lucenses.* BCPMLugo, 1943, 1, 170-3, 322-6.
Trapero Pardo, J., *Lugo: 100 años de vida local.* Lugo, 1969, 269.
Vázquez Seijas, M., *Lugo bajo el Imperio Romano.* Lugo, 1939, 41 + láms.

54.1 ARTE

Peinado Gómez, N., *Lugo monumental y artística.* Lugo, 1970, 256.
Peinado Gómez, N., *Guía monumental y artística de la provincia de Lugo.* Lugo, 1971, 175 + láms.

Arias Vilas, F., *Las murallas romanas de Lugo.* Santiago, 1972, 114.
Vázquez Saco, F., *La Catedral de Lugo.* Santiago, 1953, 70 + láms.
Vázquez Seijas, M., *Las murallas romanas de Lugo.* BAEAC, 1967, 15, 59-66.

54.2 GEOGRAFIA. ECONOMIA

Amor Meilán, M., *Provincia de Lugo,* → 21.68, Carreras Candi.
Losada Díaz, A., *Guía del Camino Francés en la provincia de Lugo.* M, 1966, 211.

54.3 ESTUDIOS LOCALES

Gómez Vilabella, J., **Castroverde.** *Bosquejo histórico-geográfico.* M, 1951, 102.

Alvilares, J., *El* **Cebrero.** Lugo, 1956, 60 + láms.
Valiña Sampedro, E., *El Cebrero en el camino de Santiago...* Compostellanum (Santiago), 1964, 9, 331-41.

Seijas Vázquez, A., **Chantada** *y el señorío de los marqueses de Astorga. Ensayo histórico.* Chantada, 1966, 51.

Mayán Fernández, F., *Orígenes históricos de...* **Mondoñedo.** Mondoñedo, 1957.

22 Pita Andrade, J. M., **Monforte de Lemos**. Santiago, 1952, 82.
Vázquez, G., *Páginas de Monforte*. Lugo, 1969, 297 + láms.

Otero Cao, V., *Apuntes históricos de la comarca de* **Muras**. Lugo, 1953, 87.

Paz López, G., **Portomarín**. *Monografía geográfica*... M, 1961, 201 + láms.

Lanza Alvarez, F., **Ribadeo** *antiguo*. La Coruña, 1973, 354.
Pazos García, D., *Apuntes acerca de la villa y comarca de*... **Sarria**. M, 1916, 130.

Otero Cao, V., **Villalba** *y su jurisdicción. Páginas históricas*... Lugo, 1958-63, 2 v.

Maseda Bermúdez, J. L., **Villamor**... Mondoñedo, 1970, 24 + láms.
Canosa, R., *Historia menuda de un pueblo gallego* [**Vivero**]. B, 1953, 159.
Donapétry Iribarnegaray, J., *Historia de Vivero y su concejo*. Vivero, 1953, 505 + láms.

55 MADRID

Oliva Escribano, J. L., *Bibliografía de Madrid y su provincia*. ELE, 1958, 1, a 1959, 2, múltiples entradas.
También, M, 1967-9, 2 v. Continúa en AIEM, desde 1970, 6.
Simón Díaz, J., *Artículos y poesías de tema madrileño en revistas de los años 1830 a 1900*. AIEM, 1967, 2, 507-40.

Ayala Raya, M., y F. Sastre, *La provincia de Madrid*. M, 1889, xv+106.

Ayala Raya, M., y F. Sastre, *Madrid*. M, 1889, 131.
Cabezas Canteli, J. A., *Madrid*. B, 1971^{3}, 568 + láms.
Cantó Téllez, A., *Guía de la provincia de Madrid*. M, 1958^{2}, 501.
Cañada López, F., *Guía de Madrid y pueblos colindantes*. M, 1902, 92.
Corral Raya, J., y J. M. Sanz García, *Madrid es así. Una semana de paseante en Corte*. M, 1953, 533.
Chueca Goitia, F., *Madrid y Reales Sitios*. B, 1958, 144 + láms.
Fernández de Sevilla, R., *Guía itinerario práctico... de Madrid*... M, 1943^{2}, 252.
Gaya Nuño, J. A., *Madrid*. B, s. a., 204.
López Sancho, L., *Madrid*. León, 1971^{2}, 239.
Madrid, *Guía oficial de _____ y su provincia*. M, 1943, 3 v.
Martín de Pozuelo, L., y F. Rubio Ortega, *Madrid*. M, 1964, 177 + láms.
M[artínez] Feduchi, L., *Guía turística de Madrid y sus alrededores turísticos*. M, 1958, 268.
Montañés Arias, C., *Manual de Madrid*. Tarragona, 1950, 338.
Pamias Ruiz, J., *Guía urbana de Madrid y... provincia*. B, 1973^{13}, 2 v.
Rosell, C., *Crónica de la provincia de Madrid*. M, 1865, 246.

Araujo Costa, L., *Perfil literario de la ciudad.* RNE, 1946, 67, 13-37. **22**

Borrás, T., *Madrid gentil, torres mil.* M, 1958, 304.

Borrás, T., *Madrid. Leyendas y tradiciones.* M, 1972, 512.

Borrás Vidaola, E., *Color de Madrid.* M, 1971, 132.

Chueca Goitia, F., *El semblante de Madrid.* M, 1951, 350.

Chueca Goitia, F., *Carácter de Madrid y personalidad del madrileño.* REPol, 1954, 75, 45-67.

García Mercadal, J., *Caracteriología del pueblo madrileño hecha por los extranjeros,* en *HomL. Hoyos Sáinz.* M, 1950, II, 176-81.

Gil, B., *La fama de Madrid según la tradición popular.* M, 1958, 429.

Herrero García, M., *Madrid en el teatro.* M, 1963, viii+450. Siglos XVII-XVIII.

Hoyos Sáinz, L., *Origen y formación del tipo antropológico madrileño.* RBAM, 1950, 19, 365-76.

Simón Díaz, J., *Elogios clásicos de Madrid.* M, 1961, 34. Siglos XVI-XVII.

56 INSTITUCIONES. HISTORIA. BIOGRAFIA

Simón Díaz, J., *Fuentes para la historia de Madrid y su provincia.* M, 1964-

→ 3.08, Domingo, Millares, Pérez.

Alba Abad, J., *Historia sintética de Madrid.* M, 1949, 2 v.

Alvarez Baena, A., *Compendio histórico de las grandezas... de Madrid.* M, 1876, 294.

Alvarez Baena, A., *Hijos de Madrid ilustres en santidad, armas, ciencias y artes.* M, 1789-91, 4 v.

Amador de los Ríos, J., y J. D. Rada Delgado, *Historia de la Villa y Corte de Madrid.* M, 1860-4, 4 v.

Ballesteros Robles, L., *Diccionario biográfico matritense.* M, 1912, xii+702.

Bravo Morata, F., *Historia de Madrid.* M, 1966-8, 3 v.

Ortega Rubio, J., *Historia de Madrid y de los pueblos de su provincia.* M, 1921, 2 v.

Royo Barandiarán, T., *Historia sintética de Madrid.* Zaragoza, 1934, 220.

Sáinz de Robles, F. C., *Historia y estampas de la Villa de Madrid.* B, 1932-3, 2 v.

Sáinz de Robles, F. C., *Madrid. Autobiografía.* M, 1957[2], 1300 + láms.

Sáinz de Robles, F. C., *Breve historia de Madrid.* M, 1970, 205.

Soria Marco, B., *Madrid antiguo y moderno.* M, 1959, 603.

Alvarez Sierra, J., *Los hospitales de Madrid de ayer y de hoy.* M, 1952, xvi+202.

Cabo Alonso, A., *Valor de la inmigración madrileña.* EG, 1961, 22, 353-74.

Faraldo, J., y A. Ulrich, *Corregidores y alcaldes de Madrid, 1219-1906.* M, 1906, 203.

22 García Aser, R., ...*El caserío de la Plaza Mayor y la actividad de sus moradores.* EG, 1961, 22, 615-21.
Vida cotidiana desde el siglo XVII.

Jacob, L. S., *Una verbena madrileña.* H, 1926, 9, 350-2.

Lorenzo, J., *Verbenas madrileñas.* M, 1925, 63.

Madrid, *Exposición del antiguo* _____. *Catálogo general ilustrado.* M, 1926, 360.

Malvaerrante, E., *Las verbenas. Su origen. Su antiguo esplendor.* Por esos mundos (M), 1913, 14, 30-4.

Mélida Labaig, J., *Biografía del restaurante Lhardy.* M, 1948, 181.

Melón Ruiz, A., *Notas sobre el municipio y antigua provincia de Madrid.* EG, 1961, 32, 325-52.

Montero Alonso, J., *Historia del Casino de Madrid y su época.* M, 1971, 226.

Ramón Laca, J., *Las viejas cárceles madrileñas.* M, 1973, 59 + láms.

Sampelayo, J., *Noticias y anécdotas de los cafés madrileños.* AIEM, 1970, 6, 507-27.

Sepúlveda, R., *Madrid viejo. Crónicas, avisos, costumbres, leyendas y descripciones...* M, 1887, xxviii+417.

Simón Díaz, J., *Los votos concepcionistas de la Villa de Madrid.* M, 1954, 36.

Válgoma Díaz, D., *El escudo heráldico de Madrid.* BRAH, 1961, 148, 177-200 + láms.

Velasco Zazo, A., *Florilegio de los cafés.* M, 1943, 177.

Velasco Zazo, A., *Culto de ayer y de hoy.* M, 1943, 119.

Velasco Zazo, A., *Madrid monacal... Antiguos conventos.* M, 1943, 223.

Velasco Zazo, A., *Las tiendas humildes.* M, 1946, 151.

Velasco Zazo, A., *Fondas y mesones.* M, 1947, 163.

Velasco Zazo, A., *Los teatros.* M, 1948, 203.

Villa Sanz, J., *Historia del Hospital general.* Anales de la RAc Nacional de Medicina (M), 1956, 75, 51-61.

→ 8.56, Tello; 9.49, Domínguez, Fuenmayor; 9.53, Capella; 9.55, Pereda; 9.58, Alvarez Sierra, Corral; 12.92, Velasco; 14.60, Alvarez; 14.66, Alvarez; 19.40.

56.1 HASTA EL SIGLO XVI

Gibert Sánchez, R., *El Concejo de Madrid. Su organización en los siglos XII a XV.* M, 1949, 268.

Gómez Iglesias, A., *La edad media en Madrid.* M, 1962, 58.

Gómez Iglesias, A., *El Madrid medieval.* M, 1966, 32 + láms.

Oliver Asín, J., *El ambiente cultural y militar del Madrid musulmán.* RBAM, 1951, 20, 259-88.

Pastor Mateos, E., *Noticias sobre la organización profesional en Madrid durante la edad media.* RBAM, 1950, 19, 261-89.

Quintana, J., *Historia de la antigüedad, nobleza y grandeza de la villa de Madrid.* M, 1629, 455 f.

→ 3.26, Millares.

56.2 SIGLOS XVI-XVII 22

Deleito Piñuela, J., *El Madrid de Felipe el Grande.* RBAM, 1924, 1, 442-57.

Deleito Piñuela, J., *Sólo Madrid es Corte. La capital de dos Mundos bajo Felipe IV.* M, 1942, xii+268.

Domínguez Ortiz, A., *Aspectos del vivir madrileño durante el reinado de Carlos II.* AIEM, 1971, 7, 229-52.

Entrambasaguas Peña, J., *El Madrid de Lope de Vega.* M, 1959[2], 23 + láms.

González de Amezúa, A., *Las primeras ordenanzas municipales de la Villa y Corte de Madrid (1585).* RBAM, 1926, 3, 401-29. También, en su *Opúsculos*... M, 1953, III, 78-115.

González Dávila, G., *Teatro de las grandezas de la Villa de Madrid.* M, 1622, 523.

González Pérez, R., *Recopilación histórica... de Madrid y su municipio, en tiempo de Calderón de la Barca.* M, 1881, 46.

Herrero García, M., *El Madrid de Calderón.* RBAM, 1925, 2, a 1928, 5, múltiples entradas.

Herrero García, M., *Guía del Madrid de los Austrias (siglos XVI-XVII).* RBAM, 1955, 24, 127-52.

Iñiguez Almech, F., *Juan de Herrera y las reformas en el Madrid de Felipe II.* RBAM, 1950, 19, 5-108.

León Pinelo, A., *Anales de Madrid. Desde el año 447 al de 1658.* Ed. de P. Fernández Martín. M, 1971, xi+384.

Madrid en el siglo XVI. M, 1962, vi+374.
Miscelánea por varios autores. Algunas colaboraciones, editadas sueltas, figuran en el apartado oportuno.

Martínez Bara, J. A., *Algunos aspectos del Madrid de Felipe II.* AIEM, 1966, 1, 67-75; 1967, 2, 159-70; 1968, 3, 17-28.

Martorell Téllez, R., *Aportaciones al estudio de la población de Madrid en en el siglo XVII.* M, 1930, 126.

Rodríguez Marín, F., *Cervantes y el mentidero de San Felipe.* RBAM, 1924, 1, 5-12.

Shaw Fairman, P., *El Madrid y los madrileños del siglo XVII según los visitantes ingleses de la época.* AIEM, 1966, 1, 137-45.

Viñas Mey, C., *Notas sobre la estructura social-demográfica del Madrid de los Austrias.* RUM, 1955, 4, 461-96.

→ 8.29, Varey; 8.56, Herrero; 10.26, Alcouffe; 10.54, Larquié.

56.3 SIGLO XVIII

Aguilar Piñal, F., *Problemas del transporte madrileño en el siglo XVIII.* AIEM, 1973, 9, 341-55.

Cepeda Adán, J., *El Madrid de Carlos III en las cartas del Marqués de San Leonardo.* AIEM, 1966, 1, 219-30.

Domínguez Ortiz, A., *Una visión crítica del Madrid del XVIII.* AIEM, 1970, 6, 299-317.

Entrambasaguas Peña, J., *El Madrid de Moratín.* M, 1960, 38.

Jiménez de Gregorio, F., *La población de la Villa de Madrid en el Censo de Aranda, 1768-69.* AIEM, 1968, 3, 173-82; 1974, 10, 229-56.

22 Madrid, *El* _____ *de Carlos III*. M, 1961, 258.
Miscelánea por varios autores.

Vindel Angulo, F., *El Madrid de hace 200 años (1758). Calles, posadas, librerías, toros, fábricas...* M, 1958, 127.

→ 6.73, Voltes; 9.56, López Yepes; 10.05.

56.4 SIGLO XIX

Agulló Cobo, M., y otros, *Madrid en sus diarios* [1830-1900]. M, 1961-72, 5 v.

Alcázar Molina, C., *El Madrid del Dos de Mayo*. M, 1952, 27.

Blanco González, B., *El Madrid de Larra*. CF, 1969, 3, 43-77.

Cepeda Adán, J., *El 98 en Madrid*. M, 1954, 35 + láms.

Cermeño Soriano, F., *Gracia y encanto del Madrid de antaño...* M, 1953, 298.

Gavira Martín, J., *Las fichas de un diccionario sobre el Madrid del siglo XIX*. RBAM, 1935, 12, 247-84.

Mesonero Romanos, R., *Mis ratos perdidos. Ligero bosquejo de Madrid en 1820 y 1821*. M, 1822, 63.

Mesonero Romanos, R., *Manual de Madrid. Descripción de la Corte y Villa...* M, 1831, 368.

Mesonero Romanos, R., *Panorama matritense. Cuadros de costumbres...* M, 1835-8, 3 v.
Posteriormente cambia este título por el de *Escenas matritenses*.

Mesonero Romanos, R., *El antiguo Madrid. Paseos históricos anecdóticos por las calles y casas de esta villa*. M, 1861, lxxx+399 + láms.

Ruiz Almansa, J., *Estructura y evolución de la población de Madrid desde 1800*. RIS, 1945, 3, 245-67, 389-420.

Sáinz de Robles, F. C., *El Madrid de Galdós...* M, 1967, 27.

Sánchez de Palacios, M., *El Madrid romántico*. M, 1953, 34.

Saralegui Medina, M., *El Corregidor Pontejos y el Madrid de su tiempo*. M, 1909, 214.

Sepúlveda, E., *La vida en Madrid en 1886*. M, 1887, xii+515.

Soto, A., *El Madrid de la primera República*. M, 1935, 178 + láms.

→ 6.82.6, Llorca, Pérez; 13.06, Simón.

56.5 SIGLO XX

García Sanchiz, F., *Adios, Madrid. Memorias de Madrid y del autor, referentes a las dos primeras décadas del siglo*. Zaragoza, 1944, 212.

Montero Alonso, J., *El Madrid de Jacinto Benavente*. M, 1959, 36 + láms.

Pombo Angulo, M., *Nuestro Madrid*. M, 1959, 174.

Ruiz Albéniz, V., *Aquel Madrid... (1900-14)*. M, 1944, xxii+320.

Ruiz Almansa, J., *La población de Madrid, su evolución y crecimiento durante el presente siglo (1900-1945)*. RIS, 1946, 4, 389-411.

Velasco Zazo, A., *El Madrid de Fornos. Retrato de una época*. M, 1945, 156.

Veredas Rodríguez, J., *Estampas madrileñas... del primer cuarto del siglo XX*. Vigo, 1961, 268. 22

→ 6.94.1, 6.95.3, Tusell.

56.6 CAPITALIDAD

Bravo Morata, F., *¿Por qué es Madrid la capital de España?* M, 1972^{4}, 189.

Fernández Alvarez, M., *El establecimiento de la capitalidad de España en Madrid*. M, 1960, 28.

Jordana de Pozas, L., *Madrid, capital política y sede de la administración central*. REVL, 1964, 137, 641-66.

Pérez Bustamante, C., *Madrid, capital de España*. Clavileño, 1954, 30, 19-27.

Ringrose, D. R., *Madrid y Castilla, 1560-1850. Una capital nacional y una economía regional*. MyC, 1969, 111, 65-122.

Sáinz de Robles, F. C., *Por qué es Madrid capital de España*. M, 1961^{2}, 510 + láms.

Sánchez Alonso, B., *La villa de Madrid ante el traslado de la Corte (1600-1)*. RBAM, 1924, 1, 327-40.

Tormo Monzó, E., *La capitalidad. Cómo Madrid es Corte*. RBAM, 1929, 6, 420-55.

57 ARTE

Azcárate Ristori, J. M., y otros, *Inventario artístico de la provincia de Madrid*. M, 1970, 352 + láms.

Baztán, F., *Monumentos de Madrid*. M, 1959, 292 + láms.

Angulo Iñiguez, D., y A. E. Pérez Sánchez, *Historia de la pintura española. Escuela madrileña del primer tercio del siglo XVII*. M, 1969, 304 + láms.

Azcárate Ristori, J. M., *Anales de la construcción del Buen Retiro*. AIEM, 1966, 1, 99-135.

Azcárate Ristori, J. M., *La Capilla del Obispo en la iglesia de San Andrés*. M, 1971, 27 + láms.

Barroso, J., *La Catedral de S. Isidro*. Reconstrucción (M), 1942, 24, 289-98.

Bernia, J., *Historia del Palacio de Santa Cruz, 1629-1950*. M, 1949, 255 + láms.

Bonet Correa, A., *Iglesias madrileñas del siglo XVII*. M, 1961, 55 + láms.

Bordiu, J., *Cosas de Madrid. Apuntes para la historia del Buen Retiro*. M, 1957, 173.

Buendía Muñoz, J. R., *El Prado básico*. M, 1973, 288 + láms.

Camón Aznar, J., *Guía del Museo Lázaro Galdiano*. M, 1973^{7}, 284 + láms.

Campoy, A. M., *Museo del Prado*. M, 1970, 399 + láms.

Caturla, M. L., *Pinturas, frondas y fuentes del Buen Retiro*. M, 1947, 50.

Colmenares Orgaz, A., *La ermita de San Antonio de la Florida*. BSEE, 1941, 49, 59-61.

22 Corral Raya, J., *Notas sobre el convento de la Trinidad.* AIEM, 1972, 8, 231-59.

Fernández Vega, P., *Guía del Museo de América.* M, 1965, 170.

Garcés, J. J., *El museo madrileño de las Descalzas Reales.* M, 1969, 103 + láms.

Gómez Moreno, M. E., *Guía del Museo Romántico...* M, 1970, 110 + láms.

Ibáñez, E., *San Francisco el Grande.* M, 1971, 30 + láms.

Junquera de Vega, P., y M. I. Ruiz Alcón, *Monasterio de las Descalzas Reales. Guía turística.* M, 1961, 45 + láms.

López Otero, M., y L. Torres Balbás, *Las murallas de Madrid.* BRAH, 1957, 140, 27-31.

López Serrano, M., *Palacio Real de Madrid.* M, 1972[6], 134 + láms.

Madrazo López, M., *Historia del Museo del Prado.* M, 1945, 299 + láms.

Martínez Friera, J., *Historia del Palacio de Buenavista...* M, 1943, 503 + láms.

Mélida Labaig, J., *Biografía del Buen Retiro.* M, 1947, 182.

Morena, A., *El Monasterio de San Jerónimo el Real.* AIEM, 1970, 5, 47-78.

Navascués de Juan, J. M., *El Museo Arqueológico Nacional.* M, 1954, 207.

Navascués Palacio, P., *Arquitectura y arquitectos madrileños del siglo XIX.* M, 1973, 400 + láms.

Onieva, A. J., *Nueva guía completa del Museo del Prado.* M, 1973[12], 271 + láms.

Ourvantzoff, M., *Los 60 museos de Madrid.* M, 1962, 118.

Pantorba, B., *Museos de pintura en Madrid. Estudio histórico y crítico.* M, 1961[6], 191 + láms.

Pantorba, B., *Guía del Museo del Prado. Estudio histórico y crítico...* M, 1969[6], 378.

Pérez Villamil, M., *La iglesia... de Montserrat...* BRAH, 1914, 65, 232-8.

Pita Andrade, J. M., *Los palacios del Buen Retiro en la época de los Austrias.* M, 1970, 38.

Pompey, F., *Museo de arte moderno...* M, 1946, 200.

Saltillo, Marqués del, *Plateros madrileños (1590-1660).* BRAH, 1955, 137, 201-45.

Sánchez Cantón, F. J., *Museo del Prado. Catálogo.* M, 1949, 839.

Sánchez Cantón, F. J., *El Palacio de Liria. Pasado y presente.* M, 1956, 30.

Sánchez Cantón, F. J., *Guía completa del Museo del Prado.* M, 1958, 192.

Sanz Pastor, C., *El Museo Cerralbo.* RABM, 1949, 55, 564-74.

Soroa Pineda, A., *Estatuas ecuestres de Madrid.* M, 1970, 48 + láms.

Tamayo, A., *Las iglesias barrocas de Madrid.* M, 1946, 311.

Tormo Monzó, E., *En las Descalzas Reales. Estudios históricos, iconográficos y artísticos.* M, 1917-47, 4 v.

Tormo Monzó, E., *Las murallas y las torres, los portales y el alcázar... de la Reconquista.* M, 1945, 242 + láms.

Tormo Monzó, E., *Las iglesias del antiguo Madrid...* M, 1972², xviii+248 + láms. 22

Velasco Zazo, A., *Recintos sagrados de Madrid.* M, 1951, xvii+507.

→ 9.18, 9.88, Bordeje, Dotor; 18.53, Sánchez Camargo; 19.10.

58 TOPOGRAFIA URBANA

Bravo Morata, F., *Los nombres de las calles de Madrid.* M, 1970, 2 v.

Cabezas Canteli, J. A., *Diccionario de Madrid. Las calles, sus nombres, su historia...* M, 1973², 528.

García Cortés, M., *Madrid y su fisonomía urbana.* M, 1950, xxvi+286.

Madrid, *Guía nomenclátor de* _____. M, 1956, 255.

Madrid, *Guía oficial de las vías públicas de* _____ ... M, 1958, xlvii+399.

Répide, P., *Las calles de Madrid.* M, 1972², xvi+797.

Araujo Costa, L., *Hombres y cosas de la Puerta del Sol.* M, 1952, 252.

Araujo Costa, L., *El barrio de Palacio.* M, 1952, 35.

Araujo Costa, L., *La Calle Ancha de San Bernardo.* M, 1955, 37.

Barrón, E., *Mejoras de Madrid. Tranvías...* La Ilustración española y americana (M), 22.II.1877, 119-23.

Boix, F., *Los recintos y puertas de Madrid.* M, 1928, 14 + láms. También, Arte español (M), 1927, 8, 272-83.

Cadenas Vicent, V., *Distritos y barrios de Madrid.* Hidalguía, 1972, 20, 401-32.

Cañada López, F., *Madrid, sus tranvías. Guía y plano.* M, 1912, 64.

Casares, F., *Rincones del viejo Madrid. Nocturnos.* M, 1951, 49 + láms.

Colmenares Orgaz, A., *Antiguas huertas y jardines madrileños.* Arte español (M), 1947, 17, 79-89.

Collins, G., y C. Flores, *Arturo Soria y la Ciudad Lineal.* M, 1968, 410.

Corral Raya, J., *La Gran Vía de José Antonio. Datos sobre su historia y construcciones.* AIEM, 1967, 2, 369-90.

Corral Raya, J., *Las calles de Madrid en 1624.* AIEM, 1973, 9, 643-88.

Courtenay, P. P., *Madrid: the circunstances of its growth.* Geography (Londres), 1959, 44, 22-34.

Chueca Goitia, F., *La Plaza Mayor de Madrid.* BRAH, 1967, 161, 65-9.

Fradejas Lebrero, J., *La calle de Toledo.* M, 1954, 37.

Gallego, J., *El Madrid de los Austrias: un urbanismo de teatro.* RO, 1969, 73, 19-54.

Gómez Iglesias, A., *Las Puertas Vieja y Nueva de Guadalajara y otros datos sobre la muralla madrileña.* RBAM, 1951, 20, 321-90.

Gómez Iglesias, A., *Dehesa de Arganzuela.* Villa de Madrid, 1961, 5, 38-52.

Gómez Iglesias, A., *La dehesa de Amaniel o de la Villa.* AIEM, 1967, 2, 33-81.

22 Gómez Iglesias, A., *Algunos topónimos urbanos actuales de ascendencia medieval y ochocentista.* AIEM, 1969, 4, 433-42.

Herrero García, M., *Las fuentes de Madrid.* RBAM, 1929, 6, 187-204; 1930, 7, 377-88.

Herrero García, M., *El Rastro de Madrid.* RBAM, 1932, 9, 381-92.

Herrero García, M., *El mercado de la Plaza Mayor: verduleras, aguadores...* RBAM, 1945, 14, 102-33.

Herrero Palacios, M., *Madrid, sus jardines y sus parques.* Villa de Madrid, 1958, 2, 39-43.

Juberías Ochoa, M., *La Puerta de Alcalá y sus personajes.* M, 1971, 28 + láms.

Lasso de la Vega, M., *Casas madrileñas del pasado.* RBAM, 1945, 14, 25-102, 381-435.

López Gómez, A., *Los transportes urbanos en Madrid. El ferrocarril metropolitano (Metro).* EG, 1969, 30, 5-105.

Martínez Pisón, E., *El barrio de Cuatro Caminos.* EG, 1964, 25, 193-51.

Molina Campuzano, M., *Planos de Madrid en los siglos XVII y XVIII.* M, 1960, 804 + láms.

Moreno Valcárcel, T., *Rotulación de calles y numeración de casas madrileñas (1750-1840).* AIEM, 1967, 2, 439-50.

Mota, F., y J. L. Fernández Rúa, *Biografía de la Puerta del Sol.* M, 1951, 330.

Moya Blanco, L., *Evolución de Madrid. La Cibeles. El Alcázar y el Palacio. La Plaza Mayor. El Viaducto. La Puerta del Sol.* Arquitectura (M), 1962, 4, 13-22.

Pardo Canalís, E., *La Ciudad Universitaria.* M, 1959, 37 + láms.

Puig, I., *El Canal de Isabel II.* Iberica (B), 1958, 382, 95-102; 383, 135-49; 384, 175-82; 385, 215-27.

Romero, F., *Prehistoria de la Gran Vía.* M, 1967, 32.

Rubio Pardo, C., *La Carrera de San Jerónimo.* AIEM, 1971, 7, 61-120.

Rubio Pardo, C., *La calle de Atocha.* AIEM, 1973, 9, 81-116.

Saltillo, Marqués del, *La huerta de Juan Fernández y otras casas de recreo madrileñas.* M, 1954, 68.

Simancas, V., *El mito del gran Madrid.* M, 1969, 326.

Simón Díaz, J., *Breve historia literaria de la Plaza Mayor de Madrid.* RL, 1967, 31, 57-74.

Simón Díaz, J., *Nomenclátor literario de las vías públicas de Madrid.* AIEM, 1968, 3, 401-50; 1969, 4, 443-65.

Terán Alvarez, M., *Dos calles madrileñas: las de Alcalá y Toledo.* EG, 1961, 22, 375-476 + láms.

Terán Alvarez, M., *El desarrollo espacial de Madrid a partir de 1868.* EG, 1961, 22, 599-615.

Torres Garrido, M., *Pasado, presente y futuro de los Carabancheles.* M, 1954, 63.

Trías Bertrán, C., *Area metropolitana de Madrid.* M, 1964, 153.

Valenzuela Rubio, M., *Los orígenes de los transportes urbanos y de cercanías en Madrid.* EG, 1973, 34, 95-132.

Winthuysen, J., *Los jardines de la Moncloa.* M, 1924, 21.

→ 12.91.4, 19.10, 19.31, Hernández.

59 GEOGRAFIA. ECONOMIA 22

Jiménez de Gregorio, F., *Fuentes para el conocimiento histórico-geográfico de algunos pueblos de la provincia de Madrid en el último cuarto del siglo XVIII.* AIEM, 1966, 1, 263-77.

Ballester Ros, I., *Los enclaves territoriales de la provincia de Madrid.* AIEM, 1970, 5, 179-86.

Capella Martínez, M., *La industria en Madrid. Ensayo histórico-crítico de la fabricación y artesanía madrileñas.* M, 1962-3, 2 v.

Cutanda, V., *Flora compendiada de Madrid y su provincia...* M, 1861, 759.

Dastis Quecedo, M., *El aeropuerto de Madrid-Barajas.* EG, 1973, 34, 303-58.

Esquer Torres, R., *Lugares de las cinco leguas: Madrid y sus aldeas.* AIEM, 1970, 5, 121-4.

Fradejas Lebrero, J., *Geografía literaria de la provincia de Madrid.* M, 1958, 260.

Fuentes Guerra, R., *La expansión industrial de Madrid.* M, 1963, 43.

Gómez Iglesias, A., *Algunos términos del alfoz madrileño.* RBAM, 1948, 17, 181-238.

Herrero García, M., *El comercio de Madrid.* RBAM, 1931, 8, 237-45.

Jiménez de Gregorio, F., *Notas geográfico-históricas de los pueblos de la actual provincia de Madrid en el siglo XVIII.* AIEM, 1967, 2, a 1973, 9, múltiples entradas.

Montero Alonso, J., *El Manzanares...* Cisneros (M), 1967, 36, 30-40.

Oliver Asín, J., *Notas para la historia de la industria madrileña desde la fundación de la villa hasta 1400.* M, 1963, 44.

Oriol Urquijo, J. M., *La industria madrileña en el siglo XX, dentro del marco nacional.* M, 1963, 42.

Pavón Guerrero, R., *La industria de Madrid.* ICE, 1967, 402, 157-72.

Simón Díaz, J., *Las ferias de Madrid en la literatura.* AIEM, 1967, 2, 249-74.

Velaz de Medrano, L., y J. Ugarte, *Río Manzanares.* M, 1933, 68.

Viñas Mey, C., y R. Paz, *Relaciones histórico-topográficas... de Felipe II. Provincia de Madrid.* M, 1949, xvii+784.

→ 10.21, García Fernández; 12.19, Simón; 12.33, 12.35, 12.36.

60 ESTUDIOS LOCALES

Ayala Raya, M., y F. Sastre, **Alcalá de Henares.** M, 1890, 101.

Azaña, E., *Historia de Alcalá de Henares... Los pueblos de su partido judicial.* M, 1882-3, 2 v.

Castro, H., *Guía ilustrada de Alcalá de Henares.* Alcalá, 1929, 110.

Enríquez de Salamanca, C., *Alcalá de Henares y su Universidad Complutense.* Alcalá, 1973, 236.

Garcés Sarralde, F., *Alcalá de Henares y su partido.* Alcalá, 1972, 458.

García Fernández, J., *Alcalá de Henares. Estudio de geografía urbana.* EG, 1952, 47, 299-355.

22 García Saldaña, J., *Guía y plano de Alcalá de Henares.* Alcalá, 1973[2], 90.

Portilla Esquivel, M., *Historia de la ciudad de Compluto*... Alcalá, 1725-8, 2 v.

Quintano Ripollés, A., *Historia de Alcalá de Henares.* Alcalá, 1973, 241 + láms.

Torres Balbás, L., *Estudios de arqueología e historia urbana: Complutum, Qal'at'Abb al-Salam y Alcalá de Henares.* BRAH, 1959, 144, 155-88.

→ 1.21, **Madrid**; 1.31, 3.27, Sánchez; 13.57, 13.61.

Argüelles Somonte, A., *Descripción... de* **Aranjuez**... M, 1697, 102.

Burillo Solé, L. M., *Aranjuez. Ruta turística.* Aranjuez, 1958, 416.

Covaleda, A., *Guía de Aranjuez.* M, 1958, 170.

Oliveras Guart, A., *Guía de Aranjuez. Historia*... M, 1972, 218 + láms.

Romero Aguirre, M., y otros, *Análisis de Aranjuez.* M, 1945, 62 + láms.

Terán Alvarez, M., *Huertas y jardines de Aranjuez.* RBAM, 1949, 18, 261-95.

También, M, 1949, 42.

Viñas Roy, S., *Aranjuez.* M, 1890, 97.

→ 12.49, Arróniz.

Benito Alfaro, A., **Arganda del Rey**. M, 1890, 110.

Gómez Centurión, J., *Arganda del Rey. Relación de sus vecinos a Felipe II.* BRAH, 1917, 71, 357-66.

Marichalar, A., *Lares de Garcilaso:* **Batres**. Clavileño, 1951, 7, 13-22.

Quintano Ripollés, A., ... *Batres, feudo literario.* Cisneros (M), 1955, 5, 75-80.

Martín Eztala, F., *Excursión a* **Boadilla del Monte** *y a Villaviciosa de Odón.* BSEE, 1926, 34, 183-98.

Hernández Briz, B., *Datos para el estudio de la villa de* **Brunete**... M, 1897, 158.

→ 6.95.3, Martínez.

Fernández García, M., *Fuentes para la historia de* **Buitrago** *y su tierra.* M, 1966.

→ 9.88, Dotor.

Bataller, L., *Recuerdo histórico de*... **Ciempozuelos**. M, 1914, 99.

Muñoz Martínez, E., *Ciempozuelos.* M, 1891, 115.

Pablos Gostanza, F., **Colmenar de Oreja**. M, 1891, 116.

Ayala Raya, M., y F. Sastre, **Colmenar Viejo**. M, 1890, 100.

Criado Manzano, E., *Colmenar Viejo.* M, 1915, 87.

Gómez Pombo, T., *Colmenar Viejo en la antigüedad*... M, 1902, 134 + láms.

Narbaiza Mata, S. C., *Día de la Provincia. Lección escolar* [Colmenar Viejo]. M, 1953, 29.

Quintano Ripollés, A., *Biografía de un partido judicial. Aportación de Colmenar Viejo a la historia de España.* M, 1954, 88.

Alvarez Laviada, P., **Chinchón** *histórico y diplomático hasta finalizar el siglo XV*... M, 1931, 311.
Montero Alonso, J., *Chinchón. Aportación... a la cultura de España.* EG, 1947, 8, 41-154.
También, M, 1955, 118.
Nero, N., *Chinchón, desde el siglo XV.* M, 1964, 158.
Viñas Roy, S., *Chinchón.* M, 1890, 92.

Niño Azcona, L., *Felipe II y la villa de* **El Escorial** *a través de la historia.* M, 1934, 346.
→ 8.34, **El Escorial**; 13.57, **El Escorial**.

Ayala Raya, M., y F. Sastre, *Real Sitio de* **El Pardo**. M, 1893, 105.
Calandre, L., *El Palacio del Pardo.* M, 1953, 180.
Pozo Miengo, J. A., *El Pardo y el Santo Cristo de El Pardo.* Santander, 1972, 84 + láms.

Benavente Barquín, J., **Fuencarral**. M, 1891, 94.
Miguel Muñoz, V., *Contornos y suburbios de Madrid: Fuencarral.* EG, 1958, 19, 353-63.

Gascón, J., **Getafe**. M, 1890, 110.
Getafe, *Guía de* _____. M, 1972, 128.
Quirós Linares, F., *Getafe. Proceso de industrialización...* EG, 1960, 21, 211-50.

León Megnié, L., **Guadarrama** [pueblo]. M, 1891, 100.

Escudero Solano, J., *Contornos y suburbios de Madrid:* **Hortaleza**. EG, 1955, 16, 637-45.

Benito Arranz, J., **Leganés**. *Un municipio suburbano...* EG, 1961, 22, 527-74.

Manzanares el Real → 9.88, Dotor.

Sanz Martínez, J., **Mejorada del Campo**. *Rivas de Jarama.* M, 1919, lxiv+297.

Fernández Ibero, F., **Miraflores de la Sierra**. *Historia del antiguo Porquerizas.* M, 1953, 144.

Fernández García, M., **Montejo**, *aldea de la villa de Buitrago.* M, 1963, 131.
Fernández García, M., y J. del Pozo González, *Montejo de la Sierra. Costumbres y modos.* M, 1963, 62 + láms.

Diego Arribas, J., **Morata de Tajuña**. M, 1891, 96.

Ocaña Prados, J., *Apuntes para la historia de la villa de* **Móstoles**. M, 1908, viii+184.

Gascón, J. F., **Navalcarnero**. M, 1891, 122.
Pita, F., ... *Navalcarnero.* Arte español (M), 1922, 5, 159-61.

Patones → **Torrelaguna**.

Bernaldo de Quirós, C., *La* **Pedriza** *del Real de Manzanares.* M, 1923, 174.

Peralejo → **Valdemorillo**.

22 Castañeda Muñoz, F., *Entre* **Pinto** *y Valdemoro.* M, 1956, 196.

Cáceres Prat, A., **Pozuelo de Alarcón,** *Florida y Moncloa.* M, 1891, 99.

Rivas de Jarama → Mejorada del Campo.

Martín Ortega, A., *Historia de la villa de* **San Agustín.** M, 1954, 477.

Morcillo Esteban, V., **San Martín de Valdeiglesias.** M, 1890, 101.

Quintanilla, M., *Señorío de la villa de San Martín de Valdeiglesias.* ES, 1952, 12, 582-5.

Jimeno Maté, L., **San Sebastián de los Reyes.** M, 1892, 89.

Meneses García, E., *Origen de San Sebastián de los Reyes y Torrejón de la Calzada.* AIEM, 1967, 2, 99-123.

Talamanca → Torrelaguna.

Orive Arenaza, A. M., *Contornos y suburbios de Madrid:* **Torrejón de Ardoz.** EG, 1957, 18, 483-98.

Torrejón de la Calzada → San Sebastián de los Reyes.

Moraleda, N., **Torrelaguna.** M, 1890, 97.

Peñuelas, J., *Talamanca, Torrelaguna y Patones.* BSEE, 1931, 39, 158-64.

Moreno Villar, S., **Valdemorillo** *y Peralejo.* M, 1891, 99.

Baillo, R., **Valdemoro.** M, 1891, 114.

Cervera Vera, L., *El Señorío de Valdemoro...* BSEE, 1954, 58, 27-87 + láms.

→ Pinto.

Iglesia Traverso, F., *Guía descriptiva de* **Vallecas.** M, 1929, x+108 +36.

Montero de Cruz, J., **Villaverde.** M, 1891, 108.

Villaviciosa de Odón → Boadilla.

61 MALAGA

Bueno Muñoz, A., *El libro de Málaga. Guía monumental.* Málaga, 1950, 287.

Díaz de Escobar, N., *Curiosidades..., narraciones, efemérides... de Málaga.* Málaga, 1899-900, 2 v.

Enfedaque Blasco, V., *Guía de Málaga y de su provincia.* Málaga, 1939, 143.

Málaga. M, 1964, 127 + láms.

Muñiz, L. L., *Guía de Málaga y su provincia para 1878.* Málaga, 1878, viii+428+96.

Palop, J. J., *Málaga.* León, 1972[3], 181 + láms.

Vilá, B., *Guía del forastero en Málaga. Con la historia de Málaga.* Málaga, 1861, 356.

→ 1.21, 22.31, Pi.

62 INSTITUCIONES. HISTORIA. BIOGRAFIA

Morales García, L., *Documentos históricos de Málaga.* Granada, 1906-7, 3 v.

Díaz de Escobar, N., *Anales históricos malagueños... Historia de Málaga y su provincia.* Málaga, 1904, 243.

Guillén Robles, F., *Historia de Málaga y su provincia.* Málaga, 1874, xxxiv+694.

Blasco, M., *La Málaga de comienzos de siglo.* Málaga, 1973, 137 + láms.

Caro Baroja, J., *Málaga vista por viajeros ingleses de los siglos XVIII y XIX.* Gibralfaro (Málaga), 1962, 12, 3-27.

García Herrera, G., *Cosas de Málaga. Recuerdos del Perchel.* Málaga, 1968, 330.

Guillén Robles, F., *Málaga musulmana...* Málaga, 1880, xxii+712 + láms.

Roa, M., *Málaga. Su fundación...* [1622]. Málaga, 1960, 83.

Rubio Argüelles, A., *Pequeña historia de Málaga en el siglo XVIII.* Málaga, 1951, 158.

→ 6.82.6, Grasset; 10.54, Ladera.

62.1 ARTE

Llordén, A., *Pintores y doradores malagueños... 1487-1850.* El Escorial, 1960, 400.

Llordén, A., *Escultores y entalladores malagueños... 1487-1850.* El Escorial, 1960, 387.

Llordén, A., *Arquitectos y canteros malagueños... Siglos XVI-XIX.* El Escorial, 1963, 257.

Temboury, J., *La orfebrería religiosa en Málaga.* Málaga, 1948, 404.

Torres Balbás, L., *La Alcazaba y la Catedral de Málaga.* M, 1960, 152 + láms.

→ 9.88, Vázquez.

62.2 GEOGRAFIA. ECONOMIA

Ceballos Fernández, L., y C. Vicioso, *Estudio sobre la flora y la vegetación forestal de la provincia de Málaga.* M, 1933, 285.

Ruiz Fernández, D., *Datos para una climatología de la zona Málaga-Torremolinos.* Gibralfaro (Málaga), 1951, 1, 113-26.

Vázquez Otero, D., *Pueblos malagueños.* Málaga, 1966, 2 v.

→ 12.43, 12.85.

62.3 ESTUDIOS LOCALES

Calderón Rengel, J., *Alora. Sus gentes y sus cosas.* Alora, 1971, xi+191 + láms.

Fernández Rodríguez, J. M., *Las iglesias de Antequera.* Antequera, 1970[2], 212 + láms.

22 Muñoz Burgos, J., *Antequera. Guía...* Antequera, 1969, 164 + láms.
Muñoz Burgos, J., *Un siglo de historia de Antequera a través de la prensa local.* Antequera, 1969, 326.
Ruiz Ortega, J., *Así es Antequera.* Málaga, 1955, 230.
Torres Balbás, L., *Antequera islámica.* Al-Andalus, 1951, 16, 427-54.
→ 20.33, **Andalucía.**

Conejo Ramilo, R., *Historia de* **Archidona.** Granada, 1973, 810 + láms.

Aguilar Cano, A., *Apuntes históricos de la villa de* **Campillos.** Puente Genil, 1894, 154.
Peña Hinojosa, B., *Pequeña historia de la villa de Campillos.* Málaga, 1960, 245.

Cruces Pozo, J., *La* **Costa del Sol.** M, 1958, 29.
Villamana, E., y L. Sanz Jiménez, *La Costa del Sol de Málaga.* Málaga, 1960.
→ 10.28, 22.32.3.

Maíz Viñals, A., *Guía histórico-turística de...* **Marbella.** Málaga, 1966, 75.
→ 12.45, Pérez.

Varona, E. A., **Nerja.** Málaga, 1972, 33 + láms.

Pérez Sánchez, E., **Ronda.** Ronda, 1969^{2}, 163 + láms.
Requena, F., *El castillo y fortaleza de Ronda y su conquista por los Reyes Católicos.* BAEAC, 1966, 13, 335-59.

Moreno Rodríguez, A., *Reseña histórico-geográfica de* **Vélez-Málaga** *y su partido.* Málaga, 1865.
Vedmar, F., *Bosquejo apologético de... Vélez-Málaga* [1640]. Ed. de A. Caffarena. Málaga, 1961, xx+163.

63 MURCIA

Ballester Nicolás, J., *Murcia.* León, 1970^{2}, 159.
González Vidal, J. M., *Murcia, bus-stop.* Murcia, 1972, 503.
Murcia, *Reseña estadística de la provincia de ______.* Murcia, 1962^{2}, 713.
Sánchez Martínez, J., *Guía de Murcia.* Murcia, 1966, 164.
Sanz Díaz, J., *Murcia.* M, 1956, 29 + láms.
Sobrao Martínez, F., *Murcia.* M, 1965, 127.
→ 1.21.

64 INSTITUCIONES. HISTORIA. BIOGRAFIA

Torres Fontes, J., *Documentos para la historia de Murcia.* Murcia, 1973, 250.
→ 3.14.

Blanco Rojo, R., *Murcia en la mano. Recopilación de datos históricos... hasta nuestros días.* Murcia, 1910, 175.
Castillo, R., *Historia de Murcia...* Murcia, 1868, x+361.
Frutos Baeza, J., *Bosquejo histórico de Murcia y su concejo.* Murcia, 1934, x+267.

Díez Lozano, B., *La ciudad de Murcia en la Guerra de la Independencia.* Murcia, 1927, 134.

Gaspar Remiro, M., *Historia de Murcia musulmana.* Zaragoza, 1905, 337. 22

Torres Fontes, J., *El concejo murciano en el reinado de Alfonso XI.* AHDE, 1953, 23, 139-50.

Torres Fontes, J., *El concejo murciano en el reinado de Pedro I.* CHE, 1957, 26, 251-78.

Torres Fontes, J., *Estampas de la vida murciana en el reinado de los Reyes Católicos.* Murcia, 1958-60, 3 fasc.

Torres Fontes, J., *La vida en la ciudad de Murcia en 1442-1444. Precios y salarios.* AHES, 1968, 1, 691-714.

Torres Fontes, J., *Repartimiento de la huerta y campo de Murcia en el siglo XIII.* M, 1971, 220.

Torres Fontes, J., *Murcia en el siglo XIV.* AEM, 1971, 7, 253-77.

Valdeón Baruque, J., *Una ciudad castellana en la segunda mitad del siglo XIV: el ejemplo de Murcia.* CHist, 1969, 3, 211-54.

Viler Ramírez, J. B., *Bases sociales y económicas del Cantón murciano.* M, 1973, 128.

→ 6.35.1, 6.37.3, 6.39.1, Jaime I; 6.43, Bosque; 6.82.6, Sánchez; 6.88.6, 10.93, Torres.

64.1 ARTE

Sánchez Jara, D., *Orfebrería murciana.* M, 1950, 175.

→ 18.90, Baquero.

64.2 GEOGRAFIA. ECONOMIA

Merino Alvarez, A., *Geografía histórica del territorio de la actual provincia de Murcia desde la reconquista por Jaime de Aragón hasta la época presente.* M, 1915, 516.

Hoyos Ruiz, A., y J. Torres Fontes, *Murcia. Pueblos y paisajes.* Murcia, 1957, 347.

Jiménez de Gregorio, F., *Notas para una geografía de la población murciana.* Murcia, 1956, 152.

Jiménez de Gregorio, F., *Repoblación y poblamiento del campo murciano.* AUMurcia, 1956, 15, 85-143.

Jiménez de Gregorio, F., *Geografía del Mar Menor y de su ribera.* EG, 1958, 19, 23-54.

López Guzmán, M., *La economía murciana, 1943-1953.* Murcia, 1956, 195.

Morales Gil, A., *El altiplano de Jumilla-Yecla...* Murcia, 1972, 467 + láms.

Ortega Pagán, N., *Callejero murciano.* Murcia, 1973, 441 + láms.

Pareja Muñoz, F. L., *Elementos de estructura económica de la industria conservera murciana.* Murcia, 1957, 205.

Reverte, I., *...Geografía de la huerta murciana.* Murcia, 1965, 47 + láms.

Salazar Mouliáa, Z., *La agricultura en la provincia de Murcia.* M, 1911, 243.

→ 11.10, Bonelli; 12.44, 12.61, Torres; 12.85.

22 64.3 ESTUDIOS LOCALES

Torres Fontes, J., *El Señorío de* **Abanilla**. Murcia, 1962, 213 + láms.
Palacios, F., *Estampas de...* **Aguilas**. Aguilas, 1969, xix+386 + láms.

Frutos Hidalgo, S., *El Señorío de* **Alcantarilla**. Alcantarilla, 1973, 240.
Saura Mira, F., *Trazos para la historia de Alcantarilla*. Murcia, 1971, 14.
Saura Mira, F., *Alcantarilla*. Alcantarilla, 1972, 54.

Baguena Lacárcel, J., **Aledo**. *Su descripción e historia*. M, 1901, 358.

Bas Martínez, Q., *Historia de* **Caravaca** *y de su Santísima Cruz*. Caravaca, 1885, 152.
Marín de Espinosa, A., *Memorias para la historia de... Caravaca*. Caravaca, 1856, x+348.
Parayuelo, F. S., *Caravaca de la Cruz. Historia y leyenda*. M, 1967, 84 + láms.

Bosque Maurel, J., **Cartagena**. *Notas de geografía urbana*. EG, 1949, 10, 579-638 + láms.
Cañabate Navarro, E., *Historia de Cartagena desde su fundación a la monarquía de Alfonso XIII*. Cartagena, 1955, 466.
Casal Martínez, F., *Nuevo libro de la ciudad de Cartagena y su término municipal*. Cartagena, 1933, 346.
Casal Martínez, F., *Cartageneros ilustres*. Cartagena, 1967, 73 + láms.
Gallardo, F., *Cartagena industrial*. M, 1958, 29.
García Bellido, A., *Cartagena en la antigüedad*. Investigación y Progreso (M), 1942, 13, 293-302.
Sánchez Martínez, J., *Cartagena*. Cartagena, 1972, 100.
Verlaque, Ch., *Carthagène: les éléments d'une renaissance*. Annales de Géographie (París), 1965, 74, 560-90.
→ 6.88.6, 10.18, Casal, 12.79, Estevan; 16.66.

Salmerón, P., *La antigua Carteia, hoy* **Cieza**. Cieza, 1920, 2 v.

Saura Mira, F., *Guía turística de la* **Costa Blanca**. Murcia, 1973[5], 132.
→ 22.06.3, **Costa Blanca**.

Alonso Navarro, S., *El libro de* **Fortuna**. Murcia, 1973, 102.

Guardiola Tomás, L., **Jumilla** *en sus tradiciones*. Jumilla, 1971, 142.
Lozano, J., *Historia antigua y moderna de Jumilla*. Murcia, 1800, vii+247 + láms.

Cáceres Pla, F., **Lorca**. *Noticias históricas, estadísticas...* M, 1902, xii+263.
Cacha Zarauz, J., *Lorca en 1930*. Lorca, 1930, 154.
Cánovas Cobeño, F., *Historia de la ciudad de Lorca*. Lorca, 1900, xi+517.
Capel Sáez, H., *Lorca...* Lorca, 1968, 266 + láms.
Gil Olcina, A., *El campo de Lorca... Geografía agraria*. Valencia, 1971, 207 + láms.
Sala Just, J., *Lorca, cuarenta años de evolución económica y social*. Lorca, 1972, 263.

Sánchez Maurandi A., *Historia de* **Mula**. Murcia, 1955-9, 4 v.

Jiménez de Gregorio, F., *El municipio de* **San Javier** *en la historia del Mar Menor*. San Javier, 1957, 186. 22

Soriano Torregrosa, F., *Historia de* **Yecla** *desde la Prehistoria hasta los tiempos actuales*. Yecla, 1972, 297.

Torres Fontes, J., *Yecla en el reinado de los Reyes Católicos. Notas y documentos para su historia*. Murcia, 1954, 56.

→ 12.43, Ochoa.

65 ORENSE

Alvarado Feijóo, S., *Orense*. M, 1964, 135 + láms.

Casas, A. M., *Dos días en Orense*. M, 1928, 167 + láms.

Cid Rumbao, A., *Guía turística de la provincia de Orense*. Orense, 1970, 239.

Fulgosio, F., *Crónica de la provincia de Orense*. M, 1866, 48.

Orense, *Reseña estadística de la provincia de* ____. M, 1969, xiii+548.

Otero Pedrayo, R., *Orense*. León, 1972[2], 160.

Otero Pedrayo, R., *Orense*. Orense, 1973, 188 + láms.

66 INSTITUCIONES. HISTORIA. BIOGRAFIA

Fernández Alonso, B., *Orensanos ilustres*. Orense, 1916, 215.

Madriñán, L., *Sucinta historia de Orense*. Orense, 1912, lxxii+96.

Adrio Menéndez, J., *Del Orense antiguo (1830-1900)*. Orense, 1935, vii+362.

Otero Pedrayo, R., *Orense y las tierras orensanas en el siglo XIX*. CEG, 1959, 14, 233-65.

→ 3.30, Martínez.

66.1 ARTE

Pita Andrade, J. M., *La construcción de la Catedral de Orense*. Santiago, 1954, 182 + láms.

Sánchez Arteaga, M., *Apuntes histórico-artísticos de la Catedral de Orense*. Orense, 1916, xi+215 + láms.

Weyler, A., *La Catedral de Orense*. BSEE, 1924, 166-78.

→ 18.69, Leguina.

66.2 GEOGRAFIA. ECONOMIA

Risco, V., *Provincia de Orense*, → 21.68, Carreras Candi.

66.3 ESTUDIOS LOCALES

Alláriz → 3.30, Vázquez.

Gómez Moreno, M., *Exploraciones en Santa Comba de* **Bande**. BCPMOrense, 1943, 14, 47-51.

Fariña Jamardo, J., *Guía de* **Carballino**. M, 1961, 90.

22 **Celanova** → 8.34.

Gudiña → 20.30, Prieto.

Taboada, J., **Monterrey**. Santiago, 1960, 132 + láms.

Chamoso Lamas, M., **Ribadavia**. Santiago, 1951, 22.

→ 3.30, Meruéndano.

Verín → 20.20, Taboada; 20.27, Taboada.

Castells Vila, M. R., *La comarca natural de* **Viana del Bollo**. BUC, 1964, 72, 105-36.
También, La Coruña, 1967, 258.

67 PALENCIA

Palencia en los libros. M, 1967, s. p.
Bibliografía temática.

Argüelles, F., *Palencia en la mano. Guía de la capital y su provincia.* Palencia, 1943, 192.

Becerro de Bengoa, R., *El libro de Palencia.* Palencia, 1874, viii+242.

Bleye Jiménez, V., *Guía turística de Palencia y su provincia.* Palencia, 1966, 307.

Enríquez de Salamanca, C., *Palencia...* León, 1972, 172 + láms.

Garrachón Bengoa, A., *Palencia y su provincia. Guía...* Valladolid, 1920, xx+285.

Palencia. M, 1964, 123 + láms.

Palencia, *Reseña estadística de la provincia de* _____. M, 1964, xv+593.

Villalba, F., *Crónica de la provincia de Palencia.* M, 1867, vii+80 + láms.

→ 22.91, Quadrado.

68 INSTITUCIONES. HISTORIA. BIOGRAFIA

Herrero, A., *Apuntes histórico-geográficos sobre la provincia de Palencia.* Palencia, 1962, 59.

Pita do Rego, E., *Historia de Palencia.* Palencia, 1926, 20.

Alonso de Ojeda, J., *Palencia en el siglo XIX.* Palencia, 1949, 46.

Alonso de Ojeda, J., *Palencia por la Reina Isabel. Bocetos históricos.* Palencia, 1953, 603.

Carande Thovar, R., *El Obispo, el Concejo y los Regidores de Palencia (1352-1422)...* RBAM, 1932, 9, 249-71.
También, en su *Siete estudios...* B, 1969, 55-93.

Castro García, L., *Pallantia prerromana.* Burgos, 1970, 93 + láms.

Fernández del Pulgar, P., *Teatro clerical... Historia secular y eclesiástica de la provincia de Palencia...* M, 1679-80, 3 v.

García Chico, E., *Palencia. Papeletas de historia y arte.* Palencia, 1951, 211.

Herrero Martínez, G., *La población palentina en los siglos XVI y XVII.* PITTM, 1956, 15, 5-35.

Mazo, T., *Palencia de ayer*. Palencia, 1960, 189. 22
Rodríguez Salcedo, S., *Historia de los centros palentinos de cultura*. PITTM, 1949, 2, 13-111.
Simón Nieto, F., *Palencia en el siglo XV. Su primer libro de acuerdos municipales*. BRAH, 1895, 26, 116-27.

→ 3.31, Caamaño; 10.17, Cabrillana; 10.93, León.

68.1 ARTE

Milicua, J., *Palencia monumental*. M, 1954, 160.
Palencia, *Catálogo monumental de la provincia de* _____. Palencia, 1930-46, 4 v.
Revilla Vielva, R., *Catálogo monumental de la provincia de Palencia*. Palencia, 1952, 109 + láms.

García Guinea, M. A., *El arte románico en Palencia*. Palencia, 1961, xxix+371.
Revilla Vielva, R., y A. Torres Martín, *Arte románico palentino*... PITTM, 1954, 11, 45-60.
Rodríguez Muñoz, P., *Iglesias románicas palentinas*. PITTM, 1955, 13, 27-126 + láms.
San Martín, J., *Guía del Museo y de la Catedral de Palencia*. Palencia, 1967, 70 + láms.
Sancho Campo, A., *El arte sacro en Palencia*. Palencia, 1972^{2}, 3 v.
Vielva Ramos, M., *La catedral de Palencia*. Palencia, 1953^{2}, 88 + láms.

→ 8.37, Kastner.

68.2 GEOGRAFIA. ECONOMIA

Maestro García, M., *Geografía astronómica, física y política de la provincia de Palencia*. Palencia, 1888, 104.
Revilla Vielva, R., *Camino de Santiago. Pueblos... de Palencia*. PITTM, 1954, 11, 5-42.
También, Palencia, 1963^{2}, 215.

68.3 ESTUDIOS LOCALES

Huidobro Serna, L., *Breve historia y descripción de...* **Aguilar de Campóo**. PITTM, 1954, 12, 7-230.

Castrillo Martínez, M., *Opúsculo sobre la historia de la villa de* **Astudillo**. Burgos, 1877, 287.
Orejón Calvo, A., *Historia documentada de Astudillo*. Palencia, 1928, 336.

Huidobro Serna, L., *Historia del partido de* **Baltanás**. PITTM, 1956, 16, 73-252.

Rollán Ortiz, J. F., *La basílica de Recesvinto, de San Juan Bautista, en* **Baños de Cerrato**. Palencia, 1972^{2}, 99.
→ 8.34.

22 Redondo Aguayo, A., *Monografía histórica de la villa de* **Becerril de Campos** *y noticia biográfica de sus hijos más ilustres.* PITTM, 1953, 9, 29-215.

Ramírez de Helguera, M., *El libro de* **Carrión de los Condes.** Palencia, 1896, 241.

Navarro García, R., *Catálogo monumental...* **Cervera del Río Pisuerga** *y Saldaña.* Palencia, 1939, viii+294.

Mena Zamora, M., *El libro de* **Cevico de la Torre.** Palencia, 1899, 107.

Dueñas → 8.34.

Cardeñoso, L., *Reseña histórica de la Villa de* **Paredes de Nava.** Palencia, 1926, 297.

Teresa León, T., *Historia de Paredes de Nava.* Palencia, 1968.

Saldaña → **Cervera.**

Benito Arranz, J., **Venta de Baños...** EG, 1959, 20, 483-521.

Casas Díez, A., **Villada** *en Tierra de Campos...* Valladolid, 1966, 221.

Salcedo Ruiz, A., *El libro de Villada.* M, 1901, 256.

Rubio Salán, A., *Breve noticia de* **Villalcázar de Sirga** *y de su templo.* PITTM, 1952, 8, 27-45.

Fernández Martín, L. y P., **Villarramiel de Campos.** *Datos para su historia.* Palencia, 1955, 245.

69 PONTEVEDRA

Anderson, R. M., *Gallegan provinces... Pontevedra and La Coruña.* Nueva York, 1939, xvii+496.

Crespo Alfaya, M., *Pontevedra.* M, 1964, 135 + láms.

Cunqueiro, A., *Pontevedra y Rías Bajas.* León, 1969, 176.

Filgueira Valverde, J., *Guía de Pontevedra.* Pontevedra, 1931, 124 + láms.

Fulgosio, F., *Crónica de la provincia de Pontevedra.* M, 1867, 96.

Pontevedra, *Reseña estadística de la provincia de* ____. M, 1969, x+149.

Un curioso, *Guía general de Pontevedra. Historia, monumentos.* Pontevedra, 1894, 205.

70 INSTITUCIONES. HISTORIA. BIOGRAFIA

Fernández Villamil, E., *La Semana Mayor de la antigua Pontevedra.* CEG, 1952, 7, 79-110.

Landín Tobío, P., *De mi viejo carnet. Crónicas retrospectivas de Pontevedra y su provincia.* Pontevedra, 1950, 322.

→ 6.82.6, Río.

70.2 GEOGRAFIA. ECONOMIA

Alonso, E., *Bajo Miño y Costa Sur.* Vigo, 1967, 304.

Alvarez Limeses, G., *Provincia de Pontevedra,* → 21.68, Carreras Candi.

Meléndez Romero, J., *Las ciudades del mar: Pontevedra, Tuy, La Guardia.* BRSG, 1943, 79, 36-48. **22**

Rial López, P., *Pontevedra agrícola.* Vigo, 1969, 310.

70.3 ESTUDIOS LOCALES

Caamaño Bournacell, J., **Cambados** *y el Valle del Salnés... Guía histórico-turística.* M, 1957, 139.

Caamaño Bournacell, J., **El Grove**... Pontevedra, 1964, xiii+253.

Goyán → 16.96, Fernández.

Laguardia → 22.70.2, Meléndez.

Mondariz, *Las aguas de* ____. M, 1902-5, 2 v.

Piñeiro Ares, J., *Historia de* **Puentecesures**. Vigo, 1972, 234.

Salnés → Cambados.

Rodríguez Ferreiro, H., *La tierra de* **Trasdeza**. *Una economía rural... del siglo XVIII.* Santiago, 1973, 165.

Costas, M. F., *La catedral de* **Tuy** *y su primitivo emplazamiento.* CEG, 1952, 7, 253-68.

Galindo Romeo, P., *Tuy en la baja edad media. Siglos XII-XV.* Zaragoza, 1923, 203.

→ 20.86, Fernández; 22.70.2, Meléndez.

Espinosa Rodríguez, J., *Tierra de Fragoso. Notas para la historia de* **Vigo** *y su comarca.* Vigo, 1949, 501.

Otero Pedrayo, R., *Vigo, hoy.* Vigo, 1970, 186.

Santiago Gómez, J., *Historia de Vigo y su comarca.* M, 1919[2], 604 + láms.

Taboada Leal, N., *Descripción topográfica-histórica de la ciudad de Vigo, su ría y alrededores, con una noticia biográfica de varios hombres ilustres hijos del país.* Santiago, 1840, 230.

Vigo. Puerto y puerta de Galicia. Guía de la ciudad. Vigo, 1954, 116.

→ 12.67, Veiga; 12.68, López.

Bouza Brey, F., *El señorío de* **Villagarcía** *desde su fundación hasta su marquesado (1461-1655).* Santiago, 1965, 171.

71 SALAMANCA

Alvarez de Villar, J., *Salamanca.* León, 1970[2], 191.

Bizagorena, F., *Salamanca. Su historia, su arte...* Salamanca, 1970[2], 188.

Cirlot, J. E., *Salamanca y su provincia.* B, 1956, 208.

González Llama, M., *Crónica de la provincia de Salamanca.* M, 1869, 63 + láms.

González Rivero, A., *Salamanca.* M, 1964, 145.

Huarte Echenique, A., *Guía de Salamanca.* Salamanca, 1920, 215.

Quadrado, J. M., *España... Salamanca, Avila y Segovia.* B, 1884, 731.

Salamanca, *Reseña estadística de la provincia de* ____. M, 1949, 455.

22 Toribio Andrés, E., *Salamanca y sus alrededores. Su pasado, su presente y su futuro.* Salamanca, 1944, xvi+1095.

Vázquez de Parga, J., *Reseña geográfica histórica de Salamanca y su provincia.* Salamanca, 1885, 205.

Aguirre Ibáñez, R., *Salamanca vista por los extranjeros.* Salamanca, 1953, 155 + láms.

Aguirre Ibáñez, R., *Salamanca en las letras contemporáneas.* Salamanca, 1954, viii+338.

Cortés Vázquez, L., *Salamanca en la literatura.* Salamanca, 1973[2], 316.

Unamuno Jugo, M., *Mi Salamanca.* Bilbao, 1950, 128.

72 INSTITUCIONES. HISTORIA. BIOGRAFIA

Esperabé de Arteaga, E., *Efemérides salmantinas...* Salamanca, 1933, 408.

Villar Macías, M., *Historia de Salamanca.* Salamanca, 1887-8, 3 v.

Ansede Requejo, C., *De la Salamanca de ayer. Usos, costumbres, recuerdos.* Salamanca, 1969, 134.

Apráiz, A., *La casa y la vida en la antigua Salamanca.* Salamanca, 1917, 47.

Cabrillana, N., *Salamanca en el siglo XV: Nobles y campesinos.* CHist, 1969, 3, 255-95.

González García, M., *Salamanca. La repoblación y la ciudad en la baja edad media.* Salamanca, 1973, 156.

Gutiérrez de Ceballos, C., *Salamanca a fines del siglo XIX.* Salamanca, 1951.

Llopis, S., *Apuntamientos para una historia de la municipalidad de Salamanca.* Salamanca, 1962, 83.

→ 3.31, Castro.

72.1 ARTE

Falcón, M., *Salamanca artística...* Salamanca, 1867, viii+320.

García Boiza, A., *Salamanca monumental.* M, 1951, 156.

Gómez Moreno, M., *Provincia de Salamanca. Catálogo monumental.* M, 1967, 2 v.

Morán Bardón, C., *Reseña histórico artística de la provincia de Salamanca.* Salamanca, 1946, viii+169 + láms.

Permanyer, L., *Salamanca.* B, 1966, 80 + láms.

Chueca Goitia, F., *La Catedral nueva de Salamanca...* Salamanca, 1951, xi+287.

Gombau Guerra, G., *Salamanca. La Plaza Mayor.* Salamanca, 1955, 94 + láms.

González González, J., *La Catedral vieja de Salamanca y el probable autor de la torre del Gallo.* AEArte, 1943, 16, 39-50.

Iglesias, G. L., *Ensayo sobre el urbanismo salmantino.* Salamanca, 1951, 78.

Torres Balbás, L., *Plaza Mayor de Salamanca.* BRAH, 1955, 137, 29-32. 22

→ 18.68, Gallego.

72.2 GEOGRAFIA. ECONOMIA

Morán Bardón, C., *Alrededores de Salamanca.* Salamanca, 1923, 122.

72.3 ESTUDIOS LOCALES

Alamo Salazar, A., *Senda emocional de* **Alba de Tormes.** Palencia, 1952, 107.
Egido, E., *Alba de Tormes. Guía manual.* M, 1968.
→ 3.31, Castro.

Hoyos, M. M., *La* **Alberca,** *monumento nacional. Historia y fisonomía, vida y folklore.* M, 1946, 568 + láms.
Serrano Lafita, J. L., *La Alberca.* M, 1954, 28.
→ 20.38, **León.**

Cabo Alonso, A., *La* **Armuña** *y su evolución económica.* EG, 1955, 16, 73-136, 367-427.

Bardas → 20.42, **León.**

Batuecas → 18.3, **Hurdes.**

Ferrari Billoch, F., **Béjar** *y sus paños.* M, 1955, 28.
Rodríguez Arzúa, J., *Geografía urbana de Béjar.* EG, 1968, 29, 245-92.
→ 12.85, Rodríguez López.

Berrocal de Huebra → 20.42, **León.**

Cespedosa → 16.64, Sánchez.

Hernández Vegas, M., **Ciudad Rodrigo:** *la Catedral y la ciudad.* Salamanca, 1935, 2 v.
Sendín Calabuig, M. F., *Ciudad Rodrigo.* León, 1973, 64 + láms.

Huebra → 20.42, **León.**

Ledesma → 3.31, Castro.

Alvarez Villar, J., *La villa de...* **Miranda del Castañar.** Salamanca, 1972, 104.

Peñaranda de Bracamonte → 21.73, Andújar.

Ribera → 16.64, Llorente.

Toribio de Dios, G., *Historia de...* **San Felices de los Gallegos.** Valladolid, 1940, x+266.

73 SANTA CRUZ DE TENERIFE

Diego Cuscoy, L., y D. C. Larsen, *El libro de Tenerife. Guía.* La Laguna, 1957, 274.

22 Manfredi Cano, D., *Tenerife*. León, 1972[4], 143 + láms.
Pérez, C. N., *Tenerife*... Santa Cruz de Tenerife, 1972, 142 + láms.
Pizarroso Belmonte, C., *Tenerife. Breve noticia histórica*. Santa Cruz de Tenerife, 1906, 46.
Reyes Darias, A., *Tenerife*. M, 1964, 135.
Reyes Darias, A., *Tenerife, La Palma, La Gomera, El Hierro*. B, 1969, 596.
Santiago Rodríguez, M., *Los volcanes de La Palma*. Las Palmas de Gran Canaria, 1960, 35.
Tenerife, *Guía de* _____. Santa Cruz de Tenerife, 1958, 147 + láms.
Trujillo Cabrera, J., *Episodios gomeros del siglo XV*. Santa Cruz de Tenerife, 1969, 240.

→ 10.54, Marrero.

74 ESTUDIOS LOCALES

Cioranescu, A., **La Laguna**. *Guía histórica y monumental*. La Laguna, 1965, 261 + láms.
Pérez González, R., *La Laguna*. EG, 1971, 32, 443-563.
Quirós Linares, F., *La población de La Laguna (1837-1960)*. La Laguna, 1971, 126.

Ruiz Alvarez, A., *Estampas históricas del* **Puerto de la Cruz**. EMC, 1960, 21, 235-53.

Trujillo Rodríguez, A., **San Francisco de la Orotava**. La Laguna, 1973, 112 + láms.

Dugour, J. D., *Apuntes para la historia de* **Santa Cruz de Tenerife** *desde su fundación hasta nuestro tiempo*. Santa Cruz de Tenerife, 1875, vi+308.
Martínez Viera, F., *El antiguo Santa Cruz*. La Laguna, 1967, 244.
Tarquis Rodríguez, P., *Santa Cruz de Tenerife. Siglos XV al XIX*. Santa Cruz de Tenerife, 1973, 335.

Teide → 11.27.

75 SANTANDER

Amador de los Ríos, R., *España... Santander*. B, 1891, 911.
Arija Rivarés, E., y otros, *Santander*. M, 1964, 145 + láms.
Escagedo Salmón, M., *Crónica de la provincia de Santander*. Santander, 1919-22, 2 v.
Fresnedo de la Calzada, J., *Santander y su provincia*. Santander, 1926, 247.
Hoyos Sáinz, L., *Santander. Geografía, historia, etnografía y arte*. M, 1928, 192.
Lasaga Larreta, G., *Compilación histórica, biográfica y marítima de la provincia de Santander*. Cádiz, 1865, 318.
Simón Cabarga, J., *Santander. Biografía de una ciudad*. Santander, 1954, 490 + láms.
Simón Cabarga, J., *Santander y su provincia*. B, 1965, 200 + láms.
Simón Cabarga, J., *Santander*. León, 1973[4], 160 + láms.

García Diego, P., *Primera guía de Santander, publicada en 1793...* Santander, 1958, 152+xxiii. **22**
García Venero, M., *En torno al espíritu montañés.* Santander, 1957, 45.

76 INSTITUCIONES. HISTORIA. BIOGRAFIA

Campo Echeverría, A., *Plutarco montañés. Ensayo de un catálogo biográfico sobre montañeses ilustres.* Santander, 1899, vii+112.
Leguina, E., *Hijos ilustres de la provincia de Santander. Estudios biográficos.* M, 1875-7, 3 v.

Escagedo Salmón, M., *Indice de montañeses ilustres...* [miembros de Ordenes militares]. Cádiz, 1924, 300.
Gutiérrez Calderón, J. M., *Santander, fin de siglo.* Santander, 1935, 227.
Gutiérrez Colomer, R., *Santander, 1875-1899.* Santander, 1973, xi+512.
Jusué, P., *Notas sobre geografía histórica. Los foramontanos y la Cordillera Cantábrica.* Altamira, 1957, 27-70.
Martínez Guitián, L., *La villa y la ciudad de Santander en el siglo XVIII.* M, 1950, 90.
Maza Solano, T., *Nobleza, hidalguía, profesiones y oficios en la Montaña, según los padrones del Catastro del Marqués de la Ensenada.* Santander, 1953, xxvi+799.
Maza Solano, T., *Cuando Santander era una villa.* Altamira, 1955, 36-82.
Pereda de la Reguera, M., *Indianos de Cantabria.* Santander, 1968, 144.
Simón Cabarga, J., *Santander en el siglo de los pronunciamientos y las guerras civiles.* Santander, 1972, 440.
Toca, S., *Santander en llamas. Así ocurrió la catástrofe.* S. Sebastián, 1941, 79.

→ 6.13, 6.24, 6.82.6, Maza, Simón; 12.96, Río; 14.60, García; 19.60, Sánchez.

76.2 GEOGRAFIA. ECONOMIA

Guinea López, E., *Geografía botánica de Santander.* Santander, 1953, 408 + láms.
Robert, D., *La région de Santander. Étude de géographie économique et humaine.* Annales de Géographie (París), 1936, 44, 1-18.
Cossío Martínez, J. M., *Rutas literarias de la Montaña.* Santander, 1960, 527.
González Echegaray, J., *La geografía de Cantabria a través de los escritores romanos.* AA, 1955, 3, 339-404.
González Echegaray, J., *Sobre la geografía humana de Cantabria.* Altamira, 1959, 3-69.
Historia económica, *Aportación al estudio de la* _____ *de la Montaña.* Santander, 1957, 855.
Miscelánea por diversos autores.

22 Madariaga, B., *La ganadería en la provincia de Santander*. PIEF, 1970, 2, 173-210.

Pedraja, J. M., *Habitantes y oficios en la villa de Santander en el siglo XVI*. PIEF, 1971, 3, 179-96.

Sánchez González, F., *Medio siglo comercial de Santander*. Santander, 1961, 45 + láms.

Sermet, J., *El puerto de Santander*. EG, 1948, 9, 637-47.

→ 11.10, Ríos; 11.12, Cueto; 11.60, 11.63, **La Montaña**; 12.33, Palacio.

76.3 ESTUDIOS LOCALES

Altamira → Santillana.

Mercapide, N., *Crónica de* **Astillero** *y Guarino desde el año 1800 hasta el año 1970*. Astillero, 1969, 348.

Escagedo Salmón, M., *El Real Valle de* **Cabuérniga**... Santoña, 1924, 2 v.

Calderón Escalada, J., **Campóo**, *panorama histórico y etnográfico de un valle*. Santander, 1971, 235.

Echevarría Sarraoa, J., *Recuerdos históricos castreños* [**Castro Urdiales**]. Bilbao, 1973, xi+344.

Sáiz, J. L., *Conjunto monumental de Santa María*... Castro Urdiales, 1972, 94 + láms.

Ceceñas → Cudeyo.

Sojo Lomba, F., **Cudeyo**, *Valdecilla, Solares, Sobremazas y Ceceñas*. Santander, 1946, 172 + láms.

Guarino → Astillero.

Bravo Tudela, A., *Recuerdos de la villa de* **Laredo** [1873]. Santander, 1968, 348.

Bustamante Callejo, M., *Notas para la historia de la villa de Laredo*. Altamira, 1963, 179-93.

Maza Solano, T., ...*Relaciones histórico-geográficas y económicas del Partido de Laredo en el siglo XVIII*... Santander, 1965, 818.

→ 8.56, Sanfeliú; 19.40, Bustamante.

Pereda de la Reguera, M., **Liébana** *y los Picos de Europa*... Santander, 1972, 232.

→ 8.34, **Liébana**; 10.47, Pontieri.

Campo Echeverría, A., **Limpias**. *Descripción*... Santander, 1919, 49.

Alfonso, C., *Crónica de los* **Picos de Europa**. M, 1971^2, 146.

Boada, J. M., *El macizo central de los Picos de Europa*. M, 1935, 20.

Jusué, P., *Un centenario, 1856-1956. El descubrimiento geográfico de los Picos de Europa*. Altamira, 1956, 117-93.

Lueje, J. R., *Los Picos de Europa*. León, 1973, 168 + láms.

→ **Liébana.**

Correa Ruiz, L., *Noticias para la historia de* **Ruiloba**. Altamira, 1959, 109-19.

Asúa Campos, M., *El valle de* **Ruiseñada**... Palencia, 1909, 233. 22

González del Valle, M., **San Vicente de la Barquera** *y su municipio.* Palencia, 1970, 108.

Pou Martí, J. M., *Historia de la villa de San Vicente de la Barquera.* M, 1953, 264.

Sáinz Díaz, V., *San Vicente de la Barquera. Temas de historia.* Altamira, 1966, 59-175.

Sáinz Díaz, V., *Apuntes para una historia de San Vicente de la Barquera.* Altamira, 1971, 57-77.

Sáinz Díaz, V., *Notas históricas sobre la villa de San Vicente de la Barquera.* Santander, 1973, xiv+693.

Alonso Pedraz, M., **Santillana del Mar**. M, 1943, 62.

González Camino, F., *Las Asturias de Santillana en 1404...* Santander, 1930, xxxiii+190.

Lafuente Ferrari, E., *El libro de Santillana.* Santander, 1955, 409.

Ortiz Azuela, J., *...La antigua colegiata de Santillana del Mar.* Santander, 1919, 165.

→ 8.34, 18.13.

Bruna, R., **Santoña** *militar.* Santoña, 1894, 109.

Fernández Guerra, A., *El libro de Santoña.* M, 1872, 132.

Sáinz de los Terreros, M., ... *Valle de* **Soba**... M, 1893, 261.

→ 20.74, Sáiz.

Sobremazas → Cudeyo.

Solares → Cudeyo.

Fernández Escalante, S., *Medio siglo de* **Torrelavega**. Torrelavega, 1954, 143.

Pereda de la Reguera, M., *Torrelavega y su partido. Noticias históricas.* Santander, 1956, 47.

Valdecilla → Cudeyo.

77 SEGOVIA

Vergara Martín, G., *Ensayo de una colección bibliográfica-biográfica de noticias referentes a la provincia de Segovia.* Guadalajara, 1904, 616.

Villalpando, M., *Catálogo de la exposición de obras impresas sobre Segovia y su provincia.* ES, 1958, 9, 109-47.

Alcolea Gil, S., *Segovia y su provincia.* B, 1958, 208.

Contreras López, J., *Segovia.* B, 1973, 2 v.

Enríquez de Salamanca, C., *La provincia de Segovia.* León, 1973, 160 + láms.

Fernández Vega, F., y otros, *Análisis de Segovia.* M, 1954, 73 + láms.

Gila Fidalgo, F., *Guía... de Segovia.* Segovia, 1906, 334.

Gómez de Somorrostro, A., *Manual del viajero en Segovia, o sea, reseña histórico-descriptiva...* Segovia, 1861, 150.

González Herrero, M., *Segovia. Pueblo, ciudad y tierra...* Segovia, 1971, 303 + láms.

22 Grau Sanz, M., *Segovia...* León, 1973, 159 + láms.
Martínez Cejudo, D., *Segovia.* M, 1964, 107 + láms.
Segovia, *La provincia de ____. Monografía.* M, 1952, 770 + láms.
Segovia, *Reseña estadística de la provincia de ____.* M, 1951, 601.
Tormo Monzó, E., *Segovia.* M, 1920, 56.

Martín G. Marcos, L., *Segovia, motivo lírico.* ES, 1969, 21, 5-42. De Alfonso X al presente.
Montero Padilla, J., *Segovia en la poesía española contemporánea.* ES, 1969, 21, 97-131.

78 INSTITUCIONES. HISTORIA. BIOGRAFIA

Quintanilla, M., *Historiografía segoviana.* ES, 1952, 3, 449-80.

Colmenares, D., *Historia de la insigne ciudad de Segovia...* [1637]. Segovia, 1969-71, 2 v.
Grau Sanz, M., *Polvo de archivos. Páginas para la historia de Segovia.* Segovia, 1951-67, 2 v.
Martín Crespo, C., *Crónicas del Segovia viejo.* Segovia, 1952, 158.
Sáez Romero, M., *Crónicas segovianas.* Segovia, 1930, 146.
Vera, J., *Piedras de Segovia. Apuntes para un itinerario heráldico y epigráfico de la ciudad.* M, 1950, 374.

→ 6.95.3, Martínez; 8.29, 9.53, Contreras; 10.93, Cantera; 14.60, Moreno.

78.1 ARTE

Avrial Flores, J. M., *Segovia pintoresca y el Alcázar de Segovia.* Segovia, 1953, 135 + láms.
Cabello Dodero, F. J., *La provincia de Segovia. Notas para una guía arqueológica y artística.* M, 1928, vii+311 + láms.
Ceballos Escalera, I., *Segovia monumental.* M, 1953, 156.

Cabello Dodero, F. J., *La arquitectura románica en Segovia.* ES, 1952, 4, 5-37.
Cabello Dodero, F. J., *La iglesia de la Vera Cruz.* Segovia, 1968, 31 + láms.
Cáceres Blanco, F. I., *El Alcázar de Segovia. Vida...* Santander, 1970, 287.
Contreras López, J., *El Alcázar de Segovia.* Segovia, 1960, 40 + láms.
Martínez Adell, A., *Arquitectura plateresca en Segovia.* ES, 1955, 7, 5-56.
Oliver-Copons, E., *Monografía histórica. El Alcázar de Segovia.* Valladolid, 1916, xvii+406 + láms.
Yubero, D., *... Catedral de Segovia.* Segovia, 1971[2], 65.

→ 9.88, Vera; 12.95, Fernández.

78.2 GEOGRAFIA. ECONOMIA

Cedillo, Conde de, *Desde la Casona. Paseos y excursiones por tierra segoviana.* M, 1931, 164.

Torres Fontes, J., *Las ferias de Segovia.* Hispania, 1943, 3, 133-8. **22**
→ 12.85, Rodríguez.

78.3 ESTUDIOS LOCALES

Vera, J., y M. Villalpando, *Estudio histórico-artístico de* **Carbonero el Mayor.** Segovia, 1971, 79 + láms.
Gil Agüero, E., y otros, **Cuéllar.** *Guía turística.* Segovia, 1970, 69 + láms.
Velasco, B., *Cuéllar.* Cuéllar, 1972, 107 + láms.
→ 3.09, Ubieto; 16.61, Torre.
Redondo González, A., **El Espinar.** EG, 1972, 33, 691-739.
Rodríguez Arce, D., *Historia de... El Espinar.* Segovia, 1916, 330.
→ 3.27, Puyol.
Contreras López, J., *Palacios reales de* **La Granja de San Ildefonso,** *Riofrío y Museo de Caza...* M, 1970[3], 135.
Esteban Tarancón, J., *Nueva guía descriptiva de La Granja.* Segovia, 1944, 115.
Martín Sedeño, S., *Descripción del Real Sitio de San Ildefonso de la Granja, sus jardines y fuentes.* Segovia, 1854, 269.
→ 6.84.2, 18.67, Pérez.
Antonio, T., *Monografía de* **Pedraza de la Sierra.** Segovia, 1951[2].
Arnanz Ruiz, C., *Pedraza.* Segovia, 1971, 62.
Guerra Librero, G., *Pedraza y su «Comunidad de Villa y Tierra».* REVL, 1965, 141, 347-76.
Lozoya, Marqués de, *Pedraza.* Segovia, 1968, 72 + láms.
González Bartolomé, M., **Riaza.** *Datos históricos y documentos.* ES, 1957, 9, 385-691.
→ 3.09, Ubieto.
Riofrío → **La Granja.**
Núñez, R., *Historia de la villa de* **Santa María de Nieva.** Segovia, 1954, 228.
También, ES, 1954, 6, 5-226.
Arévalo Carretero, C., **Sepúlveda.** Cultura Segoviana (Segovia), 1932, 5, 12-3.
Gautier-Dalché, J., *Sepúlveda à la fin du moyen-âge...* Le Moyen Âge (Bruselas), 1963, 69, 805-28.
Linage Conde, A., *Hacia una biografía de la villa de Sepúlveda.* Segovia, 1973, 154.
Lozoya, Marqués de, *Sepúlveda.* Segovia, 1966, 31 + láms.
→ 3.09, Sáez; 3.27, Sáez.
Centeno Roldán, P., **Turégano** *y su castillo.* Segovia, 1957, 208 + láms.
Bermejo Cabrero, J. L., **Villacastín,** *de aldea a villa.* ES, 1972, 24, 105-18.
Martín Martín, F., *Villacastín.* Segovia, 1973, 160.
Zamarramala → 20.14, Avrial.

22 79 SEVILLA

Alvarez Miranda, V., *Glorias de Sevilla en armas, letras, ciencias, artes, tradiciones, monumentos..., costumbres... y espectáculos.* Sevilla, 1849, 172+159+134.
Bendala Lucot, M., *Sevilla.* León, 1972[3], 206.
Bendala Lucot, M., y otros, *Sevilla.* M, 1964, 142 + láms.
Bisso, J., *Crónica de la provincia de Sevilla.* M, 1968, 95 + láms.
Calvo, S., *Bocetos de Semana Santa y guía de Sevilla.* M, 1888, 221.
Gómez Zarzuela, M., *Guía de Sevilla, su provincia... para 1874.* Sevilla, 1874, 338+clxiv.
Laffón, R., *Sevilla.* B, 1958, 43 + láms.
Madrazo, P., *España... Sevilla y Cádiz.* B, 1884, xxii+840.
Montoto Sedas, S., *Nueva guía de Sevilla.* M, 1951, 167.
Sevilla, *Anuario estadístico de la provincia de* _____. M, 1944, 646.

Jiménez Placer, F., *Elogio y glosa de la Semana Santa de Sevilla.* Arbor, 1948, 9, 608-16.
Morales Padrón, F., *Sevilla insólita.* Sevilla, 1972, 189.
Muñoz San Román, J., *Sevilla en la literatura extranjera.* Sevilla, 1941, 128.
Ortiz Muñoz, L., *Sevilla en fiestas...* M, 1948, 351 + láms.
Ortiz Muñoz, L., *Semana Santa en Sevilla.* M, 1948[2], xxii+346 + láms.
Ortiz Muñoz, L., y otros, *Sevilla eterna.* B, 1973, 438.
Pérez Olivares, R., *Sevilla. Apuntes sentimentales para una guía literaria y emocional...* M, 1941, 281.

→ 8.56.

80 INSTITUCIONES. HISTORIA. BIOGRAFIA

Arana de Valflora, F. [F. Díaz de Valderrama], *Hijos de Sevilla, ilustres...* Sevilla, 1791, 4 v.
Germán Ribón, L., *Anales de Sevilla...* Sevilla, 1917, 153.
Guichot Parody, J., *Historia de la ciudad de Sevilla.* Sevilla, 1875-92, 6 v.
Hazañas La Rúa, J., *Historia de Sevilla.* Sevilla, 1933, viii+104 + láms.
Hijos ilustres de Sevilla. Colección de biografías... Sevilla, 1851, 248.
Matute Gaviría, J., *Hijos de Sevilla señalados en santidad, letras...* Sevilla, 1861-7, 2 v.
Matute Gaviría, J., *Adiciones y correcciones a los «Hijos de Sevilla...» por Fermín Arana de Valflora...* Sevilla, 1886, viii+129.
Mena, J. M., *Historia de Sevilla.* Sevilla, 1973, 255.
Montoto Sedas, S., *Biografía de Sevilla.* Sevilla, 1970, 336 + láms.

Aguilar Piñal, F., *Sevilla en 1791.* AH, 1965, 43, 95-106.
Aguilar Piñal, F., *La Sevilla de Olavide, 1767-1778.* Sevilla, 1966, viii+248.

Ariño, F., *Sucesos de Sevilla desde 1592 a 1604...* Sevilla, 1873, li+572.

Ballesteros Beretta, A., *Sevilla en el siglo XIII.* M, 1913, 255+ cccxxxviii + láms.

Cagigas, I., *Sevilla almohade y últimos años de su vida musulmana.* M, 1951, 42.

Caro, R., *Antigüedades... de Sevilla. Con apéndices y comentarios hasta nuestros días,* por A. Gali Lassaleta. Sevilla, 1895, 2 v.

Carriazo Arroquía, J. M., *Protohistoria de Sevilla.* Sevilla, 1973, 400.

Cascales Muñoz, J., *Sevilla intelectual. Sus escritores y artistas contemporáneos. Setenta biografías...* M, 1896, xx+564.

Collantes de Terán, F., *La Sevilla que vio Guzmán el Bueno.* AH, 1957, 27, 9-44.

Cobo de Villalobos, A., *Mujeres célebres sevillanas.* Sevilla, 1917, xv+177.

Concha Martínez, I., *El Almirantazgo de Sevilla. Notas para el estudio de las instituciones mercantiles de la edad moderna.* AHDE, 1959, 19, 459-525.

Domínguez Ortiz, A., *La población de Sevilla en la baja edad media y en los tiempos modernos.* BRSG, 1941, 77, 595-608.

Domínguez Ortiz, A., *Orto y ocaso de Sevilla... Siglos XVI y XVII.* Sevilla, 1946, 128.

Guichot Parody, J., *Historia del... Ayuntamiento... de Sevilla.* Sevilla, 1896-903, 4 v.

Montoto Sedas, S., *Sevilla en el Imperio. Siglo XVI.* Sevilla, 1938, ix+320.

Ortiz de Zúñiga, D., *Anales eclesiásticos y seculares de... Sevilla... desde 1246... hasta 1671.* M, 1677, 818.

Otra ed., con apéndices hasta 1746, por A. M. Espinosa Cárzel, M, 1795-6, 5 v.

Pike, R., *Seville in the sixteenth century.* HAHR, 1961, 41, 1-30.

Pike, R., *Aristocrats and traders. Society in Seville in the sixteenth century.* Londres, 1972, 243.

Tenorio, N., *El concejo de Sevilla... (1238-1312).* M, 1901, 287.

Torres Balbás, L., *Notas sobre Sevilla en la época musulmana: los baños, las casas, los alcázares...* Al-Andalus, 1945, 10, 177-96.

→ 3.03, 6.35.1, 6.82.6, Gómez; 6.88.6, Martínez; 7.46, 7.49.3, 10.16, Velázquez; 10.26, 10.42, Lévi; 10.46, González Vargas; 10.92, 13.05, Aguilar; 19.40.

80.1 ARTE

Casado Sellos, A., *Guía artística ilustrada de Sevilla y su provincia.* Sevilla, 1950, 157.

Gestoso Pérez, J., *Guía artística de Sevilla...* Sevilla, 1886, 198.

Guerrero Lovillo, J., *Sevilla.* B, 1962[2], 216.

Angulo Iñiguez, D., *Arquitectura mudéjar sevillana de los siglos XIII, XIV y XV.* Sevilla, 1932, xv+162.

Cascales Muñoz, J., *Las bellas artes plásticas en Sevilla... desde el siglo XIII hasta nuestros días.* Toledo, 1929, 2 v.

22 González Alvarez, A., *La Giralda.* Sevilla, 1973, viii+28.

Guerrero Lovillo, J., *Cancelas sevillanas... Los hierros artísticos españoles.* AEArte, 1949, 22, 149-67.

Hernández Díaz, J., *Imaginería hispalense del bajo Renacimiento.* Sevilla, 1951, 98 + láms.

Montoto Sedas, S., *La Catedral y el Alcázar de Sevilla.* M, 1948, 154.

Montoto Sedas, S., *Esquinas y conventos de Sevilla.* Sevilla, 1973, 210.

Romero Murube, J., *El Alcázar de Sevilla. Guía histórica.* M, 1972[5], 131 + láms.

Sancho Corbacho, A., *Arquitectura barroca sevillana.* M, 1952, 393 + láms.

Turmo, I., *Bordados y bordadores sevillanos.* Sevilla, 1955, 140.

Valverde Madrid, J., *La pintura sevillana en la primera mitad del siglo XVI.* AH, 1956, 24, 117-50.

→ 8.37, Stevenson; 9.88, Collantes; 18.90, Gestoso; 19.31, Toro.

80.2 GEOGRAFIA. ECONOMIA

García Añoveros, J., y otros, *Estudio general sobre la estructura económica de la provincia de Sevilla.* M, 1973, 10 v.

Alvarez Pantoja, M. J., *Aspectos económicos de la Sevilla fernandina (1800-1833).* Sevilla, 1970, 2 v.

Arán, S., *Ganadería sevillana.* Sevilla, 1912, xx+150.

Banda Vargas, A., *El barrio de la Macarena.* AH, 1966, 44, 41-54.

Bustamante, J., *El campo sevillano y su industrialización.* Sevilla, 1959.

Montoto Sedas, S., *El Arenal de Sevilla en la historia y en la literatura.* Sevilla, 1934, 51 + láms.

Montoto Sedas, S., *Las calles de Sevilla.* Sevilla, 1940, 448.

Navarro García, L., *El puerto de Sevilla a fines del siglo XVI.* AH, 1966, 45, 141-78.

Pou Díaz, J., *Sevilla a través de sus pueblos.* Sevilla, 1971, 11+662 + láms.

→ 12.19, Lazo; 12.32, 12.33.

80.3 ESTUDIOS LOCALES

Flores, J. L., *Memorias de...* **Alcalá de Guadaira.** Sevilla, 1883-4, 6 fasc.

Vázquez Soto, J. M., *Historia de* **Aznalcázar.** Sevilla, 1970, 207.

Muñoz San Román, J., **Camas.** *Notas históricas...* Sevilla, 1938, 107.

Pineda Novo, D., *Historia del Condado de* **Cantillana.** Sevilla, 1970, vi+222.

González Jiménez, M., *El Concejo de* **Carmona** *a fines de la edad media (1464-1523).* Sevilla, 1973, xiii+450.

Hernández Díaz, J., y otros, *Guía de Carmona.* Valencia, 1966, 60 + láms.

→ 3.03.

Noguera Rosado, J., *Itinerarios turísticos de* **Ecija**. Ecija, 1970, 151. 22
Sancho Corbacho, A., *Écija. Estudio histórico artístico.* M, 1952-4, 2 v.

Aguilar Cano, A., *Memorial ostipense... Antigua Ostippo... y actual* **Estepa**. Estepa, 1886-8, 2 v.
Aguilar Cano, A., *Estepa. Nueva colección de documentos.* Estepa, 1891, 138.

Fal Conde, D., *Para la historia de* **Higuera de la Sierra**. Sevilla, 1973, 98.

Luzón Nogué, J. M., *Breve guía... de* **Itálica**. Sevilla, 1970, 23 + láms.

Salvador Aguilar, J., *La casa ducal de Arcos en la historia de* **Marchena**. AH, 1957, 26, 47-84.

Osuna → 13.57, **Osuna**.

81 SORIA

Pérez Rioja, J. A., *Cien fichas sobre Soria.* ELE, 1959, 2, 140-9.
Pérez Rioja, J. A., *Exposición bibliográfica soriana...* Soria, 1960, 36. Catálogo de 487 entradas.

Alcolea Gil, S., *Soria y su provincia.* B, 1964, 208.
Blasco Jiménez, M., *Nomenclátor histórico-geográfico-estadístico y descriptivo de la provincia de Soria.* M, 1909^{2}, 642.
Cisneros Hernández, G., *Soria.* M, 1964, 169 + láms.
Gómez Chico, A., *Soria es así. La tierra y el hombre.* Soria, 1953, 144.
Liso Casado, M., *Conozca Soria capital.* Soria, 1973^{2}, 166.
Moreno Moreno, M., *Soria turística y monumental. Guía de la ciudad.* Soria, 1956^{2}, 192.
Ortiz Molina, F., *Soria, ruta turística.* Soria, 1973, 114.
Pérez Rioja, A., *Crónica de la provincia de Soria.* M, 1867, 80.
Pérez Rioja, A., *Monumentos, personajes y hechos culminantes de la historia soriana.* M, 1883, 176.
Pérez Rioja, J. A., *Guía turística de Soria y su provincia.* M, 1970, 216.
Rabal Díez, N., *España... Soria.* B, 1889, xcviii+542.
Taracena Aguirre, B., y J. Tudela, *Guía de Soria y su provincia.* M, 1973^{4}, 332 + láms.

Manrique de Lara, G., *Soria... Leyenda y tradiciones de su provincia.* Avila, 1927, 357.
Pérez Rioja, J. A., *Guía literaria de Soria.* M, 1973, 306 + láms.

82 INSTITUCIONES. HISTORIA. BIOGRAFIA

González Gómez, A., *Hijos ilustres de Soria y su partido.* Soria, 1912, 245.

Gaya Nuño, B., *Soria visigoda. Ensayo de una síntesis.* Celtiberia, 1951, 1, 59-68.

22 Jimeno, E., *La población de Soria y su término en 1270...* BRAH, 1958, 142, 207-74, 365-494.

→ 3.27, Sánchez.

82.1 ARTE

Gaya Nuño, J. A., *El románico en la provincia de Soria.* M, 1946, 283 + láms.

Taracena Aguirre, B., *Carta arqueológica de... Soria.* M, 1941, 191 + láms.

→ 8.34, **Berlanga.**

82.2 GEOGRAFIA. ECONOMIA

González Gómez, A., *Geografía particular de la provincia de Soria.* Soria, 1896, 121.

Ruiz, E., *Estudios económicos de la provincia de Soria.* Soria, 1970, 267.

Fuenmayor, P., *Vida y desventura económica de Soria.* Celtiberia, 1967, 17, 69-82.

García Merino, L. V., *La ribera del Duero en Soria y las vegas de Osma y Burgo de Osma.* Valladolid, 1968, 249 + láms.

Jimeno, E., *Transformaciones en el mapa de Soria (1594-1833).* Celtiberia, 1958, 8, 213-31.

Kleinpenning, J. M. G., *La región pinariega. Estudio geográfico del noroeste de Soria y sudeste de Burgos...* Groningen, 1962, 208.

Miralbés Bedera, M. R., *Contribución al estudio geoeconómico de Soria. Mercados geográficos y ferias.* Zaragoza, 1957, 192.

Miralbés Bedera, M. R., *La actividad ganadera de la provincia de Soria.* Celtiberia, 1957, 7, 177-217.

Miralbés Bedera, M. R., *La trashumancia soriana en el momento actual.* EG, 1954, 15, 551-67.

Moreno Moreno, M., *Por los pueblos sorianos...* Soria, 1957, 296.

Pérez de Urbel, J., *Geografía histórica de Soria en la alta edad media.* Celtiberia, 1955, 5, 9-26.

Torres Balbás, L., *Soria. Interpretación de sus orígenes y evolución urbana.* Celtiberia, 1952, 2, 7-31.

82.3 ESTUDIOS LOCALES

Moreno Moreno, M., **Agreda**, *barbacana de Castilla.* Soria, 1954, 134.

→ 1.31, 8.56, Fuenmayor.

Ortego Frías, T., **Almazán**. Soria, 1973, 79.

Camón Aznar, J., *Pinturas mozárabes de San Baudilio de* **Berlanga.** Goya, 1958, 5, 76-80.

Cook, W. W. S., *Las pinturas románicas de San Baudilio de Berlanga.* Goya, 1955, 2, 2-11.

García Sánchez, C., *La Colegiata de Berlanga.* Soria, 1964, 167 + láms.

Moreno Moreno, M., **Borobia**, *villa de los condestables*. Soria, 1953, 47.

Tejedor Castillo, E., *Entre el Ucero y el Abión. Guía histórico-artístico-turística, oficial y comercial de la villa de* **Burgo de Osma**. Burgo de Osma, 1951, 73.
→ 1.21, **Soria**; 1.31, 13.57, **Burgo de Osma**; 22.82.2, García Merino.

Carpintero, H., **Calatañazor**. M, 1955, 30.

Moreno Moreno, M., **Covaleda** *en tres etapas*. RSoria, 1969, 7, 4 h. s. n.

Rioja, M., **Duruelo** [1903]. Celtiberia, 1972, 22, 119-25.

Fuencaliente del Burgo → 13.06, Andrés.

Gormaz → 9.88, Gil Montero.

Bertrand Bertrand, I., **Medinaceli**, *plaza fronteriza*. Celtiberia, 1972, 23, 193-201.
Cacho Dalda, F., *Medinaceli...* M, 1968, 30 + láms.
Ortego Frías, T., *Guía de* **Numancia**. Soria, 1967, 63 + láms.
Pérez Rioja, J. A., *Numancia en fichas. Ensayo de bibliografía...* Celtiberia, 1967, 17, 275-317.
→ 6.23.

Osma → 22.82.2, García Merino.

Moreno Moreno, M., *Quintana junto al Izana. Estudio monográfico de* **Quintana Redonda**. Soria, 1954, 130.

García Terrel, A. M., **Salduero**. *Estudio de un municipio de los pinares sorianos*. Zaragoza, 1958, 127

Manrique de Lara, G., *Datos para la historia de la villa de* **San Pedro Manrique**. Celtiberia, 1970, 20, 31-66.
→ 20.42, **Castilla**.

Ortego Frías, T., **Tiermes**. *Ciudad rupestre celtibero-romana*. Celtiberia, 1964, 15, 185-220 + láms.

Vinuesa → 20.50, Brugarola.

Yanguas → 20.42, **Castilla**.

83 TARRAGONA

Guardias, J. A., *Tarragona. Itinerario turístico*. Tarragona, 1955[2], 210.
Medrano Balda, D., *Tarragona*. M, 1964, 150 + láms.
Mezquida, L. M., *Guía de Tarragona y su provincia*. Tarragona, 1947, 231.
Montoliu, M., *Llibre de Tarragona*. B, 1953, 255.
Morera Laudaró, E., *Tarragona antigua y moderna*. Tarragona, 1894, 247.
Recasens Comes, J. M., *La ciutat de Tarragona*. B, 1966, 248 + láms.

22 Recasens Comes, J. M., *Tarragona*. León, 1970[2], 174.

Montoliu, M., *Tarragona, símbolo. Visiones, leyendas, evocaciones*. Tarragona, 1951, 264.

84 INSTITUCIONES. HISTORIA. BIOGRAFIA

Gras Elías, F., *Historia de los lugares, villas y ciudades de la provincia de Tarragona*. B, 1907, 160.

Ruiz Porta, J., *Tarraconenses ilustres. Apuntes biográficos*. Tarragona, 1891, xi+291.

Salvat Bové, J., *Tarragona en la historia general*. Tarragona, 1929, 228.

Alegret, A., *Tarragona a través del siglo XIX*. Tarragona, 1924, 257.

Morera Llaudaró, E., *Tarragona cristiana*. Tarragona, 1897-955, 4 v.

Palol Salellas, P., *Tarraco hispanovisigoda*. Tarragona, 1953, 158 + láms.

Pericay, P., *Tarragona. Historia y mito*. Tarragona, 1952, 84.

Pons Ycart, L., *Libro de las grandezas... de Tarragona* [1572]. Lérida, 1883, 328.

Recasens Comes, J. M., *La sociedad de la ciudad de Tarragona a mediados del siglo XVII*. BolArqueológico (Tarragona), 1962, 77, 81-94.

Recasens Comes, J. M., *El corregimiento de Tarragona en el último cuarto del siglo XVIII. Aspectos económico y político-social*. Tarragona, 1963, 331.

Salvat Bové, J., *Tarragona y el gran Rey Jaime I de Aragón*... Tarragona, 1957, 164 + láms.

Tomás Avila, A., *El hospicio de niños huérfanos de Tarragona*. BolArqueológico (Tarragona), 1962, 62, 49-67.

→ 6.13, 6.82.6, Recasens; 8.45, 10.93, Sánchez.

84.1 ARTE

Cirlot, J. E., *Tarragona, Poblet y Santes Creus*. M, 1956, 156.

Gudiol Ricart, J., *Tarragona y su provincia*. B, 1957, 211.

Vicens, F., *Catedral de Tarragona*. B, 1970, 60 + láms.

→ 8.02, Palol.

84.2 GEOGRAFIA. ECONOMIA

Lluch, E., *L'economia de la regió de Tarragona*. B, 1968.

Morera Llaudaró, E., *Província de Tarragona*, → 21.56, Carreras Candi.

Deffontaines, P., *Le delta de l'Ebro. Étude de géographie humaine*, en *Comptes rendues. Congrès International de Géographie* (Lisboa), 1951, III, 525-46.

Dobby, E.H.G., *El delta del Ebro*. BRSG, 1941, 77, 90-113.

Iglésies, J., y J. Santasusagna, *Les valls del Gaià, del Foix i Miralles*. Reus, 1934, 569.

Malagarriga, H. T., *Flora de la provincia de Tarragona.* Tarragona, 1971, 293.

Vlora, A. K., *La regione del basso Ebro.* Bolletino della Societá Geografica Italiana (Roma), 1964, 5, 171-224.

→ 12.42, 12.47.

84.3 ESTUDIOS LOCALES

Altafulla → 20.27, Gelabert.

Beguer Pinyol, M., *El valle de* **Cardó**. *Monografía histórica.* Tortosa, 1948, 216.

Foix → 22.84.2, Iglésies.

Gaia → 22.84.2, Iglésies.

Ginesta, S., *La comarca de* **La Selva**. B, 1972, 271.

Miralles → 22.84.2, Iglésies.

Espinás, J. M., *Viatge al* **Priorat**. B, 1962, 254 + láms.

Guix Sugrañes, J. M., *Población y riqueza urbana de* **Reus**. Reus, 1948.

Vilaseca Anguera, S., *Hospitals medievals de Reus.* Reus, 1958, 105.

→ 21.55, Violant.

Piñol Agulló, J., **Salou**. B, 1948, 51.

Segura Valls, J., *Historia de* **Santa Coloma de Queralt**... [1879]. Santa Coloma, 1971[2], xvi+466.

Terra Alta → 20.38, Cataluña.

Bru Borràs, F. M., *Fulls d'història de la villa de* **Tivissa** *i del seu territori antic.* B, 1955, 385.

Bayerri Bertomeu, E., *Historia de* **Tortosa** *y su comarca.* Tortosa, 1960, x+1059.

Font Rius, J. M., *La comarca de Tortosa a raíz de la reconquista cristiana (1148). Notas sobre su fisonomía político-social.* CHE, 1953, 19, 104-28.

Jover Flix, M., *Tortosa, testimonio histórico gráfico.* Tortosa, 1973, 900 + láms.

Miravall, R., *Tortosa i els tortosins.* B, 1969, 267 + láms.

Tortosa, *Guía general de* _____. Tortosa, 1972, 102 + láms.

→ **3.28, Foguet; 10.93, Pacios; 21.55, Moreira.**

Mercadé Queralt, P., y otros, *Monografies vallenques* **[Valls]**. Valls, 1967, 203.

Sales Folch, N., *Una vila catalana del segle XVIII* [Valls]. B, 1962, 62.

→ 13.55, **Valls.**

85 TERUEL

Andrés Torrero, F., *Album turolense. Descripción e historia sucinta de Teruel.* Teruel, 1896, 48.

22 Campos Notario, J. M., *Teruel*. M, 1964, 105 + láms.

Casa de la Vega, R., *Teruel*. B, 1973, 260.

Marín Vidal, C., *La provincia de Teruel. Apuntes geográficos, estadísticos, históricos y biográficos*. Morella, 1886, 220.

Pruneda, P., *Crónica de la provincia de Teruel*. M, 1866, 96.

Sebastián López, S., *Teruel y su provincia*. B, 1959, 206.

86 INSTITUCIONES. HISTORIA. BIOGRAFIA

Caruana Gómez, J., *Iniciación a la historiografía turolense*. Teruel, 1953, 9, 137-55.

Blasco Val, C., *Noticia de algunos hombres notables de la ciudad y provincia de Teruel*. Teruel, 1869.

Blasco Val, C., *Historia de Teruel*. Teruel, 1870, 176.

Caruana Gómez, J., *Historia de la provincia de Teruel*. Teruel, 1956, 192.

Floriano Cumbreño, A., *Las efemérides turolenses*. JZ, 1951, 1, 7-59.

Sánchez Muñoz, M., *Apuntes críticos y biográficos acerca de los hombres célebres de la provincia de Teruel*. Teruel, 1881, vii+213.

Bea, A., *Ecos de la gesta de Teruel*. Zaragoza, 1939, 187.

Caruana Gómez, J., *Organización de Teruel en los primeros años siguientes a su reconquista*. Teruel, 1953, 10, 9-108.

Caruana Gómez, J., *Las sexmas del territorio turolense*. Teruel, 1954, 12, 157-62.

Caruana Gómez, J., *Los señores de Teruel en los siglos XII y XIII*. Teruel, 1957, 19, 43-125.

Caruana Gómez, J., *La Tierra Baja turolense durante la dominación visigoda y edad media*. Teruel, 1961, 25, 5-114.

Martínez Ortiz, J., *Noticia... de Teruel... del siglo XVIII*. Teruel, 1957, 19, 5-41.

Solans, M., *Evolución de la población de Teruel entre 1860 y 1960*. M, 1968, 220.

→ 3.22, Gorosch; 6.11, 6.13, 6.39.1, Alfonso II; 6.82.6, Gascón; 6.95.3, Martínez.

86.1 ARTE

Sebastián López, S., *Teruel monumental*. Teruel, 1969, 259 + láms.

Albareda Piazuelo, J., y J. Blasco Ijazo, *Monumentos declarados histórico-artísticos en Teruel y su provincia*. Zaragoza, 1957, 121.

Almagro Basch, M., y L. M. Llubiá Munné, *La cerámica de Teruel*. Teruel, 1963, 134.
Desde el siglo XIII.

86.2 GEOGRAFIA. ECONOMIA

Sarthou Carreres, C., *La provincia de Teruel. Generalidades geográficas*. Burriana, 1914, 89.

Allanegui Félez, A., *La evolución urbana de Teruel.* Zaragoza, 1959, 58 + láms. **22**

Casas Torres, J. M., y J. V. Araus Azlor, *Un mapa de mercados de la provincia de Teruel.* EG, 1945, 6, 525-57.

Jaime, F., *Visión forestal de la provincia de Teruel.* Zaragoza, 1952.

86.3 ESTUDIOS LOCALES

Bardaviu Ponz, V., *Historia de...* **Albalate del Arzobispo**. Zaragoza, 1914, vii+668+vii.

Almagro Basch, M., *El señorío soberano de* **Albarracín** *bajo la Casa de Lara.* Teruel, 1964, 135 + láms.

Lacarra de Miguel, J. M., *El Rey Lobo de Murcia y la formación del señorío de Albarracín,* en EDMP, III, 515-26.

Sebastián López, S., *Guía artística de Albarracín y su Sierra.* Albarracín, 1970, 216.

Vilá Valentí, J., *El paisaje humano en la Sierra de Albarracín.* Teruel, 1952, 7, 25-94.

→ 1.31.

Bañuel Lizana, J., *Galería de* **alcañizanos** *ilustres...* Zaragoza, h. 1960, 352.

Cid Priego, C., *La Colegiata de Alcañiz.* Teruel, 1956, 270.

Sancho, N., *Descripción histórica, artística... de Alcañiz y sus afueras.* Alcañiz, 1860, xiv+672.

Taboada Cabañero, E. J., *...Apuntes de Alcañiz.* Alcañiz, 1969[2], xi+332.

→ 9.97, **Calatrava.**

Gil Atrio, C., **Alcorisa** *y sus tradiciones.* Alcorisa, 1954, xvi+239.

Almagro Basch, M., *El Señorío de* **Azagra**... Teruel, 1955, 14, 5-145.

Tejedor Tello, P., *...Historia de* **Beceite**. B, 1935, 151 + láms.

Jasac Case, T., *Villa de* **Calaceite**... *Datos históricos...* Calaceite, 1968, 19 + láms.

Calamocha → 20.67, **Aragón.**

García Miralles, M., *Historia de* **Calanda**. Valencia, 1969, 282.

Sanz Martínez, M., *Calanda. De la edad de piedra al siglo XX.* Reus, 1970, 41 + láms.

Cebrián Navarro, E., **Escorihuela**. Teruel, 1960, 24, 229-71.

Mateu Llopis, F., **Manzanares**... *Notas de un archivo.* BSCC, 1953, 29, 1-16.

Puebla de Híjar → 16.57, Monge.

Caruana Gómez, J., *Notas para la historia de* **Tramacastiel**. Teruel, 1960, 23, 267-90.

Sebastián López, S., y otros, *Miscelánea sobre* **Villarquemado**. Teruel, 1959, 97.

22 87 TOLEDO

Ainaud de Lasarte, J., *Toledo*. B, 1947, 210.
Fernández Fernández, B., *La provincia de Toledo*. Toledo, 1890, 262.
Moreno Nieto, L., *Guía de la provincia de Toledo*. Toledo, 1959, 182.
Moreno Nieto, L., *La provincia de Toledo. Historia. Monumentos. Obras de arte. Población. Accidentes geográficos. Costumbres*... Toledo, 1960, xx+771.
Moreno Nieto, L., *Diccionario enciclopédico de Toledo y su provincia*. Toledo, 1974, xv+432.
Parro, S. R., *Compendio de Toledo en la mano*... Toledo, 1858, 224.
Riera Vidal, P., *Un día en Toledo*... Vitoria, 1970[20], 113 + láms.
Sánchez Marín, S., *Toledo*. M, 1964, 114 + láms.
Téllez, G., *Toledo es así*. Toledo, 1962, 111.
Toledo, *Reseña estadística de la provincia de* _____. M, 1950, 450.
Zarco Moreno, F., *Toledo*. León, 1972[4], 184 + láms.

Delgado Mellado, A., *Leyendas de la ciudad del Tajo*. Toledo, 1946, 138.
Jiménez de Gregorio, F., *Toledo y sus constantes*. Toledo, 1961, 156.
Jiménez de Gregorio, F., *Presencia de lo toledano*. Toledo, 1964, 180.
Marañón Posadillo, G., *Elogio y nostalgia de Toledo*. M, 1951[2], 200.
Marañón Posadillo, G., *El Greco y Toledo*. M, 1958[2], 335 + láms.
Olavarría Huarte, E., *Tradiciones de Toledo*. M, 1880, viii+308.
Viñas Mey, C., y R. Paz, *Relaciones histórico-geográfico-estadísticas de los pueblos de España hechas por iniciativa de Felipe II. Reino de Toledo*. M, 1951-63, 3 v.

88 INSTITUCIONES. HISTORIA. BIOGRAFIA

Martín Gamero, A., *Historia de la ciudad de Toledo, sus claros varones y monumentos*. Toledo, 1862, 1108.

Alcocer, P., *Historia de Toledo* [1554]. Toledo, 1973, 260.
Aragón de la Encarnación, A., *Toledo. Páginas de su historia*. Toledo, 1929, 233.
Arrarás Iribarren, J., y L. Jordana de Pozas, *El sitio del Alcázar de Toledo*... Zaragoza, 1937, 349 + láms.
Benito Ruano, E., *Toledo en el siglo XV*. M, 1961, 337.
García Gómez, E., *Toledo mozárabe y cosmopolita*. RO, 1930, 28, 392-400.
González Palencia, A., *Toledo en los siglos XII y XIII*. M, 1933, 30.
Jiménez de Gregorio, F., *Toledo a mediados del siglo XVIII. Economía, sociedad y administración*. Toledo, 1959, 90 + láms.

Jiménez de Gregorio, F., *Los pueblos de la provincia de Toledo hasta finalizar el siglo XVIII. Población, sociedad, economía, historia.* Toledo, 1962-70, 3 v.

Lillo Rodelgo, J., *Toledo en los días árabes.* BRAToledo, 1930, 12, 109-50.

López de Ayala, J., *Toledo en el siglo XVI después del vencimiento de las Comunidades.* M, 1901, 271.

Moxó Ortiz, S., *Los antiguos señoríos de Toledo.* Toledo, 1973, 416 + láms.

Sáez Sánchez, E., *El libro del juramento del Ayuntamiento de Toledo.* AHDE, 1945, 16, 530-624.

→ 3.26, Sáez; 6.35.1, 6.37.3; 6.82.6, Jiménez; 8.45, 8.85, Otero; 9.53, San Román; 10.92, 10.93, Cantera.

88.1 ARTE

Amador de los Ríos, R., *El castillo y el monasterio de San Servando en Toledo.* BRAH, 1911, 15, 167-88.

Angulo Iñiguez, D., y A. E. Pérez Sánchez, *Historia de la pintura española. Escuela toledana de la primera mitad del siglo XVII.* M, 1972, 402 + láms.

Azcárate Ristori, J. M., *La arquitectura gótica toledana del siglo XV.* M, 1958, 59 + láms.

Gómez Moreno, M., *Arte mudéjar toledano.* M, 1916, 12 + láms.

Martín Gamero, A., *Los cigarrales de Toledo... Historia...* Toledo, 1857, 192.

Pavón Maldonado, B., *Arte mozárabe y arte mudéjar en Toledo.* Burgos, 1971, 44 + láms.

Pavón Maldonado, B., *Arte toledano: islámico y mudéjar.* M, 1973, 283 + láms.

Rivera Recio, J. F., *La Catedral de Toledo, museo de historia.* Toledo, 1950, 2 v.

Téllez, G., *El estilo mudéjar toledano.* Toledo, 1946.

Terrasse, H., *Formación y fuentes del arte mudéjar toledano.* AEArte, 1970, 43, 385-93.

Vegué Goldoni, A., *Los cigarrales de Toledo en el siglo de Oro...* REspañas (M), 1927, 2, 508-13.

→ 8.37, Anglés; 9.88, Dotor; 18.66, Escrivá; 18.69, Ramírez.

88.2 GEOGRAFIA. ECONOMIA

Porres Martín, J., *Historia de las calles de Toledo.* Toledo, 1971, 2 v.

→ 12.19, Porres.

88.3 ESTUDIOS LOCALES

Jiménez de Gregorio, F., *El pasado económico-social de* **Belvís de La Jara**... EHSE, 1952, 2, 615-739.

Jiménez de Gregorio, F., *Historia de Belvís...* M, 1953, 263.

22 Gómez Menor, J., **Cervera de los Montes**. Toledo, 1963, 52.

Aguilar, A., **Illescas**. *Notas histórico-críticas*. M, 1930, 31.

Fita Colomer, F., **La Guardia**... *Datos históricos*. BRAH, 1887, 11, 373-431.

Jiménez de Gregorio, F., *La población en* **La Jara** *toledana*. EG, 1952, 13, 489-558.
Siglos XVII y XVIII.

Planchuelo Portalés, G., ...*La Jara toledana. El río Jébalo*. EG, 1953, 14, 241-60.

Lagartera → 20.34, Castilla la Nueva.

García Guzmán, E., **Ocaña**... M, 1963, 59 + láms.

Sancho de Sopranis, H., *Una villa de señorío en el siglo XVIII* **[Puebla de Montalbán]**. RIS, 1952, 10, 381-419.

Puente del Arzobispo → Talavera; 20.47, Seseña.

Ortiz García, V., *Descripción e historia de la villa de* **Recas**. Toledo, 1969, 54.

Frothingham, A. W., **Talavera** *pottery*. Nueva York, 194, 191.

Gómez Menor, J., *La antigua tierra de Talavera. Bosquejo histórico*. Toledo, 1965, 160.

Jiménez de Gregorio, F., *Talavera en el siglo XVIII*... Toledo, 1962, 64.

Vaca González, D., y J. Ruiz de Luna, *Historia de la cerámica de Talavera... y Puente del Arzobispo*. M, 1943, 328 + láms.

→ 1.31, 20.47, Seseña.

89 VALENCIA

Alama Martí, J. V., *Valencia*. M, 1964, 127 + láms.
Almela Vives, F., *Valencia*. León, 1972[3], 192.
Bayarri Lluch, V., *Guía de Valencia*. Valencia, 1973[20], 709.
Bertrán, A., *Valencia*. B, 1965, 208.
Domínguez Barberá, M., *Valencia*. B, 1953, 76 + láms.
Galiana, J., *Guía del turista en Valencia*. Valencia, 1929, 267 + láms.
Ombuena, J., *Valencia, ciudad abierta*. Valencia, 1971[2], 335.
Pamias Ruiz, J., *Guía urbana de Valencia*. B, 1973[4], 416.
Valencia, *Reseña estadística de la provincia de* _____. M, 1970, 208.

90 INSTITUCIONES. HISTORIA. BIOGRAFIA

Moscardó Cervera, F., *Breu compendi de la història de València*. Valencia, 1953, 304.
Orellana, M. A., *Valencia antigua y moderna*. Valencia, 1923-4, 3 v.
Sanchís Guarner, M., *La ciutat de València. Síntesi d'història*... Valencia, 1972, xiv+529 + láms.

Almela Vives, F., *El «Llibre de Mustaçaf» y la vida en la ciudad de Valencia a mediados del siglo XVI.* BSCC, 1949, 25, 1-24. 22

Almela Vives, F., *Valencia a comienzos del siglo XX.* Valencia, 1964, 101 + láms.

Boix, V., *Valencia histórica y topográfica.* Valencia, 1862-3, 2 v.

Escolano, G., *Décadas de la historia de... Valencia.* Aumentadas y continuadas por J. B. Perales. Valencia, 1878-80, 3 v.

Fletcher Valls, D., *Consideraciones sobre la fundación de Valencia.* APL, 1963, 10, 193-206.

Garrido, J., *Historia contemporánea de Valencia.* Valencia, 1903, 126.

Igual Ubeda, A., *Història de «Lo Rat-Penat»...* Valencia, 1959, 145 + láms.

Moscardó Cervera, F., *Imatges venerables de la ciutat de València.* Valencia, 1957, 141 + láms.

Piles Ibars, A., *Valencia árabe.* Valencia, 1901, xiv+548.

Porcar, J., *Coses evengudes en... València... 1589-1629.* Ed. de V. Castañeda Alcover. M, 1934, 2 v.

Ríus Serra, J., *San José y la ciudad de Valencia.* AST, 1952, 25, 183-8.

Salcedo, S., *Valencia: la cultura entre el conflicto y la confusión.* NT, 1972, 222, 642-72.

Torres, C., *Fundación de Valencia.* Ampurias, 1951, 13, 113-21.

Vich, A. y D., *Dietario valenciano (1619-1632).* Valencia, 1921, xxiv+250.

Vidal Corella, V., *Valencia antigua y pintoresca.* Valencia, 1971, 219.

Zaragoza Rubira, J. R., *El hospital de inocentes de Valencia en la obra de Lope de Vega.* Medicina española (Valencia), 1964, 51, 413-24.

→ 3.35, 6.73, Voltes; 6.82.6, Cruz; 8.29, 8.33, Piedra; 9.50, Beneyto; 9.53, Tramoyeres; 9.58, García Ballester; 9.59, Zaragoza; 10.03, Querol; 10.54, Cortés; 10.92, 19.40, 20.42.

90.1 ARTE

Garín Ortiz, F. M., *Valencia monumental.* M, 1959, 160.

Vilanova Pizcueta, F., *Guía artística de Valencia.* Valencia, 1922[3], 270 + láms.

Almela Vives, F., *Jardines valencianos.* Valencia, 1945, 93 + láms.

Lluch Garín, L. B., *Ermitas de Valencia.* Valencia, 1968, 247.

Sanchís Sivera, J., *La cerámica valenciana... medieval.* BRAH, 1926, 88, 638-61.

Tormo Monzó, E., *Valencia: los museos.* M, 1932, 2 v.

→ 8.37, 18.90, Alcahalí.

90.2 GEOGRAFIA. ECONOMIA

López, E., *Síntesis de la economía valenciana.* ICE, 1950, 201, 624-8.

22 Martínez Aloy, J., y C. Sarthou Carreres, *Provincia de Valencia*, → 21.93, Carreras Candi.

Almela Vives, F., *Las riadas del Turia (1312-1949)*. Valencia, 1957, 129 + láms.

Borrull Vilanova, F. J., *Tratado de la distribución de aguas del río Turia y del Tribunal de Acequieros de la Huerta de Valencia*. Valencia, 1831, viii+198.

Burriel de Orueta, E. L., *Demografía de la Huerta de Valencia. Zona sur*. M, 1971, 105.

Burriel de Orueta, E. L., *La Huerta de Valencia. Zona sur...* Valencia, 1971, 624 + láms.

Casas Torres, J. M., *La vivienda y los núcleos de población rural en la Huerta de Valencia*. M, 1944, 328.

Diego Salvá, V., *Notas sobre la economía valenciana*. REconomía aplicada (Valencia), 1955, 6, 3-23.

Fontavella González, V., *La trashumancia y la evolución ganadero-lanar en la provincia de Valencia*. EG, 1951, 12, 773-805.

Glick, Th. F., *Irrigation and society in medieval Valencia*. Cambridge, 1970, 386.

Guillén Rodríguez, A., *El Tribunal de Aguas de Valencia y los modernos jurados de riego*. Valencia, 1920, 158.

Halpern, E., *La Huerta de Valencia*. EG, 1946, 7, 97-116.

Houston, J. M., *Geografía urbana de Valencia*. EG, 1957, 18, 151-68.

López Gómez, A., *La estructura demográfica de Valencia*. Saitabi, 1961, 11, 117-43.

Marco Baidal, J., *El Turia y el hombre ribereño*. Valencia, 1960, 610.

Piles Ros, L., *Apuntes para la historia económico-social de Valencia durante el siglo XV*. Valencia, 1969, 176.

Salvador, E., *La economía valenciana en el siglo XVI. Comercio de importación*. Valencia, 1972, 408.

San Valero Aparisi, J., *El campesino de Valencia: la huerta y el secano*. Valencia, 1958, 33.

Torres Martínez, M., *Una contribución al estudio de la economía valenciana*. Valencia, 1930, xiii+127.

Vicent Cortina, V., *El puerto de Valencia*. Zaragoza, 1954, 117.

→ 12.32, 12.33, 12.48, 12.49, 12.85, 20.42, 21.93.

90.3 ESTUDIOS LOCALES

Alberique → 11.14, Soler.

Caruana Tomás, C., *Estudio histórico y jurídico de la* **Albufera** *de Valencia... desde la Reconquista hasta nuestros días*. Valencia, 1954, 238.

Fuster, J., *L'Albufera de València*. B, 1970, 124 + láms.

Momblanch Gonzálbez, F., *Historia de la Albufera de Valencia*. Valencia, 1960, 322.

Salcedo Ferrándiz, S., *Estudio histórico-jurídico de la Albufera de Valencia y de sus aprovechamientos*. BSCC, 1956, 32, 77-86, 232-44; 1957, 33, 163-96.

→ 21.92, Thede.

Alcira → 1.31.

Ballester Broceta, B., *Historia de la villa de* **Algemesí**... Algemesí, 1958, 214.

Castell Llacer, V., *El paisaje agrario de Algemesí.* Valencia, 1971, 136.

Alegre Ortiz, J., *Así fue y así es nuestro* **Alginet**. Alginet, 1971, 172.

Herrero Herrero, V., y G. Herrero Navarro, **Alpuente** *y la Santísima Virgen de la Consolación.* Segorbe, 1969, 259.

Martínez Azorín, E., *Historia de...* **Ayora** *y de los pueblos de su valle.* Valencia, 1940, x+210.

Jornet Perales, M., **Bélgida** *y su término municipal.* Valencia, 1973[2], 636.

Ricart Bonillo, V., *Efemérides y datos históricos de* **Benetúser**. Benetúser, 1973, 97.

Pareja Primo, L., **Canals** *ilustrada. Historia de las personas venerables...* Valencia, 1728, 62.

Cofrentes → 11.14, Soler.

Torres Gómez, E., **Cullera**. *Historia...* Valencia, 1972, 108.

Piles Hars, A., *Historia de Cullera.* Cullera, 1973, 600.

Badía Marín, V., **Foyos**, *mi pueblo.* ACCV, 1954, 15, 1-44.

Camarena Mahiques, J., **Gandía**. M, 1959, 28 + láms.

Camarena Mahiques, J., *Historia del distrito de Gandía.* Gandía, 1965, 79 + láms.

Fontavella González, V., *La huerta de Gandía.* Zaragoza, 1952, xv+405 + láms.

→ 13.57, **Gandía**.

Cucarella, P., *Setabenses ilustres* [**Játiva**]. Carcagente, 1916, viii+262.

Jordán Jover, J., *Guía... de Játiva.* Játiva, 1962, 56.

Pascual Beltrán, V., *Játiva biográfica.* Valencia, 1931, 3 v.

Sarthou Carreres, C., *Guía oficial de Játiva.* Játiva, 1925, 182 + 30.

Sarthou Carreres, C., *Datos para la historia de Játiva.* Játiva, 1933-5, 3 v.

→ 1.21, **Valencia**.

Asins Romaguera, A., **Liria**. *Guía...* Liria, 1972[2], 41.

Rosselló Verger, V., **Manises**, *ciudad de la cerámica. Estudio de geografía humana.* Saitabi, 1961, 11, 145-90 + láms.

→ 20.47, Seseña.

Llorens Raga, P. L., *La ciudad de* **Moncada**. Valencia, 1950, xix+388.

Montesa → 9.97, **Montesa**.

Gayano Lluch, R., **Olacau**. *Datos históricos.* ACCV, 1952, 13, 281-9.

Blay Navarro, J., *Documentos y datos para la historia de...* **Oliva**. Valencia, 1960, 685.

22 Lerma Serra, A., *La villa de* **Picasent**. Valencia Atracción, 1954, 29, 12-3.

Bernabéu López, R., *Historia de* **Requena**. Valencia, 1948.
Bernabéu López, R., *Estampas requenenses.* Requena, 1962, 205.
Gil Crespo, A., *La evolución económica de Requena y su comarca.* EG, 1953, 14, 49-66.
Herrero Moral, E., *Historia de... Requena...* Valencia, 1891, xiii+342.

Blanco Jiménez, E., **Sagunto**. *Guía turística.* Sagunto, 1961^{2}, 106.
Pérez Puchal, P., *La industria del campo de Sagunto.* M, 1968, 98,
Torres Gascón, J. A., *Guía de Sagunto. Ciudad y puerto.* Sagunto, 1962, 148.
Torres Gascón, J. A., *Sagunto turístico.* Sagunto, 1967, 48 + láms.
→ 6.88, Villalba.

Senís Domingo, J., **Serra**. *Apuntes para su historia.* Valencia, 1954, ix+119.

Cortés Muñoz, F., *El desarrollo urbano de* **Sueca**. EG, 1968, 29, 693-700.
Fos Martí, J. L., *Guía turística de Sueca.* Valencia, 1972, 79 + láms.
Granell, J. B., *Historia de Sueca...* Sueca, 1905-7, 2 v.

Beguer Esteve, V., *La ciudad de* **Torrente**. Torrente, 1961, 33.

Ballesteros Viana, M., *Historia de* **Utiel**. Utiel, 1973, 800.
Conesa Cortés, J., *Geografía agraria de Utiel.* EG, 1963, 24, 199-255.

Gascón Pelegrí, V., *Historia de* **Tabernes de Valldigna**. Valencia, 1956, xiv+315 + láms.

Gascón Pelegrí, V., *Repertorio bibliográfico de* **Valldigna** *y pueblos de la comarca.* Valencia, 1968, 255.

Villar del Arzobispo → 16.92.2, Llatas.

Castillo Juan, O., *Atava. Historia, topografía, costumbres... de* **Yátova**. Valencia, 1955, 305 + láms.
Castillo Mas, M., *Ecos de... Yátova.* Valencia, 1896, vi+117.

91 VALLADOLID

Herrero, J. M., *Cien fichas sobre Valladolid.* ELE, 1959, 2, 522-9.
Rodríguez Martín, D., *Bibliografía vallisoletana. Dos mil quinientas referencias... de Valladolid y su provincia.* Valladolid, 1955, 316.

González García, C., *Valladolid. Sus recuerdos y sus grandezas, religión, historia, ciencias...* Valladolid, 1900-2, 3 v.
Martín González, J. J., *Guía de Valladolid.* Valladolid, 1954^{2}, 189.
Martín González, J. J., *Provincia de Valladolid.* B, 1968, 198.
Negueruela Caballero, D., *Valladolid.* M, 1964, 123 + láms.
Ortega Rubio, J., *Los pueblos de la provincia de Valladolid.* Valladolid, 1895, 2 v.

Quadrado Nieto, J. M., *España... Valladolid, Palencia y Zamora.* B, 1885, x+669. 22

Regidor, M., *Valladolid.* León, 1972[2], 174.

Castillo de Lucas, A., *El sentir y el pensar vallisoletano a través de los refranes.* RDTP, 1949, 5, 271-94.

Gavilán, E., *Valladolid: tierras de pan y de vino.* M, 1971, 248.

González. F. A., *Valladolid en Castilla.* Valladolid, 1969, 208.

Rivera Manescau, S., *Tradiciones vallisoletanas.* Valladolid, 1948, 240.

92 INSTITUCIONES. HISTORIA. BIOGRAFIA

González García, C., *Datos para la historia biográfica de... Valladolid.* Valladolid, 1893-4, 2 v.

Ortega Rubio, J., *Historia de Valladolid.* Valladolid, 1881, 2 v.

Ortega Rubio, J., *Investigaciones acerca de la historia de Valladolid.* Valladolid, 1893-4, 2 v.

Ortega Rubio, J., *Vallisoletanos ilustres. Bocetos.* Valladolid, 1893, x+129.

Alonso Cortés, N., *La Corte de Felipe III en Valladolid.* Valladolid, 1908, 67.

Alonso Cortes, N., *Miscelánea vallisoletana.* Valladolid, 1955, 2 v.

Allué Horna, A., *Recuerdos de ayer...* Valladolid, 1972, 301.

Antolínez de Burgos, J., *Historia de Valladolid* [1641]. Ed. de J. Ortega Rubio. Valladolid, 1887, 456.

Arribas Arranz, F., *El incendio de Valladolid en 1561.* Valladolid, 1960, 144.

Bennassar, B., *Valladolid au... XVI siècle.* París, 1967, 634 + láms.

González García, C., *Crónica vallisoletanas.* Valladolid, 1914, 108.

Pinheiro da Veiga, T., *Fastiginia...* Valladolid, 1916, xvi+216+14. Descripción contemporánea de la Corte de Felipe III.

Represa, A., *El Valladolid de los Reyes Católicos.* Santa Cruz (Valladolid), 1925, 12, 64-75.

Sangrador Vítores, M., *Historia... de Valladolid desde su más remota antigüedad hasta la muerte de Fernando VII.* Valladolid, 1881-4, 2 v.

→ 9.42, 9.59, Cortejoso; 10.35, Bennassar.

92.1 ARTE

García Chico, E., *Catálogo monumental de la provincia de Valladolid.* Valladolid, 1956-72, 5 v.

Martín González, J. J., *Valladolid artístico.* Valladolid, 1955, 3 v.

Martín González J. J., *Inventario artístico de Valladolid y su provincia.* Valladolid, 1970, 386.

Nieto Gallo, G., *Guía artística de Valladolid.* B, 1954, 207.

Castro, L., *Un médico en el Museo. Estudio biológico-artístico del Museo Nacional de Escultura de Valladolid.* Valladolid, 1954, 2 v.

Chueca Goitia, F., *La Catedral de Valladolid.* M, 1947, 240 + láms.

22 García Chico, E., *El arte en Castilla. La Colegiata de Medina del Campo y otros estudios*. Valladolid, 1957, 134 + láms.

Heras García, F., *Arquitectura románica en la provincia de Valladolid*. Valladolid, 1966, 150 + láms.

Martí Monso, J., *Estudios histórico-artísticos relativos principalmente a Valladolid*. Valladolid, 1901, xvii+698.

Martín González, J. J., *La arquitectura doméstica del Renacimiento en Valladolid*. Valladolid, 1948, 279 + láms.

Martín González, J. J., *Arquitectura barroca vallisoletana*. Valladolid, 1967, 217 + láms.

Palomares Ibáñez, J. M., *El convento de San Pablo. Aportaciones histórico-artísticas*... Valladolid, 1970, 130.

Wattenberg, F., *Museo nacional de Escultura de Valladolid*. M, 1972², xxiv+352 + láms.

→ 8.33.

92.2 GEOGRAFIA. ECONOMIA

Hernández Pacheco, F., *Fisiografía, geología y paleontología del territorio de Valladolid*. M, 1930, 206.

Agapito Revilla, J., *Las calles de Valladolid o nomenclátor histórico*. Valladolid, 1937, 543.

Rodríguez Calleja, A., *Nomenclátor de las calles de Valladolid*. Valladolid, 1952, 284.

→ 12.25, Espejo; 12.42, Benito; 12.99, Toledo.

92.3 ESTUDIOS LOCALES

Escudero Solano, J., **Medina del Campo**... EG, 1965, 26, 439-506.

García Chico, E., *La Colegiata de Medina del Campo*. BSEAA, 1956, 21, 53-79.

También, → 22.92.1, García Chico.

Moraleja Pinilla, G., *Historia de Medina del Campo*. Medina del Campo, 1971, 631 + láms.

Rodríguez Fernández, I., *Historia de... Medina del Campo*. M, 1904, 1042.

→ 1.21, Valladolid; 9.88, García Chico; 12.33, Espejo, Ruiz; 16.61, Sánchez.

García Chico, E., *El arte en Castilla. Los templos riosecanos* [**Medina de Ríoseco**]. Valladolid, 1955², 93 + láms.

Torres Balbás, L., *Medina de Ríoseco*. Arquitectura (M), 1922, 3, 94-9.

Valencia Castañeda, B., *Crónicas de antaño tocantes a... Medina de Ríoseco*. Valladolid, 1915, xii+238.

Escribano de la Torre, F., **Peñafiel**. *Notas históricas*. Valladolid, 1966, 214.

Fernández Torres, E., *Historia de* **Tordesillas**. Valladolid, 1914², 370.

González Herrera, E., *Tordesillas en la historia*. B, 1968, 238.

→ 7.21, Pérez; 22.16.1, Monteverde.

93 VIZCAYA 22

Basas Fernández, M., *Cien fichas sobre Vizcaya.* ELE, 1959, 2, 515-22.
Simón Díaz, J., *Manuscritos y documentos relativos a Vizcaya.* M, 1947, 125.

Calvo Fernández, L., *Bilbao.* Bilbao, 1954, 112.
Delmas, J. E., *Guía histórico-descriptiva... de Vizcaya* [1864]. Ed. de A. Rodríguez Herrero. Bilbao, 1965, 447 + láms.
Papell, A., *El libro de Vizcaya.* Bilbao, 1936, 203.
Rodríguez García, F., *Crónica del Señorío de Vizcaya.* M, 1865, 164.
Sesmero Pérez, F., *Vizcaya.* León, 1969, 192.
Varillas Pérez, V., *Vizcaya.* M, 1964, 179 + láms.

Núñez de Cepeda, M., *El ayer y el hoy de Vizcaya.* Pamplona, 1956, 262.
Roda, D., *Alma y paisaje de Bilbao.* Bilbao, 1954, 224.
→ 17.03, Legarda.

93.1 HISTORIA. BIOGRAFIA

Mañaricúa Nuere, A. E., *Historiografía de Vizcaya...* Bilbao, 1973[2], 442.

Balparda Herrerías, G., *Historia crítica de Vizcaya y sus fueros.* M, 1924-45, 3 v.
Elías de Tejada, F., *El Señorío de Vizcaya (hasta 1812).* M, 1963, 342.
Guiard Larrauri, T., *Historia de... Bilbao.* Bilbao, 1905-12, 4 v.
Iturriza Zabala, J. R., *Historia general de Vizcaya y epítome sobre las Encartaciones* [Siglo XVIII]. Ed. de A. Rodríguez Herrero. Bilbao, 1967, 2 v.
Labayru Goicoechea, E. J., *Historia general del Señorío de Vizcaya.* Bilbao, 1895-904, 6 v.
Ed. facs., Bilbao, 1967-9, con un v. más, 1970, 858, inédito, ed. de C. González Echegaray.
Ocamica Goitisolo, F., *Hombres de Vizcaya.* Bilbao, 1973, 322.
Sagarmínaga, F., *Memorias históricas de Vizcaya.* Bilbao, 1880, 511.
Villavaso, C., *Bilbaínos ilustres.* Euskal-Erria (S. Sebastián), 1898, 2, 199-203; 1900, 4, 150-6, 247-54.

Arrilucea, D. P., *La unión de Vizcaya con Castilla, ¿conquista o voluntaria entrega?* LCD, 1927, 151, 55-62.
Basas Fernández, M., *Miscelánea histórica bilbaína.* Bilbao, 1971, 434.
Herrán, F., *Bilbao contemporáneo.* Bilbao, 1907, 48.
Lafarga Lozano, A., *Aportación a la historia política y social de Vizcaya. Siglos XVI al XIX.* Bilbao, 1971, 453.
Ortega Galindo, J., *Ensayo sobre los orígenes y naturaleza de Vizcaya.* Bilbao, 1953, 198.

22 Orueta, J., *Memorias de un bilbaíno, 1870 a 1890.* S. Sebastián, 1952, 352.

Pedreira Taibo, L., *Lo que es Bilbao y lo que podrá ser a fines del siglo. Importancia de Bilbao en 1901.* M, 1902, 114.

Sarasola, M., *Vizcaya y los Reyes Católicos.* M, 1950, 215.

Valle, J., *...Pequeña historia de medio siglo bilbaíno.* Bilbao, 1969, 304.

→ 6.95.3, Martínez; 10.26, Sierra; 12.96, Calle.

94 INSTITUCIONES

Angulo Laguna, A., *Derecho privado de Vizcaya.* M, 1903, 275.

Arregui Sabarte, P., *Derecho natural de Vizcaya.* Bilbao, 1962, 111.

Jado, R., *Derecho civil de Vizcaya.* Bilbao, 1900, 537.

Sagarmínaga, F., *El gobierno y régimen foral del Señorío de Vizcaya, desde Felipe II hasta Isabel II.* Bilbao, 1892, 8 v. Nueva ed. ampliada por D. Areitio Mendiolea. Bilbao, 1928-34, 3 v.

Areitio Mendiolea, D., *El gobierno universal del Señorío de Vizcaya.* Bilbao, 1943, 285.

Celaya Ibarra, A., *Vizcaya y su fuero civil.* Pamplona, 1965, 464.

Celaya Ibarra, A., *El derecho foral de Vizcaya en la actualidad.* Bilbao, 1970, 115.

Martín Rodríguez, J., *Figura histórico-jurídica del Juez Mayor de Vizcaya.* AHDE, 1968, 38, 641-69.

Oloscoaga Gorostiaga, F., *El árbol de Guernica y la Casa solar de La Antigua.* Bilbao, 1897, 211.

Ortega Galindo, J., *Los caballeros corregidores del Señorío de Vizcaya (siglos XVII y XVIII).* Bilbao, 1965, 403.

Redonet López, L., *El gobierno y el régimen foral de Vizcaya.* BBMP, 1929, 11, 97-134.

Ybarra Bergé, J., *Política nacional de Vizcaya. De la Restauración a la República.* M, 1948, 693.

→ 9.35, Códigos; 9.67.

94.1 ARTE

Ybarra Bergé, J., *Catálogo de monumentos de Vizcaya.* Bilbao, 1958, 2 v.

Fullaondo, J. D., *La arquitectura y el urbanismo de la región y el entorno de Bilbao.* M, 1969, 394 + láms.

Gaya Nuño, J. A., *El románico en la provincia de Vizcaya.* AEArte, 1944, 17, 24-48 + láms.

Roda, D., *Museo de Bellas Artes de Bilbao.* Bilbao, 1947, 242 + láms.

Sesmero Pérez, F., *El arte del Renacimiento en Vizcaya.* Bilbao, 1954, xi+259 + láms.

Ybarra Bergé, J., y P. Garmendía, *Torres de Vizcaya.* M, 1946, 3 v.

94.2 GEOGRAFIA. ECONOMIA

Dorao Lanzagorta, J., y otros, *Análisis de la economía vizcaína*... Bilbao, 1969, 3 v.

Echegaray, C., y T. Guiard Larrauri, *Provincia de Vizcaya,* → 21.99, Carreras Candi.

Escagüés Javierre, I., *La estructura económica de Vizcaya.* BRSG, 1952, 88, 157-85.

Barrenechea, F., *Breve descripción de la villa de Bilbao.* Sevilla, 1891, 36.

Basterra, M., *Vizcaya minera. Su historia, legislación*... Bilbao, 1894, xxxii+362.

Churruca, A., *Apuntes de la ría de Bilbao.* Bilbao, 1947, 52.

Escagüés Javierre, I., *La economía forestal de Vizcaya.* Bilbao, 1961, 38.

Ferrer, A., *Monografía de las cavernas y simas de la provincia de Vizcaya.* Bilbao, 1943, 92.

García de Cortázar, J. A., *Vizcaya en el siglo XV. Aspectos económicos y sociales.* Bilbao, 1966, 479.

Guiard Larrauri, T., *Historia del Consulado y Casa de Contratación de Bilbao y del comercio de la villa.* Bilbao, 1913, 2 v.

Guinea López, E., *Vizcaya y su paisaje vegetal.* Bilbao, 1949, 432.

Hazera, J., *La région de Bilbao et son arrière-pays.* S. Sebastián, 1968, 358.

Lequerica, J. F., *La actividad económica vizcaína en la vida nacional.* M, 1956, 121.

Mauleón Isla, M., *La población de Bilbao en el siglo XVIII.* Valladolid, 1961, xlviii+318.

Ortega Galindo, J., *Bilbao y su hinterland.* Bilbao, 1951, 191.

Ossa Echaburu, R., *El Bilbao del 900. Riqueza y poder de la ría (1900-1923).* Bilbao, 1969, 380.

→ 12.21, Torrente; 12.67, 12.74.

94.3 ESTUDIOS LOCALES

Algorta → Guecho.

Calle Iturrino, E., *Apuntes para una historia de* **Baracaldo.** Bilbao, h. 1959, 22.

Perea Vitorica, E., *Perfiles baracaldeses.* Baracaldo, 1944, 150.

Arocena, I., **Bermeo** *medieval.* BRSV, 1964, 20, 399-434.

Zabala Allica, C., *Atalaya histórica de... Bermeo.* Bilbao, 1964, 254.

→ 12.67, Doumenge.

Varillas Pérez, V., *Estudio sociográfico del valle de* **Carranza.** Bilbao, 1964, 116.

Villavaso, C., *Historia de* **Durango** *y de sus más ilustres hijos.* Bilbao, 1968, 206.

→ 1.31

Onandía Estrada, M., **Ermua**... Ermua, 1971, 42.

22 Escarzaga, E., *Descripción histórica del Valle de* **Gordejuela**. Bilbao, 1919, 166.

Merino Urrutia, J. J., *Apuntes para la historia de* **Guecho** *(Algorta, Neguri, Las Arenas)*. Bilbao, 1970, 199 + láms.

Gómez Tejedor, J., y otros, *Tres estudios sobre* **Guernica** *y su comarca*. Bilbao, 1970, 226.

Rodríguez Herrero, A., *La iglesia juradera de Santa María la Antigua de Guernica*. EV, 1970, 1, 343-62.

→ 6.95.3, Talón; 22.94, Oloscoaga.

Las Arenas → **Guecho**.

Basáñez, J., **Lejona**, *una anteiglesia vizcaína*. Bilbao, 1971, 374.

Cavanilles, A., **Lequeitio** *en 1857*. M, 1958, 162.

Ocamica Goitisolo, F., *La villa de Lequeitio*. Bilbao, 1966, 297.

Rodríguez Herrero, A., *Descripción... de Lequeitio (1740)*. EV, 1970, 1, 259-332.

→ 20.42, **Vasconia**; 21.98, Ugartechea.

Mugartegui, J. J., *La villa de* **Marquina**. Bilbao, 1927, 303.

Neguri → **Guecho**.

Sarasola, M., *La ciudad de* **Orduña** *y su vizcainía*. Bilbao, 1957, 116.

Ciriquiain Gaiztarro, M., *Monografía histórica de...* **Portugalete**. Bilbao, 1942, 271.

Beitia, F. A., y R. Echazarreta, *Noticias históricas de* **Tavira de Durango**. Bilbao, 1868, 291.

Heros, M., *Historia de* **Valmaseda**. Bilbao, 1926, 526.

Heros, M., *Privilegios reales de Valmaseda*. Bilbao, 1926, 112.

Rodríguez Herrero, A., *Valmaseda en el siglo XV y la aljama de los judíos*. Bilbao, 1947, 292.

95 ZAMORA

Fernández Duro, C., *Colección bibliográfica-biográfica de noticias referentes a la provincia de Zamora...* M, 1891, 579.

Calvo Madroño, I., *Descripción geográfica, histórica y estadística de... Zamora*. M, 1914, viii+335 + láms.

Fulgosio, F., *Crónica de la provincia de Zamora*. M, 1869, vi+80.

Gamoneda, A., *Zamora*. León, 1970, 168.

Gómez Martínez, A., *Zamora y su provincia*. B, 1958, 208.

Pérez, E. J., *Guía del viajero en Zamora*. Zamora, 1895, 242.

Vasallo Ramos, J., *Zamora*. M, 1964, 130 + láms.

Zamora, *Anuario estadístico provincial de* _____. M, 1949, 455.

Zamora, *Reseña estadística de* _____. M, 1973, x+199.

→ 22.91, Quadrado.

96 INSTITUCIONES. HISTORIA. BIOGRAFIA 22

Alvarez Martínez, U., *Historia general, civil y eclesiástica de Zamora.* Zamora, 1889, 457.
Dios Vega, C., *Zamora de ayer y de hoy. Biografía de la ciudad.* Zamora, 1959, xvi+319.
Fernández Duro, C., *Memorias históricas de Zamora, su provincia y su obispado.* M, 1882-3, 4 v.
Gras Esteva, R., *Zamora en tiempo de la Guerra de la Independencia.* M, 1913, 274.

→ 3.31, Castro.

96.1 ARTE

Gómez Moreno, M., *Catálogo monumental de España. Provincia de Zamora.* M, 1927, 2 v.
Heras Hernández, D., *Catálogo artístico monumental de la diócesis de Zamora.* Valladolid, 1973, 720 + láms.

96.2 GEOGRAFIA. ECONOMIA

Losa España, M., *...Flora y vegetación de la provincia de Zamora.* B, 1949, 165.

96.3 ESTUDIOS LOCALES

Aliste → 16.64, Baz.

Andrés, A., **Belver de los Montes**... BRAH, 1961, 149, 37-62.

Ledo del Pozo, J., *Historia de...* **Benavente** [1853]. Salamanca, 1970, xvi+399.
→ 21.71, García.

Peruela → 20.47, Cortés.

San Ciprián de Sanabria → 16.64, Krüger.

San Martín de Castañeda → 20.25, Cortés.

Sanabria → 20.72, Kundert; 20.74, Cortés; 21.73, Krüger.

Cabo Alonso, A., *El colectivismo agrario en tierra de* **Sayago**. EG, 1956, 17, 593-658.
Fernández Duro, C., *Sayago.* BRSG, 1883, 9.
→ 16.69.3.

Alvarez Pérez, J., *Guía de* **Toro**. Valladolid, 1973, 136.
Calvo Alaguero, G., *Historia de... Toro. Noticias biográficas de sus más ilustres hijos.* Valladolid, 1909.
Casas Ruiz, F., *...Historia... de Toro y ...de su municipio.* Zamora, 1959, 95.

97 ZARAGOZA

Abbad Ríos, F., *Zaragoza.* B, 1952, 198.
Abbad Ríos, F., *Provincia de Zaragoza.* B, 1959, 208.

22 Arco Garay, R., *Guía práctica de Zaragoza y su provincia.* M, 1908, 415.
Beltrán Martínez, A., *Zaragoza.* M, 1964, 107 + láms.
Casamayor Casales, F., *Zaragoza.* León, 1973², 160.
González López, R., *Guía turística de Zaragoza.* Zaragoza, 1970, 262.
Tomeo Benedicto, J., *Zaragoza. Su historia, descripción, glorias y tradiciones desde los tiempos más remotos hasta nuestros días.* Zaragoza, 1859, 635.

98 INSTITUCIONES. HISTORIA. BIOGRAFIA

Arco Garay, R., *Efemérides zaragozanas.* Huesca, 1941, 472.
Blasco Val, C., *Historia de Zaragoza.* Zaragoza, 1882, 477.
Royo Barandiarán, T., *Historia sintética de Zaragoza.* Zaragoza, 1928, 194.

Baquero, A., *Bosquejo histórico del Hospital Real... de Zaragoza.* Zaragoza, 1952, 127.
Casamayor Ceballos, F., *Años políticos e históricos de la ciudad de Zaragoza.* Zaragoza, 1782-833, 49 v.
Casamayor Ceballos, F., *Los sitios de Zaragoza.* Ed. de J. Valenzuela La Rosa. Zaragoza, 1908, 235.
Frutos Mejías, L. M., *Una visión de Zaragoza en el siglo XVI.* JZ, 1969, 22, 253-69.
Horno Liria, L., *La vida zaragozana en 1898 a través de su prensa diaria.* Zaragoza, 1961, 115.
Pardo Pérez, P., *La población de Zaragoza (capital y provincia).* Zaragoza, 1959, 206.
Ximénez de Embún, T., *Descripción histórica de la antigua Zaragoza y de sus términos municipales.* Zaragoza, 1901, 211.

→ 3.04, 6.24, 6.39.1, **Alfonso I**; 6.73, 6.82.6, Alcaide, *Guerra,* Torcal; 6.95.3, Martínez; 9.56, 10.93, Arco.

98.1 ARTE

Abbad Ríos, F., *Catálogo monumental de... Zaragoza.* M, 1957, 2 v.
Magaca Soria, A., *Zaragoza monumental...* Zaragoza, 1919-21, 2 v.

Abbad Ríos, F., *La Seo y el Pilar de Zaragoza.* M, 1948, 158.
Torralba Soriano, F., *La insigne iglesia de San Pablo de Zaragoza.* Zaragoza, 1950, 53 + láms.

→ 8.22, **Pilar**; 8.37, Siemens.

98.2 GEOGRAFIA. ECONOMIA

Biel Lucea, A., *El viento en Zaragoza.* M, 1952, 62.
Casas Torres, J. M., y J. Pardo Cajal, *Un mapa de los mercados de la provincia de Zaragoza.* EG, 1945, 6, 489-523.
Ferrer Regales, M., *El valle bajo y medio del Arba.* Zaragoza, 1958, 151.

22 Marín Cantalapiedra, M., *Movimientos de población y recursos de la provincia de Zaragoza (1860-1967)*. Zaragoza, 1973, xxxi+377.

Navarro Ferrer, A. M., *Zaragoza. Aportación a su geografía urbana*. Zaragoza, 1957, 66.

98.3 ESTUDIOS LOCALES

Almunia → 3.04, Canellas.

Belchite → 9.98, Rassow, Ubieto.

García García, R., *Datos cronológicos para la historia de...* **Borja**. Zaragoza, 1902, 313.

García Manrique, E., *Las comarcas de Borja y Tarazona y el Somontano del Moncayo*. Zaragoza, 1960, 301.

Fuente, V., *Historia de...* **Calatayud** [1880]. Zaragoza, 1969, xv+796 + láms.

Larrodera, E., *Análisis de Calatayud*. M, 1955, 39 + láms.

López Landa, J. M., *La ciudad de Calatayud en el siglo XIX*. Calatayud, 1950, 43.

Marco, A., *Historia de Calatayud*. Calatayud, 1955, 100.

Martín Ballesteros, L., *Calatayud*. Zaragoza, 1956, 3, 17-35.

Rubio Vergara, M., *Calatayud. Historia, arte, costumbres*. Zaragoza, 1952, 201.

Wilson, R. E., *Calatayud and the Dolores legend: The story of a song*. H, 1966, 49, 395-403.

→ 13.40, Beltrán.

Ferrer Regales, M., *El campo de* **Cariñena**. Zaragoza, 1957, 141.

Salas Pérez, A., **Caspe** *y el compromiso de Caspe*. Caspe, 1968, 170.

→ 6.39.2, 21.13, Alvarez.

Abbad Ríos, F., *El románico en* **Cinco Villas**. Zaragoza, 1954, 110.

Escagüés Javierre, I., *Las Cinco Villas de Aragón. Estudio geográfico*. Vitoria, 1944, 238 + láms.

Chiprana → 21.13, Lisón.

Beltrán, J., *Historia de* **Daroca**. Zaragoza, 1954, 247.

Esteban Abad, R., *Estudio histórico-político... de Daroca*. Teruel, 1959, 540.

→ 3.04, Campillo; 8.29.

Arco Garay, R., *Reseña histórica de...* **Ejea de los Caballeros**. Ejea de los Caballeros, 1972, 161 + láms.

Ferrer Regales, M., **Encinacorba**. *La vida rural...* M, 1954, 66 + láms.

Vallespí Pérez, E., *Poblamiento del término de* **Fabara** *y el pueblo actual*. Zaragoza, 1958, 6, 27-34.

Gimeno Arcos, M. C., **La Muela**. *Estudio geográfico*. Zaragoza, 1958, 160.

Pardos Bauluz, E., **Magallón**. *Apuntes históricos...* Soria, 1973, 286.

Vallés Pujals, J., **Mequinenza** *y su castillo*. B, 1959, 71 + láms.

Sinués Ruiz, A., **Pedrola**. *Notas históricas*. B, 1968, 413. **22**

Ferrer Regales, M., *El campo* **Romanos**. EG, 1957, 18, 37-94 + láms.

Fernández Marco, J. I., **Sobradiel**... Zaragoza, 1955, 191 + láms.

Somontano → **Borja**.

Cabezudo Astráin, J., *Noticias históricas de* **Sos**. JZ, 1952, 3, 162-82.

Galindo Romeo, P., *Sos en los siglos XI-XII*. Universidad (Zaragoza), 1924, 1, 81-114.

Canellas López, A., **Tarazona** *y sus gentes en el siglo XII*. JZ, 1965, 18, 27-47.

Pérez Urtubia, T.,... *La Catedral de Tarazona*. Tarazona, 1953, 156 + láms.

Pérez Urtubia, T., *Tarazona. Guía histórico-artística*. Zaragoza, 1956, 86 + láms.

Sanz Artibucilla, J. M., *Historia de... Tarazona*. M, 1929-30, 2 v.

→ **Borja**; 8.34, **Veruela**.

Castillo Genzor, A., **Tauste**. Zaragoza, 1973, 32.

→ 12.95, Sástago.

Uncastillo → 3.04, Martín.

Escagüés Javierre, I., *La* **Valdonsella**. *Estudio geográfico-histórico*. BRSG, 1950, 86, 122-64.

También, PV, 1945, 6, 318-44.

Velilla de Ebro → 20.20, López.

García Manrique, E., **Vera** *de Moncayo*... Zaragoza, 1958, 158 + láms.

INDICES

INDICE ALFABETICO DE AUTORES

Para el adecuado empleo de este índice, ténganse en cuenta las siguientes características de él:

1. *La(s) cifra(s) que precede(n) al primer punto en las referencias numéricas, corresponden al capítulo; las dos siguientes, a una de las subdivisiones primarias (epígrafes interiores) de aquél; un nuevo punto, cuando procede, marca una de las subdivisiones de segundo grado (cfr.* Introducción, § 7*).*

2. *Aunque en el cuerpo de la obra un autor figure con más de una mención dentro del mismo epígrafe, la referencia al número de dicho epígrafe es única. Así se procede también incluso si el autor aparece en más de una de las eventuales divisiones interiores delimitadas por un interlíneo mayor del ordinario (cfr.* Introducción, § 6*).*

3. *Respecto a los epígrafes de especial disposición, es decir, aquellos cuyo contenido se dispone primariamente por orden alfabético de materias (destacadas en letra negrita) y sólo dentro de ellas por orden alfabético de autores (cfr.* Introducción, § 8*), su referencia está constituida en la forma ya indicada, a la que se añade el nombre de la(s) materia(s) interior(es) en que figure el autor objeto de la referencia.*

4. *Pese al gran empeño puesto (cfr.* Introducción, § 9*) para evitar en el índice la confusión de autores homónimos (en los casos de coincidencia de apellido(s) e inicial del nombre, se ha desarrollado, en el índice, la abreviatura de aquél), es decir, para no agrupar erróneamente las referencias de autores diversos, con un mismo nombre, bajo una sola entrada onomástica del índice, no cabe asegurar que siempre se haya conseguido acertar.*

Igualmente se ha procurado no incurrir en el defecto contrario: la dispersión de referencias de un solo autor por consignarlas tras dos expresiones diversas de su nombre. Lo cual puede ocurrir con autores que firman sus obras, según las ocasiones, con uno o dos apellidos; con alguno de ellos reducido a la letra inicial; con el nombre de pila simple o compuesto, etc. Han sido numerosísimos los casos en que, pese a esas diferencias, se ha llegado a la identificación de variantes y consiguiente unificación en el índice. Pero a falta de datos seguros o de indicios altamente probables a favor de la unificación, se ha preferido mantener la dualidad nominal de procedencia.

De acuerdo con lo expuesto, el usuario del índice que desee conocer con seguridad las menciones de un autor en el MBEE, deberá contar con la circunstancia de que las referencias consignadas a su nombre en el índice puedan pertenecer, en algún caso, a autores diversos de igual nombre o que, por el contrario, las menciones de un mismo autor se encuentren repartidas en dos entradas correspondientes a las variaciones nominales empleadas por el propio autor en sus obras. Ni una ni otra posibilidad serán, sin embargo, frecuentes.

5. *Han sido también incluidos en el índice los nombres personales que, por no corresponder estrictamente a autores, no encabezan un ítem, sino que figuran en la descripción bibliográfica o en alguna indicación complementaria a la misma. Ahí se encontrarán los nombres del índice que no aparezcan en el orden alfabético de su correspondiente epígrafe. En este último supuesto, ha de considerarse también que pueden figurar como segundo autor de obras en colaboración, las cuales, claro está, se ordenan alfabéticamente por el nombre del autor que ocupa el primer lugar.*

A

B

C

E

G

H

I

J

K

L

Ll

M

N

O

P

Q

R

T

U

V

W

X

Y

INDICE ALFABETICO DE MATERIAS

A

B

C

CH

D

F

H

J

Ll

M

N

O

Q

R

W

INDICE SISTEMATICO DE MATERIAS

1 BIBLIOGRAFIA. BIBLIOLOGIA

2 REVISTAS

3 FUENTES DOCUMENTALES. CIENCIAS AUXILIARES.

4 GENERALIDADES. CARACTERIZACION

5 BIOGRAFIA

6 HISTORIA

7 IMPERIO

8 RELIGION

9 INSTITUCIONES. DERECHO

10 SOCIOLOGIA

11 NATURALEZA. GEOGRAFIA

12 ECONOMIA

13 EDUCACION

14 CULTURA. CIENCIA

15 MEDIOS INFORMATIVOS

16 LINGÜISTICA

17 LITERATURA

18 ARTE

19 ESPECTACULOS. JUEGOS. DEPORTES

20 FOLKLORE

21 ESTUDIOS LOCALES. LAS GRANDES REGIONES TRADICIONALES

22 ESTUDIOS LOCALES. LAS PROVINCIAS

INDICE GENERAL